KUNST UND LEHRE AM BEGINN DER MODERNE

Herausgeber
HOCHSCHULE FÜR ANGEWANDTE KUNST IN WIEN

Redaktion:
GABRIELE KOLLER
ERIKA PATKA
VERA VOGELSBERGER

Farbreproduktionen: Repro Ludwig, Zell am See
Printed in Austria by Druckhaus Nonntal, Salzburg
ISBN 3-7017-0454-6

GOTTFRIED FLIEDL

Kunst und Lehre am Beginn der Moderne

DIE WIENER KUNSTGEWERBESCHULE
1867–1918

Mit Beiträgen von
OSWALD OBERHUBER

Residenz Verlag

INHALTSVERZEICHNIS

VOM SCHULISCHEN SYSTEM ZUR KÜNSTLERISCHEN FREIHEIT

Hier soll ins Gedächtnis zurückgerufen werden, wie die Entstehungsgeschichte einer Schule aussieht, die zur Geistesgeschichte Österreichs gehört, denn ohne die Kenntnis dieser Kunstgewerbeschule ist das Verständnis für die bildende Kunst dieses Landes nicht möglich. Damit ist vieles gemeint: die Vielfalt von Malerei und Skulptur genauso wie die Anwendbarkeit von Kunst durch den Künstler, ohne Einschränkung, bis zu den Möglichkeiten einer gesamtkünstlerischen Zweckbezogenheit. Diese Ziele wurden erreicht nach einer Fülle von Vorversuchen und in schulischen Prozessen, die um die Jahrhundertwende zum Tragen kamen und der neuen Lehre zum Durchbruch verhalfen mit einer Kunst, die ihren Höhepunkt in der Vielfalt von hochwertigen Gegenständen findet.

Das kann man nur verstehen, wenn die neuen Methoden begriffen werden, die hier eingeführt wurden. Die Lehre fußte vor allem auf der Freiheit, jede nur denkbare Möglichkeit von Kunst zur Darstellung zu bringen, ohne Einschränkung der Mittel von Technik und Geistigkeit, die alles entstehen läßt.

Die Vorarbeit für eine didaktische Einbindung solcher Vorstellungen in die Kunstlehre kann als ein wesentliches Verdienst der Schule gesehen werden, vor allem erfolgte sie in der Grundlehre oder im Grundkurs, in den alle möglichen Grundbegriffe analytischen Denkens in der Kunst eingebracht wurden, wie die Farblehre, die Rhythmisierung von Flächen, die Linie als autonomer Aussagewert, das direkte Zeichnen und alle anderen Überlegungen im Bereich der neuen künstlerischen Lehre. Andererseits wurde durch die Einrichtung von Werkstätten, wie Tischlerei, Gießerei, Schlosserei, Druckerei usw., die Grundlage dafür geschaffen, über das Zeichnen und Malen hinaus auch in anderen Techniken agieren zu können.

Der Grundgedanke war ein universalistisches Studium, bei dem jedmögliche Auseinandersetzung – von Malerei bis Inneneinrichtung und Mode – jedem Studenten zur Aufgabe gestellt wurde.

Seit Jahren wird über die Kunst der Zeit um 1900 sehr viel publiziert und dabei vieles, was an der Kunstgewerbeschule geschehen ist, der Wiener Werkstätte zugeschrieben oder als unabhängige, zeitbezogene Kunstwerke ohne Zusammenhang mit der Schule angesehen; ebenso werden auch die vielen Publikationen und Darstellungen jener Zeit nicht in den notwendigen Bezug zur Schule gebracht. Es gibt – außer der Zeitschrift »Die Fläche« – kaum Druckwerke aus der Zeit der Jahrhundertwende, die die intensiven Aktivitäten festhalten, die diese Institution vollbracht hat, so daß fast keine Unterlagen dafür vorliegen und die meisten künstlerischen Produktionen erst aufgefunden beziehungsweise aufgearbeitet werden müssen, zum Unterschied vom »Bauhaus« etwa, dessen Aktualität von der Öffentlichkeit begriffen wurde. Dabei hatten die Wiener bereits vieles vorweggenommen. Diese Situation stellt sich auch in dem vorliegenden Buch dar. Die fertigen Produkte, die in der Schule entstanden, sind darstellbar, da ja noch einiges davon vorhanden ist, der methodische Vorgang des Erstellens dieser Gegenstände jedoch ist nicht mehr nachvollziehbar, da die Unterlagen verschollen sind. Die Bildeinbringungen dieses Bandes können nur mehr eine optische Einsicht ergeben, während eine klare Rekonstruktion des Entstehungsprozesses nicht so ohne weiteres möglich ist.

In dieser Publikation soll als Einstimmung auf den Beitrag von Dr. Gottfried Fliedl eine Auswahl von wichtigen künstlerischen Produktionen aus der Kunstgewerbeschule, von ihren Lehrern und Schülern, gezeigt werden.

Im Schlußteil werden die schulischen Fragen noch einmal genauer definiert und durch einen umfassenden Bildteil ergänzt, der die großen künstlerischen Werte dokumentiert, die in der Kunstgewerbeschule entstanden sind.

Oswald Oberhuber
Rektor der Hochschule für angewandte Kunst in Wien

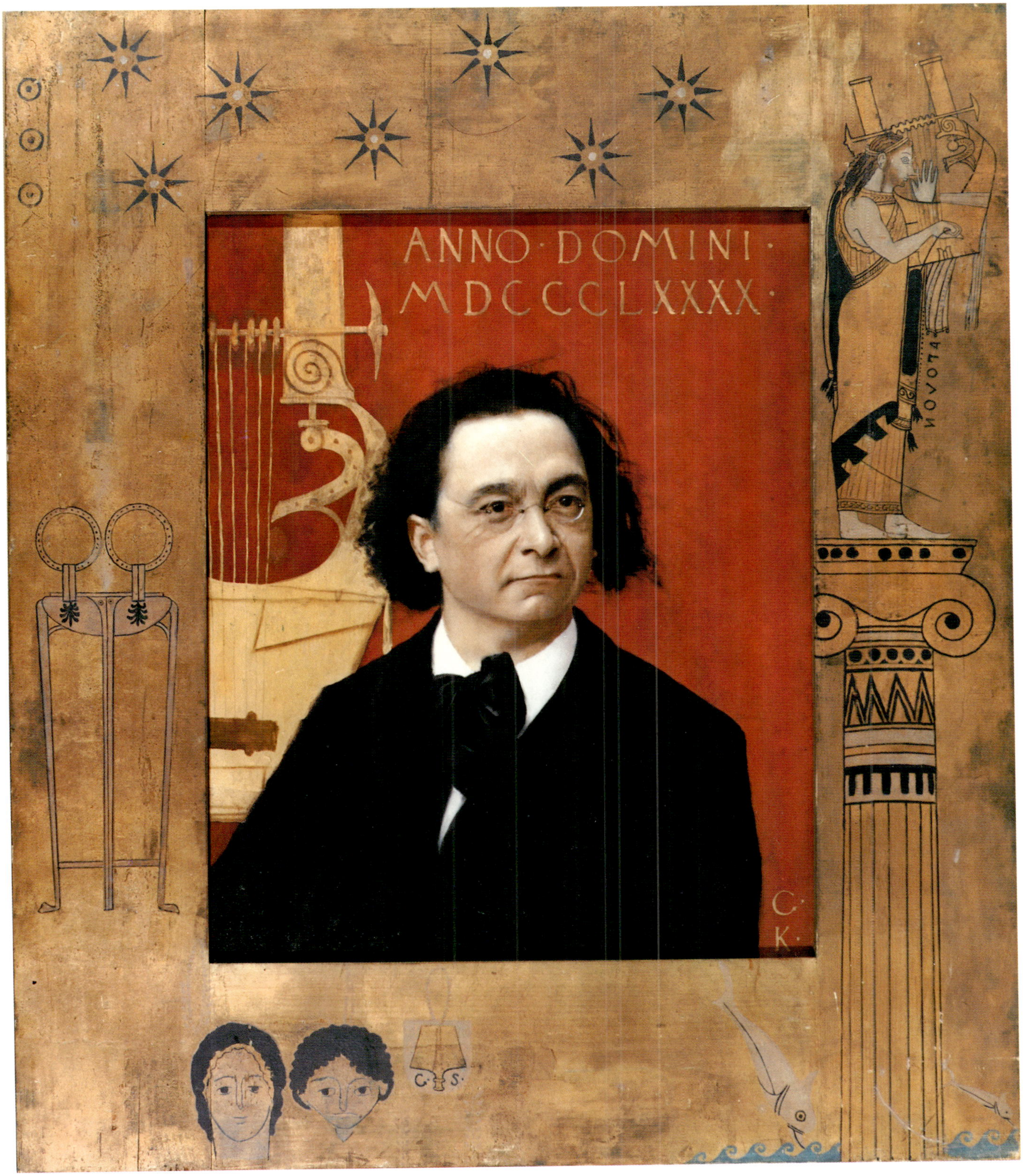

Gustav Klimt, Bildnis Joseph Pemberger, 1890

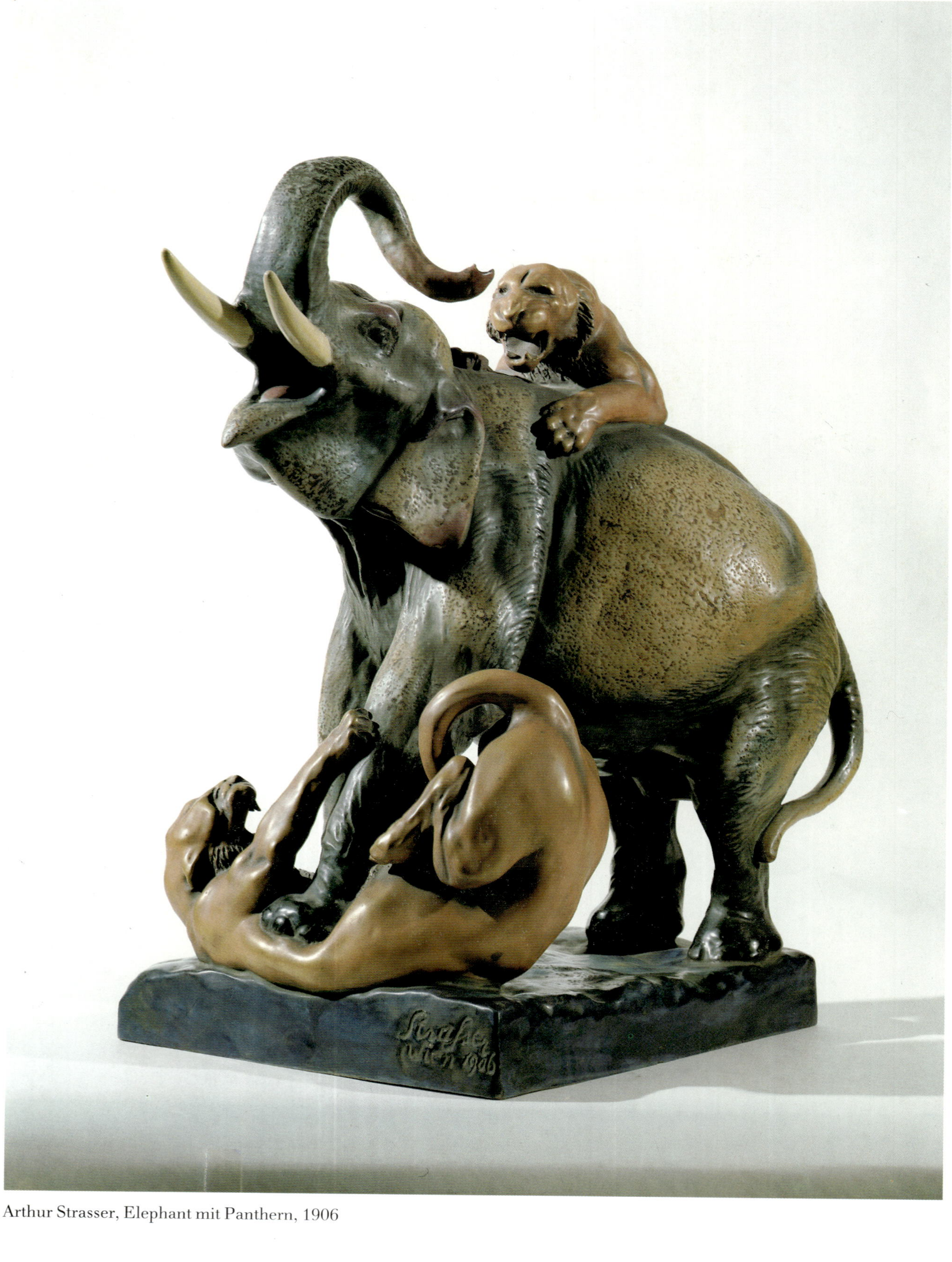
Arthur Strasser, Elephant mit Panthern, 1906

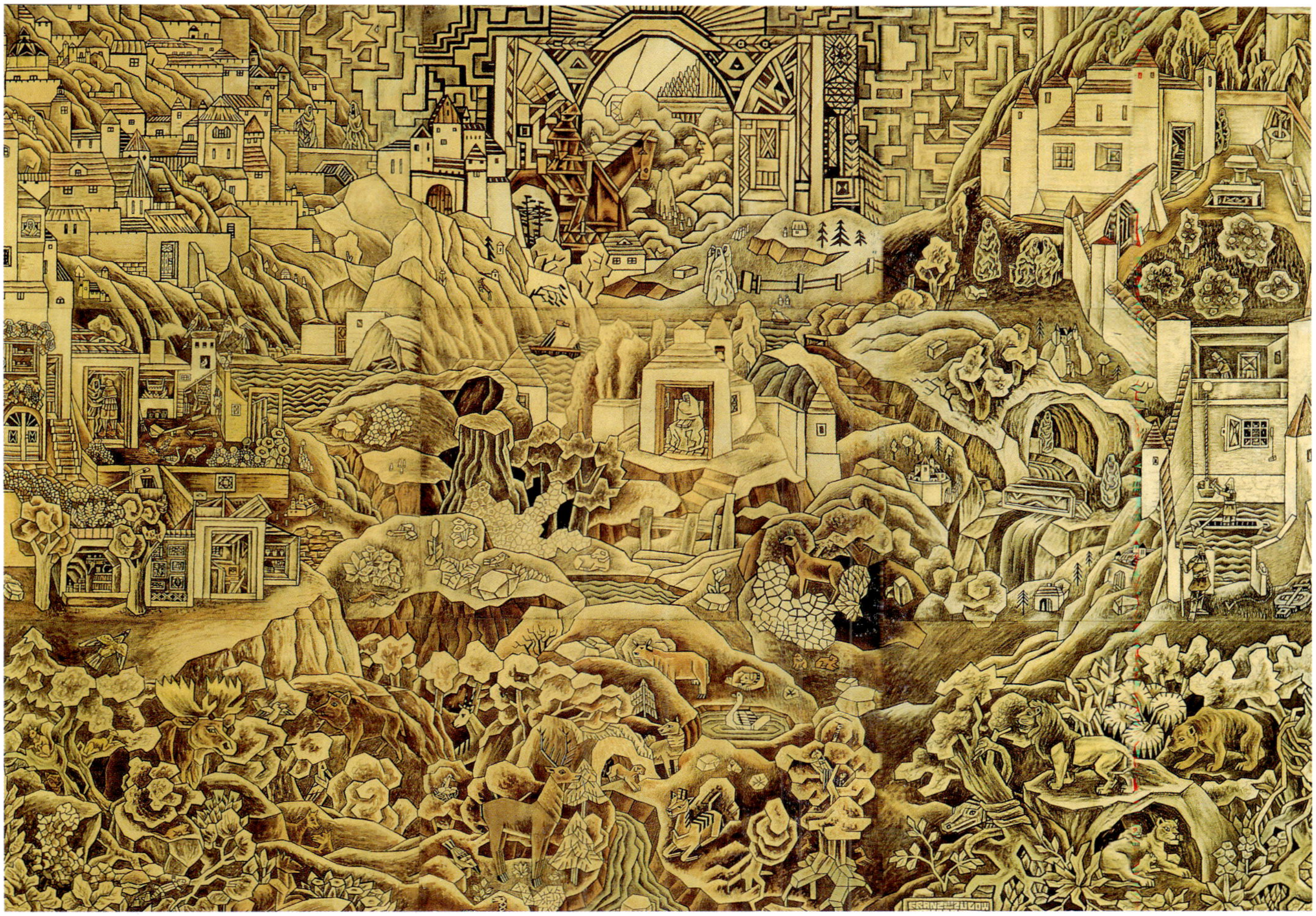

Franz von Zülow, Traumlandschaft, 1909

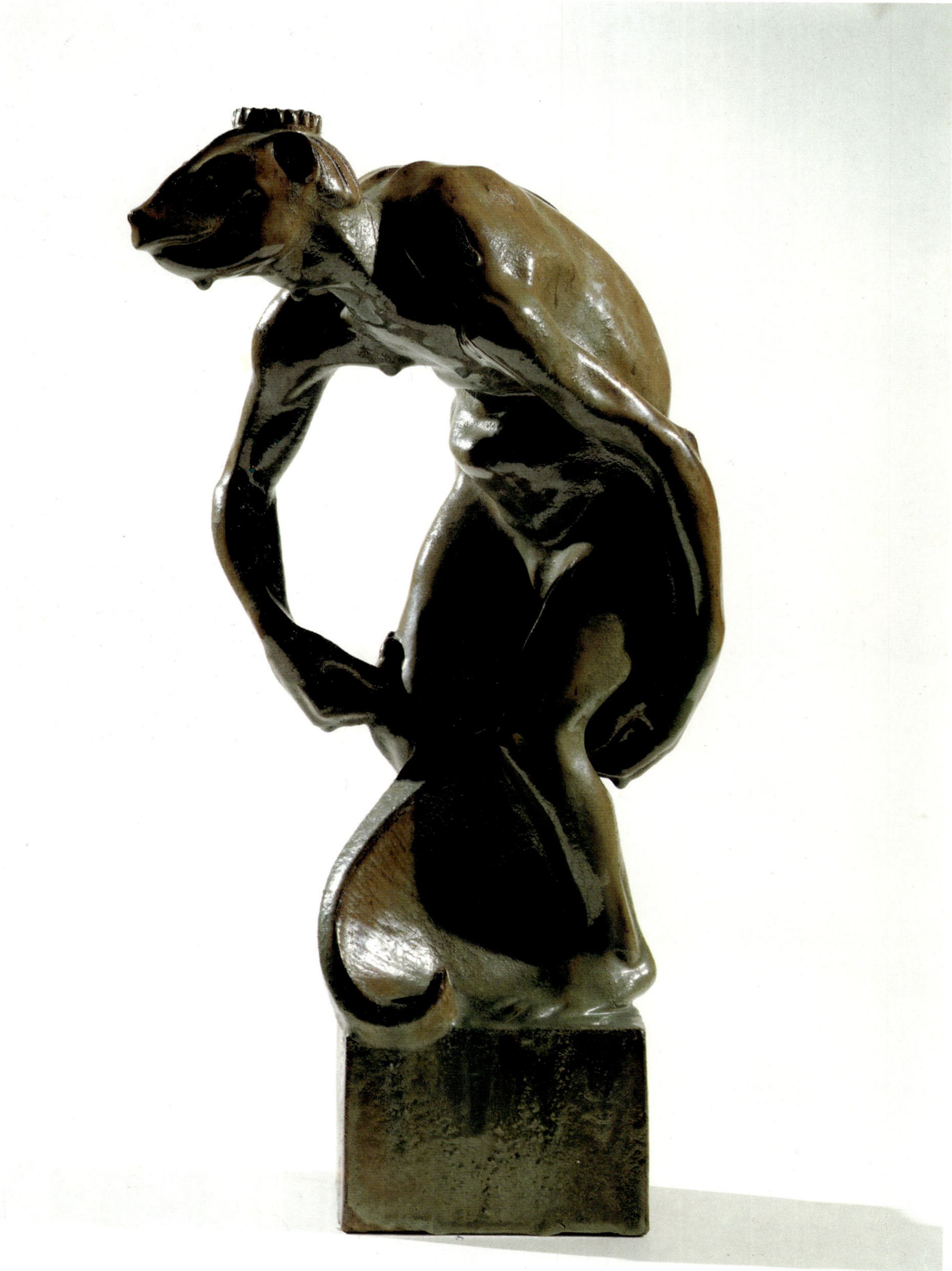

Richard Luksch, Tanzgroteske, 1903

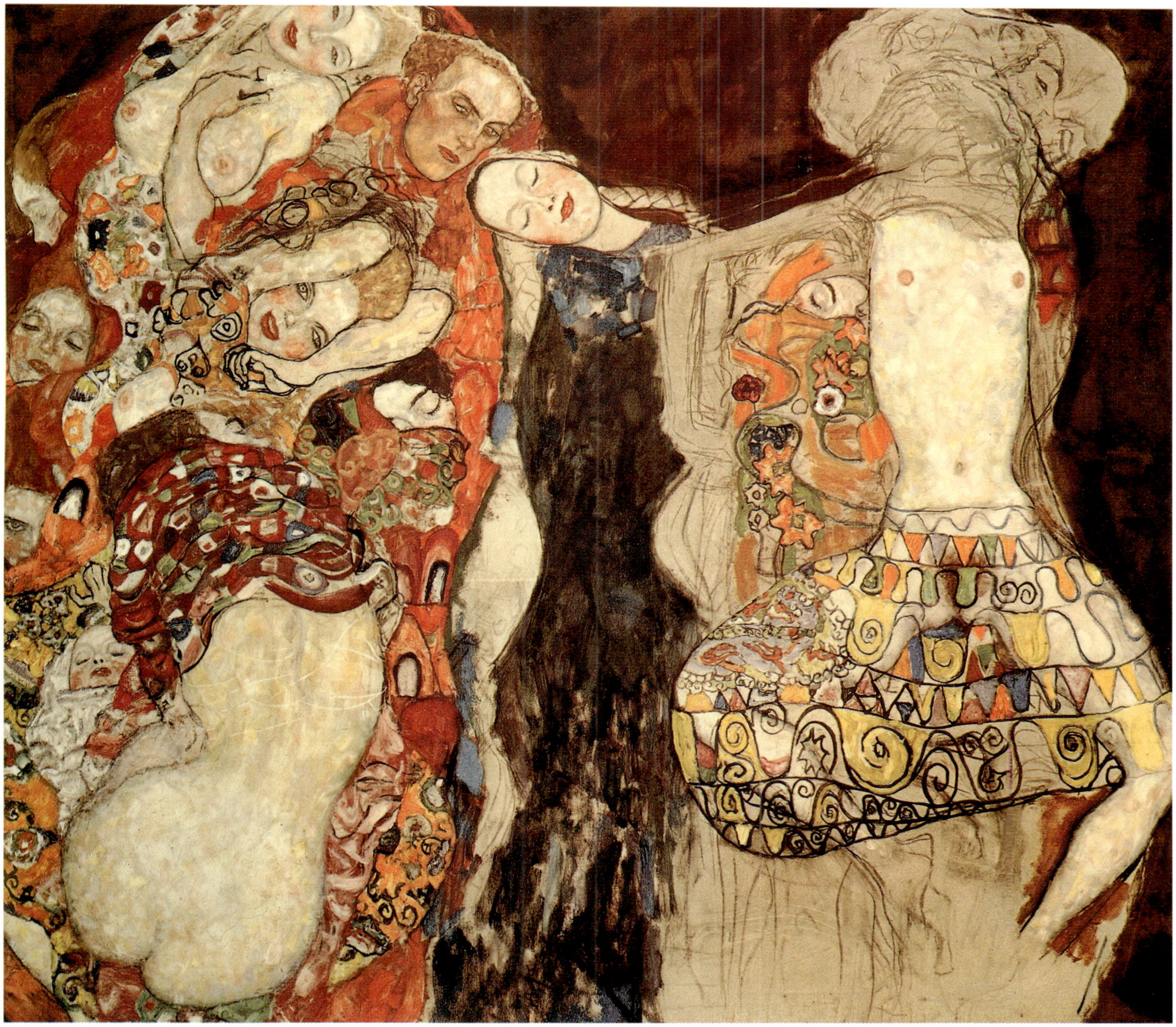

Gustav Klimt, Die Braut, 1917/18

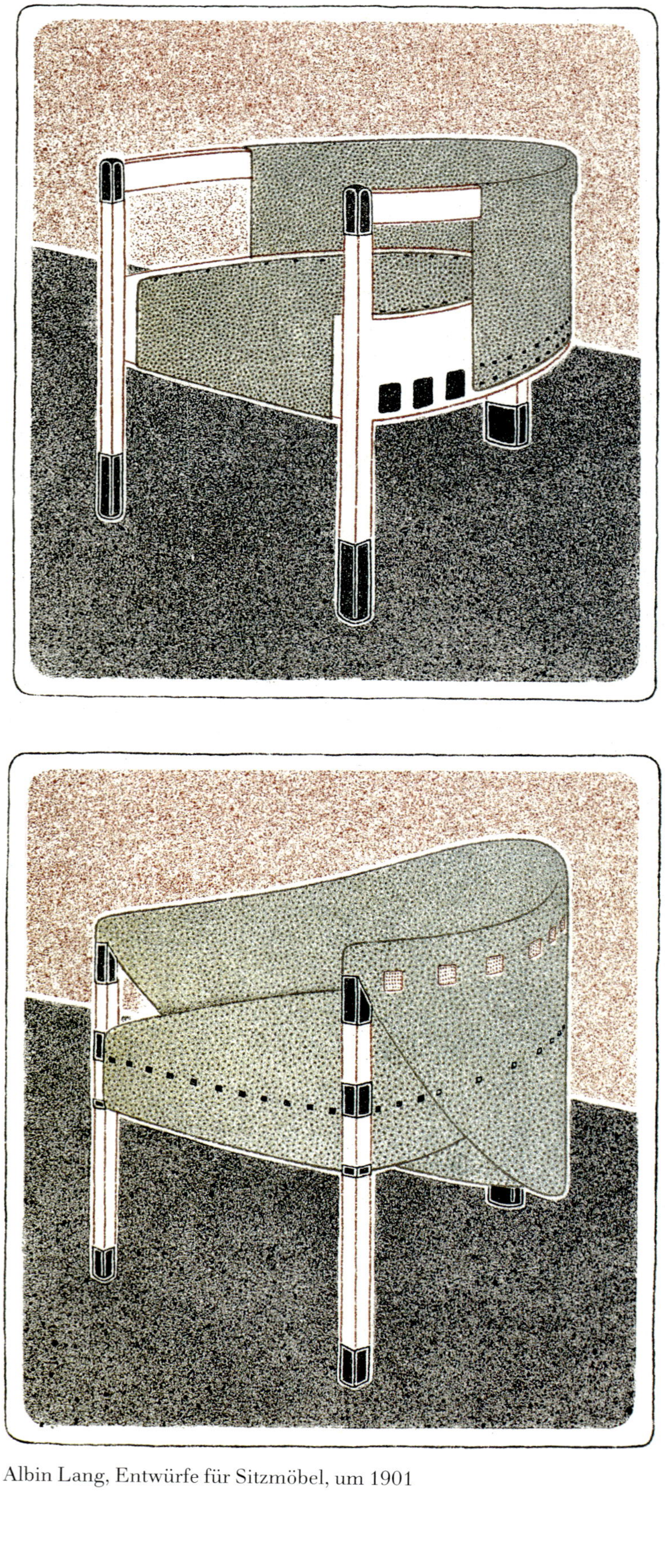

Albin Lang, Entwürfe für Sitzmöbel, um 1901

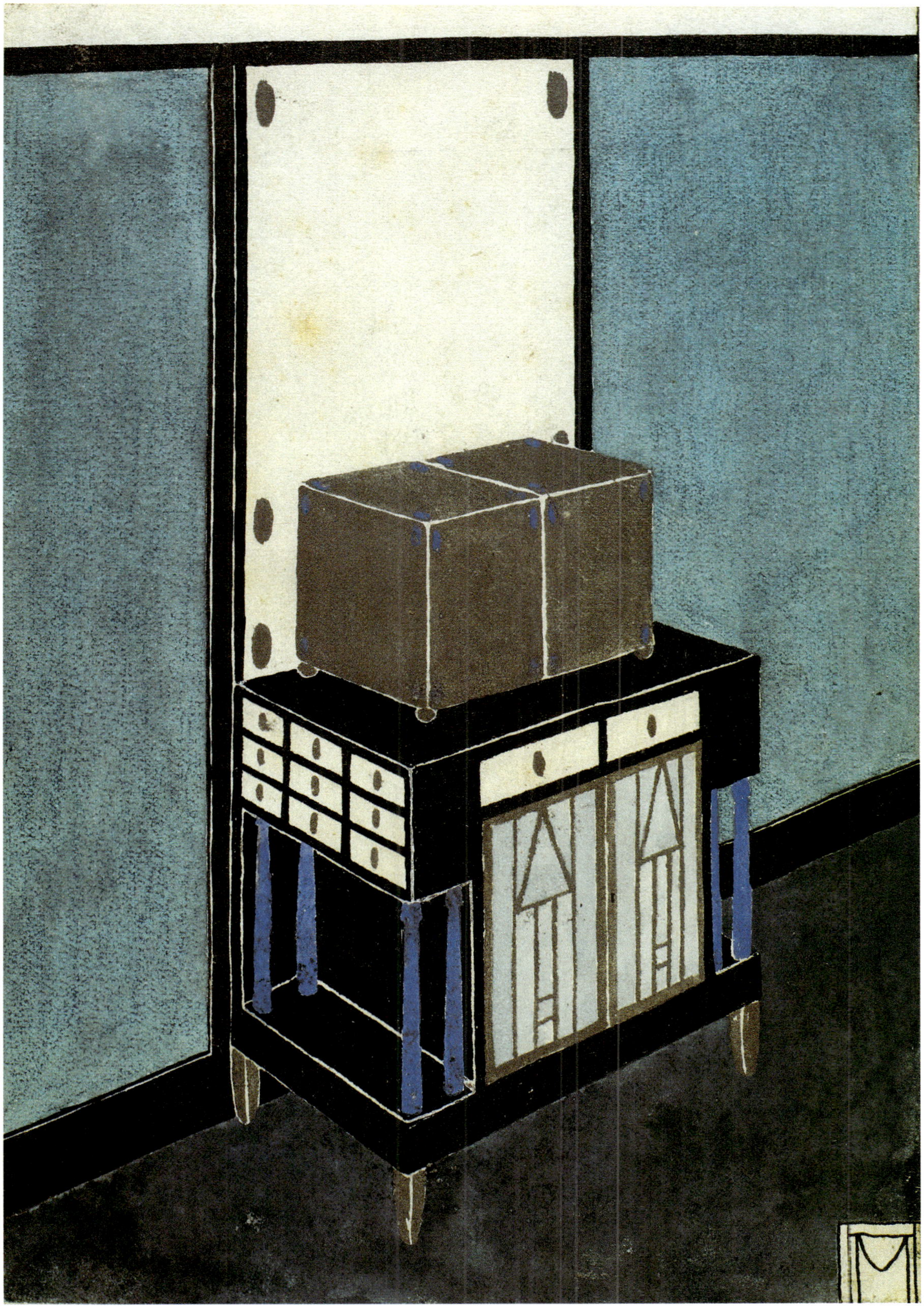

Mauritius Herrgesell, Entwurf für eine Kommode, um 1901

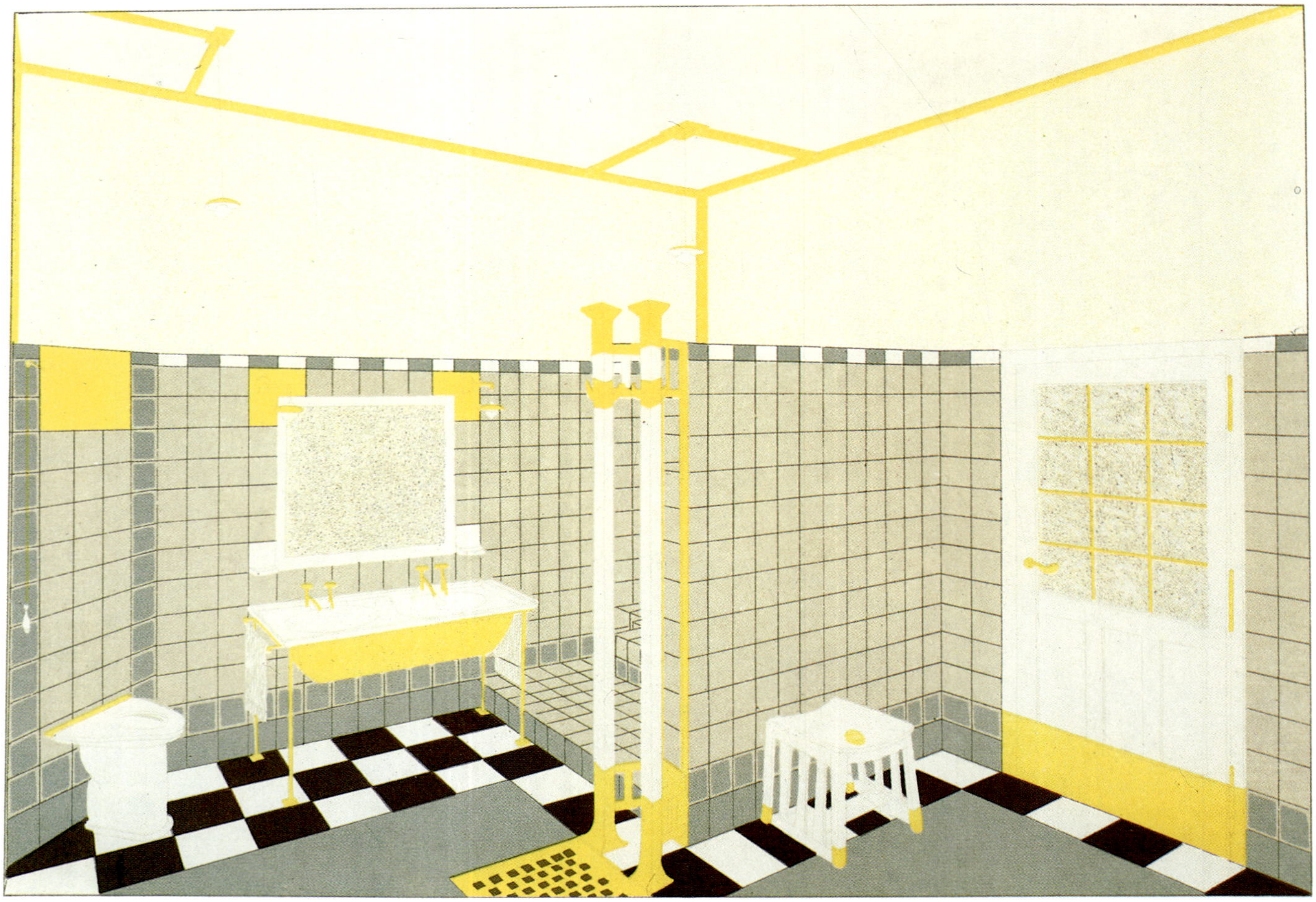
Johann Stubner, Entwurf für ein Badezimmer, um 1901

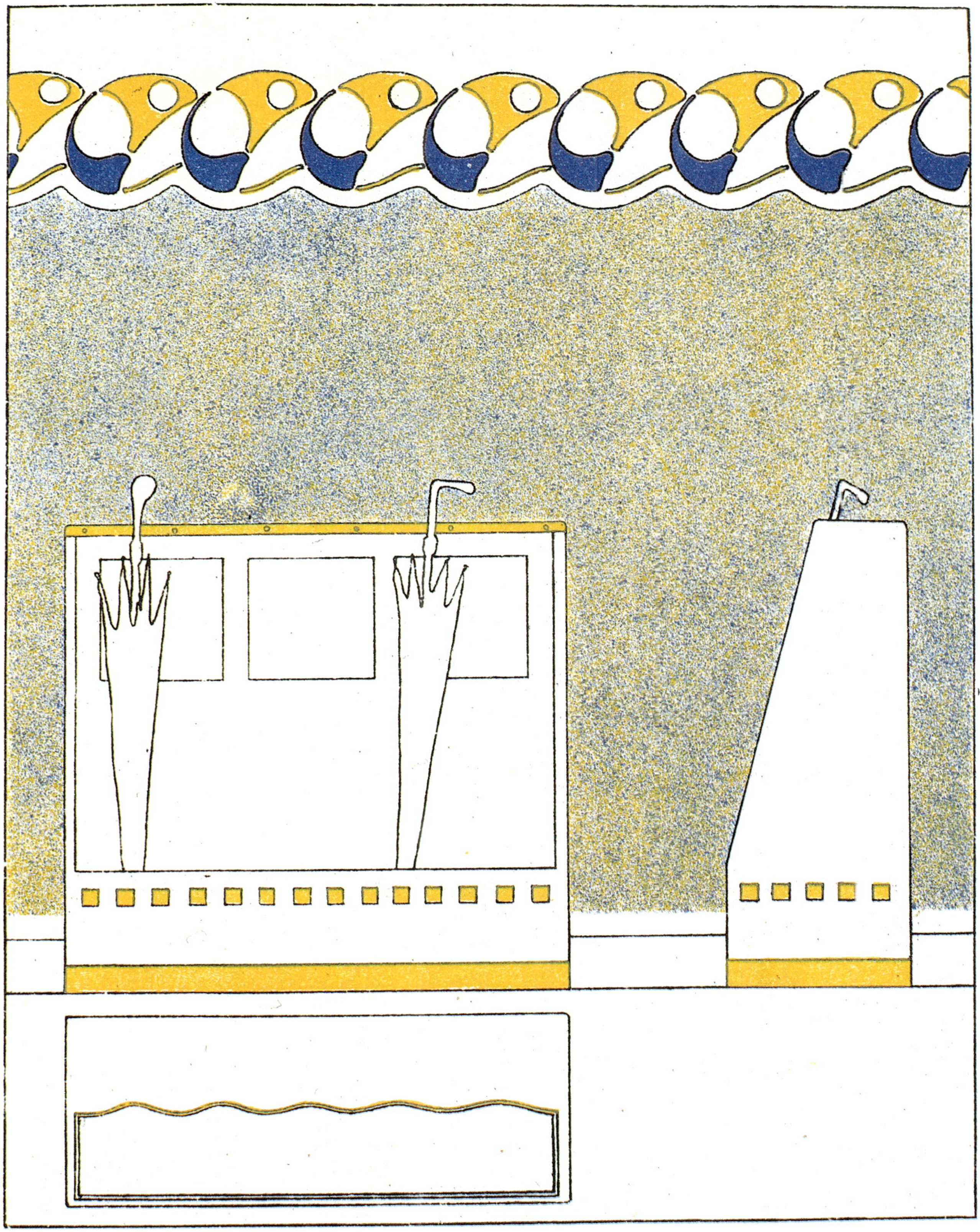

Hans Scharfen, Entwurf für einen Schirmständer, um 1901

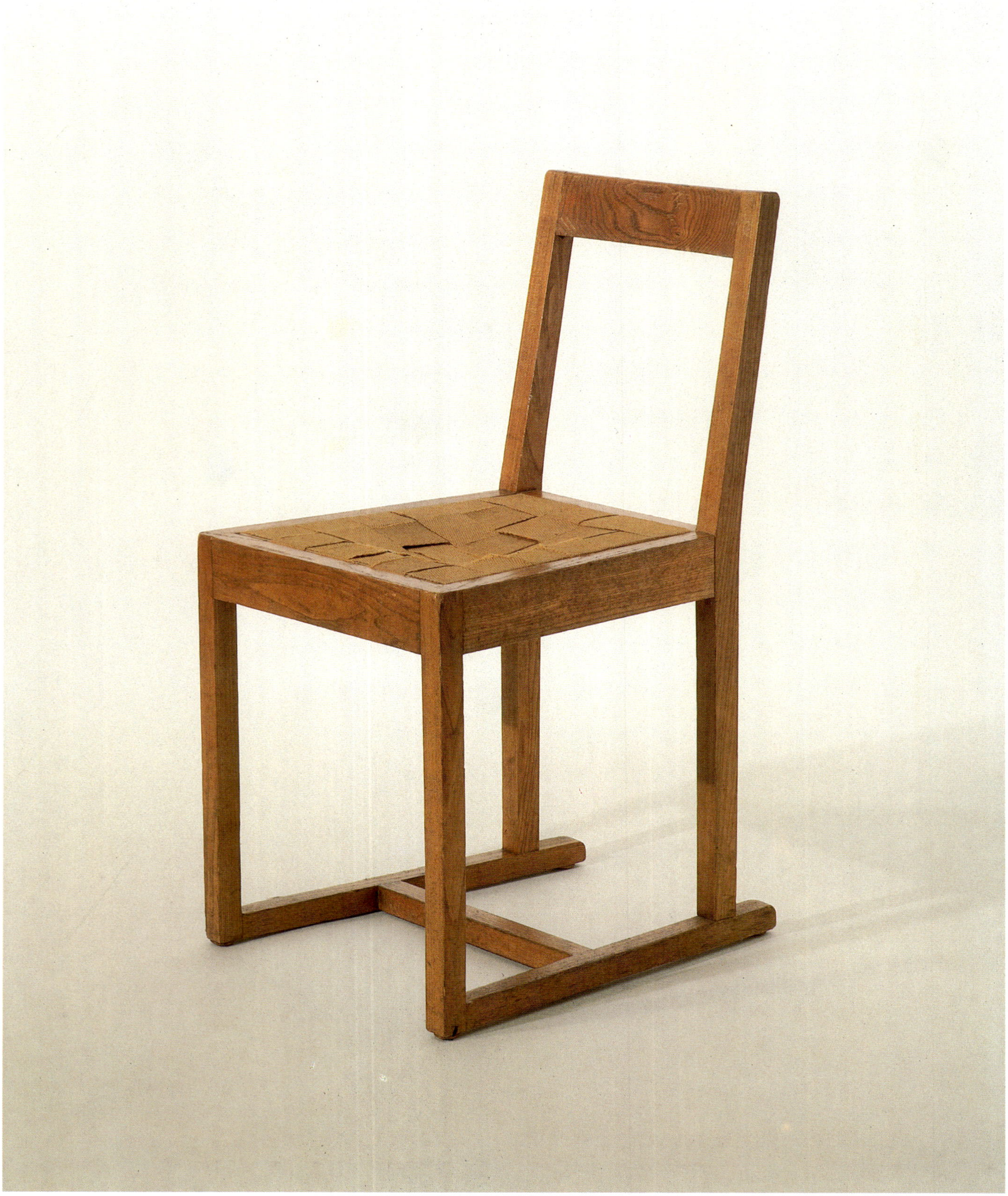

Josef Hoffmann, Stuhl, um 1903

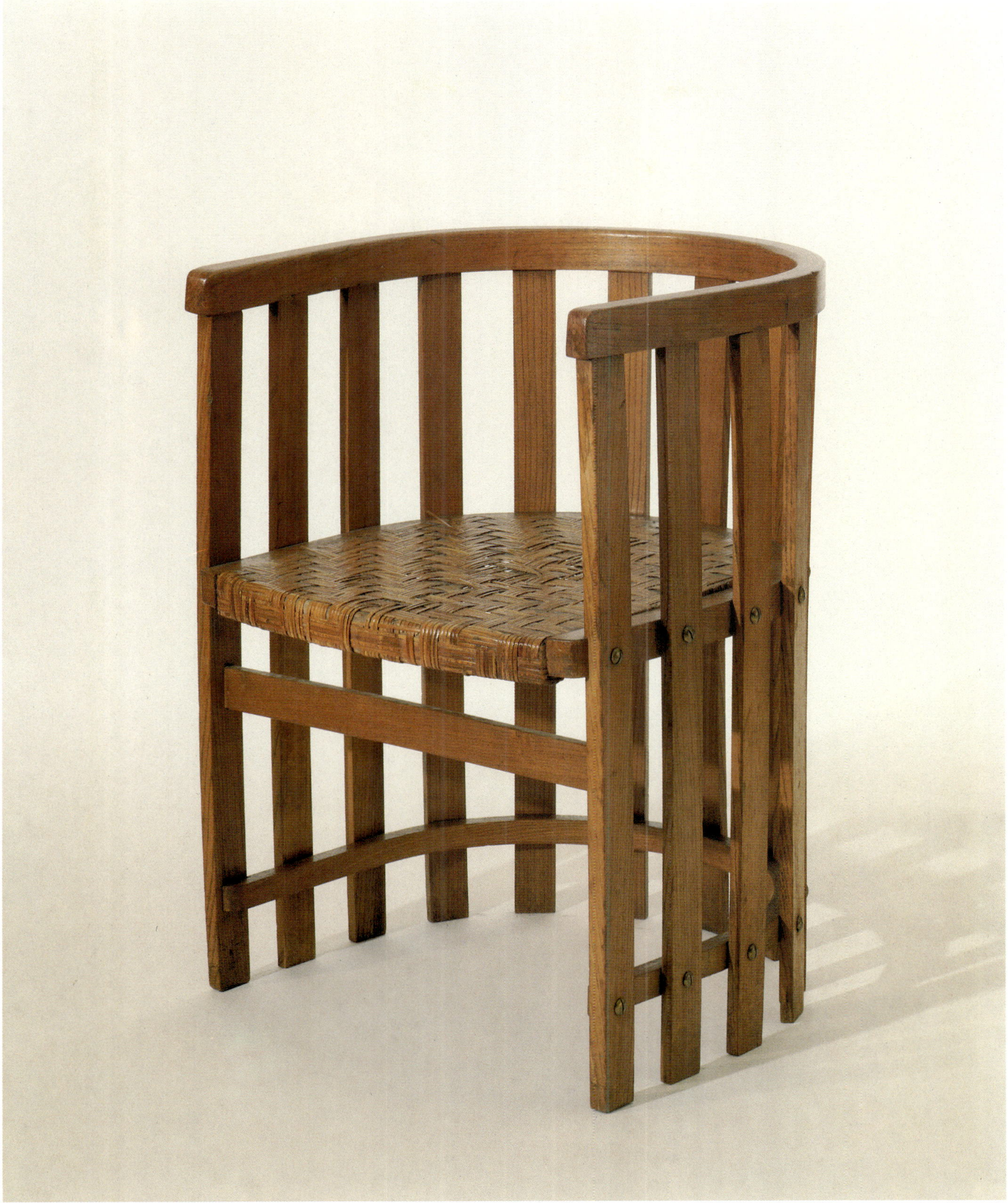

Wilhelm Schmidt, Fauteuil, um 1902

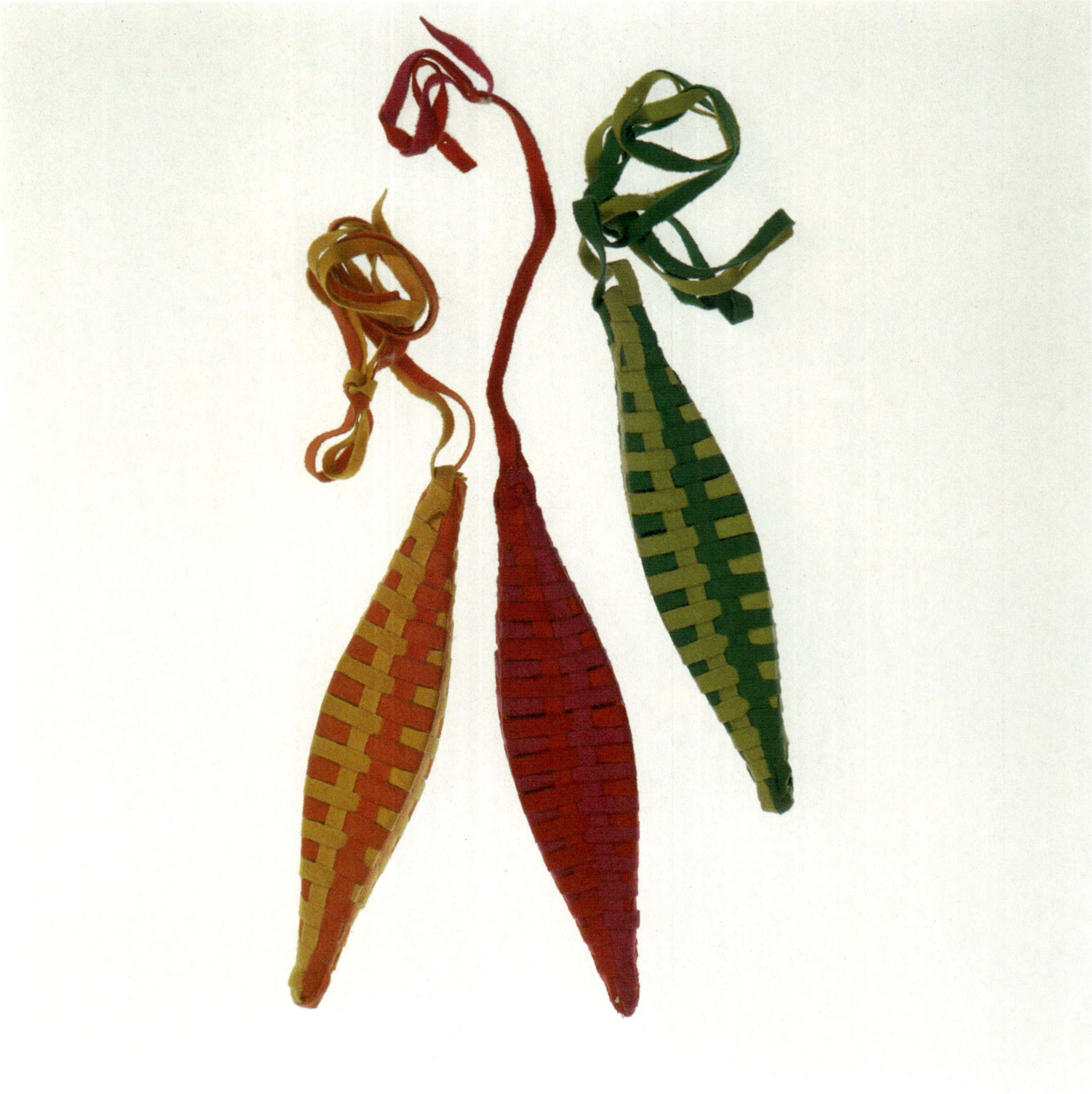

Anton Hofer, Schalbehang, um 1912

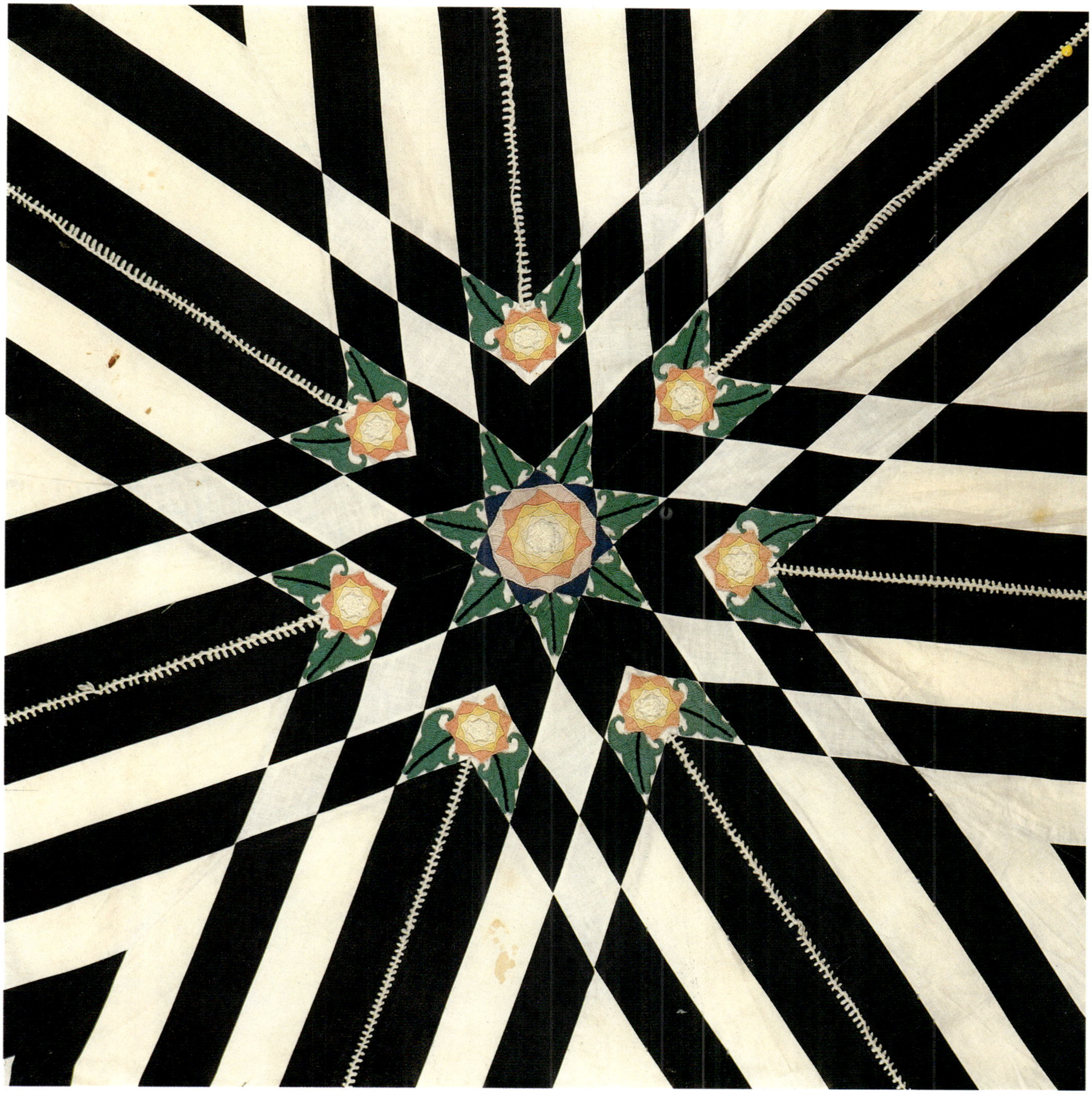

Anton Hofer, Tischtuch, Detail, um 1912

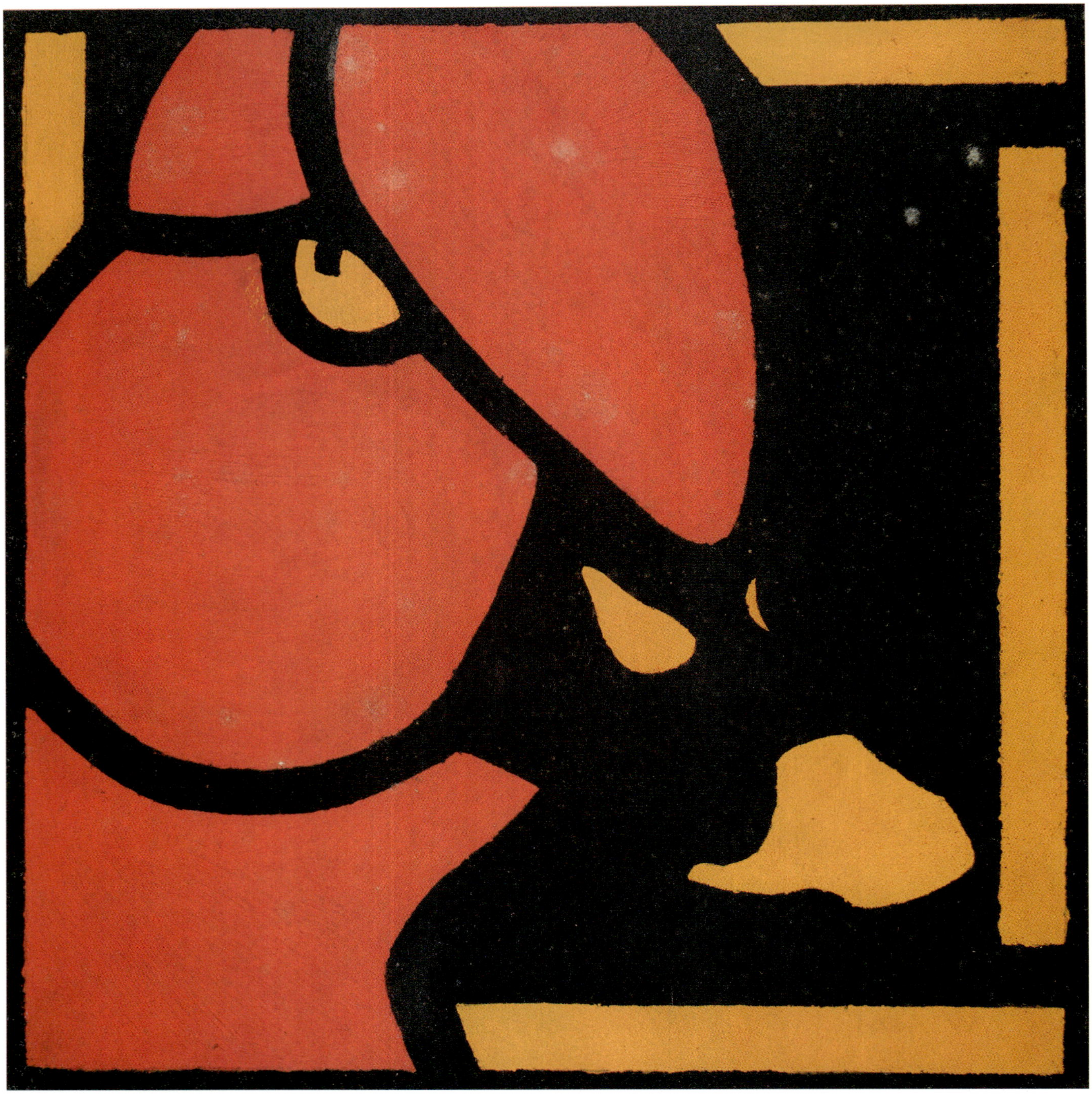

Schule Alfred Roller, Entenkopf, um 1903

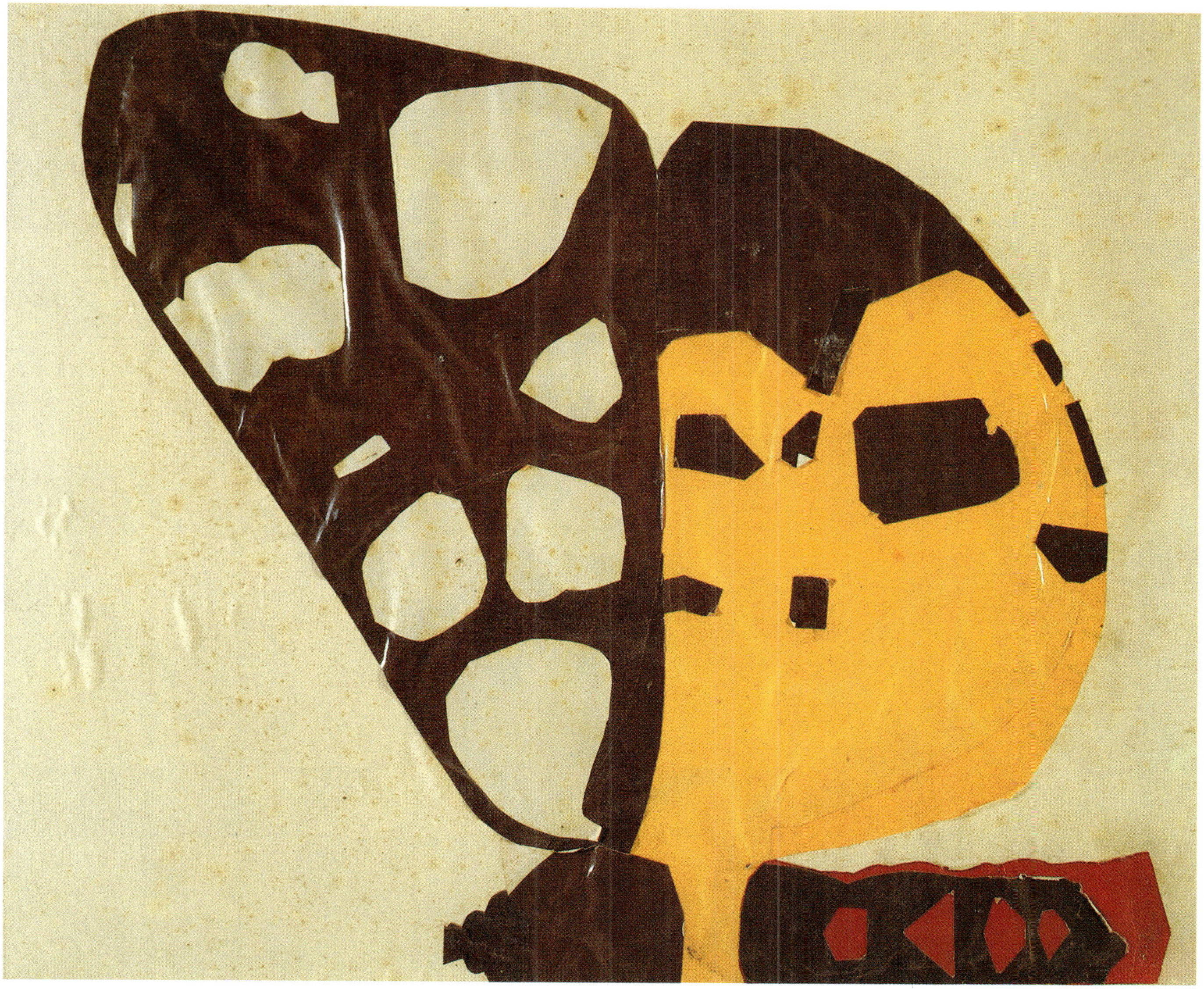

Schule Alfred Roller, Schmetterling, um 1903

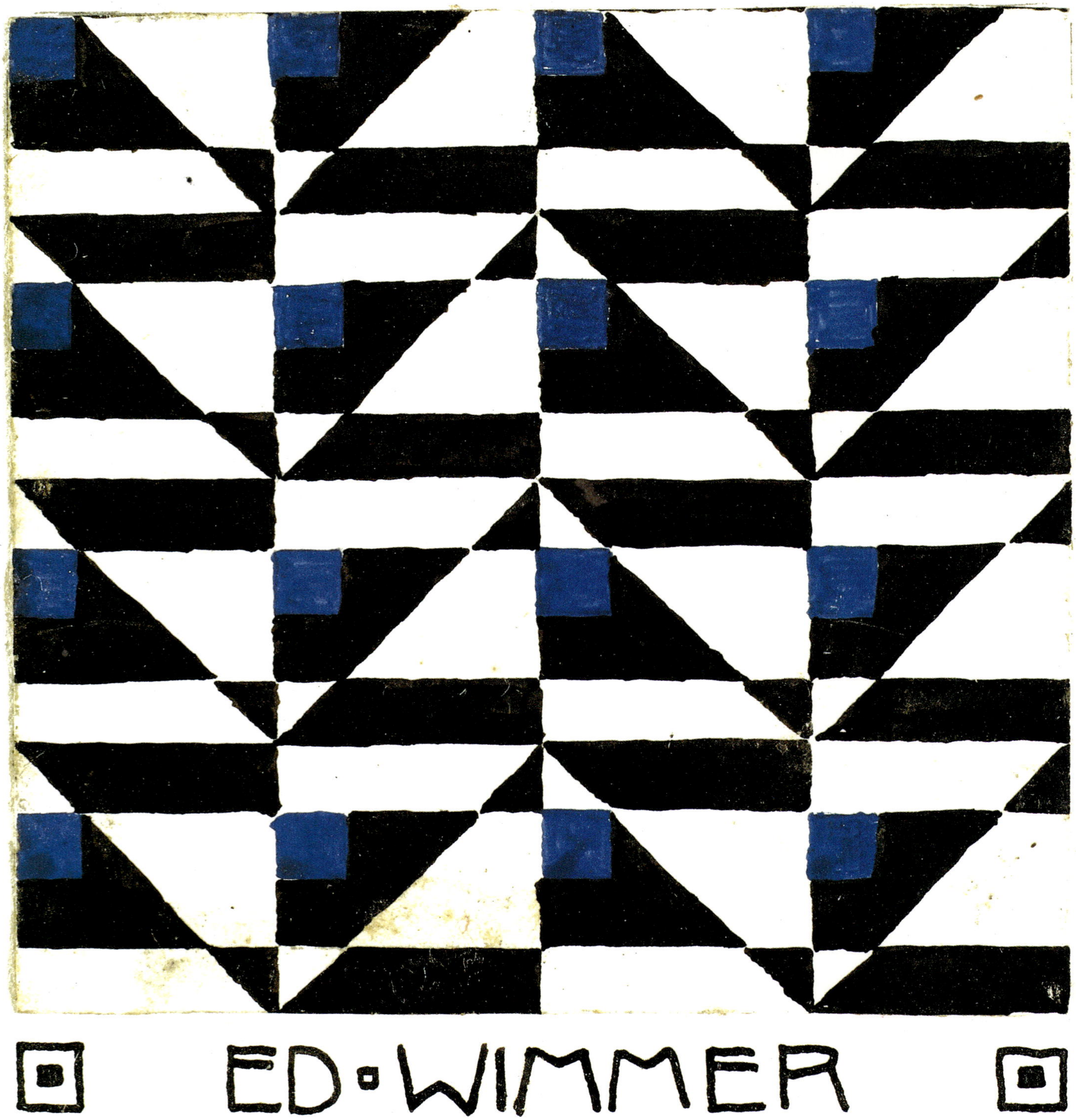

Eduard Josef Wimmer-Wisgrill, Geometrisches Flächenmuster, um 1902

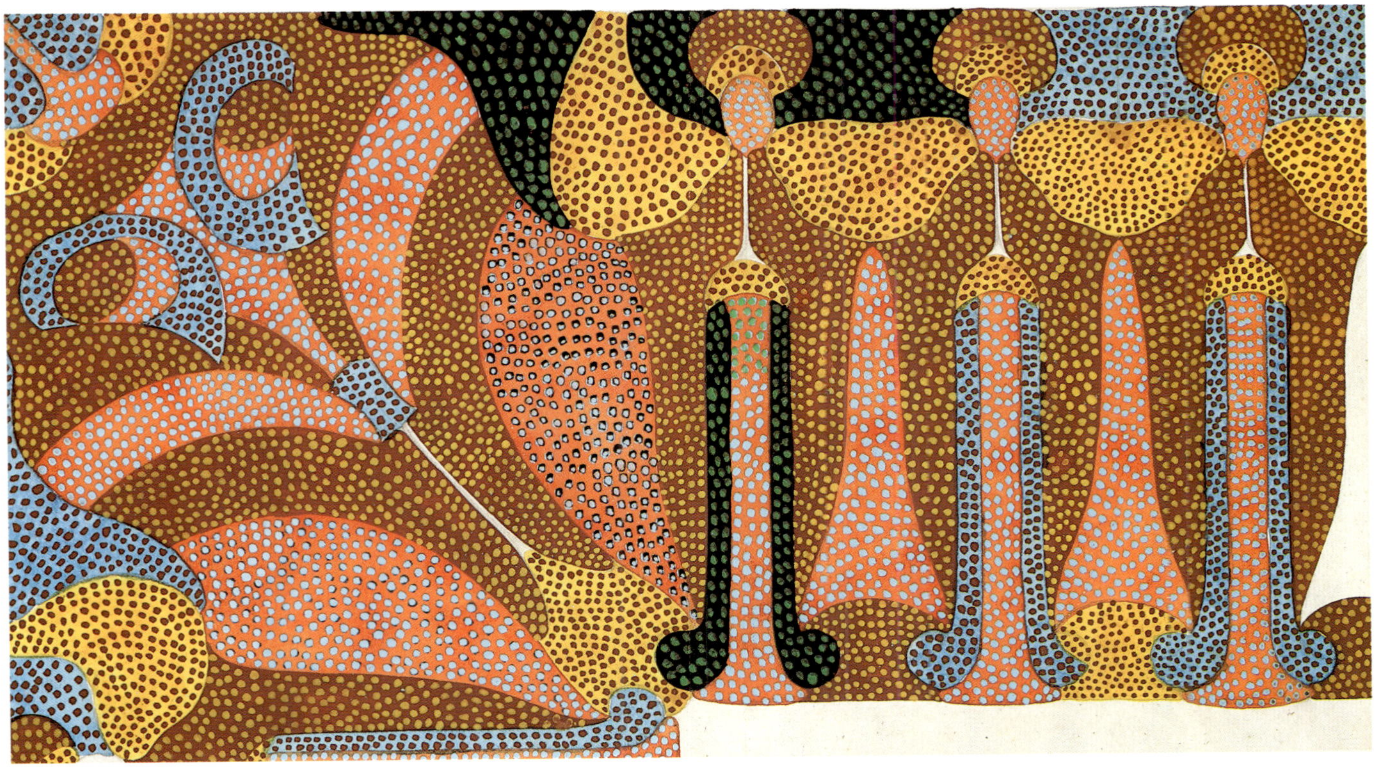

Maria von Uchatius, Drei Engel und eine Teufelsmaske, 1902

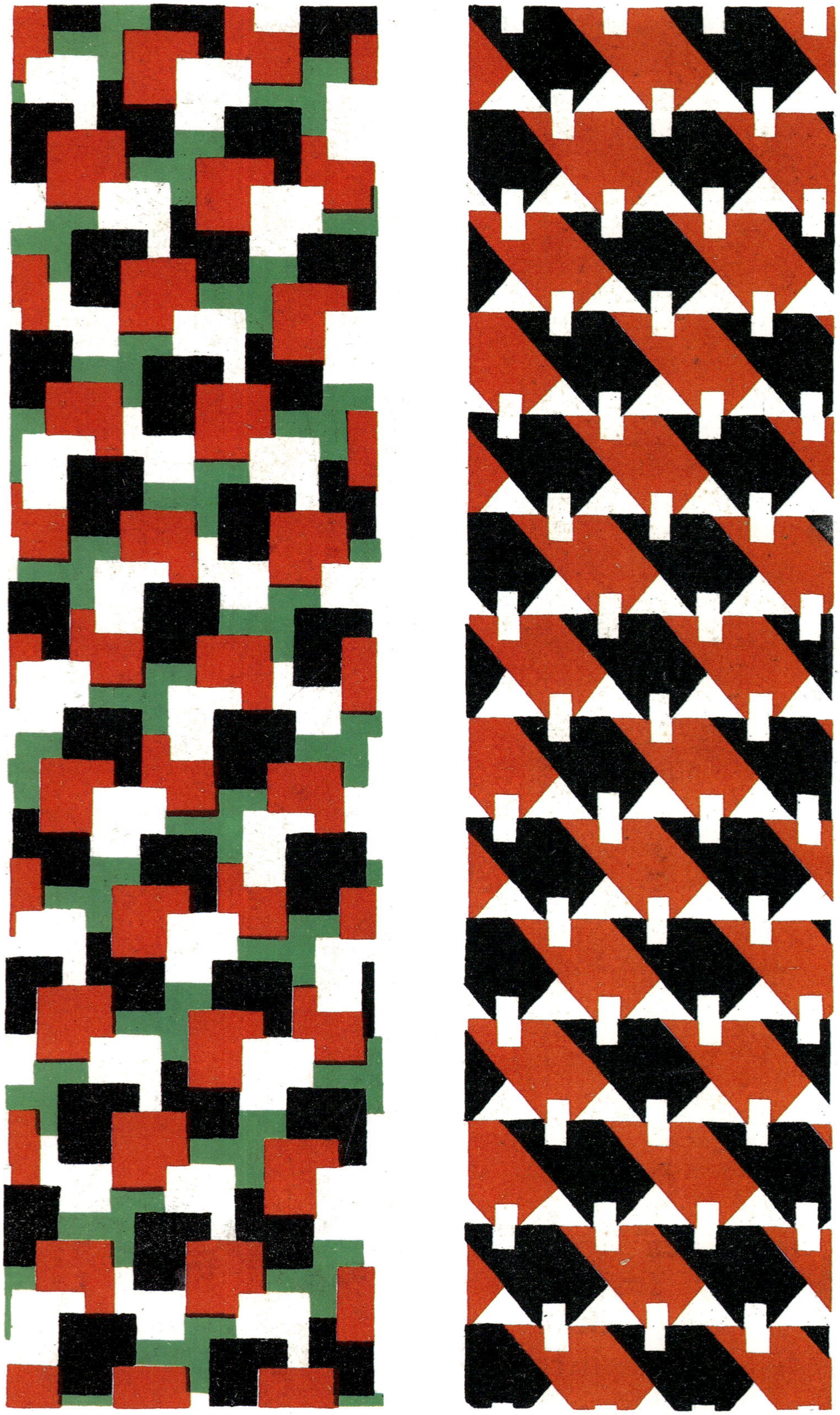

Eduard Josef Wimmer-Wisgrill, Geometrische Flächenmuster, um 1902

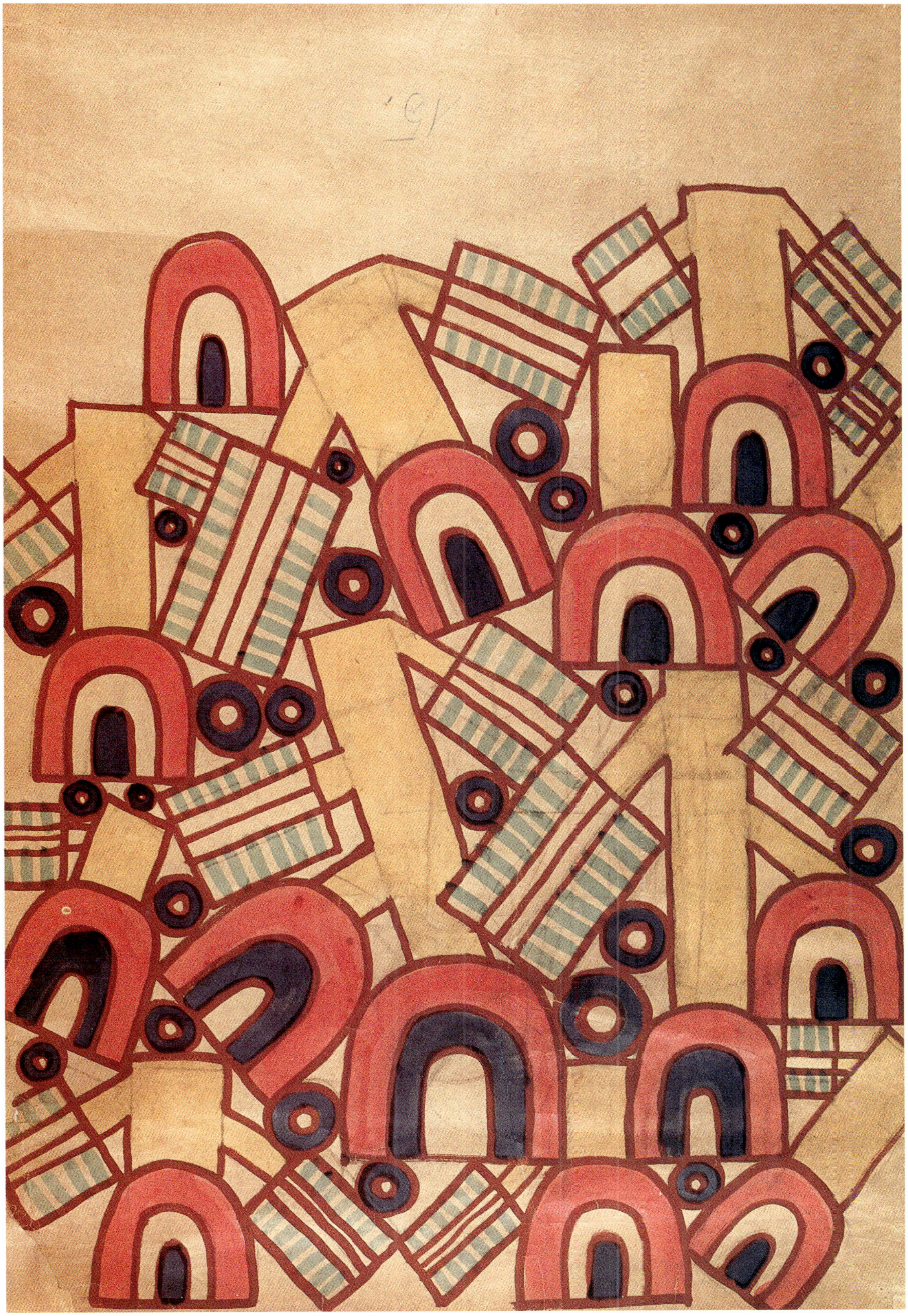

Bertold Löffler, Entwurf für eine Tapete, um 1912

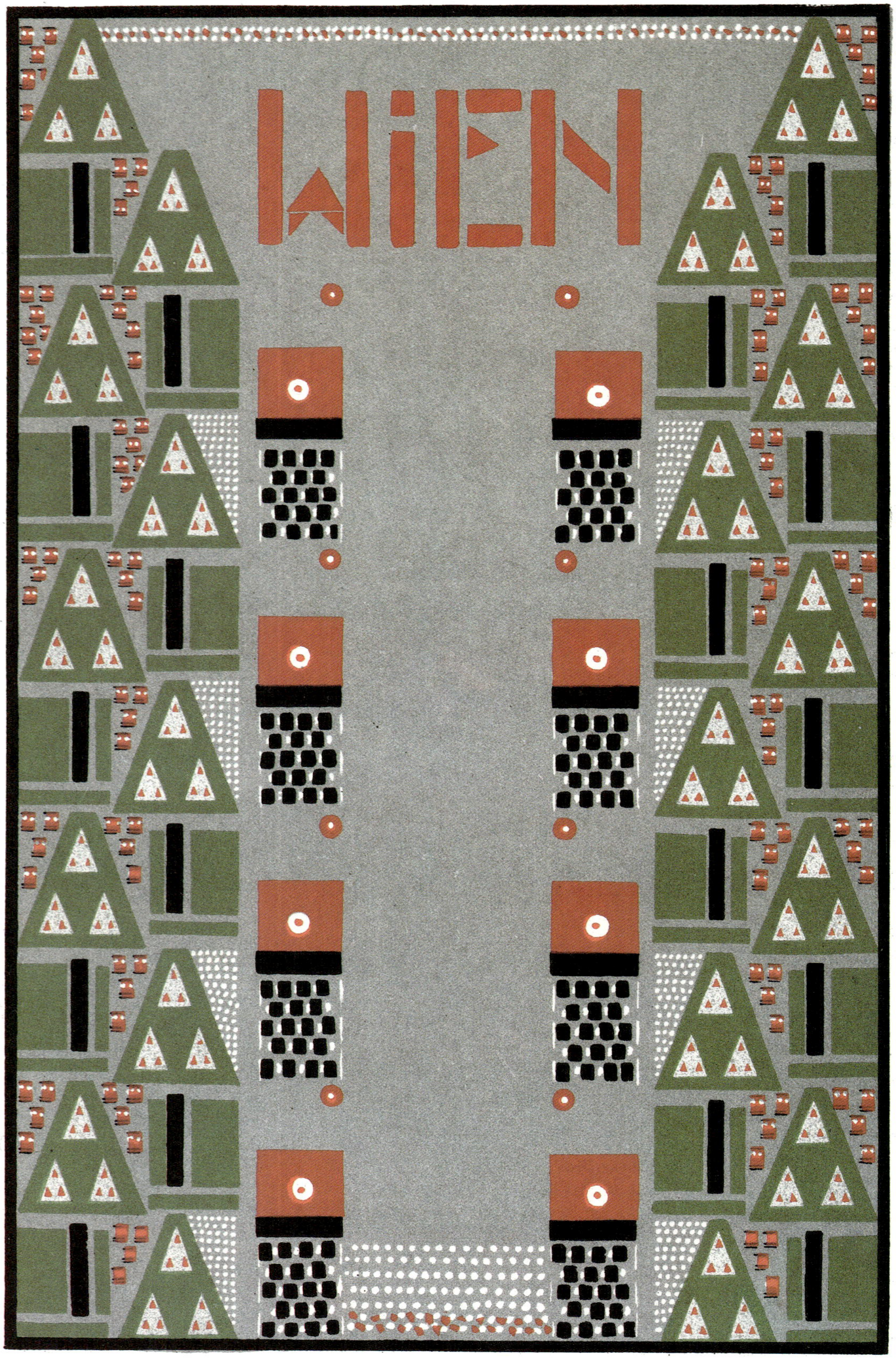

Hilde Exner, »Wien«, Entwurf für ein Plakat, um 1901

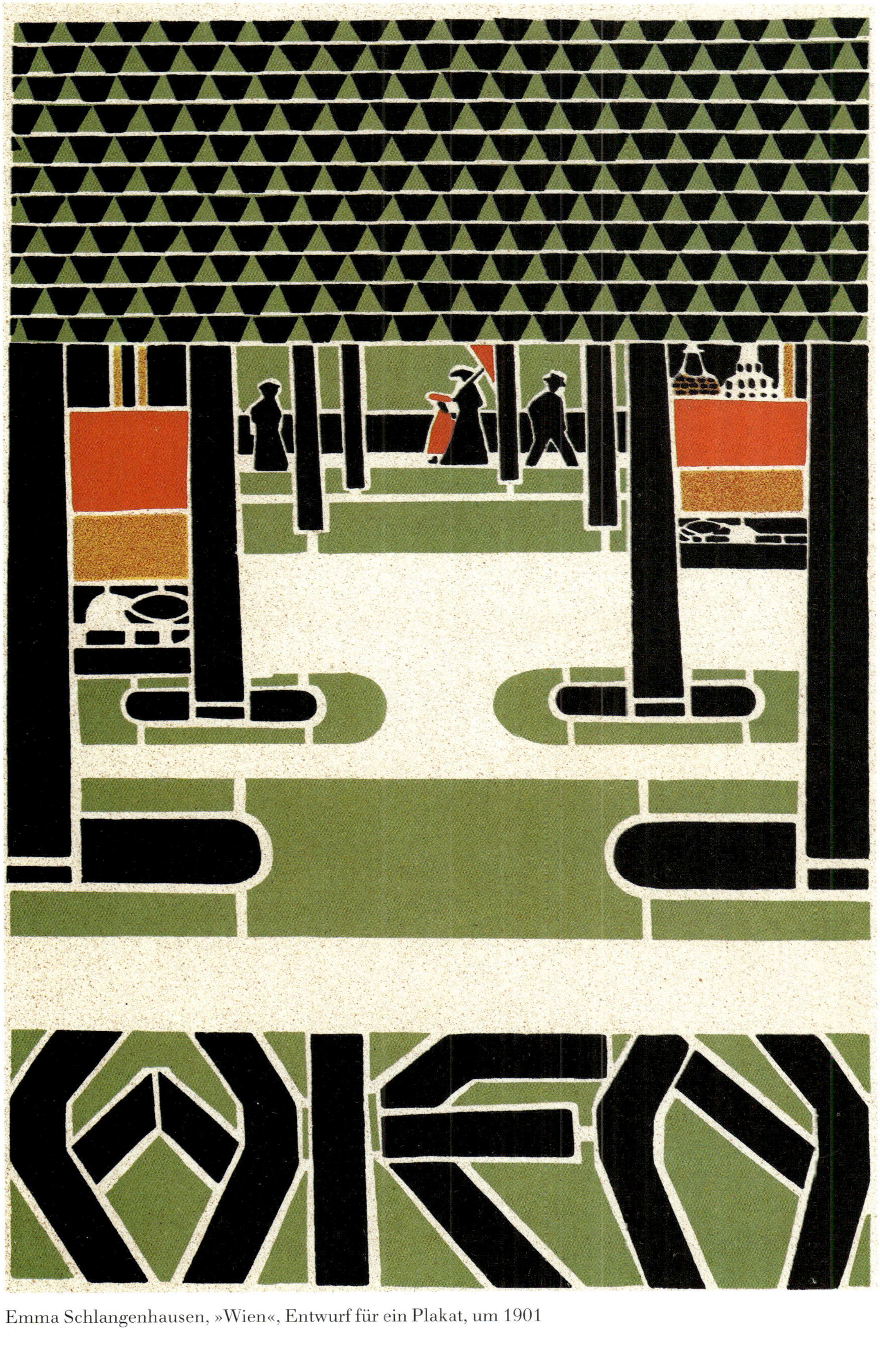

Emma Schlangenhausen, »Wien«, Entwurf für ein Plakat, um 1901

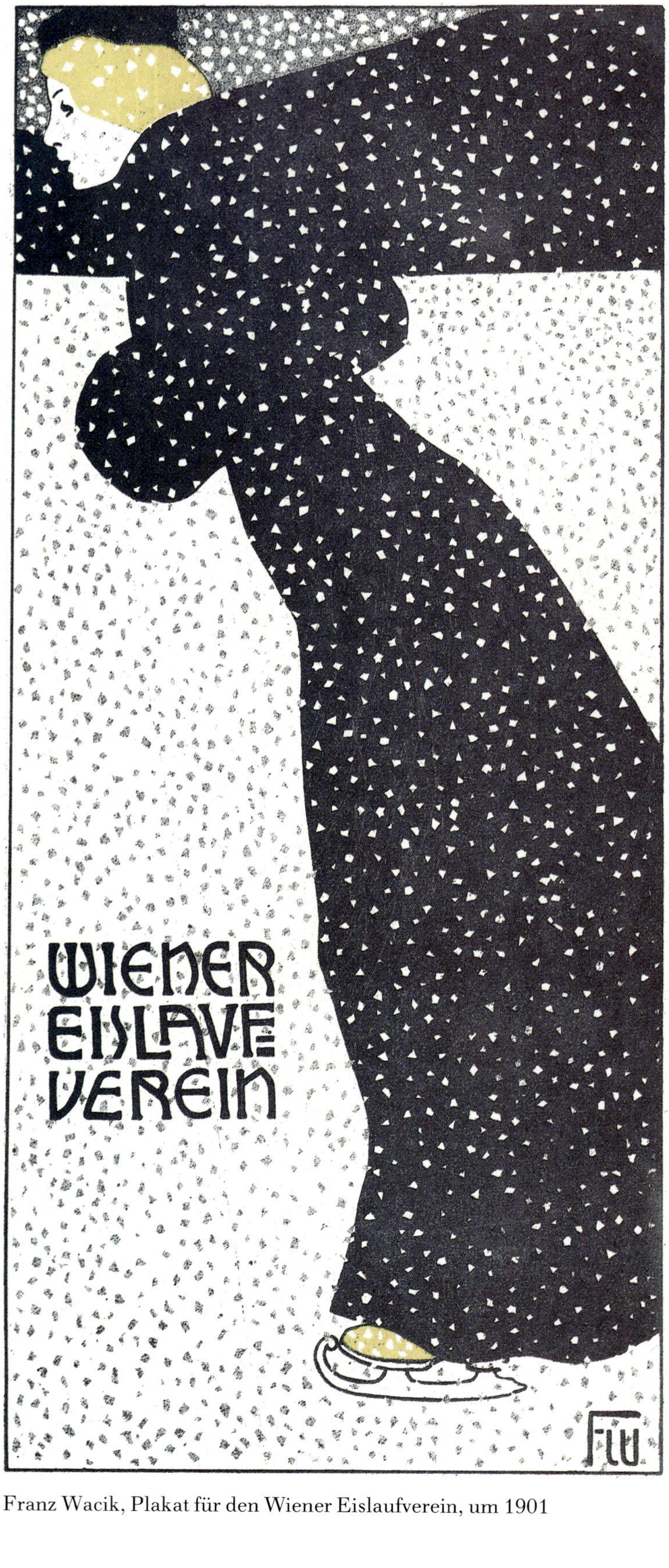

Franz Wacik, Plakat für den Wiener Eislaufverein, um 1901

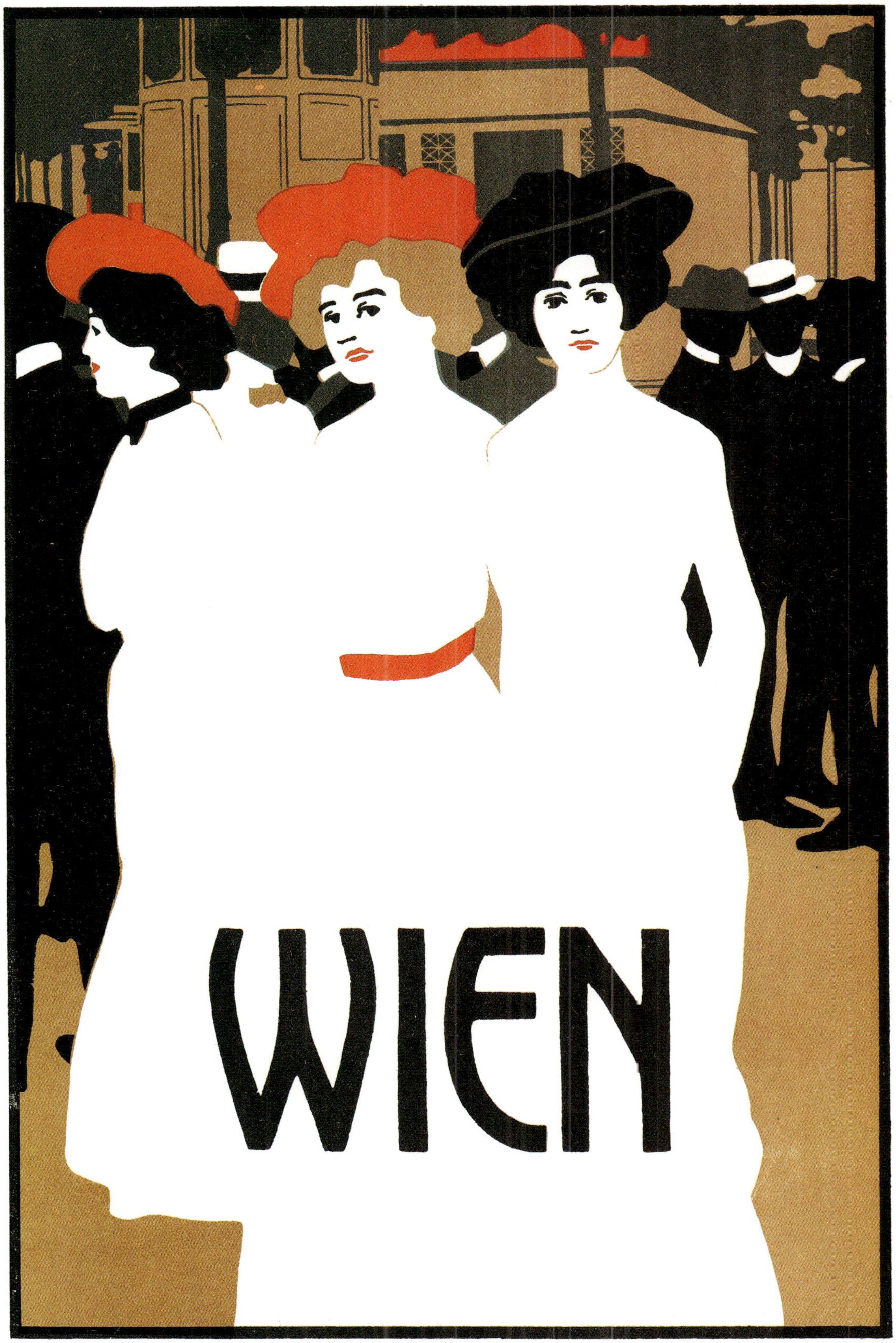

Anton Kling, »Wien«, Entwurf für ein Plakat, um 1901

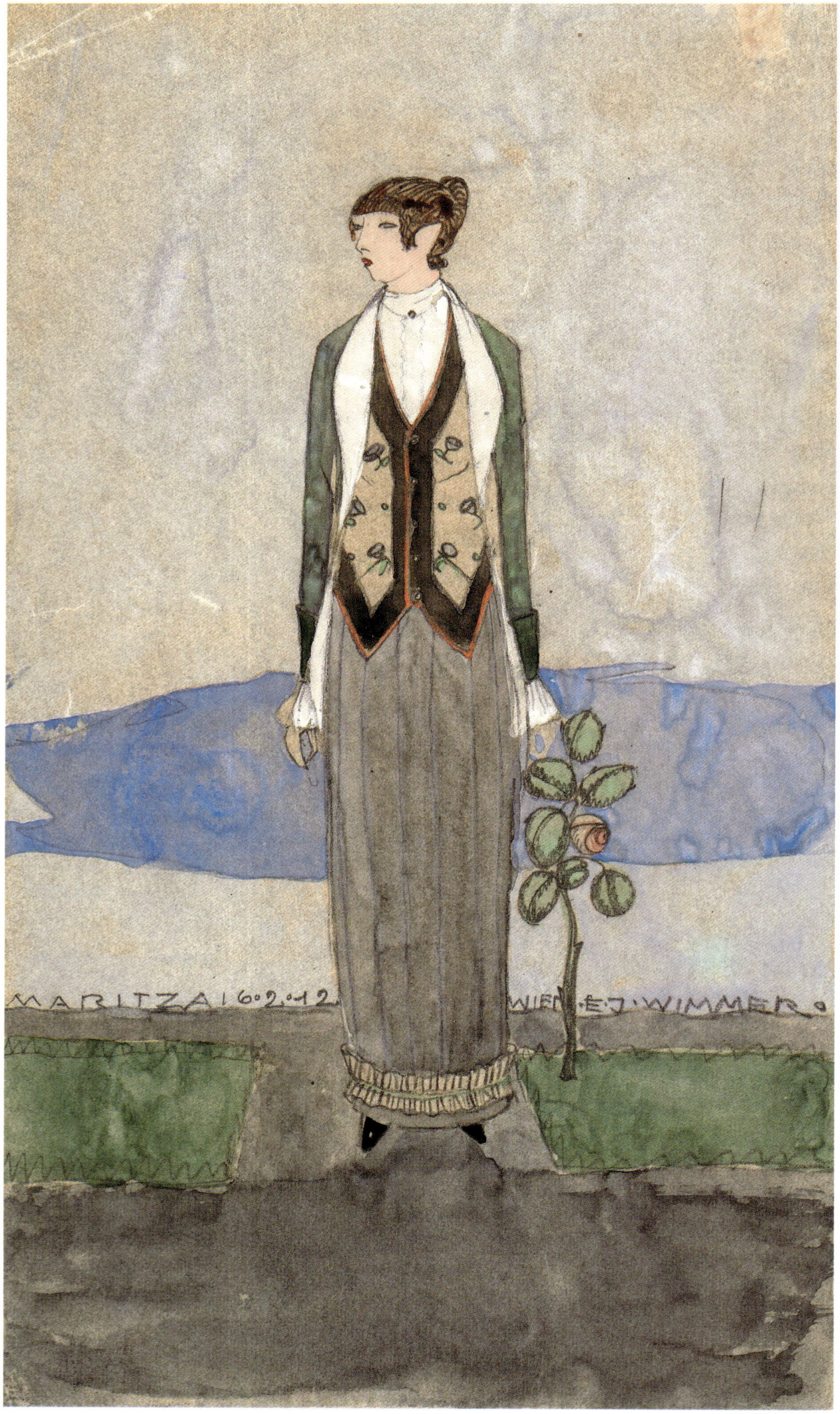

Eduard Josef Wimmer-Wisgrill, »Maritza«, Modeentwurf, 1912

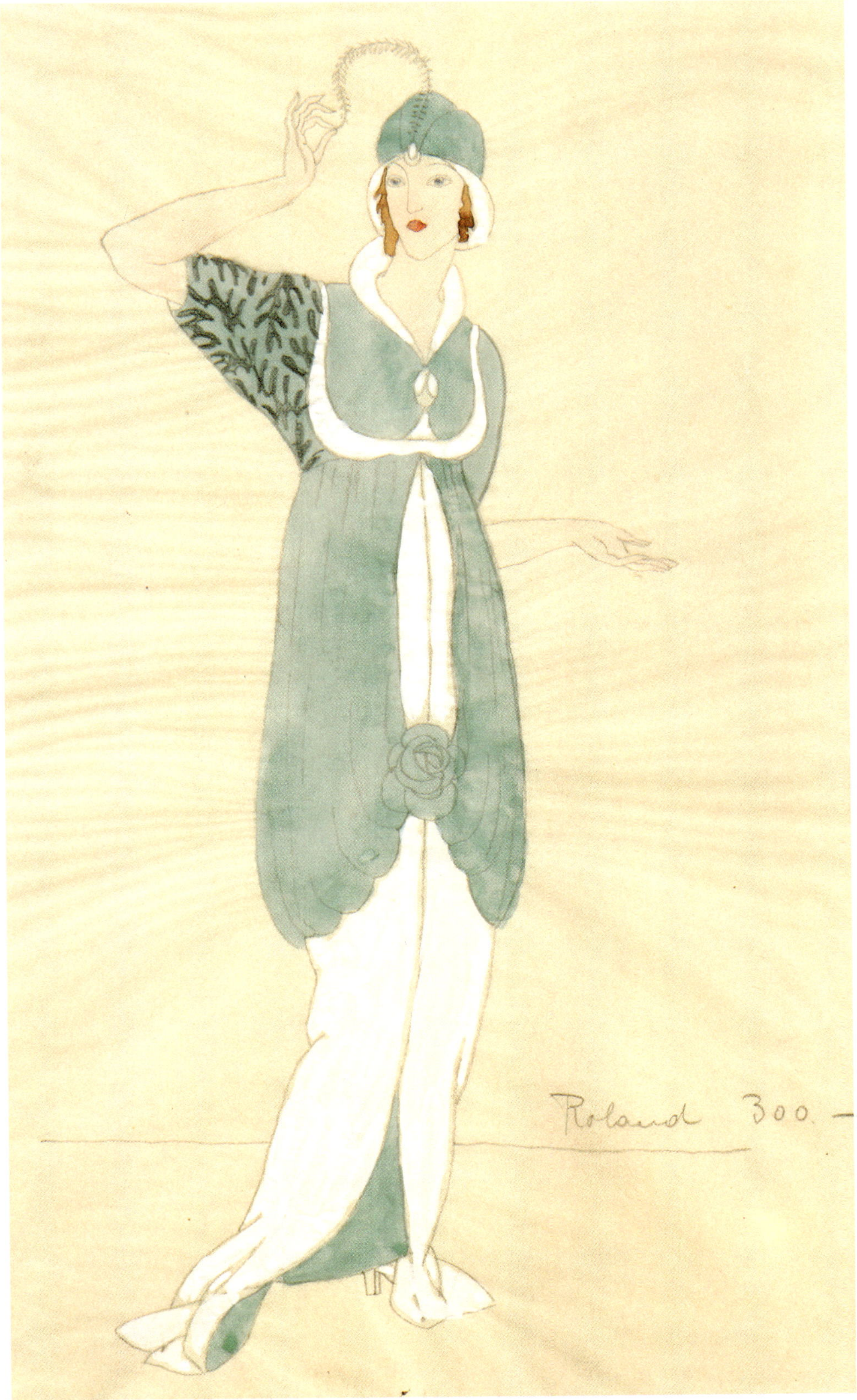

Eduard Josef Wimmer-Wisgrill, »Roland«, Modeentwurf, um 1912

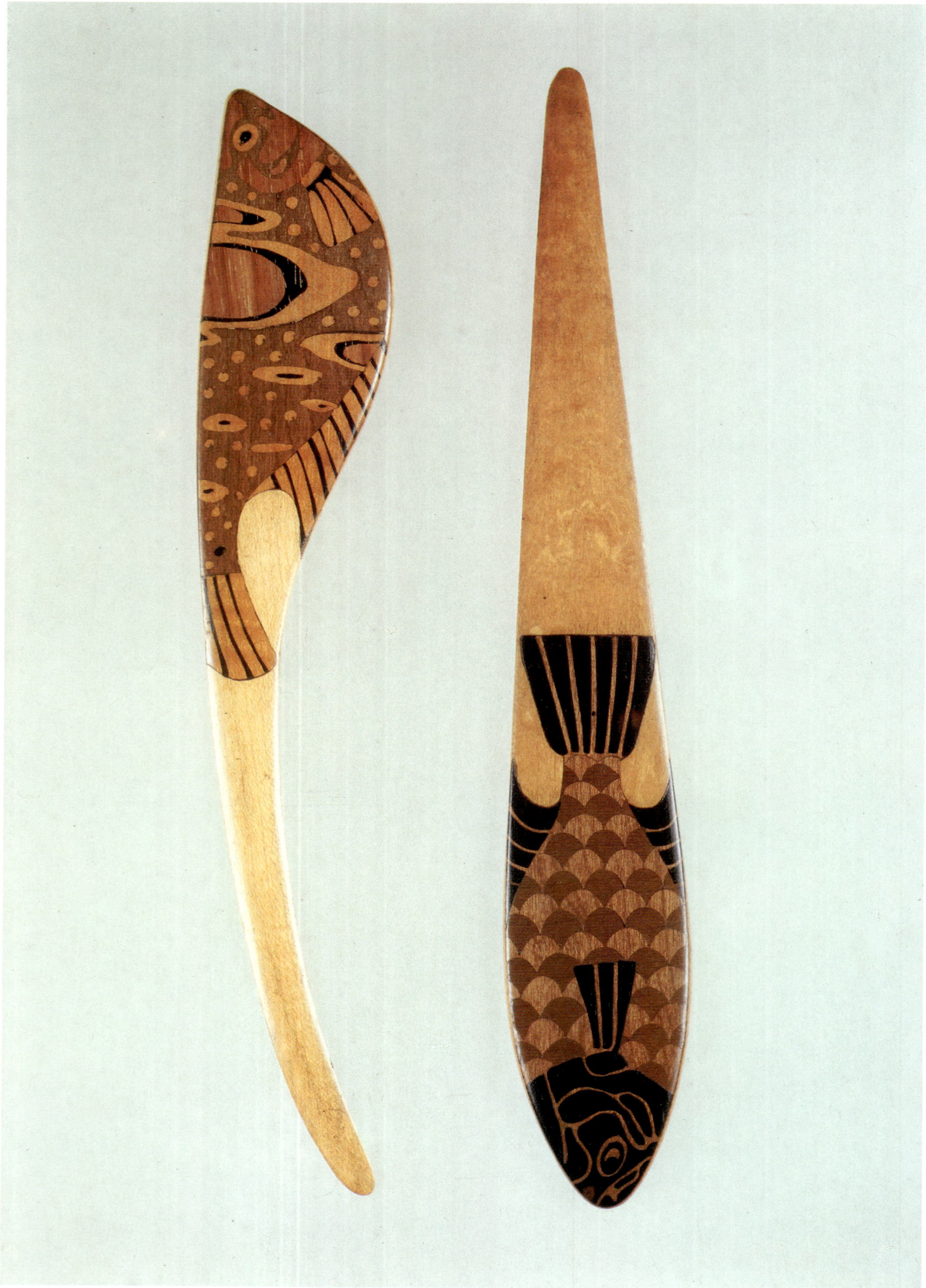

Johanna Poller-Hollmann, Papiermesser, 1909

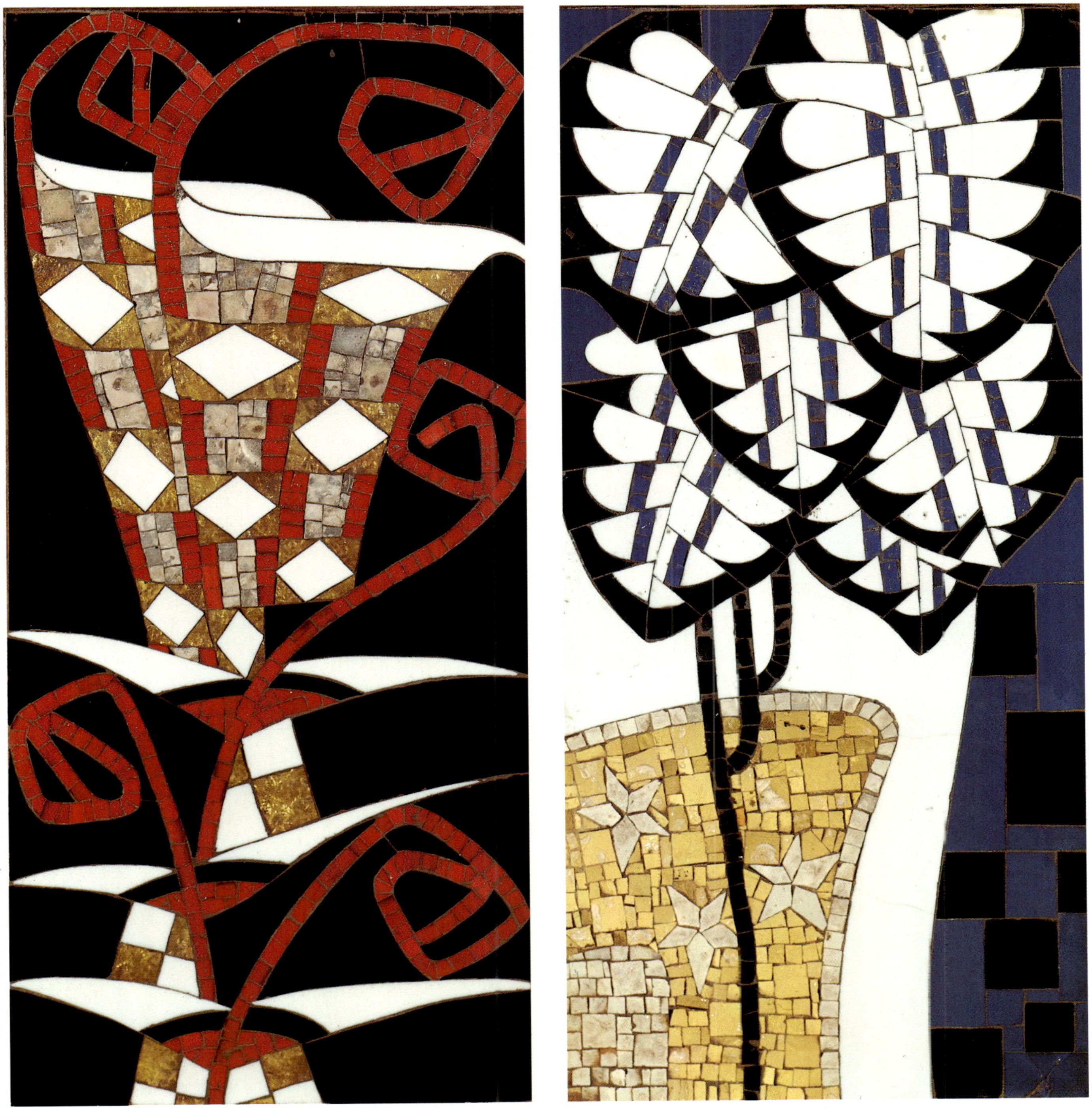

Leopold Forstner, Ornamentale Details, 1910

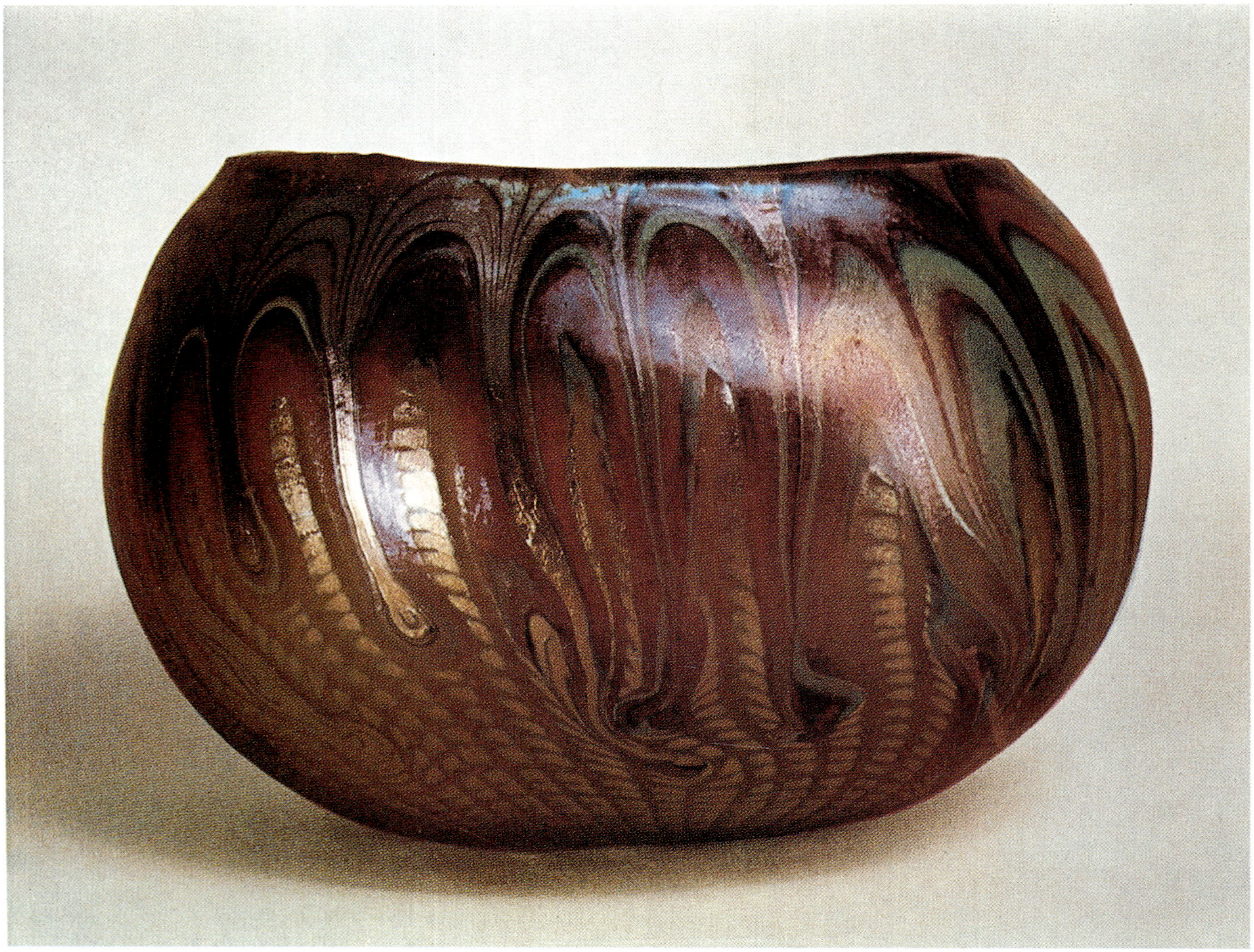

Schule Kolo Moser, Vase, um 1900

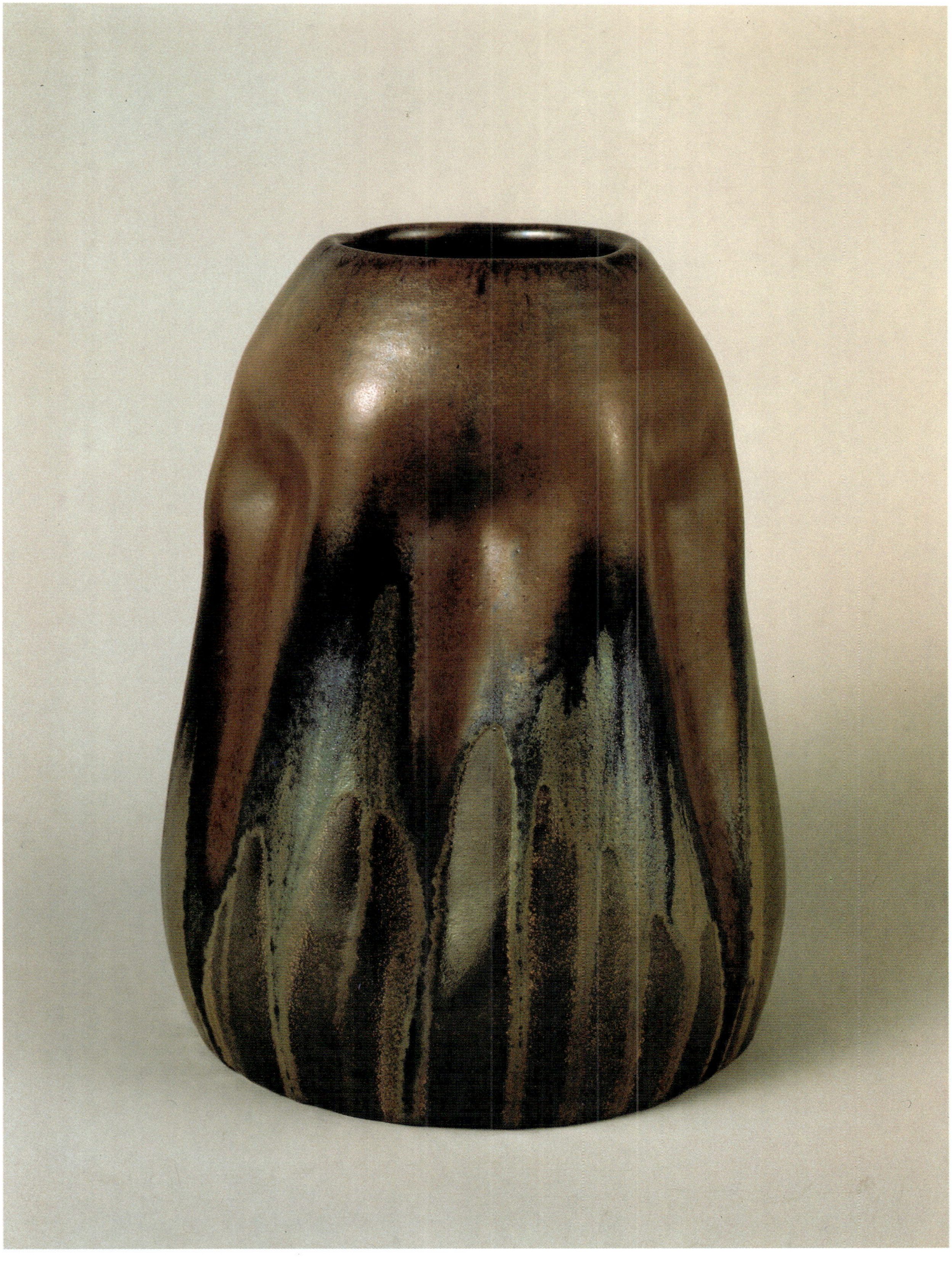

Bruno Emmel, Vase, 1902/03

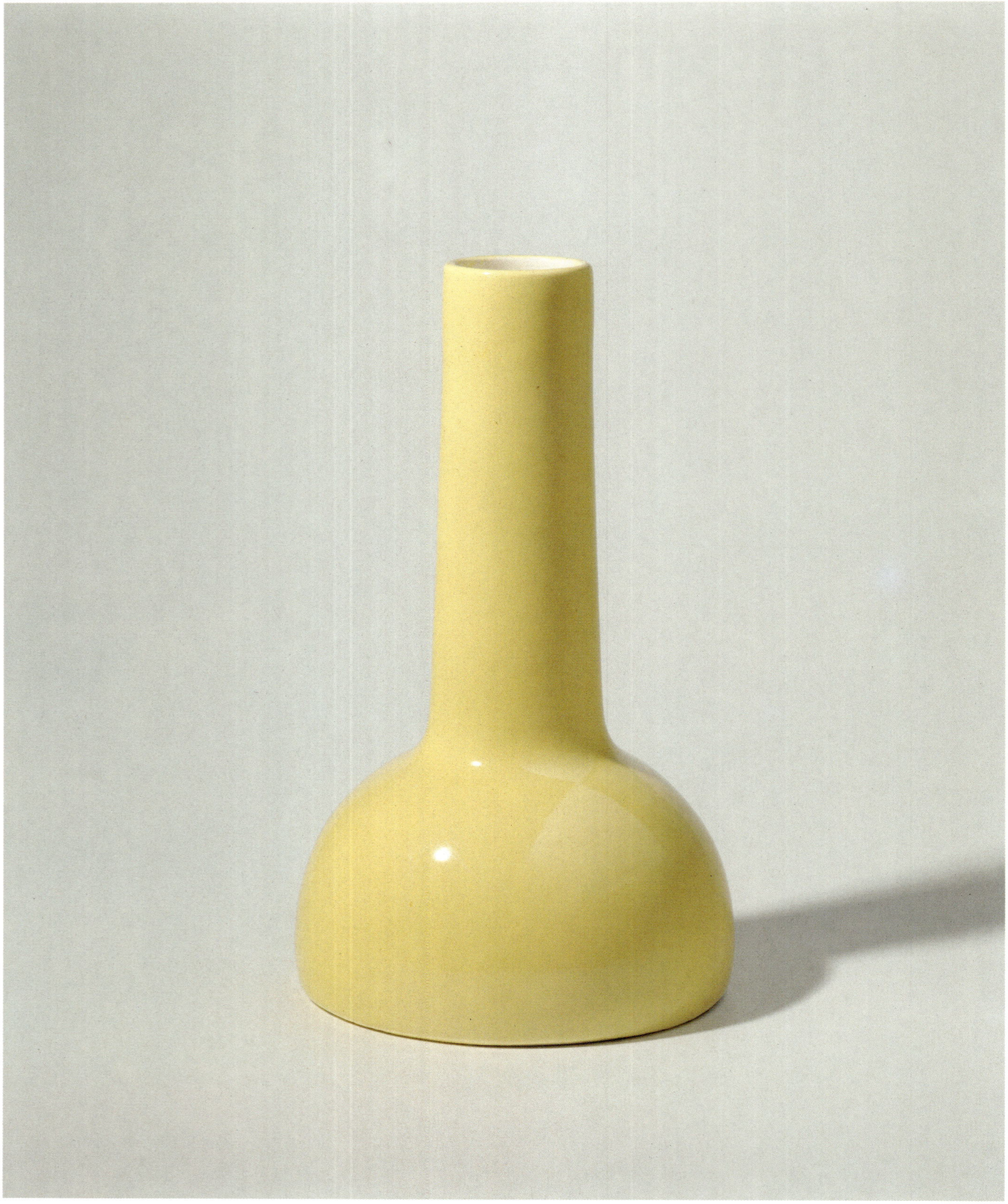

Bertold Löffler, Vase, um 1912

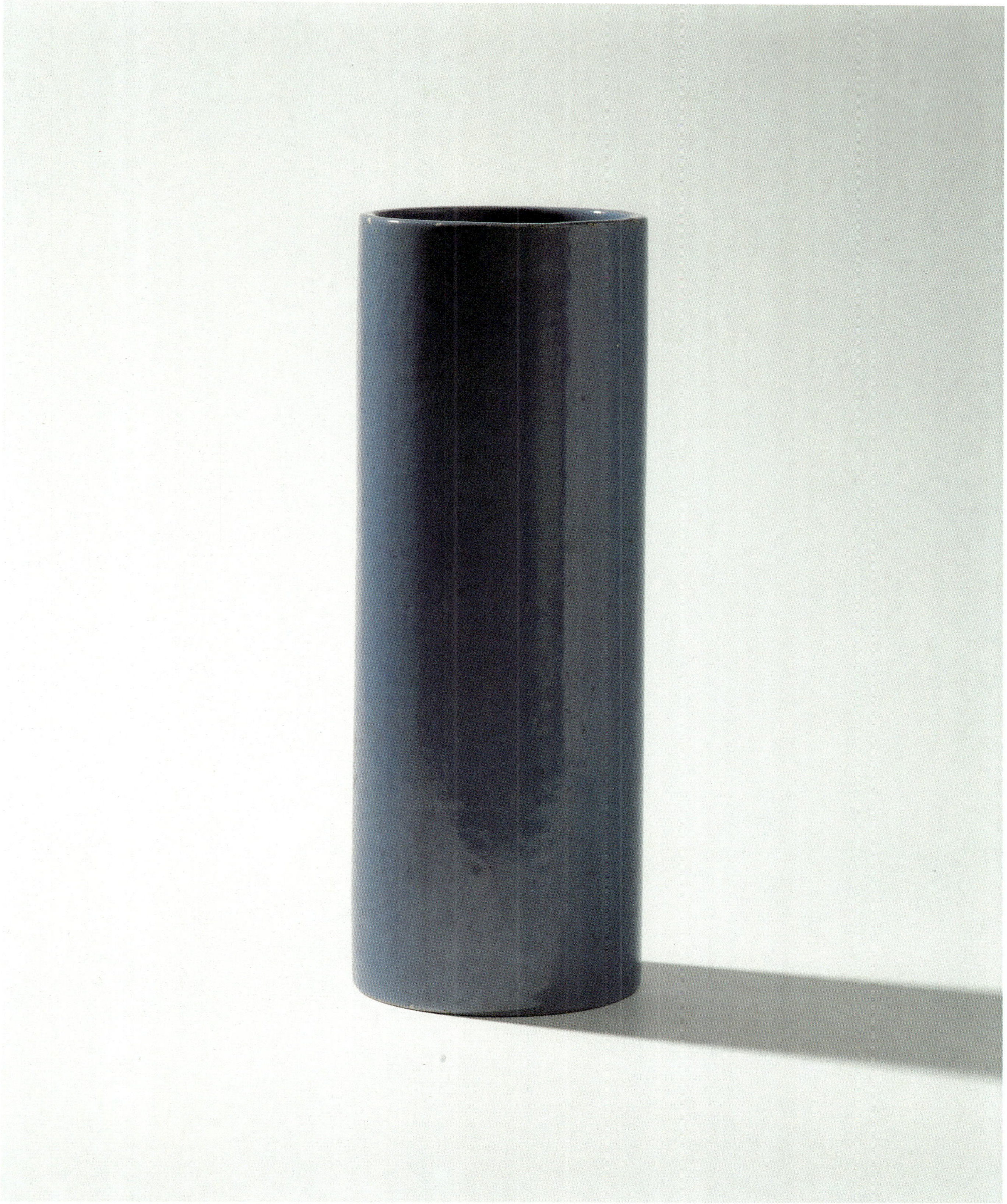

Bertold Löffler, Vase, um 1908

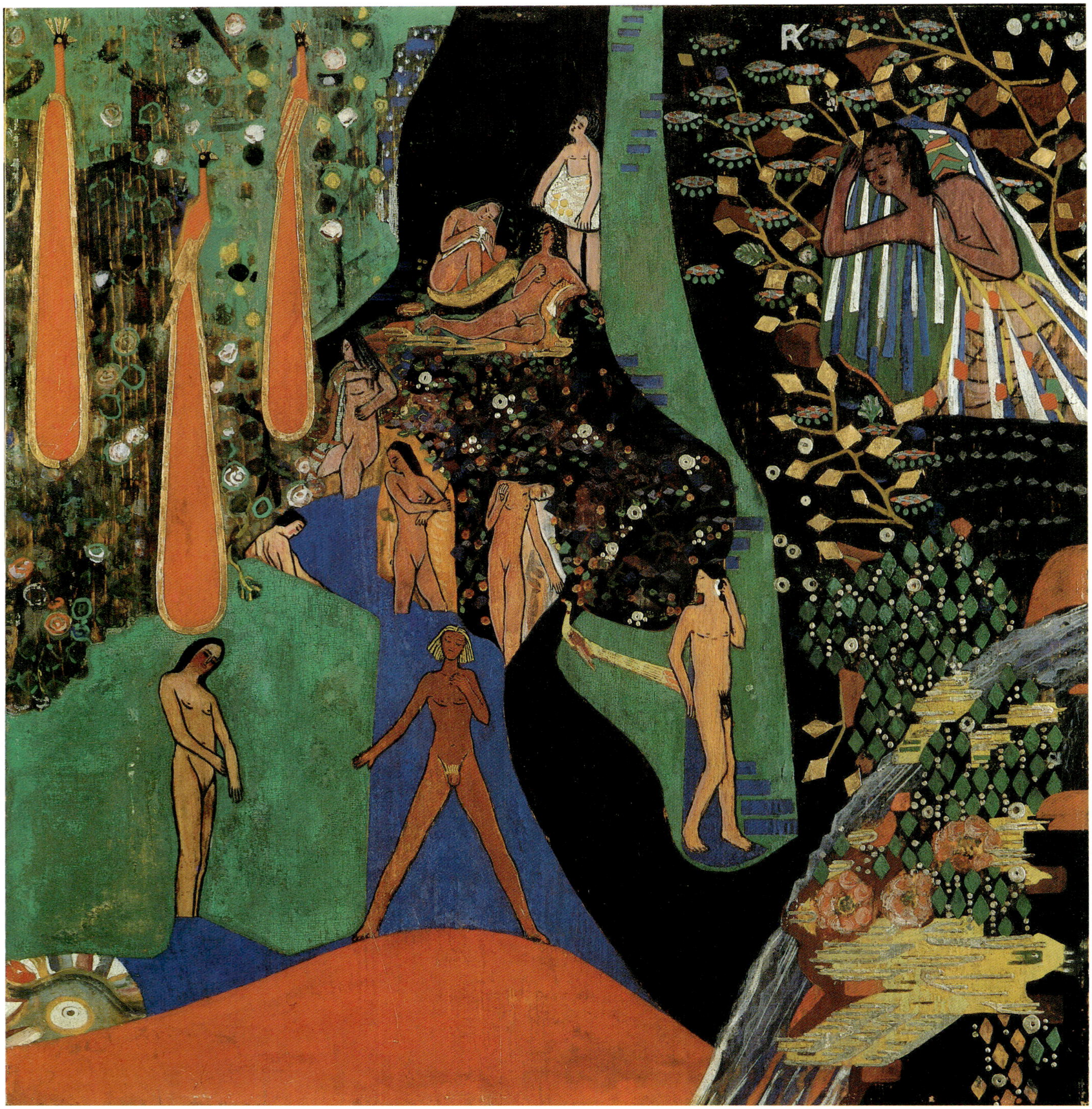

Rudolf Kalvach, Indisches Märchen, um 1907

BRAUCHBARE SCHÖNHEIT
Zur Geschichte der k. k. Kunstgewerbeschule des Österreichischen Museums für Kunst und Industrie von 1867 bis 1918

Gottfried Fliedl

Vorbemerkung

Bei der Würdigung der historischen Rolle der Kunstgewerbeschule des k. k. österreichischen Museums für Kunst und Industrie pflegt man in der Regel zwei Momente ihrer Geschichte besonders hervorzuheben: die Gründung der Schule 1867 als erste ›höhere‹ kunstgewerbliche Bildungsanstalt auf dem europäischen Kontinent (nach dem South-Kensington-Museum in London) und die Bedeutung, die die Schule für den Durchbruch der Moderne – nicht nur im Kunstgewerbe – um die Jahrhundertwende hatte.

Die folgende Darstellung dagegen bezieht sich auf die gesamte Schulgeschichte von der Gründung des Instituts 1867 bis zum Ende des Ersten Weltkriegs. Als Auftragsarbeit der Hochschule für angewandte Kunst, finanziell unterstützt vom Fonds zur Förderung der wissenschaftlichen Forschung, konzentriert sie sich auf institutionsgeschichtliche Aspekte. Das heißt vor allem auf den organisatorischen Niederschlag, den die normative Regelung der Ausbildung, der kunstgewerblichen Praxis und der ihr zugrunde liegenden Theorien gefunden hat. Sollte sich das nicht in einer positivistischen Ereignisgeschichte, in der bloßen Aufreihung von statutarischen Bestimmungen, Verwaltungsakten und Personalentscheidungen erschöpfen, im schieren Rekurs auf das Aktenkundige und in gewerblichen Fachpublikationen Überlieferte, so galt es, leitende inhaltliche Vorstellungen herauszuarbeiten, an denen sich die Normen und Regeln der institutionellen Entwicklung orientierten.

Dabei bot sich die eigentümlich kompensative Wechselbeziehung von industrieller Revolution und jener gebrauchsorientierter Kunstproduktion an, für die man – je nachdem, auf welche Produktionsform man in der Begriffsbestimmung besonderen Wert legte und auf welchen historischen Entwicklungsstand man sich bezog – die Begriffe »Kunstgewerbe«, »Kunsthandwerk«, »Kunstindustrie« oder, im späten 18. und frühen 19. Jahrhundert, »Kunstfleiß« entwickelte.

Kompensatorisch läßt sich diese Wechselbeziehung von Industrie und Kunst nennen, weil das gewerblich-industrielle, also auch das kunstgewerbliche Bildungssystem (als dessen ›höchste‹ Institute das Kunstgewerbemuseum und als sein Tochterinstitut die Kunstgewerbeschule im Liberalismus gegründet wurden), als Gegenstrategie gegen die Folgekosten der industriellen Entwicklung konzipiert waren. In den der Entwicklung dieses Bildungs- und Schulwesens parallel laufenden theoretischen und kulturdiagnostischen Debatten kam von Anfang an unter dem zentralen Stichwort des ›Verfalls des Geschmacks‹ die Zersetzung handwerklich gebundener, von ungeteilter und unentfremdeter Arbeit getragener Produktionsformen zur Sprache und damit die Veränderung der Kunstproduktion, vor allem jener, die auf alltägliche, utilitäre Bedürfnisse zugeschnitten sein sollte.

Die Verwissenschaftlichung und Pädagogisierung von Teilen der Kunstproduktion schien eine Möglichkeit zu bieten, aus der diagnostizierten Krise ökonomischer, sozialer und damit ästhetischer Natur (›Verfall des Geschmacks‹) eine optimistische Strategie zu entwikkeln. Die Versöhnung von ökonomischem und kulturellem Fortschritt durch Bildung und Bildungsinstitutionen (das heißt auch: durch staatliche Vorsorge), gestattete es dem Bürgertum, ein Konzept des industriellen Fortschritts als »Glücksvollzug für alle Bürger« (Gert Reising) zu propagieren.

Diesem optimistischen Vertrauen in die aufklärerische und humanisierende Leistung der Bildungsinstitutionen, deren eine Aufgabe es ja auch sein sollte, das (kunst)geschichtliche Erbe den zeitgemäßen Bedürfnissen zu vermitteln, verdanken die kunstgewerblichen Bildungsinstitutionen ihren programmatischen Auftrag. Aus den Weltausstellungen, die wie keine anderen Veranstaltungen des Pathos des bürgerlich-industriellen Fortschrittskonzepts visualisierten, mittelbar hervorgegangen, erhielten diese, auch das Wiener Kunstgewerbemuseum und die kurz darauf als Filialeinrichtung gegründete Kunstgewerbeschule, umfassende Aufgaben: *Ästhetische*, das heißt ›Hebung des Geschmacks‹, ›Veredelung‹ der gewerblichen und industriellen Produktion, *ökonomische*, das heißt Herstellung und Festigung der Konkurrenzfähigkeit der Zweige des Kunstgewerbes im nationalen und internationalen Wettbewerb und schließlich *ethische*, wie die Harmonisierung von Klassengegensätzen (zum Beispiel durch ›geschmackliche Erziehung‹) oder von nationalen Gegensätzen.

Sozial vom liberalen Bürgertum, finanziell und organisatorisch vom Staat getragen, formierten sich die kunstgewerblichen Bildungsinstitutionen auf dem Vertrauen, die »technischen Grundlagen der gesellschaftlichen Produktion geistig-ästhetisch zu bewältigen, um die Mißstände der Gesellschaftsverhältnisse abzuwenden« (vgl. Haus 1975, S. 44). Dieser wie gesagt kompensativen und in gewisser Weise auch defensiven Haltung korrespondierte der Historismus als Aneignungsform historischer Kunsterfahrung und Kunstformen. Eine über wissenschaftliche Erkenntnis der ›Kunstgesetze‹ – als Gesetzlichkeiten geistiger, menschlich-intentionaler Sinnstiftung – vermittelte Tradition sollte gesellschaftliche Praxis anleiten, dem Abbau von Traditionsbewußtsein und der allmählichen Zersetzung der materiellen Überlieferung von Tradition entgegenwirken und der Schaffung einer nicht nur ästhetisch ›wohlgefälligen‹, sondern auch gesellschaftlich sinnvollen Produktkultur dienlich sein.

Die Grenzen dieses Konzepts wurden innerhalb der kunstgewerblichen Bildungsinstitutionen zunächst vor allem als Krise der Methoden sichtbar. Die komplexe historistische Aneignungsarbeit verdünnte sich zum routinierten Kopier- und Nachahmungsbetrieb, von dem kaum noch Impulse für die kunstgewerbliche Praxis ausgingen. Die schweren nationalen (Zusammenbruch des Wirtschaftssystems; Börsenkrach) und internationalen (Deutsch-Französischer Krieg) Krisen brachen den Fortschrittsoptimismus, von dem die Bildungsinstitutionen zehrten. Aber erst im Rahmen der Modernitätsdebatte in Literatur, bildender Kunst und Architektur, also etwa ab 1895, konnte sich aus dem kritischen Druck gegen überkommene Auffassungen und institutionelle Verkarstungen reformerischer Impuls entwickeln.

Die Verwissenschaftlichung der Kunstproduktion wurde nun als Entmündigung des Künstlers verworfen, der Historismus als eine Methode, die jeder lebendigen Kunstschöpfung zuwiderläuft, und die Ausbildungsmethoden als Anleitung zum Plagiieren, zum sterilen Kopieren. An die Stelle der scheinbar universalen Verfügung über Stile und Kunstformen aller Epochen und Kulturen, wie sie der Historismus potentiell möglich gemacht hatte, tritt nun das Vertrauen in die aus der Gegenwart schöpfende Kreativität des autonomen Künstlers – sein Selbstbewußtsein der Modernität setzt sich an die Stelle des normativen historischen Vorbilds. Auch der soziale Zusammenhang, in den die kunstgewerbliche Produktion im 19. Jahrhundert eingebettet war, hatte sich nun gewandelt. Eine mäzenatische Unterstützung, etwa durch das Kaiserhaus, Adelige, vereinzelte Industrielle, gab es zwar weiterhin, sie spielte aber nicht mehr die gleiche Rolle wie noch in den Gründungsjahren der kunstgewerblichen Institutionen. Mit der weitgehenden Erschöpfung des Projekts der Stadterweiterung erlahmte auch ihre stimulierende Kraft, die ja in diesem Zusammenhang vor allem von den Selbstdarstellungswünschen und Symbolisierungsbedürfnissen staatlicher Institutionen von Politik, Verwaltung und Kultur getragen worden war. Der Künstler und der Kunsthandwerker treten nun immer stärker als Inszenatoren bürgerlicher Privatheit auf, als Regisseure des ›comforts‹, das heißt eines gleichermaßen ethisch harmonisierenden wie ästhetisch befriedigenden Intérieurs. Dort, wie in den Ausstellungen, die als Raumkunst zur Entfaltungssphäre der bildenden Kunst werden, pflegt der ›moderne‹ Künstler die vor allem von der Secession entwickelte und getragene Idee der ›ästhetischen Totalwirkung‹, das heißt die des Zusammenklangs aller Einzelmomente bis hin zum unscheinbarsten, alltäglichsten Gebrauchsgegenstand. Wiederum – aber anders als die Konzepte des 19. Jahrhunderts – sieht sich das Kunstgewerbe (und mit ihm die kunstgewerbliche Ausbildung) in einer kompensativen Rolle: Ästhetisierung der (bürgerlich-privaten) Lebenswirklichkeit spaltet diese vom ›übrigen‹ Leben ab, von der Welt der Arbeit, von der Öffentlichkeit, von der Politik, von den gesellschaftlichen Konflikten.

Dem komplementär entwickelte sich das kunstgewerbliche Ausbildungswesen. Der handwerklich geschulte, möglichst umfassend ausgebildete Künstler, der selbst imstande sein sollte, Entwürfe praktisch umzusetzen und der möglichst in enger Wechselbeziehung zur gewerblich-handwerklichen Praxis ausgebildet zu sein hatte, wird nun zum Ideal der kunstgewerblichen Schulbildung. Von diesen Prinzipien geleitet, tritt nun die Schule in eine enge Wechselbeziehung zu anderen Einrichtungen, namentlich der der Wiener Werkstätte, die die Realisierung dieser Ideale erlaubte. In Kooperation mit dieser und anderen Einrichtungen hat die Kunstgewerbeschule der Durchsetzung der Moderne einen institutionellen Rückhalt bieten können, der maßgeblich zu einer Intensität und zu einem Standard der kunstgewerblichen Produktion beigetragen hat, für die es zu dieser Zeit an keiner anderen Schule einen Vergleich gab.

*

Die folgende Darstellung der Schulgeschichte, für die ›Vollständigkeit‹ weder gefordert noch einlösbar war, bezieht sich also vor allem auf die Wechselbeziehung von industriellem Fortschritt und Herausbildung der kunstgewerblichen Bildungsinstitutionen, auf die Geschichte ihrer Entstehung, ihrer Adaption und Reform unter dem Druck sich wandelnder ökonomischer, sozialer und ideologischer Rahmenbedingungen. Der Umfang des Untersuchungszeitraums von mehr als einem halben Jahrhundert machte die Konzentration auf ›Knotenpunkte‹ der Entwicklung notwendig. Dabei wurde reichlich auf unerschlossenes Quellenmaterial und auf kaum ausgewertetes kunstgewerbliches Schrifttum zurückgegriffen. Dem Leser bleibt es dabei nicht ganz erspart, etwas von der mühsamen Rekonstruktion bürokratischer Entscheidungsfindung und Rationalisierung von kulturellen Prozessen mitzuvollziehen. Es liegt im Wesen einer staatlichen Institution, daß ihre Entwicklung von der Kulturbürokratie mitentschieden wurde.

Nicht nur, um allzu großer Trockenheit der Darstellung zu entgehen, sondern auch, um die Etappen der Geschichte der Kunstgewerbeschule im Kontext übergreifender Rahmenbedingungen verständlich erscheinen zu lassen, wurde der Versuch unternommen, in mehreren Exkursen die Verflechtung der Schulgeschichte mit kulturellen und sozialen Prozessen durchsichtig zu machen. Daß es sich dabei, mit Rücksicht auf das enorm umfangreiche Forschungsmaterial und den großen Untersuchungszeitraum, nur um Andeutungen handeln kann, versteht sich von selbst.

Der vorliegenden Arbeit liegt das Ergebnis eines Forschungsauftrags des Fonds zur Förderung der wissenschaftlichen Forschung zugrunde, das für die Zwecke der Drucklegung überarbeitet wurde.

Dem Projektleiter, Prof. Manfred Wagner, und Prof. Oswald Oberhuber, der als Rektor der Hochschule für angewandte Kunst die Interessen des Herausgebers vertrat, bin ich für die Freiheit, die ich in der Wahl der Forschungsschwerpunkte wie in der Wahl der Darstellungsmethoden hatte, zu Dank verpflichtet.

Frau Dr. Erika Patka (Archiv der Hochschule für angewandte Kunst) und Frau Dr. Gabriele Koller, deren Dissertation einen auch für die vorliegende Arbeit unverzichtbaren kunsthistorischen Beitrag zur Erforschung der ›kunstgewerblichen Moderne‹ darstellt, haben die Arbeit durch wichtige Informationen unterstützt. Frau Lore Louis hat mir großzügig Forschungsmaterial zu ihrer Dissertation, die sich mit der Rolle Rudolf von Eitelbergers bei der Gründung des k. k. österreichischen Museums für Kunst und Industrie beschäftigt, überlassen.

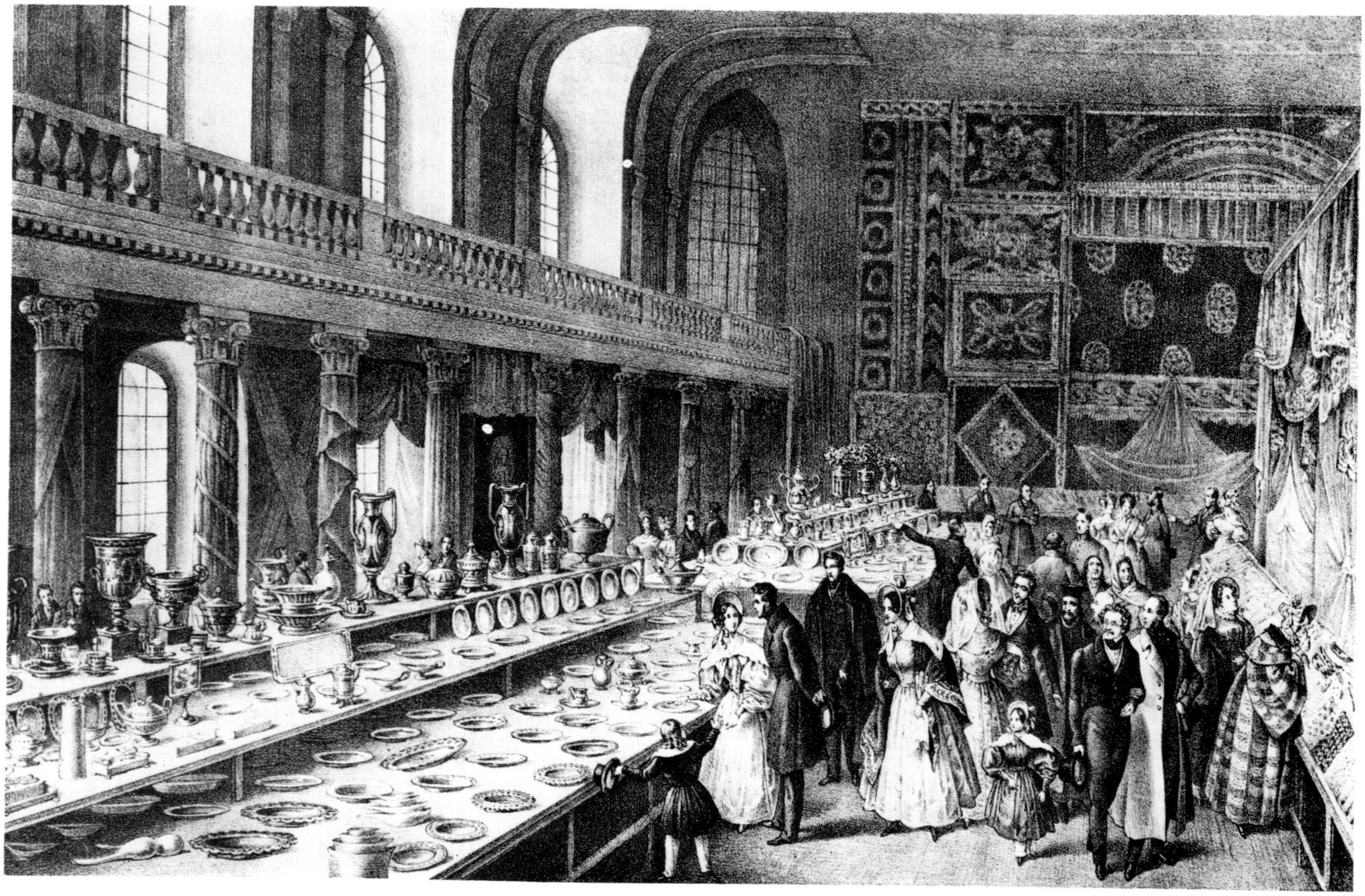

Industrie- und Gewerbs-Productenausstellung Wien 1835

I
KUNST UND INDUSTRIE

»Man fühlt genau, daß die vollständige Negation der Revolutionszeit mit manchem verderblichen Auswuchse auch alle frischen Lebenskräfte abgeschnitten hat, man fühlt ferner, daß die Maschinenarbeit uns um das eigentlich künstliche und geistige Element im Handwerk gebracht hat.«[1]

Die Erfahrung eines epochalen Bruchs, eines Krisenbewußtseins, wie sie hier Julius Lessing anläßlich der Wiener Weltausstellung von 1873 formuliert, ist die Signatur, unter der während des gesamten Jahrhunderts die Dichotomie von Kunst und Industrie diskutiert wird.

Was Lessing – metaphorisch und nichtmetaphorisch zugleich – prägnant in einen Satz faßt, ist die Erfahrung eines Defizits, eines Mangels, die, je nach Schärfe der Analyse und Fähigkeit und Bereitwilligkeit zur Reflexion, etwa als ›Krise des Geschmacks‹ diskutiert werden konnte oder beispielsweise um den ›Mythos der Maschine‹ kristallisierte.

So läßt sich schon bei Goethe mit den Kulturkritikern, die sich noch um 1900 auf ihn berufen, über die Problematik des ›Mechanischen‹ nachlesen: »Eine Materie erhält durch die Arbeit eines echten Künstlers einen innerlichen, ewig bleibenden Wert. Dagegen hat alles, was der bloß mechanische Künstler hervorbringt, weder für ihn noch für einen anderen jemals solches Interesse. Denn sein tausendstes Werk ist wie das erste; und es existiert am Ende auch tausendmal. Nun kommt noch hinzu, daß man in den neueren Zeiten das Maschinen- und Fabrikwesen zu dem höchsten Grad hinaufgetrieben hat und mit schönen, zierlichen, gefälligen, vergänglichen Dingen durch den Handel die ganze Welt überschwemmt. Kluge Fabrikanten und Entrepreneurs haben die Künstler in ihren Sold genommen und durch geschickte mechanische Nachbildungen, die eher befriedigten, als unterrichteten, Liebhaber in Kontribution gesetzt.«[2] Die in den zitierten Äußerungen aufscheinenden Motive charakterisieren eine gelegentlich kulturpessimistische und defensive, das ganze bürgerliche Zeitalter durchziehende Kritik der industriellen Revolution und ihrer Folgekosten. Doch in der Regel hält man an Konzepten fest, die, kompensativ auf die Krisendiagnose bezogen, eine Versöhnung von kulturellem und industriellem Fortschritt intendieren. Eine dieser kompensativen Strategien ist die Entwicklung eines Schulwesens, in dem auch spezifisch ›industrielle‹, handwerkliche beziehungsweise kunsthandwerkliche und künstlerische Fähigkeiten und Fertigkeiten erhalten, tradiert und vermittelt werden sollten.

Eine im folgenden kurze Darstellung einiger Entwicklungslinien der Bildung von ›Kunstfleiß und Industrie‹ ist zum Verständnis der Entstehung, Funktion und Bedeutung des Kunstgewerbemuseums und der Kunstgewerbeschule notwendig.

Die Auseinandersetzung mit den Folgen der industriellen Revolution für die Kunstproduktion kleidet sich in der Regel in eine Kritik am ›Verfall des Geschmacks‹. Was man mit der standardisierten Redewendung vom ›Verfall des Geschmacks‹ zu bezeichnen versuchte, waren Konsequenzen der Industrialisierung wie: Arbeitsteiligkeit als Voraussetzung entfremdeter Arbeit, Trennung von Entwurf und Ausführung, Aufsplitterung der Berufsfelder und damit der notwendigen Bildung und beruflichen Schulung, der Zerfall der Zünfte und Innungen beziehungsweise die Änderung der Berufsrollen. Schließlich der Zerfall eines auf Auftrag und handwerklich individueller Arbeit ruhenden ›Kunstfleißes‹, das bedeutete unter anderem das allmähliche Auseinandertreten von Produktion und künstlerisch-ästhetischer Gestaltung, ›Veredelung‹, wie es in der Terminologie des 19. Jahrhunderts hieß.

Der Vorwurf der schieren ›Berechnung auf den Markt‹ (Semper) betraf neue Vermittlungsformen von Produktion und Konsum, die Kritik der Mechanisierung, des Einsatzes von Maschinen. Nicht nur die neuen Qualitäten des Produzierens in Hinblick auf die subjektive Seite des Produzenten, Künstlers, Handwerkers, Manufakturarbeiters, sondern auch in Hinblick auf das Material. So hat es Semper beispielsweise sehr beschäftigt, wie die mechanisch-maschinelle Bearbeitung der Stoffe diese vergleichgültigt, sie beliebig bearbeitbar

und verfügbar macht, während handwerkliche Stoffgebundenheit ästhetische Qualitäten immer auch aus den Materialien selbst entwickelte.
Die Folgerungen aus all diesen Beobachtungen wurden nicht selten als umfassende Zivilisationskritik formuliert, wobei ökonomische und sozialkritische Überlegungen, zu moralischen Imperativen verwandelt, wiederkehren, etwa dann, wenn das Auseinanderklaffen von kulturellem und materiellem Fortschritt als Bedrohung des Sittlichen beschworen wurde. Der Entwurf von kompensatorischen Strategien, unter denen die Idee einer ›Versöhnung‹ von materiellem und kulturellem Fortschritt durch schulisch vermittelte Bildung den hervorragenden Rang einnimmt, und vor deren Hintergrund auch die Geschichte des gewerblichen, schulischen wie musealen Bildungswesens verständlich wird, bezieht sich deshalb nie allein nur auf die schieren materiellen Indizien der ›Krise‹ – es geht nie ausschließlich um die Vermittlung von instrumentalisierbaren Kenntnissen und Fertigkeiten im Dienste der Entfaltung der Produktion, sondern fast immer auch um ein ›kulturelles Programm‹, in dem sich materielle, soziale, ästhetische und moralische Entwürfe vermitteln sollten.
Die im Grunde noch aufklärerische Idee der lernfähigen Gesellschaft bildete die Voraussetzung für ein Bildungssystem, das die Konsequenzen der industriellen Revolution abfangen, besänftigen, wenn nicht gar produktiv zu Bedingungen des Fortschritts der bürgerlichen Gesellschaft wenden sollte.
›Schönheit‹, ›Geschmack‹ erschienen nun als bis zu einem gewissen Grad lehrbare Qualitäten, ihre Gefährdung durch moderne Produktionsmethoden und -organisation mittels (Aus)bildung spezieller Fachkräfte, durch methodischen Unterricht oder durch Anlage von Mustersammlungen abwendbar. Doch zeigt die Geschichte des gewerblichen Bildungswesens beziehungsweise des gesamten Schulwesens, des Zeichenunterrichts im besonderen und die des frühen Musealwesens, wie sehr es schon auf die Entwicklung der Industrialisierung akzeptierend aufbaut und von deren Notwendigkeiten bestimmt wird. Sichtbar wird das zum Beispiel in der Widerspiegelung, den die Aufspaltung in unterschiedliche Produktionsformen (Industrie, Gewerbe, Kunst) in einem dementsprechend differenzierten Bildungssystem fand.

Der der alteuropäischen Hauswirtschaft entstammende Begriff der Industrie meinte ›Fleiß‹ und ›Geschick‹ (›indostruus‹), mit denen man Rohstoffe in ›Genußmittel‹ zu verwandeln verstand; als ethisch eingefärbter Begriff bezieht er sich auf jene an das ›ganze Haus‹ (oikos) gebundene, schaffende Tätigkeit, die – als Einheit von geistiger und materieller Anstrengung – der Sicherung der Existenz, das heißt der Herstellung und Beschaffung der zur Existenz notwendigen ›Genußmittel‹, dient. ›Industrie‹ ist der Inbegriff von Wissen und Gesinntsein, mit der im Rahmen gegebener politisch-sozialer Einheiten bestimmte Wirtschaftszweige geregelt werden, eine Anstrengung, die eher dem ›Existenzminimum‹, den notwendigen Bedingungen der Existenz dient, als der Vergrößerung der Güterproduktion um ihrer selbst willen.[3] Dazu wird ›Industrie‹ erst unter den Bedingungen kapitalistischer Produktion, die die schrankenlose Entfaltung und Erweiterung von Bedürfnissen zugleich zur Voraussetzung und zur Folge hat. Jetzt wird der Mensch als ›Möglichkeitswesen‹ mit prinzipiell schrankenlosen Bedürfnissen begriffen und die bürgerliche Gesellschaft als ›System der Bedürfnisse‹ (Hegel). Daß dieses System freilich nicht einem naturwüchsigen Regulationsmechanismus unterworfen ist, in dem die Entfaltung und Befriedigung von Bedürfnissen ausbalanciert erscheint, hat Hegel selbst eingeräumt: »Es wird ein Bedürfnis daher, nicht sowohl denen, welche es auf unmittelbare Weise haben, als vielmehr durch solche hervorgebracht, welche durch sein Entstehen einen Gewinn suchen.«[4] Deshalb entwickelt sich der ›Industrie‹-Begriff vom ethischen, begrenzte Bedürfnisbefriedigung abdeckenden, also eher noch individuelle Fähigkeiten mitmeinenden Begriff zu einem, der die institutionellen Bedingungen und Chancen zur Entwicklung individueller Dispositionen zur Bedürfnisentfaltung und -befriedigung – etwa in manufaktureller Arbeit – umfaßte. ›Industrie‹ beschreibt dann Qualitäten institutionalisierter Rahmenbedingungen der ›Entfesselung der Produktivkräfte‹ – Lohnarbeit, hohe Arbeitsteilung, Einsatz von Maschinen, repetitive Arbeitsprozesse, Vereinigung von Kapital und Produktionsmitteln in einer Hand und anderes mehr. Daß Kapital das eigentliche ›agens‹ der Industrie ist und nicht die Form der Bedürfnisse, läßt sich beispielsweise an frühen fiskalisch-administrativen Versuchen ablesen, die Begriffe Gewerbe und Industrie, die ja zunächst ineinanderschwimmen und auch lange Zeit synonym verwendet werden können (bis hin zur Benennung des Museums für ›Kunst und Industrie‹), definitorisch abgrenzen sollen; vom Gewerbe ausgenommen werden in der Preußischen Gewerbeordnung

von 1810[5] einerseits die freien (etwa wissenschaftliche) Berufe, Lohnabhängige (Lohnarbeiter, Taglöhner, Hauspersonal) und Kleinbauern sowie Besitzer von Kapital in jedweder Form (Hypothek, Wechsel, Aktie, Leibrente usw.).
Diese Unterscheidung gibt einen Hinweis darauf, Gewerbe nicht bloß hinsichtlich der Beschaffenheit und des Einsatzes von Produktionsmitteln (weitgehender Verzicht auf Maschinen, keine Konzentration von Arbeitskräften in Fabriken, geringe Arbeitsteilung usw.) von Industrie zu unterscheiden, sondern als prinzipiell andere Weise der Bedürfnisbefriedigung zu fassen, die nicht notwendig auf massenweise, auf Märkte berechnete Produktion unter Einsatz von Kapital angewiesen ist. Dieser Hinweis ist für das Verständnis der österreichischen Entwicklung nicht unwichtig, weil das gesamte ›kunstindustrielle Bildungswesen‹, die theoretisch-kulturpolitische Debatte um das Kunstgewerbe und die Institutionalisierungsformen kunstgewerblicher Produktion von einer defensiven Haltung gegenüber der industriellen Produktion bestimmt sind – was nicht heißt, daß sie frei von nationalen und internationalen, aus der industriellen Entwicklung erwachsenden Konkurrenzzwängen gewesen wären. Die relativ späte und rudimentäre Durchsetzung der Industrialisierung in Österreich hat es mit sich gebracht, daß sich der Begriff des Kunstgewerbes – auch dort, wo der Begriff der Industrie, wie zum Beispiel bei der Museumsgründung, Verwendung findet – eher an Handwerk und Kunst orientierte als an den Zwängen und Chancen industrieller Produktion.

Die Installierung eines allgemein verbindlichen österreichischen Schulsystems seit den Zeiten Maria Theresias bedeutete nicht nur die Bereitstellung eines in die Breite wirkenden, qualifizierenden Bildungssystems, sondern auch die staatliche Sanktionierung und Durchsetzung ›industriöser‹ Sozialisationsmuster; es galt Disziplinierung für neu organisierte, schwer erträgliche Arbeitsprozesse zu leisten, massenhaft Arbeitskräfte – zunächst für Manufakturen – zu rekrutieren, neue Motivationen und Wertvorstellungen durchzusetzen. Das neue Schulwesen war zum Gutteil ›Industriepädagogik‹, das auch die Schaffung eines »den Staat bejahenden Untertanenverband(es)«[6] zum Ziel hatte. ›Industrieschulen‹ sind ein verbreitetes europäisches Phänomen zu Ende des 18. Jahrhunderts; in ihnen sollten jene Qualifikationen für ein merkantilistisches Wirtschaftssystem vermittelt werden, für deren Bereitstellung das in der Regel völlig ungenügende, nur der Idee nach der allgemeinen Schulpflicht verhaftete Bildungswesen zu wenig leistete. Häufig standen diese Schulen in Verbindung mit Armen-, Zucht- und Waisenhäusern, in denen man – nach englischem und holländischem Vorbild – die ›Insassen‹ ihren Lebensunterhalt verdienen ließ, während die manufakturelle Produktion beträchtlichen ›Nationalwohlstand‹ abwarf.[7] Auch in Österreich verband sich das Streben nach ›Nationalwohlstand‹ mit der sozialpädagogischen Vorstellung von der Erziehung zur Selbsterhaltung verarmter Bevölkerungskreise, die zugleich deren ›sittlicher Läuterung‹ diente: 1764 ergeht die Anweisung, in Waisen-, Armen-, Zucht- und Arbeitshäusern Manufakturarbeit aufzunehmen, und zwar in jenen Zweigen, die im Land kaum oder gar nicht von Bedeutung wären. Diese von zeitgenössischen Kritikern als ›Zwangsarbeitshäuser‹ bezeichneten Einrichtungen der ›Industrieschulen‹ – von denen bis gegen die Wende vom 18. zum 19. Jahrhundert mehrere Hundert errichtet wurden – bildeten zum Beispiel für Spinnereien Kinder im Alter von 7 bis 15 Jahren aus, über deren verpflichtenden Unterricht Eltern oder Vormund zu wachen hatten.[8]
Obwohl in diesen Industrieschulen bestimmte, der Produktion zugute kommende Fertigkeiten und Kenntnisse mitgeteilt wurden, lassen sie sich nicht unbedingt als erste Formen gewerblichen Unterrichts einstufen; und zwar deshalb nicht, weil sie nicht im eigentlichen Sinn berufsbildend wirksam waren. Engelbrecht, der detailliert und kenntnisreich die Geschichte des Schulwesens in Österreich dargestellt hat, sieht in ihnen in erster Linie die Aufgabe der Heranbildung von »arbeitswilligen Menschen, die monotone Verrichtungen in den Manufakturen nicht verweigerten«[9].
Grenzen ihrer Effizienz hatte diese ›Unterrichts‹form in der Angst vor der aufklärerisch-emanzipativen Wirkung jedweder Form der Wissensvermittlung – ihr Ende (zu Beginn des 19. Jahrhunderts) fand sie in der Ablösung des Verlags- und Manufaktursystems durch moderne, industrielle Produktionsmethoden. Wie sehr das Schulwesen der ›Industrie‹ zuarbeiten mußte, geht aber nicht bloß aus der Schaffung spezifischer Schultypen und Unterrichtsformen hervor, sondern auch aus der Bewertung der Lehrinhalte im allgemeinen Unterricht.
In der »politischen Verfassung« der deutschen Volksschulen von 1805, die die Studien-Revisions-Kommission herausbrachte, hat die ›höhere Geisteskultur‹ wohl ihren Platz – aber nur solange sie nicht eine wider-

spruchsfreie gesellschaftliche Einordnung gefährdet: »Die Kinder der Trivialschulen gehören zu denjenigen Klassen von Menschen in Städten und auf dem Lande, die ihren Unterhalt beinahe bloss durch Anstrengung ihrer physischen Kräfte erwerben. Da es nun allemal ein Hauptfehler der Volksbildung ist, wenn sie einseitig auf die Bildung einer einzigen Seelenkraft hinausgeht, oder wenn sie bei der übereinstimmenden Ausbildung aller Seelenkräfte nicht auf das Bedürfnis der Klasse, die sie bearbeitet und unterrichtet, Rücksicht nimmt, sondern jeder Klasse alles Wissenswürdige angemessen glaubt, jeder Klasse die nämlichen Empfindungen beibringen und jede Klasse durch die nämlichen Vorstellungen bestimmen will, so soll zwar auch in der Trivialschule die Möglichkeit geboten werden, dass sich für Individuen von besonderen Fähigkeiten der Weg einer höheren Geisteskultur öffne, die Masse ihrer Schüler aber nur solche Begriffe erhalten, welche sie in ihren Arbeiten nicht stören und mit ihrem Zustande nicht unzufrieden machen, sondern vielmehr ihr ganzes Gedankensystem auf die Erfüllung ihrer moralischen Pflichten und auf die kluge und emsige Erfüllung ihrer häuslichen und Gemeindeobliegenheiten einschränken.«[10]
Die pädagogische Erweckung des »Geistes der Industrie« verbindet sich hier nahtlos mit der Erziehung gehorsamer Untertanen und der selektiven Vermittlung klassenspezifischer »Empfindungen« und Wissensbereiche. Nicht immer ist man dabei so weit gegangen, wie mit der ›Takt-Schreibmethode‹, die es erlauben sollte, die Schulklasse als »Schreibmaschine« der ›Gesamtmaschine‹ Industrie, die ›Schulzucht‹ der statischen Gesellschaftsordnung, das heißt, den Willen der Schüler »einem fremden aufs genaueste unterzuordnen«[11]. Andererseits bemühten sich Pädagogen wie Pestalozzi, die Förderung natürlich gegebener Vermögen durch methodische Übung, zum Beispiel durch den in diesem Zusammenhang besonders wichtigen Zeichenunterricht, insgesamt als Menschenbildung – und nicht bloße Berufsbildung – zu begreifen. Die Erziehung zur wachen Beobachtung entfaltet nicht nur die Fähigkeit, die Umwelt mit den Augen der Kunst anzusehen, sondern disponiert zur Orientierung im ›bürgerlichen Leben‹ und vermittelt zugleich beruflich nützliche Fertigkeiten. Aufklärerisch ist hier die Erweckung der ›Kunstkraft‹ als wesentlicher Teil der Erziehung zur Selbständigkeit und Mündigkeit gedacht und nicht als nahtlose Einpassung in ein vorgeprägtes gesellschaftliches und wirtschaftliches System. Pestalozzi entwirft eine Legitimation des ›ästhetischen‹ Unterrichts, die weder die Instrumentalisierung im Dienste ökonomischer Nützlichkeit noch die emanzipative Idee der Selbstbestimmung, der individuellen Autonomie ausschließt. »Es macht mir Freude, dieserfalls mit Bestimmung sagen zu können, der Zögling der Methode gelangt zur Entfaltung einer körperlichen, geistigen und Kunstkraft, die ihn in den Stand setzt, in jedem Berufsfach, in das er sich wirft, mit Selbständigkeit zu arbeiten. So wenig es der Fall sein kann, daß sich die Anstalt in besondere Industrie-Fächer verliere, so wird dennoch in ihr, wie dies notwendig bei einer wahren Entwicklung und Bildung der Menschenkraft geschehen muß, der Geist der Industrie . . . allgemein geweckt, und bei tätigen Köpfen eine seltene Menge von Ansichten, Verhältnissen und Ideen erzeugt, deren Anwendung auf die Berufsarten und Bedürfnisse des bürgerlichen Lebens, dem damit bekannten Beobachter, im Augenblick auffällt . . . Es ist das Wesen des Geistes und der Grundsätze der wahren Menschenbildungsweise, die Arbeiten und Fächer der Industrie selbst in Mittel der Menschenbildung zu veredeln.«[12]
Mit der Abspaltung einer ›Kunstkraft‹ als besonderer Befähigung in Pestalozzis Überlegungen wird etwas von der vorindustriell reflektierten Auseinanderentwicklung von Kunst, Handwerk, Gewerbe und Industrie (zunächst: Manufaktur) sichtbar. Künstlerische Vermögen – und es ist bei Pestalozzi deutlich, daß das nicht nur ästhetische sind – spalten sich von anderen Produktionsformen ab. Erst unter dieser Bedingung der Abtrennung ist die Gewinnung der (im 19. Jahrhundert zentralen) Idee der ›Anwendung‹ der Künste auf Gewerbe, Handwerk, Industrie (Manufaktur) denkbar. Erst unter dieser Bedingung können die Künste zu ›nützlichen‹, ›veredelnden‹ und darin von den ›autonomen‹ unterschieden werden: 1777 kann Sonnenfels[13] die ›Handgewerbe‹ der »nutzbaren Künstler, . . . welche . . . die rohen Erzeugnisse vollkommener« machen, »zum Gegensatz der belustigenden Künste, die etwas gleichsam für sich selbst hervorbringen«, setzen. Mit anderen Worten: Die Unterscheidung von Industrie und Gewerbe von den ›Artes Liberales‹, den Wissenschaften und Künsten, ist die Voraussetzung dafür, das von nun an im industriellen Zusammenhang Getrennte aufeinander zu beziehen. Industrie sollte im Verständnis des ausgehenden 18. Jahrhunderts Wissenschaft, Kunst und Mechanik, physische und geistige Anstrengungen vereinen. Gerade weil ›Kunst‹ nun als etwas Autonomes begriffen werden kann, läßt sie sich in der Fabrikation ›anwenden‹; dabei wird aber nicht nur still-

schweigend die Auseinanderentwicklung vom zum Beispiel gebrauchsorientierten Handwerk und den einfachen ›belustigenden Künsten‹ (Sonnenfels) vorausgesetzt, sondern auch eine ›ästhetische Bedürftigkeit‹ der Produktion in Manufaktur und Handwerk: Es ist nicht mehr selbstverständlich, daß die frühindustrielle Produktkultur auch den Normen des ›guten Geschmacks‹ gehorcht.

Selbst innerhalb des Handwerks konnte noch im 18. Jahrhundert die Unterscheidung von ›künstlichem‹ und ›gemeinem‹ als Resultat der eben genannten Entwicklung getroffen werden. Erstere verkörperten noch etwas vom Ethos des alten, vorkapitalistischen Industriebegriffs, weil unter ihnen diejenigen subsumiert wurden, die, über die »Ausübung erlernter Gewohnheiten« hinaus, »Gegenwart und Gebrauch des Verstandes« notwendig erheischten; wie etwa: Buchbinder, Gürtler, Formschneider, Kupferschmiede und andere. Die sich bei manchen Gewerben einbürgernde Verschmelzung mit dem Kunstbegriff (zum Beispiel Kunstdrechsler, Kunstfärber) verweist bereits auf die spätere begriffliche Abgrenzung spezifischer ›Kunstgewerbe‹.[14]

Doch tritt das Interesse an der ›Veredelung‹ der Produkte von Anfang an als ästhetisches *und* ökonomisches Argument zugleich auf sowie als pädagogischer Auftrag, etwa als Aufgabe der Industriepädagogik. Eine der ältesten österreichischen Quellen, die diesen Sachverhalt beleuchtet, ist ein Gutachten von Kaunitz über Abbé Johann Marcys Akademie-Reformpläne aus dem Jahr 1770, wo es unter anderem heißt: »Der gute Geschmack, das Artige und Manigfältige, sowohl in der Erfindung als in der Zeichnung, breitet sich bis auf das Mechanische und alle Handwerke aus. Es entstehen davon ganz neue Zweige der Handlung: Die Industrie wird belebt; viel Geld, so vorhin um Manufakturen ... außer Lande gegangen, bleiben darin, und noch mehr fremdes kommt hinein.«[15]

Die Idee der internationalen Konkurrenzfähigkeit einer ›geschmacklich veredelten‹ Produktion bleibt ab nun ein zentrales Legitimationsargument für kunstgewerbliche Bildungsanstrengungen. Die gewünschte oder auch als mangelhaft empfundene ästhetische, ›geschmackliche‹ Qualität gewerblicher beziehungsweise manufaktureller Produkte wird zum Thema eines spezifischen Bildungssystems, wobei man zunächst das Hauptproblem im Fehlen entsprechend geschulter Fachkräfte sieht.

Im Frankreich des 17. Jahrhunderts liegen die ersten Anfänge einer Ausbildung, in der der gute Geschmack auf die Güterproduktion Anwendung findet. In den ›Manufactures des Gobelins‹ wurden Kinder im Zeichnen unterrichtet, und noch um die Mitte des 18. Jahrhunderts begann die Gründung einer Serie von Gewerbeschulen nach Plänen Colberts, die in Geometrie, Perspektive, Anatomie und Zeichnen unterrichteten. Diese Ausbildung diente nicht den Künsten, sondern einer staatlich protegierten Luxusproduktion, die den Grundstein für Frankreichs führende Stellung auf dem Gebiet des Kunstgewerbes bis weit ins 19. Jahrhundert hinein legen sollte.

Auch in England, Deutschland und Österreich gab es vereinzelt vergleichbare ›Schulversuche‹; so ist aus Mähren ein – nicht verwirklichtes – Projekt einer ›mechanischen Lehrschule‹ von 1751 bekannt.[16] Nur wenige Jahre später, 1758, wird auf Betreiben von Kaunitz die ›Manufakturzeichenschule‹ in Wien eingerichtet; an ihr – sie wurde 1786 mit der kaiserlichen Akademie vereinigt und erst mit der Akademiereform von 1850 aufgelassen – unterrichtete man Söhne von Handelsleuten und Gewerbetreibende im Zeichnen und erteilte sonn- und feiertags Unterricht für Gesellen und Lehrjungen. Ziel der Ausbildung war die durch Konkurrenzfähigkeit erreichbare Unabhängigkeit vom Ausland in bestimmten Produktionszweigen.[17]

Die 1758 errichtete ›Dessinateurschule‹, beziehungsweise Zeichnungsschule oder ›k. k. Commerzial-Zeichnungs-Academie‹, die als älteste staatsgewerbliche Schule im deutschsprachigen Raum gelten kann, sollte Musterzeichner für die Seidenindustrie ausbilden. 1767 gründete Anton Domanöck eine Possier-, Verschneid- und Graveurakademie,[18] 1766 Jakob Schmutzer die k. k. Kupferstecherakademie, in dem Jahre also, in dem private Zeichenschulen verboten werden.[19] Das Verbot ist ein Indiz dafür, wie sehr nun über die von Privaten getragene, vereinzelte Vorsorge hinaus ein gesamtstaatlich und gesamtgesellschaftlich wirksames Bildungssystem notwendig geworden war und individuelle Initiativen beziehungsweise auch das kirchliche Bildungswesen ›aufsaugen‹ sollte. Zwar gibt es weiter noch private Initiativen, wie etwa die von Johann Georg Wolf gegründete Realhandelsschule von 1771 (eine Realhandelsakademie), aber Maßnahmen wie die Unterstellung der Normal- und Volkszeichnungsschulen unter die Oberleitung Jakob Schmutzers zu Beginn der siebziger Jahre und Entwürfe zu allgemeinen, gesamtstaatlich verbindlichen ›Schulordnungen‹ zeigen, daß es eine wachsende zentralistische staatliche Obsorge für das schulische Bildungswesen gab.

Zeichnen erhielt in den Curricula der verschiedenen Schultypen einen hervorragenden Stellenwert. 1766 stellte Kaunitz einen Entwurf zu einer Schul- und Bildungsreform vor, der großen Wert auf ›Zeichenschulen‹ und ›Mechanikkurse‹ für die ›Berufe allgemein‹ legte.[20] 1774 folgte Felbigers »Allgemeine Schulordnung für die deutschen Normal- Haupt- und Trivialschulen« und 1775 Felbigers und Schmutzers gemeinsamer »Entwurf, wie die Zeichnungsklassen der Normalschulen der österreichischen Erbländer in Ordnung zu halten sind«. Die Bedeutung, die der Zeichenunterricht einnahm, geht auch aus der obligaten Bezeichnung ›Zeichnungsschule‹ für die vor allem für handwerkliche Ausbildung gedachten vierten Klassen der Normalschulen hervor; in diesen Klassen wurden zugleich Lehrer ausgebildet. Österreich war damit das erste Land, in dem Zeichnen als obligates Schulfach galt.[21]

Als Methode hatte dabei das ›Reißen‹, das heißt das Zeichnen nach geometrischen Vorlagen und nach Ornamenten, Vorrang vor dem Studium nach der Natur. Das erleichterte einerseits eine auf Standardisierung aufbauende Lehrbarkeit bestimmter Fertigkeiten und führte andrerseits zur Zurückdrängung subjektiver Fähigkeiten und Anlagen. Die methodischen Prämissen dieses frühen Zeichenunterrichts bestimmten wesentlich die Methodik des Zeichnens nicht nur an den Normalschulen, sondern schließlich sehr weitgehend auch die im gesamten gewerblichen Bildungssystem, einschließlich des k. k. Museums für Kunst und Industrie und der Kunstgewerbeschule.

Auf der Grundlage des allgemeinen Zeichenunterrichts konnte an ein – zunächst noch rudimentäres – gewerbliches Bildungssystem gedacht werden, das spezifischen Interessen und Betätigungszweigen Rechnung trug. So wurde noch Ende des 18. Jahrhunderts mit dem Aufbau einer Art von Realschulsystem begonnen, das seinen Schwerpunkt auf technisch-naturwissenschaftlichen Unterricht legte.

Im großen und ganzen – das wurde schon gesagt – vollzog das sich etablierende Schulsystem die industrielle Arbeitsteiligkeit mit, statt sie aufzuheben. Die Trennung von Hand- und Kopfarbeit, von Entwurf und Ausführung, zersetzte die alte Einheit zünftisch organisierter, handwerklicher Gewerbe und insofern die Einheit von Gebrauch, Zweck und Schmuck. Der Auseinanderentwicklung unterschiedlichster, spezieller Fertigkeiten und Berufe entsprach die Verkümmerung individueller Vermögen, wie sie sich zum Beispiel in handwerklicher Arbeit und zünftischer Lehrtradition entwickelt hatten, ein Prozeß, der von nun an als Entfremdung beschrieben und kritisiert werden konnte. Das Bildungssystem, das diese Defizite auffangen sollte, verschärfte allerdings die Probleme, zum Beispiel dadurch, daß es schulische Lehre an die Stelle traditionaler Vermittlungsformen in Zünften und Werkstätten setzte, daß für die einzelnen Arbeitsphasen, etwa für das Entwurfszeichnen und für die Ausführung, unterschiedliche, spezielle Schulung angeboten wurde.

Daß im Rahmen des frühen Schulsystems dem Zeichenunterricht eine derart wichtige Rolle zugemessen wurde, verweist auf die Auseinanderentwicklung von utilitären und ästhetischen Ansprüchen an die industrielle Produktkultur. Die Methoden des Zeichnens, die man anwendete, waren freilich selbst dazu angetan, ästhetische und etwa ›technische‹ Bearbeitung eines Rohstoffs als getrennte Aufgaben zu begreifen.

Der Stellenwert, den das Zeichnen als Methode in der gewerblich-industriellen Ausbildung hatte und den es insbesondere in der ›kunstgewerblichen‹ Lehre einnahm, ist also erst vor dem Hintergrund der allgemeinen Entwicklung eines gewerblich-industriellen Bildungswesens verständlich zu machen; noch um 1900, in den Reformdebatten um das Kunstgewerbe, um die Kunstgewerbeschule und das Museum, werden Zeichenunterricht und Zeichenmethode einen der Brennpunkte der Auseinandersetzungen bilden. Die vehemente Kritik – etwa Myrbachs – an der historistischen Schulpraxis betrifft zum überwiegenden Teil das Zeichnen als Vehikel des unkreativen Kopierens historischer Vorbilder und als praxis- und naturferne Methode der Reproduktion steriler Muster.

Zeichnen als Methode der Vermittlung vom Entwurf, der ›Erfindung‹ zur Ausführung, erscheint einmal als eine auf das Produkt zurichtend einwirkende Tätigkeit und einmal als eine in den Produktionsprozeß reflektierend wirkende Tätigkeit, insofern im Entwurf bis zu einem gewissen Grad auch die Weise der Verarbeitung eines Ausgangsmaterials oder -produkts festgelegt wird. Die Standardisierung von Elementen des Arbeitsprozesses erzwang aber die Standardisierung von Fertigkeiten im Ausbildungsprozeß – die Umsetzung eines Entwurfs in ein produktionsreifes Produkt erfordert unmißverständliche Exaktheit und damit eine Zeichenmethode, die einen ›nichtverändernden Verkehr mit den Dingen‹ ermöglichte.[22]

Deshalb mußte von Anfang an das ›Reißen‹ als Zeichenmethode Oberhand bekommen, während gerade individuelle Kreativität, wie schon kurz erwähnt, eher zurückgedämmt wurde. Unter anderem bedeutete dies – um nur eine Problematik kurz zu streifen –, daß im Kontext historistischer Auseinandersetzung mit zum Beispiel ornamentalen Vorbildern, die Zeichenmethoden zu einer sterilen, unkreativen Nachahmung oder bloßen Kopie verleiteten, also zu einem Historismus der schieren Form-Repetition – ein Punkt, der in der Reform um 1900 besonders hervorgehoben wurde. Diese Zeichenmethode selbst legte schon den Keim zu einer unkünstlerischen, eher ›technisch-mechanisch‹ gewonnenen Produktkultur.

Schon am frühen Zeichenunterricht des 18. Jahrhunderts läßt sich beobachten, daß das figürliche Zeichnen zurückgedrängt wird oder ganz ausgeklammert bleibt – womit der sozusagen ›technische‹ Entwurfszeichner sich vom Künstler zu entfernen beginnt, während das Zeichnen mit Hilfsmitteln, das ›Reißen‹ mit Lineal und Zirkel und das Kopieren nach Vorlagen, das heißt nach bereits selbst schon zeichnerisch umgesetzten Vorbildern (!), forciert wurde. Das ›freie Erfinden‹ wurde so erschwert beziehungsweise gelegentlich auch regelrecht unterbunden.

So heißt es in einem Hofbefehl von 1782, der den Zeichenunterricht an Normalschulen regeln sollte, ausdrücklich, daß es nicht um die Heranbildung von Kräften zur Verfertigung »akademischer Muster« gehe, sondern um die »Anführung der Handwerker zur Verfertigung regelmäßiger Risse und Pläne«. Ein Jahr später wird das durch einen weiteren Hofbefehl dahin ergänzt, »daß in den Zeichenschulen den Knaben vorzüglich die Anleitung zur Abzeichnung geometrischer Figuren, des Laub- und Schnitzwerkes zu geben sei, als welcher Unterricht ihrer künftigen Bestimmung zu Handwerkern der Kotton-, Zitz- und Leinwanddruckereifabrikanten weit mehr entspreche, als das Zeichnen von Menschen, Tieren und Landschaften«[23]. Mit der Abgrenzung vom ›akademischen‹ Zeichnen ist aber nicht nur die Beschränkung auf ein vorwiegend technisches Zeichnen gemeint, sondern man meint dadurch die Voraussetzungen für die Verbesserung von gerade dadurch konkurrenzfähigeren Waren geschaffen zu haben. So schreibt J. M. Schweighofer in seiner 1785 verfaßten Schrift, »Commerz der österreichischen Staaten«, daß der ›roheste Handwerker‹ durch die Zeichenkunst und den Zeichenunterricht zur Verbesserung der ›rohesten Künste‹ angeleitet werde. Der Erfolg sei schon auszumachen: »Allenthalben äußern sich hievon« (vom Zeichenunterricht; G. F.) »untrügliche Merkmale. Die geschmackvollen Dessins in den Kottunen und anderen Fabrikenwaren, die guten Mahlereien, wo immer die Zeichnung am meisten hervorsticht, die ganz niedlich geformten Vasen, Meubeln und Galanteriewaren sind tägliche Beweise hievon und steht zuversichtlich zu erwarten, daß der Geschmack hiezu keineswegs hier stehen bleiben, sondern zu grösster Vollkommenheit sich erhöhen wird.«[24] Nebenbei bemerkt, geriet auch der Zeichenunterricht, wie offenbar aller Schulunterricht, unter den Verdacht aufklärerischer Wirkung: 1808 wird vorsorglich eine eigene ›Direktion über das Kunstfach der Volksschulen‹ gesetzt, der vor allem die Überwachung des Zeichenunterrichtes überantwortet wurde, denn: »Ueber klugen Ausspendungen der Reichtümer des Geistes müsse ebenso wie über jeden anderen Genuss des gesellschaftlichen Lebens eine Art von Staatspolizei walten.«[25]

»Den Erzeugnissen des Kunstfleißes einer Nation, ihren Manufacturen und Fabriken das Uebergewicht zu versichern«, schreibt 1801 Sonnenfels,[26] »daß sie ueberall mit Vorliebe gesucht, auf allen Handelsplätzen vorgezogen werden, selbst in den Handarbeiten der Gewerbe Mannichfaltigkeit, Genauigkeit, Vollendung, diese Eigenschaften erscheinen zu machen, die ein unbedeutendes Hausgeräthe in die angenehme Form einer Verzierung umschaffen, dazu muß die Anleitung sich in das Allgemeine erweitern; bis dahin muß der Einfluß der Zeichnung und des durch sie geleiteten Geschmacks ... bis in dem untersten Handgewerbe sichtbar werden.« Die Entdeckung der ›Nützlichkeit der Künste‹ ist hier in all ihren Aspekten reflektiert: ihre ›Anwendung‹ auf alle Zweige der Produktion, Hebung der Konkurrenzfähigkeit, aber auch – zukunftsweisend – die Idee, dem bloßen Gebrauchsgegenstand eine ›angenehme Form‹ zu verleihen, umfassende Vor- und Ausbildung auf allen Stufen des Gewerbes und der Industrie unter besonderer Berücksichtigung des Zeichenunterrichts. Zugleich schlägt sich in Sonnenfels' Ausführungen noch die terminologische Unsicherheit jener Zeit nieder: Der Begriff des Kunstfleißes etwa scheint hier noch die Summe aller Produktionsweisen zu meinen, da er in einem Atemzug mit den Manufakturen und Fabriken genannt wird; der originelle und seltene Begriff des ›Handgewerbes‹ dagegen versucht das Hauptkriterium der Unterscheidung von gewerblicher und industrieller Produktion, nämlich die Handarbeit, in den Begriff des Gewerbes hereinzuziehen und ihn damit von dem der Industrie bereits zu unterschei-

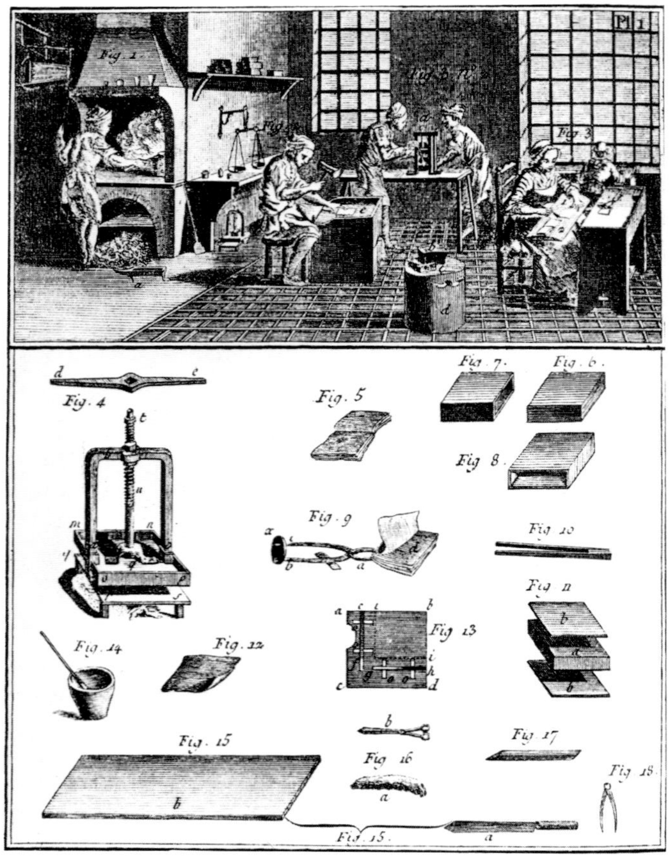

Goldschlägerwerkstatt und -geräte, um 1783

den. Zugleich erscheint dann der auf alle Produktionsbereiche bezogene ›Kunstfleiß‹ als ein spezifisch ästhetisches Vermögen, den Produkten ›angenehme Form‹ zu verleihen.

Was sich hier zeigt, ist die objektive Schwierigkeit, auf neue, sich eben erst entwickelnde Produktionsformen und auf die veränderte Stellung von Kunst in ihr, angemessen begrifflich zu reagieren. Die gleichen Schwierigkeiten werden in der Idee des ›Industriemuseums‹ sichtbar – ein Begriff, den ich hier provisorisch einführe, um unterschiedlichste Projekte unter einem Zusammenhang darstellen und diskutieren zu können – wobei nicht nur die verwendete Terminologie, sondern auch die institutionellen Formen die rasche Entwicklung der Produktivkräfte unter dem Zeichen der Industrialisierung mitvollziehen. Wenn dabei die Darstellung der Entwicklung des gewerblichen Bildungswesens für eine Weile unterbrochen wird und wir uns der Rolle des Museumswesens für das ›Kunstgewerbe‹, beziehungsweise allgemein für Industrie und Gewerbe zuwenden, so bedeutet das kein Abschweifen vom Hauptthema. In der Frühzeit des Museumswesens, also ab den letzten Jahrzehnten des 18. Jahrhunderts, hat das Museum ganz allgemein – und das betrifft alle seine typologischen Ausprägungsformen – nicht bloß die Funktion, ›geistige‹ Bildung, Anschauung beziehungsweise anschauliche historische Erfahrung zu vermitteln, sondern zu praktischem gesellschaftlichem Handeln befähigende Kenntnisse und Erfahrungen, auch im unmittelbaren materiellen Interesse, weiterzugeben.

Die verschiedenen Museen und Museumsprojekte, auf die kurz einzugehen sein wird, sind freilich nicht als ›Vorstufen‹ zum Museum für Kunst und Industrie zu verstehen; keine dieser Institutionen geht unmittelbar oder mittelbar in der Museumsgründung von 1864 auf; aber es hat uns der allgemeine Zusammenhang von musealer und schulischer Bildung zu interessieren, wie er viele frühe Museumsprojekte, auch in Österreich, prägte, bis hin zu den aufeinander bezogenen Gründungen des Kunstgewerbemuseums und der Kunstgewerbeschule in den sechziger Jahren des 19. Jahrhunderts.

Mit der Gründung eines »Fabriksproduktenkabinetts« im Jahr 1807 in Wien beginnt in Österreich die Geschichte musealer Institutionen, die im Interesse von Industrie und Gewerbe eingerichtet wurden. Die im Jahr zuvor erfolgte Gründung des Polytechnikums in Prag, nach dem Vorbild der technisch-militärisch orientierten ›Ecole Polytechnique‹ in Paris, die in engem Zusammenhang mit dem zeitgleich ebenda gegründeten technischen Museum (Museé des Arts et des Metiers) stand, verweist auf den engen, aufklärerischen Konnex von Schul- und Museumsinstitutionen, die beide als öffentliche Erfahrungsräume einer lernfähigen und -willigen, sich materiell wie geistig emanzipierenden Gesellschaft verstanden wurden. Dieser aufklärerischen, in der Französischen Revolution erstmals realisierten Idee des Museums als öffentlicher Bildungseinrichtung stand auch das Joanneum in Graz als eine der frühesten österreichischen Museumsgründungen (1811) nahe. Ähnlich den französischen Gründungen gehen hier schulische und museale Funktionen nahtlos ineinander über (Schau- und Lehrsammlungen sowie Lehrkanzeln), verbindet sich die Herstellung bürgerlicher (städtischer) Öffentlichkeit (Verein, Bibliothek) mit der Instrumentalisierung des Instituts für materielle Zwecke: den Fortschritt in Industrie, Gewerbe und Landwirtschaft zu fördern.

Auch das 1807 eingerichtete, sogenannte ›Fabriksproduktenkabinett‹ hatte eine ›didaktische‹ Funktion: es sollte Rohstoffe, Ausgangsprodukte und Fertigprodukte sammeln und damit einerseits der Weiterentwicklung der Produktion, andrerseits dem Absatz der Waren, ähnlich einer Messe, dienlich sein. Interessant ist, daß Kaiser Franz entgegen dem ersten, ursprünglichen Konzept ausdrücklich auf der öffentlichen Funktion dieses auch ›Museum‹ genannten Instituts beharrte. In der Zweckbestimmung des Kabinetts – dieser Begriff gemahnt noch an die höfisch-private Sammlungsform der technischen und naturwissenschaftlichen Kabinette, wiewohl schon bei der Gründung der Begriff ›Museum‹ ausdrücklich auch Verwendung findet – taucht wiederum der Begriff des Kunstfleißes auf; und zwar in ähnlich oszillierender Bedeutung wie schon bei Sonnenfels (vgl. S. 51). Einerseits scheint er auf die Gesamtheit dessen, was produziert wird, ausgedehnt, andrerseits scheint er sich auf eine spezifische, sich des Ästhetischen bedienende Bearbeitungsweise zu beziehen, was auch erklärt, weshalb hier der altertümliche, durch den Begriff der Industrie verdrängte Begriff des ›Fleißes‹ beibehalten ist – nämlich im lange Zeit mit ›industria‹ synonymen Sinne vom ›Geschick‹, mit dem man – unter geistiger und materieller Anstrengung – etwas tut; sieht man sich im heutigen Technischen Museum überlieferte Sammlungsbestände des Kabinetts an, so hat man den Eindruck, daß es nicht nur, aber auch mit schon bewußter Selektion um das »grenzgebiet zwischen kunst und handwerk« geht, »das sonst nur wunderlich genug kurzweg industrie (fleisz) genannt wird, dem gewerbefleisz nahverwandt, doch der eigentlichen kunst näherstehend (vgl. kunstgewerbe)«[27].

Die terminologischen Spitzfindigkeiten, die das Grimmsche Wörterbuch vor uns ausbreitet, zeigen, daß mit den Begriffen auch die von ihnen benannten Sachverhalte im Fluß sind. Erst allmählich kristallisieren sich die Begriffe ›Kunstgewerbe‹ und ›Kunstindustrie‹ heraus, zu etwa der Zeit übrigens, in der das ›Fabriksproduktenkabinett‹ gegründet wird. Der neuartige Begriff des Kunsthandwerks versucht noch an der alten Einheit von technischen und ästhetischen Qualitäten anzuknüpfen, wie das ja auch das Polytechnikum zunächst versuchte. Ganz allgemein war ein Polytechnikum als ein Institut zu verstehen, in dem technologische und ästhetische Anforderungen noch nicht getrennt waren: »Und wenn gleich die Producte der mechanischen und chemischen Werkstätte an sich dann vollendet sind, wenn sie ihren Zweck erfüllen, und hier nicht von dem Wohlgefallen an der Form, sondern nur von der Wirksamkeit oder Brauchbarkeit die Rede seyn kann: so verfertigt doch der größere Theil der Handwerker Gegenstände, welche dem täglichen und persönlichen Bedürfniß des Menschen dienend des Schmuckes nicht entbehren dürfen; weßhalb denn auch manche Producte der technischen Werkstätten in der Anstalt der schönen Kunst verwandt sind, oder doch manche Arbeiten in derselben der schönen Kunst dienen.«[28]

1815 wird das ›Fabriksproduktenkabinett‹ als ›Nationalfabriksproduktenkabinett‹ mit dem Anspruch eines ›technischen Museums‹, als Teil eines ›Konservatoriums der Künste und Gewerbe‹, in das eben gegründete Wiener Polytechnikum eingegliedert. Dieses umfaßte den Schulbetrieb, die Sammlung des Kabinetts (zugleich als Lehrmittelsammlung wie als Schaumuseum) und einen Verein – der allerdings erst rund zwanzig Jahre später als Niederösterreichischer Gewerbeverein, der dann seinerseits in den sechziger Jahren die Gründung des Kunstgewerbemuseums betrieb, gegründet wurde. Jetzt erweiterte sich übrigens auch die Aufgabenstellung der Sammlung: Es sollten nicht nur Beispiele von Ausgangs- und Endprodukten gezeigt, sondern auch Informationen über Fabrikations- und Veredelungsprozesse, über Technologien und Fertigungsvorgänge vermittelt werden. Modelle und Muster sollten den Absatz fördern helfen und den Vergleich mit ausländischen Standards ermöglichen. Als auch *historische* Sammlung sollte sie nicht bloß über den Entwicklungsstand von Industrie und Gewerbe informieren, sondern durch positives Beispiel, wie Aufzeigen von Mängeln, zur Entfaltung der Produktion quantitativ wie qualitativ beitragen.

Wie sehr zu diesem Zeitpunkt das Verhältnis von Kunst, Gewerbe und Industrie noch ungeklärt ist, sieht man zum Beispiel an dem Konflikt, den die Gründung des Polytechnikums mit der Akademie der bildenden Künste auslöste, die ihre Monopolstellung in der Kunstausbildung gefährdet sah, obwohl ihr noch immer die Manufakturzeichenschule eingegliedert war, womit sich die Ausbildung an der Akademie auch auf Zweige der ›Industrie‹ erstreckte. Eine spezifisch ›kunstgewerbliche‹ Schulung scheint es aber am Polytechnikum ohnehin nicht gegeben zu haben. Jedenfalls bleibt das Problem einer speziellen Ausbildung auf diesem Gebiet weiter virulent und zwischen unterschiedlichsten Insti-

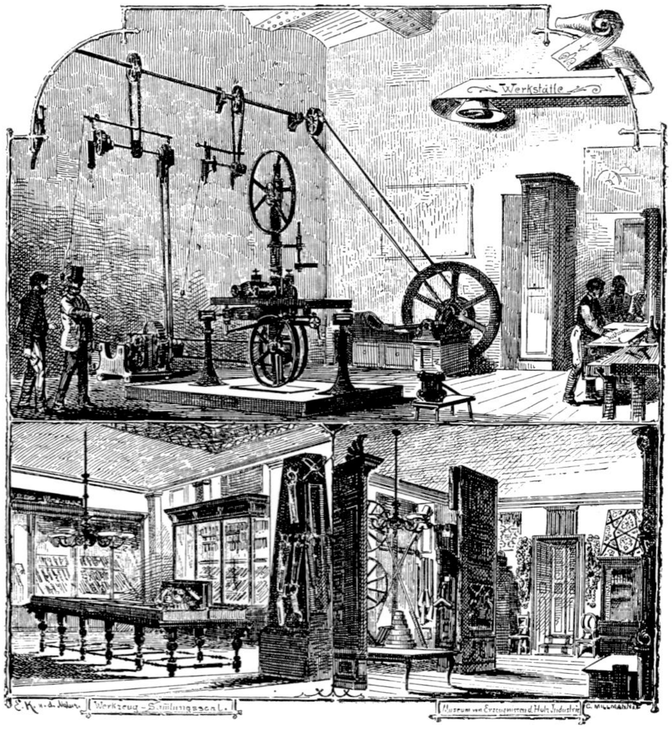

Technologisches Gewerbemuseum. Werkstätte und Sammlungssäle (1879)

tutionen strittig, zumal sich auch das Polytechnikum nicht ganz wie erwartet entwickelt hat. Das ›Nationalfabriksproduktenkabinett‹, das man ja am ehesten noch als eine auch ästhetisch normsetzende Mustersammlung bezeichnen könnte, verlor seine Funktion als öffentliche Mustersammlung und wurde zum zeitweilig nicht mehr zugänglichen Lehrmittelkabinett.[29] Andrerseits verlagerte sich sein Schwerpunkt zur technologischen Sammlung, konnte also, während in den fünfziger und sechziger Jahren das Bewußtsein von der Notwendigkeit einer spezifisch kunstgewerblichen beziehungsweise kunstindustriellen ›höheren‹ Lehranstalt wuchs, in keiner Hinsicht mehr den geänderten Anforderungen genügen. Als man dem 1864 diesen Anforderungen gewidmeten Museum den Namen ›Museum für Kunst und *Industrie*‹ gab, signalisierte dies noch immer das Festhalten am Anspruch auf ästhetische *und* technologische Zielsetzungen. Das schlägt sich zum Beispiel in den Bemühungen um kunsttechnologische Innovationen nieder, die etwa durch die chemisch-technische Versuchsanstalt des Museums gefördert und ermöglicht werden sollten beziehungsweise in der geradezu demonstrativen Verwendung technologischer Erfindungen an den Neubauten von Museum und Schule als einer Form öffentlicher Legitimation der Leistungen der Institute (worauf anläßlich der Darstellung der Bauten noch zurückzukommen sein wird). Die Überlassung von Sammlungsbeständen des polytechnischen Kabinetts an das neugegründete Museum signalisiert freilich schon eine auch institutionelle Auseinanderentwicklung von technologischen und ästhetischen Lehranstalten beziehungsweise musealen Einrichtungen, die mit Exners Gründung des ›Technologischen Gewerbemuseums‹ ihre Besiegelung findet, einer Gründung, die übrigens auch Schul- und Musealfunktion in ›didaktischer‹ Absicht vereinte und mit der die Geschichte eines spezifisch technischen Museums beginnt, die erst am Ende der Donaumonarchie mit der Gründung eines Museums der Technikgeschichte (Technisches Museum) einen Abschluß findet.[30]
Die Geschichte dieses Museumstyps, die vor allem durch Wilhelm Exners immer wieder gescheiterte Bemühungen geschrieben wurde, illustriert, analog der Entwicklung des Kunstgewerbemuseums und der Kunstgewerbeschule, die allmähliche Verwandlung der Aufgaben des Museums. Die schulisch-didaktischen, spezifischen Bedürfnisse von Gewerbe und Industrie zugedachten Funktionen konnten Exners Gründungen nie wirklich übernehmen. Exner betrieb deshalb schon anläßlich der Wiener Weltausstellung von 1873 – vergeblich – die Idee eines eigenständigen ›Technischen Museums‹, das, so scheint es, noch einmal die Universalität der Güterproduktion in allen ihren Aspekten umfassen sollte, wie auch sein 1893 in den Räumen des Technologischen Gewerbemuseums eingerichtetes ›Museum der Geschichte der österreichischen Arbeit‹. Nicht zuletzt wegen der Universalität des Anspruchs, dem die soziale und ökonomische Realität nicht mehr entsprach, scheiterten alle diese Versuche, und Exners Bemühungen und Konzepte wurden schließlich in das Projekt eines ›Technischen Museums‹ – unter Einschluß der Groß- und Schwerindustrie – integriert. Mit der Gründung dieses Museums ist dann endgültig sein ›schulischer‹ Charakter, seine Funktion als Teil des gewerblich-industriellen Bildungssystems aufgegeben. Es wird als historisches Museum der Technik*geschichte* konzipiert. Wenige Jahre zuvor waren Kunstgewerbemuseum und Kunstgewerbeschule administrativ getrennt worden. Der höheren kunstgewerblichen Lehranstalt stand nun ein Museum buchstäblich nur mehr zur Seite, das sich mehr und mehr von der

der Unterricht an der Akademie gedacht – in Form ›freier Meisterschulen‹ nach einem Vorbereitungsunterricht im Zeichnen und Modellieren nach der Antike und der Natur. Hier wird also noch an der Einheit der Künste festgehalten, die auch in ihrem Titel – woran Eitelberger anläßlich der Gründung der Kunstgewerbeschule erinnerte[34] – ›Caesaria Academia artium unitarum‹ beschworen worden war. Andrerseits hatte aber die Akademie mit der Einverleibung der Manufakturzeichenschule schon früh Aufgaben eines gewerblichen Bildungswesens übernommen, die mit der Erneuerung der Statuten von 1812 festgeschrieben worden waren: In einem speziellen Kurs wurden Zeichnung und Malerei für ›alle Zweige des Kunstfleißes‹ unterrichtet, und Gesellen und Lehrlinge und jene, die sich um das Meisterrecht bewarben, sollten der Akademie Probestücke vorlegen.

Doch war weder die zentrale Rolle der Akademie als oberster, für alle Kunstzweige verbindlicher Behörde zu halten – an deren Stelle traten die einschlägigen staatlichen Ministerien –, noch ein Begriff von der Einheit der Künste, der ein einheitliches, zentrales Ausbildungssystem gerechtfertigt hätte. Dies begann sich gerade auf bezeichnende Weise zu differenzieren, indem ein technisches Mittelschulwesen errichtet wurde, die Realschulen zu gewerblichen Lehranstalten umgewandelt und Sonntagsschulen für Handwerker eingerichtet wurden.[35] Interessant ist, daß die beiden ausführlichsten und verdienstvollen ›Geschichtsschreiber des gewerblichen Bildungswesens‹, Klimburg und Dumreicher, diese differenzierende Entwicklung nicht gerade begrüßt haben. Die eigentlichen Realschulen wurden – analog den Gymnasien – zu Vorstufen der technischen Hochschulen, während man Gewerbe-, Fach- und Zeichenschulen in ihrer Rangbedeutung innerhalb des Schulsystems eher herabstufte. Übereinstimmend beklagen beide das explosionsartige Anwachsen des gymnasialen Unterrichts, der wegen des wachsenden Bedarfs an qualifizierten ›Staatsdienern‹, vor allem an Beamten, expandierte und bevorzugt gefördert wurde.

Während es noch immer keine ausreichend breite und effiziente Bildung für den Gewerbestand gebe, wo er lerne, sein »Geschäft intelligent zu betreiben«, werde durch die gymnasiale Erzeugung ›Gebildeter‹, durch den ›theoretischen Unterricht‹ die »Gefahr erhöht, welche ein catilinarisches Gesellschaftselement dem Staate und eine Halbwelt von Gebildeten der geistigen Cultur bereitet«[36]. Hier lebt wieder die alte Angst vor der emanzipatorischen Wirkung von Bildung auf – sofern sie sich nicht für gewerblich-industrielle Interessen verfügbar machen läßt.

So verdichtete sich die Forderung nach ›höherer‹ kunstgewerblicher Ausbildung, die das gesamte gewerbliche Bildungswesen stimulieren sollte – bis zur Initiative des Niederösterreichischen Gewerbevereines, die im gesellschaftspolitischen Kontext der Liberalisierung der sechziger Jahre zum Erfolg der staatlichen Gründung des Kunstgewerbemuseums und der Kunstgewerbeschule führte.[37]

II
RUDOLF VON EITELBERGER

Im vorigen Kapitel wurden einige allgemeine und mittelbare Voraussetzungen für die Gründung des Kunstgewerbemuseums und der ihm angeschlossenen Kunstgewerbeschule dargestellt: die Herausbildung eines gewerblichen Bildungswesens im Zuge der Industrialisierung, innerhalb dessen – etwa im Zeichenunterricht – das Problem der ›geschmacklichen Verbesserung‹ der Erzeugnisse theoretisch wie praktisch besondere Berücksichtigung findet.

Die Darstellung dessen, was man die ›historischen Bedingungen‹ der Institutionalisierung kunstgewerblicher Ausbildung nennen könnte, wäre indes unvollständig, wenn man nicht ein Stück weit personalisierte Geschichtsschreibung betreiben würde: ohne die praktischen und theoretischen Bemühungen Rudolf von Eitelbergers, ohne dessen wissenschaftliche, publizistische und kulturpolitische Intervention, wären weder Museum noch Schule in der Form, in der sie schließlich 1864 beziehungsweise 1867 begründet wurden, zustande gekommen. In der folgenden, kurzen Darstellung geht es durchaus nicht um den Entwurf einer Biographie – die Vielseitigkeit der Interessen Eitelbergers verbietet es ohnehin, diese vorschnell auf einen Nenner bringen zu wollen. Uns interessiert an seiner Person seine konkrete Rolle bei der Gründung der beiden kunstgewerblichen Institutionen. Überdies schlägt seine Karriere eine anschauliche Brücke von der vormärzlichen, bürgerlichen kulturellen Öffentlichkeit zur staatlichen Kulturpolitik des Liberalismus der sechziger Jahre und trägt damit zum Verständnis der allgemeinen Bedingungen bei, die als Voraussetzungen in die Frühgeschichte von Museum und Schule eingehen.

Rudolf von Eitelberger wurde am 14. April 1817 in Olmütz als Sohn des Oberleutnants Johann Eitelberger, der wegen seiner Verdienste in den Adelsstand erhoben worden war, geboren; Eitelbergers Mutter stammte aus Niederösterreich. Er erhielt am Gymnasium in Brünn und an der juridischen Fakultät in Olmütz seine Ausbildung. Eitelberger schlug aber nicht die geplante Juristenlaufbahn ein, sondern wandte sich schon während des Studiums der Philologie und Ästhetik zu. Nach Abschluß der Studien ging er nach Wien, wo er rasch in vormärzlichen Zirkeln und Salons Aufnahme fand und jene gesellschaftlichen Kontakte knüpfen konnte, die ihm später bei der Durchsetzung seiner Pläne nützlich sein sollten. Er lernte Kunstsachverständige, Museumskustoden, Wissenschafter und Industrielle kennen, wie zum Beispiel den Mitbegründer des Niederösterreichischen Gewerbevereins, Rudolf von Arthaber, der sich um den Export kunstgewerblich ›veredelter‹ Waren bemühte (so hatte er 1834 zum Beispiel einen Preis für Manufakturzeichner des Polytechnischen Instituts gestiftet).

1838/39 erhielt Eitelberger eine Supplentenstelle an der Lehrkanzel für klassische Philologie bei Professor Ficker. Er hielt selbst Privatvorlesungen über Philosophie und trug sich früh mit dem Gedanken, eine eigene ›Ästhetik‹ zu verfassen.

Entscheidend war freilich die Bekanntschaft mit Josef Daniel Böhm, dem Direktor (seit 1836) der Graveurakademie am k. k. Hauptmünzamt und Direktor der Belvederegalerie. Böhm hatte einen Kreis von Gelehrten und Kunstsachverständigen wie -kennern um sich versammelt, unter anderem Engerth, Artaria, Kupelwieser. Hier wurde eine Kunstgeschichte betrieben, die sich von der philosophischen Ästhetik zu emanzipieren begann und sich stärker auf die durch Reisen und Sammlungs- und Musealtätigkeit vermittelte Empirie stützte – wobei man sich vor allem auf eine im christlich-romantischen Licht verklärte Gotik bezog, aber auch schon auf die Kunst und Kultur der Renaissance, die später, zur Zeit der Museums- und Schulgründung, zum normativen Stil des Bürgertums werden sollte.

In diesem Kreis wurde eine der ersten – wenn nicht die erste – historische Kunstausstellung Wiens veranstaltet, mit Graphiken des 15. bis 18. Jahrhunderts, zu der Eitelberger den Katalog verfaßte.[1]

In Julius von Schlossers Würdigung der ›Wiener Schule der Kunstgeschichte‹ figuriert J. D. Böhm als Ahnherr der Wiener Kunstgeschichtsforschung.[2] Er und sein Kreis markieren die Nahtstelle zwischen der sozusagen

noch privat fundierten, in Salons und Zirkeln wie Vereinen organisierten bürgerlichen Öffentlichkeit, die kaum noch auf staatliche Unterstützung rechnen konnte, und den sich nach 1848 etablierenden historischen, geisteswissenschaftlichen Fachdisziplinen, die partiell in eine staatliche Kulturpolitik eingebettet waren. In den vormärzlichen Zirkeln war das ›vaterländische‹, ›nationale‹ Interesse an der (Landes)Geschichte, Kunstgeschichte und Archäologie noch nicht von disziplinär klar abgegrenzten Fachwissenschaften getragen. Die Bedeutung dieser informellen kulturellen Öffentlichkeit, die sich in den Städten sozial-egalitär aus Adel und Bürgertum rekrutierte, lag in ihrer Bemühung um einen durch Bildung beförderten Fortschritt. Die ›historistische Aufklärung‹ dieser Salons und Zirkel war an einer ›didaktischen‹ Vermittlung historischer Erfahrung interessiert, die sich sowohl auf den geistigen wie auf materiellen Fortschritt beziehen lassen sollte.
Das schon erwähnte Beispiel des Joanneums in Graz läßt sich dafür nochmals als anschauliches Beispiel einführen: die Erforschung der Landesgeschichte, einschlägige Quellensammlung und deren museale Darstellung waren zur Förderung des ›Landesbewußtseins‹, also zur Stiftung einer lokalen Identifikation über kollektive Geschichtserfahrung, gedacht. Zugleich war das Joanneum Museum und Lehranstalt im Dienste des ›materiellen‹ Fortschritts von Landwirtschaft, Gewerbe und Industrie. Die tragende Öffentlichkeit kristallisierte sich hier in Lesevereinen im Zusammenhang mit der Bibliothek, die übrigens – über persönliche Intervention Erzherzog Johanns – der Öffentlichkeit unter Zensur stehende Werke zugänglich machte. Bezeichnend ist, daß diese Öffentlichkeit mit der Revolution von 1848 zerfiel, also mit dem Scheitern der politischen Emanzipationsansprüche des Bürgertums. Aus der ›didaktischen‹ Orientierung dieser literarisch-kulturellen Öffentlichkeit heraus sind auch die besonderen Konstruktionsformen der von ihr getragenen Institutionen verständlich, etwa der enge Zusammenhang von Schule und Museum, der bis zur Gründung der kunstgewerblichen Lehranstalten in Wien beispielgebend wirkte und die ›Lehrhaftigkeit‹ des Museums begründete. Eitelberger hat in seinem ›Denkmal‹ für seinen großen ›Lehrer‹ J. D. Böhm dessen ›didaktische‹ Orientierung und Wirkung nachdrücklich betont,[3] eine Orientierung, die Eitelbergers eigenes Wirken nachhaltig prägte.
Wenn später der Aphorismus in Umlauf gebracht wurde, »Böhm zeugte Eitelberger und Eitelberger schuf

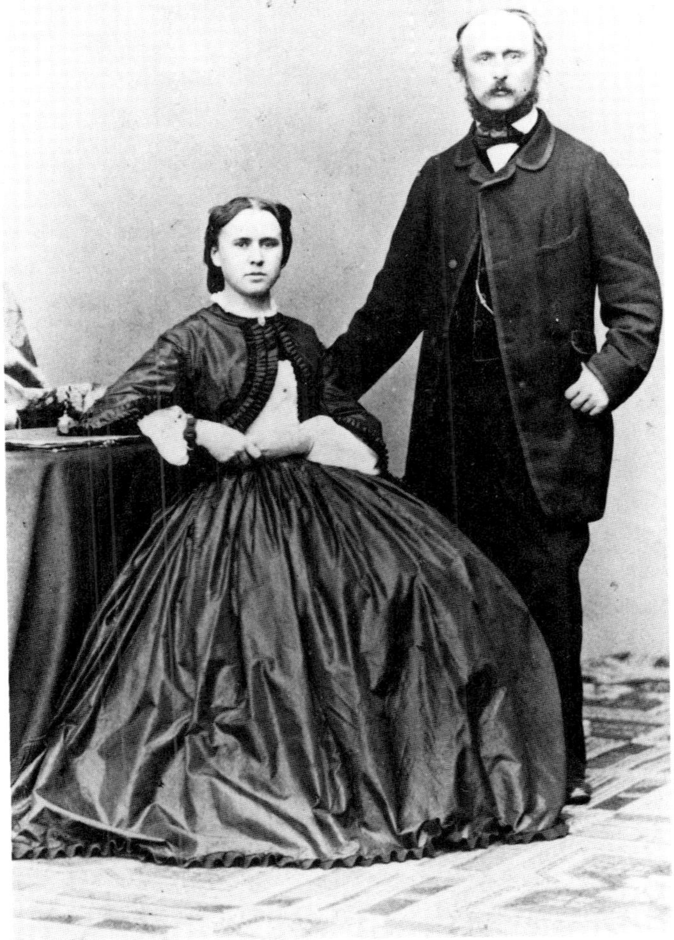

Rudolf von Eitelberger mit seiner Gattin

später als reifer Mann das österreichische Museum für Kunst und Industrie«[4], dann gilt dies in besonderem Maß für die historistische Maxime von der Geschichte als ›Lehrmeisterin des Lebens‹. Wichtig für diese Haltung war, daß in sie bereits eine tiefe Erfahrung von der ›Krise der Moderne‹ Eingang gefunden hat, vor deren Hintergrund die didaktische Macht des Geschichtlichen legitimiert wurde. So schreibt Eitelberger über Böhm und dessen Kreis: »Je stärker seine« (Böhms; G. F.) »Liebe zur Kunst wuchs . . . desto mehr bildete sich bei ihm die Überzeugung heraus, dass die moderne Kunst an grossen inneren Schäden leide und die alte Kunst der modernen in allen wesentlichen Theilen weit

überlegen sei. Es ist gewiss bezeichnend, daß beinahe alle hervorragenden Kunstkenner und Sammler seiner Zeit und auch der Gegenwart derselben Anschauung huldigen.«[5] Weniger Eitelbergers Leistung bei der Herausbildung und Installierung der Kunstgeschichte als autonomer, universitärer Disziplin als seine Stiftungsleistungen (Museumsgründung, Mitbegründung der Denkmalpflege und anderes) sind vor dem Hintergrund dieser Erfahrungen, die für ihn ein Leben lang verpflichtend blieben, zu beurteilen: als institutionelle Anstrengungen, der Krise der Kunst und Kultur durch Bildung, Wissenschaft und Lehre Herr zu werden.
Dabei kam Kunst und Künstlern ebenfalls eine ›didaktische‹ Funktion zu: Wo die Auseinandersetzung mit der historischen Kunst, mit dem ›historischen Vorbild‹ zum wesentlichen Element der Künstlerausbildung wird, erhält der Künstler – zum Beispiel in der Historienmalerei oder im Kunsthandwerk – selbst eine Vermittlerrolle. Eitelberger hat in seinem Aufsatz über J. D. Böhm ausführlich das antiquarische, sammlerische und historische Interesse vieler Künstler als einen ihrem künstlerischen Schaffen integrierten Bestandteil beschrieben, und in seiner Kritik an Waldmüller stellte er bezeichnenderweise dessen Zuwendung zum Naturvorbild in den Mittelpunkt des Kunststreites, da das ›historische Element in der Kunst‹ nicht anerkannt werde.[6]
In dieser Kunstauffassung hat auch Eitelbergers Interesse an kunstgewerblichen Zeitfragen seine Wurzel: hier konnten sich auf geradezu modellhafte Weise am Materiellen orientierte Zweckrationalität (zum Beispiel Konkurrenzfähigkeit kunstgewerblicher Waren) und idealistische Kunstauffassung verbinden, hier lag die auf das Leben einwirkende Macht der Kunst in materieller wie ideeller Hinsicht auf der Hand, hier konnte auch das Individuelle des künstlerischen Schaffens mit der Allgemeinheit des geistigen und wirtschaftlichen Lebens des ›Volks‹ eine Einheit bilden. Eitelbergers Überlegungen bewegten sich dabei keineswegs im luftleeren Raum des theoretischen Entwurfs, sondern begleiteten und untermauerten die Installierung von Institutionen, die diese Auffassung von Kunst und Kultur Realität werden ließen.
Hier läßt sich nebenbei einfügen, daß Eitelbergers enorm umfangreiches literarisches Schaffen weit eher unter dem Begriff der Kulturpublizistik zu fassen ist als dem der Theorie; ein kohärentes theoretisches Lehrgebäude – etwa den Arbeiten Carl Richters oder Jakob Falkes vergleichbar – hat Eitelberger nie entwickelt. Seine Arbeiten – wichtigste, aufschlußreiche kulturhistorische Quellen – dienten in der Regel der Publizität und Legitimation seiner vielfältigen kulturpolitischen Unternehmungen und haben oft den Charakter von Streitschriften und Polemiken.
Noch vor 1848 bedeutete die Gründung des Niederösterreichischen Gewerbevereins eine erste institutionelle Stütze der theoretischen Bemühungen. Der Verein veranstaltete Ausstellungen, gab Publikationen heraus und richtete eine ›Copieranstalt‹ ein, die – ganz historistisch gedacht – eine Brücke von ›vorbildlicher‹ historischer zur gegenwärtigen Kunst schlagen sollte. Ihren Anspruch hat zum Beispiel J. C. Endris in den ›Verhandlungen des Niederösterreichischen Gewerbevereines‹ bereits 1841 knapp formuliert: »Indessen läßt sich keine Vervollkommnung der Kultur denken, ohne daß nicht auch die Kunst ihren gehörigen Antheil daran habe, da sie ja das Werk der Veredelung besonders zur Aufgabe hat. In den Blütezeiten der Kunst trat auch ihr Einfluß auf die Gewerbe mächtig hervor.«[7]
Inzwischen bemühte sich Eitelberger um die Ausweitung und Festigung seines Lehrauftrags; er hielt Vorlesungen am Polytechnikum, und 1847/48 las er über Theorie und Geschichte der bildenden Kunst an der philosophischen Fakultät. Im Revolutionsjahr bewarb er sich – vergeblich – um eine Stelle an der Akademie, jener Institution, die er heftig attackiert hatte. Als er 1850 in die Akademie-Reformkommission berufen wurde, gewann er dennoch Einfluß auf diese wichtigste und höchste staatliche Kunstbildungsanstalt. 1851 bewarb er sich um eine neuzugründende Lehrkanzel für Kunstgeschichte der Universität. Seinen guten Beziehungen zum Minister Thun verdankte es Eitelberger, daß er diese Stelle – mit wenig Verzögerungen – auch erhielt: Zunächst erhielt er als ›Aufschub‹ nur ein Reisestipendium, aber nach seiner Rückkehr und der Aufgabe seiner Tätigkeit an der Akademie 1852 den Lehrstuhl für ›Kunstgeschichte und Kunstarchäologie‹ – die zweite Lehrkanzel für Kunstgeschichte an einer deutschsprachigen Universität (nach Berlin; G. F. Waagen). 1856 wurde diese Stelle in eine definitive Anstellung umgewandelt, 1863 in eine ordentliche Professur.
Mit Eitelbergers Berufung war die Trennung der nun eigenständigen Fachdisziplin Kunstgeschichte von der Ästhetik als philosophischer Disziplin vollzogen, in der auch zum Beispiel Musikgeschichte und Literaturgeschichte ihren Platz gehabt hatten. Man hat zu Recht darauf hingewiesen, daß die Begründung der Kunstgeschichte als eigenständiger, universitärer Fachdisziplin mit den Lehrkanzeln in Berlin und Wien nicht nur und

nicht in erster Linie unter dem Aspekt der Begründungsgeschichte einer autonomen Wissenschaft rezipiert werden sollte. Kunstgeschichte wurde (im Rahmen der Ästhetik) seit dem 18. Jahrhundert gelehrt, und ihre Autonomisierung bedeutete auch einen Verlust: nämlich den Verlust interdisziplinärer Verbindung zur Philosophie, Ästhetik oder zum Beispiel Kultur- und Sozialgeschichte. Es dreht sich also eher nicht um die Neubegründung einer Wissenschaft, sondern um einen Paradigmenwechsel innerhalb der Wissenschaften selbst, die ihren Niederschlag in einer methodischen Neuorientierung und in veränderten institutionellen Rahmenbedingungen fand.[8]

Die neue Disziplin sollte in deutlicher Distanz und Unterscheidung zur Philosophie auf Empirie, auf die Anschauung der Kunstwerke selbst gegründet sein und eine »am meisten in das Leben eingreifende Schönheitslehre der bildenden Kunst« begründen, wie Minister Thun in seinem die Neueinrichtung einer Lehrstelle begründenden Vortrag vom 14. Oktober 1852 ausführte.[9] Ohne in den ›Dilettantismus‹ der philosophischen Ästhetik zu verfallen, sollte diese Schönheitslehre, auf das Studium der Denkmäler gegründet, der Veredelung des Geschmacks und – das wird auch bei Thun betont – dem Gewerbe dienen. Kein Zweifel: Die neue universitäre Aufgabe war für Eitelberger maßgeschneidert und kam seiner in J. D. Böhms Kreis erworbenen, Theorie und Praxis vermittelnden Fähigkeit entgegen. Insgesamt muß man freilich Eitelbergers Wirksamkeit auf ›praktischem‹, sozusagen kulturpolitischem Gebiet weit über sein theoretisches Schaffen stellen. Eitelberger engagierte sich, wie gesagt, in der Akademiereform, er hielt Verbindung zur Akademie der Wissenschaften, er war maßgeblich an der Gründung der »Central-Commission« beteiligt, das heißt der staatlichen Denkmalpflege, die die Erhaltung und Erforschung der überlieferten Denkmäler zu leisten hatte; 1858 bis 1860 gab er mit dem ministeriellen Kunstreferenten Gustav Heider die ›Mittelalterlichen Kunstdenkmäler des österreichischen Kaiserstaates‹ heraus, die erste »monumentale Leistung auf dem Gebiet der Kunsttopographie im deutschen Sprachgebiet«[10]; ab 1854 leitete er die ›Österreichischen Blätter für Kunst und Literatur‹, eine Beilage der ›Wiener Zeitung‹ – seine eigene publizistische Tätigkeit und seine Verbindungen zur Presse erlaubten die Propagierung und Unterstützung der Idee des Kunstgewerbemuseums und der Kunstgewerbeschule; er war mitbeteiligt an der Schaffung des ›Instituts für österreichische Geschichtsforschung‹ und trat in den Debatten um die Stadterweiterung und die Errichtung der Hofmuseen als streitbarer Kritiker auf.

Mit der Berufung in den Unterrichtsrat (2. April 1864) des Staatsministeriums erhielt er auch in der staatlichen Administration eine Schlüsselstellung. Das Staatsministerium war aus der Zusammenlegung von Innen- und Unterrichtsministerium hervorgegangen, eine Maßnahme, die Eitelberger – darin ganz liberaler Bürger – sehr begrüßte, weil sie grundsätzlich eine Ablösung der Hof- durch Staatsinstitutionen bedeutete und weil ab nun Angelegenheiten von Kunst *und* Wissenschaften gemeinsam behandelt und administriert werden konnten. Der Unterrichtsrat hatte in Fragen der Gesetzgebung, der Personalpolitik und der Verfügung über Institutionen großen Einfluß.

An Eitelbergers dickichthaft verschlungener, kaum zu entwirrender Tätigkeit interessieren uns noch zwei Initiativen, die ein Licht auf seine praktische, gesellschaftsreformerische Orientierung werfen. So organisierte er 1872 den ersten internationalen Kunsthistorikerkongreß, der übrigens im Museum für Kunst und Industrie tagte und der mehr als sechzig Gelehrte, Museumsfachleute, Denkmalpfleger, Lehrer, Kunstsammler und Kulturpolitiker zusammenführte. Auf dem Kongreß standen überwiegend praktische und organisatorische Fragen auf der Tagesordnung, und seine im weitesten Sinn ›pädagogische‹ Ausrichtung wird vor allem an den Überlegungen zur Kunstgeschichte als Schulunterrichtsfach sichtbar. Als Teil des Geschichts- und Literaturunterrichts sollte er nicht nur in theoretischer Unterweisung bestehen. Mit einem »Apparat von Nachbildungen vorzüglicher Kunstwerke«, die unter anderem beim Zeichenunterricht verwendet werden sollten, konnten das ›Auge‹ und der ›Zeichner an die Stylunterschiede‹ gewöhnt werden.[11]

Ab 1850 trat er als Mitherausgeber des ›Deutschen Kunstblatts‹ hervor, das, anschließend an das eingegangene ›Schornsche Kunstblatt‹, versuchte, »die Ideale einer Demokratisierung der Kunstpflege, einer sozialen Gleichstellung der Künstler und einer allgemeinen Anerkennung des auch über die bildende Kunst vermittelbaren bürgerlichen liberalen Ethos . . . aus dem Vormärz in die Jahre nach der Revolution zu retten«[12]. Mitarbeiter dieser Kunstzeitschrift waren unter anderen Franz Kugler, Johann David Passavant, Gustav Friedrich Waagen, Carl Schnaase, Rudolf W. Wiegmann und Heinrich Wilhelm Schulz. Die Zeitschrift verstand sich in erster Linie als ein an Künstler ›Produktionswissen‹[13] vermittelndes Organ: hier wird das Primat der Wissenschaft vor der kreativen Tätigkeit des Künstlers beansprucht und von der Lehrbarkeit der Künste ausgegangen. In der Zeitschrift wurde über das gesamte Kunstleben, über Museen, Vorbildersammlungen, Ausstellungen, Auktionen, Wettbewerbe und anderes mehr berichtet.

Hinter dieser in der Zeitschrift sichtbaren Aufwertung der historischen Wissenschaften und der Kunstwissenschaft im besonderen darf man nicht nur die Professionalisierungsstrategie einer jungen Wissenschaft sehen, die einen möglichst großen ›Fachbereich‹ für sich reklamieren möchte. Es sind die Geisteswissenschaften, die kompensativ die Aufgabe übernehmen, über den Traditionsbruch der bürgerlichen Gesellschaft hinweg Tradition zu stiften. Theoriebedürftigkeit der Kunst ist nur ein Bestandteil dieser Vergegenwärtigungsarbeit.[14] Ihre auf Verstehen von historischen Objektivationen aufbauende Leistung allein vermag noch nicht der Garant ›lebendiger Tradition‹ zu sein, das heißt der Wirkungsmächtigkeit des Historischen in der jeweiligen Gegenwart. Deshalb bedarf nicht nur die Wissenschaft einer didaktischen Zielsetzung, sondern auch einer praktischen Umsetzung ihrer Erkenntnisse und Erfahrungen. »Denn die Traditionen der Kunst sind todt, wenn sie nicht dem Verständnisse und der Production näher gerückt werden«, schreibt Eitelberger in seinen Überlegungen zu ›Kunstgewerblichen Zeitfragen‹.[15]

Verstehen des durch den historischen Abstand fremd und durch Verlust des Gebrauchs (in Kult, Religion, Repräsentation zum Beispiel) ›unverständlich‹ Gewordenen und Umsetzung in neue gesellschaftliche Gebrauchszusammenhänge, etwa ›Bildung‹ oder historistische Kunstproduktion, sollten das Absterben der Tradition verhindern und einem bloß noch musealisierenden, verdinglichenden Historismus entgegenwirken, dem es nur noch um den Genuß des objektivierten Geschichtlichen ginge. » Die Traditionen erstarren oder sterben ab«, schreibt Eitelberger weiter, »wenn sie nicht von dem belebenden Hauche jener Männer getragen werden, die auch neues zu schaffen verstehen und die nicht blos geistvoll wiederzugeben, sondern auch zu erfinden die Kraft haben; – denn nur das ist lebendig in der Kunst und in der Wissenschaft, was auch Lebendiges und Lebensfähiges zu schaffen im Stande ist.«[16]

Eitelbergers gesamtes ›Lebenswerk‹ war von dieser Maxime beherrscht – egal ob es sich nun um seine publizistisch-kritische Tätigkeit handelte oder um seinen Beitrag zur materiellen Sicherung der Überlieferung (»Central-Commission«) und deren museale Erschließung (Kunstgewerbe- und Hofmuseen) oder wissenschaftliche Erforschung (universitäre Kunstwissenschaft). Optimistisch hat dieses Konzept teil an der Emanzipation eines liberalen kulturellen, vom Bürgertum getragenen Lebens, das sich ab den späten fünfziger Jahren etablieren konnte – und dessen manchmal kämpferische Abgrenzung von höfisch-adeliger Kulturpraxis zum Beispiel in Eitelbergers Einmischung in die Hofmuseenfrage deutlich wird – und am materiellen Fortschritt des Bürgertums, wofür die Kunstgewerbebewegung als wichtigstes Beispiel genannt werden kann. Defensiv ist dieses Konzept, wo es sich, wie schon zu bemerken war, an den Krisenphänomenen des bürgerlich-industriellen Fortschritts orientiert, am Zerfall des ›Geschmacks‹ als Ideal eines kollektiv verbindlichen, normativen Anspruchs im ›Reich des Schönen‹ etwa. Daß dabei die Verwissenschaftlichung der Kunst eine nicht unbedingt nur produktive Rolle spielte, scheint kaum reflektiert und bemerkt worden zu sein. Sie vollzog den Prozeß der Tradition nämlich nicht etwa nur reflektierend mit, sondern wurde selbst zur Traditionsinstanz: am Beispiel der Renaissancerezeption nach der Jahrhundertmitte wird das deutlich; hier erweist sich nämlich die (Kunst)Wissenschaft nicht als ästhetische Praxis begleitende und vorbereitende Reflexionswissenschaft, sondern legt vorab verbindliche ästhetische Normen fest: »Es gehört mit zu den charakteristischen Bestrebungen des modernen Kunstlebens, nicht bloß sich wissenschaftlich über die Entstehung und Fortbildung der Kunst früherer Jahrhunderte zu orientieren, sondern auch zu gleicher Zeit die Resultate der kunsthistorischen Studien *praktisch* zu verwerthen und die *Stilformen*, über welche man auf wissenschaftlichem Weg Klarheit erhalten hat, in das künstlerische Schaffen der Gegenwart einzuführen. Die Kunstliteratur hat sich der obigen Frage bemächtigt und drängt, selbst von der Bewegung der Nation ergriffen, die Künstlerwelt zu einer national-deutschen Renaissance.«[17] (Hervorhebungen G. F.)

Der in derartigen Gedanken ruhende Fortschrittsoptimismus ist nur eine Seite der Medaille; die andere die beständige Bedachtnahme auf die krisenhafte Situation der Kunst und der Kultur überhaupt. Der ›Verfall des Geschmacks‹ ist dabei die Metapher, in die die Diagnose am häufigsten eingekleidet wird. Doch auch in diesem Fall vermag eine Kunstwissenschaft einzuspringen, die sich nicht bloß an der Erforschung und Darstel-

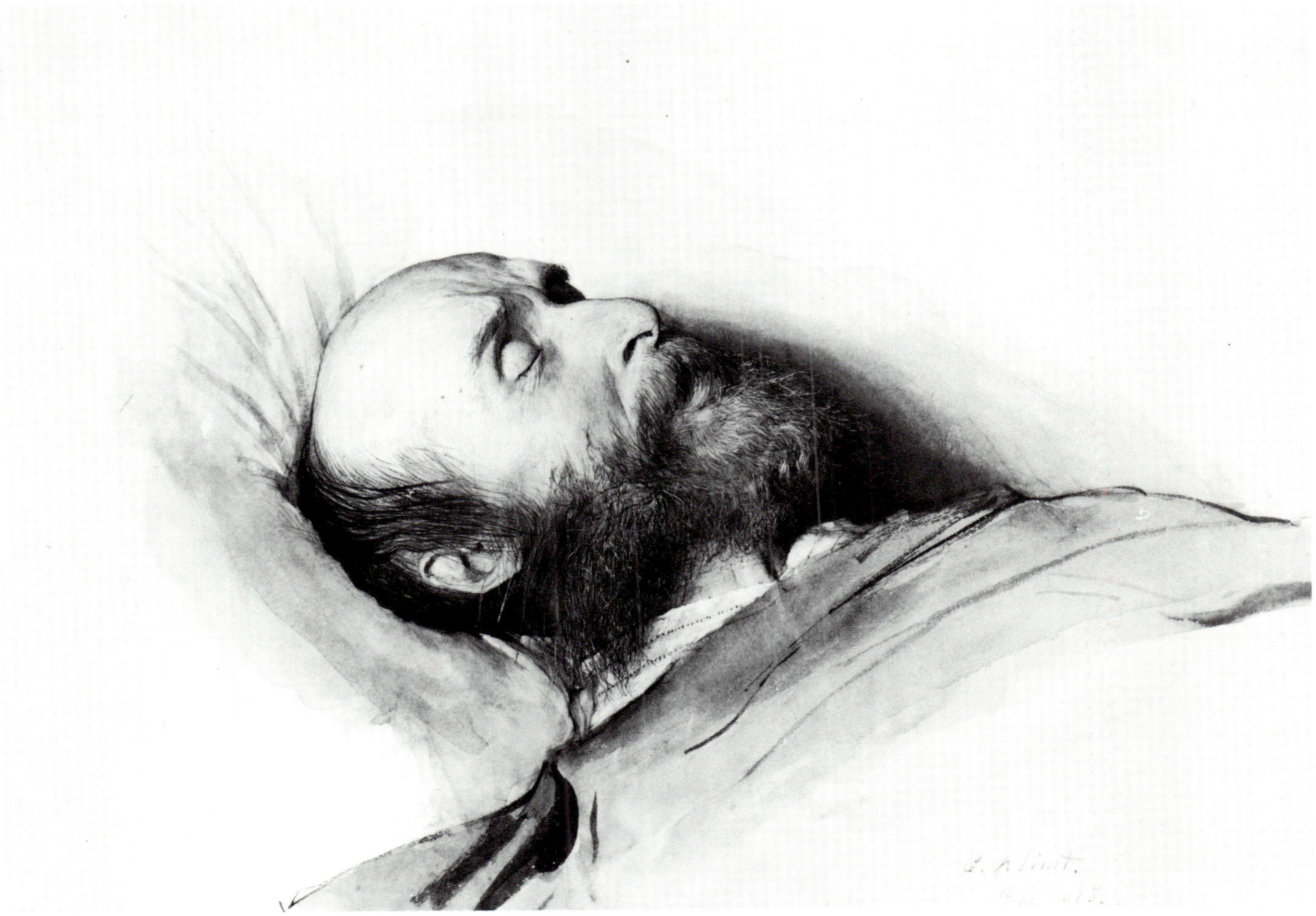

Rudolf von Eitelberger auf dem Totenbett (Gustav Klimt; 1885)

lung der Geschichte der Kunst interessiert zeigt, sondern sich in die Frage nach dem ›Eingreifen‹ der Kunst in das Leben involviert.

Eitelberger hat – und das ist ein Charakteristikum seiner Schriften überhaupt – dabei kaum die materiellen und sozialen Bedingungen im Auge, die zu der auch von ihm konstatierten Krise geführt haben könnten. Er sieht die Probleme eher im mangelnden Verantwortungsbewußtsein bestimmter sozialer Schichten, in der Unfähigkeit, rasch auf Symptome zu reagieren und entsprechend wirkungsvolle Vorkehrungen zu treffen: der Glaube an die Lehr- und ›Vermittel‹barkeit von Kunst und kulturellen Mustern ist bei ihm tief verwurzelt. Andrerseits hat er ganz ohne stringente Theorie des öfteren präzis Vorgänge wahrgenommen und beschrieben, die kaum anderswo so reflektiert wurden. So sah er die Krise des Geschmacks auch als einen Zersetzungsprozeß von Wahrnehmungsformen: »Ein Grund« (für den Verfall des Geschmacks; G. F.) »scheint mir in der überschwänglichen Productivität der Zeit zu liegen . . . die Massen die sich auf den öffentlichen Markt drängen, erzeugen mit der Unruhe der Gemüther, eine Hast im Auffassen auf der einen und auf der anderen Seite das Streben, einen Eindruck durch etwas Neues, Blendendes zu verwischen . . . Selten gewohnt, etwas Gelungenes zu sehen, mit hineingerissen in das Treiben, das mit blendenden Farben, pikanten Situationen oder krankhafter Jagd nach Tiefsinn und Ernst Aufsehen erregen will, hält (das Publikum) am Ende selbst den leeren Effect für künstlerische Wirkung, mystische Grübeley für Geistestiefe, und das Gesunde, Echte, Kernige geht spurlos an ihm vorüber . . . Soll das Publikum dann nicht irre werden, nicht bloß in seinem Urtheile über Künstler sondern auch in seinem Geschmack?«[18]

Wissenschaft und Kunstpolitik sollten dazu beitragen,

eine Öffentlichkeit wiederherzustellen beziehungsweise zu stabilisieren, die den destruktiven Tendenzen der politischen, sozialen und ökonomischen Entwicklung standhalten konnte. Die Wirkung der ›Kunstbildung‹ und der sie tragenden Institutionen war dabei weit über den engeren Bereich der ›autonomen‹ und ›hohen‹ Kunst hinaus gedacht. Sie erschöpfte sich auch nicht in der nicht bloß utilitären Maxime der ›Anwendung‹ der Kunst auf bestimmte Zweige der Produktion im Interesse eines gesteigerten Absatzes, Erhaltung der Konkurrenzfähigkeit, also: Steigerung des Profits, sondern hatte die Versöhnung, die Einheit von geistiger und materieller Kultur im Blickpunkt. Der Zusammenhang von institutioneller Kunstbildung und ›Lebensreform‹ wird bei Eitelberger, anläßlich seiner Antrittsvorlesung an der Akademie der bildenden Künste (1851) von ihm zum Beispiel so formuliert: »Wo anders her als von der Akademie soll jene Kunstbildung kommen, die sich in alle Theile des bürgerlichen und staatlichen Lebens verzweigt und Hände schafft, die im Einklang mit ihrem Gefühle und Geiste Werke hervorbringen, die die Mitwelt befriedigen, die Nachwelt achten? . . . Wo anders her jenes Wissen, das in Harmonie mit dem Können notwendig ist, um die Bildungskraft der Kunst nicht abzuschwächen, ihren sittlichen Nerv nicht zu tödten in einem Momente, wo andere Richtung des Lebens, Wissenschaft und Industrie mit mächtiger Gewalt nicht bloss in das gewerbliche, sondern auch in das ethische Leben eingreifen, und *der Bildung unseres Jahrhunderts* eine Richtung geben, die in ihrer Einseitigkeit offenbar schädlich und nachtheilig wirken würde, wenn nicht die Kunst mit all' ihren Reizen, aber auch mit aller Tiefe, Lebens- und Sittenwahrheit läuternd, versöhnend und durchgeistigend wirken würde!«[19] (Hervorhebung G. F.)

Es wäre ein irreführendes Mißverständnis, wollte man in Eitelbergers Gedanken nichts anderes sehen als eine Apologie der Kunst als einer die Realität scheinhaft verklärenden Instanz; woran Eitelberger festzuhalten versuchte, war die Idee der Einheit von kultureller und materieller Entwicklung, daher auch der Einheit von ›hoher‹ und ›angewandter‹ Kunst, von Kunst, Gewerbe und Industrie – und sei es auch unter Anerkennung ihrer wachsenden Entfremdung und der daraus resultierenden Notwendigkeit der institutionellen Gegensteuerung.

Kristallisationspunkte dieses letztlich zuversichtlichen und globalen Fortschrittsverständnisses waren die Weltausstellung in London von 1851 und die folgenden Weltausstellungen. Eitelberger teilte die an diese ersten, großen ›Weltmessen‹ geknüpfte Hoffnung auf friedlichen Wettstreit der Völker, auf Harmonisierung der Gegensätze der Nationen und Klassen: »Durch die Weltausstellungen bekam das gesamte producirende und consumirende Publicum erst eine deutliche und lebendige Anschauung von dem, was der Weltverkehr bedeutet; es wurde dem Publicum die Höhe der Leistungsfähigkeit klar, auf welcher sich die Producenten befinden müssen, um in dem Weltverkehre eine Rolle zu spielen; es trat ferner der Umstand offen zu Tage, dass das industrielle, künstlerische und geistige Leben nicht mehr einem bestimmten geographischen Territorium, nicht mehr einem bestimmten Lande, oder einer einzelnen Nation angehöre. Mit einemmale erschloß sich dem continentalen Europäer, der über die engsten Grenzen seiner Heimat nur selten hinauskam, das Bild des Weltverkehres und der Weltproduction und die Bedeutung der menschlichen Arbeit für die beiden Sphären des Erdballes war klar und deutlich. So mächtig auch die Rivalitäten zwischen den einzelnen Völkern sein mochten und noch sind, wie entgegengesetzt ihre politischen Interessen auch sein mögen, zum ersten Male wurde durch die Weltausstellungen den im friedlichen Wettkampfe concurrierenden Völkern jene Anerkennung zu Theil, welche durch die Leistungsfähigkeit bedingt ist. Die Unterschiede der verschiedenen Nationen, Confessionen oder Stände traten in den Hintergrund vor dem mächtigen Erfolge der Leistung als solcher und auf dem Gebiete menschlicher Production wurde das Princip der Gleichheit und Brüderlichkeit zum erstenmale durch die grossen Weltausstellungen in Anwendung gebracht und dadurch dem Fortschritte eine neue Bahn geöffnet. Fortan gehörte thatsächlich die ganze arbeitende Welt der Menschheit an.«[20]

Gerade in der Konkurrenz sah Eitelberger – und nicht nur er – die Bedingung für den friedlichen politischen und wirtschaftlichen Wettstreit. Wie sehr das Illusion war und wie sehr es Verdrängung der sozialen Realität bedeutete, läßt sich an seinen eigenen Schriften ablesen. Für die ›sociale Frage‹ scheint er nicht einmal in der Form der in England zur Zeit der Weltausstellung forcierten, optimistischen Idee der Klassenversöhnung durch wirtschaftliche und kulturelle Prosperität ein Gespür besessen zu haben – obwohl gerade das für die Gründung des Kunstgewerbemuseums und der Kunstgewerbeschule vorbildliche South-Kensington-Museum und die Struktur der englischen Kunstgewerbeförderung dieser Idee verpflichtet waren. Im nach-

hinein hat man die Idee der hegemonialen Klassenintegration in Eitelbergers Bemühungen hineininterpretieren wollen – wie ich glaube, zu Unrecht; derartiges hat ihn kaum interessiert. So meinte etwa ein Rezensent von Eitelbergers ›Gesammelten Schriften‹: »Im Allgemeinen laufen Eitelbergers Reformgedanken darauf hinaus, die Volksschule und den gewerblichen Unterricht für das praktische Leben und im Interesse von Handwerk, Industrie und Kunst verläßlicher und fruchtbarer zu gestalten; dem Gewerbe zu einem neuen Aufschwung und zu größerer Selbständigkeit gegenüber der Maschine und dem Kapital zu verhelfen; die schaffende und nährende Hand gegenüber dem unterrichtenden Kopf wieder in ihre Rechte einzusetzen; lieber thätige Zufriedene als murrende Sclaven zu erziehen und so organisch dem drohenden Schrecken der socialen Frage vorzubauen.«[21]
Was indes Eitelberger sehr ausführlich beschäftigte, war die Frage der Konkurrenzfähigkeit des österreichischen (Kunst)Gewerbes. Darauf wird noch ausführlicher im Zusammenhang mit der Gründung von Kunstgewerbemuseum und Kunstgewerbeschule zurückzukommen sein. Hier, wo er ›realistisch‹ über die Bedingungen und Folgen von Konkurrenz nachdenkt, wird auch bei ihm die ganze Destruktivität des industriellen Konkurrenzkapitalismus sichtbar, dessen Symptome er beschrieb und dessen Folgekosten er in Kunst- und Bildungspolitik abfangen wollte. Zugleich wird hier ein nationaler Zug sichtbar, der sich bis zum aggressiven Chauvinismus zu steigern vermag – vor allem in jener Situation, in der in den siebziger Jahren die politischen (Deutsch-Französischer Krieg) und ökonomischen (Weltwirtschaftskrise) Verhältnisse sich dramatisch zuspitzten.
»Das deutsche Volk wird gewiß nicht mehr dulden, dass Duodeznationen und halbbarbarische Staaten und Länder an seiner Macht und an seiner Weltstellung zweifeln.« So leitet Eitelberger seinen Aufsatz »Der deutsch-französische Krieg und sein Einfluß auf die Kunst-Industrie Österreichs« (1870) ein.[22] »Man darf nicht vergessen . . . dass die Söhne Deutschlands sich über den ganzen Erdball verbreiten . . . Auf diesen Weltcolonisten beruht die Zukunft des deutschen Welthandels.«[23] Eitelberger begründet die Kolonisatorenrolle Deutschlands mit der Überlegenheit deutscher Kunst und Wissenschaft, den geordneten bürgerlichen Lebensverhältnissen, der ›geläuterten sittlichen Weltanschauung‹ und der »fast absolute(n) Unfähigkeit der romanischen Race für die Zwecke der Colonisation«[24].

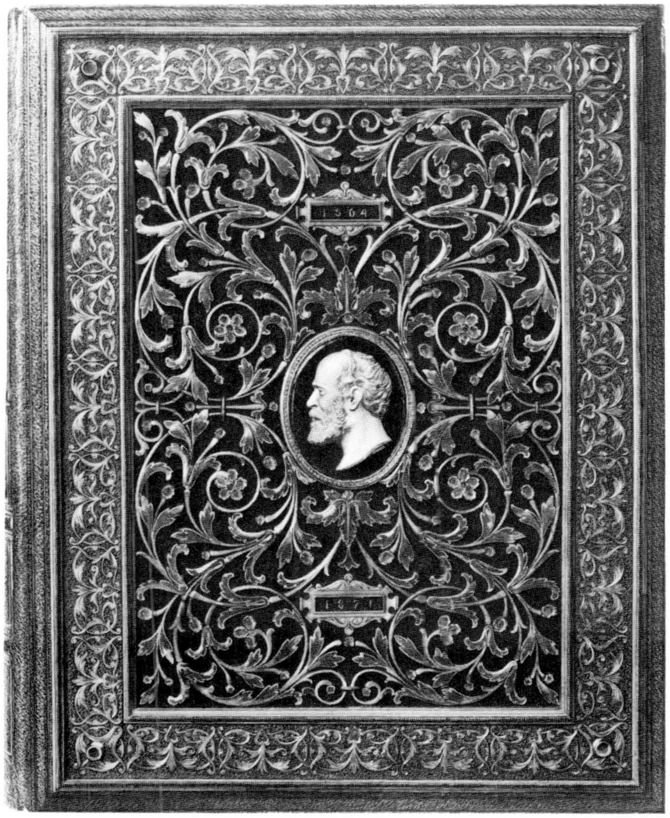

Josef Storck: Einband eines Albums. Mit einem von Hans Macht in ›Limusiner Email‹ gemalten Porträt Rudolf von Eitelbergers. Aus: Arbeiten der Österreichischen Kunstindustrie aus den Jahren 1868–1893. Zum fünfundzwanzigjährigen Jubiläum der Kunstgewerbeschule des k. k. Österreichischen Museums für Kunst und Industrie herausgegeben von der Direction. Wien 1893

»Da nun das Problem des grossen Weltverkehrs darin besteht, die Naturproducte des Orients und Amerikas gegen die Industrie- und Kunstproducte Europas auszutauschen, die Rolle des Vermittlers zu übernehmen zwischen jenen Ländern, welche die Natur überreich mit Gütern der Erde gesegnet hat, und zwischen jenen, denen die gütige Vorsehung durch die Eigenschaften des Geistes, des Fleisses und der Arbeitskraft das zu ersetzen gegeben hat, was sie ihnen durch die Kargheit der Natur entzogen, so kann man wohl mit mathematischer Gewissheit voraussagen, dass, wenn nicht außerordentliche Ereignisse eintreten, die Früchte des vermittelnden Weltverkehrs in den Schoss der germanischen und anglogermanischen Stämme fallen werden.«[25]
Zwar versucht Eitelberger auch hier noch an der zivilisatorischen Kraft der internationalen Konkurrenz fest-

zuhalten und an der Idee der ›Läuterung‹ zu ›menschenwürdiger Existenz‹ und ›höheren sittlichen Idealen‹, die den Menschen »erhöhte Genuss- und Gebrauchsmittel« brächten,[26] doch nimmt er die aktuellen Ereignisse nur allzu gern als Gelegenheit der Ausschaltung eines der ›gefährlichsten‹ Konkurrenten – Frankreichs – wahr. »Socialistische Theorien, die unter der Herrschaft des napoleonischen Cäsarismus genährt« worden seien, und derer sich die »Arbeiter in Paris, Lyon und Marseille bemächtigt« hätten, hätten Frankreichs dominierende Rolle nicht gefährden können, doch habe der Krieg eine veränderte Situation geschaffen, denn »in gewissem Sinn haben die deutschen Armeen auch für unsere Kunstindustrie gekämpft; denn sie haben den gefährlichsten, man könnte sagen, den einzigen Feind der österreichischen Kunstindustrie erheblich geschwächt, die französische Kunstindustrie.«[27]

Eitelbergers Auffassung war nicht nur bezüglich der Beurteilung der Folgen des Krieges fundamental falsch; ging doch die Bedrohung der österreichischen Wirtschaft und der kunstgewerblichen Produktion nicht vom vermeintlichen Konkurrenten Frankreich aus, sondern von der Labilität des internationalen Wirtschaftssystems, das wenige Jahre später in seine erste internationale Krise geriet.

III
DIE GRÜNDUNG DES KUNSTGEWERBEMUSEUMS

Als unmittelbaren Anstoß zur Gründung des Kunstgewerbemuseums – wenn es überhaupt ein einzelnes Ereignis war, das man in diesem Sinne hervorheben kann – lassen sich die beiden Weltausstellungen von London 1851 und 1862 nennen und jene, die 1855 in Paris veranstaltet wurde. Diese weltumfassenden Leistungsschauen von Industrie, Gewerbe und Kunst gaben dem liberalen Bürgertum mächtigen Auftrieb, der sich zunächst in einer publizistischen Kampagne zu Fragen des Kunstgewerbes niederschlug (worauf genauer anläßlich der Darstellung der Gründung der Kunstgewerbeschule eingegangen werden wird).
Eitelberger hatte bereits bei der Pariser Weltausstellung als Berichterstatter fungiert. Das in seinen Augen schlechte Abschneiden Österreichs führte zur Lancierung ganzer Artikelserien in Wiener Zeitungen, so zum Beispiel der von Friedrich Stamm über die »Verbrüderung von Kunst und Handwerk« (›Neue Freie Presse‹, 1855) oder die auf Betreiben Eitelbergers verfaßte Artikelserie des damaligen Kustos der Liechtensteingalerie, Jakob von Falke, »Über Kunstgewerbe und Kunstgewerbezeitungen« (›Wiener Zeitung‹, 1860).
1862 war Eitelberger Mitglied der österreichischen Ausstellungskommission für die Weltausstellung in London. Und jetzt fielen seine Berichte und Überlegungen auf fruchtbareren politischen Boden: Die schon erwähnte Schaffung des Staatsministeriums und die Schaffung der Kunstkommission wurden von liberalen Kreisen begrüßt und konnten zur Durchsetzung kulturpolitischer Forderungen genutzt werden. Mit der Ablösung von Thun durch Gustav Heider als Kunstreferenten und durch die Bestellung Karl von Lewinskys, den Eitelberger von seiner Tätigkeit bei der ›Wiener Zeitung‹ her gut kannte, zum Sektionschef für Kunst und Unterricht erhielt Eitelberger zudem gute persönliche Kontakte zum Ministerium. Die allgemeine Liberalisierung des politischen wie des kulturellen Klimas ermutigte Eitelberger zu unverblümten Äußerungen über die offizielle Kunstpolitik und die seiner Meinung nach sehr fragwürdige Rolle des Kaisers bei der Förderung der Künste. Er erneuerte seine heftige Kritik an der Akademie und schlug unter anderem die Verstaatlichung von Hofinstitutionen vor.[1]
Noch in London entwarf er den Plan für ein Kunstgewerbemuseum – wobei man relativierend einwerfen muß, daß die Idee einer ›höheren‹ kunstgewerblichen (Aus)Bildungsstätte schon länger diskutiert worden war, wenn auch meist in Zusammenhang mit den existierenden Institutionen, dem Polytechnikum etwa oder der Manufakturzeichenschule des Niederösterreichischen Gewerbevereins. Jedenfalls fand Eitelberger noch in London die Unterstützung Erzherzog Rainers, der ganz allgemein liberalen Ideen aufgeschlossen war und zum Protektor dieser Institution wurde und bis gegen 1900 blieb. »In Eitelbergers anregender Gesellschaft besuchte ich in London das South-Kensington-Museum, und kann sagen, daß ich dabei das Projekt zu einem Wiener Museum für Kunst und Industrie in Eitelbergers Kopf leibhaftig entstehen sah. Mit der ihm eigenen Energie sprach er während unseres Rundganges die Absicht aus, etwas Ähnliches in Österreich zu schaffen.«[2] Die Urheberschaft Eitelbergers an der Museumsidee geht auch aus einem Brief Philippsbergs an Eitelberger aus dem Nachlaß Erzherzog Rainers zweifelsfrei hervor.[3] Eitelberger selbst schildert die Begegnung mit Rainer und dessen Initiative so: »Ich war damals Professor für Kunstgeschichte an der Wiener Universität und als Kunstreferent der ›Wiener Zeitung‹ Mitglied der Ausstellungs-Commission und mit der Vertretung der Abtheilung für bildende Kunst in London betraut. Als ich Anfangs Juli wieder von London in Wien eintraf, fand ich ein Billet des Hofrathes v. Roschmann . . . vor, mittelst welchem ich eingeladen wurde, behufs einer Besprechung bei dem Minister-Präsidenten Erzherzog Rainer zu erscheinen. Der Erzherzog befragte mich über die Stellung Österreichs auf der Londoner Ausstellung und betonte bei dieser Gelegenheit, dass ihm von vielen Seiten die Nachricht zugekommen sei, dass die österreichische Industrie, so vorzüglich sie sonst sei, doch in der Geschmacksrichtung hinter der französischen und englischen zurückstehe. Um meine Meinung hierüber befragt, antwortete ich,

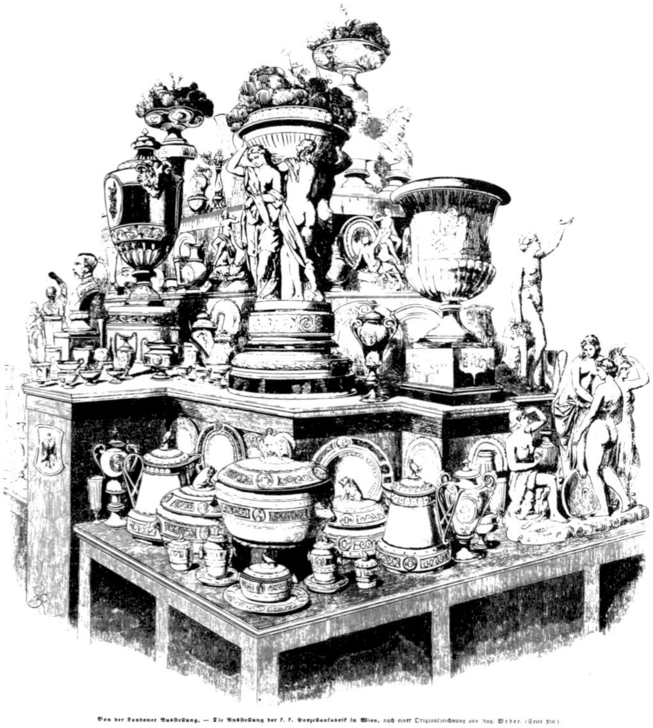

Die k. k. Porzellanfabrik auf der Weltausstellung London 1862

dass meine Wahrnehmungen mit dem Gehörten vollkommen übereinstimmen, dass aber dieser Mangel an Geschmacksbildung bei den österreichischen Industriellen nicht so sehr dem geringeren Talente und der geringeren Befähigung der österreichischen Bevölkerung zuzuschreiben sei, als wesentlich dem Umstande, dass bisher von officieller Seite in Oesterreich wenig für die Hebung des Geschmacks geschehen sei und dass es zweckmäßig wäre, in Oesterreich etwas Aehnliches zu unternehmen, wie das South-Kensington-Museum in London, das, wenn nicht ausschließlich, doch vorwiegend die Aufgabe zu erfüllen hat, die Geschmacksbildung zu heben. Der Erzherzog forderte mich auf, meine mündlich geäußerten Ansichten schriftlich darzulegen und die entsprechenden Vorschläge zu machen.«[4]

Für die Konzeption des österreichischen Museums für Kunst und Industrie wird immer wieder das South-Kensington-Museum in London – mittelbar aus den dortigen Weltausstellungen hervorgegangen – als Vorbildorganisation genannt. Wie dieses das erste kunstgewerbliche Museum überhaupt sein sollte und ebenso die erste höhere kunstgewerbliche Lehranstalt, so sollte es die Wiener Gründung für den Kontinent sein. Tatsächlich scheint das South-Kensington-Museum so etwas wie den unmittelbaren Anstoß für die Gründung der österreichischen Institutionen gegeben zu haben – an ihm ließen sich die Organisation eines viele Zweige des Gewerbes umfassenden Museums ebenso wie schulische Einrichtungen beziehungsweise didaktische Sammlungen im Dienste des Kunstgewerbes studieren. Einerseits war das South-Kensington-Museum, worauf weiter unten noch eingegangen werden soll, nicht die einzige Institution, deren Organisation man studiert und als vorbildlich empfohlen hatte, und andrerseits war das Londoner Museum in eine ganz anders geartete allgemeine Entwicklung der Industrie, des Gewerbes und des ›industriellen Bildungswesens‹ eingebettet, so daß die Vergleichbarkeit der Londoner und der Wiener Einrichtungen vor allem hinsichtlich ihrer bildungspolitischen Funktion eine Grenze findet.
Auf den ersten Blick erscheint es paradox, daß ausgerechnet England als führende Industrienation in der ersten Hälfte des 19. Jahrhunderts über kein entwickeltes gewerblich-industrielles Bildungswesen verfügte; einerseits lag das an dem durch die industrielle Vormachtstellung begründeten Selbstbewußtsein, das wissenschaftliche und bildungspolitische Unterstützung der industriellen Entwicklung entbehrlich erscheinen ließ, andrerseits an einem liberalistischen Selbstverständnis von der Wechselbeziehung von Staat und Gesellschaft, das den Selbstregulationsmechanismen der Gesellschaft, des Markts und des materiellen Fortschritts vertraute und staatlichen Interventionen mißtrauisch gegenüberstand.
Erst mit der Krise des industriellen Fortschritts im ersten Drittel des 19. Jahrhunderts wandte man sein Augenmerk verstärkt Bildungsfragen zu, wobei Initiativen eher von privater denn von staatlicher Seite gefördert wurden. Das Bildungssystem sollte sowohl qualifizierte Arbeiter auf allen Ebenen bereitstellen, als auch der drohenden sozialen Desintegration im Gefolge der industriellen Revolution entgegenwirken und durch Bildung als Voraussetzung der Teilhabe an den bürgerlichen Freiheiten emanzipatorische Bewegung auslösen. Wohlstand, gehobenerer Sozialstatus und Erwerb bürgerlicher Freiheiten wiederum wurden als Fortschritt der gesellschaftlichen Entwicklung unter den Vorzeichen einer Versöhnung von Industrie und Kultur verstanden.
Die Gründung einer ersten ›School of Design‹, um nun

auf die nähere ›Vorgeschichte‹ des South-Kensington-Museums zu sprechen zu kommen, erfolgte 1837, noch unter den Fittichen der Akademie, die verhinderte, daß elementarer Zeichenunterricht gegeben werden konnte, weswegen die ›School of Design‹ zur bloßen Kopieranstalt geriet und die angeschlossenen musealen Sammlungen zum Lehrmittelmagazin.[5] William Dyce, der die damit gegebene Trennung von Kunst und Handwerk nachdrücklich kritisiert und eine für alle Klassen brauchbare Produktkultur gefordert hatte, wurde 1838 Direktor der School of Design, deren Ausbildung er reformierte. Trotz dieser Reform und der Gründung von Zweigniederlassungen in den Provinzen ab 1841 blieb die Schule in einer krisenhaften Situation befangen: die Zusammensetzung der Studierenden war zu heterogen, unbemittelte Handwerker und Bildungsbürger ohne Interesse an einer beruflichen Qualifikation wollten die Schule besuchen; es gab keine genügend vorgebildeten Lehrkräfte, die den speziellen Anforderungen des neuen Schultyps gerecht werden konnten, und es fehlte an geeigneten Lehrmitteln.

Erst mit organisatorischen Veränderungen im Vorfeld der ersten Weltausstellung von 1851 kam wiederum Bewegung in das kunstgewerbliche Bildungswesen. Jetzt war die Kluft von wissenschaftlich-technischem, ästhetischem und industriellem Fortschritt in globalem Maßstab sichtbar geworden und ließ die Frage nach der ›Industrial Education‹ besonders brennend erscheinen. Mit der Schaffung eines ›Education Departments‹ und eines ›Departments of Science and Art‹ erfolgte die Einrichtung zentraler, staatlicher Bildungsplanungsbehörden. Aus den aus der Weltausstellung hervorgegangenen Kollektionen wurde das ›Museum of Ornamental and Decorative Art‹ geschaffen und im Marlborough House ein kunstgewerblicher Unterricht installiert, der jedoch keinerlei praktische Fertigkeiten vermittelte, sondern vor allem im Studium qualitätvollen Handwerks und Kunstgewerbes und (kunst)gewerblicher Techniken bestand.[6]

1857 wurden diese Einrichtungen geschlossen und, nach Zusammenfassung unterschiedlichster schulischer und musealer Einrichtungen, daraus das South-Kensington-Museum gegründet, das im Juni 1857 von Königin Victoria und Prinz Albert eröffnet wurde.

Die Aufzählung seiner Aufgaben und Einrichtungen vermittelt einen Eindruck von den im Vergleich zur Wiener Gründung ungleich ausgedehnteren Ansprüchen. Das Museum umfaßte: die Aufsicht über Einrichtungen zur Förderung der Wissenschaften, das geologische Vermessungsinstitut, das Museum für angewandte Geologie, das Bergbauarchiv, die Bergbauakademie, das Museum für irische Industrie und die Schule für Wissenschaften, die Royal Dublin Society mit einem botanischen Garten, einem Museum der Naturgeschichte, einem der Agrikultur und einer Kunstschule, die Royal Society für Zoologie in Irland, das Industriemuseum für Schottland, das Museum der Naturgeschichte, die lokalen Schulen für angewandte Wissenschaften, die lokalen Schulen für Kunst und Elementarzeichnen, die zentrale Schule für Kunst und Lehrerfortbildung und das ›eigentliche‹ Museum und die Bibliothek in South Kensington, die wiederum mehrere Abteilungen umfaßten, nämlich: die Sammlung zeitgenössischer britischer Malerei und Graphik, die Sammlung zeitgenössischer Skulptur, die Sammlung ornamentaler Kunst, die Architekturabgußsammlung, die Kunstbibliothek, die Sammlung von Baumodellen und Baumaterialien, die Pädagogiksammlung, die Food Collection und zoologische Sammlung, das Patentmuseum.[7] Trotz dieser scheinbaren Heterogenität stand hinter der Zusammenfügung der Institute eine leitende Idee: das Museum »betont in seiner Totalität von Rohprodukten, deren Anwendung durch den Menschen, den daraus entwickelten Produkten, endlich den höchsten künstlerischen Produktionen und ihrer Didaktik den Charakter des Museums als Vermittlungsstelle gesellschaftlich definierter Kultur; dabei stellen die pädagogischen Instrumentarien und Schulen einen wichtigen Bestandteil dar«.[8]

Diese beiden Momente – die Totalität des Anspruchs zusammen mit seiner didaktischen Orientierung – sind es auch, die die englische fundamental von der österreichischen Gründung unterscheiden. An der didaktischen Ausrichtung wurde in Wien, durch die Verbindung von Museum und Schule, zwar festgehalten, zu einer vergleichbaren umfassenden, gesamtgesellschaftlich wirksamen pädagogischen Ausrichtung aber ist es beim k. k. Kunstgewerbemuseum nie gekommen. So konzipierte man in England Wanderausstellungen im Zirkulationssystem, die sich an alle Volksschichten wenden sollten, es gab nicht nur eigene didaktische Abteilungen (siehe oben), sondern auch didaktische Ausstellungen und noch in den fünfziger Jahren des 19. Jahrhunderts eine eigene große Ausstellung, die die pädagogischen Leistungen all dieser Einrichtungen – sozusagen ›selbstreflexiv‹! – zur Diskussion stellte.[9]

Die Unterschiede beider Institutionen ergaben sich nicht – wie das Eitelberger einmal in einer Nebenbemerkung abtut – aus der beengteren finanziellen und räumlichen Situation, in der das k. k. Kunstgewerbemuseum gegründet werden mußte. Entscheidend ist die Differenz des politischen und ökonomischen Systems. Der industrielle Fortschritt konnte in England – getragen von den Erfahrungen der Weltausstellungen – als Form des »Glücksvollzuges für alle Bürger«[10] verstanden werden. Diese Idee einer alle Klassen übergreifenden, das Ideelle wie das Materielle versöhnenden, das Glück des einzelnen wie das der Gesellschaft einlösenden Kultur, wurde in England ökonomisch vom industriellen Fortschritt und sozial vom politisch dominanten Bürgertum getragen. In Österreich befand sich die Industrialisierung in einem noch ungleich weniger entwickelten Stadium und das Bürgertum als Klasse in einer vergleichsweise rückschrittlichen, defensiven Position und konnte daher seine Ansprüche nur in einer reduzierten, bescheideneren Form verwirklichen. Zwar pflegte etwa auch Eitelberger, wie schon angedeutet, Ideen einer eudaimonistischen ›Industriekultur‹, die konkrete Funktion der kunstgewerblichen Institutionen aber wurde doch in einem ungleich engeren gesellschaftlichen und ökonomischen Bezugsfeld definiert, als das in England und beim South-Kensington-Museum der Fall war.

Es ist daher nicht verwunderlich, daß man auch andere Vorbildorganisationen studierte, und da, wie es scheint, am genauesten das Lyoner Kunstgewerbemuseum. Dabei wird sichtbar, daß die Initiative auf diesem Gebiet durchaus nicht nur an die Person Eitelbergers geknüpft war, wurde doch die Diskussion um das französische Vorbild (bereits 1860) vom Niederösterreichischen Gewerbeverein getragen. Hier hatte man ja zunächst an eine Vereinigung der Sammlungen der Akademie und des Polytechnikums gedacht, eine Idee, die wahrscheinlich von dem Architekten Theophil Hansen im Gewerbeverein das erste Mal propagiert worden sein dürfte. Diese Idee stieß sofort auf den Widerstand der Akademie. Der Einspruch des ministeriellen Kunstreferenten Franz Thun spiegelt auf interessante Weise den – mit seinem Rücktritt überwundenen – konservativen kunstpolitischen Standpunkt wider: er sah nämlich nur in staatlicher Förderung der ›monumentalen‹ Künste einen Weg zur Hebung des Kunstlebens als »Hauptbedingung dieser allgemeinen Verbreitung von Geschmack, Kunstsinn und Stilgefühl«[11] und stand der Herausbildung einer autonomen, bürgerlichen Kunstproduktion eher skeptisch und ablehnend gegenüber. Er bestritt den Wert gewerblicher Schulen und machte die ›Privatinitiative‹ im Rahmen der Stadterweiterung für die Zinskasernen und Spekulationsbauten verantwortlich. Sein Ideal war bezeichnenderweise die patrimoniale Kunst- und Baupolitik Ludwigs I. in München.

Erst ab 1860, mit dem Klimawechsel in der österreichischen Politik, hatten Vorstöße zur Reform des ›kunstgewerblichen Lebens‹ Chancen auf konkretere politische Resonanz. 1860 ließ der Niederösterreichische Gewerbeverein von seinem Mitglied Anton Harpke eine Denkschrift vorlegen, die sich mit der Errichtung eines Museums für Kunst und Industrie befaßte und vor allem das Lyoner Beispiel propagierte.[12] Harpke faßte die Diskussionen des Vereins zusammen und publizierte die Übersetzung einer Denkschrift der Handelskammer Lyon aus dem Jahr 1856 zur Errichtung eines Museums »zum Nutzen der Industrie«. Schon in den postrevolutionären Zeiten des Direktoriums habe man in Lyon an eine derartige Museumsgründung gedacht, das nun vor allem der Lyoner Seidenindustrie dienen und dem »drohenden Verfalle der industriellen Zeichnung« (sic!) vorbeugen sollte. Das Museum sollte der Schulung von Fabrikszeichnern nutzen sowie der allgemeinen ›Läuterung des Geschmacks‹, »damit es im Geiste des Publikums das Gefühl für das Schöne zu erwecken und wach zu halten suche«[13].

Harpke war anderer Meinung als Theophil Hansen, der in *seinem* 1860 publizierten Bericht[14] die Akademie kritisiert und die Einstellung des dortigen unentgeltlichen Zeichenunterrichts bedauert hatte, im übrigen aber »die Errichtung eines Museums für die Gewerbe nach dem Beispiele der Stadt Lyon« . . . »in Wien, wo überhaupt noch kein Kunst-Museum besteht«, als »noch nicht an der Zeit« beurteilte.[15] Harpke dagegen bejahte die Idee eines Museums für Wien, »welches aufhört, ein bloßes Curiositäten-Cabinet, und anfängt, ein öffentliches Unterrichtsmittel zu sein«[16].

Seine Forderung nach einem Museum als ›öffentlichem Unterrichtsmittel‹ bezog sich offensiv auf denselben Sachverhalt, den auch Hansen, defensiv, angeschnitten hatte: Wien besaß 1860 kein der bürgerlich-aufklärerischen Museumsidee verpflichtetes Museum – ein europäisches Kuriosum ersten Ranges, das um so skurriler wird, wenn man bedenkt, daß die Gründung der Landesmuseen (Budapest 1804, Graz 1811 – um nur zwei Beispiele zu nennen) zu den avanciertesten und in Europa bekanntesten Verwirklichungen der revolutionär-aufklärerischen Ideen des Museums als öffentlicher Bildungseinrichtung gehörten. Wien, und

das macht die Anomalie der Wiener Situation besonders drastisch, besaß einen Museumsneubau: Das vom Architekten Theophil Hansen geplante ›Arsenal‹, das zusammen mit der gleichnamigen, megalomanen Militäranlage errichtet wurde, die ihrerseits jedweden künftigen ›Volksaufständen‹, das heißt Revolutionen, vorbeugen sollte. Das Waffenmuseum war zugleich Aufbewahrungsort historischer und funktionstüchtiger Militärausrüstung und Denkmal der dominierenden, staatstragenden Rolle des Militärs – erst in den siebziger Jahren wurde es zum uneingeschränkt öffentlich zugänglichen Schaumuseum und Forschungsinstitut.
Das Plädoyer für ein ›nützliches Museum‹ der ›nützlichen Künste‹ wurde, insofern es der bürgerlichen Museumsidee in Wien zum Durchbruch verhelfen sollte, von Harpke zu Recht als Fortschritt des gesamten Musealwesens propagiert. Auch der Niederösterreichische Gewerbeverein begann sich – zuerst noch ohne dezidierte Forderung nach der Neugründung eines autonomen Museums – in die ›Museumsfrage‹ einzuschalten. (Auf die Rolle des Niederösterreichischen Gewerbevereins wird detaillierter anläßlich der Gründungsgeschichte der Kunstgewerbeschule eingegangen werden.)

1863 war dann die Diskussion so weit gediehen, daß, nach dem letzten Anstoß durch Eitelbergers Bericht über die Weltausstellung, die kaiserliche Absichtserklärung zur Gründung eines Museums für Kunst und Industrie veröffentlicht werden konnte – und zwar in Form eines Handschreibens des Kaisers an seinen ›Lieben Vetter Erzherzog Rainer‹.[17] Darin heißt es: »Da es für den Aufschwung der österreichischen Industrie ein dringendes Bedürfnis ist, den vaterländischen Industriellen die Benützung der Hilfsmittel zu erleichtern, welche die Kunst und Wissenschaft für die Förderung der gewerblichen Thätigkeit und insbesondere für die Hebung des Geschmacks in so reichem Masse bieten, so finde ich anzuordnen, daß eine Anstalt unter der Benennung ›Oesterreichisches Museum für Kunst und Industrie‹ ehestens gegründet werde. In dieses Museum sind geeignete Gegenstände aus den Sammlungen meines Hofes, des Arsenales vor der Belvedere-Linie, der Wiener Universität, des hiesigen polytechnischen Institutes und anderer öffentlichen Anstalten in der Art aufzunehmen, dass diese Gegenstände unter Vorbehalt des Eigenthumsrechts des Museums dargeliehen und bei ihrer Zurückstellung nach Bedarf gegen andere ausgewechselt werden. Zugleich erwarte ich mit Zuversicht von dem bewährten Patriotismus der Gemeinden, insbesondere Meiner Haupt- und Residenzstadt Wien, des Adels und des übrigen besitzenden Publicums, dass auch deren wissenschaftliche und Kunst-Anstalten und Sammlungen in derselben Weise dem Museum werden nutzbar gemacht werden, wie dies von Seite dener Meines Hofes der Fall sein wird.« Mit Hinblick auf eine spätere Erweiterung wurde vom Kaiser dann das Ballhaus als vorläufiger Unterbringungsort befohlen; in der Folge wurden die einzelnen Hofinstitutionen aufgezählt, die Leihgaben an das Museum geben sollten, die Hofbibliothek, das Depot der Bildergalerie des Belvedere, Tapeten und Möbel der Hofburg und aus Schönbrunn sowie aus Laxenburg, das Antikenkabinett, die Schatzkammer, das Arsenal, die Amraser Sammlung. »Die Kunstwerke sind wohlgeordnet und verzeichnet mit den nöthigen Vorsichten der Beschauung und dem Studium zu überlassen, und es ist den österreichischen Industriellen selbst Gelegenheit zur Ausstellung besonders vorzüglicher Gegenstände zu geben. Auch ist mit dem Museum eine photographische Anstalt und eine Gypsgießerei in Verbindung zu bringen.« Dann wurden die Mitglieder der Statuten-Kommission namentlich genannt und die ehebaldige Vorlage eines Statutenentwurfs angeordnet.
Eine mehrmonatige ›Enquete‹ nahm die Sichtung der österreichischen Sammlungen und von sich als Leihgebern anbietenden Einrichtungen vor und wählte Objekte für das Museum aus. Zunächst sollte das Museum nur aus Leihgaben zusammengestellt werden, allmählich mußte es aber selbst erwerbend auftreten.[18] Karl von Lewinsky, Sektionschef des Unterrichtsressorts, Johann Gabriel Seidl, Kustos der kaiserlichen Schatzkammer, Gustav Heider, Kunstreferent des Ministeriums, und Eitelberger bildeten die Statuten-Kommission.[19] Inzwischen war das kaiserliche Ballhaus durch Heinrich Ferstel, den Architekten der späteren Neubauten des Museums und der Kunstgewerbeschule, adaptiert worden. Auch hatte er sich um die Auswahl von Vitrinen und Schränken sowie um Ausstellungsmethoden gekümmert.[20] Am 31. März 1864 wurde – wieder durch kaiserliches Handschreiben – die tatsächliche Gründung vollzogen und zugleich Erzherzog Rainer zum Protektor bestellt und die Statuten sanktioniert.[21] Am 12. Mai desselben Jahres wurde das Museum unter dem Direktorat Eitelbergers und dem Vizedirektorat Falkes feierlich im Ballhaus eröffnet. Jetzt milderte auch Eitelberger seine skeptische Einstellung gegenüber kaiserlichem Mäzenatentum etwas: »Mit nicht

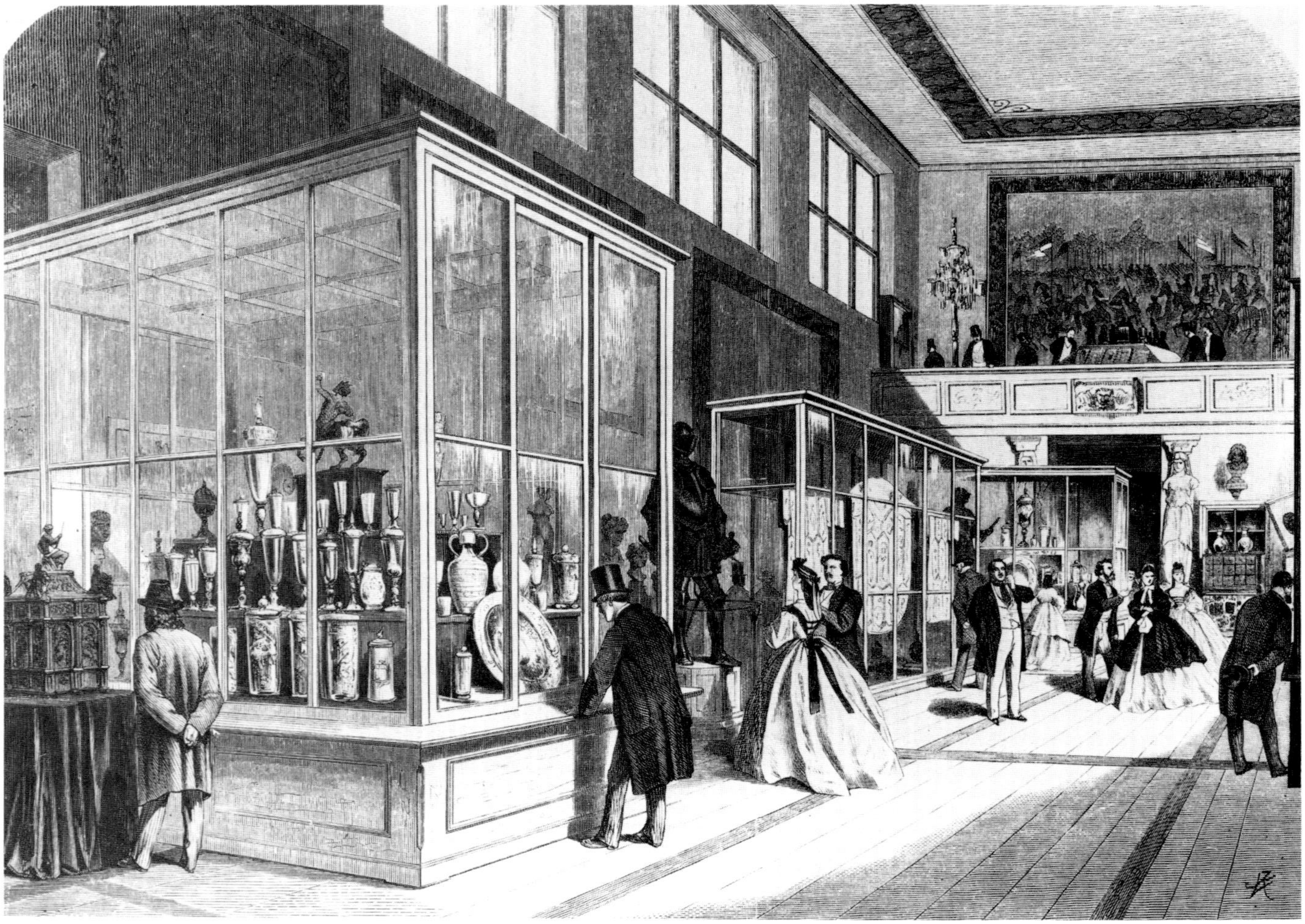

Ausstellungsraum des k. k. Österreichischen Museums für Kunst und Industrie im Ballhaus (Vinzenz Katzler; 1865)

geringer Befriedigung nahm das beteiligte Publicum auch die Nachricht auf, dass das Ballhaus des k. k. Hofes, welches im Centrum der Stadt lag, für das zu gründende Museum provisorisch zur Verfügung gestellt wurde. Zu allen Zeiten hat der österreichische Hof sich als bürgerfreundlich erwiesen; es gehört zu den schönsten Traditionen des habsburgischen Herrschergeschlechtes. Nicht leicht dürfte ein Fall auswärts zu finden sein, dass ein Hofgebäude, welches in Benützung war, Zwecken gewerblicher Bildung zugewiesen worden wäre.«[22]

Über die Zweckbestimmung des Museums liegen zahlreiche zeitgenössische Äußerungen vor; Eitelberger selbst hat sich immer wieder zu den Aufgaben des Museums geäußert. In einem 1863 verfaßten, gleichzeitig mit dem Gründungsbeschluß publizierten Bericht stellt er das Museum in einen größeren Zusammenhang des ›Anschauungsunterrichts für Kunst‹.[23] Hier geht es um »Volks- und Geschmacksbildung«[24] im nationalen Maßstab und um die »arbeitende Classe«, also das »werkthätige Volk«, den »großen werkthätigen Teil der Nation«. Hier wird nicht nur den kunstindustriellen Interessen im engeren Sinn das Wort geredet, sondern die Rolle geistiger und ästhetischer Bildung im Rahmen des materiellen Fortschritts für das ›Volksleben‹ debattiert – oder, mit Eitelbergers eigenen Worten, die »Läuterung der Anschauung und der Bildung des Geschmacks im allgemeinen«. Dem diene das Studium der Kunstsprachen aller Nationen und aller Jahrhunderte, aber ohne in »ästhetischen Polyglottismus« zu verfallen; die Berücksichtigung bereits vorhandener Schwerpunkte der Kunstindustrie und des Kunstgewerbes; die Förderung neuer kunstindustrieller Produk-

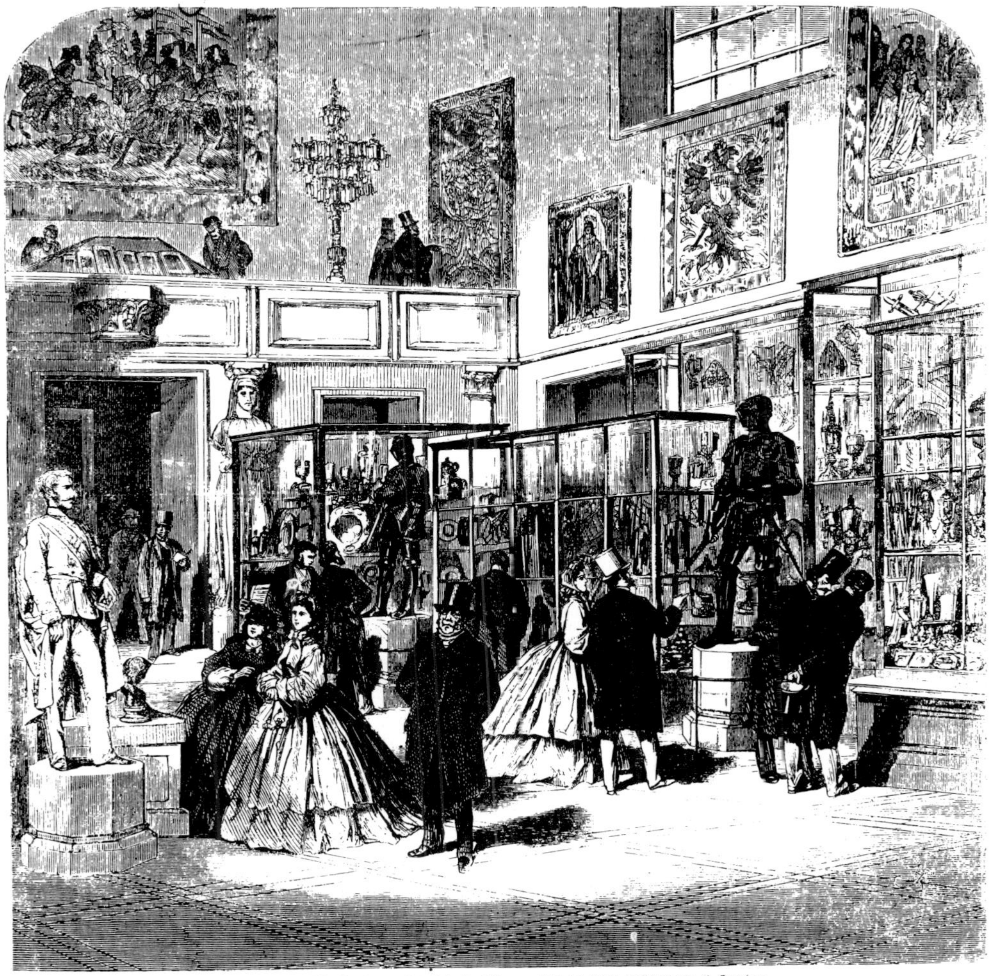

Das Museum für Kunst und Industrie in Wien. – Nach der Natur gezeichnet von V. Katzler.

Das Museum für Kunst und Industrie im Ballhaus (1864)

tionszweige; die Förderung jener Wissenschaften, die dem Kunstgewerbe dienten; die Förderung des Zeichen- und Modellierunterrichts, die Gründung weiterer Museen und das Erleichtern der Zugänglichkeit bereits bestehender Museen und Sammlungen. Eitelberger beleuchtet dann unter diesen Gesichtspunkten das bestehende Bildungswesen und kommt auch auf ausländische Vorbilder, wie das South-Kensington-Museum, zu sprechen.

Der Ausbau des Bildungswesens im Bereich der Künste, des Kunstgewerbes und des ›Anschauungsunterrichts‹ innerhalb des allgemeinen Unterrichts versteht er als notwendigen Bestandteil der Unabhängigkeitsbestrebungen der österreichischen Industrie: »Im industriellen Leben Österreichs macht sich gegenwärtig das Bestreben nach Unabhängigkeit geltend«, schreibt er einleitend.[25] »Man kann auf diesen Umstand nicht genug Gewicht legen, man mag denselben vom staatlichen oder vom industriellen Gesichtspuncte aus betrachten. Vom staatlichen Gesichtspuncte aus ist derselbe von höchstem Belange; denn ein Großstaat existiert heutigen Tages nicht nur durch die Macht seiner materiellen, sondern eben so sehr durch die Macht seiner geistigen Mittel. So lange er sich auf nichts stützen darf, als auf die physische Kraft seiner Völker, den Reichthum der Bodenproducte, die Pracht seiner Wälder, ist er ein Staat, mit dem man sich alliiert, wenn man materielle Kräfte braucht, sonst aber eine Beute des intelligenteren und gewandteren Auslandes. Darum haben zu allen Zeiten große Staatsmänner auf die Hebung der Industrie durch Kunst und Wissenschaft ein großes Gewicht gelegt, weil sie gewußt haben, daß sie auf diesem Wege vor allem die Unabhängigkeit und Größe des Vaterlandes sicherstellen. In der gegenwärtigen Zeit, wo das Prohibitivsystem im Sinken begriffen ist und der Freiheit der Gewerbe und des Handels die Zukunft angehört, giebt es nur ein einziges sicheres Mittel, die Unabhängigkeit auf industriellem Boden zu erhalten, und dies besteht in der *Stärkung der geistigen Elemente* desselben. Die beste, schönste und preiswürdigste Waare ist nur die intelligenteste Bevölkerung herzustellen im Stande, und nur diese greift im Weltverkehr durch; es wäre Thorheit, in der gegenwärtigen Zeit im industriellen, wie auch im geistigen Leben durch etwas anderes einen Erfolg erringen zu wollen, als durch das Uebergewicht des inneren Werthes. Die Industriellen fühlen dies wohl; alle, die sich nur etwas in der Welt umgesehen haben, Ehrgeiz und Intelligenz besitzen, sind rastlos thätig, die Concurrenz mit dem Auslande durch die Güte der Waare aushalten zu können; nur in sehr bescheidenem Maße rechnet man auf die Wirkung der Schutzzölle, und jeder ist mehr oder minder überzeugt, daß die Zukunft dem Freihandel gehöre. Wie die alten Spartaner sagten, daß tapfere Männer die besten Mauern sind, so können wir heutigen Tages sagen, daß Industrielle, welche auf der Höhe der Zeit stehen die besten Schutzzölle, die einzige Wehr und Waffe gegen das Einbrechen und Ueberfluthen der fremden Waare sind.«

Deshalb sollte das neue Museum der »eigentlichen arbeitenden Kraft«[26] geöffnet sein, dem Künstler, dem Industriellen und dem ›Arbeiter‹, wobei zu bedenken ist, daß man in der Sprachregelung der damaligen Zeit unter ›Arbeiter‹ den Gewerbetreibenden verstand. Zwar könne nur die ›monumentale‹ oder ›große‹ Kunst Grundlage einer allgemeinen Kunstblüte sein, die traditionellen kunstvermittelnden Institutionen aber hätten nicht die spezifischen Anforderungen der Industrie und des Gewerbes an sie erfüllen können. Hinsichtlich *dieser* spezifischen Besonderheit des Museums, zwischen Industrie und Gewerbe auf der einen und der Kunst auf der anderen Seite vermitteln zu sollen, beansprucht Eitelberger für das Kunstgewerbemuseum europäische Priorität. Zwar sei das Museum nicht dem Anspruch des South-Kensington-Museums vergleichbar, aber die »Thatsache, daß ein neues Museum zu neuen Zwecken, wenn auch nicht mit neuen Mitteln, aber doch selbstständig gegründet worden ist, (ist) eine Erscheinung, welche in höchstem Grade bezeichnend für unsere Zustände und zugleich ehrenvoll für Österreich ist; denn unter allen deutschen Staaten, ist der österreichische der *erste*, welcher für die Bedürfnisse der Kunst-Industrie in selbstständiger Weise gesorgt hat«[27].

Das Selbstbewußtsein, mit dem schon bei der Gründung des Museums auf dessen Neuartigkeit hingewiesen wird, verband sich mit dem, ein spezifisch bürgerlichen Ansprüchen genügendes Museum zu besitzen, eines, das nicht dazu bestimmt war, »um zu *sehen*, sondern . . . um zu *arbeiten*«, wie die ›Wiener Zeitung‹ schrieb.[28] Nicht für das »genießende, für das beschauende, für das vornehme, und reiche Publicum« sollte das Museum da sein, sondern für die »arbeitende Classe und nicht bloß die genießende«[29]. Und auch im Publikationsorgan des Niederösterreichischen Gewerbevereins wurde diese didaktische Aufgabe des Museums besonders hervorgekehrt und erläutert: »Nachdem sie« (die Museen; G. F.) »die beschränkteren Kreise der Liebhaberei, des ästhetischen Genusses, der archäologisch-wissenschaftlichen Erkenntniß durchlaufen haben, tritt jetzt die Aufgabe an sie heran, auf die werkschaffende Thätigkeit, deren Zeugnisse der Vergangenheit sie bewahren, wieder umwandelnd und neugestaltend zurückzuwirken . . . Von den bisherigen Kunstmuseen . . . unterscheidet es sich auf's Entschiedenste dadurch, daß es eine *Lehranstalt* zu sein bestimmt ist. Es begnügt sich nicht, seine Schätze hinzustellen und zu warten, bis Jemand kommt, um dieselben zu sehen, wie es ihm beliebt, sondern es benutzt selbstthätig alle ihm zu Gebote stehenden Mittel, Schau- und Lernlustige heranzuziehen und auf ihre Anschauungsweise, auf die Bildung des Geschmackes in so weiten Kreisen als möglich einzuwirken.«[30] Diese Ausführungen sind auch als Kritik des herkömmlichen Museums interessant, das sowohl als Instrument bestimmter gesellschaftlicher Kreise kritisiert wird als auch, im Zusammenhang damit, als Ort spezifischer Erfahrungen und Rezeptionsmethoden. Dem zerstreuenden Genuß wird die gesellschaftlich nützliche Arbeit entgegengehalten, deren eine Aufgabe darin bestehe, die thesaurierten Kulturgüter durch ›Umwandlung‹ der Gegenwart verfügbar zu halten. Wie das praktisch zu organisieren sei, erläutert das Blatt so: »In seinen Sammlungen, die mit Ausnahme eines einzigen Tages unentgeltlich geöffnet sind, erhält Jeder, wie er es zu seinen Zwecken bedarf, über Alles, was er sieht, von den fachkundigen Beamten genügende Belehrung. Der Künstler, der Gelehrte, der Handwerker, der nur Genuß suchende Liebhaber – Alle finden hier eine stets fließende Quelle zur Klärung und Erweiterung ihrer Anschauung und Erkenntniß. Zugleich ist die Einrichtung getroffen, daß, wer es will und braucht, die Formen an Ort und Stelle abzeichnen kann, entweder in dem dazu errichteten Zeichensaale oder in den Sammlungen selbst, da unter allen bedeutenderen Gegenständen Tische angebracht sind, die man nur auszuziehen braucht, um den günstigsten Platz zu haben. Eine Gypsanstalt liefert Dem, der mehr braucht als Flächenzeichnung, gegen geringe Entschädigung Abgüsse, wie er wünscht. Ein anderer Saal ist bestimmt, um die Kunst- und Industrieerzeugnisse der Gegenwart darin auszustellen. Ein dritter Saal ist den Vorlesungen gewidmet, welche im Winter die Beamten und andere zu diesem Zwecke herangezogene Fachgelehrten bei unentgeltlichem Eintritt über Geschichte der Kunst und des Kunstgeschmacks, der Gewerbe, des Handels mit Kunst- und Kunstgewerbeerzeugnissen, über Wirthschaftslehre, soweit sie bezug auf diese nimmt, der Technik, kurz über Alles, was mit diesem Museum in Verbindung steht, halten . . . Aber auch über die Residenzstadt hinaus erstreckt das österreichische Museum seinen bildenden Einfluß, indem es allen Gewerbe- und Zeichenschulen der verschiedenen Kronländer stets auf's Uneigennützigste an die Hand geht durch Uebersendung von Gypsabgüssen und Zeichnungen aus den Ateliers und Darleihung selbst der kostbarsten Werke aus der eigenen Bibliothek. Von noch größerem Einflusse werden die Ausstellungen sein, welche das Museum an verschiedenen, auch weit entlegenen Orten der Monarchie in derselben Weise, wie es solche in den eigenen Räumen hält, nach beendigtem Kriege mit doppeltem Eifer vorbereitet, um überall denselben Sinn für reinere Kunstformen zu wecken. Die Herausgabe größerer Werke, enthaltend die Abbildungen mustergiltiger Kunst- und Industriegegenstände in zusammenhängenden Reihenfolgen, unterstützt diese Bemühungen und wird dieses Museums Wirksamkeit bald über die Grenzen Österreichs hinaustragen.« Und ganz ähnlich wie bei Eitelberger wird aus dieser Zweckbestimmung des Museums auch sein europäischer Rang abgeleitet: »Das Wiener Kunst- und Industriemuseum war auch in der That unter allen ähnlichen Instituten des Continents das erste, welches seine Aufgabe richtig und vollständig erfaßt und als leitenden Grundsatz für seine Thätigkeit anerkannt hat, daß solche Sammlungen in eine rastlos thätige Lehranstalt umzuwandeln sind, eine Lehranstalt, die mit nie aussetzendem Wirken selbst an das Volk herantritt, dasselbe bis in die Werkstatt und das Familienzimmer begleitet, (und) es durch Ueberredung mit Wort und Werk zur Anerkennung, Aufnahme und Nachahmung des allein Richtigen zwingt . . .«[31]

Hier wird wieder deutlich, in welchem Maße das didaktische Selbstverständnis der (Kunst)Wissenschaft und ihrer Institutionen die Gefahr birgt, ›Geschmack‹ zu normieren und zugleich zentral zu steuern; die erwähnten Vorlagenwerke leisteten dem Kunstgewerbe in der Tat in dieser Hinsicht einen zweifelhaften Dienst und verhinderten geradezu eine schöpferische Auseinandersetzung mit dem musealisierten Kunstgut. Es wird aber auch deutlich, daß ein derart ›lehrhaftes‹ Museum einer uneingeschränkten Öffentlichkeit bedarf, die sich seiner und seines hilfreichen Angebots frei zu bedienen weiß. Eitelberger hat das auch – im Vergleich zu den Hof-Instituten – hervorgehoben: »Die Museen, die in Wien existirten, waren, mit Ausnahme der Gemälde-Galerie und des Museums der Gyps-Abgüsse der Akademie der bildenden Künste, durchwegs Hof-Anstalten, welche zwar mit großer Liberalität den Zutritt gestatteten, bei denen . . . aber . . . nicht darauf abgesehen werden konnte, die Geschmacksbildung des gewerbetreibenden Publicums zu fördern. Jeder, der die Eigenthümlichkeiten und die Bedürfnisse des Mittelstandes, welcher doch vorzugsweise durch das Gewerbeleben vertreten ist, kennt, wird wissen, dass es Hof-Anstalten und rein wissenschaftlichen Instituten unmöglich ist, die Förderung der Geschmacksbildung in diesen Kreisen direct in die Hand zu nehmen; denn in keiner Kupferstich-Sammlung der Welt dürfte es gestattet sein, daß man unmittelbar die Originale zum Copieren oder gar zum Pausen herausgibt; in keiner Bibliothek wird die Benützung von Büchern, in welchen sich Vorlagen für das Gewerbe befinden, so weit getrieben werden dürfen, dass ein directer Nutzen für die Gewerbetreibenden daraus erwachsen würde. Es musste daher in Österreich, wollte man für die Hebung der Geschmacksbildung in ausgiebigerer Weise Sorge tragen, daran gedacht werden, ein Institut zu gründen, welches die Geschmacksbildung des Publicums, vorzugsweise des Gewerbestandes, in seine Hände nehmen konnte.«[32]

Zum Selbstverständnis des Museums für Kunst und Industrie wurde hier so ausführlich zitiert, weil diese Passagen in doppelter Hinsicht aufschlußreich sind: einmal für die – in Wien erstmals ungebrochen realisierte – bürgerliche Museumsidee und deren prinzipiell didaktisch-lehrhafter Funktionszuweisung; wobei man sich bewußt war, aufklärerische Momente zu revitalisieren: »Seit der Zeit Josef II. . . . ist kein Handbillet erlassen, keine Maßregel decretiert worden, welche in so offener und entschiedener Weise die Interessen der

arbeitenden Classe fördert«, schreibt etwa Eitelberger.[33] Andrerseits wegen der konkreten Erläuterung der Organisation des Museums und der seiner Aufgaben. Die Schaffung eines Kunstgewerbemuseums in der Phase des politischen und ökonomischen Liberalismus wurde, wie zu zeigen war, allgemein als Fortschritt in Kultur- und Gewerbepolitik sowie als ›museologischer‹ Fortschritt interpretiert. Im Vergleich zur ›klassischen‹ Akademie, die sich allmählich von der höfischen zur staatlichen Institution entwickelt hatte, gehorchte dieses Museum auch nicht mehr unbedingt höfischen Kunst- oder Geschmacksnormen, obwohl es formal – sein Protektor war Mitglied des Herrscherhauses – als kaiserlich-königliche Einrichtung der patrimonialen Verfügung des Hofes unterstand, war aber auch nicht bloß ›staatlichen‹ Normsetzungen verpflichtet: Seine Aufgaben orientierten sich nicht mehr unbedingt an spezifischen ›monumentalen‹ Darstellungsbedürfnissen staatlicher Institutionen, sondern eher an den Rationalitätskriterien kunstgewerblicher Produktion und ihres Markts beziehungsweise am ›geschmacklichen‹ Anspruchsniveau bürgerlich-privaten Konsums.
Zwar kam es durch die Stadterweiterung, innerhalb derer noch ›monumentale‹ Kunstbedürfnisse des Herrscherhauses und staatlicher Institutionen eine eminente Rolle spielten, zu einer außerordentlichen Belebung des Kunsthandwerks, dieses erfüllte aber nicht mehr in erster Linie die Ansprüche staatlicher Symbolsetzungen, sondern kam eher, Schritt für Schritt, genuin bürgerlichen Ansprüchen an die Kunst entgegen – vor allem im Interieur. Es ist zu beobachten, daß die Produktion der Kunstgewerbeschule teilweise noch an patrimoniale Auftragssituationen gebunden bleibt (und damit mittelbar auch noch am Symbolisierungsbedarf des staatlichen und administrativen Systems), theoretisch wie praktisch aber entwickelt sich die Förderung des Kunstgewerbes durch Schule und Museum im Dienste bürgerlich-privater Interessen, seien diese nun ökonomische oder ästhetische.
Doch zurück zur Gründungsphase des Museums. Anders als in einem ›Schaumuseum‹ stand hier nicht das auratische Objekt als ästhetisches Faszinosum im Zentrum, sondern die Sammlung als Instrument anschaulichen Studiums der Historizität der Kunst, des Kunstgewerbes, der Kunstformen und -stile, der Techniken, der Materialien und der Materialverarbeitung. Die Funktion des Museums, Tradition zu bewahren, die Artefakte als repräsentative Kulturgüter zu fetischisieren, tritt hinter der Aufgabe zurück, Tradition zu *produzieren*. Voraussetzung dafür ist das – auch durch Wissenschaft gestützte – Studium der Gesetzlichkeiten der Kunst- und Kulturentwicklung im allgemeinen und der der Kunstformen und -stile im besonderen. Die Methode der ›Aneignung‹ ist nicht die der Kopie, nicht die schiere Nachahmung, sondern die des Studiums historischer Gesetzmäßigkeiten, die künstlerische Kreativität zugleich stimuliert und in ihrer Individualität und Freiheit bindet. Eitelberger hat oft und oft betont, daß es um die ›selbständige‹ Hervorbringung neuer Erzeugnisse ginge.
Gestützt auf die Erfahrung historischer Kunst gelte es, das »Kunstprinzip« zu finden, das die Frage nach dem zeitgemäßen »Styl« beantworten konnte. Das Problem einer einheitlichen ästhetischen Signatur der Epoche hat das ganze 19. Jahrhundert – nicht nur die Architektur – unter dem Vorzeichen der Frage: »In welchem Style sollen wir bauen?« beschäftigt. Die Antwort glaubte man im wissenschaftlich-historischen Studium der Kunstgeschichte zu finden, was die universale Verfügung – auch vermittelt über die faktische, materielle Verfügung der Überlieferung im Museum – voraussetzte. Wenn letztendlich doch – gerade für die Kunstgewerbeschule – die Erschöpfung in der Kopie und Nachahmung zum kritischen Konflikt führte, der über den Historismus des 19. Jahrhunderts hinausführen sollte, so darf man dennoch nicht übersehen, daß Protagonisten eben dieses Historismus, wie Eitelberger, zumindest theoretisch und nachdrücklich den ›lebendigen‹, schöpferischen Umgang mit der künstlerischen Tradition propagierten. Umstandslos ließ sich diese Theorie der Aneignung des Historischen mit den ökonomischen Notwendigkeiten verknüpfen: »Wenn wir ... den Weltmarkt beherrschen wollen, so müssen wir unsere Kunst- und Luxuswaaren an ein großes Kunstprinzip anknüpfen, und das große Kunstprinzip findet man vorerst in den Monumenten der Vergangenheit, in der Tradition der Jahrtausende.«[34]
Der Ort, an dem sich ›theoretische Anschauung‹, ›praktische Umsetzung‹ und wirtschaftliche Verwertung vollziehen lassen sollten, war das Museum. So berichtet Eitelberger über die Dienstbarkeit des South-Kensington-Museums für die Kunstindustriellen: »Sie gehen mit einer solchen Aufmerksamkeit zu Werke, daß wenn z. B. irgendein Industrieller von irgendeiner Person den Auftrag bekommt, ›machen sie mir ein Glas, ein Thongefäß in arabischer Manier von Tunis oder in der Manier von Sèvres oder in der Manier von Meißen‹, dieser ganz einfach in das Museum hineingeht und sich die

entsprechenden Originale ansieht.«[35] Hier wird zwar im historistischen Kontext der Stilnachahmung argumentiert, doch bedeutet dies nicht die bloße Repetition eines vorgefundenen Musters, einer vorgefundenen Form; erst die reflexive Auseinandersetzung mit dem historischen Vorbild vermag die künstlerische Kreativität zu stimulieren, die sich zwar an der Vorbildlichkeit historischer Kunstformen orientiert und erprobt, dennoch aber etwas Neues hervorbringt. Bezeichnend für diese Haltung ist Eitelbergers Ablehnung, zeitgenössisches (englisches) Kunsthandwerk auszustellen: gerade *dies* würde der ›modischen Nachahmung‹ Vorschub leisten, da ja dadurch der Prozeß der selbständigen Auseinandersetzung mit dem historischen Vorbild wegfallen und durch den Anschein einer mustergültig-verbindlichen Lösung ersetzt würde – eine Argumentation, die bis zur Jahrhundertwende brisant blieb, bis zur Auseinandersetzung der Secession mit dem Direktor des Museums, Scala. Man muß freilich gleich hinzufügen, daß die weitere Entwicklung des Museums (und in der Folge die der Schule) diese optimistischen Perspektiven nicht bestätigt hat. Gipsabgüsse, photographische Reproduktionen, Vorlagenwerke und anderes verleiteten sehr wohl zur kopierenden Reproduktion des historischen Vorbilds – in der Kunstgewerbeschule konnte zum Beispiel bis gegen 1900 nach Photographien gezeichnet werden!

Die Vermittlungsmethoden beider Institutionen, des Museums wie der Schule, bedienten sich bereits ›umgesetzter‹ historischer Vorbilder: sowohl Vorlagenwerke als auch die nach bestimmten Gesichtspunkten (vor)selektierte und geordnete beziehungsweise präsentierte Sammlung wie auch der Zeichenunterricht nach Vorlagen, ornamentalen Vorlagenblättern oder, wie gesagt, auch nach Photographien, verdinglichten die Aneignung der geschichtlichen Kunstwerke, setzten ein relativ stabiles und allgemein anerkanntes Selbstverständnis hinsichtlich der Gestaltungsabsichten und Gestaltungsprinzipien voraus und tendierten zur Normierung ästhetischer Kriterien und Wertvorstellungen – in den ersten Jahrzehnten zum Beispiel innerhalb des Stilbereichs einer vor allem in Italien studierten Renaissance. Die Entwurfsphase wurde entindividualisiert – anstatt Kreativität erst freizusetzen – und verwandelte auch die soziale Rolle des Künstlers innerhalb kunstgewerblicher Produktion. Weder Nur-Künstler noch Nur-Handwerker, wurde er zum nicht unbedingt gut bezahlten und mit wenig Sozialprestige ausgestatteten ›Entwurfszeichner‹, der aber innerhalb der Produktionskosten noch immer teurer zu stehen kam als etwa die Verwendung der bequem verfügbaren Vorlagenliteratur.

Die Kooperation des Museums mit der Industrie hielt sich wohl auch aus diesen Gründen von Anfang an in Grenzen. Zwar wurde sie immer wieder hoch gelobt, doch kehren in den Aufzählungen immer einige wenige Namen wieder, so etwa Karl Giani, Ludwig Lobmeyr, Eduard Haas, Karl Haas, ohne daß konkret zu fassen wäre, ob die Kooperation über die Vermittlung vereinzelter Aufträge und Vorlagen hinausgegangen wäre. Die Schaffung gesonderter, mit dem Museum nur mehr oder minder in loser Verbindung stehender Einrichtungen sollte den Kontakt verfestigen. So etwa die auf Betreiben Eitelbergers gegründete ›Bronzegesellschaft‹, die bereits mit der Gründung des Wiener Kunstgewerbevereines wieder aufgelöst wurde, oder die Schaffung des Hoftiteltaxfonds. Gelder, die von Bewerbern um Hoftitel bezahlt wurden, konnten unter diesem Titel dem Museum zur Verfügung gestellt werden, das es zur Vergabe von Aufträgen verwenden konnte, ohne auf Moden und Verkäuflichkeit Rücksicht nehmen zu müssen. Als Museums- und Ausstellungsobjekte sollten sie der weiteren Anregung kunstgewerblicher Produktion dienen.[36]

Die Statuten des Museums faßten im wesentlichen den hier erläuterten Aufgabenkreis lapidar zusammen. Der Zweck des Museums wird im § 1 so definiert: »Das k. k. Oesterreichische Museum für Kunst und Industrie hat die Aufgabe, durch Herbeischaffung der Hilfsmittel, welche Kunst und Wissenschaft den Kunstgewerben bieten, und durch Ermöglichung der leichteren Benützung derselben die kunstgewerbliche Thätigkeit zu fördern und vorzugsweise zur Hebung des Geschmacks in dieser Richtung beizutragen.«[37] Dann werden die Aufgaben und Einrichtungen des Museums aufgezählt, ebenso die Modalitäten der Benutzung sowie die Sammlungsbereiche. Schließlich wird die Verwaltungsorganisation detailliert festgelegt (Zusammensetzung, Rechte und Pflichten des Kuratoriums, die Befugnisse des Direktors) und die Wirkungsweise der Anstalt nach außen – etwa durch Vorträge, Wanderausstellungen und Publikationen –, im §12 wird das Erscheinen der »Mittheilungen des k. k. österreichischen Museums für Kunst und Industrie« angekündigt, eines der wichtigsten kunstgewerblichen Fachblätter des 19. Jahrhunderts.

IV
DIE GRÜNDUNG DER KUNSTGEWERBESCHULE

Die Idee der Gründung einer Kunstgewerbeschule reicht, wie die eines Museums für Kunst und Industrie, bis in die fünfziger Jahre des 19. Jahrhunderts zurück. Auch dort, wo ausschließlich von einer *Museums*gründung die Rede ist, stehen immer auch Fragen der gewerblichen und industriellen Aus- und Fortbildung zur Diskussion, da ja, wie schon gezeigt wurde, der Museumsbegriff stark von einer praxisorientierten, lehrhaften Funktionsbestimmung geprägt war und sozusagen selbst teilweise ›schulische‹ Funktionen beinhaltete.

Ferdinand Stamms Artikelserie in der ›Presse‹ im Jahr 1855, die sich auf das Abschneiden Österreichs auf der Weltausstellung im selben Jahr bezog, die im Zusammenhang mit der Museumsgründung bereits erläuterte Denkschrift Harpkes für den Niederösterreichischen Gewerbeverein, Jakob Falkes Artikel zur Situation des Kunstgewerbes und andere berührten ja nicht nur Fragen der institutionellen Unterstützung des Kunstgewerbes allein durch ein Museum, sondern kreisten allesamt um das Problem der Entwicklung der Kunstindustrie und des -gewerbes durch vielfältige Maßnahmen, wobei man zunächst nur an die Reform und Adaption bestehender Einrichtungen dachte.

Die Debatte um die Bedeutung und den Zustand der kunstgewerblichen Produktion spielte sich vor dem Hintergrund einer kulturellen Liberalisierung ab, die ziemlich genau im Jahre 1861 die Konkretisierung vorerst bloß theoretischer Überlegungen ermöglichte. Nach der Zusammenlegung des Innen- und Unterrichtsministeriums hatte man in diesem Jahr den Unterrichtsrat geschaffen, der in »allen wissenschaftlichen und didaktischen Fragen«[1] die Administration unterstützen sollte. Im selben Jahr legte eine aus Künstlerverbänden gebildete Kommission dem Staatsministerium ein Memorandum »Zur Reform unserer Kunstzustände« vor. Dieses Memorandum enthält eine Denkschrift der Künstlervereine ›Albrecht Dürer‹ und ›Eintracht‹, die, an Schmerling gerichtet, zu einer Einladung auf dem Erlaßweg führte, in einer Kommission, in der die Künstlerverbände vertreten sein sollten, Vorschläge zur Reform des Kunstlebens auszuarbeiten. Der Bericht enthält diese, unter dem Vorsitz des ministeriellen Referenten für Kunstangelegenheiten, Gustav Heider, ausgearbeiteten Vorschläge.[2] Bemerkenswert daran ist unter anderem das Verständnis von Kunst als »Theil der nationalen Production, (als) . . . Erzeugerin von Werthen, (und) . . . veredelnde Führerin der Industrie«[3]. Der Abschnitt VII des Memorandums bezog sich auf ›Die Kunst und ihre Beziehung zum Gewerbe‹ und enthielt nicht nur den konkreten Vorschlag zur Gründung eines Kunstgewerbemuseums,[4] sondern auch allgemeine Überlegungen zum Stellenwert des Kunstgewerbes innerhalb einer staatlichen, liberalen Kunstpolitik: »Die Blüthe, der Wohlstand, die materielle Kraft und Leistungsfähigkeit eines Staates ist wesentlich durch die Industrie bedingt; diese aber ist nebst der Güte und Wohlfeilheit des Materiales und der Arbeitskraft von dem Geschmack und Kunstsinn, von der alle Kreise des Lebens durchdringenden ästhetischen Bildung abhängig. Die Erfahrung aller Zeiten, besonders aber die Ursache der Blüthe und des Aufschwunges der Kunstgewerke im Mittelalter, und heutzutage in einigen deutschen Staaten, in Frankreich, Belgien zeigen unwiderlegbar, wie nöthig der unmittelbare Anschluss des Gewerbes an die Kunst ist, wie dasselbe nur dann zu seiner wahren Bedeutung gelangen kann, wenn es von der Kunst durchgeistigt und beseelt wird. Diess kann aber nur dann der Fall sein, wenn die Fachbildung in ihrer künstlerischen Seite gediegen, systematisch und sachgemäss organisirt wird, wenn durch ein Museum für Gewerbe ein umfassendes Lehrmaterial in Copien, Abgüssen, Modellen und Abbildungen aller Stilgattungen und der reichste Stoff der unmittelbaren Anschauung geboten wird, und wenn bei den grossen Industrieausstellungen, wie diess ohnedies im Geiste und Zwecke derselben liegt, auf die Kunstgewerbe und die Entwicklung der künstlerischen Seite des Gewerbes besonderer Bedacht genommen würde.«[5]

Die Kommission beantragte daher die Errichtung von Fachschulen für die einzelnen Gewerbezweige sowie die eines Museums für ›Kunst und Gewerbe‹. Dieses

Memorandum, das unter anderem von den Vorständen des Dürer-Vereins und des Vereins Eintracht, Friedrich Stache und Eduard Ender, unterschrieben worden war, formulierte die ›lehrhafte‹ Funktion des Museums – die Idee gewerblicher Schulen wird noch nicht in unmittelbarem Zusammenhang mit dem Museum gesehen – im Kontext staatlicher Verantwortung für Industrie, Gewerbe und Kunst, das heißt innerhalb jenes Prozesses, in dem schrittweise höfisches und kirchliches Mäzenatentum durch eine staatlich-zentralistisch vermittelte Verantwortung der Gesellschaft abgelöst wird. Eitelberger, der von dessen Gründung an dem Unterrichtsrat angehört hatte, begrüßte diese Entwicklung[6] und hat mit seiner eigenen Kunstpolitik daran partizipiert.

Bereits ein Jahr zuvor hatte Jakob von Falke – über Eitelbergers Vermittlung, der ja in der ›Wiener Zeitung‹ mitarbeitete – über »Wissenschaft, Kunst und öffentliches Leben« publiziert.[7] Im Untertitel, »Ueber Kunstgewerbe und Kunstgewerbe-Zeitungen« weist sich die Artikelserie scheinbar als Erörterung einer Spezialfrage aus; doch stellt Falke seine Fragen in kulturgeschichtliche und gesellschaftspolitische Zusammenhänge, die ihm die Diskussion von Grundsatzfragen der Kunst in seinem Jahrhundert erlauben. Falke kritisiert den Zustand des zeitgenössischen Kunsthandwerks, wirft die obligate Frage nach dem verbindlichen und einheitlichen Stil in der Kunstproduktion auf und wendet sich auch der kulturdiagnostischen Frage der Trennung von Hand- und Kopfarbeit zu, ebenso wie der des Auseinandertretens von künstlerischer Arbeit und gesellschaftlicher Rezeption und Konsumtion. Lösungen schlägt Falke in Form schulischen Unterrichts vor – und damit ist er einer der ersten, der die Idee eines spezifischen kunstgewerblichen Unterrichts propagiert: »Aber gut eingerichtete Schulen, die mit dem theoretischen Zeichnen die Praxis bis zu den kunstvollsten Arbeiten hinauf sofort verbinden, können dem Uebelstande abhelfen.«[8]

Doch erst im Vorfeld der Gründung des Kunstgewerbemuseums konkretisierte sich die Idee einer Kunstgewerbeschule. So erörterte Eitelberger 1863 – im Jahr des kaiserlichen Erlasses zur Gründung des Museums – den ›Anschauungsunterricht für Kunst‹[9] und stellte den Zusammenhang von Kunstgewerbemuseum und einer zu gründenden Kunstgewerbeschule ebenso her wie Falke in seinem 1864 erschienenen Aufsatz zur ›modernen Museumsfrage‹,[10] wo die Forderung nach ›Kunstindustrieschulen‹ auch ausdrücklich in Verbindung zum Museum erhoben wird. Noch im Mai desselben Jahres erfolgt der erste formelle Antrag auf Errichtung einer Kunstgewerbeschule durch eine Interessenvertretung; A. Ritter von Burg wandte sich namens des Niederösterreichischen Gewerbevereins mit einem Beschluß seiner Generalversammlung an den Protektor des Museums für Kunst und Industrie. Der umfangreiche Beschluß[11] listet die Motive zur Gründung einer Kunstgewerbeschule auf: veredelnder Einfluß der Kunst auf das Gewerbe, Förderung des Absatzes von gewerblichen Produkten auf dem Weltmarkt, Bildung des Geschmacks sowie engere Verbindung von Kunst und Industrie ganz allgemein. Der Verein verknüpfte seinen Vorstoß mit der Aufzählung seiner Verdienste (Preisausschreiben für Manufakturzeichner seit 1840, Gründung einer Zeichenschule, Herausgabe des ›Gewerbe-Kunstblattes‹) und der Bitte um Aufnahme in das Kuratorium des Museums.

Das Staatsministerium versuchte sich zunächst salomonisch aus der Affäre zu ziehen. Gleichzeitig mit der Betonung der Dringlichkeit einer Kunstgewerbeschule wurde der Ball an die Interessenvertretungen zurückgespielt – *sie* sollten für die Errichtung einer derartigen Einrichtung Vorsorge treffen.[12] Im Jänner 1865 meldete sich mit Ritter von Wertheim jemand zu Wort, der gleichzeitig in der Handelskammer und im Kuratorium des Museums vertreten war. Wertheim, einer der prominentesten ›Ringstraßenbarone‹ und Industriellen,[13] wandte sich an das Kuratorium des Museums im Interesse der Gründung einer ›Gewerbe-Kunstschule‹, die den verschiedensten Gewerbezweigen (Baugewerbe, Webindustrie, graphisches Gewerbe und andere) dienen sollte. »Es möge das hohe Kuratorium«, heißt es unter anderem in seinem Antrag,[14] »des Museums zu einer gemeinsamen Verhandlung zwischen dem Museum und der Handelskammer die Initiative geben, damit ein umfassender, in alle Details gehender Organisationsplan für die neue Kunstgewerbeschule in Wien ausgearbeitet werde. Auf Grundlage dieses Plans wird sich dann ein sicherer Calcul für die notwendigen Gründungsfonds, für die Kosten der Erhaltung jener Lehranstalt und dgl. ziehen lassen und es wird dann die Aufgabe der Handelskammer, unterstützt von dem moralischen Einflusse des k. k. Museums und von der hohen Bedeutung der Sache an sich selbst, sein, für die Beschaffung der Geldmittel teils durch Subscription freiwilliger Beiträge von Privaten, teils durch die Inanspruchnahme öffentlicher Fonds zu wirken.«

Im Schreiben vom Mai 1865 zeigte sich die Handels-

kammer allerdings weniger geneigt, die Lasten der Gründung allein zu tragen; hier ist noch immer bloß von einer Reorganisation des Polytechnikums die Rede sowie von der Integration seiner Zeichenschule in das Museum. »Die Grundlage, welche die im Polytechnicum bestehende Gewerbe-Zeichenschule für eine höhere Lehranstalt ... bietet, sollte nach der Ansicht der Kammer benützt, die Erhaltung dieser Schule beschlossen und für deren zweckentsprechende Reorganisierung und Erweiterung gesorgt werden. Die Schwierigkeiten, mit denen die gedachte Anstalt bisher zu kämpfen hatte, dürfte am ehesten und gründlichsten behoben werden, wenn dieselbe mit dem k. k. österreichischen Museum für Kunst und Industrie in Verbindung gebracht würde ... Man darf sich andererseits wohl der Hoffnung hingeben, daß das k. k. Museum, wenn auch die Großartigkeit eines South-Kensington-Museums in London und eines Conservatoire des arts et metiers in Paris lange nicht erreicht werden kann, sich dennoch nach dem Vorbilde dieser Musteranstalten immer mehr entwickeln und endlich in die Lage gelangen werde, eine vollständig eingerichtete Kunstgewerbeschule in seinen Räumen aufzunehmen, um so der erhabenen Idee des kaiserlichen Stifters, eine Pflanzstätte kunstgewerblichen Fleisses zu sein, ganz zu entsprechen.«[15] Da aber weder das Polytechnische Institut anläßlich seiner Reorganisation an der Weiterführung der Zeichenschule interessiert noch die Akademie dazu bereit sei, eine Schule zu integrieren, die nicht der ›reinen Kunst‹ verpflichtet sei, müsse der Staat »industrielle Tüchtigkeit« fördern und den »befruchtenden Einfluß von Wissenschaft und Kunst« auf sie.[16]
Etwas deutlicher wird man bezüglich der staatlichen Verantwortung. Auf den ›Erlaß‹ des Staatsministeriums vom Dezember des Vorjahrs wurde in einem Schreiben vom Mai 1865[17] die Bedeutung der Handelskammer für die Gründung einer Kunstgewerbeschule etwas zurückgeschraubt, »da sie den sehr beträchtlichen Kostenaufwand, welcher dießfalls erforderlich sein würde, selbst im Hinblick auf eine allfällige Subvention des Staates, zu übernehmen durchaus nicht in der Lage ist«. Und weiter heißt es: »Unbestritten ist es keine unbescheidene Aufforderung seitens der Industriellen, der Regierung, welche dem Gewerbestande in allen ihn berührenden wichtigen Fragen die weitgehendsten Opfer zumuthet, und die Gründung und Erhaltung der Volks-, Gewerbe- und Realschulen den Landes-, Communal- und Handelskammerfonds, sowie den Genossenschaften überläßt, nahezulegen, sie möge ihrerseits da nicht versäumen, wo es gilt, die industrielle Tüchtigkeit durch den befruchtenden Einfluß von Wissenschaft und Kunst zu heben, und hierin dem voranleuchtenden Beispiele Englands, Frankreichs, Würtembergs, Bayerns, Sachsens u.s.w. energisch folgen.« Auch hier wird noch an die Reorganisation bestehender Anstalten, zum Beispiel der Gewerbezeichenschule, gedacht, allerdings auch bereits in Verbindung mit dem Kunstgewerbemuseum.

Auch der Niederösterreichische Gewerbeverein trat in einer »Denkschrift über den Fortbestand der Gewerbezeichenschulen« für die Reorganisation existierender Institute ein.[18] Der Verein zeige sich wegen der drohenden Schließung dieser Schule besorgt, Gewerbe und Industrie hätten ein Recht »auf höhere Ausbildung«, und einschlägige Bildungseinrichtungen seien Garanten des Fortschritts, vor allem in einer Zeit, in der sich der Abbau des ›Prohibitivsystems‹ auf Gewerbe und Industrie auswirken würde. Die Verschärfung internationalen Konkurrenzdrucks, die sich dadurch ergeben würde, ziehe die Notwendigkeit zur Verwissenschaftlichung der Ausbildung nach sich.

Der offenbar entscheidende Schritt erfolgte mit der Aufforderung des Ministeriums an die Direktion des Kunstgewerbemuseums, die Gründung einer Kunstgewerbeschule in Form einer Verbindung der Gewerbezeichenschule mit dem Museum zu prüfen, einen Organisationsplan vorzulegen, einen Kostenvoranschlag zu fertigen und auch Fragen der räumlichen Unterbringung, der Übernahme von Lehrmitteln und auch der von Lehrkräften zu untersuchen.[19] Die Antwort des Museums erfolgte binnen eines Monats: Mit 24. Juli 1865 teilte die Direktion ihre positive Haltung zu den genannten Plänen mit: »Das Museum stellt fest, daß durch die Gründung einer Schule, die als *Meisterschule für Kunsthandwerker*« (Hervorhebung G. F.) »und als Anstalt zur Heranbildung von Zeichenlehrern an Realschulen zu denken wäre, einem dringenden Bedürfnis der österreichischen Industrie und einem Bedarf des Unterrichtswesens entsprochen werden würde. Die Direktion akzeptiert mit Vergnügen den Gedanken, diese Schule mit dem Museum für Kunst und Industrie in Verbindung zu bringen und bemerkt, daß die Gründung einer derartigen Schule ein wiederholt ausgesprochener Wunsch von Erzherzog Rainer, dem Kuratorium und den Korrespondenten des Museums war.«[20]
Mit selbem Datum wandte sich Eitelberger an den Staatsminister Schmerling, begrüßte die Begründung einer Kunstgewerbeschule und bekräftigte die zustim-

mende Haltung Erzherzog Rainers und der Direktion. Das geforderte Programm aber könne man so schnell nicht vorlegen, da der zweifache Zweck der Schule als ›Ausbildungsort für Kunsthandwerker und Zeichenlehrer‹ sorgfältige Überlegungen und Konsultationen des Kuratoriums, von Künstlern und von Lehrern an Mittelschulen voraussetze.[21]
Im Herbst 1865 gab es weitere Interventionen, einmal des Vereins österreichischer Industrieller und wiederum der Niederösterreichischen Handels- und Gewerbekammer, deren Präsident Burg sich an das Staatsministerium wandte.[22] Hiebei schloß er an die weiterhin drohende Auflösung der Gewerbezeichenschule des Polytechnikums an, die in dessen Reorganisationsstatut nicht mehr enthalten sei. Sie sollte »unter einer selbständigen Direction den jetzigen Zeitbedürfnissen entsprechend reorganisirt, als Staatsanstalt« erhalten bleiben. In anderen Industrieländern sei die Verbindung von Kunst und Industrie schon längst praktiziert und deren Produktion daher konkurrenzfähig. »Soll sich unsere vaterländische Industrie zu gleicher Vollkommenheit erheben und die Nothwendigkeit eines solchen Aufschwunges tritt immer gebietherischer heran, so muß auch sie denselben Weg verfolgen und eine verfeinerte Geschmacksbildung in Form und Farbe anstreben.« Die Gewerbezeichenschule sei 1846 gegründet worden, da »die österreichische Industrie den Schutz des Prohibitivsystems genießend, die Concurrenz des weiter fortgeschritteneren Auslandes nicht zu bestehen hatte«, jetzt, da »die progressive Herabminderung der Zölle die fremde Mitbewerbung immer umfassender gestaltet«, könne man sich nicht »der Überzeugung verschließen, daß alle Hebel in Bewegung gesetzt werden müssen«. Die Schule solle nicht nur nicht eingestellt, sondern ausgebaut werden. »Was nützt ein Musterschutzgesetz, wenn die Ausbildung fehlt, welche die Muster erfinden lehrt? Der Staat sorgt durch Schulen und höhere Bildungsanstalten für die gelehrte und Berufsausbildung in Rechtswissenschaft, Medicin, Theologie u.s.w.; durch Militär-Academien für die Ausbildung derjenigen, welche sich der Vertheidigung des Vaterlandes widmen, die polytechnischen Institute vermitteln den höheren technischen Unterricht, – auch Gewerbe und Industrie haben ein Anrecht auf höhere Ausbildung, die in demselben Maße nothwendiger wird, als sich die Anforderungen des Marktes und des Staatsschatzes an das Gewerbe steigern. Wie die höhere Bildung jedes Standes dem großen Ganzen zu Gute kömmt und zur Förderung des allgemeinen Wohlstandes beiträgt, so erhöht auch insbesonders jede Maßregel, jede Anstalt zur Förderung des gewerblichen Fortschrittes, nothwendigerweise den Wohlstand und die Steuerkraft der Industrie.«[23]
Das Ministerium präzisierte die Idee der Errichtung einer Kunstgewerbeschule mit dem Vorschlag, eine derartige Anstalt in der ehemaligen Gewehrfabrik unterzubringen. Zugleich wurde die Direktion des Museums neuerlich zur Erläuterung ihrer Vorstellungen aufgefordert.[24] Etwa zur gleichen Zeit meldete sich Eitelberger in einem Vortrag[25] und mit einer Denkschrift[26] zu Wort. Zu den bekannten Argumenten von der Abhängigkeit des österreichischen Kunstgewerbes vom Ausland, den Mängeln im Unterricht und anderem mehr tritt hier von Anfang an die Betonung der Notwendigkeit der Verbindung von ›hoher‹ und ›angewandter‹ Kunst; die zu schaffende Schule müsse die Fächer Architektur, Plastik und Malerei umfassen und solle eben auch künstlerische Schulung vermitteln. Eitelberger bemängelt das Fehlen ›patriotischer‹ Förderung der künstlerischen Talente und das Fehlen höherer gewerblicher Fachschulen. Er fordert auch ausdrücklich eine Ausbildung von Zeichenlehrern.

In den Akten hat sich ein Konzept einer zu gründenden Kunstgewerbeschule aus diesen Tagen erhalten; es ist mit 11. November datiert und stammt vom Leiter der Nürnberger Kunstgewerbeschule, August von Kreling. Das detaillierte und umfangreiche Projekt belegt, wie weit innerhalb des Museums die Diskussion um die Struktur der künftigen Schule bereits gediehen gewesen sein muß. Erstaunlich ist, daß hier zu der Vorbildinstitution des South-Kensington-Museums die Nürnberger Kunstgewerbeschule in einer Bedeutung hinzukommt, die sie in den offiziellen Äußerungen zur Gründung der Schule gar nicht hat. Die Ausführungen Krelings nehmen so wichtige Punkte des später verwirklichten Konzepts vorweg, daß man sich fragen muß, ob entweder Eitelberger sich nah an Krelings Auffassung orientiert hat, oder ob Kreling, zu einem ›Gutachten‹ aufgefordert, sich an bereits vorgefundenen Auffassungen von der Funktion einer Kunstgewerbeschule in Wien leiten hat lassen. Ja, nicht nur das: Kreling sollte als Leiter der Wiener Anstalt gewonnen werden, und Falke verhandelte darüber im Auftrag Eitelbergers in Nürnberg.[27]
Die Nürnberger Kunstgewerbeschule war 1833 aus einer Malerakademie hervorgegangen, mit dem Auftrag, »daß Kunst in die Gewerbe komme«, versehen.

Die Aufgabe der Schule, die auch über eine eigene Mustersammlung verfügte, bestand vor allem in der Entwicklung einer den Gewerben dienlichen Malerei.[28] Der 1818 in Osnabrück geborene Kreling, Maler, Bildhauer und Architekt, hatte an einem Polytechnikum und an der Münchner Akademie studiert. Ende September 1853 wurde er an die Nürnberger Kunstgewerbeschule berufen, die er schrittweise reformierte. Die Schüler wurden dazu angeleitet, brauchbare Entwürfe für Handwerksbetriebe und Fabriken herzustellen, vor allem Hausrat, Schmuck, Möbel und Öfen.[29] Die Schule »soll«, wie es in den Statuten hieß, »die Ausbildung der Kunst in allen Fächern bis zur höchstmöglichen Vollendung anstreben und zugleich die Anwendung derselben auf die Gewerbe, somit die Veredelung der Letzteren zum Ziele setzen«[30].

Es wurde Ornament-Zeichnen, Zeichnen nach der Antike und nach dem lebenden Modell, Malen, Modellieren, architektonisches Zeichnen und Werkzeichnen (nebst theoretischen Fächern) unterrichtet; außerdem existierte eine Holzschnitzerwerkstatt. Und man verwendete die Phototechnik zur Vervielfältigung von Werken. »Die welthistorische Bedeutung der neuen Kunst«, heißt es in der 1853 erschienenen Denkschrift ›Über die Auffassung des Zweckes der Kunst‹, »ist nicht in der einzelnen Kunstleistung oder Kunstrichtung, sondern in einem anderen Gebiet zu suchen. Die bewegende Kraft ist jetzt das Kapital, die Produktion wissenschaftlicher und wirtschaftlicher Güter . . . Die neue Kunst hat veredelnd auf Geschmack und Schönheitssinn gewirkt . . . überall ist die veraltete Form verbraucht, man verlangt Schönes, im neuen Style Gefertigtes.«[31] Die »Vereinigung der Kunst mit den Gewerken«[32] war auch Krelings zentrale Maxime, und sie prädestinierte ihn wohl in den Augen seiner Wiener Protektoren für das Amt des Leiters der künftigen Kunstgewerbeschule. Vermittelt wurde Krelings Arbeit vor allem durch Jakob von Falke, der von 1855 bis 1858, dem Jahr seiner Berufung zum Bibliothekar des Fürsten Liechtenstein, am Germanischen Nationalmuseum in Nürnberg tätig war und zu Kreling eine freundschaftliche Beziehung unterhielt.

Falke betont in seinen Lebenserinnerungen, daß ihn Krelings Auffassung vom Museum sehr beeinflußt habe, vor allem jene Eitelberger vergleichbare pädagogische Funktion, durch das Museum Kunst dem praktischen Leben buchstäblich ›produktiv‹ wieder zurückzugewinnen: »Aber von dieser Kenntnis« (der musealisierten Kunst; G. F.) »bis . . . zur Wiedererweckung und Wiedergewinnung alter Art und Kunst selber zu unserem Nutzen und Frommen, war noch ein weiter Weg . . . Wenn ich lernte an dem Modernen durch Vergleich mit dem Alten Kritik zu üben, . . . so verdanke ich das der Anregung meines Freundes August Kreling und der von ihm geleiteten Kunstschule in Nürnberg.«[33] Kreling habe es verstanden, die ehemalige Zeichen- und Kupferstecherschule zu einer Kunstgewerbeschule umzuwandeln, »ohne sie aber von den höheren Künsten, von Bildhauerei, Malerei und Architektur zu lösen«[34].

Auch diese spezifische Betonung des Zusammenwirkens der traditionalen Künste mit den ›modernen‹ gewerblichen Anforderungen traf exakt mit Eitelbergers Vorstellungen zusammen. Falke erwähnt in diesem Zusammenhang übrigens, daß Eitelberger diese Kooperation im Titel des Instituts mit ›Kunst und Industrie‹ ausgedrückt haben wollte, wohingegen er Falkes Vorschlag, sie Schule für ›Kunstindustrie‹ zu nennen, scharf kritisierte.

Auch ein Bericht in den Museumsmitteilungen von 1866[35] hebt diese Punkte besonders hervor: »Sie« (die Kunstgewerbeschule; G. F.) »baut mit der einen Hand rüstig am idealen Tempel der Kunst, während sie die andere energisch den Gewerben reicht; sie erzieht ebensowohl den Historienmaler und Plastiker als den Decorationsmaler, den Bildschnitzer, Musterzeichner, Gold- und Silberschmied, Zinngießer, Töpfer, Schreiner u.s.w.; alle sind Jünger einer Lehre, alle sind angewiesen bis zu einer gewissen Höhe den gleichen Schulgang durchzumachen . . . Eine reichbegabte Natur vertritt Kreling in sich selbst den Dualismus des Kunstgewerbes; Maler und zugleich Bildhauer, hat er, selbst ein außerordentliches Lehrertalent, die richtigen Kräfte um sich zu versammeln gewusst, welche ihn in dem pädagogischen Theil seiner Aufgabe trefflich unterstützen.« 1864 war übrigens eine Ausstellung von Arbeiten der Nürnberger Schule unter anderem in Wien zu sehen gewesen – ein weiteres Indiz für das Interesse an dieser Schule und den vortrefflichen Informationsstand über ihre Arbeit.[36]

Die Verhandlungen mit Kreling führten jedenfalls zu keinem Ergebnis; er blieb bis zu seinem Tode, 1876, in Nürnberg, wo er ›seine‹ Schule bis 1874 leitete. Sein Konzept für eine Kunstgewerbeschule in Wien sah als Fächer Architektur, Zeichnen nach dem lebenden Modell, Zeichnen, Malen, Bildhauerei, Holzschnitzkunst, Erzgießerei, Ziselieren, Formen und Unterricht im Anfertigen von Werkzeichnungen sowie eine Reihe von ergänzenden Hilfsfächern, wie etwa Anatomie, vor. Ein origineller Aspekt ist, daß Kreling sich die Verbindung von ›hoher‹ und ›angewandter‹ Kunst durch einen in einigen Fächern dementsprechend getrennten Unterricht in parallel laufenden Abteilungen vorstellte. Ernsthaftigkeit und Konkretheit seines Konzepts ermißt man an der Ausführlichkeit, mit der er sich über den Zweck der Schule, ihre Unterrichtsmethoden, ihre Lehrmittel, über ihre Organisation und ihre politische Durchsetzbarkeit Gedanken macht.[37]

Im Dezember 1865 erneuerte das Staatsministerium brieflich seine zustimmende Haltung zu den Plänen der Errichtung einer Kunstgewerbeschule, die seiner Ansicht nach eine »Meisterschule für Kunsthandwerker« und eine »Heranbildungsanstalt für Zeichenlehrer an Realschulen« sein sollte. Noch sprach man sich, zusätzlich, für den Bestand der Gewerbezeichenschule als Staatsanstalt aus. Die Direktion des Museums wurde dringend gebeten, ihre Vorstellungen bekanntzugeben. Für die künftige Unterbringung wurde die Gewehrfabrik in der Währingerstraße vorgeschlagen. Im März des folgenden Jahres lag dann endlich die ›Denkschrift‹ der Direktion des Kunstgewerbemuseums vor, die die weitere Diskussion um die Struktur der Schule grundlegend leitete. Diese von Rudolf von Eitelberger ausgearbeitete Stellungnahme bildet das Rückgrat der weiteren Beratungen und Entwicklungen, die mit der Weiterleitung dieser Denkschrift an den Minister und den Unterrichtsrat eingeleitet wurde. Wegen der Bedeutung dieser »Vorschläge zur Errichtung einer Kunstgewerbeschule«, die sowohl deren Organisation als auch deren Legitimationsrahmen betraf, müssen hier einige der Hauptgedanken der Schrift näher erläutert werden.[38]

Es wird von der herrschenden internationalen Konkurrenzsituation ausgegangen, die auf den Weltausstellungen – jene von 1862 wird ausdrücklich genannt – sichtbar geworden sei. Österreichische Waren seien zwar hinsichtlich der »technischen Geschicklichkeit der Arbeiter« und der »Solidität und Preiswürdigkeit der Waare« erfolgreich, wo jedoch das »geistige Element der Arbeit« und der »Einfluß der Kunst und des guten Geschmacks« von Bedeutung seien, könne Österreich sich nicht mit Frankreich, England und den deutschen Staaten vergleichen.[39]

Die ökonomischen Überlegungen stehen hier also an der Spitze und verknüpfen sich sofort mit dem wichtigen Gedanken der *wertschöpfenden* Rolle der geistigen beziehungsweise der künstlerischen Arbeit. So überlegten etwa Seidenindustrielle, an die projektierte Kunstgewerbeschule oder an das Museum eine Weberschule anzuschließen, um der ›Modeware‹ eine zentrale, künstlerische Ausbildungsstätte zu verschaffen, da es nicht einzusehen sei, daß man »nicht bei uns mit der Zeit eben so gute Seidenwaaren machen kann, wie in Krefeld oder Elberfeld«[40]. Jedenfalls wird in der ›Denkschrift‹ aus der Konkurrenzfrage die Verpflichtung zum (staatlichen) Unterricht – nach dem Beispiel des South-Kensington-Museums und des französischen, gewerblichen Bildungssystems – abgeleitet, in dem man »in den Formen aller Jahrhunderte das Kunstgesetz aufzusuchen und festzustellen« hätte.

Die Lehrbarkeit der Künste, die hier unterstellt wird, soll der Verknüpfung von künstlerischer und ökonomischer Freiheit dienen: Es gilt, die idealistische Vorstellung von der Freiheit der Kunst als menschlicher Selbstbestimmung, die sich als ›Kunstgesetz‹ an den historischen Artefakten ablesen läßt, an eine materiell rentable Kunstproduktion zu vermitteln, in die das emanzipative Moment freier Selbstverfügung und künstlerischer Weltaneignung zum Ferment des wirtschaftlichen Laisser-faire des Liberalismus wird.

Zugleich beharrt das Konzept auf der musealen Verfügung über alle Tradition, Stilformen, alle kunstgeschichtlichen Phänomene, die an die je zeitgenössische Produktion zu vermitteln seien. Es liege in der Aufgabe des *Museums*, den »richtigen Geschmack (zu) verbreiten«, seine Wirksamkeit aber sei mit der Veranstaltung von Ausstellungen und der Bereitstellung mustergültigen Materials begrenzt, es vermöge nicht, »die Hand zu bilden und den Erfindungsgeist zu üben«[41]. Die Anleitung zu selbständiger Produktion könne nur in die Hände einer entsprechenden Schule und in die eines spezifischen Zeichenunterrichts gelegt werden. Im Abschnitt II der Erläuterungen ist deswegen noch von einer »Zeichen- und Kunstgewerbeschule« die Rede.[42] Man verweist auf den Zeichenunterricht des South-Kensington-Museums und auf die dortige Zeichenlehrerausbildung, auf die – ausdrücklich als ›Kunstgewerbeschule‹ bezeichnete – Lyoner Anstalt, auf das für den Oktober 1866 zur Eröffnung anstehende Collège des Beaux-Arts appliqués à l'industrie in Paris und auf die »Nürnberger Kunstgewerbeschule unter ihrem Leiter August Kreling«,[43] die wegen der dort vorbildlichen Verbindung gewerblicher und ›hoher‹ Kunst ausdrücklich lobend hervorgehoben wird.

»Zielpunkt« der zu gründenden Anstalt sei es daher

nicht, Arbeiter, sondern »Künstler und Lehrer« zu erziehen; die Schule solle den »Fabriken die Zeichner und Modelleurs . . . verschaffen, Künstler, welche«, wie es in einer zentralen, später immer wieder aufgegriffenen Formulierung heißt, »*mit erfinderischem Kopfe Schönheitssinn und völlige Ausbildung der Hand vereinigen*, um so in unsere Fabriken einen künstlerischen Schwung (zu) bringen; sie soll den Goldschmied, den Möbelschnitzer, den Porcellanmaler, überhaupt den Kunsthandwerker zum Meister machen, nicht im gewerblichen, sondern im *künstlerischen* Sinn des Wortes«[44]. (Hervorhebung G. F.) Lehrer sollten für Fachschulen der Industrie, für Real- und Gewerbeschulen sowie für Zeichenschulen ausgebildet werden. Das bestehende gewerbliche Bildungswesen sei für derartige Aufgaben nicht vorbereitet, unter anderem deshalb, weil »Lehrlinge, Gehilfen, Werkmeister« und andere Arbeiter »bei der heutigen Arbeit der industriellen, namentlich der *getheilten* Arbeit« (Hervorhebung G. F.), »nie zu erfindenden Künstlern werden können«. Die Gewerbeschulen erhöhten »die Bildung des Arbeiters, indem sie ihm für die Gegenstände seines täglichen Gebrauches, und für das, was die Hand sonst maschinenmässig thut, ein Verständniss eröffnen«[45].
Offenbar traute man nur einer ›höheren‹ Bildungsanstalt zu, der Entfremdung in industrieller Produktion entgegenzuwirken, wobei der Kunst, der unentfremdet begriffenen künstlerischen Arbeit, eine zentrale Bedeutung zugemessen wird, weil in ihr Hand- und Kopfarbeit, Entwurf, Idee und Ausführung noch eins zu sein scheinen. Der Maschine beziehungsweise der ›maschinmäßigen‹, bloß ausführenden Arbeit geht die Fähigkeit zur ›geistigen‹ Bestimmung der Arbeit ab, das heißt der freien Auseinandersetzung mit Geschichte und Natur. Beides kehrt in der ›modernen‹ Produktion als ästhetisches und ökonomisches Manko wieder und beidem kann – kompensativ – in einer Lehranstalt begegnet werden, in der Kunst und gewerblich-industrielle Produktion wieder zu einer Einheit werden könnten.
Von den bestehenden österreichischen Institutionen wird in der direktorialen Erörterung die Gewerbezeichenschule des Polytechnikums genannt, deren drohende Auflösung ein wesentlicher Anstoß zur Diskussion um die Errichtung einer staatlichen Kunstgewerbeschule war. In ihr würde Ausbildung für einige Gewerbe gegeben, während die Akademie bereits 1812 alle Anstalten für die ›Anwendung der Kunst auf die Manufacturen‹ wieder ausgeschieden habe. Es bleibe daher die besondere Aufgabe der neuen Schule, die ›klassischen‹ Künste, Architektur, Plastik, Malerei, also: die ›Hauptkünste‹, im gewerblich-praktischen Zusammenhang zu lehren. »Denn die gewerbliche Kunst ist ja nichts anderes als der Inbegriff dieser drei Künste, angewendet auf die Bedürfnisse des täglichen Lebens.«[46] Aus diesem Grund wird eine Verbindung mit der Akademie der bildenden Künste abgelehnt, wiewohl etwa das Antikenstudium oder das figürliche Zeichnen der akademischen Ausbildung verwandt bleiben würden. Doch an der Akademie würde die gewerbliche Ausbildung doch immer nur ein Anhängsel bleiben. Eine Verbindung mit dem bestehenden Museum sei dagegen selbstverständlich anzustreben: die dort laufenden Vorlesungen, die Sammlungen, die Bibliothek, das photographische Atelier, die Gipsgießerei und anderes mehr würden die schulischen Aufgaben ergänzen und erleichtern.
Die in den Akten enthaltene Fassung der Vorschläge der Direktion enthält, im Unterschied zur gedruckten und veröffentlichten Fassung, einige geringfügige Abweichungen und Ergänzungen. Hier sind bereits die Anzahl der Lehrkräfte genannt und ebenso die einzelnen Fächer: Architektur, Zeichnen nach ornamentalen Modellen, Zeichnen nach der Antike, ornamentale Bildhauerei, Holzschnitzkunst und Modellieren plastischer gewerblicher Gegenstände, Erzguß, Formen und Ziselieren und der Unterricht im Anfertigen von gewerblichen Werkzeichnungen. Dieser Strukturplan steht noch dem Konzept Krelings nahe, der in diesem Aktenstück noch dezidiert als Direktor der Schule in Vorschlag gebracht wird. Als Unterbringungsort wird hier die »k. k. Aerarial-Porzellan-Fabrik« in der Roßau vorgeschlagen. Und hier wird erstmals darauf hingewiesen, daß die zu errichtende Kunstgewerbeschule von der Gewerbezeichenschule des Polytechnikums »gänzlich verschieden« sei.[47]
Eitelbergers aktenkundige Ausführungen zur Gründung der Schule[48] sind in den wichtigsten Passagen textidentisch mit der ›offiziellen‹ Stellungnahme der Direktion. In einem Brief an Graf Belcredi vom 3. März 1866 kündigt Eitelberger seine Stellungnahme an. Er geht bereits selbstverständlich von einer mit dem Museum in Verbindung stehenden Kunstgewerbeschule aus, die als »Fortentwicklung und Erweiterung« der bestehenden Anstalt anzusehen sei.[49]
In den beigefügten Erläuterungen[50] wird die ergänzende und erweiternde Funktion näher erläutert: das Museum könne nicht Kunsthandwerkern eine spezifi-

sche Ausbildung geben, wenn »ihm nicht eine Schule zur Seite steht, welche direkt die Kunstrichtung des Handwerkers vertritt und so den Grund legt, damit das Schöne und Künstlerische der vorgeführten Vorbilder bei den Kunsthandwerkern in Fleisch und Blut übergehe . . . Sie« (die österreichische Industrie; G. F.) »ist in aller und jeder Richtung von dem Fremden, insbesondere dem französischen Geschmacke, abhängig. Unsere Industriellen lassen sich die Muster vom Auslande kommen um sie zu copiren; sie lassen sich die Künstler vom Auslande kommen, die mit dem modernen Geschmacke vertraut sind, ja sie holen sich selbst die geschickteren Ausarbeiter von auswärts. Die inländischen Arbeiter stehen der Mehrzahl nach auf dem Punkte, daß sie nicht nur nicht selbst richtig und stylistisch zeichnen können, sondern die richtige stylistische Zeichnung, welche ihnen zur Ausführung in die Hand gegeben wird, gar nicht verstehen«.

Das Fehlen einer Kunstgewerbeschule wird daher als »die Wurzel dieser den Nationalwohlstand tief berührenden Uibelstände« betrachtet. Hier, in diesem Aktenstück, das die Randnotiz trägt, »Mit allen hier gestellten Anträgen vollkommen einverstanden, Rainer«, wird wiederum nachdrücklich Kreling als Direktor der Schule empfohlen: »Für die Stelle des Direktors die richtige Person zu treffen, das ist in den Augen der ergebenst gefertigten Direktion von ungleich größerer Wichtigkeit, als die Feststellung eines Statutes. Nach dem Urtheile der competensteten(!) Fachmänner besitzt für die Leitung einer Kunstgewerbeschule im großen Style kein Mann in ganz Deutschland eine gleiche Befähigung, wie der Direktor der bereits erwähnten Nürnberger Kunstgewerbeschule A. Kreling. In dem Vorschlage dieser Persönlichkeit für die Leitung . . . gipfeln deßhalb die Anträge, welche die gefertigte Direktion in Betreff der Organisation dieser Anstalt sich zu erstatten die Ehre gibt.«

Die Schule solle, bei größter Selbständigkeit und ›direktem Verkehr mit dem Staatsministerium‹, vom (erweiterten) Kuratorium und dem Protektorat des Museums verwaltet werden – eine Konstruktion, die in der Reformphase um 1900 zu erheblichen Problemen und schließlich zur administrativen Trennung beider Institutionen führen sollte.

Es folgten weitere Interventionen, so durch den Niederösterreichischen Landtag, auf Antrag des Freiherrn von Pratobevera,[51] und noch einmal durch die Niederösterreichische Handels- und Gewerbekammer.[52] Im Februar 1867 deponierte eine Abordnung, der unter anderen Wertheim und Edmund Graf Zichy angehörten, beim Kaiser persönlich die Bitte, für das Kunstgewerbemuseum ein neues Gebäude zur Verfügung zu stellen und darin auch die Kunstgewerbeschule unterzubringen.[53]

Die Umsetzung all dieser Vorschläge, die Schaffung eines organisatorischen Rahmens und die sozusagen administrative Realisierung des Projekts ›Kunstgewerbeschule‹ wurden dem Unterrichtsrat anvertraut. Am 18. Februar 1867 wurde dort beschlossen, daß eine ›höhere Kunstgewerbeschule‹ mit dem Museum in Verbindung zu bringen sei und daß ein Komitee binnen 14 Tagen ein Statut ausarbeiten solle. Dem Komitee gehörten Eduard van der Nüll, Prof. Eduard Engerth, Prof. Dr. A. Beer und, als Direktor des Museums, Rudolf von Eitelberger an. Am 29. Juni desselben Jahres waren die Beratungen des Unterrichtsrats abgeschlossen.[54] Vermutlich wegen der inzwischen erfolgten Reaktivierung des Ministeriums für ›Cultus und Unterricht‹ wurde eine neuerliche Prüfung des Statutenentwurfs notwendig, und zwar unter anderen durch Gustav Heider, Eitelberger und Engerth. Aus diesen Beratungen ging dann das ›Gründungsstatut‹ hervor.

Zu diesen Beratungen existieren mehrere Akten; ein »Vortrag in betreff der Errichtung einer mit dem Museum für Kunst und Industrie in Verbindung stehenden Kunstgewerbeschule«, der vermutlich von Heider stammt,[55] ein nicht näher betiteltes Schriftstück mit einem Gutachten eines nicht genannten Referenten und schließlich ein Gutachten des Unterrichtsrats vom 11. Juli 1867.[56]

Der Vortrag schildert zunächst nur den Ablauf der Beratungen, dann die Detailarbeit am Statut; der ›Referent‹ kritisiert, Paragraph für Paragraph, die Formulierungen des Statuts, was als eine Art Redaktion der Statuten aufgefaßt werden kann, in der Ungereimtheiten und sprachliche Undeutlichkeiten beseitigt werden. Dagegen ist die Protokollierung der Beratungen im Unterrichtsrat stärker inhaltsbezogen. Die Gründung einer Kunstgewerbeschule sei notwendig, »um der Wirksamkeit des Museums neue Bahn zu öffnen«. Der Unterrichtsrat schließe sich der Eingabe der Direktion vollinhaltlich an. Man sei für die Beibehaltung der Gewerbezeichenschule, um dem Argument entgegenzuwirken, daß es der Kunstgewerbeschule an der vorbereitenden – zu diesem Zeitpunkt tatsächlich noch nicht bestehenden – Basis von Gewerbeschulen ermangle. Eine Ausbildung an der Akademie komme wegen der völligen Verschiedenheit beider Anstalten nicht in Frage. In diesem Zusammenhang wende man sich auch gegen die Formulierung der direktorialen Eingabe, derzufolge die Kunstgewerbeschule »Künstler und Lehrer« auszubilden habe: während die Akademie Künstler anziehe, solle die Kunstgewerbeschule »das Gros ihrer Schüler aus dem Arbeiterstande heranziehen . . . die Kunstgewerbeschule soll demnach nicht eine Anstalt sein, welche Künstler und Lehrer . . . heranzubilden berufen ist, sondern sie soll sich, wie schon gesagt, auf das Kunsthandwerk beschränken, in einer ähnlichen Weise, wie es an einigen Anstalten des Auslandes geschieht. Die Nürnberger Lehranstalt kann hier *nicht*« (Hervorhebung G. F.) »als Muster hingestellt werden, da diese in ihrer gegenwärtigen Organisation sich einer Kunstakademie mehr nähert, als einer Kunstgewerbeschule.« Die Schülerzahl der künftigen Schule solle beschränkt sein und 40 pro Fachabteilung nicht überschreiten. »Es wäre nichts verderblicher, als wenn man sich in derartigen Fällen« (das heißt der Überschreitung dieser Zahl; G. F.) »mit Assistenten begnügen wollte, welche nicht jene Durchbildung besitzen, um mit Erfolg den so schwierigen Unterricht an einer Kunstgewerbeschule ertheilen zu können. Es ist eine durch die Erfahrung feststehende Thatsache, daß bei Zeichenfächern der Professor den Unterricht vernachlässigt, sobald er einen Assistenten zur Seite bekömmt.« Der Direktor der Anstalt sollte nur jeweils auf drei Jahre bestellt werden, »während welcher Zeit man auch Gelegenheit hat, die anderen angestellten Lehrkräfte kennen zu lernen und ihre eventuelle Eignung zur Leitung der Anstalt zu erproben«.

Noch während dieser Beratungen erfolgten weitere Interventionen, die auf die Dringlichkeit der Errichtung einer Kunstgewerbeschule hinwiesen und darauf, daß erst sie »der Schlußstein des mit dem Inslebentreten des Museums für Kunst und Industrie beabsichtigten Zieles« sein könne.[57] In einem Schreiben der Handels- und Gewerbekammer Brünn wird dieses Argument erweitert: »Zur Stunde fehlen noch die Einrichtungen, durch welche ein Institut, wie das Museum, allein befähigt werden kann, den wünschenswerthen nachhaltigen Einfluß auf die Bildung des öffentlichen Geschmackes insbesonders aber auf Geschmacksbeförderung der Gewerbetreibenden zu üben.« Der österreichischen Produktion mangle es nicht an »Solidität, Formgewandtheit und Erfindungsgabe«, doch »der feine Formensinn, das für Farbenharmonie empfängliche Auge, . . . mit einem Worte, der an klassischen Werken geübte und durch ihre häufige und verständige Betrachtung geläuterte Geschmack« fehle. In Österreichs Gewerben werde der »reine Nützlichkeitszweck« verfolgt: »Namentlich bei kleineren Gewerbsleuten tritt diese Erscheinung in einer unangenehm berührenden Weise entgegen. Der Leuchter wird eben nur als kerzentragender Zilinder, der Topf, das Glas als ein zur Aufnahme von Flüssigkeit bestimmter Körper aufgefaßt . . . Völlig abgesehen von der Bedeutung, welche eine gefällige angenehm berührende Erscheinung der uns zumeist umgebenden Dinge für die Erhöhung des Wohllebens, Verfeinerung der Sitte u. s. w. haben, ist die außerordentliche Steigerung zu berücksichtigen, welche der National-Wohlstand durch liebevollere Behandlung der Form in der Darstellung der gewerblichen Erzeugnisse erhält.« – »Man will nicht bloß solid gearbeitete Waaren, sondern verlangt von ihnen auch gefällige Erscheinung, ja noch mehr, in vielen Fällen ist man geneigt, das Gefallen an der Form auf Kosten des Gehaltes zu befriedigen. In dem Maße als die Communikationsmittel sich mehren und die Verkehrsbeziehungen unter den Völkern sich häufen, wird daher der gewerblichen Produktion, welche für die Form der Darstellung gleichgiltig ist, oder sie nicht zu würdigen versteht, der Markt selbst im Innern des Staates mehr und mehr beschränkt.« Daraus folgere, daß ein Staat, welcher »nicht nur Kunst und Wissenschaft« pflege, sondern wo auch »die gewerblichen Erzeugnisse von dem Adel der Kunst durchweht sind, sich reiche Einkommensquellen erschließ(en), seinen Bürgern behaglichen Lebensgenuß und dem Gemeinwesen eine mächtige Anziehungskraft schafft«. Das französische Vorbild werde man freilich so leicht nicht erreichen. »Solche Reibung der Geister, so innige Berührung zwischen dem schaffenslustigen Talente und dem genußsuchenden (sic!) Capital, wie sie Paris zur Hochschule des Geschmackes machen, lassen sich nicht künstlich schaffen.« – Es genüge »nicht bloß, daß Einzelnen das Verständnis des künstlerischen Schaffens erschlossen werde, sondern es muß das Verständnis der Bedeutung der Form, es muß die Freude an einer gefälligen Darstellung auch in den Massen geweckt werden, Sendlinge müssen hinausgehen, welche selbst begeistert für die Kunst und von Liebe erfüllt für das Gewerbe, den empfangenen Saamen hinaustragen und keine der Formen, in welchen das gewerbliche Schaffen sich äußert, für ihr Wirken zu gering erachten«[58].

Das aus den Beratungen hervorgegangene ›Statut B‹ wurde zur Grundlage der endgültigen Statuten und der

›a. h.‹ Genehmigung der Schule durch den Kaiser, deren Wortlaut sich in den Akten so konzipiert findet:[59] »Ich genehmige die Gründung einer Kunstgewerbeschule auf Grundlage des von dem Minister vorgelegten Statuts (B) und ermächtige das Ministerium für Kultus und Unterricht, wegen Bedeckung des Kostenaufwandes aus den Staatsfinanzen im verfassungsmäßigen Wege sich mit dem Leiter des Finanzministeriums in das Einvernehmen zu setzen. Schönbrunn 21. September 1867.«

Dieses Statut ›B‹ findet sich in nur geringfügig voneinander abweichenden Fassungen im ›Gründungsakt‹ der Schule und im Mitteilungsblatt des Museums sowie in einer gesonderten Veröffentlichung, die den Studienplan und eine Disziplinarordnung enthält.[60]

Der § 1 der Statuten legt den Zweck der Schule mit der »Heranbildung tüchtiger Kräfte für die Bedürfnisse der Kunstindustrie« fest. Baukunst, Bildhauerei, Zeichnen und Malen bilden, als »mit den Gewerben in nächster Verbindung stehend«, die Hauptgegenstände des Unterrichts. Demnach gliedert sich die Schule (§ 2) in die drei Fachschulen für Baukunst, Bildhauerei und Zeichnen und Malen. Dazu kommt (§ 3) die Vorbereitungsschule, die den Ein- und Übertritt in die Kunstgewerbeschule erleichtern beziehungsweise überhaupt erst ermöglichen soll. Es stellte sich rasch heraus, daß diese Vorbereitungsschule eine sehr große Anzahl von Schülern aufnehmen mußte, die nicht unmittelbar in den Fachschulunterricht aufgenommen werden konnten. Ursprünglich war der Unterricht noch differenzierter gedacht gewesen; er enthielt etwa auch Zeichnen nach Modellen, Übung im architektonischen Zeichnen, Zeichnen nach Antiken, Figurenzeichnen in kunstgewerblicher Richtung, Blumenmalerei und Manufakturzeichnen, Übungen im Komponieren, Erfinden und in der Ausführung figürlicher wie ornamentaler Gegenstände, Modellieren und Bossieren – war also stärker auf die Praxis kunstgewerblicher Produktion ausgerichtet und berücksichtigte dementsprechend stärker methodische Differenzierungen.

Die §§ 5 bis 7 legen die Tätigkeit in den Hauptfächern fest, vor allem deren Orientierung an spezifisch gewerblichen Fragen. Die Nebenfächer (§ 9) werden nur pauschal angeführt. Der Zugang zu der auf vier Jahre angelegten Ausbildung konnte bereits mit 14 Jahren erfolgen. Und die Schule war für Frauen und Männer gleichermaßen uneingeschränkt zugänglich – ein Novum innerhalb des damaligen ›gehobenen‹ Schulsystems. Es gab keine Prüfungen, wer durch Vorweis von eigenen Arbeiten (Zeichnungen) sein »Kunsttalent« unter Beweis stellen konnte, brauchte auch keine Aufnahmsprüfung ablegen. Das Schulgeld betrug 10 Gulden für die Vorbereitungsschule und 18 Gulden für die Fachschulen. Wegen der Bedürftigkeit vieler Schüler gab es rasch Unterstützung durch Stipendien und Fonds. Der Eintritt in Fachschulen konnte mit 16 Jahren erfolgen, in Ausnahmefällen auch früher. Nach einem Jahr Schulbesuch hatte man das Anrecht auf Zeugnisse, auch bei Schulabgang sollte ein entsprechendes Zeugnis über die gesamte Lehrzeit ausgestellt werden (§ 15).

An Lehrstellen waren zunächst fünf für Professoren vorgesehen: je eine für die Vorbereitungsschule, für Baukunst, Bildhauerei, figürliches und ornamentales Zeichnen und Malen. Der Direktor wurde für zwei Jahre aus dem Kreis der Fachschulprofessoren, auf Vorschlag des Aufsichtsrats, vom Unterrichtsminister bestellt. Da der Aufsichtsrat des Museums auch die ›Überwachung‹ der Schule übertragen erhielt, wurde Eitelberger als Direktor des Museums zum Aufsichtsratsvorsitzenden auch der Schule und sicherte sich so von Anfang an entscheidenden Einfluß auf sie. Mitglieder des von Erzherzog Rainer ernannten Kuratoriums[61] waren unter anderen Heinrich Ferstel (der Architekt des Neubaus der Kunstgewerbeschule und des Kunstgewerbemuseums), Josef Reckenschuss, der Vizepräsident der Niederösterreichischen Handels- und Gewerbekammer, und der Akademieprofessor Eduard Engerth.

Ein Kommentar der ›Wiener Zeitung‹ vom 27. September 1867 resümierte: »Bekanntlich haben die Weltausstellungen, insbesondere jene des Jahres 1862, reichliche Gelegenheit zur Wahrnehmung geboten, dass die Erzeugnisse der österreichischen Industrie, obgleich ausgezeichnet durch ihre Solidität und Preiswürdigkeit, doch nach ihrer formalen Seite hin vom Gesichtspunkt des Geschmackes aus, hinter den Leistungen anderer Länder, namentlich Englands und Frankreichs, theilweise zurücksteht. Die Ursachen dieser Erscheinung und die Mittel, dem wahrgenommenen Mangel abzuhelfen, konnten sich dem forschenden Auge um so weniger entziehen, als England vor anderthalb Jahrzehnten dieselbe Erfahrung an sich gemacht und seither die Bahn gewiesen hatte, welche zu dem angestrebten Ziele zu führen geeignet ist. Es handelt sich darum, auf den Geschmack der Gewerbetreibenden läuternd und bildend einzuwirken, der Kunst einen unmittelbareren und nachhaltigeren Einfluß auf die Erzeugnisse der Industrie zu sichern.

Die Errichtung des österreichischen Museums für Kunst und Industrie, dessen Aufgabe es vorzugsweise sein sollte, der einheimischen Kunstindustrie mustergiltige Objecte vorzuführen und andererseits ihren Erzeugnissen Gelegenheit zu bieten, in würdiger Aufstellung sich nach Verdienst geltend zu machen, darf als ein von den glücklichsten Erfolgen begleiteter Schritt auf dieser Bahn bezeichnet werden. Die lebhafte und stets wachsende Theilnahme, welche Künstler und Gewerbetreibende wie das grosse Publikum diesem Institute entgegenbringen, sind Beweise genug, dass seine Schöpfung ein wahres Bedürfnis befriedigt hat, und die Erfolge, welche gerade die seinem Einflusse näher gerückten Zweige der österreichischen Kunstindustrie auf der diesjährigen Pariser Weltausstellung errungen haben, lassen die mächtigen Impulse nicht verkennen, welche es schon während der kurzen Zeit seines Bestehens gegeben hat.
Aber so glänzend auch das Museum für Kunst und Industrie seine Aufgabe erfüllt, so liegt doch von den Grenzen derselben nicht Alles das umschlossen, was zur Hebung der österreichischen Kunstindustrie nach der angedeuteten Richtung hin notwendig und förderlich erscheint. Es musste bald die Ueberzeugung gewonnen werden, dass, um die Erfolge des Museums auch in weiteren Kreisen zur Geltung zu bringen und dauernd zu sichern, die Errichtung einer eigenen, mit diesem Institute in Verbindung stehenden Schule notwendig sei, welcher die Aufgabe gestellt ist, speciell für die Bedürfnisse der Kunstindustrie . . . und mit Benützung der ihm« (dem Museum; G. F.) »zur Verfügung stehenden reichen Hilfsmittel, tüchtige selbstständige Kräfte heranzubilden, von denen mit Grund erwartet werden kann, daß sie die einheimische Kunstindustrie unabhängig von fremden Einflüssen stellen und einer eigenthümlichen Entwicklung entgegengeführt werden.
. . . Dann, wir zweifeln nicht, wird es unter jener einsichtsvollen Leitung, welche das Museum für Kunst und Industrie zu so schönen Erfolgen geführt hat, rasch in segensreicher Thätigkeit erblühen und mächtig dazu beitragen, Österreichs Kunstindustrie auf jene Höhe zu erheben, welche zu erreichen sie vollen Anspruch hat und welche von weittragender Bedeutung für den Nationalwohlstand unseres Vaterlandes sein wird.«[62]

V
INDUSTRIE ALS KUNST
Zur Zielsetzung der Kunstgewerbeschule und zur Theorie des Kunstgewerbes im Liberalismus

Da das Kunstgewerbemuseum unter der Prämisse gegründet worden war, praktisch auf das Kunstleben und die Entwicklung des Kunstgewerbes einzuwirken, war die ›Erweiterung‹ des Museums und seiner Wirksamkeit um eine ›höhere‹ kunstgewerbliche Lehranstalt nur konsequent. Dennoch bedurfte die Errichtung einer Kunstgewerbeschule einer neuerlichen Begründung, zumal sich während der kurzen Funktionsperiode des Museums gezeigt hatte, daß dieses seine ›didaktischen‹ Aufgaben nicht im gewünschten Ausmaß erfüllen konnte.

Jakob Falke hat die Umstände, die zur Ergänzung des Museums durch eine Schule führen sollten, retrospektiv so beschrieben:[1] »Aber während man am österreichischen Museum die beginnenden Erfolge mit Freuden begrüßte, konnte man sich doch andererseits der Wahrnehmung nicht verschließen, daß die Mittel, mit denen man arbeitete, nicht genügen oder jedenfalls nur langsam zum Ziele führen würden. Man fand, daß dem Gewerbe die Zeichner fehlten, welche für die neue Zeit Verständnis hätten und den neuen, weitaus erhöhten Anforderungen gewachsen wären. Man erlebte es zum Beispiel, daß Fabrikanten ihre Zeichner an das Museum sendeten, diese aber das mindest Gute, ja das Verwerfliche zum Muster nehmen, das wirklich Gute und Nachahmenswerte für unbrauchbar erklärten. Dieser Umstand führte zur Überzeugung, daß vor allen Dingen eine Schule nöthig sei, welche der Industrie einen neuen Stock von Künstlern erziehe, der, allen Aufgaben gewachsen, mit der neuen Zeit zu gehen vermöge, von Künstlern, welche, dem Gewerbe allein dienend, den ohnehin übermäßig beschäftigten Architekten alle Aufgaben des Kunstgewerbes abnähmen. Wohl früher schon und verschiedentlich hatte man an den Akademien die Bildung von Zeichnern für das Gewerbe beabsichtigt und besondere Classen zu diesem Zwecke errichtet. Allein diese Einrichtung hatte sich nicht bewährt: diese Classen, stiefmütterlich behandelt, waren vernachlässigt worden . . . Es kam auch jetzt darauf an, zumal bei den durch die Stadterweiterung und den industriellen Aufschwung überaus gesteigerten Anforderungen, eine Kunstschule zu gründen, welche der Industrie allein gehöre, umfassend genug, um allen Zweigen zu genügen, und so angelegt, daß sie den Schüler zum wirklichen Künstler für die Zwecke des Gewerbes heranbilde. In diesem Sinne wurde im Jahre 1867 die Kunstgewerbeschule des österreichischen Museums als eine staatliche Anstalt gegründet.« Man argumentierte, daß die Vermittlertätigkeit des Museums mit ihren Schau- und Studiensammlungen beziehungsweise ihrer Ausstellungstätigkeit nicht weitreichend genug sei, um den »richtigen Geschmack«[2] zu verbreiten; implizit wird die historistische Form des Überlieferns kritisiert, die bloße Bewahrung der verdinglichten Überlieferung, die nicht »zu selbständiger und neuer Verwerthung«[3] führe, sondern zu kritikloser Nachahmung und Nachbildung. Die ›Kritik‹ am Museum wird in der prägnanten Formel konzentriert, es habe nicht »die Macht, die *Hand zu bilden* und den *Erfindungsgeist zu üben*«[4] (Hervorhebung G. F.).

Die indirekte Bildung durch Anschauung sollte also durch die direkte Ausbildung ›der Hand‹, das heißt der Künstler, ergänzt werden. Die Betonung des Künstlerischen ist ein Spezifikum der Wiener Gründung; die Ausbildung sollte einerseits an den ranghöchsten Gattungen der bildenden Kunst (analog den Akademien) orientiert sein, wenn auch mit Rücksicht auf die Anwendung im Gewerbe, und die Schüler sollten zu Künstlern herangebildet werden und als solche in Industrie und Gewerbe Verwendung finden. Darin manifestiert sich ein Festhalten an einer von Arbeitsteiligkeit noch nicht betroffenen Produktionsform, in der Hand und Kopf noch zusammenwirkten – zugleich versuchte man das Unmögliche, einen autonomen Kunstbegriff auf gewerblich-industrielle Herstellungs- und Verwertungsprozesse übertragen zu wollen.

Mit dieser Annäherung an akademische Ausbildungsformen wuchs die Notwendigkeit, eine spezifische, ›höhere‹, kunstgewerbliche Ausbildung in Abgrenzung zur Akademie zu begründen. Man konnte darauf hinweisen, daß es zwar an der Akademie Ansätze zu einer kunstgewerblichen Ausbildung gegeben habe, daß diese aber nicht weiter verfolgt worden sei. Das Argument mit der gewachsenen Geschichte der Institution allein aber war nicht kräftig genug. Daher flüchtete sich Eitelberger gelegentlich in apodiktische Formulierungen, die ihn nur noch tiefer in die an dieser Abgrenzungsfrage sichtbar werdenden Probleme hineinführten, etwa, wenn er schreibt, »die Kunstgewerbeschule an die Akademie anzulehnen, würde sich aber . . . schon aus diesem Grunde nicht empfehlen, weil der Unterschied zwischen *großer und gewerblicher* Kunst, *so wenig er in der Natur der Sache gegründet ist*, thatsächlich doch besteht und nicht übersehen werden darf«[5] (Hervorhebung G. F.). Eitelberger verleugnet die konkreten ökonomischen und sozialen Entwicklungen, die zur Ausdifferenzierung von ›freier‹ und ›angewandter‹ Kunst geführt haben, und versucht an dem Begriff *einer* Kunst festzuhalten – bloß die praktischen Anwendungsbereiche der Künste können dann noch unterschiedliche Ausbildungsformen legitimieren. Gewerbeschulen bleiben für die geteilte und ›niedere‹ Arbeit vorgesehen, sind für den Arbeiter, nicht den ›erfindenden Künstler‹ gedacht,[6] die Realschulen bildeten kaum für das Gewerbe, sondern leiteten zu höheren technischen Schulen beziehungsweise in den Kaufmannsstand über; die Akademie schließlich sollte ausnahmslos der ›hohen‹, ›monumentalen‹, das heißt der autonomen Kunst vorbehalten bleiben, die Kunstgewerbeschule der ›Anwendung‹ der Künste auf das Gewerbe (und die Industrie). Dennoch setzte es sich die neue Schule zum Ziel, Künstler heranzubilden: »Eine höhere Kunstgewerbeschule soll eine Anstalt sein, die nicht die Arbeiter, sondern die *Künstler* und *Lehrer* zu bilden hätte. In dieser Kunstgewerbeschule sollen *Künstler im ›wahren Sinne des Wortes‹«* (Hervorhebung von Eitelberger) »gebildet werden, solche Künstler, welche allen Anforderungen der Kunstindustrie, selbst der höchsten genügen können, so dass man nicht mehr nötig hätte, sich mit unvollständig oder auswärts gebildeten Zeichnern zu behelfen . . . Sie« (die Schule; G. F.) »soll den Goldschmied, den Möbelschnitzer, den Porcellanmaler, überhaupt den Kunsthandwerker zum Meister machen, nicht im gewerblichen, sondern im künstlerischen Sinne des Wortes. Sie soll endlich für die Fachschulen der Industrie, für Real-, Gewerbe- und andere Zeichenschulen die Lehrer erziehen, welche diese Schulen in Beziehung auf den Geschmack auf die richtige Bahn lenken und ähnlichen Instituten in den Kronländern vorstehen können.«[7]

Wie hier die Idee einer zentralen, ›geschmacksbildenden‹ Anstalt formuliert wird, zieht sie die Notwendigkeit einer kollektiv verbindlichen Norm – eben des ›richtigen‹ oder des ›guten‹ Geschmacks – zwangsläufig nach sich. In der Gründungsphase von Schule und Museum sah man selbstsicher im ›Stil‹ der Renaissance diese verbindliche Norm.

Unsicherheit bezüglich der Normativität der Kunstproduktion, das »ziellose Suchen« und »planlose Experimentieren mit den Stylarten aller frühere(r) Epochen«[8] wurden zu den Hauptübeln der zeitgenössischen Lage der Kunst gerechnet.

Doch gerade der unter anderem durch die Musealisierung der künstlerischen Überlieferung erst ermöglichte Historismus, die Verfügung über die Totalität der Stile, Epochen, ästhetischen Phänomene, war eine der Bedingungen dieser Unsicherheit und ›Ziellosigkeit‹. Schließlich erwies sich auch das Vertrauen in die historischen Wissenschaften – von dem ja auch die Gründer des Kunstgewerbemuseums und der Kunstgewerbeschule durchdrungen waren – als prekär, hatten doch gerade sie den Weg zu einem Kunst- und Kulturverständnis bereitet, das die Beurteilung jeder einzelnen historischen beziehungsweise kunstgeschichtlichen Epoche nach den jeweiligen ihnen eigentümlichen Gesetzen und Maßstäben notwendig erforderte und damit in das Dilemma eines ausweglosen Wertrelativismus führte.

Seit der politisch-sozialen Revolution, mit der das bürgerliche Zeitalter sich emanzipiert hatte, und damit seit den Einsichten der (französischen und deutschen) Geschichtsphilosophie in die Irreversibilität des Geschichtsprozesses, schien keine wie immer geartete Identität des Geschichtlichen mit der Gegenwart mehr zu denken. Jede traditionsstiftende Arbeit der Museen, der (Kunst)Schulen, der Wissenschaften mußte die Geltung von Geschichte über den epochalen Traditionsbruch der bürgerlich-industriellen Gesellschaft hinweg ›kompensativ‹ behaupten. Diesen Antinomien stellte man sich nur begrenzt – und die Grenzen der Reflexion lagen vor allem in der Einsicht in die Auswirkungen der industriellen Produktionsverhältnisse. Sie wurden der Destruktivität ›der Maschine‹ angelastet, dem »Übergewicht der Maschine . . .(die) jegliche Kunstarbeit ersetzen sollte«[9].

Die Pflege des ›Mythos der Maschine‹ ersetzte weitgehend die Kritik an den Produktionsverhältnissen, an dem Status der Kunst und an den veränderten sozioökonomischen Gegebenheiten. An die (Leer)Stelle der mangelnden Kritikfähigkeit und Selbstreflexion trat ein psychologisierendes Räsonnement, das sich überwiegend kulturpessimistisch gerierte: »Unter diesen Umständen« (gemeint ist vor allem die maschinelle Produktion) »verlor sich aus der Cultur das, was wir Geschmack nennen, oder, um es näher zu bezeichnen, das *gebildete Urtheil* in künstlerischen Dingen.«[10]

Es fällt auf, wie sehr bei diesem Räsonnement immer wieder der Begriff des Geschmacks ins Zentrum rückt. In ihm klingt etwas von der Einheit von Hervorbringung und ›Genuß‹ der Kunst an, ebenso aber auch etwas von der Einheit individueller künstlerischer Produktion mit kollektiven Anmutungen an das Ästhetische. Erst innerhalb bürgerlicher Öffentlichkeit und gesellschaftlicher Praxis kann sich das subjektive ›Gefühl‹ für das Schöne mit der kollektiven Verbindlichkeit ästhetischer Normen vermitteln. Insofern ist das Geschmacksurteil pluralistisch, da es erst im »Konsens der aufnehmenden Subjekte entsteht« und ein »Beurteilungsvermögen alles dessen (ist), wodurch man sein Gefühl jedem anderen mitteilen kann«[11]. Das Geschmacksurteil beruht dabei weder auf Zwang (also auf Bedürfnissen, Trieben) noch auf vorgängigen Begriffen und Regeln, sondern ist Teil eines »uninteressierten, freien Wohlgefallens«, dem weder die Sinne noch die Vernunft ›Beifall‹ abzwingen können.[12] Im Geschmacksurteil vermittelt sich also insofern subjektive und kollektive Freiheit, die nicht nur hinsichtlich der Hervorbringung, sondern auch hinsichtlich der Rezeption besteht: Kant selbst verweist auf Rousseaus ›Contrat social‹ und auf den bürgerliche Öffentlichkeit idealiter fundierenden Gesellschaftsvertrag, in den das Geschmacksurteil eingebettet ist. »Auch erwartet und fordert ein jeder Rücksicht auf allgemeine Mitteilung von jedermann, gleichsam als aus einem ursprünglichen Vertrage, der durch die Menschheit selbst diktiert ist.«[13] Ästhetische Erfahrung wird als Prozeß begriffen, in dem sich zugleich Gesellschaftlichkeit konstituiert, die ihrerseits nicht auf das Ästhetische beschränkt bleibt; in der Diskussion um das Geschmacksurteil geht es darum, inwieweit Kunst normative, praktisches Handeln leitende Kraft entfalten kann, *ohne* diese Normen dem praktischen Handeln aufzuzwingen. Im Modell egalitärer, herrschaftsfrei gedachter bürgerlicher Öffentlichkeit ist dieses Problem gelöst, und dort vermittelt sich dann theoretische und praktische Vernunft, ästhetische und moralische Erfahrung. Kants historisches Beispiel dafür ist die antike Polis, der geschichtliche Beispielsfall, wo die Bildung des Geschmacks den Menschen für seine gesellschaftliche Situation und Aufgabe gesittet gemacht habe.[14]

Wenn der Verfall des Geschmacks als Verfall des ›gebildeten Urteils in künstlerischen Dingen‹ beklagt wird, so ist das unmißverständlich auch als Diagnose des Zerfalls bürgerlicher Öffentlichkeit zu lesen, als Mißlingen des Versuchs, subjektive und kollektive Freiheit zu vermitteln.

An den leitenden Ideen der Museumsgründung und der Schule als sozusagen ›geschmacksbildenden‹ Instanzen selbst wird klar, daß es dabei gerade um die präjudizierende Festlegung von – durch die Wissenschaften und die musealen Präsentations- und Vermittlungsmethoden definierten – ästhetischen Normen geht und daß schon darum ihre Vermittlung an freiheitlich bestimmte gesellschaftliche Praxis höchst problematisch ist. Kant hat zum Beispiel – innerhalb seiner Argumentation zwingend – den »Mechanismus der Nachahmung« als bloße »Nachfolge« im ästhetischen Verhalten kritisiert,[15] weil der ›offene‹, subjektive und gesellschaftliche Freiheit einschließende, kollektive Prozeß des Geschmacksurteils nicht substituierbar sei durch die regelhafte Nachahmung vorgegebener Schemata. Doch gerade darauf baut die Idee von der Lehrbarkeit der Künste auf (und damit Vorstellungen von der Geschmackserziehung, zum Beispiel durch Einführung und Verbesserung des Zeichenunterrichts in den verschiedensten Schulstufen und -typen), die die Diskursivität des Modells bürgerlicher Öffentlichkeit durch hierarchische Unterweisung nach Regeln und Mustern ersetzen will.

Diesem Dilemma wollte man durch verstärkte Orientierung an der Praxis entkommen: Die Gründung der Kunstgewerbeschule sollte es ja ermöglichen, nicht nur die Anschauung zu schulen (im Museum), sondern auch die ›Hand‹ und die ›Erfindungskraft‹. Doch die Praxis, die hiebei gemeint ist, ist nicht mehr der Regulationsprozeß bürgerlicher Öffentlichkeit, sondern letztlich – wenn man das auch nicht immer so wahrhaben wollte – der Imperativ ökonomischer Sachzwänge, der vielzitierten ›Konkurrenzfähigkeit‹ und ›Marktgerechtigkeit‹. Die aus diesen Zwängen resultierenden Grenzen konnte man entweder negieren – wie im Rückzug auf die vorindustriellen Tugenden handwerklicher Arbeit in der ›Wiener Werkstätte‹ – oder zumindest theoretisch vermitteln, indem man materielle und geistige Wertschöpfung zu versöhnen suchte.

Man hat erkannt, daß die ›mechanische‹ Überlieferung der durch Musealisierung als Vorbild verbindlich gemachten und ästhetisierten Artefakte ebenso ›geschmacklos‹ sein konnte wie die Zurichtungsarbeit durch Maschinen – und zwar weil in beiden Fällen das Moment der Freiheit oder, wie es Eitelberger nennt, der Selbständigkeit fehlt, also der Aneignungsfähigkeit lebendiger menschlicher Arbeit, doch waren die angestrengten Lösungsstrategien (Kodifizierung des Überlieferten, Kopie, Nachahmung und so weiter) selbst so sehr dem zwiespältigen Entwicklungsprozeß der Industriegesellschaft verpflichtet, daß die Probleme ungelöst bleiben mußten und zu immer neuen Reformversuchen des kunstgewerblichen Bildungswesens führten.

Es wäre ein allzu einseitiger und vorschneller Vorwurf, die Beschäftigung mit dem Kunsthandwerk allein den ›materiellen Interessen‹ des 19. Jahrhunderts zuzurechnen, wiewohl es zu den Standardformeln schon des Kulturpessimismus des bürgerlichen Zeitalters gehörte, den ›Materialismus‹ zu beklagen. Die Instrumentalisierung der Künste für ökonomische Zwecke ist nur *eine* Seite des eben erläuterten Problems. Die Hoffnung auf Versöhnung von materiellem und kulturellem Fortschritt, die in die Diskussion um das Kunstgewerbe und die Geschichte seiner Institutionen eingeht, enthält auch die Idee der Überschreitung der vorgefundenen gesellschaftlichen Bedingungen – etwa in dem Beharren auf einer gebrauchsgerechten, schönen und in unentfremdeter Arbeit entstandenen Kunst. Andrerseits kann tatsächlich die Verfügung über den ›besseren‹ Geschmack umstandslos zum Unterpfand der Konkurrenzfähigkeit etwa des Handwerks gegenüber industrieller, das heißt hier maschineller Produktion werden, oder der eigenen, ›nationalen‹ Produktion gegenüber der anderer Länder.

Und noch ein Motiv – doch das nur nebenbei – ist in diesem Zusammenhang schon früh greifbar, nämlich das der Ästhetisierung der Politik, das in dem secessionistischen Anspruch auf eine lebensreformerische Rolle der Kunst um die Jahrhundertwende wiederkehren wird. So liest man schon 1877 bei Eitelberger, anläßlich des Neubaus von Kunstgewerbemuseum und -schule: »In Österreich ist die Situation schwieriger bei dem politischen Widerstreit der einzelnen Nationen, aber wir geben die Hoffnung nicht auf, daß auf dem ganz neutralen Boden der Kunst und Kunstgewerbe doch eine Einigung der Geister erzielt werden könne.«[16] Der Unterrichtsminister Hartel wird zweieinhalb Jahrzehnte danach ganz ähnliche Formulierungen finden, um die staatliche Unterstützung der Moderne, im Interesse einer kulturellen ›Versöhnung‹ sozialer, ökonomischer und politischer Gegensätze, zu legitimieren.

Selten hat das Bewußtsein von Kontinuität und Bruch, von dem die Debatte um das Kunsthandwerk im Historismus des 19. Jahrhunderts fundamental bestimmt war, eine derart treffende aphoristische Formulierung erfahren wie bei Julius Lessing. »Man fühlt genau«, schreibt er, »daß die vollständige Negation der Revolutionszeit mit manchem verderblichen Auswuchse auch alle frischen Lebenskräfte abgeschnitten hat, man fühlt ferner, daß die Maschinenarbeit uns um das eigentlich künstlerische und geistige Element im Handwerk gebracht hat.«[17] Der Begriff der Revolution ist hier metaphorisch und historisch-deskriptiv zugleich zu lesen, und die Gegenwart erscheint ausdrücklich in einer defensiven und kompensativen Situation befangen, als »Restauration«, die »das Verlorne wieder einbringen muß«.

Die Erfahrung des epochalen Bruchs verleitete auch Carl Richter (den vielleicht interessantesten österreichischen Theoretiker des Kunstgewerbes im 19. Jahrhundert) dazu, die Metapher der Revolution zu wählen: der Französischen Revolution gleich bedeute die Maschine die Erfüllung aller Bedürfnisse, ihrer Gleichheit und die der möglichen Gleichheit aller Arbeit.[18] Der Begriff der Maschine substituiert hier den der Industrie überhaupt – und ihre ›Egalisierung‹ der Bedürfnisse, die sie zugleich weckt und befriedigt. Ihr, der Maschine, wird auch die Doppeldeutigkeit des Fortschritts angelastet: denn einmal erscheint sie als die »Wahrheit in der Arbeit«, da sie wissenschaftliche und ›mechanische‹ Rationalität in die Naturbeherrschung bringe, ein andermal – in der Massenproduktion – als »Gewaltäußerung«,[19] weil in maschineller, mechanischer Arbeit, zum Unterschied zur Handarbeit, nicht das Wirken der Naturkräfte in »einer Person mit dem menschlichen Verstande« vereint wäre. Daher ist die neue Produktionsweise insgesamt ›geschmacklos‹: »Das Kennzeichen der rohen Massenproduktion findet sich äußerlich in dem rohen Producte selbst. Die Geschmacklosigkeit ist sein Charakter . . .« und dies als ›Anfang der modernen Industrie‹.[20]

Kern des Problems ist eine durch Arbeitsteiligkeit forcierte und durch Mechanisierung verschärfte Entfremdung des Menschen von seinen Produkten. Denn »an die Stelle der *wandelbaren* menschlichen Kraft« (Hervorhebung G. F.), »*verschieden* in den *verschiedenen* Zeiten, erscheint die Mechanik in ihrem Material, und wo sie sich zeigt, zeigt sie sich gleich und unveränderlich«[21].

Richter trifft hier die Uniformität der industriellen Produktion, ihre tendenzielle Vernichtung des ›Besonderen‹ und geschichtlich Gebundenen, auf die der Historismus mit der Bewahrung des geschichtlich und ästhetisch Vielfältigen kompensativ reagieren möchte, und er kritisiert auch die destruktiv auf das Individuum einwirkende Kraft des industriellen Fortschritts, die Verdrängung menschlicher Zwecksetzung der Produktion durch die ›Mechanik‹ des Maschinellen; andrerseits heißt das auch, daß sich in der industriellen Produktion keine vergesellschaftete historische Erfahrung mehr niederschlägt – eine Erfahrung, die man im 19. Jahrhundert mit der Restauration kollektiver Produktionsformen glaubte wiederherstellen zu können, von der Wiedererweckung der Bauhüttentradition bis hin zur Rekonstruktion von Werkstattzusammenhängen (zum Beispiel bei der Wiener Werkstätte), in denen traditionale Lehre, autonome künstlerische Arbeit und Verpflichtung an verbindliche ästhetische Normen eng miteinander verzahnt sein sollten.

Vor dem Hintergrund dieser Erfahrung erscheint der Gegensatz von handwerklich-gewerblicher und industriell-maschineller Arbeit als der von lebendiger und toter Arbeit, daher die maschinelle der handwerklichen Arbeit notwendig unterlegen. So heißt es etwa in einer Schrift von 1836, die das Standardthema des 19. Jahrhunderts vom Einfluß der Kunst auf das öffentliche Leben erörtert, unter anderem: »Sind die Schöpfungen der Handwerke erst wieder mit Kunstsinn geadelt, dann werden die Maschinenerzeugnisse vergebens mit ihnen die Schranken betreten, indem der verständige Käufer nicht lange zweifelhaft in der Wahl zwischen dem todten Erzeugnisse einer Maschine und dem einer kunstfertigen Hand bleiben wird.«[22]

Auch das Verhältnis von Zweckform und Schmuckform – eines der in der kunstgewerblichen Theorie des 19. Jahrhunderts meistdiskutierten Probleme – gewinnt unter diesen Bedingungen an Fragwürdigkeit: Während die industrie-kapitalistische Produktionsweise der historistischen Zurichtung ihrer Erzeugnisse im Grunde gar nicht bedarf und Geschichtliches in sie als Form gar nicht mehr notwendig eingehen muß und schließlich auch vom Gebrauch der Sachen her nicht zwingend zu begründen ist, bewahrt die Schmuckform das Historische – aber um den Preis, daß es sich allein noch als Ästhetisches, als Ornamentales zu behaupten weiß. Die Gegenwärtigkeit des Historischen im kunstgewerblichen Gebrauchsgegenstand tritt als Schmuckform in ein mehr oder minder stark empfundenes Spannungsverhältnis zu seiner Utilität. Illustrativ ist in dieser Hinsicht etwa die Kritik der Vertreter des Renaissancestils, zum Beispiel Julius von Falkes, an den Neo-Gotikern, etwa am Dombaumeister Ernst, die sich in erster Linie auf die drastische Unvereinbarkeit von Schmuck- und Zweckform bezieht, bis hin zur buchstäblichen Unbrauchbarkeit von zum Beispiel mit filigranem gotischem Maßwerk verzierten Gegenständen des alltäglichen Gebrauchs.

Die Folgekosten industrieller Produktion wurden auf unterschiedlichsten Ebenen reflektiert. Etwa unter sozialethischen Gesichtspunkten, daß das »geistige Kapital« des Handwerks brachliege und der Handwerker zum Arbeiter »heruntergedrückt würde«[23], oder als historisches Interesse, das den allmählichen Prozeß der Ausschaltung der ›persönlichen Gestaltung des Produktionsprozesses‹ ab der manufakturellen Produktion schrittweise nachzeichne,[24] oder als psychologische Frage, wenn man zu bemerken glaubte, daß aus handwerklicher Arbeit »Liebe und Sorgfalt, die ganze Hingabe der Hände und Herzen aus den Fügungen und Anordnungen der Theile wie aus dem schmückenden Bildwerk entgegen leuchte«[25] und dadurch »diese Arbeiten ein lebendiges, individuelles Gepräge« erhielten. Aus seinen Beobachtungen an den Unterschieden von toter (maschineller) und lebendiger Arbeit folgert derselbe Autor, daß »geschriebene Gesetze«, die »Trichtermethode«, überhaupt das schulmäßige Üben, wieder nur zu »mechanischem geistlosen Schaffen führten«[26], daß also die schulisch-museale Beschaffung von Tradition keineswegs das ersetzen könne, was er die »feste Tradition« des Werkstatt- und Zunftzusammenhangs nennt.

Letztendlich lassen sich aber alle diese Einwände, pessimistischen Beobachtungen und kritischen Stimmen nicht zu einer generellen Absage an die Industrialisierung verdichten. Man hält an den idealistischen Vorstellungen der Bestimmbarkeit und Planbarkeit menschlicher Naturbeherrschung, an der Idee intentionaler Sinnbestimmung – auch des industriellen Fortschritts – fest.

Um das zu illustrieren, wenden wir uns wieder dem eingangs zitierten Carl Richter zu. Er sieht in der *persönlichen* Arbeit eine Möglichkeit, die Gefahr maschineller Arbeit zu bannen und sie zum *Behelf* von menschlichem Verstand und Anschauung zu machen; Richter vertraut auf die Instrumentalisierbarkeit der Maschine, solange der Mensch den Inhalt der Produktion bestimmen kann. Insofern kann der idealistische Begriff von Kunst bei ihm ins Zentrum der Argumentation gestellt werden: »Die Kunst, die *rein menschliche*« (Hervorhebung G. F.) »Kraft, welche die Maschine ohnmächtig ist ohne den Menschen zu zeugen, erscheint *in* der Industrie . . . *Der Mensch in der Maschine*« (Hervorhebung G. F.) »setzt . . . der Masse des Productes die Richtung seiner Form fest . . .«[27]

Die eigentliche Pointe in Richters Argumentation besteht aber darin, daß die ›Kunst in der Industrie‹ nicht bloß der Geschmacklosigkeit entgegenwirkt, sondern zum eigentlichen Wertfaktor wird, als Moment, das die »Güte des Products erzeugt, und vereint im weiteren Verlauf mit der Güte – die *Schönheit*«. Das erlaubt, die Rolle der Kunst in der Industrie nicht bloß als Prozeß der Ästhetisierung zu verstehen, sondern als substantiellen Bestandteil der Produktion selbst, deren Wirkung zugleich ästhetisch – als ›geschmackliche Veredelung‹ – und ökonomisch – als Wertsteigerung – im Produkt manifest wird. Daher erscheint auch nur die geistige, das heißt auch: die künstlerische Arbeit als die wertschöpfende. Die Kunst »erscheint heute in der Industrie wesentlich als Concurrenzfrage« . . . Sie ist »Product der freien Bildung, wie sie das Individuum erfaßt und selbständig in seiner Arbeit gestaltet . . . Sie erscheint so auf dem Markte . . . als Wertbestimmung und hervorragender Factor im Preis der Erzeugnisse«.[28] Im Preis des Produkts wird nicht nur der Wert des Rohstoffs, die Lohnarbeit und anderes mehr abgegolten, sondern das investierte ›geistige Kapital‹, das heißt auch erworbene Bildung, künstlerische Fertigkeit und so weiter. Mehrwert entspringt diesem ›geistigen Kapital‹. In den Institutionen, wie den Museen, Kunstgewerbeschulen, Vereinen und anderen, ›vollziehe sich die Anlage und Verwendung eines besonderen geistigen und materiellen Kapitals des Einzelnen auf seine persönliche Bildung‹. In eigentümlicher Weise zieht Richter die private Verfügung über materielles und geistiges Kapital zusammen und läßt beides als individuelle Freiheit des Wirtschaftssubjekts verstehen. Richters Theorie der ›geistigen Capitalbildung‹ versucht, die Akkumulation von Bildungs- und materiellem Kapital als *einen* ineinander verschränkten Prozeß zu interpretieren, der auch die Freiheit des Wirtschaftssubjekts (dessen freie Verfügung über Kapital) und die des ›kulturellen‹ Subjekts (die freie Bestimmung der Inhalte, Qualitäten, Form der Produktion) bestimmen kann.

Daß auch die Rezeption dieser ›Kulturwaren‹ unter dem Aspekt liberaler Freiheit gedacht wurde, läßt sich bei Semper nachlesen, wo er »das unveräußerliche Recht der Entscheidung, welches dem einzelnen und kollektiven Menschen auch in Geschmackssachen über dasjenige zukommt«, postuliert, »was er sich bestellt oder kauft«[29].

Diese Apologie der Subjektivität des Geschmacks muß sich, nebenbei gesagt, auch – ganz zum Unterschied etwa von Eitelbergers Auffassung – gegen jegliche Normierung, zum Beispiel durch Lehranstalten, wenden; Semper: » . . . nichts von dualistischem Trennen der hohen und der industriellen Kunst, fort mit ästhetischer Polizei und geheimer Oberbaubehörde!«[30] Die Idee der Versöhnung von individueller kultureller und ökonomischer Freiheit *innerhalb* der Produktion erlaubt es Richter, ein Konzept zu entwerfen, in dem gesamtgesellschaftlich die Versöhnung materiellen und kulturellen Fortschritts gedacht ist.

Daß Richter seine Vorstellungen zu einem ›gesellschaftstherapeutischen‹ Konzept erweitert hat, läßt sich bei ihm selbst nachlesen: »Durch ihre Aufgabe soll die Kunst in der Industrie, jemehr diese durch ihre Kraft, der Masse und Billigkeit, bestimmt ist, der großen Menge zu gehorchen und dadurch der Gefahr verfällt, in der bloßen Massenproduction zu entarten und auf den Menschen selbst verwildernd und entsittlichend zu wirken, durch ihre Aufgabe soll die Kunst in der Industrie diese Gefahr überwinden.«[31] Im sittlichen Anspruch einer alle Bedürfnisse egalitär befriedigenden Industriekultur – man erinnere sich an die Metapher von der Maschine als ›französischer Revolution‹ – wird ihre eudämonistische Utopie der Vermittlung von individueller und gesellschaftlicher Freiheit, von materiellem und kulturellem Fortschritt sichtbar, als »Triumph der modernen Arbeit«, die die »Gesammtheit der Menschheit erfaßt und beglückt« und »alle Lebensbedürfnisse unserer Zeit durchdringt«[32].

Dieses Glücksversprechen konnte auch als Sprengung der physischen Grenzen menschlicher Existenz interpretiert werden. Mit dem Anspruch industriellen Fortschritts, ›alle Lebensbedürfnisse‹ abzugelten, war die herkömmliche Bestimmung von ›industria‹ – Erhaltung des Lebens im Rahmen der Hauswirtschaft – endgültig überschritten. Die Transzendierung dieser ›Lebensnotwendigkeiten‹ konnte als »befreiter Tätigkeitstrieb« und insofern als »künstlerischer Tätigkeitstrieb« begriffen werden,[33] weil der Zweck des Lebens nicht mehr in dessen Erhaltung aufgehen mußte.

Die Ideologie einer ›Industrie als Kunst‹, auf die derartige Überlegungen hinauslaufen, wird in dem historischen Moment entworfen, in dem im Weltmaßstab massenweise Menschen *ihr* Leben zum Lebensmittel – in entfremdeter Lohnarbeit – machen müssen. Das ideologische Bewußtsein, das sich dieser Tatsache verschließt, kann den Klassenantagonismus des ›Krieg den Palästen, Friede den Hütten‹ in eine egalitäre Versöhnungsgeste ummünzen und den ›zivilisatorischen Optimismus‹ (Haltern) auch auf die Hoffnung auf Klassenversöhnung ausdehnen: »Verbindung von Kunst und Industrie ist das Losungswort unserer Zeit. Die bildenden Künste gewinnen eine immer steigende Bedeutung in unserm modernen Kulturleben und werden allmählich wieder zu einem fast ebenso wichtigen Faktor desselben wie dies in den glänzendsten Epochen der Antike und der Renaissance der Fall war. Wie in diesen Perioden herrscht auch jetzt das Bestreben, allem und jedem von dem gewöhnlichsten Geräte des Gebrauchs in der Hütte der Armen bis zum Schmuck der Paläste Stil und schöne Form zu geben.«[34]

»Billigkeit« und »Verbreitung« über den Markt können als Indizien der »demokratischen Tendenz« der Industrialisierung gelten, weil Kunst nun nicht mehr »Privilegium« sondern »Gemeingut« geworden sei.[35]

Diese Argumentation zielt freilich viel weniger ›nach unten‹, auf den Status des vierten Standes, als ›nach oben‹, also auf die Eroberung kultureller Privilegien etwa des Adels. So werden die Leistungsschauen der Weltausstellungen als »Sieg und Kultus dieser nicht *herrschenden*, sondern *regirenden* Macht der Geschichte« ausgegeben,[36] durch die sich der »Mittelstand der zivilisierten Welt« legitimiert. Es sind erarbeitete Reichtümer – nicht die Vorrechte des Blutes –, durch die sich die neue Klasse legitimiert und aus der sie die neue Form der Machtausübung, ›Regierung‹, nicht ›Herrschaft‹, abzuleiten weiß. Der Kristallpalast in London ist »nicht mit Raub« erfüllt, »sondern mit den herrlichen Schätzen des Gewerbefleißes und der Künste, den Trophäen der Zivilisation«[37]. Macht legitimiert sich mit dem Verdienst in Kunst, Wissenschaft, Gewerbe und Industrie.

Nach *unten* pflegte man einen anderen Ton. »Denn nur so kann ein wirklich nationales Kunstleben von all den Irrtümern freigehalten werden, die es von dem Wege abzulenken drohen, was dann rückwirkend für das Volkswohl, für Gesittung und nicht in letzter Linie gegen das Ausbreiten der Sozialdemokratie und des Anarchismus von segensreichen Folgen werden kann . . . Erst wenn dieses wieder seinen Wirkungskreis zurückgefunden hat, wenn die Familie das wahre Heim des Einzelnen und dadurch zur Säule der Ordnung geworden ist, dann wird das rote Gespenst der Sozialdemokratie und des Anarchismus in sich selbst verfallen. Weder durch pietistische Frömmelei noch durch krassen Unglauben und brutalen Materialismus ist dieses aus der Welt zu schaffen, sondern durch die im Schoße der Familie gehegte Liebe zu den Künsten, besonders aber zu der Zeichenkunst, die den gleichmäßigsten und verständlichsten Wirkungskreis den ihren nennen darf.«[38] So ein Rezensent der Münchner Kunstgewerbeausstellung von 1889. Oder man erklärt den vierten Stand schlankweg für ersetzbar: »Wenn die Maschine die soziale Frage geschaffen hat, wenn die Hauptursache für die Not der arbeitenden Klassen und kleinen Gewerbsleute in der wirtschaftlichen Unselbständigkeit derselben besteht, wenn dieselben in der Fabrik ihr persönliches ich einbüßen und rein zum Arbeitswerkzeug des großen Kapitals werden – so muß notwendig jeder Gewerbebetrieb die soziale Frage lösen helfen, welcher den Arbeiter wieder individualisiert, seine selbständige Produktivität ermöglicht und erhöht und die Maschine bei ihrer schwachen Seite angreift. Beides leistet die Kunstindustrie in hohem Grade. Man mache die Maschine zum 4. Stand und treibe die bisherigen Mitglieder desselben wenigstens größtenteils zurück zum 3. Stand.«[39]

Die Theorie der ›geistigen Capitalbildung‹ (Richter) bestimmt, wie wir gesehen haben, auch das Verständnis der kunstvermittelnden Institutionen, wo sich »Anlage und Verwendung eines besonderen geistigen und materiellen Kapitals« vollziehen soll (Richter, wie Anm. 28). Das Museum kann als Ort der versammelten thesaurierten Kulturgüter selbst als potentielles Kapital aufgefaßt und dessen ›Verwertung‹ gegen die ›müßige‹ Zerstreuung gewendet werden: »In diesem Sinne bedürfen unsere öffentlichen Sammlungen«, schreibt Hermann Grimm 1871 über die Kunstmuseen, »einer Umwandlung. Zum größten Theile sind sie wie ein *todtes Capital«* (Hervorhebung G. F.), »das indem es zur Befriedigung zielloser, traditioneller Neugierde dient, die Vernachlässigung sogar verdient, der es anheimgefallen ist. Die rechte Behandlung aber würde Zinsen daraus zu ziehen verstehen, und das zu großem Theile müßige Anstarren des Publikums, das ich seit langen Jahren im Berliner Museum beobachte, in ein Sehen verwandeln, dessen Resultate sich bald nach Zahlen abschätzen ließe.«[40]

Gerade am Vergleich mit dem Berliner Museum, das

Grimm anführt, läßt sich die Tragweite seiner Äußerung ermessen; als eine der frühesten bürgerlicher Aufklärung verpflichteten Museumsgründungen sollte es – über die Anschauung der Kunst als versinnlichter Freiheit – zur Humanisierung der Staatsbürger, und damit des Staates beitragen. Der ›indirekte Staatsnutzen‹ des Museums (Lübbe), sein Bildungsauftrag, bezog sich auf ›geistige‹ Bildung. Für Grimm ist das bereits ›müßiges Anstarren‹, und der ›Wert‹ der Kunsterfahrung läßt sich, wenn überhaupt, nur noch als Tauschwert, »nach Zahlen«, abschätzen.

Zwischen den konträren Positionen – Humboldts humanistischem Bildungsbegriff und dem ›Materialismus‹ Grimms – ist jener aufklärerische Historismus anzusiedeln, dem auch das Kunstgewerbemuseum in Wien und die ihm angeschlossene Kunstgewerbeschule ihre Legitimität verdanken. Als Institutionen sollten sie der Erforschung, Darstellung und Umsetzung der historischen Prinzipien der Naturbeherrschung und Weltaneignung dienen, die allein »vom denkenden Geist gestaltet werden« konnten.[41] Der idealistischen Auffassung von Kunst- und Kulturgeschichte gemäß wird ›Geist‹ als autonomes Moment menschlicher Naturbeherrschung aufgefaßt, aus dem sich Gesetzlichkeiten, wie die von Kunststilen, ableiten lassen. »Geist wird als das erkennende Prinzip der jeweiligen historischen Entwicklungsform betrachtet«[42] und die wissenschaftliche Erkenntnis dieser Prinzipien sollte institutionell geleistet werden, um die Gestaltung zeitgemäßer Kunst, des Kunstgewerbes, anzuleiten. »Diese Lehre vom künstlerischen Typus, der sich in gesetzlicher Weise im Laufe der Geschichte ausbilde, ist ein Höhepunkt wissenschaftlicher Systematik, Lehrbarkeit und vor allem rationaler Verbindlichkeit künstlerischer Gestaltung. Die freie Erfindung wird als Willkür abgewertet, alles was aus freien Antrieben des Dessinateurs oder gar des Handwerkers kommen könnte, wird der Ideologie von der wissenschaftlichen Systematik der Form untergeordnet. Die Einrichtung der Kunstschulen, Gewerbeanstalten und Gewerbevereine mit ihren Lehr- und Bildungsanstalten bezeugen diesen Willen, eine wissenschaftliche Kunstsystematik zur Doktrin zu machen, und nichts daneben gelten zu lassen. Hier wird ›geistiges Kapital‹ angesammelt, das sich verwerten soll.«[43] Abermals wäre es verfehlt, diese Form des Historismus – als institutioneller Verwertung historischer Erfahrung – allein dem Materialismus des 19. Jahrhunderts pejorativ zuzurechnen. Andreas Haus hat mit Nachdruck darauf hingewiesen, »welche emanzipatorischen Bestandteile diese bürgerliche Anschauung vom Recht auf Freiheit durch Einsicht in die Gesetze der Evolution enthält . . . Er« (dieser Historismus; G. F.) »war vielmehr eine klassenspezifische Fortschrittsideologie«, in der an der Idee einer freien, selbstbestimmten menschlichen Naturbeherrschung festgehalten wurde.[44]

VI
DIE GRÜNDUNGSJAHRE DER KUNSTGEWERBESCHULE

Ungefähr ein Jahr nach der allerhöchsten Entschließung[1] zur Kunstgewerbeschule vom 14. Mai 1867 erfolgte (am 29. Juni 1868) die Ernennung von Josef Storck, Ferdinand Laufberger, Friedrich Sturm, Otto König, Michael Rieser zu Professoren der Kunstgewerbeschule – und zwar auf Grund von Vorschlägen, die der Aufsichtsrat gemacht hatte.[2] Da man sich gegen ein dauerndes Direktorat entschieden hatte, wurde Storck, der Leiter der Fachschule für Architektur, für zunächst zwei Jahre zum Leiter des Instituts bestellt.
Am 15. Oktober 1868 wurde die Schule eröffnet,[3] und zwar im ehemaligen Gewehrfabriksgebäude in der Währingerstraße 1.[4] Die in diesem Gebäude untergebrachte Gewerbezeichenschule wurde in das Gußhaus ›auf der Wieden‹ transferiert und die neue Kunstgewerbeschule, provisorisch, für die Dauer von zwei bis drei Jahren, in der Gewehrfabrik installiert, wobei zu diesem Zeitpunkt bereits an einen Neubau des Kunstgewerbemuseums und an die Unterbringung der Schule in diesem Neubau gedacht war.[5]
Unmittelbar nach der kaiserlichen Entschließung wurde der Aufsichtsrat durch den Protektor Erzherzog Rainer bestellt: »Se. Kaiserliche Hoheit der durchlauchtigste Herr Herzog Rainer haben in Höchst ihrer Eigenschaft als Protector des k. k. österreichischen Museums in Gemässheit des § 21 des Statutes der Kunstgewerbeschule die Herren Curatoren des Museums, Professor Heinrich Ferstel, Professor Eduard Engerth und Professor Ernst Brücke in den Aufsichtsrath der Kunstgewerbeschule des k. k. österreichischen Museums für Kunst und Industrie mit statutenmäßiger dreijähriger Funktionsdauer berufen.«[6]
Zu Eitelberger, dem Vorsitzenden des Aufsichtsrats, kamen also Vertreter der Universität (Brücke), des Polytechnikums (Ferstel) und der Akademie (Engerth) und schließlich der Landtagsabgeordnete Josef Reckenschuss als Vertreter der Niederösterreichischen Handels- und Gewerbekammer.[7]
Die Personalunion von Kuratoren des Museums und Aufsichtsräten der Kunstgewerbeschule sicherte die enge Verklammerung beider Institutionen: Die Schule wird als Einrichtung des Museums bezeichnet und geführt.
Erzherzog Rainer (1827 – 1913), ein Enkel Kaiser Leopolds II., verkörperte nicht nur das Protektorat des Kaiserhauses über die Schule (und das Museum), sondern protegierte höchstpersönlich liberale Strömungen in Politik und Kultur. Eduard Leisching, nachmaliger Direktor des Museums, hat diese liberale Haltung besonders hervorgehoben: »Daß der für Wissenschaft, Kunst und alle Fortschritte humaner Tätigkeit ehrlich begeisterte Prinz auf seiten des bürgerlichen Liberalismus stand, wie er sich Ende der fünfziger Jahre in Österreich immer lebhafter zu regen begann, war allgemein bekannt.«[8] Leisching erwähnt, daß Rainer im Herrenhaus mit der ›Mittel- und Verfassungspartei‹ gestimmt habe. Rainer war von 1861 bis 1865, also zur Zeit der Gründung des Museums (und seiner England-Reise, die, zusammen mit Eitelbergers Tätigkeit und Berichten, den wesentlichen Anstoß zur Gründung des Museums gegeben hatte), Ministerpräsident des ›Verfassungsregimes‹. Und er war auch, bis zu seinem Tode, Kurator der Akademie. Er soll die Unterbringung des Kunstgewerbemuseums im Ballhaus, einem Hofgebäude immerhin, durchgesetzt und den Kaiser dazu angeregt haben, Hofämter und -institute zur Überlassung von Leihgaben zu bewegen und Kirche und Adel einzuladen, gleichfalls Leihgaben zur Verfügung zu stellen.[9]
Die ›Verfassung‹ des Museums (und indirekt damit der Schule) war ebenfalls von liberalen Vorstellungen geprägt. Leisching schreibt darüber zu einer Zeit, da er miterleben mußte, wie massiv man nach der Ablöse Myrbachs durch Beyer versuchte, den bürokratisch-staatlichen Einfluß auf die Schule und das Museum zu verstärken: »Das Kuratorium hatte sonach die Funktion einer Beratungs- und Propagandastelle, in die Geschäftsführung des Direktors aber nichts dreinzureden; dem Unterrichtsminister stand selbstverständlich die staatliche Oberaufsicht mit allen ihren Rechten und Pflichten, also Ernennung der Beamten, Kontrolle der gesamten Gebarung, Repräsentation nach außen und

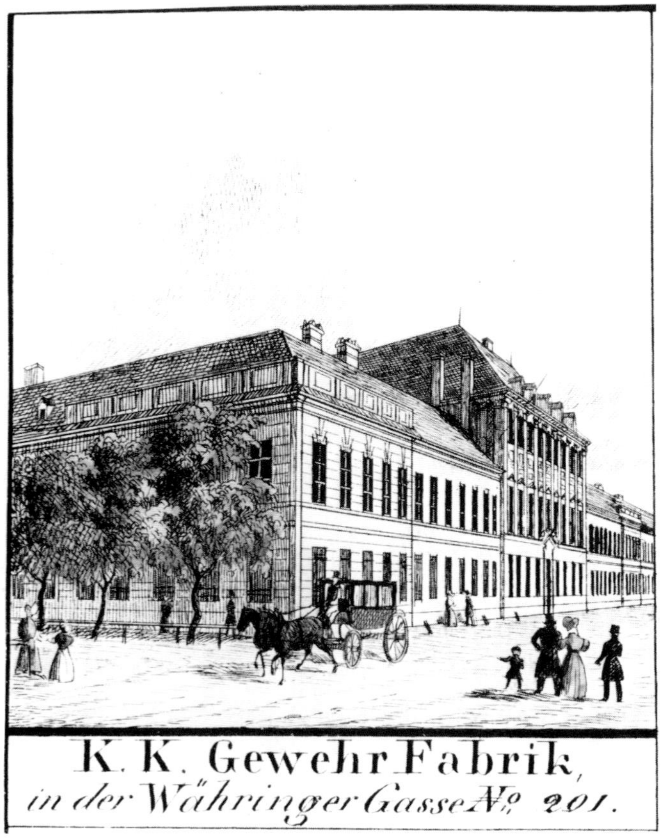

Die k. k. Gewehrfabrik in der Währinger Gasse Nr. 201. Der erste Unterbringungsort der Kunstgewerbeschule

Vertretung des Instituts vor den parlamentarischen Körperschaften zu. Aber der Sinn der Stellung des unmittelbar und unbefristet vom Kaiser bestellten Protektors und des von diesem aus eigener Initiative und im Einvernehmen mit dem Direktor ernannten Kuratorium war, Bevormundung des Direktors durch die Bürokratie tunlichst einzuschränken. Diese ›Verfassung‹ des Museums, in den Jugendjahren des Liberalismus entstanden, welcher die Übermacht des Bürokratismus einzudämmen suchte, war denn auch allmählich von diesem als Einschränkung seiner historischen Rechte unangenehm empfunden worden, und es fehlte nicht an Versuchen der Herbeiführung einer Änderung dieses Zustandes. Solange Eitelberger am Stubenring regierte, der im besten Sinne des Wortes Autokrat war und genau wußte, was er wollte und sollte, konnte man nicht daran rühren. Es hat nie wieder einen Museumsdirektor gegeben, der solche Macht ausgeübt hätte wie dieser ungewöhnliche Mann. Seine feste Stütze war Erzherzog Rainer, und auch der durchaus unabhängige kunstverständige Kuratoriumspräsident Graf Edmund Zichy stand ganz auf Seiten des Direktors.«[10]

Im November 1868 konnte der Vorlesungsbetrieb aufgenommen werden.[11] Im Juni dieses Jahres war durch ministeriellen Erlaß[12] die Ernennung der Professoren erfolgt: Josef Storck für Baukunst, Otto König für Bildhauerei, Ferdinand Laufberger für figurales Zeichnen und Malen, Friedrich Sturm für ornamentales Zeichnen und Malen. Michael Rieser übernahm die Vorbereitungsschule. Für Spezialfächer wurden Dr. Alexander Bauer, Professor der Chemie an der Handelsschule, der Architekt Alois Hauser für architektonische Stillehre und Terminologie, der Architekt Valentin Teirich für technisches Zeichnen, Projektions- und Schattenlehre sowie für Perspektive bestimmt.
Am 7. Juli 1868 erfolgte die Ernennung von Josef Storck zum Direktor der Schule für die Schuljahre 1868/69 und 1869/70.[13] Josef Storck (1830–1902) – der später abwechselnd mit anderen Lehrkräften immer wieder das Direktorat innehaben sollte – war ausgebildeter Textilindustrie-Zeichner und als solcher einer der wenigen Künstler, der Erfahrungen aus einem Industriezweig mitbrachte, der noch dazu künstlerisch geschulte Kräfte schon seit den dreißiger Jahren des 19. Jahrhunderts benötigte und beschäftigte.[14]
Storck war an der Akademie, in die er 1847 eintrat, ausgebildet worden,[15] und hatte sich auf Ornamentik und Blumenmalerei spezialisiert. Storck, dessen alternierende Amtsführung von der Gründung der Kunstgewerbeschule bis zu ihrer Reform um 1900, also bis zum Direktorat Myrbachs reichte, entfaltete seine Tätigkeit in jenen Instituten, auf deren Existenz die Idee der Kunstgewerbeschule ja zunächst aufbaute: er war Zeichenlehrer an der Zeichenschule des Gewerbevereins und übernahm dann eine Lehrstelle für Ornamentik am Polytechnikum. Protegiert wurde er von Eduard van der Nüll, dem man auch großen Einfluß auf die Statuten der Schule nachsagte und in dessen Atelier Storck gearbeitet hatte. An der Persönlichkeit Storcks wird die Verbindung der Kunstgewerbebewegung mit der Stadterweiterung besonders gut sichtbar; Eitelberger hat das in seiner ausführlichen Würdigung Storcks dargestellt:[16] Er lobt an ihm die umfassende Erfahrung im gesamten Kunstgewerbe und hebt seine Fähigkeit zur Umsetzung des historischen Vorbilds (einem wesentlichen Anliegen Eitelbergers) hervor. »So wie er mit den Sammlungen des Museums in Berührung kam, hat er in den Werken älterer Zeit und in Ornamentstichen mit

richtigem Blick für die verschiedensten Zweige der Kunstindustrie Dasjenige herausgefunden, was lebensfähig ist und sich den modernen Bedürfnissen anpassen lässt. Die Lehre von den Traditionen der Vergangenheit war ihm kein verschlossenes Buch gewesen, wie so vielen anderen Architekten, sondern es bot ihm eine Fülle von Anregungen, die er auf das Gebiet der Kunstgewerbe zu übertragen Gelegenheit hatte. Jedermann weiss«, wendet Eitelberger die Würdigung Storcks nun ins Grundsätzliche, »wie wenig ein einzelner Mensch im Stande ist, absolut Neues zu schaffen, und wie gefährlich es ist, Neuerungen, welche einzig und allein auf der Laune eines einzelnen Individuums beruhen, Folge zu geben.«

Eitelberger erläutert hier einen wesentlichen Punkt historistischer Rezeption, wie er schon im vorigen Kapitel zur Sprache kam: daß die Erforschung künstlerischer Gesetzmäßigkeiten die Willkür des einzelnen einzuschränken hat; das damals leitende Kunstprinzip war das der Renaissance – und Storck war ein Parteigänger der Neo-Renaissance: »Durchdrungen von dem Principe der modernen Renaissance, hat nun Storck im Laufe seiner Lehrthätigkeit die verschiedensten Zweige der Kunst-Technik belebt; bei der Innendecoration des Hof-Operntheaters ist ihm die Möglichkeit geboten worden, eine Reihe von Entwürfen zur Verzierung von Seiden- und Wollstoffen, theilweise mit Gold und Silber durchwirkt, für die Bekleidung von Wänden und Möbeln auszuführen. Er hatte dabei Gelegenheit, auf die Seiden- und Wollweberei durch Wiedereinführung von Farben, wie sie bei alten Stoffen gebräuchlich waren, die aber beinahe ganz außer Verwendung gekommen waren, Einfluss zu nehmen . . . Die Ausführung der meisten dieser Gegenstände wurde von der Weltfirma Philipp Haas & Söhne übernommen . . . Nicht wenige der grössten Siege, welche die Firma Haas auf den Weltausstellungen errungen hat, sind den Entwürfen zuzuschreiben, welche Storck gezeichnet hat . . .«[17]

Eitelbergers Zeilen geben eine gute Vorstellung von der gedachten Wirkungsweise des Museums und der Kunstgewerbeschule. Ganz allgemein galt die Stadterweiterung als Aufschwung der Architektur und dieser wiederum als Vorbedingung der Belebung des Kunsthandwerks. Für Storck wurde der Bau der Hofoper, unter dem ihn protegierenden Architekten van der Nüll, zur karrierefördernden Beschäftigung, in der aber nicht bloß dessen künstlerische, sondern auch dessen innovative kunsttechnische Leistung gewürdigt wurde; *beides*,

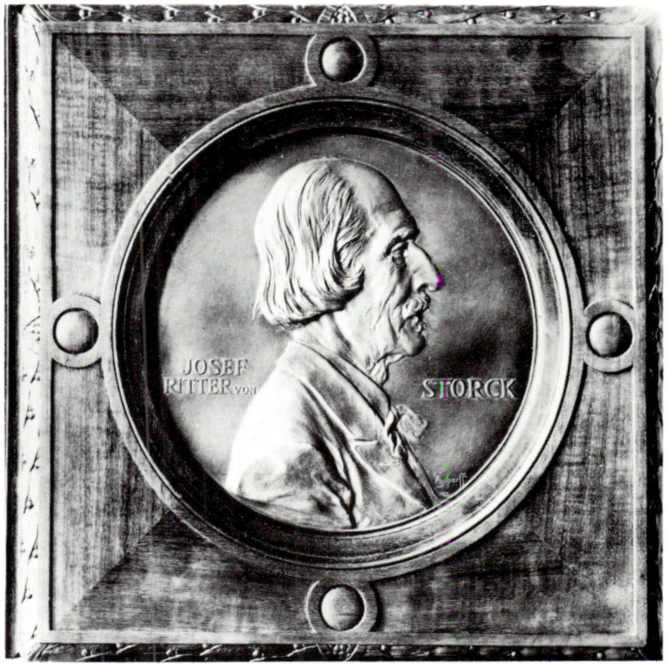

Josef Storck, der erste Direktor der Kunstgewerbeschule

Stil (Renaissance) *und* Technologie, orientierte sich am historischen Vorbild, und als Kriterium der Qualität galt in beiden Fällen die ›Erneuerung‹, aber nicht im Sinne der bloßen Nachahmung, sondern im Sinne einer selbständigen, kreativen ›Belebung‹. Zugleich wird die Bedeutung dieser Arbeiten für den monumentalen Staatsbau *und* für die ›Privatwirtschaft‹, das heißt für den industriellen und für den gewerblichen Fortschritt hervorgehoben, die sich schließlich auch als ökonomisch profitabel erweist: Die Weltfirma wird auch auf Weltausstellungen konkurrenzfähig. Dieses Ineinandergreifen von Forschung (Museum), Lehre, ästhetischer und technologischer Innovation, künstlerisch-individueller Kreativität und schließlich von öffentlich förderlichen Rahmenbedingungen (Monumentalbau innerhalb der Stadterweiterung) und ökonomischer Wettbewerbsfähigkeit dürfte ziemlich präzise dem Idealbild Eitelbergers und seiner Zeitgenossen entsprochen haben – und ihren Hoffnungen, die sie in die Leistungsfähigkeit von Museum und Schule setzten.

Storck war schon an der Innenausstattung der Altlerchenfelder Kirche – dem ersten nach einem Konkurs (noch vor 1848) errichteten Monumentalbau – und bei

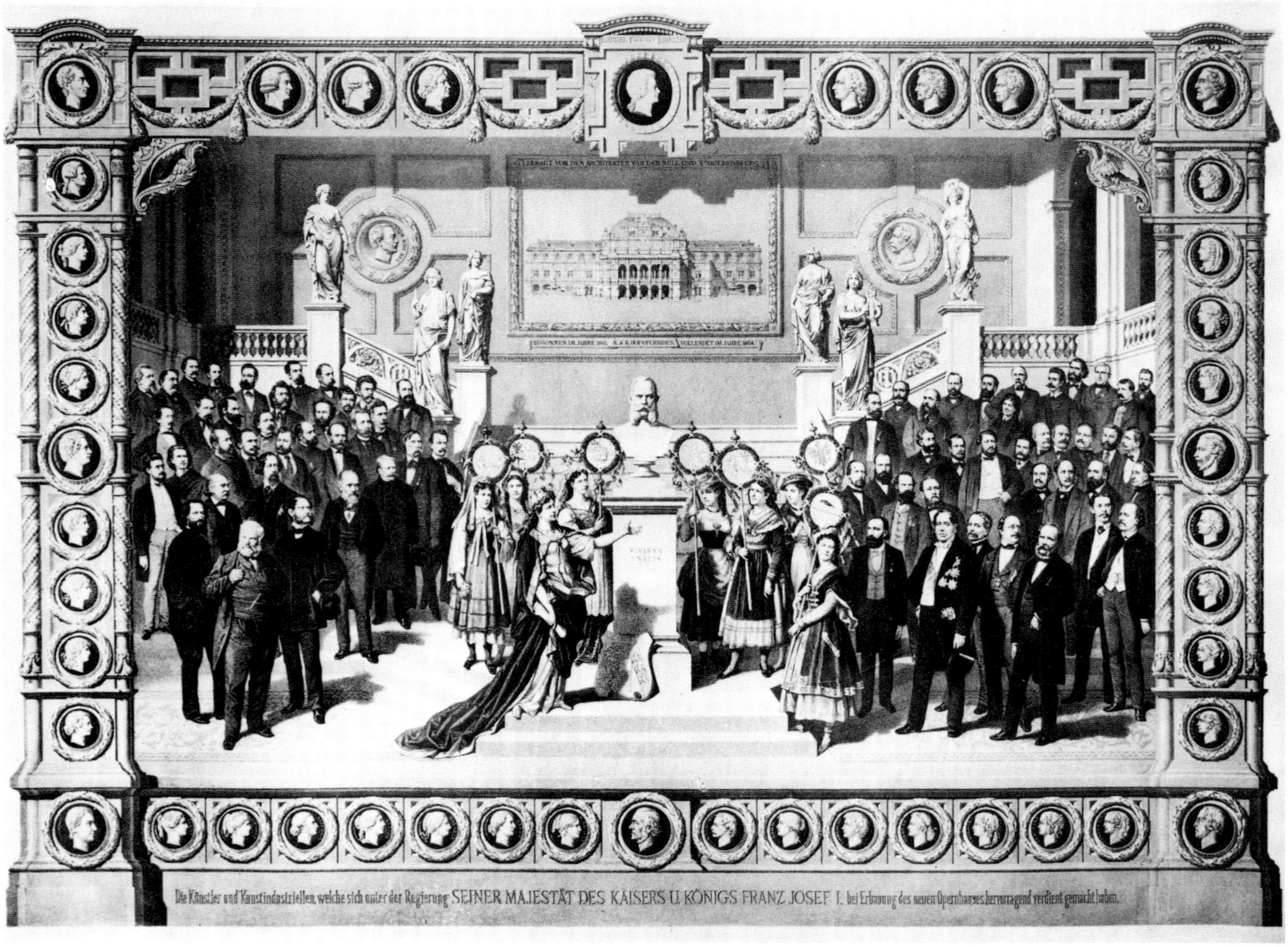

Allegorisch-historisches Tableau: »Die Künstler und Kunstindustriellen, welche sich bei Erbauung des neuen Opernhauses hervorragend verdient gemacht haben« (Vinzenz Katzler; 1870). Abgebildet sind u. a. folgende Lehrer der Kunstgewerbeschule: König, Sturm, Rieser und Laufberger sowie Storck (in der rechten Gruppe ganz rechts unten)

der des Arsenals (unmittelbar nach 1848) beschäftigt gewesen. Das prädestinierte ihn schließlich nicht nur für die Hinzuziehung zu den großen Bauaufgaben der liberalen Ära, sondern auch zum Lehramt und zu Funktionen in der Verwaltung: Er wurde Mitglied des ›artistischen‹ Aufsichtsrats des Handelsministeriums und Referent für das Lehrmittelwesen und die Lehrpläne der gewerblichen Fachschulen. Er redigierte die ›Kunstgewerblichen Blätter‹ und schuf mit den ›Einfachen Möbeln‹ einen lange benutzten ›Klassiker‹ unter den Vorlagenwerken. Hier wird Storck auf dem zweiten großen Betätigungsfeld des Kunsthandwerks tätig – dem des bürgerlichen, ›privaten‹ Interieurs. Sein Vorlagenwerk »hat den Impuls gegeben, die etwas verwilderte Möbel-Industrie auf den rechten Weg zu weisen«[18]. Allerdings blieb die Entwurfstätigkeit für ›Gebrauchsgegenstände‹ stark an auftragsgebundene, luxuriöse Einzelanfertigungen zum Beispiel für den Hof gebunden. Auch in diesem Zusammenhang bemühte sich Storck, etwa in der Glasveredelung, im Email und anderem, um technologische Innovation. Er trat denn auch in einem zukunftsträchtigen Gebiet auf: als ›Innendekorateur‹ oder -architekt ganzer Wohnungen, zum Beispiel für die Fürstin Liechtenstein, ebenso aber auch für bürgerliche Auftraggeber. Außerdem bemühte er sich gezielt um die Förderung der Spitzenindustrie, die – so Eitelberger – durch das einseitige Imitieren französischer Vorbilder in eine schwierige

Situation geraten war und durch die Einführung neuer Muster und die Schulung von Spitzenmuster-Zeichnern belebt werden sollte.
Die retrospektive Beurteilung Storcks, der ja noch in die schweren Auseinandersetzungen um die Reform der Schule um 1900 involviert war, fiel weit weniger schmeichelhaft aus als die Eitelbergers; mit dem allgemeinen Wertwandel ästhetischer und ethischer Normen und innerhalb der offenen Kritik am Historismus der zweiten Jahrhunderthälfte und der ihm verpflichteten Institutionen und Methoden geriet Storck als typischer und führender Vertreter eben dieses Historismus ins Kreuzfeuer der Kritik – samt seinen nun als ›verderblich‹ angesehenen Vorlagenwerken. Er galt als Personifikation aller Untugenden der von der ›Moderne‹ hinter sich gelassenen Zeit, als ein konservativer, dem Kopieren verpflichteter Künstler, dessen Vorlagenwerke die Weiterentwicklung des Interieurs verhindert hätten. Ludwig Hevesi schreibt über ihn 1899 aus dem parteilichen Blickwinkel des publizistischen Parteigängers der ›Moderne‹: »Als Eitelberger daran ging, das abgestorbene Kunstgewerbe wieder zu beleben, hatte er keine große Auswahl an Mitarbeitern. Die schreibenden wie die zeichnenden nahm er, so gut oder so schlecht sie zu haben waren. Storck war eine frische, energische Natur und hatte die Gabe, den Menschen zu seinem Zweck angenehm zu sein. Allerdings war van der Nüll nicht wenig enttäuscht, als er dann seine Leistungen für die Ausstattung der Hofoper sah, wo ihn Gugitz völlig in den Schatten stellte. Er war der ›Macher‹, auf den man sich unter allen Umständen verlassen konnte. Er wurde Direktor der Kunstgewerbeschule, ja selbst Professor der Architektur daselbst, obgleich es allen Beteiligten bekannt ist, daß er sich nicht gern ›in Architektursachen mischte‹, sondern sich dabei von Herdtle beraten ließ.«[19]
Das längere Verweilen bei der Person Storcks schien mir gerechtfertigt, weil er die Entwicklung der Schule bis gegen die Jahrhundertwende wesentlich bestimmt hat, ihren ›Geist‹ ohne Zweifel repräsentierte, und ein Bild von den Künstlerpersönlichkeiten gibt, die in der zweiten Hälfte des 19. Jahrhunderts das Kunstgewerbe und die Kunstgewerbeschule praktisch wie theoretisch prägten.
Friedrich Sturm (1822 oder 1823–1898), wie Storck, und zwar ab 1881, mehrfach Direktor der Kunstgewerbeschule, übernahm die Klasse für Zeichnen und Malen ornamentaler Gegenstände. Auch er hatte Blumenmalerei an der Akademie studiert – nach einer privaten, väterlichen Ausbildung im Porzellanmalen, Gravieren und Emaillieren. Die Aufgabe seiner Beschäftigung mit der Genremalerei und die ausschließliche Hinwendung zur ›dekorativen‹ Kunst soll, wie sein Biograph schreibt, mit einer Erkrankung zusammenhängen, die schließlich zur Erblindung führte.[20]
Eitelberger bezeichnet Sturm als den ›Naturalisten‹ der Schule, nennt seine Beschäftigung bei der Ausstattung der Hofoper (wie bei Storck) als Grund für die Berufung zum Lehrer der Kunstgewerbeschule, erwähnt aber auch Aufträge zur Ausschmückung von Villen. Auch er habe – in Zusammenarbeit mit der chemisch-technischen Versuchsanstalt des Museums – technische Innovationen künstlerisch umzusetzen verstanden, deren Verwertung durch die Industrie allerdings, aus Mangel »theils an Intelligenz, theils an Capital«, gescheitert sei.[21]
Der 1828 geborene Michael Rieser, Leiter der Vorbereitungsschule, hatte seine Ausbildung an der Kunst- und Gewerbeschule in Danzig erhalten und dann an der Münchner und an der Wiener Akademie studiert. 1861 hatte er das Rom-Stipendium erhalten. Schwerpunkt seiner Tätigkeit war die religiöse Historienmalerei. Auch er arbeitete an einem der Initialbauten der Ringstraßenarchitektur, der Votivkirche, mit. Eitelberger erwähnt ferner Arbeiten in der Schottenkirche sowie Glasgemälde für Wien, Nancy und Krakau.[22]
Ferdinand Laufberger (1829–1881) wurde zum Leiter der Fachschule für figurales Zeichnen und Malen bestellt. Er war an der Akademie der Kunstfreunde in Prag und dann an der Akademie in Wien, bei Ruben wie Michael Rieser, ausgebildet worden. Er arbeitete in den Gattungen Historien- und Genremalerei und schien für die Kunstgewerbeschule wegen seiner Tätigkeit als Illustrationszeichner als Lehrer geeignet. Ab 1855 arbeitete er für die Wiener Xylographische Anstalt. Auch ihm, der in die Kunstgeschichte als Lehrer Gustav Klimts eingegangen ist, dürfte die Beschäftigung bei Monumentalbauten der Ringstraße den Weg in die Kunstgewerbeschule geebnet haben. Unter anderem war er mit Arbeiten in der Votivkirche und in der Hofoper beschäftigt. Eitelberger schreibt ihm das Verdienst zu, die Sgraffito-Technik belebt, erneuert und in Wien heimisch gemacht zu haben – eine Technik, die beim Neubau des Museums und der Kunstgewerbeschule Verwendung fand, nicht zuletzt, um an den Bauten selbst die von den Institutionen ausgehende Kraft zur technologischen und ästhetischen Erneuerung der Künste zu visualisieren.[23] Laufberger war auch als Fres-

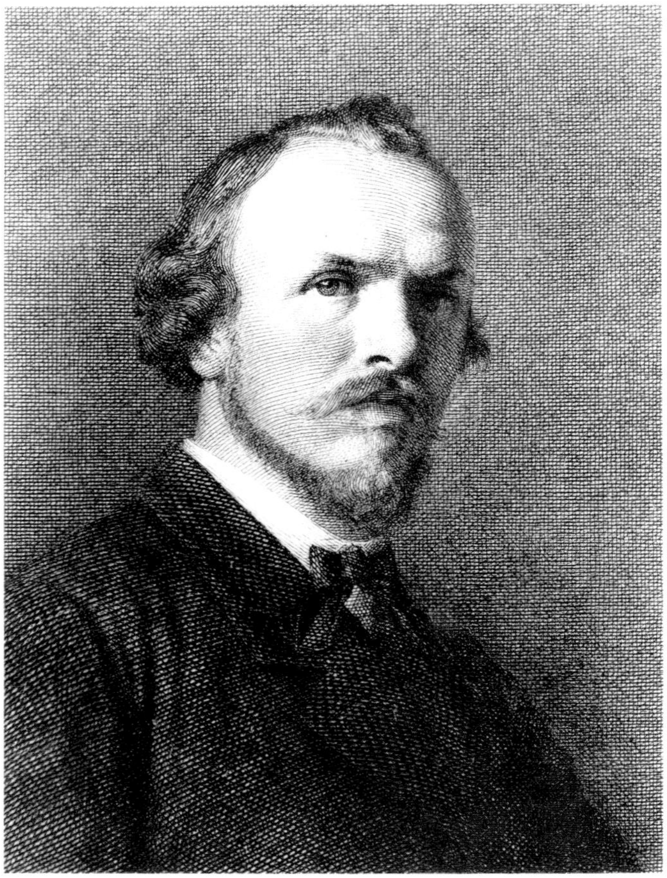

Ferdinand Laufberger (Selbstbildnis)

kant, unter anderem beim Museumsneubau, tätig. Er führte das programmatische Fresko des Spiegelgewölbes des Treppenhauses aus, das Venus, umgeben von den Künsten Architektur, Skulptur, Malerei und Kunsthandwerk, als Repräsentantin der Schönheit zeigt.[24]
Eitelberger hat in einem Nachruf Laufbergers pädagogische Fähigkeiten hervorgehoben, sein Talent, figurale und ornamentale Elemente miteinander zu verbinden, sowie seine strikte Verpflichtung an das Stilideal der Renaissance, das er gegen aufkommende neobarocke Strömungen zu behaupten wußte. »Wir rechnen es ihm zum besonderen Verdienst an«, schrieb Eitelberger über ihn, »dass er es verstanden hat, in einer Zeit, die leicht geneigt ist, die Kinder- und Frauenwelt zum Stoff lasciver und lüsterner Illustrationen zu machen, den reinen Reiz dieser Welt künstlerisch festzuhalten.«[25]
Otto König (1838–1920) war der erste Leiter der Fachschule für Bildhauerei. Der in Meißen geborene König studierte an der dortigen Kunstschule der Porzellanmanufaktur – und zwar von 1854 bis 1860, dann an der Dresdner Akademie. Eitelberger sah seine Verdienste vor allem auf dem Gebiet der Kleinplastik und erwähnt seine Reliefs für die Hofmuseen. König verließ die Schule übrigens anläßlich der Reorganisation unter Myrbach freiwillig und suchte um seine Pensionierung an.
Zu den genannten Professoren der Fachschulen kamen noch der Assistent am k. k. Polytechnikum, Valentin Teirich, für das Fach Perspektive, Schatten- und Projektionslehre, Dr. Alexander Bauer, Professor für Chemie an der Handelsakademie, für Farbenlehre und Farbenchemie, der Architekt Alois Hauser für Vorlesungen über Kunststile, Kunstterminologie und Kunstgeschichte und schließlich der Prosektor des berühmten Anatomieprofessors Hyrtl, Dr. Ludwig Bandl, für den anatomischen Unterricht.
Als eine Gemeinsamkeit unter den Lehrern der Fachschulen fällt die enge Bindung ihrer Tätigkeit an die Architektur auf; die Bedeutung der Stadterweiterung für den Aufschwung des Kunstgewerbes wurde von den Zeitgenossen oft betont. Häufig treten noch Architekten selbst als Entwerfer auf oder arbeiten eng mit kunstgewerblich erfahrenen Künstlern zusammen. Kunstgewerbe ist keineswegs bloß exklusive Formgelegenheit bürgerlicher Privatheit, sondern eher noch Bestandteil der öffentlich-monumentalen Kunstproduktion, die – bis hinein in die luxuriösen Gebrauchsgegenstände, die selbst wiederum repräsentativ-symbolische Funktionen (Pokale, Schaugefäße, Kleindenkmäler etc.) übernehmen können oder über die Stilwahl, zunächst der alles beherrschenden Renaissance – expressive Qualitäten vermittelt. In der Rangordnung der Künste steht die Architektur obenan, und aus ihr beginnt sich das Kunstgewerbe erst langsam zu emanzipieren. Dieser Emanzipationsprozeß ist auch aus den Lebensläufen und Karrieren der einzelnen Fachschullehrer abzulesen. In einer zeitgenössischen Erläuterung zur Berufung der ersten Professoren[26] wird deren Vorqualifikation für Techniken und Anwendungen des Kunstgewerbes besonders betont. Wenn man sich dabei gegen die Pflege einer »exklusive(n) Liebhaberei in einer Stylrichtung« wendet, so wendet man sich dabei weniger gegen die verbindliche Normativität *eines* Stils – die mit der Bevorzugung der (italienischen) Renaissance ohnehin gegeben war –, sondern gegen die den Vertretern der ›hohen‹ Kunst zugestandenen vermeintlich schrankenlosen künstlerischen Freiheit, einer Freiheit zum

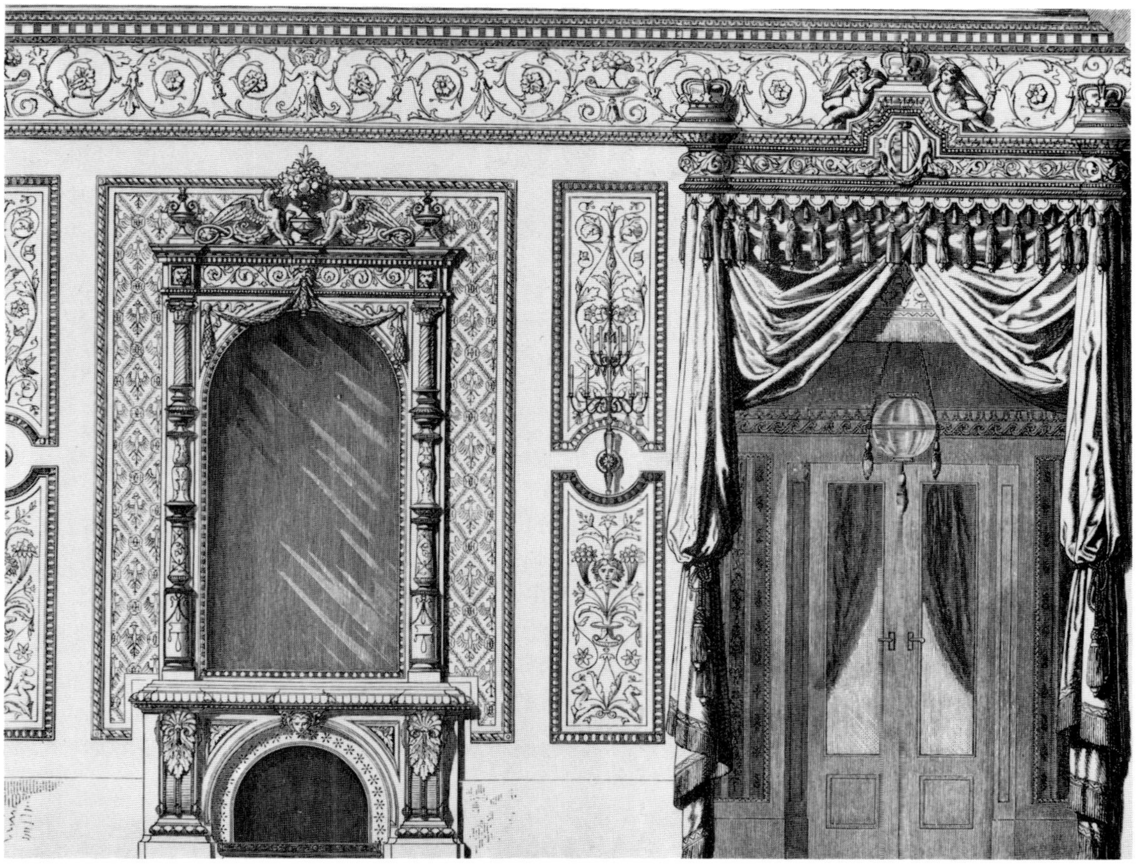

Von Josef Storck entworfene Salondekoration im Wiener Opernhaus. Aus: Vorlagen für Möbel und Decorationen. Ausgeführte Arbeiten vorwiegend nach Entwürfen der hervorragendsten Meister der Neuzeit. Aus den Blättern für Kunstgewerbe. Wien o. J. (ca. 1890)

Beispiel der Wahl der künstlerischen Mittel, die für den ›kunstgewerblichen Künstler‹ mannigfach begrenzt zu sein hatte. Die künstlerische und pädagogische Befähigung bestand gerade darin, eine gewisse Verbindlichkeit mit ›öffentlichen‹ und ›allgemeinen‹ Zwecken herstellen zu können. Anders als der ›autonome‹ Künstler – als Vergleich wird ausdrücklich die Lehrpraxis der Akademie genannt – hatte der kunstgewerbliche Lehrer »feinfühlend genug« zu sein, »den verschiedenen Aufgaben des kunstgewerblichen Lebens gebührend Rechnung zu tragen, was allgemein giltiges Kunstgesetz und solide Kunsttechnik ist«[27].

Die organisatorischen Einzelheiten der Lehre wurden in einem Lehrplan und in einer Studienordnung festgelegt.[28] Hier ist die Gliederung des Unterrichts in Fachschulen, die Vorbereitungsschule und die ergänzenden Nebenfächer festgelegt, ebenso wie die Aufgaben der Fachschulen, also die »Hauptgegenstände des Unterrichts«, die die »Vorbedingungen eines künstlerischen Schaffens auf dem Gebiete der Industrie« bilden,[29] und die »Bestimmungen über die einzelnen Fachschulen und die Vorbereitungsschule«. Diese Vorbereitungsschule hatte die Hauptaufgabe, mangelhafte Vorbildung, etwa in der »Fertigkeit im Zeichnen«, auszugleichen. In ihr sollte Zeichenunterricht erteilt werden, das Kopieren nach figuralen, architektonischen und ornamentalen Details unterrichtet werden, das freie Handzeichnen – auch nach der Natur –, und das alles bereits mit einer gewissen Rücksichtnahme auf die später anvisierte Fachschule.

Die Vorbereitungsschule – deren Unterricht samstags stattfand – war also nur für bestimmte Schüler als obligatorische Vorbereitung auf den Fachunterricht gedacht; zu ihr zugelassen waren Absolventen des Realgymnasiums, der Realschule oder einer Zeichenschule und, in der Regel, wer das 14. Lebensjahr vollendet

hatte. Wer sein »Kunsttalent« durch Vorlage von Proben unter Beweis stellen konnte, brauchte keine Aufnahmsprüfung abzulegen.
Die Bestimmungen für die Fachschulen legten den Unterricht vor allem hinsichtlich der spezifisch kunstgewerblichen Aufgabenstellungen fest. So legt etwa Paragraph 7 über die Fachschule für Baukunst unter anderem fest: »Den Gegenstand des Unterrichts bildet vorerst das Studium ausgeführter, in den Kreis dieser Fachschule gehöriger kunstindustrieller Objecte, verbunden mit Erläuterungen über Stil, Materiale, Construction und über künstlerische und technische Durchbildung derselben und gleichzeitig die Anleitung zur Herstellung künstlerisch vollendeter und technischer Werkzeichnungen; – für die fortgeschritteneren Zöglinge endlich das selbständige, stilgerechte Schaffen auf dem Gebiete der einschlägigen Kunstindustrie. Mithin eignet sich diese Fachschule vorzugsweise für Jene, welche sich mit Entwürfen der Totalanordnung der inneren Räume des Wohnhauses« – eine Formulierung, die in interessanter Weise den späteren gesamtkunstwerkhaften Anspruch der kunstgewerblich tätigen Künstler antizipiert – »und der Kirche, dann jenen des Mobiliars und der Geräte in Holz, Metall, Stein, Glas, Thon, Porcellan usf. befassen.«[30]
Bei den Bildhauern nennt man besonders das Modellieren, das Bossieren, die Holzschnitzkunst, das Studium antiker Vorbilder und lebender Modelle und ornamentaler Vorlagen. Als Berufsfelder nennt man Kunsttischler, Rahmen- und Ornamentschneider, Bildhauer und Stuccatore, Goldschmiede, Modelleure, Bronce- und Metallfabriken und andere.[31] Die Fachschule für das Zeichnen und Malen figuraler Gegenstände sollte dazu dienen, »den Zöglingen an den vorzüglichsten Mustern des Kunstgewerbes und der rein decorativen Kunst die Verwendung der menschlichen Figur als Ornament zu zeigen und sie zu lehren, die in ihr Fach einschlägigen Vorbilder entsprechend nachzuzeichnen und in Farbe darzustellen«[32]. In der Fachschule für das Zeichnen und Malen ornamentaler Gegenstände sollte das »Malen von Blumen und Thieren nach der Natur, von Ornamenten nach Vorbildern, ferner das Zeichnen von einschlägigen ausgeführten, kunstindustriellen Objecten« gelehrt werden, sowie die in der Dekorationsmalerei gängigen Techniken der Aquarell-, Tempera-, Öl- und Freskomalerei.[33]

Der Stundenplan für das erste Semester des ersten Schuljahres sah so aus:

Fachschule für Architektur
täglich 8–4 Uhr

Fachschule für Zeichnen und Malen figuraler Gegenstände
täglich 8–4 Uhr
viermal in der Woche am Abend Zeichnen nach dem lebenden Modell

Fachschule für Thier-, Blumen und Ornamentmalerei
täglich von 8–4 Uhr

Fachschule für Bildhauerei
täglich von 8–4 Uhr
viermal wöchentlich Studium nach dem lebenden Modell

Vorbereitungsschule
täglich von 8–3 Uhr
von 5–7 Uhr abends Zeichnen nach plastischen Gegenständen

Vorlesungen
über Projection, Schattenlehre und Perspective
Dienstag, Mittwoch und Donnerstag von halb vier bis halb fünf Uhr

über Styllehre, Terminologie
Montag und Samstag von 5–6 Uhr

über Farbenchemie
Montag und Samstag von 7–8 Uhr abends

Im ersten Schuljahr schrieben sich 50 Schüler ein. Der Besuch der Vorbereitungsschule war, wie gesagt, nicht obligatorisch, doch mußten ihr 24 der 50 Schüler zugewiesen werden; die Überschätzung der Vorbildung der potentiellen Schüler stellte von Anfang an ein Problem dar und führte zur laufenden quantitativen Erweiterung und Verbesserung der Methoden der Vorbereitungsschule.[34] Eitelberger schob die mangelnde Vorbildung auf den ungenügenden Zeichenunterricht an den Realschulen.[35] Ein anderes Problem war die gravierende Mittellosigkeit vieler Schüler, die die Kosten des Unterrichts, zwei Gulden für die Aufnahme, zehn Gulden jährlich für die Vorbereitungsschule beziehungsweise 18 Gulden für die Fachschulen, nicht auftreiben konnten. Befreiung vom Schulgeld und Unterstützung durch Stipendien wurden deshalb sofort ermöglicht.[36] Weiters zeigte sich als eine der ersten Erfahrungen, daß nur der geringere Teil der Schüler aus der Industrie kam.[37] Eitelberger: »Es ist gewiß eine ebenso auffallende als

bedauerliche Erscheinung, daß in der Regel nur Unbemittelte das Bedürfniß empfinden, die Quellen des Unterrichts und der Belehrung aufzusuchen und daß speziell eine Kunstgewerbeschule ihre Zöglinge der überwiegenden Mehrzahl nach unter den Söhnen des Beamten- und kleinen Gewerbsstandes, nicht aber unter den größeren Industriellen findet.«[38] Daraufhin wurde in einem Rundschreiben an die Handels- und Gewerbekammern vom Handelsministerium die Möglichkeit des Hospitierens gestattet, womit Zeichnern, Werkführern, Modelleuren und anderen Arbeitern in Fabriken und Gewerben die Möglichkeit der Vervollkommnung künstlerischer Fähigkeiten geboten werden sollte – als außerordentliche Schüler waren sie übrigens nicht an den Lehrplan (und dessen Zeiteinteilung) gebunden. Man hat – etwa in den unter Roller forcierten ›offenen Zeichensälen‹ – diese Form des den Schulunterricht begleitenden, direkt für die Industrie und das Gewerbe umsetzbaren Unterrichts auch später beibehalten. Darin äußert sich freilich das Dilemma, daß die Organisation und die Methoden des Unterrichts nur bedingt praxisorientiert waren. Rezeptive Methoden, die Orientierung an allgemeiner und ›höherer‹ Kunstbildung, das Festhalten am ›Königsweg‹ der zeichnerischen Umsetzung von Vorlagen, das Dominieren des Kopierens im Unterricht, überwogen bei weitem die Vermittlung technischer Kenntnisse und Fertigkeiten, das Kennenlernen unterschiedlichster Materialien und Verarbeitungsweisen.[39]
Dieses Dilemma bildete den treibenden Widerspruch in der Entwicklung der Schule während der ganzen zweiten Jahrhunderthälfte, führte zu zunächst geringfügigeren Adaptionen, zur Erweiterung des Lehrangebots, schließlich zum Versuch, in den achtziger Jahren durch Spezialkurse stärker praxisorientiert zu unterrichten und schließlich, im größeren kunst- und kulturgeschichtlichen Kontext der ›Wiener Moderne‹, zur tiefgreifenden Reform der Schule in organisatorischer und personeller ebenso wie in methodischer Hinsicht.
Obgleich weder in den Statuten noch im Lehrplan erwähnt, hatten dennoch, von der Gründung der Schule an, Männer und Frauen gleichberechtigt Zutritt zu ihr – für eine ›höhere‹ Schule eine innerhalb des damaligen Bildungssystems einzigartige Ausnahme. Im ersten Schuljahr traten sieben Frauen ein. Eitelberger schreibt dazu in einem Brief an das Ministerium: »Die Aufnahme derselben – je nach den Vorkenntnissen und individuellen Wünschen in die Vorbereithungsklasse oder in die Fachschulen – schien dem Aufsichtsrathe gegenüber den heutigen Anschauungen und den modernen Bestrebungen zur Verbesserung des Frauenloses eine Pflicht zu sein, die um so leichter erfüllt werden konnte, als das Statut der Schule durchaus keine Beschränkung feststellte. Übrigens werden die Professoren der Kunstgewerbeschule bemüht sein, durch Anweisung abgesonderter Arbeitsplätze für die Schülerinnen oder andere Vorkehrungen die Ruhe des Unterrichtes und alle Rücksichten der Schicklichkeit zu sichern.«[40] Eine bemerkenswert liberale Maßnahme, auch wenn man bedenken muß, daß dahinter nicht nur altruistische Vorstellungen standen, sondern auch die, bestimmte Gruppen von Frauen gezielt in bestimmte Berufszweige zu integrieren.
Über die Motive der Einbeziehung des ›weiblichen Gewerbefleißes‹ in die Kunstindustrie und – zeitlich über den Gang der Darstellung hinausgreifend – über die Verlaufsformen der ›Frauenerwerbsfrage‹ sollen im folgenden eingeschobenen Exkurs einige Bemerkungen gemacht werden.

Am 3. November 1898 erschien in der ›Neuen Freien Presse‹ ein Essay unter dem Titel ›Die Frau und das Haus‹. Sein Autor, Adolf Loos, vergleicht darin mit viel Witz und auch etwas Zynismus die ›amerikanische Hausfrau‹ mit der deutschen – ein Vergleich, der völlig zugunsten der Protagonistinnen der ›Neuen Welt‹ ausfällt. Denn » . . . die Amerikanerin ist . . . weit entfernt, nichts zu machen. Sie bringt es zu Stande, sich außer den bereits angedeuteten Verrichtungen zu beschäftigen. Sie zeichnet, sie malt. Sie ist auf ›the Studio‹ abonnirt. Sie trainiert ihre Augen. Der Mann hat für solche Dinge keine Zeit. Der hat ans Geschäft zu denken. Ganz wie bei uns. Da aber bei uns die Frau auch keine Zeit dafür hat, so steht man nun allen Kunstfragen rathlos gegenüber. Die stellen sich im Haushalte zahlreich genug ein. Hier ist ein neuer Ofen zu setzen, hier das Zimmer frisch zu tapezieren. Da brauchen die Möbel neue Ueberzüge, hier soll der Tante ein Geburtstagsgeschenk gekauft werden. Da muß man sich denn auf die Verkäufer verlassen. Schrecklich aber ist es, wenn man ein Zimmer, eine Wohnung einrichten soll. Schrecklich für dasjenige Ehepaar, das den Ehrgeiz besitzen sollte, sich selbst einzurichten. Soll man das nehmen oder soll man jenes nehmen! Was Wunder, wenn man schließlich verzagt den Tapezierer ruft, den Retter in der Noth, der diese Fragen nach seinem Schema frisch und fröhlich zur allgemeinen Zufriedenheit löst . . . Die Amerikanerin ist aber nicht blind. Durch das Zeichnen hat sie die Formen, durch das Malen die Farben zu erfassen gelernt. Wenn sie etwas einzukaufen hat, so braucht sie sich nicht den Kopf zu zerbrechen. Sie weiß, was ihr frommt; sie weiß, was ihr Zimmer braucht . . . Da kommt kein Tapezierer hinein . . . Selbst ohne Pflege der bildenden Künste könnte uns die Mithilfe der Frau in der Wohnungseinrichtung nur willkommen sein.«[41]

Loos' Lob des ›modernen‹ Dilettantismus der amerikanischen Kunst- und Hausfrau empfiehlt eine ganz spezifische Betätigung von Frauen auf dem Gebiet der Kunst: wo sich für den Mann Öffentlichkeit und Privatheit in Beruf und Alltag, in Geschäft und Wohnung aufgespalten haben, springt die Frau ein, um ihm den ›Comfort‹, ästhetische Bequemlichkeit zu sichern; in diesem Interesse hat sie sich künstlerisch-dilettantisch fortzubilden. Loos' Plädoyer für den weiblichen Dilettantismus läßt der Frau keinen Raum für künstlerische Aktivität in ihrem eigenen Interesse. Wo Frauen zu seiner Zeit künstlerische Ausbildung erhalten konnten, und das war in Institutionen noch selten der Fall, galt diese allenfalls diesem Dilettantismus – oder der Integration bestimmter Formen weiblicher Kreativität in bestimmte Arbeits- und Verwertungszusammenhänge.

Wo Frauen eine relativ selbständige Künstlerinnenrolle zugebilligt wurde – wie unter dem Direktorat Myrbach, wo erstmals an die Kunstgewerbeschule Lehrer*innen* berufen wurden (während an der Akademie zu diesem Zeitpunkt nicht einmal Frauen als Schülerinnen Aufnahme fanden), änderte sich wenig an der misogynen Haltung der Kollegen: Hanak beklagt sich noch 1915 über die Zumutung, in seine Klasse Frauen aufnehmen zu müssen, und von Hartel ist noch um 1925 das Wort »Pupperlwirtschaft« überliefert; das Kürzel WW für ›Wiener Werkstätte‹ meinte man mit ›Wiener Weiberkunstgewerbe‹ glücklich zu übersetzen, und von Levetus bis Schweiger gehört es zur Tradition der Geschichtsschreibung der Wiener Werkstätte, von einer ›dominanten‹ Rolle der Frau im Kunstgewerbe sprechen zu müssen – wenngleich Levetus immerhin noch bemerkt, daß diese etwa aus der Architektur und dem Möbelbau ausgeschlossen seien, nicht aber von den »household properties«.[42]

Die Fixierung der künstlerischen Tätigkeit der Frau auf den Bereich des Hauses, sei dies nun als Dilettantin (wovon Loos spricht) oder im Bereich der Ausbildung durch Festlegung auf ganz bestimmte Bereiche des Kunstgewerbes, fand ihr Komplement in der Fernhaltung der Frauen von maßgeblichen, ganz zu schweigen von leitenden Positionen in den Institutionen.

Dennoch verdient es festgehalten zu werden, daß das Frauenstudium an der Kunstgewerbeschule von Anfang an möglich war – für eine ›höhere‹ Schule eine unikale Angelegenheit. Eine berufsvorbereitende Schulbildung für Frauen war die Ausnahme und wenn, dann privat organisiert. Zwar hatte die Maria-Theresianische Schulreform die Grundschule für Knaben und Mädchen obligatorisch gemacht, doch folgten dieser Grundschule – mit wenigen Ausnahmen – keine weiterführenden oder gar höheren Bildungsanstalten für Frauen. Frühe Schulgründungen hatten nicht so sehr gebrauchswertorientierte Frauenarbeit als den häuslich nützlichen Dilettantismus zum Ziel, wie etwa die 1812 gegründete ›Kunst- und Industrieanstalt für weibliche Arbeiten‹ durch die ›Gesellschaft adeliger Frauen zur Beförderung des Guten und Nützlichen‹.[43] Bis 1869 existierten überhaupt nur zwei an Mädchen über zwölf Jahren Bildung vermittelnde Schulen: das k. k. Offizierstöchterinstitut in Wien und das k. k. Zivilmädcheninstitut – beide zur Heranbildung von Erzieherinnen und Lehrerinnen von Töchtern von Offizieren und Staatsbeamten bestimmt.[44]

Erst mit Einrichtung der Bürgerschulen wurde der Unterricht von Mädchen bis zum 14. Lebensjahr ausgedehnt; für den weiterführenden Unterricht kam aber zu den genannten beiden Institutionen nur noch ein ›Pädagogikum‹ der Gemeinde Wien. Alles, was im übrigen an schulischen Einrichtungen für Frauen zur Verfügung stand, war auf privater Basis organisiert. Alle Formen einer höheren, zum Beispiel universitären Ausbildung, blieben Frauen bis zur Jahrhundertwende verschlossen.

Mit dem allgemeinen soziokulturellen Wandel schrumpfte der häusliche Aufgabenkreis der Frau einerseits und wurden andrerseits bei steigendem Frauenüberschuß ihre Aussichten auf Versorgung durch Verehelichung, die von der Aussteuer abhängig war, geringer: es wuchs die Notwendigkeit, Frauen als ›nicht standesgemäß‹ eingestufte Arbeit zuzumuten – und damit der Bedarf an beruflicher Qualifikation.

Diese wurde zunächst, etwa ab den sechziger Jahren, von privater Seite gefördert und hatte häufig die Professionalisierung der weiblichen Handarbeit zum Ziel, wie in Deutschland der 1865 gegründete Lette-Verein oder die 1867 gegründete Schule des Vereines der Künstlerinnen und Kunstfreundinnen.[45] 1866 wurde in Wien der ›Frauenerwerbsverein‹ mit seinen Näh- und Zeichen-Kursen gegründet. Dem Verein gehörte von 1867 bis 1909 Jeanette von Eitelberger (die Frau Rudolf von

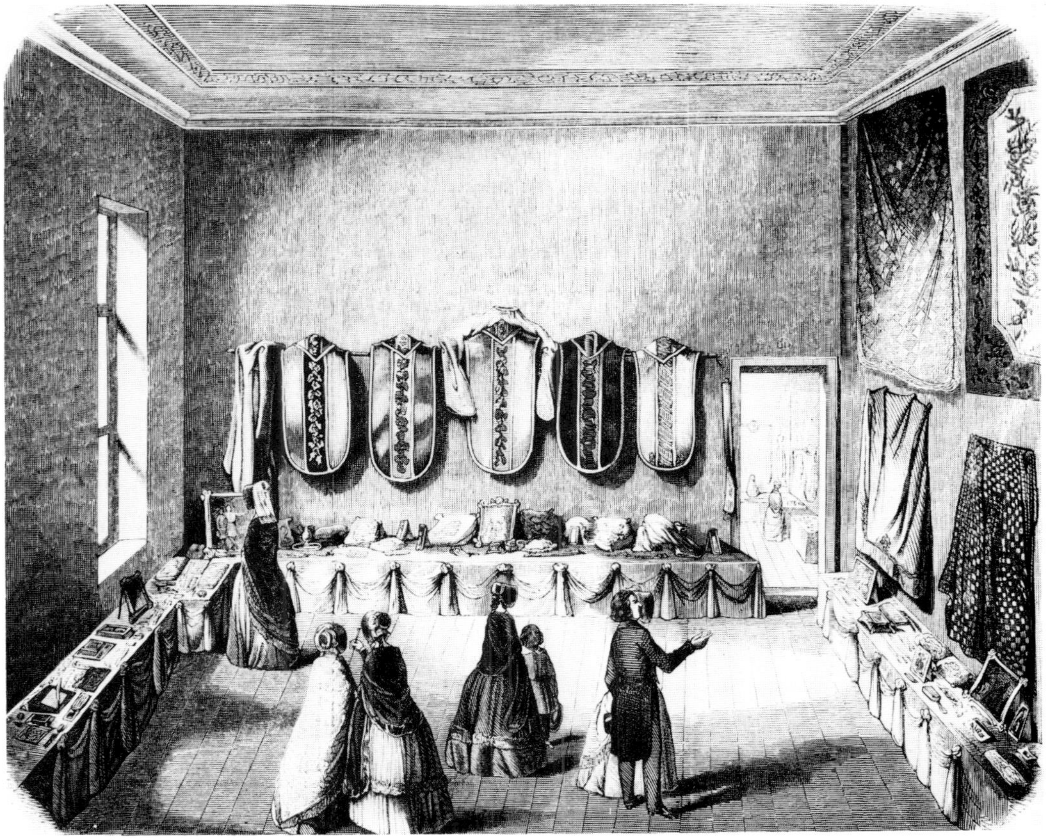

Ausstellung ›weiblicher Arbeiten‹ des »Vereins adeliger Frauen zur Beförderung des Guten und Nützlichen«. Wien 1846

Eitelbergers) an, von 1873 bis 1897 als Präsidentin. Im selben Jahr wurden eine Mädchen-Arbeits- und Fortbildungsschule in Graz und eine Industrieschule in Klagenfurt gegründet.

Das altruistische Motiv, Frauen eine angemessene berufliche Ausbildung und damit eine ökonomische und gesellschaftliche Selbständigkeit zu ermöglichen, ließ sich selbstverständlich mit der Integration von Frauen etwa in kunstgewerbliche Produktionszweige verbinden, in denen deren Begabungen und Fähigkeiten diesen Erwerbszweigen nutzbar gemacht werden konnten. Als beispielsweise auf der Weltausstellung in Wien 1873 die Rückständigkeit der österreichischen Spitzenindustrie sichtbar geworden war, wurde die Kunststickereischule in Wien gegründet (ab 1911: k. k. Zentralanstalt für Frauengewerbe).

Gleichzeitig blieb Frauen der Zugang zur höheren Schulbildung verschlossen, und selbst die Matura konnte nur auf privatem Weg erworben werden. Die Zulassung von Frauen zur Ausbildung an der Kunstgewerbeschule als ›Ausnahme‹ kann, so meine ich, vor dem Hintergrund der oben geschilderten Motive gesehen werden; über sie läßt sich differenzierter etwas in den Äußerungen der Zeit zur Frauenerwerbsfrage allgemein und zur Ausbildung von Frauen an der Kunstgewerbeschule erfahren.

So wird in einer Rezension zu einer Publikation über ›das Recht der Frauen auf Erwerb‹[46] bloß der Katalog von Vorurteilen aufgeblättert und ein Recht der Frauen auf Beruf und Verdienst fast gänzlich bestritten: »Jene Frauen, welche so selbständig denken und handeln, daß sie nie die Sehnsucht nach männlichem Beistand und Rath empfinden, sind Ausnahmen, heiraten auch meist aus dem Grunde nicht, weil ihre Energie auf Kosten der Weichheit entwickelt ist und wir Männer am Weibe nicht die Kraft, sondern ganz vorzugsweise die Schwäche lieben . . . Wir sind für die Frauenarbeit, ja, aber nicht für die Arbeit der *Frauen*, sondern der Mädchen und Witwen . . . Wir sind damit einverstanden, daß die Erziehung der Mädchen ernster und praktischer werde, ja, wir fordern dies im Namen des Vaterlandes, dem nur bessere Mütter bessere Söhne geben können.« Derartige verhärtete Vorurteile und Ideologien konnten sich nur dort aufweichen, wo zwingende gesellschaftliche und ökonomische Umstände zu ihrer Modifikation beitrugen: »Zudem ist es nicht die Bildung von Lehrerinnen allein, was angestrebt werden muß. *Weibliche artistische Arbeitskräfte* für gewisse Bedürfnisse des Kunstgewerbes direct heranzubilden, erscheint vielmehr von nicht zu unterschätzender Bedeutung für die Entwicklung der österreichischen Kunstindustrie. Es sei hier nur erinnert an die grossen Pariser Industrien der feineren Cartonagearbeiten, der Blumenfabrikation etc. sowie an die vielfach bewährte Verwendbarkeit weiblicher Arbeit für malerisches Decor keramischer Gegenstände und für einige graphische Künste. In Frankreich wird seit Langem, in England in neuerer Zeit diese Seite des gewerblichen Bildungswesens mit Erfolg gepflegt und es hat sich hiebei ergeben, dass manchen artistischen Aufgaben die weibliche Arbeitskraft nicht nur vollkommen genügt, sondern daß die Billigkeit derselben die Concurrenzfähigkeit derjenigen Industrie wesentlich steigern kann, die sich ihrer statt der männlichen Kraft bedient. Rathsam und lohnend schiene eine grössere Pflege dieses Unterrichtszweiges an der Kunstgewerbeschule jedoch nur dann, wenn sie nicht auf Kosten der übrigen Wirksamkeit des Instituts stattzufinden brauchte, und somit stellt sich auch in dieser Beziehung eine Vermehrung der Lehrkräfte als unvermeidlich dar.«[47]

An anderer Stelle hat Eitelberger näher erläutert, was er sich von der Frauenarbeit im Kunstgewerbe erwartete – und was nicht; einerseits eine Aufwertung und Verwertung von Frauenarbeit im kunstgewerblichen Bereich, die sowohl den Frauen (als berufliche Qualifikation) als auch den Gewerben (wegen der »Billigkeit« von Frauenarbeit) zugute kommen würde. Allerdings legt gerade Eitelberger (der ja seine Vorstellungen vom Kunstgewerbe sehr stark in Zusammenhang mit der ›hohen‹, autonomen und akademisch vermittelten Kunst entwickelt) großen Wert auf die Kanalisierung weiblicher Kreativität. Frauen sollten im Bereich der Dekorations- und Blumenmalerei beschäftigt werden, in der Fayencemalerei oder in der Porzellanmalerei.[48] Vor der Schaffung weiblicher »Künstlerexistenzen« glaubt er abraten zu müssen; die »weibliche Jugend« sollte nicht »in die Bahn eines zweifelhaften Künstlertums« gelenkt werden.[49] Die ›monumentalen‹ Künste sollten ihnen an der Kunstgewerbeschule und an der Akademie verwehrt sein, Porträt-, Historien-, Landschafts- und Genremalerei wollte er den Männern vorbehalten sehen; wobei das einzig konkret faßbare Argument, mit dem er diese Abgrenzung rechtfertigt, der für diese Studien notwendige Aktunterricht ist. Teilnahme von Mädchen und Frauen an ihm verstoße gegen die »guten deutschen Sitten . . . wenn er« (der Aktunterricht; G. F.) »einmal eine gewisse Linie überschritten hat.«[50] Frauen, die diese Kunstrichtungen studieren wollten, sollte die Möglichkeit dazu in Privatateliers, unter staatlicher Aufsicht und Lehrplanhoheit, ermöglicht werden. Besser aber, sie blieben bei den erwähnten kunstgewerblichen Betätigungen, wie Stickerei, Weberei, Blumen- und Porzellanmalerei, »denn nicht blos die Phantasie der Frauen ist für alle diese Kunstarten ganz besonders berufen; auch die Geduld, die Ausdauer, der Sinn für Grazie macht für diese Kunstgewerbe Frauen viel geschickter als Männer«[51].

Obwohl durch die Kunstgewerbeschule, zum Beispiel durch Gutachten, private Bemühungen um Ausbildung von Frauen unterstützt wurden und obwohl in und außerhalb der Schule eigene Ausstellungen kunstgewerblicher Arbeiten von Frauen stattfinden konnten, begnügte man sich nicht mit der Kanalisierung weiblicher Kreativität, mit ihrer Festlegung auf bestimmte Gebiete der Kunstgewerbe, sondern begann schließlich auch über die gänzliche Auflassung des Unterrichts für Frauen nachzudenken. Dumreicher, von dem noch aus dem Jahre 1876 eine positive Haltung weiter oben zu belegen war, änderte seine Auffassung und verkehrte sie ins Gegenteil; 1885 schreibt er: »Es würde sich sehr empfehlen, sobald als irgend möglich *die weiblichen Elemente«* (Hervorhebung G. F.) »von der Kunstgewerbeschule zu entfernen. Die wenigen unter den Frequentantinnen, welche *wirklich industrielle* Ziele verfolgen, könnten durch eine passende Erweiterung der k. k. Fachschule für Kunststickerei in ihren Zwecken gefördert werden. Erst, nachdem die Dilettantinnen (sic!) aus der Kunstgewerbeschule ausgeschieden sind, kann die Aufgabe in die Hand genommen werden, eine ernste Vorbereitung für den industriellen Lebensberuf, ein Brotstudium in dem strengen Sinne, welchen die Sache und welchen das Lebensglück der Schüler verlangt, zu organisieren.«[52]

Möglicherweise hat diese Haltung eines maßgeblichen ministeriellen Referenten die Schule dazu ermutigt, tatsächlich einen Antrag auf ›Sistierung‹ der Aufnahme

»weiblicher Zöglinge« einzubringen.[53] Dieser Antrag, der sich im Archiv der Hochschule erhalten hat, gibt ausführlich Aufschluß darüber, wie man das Frauenstudium an der Schule und innerhalb des Gewerbes und der Industrie einschätzte: »Der Lehrkörper verkennt keineswegs, daß es in erster Linie Sache der Schule selbst ist, dem unverhältnismäßigen Andrange zu wehren durch äußerste Strenge bei der Aufnahme[54] sowie durch rücksichtslose Entfernung derjenigen Elemente, deren Talent sich im Verlaufe der Zeit als nicht genügend herausstellt . . . Das Institut der Kunstgewerbeschule enthält nichts, wodurch Schülerinnen ausgeschlossen würden, und anfangs nahm man um so weniger Anstand, einige Mädchen zuzulassen, als solchen damals in Wien keinerlei Gelegenheit zur Ausbildung im Zeichnen und Malen gegeben war.« Inzwischen seien ja aber der Frauen-Erwerbsverein und eine allgemeine Zeichenschule gegründet worden. Michael Rieser (damaliger Leiter der Schule und Antragsteller) sowie Berger, beide unterrichteten Zeichnen und Malen, hätten bereits ihrerseits den Unterricht von Frauen eingestellt, da »die Erfahrung gezeigt habe«, daß die Teilnehmerinnen im Unterricht im Figurenmalen »fast ausnahmslos auf das Porträtmalen anstatt auf irgendein Gebiet der dekorativen Malerei zusteuern«. Mit anderen Worten: Die Modellierung und Steuerung der künstlerischen Interessen von Frauen ließ sich bloß noch durch Verweigerung von Zulassungen etc., aufrechterhalten. – »Fragt man sich nun nach den Resultaten dieses so beträchtliche Mittel beanspruchenden zwei Jahrzehnte lang durchgeführten Specialunterrichte, so zeigt sich, daß an den meisten Mädchenschulen Wiens ehemalige Schülerinnen der Kunstgewerbeschule den Zeichenunterricht erteilen und daß aus der Anstalt sehr gute Blumen-, Email-, Porzellanmalerinnen und Musterzeichnerinnen im Textilfach hervorgegangen sind. Aber dergleichen Lehrerinnenstellen sind längst besetzt, und der Bedarf unserer Industrie an künstlerischen Mitarbeitern in denjenigen Fächern, in welchen Frauen mit Erfolg verwendet werden können ist . . . zu gering, als daß es nothwendig wäre, durch Massenunterricht für denselben vorzusorgen. Die große Mehrzahl der Mädchen, welche in den obgenannten Industrien, denen noch die Fächermalerei hinzugefügt werden kann, Beschäftigung finden, hat nur die ordinärste Marktwaare zu liefern und wird so niedrig entlohnt, daß ihr Verdienst in keinem Verhältnis zu den Opfern steht, welche ein durchschnittlich fünfjähriger Besuch der Kunstgewerbeschule den Angehörigen der Schülerinnen, beziehungsweise dem Staat, den Ländern usw. auferlegt.« Von den Opfern, die die Frauen – als billige Arbeitskräfte subalterner Gewerbezweige – leisten mußten, ist nicht die Rede. »Unter diesen Umständen muß es geradezu als Gewissenssache bezeichnet werden, nur solche Mädchen an der Anstalt auszubilden, deren Talent stark genug ist und deren Fleiß und Ausdauer für Leistungen bürgen, die sich über das Mittelmaß erheben; nicht aber den Dilettantismus zu züchten oder dem ohnehin großen Künstlerproletariat noch Zuzug aus der weiblichen Bevölkerung zu vermitteln.«

Durch die Nichtzulassung von Frauen würde man »Raum und Zeit für eine umso intensivere Ausbildung der Knaben« erhalten, »die irgendein Zunftgewerbe als Lebensberuf ergreifen wollen oder bereits ergriffen haben«.

Die Aufnahme von Mädchen mit guter, fachspezifischer Vorbildung und dem »Willen, sich in einem Industriezweige nützlich zu machen«, sollte fall- und daher ausnahmsweise möglich sein.

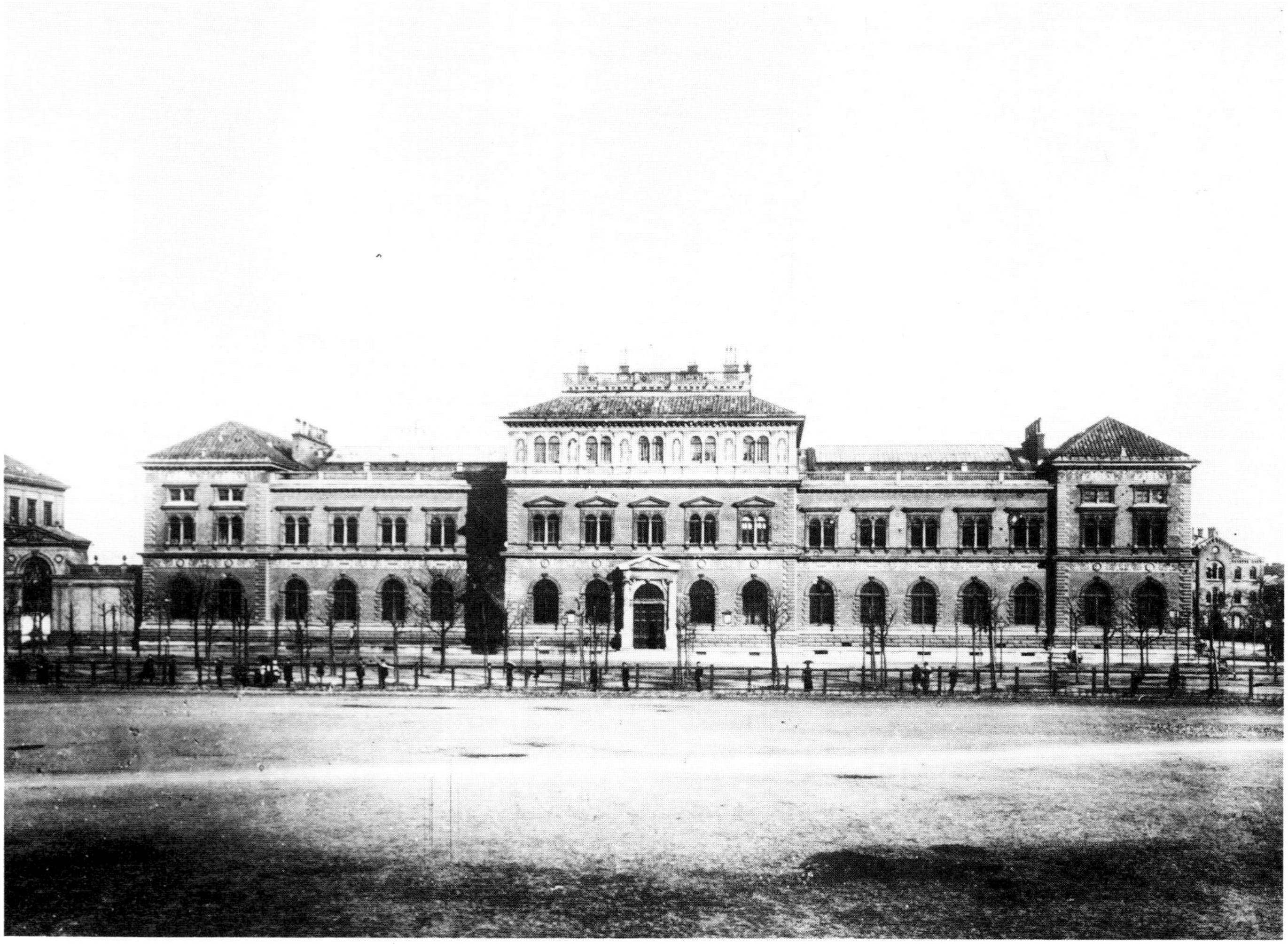

Das k. k. Österreichische Museum für Kunst und Industrie

VII
DIE »RENAISSANCE« DES KUNSTGEWERBES
(Die Neubauten von Kunstgewerbemuseum und -schule)

Der Rang, den das Kunstgewerbemuseum und die Kunstgewerbeschule im öffentlichen Bewußtsein eingenommen hatten, wird an der Entscheidung sichtbar, die Neubauten beider Institutionen unter die Repräsentationsbauten der Ringstraße einzureihen. Schule und Museum erhielten damit einen den anderen staatlichen Monumentalbauten an der Ringstraße vergleichbaren Rang – wenngleich die Architekturen beider kunstgewerblichen Institute Elemente des Nutzbaues aufnahmen. Die Aufnahme von Museum und Schule unter die an der Prachtstraße situierten Bildungsbauten, Hofoper, Hoftheater, verrät etwas von der Bedeutung, die man dem Kunstgewerbe ganz allgemein zu jener Zeit zumaß. Schon bei der Planung der Hofmuseen war zeitweilig an die Aufnahme kunstgewerblicher Sammlungen gedacht worden. Doch erwies sich der Rangunterschied von zum Teil in kaiserlichem Privatbesitz befindlichen, höfischen Sammlungen der bildenden Künste und der bürgerlichen, gewerblich-industriellen Interessen dienenden – nun ›staatlichen‹ – kunstgewerblichen Sammlungen als zu groß, als daß man ernsthaft an die Konzeption eines gemeinsamen Komplexes, der alle diese Sammlungen hätte umfassen sollen, denken konnte. Selbst Eitelberger, der mit der Idee eines solchen Museumskomplexes gespielt hatte, mußte schließlich einräumen, daß »die Bestände des Kunstgewerbemuseums ihrer ganzen Bestimmung nach, vor allem aber hinsichtlich ihrer rechtlichen Lage nicht in den Rahmen des Kunsthistorischen Museums gehörten«[1].

Während der langen und konfliktreichen Planungsgeschichte der Hofmuseen hatte Eitelberger unter anderem gegen den sozusagen ›privaten‹ Status der kaiserlichen Sammlungen polemisiert und der ›Verstaatlichung‹ der Museen das Wort geredet. Die (im übrigen bis heute teilweise ungeklärte) Rechtsform der Verfügung über die habsburgischen Sammlungen ließ schließlich die Idee einer Verbindung von kunsthistorischem und kunstgewerblichem Museum als nicht mehr verfolgbar erscheinen. Ferstel, der bereits im Zuge der Planungen für die Hofmuseen eine Art Verbindungstrakt geplant hatte, der kunstgewerblichen Zwecken gewidmet sein sollte, erhielt nun 1866 den Auftrag zur Planung eines eigenständigen Kunstgewerbemuseums – ein Auftrag, der 1867, im Jahr ihrer Gründung, um den Auftrag auch zur Errichtung der Schule erweitert wurde.[2] Ferstel, der ja bereits die Adaptierung des Ballhauses für die Eröffnung des Kunstgewerbemuseums vorgenommen hatte, konnte bereits für den Bauplatz »nächst der Stubentorbrücke« planen.[3] Dieser Bauplatz, der, unmittelbar an der Ringstraße gelegen, dem Museum und der Schule durch die prominente städtebauliche Situierung besonderen Rang verlieh, fand ausgerechnet im Wiener Gemeinderat Kritik. Und zwar, weil er nicht in der unmittelbaren Nähe der ›eigentlichen Industriebevölkerung‹ angesiedelt sei und daher das Museum seine Zweckbestimmung nicht wirklich würde erfüllen können. Nach einer langen Debatte im Gemeinderat, in der man über städtebauliche und ästhetische Fragen diskutierte (zum Beispiel über das Verhältnis zum angrenzenden Stadtpark und zur benachbarten Franz-Josephs-Kaserne), faßte man den Beschluß, das Museum »möglichst« in die »Nähe der übrigen Museen und der eigentlichen Industriebezirke Wien's zu verlegen«[4], dorthin, wo »das größte Contingent der eigentlichen Industriebevölkerung wohnt«, nämlich nach Mariahilf oder Neubau. Da aber im Gemeinderat selbst kein alternativer Bauplatz genannt werden konnte, verlief diese ›Opposition‹ – die sich übrigens nie gegen das Museum, sondern immer nur gegen den Bauplatz an der Ringstraße gewandt hatte – im Sand.[5]

1867 wurde der Bauplatz definitiv dem Museum übergeben, im Dezember stellte Ferstel seinen zweiten Entwurf fertig, im März 1868 erfolgte die kaiserliche Baugenehmigung und im Herbst der Baubeginn – wobei man zugleich das anschließende Grundstück für die Errichtung der Kunstgewerbeschule reservierte. Am 4. November 1871 erfolgte die feierliche Schlußsteinlegung in Anwesenheit des Kaisers, und das Museum eröffnete mit einer Ausstellung ›Kunst und Industrie‹.

Das Kunstgewerbemuseum ist streng genommen

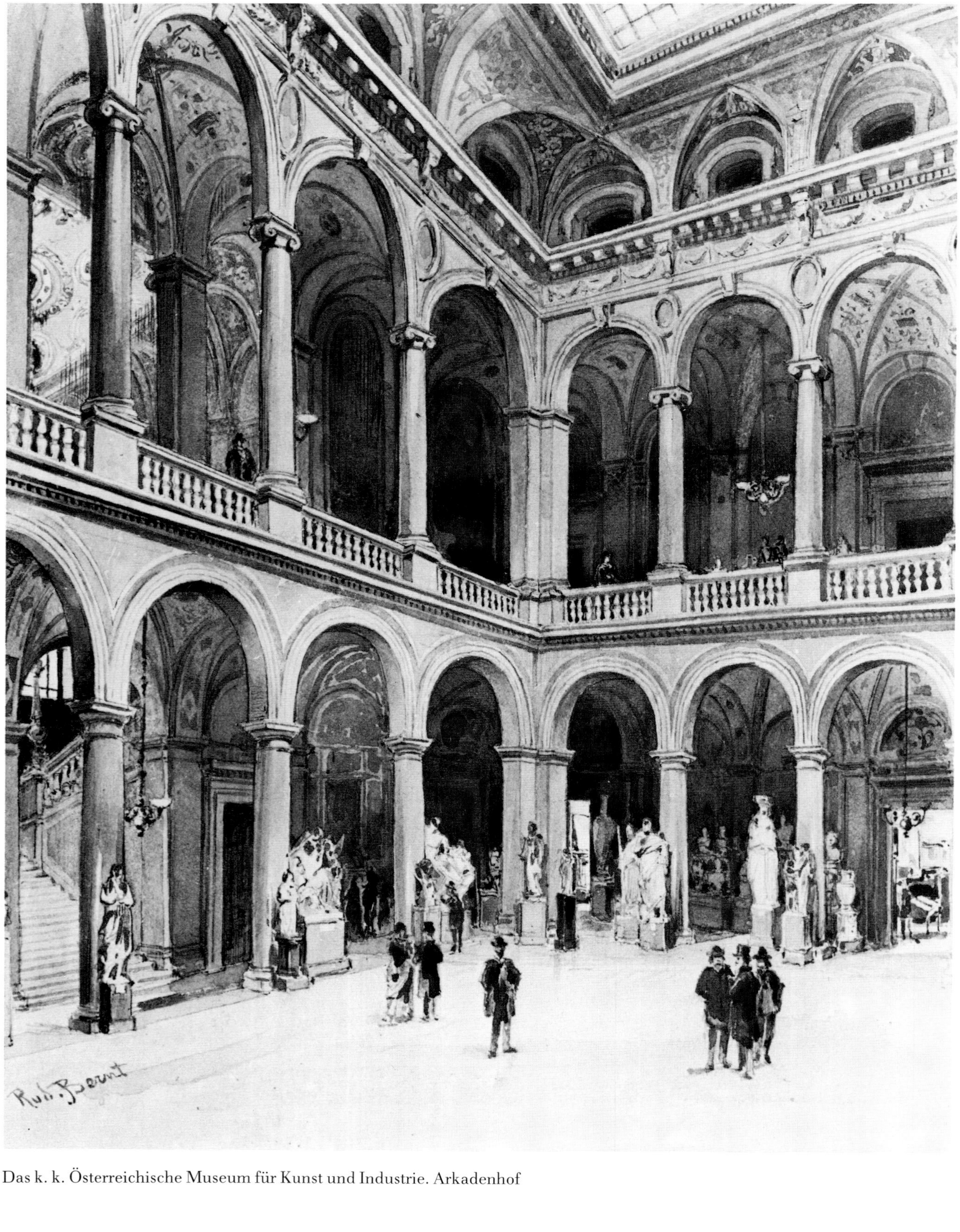

Das k. k. Österreichische Museum für Kunst und Industrie. Arkadenhof

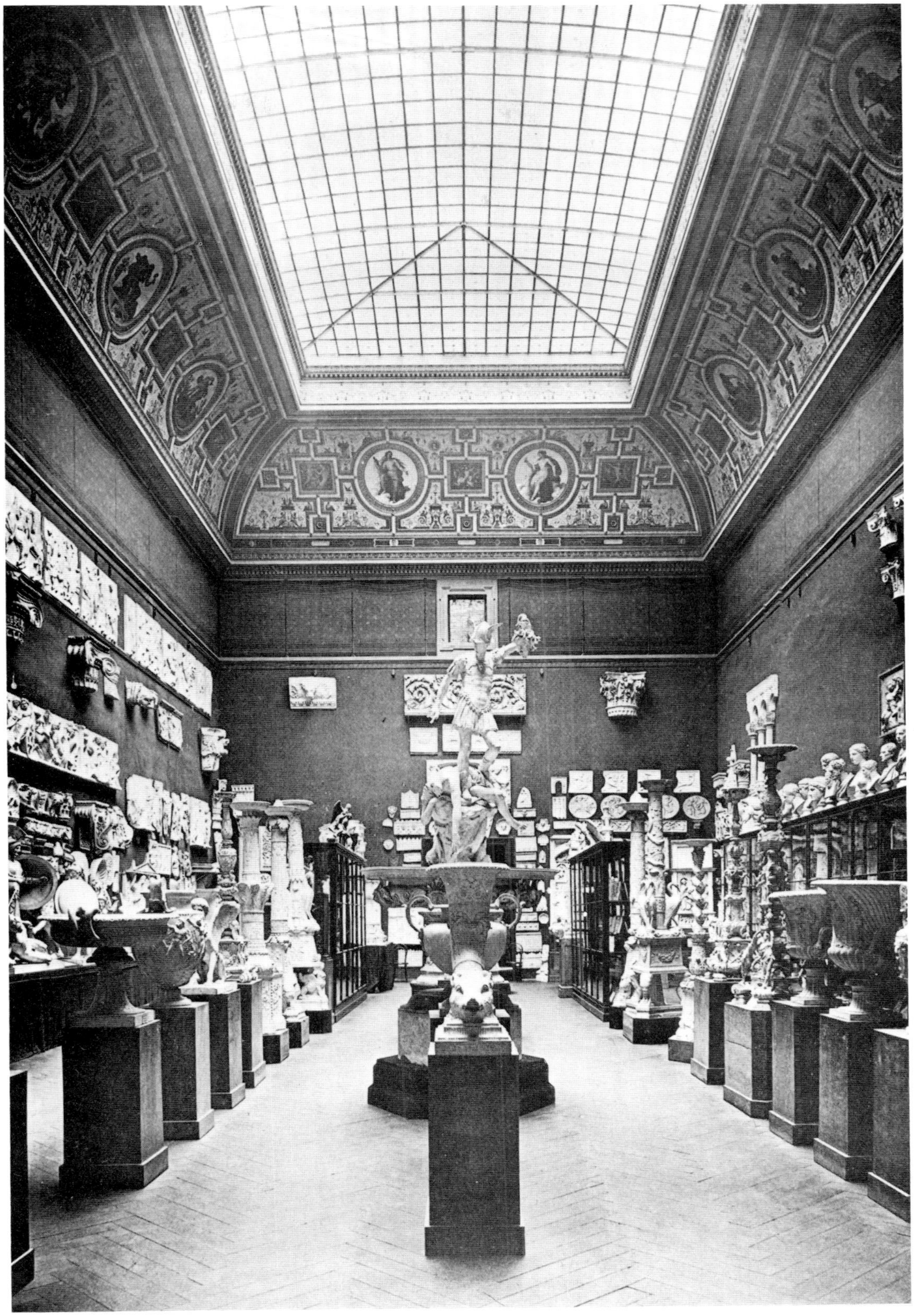

Österreichisches Museum für Kunst und Industrie. Saal im Erdgeschoß

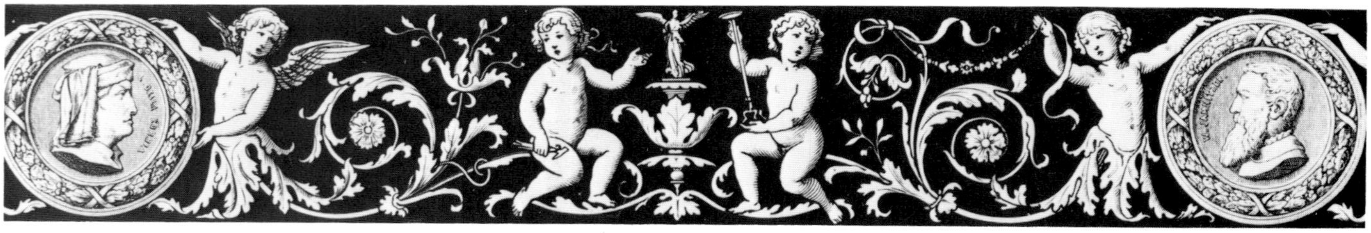

Von Ferdinand Laufberger entworfene Sgraffito-Friese, aus: Vorlagen für Möbel und Decorationen. Ausgeführte Arbeiten vorwiegend nach Entwürfen der hervorragendsten Meister der Neuzeit. Aus den Blättern für Kunstgewerbe. Wien o. J. (ca. 1890)

Wiens erster Museumsbau. Theophil Hansens ›Arsenal‹ innerhalb der gleichnamigen Militäranlage war nur unter anderem musealen Zwecken gewidmet. Erst Ferstels Bau ist als ein gänzlich Musealzwecken verpflichtetes Bauwerk anzusehen, das sowohl bezüglich der Raumaufteilung als auch hinsichtlich der Ausstattung als Visualisierung der Idee des Museums als Bildungsinstitution gelten kann.

Das Gebäude, das zunächst für Museal- *und* Schulzwecke diente (bis zur knapp darauf erfolgten Errichtung des Schulneubaus), hat sein Zentrum im überglasten Arkadenhof, dessen Architektur und Ausstattung ihn als nobilitierten Raum ausweisen und für festliche Veranstaltungen beziehungsweise Ausstellungen prädestinieren. Für die Schauräume wählte Ferstel ein hofloses, basilikales System, dessen durch zwei Geschosse reichende, überglaste Oberlichthallen, zusammen mit den schmäleren und niedrigeren Seitenlichträumen, sowohl befriedigende Beleuchtungsverhältnisse als auch Aufstellungsmöglichkeiten boten. Die großen Hallen waren für architektonische und textile Ausstellungsgruppen gedacht.[6] Der zentrale Arkadenhof dient zugleich als kommunikatives Zentrum, von dem aus alle Teile des Museums erreichbar sind – das Obergeschoß über eine in der Achse des Hofs liegende, repräsentativ ausgestattete Treppenanlage. Der relativ einfachen, museal zweckentsprechenden Gliederung des Grundrisses entspricht der ebenso klare dreirisalitige Aufriß des Außenbaus.

Auf den ersten Blick wirkt das Kunstgewerbemuseum im Vergleich zu anderen Ringstraßenbauten in Dimension und Ausstattung bescheiden; tatsächlich erhebt das Bauwerk in Stilwahl, Ausstattung und in den angewendeten Kunsttechnologien einen beinahe schon gesamtkunstwerkhaften Anspruch, der nicht bloß den ›Zweck‹ des Gebäudes zeigen, sondern die Bedeutung des Kunstgewerbes ›materiell‹ (durch Verwendung neuartiger Kunsttechniken) und ›ideell‹ (durch das Zusammenwirken von Architektur und verschiedenen Zweigen der Kunstindustrie beziehungsweise durch die Programmatik der Ausstattung) veranschaulichen sollte.

»Wenn man zur Stelle des früheren Stubentores die Ringstraße herauf- oder herabkommt«, schrieb die ›Neue Freie Presse‹ anläßlich der Eröffnung, »so fällt das geschmückte Gebäude des Museums, allein und frei gelegen und von imponierender Länge, schon von weitem her ins Auge. Sein farbiges Aeussere, die rothen Ziegelflächen zwischen den Hausteinen, die Friese und Füllungen von Sgraffiten mit den glasirten Medaillons darin zeigen uns sofort, dass wir ein echtes Werk aus dem Geist und dem Styl der Renaissance vor uns haben, ein Kind der heitern, farbenfrohen Kunst des sonnigen Italien aus seiner schönsten Zeit. Es ist in der That einmal ein Werk, das so ganz jenen Geist athmet, der die Kunst des Südens durchglüht; jener Geist, der sich nicht mit der blossen Form, nicht mit Schatten und Licht, mit scharfen Linien, mit dem starren Stein befriedigt fühlt, der auch reizvolles Ornament und vor Allem Farbe als

nothwendiges Element betrachtet und erst in der Vereinigung von Architektur, Bildhauerei und Malerei die Vollkommenheit des Bauwerkes erblickt.«[7]
Der Renaissance-Stil des Museums, konzentriert im von italienischen Palast-Innenhöfen abgeleiteten ›Säulenhof‹[8], visualisiert die Normativität des Stilanspruchs, eines Stilideals, das damals auch die kunstgewerbliche Produktion und Lehre beherrschte. Die Anwendung neuartiger oder wiederbelebter Kunsttechniken sollte sozusagen materiell den Anspruch des Museums ausdrücken. Die Verwendung von Groteskenmalerei, von Sgraffiti, Majoliken, Scheinholzintarsien aus Tapeten etwa, nach Vorarbeiten und Entwürfen von Lehrern der Schule, Laufberger und König, ausgeführt, veranschaulichten den ästhetischen und technischen Fortschritt des Kunstgewerbes.[9] Zu Stil und Technik tritt als drittes Moment die Allegorisierung des Zwecks des Bauwerks durch die Ausstattung: Die Arkaden erhielten eine Ausmalung »im Genre von Raffael's Loggien«[10], die Verwendung von farbig glasiertem, gebranntem Ton wurde als ›Imitation‹ der Arbeiten der Familie della Robbia verstanden, und auch ein großer Teil der Porträtmedaillons huldigte der italienischen Kunst: Ghiberti, Cellini, Donatello, Bramante – insgesamt eine ›Renaissance‹ der Renaissance, eine Huldigung an das große, ästhetisch, technologisch und sozial verbindliche Vorbild der italienischen Renaissance.
Die Aufnahme von Künstlern wie Dürer, Fischer von Erlach und die Komplettierung der Reihe der Künstlerporträts bis hin zu Schinkel verweist auf die bei Museumsbauten beliebte ›Genealogie‹ der Künstlergenies, die die Bildungsgeschichte der Kunst personifizieren und die konstitutive Rolle des großen Individuums (nicht nur) in der Kunstgeschichte veranschaulichen.
Im Inneren des Bauwerks dient die Treppenanlage als kommunikativer Brennpunkt: doch nicht (wie zum Beispiel die Treppenanlage des Kunsthistorischen Hofmuseums) der Darstellung herrscherlicher Kunstmäzenatengunst, ebenso aber auch nicht der Selbstrepräsentation der Besucher, sondern, in Verbindung mit dem Arkadenhof, der Darstellung der Rolle der Künste. Im Treppenhaus fand, nach Entwürfen Laufbergers, Venus im Kreise von Architektur, Malerei, Skulptur und Kunsthandwerk ihre Darstellung, mit der Bedeutung, daß »durch die Pflege und Verbindung der bildenden Künste . . . die Schönheit neu geboren werden« sollte.[11]
Als ›ideologisches‹ Zentrum wurde das Treppenhaus übrigens nach und nach durch Stiftungen von Denkmälern, zum Beispiel für Eitelberger und Rainer, aufgewertet. Der Arkadenhof diente vor allem der Aufstellung von Kunstwerken des menschlichen Abbilds, dem antiken Ideal – wenn auch nur in Form von Gipsabgüssen. Das Museum folgte dabei der Tradition vieler Kunstmuseen, die plastische menschliche Figur jeweils ins Zentrum musealer Präsentation zu rücken. Am Außenbau waren – heute kaum noch erkenn- und entzifferbar – die Künste in Frauengestalten allegorisiert.
Schließlich und endlich sollte das Bauwerk selbst ein Beispiel der gelungenen Rekonstruktion der Einheit der Künste sein, wie sie in der ›Kunstblüte‹ der italienischen und deutschen Renaissance idealtypisch verwirklicht schien. »Die decorativen Künste wirken bei diesem Bauwerke, wie die einzelnen Instrumente eines gut geschulten Orchesters; sie treten nirgend vereinzelt hervor, sie machen sich nicht geltend auf Kosten des Ganzen. Sie stimmen auch in dem Farbenklange zusam-

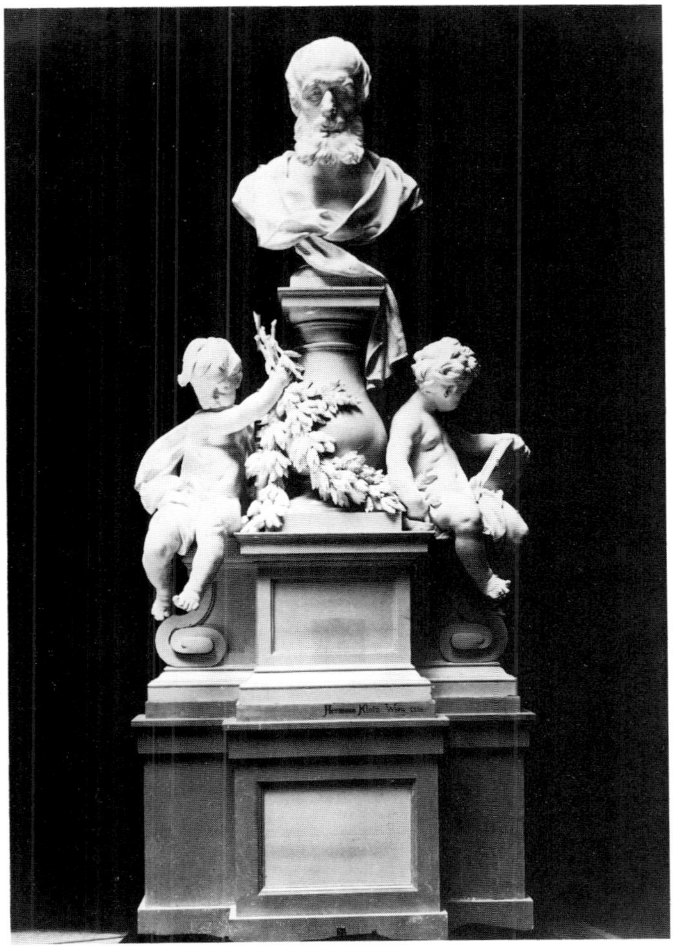

Denkmal für Rudolf von Eitelberger im k. k. Österreichischen Museum für Kunst und Industrie von Hermann Klotz (1886)

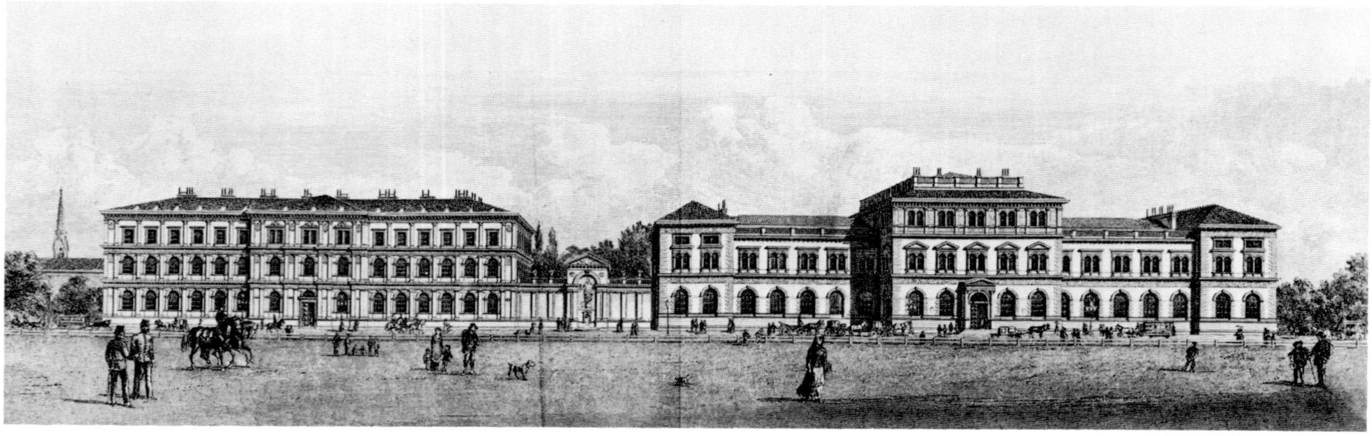

K. K. Österreichisches Museum für Kunst und Industrie und Kunstgewerbeschule

men, sie erfreuen das Auge, ohne es zu blenden oder zu beleidigen. Das gute Materiale kommt dem Systeme der Decoration zu statten und ist selbst eine der Grundbedingungen architektonischer Schönheit . . . Denn das Geheimnis: künstlerische Schönheit, das hat schon der Altmeister Goethe gelehrt, liegt in der Harmonie, also in der Architektur speciell in der Harmonie der Farben und des Materiales zu dem ganzen Baue; und diese Harmonie, selten angestrebt, noch seltener erreicht, geht durch den ganzen Innenbau und übt jene bezaubernde Wirkung, deren Zeugen in diesen Räumen wir Alle sind.«[12] Nicht ›Nachahmung‹, (Stil-)›Kopie‹, sondern praktischer Nachweis der Möglichkeit einer geglückten Verbindung von Kunst und Industrie im Geist der Renaissance sollte das Bauwerk sein, Produkt jener Bildungsanstrengungen, denen das Institut zu dienen hatte: »Alle, welche als Lernende diese Anstalt betreten: die Zöglinge der Kunstgewerbeschule, die zahlreichen Handwerker und Industriellen, die das Museum besuchen, Alle werden aus der Art und Weise, wie das Gebäude verständig disponirt, bis in das kleinste Detail stilvoll in solidem Materiale durchgeführt ist, die Lehre entnehmen, dass so wie der gute Geschmack, auch das solide Materiale nicht gleichgiltig ist, wenn eine allseitig befriedigende Wirkung hervorgerufen werden soll.«[13] Der Außenbau ist, trotz mancher schmückender Elemente und der Farbigkeit, ein im Vergleich zu anderen Ringstraßen-Monumentalbauten bemerkenswert schlichtes Beispiel eines Bildungsbaus; noch darin zeigt sich das Museum der Ideologie der Utilität verpflichtet, dem das Museum als Lehranstalt ›nützlicher Schönheit‹ gehorchte. Auch das Innere des Baus, das heißt die eigentlichen Schauräume, wurden nur ganz sparsam dekoriert und sollten durch die Lichtführung, die Ausstellungsobjekte sowie deren Arrangement wirken.[14] Durch seine einfache Gestaltung »unterscheidet es sich« (das Museum; G. F.) »vortheilhaft von anderen gewöhnlichen industriellen Zwecken gewidmeten Bedürfnissbauten und es ist jedenfalls durch den Zweck, ›eine der Kunst und Industrie gewidmete Städte zu errichten‹, dem Architekten die Aufgabe gestellt, sowohl durch schöne Verhältnisse, durch eine correcte, wenn auch einfache Gliederung und durch rationelle Anwendung der technischen Mittel dem Bauwerke jenen höheren Rang zu sichern, welchen dieses Gebäude bei aller Schlichtheit der Erscheinung erheischt.«[15]

Schlichtheit der Erscheinung, dabei aber eine mit Industriebauten unverwechselbare Monumentalität, kennzeichneten auch das architektonische Konzept für die Kunstgewerbeschule. Nachdem man einen an das Museum anschließenden Bauplatz rechtzeitig reserviert hatte,[16] vollendete Ferstel 1873 sein erstes Projekt für die Schule. Ein Jahr später – nach Modifikation der Pläne – erfolgte der Baubeschluß durch den Kaiser und die Genehmigung durch den Wiener Magistrat.[17] 1875 wurde mit dem Bau begonnen, der 1877 vollendet war – und sofort den inzwischen erweiterten Bedürfnissen der Schule nicht mehr entsprach: obwohl die Vorbereitungsschule im zweiten Stockwerk des Museums untergebracht blieb und ein weiteres Gebäude (das ehemalige St.-Annen-Gebäude) für Zwecke der Schule genutzt wurde, war bereits nach dem Einzug der gesamte verfügbare Raum besetzt. Die ›Raumfrage‹

blieb eines der Hauptprobleme der Schule und steckte allen Reformversuchen enge Grenzen. Vor allem die ab 1900 forcierte praktische Schulung, die notwendigerweise die Einrichtung von Werkstätten voraussetzte, konnte deshalb nur rudimentär verwirklicht werden.
Noch viel stärker als beim Museum wurde beim Schulbau, nicht zuletzt aus Sparsamkeit, an den utilitären Zweck des Gebäudes gedacht. Der Bau hat einen einfachen Grundriß und eine einfache, auf die des Museums ›antwortende‹ Gliederung, bei der nur die dreigeschossige »Würdeform« mit der Staffelung der Säulenordnungen[18] und die Ausbildung eines flachen Mittelrisalits das ›Fabriksmäßige‹ des Bauwerks relativieren. Zurückhaltender als am Museum zeugen Farbigkeit und Dekor vom Leistungsstandard des Kunstgewerbes – etwa Porträtmedaillonköpfe (nach Entwürfen Laufbergers), die in einer von Kosch im chemisch-technischen Versuchslabor des Museums entwickelten Emailfarbentechnik ausgeführt wurden und die verschiedene Kunstlandschaften symbolisieren.
Schule und Museum wurden durch einen Gang verbunden, einen Verbindungsbau, der an der Ringstraßenfront einen Brunnen und ein Mosaik erhielt, das, von Laufberger entworfen und für die Kunsthalle der Weltausstellung gedacht, an seinem neuen Platz die Verbindung von Kunst und Wissenschaft in der Verbindung von Schule und Museum symbolisieren sollte. »Die Kunstgewerbeschule ist . . . der einzige echte Nutzbau in der langen Abfolge der repräsentativen Gebäude der Ringstraße. Ferstel legte dennoch das Hauptgewicht auf Errichtung eines rein funktionsgerechten Bauwerks, also auf die innere Struktur, und enthielt sich aller Repräsentationsansprüche für dieses Gebäude.«[19]
Auch für den Schulbau stand außer Frage, daß er in den Stilformen der Renaissance errichtet werden müsse: »Es kann wohl keinem Zweifel unterliegen, dass es keinen zweiten Schulbau in Wien gibt, der den Anforderungen des Renaissancestils in so vorzüglicher Weise entspricht als der Bau der Kunstgewerbeschule. Vornehm in den Linien und in den Verhältnissen, ohne mit Ornamenten überladen zu sein, kommt bei ihm die architektonische Schönheit vollständig zur Geltung. Der Renaissancestil und der Materialrohbau, der jetzt in Wien so selten geübt wird, treten hier in harmonischer Verbindung auf. Wie das Aeussere, so ist auch das Innere von einfacher Schönheit . . . In kunsttechnischer Beziehung kommen bei diesem Baue zum erstenmale die Fliesen von der Wienerberger Ziegelfabriks-Actien-

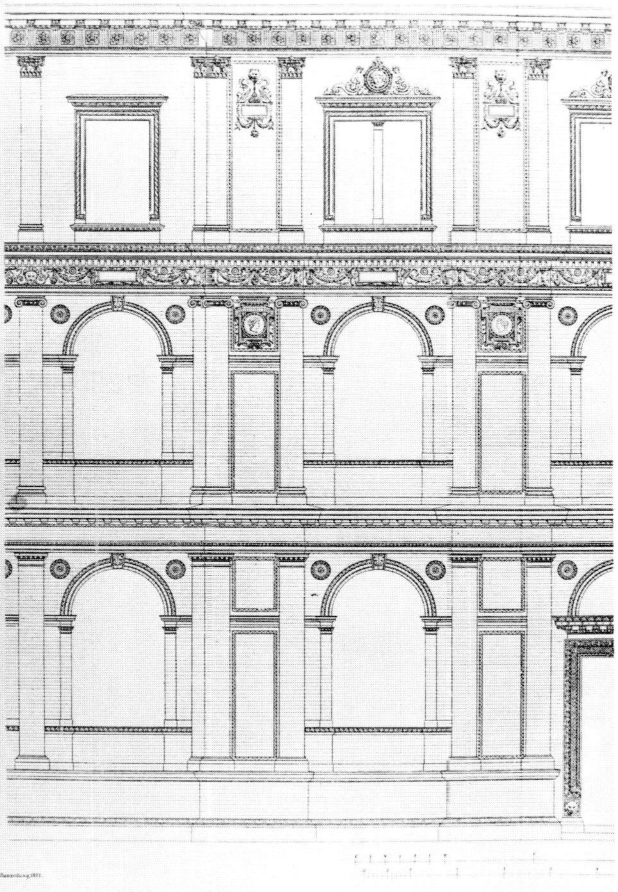

Kunstgewerbeschule des k. k. Österreichischen Museums für Kunst und Industrie. Detail der Fassade

Kunstgewerbeschule des k. k. Österreichischen Museums für Kunst und Industrie. Grundriß des ersten Stocks

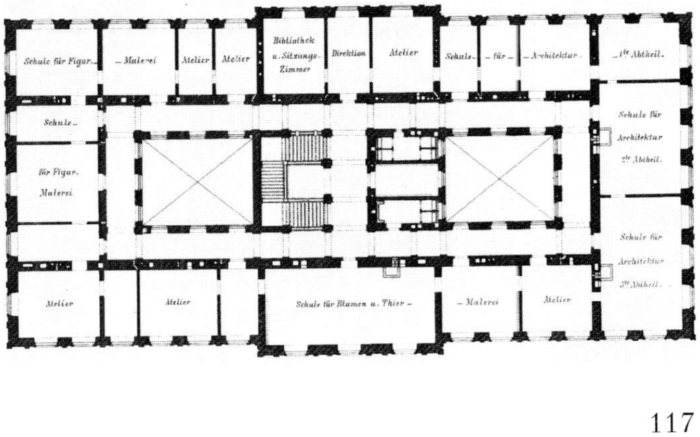

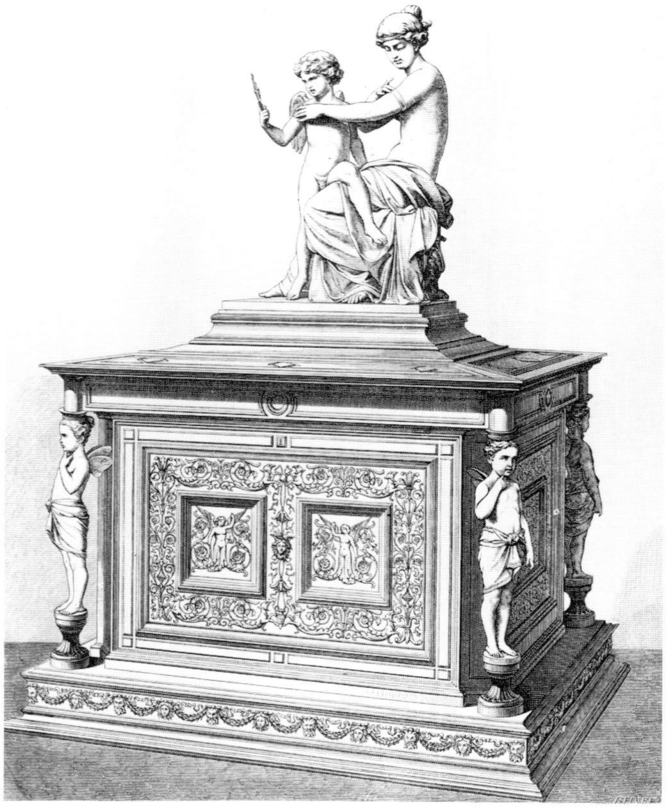

Schmuckkasten. Entwurf: Otto König und Alois Hauser. Aus: Vorlagen für Möbel und Decorationen. Ausgeführte Arbeiten vorwiegend nach Entwürfen der hervorragendsten Meister der Neuzeit. Aus den Blättern für Kunstgewerbe. Wien o. J. (ca. 1890)

gesellschaft zur Verwendung, und sind dieselben vollkommen ebenbürtig denjenigen Fliesen, wie sie in der rheinländischen Fabrik von Mettlach erzeugt werden. Sehr interessant sind die an der Facade etwas hoch angebrachten Köpfe, welche von Professor Laufberger mit Kosch'schen Emailfarben gemalt wurden. An der Facade der neuen Kunstgewerbeschule und früher an jener des Museums sind neue Kunsttechniken zur Anwendung gekommen, nämlich die Sgraffito-Technik, die Schmelzmalerei mit Kosch'schen Farben, abgesehen von der Mosaiktechnik, welche durch das von Professor Laufberger entworfene, von Salviati in Venedig ausgeführte Bild der Minerva vertreten ist. Die Sgraffiten von Laufberger am Museum waren für diesen ganzen Decorationszweig bahnbrechend in Oesterreich und haben dieser Technik selbst bis über dessen Grenzen hinaus Eingang verschafft. Es ist zu erwarten, daß auch die Anwendung der Kosch'schen Emailfarben und die Fliesen unserer Wienerberger Ziegelfabrik bald Anklang im Publicum finden werden, wie dies bei der Sgraffito-Technik der Fall gewesen ist.«[20]

Zumal für Eitelberger, der hier in extenso zitiert wurde, um noch einmal die Einheit von theoretischen und praktischen Vorstellungen, von denen er durchdrungen war, zu demonstrieren, stand es außer Frage, daß die Rezeption der Renaissance mehr sei als nur eine ästhetische Frage. Worum es ging, war nicht nur eine ›Wiedergeburt‹ der Künste und die Wiederherstellung ihrer Einheit, nicht so sehr die Repetition eines Stils als vielmehr die Wiedergewinnung einer umfassenden, neuen kulturellen Qualität – etwa nach dem Motto: » . . . unsere Zeit hat eben auch ihre Renaissenceprobleme durchzumachen wie das 15. und 16. Jahrhundert – und zwar eine Wiedergeburt unter viel komplizierteren . . . Voraussetzungen.«[21] Schule und Museum sollten Institutionen dieser Wiedergewinnungsarbeit sein. Eitelberger zum Beispiel sah dafür im akademischen Unterricht und im Ausstellungswesen ansonsten keine Voraussetzung und beklagte sowohl das Zerbrechen der Einheit der Künste als auch den Niedergang einzelner Kunstzweige – etwa der Historienmalerei, die durch »Costüm-Malerei« ersetzt worden sei.[22] Seine Überlegungen zielen daher nicht bloß auf das Kunstgewerbe, sondern auf die Künste im allgemeinen, wobei das Kunsthandwerk als Inbegriff ›angewandter Schönheit‹ eine enorme Aufwertung erfährt; dementsprechend fungieren auch die kunstgewerblichen Bildungsinstitutionen nicht bloß als Orte schulischer Wissens- und Erfahrungsvermittlung, sondern als gewissermaßen gesellschaftstherapeutische Institutionen. »Bei Renaissance-Bauten kommt es nicht darauf an, daß in den Formen der Renaissance überhaupt gebaut wird, sondern es müssen auch der Bildhauer und der Maler von den Principien und dem Geiste der Renaissance lebendig durchdrungen sein, Sie müssen, das zeigt uns der Museums-Bau, sich ihres Künstlertums bewußt sein und geistig schaffend an dem Werke mitarbeiten.«[23]

Wie wenig diese Renaissance-Rezeption von rein ästhetischen Gesichtspunkten allein geleitet war, entnimmt man Formulierungen wie denen Falkes, der von der Renaissance als jener »eminenten Kunstperiode« spricht, wo eine ausgewogene Wechselwirkung von »Erfinden und Schmücken« und der »Vollkommenheit der Ausführung« bestanden habe,[24] wobei »Willkür, Caprice und Regellosigkeit« vermieden worden seien.[25] Selbstverständlich werden hier nicht bloß Elemente eines idealistischen Kunstbegriffs sichtbar, der von der ›harmonischen‹ (man vergleiche Eitelbergers Ausführungen zur Architektur des Kunstgewerbemuseums und der Kunstgewerbeschule weiter oben) Übereinstimmung des Einzelnen und Besonderen mit dem Ganzen – zum Beispiel – spricht, sondern auch ethische Momente, etwa in der Wertschätzung gediegener Handarbeit und in der Übereinstimmung von Zweck, Gebrauch und Form. Dadurch, daß Falke ›Caprice und Regellosigkeit‹ dem Rokoko zuschreibt, wird etwas von der sozialhistorischen Abgrenzungsarbeit deutlich, die das Bürgertum auch kulturell zu leisten bemüht war und die auch in der bis gegen Ende des 19. Jahrhunderts andauernden Abwertung des Empire greifbar ist (die erst in der Wiener Biedermeierrezeption überwunden wird – folgenreich für die Kunstgeschichte wie für das Kunstgewerbe).

Doch auch dieses Verständnis der Renaissance hebt sich vor einem Horizont ab, vor dem die krisenhafte Situation der Kultur nach wie vor sichtbar blieb; die Beschwörung der Renaissance, »weil sich innerhalb ihrer Formen Zweckmäßigkeit und Schönheit für unser Bedürfnis, für unser Gefühl am besten vereinigen lassen«[26], bezieht uneingelöste Ansprüche auf eine Kunstepoche, in der der rückwärts gewandte Blick gleichermaßen ästhetische und utilitäre Bedürfnisse befriedigt sah und die – in harmonischer Übereinstimmung von Form, Inhalt und Zweck – von jenen Krisensymptomen freigehalten schien, wie sie das 19. Jahrhundert kennzeichneten.

Wie brüchig dieses Verständnis der Rolle der Kunst war, läßt sich beispielsweise an den Schriften Eitelbergers vielfach nachweisen. In einem 1871 verfaßten Beitrag konzentriert er seine Kritik im Begriff des »Luxus« als »Krebsschaden der Gesellschaft«. Dieser kommt seiner Meinung nach aus der Dichotomie von Bildungsbürgertum und »Geld- und Adelsaristokratie«, das heißt von ›wirklich vornehmen und gebildeten Menschen‹ und solchen, denen die Kunst »eben mehr ein Zeugnis des Reichthums als der Bildung ist«. Die Geld- und Adelsaristokratie würde »modische Richtungen cultivieren« und nach »Tageseffecten« sowie nach »decorativen Effecten« suchen – kurzum: nach einer »Kunst des leeren Scheins«.[27]

Eitelberger sieht sein Kernanliegen der ›gesellschaftlich bildenden‹ Funktion der Kunst gefährdet und versucht, diese Gefährdung in sozialen Prozessen zu ergründen. Es zeigt sich, daß sich soziale Distinktionen nicht mehr mit kulturellen decken, daß unter dem Druck der wirtschaftlichen Entwicklung die Idee einer ethisch und ästhetisch die Gesellschaft ›läuternden‹

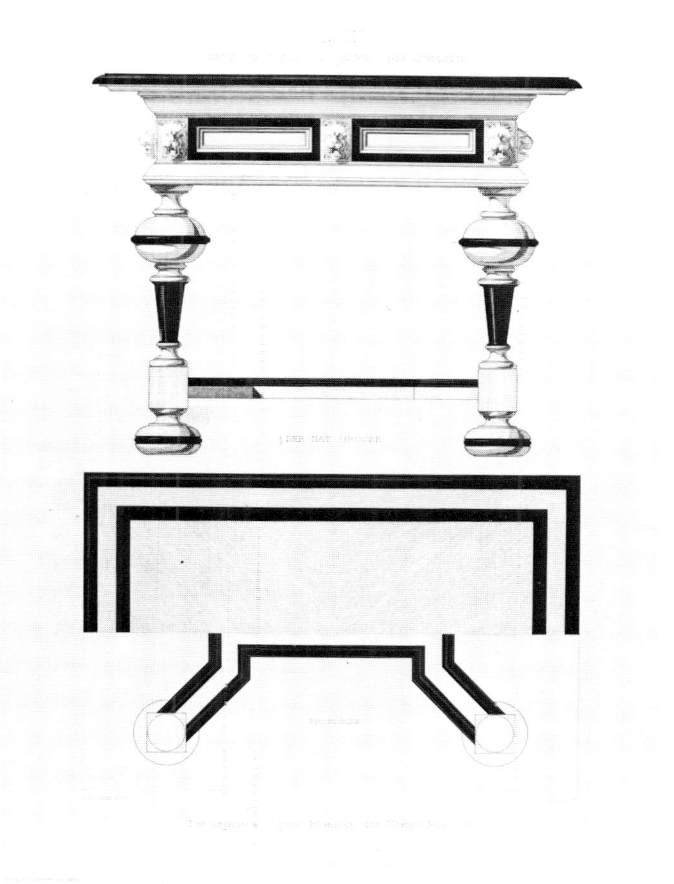

Josef Storck: Tisch. Deutsche Renaissance. 16. Jahrhundert. ›Original-Aufnahme‹. Aus: Kunstgewerbliche Vorlage-Blätter für Real-, gewerbliche Fach- und Fortbildungsschulen im Auftrage der Kais. Kön. Ministerien für Cultus und Unterricht und des Handels herausgegeben von Josef Storck. Wien o. J.

Kunst nicht mehr haltbar ist. »Wirkliche Kunstbildung«, von Eitelberger ausdrücklich als kritisches Unterscheidungsvermögen auf dem Feld der Ästhetik *und* Ethik definiert, erhält so etwas Altertümliches und Defensives, verliert ihre emanzipativen Qualitäten und erweist sich als ohnmächtig gegenüber den durch den industriellen Fortschritt und sozialen Wandel ausgelösten Veränderungen. Die Wiedergewinnung der Renaissance geriert sich so als eine Art negativer Utopie, deren Einlösung gewissermaßen schon durch ihren überschwenglichen Anspruch dementiert erscheint – so wenn etwa Eitelberger von nichts weniger als einem neuen Hellas träumt: »Die Wiener Renaissance lehnt sich grossentheils an die italienische Renaissance an, hie und da, allerdings sehr vereinzelt und nie ohne

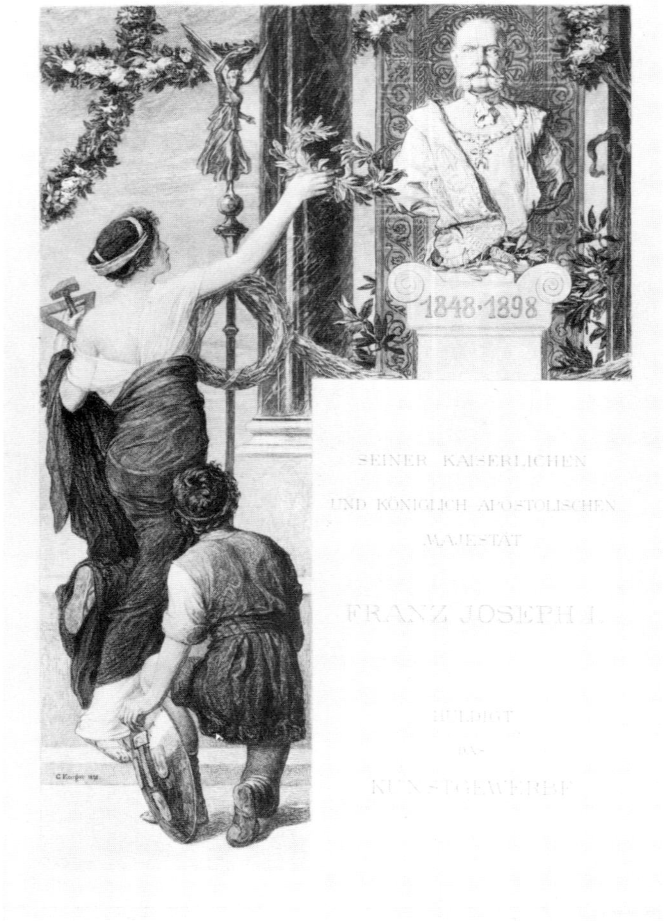

Karl Karger: Huldigungs-Allegorie (Aquarell). »Huldigung des Kunstgewerbes an Seine kaiserliche und königliche Apostolische Majestät Kaiser Franz Joseph I.« Teil der Adresse des Wiener Kunstgewerbe-Vereins aus Anlaß des fünfzigjährigen Regierungsjubiläums des Kaisers. Aus: Arbeiten der Österreichischen Kunstindustrie aus den Jahren 1868–1893. Zum fünfundzwanzigjährigen Jubiläum der Kunstgewerbeschule des k. k. Österreichischen Museums für Kunst und Industrie herausgegeben von der Direction. Wien 1893

fremdartigen Beigeschmack, an altgriechische Kunst. In diesem Anlehnen an Italien und Griechenland folgen unsere Künstler einem gesunden Instincte und wir können nur wünschen, dass sie sich in dieser Richtung nicht irre machen lassen. Denn all' unser künstlerischer Fortschritt beruht darauf, daß die *geistig reinigende Atmosphäre«* (Hervorhebung G. F.), »die aus Toscana und Hellas zu uns herüberstreicht, immer mehr sich verbreite.«[28]

Daß der umfassende gesellschaftstherapeutische Anspruch der Kunst und Kunstpflege unter den Bedingungen der wirtschaftlichen und gesellschaftlichen Entwicklung des letzten Jahrhundertdrittels nicht zu halten war, hat Eduard Leisching im nachhinein recht scharfsichtig erkannt: »Über Zweckdienlichkeit und Methode dieser Neubelebung zunächst der italienischen Renaissance und sodann . . . der Formensprache der deutschen Renaissance in Architektur und dem Gesamtgebiete der Innenkunst, welche von den Erbauern der Monumentalwerke der Ringstraße und jenen Führern des Museums und der Kunstgewerbeschule und dem großen Stabe ihrer Schüler und Jünger mit zäher Beharrlichkeit und bewunderungswürdiger Strenggläubigkeit durch Dezennien gepflegt und betrieben wurde, hat die nachwachsende Generation anders zu urteilen gelernt als jene Männer es sich versahen. Daß sie ihrerseits in allzuweitgehender Geringschätzung auf die francisceische Kunst zurückblickten und den in den fünfziger Jahren fallengelassenen Faden, an welchen anzuknüpfen gewesen wäre, weder suchten noch sahen, ist für uns heute zwar kein Rätsel, denn es liegt im menschlichen Wesen begründet, aber vielleicht Gegenstand des Bedauerns. Wenn man ihnen aber auch zum Vorwurfe macht, daß sie bei aller Versenkung, bei allem Sichverlieren in Vergangenheit und deren historisierende Erneuerung über die äußere Form in den innersten Kern der ewig vorbildlichen, ewig unnachahmlichen alten Kunst nicht eingedrungen seien, so sind sie daran unschuldig und oft haben sie selbst es beklagt, daß ihre Arbeit, ihr Eifer im Reformieren und Neuaufbauen der künstlerischen Kultur ihrer Tage in jene unglückselige Epoche des sogenannten volkswirtschaftlichen Aufschwunges gefallen sind, die so viel Großmannsucht, Überhebung, falschen Schein und Prunk mit sich gebracht, soviel überkommene sittliche Werte zerstört und alles dazu beigetragen hat, eine Fortbildung der heimischen Überlieferung für lange Zeit hinaus unmöglich zu machen.«[29]

Die Renaissance-Rezeption war allerdings auch von inneren Widersprüchlichkeiten bedroht. Gerade das Changieren zwischen ästhetischen und ethischen Normen machte die Konzepte künstlerischer Kultur anfällig für ihre Politisierung – und umgekehrt die Politik anfällig für Ästhetisierung. Gottfried Sempers Interpretation der Neo-Renaissance als »kosmopolitische(r) Zukunftsarchitektur«, in der eine »Synthese der beiden scheinbar einander ausschließenden Kulturelemente, nämlich des individuellen Strebens und des Aufgehens in der Gesamtheit« geleistet sein soll,[30] ist unschwer als gesellschaftspolitisches Modell – nach dem ästheti-

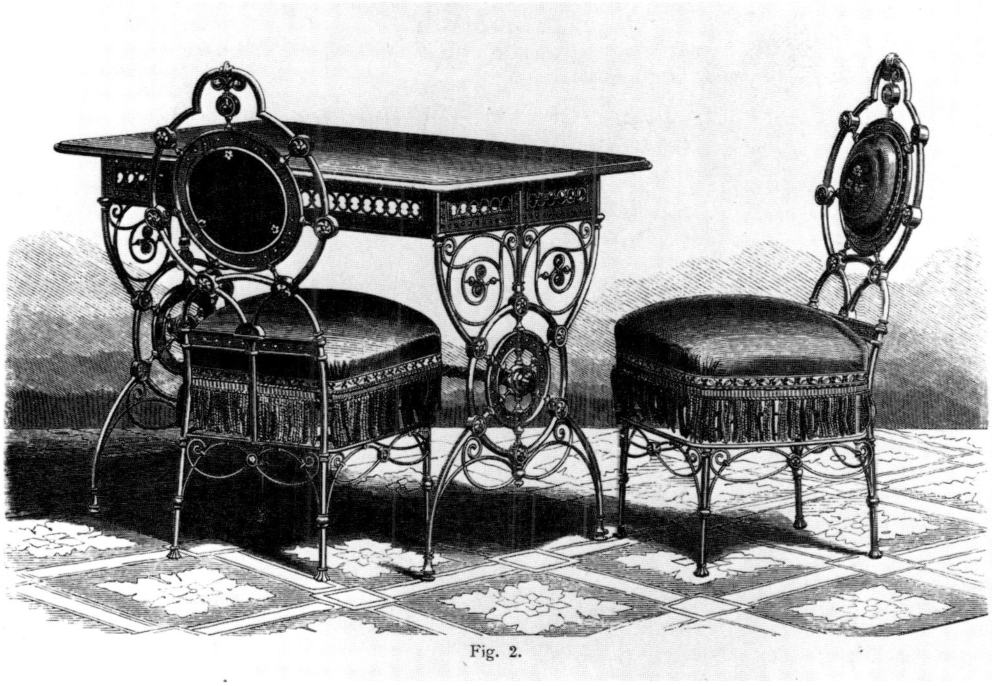

Josef Storck: Eisenmöbel. Aus: Vorlagen für Möbel und Decorationen. Ausgeführte Arbeiten vorwiegend nach Entwürfen der hervorragendsten Meister der Neuzeit. Aus den Blättern für Kunstgewerbe. Wien o. J. (ca. 1890)

schen, idealistischen Modell des Kunstwerks als harmonischer Totalität seiner Einzelmomente – zu lesen. Der Raum von einer Kunst und Kultur, in der zwanglos und exemplarisch individuelle Freiheit und gesellschaftliche Notwendigkeit vermittelt würden, erwies sich als allzu anfällig für die Instrumentalisierung im Rahmen nationaler bis chauvinistischer Politik (man erinnere sich zum Beispiel an Rudolf von Eitelbergers Hoffnungen, die er in den Deutsch-Französischen Krieg setzte). Der Renaissance-Stil konnte etwa als deutscher Nationalstil dem ›französischen Stil‹ entgegengesetzt werden, obwohl, wie wir gesehen haben, die Wiener Renaissance-Rezeption sich vor allem auf das italienische Vorbild bezog. Die Kunstgeschichte bestätigte überdies willfährig der französischen Renaissance eine »untergeordnete Stellung«[31]. Die Weltausstellung in Wien, 1873, die Kunstgewerbeausstellung München, 1876, mit der Sonderausstellung »Unserer Väter Werk«, und umfangreiche publizistische und wissenschaftliche Bemühungen, wie Hirts »Formenschatz der Renaissance« (1877), kamen dieser Interpretation der Renaissance entgegen. Nicht zufällig fällt das in die Zeit der Zuspitzung der politischen und ökonomischen Gegensätze, der ersten internationalen Krise des Kapitalismus und der wachsenden und bedrohlichen Erfahrung internationaler Konkurrenz, die den Traum der ersten Weltausstellungen auf Harmonisierung der – auch der wirtschaftlichen – Interessen aller Völker und Nationen zerstieben ließ.

Die emanzipative Idee einer Versöhnung von individueller Freiheit und übergeordneten Notwendigkeiten konnte nun in einen ästhetisch wie politisch gedachten Ordo-Begriff verkehrt werden, indem aus den künstlerischen und kulturellen Mustern die Ästhetisierung der Politik hervorgetrieben wurde: »Owen Jones gab uns in der Grammatik der Ornamentik ein ziemlich umfassendes Bild der wichtigsten Stylarten. Heute sind wir einen Schritt weiter, indem wir das Allgemeine aus dem Ueberlieferten aussuchen und für unsere Zeit verwerthen, und das nur historisch Merkwürdige dem Archäologen überlassen. Daß wir Deutsche als Culturvolk, nachdem wir die Erbschaft der Römer und Griechen übernommen, nun die grosse Arbeit durchführen, alles Gute, wo es auch herstamme, unserer Cultur zu vermählen, das gibt uns die Gewähr für die Herrlichkeit der neuen Kunstepoche, der wir entgegen gehen. Wir

finden in ihr, ohne es zu wollen den neuen Styl, der einfach darin besteht, daß wir Gesetz und Ordnung in Alles einführen, was wir in der Kunst schaffen, denn das ist der einzig wahre, Alles umfassende Styl, der existiert.«[32]
Das Etablieren der Renaissance zum verbindlichen Kunststil ging Hand in Hand mit der Kritik der Neogotik; was auf den ersten Blick wie ein ästhetischer Paradigmenwechsel aussieht, war in Wirklichkeit ein komplexer sozialer Prozeß, in dem wiederum auch ethische Qualitäten der Kunstproduktion und -rezeption zur Diskussion standen. Insofern dieser Vorgang einige Aspekte der Wechselbeziehung von Kunst(gewerbe) und Gesellschaft erhellt und indirekt weitere Aufschlüsse über die Renaissancerezeption gibt, soll diese Frage abschließend, in einem kurzen Exkurs, angeschnitten werden.

Getragen wurde die Gotik-Rezeption in Wien vom ›Gewerbe-Kunstblatt‹, das vom Dombaumeister von St. Stephan, Leopold Ernst, im Zusammenhang mit dem Niederösterreichischen Gewerbeverein, herausgegeben wurde – und zwar Ende der fünfziger Jahre. Obwohl dieser Stil bei liberalen Kreisen wegen seiner Gebundenheit an sakrale Formgelegenheiten als ›clerical‹, ›katholisch‹ und ›konservativ‹ galt,[33] wurde er als universal einsetzbarer Stil propagiert – also auch etwa für das bürgerliche Interieur. Die Kritik daran führte man als *ästhetische* Debatte, in England bereits in den vierziger Jahren, wo Pugin gegen die »unerschöpflichen Bergwerke des schlechten Geschmacks, Birmingham und Sheffield« wetterte.[34] Ja, im Museum des ›Department of Practical Art‹, der Vorläuferinstitution des South-Kensington-Museums, richtete man sogar eine eigene didaktische Abteilung ein, in der besonders abschreckende Beispiele derartiger ›Geschmacksverwirrung‹ versammelt wurden.[35] Sinnwidrig erschien vor allem die Übertragung der architektonischen Formen zum Beispiel auf Gegenstände des täglichen Gebrauchs, womit auch an religiöse Zwecke gebundene Kunstformen unzulässige Übertragungen und Verfremdungen erfuhren. Schließlich wurde in der Regel auch gegen die Materialgebundenheit zum Beispiel von Ornamentformen verstoßen, etwa wenn filigranes, in Stein gehauenes Maßwerk in Holz übertragen wurde – noch dazu auf Gebrauchsgegenstände, bei denen die Hantierungen mit dem Objekt die Anbringung derartig filigraner Elemente widersinnig machte. Mit anderen Worten: Hier wurde gegen die Ausgewogenheit von Kunst- und Zweckform verstoßen, gegen die Einheit von Brauchbarkeit und Schönheit. Und hier zeigten sich auch die Grenzen der Vermittlungsmethoden, etwa an der Übertragung konstruktiv-tektonischer Elemente durch Zeichnung in Flachornamente (zum Beispiel Laubsägearbeit). Hier wurde gegen die genuinen Kunstgesetze des ›kopierten‹ Stils selbst verstoßen und damit gegen den fundamentalen Anspruch, den Gesetzen der Kunst nachzuspüren und diese in autonomer, kreativer künstlerischer Arbeit für die Bedürfnisse der Gegenwart umzugestalten – also auch gegen die Idee der Harmonie von individueller, künstlerischer Freiheit und verbindlicher (Kunst)gesetzlichkeit. *Darin* überschritt die Kritik bloß ästhetische Fragen – wie auch in der Kritik am Parvenu, der, ohne Bildung, diese erborgte Schönheit goutieren würde.

Das ›Gewerbe-Kunstblatt‹ erlebte nur wenige Ausgaben und wurde – nach einem erfolglosen Reform- und Neuorientierungsversuch – eingestellt.

VIII
REFORMEN

In der Darstellung des Schulneubaus und des Museumsneubaus beziehungsweise der Renaissance-Rezeption wurde schon mehrfach auf die Situation der siebziger Jahre vorgegriffen – ebenso auf einige Aspekte der Wechselbeziehung zwischen allgemeiner politischer, ökonomischer und kultureller Situation und dem Kunstgewerbe.
Für die noch jungen kunstgewerblichen Bildungsinstitutionen, die eben erst in ihre neuen Häuser umgezogen und somit auch sichtbar als bedeutsame gesellschaftliche Einrichtungen ausgezeichnet waren, ergab sich bald die Notwendigkeit von Reformen – wobei vielleicht der Begriff ›Reform‹ zu hoch gegriffen ist; man kann eher von einem allmählichen inneren Strukturwandel sprechen, von schrittweisen Adaptionen an Erfahrungen, die man im Schulbetrieb gemacht hatte.
Ein sofort sichtbares Manko war die Überschätzung der Vorbildung der potentiellen Schüler; die Vorbereitungsschule mußte bis zur Hälfte aller neuen Schüler aufnehmen. Erweiterung und Anpassung des Lehrangebots der Vorbereitungsschule und Differenzierung im übrigen Unterricht – vor allem in den ergänzenden Fächern – waren daher die wesentlichen Änderungen, die die revidierte Schulordnung und der neue Lehrplan von 1872 brachten.[1]
Zur Vorbereitungsschule heißt es in dem neuen Statut: Sie »besteht aus zwei vollkommen von einander getrennten Abteilungen, dem Ornament- und Figurenzeichnen, denen je ein Professor vorsteht; vorläufig sind beide Abteilungen in einem Locale untergebracht.
1. Abteilung. Ornamentzeichnen, d. i. Zeichnen nach plastischen und Flachornamenten, ferner das Zeichnen und Aufnehmen kunstgewerblicher Gegenstände.
2. Abteilung. Figurenzeichnen, d. i. Zeichnen nach Gypsmodellen antiker Köpfe und einzelner Körperteile.
Bei der Wahl der Vorlagen wird speciell Rücksicht genommen auf die Fachschule, in welche der Schüler einzutreten wünscht, beziehungsweise auf das Fach, dem er sich später zu widmen gedenkt.
Für ordentliche Schüler der Vorbereitungsschule ist der Besuch beider Abteilungen obligatorisch und hat derselbe abwechselnd semesterweise zu geschehen.
Im Hinblick auf den künftigen Beruf kann der Schüler vom Besuche des Figurenzeichnens entbunden und zum ununterbrochenen Besuche des Ornamentzeichnens verpflichtet werden.
In der Regel hat der Besuch des ornamentalen Zeichnens jenem des figuralen vorauszugehen. Diese Reihenfolge wird außerdem mit Rücksicht auf den künftigen Beruf und die Fähigkeiten des Schülers und den in jeder der beiden Abteilungen disponiblen Platz bei der Aufnahme von der Direction bestimmt . . . Die Schüler haben während des Besuches die Vorlesungen über Projectionslehre, Perspective im ersten Jahre, Stillehre im zweiten Jahre zu hören und darüber Jahresprüfungen abzulegen.«[2]
Die bisherigen Nebenfächer, Projektions- und Schattenlehre, Perspektive, Anatomie, Stillehre, Lehre der Gefäße und Geräte, wurden zu regelmäßigen, je nach Curriculum des einzelnen Schülers auch verbindlichen Teilen des Unterrichts; Kunstgeschichte, Farbenlehre und Farbenchemie, Geschichte der Kunstindustrie und Volkswirtschaftslehre sollten fallweise angeboten werden und waren von den Schülern der Fachschule dann zu belegen, wenn es für ihren künftigen Beruf nützlich schien. Die Vorbereitungsschule wurde von zwei auf drei Jahre ausgedehnt, und für theoretische Fächer waren ab nun Prüfungen vorgesehen. Zusammen mit einer strengeren Regelung für Hospitanten gehörte dies zu den Maßnahmen, die eine stärkere Verreglementierung des Studiums bedeuteten.
An den Bestimmungen der einzelnen Fachschulen wurde nur hinsichtlich der präziseren Festlegung von ergänzenden und verpflichtenden Fächern etwas geändert. Der Passus über die Praxisorientiertheit des Unterrichts wurde minimal – aber signifikant – verändert: Wenn weit fortgeschrittene »Zöglinge« Aufgaben erhielten, so sollten nach »Thunlichkeit« von den Professoren solche »Compositionsaufgaben« gestellt werden, die auch in der Praxis, und zwar *an der Schule* selbst, ausgeführt werden könnten. Die ohnehin in den statutarischen Bestimmungen schwach verankerte Praxisgerechtigkeit des Unterrichts dürfte deswegen kaum merklich verbessert worden sein – wie man aus den

wenig später, in den achtziger Jahren, angestrengten Maßnahmen und an der Kritik an der Schule aus der Zeit um 1900, etwa bei Myrbach, entnehmen kann.
Ein weiteres großes Problem, mit dem die Schule von Anfang an konfrontiert war, stellte die Unbemitteltheit sehr vieler Schüler dar. Neben der Gründung der Gesellschaft zur Förderung der Kunstgewerbeschule (1869) erfolgten laufend Einrichtungen von Stipendien, Reisestipendien, Stipendien für bestimmte Kronländer, ein Stipendium vom Handelsministerium, eines vom Gewerbeverein beziehungsweise Stiftungen von Privaten, wie die des Freiherrn Louis von Haber-Linsberg, des Fürsten Schwarzenberg oder des Fürsten Johann von und zu Liechtenstein.
Eine weitere Neuerung, die die ›Reform‹ brachte, war die Einrichtung eines Kurses für Zeichenlehrer, womit die Schule eine zentrale Rolle innerhalb der Lehrerausbildung erhielt – wenn man an die Bedeutung des Zeichenunterrichts innerhalb der damaligen Schulbildung denkt. Es wurden Lehrer für Mittelschulen und für Gewerbeschulen ausgebildet. Der Kurs dauerte drei Jahre und umfaßte die Ausbildung im figuralen und ornamentalen Zeichnen, einschließlich von Kursen in Stillehre, Projektions- und Schattenlehre, Perspektive, Farbenlehre, Anatomie und Kunstgeschichte. Der Kurs wurde mit einer Prüfung, die vor dem Direktor der Schule, den Fachlehrern und Mitgliedern des Kuratoriums, abzulegen war, abgeschlossen. Die Absolventen erhielten ein Zeugnis. In der Prüfung wurden neben praktischen Fertigkeiten auch theoretische Kenntnisse verlangt, etwa die Kenntnis von Wilhelm Lübkes »Leitfaden für den Unterricht in Kunstgeschichte« und die von Bruno Buchers »Kunst im Handwerk«.
»Aber nichts ist geeigneter«, schreibt Eitelberger zu diesem Zeichenunterricht, den er sehr gewünscht hat, »den Sinn für Kunst in den Massen zu heben, als der Zeichenunterricht in den Volks- und Bürgerschulen; denn erst dann, wenn in den letztgenannten Schulen ein auch nur einigermassen geordneter Zeichenunterricht gegeben wird, erst dann wird der Boden vorbereitet sein, um eine bessere künstlerische Arbeitsleistung zu erzielen.«[3]
Läßt sich diese ›statutarische Reform‹ als eine Retusche unter dem Druck von Erfahrungen innerhalb der Schule begreifen, so gilt das nicht im gleichen Ausmaß für die Entwicklung in der zweiten Hälfte der siebziger und zu Beginn der achtziger Jahre. Die offensichtliche innere Krise der Schule – die vor allem in Dumreichers Polemik sichtbar wird – und äußere Umstände überkreuzten sich dabei. Da müssen offenbar Eitelbergers Erkrankung und autokratische Haltung gegen Lebensende manche Probleme aufgeworfen haben; zugleich warf die Krise der industriellen Entwicklung, die auch den Erfolg der Wiener Weltausstellung (von der man sich neue Impulse für das Kunstgewerbe erwartet hatte) verdunkelte, ihre Schatten auf Kunstgewerbemuseum und Kunstgewerbeschule und zwang zu einer erneuten Standortbestimmung.
Sein politisches und ökonomisches Erstarken ließ nun Deutschland als eigentlichen Kontrahenten Österreichs an jene Stelle treten, die eben noch Frankreich und England besetzt hatten. Das ›Aufholen‹ Deutschlands – auf der Münchner Kunstgewerbeausstellung für alle sichtbar geworden – hatte es zum ›Rivalen‹ werden lassen und die Konkurrenzsituation merkbar verschärft. Anläßlich der Eröffnung des neuen Museumsgebäudes hatte Eitelberger 1871 noch von der »geistigen und national-ökonomischen Selbständigkeit« als Grundbedingung nationaler Existenz gesprochen und davon, daß hier besonders die österreichische Kunstindustrie dazu aufgerufen sei, Impulse zur Eroberung ausländischer Märkte im Interesse der nationalen Selbständigkeit und Existenzsicherung zu geben. Die Überzeugung, daß diese »Lebensmaxime« der Nationen nichts mit dem »engherzigen Particularismus« und »mit den Leidenschaften des Egoismus«[4] zu tun habe, mußte von Eitelberger spätestens im Zusammenhang mit den Erfahrungen des Deutsch-Französischen Krieges modifiziert werden: »In Österreich ist die Situation schwieriger bei dem politischen Wiederstreit der einzelnen Nationen, aber wir geben die Hoffnung nicht auf, daß auf dem ganz neutralen Boden der Kunst und Kunstgewerbe doch eine Einigung der Geister erzielt werden könne.«[5] Die alte, mit der Kunstgewerbebewegung eng verknüpfte Idee von der Überwindung der nationalen und ökonomischen Gegensätze durch einen dem industriellen konkordanten kulturellen Fortschritt begann zu zerbröckeln. In der sich verschärfenden internationalen Konkurrenz bedeutete die innere nationale und soziale Zersplitterung der Donaumonarchie eine besondere Gefährdung – wobei auch die Konkurrenz von (Groß)Industrie und Gewerbe zu einem großen Problem wurde.
In einem ministeriellen Exposé von 1875 wird diese Frage ungeschminkt dargestellt: Durch Einsatz von Maschinen, durch die Entwicklung des Verkehrswesens und durch die Fortschritte der Naturwissenschaften habe sich eine ins »Unberechenbare gesteigerte«

Produktivität ergeben, die durch kein ›Prohibitivsystem‹ und durch keinen Schutzzoll und durch keine Gewerbebeschränkung mehr an der Entfaltung behindert werde. *Jetzt* erst, und gerade durch die wirtschaftliche Liberalisierung, geriet auch Österreich in den Sog der industriellen Entwicklung, wobei die »Classe der kleineren Unternehmer« unter die »zermalmende Concurrenzkraft« der Industrie fiele. Jetzt wurde die Differenz von Industrie und Gewerbe sichtbar: Auf der einen Seite kapitalintensive, auf Entfesselung der Bedürfnisse und deren massenweise Befriedigung angelegte Industrie, die sich der Lohnarbeit und maschineller Herstellungsverfahren bediente, und auf der anderen eine noch stärker an die enge Verzahnung von Angebot und Nachfrage innerhalb begrenzterer Märkte angewiesene gewerbliche Produktion, die an den Organisationsformen und Produktionsmethoden handwerklicher Arbeit orientiert war. Jedenfalls ließ sich nun im Kunstgewerbe nicht mehr der Schein einer einheitlichen, alle Zweige umfassenden Produktivität aufrechterhalten. Und man stand auch vor der Frage, welche Berechtigung die Formel von ›Kunst und Industrie‹, die Idee der Versöhnung von ›Geschmack‹ (Schönheit) und Produktion, noch haben könnte.

Was in dem Exposé des Ministeriums unter anderem diskutiert wird,[6] nämlich die Lockerung des Prohibitivsystems und damit die wachsende internationale Konkurrenz, war schon in den fünfziger Jahren erörtert und durch die Verbesserung und den Ausbau des gewerblichen und kunstgewerblichen Bildungswesens beantwortet worden. Auch jetzt noch sah man im Ausbau des Bildungssystems einen Ausweg aus den ökonomischen Zwängen: ». . . indem . . . der Schutzzoll des *Gesetzes* wie des *Raumes* fällt, wird allerorten und in jedem Zweige der Gewerbsmann das zu lernen gezwungen, was irgend ein anderer im fernsten Land bereits kann.«[7] Das Bildungswesen sollte dem »von gesteigerter Concurrenz hart Bedrängten, dem social Gefährdeten« Unterstützung geben und – die Idee der Einheit von industrieller und gewerblicher Produktion ist darin schon preisgegeben – vor allem gegenüber der erdrükkenden Macht der Industrie Konkurrenzfähigkeit erhalten helfen: »Alle Bildung strebt vom Volksboden weg und hält sich fast nur mehr in oberen Schichten; die wissenschaftlich und künstlerisch höchst stehenden Leiter moderner Werke sehen unter sich nur mechanisch arbeitende Handlanger. Eine so naturwidrige Trennung von Kopf und Arm, eine solche Ausschließung der arbeitenden Classe vom geistigen Gehalte ihres eigenen Thuns läßt für die Concurrenzkraft des Gewerbswesens und die gesellschaftlichen Verhältnisse Oesterreichs das Ernsteste befürchten. Und da kann nur der Staat mit seiner Schule helfend eingreifen. Denn der einzelne Gewerbszweig ist bei dem heutigen Höhestande der Industrie nicht mehr in der Lage, unter seinen Mitgliedern die Tradition des Handwerks voll und schulgerecht weiter zu führen, in der Art etwa, wie die Bauhütte des Mittelalters sich ihre Schule selbst zog und den Arbeiter, den Steinmetz zum Baumeister, ja zum Künstler heranbildete.«[8]

Der Optimismus Eitelbergers etwa hinsichtlich der ›geistigen Bildung der Nation‹ ist hier einer ernüchternden Einschätzung des Zustands der ›Industriekultur‹ gewichen. In der Auseinanderentwicklung von Industrie und Gewerbe und ihrem konkurrierenden Verhältnis zueinander nahm das gewerbliche Bildungswesen eine zunehmend defensive Haltung ein; zwar kann man nicht sagen, daß das Kunstgewerbemuseum, als Museum für ›Kunst und *Industrie*‹, und die Kunstgewerbeschule je ernsthaft umfassend und systematisch für spezifisch industrielle Bedürfnisse gearbeitet und gewirkt hätten, *jetzt* jedenfalls bezogen sie sich erst recht auf Produktionsbereiche, die sich von kapitalisierter Massenproduktion freigehalten hatten – eine für die weitere Entwicklung der Schule folgenreiche Entwicklung, in der, etwa zum Unterschied von Deutschland oder England, die Auseinandersetzung mit industriellen Produktionsweisen und ihren Folgen so gut wie gänzlich unterging.

Eitelberger hat in einem 1876 verfaßten Aufsatz einen Katalog gewerblich orientierter Berufszweige aufgezählt – nicht wenige davon gehörten auch zum Adressatenkreis der Schule. »In allen . . . Ländern gibt es eine grosse Anzahl von kleineren Handwerkern, die über kein grosses Capital verfügen, die keine grossen Arbeitsräume nöthig haben, die nicht mit zahlreichen, nicht mehr zu übersehenden Arbeiter- und Hilfskräften arbeiten und die doch in der Lage sind, sich eine ganz behagliche Existenz zu verschaffen, die mit ihren Leistungen das Publicum befriedigen und den Wohlstand der Nation auf diese Weise befördern. In diesen Kreis von Gewerbetreibenden gehören, um einige Beispiele anzuführen, die Porzellanmaler, die Ciseleure, die Ebenisten, die Emailleure, die Kunsttischler, die Bildschnitzer, die Buchbinder, die kleineren Metall-Arbeiter; in diesen Kreis gehören alle Künstler, welche als Zeichner beschäftigt sind, die Modelleure, die Blumenmacher, Cartonnage-Arbeiter u.s.f.« Was in dieser Aufzählung an industrieller Produktion Platz hat, wird ausdrücklich von der Massenfabrikation ausgenommen: »Dann gibt es eine nicht unbedeutende Anzahl von Gross-Fabrikanten, die allerdings für den Massenbedarf diese Kräfte nicht brauchen, die aber durch die Natur ihres Geschäftes darauf angewiesen sind, von Zeit zu Zeit entweder ganz exquisite Artikel zu arbeiten oder für einen gesteigerten Bedarf ihrer eigenen Fabricate besonders gut geschulter Kräfte zu bedürfen. In letzterem Falle ziehen sie diese Kräfte in ihren Fabriksbetrieb hinein, wie das die Bronzewaaren-Fabrikanten, die Kunst-Eisengiessereien, die Shawl-Fabrikanten, die grossen Decorateure thun; im anderen Falle wenden sie sich direct an die kleinen kunstgewerblichen Ateliers, um einzelne Gegenstände in denselben ausführen zu lassen, wie es die Gold- und Silberarbeiter, die Glas- und ähnliche Fabrikanten oder Händler, wenn sie eine besonders gute Arbeit beanspruchen, thun.«[9]

Praxisgerechtere Ausbildung – der Schwerpunkt der neuerlichen Reform des kunstgewerblichen Unterrichts – bedeutete daher nicht eine Anpassung an die industrielle Entwicklung, sondern ein verstärktes und differenziertes Eingehen auf berufsspezifische Anforderungen einzelner Gewerbszweige. Obwohl die Kunstgewerbeausstellung München 1876 widersprüchliche Beurteilung erfuhr, dürfte sie einen der Anstöße zur Reform gegeben haben. »Durch die Wahrnehmungen, welche man auf der Münchner Kunstindustrie-Ausstellung von 1876 über den Zustand der Kunstindustrie und des einschlägigen Bildungswesens der deutschen Staaten gemacht hatte, war die österreichische Unterrichtsverwaltung zur Ueberzeugung gelangt, dass die allgemeine Lage der österreichischen Industrie es erheische, dass man nunmehr über den Standpunkt der bloßen *Zeichen- und Modellirschule«* (Hervorhebung G. F.) »hinausschreite, dass man das bisherige, mehr *allgemein künstlerische* Gepräge des Unterrichts zu einem *specifisch kunstindustriellen* weiter entwickle . . .«[10]

Obwohl Österreich auf der genannten Ausstellung positiv abgeschnitten hatte und international die Bedeutung des noch jungen ›höheren‹ kunstgewerblichen Bildungssystems gewürdigt wurde, entwickelte sich doch die Einsicht in notwendige Adaptionen und Veränderungen, wobei in den eben zitierten Passagen bemerkenswerterweise auf die Preisgabe einer der Gründungsmaximen von Museum und Schule hingewiesen wird: auf die des Festhaltens an der Modell- und Vorbildhaftigkeit der autonomen, ›akademischen‹ und ›höheren‹ Kunst – an dessen Stelle das verstärkte Eingehen auf die praktischen und konkreten Bedürfnisse der Gewerbe treten sollte.

Organisatorisch bedeutete dies die Erweiterung des Unterrichts, die weitere Aufwertung der Vorbereitungsschule, die Stärkung der ›Autonomie‹ der Fachschulen als Ort der Entfaltung der künstlerischen Fähigkeit der Lehrkräfte und der Schüler.

Im Dezember 1876 erging an das Museum – dessen Kuratorium ja auch die Schule unterstand – der ministerielle Auftrag, Beratungen über eine Änderung der Schulorganisation durchzuführen; eine Kommission unter Eitelberger arbeitete rasch Vorschläge aus, die im Juli 1877 Genehmigung fanden. Bereits im Mai hatte man Details der Finanzierung der Neuerungen festgelegt.[11]

Es sollten die materiellen Bedingungen des Kopierens verbessert, das heißt der Bibliothek und der Kupferstichsammlung eine bessere Dotation zugestanden werden. Und es wurden spezielle Zeichner-Stipendien vergeben, um Kopien von Originalzeichnungen und Kunstgegenständen zu erhalten. Die Vorbereitungsschule sollte nun von drei Professoren geleitet werden, und zwar in den Fächern Figurales Zeichnen, Ornamentales Zeichnen und Stillehre. Mit dem Hinweis darauf, daß in der Vorbereitungsschule auch Modellieren unterrichtet werden sollte, wurde in der bisherigen Ausbildung ein erheblicher Mangel sichtbar. So wurde etwa darauf hingewiesen, daß Schüler der Bildhauerschule darin ganz ungeübt seien. Die Vorbereitungsschule – ursprünglich als eine mangelnde Vor- und Schulbildung kompensierender, für wenige Schüler gedachter Kurs – wurde zu einer obligaten, auf die Spezialausbildung hinführenden und vorbereitenden Einrichtung. Die wichtigste Neuerung war aber die schrittweise Einrichtung von Kursen in Spezialfächern der ›Kunst und Kunstindustrie‹, durch die einerseits eine größere Orientierung an der Praxis erreicht werden sollte, andrerseits ein differenzierteres Eingehen auf spezifische Anforderungen besonderer gewerblicher Berufszweige.

1879 wurden ein Ziselierkurs und ein Holzschnitzkurs eingerichtet, im selben Jahr ein keramischer Kurs; 1881 ein Radierkurs, 1883 einer für Galvanoplastik und 1885 ein Kurs für Holzschneidekunst. Zu den Kursen hieß es in den Erlässen unter anderem: »An der Abtheilung für Holzschnitzerei können Schüler der Kunstgewerbeschule theilnehmen, welche die Vorbereitungsschule,

Abtheilung für Modelliren, absolvirt haben, und sich einige Vorkenntnisse im Schnitzen angeeignet haben. Der Unterricht theilt sich in drei Stufen: 1. Einführung in die Technik des Schnitzens nach Vorlagen, welche die fortschreitende Behandlung von Ornamenten, Körpertheilen vom Anschneiden bis zur feineren Ausführung darstellen. 2. Copiren von grösseren Ornamenten und vollständigen Figuren. Hat der Schüler die technischen Schwierigkeiten in der Behandlung des Materials überwunden, so wird er angeleitet, grössere Ornamente, ganze Figuren und Gruppen nach mustergiltigen Vorbilder, vorzüglich der Antike und Renaissance, auszuführen. Besonders begabte Zöglinge erhalten die Anleitung, nach der Natur zu copiren. 3. Uebung im Entwerfen und Ausführen von Ornamenten, Figuren, kunstgewerblichen Gegenständen im Charakter des Materials.«

Keine Rede von einer praktischen Verwirklichung eigenständiger Entwürfe: Das Kopieren dominiert als Methode, das Studium der Natur ist den ›Begabteren‹ vorbehalten. Etwas anders lagen die Dinge – zumindest auf dem Papier – für den Keramikkurs. Hier sollte die Kenntnis der Objekte und ihrer Techniken mit theoretischen Kenntnissen die Grundlage von »Uebungen im Entwerfen« sein, denen »die selbständige Herstellung, beziehungsweise Ausschmückung von Erzeugnissen der Keramik etc.« folgen sollte, »insbesondere auch solcher, bei welchen die von der chemisch-technischen Versuchsanstalt des k. k. Österreichischen Museums an die Kunstgewerbeschule gelieferten Präparate, Farben etc. in Anwendung gebracht werden können«. – Ein Beispiel für den Versuch, technische und ästhetische Innovation mit der Fertigung von Objekten noch in der Ausbildung zu verbinden.

Beim Radierkunst-Kurs, der einer »vervielfältigenden Kunst« galt, steht eher wieder das Kopieren im Vordergrund: der Kurs »hat die Aufgabe, Zöglinge . . . in der Technik des Radirens und Aetzens zu unterrichten und dieselben dahin zu führen, dass sie Gegenstände nach der Natur und nach bildlichen Darstellungen charakteristisch in Form, Farbe und in stofflicher Behandlung durch die Radirung zum Ausdruck bringen können. Dieses Ziel ist anzustreben durch das Copiren mustergiltiger Radirungen, durch Uebungen im Radiren nach dem lebenden Modell, nach plastischen, namentlich auch kunstgewerblichen Objecten, Gemälden, Zeichnungen und photographischen Aufnahmen.«[12]

Die Idee von Abendzeichenkursen, in denen Unterricht im Freihandzeichnen für ›gewerbliche Zwecke‹ gegeben werden sollte, spricht für die stärkere Berücksichtigung berufsspezifischer Aus- und Fortbildungsbedürfnisse – und weist auf die unter Roller forcierten ›offenen Zeichensäle‹ voraus, die ja auch vor allem für im Beruf stehende Gewerbetreibende gedacht waren.

In der ›Geschichtsschreibung‹ des Gewerbeschulwesens wurde die Reform der späten siebziger Jahre und frühen achtziger Jahre übereinstimmend auch als eine Art von bürokratischer Rationalisierung betrachtet – Dumreicher wie Klimburg konstatierten übereinstimmend etwa die Einführung wechselnder Kurse für weniger frequentierte Fächer als Einsparung an ›teurem‹ Lehrpersonal; aus ähnlichen Motiven wurde die neuartige Unterscheidung von Vorbereitungsunterricht und Fachschulausbildung begrüßt: ausgezeichnete Künstler, die »Individualität der einzelnen künstlerischen Lehrkräfte«[13], würden sich auf den Unterricht in den Fachschulen konzentrieren können, während der Unterricht in der Vorbereitungsschule »künstlerisch vielleicht minder bedeutenden, aber pädagogisch tüchtigen Kräften« überlassen bliebe.[14] Die so von pädagogischen Aufgaben entlasteten Professoren-Künstler sollten eher eine begrenzte Anzahl ›reifer‹ Schüler in den Fachschulen unterrichten, die den Charakter von Ateliers bekommen sollten und in denen sie sich mit »industriellen Aufgaben«[15] zu beschäftigen hätten. Die Entfaltung der künstlerischen Individualität der Professoren sollte mittelbar den Schülern zugute kommen, denen dadurch »verschiedene Bildungswege« eröffnet würden.[16]

Was sich da abzeichnet, ist eine gewisse Trennung von künstlerischer und technisch-praktischer Ausbildung (letzteres in Zusatzfächern und Sonderkursen), aber auch ein stärkeres Durchdenken der gesamten Gliederung des Unterrichts und des Zusammenwirkens seiner einzelnen Elemente. »Wichtiger als die finanziellen sind die Vortheile, welche eine Scheidung der beiden Schulen« (gemeint sind die Vorbereitungs- und Fachschulen; G. F.) »für die *Organisation* jeder derselben in sich schliesst. Denn in gewisser Beziehung widersprechen sich geradezu die Bedürfnisse der einen und der anderen. Während nämlich die Vorbereitungsschule zur Erreichung ihrer Ziele der Einheit der Leitung, genau bestimmten Ineinandergreifens der Lehrgegenstände und möglichster Festigkeit des ganzen Gefüges bedarf, können die Fachschulen nur dann gedeihen, wenn jedem Professor ein hoher Grad an Selbständigkeit gesichert ist, dem Schüler mannigfaltige Bildungswege ermöglicht werden und die Einrichtungen leicht verschiebbar sind, je nach Umfang und Schwerpunct individueller Begabung der einzelnen künstlerischen Lehrkräfte. An der Vorbereitungsschule strebt Alles nach Einem gemeinsamen Lehrziel und darum bedingt die Vereinigung der administrativen und didaktischen Leitung in einer Hand hier den Erfolg; an den Fachschulen gehen die Lehrziele zahlreich auseinander wie die artistischen Forderungen der Industrie selbst; für mannigfach geartete, ja für einander widersprechende Richtungen, die sich wol innerhalb der Anlagen Eines Menschen ausschliessen, die aber im gewerblichen Leben neben einander vorkommen, sollen verschiedene Kräfte herangebildet werden. Hier kann also nicht Ein Gebot das Ganze beherrschen, möglichster Reichthum der Entfaltung ist anzustreben und es bleibt die Nothwendigkeit, an der wechselnden Vertretung der Schule nach Aussen festzuhalten.«[17]

Hier leitet Dumreicher von der inhaltlichen zur administrativen Frage über: der Vertreter nach ›nach außen‹ – ob der noch ›Direktor‹ zu nennen ist, bleibt offen – sollte vom Lehrkörper gewählt werden, während ein auf Dauer bestellter Beamter, zum Beispiel der Sekretär des Museums, die administrative Leitung der Schule übernehmen sollte. »So wird«, fährt Dumreicher fort und wendet das Argument wieder zurück ins Künstlerische, um zugleich die Bürokratisierung zu legitimieren, »die Verschwendung der kostbaren Zeit productiver Künstlerkräfte auf administrative Arbeiten vermieden, den Geschäften gleichmässige Führung ermöglicht, die *gesammte* Schule vor einseitiger Richtung bewahrt und der Schule *jedes* Meisters Freiheit der Entwicklung gesichert.«[18]

Das klingt so, als wolle man nicht nur im Wirkungsbereich der Fachschulen der autonomen Kunst zur Geltung verhelfen, sondern deren autonomen Status überhaupt erst herstellen beziehungsweise kräftigen. Ja, Dumreicher geht sogar noch weiter und folgert daraus auf einen autonomen Status der Künste – auch gegenüber dem Staat – und antizipiert damit eine Auffassung, die eine der Grundlagen für den Bruch mit dem Historismus durch die ›Moderne‹ und die Reform der Schule um 1900 werden wird: »Nicht als unwesentliches Moment ist es hiebei anzusehen, dass die Regierung sich der misslichen Aufgabe enthoben sieht, durch Bestellung einer ständigen künstlerischen Leitung eine bestimmte Stylrichtung von Staatswegen zu bevorzugen.« Und weiter: »Denn selbst solche nur scheinbare Parteinahme in zeitgenössischen Bildungsprocessen, sei es auf wissenschaftlichem oder künstlerischem Gebiet, kann die Culturentwicklung nicht minder schädigen, als die Staatsautorität.«[19] Hier wird, wie gesagt, schon auf eine gewisse Form der Liberalisierung der staatlichen Kunstpolitik vorausgewiesen, die in der Förderung der Secession unter Unterrichtsminister Hartel, wie Schorske gezeigt hat, ihren Höhepunkt fand, die auf die direkte Intervention in der Kunstpolitik im Interesse der ›monumentalen‹ und symbolischen Darstellung staatlicher Wertvorstellungen und Normen weitgehend verzichtete und statt dessen allgemeine Rahmenbedingungen einer autonomen, von der Selbstverantwortung der Künstler getragenen Kunst (und Architektur) bereitstellte.

Eine Bedingung der Entfaltung einer autonomen Kunst (innerhalb der vom Staat garantierten und gezogenen Grenzen) ist zum Beispiel die Garantie der individuellen Entfaltung der künstlerischen Freiheit des professoralen Artisten, dem auch bis zu einem gewissen Grad die Wahl seiner Schüler und die Form der Ausbildung überlassen bleibt und die jedenfalls weder in der Individualität der Schüler noch in den Anforderungen der Praxis (hier: des Gewerbes und allenfalls der Industrie) Schranken findet. Eine Vorstellung, die um 1900 im Konzept des ›Künstler-Handwerkers‹ ihre volle Entfaltung erfuhr.

Die Erweiterung der Schule und ihre Differenzierung in ›Künstler‹ und ›Pädagogen‹ – um es etwas zugespitzt zu formulieren – führte zur ersten umfassenderen personellen Erweiterung der Schule in ihrer Geschichte, wobei nun eine ›neue Generation‹ von Lehrern zur Gründergeneration hinzukam, die sich – wie es während der gesamten weiteren Geschichte der Schule im 19. Jahrhundert, mit signifikanten Ausnahmen, die Usance blieb – nicht unwesentlich aus der Schule selbst rekrutierten. Diese ehemaligen Schüler, Kühne, Klotz und Schwartz, hatten etwa bei König studiert und wurden zu Lehrern von Sonderkursen und Ergänzungsfächern, während die Professorenstellen Absolventen höherer Lehranstalten, zum Beispiel der Akademie, vorbehalten blieben. Minnigerode und Hrachowina übernahmen etwa die figurale und ornamentale Abteilung der Vorbereitungsschule, während Donadini die Fachschule für figurales Zeichnen und Malen leitete.

1885 sah der Lehrkörper der Schule so aus:
Architekturschule: Josef Storck
Malerschule: Friedrich Sturm
Bildhauerschule: Otto König
Malerschule (zugleich Direktor): Michael Rieser
Malerschule: Julius Berger

Architekturschule: Hermann Herdtle
Architekturschule: Oscar Beyer
Radierschule: William Unger
Schule für Holzschneidekunst: W. Hecht
Vorbereitungsschule: Ludwig Minnigerode und Carl Hrachowina
Abteilung für keramische und Emailmalerei: Hans Macht
Ciselierschule: Stephan Schwartz
Holzschnitzschule: Hermann Klotz
Modellieren: August Kühne
Dazu kamen: Bruno Bucher, der über Geschichte der Kunsttechnik und über Kunstgeschichte las, Anton Ritter von Frisch, der Anatom, Alois Hauser, der Stillehre, und Julius Kajetan, der Projektions- und Schattenlehre beziehungsweise Perspektive unterrichtete.[20]

Die personelle Erweiterung der Schule war Anstoß – sicher nicht Ursache – für einen schulinternen Streit, in dessen Verlauf eine innere Krise der Schule sichtbar wurde. Anläßlich der Vergrößerung des Lehrkörpers verlangten die Lehrer der Kunstgewerbeschule einen Vertreter im Aufsichtsrat. Diesem gehörte zwar der aus ihren Reihen bestimmte Direktor der Schule ›zur Vertretung nach außen‹ an, doch wurden die wesentlichen Richtlinien der Schulentwicklung vom Aufsichtsrat bestimmt. »Derselbe«, heißt es im Statut von 1888, »besteht aus dem Director und dem Vicedirector des österreichischen Museums für Kunst und Industrie, aus vier dem Curatorium des Museums angehörenden Männern der Kunst und Wissenschaft, welche der Protector des Museums ernennt; ferner aus je einem Vertreter des k. k. Ministeriums für Cultus und Unterricht und des k. k. Handelsministeriums und aus einem Mitgliede der Handels- und Gewerbekammer Wien, welches von derselben gewählt wird.« Den Vorsitz des Aufsichtsrats führte der Direktor des Museums, in Vertretung der Vizedirektor. Der Direktor der Schule oder dessen Stellvertreter wohnten den Sitzungen nur »beratend« bei; fallweise konnten Professoren, Lehrer oder Fachleute der Schule als ›Experten‹ zu Sachfragen geladen werden. »Die Aufgabe des Aufsichtsrates . . . besteht in der Beaufsichtigung der Schule in ihrem inneren und äußeren Leben . . . den Mitgliedern des Aufsichtsrates steht das Recht zu, die Kunstgewerbeschule jederzeit zu inspizieren und jedem Unterrichte beizuwohnen.« Anträge, Berichte und Protokolle der Schule wurden nach Beratung im Aufsichtsrat durch dessen Vorsitzenden »mit dem eigenen Gutachten an das Ministerium« weitergeleitet.

Diese völlige administrative Unterordnung der Schule unter das Museum entsprach der Konstruktion der Schule als Einrichtung des Museums – und mußte zwangsläufig mit dem Wachsen der Schule (und dem ihres Selbstbewußtseins) in Konflikt mit den Selbstbestimmungswünschen des Lehrkörpers geraten. Schon im Oktober 1877 hatte man auf Antrag Königs ein Gesuch an den Aufsichtsrat gerichtet, das nach Beratungen im November dahingehend modifiziert wurde, daß sich der Antrag nicht gegen bestimmte Personen – zum Beispiel den Direktor Storck – richte, also kein Mißtrauensvotum sei. In Wirklichkeit dürfte sich der Antrag weniger gegen Storck als gegen den nicht genannten Eitelberger gerichtet haben. Dieser versuchte nämlich, die ganze Angelegenheit als statutenwidrig darzustellen. Der Antrag der Lehrer forderte die Vertretung der drei Fachschulen und korporativ der Hilfswissenschaften im Aufsichtsrat, und zwar »durch Kräfte, welche von und aus dem Lehrkörper selbst gewählt würden«. Dieser Antrag, der sich indirekt gegen das Recht des Aufsichtsrats richtete, allein die Personal- und Sachpolitik der Schule zu bestimmen, traf natürlich auch Eitelberger als Direktor des Museums und als Aufsichtsratsvorsitzenden. Dem Antrag stimmten – mit Ausnahme Buchers, der ja an Museum *und* Schule gebunden war – alle Lehrkräfte zu.[21]

In dem mit 19. November 1877 datierten Gesuch berief man sich auf die in der Tat weit fortgeschrittene Verzweigung der Lehre, der nur *ein* Vertreter im Aufsichtsrat nicht mehr gerecht werden könne. Eitelberger informierte sofort den Protektor des Museums, Erzherzog Rainer, und versicherte sich seiner Rückendeckung. Rainer beharrte auf seinem Recht, die Mitglieder des Aufsichtsrats zu bestellen und ließ wissen, daß es ihm »völlig unpassend« erscheine, daß »der Lehrkörper selbst seinen Aufsichtsrath wählt«. Er empfahl Eitelberger, die Angelegenheit weder im Aufsichtsrat noch amtlich weiter zu verfolgen – eine Empfehlung, der dieser liebend gerne nachgekommen wäre – und drohte, daß es ihm »als Vorsitzenden des Aufsichtsrathes in Zukunft ganz unmöglich sein würde, bei Erfüllung von derlei Forderungen den Vorsitz weiter zu führen«[22].

Allerdings wandte sich das Ministerium gegen diese Form der stillschweigenden Liquidierung des Antrags der Schule. Vermutlich sah das Ministerium eine Chance, seinen Einfluß auszubauen. Es wurde Eitelberger um Stellungnahme gebeten und dabei lapidar festgestellt, daß nicht der Lehrkörper statutenwidrig gehandelt habe, sondern er selbst, Eitelberger, mit dem Wunsch, die Angelegenheit überhaupt nicht zu behandeln. Das ministerielle ›Gutachten‹ stellte sich keineswegs auf den Standpunkt der Lehrer der Kunstgewerbeschule und hinter ihre Forderung nach ›Demokratisierung‹ der Entscheidungsstrukturen, sondern nutzte den Zwist, seine eigenen Rechte ins Spiel zu bringen. Das Gesuch der Schule sei »ein ganz geeigneter Anlaß«, die Statuten »in einschränkender Weise dahin zu interpretieren, daß die Anträge des Lehrkörpers sich selbstverständlich nur auf Angelegenheiten der der Schule übergeordneten Behörde beziehen können«[23].

Diese wahrscheinlich nicht zufällig unpräzise Formulierung konnte einerseits als Verpflichtung des Aufsichtsrats, Anträge der Schule sehr wohl weiterzuleiten, gelesen werden, andrerseits aber auch als Festlegung eines Letztentscheidungsrechts beim Ministerium.

Eitelberger jedenfalls beharrte nachdrücklich auf seinem Standpunkt und auf der Statutenwidrigkeit des Antrags, erwähnte die Verletzung der »Ehrenrechte« Erzherzog Rainers und bezeichnete es als »Anomalie, daß der Lehrkörper selbst seinen Aufsichtsrath wählt«. Dieser habe sich bewährt, und an der Konstruktion sei gerade angesichts des Konfliktfalls unbedingt festzuhalten. Als Kompromiß bot Eitelberger die Berufung hervorragender, aber schulfremder Künstler in den Aufsichtsrat an (er nannte Zumbusch und Eisenmenger) sowie die fallweise Hinzuziehung betroffener Lehrer in Sachfragen. Im übrigen sei das Antragsrecht des Lehrkörpers einzuschränken! »Ich hoffe«, schließt Eitelberger, »auf diese Weise, daß diese sich schon lange Zeit hinschleppende Angelegenheit, welche schon viel böses Blut gemacht hat, dadurch definitiv erledigt werden dürfte.«[24] Was auch der Fall war.

Der eben geschilderte Konflikt verweist auf eine tiefsitzende Krise, die sowohl von internen Querelen gespeist war (Eitelbergers Rolle war gegen Ende seines Lebens sehr umstritten), als auch von Anpassungsschwierigkeiten an die hier eingangs geschilderten Strukturveränderungen.

Die Krise kam spätestens nach Eitelbergers Tod zum Ausbruch. Die Auseinandersetzungen um seine Nachfolge und die Neustrukturierung der Schule waren dabei nur Katalysatoren, über persönliche Auseinandersetzungen hinaus wird daher etwas von den grundsätzlichen Problemen sichtbar, denen sich die Schule – nicht einmal zwanzig Jahre nach ihrer Gründung – bereits ausgesetzt sah.

Die wichtigste Quelle für diese Vorgänge ist Dumreichers im Sommer 1885 publizierte »Vertrauliche Denkschrift über die Lage am k. k. österreichischen Museum für Kunst und Industrie«. Mit dem Untertitel »Ein Manuscript in wenigen Handexemplaren gedruckt«, im Selbstverlag, aber ohne Nennung des Autorennamens! geriert es sich gewissermaßen als subversive Polemik. Und der Autor war ja tatsächlich höchstpersönlich in die Auseinandersetzungen involviert.

Dumreicher war als dessen ›Korrespondent‹ mit dem Kunstgewerbemuseum in Berührung gekommen und mit ihm vertraut geworden; in den frühen siebziger Jahren kam er als Konzeptspraktikant an die niederösterreichische Finanzprokuratur und dadurch in gewerblichen Fragen mit dem Unterrichtsministerium in Kontakt, in das er 1874 eintrat und wo er in der Abteilung IX mit Fragen des Gewerbeschulwesens betraut wurde. Als 1882, im Zuge einer Verwaltungsreform und -vereinfachung, das Unterrichtsministerium die Verwaltung des Kunstgewerbemuseums und der Kunstgewerbeschule übernahm – das Handelsministerium behielt mittelbar über den Aufsichtsrat, in dem nun *beide* Ministerien vertreten waren, Einfluß –, erhielt Dumreicher direkten Einfluß auf die beiden höchsten gewerblichen Bildungsanstalten.

Dumreicher, dessen Verdienste um ein zentralisiertes, staatliches gewerbliches Bildungswesen von niemandem bestritten wurden, spielte bei der ›Nachfolgefrage‹ eine folgenreiche, nicht ganz geklärte Rolle: Offensichtlich hatte er sich gegen den designierten Nachfolger Eitelbergers, Falke, gestellt, und ohne Wissen seines vorgesetzten Ministers mit Brinckmann, dem bedeutenden deutschen Museumsmann, verhandelt – auch in der genannten Streitschrift deutet er seine Bevorzugung eines auswärtigen Leiters des Museums an, ohne jedoch einen Namen zu erwähnen.

Seine unmittelbar nach dem Tode Eitelbergers herausgebrachte Polemik und vor allem seine Intervention für Brinckmann kosteten ihn seine Stellung; 1886 wurde er von Minister Conrad entlassen.[25]

Trotz seines persönlichen Engagements und der persönlichen Färbung der Polemik stellt seine Streitschrift ein wichtiges Dokument für jene krisenhafte Zeit dar, deren Konflikte letztlich erst im Aufbruch der ›Moderne‹, in den neunziger Jahren, zu fruchtbaren Diskussionen und Reformen führen sollten. Bei Dumreicher wird sichtbar, wie sehr die Schule und das Museum mit ihrer historistischen Funktionsbestimmung in eine Erstarrung geraten waren, die erst etwa ein Jahrzehnt später aufgebrochen werden konnte.

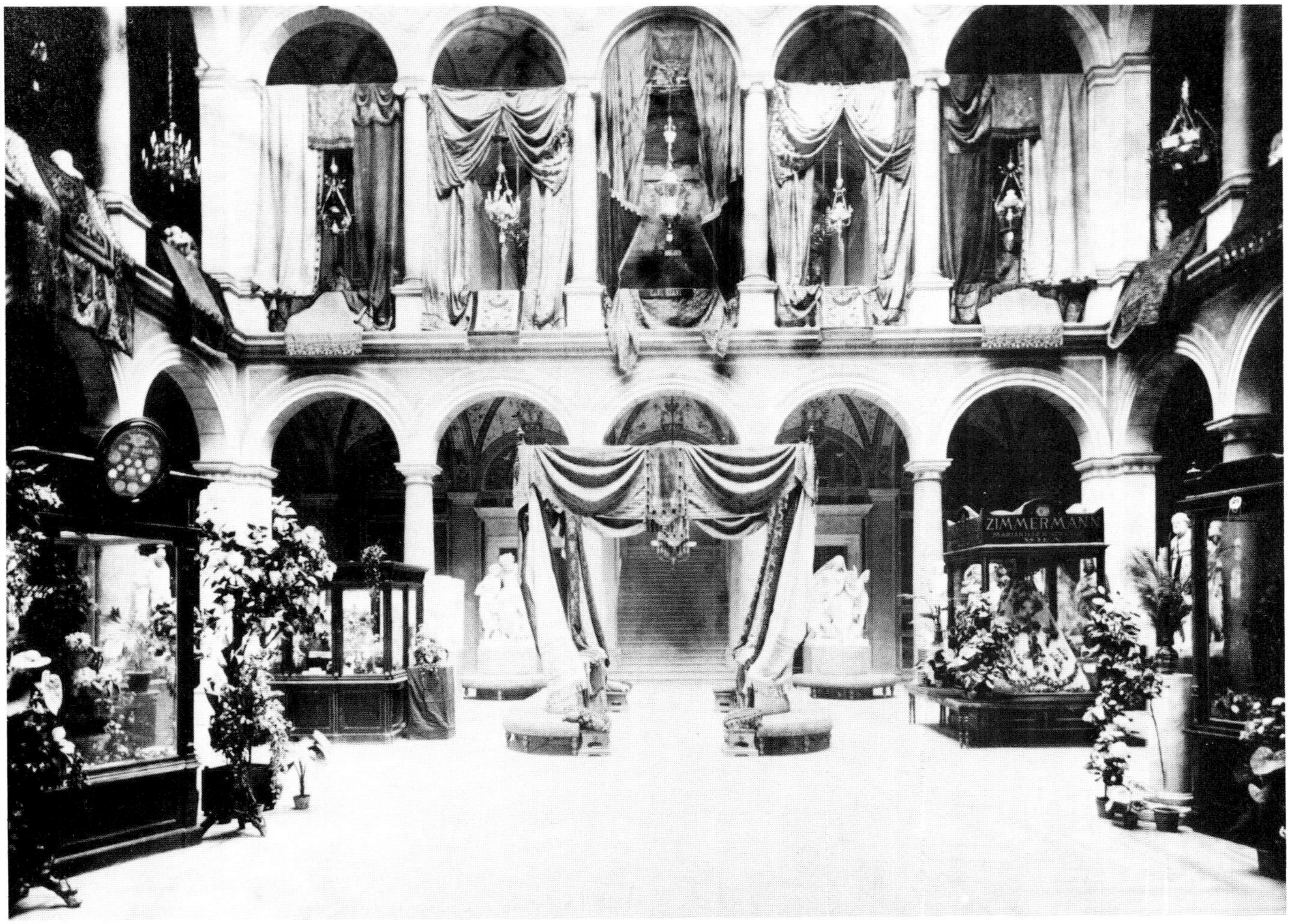

Weihnachtsausstellung im k. k. Österreichischen Museum für Kunst und Industrie 1880

Dumreicher trennt seine Kritik (in der Schrift von 1885) fein säuberlich in Ausführungen zur Schule und zum Museum; einleitend attackiert er Eitelberger, den er zwar »hochverdient« und »edel gesinnt«, aber auch »krankhaft erregbar« nennt – und der es nicht verstanden habe, seine Arbeit »geistesklar bis zum sicheren Abschluß zu führen«[26]. Eine zu den salbungsvollen Nachrufen auf Eitelberger bemerkenswert kontrastreiche Einschätzung des ›Begründers‹ des Museums. Die Kritik am Museum listet dann penibel und erbarmungslos alle seine Arbeitsbereiche auf: die Sammlungstätigkeit erfolge systemlos, die Aufstellung der Objekte erfolge konfus, auch sei es überhaupt nie zu einer sorgfältigen Sichtung der Sammlungsbestände gekommen, die etwa das Wertvolle vom weniger Qualitätvollen geschieden hätte. Es gebe keinen wissenschaftlichen Katalog der dauernd ausgestellten Bestände, was das Studium der Sammlung sowohl durch das Publikum als auch durch die Schüler der Kunstgewerbeschule erschwere, ja sogar unmöglich mache. Sogar der Zettelkatalog (das heißt das Inventar) sei lückenhaft, und da auf vielen Objekten die Inventarnummer fehle, sei es nun überhaupt nicht mehr möglich, bestimmte Stücke zuverlässig zu identifizieren.

Auch als Vorbildersammlung müsse das Museum versagen, denn die Vervielfältigung zum Beispiel durch Gipse erfolge fast nur nach Steinskulpturen, aber so gut wie keine Arbeiten nach Holz: so würde an der Holzschnitzschule der Kunstgewerbeschule nach Abgüssen nach Werken von Michelangelo und Donatello, die diese in Stein ausgeführt hatten, gearbeitet. Sowohl der Kunstgewerbeschule als auch den Fachschulen fehle es an Modellen und Lehrbehelfen für den Formunterricht.[27] Die Gipsgießerei, »ursprünglich zu dem Zweck gegründet, den Geschmack der Bevölkerung zu reformieren«, und zwar dadurch, daß sie Modelle herstelle und Nachahmungen »zum Schmucke der Wohnungen lieferte«, habe ihre geschmacksbildende Aufgabe ganz verloren; im Gegenteil – ihre bemalten Abgüsse würden einer Surrogatkultur Vorschub leisten und korrumpierten den Geschmack, statt ihn zu schulen und anzuleiten.

Nicht besser stünde es mit dem Ausstellungswesen, das ganz sorglos betrieben würde – und mit dem Publikationswesen, das der privaten literarischen Tätigkeit der wissenschaftlichen Beamten diene, und das – so Dumreicher – im Dienste der »Buchhändlerspeculation«.[28]

Die spezifisch wissenschaftlichen Interessen der Beamten des Museums deckten sich nicht unbedingt mit den Anforderungen der Kunstindustrie: der »Verkehr mit dem Gewerbestande und den Industriellen« würde als Störung der beabsichtigten Universitätskarriere betrachtet, und gegenüber den rein praktischen Aufgaben des Museums hege man »Gelehrtendünkel«. Dumreicher führt als Beispiel den passiven Widerstand des Museums gegenüber dem ministeriellen Auftrag an, für das ›Centralblatt des gewerblichen Unterrichtswesens‹ eine Geschichte des Museums zu verfassen (die dann allerdings kurz nach Dumreichers Polemik, 1885, erschien).[29]

Resümee: Das Museum würde seinem eigentlichen, das heißt ›praktisch-volkswirtschaftlichen‹ Endzweck durchaus *nicht* gerecht.

Außerdem seien die »inneren Dienstverhältnisse« am Museum so schlecht wie an der Schule. »Vor allem muß hervorgehoben werden der Mangel des *Ineinandergreifens im grundlegenden Unterricht«* – dessen Erzielung ja eine der Hauptanforderungen an die strukturellen Adaptionen der siebziger Jahre war. Dumreicher kritisierte gleich noch ein Schulprinzip, auf das man in der genannten Reform Wert gelegt hatte: der Unterricht würde wegen der herrschenden Lehr- und Lernfreiheit nach Gutdünken und ohne System betrieben, jede Lehrkraft sei ganz auf sich allein gestellt. Dumreicher versteigt sich dabei bis zu dem Vorwurf, die Kunstgewerbeschule sei zur »Winkelakademie«[30] geworden.

In der Tat hatte man sich ja um die Stärkung der autonomen und ›akademischen‹ Kunst in den Fachschulen bemüht, ebenso wie um die Stärkung des nur seinem künstlerischen Gewissen verpflichteten Künstlers. Doch auch die Grundausbildung kommt bei Dumreicher schlecht weg. Ihre Methodik sei » . . .ein zeitraubendes Bildchenzeichnen, das sorgfältige Ausführen colorierter Arbeiten« und nicht die »Durcharbeitung einer möglichst großen Reihe von Typen«[31]. Dieser von van der Nüll vertretene Weg des ›sauberen Zeichnens‹ sei für die Industrie unbrauchbar, mit der auch wenige Absolventen der Schule etwas anfangen könnten. Hier berührt Dumreicher einen der schwächsten Punkte der Schule und erweist sich auch als objektiver Kritiker; denn was er gegen die Zeichenmethode vorbringt, trifft ja den Kern der ›didaktischen‹ Funktion der Schule: jene Fähigkeiten und Fertigkeiten zu bilden, kritisch und inspiriert zugleich das historische Vorbild für je gegenwärtige Bedürfnisse und Anforderungen, seien das nun ästhetische oder produktionstechnische, umzuwandeln und anzueignen. Wie sehr Dumreicher hier sachlich objektive Tatbestände getroffen haben muß, ermißt man an der etwa eineinhalb Jahrzehnte später geübten Kritik Myrbachs an der Schule, die bis in Einzelheiten Beobachtungen, die auch schon Dumreicher machte, wiedergibt. Wie etwa – wir folgen Dumreicher weiter – das durchgängige und dominierende Kopieren nach Modellen, Vorlagen und Naturgegenständen – während dann auch in den Fachschulen und ihrem Spezialunterricht nie der gesamte Formenschatz eines Kunstzweigs erprobt würde. Die Schule sei deshalb zu einer *bloßen Zeichenschule* herabgesunken, der zudem die Verbindung mit dem Museum völlig abhanden gekommen sei: es gebe kein Studium der Schüler in den Sammlungen, Selbststudium sei wegen des fehlenden Katalogs des Museums kaum möglich, und ein Unterricht durch Lehrkräfte im Museum finde nicht statt. Nicht zuletzt darum herrsche »crasseste Unwissenheit bezüglich der gewerblichen Techniken und ihrer Merkmale trotz jahrelangen Besuchs der Anstalt«[32].

Seine Skepsis gegenüber der personellen Erneuerungsfähigkeit aus den Institutionen selbst, die er in seiner Schrift äußert und die in der Tatsache seiner Verhandlungen mit Brinckmann zum Ausdruck kommt, sollte sich als begründet erweisen. Bei der ›Modernisierung‹ von Museum und Schule wurden dann sowohl Scala als auch Myrbach nicht aus den Institutionen selbst berufen. Und auch bezüglich der möglichen Entwicklungsrichtung, in der sich die Institutionen aus der Krise heraus zu entwickeln hätten, verweisen Dumreichers streitbare Überlegungen auf zukünftige Tendenzen, wenn er etwa schreibt: »Die ganze Schulverfassung müßte künftig möglichst nach der Richtung zu entwickeln gesucht werden, daß der Unterricht sich zuspitzt auf ein künstle-

risches Studium unter steter Berücksichtigung *handwerklicher und industrieller Proceduren.*«[33]
Aus kulturkonservativer Sicht hat Albert Ilg die Methoden historistischer Kunstproduktion noch schärfer angegriffen. In einer 1888 veröffentlichten ›Flugschrift‹ schrieb er unter anderem: »Jede Speisenkarte, Flaschen-Etikette, Zündholzschachtel, papierener Cigarettenspitz, jeder Schund und Quark drängt sich uns mit unvermeidlichen, abgedroschenen Putti, Sphinxen, Greifen, Akanthus, Mascarons etc. auf in unabänderlich geistlosem Einerlei, von mittelmäßigen Kunstgewerbeschülern im Solde knauseriger Besteller auf's Billigste geliefert und hingesudelt, von Leuten, die nie ein Original gesehen und studirt haben und nur ganz äusserlich den Formenkram handhaben, der gerade Mode ist.«[34]
Origineller als diese Kritik (die sich in dieser Form oft wiederholte) – tatsächlich war etwa das exakte Kopieren nach Vorlagenwerken, die ihrerseits wiederum historische Kunstwerke reproduzierten, gang und gäbe – ist Ilgs Forderung nach totaler Ästhetisierung, ein ›Vorgriff‹ auf die secessionistische Intention der Durchdringung des Lebens mit der Kunst. Weit davon entfernt, die tatsächlichen gesellschaftlichen Konflikte analysieren zu wollen, erhofft Ilg sich von der Kunst eine therapeutische Kraft, die die Gesellschaft aus ihrer Krise herauszuführen vermöge. »Es fehlt also daran, dass heute das Schöne nicht Substrat des Ganzen ist, dass es bloss als ein Bestandtheil – und zwar ein ziemlich untergeordneter Bestandtheil – der Gesamtcultur betrachtet wird, statt als deren allermächtigste Grundlage ... Aber das Schöne ... ist die universale Auffassung des Daseins von einem höheren Standpunkte als nur von dem des gemeinen, niedrigen Bedürfnisses, als nur von dem des Materialismus und Egoismus.«[35] Und an anderer Stelle schreibt Ilg – der unter anderem im modernen ›Sozialismus‹ eines der Hauptübel seiner Zeit erblickte –: »Es müsste überhaupt im Ganzen und Grossen das gesammte Culturleben auf die Grundlage des Aesthetischen gestellt sein, so dass von dessen Geiste das Gesammtwesen durchdrungen würde, anstatt dass die Pflege des Schönen nur so nebenbei liefe. Und damit unterscheiden sich eben die grossen Alten von uns: bei ihnen erscheint der Schönheitssinn als Basis von allem Oeffentlichen und Privaten ... Den Alten war das Schöne ... das mächtige Band, das das All, das All der Welt und des Menschenthums zusammenhielt ... es war eine ethische, sociale Macht von der ernstesten, höchsten Bedeutung. ..«[36]

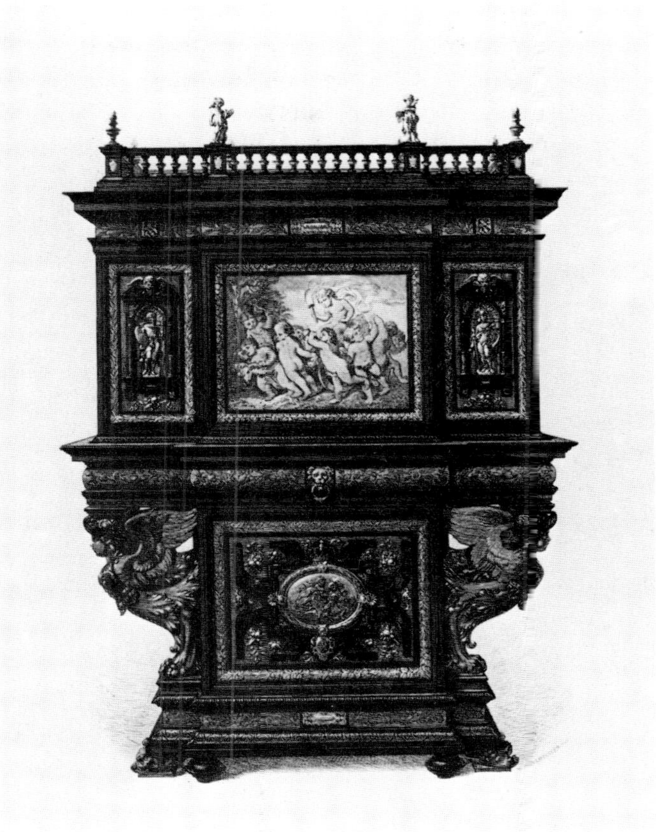

Josef Storck: Aquarellen-Schrank. Von Vertretern des Handels und der Industrie in Wien seiner kaiserl. und königl. Hoheit dem Kronprinzen Erzherzog Rudolf als Hochzeitsgeschenk gewidmet. Abbildung aus: Arbeiten der Österreichischen Kunstindustrie aus den Jahren 1868–1893. Zum fünfundzwanzigjährigen Jubiläum der Kunstgewerbeschule des k. k. Österreichischen Museums für Kunst und Industrie herausgegeben von der Direction. Wien 1893. Die getriebenen und ziselierten Silberarbeiten stammen von Stefan Schwart, die Modelle der in Silber hergestellten Figuren von Rudolf Weyr, die Malereien der Füllungen von Hans Canon.

Zu einer Reform der Schule ist es zu diesem Zeitpunkt nicht gekommen. Noch 1893, aus Anlaß des fünfundzwanzigjährigen Bestehens der Schule, scheint in den Dankadressen der Feierlichkeiten (was bei derlei Anlässen auch nicht anders zu erwarten ist) nichts von der brüchigen Situation der Schule durch. Die Reden erschöpften sich weitgehend in wechselseitigen Danksagungen. Und merkwürdigerweise fällt kaum ein Wort über Bedeutung und Leistung der Schule.
Das aus diesem Anlaß herausgegebene ›Prachtwerk‹, »Arbeiten der österreichischen Kunstindustrie aus den Jahren 1868 – 1893«, das während der Feierlichkeiten,

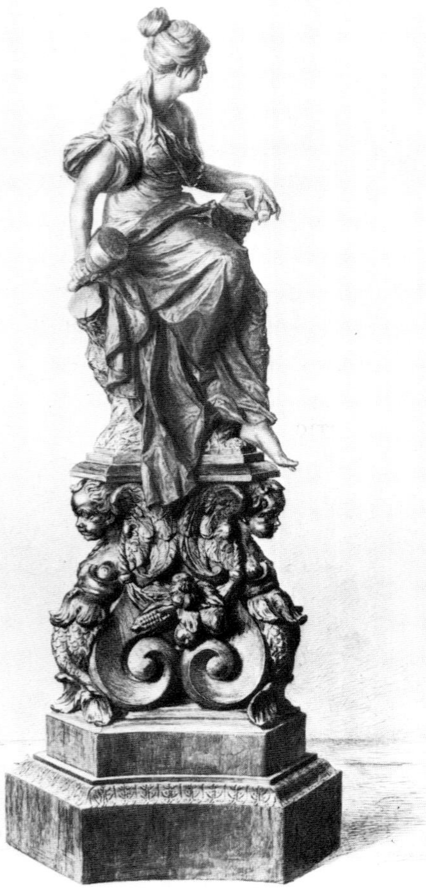

Hermann Klotz: Allegorie der Holzbildhauerei. Aus: Arbeiten der Österreichischen Kunstindustrie aus den Jahren 1868–1893. Zum fünfundzwanzigjährigen Jubiläum der Kunstgewerbeschule des k. k. Österreichischen Museums für Kunst und Industrie herausgegeben von der Direction. Wien 1893

die am 9. Oktober 1893 im Säulenhof des Museums stattfanden, überreicht wurde, legt beredtes Zeugnis ab vom Standard der Schule. Bei den in aufwendigen farbigen Reproduktionen wiedergegebenen Stücken handelt es sich um luxuriöse und exklusive, in der Regel für hochgestellte Auftraggeber angefertigte Einzelstücke – wobei darauf geachtet wurde, daß es zu einer Zusammenarbeit jeweils mehrerer Künstler, Schüler beziehungsweise Fachklassen kam. Das Stilideal der Renaissance erweist sich hier noch als verbindliche Norm, die Orientierung am historischen Vorbild als zwingend. – Die organisatorischen Grundlagen, auf denen die Schule zu dieser Zeit ruhte, das ›Programm‹ der Kunstgewerbeschule von 1888, brachten gegenüber den älteren Statuten keine wesentlichen Änderungen, wohl aber die Eingliederung der inzwischen erfolgten Erweiterungen und Differenzierungen des Unterrichtssystems.

Der Zweck der Schule wird in dem Statut mit »Erziehung der kunstgebildeten Kräfte für die Bedürfnisse der Kunstgewerbe« angegeben, sowie mit »Heranbildung von Lehrern für den kunstgewerblichen Unterricht . . .«. – »Es bilden daher jene Zweige der Kunst, welche die Vorbedingung eines künstlerischen Schaffens auf gewerblichem Gebiete sind, die Hauptgegenstände des Unterrichtes und bedingen die Gliederung der Anstalt und des Unterrichts.« (§ 1)

Der Unterricht gliederte sich zu diesem Zeitpunkt in die ›Allgemeine Abteilung‹, die drei Fachschulen für Architektur, Malerei und Plastik, die Spezial-Ateliers für »Ciselirkunst und verwandte Fächer« wie »Holzschnitzerei, Keramik und Emaillage, Spitzenzeichnen, Radiren, Holzschneidekunst« und schließlich in das chemische Laboratorium. (§ 2)

Der § 3 definiert die Aufgabe der ›Allgemeinen Abteilung‹ der Kunstgewerbeschule (der früheren Vorbereitungsschule), künstlerische Vorbildung und theoretische Kenntnisse zu vermitteln, die die Absolventen der Abteilung dazu befähigen sollten, entweder *sofort* in ein Kunsthandwerk überzutreten, oder, bei »hervorragender Befähigung«, in eine Fachschule überzuwechseln.

Der Unterricht an der allgemeinen Abteilung war inzwischen auf vier Jahre ausgedehnt worden und umfaßte als ›Hauptfächer‹ das ornamentale, das figurale und das Zeichnen nach Vorlagen beziehungsweise das Manufakturzeichnen nach Blumen; dann den Unterricht im Modellieren von Ornamenten und von Figuren und das Wachsbossieren. Schließlich die theoretischen Fächer: Projektionslehre, Schattenlehre und Perspektive, allgemeine (=ornamentale und architektonische) Formenlehre, einschließlich des Zeichnens der Säulenordnungen, gewerbliche Chemie und Anatomie (§§ 6/7).

Ganz anders als bei den früheren Statuten sind diese Angaben durch detaillierte »Instructionen« ergänzt, wo mit bürokratischer Akribie die einzelnen Unterrichtsschritte erläutert und die »Darstellungsmittel« für »zulässig« erklärt werden; beim Ornamentzeichnen (§ 9) zum Beispiel das Zeichnen mit Kohle, mit zwei Kreiden auf blassem Tonpapier und das Tuschen sowie im letzten Jahrgang das Federzeichnen. »Wichtig ist«, heißt es dann weiter, »daß die Schüler in der richtigen

Benützung des getönten Papiergrundes beim Zeichnen mit zwei Kreiden Übung und Sicherheit erlangen, ferner dass die Schüler sich damit vertraut machen, Zeichnungen grösseren Formates mit Anwendung der nöthigen Vereinfachungen in kleinem Maßstabe wiederzugeben. Weiter wird Berücksichtigung finden: das Widergeben größerer oder kleinerer Entwürfe aus dem Gedächtnisse, sowie die Ausführung von Studien kleinen Formates. Zur Demonstration richtiger Behandlung der verschiedenen Darstellungsmittel werden den Schülern Musterblätter vorzuweisen sein.« Erst im »Fachzeichnen« des letzten Jahrgangs der Allgemeinen Abteilung wurde das Zeichnen »mit Rücksicht auf die einzelnen Fächer«, das heißt auf die einzelnen Techniken, ermöglicht – allerdings nach Vorlagen; »doch sollen Blumen nach der Natur gezeichnet werden mit Benützung des Bleistiftes oder des Pinsels«. (§ 11)

Dumreichers Diktum, daß die Kunstgewerbeschule sich zu einer Zeichenschule rückentwickelt habe, mutet angesichts dieser bürokratischen Normierung künstlerischer Arbeit nicht übertrieben an. So wurden die Schüler der »Formenlehre«, die in zweijährigem Turnus vorgetragen wurde, dazu angehalten, die »charakteristischen Formen sämmtlicher Stylperioden, mit Ausschluss des nicht classischen Alterthums« nach Wandtafeln in ihren Heften abzuzeichnen, auswendig zu lernen (!) und in »Recapitulationen« dem Lehrer zu erläutern.

Der praxisorientierte Unterricht erfolgte in den Fachschulen – aber auch hier nur in der letzten Stufe des Unterrichts, dem »Atelier-Unterricht«, der »aus pädagogischen Gründen vom Lehrer« zu geben war und der den »vorgeschrittensten und talentirtesten Schülern der einzelnen Fachabtheilungen Gelegenheit« bot, »sich unter fachmännischer Leitung bei selbständigen Lösungen jener practischen Aufgaben zu bethätigen, welche von Kunstgewerbetreibenden an die Schule gelangen und welche den Zöglingen auf die Weise den Übertritt aus der Schule in die Praxis vermittelt und erleichtert.« (§ 15)

Auch der Unterricht in den ›Special-Ateliers‹ war in eine vorbereitende und in eine Phase der praktischen Verwirklichung zweigeteilt. So sollte beispielsweise im ›Special-Atelier für Ciselirkunst‹ der Schüler erst mit den Eigenschaften und Behandlungsmethoden des Werkstoffs vertraut gemacht werden, dann erfolgte das Kopieren von »mustergiltigen« Metallgegenständen, das von Erläuterungen über »Styl und Zweck« begleitet sein sollte; dann folgte der eigene Entwurf und das Modellieren des Objekts und zuletzt die ›kunstgerechte Ausführung‹ – »und wenn sich der Schüler bei letzteren Aufgaben gut bewährt hat, so wird demselben die Gelegenheit geboten, mit Genehmigung des Fachprofessors Aufträge zu übernehmen und unter dessen Aufsicht auszuführen. Der Fachprofessor kann die Zöglinge im Interesse der Ausbildung auch an seinen Privataufträgen theilnehmen lassen«. Die Aufgaben, die dem Schüler in den Spezialateliers gestellt wurden, sollten in Zusammenhang mit seinem Fachschulunterricht stehen. Auf diesem Weg sollte die Verbindung von Fach- und Spezialunterricht hergestellt werden.

Ähnlich detailliert sind die Bestimmungen für den theoretischen Unterricht. So wurde etwa der Unterricht der »Styllehre« auf die Arbeitsgebiete des Kunstgewerbes abgestimmt, also auf – wie der § 62 auflistet – Leder, Bucheinbände, Buchausstattung, Lederarbeit etc.; Gewebe, Stickereien, Spitzen etc.; Holz, Möbel, Schnitzarbeiten, Intarsia etc.; Metall, Silber, Gold, Eisen, Bronze, Email etc.; Glas und Ton. Der Unterricht erfolgte in Vorträgen. »Der Zweck des Unterrichtes in der Styllehre . . . ist, die Schüler mit dem ganzen Gebiete der kunstgewerblichen Formen und Erzeugnisse in den einschlägigen Fächern bekanntzumachen und ihnen hiebei die verschiedenfältige Bedeutung des Ganzen und der einzelnen Teile der Objecte nach Material, Ausführung, kirchlicher und profaner Bestimmung, Zeit der Entstehung etc. klarzumachen.« Der Unterricht in Kunstgeschichte umfaßte auch den der Kunsttechniken »entsprechend dem System der Sammlungen des k. k. österreichischen Museums«. Kunstgeschichte wurde als Unterricht über die Entwicklung der Kunst von den frühesten Zeiten bis zur Gegenwart aufgefaßt, »unter stetem Hinweis auf die nationalen Anlagen, die geographischen und klimatischen Bedingungen, Cultus, Staatsverfassung, internationale Beziehungen u.s.w.«, unter Berücksichtigung der »wichtigeren Schulen, deren Hauptvertretern und den besonders charakteristischen Denkmälern . . . ohne das Gedächtnis des Zöglings mit vielen Namen und Jahreszahlen zu belasten«. (§ 69)

Diese nicht weniger als 40 Druckseiten umfassenden Erläuterungen wurden hier deshalb relativ ausführlich zitiert, weil man daraus eine Vorstellung von Arbeitsweise und ›Geist‹ der Kunstgewerbeschule am ›Vorabend‹ ihrer Reform gewinnt. Sie spiegeln jenen Status der Schule wider, der wenige Jahre später grundsätzlich in Frage gestellt und unter dem kritischen Druck einer neuen Künstlergeneration umfassend verändert wurde.

IX
DIE BÜROKRATISCHE DURCHSETZUNG DER MODERNE
Zur Reform der Kunstgewerbeschule um die Jahrhundertwende

Für das erste Kapitel der Schulgeschichte, das dem 20. Jahrhundert und der ›Moderne‹ des österreichischen Kunstgewerbes vorbehalten ist, wurde vorsätzlich der etwas provozierende Titel ›Bürokratische Durchsetzung der Moderne‹ gewählt.

Für die ›Modernisierung‹ der Künste zu Ende der Donaumonarchie spielte, wie im folgenden zu sehen sein wird, die staatliche Bürokratie eine gewichtige Rolle; wenn ich mich diesem Aspekt besonders zugewandt habe, soll dies weder bedeuten, daß die Wechselbeziehung von Administration, Kunst und Kulturpolitik und Kunstentwicklung schon genügend aufgeklärt ist, noch daß andere Faktoren, zum Beispiel die internationale Kunstgewerbebewegung, eine vergleichsweise geringe Rolle gespielt hätten.

Tatsache bleibt aber, daß wichtige Impulse zur Reform des Kunstgewerbes beziehungsweise der Kunstgewerbeinstitutionen von der Bürokratie ausgingen beziehungsweise dort, wo sie der Initiative einzelner Künstler oder Künstlergruppen zu verdanken waren, von ihr gefördert wurden.

Man kann jedenfalls konstatieren, daß, entgegen der Darstellung einer auf Kontinuität bedachten Geschichtsschreibung des Kunstgewerbemuseums (zum Beispiel bei Wilhelm Mrazek[1]), die wesentlichen Anstöße zur Reform sowohl des Museums als auch der Schule nicht aus den Institutionen selbst, sondern von außerhalb gekommen sind; und daß diese wiederum zumindest nicht allein – wie es die der Genieästhetik verpflichteten Darstellungen gern überbetont darstellen –, dem plötzlich gleich dem Deus ex machina auf den Schauplatz der Geschichte tretenden ›modernen‹ Künstler zu verdanken waren, der sich auch innerhalb der Institutionen seine Bahn bricht und sich ihrer zu bedienen weiß, sondern einer Konstellation verschiedenartigster persönlicher und sachlicher Faktoren.

Daß Schule und Museum mit dem ökonomischen Wandel, mit der Transformation des industriellen Systems, nicht unbedingt Schritt halten konnten, und, wenn man den ›Rückzug‹ – oder soll man sagen: die Beschränkung – auf bestimmte Zweige des Gewerbes unter weitgehender Ausklammerung industrieller Produktion bedenkt, vielleicht auch nicht unbedingt mithalten wollten, wurde spätestens Mitte der siebziger Jahre sichtbar. Zu dieser Zeit findet sich auch die erste vehemente Kritik (bei Dumreicher), die die ästhetischen und methodischen Normen, denen sich die kunstgewerblichen Bildungsanstalten verpflichtet hatten, in Frage stellte. Mit Ausnahme der schrittweisen Adaption des organisatorischen Rahmens, der Ausweitung und Differenzierung des Unterrichts (einschließlich dessen akribischer bürokratischer Reglementierung) und der personellen Aufstockung der Schule reagierte diese offensichtlich nicht angemessen und ausreichend auf die genannten Herausforderungen.

Der Anlaß zur Reform lag beim Museum. Die Ablöse im Direktorat (Bruno Bucher demissionierte nach kurzer Amtszeit und machte Arthur Ritter von Scala Platz) löste eine über Jahre dauernde Diskussion um den Status und die Leistung beider kunstgewerblichen Bildungsanstalten aus und leitete deren schrittweise Veränderung ein.

Bucher, 1826 in Köslin in Pommern geboren, nach dem Studium der Malerei in Dresden 1855 nach Wien übersiedelt, war hier bei zwei der wichtigsten kunstgewerblich engagierten Publikationsorganen tätig: dem ›Wanderer‹ und der ›Wiener Zeitung‹, bei der bekanntlich auch Eitelberger lange Jahre gearbeitet hatte. 1869 kam er als Sekretär und Kanzleileiter an das Kunstgewerbemuseum, und von 1876 bis 1889 unterrichtete er an der Kunstgewerbeschule Kunstgeschichte.[2] 1895 war Bruno Bucher Falke, der seinerseits Eitelberger beerbt hatte, gefolgt. Seine Demission so kurz nach Amtsantritt wird von Leisching[3] auf Buchers Alter (er befand sich im 71. Lebensjahr) und auf Krankheit zurückgeführt. Tatsächlich dürfte auf Bucher auch gewisser Druck ausgeübt worden sein. Er, dessen Verdienste auf kunstpublizistischem Gebiet lagen und unter dessen

Direktorat die »Wiener Congreß-Ausstellung« 1896 am Museum stattgefunden hatte, die die ›Wiener Moderne‹ wesentlich beeinflussende Biedermeier-Rezeption über die Grenzen Österreichs hinaus revolutionierte, galt als personifizierte Garantie der Kontinuität; schließlich war er Mitarbeiter Eitelbergers und Falkes gewesen und hatte am Gründungsauftrag des Museums festgehalten. Allerdings war ihm schon bei Amtsantritt die administrative Betreuung der Schule entzogen und an Eduard Leisching übergeben worden.[4] Ein Indiz für die Vermutung, daß Bucher nicht ganz aus freien Stücken demissionierte, läßt sich in seiner polemischen Beteiligung an den folgenden Auseinandersetzungen um das Museum und den zum ›Fall‹ gewordenen Scala finden.

Scala, Sohn eines Finanzbeamten (geboren 1845), hatte in Wien unter anderem am Polytechnikum studiert. Nachdem er auf Reisen die industrielle Entwicklung (vor allem in Belgien, Frankreich und England) kennenlernen hatte können, wurde er 1867 vom Handelsministerium zum Berichterstatter für die Textilindustrie auf der Pariser Weltausstellung bestellt. Im Auftrag desselben Ministeriums nahm er an einer Ostasienexpedition teil und wurde 1873 bei der Wiener Weltausstellung Sekretär des Komitees für den Orient und für Ostasien. 1875 wurde er zum Direktor des neugegründeten Orientalischen Museums (später Handelsmuseum)[5] ernannt. Bis zum Zeitpunkt seiner Bestellung zum Direktor des Kunstgewerbemuseums hatte sich Scala nur mittelbar mit kunstgewerblichen Fragen beschäftigt. Als Leiter des Orientalischen Museums profilierte er sich durch Publikationen und Ausstellungen als Museumsfachmann – an einem Museum, dessen Sammlungen unter anderem aus Schenkungen bestanden, die anläßlich der Wiener Weltausstellung von 1873 durch beteiligte Länder gemacht worden waren. Seine Erfahrungen bezog er allerdings nicht so sehr aus der Museumstätigkeit denn aus seinen Reisen; diese schlugen sich in Publikationen nieder, die zum Teil als Vorlagenwerke für kunstgewerbliche Zwecke brauchbar waren. Es ist wahrscheinlich, daß seine praktischen Erfahrungen, die ihn über die Grenzen der Monarchie hinausgeführt hatten, ein wesentliches Motiv für seine Berufung zum Direktor waren.

Scala setzte sich schon mit seiner ersten (noch im Jahr seiner Bestellung veranstalteten) Ausstellung englischer Arbeiten und Kopien nach englischem Kunstgewerbe von der Politik seiner Vorgänger ab. Kurz nach seiner Bestellung legte er dem Aufsichtsrat des Museums ein Aktionsprogramm vor, das unter anderem eine engere Zusammenarbeit mit dem zeitgenössischen kunstgewerblichen Schaffen ermöglichen sollte. Er wandte sich gegen die allzu enge Kooperation des Museums mit dem ›Wiener Kunstgewerbeverein‹ und gegen die durch den ›Hoftiteltaxfonds‹ forcierte Produktion von Luxus-Kunstgewerbe – alles Maßnahmen, die eine Abkehr von verfestigten und der Überprüfung dringend bedürftigen Prinzipien signalisierten. Schließlich kündigte er die Gründung einer eigenen illustrierten kunstgewerblichen Zeitschrift an, die dann, ein Jahr später, auch tatsächlich die seit der Gründung des Museums als ziemlich trockenes Fachblatt bestehenden ›Mitteilungen des k. k. Museums für Kunst und Industrie‹ ablöste. Loos feierte die neue Zeitschrift ›Kunst und Kunsthandwerk‹ als »eine Monatsschrift . . ., die das beste Druckerzeugnis ist, das in diesem Jahrhundert in deutscher Sprache eine Officin verlassen hat . . .«[6]

Scalas Maßnahmen zeigen, daß es sich nicht etwa um die Revision eines Stilideals im Kontext historistischer Stilrezeption handelte, sondern um die Reorganisation der Produktions- und Distributionsverhältnisse im Kunstgewerbe – auch um den Preis, vom Gründungsauftrag des Museums und den dieses wesentlich bestimmenden, dem Liberalismus verpflichteten Maximen Eitelbergers etwas abzurücken. Scalas dynamische, am englischen Vorbild orientierte innovative Museumspolitik geriet unverzüglich in den Streit der Parteien – von Parteien, deren Standpunkte und Einflußsphären sich heute nur mehr ungefähr rekonstruieren lassen und zwischen denen Scala schließlich eine schwierige, isolierte Position einnahm. Noch im Nachruf auf Scala (in der von diesem begründeten Zeitschrift ›Kunst und Kunsthandwerk‹) wird seine ambivalente Position deutlich: obwohl seine Maßnahmen in gewisser Weise – ohne dieses Ziel klar und überlegt anzustreben – der Moderne im Kunsthandwerk den Weg bereiteten, machte er sie sich rasch zum erbitterten und – für uns manchmal unverständlich kompromißlosen – Gegner.[7] Richtig ist, daß Scala die von der ›Moderne‹ angestrebten weitreichenden Veränderungen skeptisch und zurückhaltend beobachtete und nicht zu deren bedingungslosen Parteigängern zählte, ebenso richtig aber ist auch, daß sein Bruch mit manchen überlebten Traditionen des Museums die kunstgewerbliche ›Szene‹ zu einem Zeitpunkt in Bewegung brachte, da die ›Moderne‹ auch auf anderen Gebieten sich erst zögernd zu artikulieren begann.

Virulent wurde die ›Krise‹, die Scala mit seiner Museumstätigkeit auslöste – bereits im Jahr nach seiner Bestellung – im Zuge der Vorbereitung zu dessen zweiter Ausstellung. Der private, 1884 unter anderen von Storck, Falke und Bucher gegründete Kunstgewerbeverein, der ein Recht auf Ausstellungen im Museum besaß, beanspruchte, entgegen einer ersten Vereinbarung, bereits für die zweite Weihnachtsausstellung von Scala verplante Räume und intervenierte schließlich beim Protektor des Museums, Erzherzog Rainer, der sich gegen Scala und für den Verein verwenden sollte. Der Unterrichtsminister, Graf Latour, stellte sich allerdings hinter Scala und sagte seine Unterstützung der geplanten Winterausstellung zu. Scala gab zu verstehen, daß er vom Erzherzog keine Weisungen entgegennehmen werde. Daraufhin trat Erzherzog Rainer sowohl als Protektor des Museums als auch als der des von Storck geleiteten Kunstgewerbevereins zurück. Am 11. November demissionierte der gesamte Aufsichtsrat des Museums. Am 13. November eröffnete Scala seine zweite Winterausstellung, und am 18. November wurde durch eine allerhöchste Entschließung ein geändertes Statut für das Museum genehmigt – ein Indiz für den großen Rückhalt, den Scala in der Bürokratie besaß, und für die Dynamik, mit der er seine Reformideen gegen großen und prominenten Widerstand in die Wirklichkeit umzusetzen verstand.

Die Hintergründe dieser dramatischen Ereignisse, des »Scala-Theaters« (Loos), lassen sich kaum noch entwirren; sie haben uns dennoch zu interessieren, weil diese Vorgänge untrennbar mit der Konstitution der ›kunstgewerblichen Moderne‹ verbunden sind und weil hinter allen persönlichen und sachlichen Konflikten, die bis zur Intrige reichen, etwas von den kunstpolitischen Auseinandersetzungen der Zeit sichtbar wird.

Leisching, der die Vorgänge sehr ausführlich in seinen Erinnerungen schildert, interpretiert die Ereignisse als Machtzuwachs des Ministeriums, als Stärkung seines Einflusses auf das Museum. Schon in den späten achtziger Jahren war der zuständige Referent des Unterrichtsministeriums »entgegen dem bisherigen Brauche, . . . selbst in den Aufsichtsrath der Schule« eingetreten, um so »in persönlichem Verkehr sich von allen Wünschen und Bedürfnissen der Schüler und der Lehrer unterrichten« zu können. Andrerseits war man sich im Ministerium selbst durchaus nicht einig. Leisching berichtet, daß Graf Latour, Sektionschef, »adelsstolz«, in Unterrichtsminister Gautsch (dem er kurz darauf im Amt folgen sollte) nur einen Emporkömmling sah, während umgekehrt Gautsch, übereinstimmend mit anderen, Latour als Stockkonservativen verachtete. Scala und Latour besaßen Rückhalt in einer auch bei Leisching nicht näher charakterisierten Aristokratengruppe. Mit dieser Macht im Rücken konnte es sich Scala erlauben, sich sogar gegen den Protektor Rainer zu stellen. Rainer war aber bereits durch das Durchsetzen der Ernennung Scalas beim Kaiser in seiner Abwesenheit brüskiert worden. Leisching betont, daß alle »Einsichtigen gefühlt hätten«, daß das Museum dringend reformbedürftig gewesen sei und daß Erzherzog Rainer sicherlich für eine ›Reform von oben‹ Verständnis besessen hätte. Scala habe gewiß keine Schuld an der Entwicklung gehabt und sei auch ganz sicher nicht die treibende Kraft bei der Intrige gegen Rainer gewesen.[8]

Was die Motive für diese – zunächst – ›konservative Revolution‹ gewesen sein könnten, läßt sich nur vermuten. Latour war Nachfolger Dumreichers geworden, als dieser wegen seiner Intervention für Brinckmann (hinter dem Rücken des damaligen Unterrichtsministers Conrad) zurücktreten mußte; Latour – ein Nachfahre des 1848 ermordeten Kriegsministers – scheint selbst Avancen auf die Nachfolge Eitelbergers gehabt zu haben, während Rainer gegen ihn und für Falke eintrat. Hier könnten Latour also persönliche Gründe dazu veranlaßt haben, gegen Rainer zu opponieren. Schließlich konnte es sich durchaus mit konservativen Vorstellungen vertragen, den staatlichen Zugriff auf Museum und Schule – also auf einen wichtigen Bereich des Kunstlebens – zu verstärken und den Einfluß des als liberal bekannten Rainer einzuschränken, wenn nicht gar auszuschließen.

Tatsächlich wurde das Protektorat überhaupt nicht neu besetzt – Erzherzog Rainer erklärte, daß er sich im Museum so lange nicht blicken lassen werde, bis Scala es verlassen habe – und Unterrichtsminister Gautsch selbst übernahm das Präsidium des Aufsichtsrats, während sowohl Leisching (als Vizedirektor des Museums), als auch der Direktor der Kunstgewerbeschule ihren Sitz im Aufsichtsrat verloren.[9] Leisching: » . . . die Grafenbank wurde stärker besetzt, aber ihre Inhaber waren keineswegs eines Sinnes, nur darin einig, daß ihnen die stramme Führung Gautschs nicht sehr behagte.«[10] Der Kaiser, der, wie Leisching sehr betont, am Museum und an der Schule großes Interesse besessen hat, dürfte über alle diese Vorgänge und den Rücktritt Erzherzog Rainers kaum informiert gewesen sein. Die nach diesen Vorfällen abgehaltene zweite Winterausstellung kom-

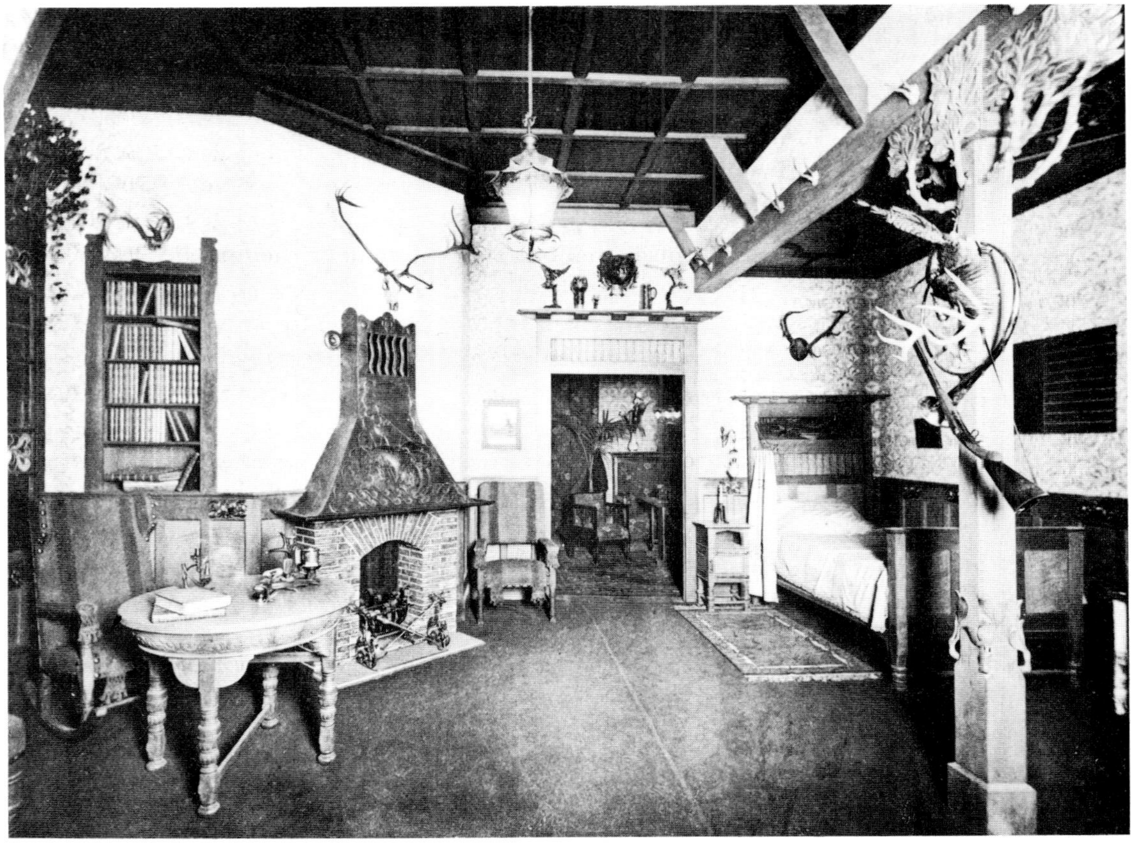

Jagdzimmer, nach Entwurf von L. Müller, auf der Winterausstellung des k. k. Österreichischen Museums für Kunst und Industrie 1898

mentierte er, sehr zur Erleichterung von Scala und Latour, unter anderen mit den Worten: »Es ist nicht so arg, wie ich nach allem, was ich hörte, geglaubt habe.«[11] Leisching, der zum Vizedirektor, also zum Stellvertreter Scalas bestellt worden war, schildert dessen Amtsantritt recht aufschlußreich: »... mit aller schuldigen Zurückhaltung (muß ich) Mitteilung von dem Gespräch machen, das Sektionschef Latour nach der Ernennung Scalas zum Direktor und meiner Bestellung zum Vizedirektor des Museums mit mir geführt hat. Er bat mich eindringlich, Scala zu unterstützen, da dieser sich erst allmählich in die ihm völlig neuen und äußerst schwierigen Verhältnisse einarbeiten müsse. Ich solle mich durch den Umstand nicht beirren lassen, daß von verschiedenen Seiten meine Betrauung mit dem Direktorposten befürwortet worden sei. Ich entgegnete ihm, daß ich es selbstverständlich als meine Pflicht betrachte, dem Direktor mit Rat und Tat zur Seite zu stehen, dies aber allerdings nur dann vermöge, wenn Scala mir ohne Mißtrauen begegne, sich wirklich beraten lasse und seinem starken Temperament etwas Zügel anzulegen bereit sei, damit er sich nicht unnötig Gegnerschaften zuziehe. Da fuhr Latour mit den Worten dazwischen, Scala sei nicht mehr jung genug, um zögernd ans Werk zu gehen, er müsse möglichst rasch die ihm vorschwebende Neuordnung durchführen, ohne Rücksicht auf Schwierigkeiten und Widerstände. Ich erklärte, daß ich es immerhin versuchen werde, ihn und seine guten Absichten vor Schaden zu bewahren. Was jedoch meine Kandidierung betreffe, so hätte ich keine Ahnung davon gehabt und würde, wenn mir eine Mitteilung darüber zugekommen wäre, dringend gebeten haben, hiervon abzusehen, und zwar aus folgendem Grund: Eine Umstellung der Kunstgewerbeförderung Österreichs sei nötig, sie könne aber viel eher von einem Außenseiter eingeleitet werden, als von einem, der in der alten Richtung durch zwölf Jahre sich betätigt habe und deren Führern persönlich nahestand, wenn auch keineswegs mit allem einverstanden, was sie gemacht haben, die vielleicht nötige, gewaltsame Zerstörung der bisher herrschend gewesenen Richtung werde ein Zwischenspiel sein, auf das erst der wirkliche Neuaufbau folgen könne; dieser Aufbau werde dann auf der Überwindung und Verarbeitung der vorausgegangenen gegensätzlichen Strömungen beruhen, wie sich ähnliches in der kulturgeschichtlichen Entwicklung immer wiederhole. Ich glaube nicht, daß Latour von dieser Darlegung meines Standpunktes entzückt war, denn er war der Meinung, daß der von ihm und seinem Freund eingeschlagene Weg der einzig richtige sei . . . Ich . . . will nur noch sagen, daß Gautsch, als er mich im Unterrichtsministerium als Vizedirektor vereidigte und anschließend in Audienz empfing, in der ihm eigenen hoheitsvoll-strengen Weise von mir verlangte, Scala absolut keine Schwierigkeiten zu bereiten, hiervon werde meine Zukunft abhängen. «[12]

Mit dem Hinweis auf eine möglicherweise übereilte Reform lenkt Leisching uns auf die inhaltlichen Aspekte des Konflikts. Denn daß die ›Ausladung‹ des Kunstgewerbevereins wenig oder nichts mit persönlichen, dafür aber sehr wohl mit künstlerischen Fragen zu tun hatte, daran läßt sich nicht zweifeln; der Kunstgewerbeverein repräsentierte nicht nur das, was Leisching als die ›herrschend gewesene Richtung‹ bezeichnet, sondern offenbar auch eine mit industriellen Kreisen konforme Vorstellung eines überwiegend luxuriösen Kunstgewerbes. Scala, der nun auch andere und kleine Gewerbetreibende zur musealen Ausstellungstätigkeit zuließ, handelte sich sofort den Vorwurf ein, er würde mit ›Verkaufsausstellungen‹ der ›heimischen Industrie‹ Konkurrenz machen. Dieser Parteienstreit, an dem sich nun auch der ehemalige Direktor des Museums, Bruno Bucher, beteiligte,[13] erschöpfte sich allerdings nicht nur im Konkurrenzneid unterschiedlichster Interessenvertretungen (Gewerbeverein, Kunstgewerbeverein, Tischlerinnung), sondern provozierte auch kunsttheoretische und ästhetische Debatten.

Loos, der sich in jenen Jahren nicht so sehr auf architektonischem denn auf kunstgewerblichem Gebiet publizistisch profilierte, hat diese Seite des Konflikts am meisten interessiert; der Kampf gegen Scala war unter anderem einer gegen das von ihm nachdrücklich durch seine Ausstellungspolitik geförderte englische Kunstgewerbe, das auf der Grundlage handwerklicher, werkstättischer Arbeit basierte. Der Protest gegen das englische und das von ihm partizipierende österreichische Kunsthandwerk richtete sich sowohl gegen das Ungewöhnliche der ästhetischen Auffassung als auch gegen das sozial egalitäre Moment, das in der relativen Schmucklosigkeit und Schlichtheit zum Ausdruck kam, ebenso aber auch gegen die Konkurrenzfähigkeit, die dieser Art von Kunsthandwerk als handwerklicher Wertarbeit – trotz höherer Preise – gegenüber einer zum Teil unter Einsatz von Maschinen und seriellen Fertigungsprozessen gefertigten Produktkultur zukam. Loos hat diese Aspekte des Konflikts durchschaut und seine Kritik von dem Standpunkt aus geführt, daß Kunsthandwerk handwerklich gebundene Kunst zu sein habe.

In einem seiner Aufsätze leiht er dem Protest gegen Scala und dessen Ausstellungspolitik die Stimme des ›hervorragenden Fachmanns‹: » Es ist unglaublich, was man jetzt unter der neuen museumsleitung für minderwertige objekte in den ausstellungen sieht! Jetzt kann man sessel mit strohgeflecht in der allereinfachsten ausführung, ganz gute arbeit, aber doch beileibe nicht kunstwerk, exponiert sehen.« Und Loos antwortet: »Das ist ein schwerer vorwurf. Hofrat v. Scala hat doch besagten sessel . . . sofort entfernt, um nicht die entrüstung der hervorragenden fachautorität weiter hervorzurufen? Aber nein! Er wird weiter ausgestellt und beleidigt noch weiter das ästhetische gefühl jener herren, die nicht anders als nur auf kunstwerken sitzen können. Es wäre vergeblich, mit jenem herren darüber zu reden, daß der einfachste strohsitz, von der hand eines menschen verfertigt, tausendmal höher steht als die reichste lederpressung, welche durch die maschine hergestellt wird. Er würde mich nicht verstehen. Aber vielleicht kann man ihm in anderer weise beikommen. Besagter stuhl kostet, trotzdem er – dies sei ihm gerne zugestanden – die allereinfachste ausführung aufweist und nur einen strohsitz hat, dank seiner mustergültigen ausführung 20 fl. Ich kenne aber polierte und geschnitzte sessel mit reichem ledersitz, die um 10 fl. verkauft werden. Und nun behaupte ich: Dieser einfache stuhl ist dem österreichischen kunstgewerbe nützlicher als der reiche zehnguldenstuhl. Denn er erzählt uns, daß gute arbeit etwas ist, das gezahlt werden muß, er hebt das gefühl für den preis und den wert im publikum. Und das ist auch eine mission! Glauben sie nicht auch?«[14]

Scala verschaffte sich mit einem neuen Museumsstatut den Rückhalt und die Legitimation für eine Museums- und Ausstellungspolitik, die ihm eine ›Mission‹ im Sinne Loos' gestattete. Der erste Paragraph des neuen Statuts formuliert die Ziele des Museums neu – und zwar recht präzise in der Mitte zwischen der historistischen Retrospektivität und der ihr zugehörigen

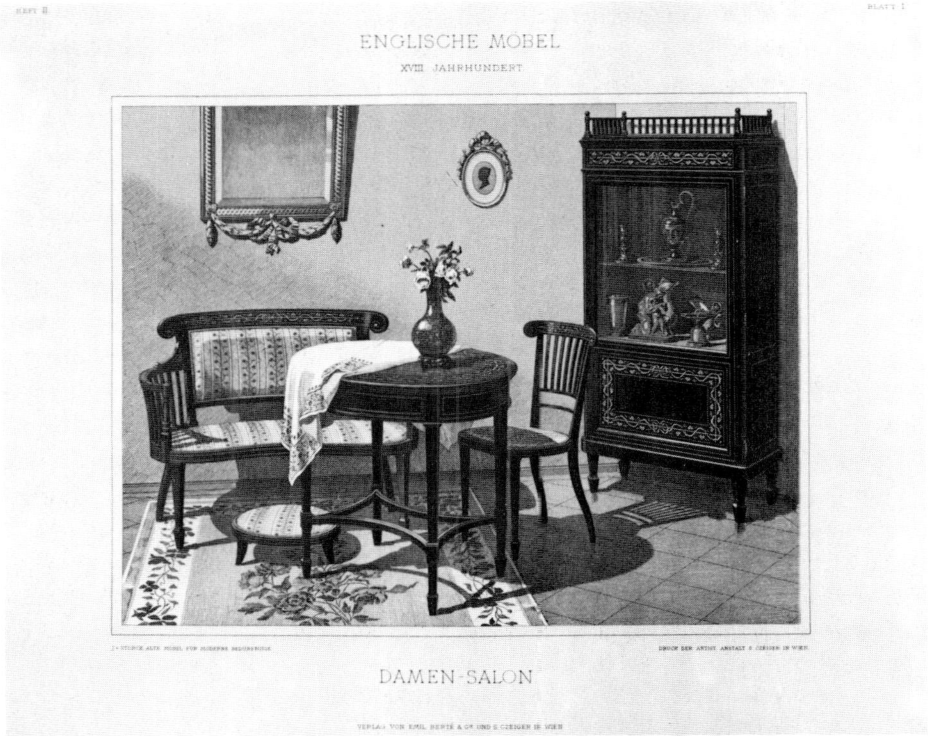

Englische Möbel. XVIII. Jahrhundert.
Damen-Salon

Alte Möbel für moderne Bedürfnisse. Ein Vorlagenwerk zum Gebrauche an Fach-Schulen und Werkstätten. Im Auftrage des k. k. Ministeriums für Cultus und Unterricht unter Mitwirkung des Prof. Oskar Beyer herausgegeben von Josef Ritter von Storck. Wien 1896

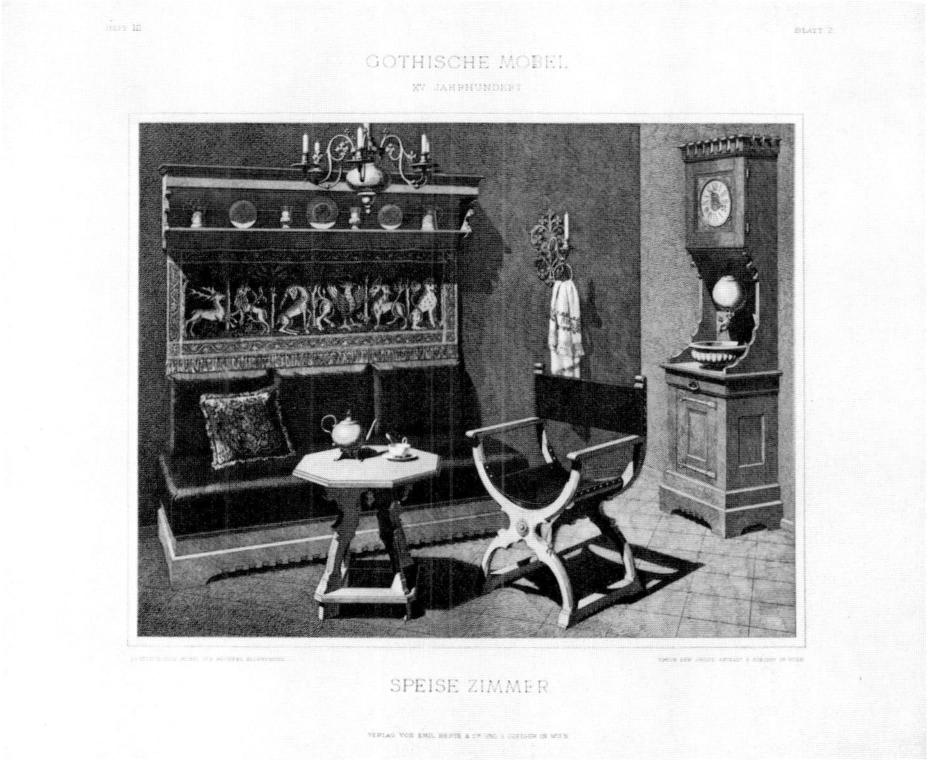

Gothische Möbel. XV. Jahrhundert.
Speise-Zimmer

Methode des Nachahmens und Kopierens mustergültiger historischer Kunstwerke und Kunstgewerbe auf der einen und der Innovationsfähigkeit der Moderne auf der anderen Seite, die ihre Normen nicht mehr allein aus der Kunstgeschichte beziehen sollte, sondern auch dem Fortschreiten des Geschmacks Rechnung zu tragen hätte: »Indem dasselbe« (das Museum; G. F.) »an Hand ausgewählter Sammlungen, durch Vorführung eigentümlicher und hervorragender *moderner*« (Hervorhebung G. F.) »Muster, in Wort und Schrift, die Einsicht in den Formenreichtum und die Arbeitsweisen älterer Kunstperioden vermittelt und mit den Fortschritten und Wandlungen des Geschmacks, welche die Kunst und das Kunsthandwerk auf neue Wege führen, bekannt macht, soll es den Blick erweitern, den Sinn für das Mustergültige und Lebensfähige schärfen und nicht bloß zur korrekten Nachahmung befähigen, sondern selbständige Schöpfungen hervorrufen.«[15]

Auf den ersten Blick scheint das nicht allzu weit von den Gründungsmaximen des Instituts, wie sie etwa Eitelberger formuliert hat, entfernt zu sein. Die Korrelation von Verpflichtung an die Tradition und ›selbständiger Schöpfung‹ wird hier ja weiter aufrechterhalten. Doch ab nun vertraut man weniger dem institutionellen Zusammenspiel etwa von Museum, Schule, Industrie und gewerblichen Bildungsanstalten (wie den Fachschulen), die eine Integration von Kunst und Industrie gewährleisten sollten, sondern dem ›Künstlerhandwerker‹, das heißt der kreativen Fähigkeit des individuellen Künstlers, der diese Vermittlungsarbeit zu leisten hätte. Der Anspruch der Modernität legitimiert sich aus Kunst, nicht unbedingt mehr aus Kunstgeschichte: damit verlieren die historischen Wissenschaften, die um die Jahrhundertmitte und in der Gründungszeit von Museum und Schule noch dem künstlerischen Schaffen vorgängige Erkenntnisleistungen und Umsetzungsarbeit verrichteten, ihre normative Verbindlichkeit.

Hatte der Historismus noch von einer im jeweiligen ›historischen Ort‹, in der geschichtlichen Herkunft des jeweiligen ›mustergiltigen‹ Objekts oder Kunstgewerbes verankerten Dialektik von Form und Zweck, Schönheit und Gebrauch her gedacht, also von der Vermittlung spezifischer historischer Erfahrung in Umgang, Gebrauch, Gestaltung, Produktion und Genuß von Dingen, so verschiebt sich das Interesse jetzt auf die – ich formuliere es zunächst einmal überspitzt – ›reine‹ Form und Formgeschichte. Von diesem Wandel waren kunstgewerbliche Produktion, Kunstwissenschaft und Kunstinstitutionen (Museum) gleichermaßen betroffen. Und es überrascht nicht, daß es ein Kunsthistoriker, Wickhoff, war, der diese Entwicklung, von der auch der Typ des Kunstgewerbemuseums betroffen war, als Zeitgenosse beschrieben hat: »Hat sich heute sogar die Pflege der Geschichte als Wissenschaft völlig geändert, bleibt man nicht mehr bei den Staatsactionen stehen, sondern sucht man durch ausgedehnte Untersuchung aller historischen Lebensäußerungen, der geistigen wie der wirtschaftlichen, ein tieferes Eindringen in vergangene Zeiten zu erlangen, so darf auch die Kunstgeschichte nicht stehen bleiben, nicht als Künstlergeschichte und Geschichte der Stilarten weiter behandelt werden, sondern sie muß sich, und dazu ist ja aller Orten der Anfang schon gemacht, zu einer allgemeinen Formengeschichte ausweiten. Da müssen die Kunstgewerbemuseen eintreten, wo seit lange schon für solche Formgeschichte das Material aufgespeichert wurde. Wollen wir logisch und sachlich vorgehen, so muß sie dies mit der Behandlung der Formgeschichte in den einzelnen Ländern beginnen. Dazu wurde im Österreichischen Museum in Wien auf breitester Basis der Grund gelegt.«[16]

Ehe wir uns auf weitere Überlegungen zur Kunsttheorie einlassen, muß noch ein kurzer Blick auf die allgemeinen kunstpolitischen Bedingungen erlaubt sein, vor deren ›Hintergrund‹ die Umwandlungen am Kunstgewerbemuseum und, bald darauf, an der Kunstgewerbeschule sich vollzogen. Die allgemeinen politischen Verhältnisse waren in jenen Tagen äußerst unstabil; die Ministerpräsidenten und Regierungen lösten einander in rascher Folge ab. Gautsch etwa war nur von September 1895 bis November 1897 im Amt und wurde von Latour abgelöst – der damit unmittelbar nach der Krise um den Rücktritt Erzherzog Rainers zum Unterrichtsminister avancierte. Allerdings nur für wenige Monate, denn schon im März des folgenden Jahres wurde er von Bylandt-Rheydt abgelöst, den im Oktober 1899 – für zunächst nur etwa zwei Monate – Wilhelm Ritter von Hartel ›beerbte‹, der dann, nach seiner neuerlichen Bestellung im Jänner 1900, eine Politik betreiben sollte, die, wie Schorske ausführlich dargestellt hat, die ›Moderne‹ aus Staatsräson sehr förderte.

Vor dem Hintergrund großer sozialer Verspannungen und Verschiebungen, die sich etwa im Niedergang des Liberalismus, im Entstehen von Massenparteien, in den schweren Nationalitätenkonflikten und in der Krise des Parlamentarismus manifestierten, glaubt man kaum eine kontinuierliche Kultur- und Kunstpolitik erwarten zu dürfen; es hat aber den Anschein, als hätten

die Bürokratie, die einschlägigen Sektionen und ihre beratenden Gremien eine gewisse Kontinuität ermöglicht. Jedenfalls ist zu beobachten, daß schon Jahre vor Hartels ›secessionsfreundlicher‹ Politik Modernisierungsprozesse in der Bürokratie ihren Rückhalt fanden.
Man mag darin – der Darstellung James Shedels folgend – eine Art Pakt, eine Interessenskoalition der künstlerischen Moderne mit der staatlichen Bürokratie, sehen, die in der Idee des Gesamtkunstwerks als ›transzendenter Kraft für die Gemeinschaft‹[17] konvergierte und so der Staatsidee, die auf dem säkularen Ideal eines übernationalen Patriotismus wie auf der Dynastie basierte, den von ihr geschaffenen Institutionen und der gemeinsamen Geschichte,[18] im Augenblick ihrer schwersten Krise in der Sphäre der Kultur noch einmal Geltung verschaffen sollte. Im Lichte dieser ›Koalition‹ erscheint auch die administrative Förderung von Reformen (Kunstgewerbemuseum und Kunstgewerbeschule und Secession) und von Neugründungen (Moderne Galerie) plausibel.
Der Modernisierungsprozeß hat auf die Bürokratie zurückgewirkt, das heißt sowohl auf die organisatorische Form der Entscheidung in Kunstangelegenheiten als auch auf die Methoden der staatlichen Kunstpolitik überhaupt. So ist ab 1890 eine ›ständige Kunstkommission‹ greifbar,[19] in der prominente Künstler beratende Funktion erhielten: zum Beispiel Caspar von Zumbusch, aber auch Otto Wagner, der gerade bezüglich der Reform der Kunstgewerbeschule dank seiner mächtigen Stellung im Kunstleben eine wichtige Rolle spielen sollte. 1898 arbeitete der Kunstreferent des Unterrichtsministeriums, Wilhelm von Weckbecker, Organisationsformen für eine Erweiterung der Kommission zum ›Kunstrat‹ aus. Dieser nahm 1899 seine Arbeit auf. Unter der großen Anzahl von Mitgliedern waren ›moderne‹ und ›alte‹ Künstler sozusagen im Proporz vertreten, also auch verschiedene Generationen, Vertreter der Akademie, der Museen, der Denkmalpflege, des Stadterweiterungsfonds, des Archäologischen Instituts und andere mehr. Mit der Beiziehung von ›Kunstfreunden‹ öffnete sich die staatliche Kunstpolitik dem Einfluß der Kunstanschauungen und -interessen gehobener gesellschaftlicher Kreise. Persönlichkeiten wie Nikolaus Dumba, Ludwig Lobmeyr, Hans Graf Wilczek, Graf Latour, aber auch Vertreter aus den Ländern, wurden dem Rat beigezogen.[20] Zu einem der ersten Beratungspunkte des Kunstrats wurde die Schaffung einer ›Modernen Galerie‹.
Die Ergänzung der staatlichen Administration durch einen zentralen Kunstrat eröffnete dem Bürgertum breitere Möglichkeiten der Mitbestimmung in der staatlichen Kunst- und Kulturpolitik – und zwar nicht dort, wo das ohnedies schon längere Zeit möglich gewesen war (etwa wie beim Kunstgewerbemuseum und der Kunstgewerbeschule, in den Aufsichtsräten der Institutionen), sondern direkt im Ministerium. Das geht Hand in Hand mit der schwindenden Dominanz *eines* einzigen ästhetischen Wertmaßstabs, wie er etwa in der Renaissancerezeption über Jahrzehnte hinweg relativ verbindlich und stabil festgelegt gewesen war. Wie in der Gründungssitzung des Kunstrats festgestellt wurde, sollten unterschiedlichste Möglichkeiten der Kunst »in einen edlen Wettbewerb treten«. Und aus diesem Wettbewerb »sollte keine Richtung der Kunst ausgeschlossen« sein.[21]
Dieser Wettbewerb ist allerdings nicht bloß einer der ästhetischen Normen: Wenn auf der skandalumwitterten zweiten Weihnachtsausstellung 52 adelige und 58 bürgerliche Käufer auftraten, so spiegelt das möglicherweise etwas von der sozialen Dichotomie wider, die im Bereich der Kunst(politik) zum Konflikt führte. Loos hat in der ›wettbewerbsorientierten‹ Kunstpolitik keine sozial egalitären Tendenzen erblickt, er interpretierte die Auseinandersetzungen vielmehr als Verteidigung und Aneignung elitärer ästhetischer Codes.[22] Er sah auch in der staatlichen Kunstpolitik nichts Positives: »Der Staat tut nicht zuwenig für die Kunst, er tut zuviel für die Kunst. Ich bin der Ansicht, daß es die erste Pflicht des Staates ist, sich um die Kunst nicht zu kümmern.«[23] In der Tat: Die Schaffung des Kunstrats bedeutete durchaus nicht den Rückzug des Staats aus der Kunstpolitik, die Aufgabe einer Politik der direkten Intervention und Verfügung über Kunstangelegenheiten – wie etwa bei der ›monumentalen‹ Kunstpolitik der Stadterweiterung –, sondern die Verallgemeinerung und Erweiterung des Einflußbereichs; es beginnt sich ein Netz allgemeiner staatlicher Kunstvor- und -fürsorge zu spannen; staatliche Kunstpolitik richtet sich nicht bloß etwa auf die Symbolisierungsbedürfnisse bestimmter staatstragender Institutionen, sondern auf allgemeine Rahmenbedingungen künstlerischer Produktion und Rezeption. Staatliche Intervention, im Zusammenhang mit einzelnen Projekten oder im Interesse der Durchsetzung bestimmter ästhetischer Normen, wird allmählich ersetzt durch eine Politik, die sich zum Beispiel auf die Entfaltungsmöglichkeiten des Kunstmarkts bezog oder auf Maßnahmen, die die soziale Existenz des Künstlers garantieren sollten – und insofern

pluralistischen gesellschaftlichen Anforderungen an die Kunst Raum gaben.
Obwohl der ›freie Wettbewerb‹ als Prinzip der Kunstförderung der Moderne ihre Entfaltung unter anderem überhaupt erst ermöglichte, befanden sich gerade ihre Vertreter gegenüber der Bürokratie in einer zwiespältigen Situation; nicht nur Loos polemisierte vom Standpunkt des autonomen Künstlers aus gegen jeden Eingriff der Bürokratie: Man kann etwa bei Berta Zuckerkandl[24] sehen, wie die Bürokratie im Konfliktfall um Intervention gebeten wird – so bei der Berufung Oskar Beyers in der Nachfolge Myrbachs – und wie die Allmacht derselben Bürokratie gleichzeitig attackiert wird. Daran wird die Ambivalenz jener bürokratischen Förderung der Moderne seit den neunziger Jahren sichtbar, die der Secession in den ersten Jahren des 19. Jahrhunderts (unter Minister Hartel) eine kunstpolitische Revolte ermöglichte.
Die durch Scalas Tätigkeit ausgelösten Auseinandersetzungen um das Museum und seine Ausstellungen konnten die Kunstgewerbeschule selbstverständlich nicht unberührt lassen; Scala selbst hat zunächst nur wenige Andeutungen über Veränderungen an der Schule gemacht. Da aber am Museum Grundprinzipien zur Disposition standen, die für *beide* Anstalten seit der Gründung verbindlich gewesen waren, mußte sich der Konflikt um das Museum über kurz oder lang auch auf die Schule ausdehnen.
Zu den ersten, die die Konsequenzen dieser Museumspolitik für die Schule erkannten und zur Diskussion stellten, gehörte Adolf Loos, der in jenen Jahren eine umfangreiche publizistische, gleichsam ›didaktische‹ Tätigkeit auf dem Felde des Kunstgewerbes entfaltete. Er bewegte sich dabei in einer allgemeinen ›Modernitätsdebatte‹, in einer Kunstfragen aufmerksam und kontrovers zugewandten Öffentlichkeit, die sich – spätestens seit Mitte der neunziger Jahre – um Fragen der Literatur, Architektur und des Kunsthandwerks gebildet hatte. In den Debatten um das Künstlerhaus oder um Publikationen wie Otto Wagners ›Moderner Architektur‹ ging es ja nicht um einzelne Kunstphänomene, sondern um den Status der Kunst und ihrer einzelnen Zweige und schließlich auch um die Stellung des Künstlers. Neben der bürokratischen Unterstützung war zweifellos diese – sich in zahllosen Schriften, Zeitungen, Polemiken, Artikeln und Neugründungen von Publikationsorganen manifestierende – ›Kunstöffentlichkeit‹ ein wichtiger Katalysator für die Konstitution der ›Wiener Moderne‹.
In der von Hermann Bahr herausgegebenen Zeitschrift ›Die Zeit‹ nahm sich Loos schon im Oktober 1897 – aus Anlaß der Ausstellung von Schülerarbeiten – der Kunstgewerbeschule an, die er als »so eine art akademie zweiter güte« klassifizierte,[25] ein Urteil, das an Dumreichers etwa ein Jahrzehnt zuvor formulierte Wendung von der ›Winkelakademie‹ erinnert. Er greift damit (wie schon Dumreicher) ein Grundprinzip der Gründergeneration der Schule an, nämlich jenes, daß sich das Kunsthandwerk sozusagen von der ›hohen‹, der autonomen und akademischen Kunst ›herleiten‹ müsse.
»Das dogma aber«, schreibt er, »an dem diese schule zugrundegehen muß, ist die ansicht, daß unser kunsthandwerk von oben herab, von ateliers aus reformiert werden soll. Revolutionen aber kommen immer von unten. Und dieses ›unten‹ ist die werkstatt.«[26] Loos spricht damit als einer der ersten die zukunftsweisende Idee des Werkstattunterrichts an, die dann tatsächlich zum Kern der Reform der Kunstgewerbeschule werden sollte. Er kritisiert auch die zu sehr am Zeichnen angelehnte Ausbildung, die zuwenig mit den Materialien und deren Bearbeitungsmethoden vertraut mache. Nur handwerkliche und praxisgerechte Ausbildung könne das Auseinanderfallen von Entwurf, Zeichnung und ausgeführtem Objekt verhindern. »Naturalistisch gezeichnete kürbisse, um ein beispiel herauszuheben, fein säuberlich und recht plastisch schattiert – tun's nicht. Besonders, wenn sie gar als wandfriestapete unter dem plafond gedacht sind, so daß man in einem solchen unglückszimmer nicht stark aufzutreten wagt: Denn schließlich könnten sie einem auf den kopf fallen. Für die aufrechterhaltung dieser illusion bürgt die tüchtige zeichnung.«[27]

Ins Rollen kam die Involvierung der Schule in die laufende Diskussion aber erst durch Otto Wagners Vorstoß in den Kuratoriums-(Aufsichtsrats-)sitzungen vom 30. Jänner 1899 und 15. Februar 1899 – zugleich mit der Eröffnung der ›Angriffe‹ der Secessionisten auf Scalas, wie ich meine, durchaus differenzierte Position. Die Protokolle beider Sitzungen stellen erstrangige Quellen für die ›Modernitätsdebatte‹ – nicht nur bezüglich des Kunsthandwerks – dar, weil die offene Konfrontation zur Formulierung der unterschiedlichen Standpunkte zwang und weil eine ganze Anzahl grundsätzlicher Fragen in die Diskussion gezogen werden mußten.
Wagner stellte es eingangs seiner Wortmeldung als Faktum dar, daß weder das Museum noch die Schule

ihren Zweck erfüllen würden. Das ›Hauptübel‹ sah er im problematischen Verhältnis zur Kunst der Vergangenheit, das die beiden Institutionen stiften würden, und die daraus resultierende Unfähigkeit, angemessen auf neue Kunstströmungen reagieren zu können. Wagner beklagt, daß »Archäologie und Wissenschaft die Kunst beinahe durch das ganze Jahrhundert am Nasenring herumführten und sicher wesentlich beitrugen, ein selbständiges Erblühen, eine *Neugeburt der Kunst* zu verhindern. Diese *Naissance*« (Hervorhebungen G. F.) »der Kunst ist aber heute, dem Himmel sei's gedankt, da . . .«[28]

Selbstbewußt argumentiert Wagner bereits vom Standpunkt der durchgesetzten Modernität, der in Gang gebrachten ›Naissance‹ aus. »Nicht in der schmutzigen Gosse der Kopie konnte sich die Kunst wie bisher fortwälzen, nein, sie hat, wie es zu allen Zeiten der Fall war, den schönheitlichen Ausdruck für ihr ›derzeitiges Empfinden‹ gesucht und auch gefunden und zwar richtig und passend zu unserem verstandesstrotzenden Jahrhundert . . . Daß aber eine solche Tatsache von einem Institute, welches berufen ist, durch die Kunst das Gewerbe und damit den Wohlstand im Staate zu heben, unbeachtet bleibe, müßte ich geradezu als Verbrechen bezeichnen . . . ja, ich gehe so weit, zu verlangen, daß sich das Institut . . . wie es das Gewerbe nur zu energisch fordert, deutlich für die Moderne ausspreche . . . Die Kunst verlangt von ihren Vertretern Neugeborenes, Neugeschaffenes, dessen Keime im modernen Menschenleben ihren fruchttreibenden Boden finden. Sinkt die Kunst auf das Niveau des mühseligen Abwägens und Kopierens herab, wie es bisher zum allergrößten Teile praktiziert wurde, so hört sie eben auf Kunst zu sein.«[29]

Wagners mit Pathos durchwirkte Antithetik von Historie und Moderne läßt wichtige Rückschlüsse auf die Signifikanten des Modernitätsbewußtseins zu. Das definitive Absetzen der Modernität von aller Vergangenheit verwirft diese nicht, auch nicht prinzipiell den Historismus des bürgerlichen Zeitalters, sondern beansprucht für sich eine andere Form der ›Wiederkehr‹ – nämlich der einer Kunst des ›zeitgemäßen Neuschaffens‹, das diese jetzige Modernität mit aller ›historischen‹ Moderne, das heißt allen geschichtlichen Formen ›zeitgemäßen‹ Schaffens ideell verbindet. ›Neugeburt‹, ›Naissance‹ – Wagners Lieblingsbegriffe – verweisen deshalb nicht in erster Linie auf den Bruch (vor allem mit dem Historismus), der im Begriff auch intendiert ist, sondern auf die wiedergefundene Möglichkeit der Gegenwart zur Hervorbringung einer dieser ›Jetztzeit‹ gemäßen Kunst. »Wie weggefegt sind die letzten Reste der traditionellen Copien und Imitationen«, heißt es in Otto Wagners programmatischem Aufsatz ›Die Kunst im Gewerbe‹ im ›Ver Sacrum‹[30], »und die Werke der Kunst sind wieder das geworden, was *sie zu allen Zeiten waren*« (Hervorhebung G. F.): »Neugeschaffenes, aus der Künstlerseele Geborenes. Unserem derzeitigen Empfinden ist Rechnung getragen, und die Kunst zeigt uns im reinen Spiegel endlich unser eigenes Bild.« In dieser neuartigen Verschränkung von Gegenwartsbewußtsein und Legitimation durch die Geschichte partizipierten Wagners Gedanken und die Wiener Moderne überhaupt von der europäischen Moderne, wie sie in Charles Baudelaires ›Le Peintre de la vie moderne‹ eine präzise Formulierung erhalten hatte: »Ohne Zweifel ist es vortrefflich, die alten Meister zu studieren, um Malen zu lernen, aber um den Charakter der gegenwärtigen Schönheit zu begreifen, ist es eine überflüssige Arbeit . . . Damit, mit einem Wort, *jede Moderne den Wert des Alten* annehme« (Hervorhebung G. F.), »ist es nötig, die geheimnisvolle Schönheit herauszufühlen, die die menschliche Belebung unwillkürlich in sie hineinlegt.«[31]

Mit der Idee der möglichen Wiederkehr einer jeweils jetztzeitigen Schönheit verliert der Modernitätsbegriff – und das unterscheidet ihn von den Stilbegriffen als Epochen-Signaturen, die Fähigkeit, eine bestimmte, unverwechselbare historische Zeit zu kennzeichnen. Und damit verliert er auch seine Kraft, sich antithetisch von einer Vor-Epoche abzusetzen, wie etwa in der klassizistischen Antithetik von Antike und Moderne oder der späteren Entgegensetzung des Klassischen und Romantischen. Der Zeithorizont des Modernitätsbewußtseins verschiebt sich immer schneller und verengt sich schließlich auf das Bewußtsein einer Generation, in der Modernität sich auf das »Aktuelle, gerade jetzt Schöne« bezieht, »das als Vergangenes seinen unmittelbaren Reiz einbüßen muß und dann nur noch historisch zu interessieren vermag«[32].

Der Begriff der Moderne kann dann zum Beispiel mit dem des ›Zeitgeistes‹ ident gesetzt werden. Selbstverständlich muß die allmähliche Auflösung des Antithetischen im Begriff der Modernität auch die autoritative Kraft der Tradition zersetzen – also auch die der unmittelbaren ›Vor‹-Vergangenheit der Kunst des 19. Jahrhunderts.

Die Apodiktik, mit der sich Künstler wie Otto Wagner auf die Moderne berufen und legitimieren, steht in einem eigentümlichen Spannungsverhältnis zur Unbestimmtheit des Begriffs, der seine Geltung vor allem aus einer vagen ›Zeitgemäßheit‹ beziehen muß; ein Spezifikum der Wiener Situation ist die Verknüpfung (etwa bei Bahr) des Modernitätsbewußtseins mit dem der »Decadence«, das heißt der Erfahrung des Zu-Ende-Gehens einer Epoche. Das Motiv der Erneuerung der Kunst trifft auf die Erfahrung der politischen und kulturellen Krise. Die gesellschaftliche Rolle der Kunst wird dabei nicht – wie in der Avantgarde – in Frage gestellt, sondern erweitert, ja ausgedehnt: als *ästhetische* Lebenspraxis (man denke an die Programmatik der ›Secession‹) sollte sie der Negativität des »Decadence«-Bewußtseins entgegenwirken und eine umfassend gedachte ›Erneuerung‹, eine ›Naissance‹ nicht nur der Kunst einleiten.

Grundsätzlich vom Historismus unterscheidet sich diese Moderne in ihrem Selbstbewußtsein. Während Eitelberger, gemünzt auf seinen ›Lehrmeister‹ J. D. Böhm, noch sagen konnte, »dass die moderne Kunst keinen wirklichen Höhepunkt der Kunst bezeichne, sondern . . . dass die moderne Kunst an grossen inneren Schäden leide«, hat sich das Verhältnis nun umgekehrt; aus der Perspektive einer sich selbst gewissen Moderne erscheint nun die ihr vorausgehende Kunst des 19. Jahrhunderts unter negativen Vorzeichen.[33]

Mit diesem Modernitätsbewußtsein, und damit kehren wir zu unserer Frage der Reform des Kunstgewerbemuseums und der Kunstgewerbeschule zurück, konnte auch der Historismus der Institutionen kritisiert werden, ihre spezifischen Methoden der Anverwandlung historischer Kunst im Interesse der Gegenwart. In dem schon zitierten Aufsatz Wickhoffs zur Zukunft der Kunstgewerbemuseen wurde deren Überlebtheit als »Vorbildersammlung« konstatiert. Angesichts der aktuellen Bedeutung der Rezeption ostasiatischer Kunst oder des englischen Kunstgewerbes sei die Rolle des Museums als Vermittlungsagentur des historischen Stilpanoramas obsolet geworden. Der Umbruch des Künstlerischen, der Prozeß der Stilbildung, sei weder von den Kunstgewerbemuseen noch von den Kunstgewerbeschulen ausgegangen, sondern von den ›technischen‹ Erfindungen, die das ›moderne Leben‹ umgestaltet hätten, und durch »neue sociale Probleme« hervorgerufen worden, die »fast der einzige Gegenstand der Politik« geworden seien.[34] Daher sei auch die Idee aufzugeben, daß es »musterhafte Kunstzeiten gegeben« habe, »die man einfach nachzuahmen hätte«[35].

Das bedeutet nun nicht einen Bruch mit der historischen Kunst, sondern Kritik der historistischen Vermittlungs*methoden*. Die Relation von Gegenwart und Vergangenheit, von zeitgenössischem Kunstschaffen und historischer Kunst ändert sich. Die Fixierung an das verbindliche historische Vorbild, an dessen Objektivität und museale Verdinglichung, weicht einer Perspektive, die vom gegenwärtigen Kunstschaffen und von gegenwärtigen künstlerischen Interessen her entwickelt wird. Diese Umkehrung der zeitlichen Relation von Vor- und Nachbild geht bis zur Auffassung, daß die historische Kunst und deren Vorbildlichkeit von der je gegenwärtigen Kunstproduktion her zu beurteilen seien – was auch bedeutet, daß die Rolle der historischen Wissenschaften in der Festschreibung verbindlicher Leitbilder in Frage gestellt und als ›kritische Instanz‹ der Künstler in neue Rechte eingesetzt wird.

In einem ihrer Essays hat Berta Zuckerkandl dies sehr schön beschrieben: »Das Wesen des Begriffs ›Museum‹ steht in voller Umwertung. Eine Umwertung, welche eng zusammenhängt mit der Wandlung des archäologisch-historischen Akademismus in lebendige Werkstättenübung. Wenn früher ein genialer, aber ganz in seiner Zeit wurzelnder Gelehrter, wie Eitelberger dies war, dem österreichischen Kunstgewerbe als Leiter des Museums Impuls und Richtung gab, so ist durch das mächtige Eingreifen des künstlerischen Elements, welches in ganz Europa der Kunst der Gegenwart ihre Rechte zurückeroberte, nun eine Arbeitsteilung ganz anderer Art im Begriff sich zu bilden. Organisatorisch treten jetzt die Künstler auf. Sie stellen Programme und sie arbeiten an der Lösung kunstindustrieller Kulturfragen.« Und dann, in Hinblick auf die Kunstgewerbeausstellung in Dresden: »So übernehmen es jetzt also die Künstler, Industrie und Kunstgewerbe wirtschaftlich zu münzen. Das Museum aber nimmt, wie wir dies bereits vielfach an den kunstgewerblichen Instituten in Deutschland sehen, immer intensiver den Charakter eines Sammelortes von Mustern an, welche die differenzierten Formideale der wechselnden Kulturepochen verdeutlichen. Denn je höher die Achtung vor dem Recht auf Zeitkunst steigt, desto intensiver, feinfühliger und wesensechter wird die Liebe, das Verständnis für die Kunstproduktion der Vergangenheit. Man beginnt endlich auch wieder die Rechte der historischen Künste zu wahren.« (sic!) »Man beginnt den Kampf gegen den Vandalismus, mit dem Errungenschaften vergangener Schönheitsideale verzerrt und vergewaltigt werden. In der Architektur den Kampf gegen die Rekonstruktion und gegen die Stilergänzung; im Kunstgewerbe den

Kampf gegen die Stilkopie. Ein Schrein für die Kunstschätze der Vergangenheit ist das Museum am Stubenring. Ein stets lebendiger Hinweis soll die Lehre, die von da ausgeht, sein auf jene Prinzipien von Echtheit, von Selbstheit, von Charakterisierung der Zeitbedingungen, die ja Urgrund jeder künstlerischen Kultur sind. Dort, an der unentwegten Eigenart des einst Schaffenden, soll der moderne Künstler seine Eigenart festigen lernen, und von dort sollte das Publikum über die Ethik aufgeklärt werden, die in der Echtheit liegt. Echtheit des Sinnes, des Zweckes, des Impulses eines Gegenstandes, ganz so wie Echtheit des Materials. Darüber aufgeklärt werden, daß es nicht angeht, was ein Ergebnis nun toter Kräfte ist, wieder zu beleben. Und auf die vergangenen Jahrzehnte des neunzehnten Jahrhunderts müßte man die Menschen lehren wie auf eine Verirrung zu blicken, denn in der vieltausendjährigen Vergangenheit der menschlichen Kultur sind diese Jahrzehnte die einzigen, die mit Stolz nachgeäfft, gelogen und gefälscht haben.«

Statt dessen«, wendet Zuckerkandl die allgemeine Kritik nun wiederum auf das Wiener Museum und auf Scala zurück, »gibt das Museum am Stubenring in seiner Weihnachtsausstellung den letzten Ausläufer der absterbenden Stilkopienmode und deren traurigsten Konsequenzen bereitwilligst Raum. Die Demoralisation, die sowohl beim Musterzeichner als beim ausführenden Handwerker eintreten mußte durch das stumpfe Nachmurmeln entfremdeter Formeln, kommt klar zutage, wenn man den Qualitätsunterschied sieht, der zwischen den Originalen von einst und diesen Kopien von jetzt besteht.«[36]

Das so verstanden ›moderne‹ Verhältnis zur historischen Kunst gibt allerdings – indem es alle Rechte der Interpretation der Gegenwart und dem ihr angehörenden Künstler überträgt – die im Historismus steckenden emanzipativen Momente preis. Die idealistische Idee von den Gesetzen der Kunst als Vorschein von Freiheit, die das Aufklärerische am Historismus ausgemacht hatte, wird fallengelassen. Die *andere* Idee, die von der Versöhnung von kulturellem und materiellem Fortschritt, bleibt aber, in verwandelter Gestalt, erhalten. Damit können wir wieder zurückkehren zu der Debatte im Aufsichtsrat vom Jänner 1899 und zur Wortmeldung Otto Wagners, und uns nun seinen Ausführungen zuwenden, die sich konkreter mit der Situation des Gewerbes und der kunstgewerblichen Bildungsinstitutionen befassen. Die ›Modernisierung‹ des Kunstgewerbes soll schließlich auch die alte Frage der ›Brauchbarkeit‹ der Schönheit im Gewerbe beantworten helfen – womit auch die alte Frage der Konkurrenzfähigkeit der Kunstgewerbe erneuert wird.

Wagner: »Das Gewerbe schreit nach Brot, nach nahrhafter, lebenserhaltender Speise und will sich nicht mehr mit schwer verdaulichen Steinen, wie sie Tradition, Archäologie und Wissenschaft bieten, den Magen verderben. Ich bin gewiss kein Verächter dieser Disciplin, aber sie gehören, so lange es Künstler gibt, in die zweite Reihe; dort haben wir sie jetzt hingestellt, und dort werden sie hoffentlich, der Kunst zum Heile, immer bleiben. Die Kunst verlangt von ihren Vertretern Neugeborenes, Neugeschaffenes, dessen Keime im modernen Menschenleben ihren fruchttreibenden Boden finden. Sinkt die Kunst auf das Niveau des mühseligen Abwägens und Copierens herab, wie es bisher zum allergrößten Theile practicirt wurde, so hört sie eben auf, Kunst zu sein.«[37] Doch auch für das Gewerbe komme das Heil, meint Wagner wohl nicht ganz selbstlos, vom Künstler, denn diesem gehe es immer um die Kunst, während das Gewerbe immer »nach seinen Vortheilen« greife. Dann attackiert Wagner den Kunstgewerbeverein: »Die ›Kunstgewerbetreibenden‹, welche im Institute bisher einen recht angenehmen Rückhalt hatten, waren alle nach einer Schablone gedrechselt; sie haben sich mit Hilfe der Kunst die Säcke gefüllt (mit Recht kann man sagen), aber als sie voll waren, wollten sie sich mit der Aureole der Kunst umgeben, ohne einen Schein von Berechtigung hiefür zu besitzen.

Vom Institute erlangten sie, dass ihnen erste Kunstkräfte zum Betrage von 5 Gulden pro Tag zur Verfügung gestellt würden, haben aber stets übersehen, dass vor allem der Kunst der erste Platz eingeräumt werden müsse, wenn für das Gewerbe ein Erfolg erhofft werden soll.

Sie haben es nie zugegeben und wollen dies auch heute nicht, daß alles wirklich Gute auf dem Gebiete des Gewerbes nur von Künstlern geschaffen wurde und wird.

Diese und andere Missverhältnisse, im Vereine mit der eingangs erwähnten Strömung, liessen endlich das Unhaltbare des Ganzen deutlich zu Tage treten.«[38]

Wagner spricht hier mit dem Selbstbewußtsein und dem Gewicht des öffentlich anerkannten Architekten und Lehrers (der Akademie der bildenden Künste), und sein Selbstverständnis als Architekt ist es auch, das Fragen der Ausbildung, also der *Schul*reform, bestimmt. Das alte Problem der Arbeitsteiligkeit von Entwerfer und Ausführendem, von Künstler, Kunsthandwerker,

Musterzeichner und anderen auf der einen und Handwerker auf der anderen Seite stellt sich für ihn insofern nicht, als er der Architektur zu ihrer angestammten dominierenden Position als ›Mutter‹ aller Künste verhelfen will. Wagner, dem Loos großes Einfühlungsvermögen in die Erfordernisse des Kunsthandwerks nachgesagt hat, geht vom Idealbild des Architekten aus, der selbst alles zu entwerfen vermag. Möglich, daß dabei die Erfahrung mit der hohen Arbeitsteiligkeit der Baukultur des 19. Jahrhunderts eine Rolle spielt, in der der Einsatz von Maschinen, von mechanisch reproduzierten Elementen, von seriellen Fabrikaten und anderem den Architekten in die Rolle des für das Gesamte Verantwortlichen drängte. Jedenfalls sah auch Wagner die Tatsache, daß »aus jedem Arbeiter eigentlich eine Maschine« geworden wäre, als Resultat der »modernen socialen Zustände«[39]. Wenn er sich die Position des Architekten aber als die des gesamthaften Entwerfers denkt, dann macht er den Handwerker erst recht zum ›nachgeordneten‹ Arbeiter.

So äußert sich Wagner auch nicht sonderlich konkret zu den notwendigen Reformen; sein Katalog der Maßnahmen, den er in der zweiten Aufsichtsratssitzung (vom 15. Februar 1899) vorlegte, umfaßte folgende Punkte:

– Die »Berufung von vier Künstlern als Professoren unter gewissen Modalitäten«; diese waren: Berufung der Lehrer auf zehn Jahre, nach denen über eine Weiter- oder Abberufung entschieden werden konnte. Freie Wahl der Schüler durch ihre Lehrer.
– »Zuziehung eines Künstlercomités bezüglich der Ankäufe, der Ausstellungen, der Concurrenzen und der Zeitschrift«, der Wagner Mangel an ›künstlerischer Frische‹ und Wertlosigkeit für die Gewerbetreibenden vorwarf. Vorschläge also, die auf eine völlige Entmündigung Scalas hinausliefen.
– »Reduction der Schülerzahl in dem Sinne, dass nur Talente Aufnahme finden.«
– »Errichtung eines Lesezimmers, in welchem alle Erscheinungen auf dem Gebiete der Kunst und alle Zeitschriften, mit Ausschluß der politischen, aufliegen, und in welchem die Conversation unter Aufsicht eines Professors gestattet ist.« Wagner erläuterte zu diesem etwas skurril anmutenden Punkt, daß er das ältere kunstgewerbliche Schrifttum für völlig antiquiert halte und daß das Bücherstudium überhaupt nichts nütze, daher also von einem diskussionsbezogenen Lernen abgelöst werden müsse.
– »Es sind vorderhand mindestens zwei Freilichtateliers und ein abgeschlossener sonniger Platz herzustellen.«
– »Änderung des bisherigen Titels in: Institut für Kunst im Gewerbe«.[40]

Soweit Otto Wagners etwas kunterbunte Maßnahmenforderung, die zu einem nicht geringen Teil vom Kampfruf ›Alle Macht den Künstlern‹ getragen scheint, bereichert um patriarchale Arroganz: ». . . mit dem System, jedem beliebigen Frauenzimmer Blümchen auf Tassen malen zu lassen, muß endgültig gebrochen werden.«[41]

Daß gruppenegoistische Interessen, nämlich die der Secession, eine Rolle gespielt haben könnten, ist anzunehmen. Darauf weisen die Vorschläge Wagners hin, über die (Ausstellungs)Politik des Kunstgewerbemuseums Künstler entscheiden zu lassen, ebenso aber auch parallele Äußerungen im Kunstrat, wo Wagner unter anderem seine eigenen Projekte zur ›Modernen Galerie‹ lancierte; sein erster Antrag in der Sitzung des Aufsichtsrats des Museums bezog sich bezeichnenderweise auf die Personalpolitik der Schule. Er ließ es nicht dabei bewenden, ›vier Professoren‹ vorzuschlagen, sondern legte auch eine Vorschlagsliste vor, mit Namen, die sich nur mehr erschließen lassen, ist doch im Protokoll an Stelle der Namen eine Lücke gelassen.[42] Der Schriftführer der Kunstkommission, Max von Millenkovich-Morold, der die liberalen Tendenzen der staatlichen Kunstpolitik jener Tage und die Förderung der Moderne recht grantig als österreichischen Weg, »es allen recht (zu) machen« bezeichnete, hat sich über den Lobbyismus der Kommissionen und namentlich über Otto Wagner recht bitter geäußert: »Dagegen tat es mir in der Seele weh, wenn der den Umsturz predigende Baukünstler Otto Wagner, der von den in Wien Schaffenden eigentlich nur Klimt gelten ließ, und dessen ›vernichtende‹ Aussprüche über das meiste, was geschätzt und beliebt war, in der Regel mit Verblüffung und Heiterkeit aufgenommen wurden, wenn dieser scharfzüngige und streitbare Herr in den Sitzungen der Kommission die gute Stunde selber war und zu den mittelmäßigsten Erzeugnissen einer veralteten Kunstübung Ja und Amen sagte, auf daß hernach *seine* Schützlinge sich gleicher Gunst bei den anderen erfreuen konnten.«[43]

Die Antwort Scalas, der ja von Otto Wagner in der Sitzung zwar ›gelobt‹, indirekt aber scharf angegriffen wurde, scheint mir in manchem differenzierter als Wagners Vorstoß. Scala, der rasch zum Buhmann der Secessionisten avancierte, verteidigte den Historismus seiner Institution und sprach sich für eine vorsichtige, schrittweise Öffnung zur Moderne aus. Er stimmte auch einer personellen Erneuerung der Schule zu, die im Interesse der ›Hebung des Geschmacks‹ liege und zur Geschmackserziehung des Publikums führen könne. Und es ist Scala, nicht Wagner, der die zukunftsweisende Idee einer praxisorientierten Ausbildung in eigenen Organisationseinheiten – Scala nennt das ›Meisterateliers für Kunsthandwerker‹ – formuliert: »Das Ideal nach meinen Begriffen wären Meisterateliers für Kunsthandwerker. Ein Atelier für Tischlerei, in dem nur eine bescheidene Anzahl künstlerisch veranlagter Tischler, die bereits ihre gewöhnliche Lehrzeit hinter sich haben, unter der Leitung von Künstlern ihr Handwerk zum Kunsthandwerk emporbrächten – so Schlosser – so Lederarbeiter und Buchbinder etc. Ich streife diese Organisation nur, bin mir aber des wohl bewußt, daß unsere kleinen Verhältnisse deren Verwirklichung ausschließen.« Scalas Vorstellung von – am Museum eingerichteten – Werkstätten ist mit der von Myrbach teilweise verwirklichten Werkstatt-Idee zwar nicht identisch, ihr aber verwandt; eine praxisnahe handwerkliche Kunst-(Gewerbe-)Produktion findet sich in beiden Modellen. Was Scala in erster Linie im Auge hatte – die künstlerische Fortbildung von bereits in der Praxis stehenden Handwerkern –, wurde dann von Roller mit ›offenen Zeichensälen‹ in die Tat umgesetzt.

Scala fuhr dann fort: »Eine bessere Gewähr für die Durchführbarkeit bietet uns die Reorganisation der Schule auf ihrer heutigen Basis. Die Heranbildung junger talentvoller Künstler scheint auch hier unzweifelhaft geboten, nur bin ich nicht dafür, dieselben insgesammt nur aus EINEM« (Hervorhebung im Protokoll) »Lager zu holen – auch nicht dafür, mit dem guten Alten, was wir an der Schule besitzen, zu brechen.« Während Scala die personelle Reform und die organisatorischen Veränderungen in einem Zusammenhang entwickelt, summiert Wagners Reform-›Katalog‹ bruchstückhafte Gedanken unterschiedlichster Zielrichtung, ohne sie in konkreten Bezug zu den Anforderungen an neue Lehrkräfte zu setzen.

Ich streiche diese Differenz so stark – und absichtlich etwas kontrastreich – heraus, weil die Beurteilung Scalas bis heute recht stark vom Verdikt der Secessionisten geprägt ist und in der affirmativen Parteinahme für den Modernitätsstandpunkt gerne übersehen wird, welche Initialzündung (wenn auch nicht immer in Scalas Absicht) von seiner Tätigkeit als Museumsmann und Ausstellungsgestalter ausging. Scala eignete eine der traditionalen Position der ›älteren‹ Museumsgeneration durchaus nicht vergleichbare differenzierte, wenngleich auch vorsichtige Haltung, die es verbietet, ihn umstandslos als Traditionalisten und als Gegner der Moderne abzustempeln. Scala ließ übrigens tatsächlich am Museum ein Zeichenbüro einrichten, das Handwerkern technische und künstlerische Anregungen vermitteln sollte.[44]

Die schroffe Frontstellung der Vertreter der Secession gegen Scala, der um 1900 gelegentlich noch als möglicher »Schöpfer einer großen Zeit« (Bahr)[45] bezeichnet werden konnte, ist schwer verständlich. Es ist richtig, daß er, auch dort, wo er modernen Bewegungen Raum gab, der Kopie vertraute: zeigten seine Ausstellungen doch nicht nur Originale, sondern auch Nachbildungen englischer Möbel. Und immerhin war es Scala, der bereits in seiner ersten Ausstellung komplette Interieurs zeigte und damit eine neue, richtungweisende Ausstellungsmethode entwickelte, die nach und nach zur »Wiener Raumkunst« weiterentwickelt und vervollkommnet wurde.[46]

Mag sein, daß er bei den Künstlern auch als ein Mann der Bürokratie galt. Das Museum lag ja, zum Unterschied von der Kunstgewerbeschule, fest in den Händen von Kunsthistorikern und Bürokraten. Während sich die Künstler im Kunstrat und in manchen anderen Institutionen Einflußmöglichkeiten erobert hatten, war die Bastion des Museums nicht zu nehmen. Wenn Scala auch nicht aus dem Museum selbst gleichsam herausgewachsen war und dessen ›Geist‹ nicht verpflichtet schien, so konnte er doch als Widerpart ihrer Bemühungen um eine autonome Kunstpolitik erscheinen. Josef Hoffmanns Vorbehalte gegen die Bürokratie – die hier nur stellvertretend für viele vergleichbare andere zitiert sein soll – kann man auch auf Scala beziehen: » . . . uns allen kommt es sonderbar vor, daß von jenen, die nicht selbst schaffen, sondern nur ihren Einfluß geltend machen wollen, heute neuerdings das Losungswort ›Alte Kunst‹ ausgegeben wird.«[47]

Wieder sind es Leischings Erinnerungen, die es uns erlauben, die Konfliktlinien jener Tage nachzuzeichnen und das Spannungsverhältnis der unterschiedlichen Interessensgruppen (das Leisching rückblickend wohl differenzierter dargestellt hat als die in die Tagespolemik involvierten Künstler und Publizisten) einigermaßen zu begreifen. »Scala hatte sich im Handelsmuseum als Organisator und Propagandist hervorragend bewährt; obwohl er kein Fachmann, mit Kunstgeschichte nicht vertraut war, nie etwas publiziert, nie

Vorträge gehalten hat, war er eine bekannte, von vielen mit Recht geschätzte Persönlichkeit, ein Mann von Geschmack und praktischer Lebenserfahrung . . . In dem kritischen Zeitpunkt, in welchem sich in Dingen der lebenden Kunst und ihrer zeitgemäßen Entwicklung auch Österreich damals befand, war er eine geeignete Persönlichkeit, Breschen zu schlagen in veralterte Anschauungen und Methoden und mitzuwirken an der Aufrüttelung des künstlerischen Gewissens der Zeit. Aber er kam zu früh oder zu spät, jedenfalls nicht in einem glücklich gewählten Zeitpunkt. Sein Kampfziel war nicht einwandfrei gewählt; daß er es bald ändern mußte, war sein Malheur. Er sah sich in das Wiener Kunstleben hineingestellt, um es unter seine Führung zu nehmen, zu einem Zeitpunkt, in dem die Künstlerschaft nicht mehr geneigt war, sich von einem Nichtkünstler führen zu lassen; daraus entstand ein interessanter, aber gefährlicher Kampf.«[48]

Leisching rügt an Scala die Einseitigkeit in der Bevorzugung des englischen Lebensstils und die Ungeduld im Umgang mit Menschen. Schließlich habe die ›Radikalisierung‹ der Secession, von der einige Mitglieder Scala zunächst unterstützt hätten, dazu geführt, daß einflußreiche Kreise, die ihr wohlwollend gegenüberstanden, ihre Förderung zurückzogen; und Scala wurde, wie Leisching schreibt, »unter dem Druck seines Kuratoriums wieder ins Historische gedrängt . . .«[49]

»Sehr bald aber ging die ›Secession‹ so radikale Wege, daß die ›gute Gesellschaft‹ mit Fürstin [Pauline] Metternich an der Spitze, sich von den Darbietungen der neuen Vereinigung glaubte abwenden zu müssen, wodurch deren Gönner, welche auch die Revolution auf dem Stubenring eingeleitet hatten, in eine heikle Lage gerieten. Dies um so mehr, als die von ihnen an die Kunstgewerbeschule gebrachten hervorragenden Künstler sich weigerten, den im englischen Fahrwasser segelnden Scala und Latour Gefolgschaft zu leisten und sich mit der Schule an den ganz anders orientierten Museumsausstellungen zu beteiligen. Es herrschten sonach an den bisher eng verbunden gewesenen staatlichen Kunstanstalten zwei einander feindliche Kunstrichtungen.«[50]

Leisching interpretiert dies schließlich – wohl nicht ganz unzutreffend – als Generationenkonflikt, in dem sich die »große Schule der Architektur«, die sich in der Stadterweiterung bewährt und mit Industrie und Gewerbe verbunden hatte, schließlich ›selbst kopierte‹ und gegen die »aufkommenden jungen Talente nur schwer ankämpfen konnte«. Leisching sieht Scalas Position als Mittelstellung zwischen diesen beiden ›Extremen‹: Es gab »nun drei Richtungen: die konservative, welche ihren Rückhalt in der Künstlergenossenschaft und im Kunstgewerbeverein besaß, die radikale mit ihren Stützpunkten in Secession, Hagenbund und Kunstgewerbeschule, die Mittelgruppe repräsentiert durch das Österreichische Museum und einzelne nach links und rechts schwankende Schulen der Akademie . . . es lag etwas Tragisches darin, daß die fruchtbaren Anregungen, welche Scala zweifellos gegeben hatte, von ihm nicht konsequent aufrechterhalten werden durften und er außerstande war, die unterbundenen natürlichen Zusammenhänge mit der Kunstgewerbeschule und einem Teil der Kunstindustrie dem Museum zurückzugewinnen.«[51]

Damit haben wir dem Lauf der Ereignisse etwas vorgegriffen, denn zum Zeitpunkt der beiden entscheidenden Kuratoriumssitzungen, die die Reform der Kunstgewerbeschule einleiteten, zeichnete sich zwar der Konflikt zwischen Schule und Museum bereits ab – eine definitive Trennung beider Institutionen, wie sie dann rasch erfolgte, aber war wohl noch nicht abzusehen.

Zum Zeitpunkt der Kuratoriumssitzungen war die Entscheidung über das Schicksal der Schule, über ihre ›secessionistische‹ Reform, eigentlich schon gefallen: Denn mit Wirksamkeit vom 27. Jänner 1899 war Felician Freiherr von Myrbach, selbstverständlich ein Mitglied der Secession, bereits (vorerst aber provisorisch) zum Leiter der Kunstgewerbeschule bestellt worden. (Im folgenden Frühjahr wurde Storck in den Ruhestand versetzt.)

Myrbach, den Loos zwar einen »drittrangigen Künstler« nannte (was ihn nicht daran hinderte, ihm freundlich das damalige Adelsprädikat unter Künstlern – ›moderne Gesinnung‹ nämlich – zu verleihen,[52] und dem schon im ersten Jahrgang der von Scala gegründeten Zeitschrift ›Kunst und Kunsthandwerk‹[53] ein enthusiastischer Artikel über Werk und Biographie gewidmet worden war,[54] hatte bereits im Juni 1897 seine Lehrtätigkeit an der Schule aufgenommen.

Myrbach wurde 1853 in Zaleszcyki (Galizien) geboren und bildete sich während seiner im Alter von elf Jahren begonnenen Militärlaufbahn in erster Linie autodidaktisch zum Zeichner aus. 1872 trat er in das Militär-Geographische Institut in Wien ein und studierte als Gasthörer an der Akademie der bildenden Künste bei Eisenmenger. Ende der siebziger Jahre gab ihm die Tätigkeit als Zeichenlehrer an der Wiener Kadetten-

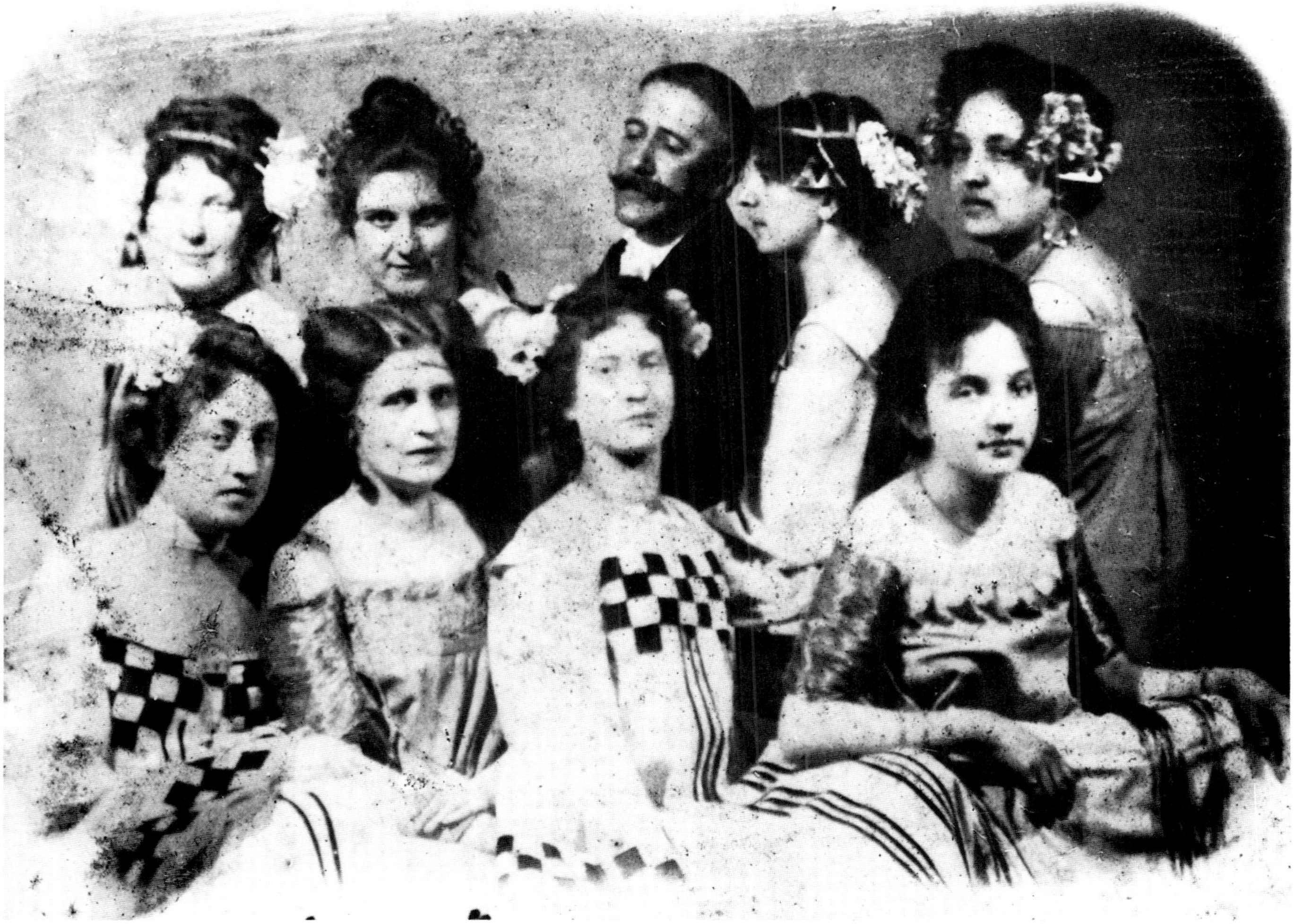

Felician Freiherr von Myrbach im Kreise seiner Schülerinnen (1902)

schule nochmals Gelegenheit, bei Eisenmenger zu studieren. 1881 quittierte er seinen Militärdienst und übersiedelte nach Paris, wo er als Illustrationszeichner arbeitete und im ›Salon‹ ausstellte. 1897 kehrte er nach Wien zurück, trat in die Secession ein und wurde, wie gesagt, im selben Jahr zum Lehrer an die Kunstgewerbeschule berufen – und zwar als Leiter einer Fachschule für Zeichnen und Malen mit dem Schwerpunkt Illustrationswesen.[55]

1905, nachdem er gezwungen worden war, den Direktionsposten aufzugeben (siehe unten), versteigerte er alle seine Arbeiten im Dorotheum und ging wieder nach Paris. 1914 mußte er, als ehemaliger österreichischer Militärangehöriger, aus Frankreich fliehen. Er lebte in Spanien, von wo ihn 1936 der Bürgerkrieg vertrieb. Die Flucht über die Schweiz führte ihn nach Wien und schließlich nach Klagenfurt, wo er mit 87 Jahren starb.

Wie bei der Bestellung Scalas wurde also auch hier ein ›Außenseiter‹, jemand, der nicht in der Tradition der Institution selbst verankert war, berufen, um sie zu reformieren. Am Beginn dieser Reform stand die personelle Veränderung, die Otto Wagner – höchstwahrscheinlich mit Myrbachs Wissen – in der bereits ausführlich geschilderten Aufsichtsratssitzung initiiert hatte.

Da die von Wagner vorgeschlagenen Namen aus dem Protokoll ausgespart sind, läßt sich nur vermuten, *wen* er genannt hat[56]: wahrscheinlich Olbrich, Hoffmann und Moser, als vierten entweder Klimt oder Roller. Wagner bescheinigt diesen Künstlern, daß sie »alle

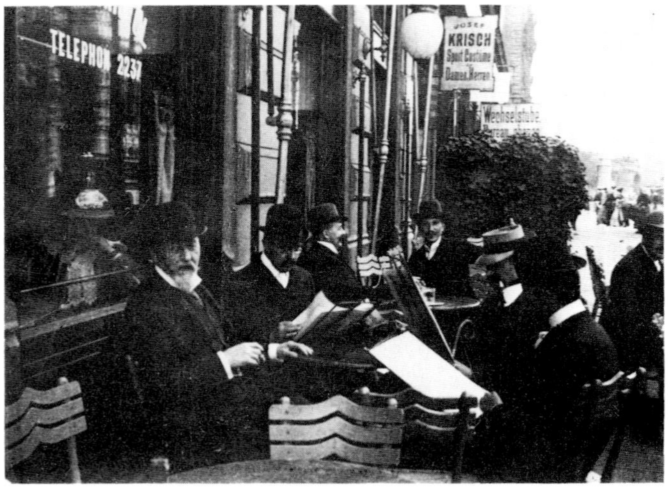

Otto Wagner, Josef Hoffmann und Kolo Moser in einem Straßencafé

selbstredend Moderne« seien, eine Floskel, die in jenen Tagen als Pauschallegitimation auszureichen schien, um jemanden zu empfehlen; auch Myrbach wurde in der Zeitschrift ›Kunst und Kunsthandwerk‹ so ›eingeführt‹.[57] Merkwürdigerweise charakterisiert Wagner selbst seine Schützlinge fast entschuldigend als »im Werden begriffene Künstler«, aber ». . . alle haben sie einen auserlesenen Geschmack und sind, wie es die Moderne fordert, Denker . . . sie sind des Ornaments völlig mächtig, eine Eigenschaft, ohne welche überhaupt kein Künstler an das Institut zu berufen ist, Schrift, Plakat, Möbel, Muster etc. liegen völlig in ihrem Schaffensgebiete«[58].

Scala wandte sich, wie schon gesagt, gegen die Bevorzugung ›einer Richtung‹ und begründete dann seine Skepsis gegenüber dieser Wahl: ». . . von einzelnen der Künstler, die wir alle für den Zweck der Neubelebung der Schule vor Augen haben, wissen wir nur, daß sie verschiedene kleinere Aufgaben mit viel, ja auserlesenem Geschmack gelöst haben, daß sie uns von einer Autorität ersten Ranges als begabte Künstler bezeichnet werden – aber weder dies letztere, noch irgend jemand kann den Erweis bringen, daß sie auch als Lehrer an der Kunstgewerbeschule, der früher gekennzeichneten Aufgabe gewachsen sein werden . . . die Gefahr liegt zu nahe, daß unser Kunstgewerbe jener Gattung von Pseudokünstlern in die Arme falle, die unter der Flagge der Moderne ihre eigene Mittelmäßigkeit ins Vordertreffen führen . . . man beginne mit der Berufung von zwei oder drei Künstlern – vermeide aber hierin schon die Einnahme eines ausgesprochenen Parteienstandpunktes.«[59] Es ist möglich, daß Olbrichs Berufung – er ging kurz danach nach Darmstadt – unter anderem am Einspruch Scalas scheiterte.[60]

Hoffmann wurde am 25. April 1899, Kolo Moser am 1. Oktober 1899 und Roller am 7. April 1900 bestellt – Arthur Strasser am 2. Dezember 1899, nachdem ihn (ein wie bei Myrbach vergleichbarer Vorgang) im ersten Jahrgang von ›Kunst und Kunsthandwerk‹ Ludwig Hevesi in einem ausschließlich ihm gewidmeten Artikel ›wärmstens‹ dem Lehrberuf empfohlen hatte.[61] Daraus läßt sich ersehen, welche ›Machtposition‹ die Secession bereits eingenommen hatte. Da Franz Matsch, ausdrücklich aus Protest gegen die Reformen, zurückgetreten war, Otto König um seine Pension ersucht hatte und Hans Macht von Myrbach unter eher kränkenden Umständen in Pension geschickt wurde, kam der ›Kurswechsel‹ tatsächlich einem militärisch-strategischen Unternehmen gleich, als das es Hevesi in ›Ver Sacrum‹ feierte: »Die Kunstgewerbeschule, vor einigen Monaten noch eine Bastille Wiens, die für uneinnehmbar galt, ist über Nacht gestürmt, nein sie hat sich ergeben und sucht sich einen neuen Kommandanten, eine neue Besatzung aus dem Lager der gestern noch verhöhnten Secession.«[62]

Dieser kunstpolitische ›Sturm auf die Bastille‹ wurde von einem publizistischen Sperrfeuer begleitet, das wenig Raum für differenzierte Diskussion ließ und in der Verurteilung der ›alten Richtung‹ ebenso schroff war wie wohlwollend in der Einschätzung alles ›Modernen‹. Auch für Hevesi genügte es, daß Myrbach ein »durch und durch *moderner Künstler*« sei, »ja selbst Mitglied der Secession«, was aber bei ihm nicht »irgendwelche Abenteuerlichkeit« bedeute, »sondern bloß, daß seine Kunst ein Kind der Zeit sei«[63].

Storck aber und den anderen Lehrern der ›alten‹ Schule wird der ganze Niedergang des Kunstgewerbes sozusagen persönlich angelastet; zudem wird die Methode des ›Kopierens‹ neuerlich als ihr Hauptübel kritisiert: »Wieviel Schaden während dreier Jahrzehnte durch diese Lehrer angestiftet worden, die jede freie künstlerische Regung verpönten und nur das sklavische Kopieren gelten ließen, das ist gar nicht zu berechnen. Dieses System hat unser Kunstgewerbe dahin gebracht, daß es nun wieder anfangen muß, in den Schulen des Westens das Alphabet zu lernen. Unter dem Regime Storcks war das kalligraphisch genaue ›Ausziehen‹ der Zeichnung die Hauptsache. Ein Schüler konnte zur Not drei oder vier solcher Zeichnungen in einem Jahr zustande bringen, ja wir könnten den Mann nennen, der ein Jahr lang arbeitete, um nach einer Photographie (!) die Zeichnung einer Orgel in Siena anzufertigen, die dann koloriert und für hundert Gulden (!) vom Museum erworben wurde. Bei solchen Arbeiten konnte natürlich für das praktische Kunstgewerbe nichts gelernt werden. Diese Mußzeichner waren alle nicht einmal imstande, ein Möbel frischweg zu skizzieren, so daß viele verzweifelt anderswo Hilfe suchten.«[64]

Hevesi dehnte den Angriff auf die Tradition der Schule und ihre Methoden auch auf Scala aus: »In der damaligen Zeit konnte man einer solchen Stellung leichter genügen als jetzt, wo vor allem wirkliches Künstlertum und eigene Schaffenskraft gefordert wird. Damals hatten die Reformer« (Hevesi meint die Gründer der Schule; G. F.) » nur das (ach, wie ferne!) Ziel vor Augen, den ›unerreichbaren‹ Alten etwas näher zu kommen. So nahe als möglich, hieß es, als die Technik schon halbwegs wieder erlernt war. Aber der oberste Glaubenssatz war (buchstäblich): ›Besseres, als das gute Alte nachahmen, kann man nicht tun.‹ Jeder, dem etwas Neues einfiel, wurde verhöhnt als einer, der ›einen neuen Stil‹ erfinden wolle. Selbst bei Eitelberger liest man dies fortwährend; heute würde er freilich anders denken. So wurde denn damals, vorwiegend durch Historiker, nicht durch Künstler, die italienische Hochrenaissance als das Nachahmenswerteste proklamiert; höchstens daß man daneben etwas Gotik und Orient (für die Teppiche) gelten ließ. Nun, die Schablonen waren bald fertiggestellt und – sie gelten noch heute! Das Großgewerbe drillte seine Leute auf diese Arbeitsweise ein und bezog seine Entwürfe aus der einzig verläßlichen Quelle, der Schule Storck.

Das ist allerdings eine bequeme Art, das Kunstgewerbe zu kommandieren, natürlich vom Schreibtisch und vom grünen Tisch aus, denn ein Selbstzeichner und Selbstentwerfer war Hofrat Storck nie. Er ist kein Künstler, denn ihm fehlt die schaffende Phantasie und das Genie der Hand. Er ist ein zweckbewußter Diktierer und Verwerter, ein trefflicher Geschäftsmann und gewandter Diplomat. Liebenswürdig, wo es ihm paßte, geschmeidig und unwidersprechlich nach Bedarf, war er der Mann, der sagen durfte: diese Anstalt bin ich. Sein Bündnis mit dem Kunstgewerbeverein hat gewiß die gewünschten Früchte getragen. Dem Kunstgewerbe freilich nicht, denn unser heimisches Fabrikat blieb bei dieser Alleinherrschaft immer weiter zurück und konnte nur noch Abnehmer behalten, wenn man unser Publikum planmäßig in Unkenntnis der ausländischen

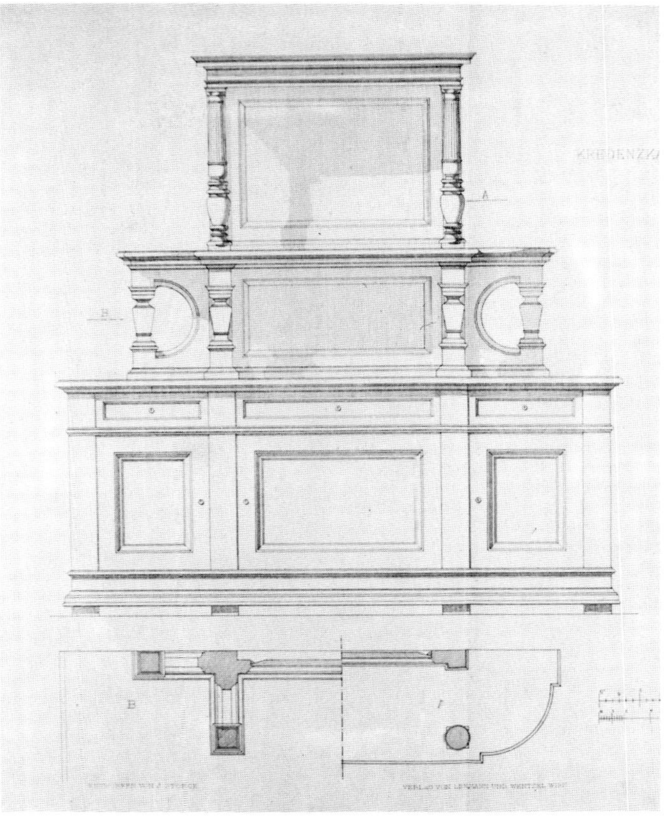

Josef Storck: Kredenzkasten. Aus: Einfache Möbel im Charakter der Renaissance ausgeführt im Auftrage und mit Unterstützung des k. k. Handelsministeriums als Vorlagen für Möbeltischler, Gewerbliche Fach- und Fortbildungsschulen herausgegeben von Josef Storck. Wien 1875

Leistungen erhielt. Daher der blutige Kampf gegen die sogenannten ›englischen Möbel‹ des Hofrates von Scala, ein Krieg bis aufs Messer . . . und noch anderer Waffen. In diesem Kriege war Hofrat von Storck die Seele des feindlichen Lagers. Für ihn freilich handelte es sich dabei um Sein oder Nichtsein. Er konnte nur noch in dem altgewohnten Geleise weiter fahren, etwas Neues aufzunehmen war er nicht mehr jung genug. Wohl hätte er junge moderne Kräfte heranziehen können, aber diese wären wirkliche Künstler gewesen, und hätten sich seiner Autokratie nicht gefügt. Er war nur möglich bei dem alten Kopiersystem, das mechanisch seinen Weg ging und Erfindung, Selbständigkeit, heutigen Geist als lauter Kapitalverbrechen bestrafte. Daß gerade er berufen war, ein Menschenalter hindurch dem Kunstgewerbe Österreichs sein Gepräge aufzudrücken, ist eine fatale Tatsache.«[65]

Die Reform der Schule als personelle Erneuerung – für die sich Hevesi hier polemisch in die Bresche wirft – ist

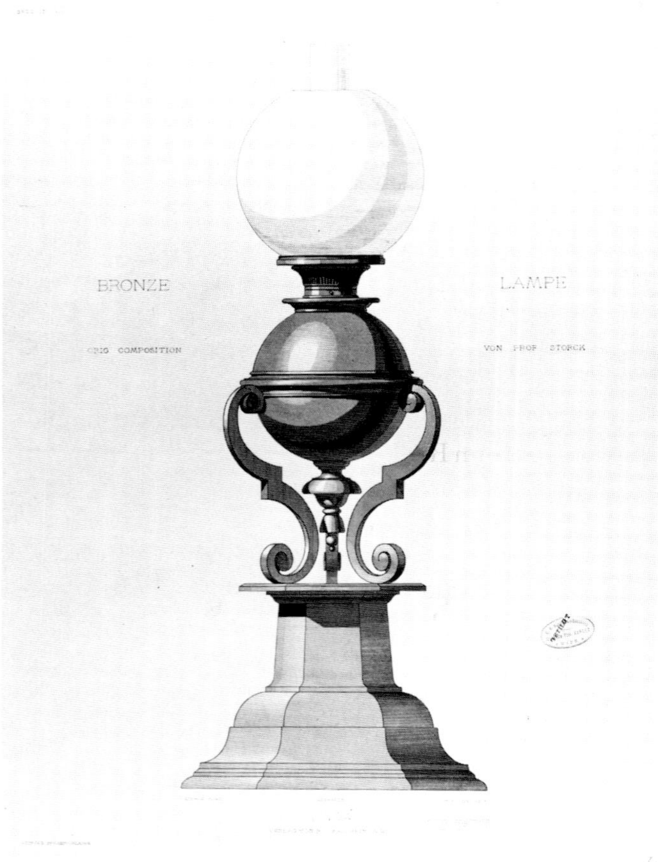

Josef Storck: Bronzelampe. Aus: Kunstgewerbliche Vorlage-Blätter für Real-, gewerbliche Fach- und Fortbildungsschulen im Auftrage der Kais. Kön. Ministerien für Cultus und Unterricht und des Handels herausgegeben von Josef Storck. Wien o. J.

aber nur einer ihrer Aspekte. Die Berufung Myrbachs, die zunächst ja provisorisch erfolgte, die Ernennung von Secessionisten zu Professoren allein hätte noch nicht den Strukturwandel der Schule herbeiführen können. Die Änderung des Schul*konzepts* wurde von Myrbach, der ein Reformprogramm vorlegte, betrieben, und zwar noch während seiner provisorischen Tätigkeit; diese Reformbestrebungen konnte er auf Grund eines ›generellen Erlasses‹ des Ministeriums für Cultus und Unterricht vorantreiben, der – und das ist wiederum ein Indiz für die bürokratische Unterstützung der ›Moderne‹ – bereits am 13. Juni 1899 herausgegeben worden war und in beispielloser Weise nicht konkreten Maßnahmen galt, sondern der ›allgemeinen Richtung‹ der Schule. Dieser Erlaß verschaffte allen Reformbemühungen einen weiten Frei- und Spielraum und stellte so etwas wie einen staatlich sanktionierten Legitimationszusammenhang für die ›Modernisierung‹ her.

Der Erlaß bezog sich zwar nicht ausdrücklich auf die Kunstgewerbeschule, sondern auf alle gewerblichen Lehranstalten, vor allem in ihrem Zusammenwirken mit dem Museum für Kunst und Industrie, doch sind seine Formulierungen so gewählt, daß eine Ausklammerung ausgerechnet der Kunstgewerbeschule undenkbar scheint, abgesehen davon, daß die Allgemeinheit, in der hier von der ›Durchsetzung‹ der Moderne die Rede ist, die Anwendung der dem Erlaß zugrunde liegenden Ideen auf die Schule nahelegt.

»Im Hinblicke auf die Wahrnehmungen, welche sich bei Beurtheilung der aus den Lehrwerkstätten von gewerblichen Lehranstalten kunstgewerblicher Richtung hervorgegangenen Erzeugnisse ergeben haben, sowie in Anbetracht der stets steigende Dimensionen annehmenden *Ausbreitung des modernen Stiles*« (Hervorhebung G. F.) »in der künstlerisch beeinflussten gewerblichen Production, finde ich mich bestimmt, die Directionen, beziehungsweise Leitungen der bezeichneten Bildungsstätten anzuweisen, sowohl bei Auswahl der in den Lehrwerkstätten herzustellenden Gegenstände, als auch beim Zeichen- und Modellierunterrichte *die moderne Kunstrichtung in angemessenem Grade mitzuberücksichtigen«* (Hervorhebung G. F.), »bei dieser Neueinführung jedoch besondere Vorsicht walten zu lassen und namentlich den bisher gepflegten Bildungsgang soweit sich derselbe bewährt hat, nebst den hierbei zur Benützung gelangenden Hilfsmitteln auch weiterhin beizubehalten.

Ein Überbordwerfen der alten Tradition wäre ebenso verfehlt, als die gänzliche Außerachtlassung der modernen Bestrebungen; die Lehrerschaft wird auf diesem, wie auf jedem anderen Gebiete alle Erscheinungen mit größter Aufmerksamkeit zu verfolgen und sich neue Gesichtspunkte anzueignen haben, jedoch beim Unterrichte selbst nur mit gebotener Reserve vorgehen dürfen.« Der Erlaß wendet sich dann namentlich an das Museum hinsichtlich seiner Tätigkeit im Dienste der Lehranstalten (Bereitstellung von Lehrbehelfen) und appelliert an die Schulen, sich vermehrt des Museums als »Centralinstitut« zu bedienen. Dann werden aber auch die Methoden des Unterrichts zur Sprache gebracht: »Hinsichtlich des Zeichen- und Modellierunterrichtes finde ich vorläufig anzuordnen, dass an den in Frage kommenden gewerblichen Lehranstalten künftighin, und zwar vom Schuljahre 1899/1900 angefangen, innerhalb der durch die bestehenden Lehr-

pläne umgrenzten Unterrichtszeit und im Rahmen derzeit schon eingeführter, in Betracht kommender Lehrgegenstände, das Zeichnen, Malen und Modellieren nach *Naturformen*« (Hervorhebung G. F.) »möglichst frühzeitig zu üben, sowie das damit in Verbindung zu bringende Stilisieren der Pflanzen- und Thierformen ... einzuführen und diesen Übungen besondere Beachtung zuzuwenden sein wird; ferner hat bei vorgeschritteneren Schülern das freie Skizzieren nach Gebrauchsobjecten aus dem Gewerbe der Schüler, und das Entwerfen von solchen Gegenständen eine intensivere Pflege als bisher zu erfahren ...«[66]
Diese bürokratische ›Neueinführung‹ der Moderne gab, auch wenn sie nicht ausdrücklich nur auf die Kunstgewerbeschule gemünzt war, den zur gleichen Zeit in die Wege geleiteten Reformbemühungen Rückhalt; so etwa Myrbach, der sein Programm – das im folgenden Kapitel ausführlich erläutert werden wird – am 27. Oktober 1899 vorstellte.
Allein der Umstand, daß Myrbach und nicht etwa der Aufsichtsratsvorsitzende oder Scala als Direktor des Museums das Reformkonzept vorlegte, verweist auf die sich schon in den Kuratoriumssitzungen und in den Wortmeldungen Otto Wagners abzeichnende Auseinanderentwicklung von Schule und Museum; denn im Grunde lag die Entscheidungsbefugnis über Schulmaßnahmen unverändert beim Aufsichtsrat des Museums, und Scala hat auch kein Hehl daraus gemacht, daß er sich diese Entscheidungsgewalt nicht aus den Händen nehmen lassen wolle: » ... die Richtung der Schule muß der Direktor des Museums festlegen, wenn die Schule ihre entsprechende Stellung im kunstgewerblichen Leben behalten will, da er die Interessenkreise und deren Bedürfnisse kenne ... und berufen ist, auch was die Ziele der Schule anlangt, maßgebend zu sein.«[67]

Tatsächlich erfolgte am 12. März 1900 die administrative Trennung von Museum und Schule, sechs Tage, nachdem Myrbach definitiv zum Direktor der Kunstgewerbeschule bestellt worden war. Obwohl nun, nach diesen Ereignissen, durch weitere Berufungen und Maßnahmen und durch Auseinandersetzungen um den Status des Kunstgewerbes und der kunstgewerblichen Bildungsinstitutionen, der ›Prozeß der Modernisierung‹, gelegentlich kontrovers und konfliktreich, weiterlief, läßt sich doch sagen, daß nun die ›Durchsetzung‹ der ›Moderne‹ an der Kunstgewerbeschule abgeschlossen war und daß man darangehen konnte, die Reform zu konkretisieren und institutionell umzusetzen.

Begünstigt wurde der Start der Reform durch den Amtsantritt Wilhelm Ritter von Hartels am 1. Oktober 1899, der – bis zum berühmten Streit um die Fakultätsbilder Gustav Klimts – als dezidierter Förderer der Secession gelten konnte. Hartel, dessen Persönlichkeit und Verdienste bei Carl Schorske ausführlich gewürdigt werden,[68] war Mitglied der ›Verfassungspartei‹ und überzeugter und fortschrittlicher Liberaler, als der er ab 1891 dem Herrenhaus angehörte. Hartel, 1839 geboren, war Altphilologe und hatte eine steile Universitätskarriere, bis zum Rektor, hinter sich, ehe er Direktor der Hofbibliothek wurde und schließlich, 1896, ins Unterrichtsministerium überwechselte. Dort erwarb er sich in der vom Nationalitätenstreit besonders berührten und belasteten Schulpolitik große Verdienste, was ihn für das höchste Amt der Unterrichtsverwaltung empfohlen haben dürfte. Nicht unerwähnt kann man lassen, daß unter ihm das Universitätsstudium von Frauen ermöglicht wurde – und zwar in der Medizin, der Pharmazie und an der Philosophischen Fakultät.[69]
Seine Kunstpolitik, deren Programm er zum Beispiel in der Sitzung des Kunstrats von 1902 vorgetragen hat,[70] entspricht der schon von seinem Amtsvorgänger Bylandt-Rheidt verfolgten Auffassung, daß der Staat gegenüber allen Kunstrichtungen Liberalität walten zu lassen habe. Kunst- und Kulturentwicklung werden als quasi naturwüchsige Prozesse aufgefaßt, bei denen sich »reglementierende Eingriffe« des Staates[71] verbieten würden, eine Auffassung, die bei Hartel nahezu wörtlich wiederzufinden ist: »Die staatliche Kunstverwaltung hat allerdings die Moderne nicht abgestoßen; sie hat vielmehr die Entwicklung in der Künstlerschaft ... mit pflichtgemäßer Aufmerksamkeit begleitet ... Wir sind uns immer darüber klar gewesen, daß es uns als den Zeitgenossen unmöglich ist, ein abschließendes Urteil über den Wert dieser Kunstbewegung und ihrer Bedeutung in der Kunstpflege zu fällen; wie allen neuen Erscheinungen mußte auch hier eine Periode der Gährung, sagen wir sogar einer sehr heftigen Gährung, vorausgehen und vielleicht befinden wir uns heute noch inmitten derselben. Wenn aber dieser Werdeprozeß, wie seine Ausbreitung und durchgreifende Wirkung erkennen läßt, ein natürlicher war, so lag es außer dem Machtkreis staatlicher Einflußnahme, ihn abzuhalten, oder im Keime zu zerstören ... In der glücklichen Lage, seinem persönlichen Geschmack folgen ... zu

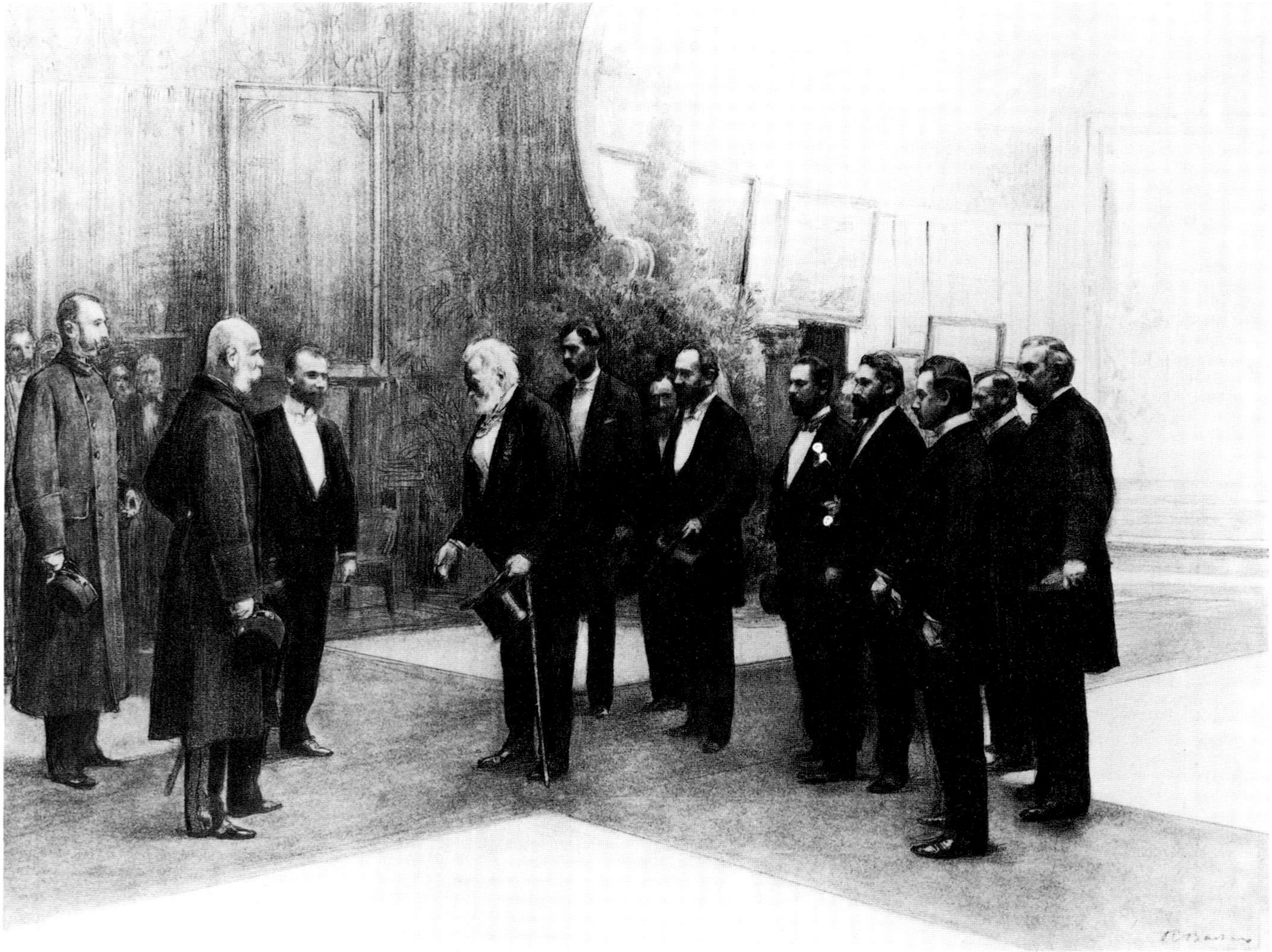

Die Eröffnung der ersten Ausstellung der Secession durch Kaiser Franz Joseph I. Bleistiftzeichnung von R. Bacher

dürfen, ist der Kunstmäcen, der seine Privatmittel dazu verwendet, um sein Palais zu schmücken ... In dieser Lage befindet sich die staatliche Unterrichts-Verwaltung nicht. Sie muß, unvoreingenommen und wohlwollend, die Vorgänge auf künstlerischem Gebiete nicht nur im eigenen Lande sondern auch in der übrigen Welt mit wachsamen Auge begleiten, was die Entfaltung der natürlichen Kräfte ermöglicht, vorkehren ... In das künstlerische Schaffen reglementierend eingreifen, das kann sie nicht und braucht sie nicht zu können, darauf bauend, – daß das Schöne, Echte und Wahre, siegreich von selbst durchzudringen und sich zu erhalten vermag.«[72]

Dieses kunstpolitische ›Laisser-faire‹ kam selbstverständlich dem Anspruch der Moderne entgegen, das künstlerische Wollen der Gegenwart ohne jede historische Relativierung zu repräsentieren. »Dem Kunstgeist der Zeit die Türen der Schule zu öffnen«, rühmt Berta Zuckerkandl diese Haltung, »dies erkennt zum Glück die Unterrichtsverwaltung als eine ihr zukommende Aufgabe und sie hütet daher die Unabhängigkeit der erst seit einigen Jahren im modernen Sinn reformierten Kunstgewerbelehrstätte.«[73] Diese Interessenskoinzidenz von Bürokratie und ›modernen Künstlern‹ bestand freilich nur zum Schein; wo die Unterrichtsverwaltung ihren Einfluß geltend machen konnte, verzichtete sie keineswegs auf eingreifende Entscheidungen: beim unrühmlichen Ausscheiden Myrbachs aus dem Direktorenamt lag die Entscheidung über den neuen Leiter allein bei ihr – und sie fiel, möglicherweise auch unter dem Einfluß Scalas,[74] (noch) nicht auf Roller, sondern auf Oskar Beyer, auch wenn Zuckerkandl sich fast beschwörend an Hartels Adresse wandte: »Die Kunst den Künstlern – und nimmermehr den Beamten.«[75]

Für die Schule bedeutete die administrative Trennung vom Museum die Möglichkeit zur autonomen Entwicklung, die selbständige Verwirklichung der Reform; für das Museum – und darauf sei hier noch kurz eingegangen, weil die Geschichte des Museums im folgenden nicht weiter behandelt wird – bedeutete die Abkoppelung der Schule das Aufgeben eines Prinzips.

Denn schon bei der Gründung des Museums war die Gründung einer einschlägigen, dem Museum zugeordneten ›Tochterinstitution‹ zumindest geplant. Die praktisch-zweckhafte Aufgabenstellung des Museums war ja nur unter der Bedingung zu erreichen, daß es unmittelbar oder mittelbar – durch die Schule oder andere zusätzliche Einrichtungen – historische Erfahrung über ›Geschmack‹, ›Styl‹, Technik, Material, künstlerische Methoden und anderes mehr an die Praxis der Kunstgewerbe vermittle. Zwar versuchte Scala, zum Beispiel durch die Einrichtung eines ›Ateliers‹, notdürftig an dieser prinzipiell praxisorientierten Funktionsbestimmung des Museums festzuhalten, es mußte aber klar sein, daß das Museum mit der Abtrennung der Schule diese Leistung nicht mehr erbringen konnte – höchstens noch mittelbar und eingeschränkt, wie in der kurzen Gründungsphase des Museums *vor* Gründung der Kunstgewerbeschule, das heißt durch Ausstellungen, Vorträge, Vorlagenwerke und anderes mehr. Die Idee praxisnaher ›Bildung‹ als Bestandteil einer zweckgerechten und ästhetisch ansprechenden Produktkultur mußte sich nun zwangsläufig zu einer bloß noch ideell-anschaulichen Bildungsidee wandeln: Aus dem Museum als Lehrinstitut wurde ein Schaumuseum der Geschichte des Kunstgewerbes.

Eine ähnliche Entwicklung läßt sich am europäischen Museumswesen gegen Ende des 19. Jahrhunderts generell verfolgen, besonders gravierend bei vergleichbaren Kunstgewerbemuseen, wie dem von Nürnberg oder dem South-Kensington-Museum.

Parallel dazu verlief der Prozeß der Autonomisierung der Kunstwissenschaft, die ihre (ich erinnere an die Ausführungen zu Rudolf von Eitelberger und dessen ›wissenschaftliche Weltanschauung‹) ›pädagogische‹ Funktion ebenfalls schrittweise abbaute.

Während für Eitelberger die Kunstwissenschaften noch unverzichtbare Traditionsarbeit waren, zieht sich die wissenschaftliche Geschichtsschreibung nun auf eine fast resignativ anmutende, defensive Position des bloßen Dokumentierens und Bewahrens zurück. Verfolgen läßt sich dies beispielhaft an der extensiven Diskussion um das Schicksal der sogenannten Hausindustrie, also der vorwiegend bäuerlich-handwerklichen, an die Hauswirtschaft gebundenen, nicht marktorientierten Produktion. Das städtische Interesse, das diese Arbeiten als ›Kunstgewerbe‹ rezipierte, unterwarf dieses neuen Verwertungsinteressen, was die Einführung neuartiger Technologien und Materialien nach sich zog, etwa die Schaffung überregionaler Märkte und zum Beispiel eines Verlagssystems, das die überlieferten Produktionsweisen, Techniken und daher schließlich auch die spezifischen ästhetischen Qualitäten zerstörte.

Alois Riegl, (Mit)begründer der Wiener Schule der Kunstgeschichte und Mitarbeiter des Kunstgewerbemuseums, hat die Zerstörung des ›Hausfleißes‹ (in einem 1894 erschienenen Aufsatz)[76] in einem groß angelegten kulturhistorischen Panorama analysiert und scharfsichtig die zeitgenössischen kulturellen und ökonomischen Mechanismen bloßgelegt, die zum Zerfall dieser Form kunstgewerblicher Produktion geführt hatten. Was er aber letztendlich empfehlen konnte, war nur noch die Musealisierung dieser absterbenden Kultur – entweder durch wissenschaftliche Dokumentation oder durch Sammeln. Während die Gründergeneration des Kunstgewerbemuseums noch glaubte, gegen Konsequenzen der industriellen Revolution anarbeiten zu können, erscheint Riegls Folgerung aus seinen Beobachtungen und Erfahrungen resignativer: Ästhetische und historische Reflexion treten an die Stelle eines – als bereits sinnlos erkannten – Versuchs, die unaufhaltsame ökonomische und soziokulturelle Entwicklung noch in irgendeiner Weise institutionell abfangen zu können.

X
DIE ›NAISSANCE DES KUNSTGEWERBES‹
Die institutionelle Konkretisierung der Reform
Zur Geschichte der Kunstgewerbeschule von 1900 bis 1909

In der Regel werden die Jahre 1899/1900, die Jahre der Berufung Myrbachs zum Direktor und Hoffmanns, Mosers und Rollers zu Professoren, als eigentliche Zäsur in der Geschichte der Schule angesehen.
Die genannten Jahreszahlen 1899 und 1900 stellen tatsächlich ein Zäsurdatum dar, weil zu diesem Zeitpunkt die notwendige gesellschaftliche Anerkennung dessen, was sich selbst als Ausdruck und Bewegung der Modernität begriff, so weit gediehen war, daß die – um es in der Diktion der Secessionisten zu formulieren – ›Eroberung‹ wichtiger Positionen und staatlicher Einrichtungen möglich wurde. Was nun anstand, war die Umsetzung programmatischer Vorstellungen, die Verwirklichung künstlerischer Maximen und deren institutionelle Verankerung. Die Nachzeichnung einiger wesentlicher Tendenzen der ›Konkretisierung‹ der Reform an der Kunstgewerbeschule ist Aufgabe dieses Kapitels.
Wir können dabei mit dem Bericht Myrbachs beginnen, den er dem Aufsichtsrat vorlegte. Denn dieser Bericht markiert gewissermaßen die Nahtstelle von der Reformdebatte zur Reform selbst. Zu bedenken ist, daß sich Myrbach ja zunächst auf keinerlei statutarische Voraussetzungen beziehen konnte, waren doch nach wie vor als Grundlage der Schulorganisation das alte Statut und der alte Lehrplan in Kraft.
Myrbachs Ausführungen sind nicht bloß wegen ihres prospektiven Charakters interessant; sie bilden auch eine der besten Quellen für das kritische Verständnis des ›alten‹ Lehrsystems, vor dessen negativer Folie sich die Reform der Schule abhob. Myrbach betont zunächst in seinem Bericht[1] das Fehlen praktischer Betätigung in den Fachschulen und Spezialateliers; vorhandene Bemühungen bei einzelnen Lehrkräften wolle er nicht bestreiten, doch stehe die Erstarrung in Routine der Innovationsfähigkeit der Lehre entgegen. Im großen und ganzen sei der Unterricht theoretisch und akademisch. »In den Architekturschulen« zum Beispiel wurden Entwürfe reinlich ausgeführt am Papier belassen und durch den Professor sorgfältig gesammelt, aufkaschiert und aufgehoben. Das rein graphische Moment spielte bei diesen akademischen Entwürfen eine so große Rolle, daß viel . . . kostbare Zeit den Studierenden von ihrer wahren, praktischen Ausbildung entzogen wurde.« Selbstverständlich bemängelte auch Myrbach das Kopieren »mustergiltiger Vorbilder«, wobei kaum ein Schüler je einen Entwurf in Material ausgeführt habe. In den Malschulen erschöpfe sich der Unterricht in der Arbeit am Studienkopf, es gebe kaum Aktzeichnen und kaum konzeptionelles Arbeiten. »In den Malschulen war das Ziel, die angewandte Kunst, vollkommen verkannt und es hatte sein Bewenden, wenn der Professor am Schlusse einige gut gemalte Studienköpfe, Stilleben, Blumenstücke oder irgendein Staffeleigemälde als Frucht von manchmal acht- bis zehnjährigen Studien vorweisen konnte.« Nur in der Bildhauerschule würde einigermaßen zweckentsprechend gearbeitet, obwohl das Arbeiten an Büsten und Statuetten ›zwecklos‹ sei; das Spezialatelier für Keramik und Emailmalerei läge ganz darnieder und: »Ganz in der Kopie versumpft war der Spitzenzeichenkurs.« Schließlich hätten Fachschulen und Spezialateliers »nicht die geringste Fühlung untereinander«.
An der Zeichenklasse der allgemeinen Abteilung wurde stundenlang nur nach Gips gezeichnet, und nur die Fortgeschrittensten durften nach dem Naturkopf arbeiten. Je fünf Schüler saßen an einem Fenster, durch einen dunklen Vorhang von der nächsten Schülergruppe getrennt, das Gipsmodell im ›vorschriftsmäßig‹ von links einfallenden Licht etwa eineinhalb Meter vor sich. Ein ›Rücktritt von der Arbeit‹, das heißt ein Zurücktreten von der Vorlage, um Raum- und Maßverhältnisse zu überprüfen, sei wegen der Aufteilung des Arbeitsraums nicht möglich. In dieser Situation würden die Schüler das ganze Jahr über arbeiten. Soweit einige für die Methodik der ›alten‹ Schule besonders charakteristische Passagen aus dem Bericht des designierten Schulleiters.
Myrbach ließ die Gipsmodelle auf den Dachboden

bringen (!), trennte in der allgemeinen Abteilung die Kunstgewerbeschüler von den Lehramtskandidaten und teilte die Abteilung auf nunmehr vier Kurse auf, die auf Anfänger, fortgeschrittenere Schüler und die Lehramtsausbildung zugeschnitten sein sollten. Für den Zeichenunterricht sollten das Entwerfen unter Berücksichtigung von Proportion und Masse und die Schulung des raschen Erfassens des Wesentlichen im Vordergrund stehen. Es sollten weniger Vorlagen verwendet werden und wenn, dann möglichst naturalistische Gipsmodelle und eine spezielle, von Professor Breitner verfertigte Aktfigur – als Vorbereitung zum Studium nach dem »Naturakte«.
Die rein graphische, »geistlose Zeichenübung« ohne Schulung organischer Ornamentik sollte durch das methodisch veränderte Studium möglichst des Naturvorbilds ersetzt werden. Die oft Wochen und Monate dauernde Arbeit an einer einzigen Ornamentzeichnung durch das Zeichnen nach der *lebenden* Pflanze und dem kleinen, präparierten Tier, dann, in Fortsetzung, durch das Zeichnen größerer Stilleben. Die heimische Flora sollte berücksichtigt werden und auch das koloristische Moment hinsichtlich des Objekts *und* der Umgebung; schließlich sollte der Wechselbeziehung des Kolorits von Objekt und Grund – zum Beispiel mit Rücksicht auf die Erfordernisse textiler Ornamentik – besondere Aufmerksamkeit zugewendet werden. Zugleich sollte auch schon der Anfänger in den einfachsten Elementen der Komposition geschult werden (Linie, Punkt, Raumverteilung, Masse) – ein Unterricht, den Josef Hoffmann leitete. Allgemein waren die Lehrer angehalten, nicht bloß durch das Korrigieren der Zeichnungen, sondern auch »durch das Wort« anregend und belehrend zu wirken.
Die Abteilung von Breitner fand Myrbach mustergültig geleitet, und er sah keine Veranlassung, in ihr Veränderungen anzuregen. Das Fach ›Stillehre‹ (Ginzel) wurde von drei auf zwei Stunden zusammengedrängt – eine ›Entlastung‹ des theoretischen Unterrichts zugunsten des praktischen, wie Myrbach sich ausdrückte. Für die Ausbildung der Lehramtskandidaten sollte ein eigenes Ausbildungsprogramm entwickelt werden, das allgemeine künstlerische und kunsthistorische Bildung, unter anderem auch die im Modellieren, einschließen sollte; mit der Ausarbeitung dieses Programms wurde Kenner, der Assistent Ginzels, beauftragt.
Das Kopieren nach Farbdrucken architektonischer Details (!) im Fach Stillehre wurde ersatzlos gestrichen. Statt dessen wurde ein Kurs eingerichtet, der ›vor dem

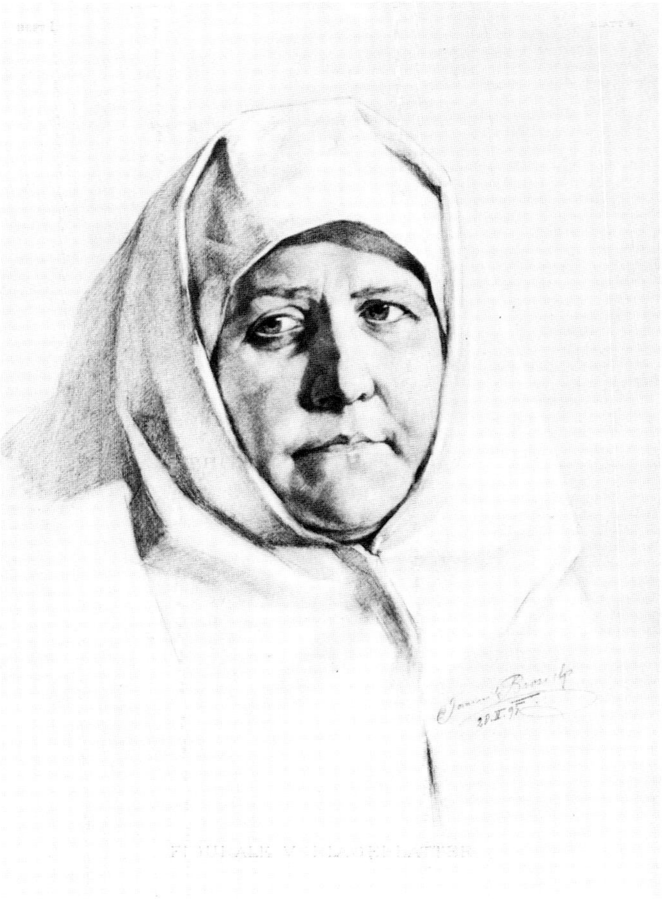

Ein Beispiel aus einem für den Zeichenunterricht gebräuchlichen Vorlagenwerk: Figurale Vorlage-Blätter für den Zeichenunterricht an Realschulen, Gymnasien und Kunstgewerbliche Fachschulen. Im Auftrag des k. k. Ministeriums für Cultus und Unterricht herausgegeben von Josef Ritter von Storck. Wien 1897

Objekt‹ – in Sammlungen, Kirchen, Monumentalbauten und so weiter – dem Studium und dem Zeichnen, Skizzieren der Objekte dienen sollte. Diesen Kurs (Samstag vormittag) leitete Ginzel. Lobend hervorgehoben wird in Myrbachs Bericht der Anatomieunterricht Hellers.
Die Kooperation der verschiedenen Fachschulen und Zweige des Kunstgewerbes sollte anläßlich von Schulausstellungen praktisch gefördert werden, zum Beispiel bei der Ausschmückung der Räume und bei der Entwicklung einzelner Objekte. Auch die Abhaltung von Wettbewerben innerhalb der Schule sollte diese Kooperation stimulieren.
Die Sterilität des ›alten‹ Unterrichts resultiere – so Myrbach – schließlich auch daraus, daß die Schüler niemals Gelegenheit erhielten, ihre Entwürfe auszuführen. Das

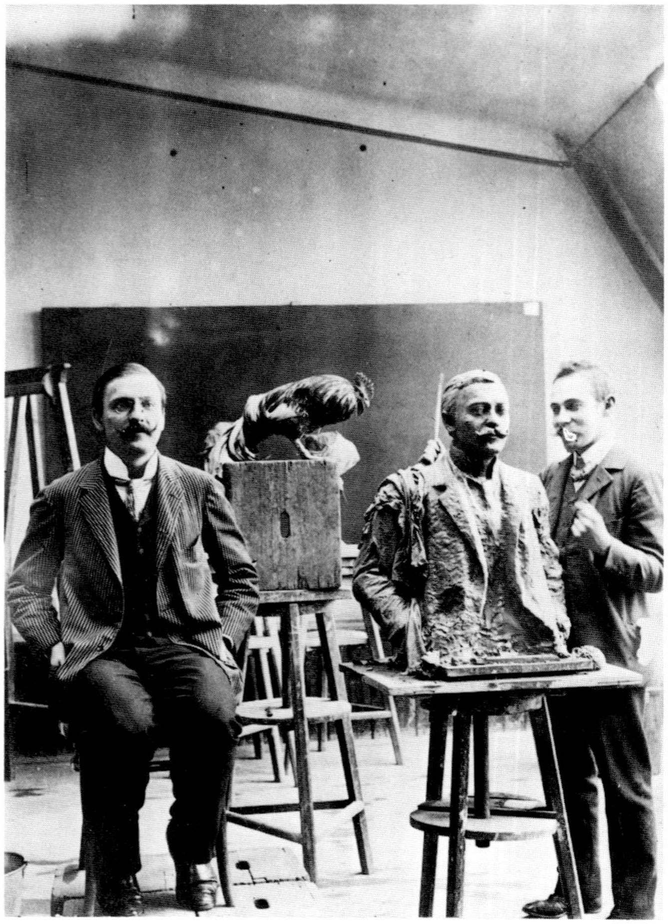

Kurs für Lehramtskandidaten für das Freihandzeichnen an Mittelschulen (Prof. Kenner), 1901

sei vorderhand wegen der räumlichen Situation der Schule, die die Einrichtung von Werkstätten nicht ermögliche, kaum zu ändern. »Ich denke«, schreibt Myrbach zu diesem Problem, »daß solche Werkstättenanlagen die Basis für die zukünftige Umgestaltung der Kunstgewerbeschule bilden müssen.« Was er praktisch erwirken konnte, waren bloß Ansätze zur Realisierung der Werkstättenidee in der Schule. Wie weitere Vorstöße des nachmaligen Direktors Roller in dieselbe Richtung zeigen, sollte die Vorstellung eines allseitig wirksamen, praxisorientierten Werkstättenunterrichts – in erster Linie wegen der ›Raumfrage‹ – eine Wunschvorstellung bleiben. Die Idee der Werkstättenproduktion mußte außerhalb der Schule verwirklicht werden, wobei die enge Kooperation und personelle Verflechtung von Kunstgewerbeschule als staatlicher und Wiener Werkstätte als privater Organisation auch als eine Art von Arbeitsteiligkeit zu lesen ist: hier Ausbildung, theoretischer Unterricht, dort praktische Schulung und Fortbildung sowie Realisierung und Distribution über den Markt.

An der Schule selbst wurde wenigstens einiges erreicht: So wurde ein Töpfer angestellt und eine Drehscheibe in der Keramikklasse installiert und mittelbar dadurch dem chemischen Laboratorium ein erweiterter Aufgabenbereich erschlossen. In der Schule Hoffmann – ein Schuldienerraum wurde zur bescheidenen Werkstatt gemacht – beschäftigte man sich mit dem Möbelbau, und es wurde für Private auf Bestellung gearbeitet. In der Staatsdruckerei wurde im Beisein der Schüler gedruckt, und beim Ministerium wurde um einen Weber und einen Webstuhl angesucht.

Myrbachs Bericht – man darf nicht vergessen, daß er hier schon im Oktober 1899 zahlreiche konkrete Maßnahmen ankündigt – spricht sich auch für eine neue Form der Schulausstellung aus: er habe an die einzelnen Fachschulen Programme ausgegeben, nach denen Gruppen von Objekten für Inneneinrichtungen auszuarbeiten seien. Wegen der Ausführung dieser Objekte habe er bereits Gespräche und Verhandlungen mit Kunstindustriellen aufgenommen – Metallarbeiten, Emailarbeiten und Fayencen könne man in der Schule selbst vollenden. Schulwettbewerbe sollten aus Spenden oder aus dem Reinerlös von Schulfesten finanziert werden.

Myrbach resümiert sein ›Reformpapier‹ selbst so: alle theoretischen und die allgemeinen künstlerischen Fächer sollten in der ›Allgemeinen Abteilung‹ zusammengefaßt werden, in den ›Spezialschulen‹ solle die Unterweisung in der praktischen Umsetzung der Erfahrungen und Kenntnisse geleistet werden und die Anwendung im ›Werkstattunterricht‹. Zur Durchführung der Reform seien freilich mehr Lehrkräfte notwendig. Myrbach schließt übrigens mit der Forderung nach einer eigenen allgemeinen Abteilung für die kunstgewerbliche Ausbildung ›der Damen‹.

Bemerkenswert an Myrbachs Programmatik erscheint mir, daß er weder allein auf das strikte Studium der Natur verpflichten will noch auf ausschließlich sozusagen berufspraktische Qualifikation für bestimmte Sparten kunstgewerblicher Produktion. Die als verhängnisvoll kritisierte Dualität des ›alten‹ Unterrichts, der auf das Zeichnen und Kopieren setzte, von Planung, Entwurf auf der einen und Ausführung auf der anderen Seite, sollte möglichst *im* Unterricht selbst überwunden werden – und das in allen seinen Stadien. In der Vorbe-

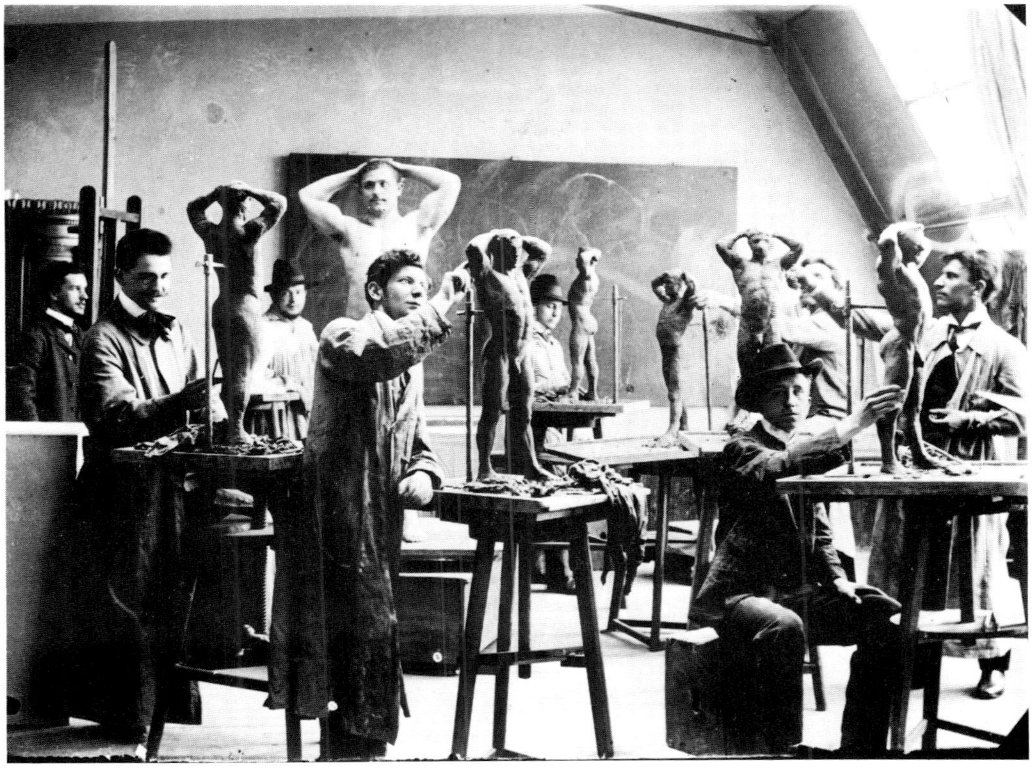

Kurs für Lehramtskandidaten für das Freihandzeichnen an Mittelschulen (Prof. Kenner), Schuljahr 1901/02

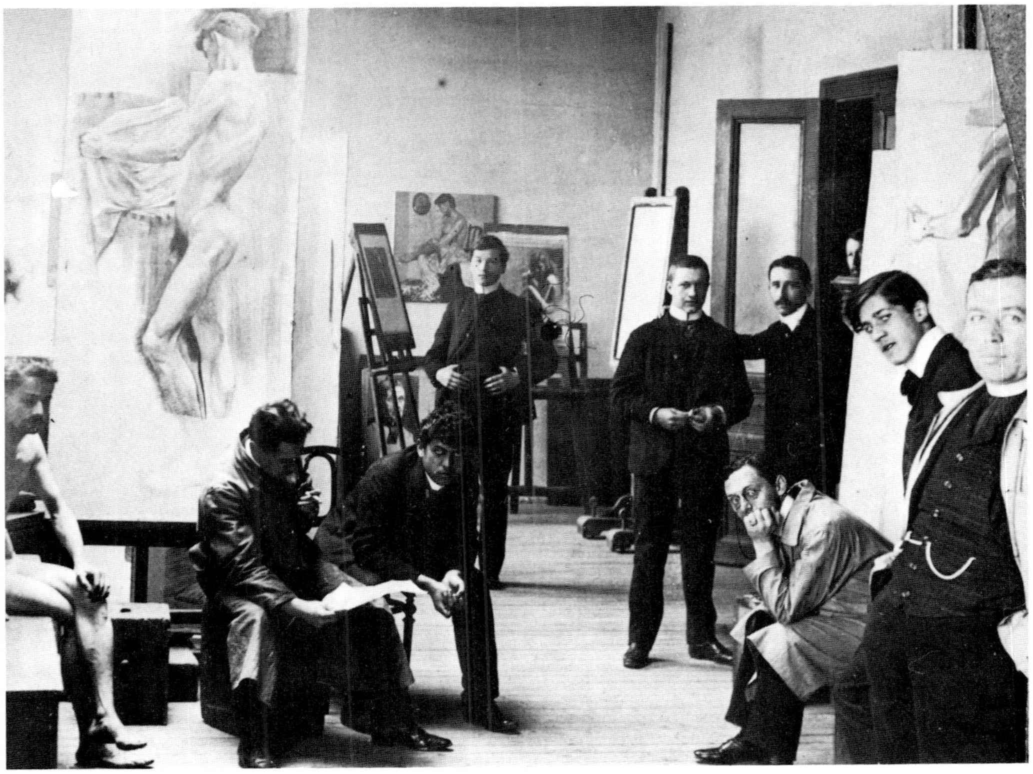

Aktzeichensaal der Kunstgewerbeschule, um 1905. Zweiter von rechts: Oskar Kokoschka. Links neben ihm: Anton Kolig

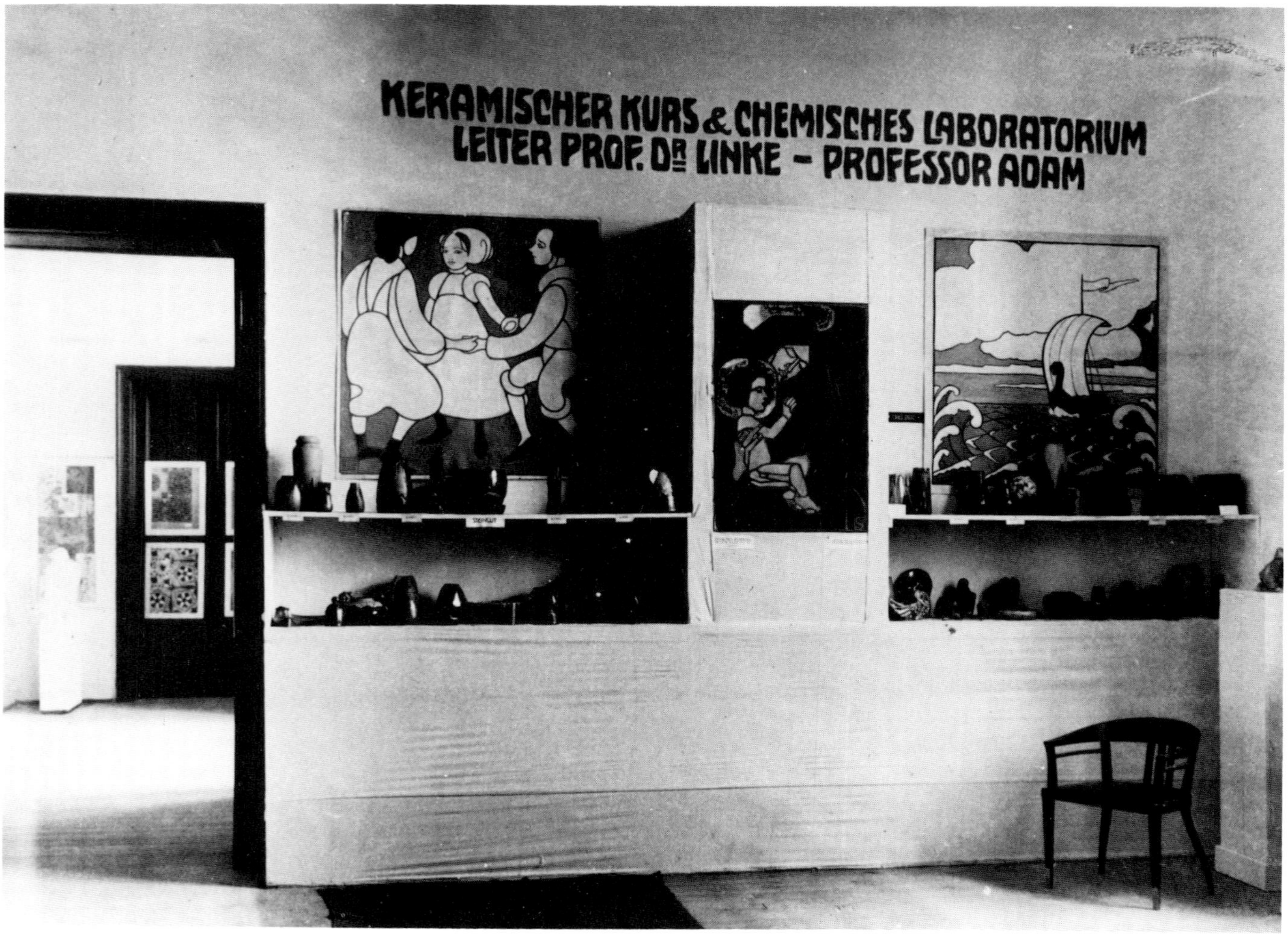

Ausstellung der Kunstgewerbeschule im k. k. Österreichischen Museum für Kunst und Industrie, 1903. Keramischer Kurs. Chemisches Laboratorium

reitungsschule werden allgemeine künstlerische Fähigkeiten geschult, ohne daß sich dabei der Unterricht allzuweit von (allgemeinen) praktischen Anforderungen entfernen sollte; darauf konnte der ›Spezialunterricht‹ aufbauen, der zur Verwirklichung künstlerischer Intention und kunstgewerblicher Aufgabenstellungen überleitete, die dann idealiter in den Schulwerkstätten selbst hätte erfolgen können – und in manchen Sparten auch tatsächlich erfolgen konnte. Der allgemeine Unterricht war also weder strikt gegenstandsbezogen, das heißt auf einen bestimmten Bereich kunstgewerblicher Formgelegenheit, noch – wie wenige Jahre zuvor – auf ein idealtypisches historisches Vorbild; ja nicht einmal eine Festlegung innerhalb starr aufgefaßter Gattungsgrenzen (zum Beispiel Genremalerei) scheint vorgenommen worden zu sein. Statt dessen sollten allgemeine Gesetze der Formverwirklichung studiert und geübt werden, Komposition, Raum- und Masseverteilung, Perspektive, Kolorit, Wechselwirkung von Objekt, Grund und Raum und so fort – und das alles, ohne sich bereits auf ein bestimmtes Objekt, ein bestimmtes Sujet, einen bestimmten Zweck, Gebrauch und ohne sich auf einen bestimmten Inhalt zu beziehen. Die Grundausbildung betont die künstlerische Ausbildung des (späteren) Kunsthandwerkers – und das auf Grundlage eines Verständnisses von autonomer Kunst im Sinne etwa des von Alois Riegl auf die zeitgenössische Kunstwissenschaft gemünzten Diktums, daß es um die ›Erscheinung der Dinge als Form und Farbe in Ebene und Raum‹ ginge.[2] Myrbachs Prinzipien wurden auch in einem neuen Statut formuliert, das allerdings nicht mehr während seiner Amtszeit in Kraft gesetzt wurde. In ihm waren die

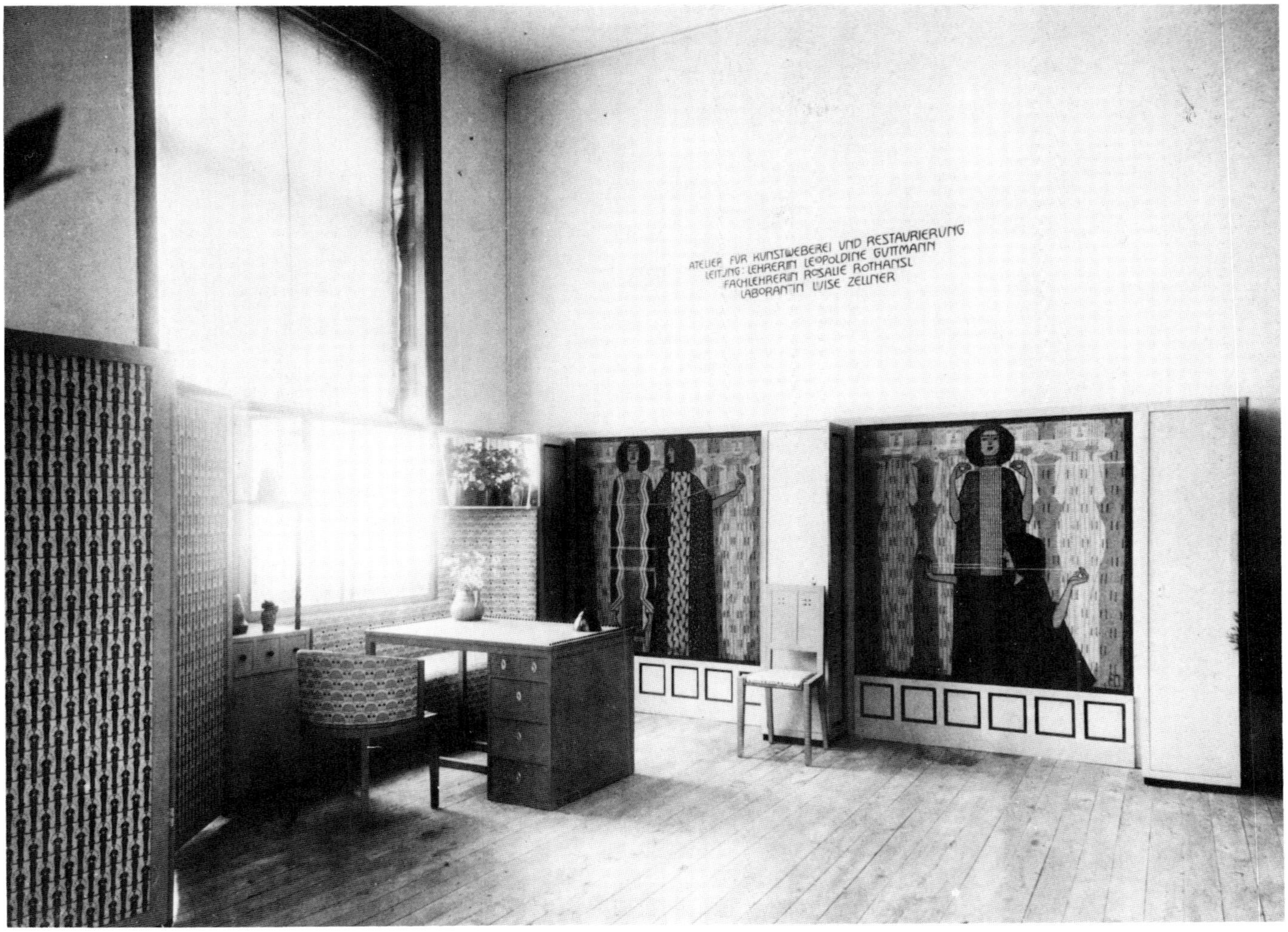

Ausstellung der Kunstgewerbeschule im k. k. Österreichischen Museum für Kunst und Industrie, 1903. Atelier für Kunstweberei und Restaurierung. Leopoldine Guttmann und Rosalie Rothansl

wesentlichen, schon in seinem Bericht aufgezählten Punkte enthalten, unter anderem das »Naturstudium, Bewegungsstudium, selbständiges Denken und Entwerfen, Auseinandersetzung mit den Begriffskomplexen Material – Technik – Zweck, selbständige Ausführung der Entwürfe . . . im Gegensatz zum Kopieren und Nachempfinden historischer Stile und der trockenen theoretischen Auseinandersetzung mit dem Lehrstoff«[3]. Obwohl das Statut nicht in Kraft trat, konnte der Reformkurs dennoch eingeschlagen werden, verschaffte der Unterrichtsminister Wilhelm Ritter von Hartel, der die Secession generell protegierte, der Schule doch die Möglichkeit einer zweijährigen Experimentierphase, innerhalb welcher neue Einrichtungen erprobt werden konnten und nach der ein Statut entwickelt werden sollte. Schon in seiner Rede anläßlich der Winterausstellung des Kunstgewerbemuseums 1899/1900 versprach Hartel in programmatischen Äußerungen die Förderung des Museums und der Schule: »Und so stehen wir, wenn nicht alles täuscht, am Beginne einer neuen bedeutsamen Periode der Entwicklung der Kunstindustrie und des Kunsthandwerkes und erkennen, wenn wir uns auch noch in einem Übergangsstadium tastenden Versuchens und kühnen Wagens befinden, immer deutlicher die Umrisse einer sich vollziehenden Neugestaltung. Die Unterrichtsverwaltung erachtet es unter solchen Verhältnissen für ihre besondere Pflicht, mit wachsamem Auge dieser Bewegung zu folgen, die Institutionen, welche der Pflege und Förderung des heimischen Kunstgewerbes zu dienen haben, in zeitgemäßer Weise auszurüsten, an ihren Lehranstalten brauchbare Hilfskräfte für das Kunst-

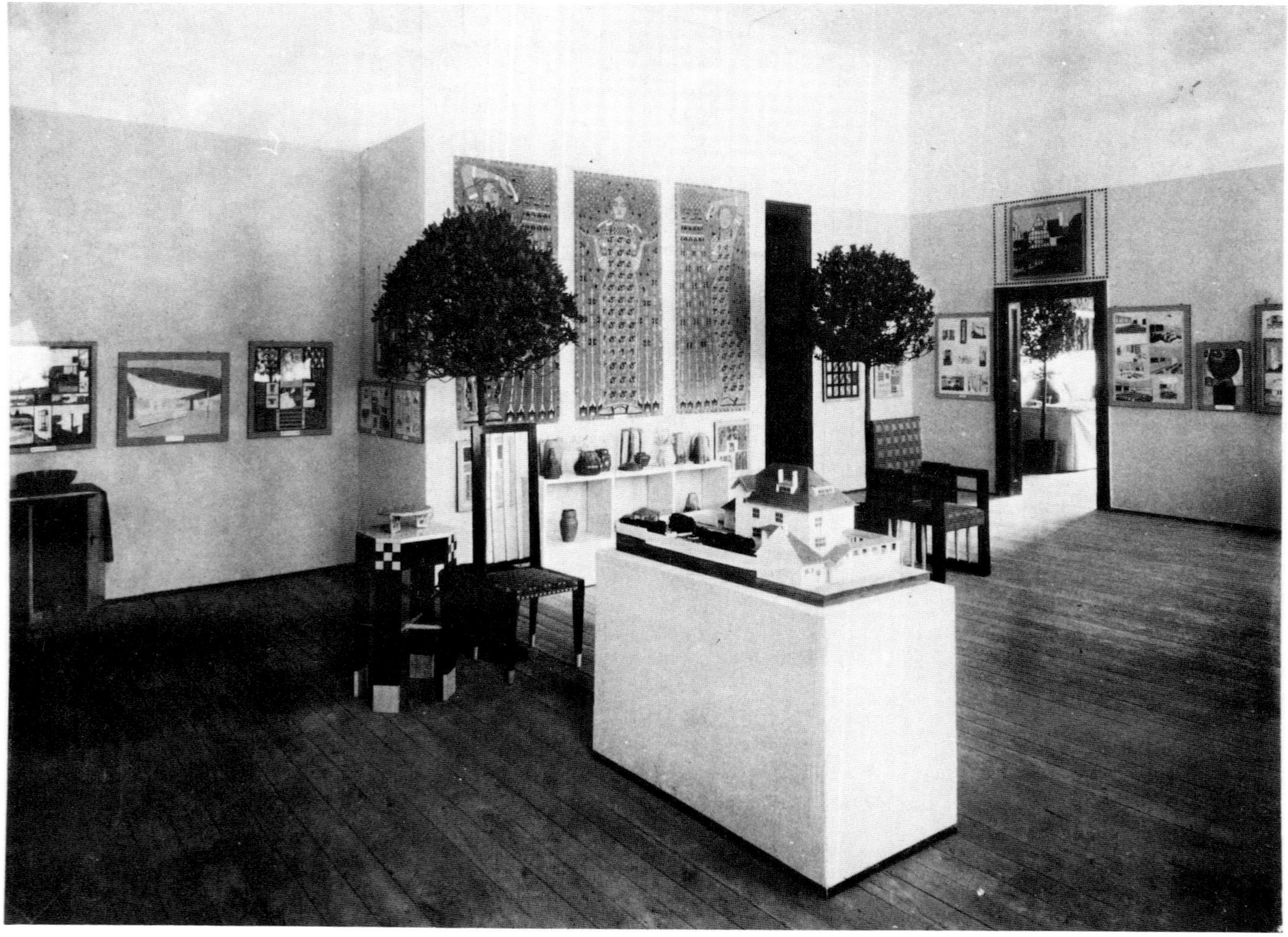

Ausstellung der Kunstgewerbeschule im k. k. Österreichischen Museum für Kunst und Industrie, 1903. Hoffmann-Schule

handwerk zu erziehen, durch ihre Museen anregend, bildend und belehrend auf die Kunstkreise und das Publikum einzuwirken.«[4]

Die Reform der Kunstgewerbeschule vollzog sich im Kontext einer europäischen Debatte über den Status des Kunstgewerbes und der kunstgewerblichen Ausbildung.[5] Der Stand dieser Reformdebatte, einschließlich ihrer allfälligen konkreten Auswirkungen wurde gezielt überprüft: Alfred Roller schickte man auf eine Studienreise, die ihn unter anderem nach London, München, Nürnberg, Köln, Berlin, Dresden, Brüssel, Antwerpen, Rotterdam, Haag und Harleem führte. Roller, der diese Reise mit Scala unternahm, äußerte sich über alle Institutionen nur im Vergleich zu dem seiner dezidierten Meinung nach überragenden Vorbild London. Dort werde nach der belebten und unbelebten Natur (im Zeichnen) unterrichtet, während das Zeichnen nach Vorlagen und Ornamenten ganz ausgemerzt scheine; das Studium nach der Antike werde noch gepflegt, doch »die ganze Erziehung wird eben mit ausschließlicher Berücksichtigung des praktischen Endzweckes betrieben«[6]. Das englische Kunstgewerbe verdanke seinen Rang freilich den ›Componierclassen‹, an denen Roller die Möglichkeit der freien Entfaltung der Individualität, bei gleichzeitiger Rücksicht auf die »Bedürfnisse des Lebens« ohne strikt vorgegebenes Lernziel, hervorhebt.[7] In diesen Klassen könne der Schüler seine individuelle Eigenart entfalten und zugleich *»brauchbare Schönheit«*[8] (Hervorhebung G. F.) erlernen. Diese ›brauchbare Schönheit‹ entstehe in der Auseinandersetzung mit dem ›wirklichen Leben‹, das heißt »mit der Werkstatt und dem Markte«[9]. In den Vorbereitungs-

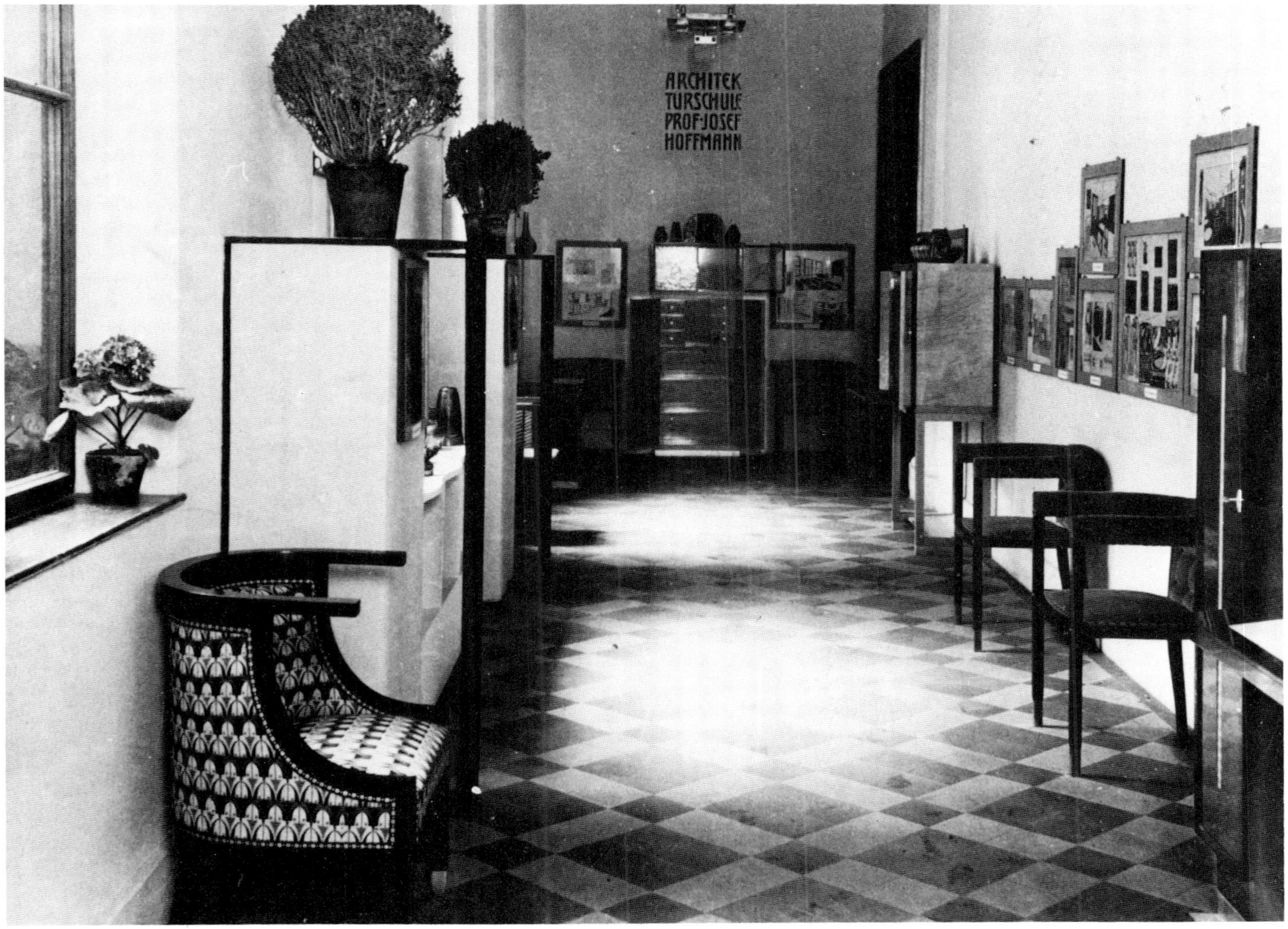

Ausstellung der Kunstgewerbeschule im k. k. Österreichischen Museum für Kunst und Industrie, 1903. Hoffmann-Schule

klassen werde darauf geachtet, die Form als Resultat von Herkunft und Bestimmung, das heißt von Material und Gebrauchszweck, zu begreifen. »Der Schüler wird nicht gezwungen, Stilformen vergangener Kunstepochen jahrzehntelang zusammenhanglos durch abstracte Nachahmung auf dem Zeichenbrett zu memorieren und so seine frischeste Kraft einer Thätigkeit zu widmen, die eigentlich mit seinem Berufe gar nicht zusammenhängt, sondern weit eher Sache des angehenden Kunstgelehrten wäre; er wird unmittelbar vor die Natur hingestellt, nicht aber vor die oft auch dem Reifen schwer verständlichen Documente dafür, wie verstorbenen Generationen die Natur vorkam und wie sie dieselbe für ihre damaligen Zwecke verwerteten. So bleibt er auch bewahrt vor der Versuchung, überkommene Formen mißbräuchlich anzuwenden.«[10]

Ähnlich der von Roller als vorbildlich hingestellten Lehrmethode trat auch in Wien an die Stelle der zeichnerischen Vermittlung des Vorbilds und seiner Umsetzung zur ›Vorlage‹ die ›ganzheitlichere‹ Methode, die sich an Material und Gebrauchszweck orientierte. Das alte Problem der Arbeitsteiligkeit und der Unversöhnlichkeit von individuell-handwerklicher Arbeit und maschineller Massenproduktion erfuhr dadurch allerdings keine Lösung. Analog der Praxis der Wiener Werkstätte wurde in Kauf genommen, daß handwerkliche Herstellungsverfahren bei gleichzeitiger Negierung industrieller Massenfertigung zum Zielpunkt der Ausbildung werden

So wurde in Rollers Abteilung das ›Reißen‹ als standardisierte Vermittlungsweise und das akribische Kopieren – selbst nach photographischen Vorbildern – zugunsten

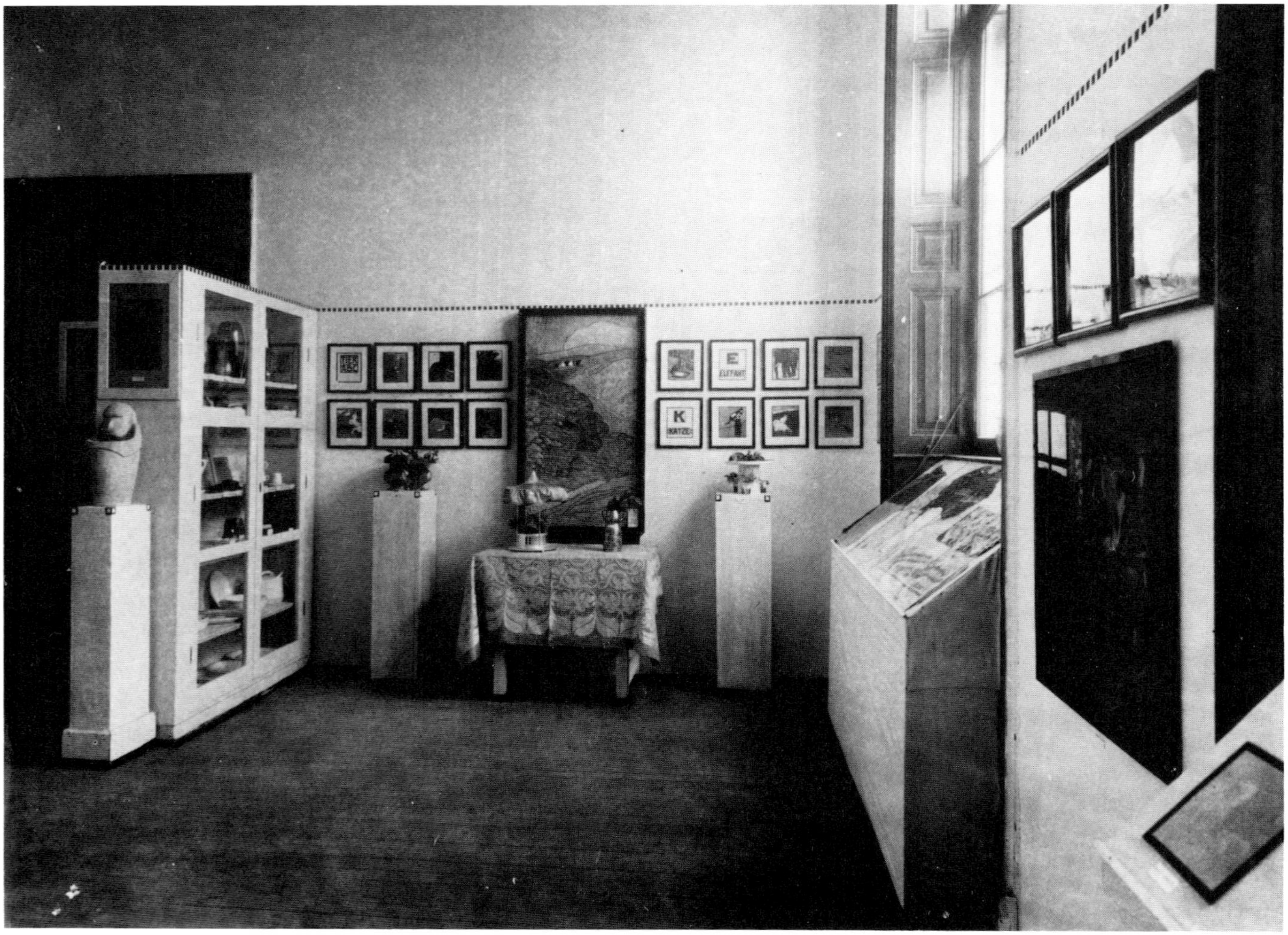

Ausstellung der Kunstgewerbeschule im k. k. Österreichischen Museum für Kunst und Industrie, 1903. Moser-Schule

eines ›freien‹ Zeichnens nach der Natur aufgegeben.[11] Dieser Vorbereitungsunterricht in der allgemeinen Abteilung diente dem Studium der belebten und unbelebten Natur in den unterschiedlichsten künstlerischen Techniken und dem Aktstudium – insgesamt eine »Anschauungslehre«, die »den höheren Klassen dann jenes *Elitematerial*« (Hervorhebung G. F.) »zuführte, welches Myrbach eben als notwendigen Niveaustand beanspruchte«[12]. Dieser Unterricht leitete zu den einzelnen – nach den Professoren benannten – Schulen über, an denen mit Hilfe der Werkstätten die Verbindung von Invention und Ausführung, von Idee, Stoff und Zweck praktisch erprobt werden konnte. Die Aufhebung der Arbeitsteiligkeit im Rekurs auf ›überkommene‹ Formen kollektiver und handwerklicher Arbeit war im 19. Jahrhundert in unterschiedlichsten Formen geläufig gewesen, sei es im Wiederaufleben der Bauhüttenidee, zumal an den großen Kathedralbauten (Köln; Wien, Votivkirche zum Beispiel), sei es in der romantischen Idee der Nazarener vom Wiederaufleben mittelalterlicher, religiöser Malerei im Werkstattbetrieb oder sei es in Sempers theoretischem Gedanken der Aufhebung der Arbeitsteiligkeit durch einen teilweise praktischen Unterricht. Daß sich das in Wien, unter Myrbachs Direktorat, nur unter beengten räumlichen Verhältnissen und daher nur in Ansätzen durchsetzen ließ, wurde schon erwähnt. Die Einrichtung einer keramischen und einer textilen Werkstatt, einer Tischlerwerkstatt sowie die Einrichtung von praxisorientierenden Lehrgängen, zum Beispiel für Lederverarbeitung, Bucheinband oder Kunststickerei, waren Schritte in diese Richtung.[13]

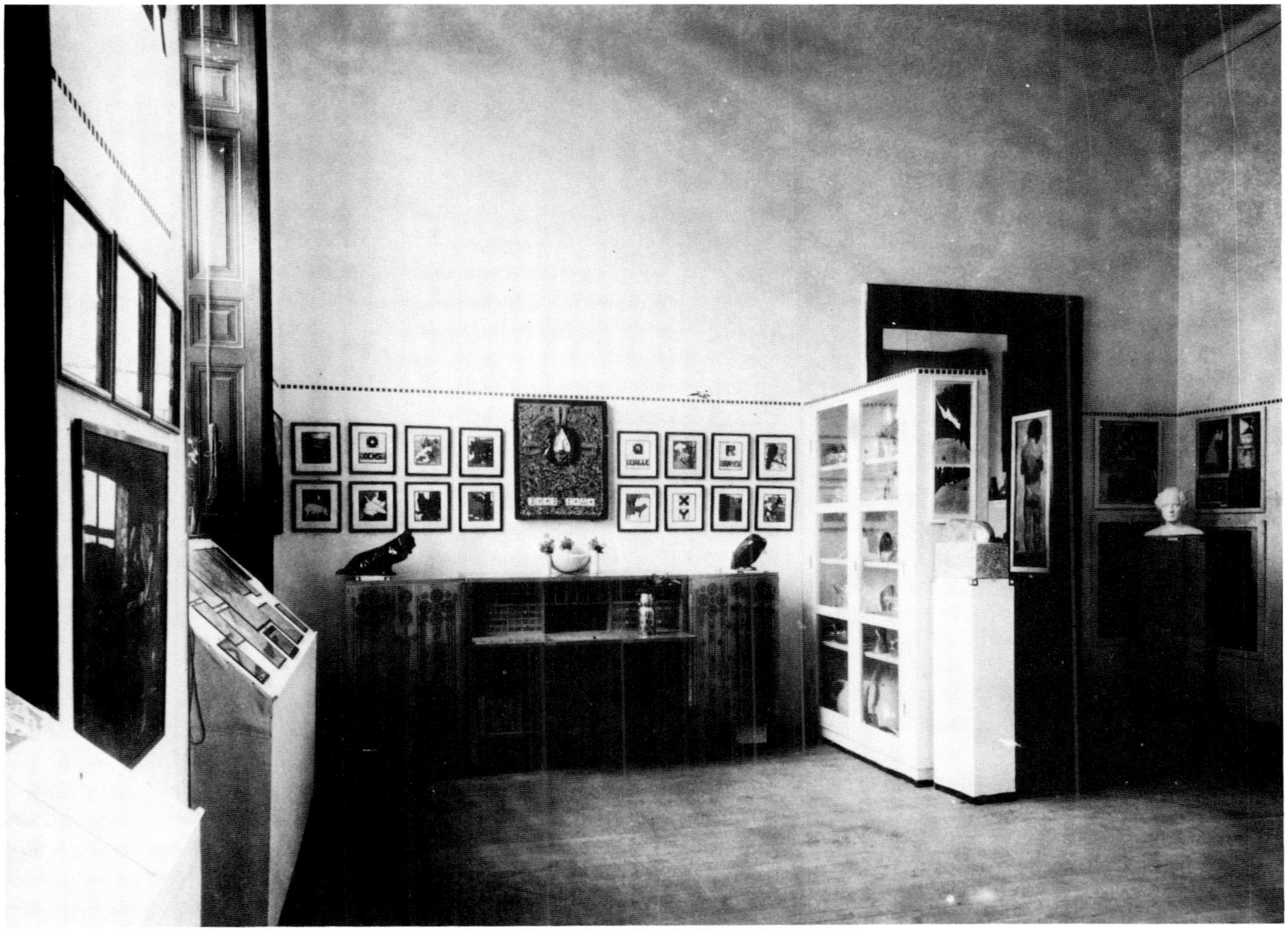

Ausstellung der Kunstgewerbeschule im k. k. Österreichischen Museum für Kunst und Industrie, 1903. Moser-Schule

Aus der Form der Ausbildung geht auch hervor, daß es der Schule eindeutig nicht um die Ausbildung des künstlerisch geschulten Gewerbetreibenden oder des in der industriellen Produktion tätigen Facharbeiters ging, sondern um die Heranbildung *handwerklich geschulter Künstler.* Hinsichtlich dieser Funktion der Schule als Ausbildungsstätte einer Elite, die sich an den materiellen und ästhetischen Gebrauchswerten einer gehobenen bis luxuriösen bürgerlichen Produktkultur orientierte und diese mit Hilfe handwerklicher Arbeitsweisen zu schaffen versuchte, stellt die Reform der Schule das vermutlich erste konsequente Beispiel einer staatlichen kunstgewerblichen Ausbildung dar, in der praktische Konsequenzen aus der europaweit geführten Debatte um eine nicht-arbeitsteilige, material- und gebrauchsorientierte Produktkultur gezogen wurden.

Von der Reformbewegung wurde auch die schulische Kunsterziehung und damit die Ausbildung von Lehrern erfaßt. Schon in dem eingangs referierten Bericht Myrbachs erwähnt er ausdrücklich die Lehrerausbildung, in der die angehenden Lehrer, nachdem ihre Ausbildung aus der allgemeinen Abteilung herausgelöst worden war, im Kurs für ›Lehramtskandidaten für das Freihandzeichnen an Mittelschulen‹ auf breiterer Grundlage ausgebildet werden sollten. Diesen Kurs leitete Anton Ritter von Kenner.[14] Mit der Errichtung einer ›Übungsschule für Lehramtskandidaten‹ im Jahre 1904[15] ging man einen Schritt weiter, weil nun sowohl Lehrmaterial wie Lehrmethoden an der Schule selbst entwickelt werden sollten und im praktischen Unterricht mit Schülern ab der 4. Volksschulklasse praktisch zu erproben waren. Während die Lehrerausbildung später in die allgemeine Abteilung reintegriert wurde, entwickelte sich die Lehrtätigkeit Čižeks – der 1897 eine private Zeichenschule gegründet hatte und sich mit der bildnerischen Tätigkeit von Kindern beschäftigte – zur Jugendkunstklasse, »die als einzige Einrichtung an einer Kunstschule gilt, die der Kinderkunst in ihrem Programm einen Platz eingeräumt hatte«[16].

Mit der Berufung von Hoffmann, Roller, Moser und Strasser sowie dem mehr oder minder freiwilligen Ausscheiden einiger Lehrkräfte (König, Matsch, Macht) war die personelle Umstrukturierung noch nicht abgeschlossen. Nicht alle diese neuen Lehrkräfte waren secessionistischen Zielvorstellungen verpflichtet, sondern verfolgten zum Teil eigenständige und originelle Wege.

Kurz nach 1900 erfolgte erstmals die Berufung von Frauen auf Lehrpositionen: nach der Auflösung des Ateliers für keramische Dekoration und Emailarbeit – Hans Macht wurde 1902 in den Ruhestand versetzt – wurde Adele von Stark Leiterin des nunmehrigen Spezialateliers für Emailmalerei. Stark war am 14. August 1859 in Teplitz geboren worden und hatte unter anderem an der ›Pönningerschen Zeichenschule für Mädchen und Frauen‹ gelernt. Ab 1879 war sie Schülerin in der Vorbereitungsschule und darauf der Fachschule für Zeichnen und Malen der Kunstgewerbeschule und hatte ebenda an der keramischen Werkstätte gearbeitet. Die Übernahme des – umgewandelten – von Macht geleiteten Ateliers scheint nicht ganz reibungslos vor sich gegangen zu sein. Stark wurde zunächst nur mit der Unterrichtserteilung betraut, Macht nicht sogleich pensioniert, sondern zunächst nur von der ›Unterrichtserteilung‹ zurückgezogen.[17]

An das Spezialatelier für Teppich- und Gobelinrestaurierung (vorher: Fachschule für Kunststickerei) wurden mit Rosalia Rothansl und Leopoldine Guttmann zwei weitere Frauen in Lehrerstellungen berufen. Statt der Schule für Kunststickerei wurde nun unter der Leitung von Johann Hrdlicka die Spezialzeichenschule für Kunststickerei und Spitzenarbeiten eingerichtet.[18] Rosalia Rothansl hatte sich unter anderem durch eine vierjährige (!) Restauratorinnentätigkeit am gestickten Prachtbett der Kaiserin Maria Theresia in der Hofburg empfohlen,[19] eine für die Rolle des ›weiblichen Hausfleißes‹ an der untersten Stufe der Rangskala der kunstgewerblichen Betätigungen vielleicht nicht ganz unsignifikante ›Qualifikation‹. Restaurierarbeiten blieben auch weiterhin ein wesentlicher Aufgabenbereich des Ateliers: »Die Wichtigkeit dieses Ateliers, in dem alte Gobelins und Teppiche unter der Leitung der Lehrerinnen des Specialkurses, Frau Leopoldine Guttmann und Rosalia Rothansl, restauriert werden, geht wohl schon daraus hervor, daß seit Bestand desselben allein von Seiten des Obersthofmeisteramtes Sr. kais. u. königl. Apostolischen Majestät der Schule Gobelins zur Restaurierung übergeben wurden, die den in dem Atelier beschäftigten Absolventinnen bisher einen Verdienst von rund 44.000 Kronen einbrachten. Das Atelier erhielt aber auch andere inländische Aufträge, so von ihrer k. u. k. Hoheit der Frau Erzherzogin Maria Theresia, von den Fürsten Liechtenstein, Auersperg und Kinsky, von den Grafen Hans Wilczek, von Baron Freudenthal, Frhrrn. von Helldorf, ferner einige ausländische Aufträge.« Die nachdrückliche Erwähnung des Ateliers in einer Leistungsbilanz der Schule von O. Beyer[20] zeigt unter anderem an einem Beispiel, welche Rolle immer noch höfische, nicht über den Kunstmarkt vermittelte Aufträge repräsentativer Natur gespielt haben.

Bereits 1901 wurde der neue Unterrichtsgegenstand ›Schrift und Heraldik‹ eingeführt und unter die Obhut von Rudolf von Larisch gegeben. Mit Carl Otto Czeschka wurde 1902 ein weiterer Secessionist berufen – und zwar zunächst als Hilfslehrer für den Zeichenunterricht.[21] Als Roller wegen seiner Tätigkeit an der Hofoper um Beurlaubung ansuchte, gab das Myrbach Gelegenheit zur Berufung von Erich Mallina, einen Roller-Schüler, und von Franz Metzner; beide wurden (1903), wie üblich, zunächst befristet berufen.[22] Myrbachs letzte Berufung erfolgte im Zuge der Reform des Zeichenunterrichts für Lehramtskandidaten und der Errichtung einer ›Übungsschule für Zeichenunterricht‹, an die Franz Čižek berufen wurde.[23]

Dementsprechend ergab sich ein vergrößerter Lehrerstab, in dem Vertreter ›der Moderne‹ ebenso wichtige Positionen einnahmen wie Persönlichkeiten – wie etwa der Anatom (und ausgebildete Arzt und Künstler) Hermann Heller –, die nicht unbedingt der ›Moderne‹ und nicht direkt dem Kreis der Secessionisten zuzurechnen waren, die aber in ihrem Gebiet wichtige Innovationen theoretisch wie praktisch vollzogen. Die Unterrichts-(Klassen-)einteilung und der Lehrerstab hatten in der ›Reformphase‹ folgendes Bild:[24]

Fachschulen für Architektur: Oskar Beyer (seit 1875), Hermann Herdtle (seit 1877), Josef Hoffmann (seit 1899).

Fachschulen für Malerei: Figurales Zeichnen und Malen: Karl Karger (seit 1887), Franz Matsch (seit 1893

bis 1901); Illustrationswesen: Felician Freiherr von Myrbach (seit 1897); Ornament-, Tier- und Blumenmalerei: Rudolf Ribarz (seit 1892, bis 1900), Kolo Moser (seit 1900 für die Fachklasse für dekoratives Zeichnen und Malen).
Fachschulen für Bildhauerei: Arthur Strasser (seit 1899).
Allgemeine Abteilung: Abteilung für figurales Zeichnen: Ludwig Minnigerode (seit 1876, bis 1900), Alfred Roller (seit 1901), Erich Mallina (seit 1903); Abteilung für ornamentales Zeichnen: Willibald Schulmeister (seit 1896), C. O. Czeschka (seit 1902); Abteilung für Modellieren: Josef Breitner (seit 1895), Franz Metzner (seit 1903).
Spezialateliers für Ziselierkunst (Metallplastik): Stephan Schwartz (seit 1876); Holzschnitzerei: Hermann Klotz (seit 1878); Keramische Dekoration und Emailmalerei: Hans Macht (seit 1877, bis 1902), Adele von Stark (seit 1903); Spitzenzeichnen: Hans Hrdlicka (seit 1879; ab 1902: Spezialzeichenschule für Kunststickerei und Spitzenarbeiten); Teppich- und Gobelinrestaurierung: Leopoldine Guttmann (seit 1902), Rosalia Rothansl (seit 1902).
Kurs für Aktzeichnen: Andreas Groll (seit 1887).
Keramischer Kurs (in Zusammenhang mit dem chemischen Labor), seit 1901: Friedrich Linke, Emil Adam sowie als künstlerische Leiter: Josef Hoffmann, Kolo Moser.
Kurs für Lehramtskandidaten für das Freihandzeichnen an Mittelschulen (seit 1901): Anton von Kenner.
Kurs für künstlerische Bearbeitung des Leders und Bucheinband (seit 1903): Clemens Oleskiewicz.
Hilfsfächer und Ergänzungskurse: Stillehre: Anton von Kenner (seit 1894, bis 1901), Adolf Ginzel (seit 1901); Anatomie: Hermann Heller (seit 1897); Technisches Zeichnen: Julius Kajetan (seit 1884); Kunstgeschichte: Eduard Leisching (seit 1889); Schriftwesen und Heraldik: Rudolf v. Larisch (seit 1901).
Das Direktorat Myrbach endete abrupt und unrühmlich in einer doppelten Affäre, an der Myrbach nicht ganz schuldlos war und die den Gegnern der Schulreform eine Möglichkeit bot, einen Gegenkurs – mit der Berufung Beyers zum Nachfolger Myrbachs – zu steuern.
Einerseits wurden Unterschlagungen eines Kanzleioffizials aufgedeckt, für die Myrbach und Beyer (als dessen Stellvertreter) verantwortlich gemacht wurden, andrerseits verschob Myrbach immer wieder seine Rückkehr aus den Vereinigten Staaten, wohin er anläßlich der Weltausstellung von St. Louis gereist war. Die Begründung der aufgeschobenen Rückkehr mit einer Krankheit konnte den wirklichen Grund für sein Fernbleiben – die Beziehung zu einer seiner Schülerinnen – nicht verbergen. Sein Verhalten führte zu schweren Vorwürfen gegen ihn und die Schule, wobei aber ›offiziell‹ die wirklichen Gründe für den Konflikt nicht beim Namen genannt wurden. Die Schule sei in »einen traurigen Zustand der Unordnung gebracht« – ein Vorwurf, der im selben Atemzug mit der Empfehlung verbunden wurde, Beyer zum Nachfolger zu bestellen, der »der bestqualifizierte, zukünftige Leiter der Anstalt«, ein Mann der ›Ordnung‹ und ›Konzilianz‹ sei und der außerdem ein besseres Verhältnis zu Scala, also zum Museum, garantiere.[25]
Myrbach reichte schließlich – Anfang des Jahres 1905 – seine Pensionierung ein und verzichtete auf die Weiter-

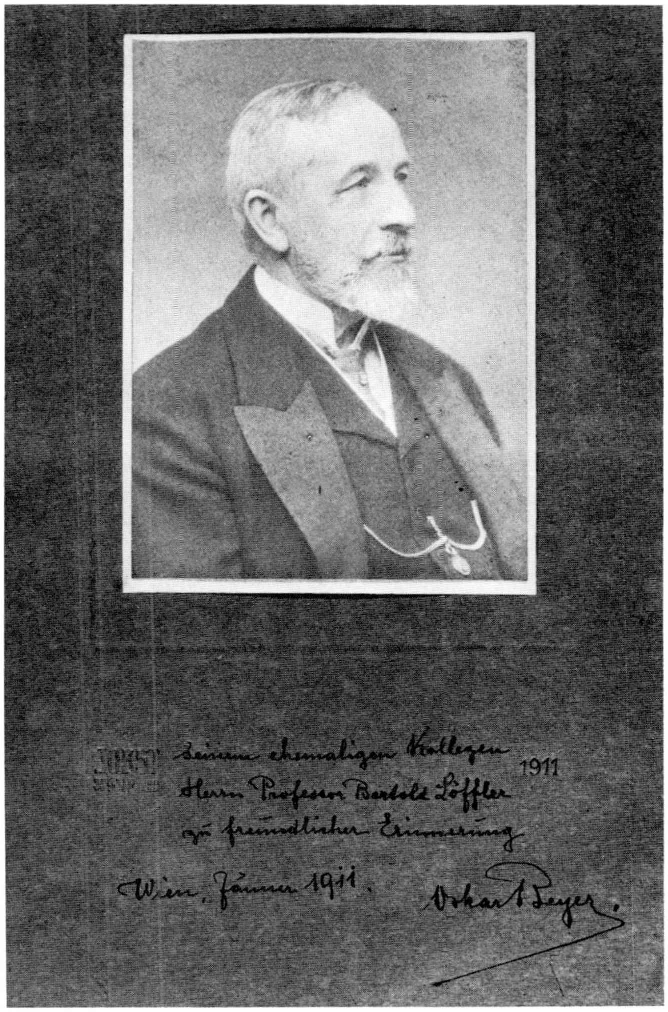

Oskar Beyer

führung seines Amtes; im April desselben Jahres erfolgte seine Versetzung in den Ruhestand. Schon im Jänner hatte sich Berta Zuckerkandl besorgt zu Wort gemeldet.[26] Sie resümierte Myrbachs Leistung als Leiter der Kunstgewerbeschule, nannte als Grund für seine Amtsniederlegung Krankheit und verwahrte sich gegen eine ›bürokratische‹ Leitung der Schule. Als Nachfolger kam für sie nur einer in Frage: Alfred Roller.
Mit dem Abgang Myrbachs schien ihr überhaupt die gesamte Entwicklung der Schule gefährdet: »Geht jetzt Myrbach, so zerfällt in kürzester Zeit der ganzen zielbewussten Arbeit feingesponnenes Netz . . .« und weiter: »Es gibt Epochen, in welchen eine Persönlichkeit unersetzlich ist, weil gewisse Entwicklungsmöglichkeiten überhaupt nicht zur Entfaltung kommen, wenn gerade diese entscheidende impulsive Kraft brachgelegt wird.«[27] Als dann die Berufung Oskar Beyers – sozusagen eines Mannes der Schultradition des 19. Jahrhunderts, eines ehemaligen Mitarbeiters Storcks – bekannt wurde, griff Zuckerkandl noch einmal scharf die Bürokratie an: »Nun meint man, einfach eine Persönlichkeit durch eine Person ersetzen zu können und ein Programm durch bureaukratische Pedanterie, durch Schulfexerei.«[28] Zuckerkandl verteidigte weiter Myrbachs Reformwerk und verwahrte sich neuerlich gegen die Verbürokratisierung der Schule; nur ein Künstler – sie nennt wieder Roller – könne die Schule führen: »Die Kunst den Künstlern – und nimmermehr den Beamten.«[29]
Daß Zuckerkandl derart vehement auf die Bürokratie losging, lag wohl unter anderem daran, daß sich mittlerweile die ›Moderne‹ nicht mehr bedingungslos des liberalen Wohlwollens der Kulturbürokratie sicher sein konnte. Spätestens seit der Affäre um Klimts Fakultätsbilder, in der auch Unterrichtsminister Hartel seine Förderung secessionistischer Maximen und Künstler modifizieren und zurücknehmen mußte, konnte die staatliche Bürokratie nicht mehr als idealer Gesamtmäzen der modernen Kunstbewegung auftreten. Ein Indiz für die faktische Bevormundung der Schule durch die Bürokratie ist der Umstand, daß Beyer wohl definitiv zum Leiter der Kunstgewerbeschule bestellt wurde, während jedoch dessen Nachfolger Roller über Jahrzehnte hinweg nur als interimistisch bestellter Direktor arbeiten konnte!
Die Befürchtungen hinsichtlich Beyers Berufung gründeten auf dessen Mitgliedschaft an der ›alten‹ Kunstgewerbeschule, die im Jahre 1872 mit einer Dozentur für Perspektive – in der Nachfolge Teirichs – begonnen hatte. Oskar Beyer war am 23. März 1849 in Dresden geboren worden und hatte dort seine Ausbildung erhalten. An der Wiener Kunstgewerbeschule war er Schüler Storcks gewesen, ab 1872, wie erwähnt, Lehrer, ab 1878 Professor. 1871 bis 1873 hatte er im Bau- und Dekorationsbüro der Wiener Weltausstellung gearbeitet. 1894 war er Architekt der österreichischen Abteilung der Weltausstellung von Antwerpen.[30] Als langjähriger Mitarbeiter und Lehrer repräsentierte er gerade jenen Geist, der in der Reform überwunden worden war. Beyer war Mitarbeiter Storcks, Mitherausgeber der Publikation ›Alte Möbel für moderne Bedürfnisse‹ (1896), die den ›Modernen‹ als Inbegriff historistischer Verirrung galt, repräsentativ für den überwunden geglaubten ›Plagiats-Historismus‹ des letzten Drittels des 19. Jahrhunderts. Beyer war auch Mitherausgeber der ›Arbeiten der österreichischen Kunstindustrie‹ von 1893, die aus Anlaß des fünfundzwanzigjährigen Bestandes der Schule noch einmal die Leistungen historistischen Kunsthandwerks zusammenfassend darstellen sollten.
Der ›Traditionalist‹ Beyer setzte zwar etwas andere Akzente in der Ausbildung, brach aber nicht mit den durch die Reform grundlegend veränderten Prinzipien der Lehre. Zwar rehabilitierte er den in der Reformphase aus der Schule gedrängten Macht durch Rückberufung – ansonsten läßt sich seine Personal- und Ausstellungspolitik eher als Festigung und Fortschreibung der Reform – ohne ihr eigene Impulse zu geben – beschreiben. Durch das Zerbrechen der Secession (mit dem Auszug der ›Klimt-Gruppe‹) lag auf der Schule (und der Wiener Werkstätte) die alleinige Verantwortung für die Reform des Kunstgewerbes. Unter seinem Direktorat wurde die Beteiligung der Schule an der Kunstschau Wien 1908 und an der Internationalen Kunstschau 1909 ermöglicht, den beiden von den Künstlern der ›Klimt-Gruppe‹ wesentlich getragenen großen Leistungsbilanzen des ›modernen‹ österreichischen Kunstgewerbes. 1906 fand eine Ausstellung von Arbeiten der Kunstgewerbeschule in Wien und 1908 eine in London statt.
Dennoch hatte Beyer Reserven gegenüber den Repräsentanten der Secession und der ›Moderne‹. Sein Entwurf für einen Bericht über die Bedeutung der Schulgeschichte für die Entwicklung des Kunsthandwerks,[31] den er 1908 verfaßte, erläutert zwar die Reform der siebziger Jahre mit den damals eingerichteten Kursen, erwähnt aber mit keinem Wort die Reform der Zeit von 1900. Die Namen Myrbach, Roller, Hoffmann und

Moser fallen nicht, dagegen erwähnt er die Leistungen von Larisch, Heller, Rothansl und Guttmann. Beyer, der bloß die Publikations- und Ausstellungstätigkeit der Schule auflistet, läßt einige Skepsis gegenüber den ungenannten Kollegen durchschimmern: »Die schaffenden Künstler der Jetztzeit ziehen es . . . vor, ihre mit Hilfe der Photographie wiedergegebenen Arbeiten durch . . . Zeitschriften der Öffentlichkeit zugänglich zu machen und sich auf diese Weise, nahezu kostenlos, eine sehr wirksame Reklame zu verschaffen, die um so wirksamer ist, als ein einmal veröffentlichtes Objekt immer und immer wieder an einer anderen Stelle neu auftaucht.«[32] Beyer kritisiert damit die publizistisch unterstützte Marktorientierung der kunstgewerblichen Produktion, die ja in der Tat bis in die Schule hineinreichte und es etwa auch den Schülern ermöglichte, ihre Arbeiten zu verkaufen. Die über Ausstellungen, Kooperation mit der Industrie und in der Zusammenarbeit mit anderen kunstgewerblichen Institutionen – allen voran der mit der Wiener Werkstätte – erreichte ›Öffnung‹ der Schule löste die an staatliche beziehungsweise private, mäzenatische Auftragssituationen gebundene ›monumentale‹ Kunstproduktion des 19. Jahrhunderts weitgehend ab. Damit wandelte sich zwangsläufig auch der Charakter der Publikation der Arbeitsergebnisse. Das 19. Jahrhundert kannte vor allem das für den handwerklich-industriellen Gebrauch bestimmte, zweckmäßig illustrierte Vorlagenwerk oder das für besondere Anlässe geschaffene, limitierte ›Prachtwerk‹ – wofür etwa die Publikation erlesener Einzelstücke aus Anlaß des fünfundzwanzigjährigen Schuljubiläums als Beispiel genannt werden kann. Die marktorientierte Produktion des frühen 20. Jahrhunderts bediente sich der photographischen Reproduktion, da sich ja nun die kunstgewerbliche Produktkultur, zum Teil aber auch die architektonische Produktion (unter anderem was das Interieur betraf) an eine diffuse Öffentlichkeit als potentielle Kundenschicht wenden mußte und nicht mehr mit einem vorab bekannten Auftraggeber- und Abnehmerkreis rechnen konnte.

Daher kommt es, daß die photographische Wiedergabe von Interieurs in der Regel ohne die Darstellung des Benutzers, des ›Bewohners‹ auskommt und in der Regel zwischen tatsächlichem und dem für Ausstellungen arrangierten Interieur kein Unterschied festzustellen ist. Viele der neugeschaffenen kunstgewerblichen Publikationen nahmen so den Charakter von ›Verkaufsprospekten‹ an.

Am Beispiel Otto Wagner läßt sich modellhaft zeigen, wie sich die Propagierung ästhetischer Wertvorstellungen, Werbung in unmittelbar ökonomischem Interesse und Veröffentlichung des in Architektur und Interieur manifesten persönlichen Status miteinander vermengen.[33]

Auch in personeller Hinsicht kam es unter Beyer zu keinen einschneidenden Veränderungen. Czeschka schied aus der Schule aus – woran kaum Beyer Schuld trug, sondern die Trägheit der Verwaltung, die ihn nur interimistisch an die Schule bestellte, bis Czeschka schließlich eine Professur an der Kunstgewerbeschule in Hamburg annahm. Unter Beyer wurden hingegen Bertold Löffler (1907) und Anton Hanak (1907) berufen. Löffler, geboren 1874 in Böhmen und an der Zeichenschule des Gewerbemuseums in Reichenberg ausgebildet, hatte an der Kunstgewerbeschule studiert, und zwar bei Matsch, Czeschka und Moser. Er war bereits unter Myrbach als Assistent angestellt worden und zwar bei Groll (Aktzeichnen). Hanak, 1875 in Brünn geboren, hatte in Wien die Lehrlings- und Gehilfenkurse an der k. k. Staatsgewerbeschule in Wien besucht und war dann als Lehrling bei einem – nicht näher bekannten – Holzbildhauer »auf Kost und Bett – durch vier Jahre bei täglich vierzehnstündiger Arbeitszeit ohne Sonntagsruhe«[34] in die Lehre gegangen. Hanak hatte fünf Jahre als Holzbildhauergehilfe gearbeitet und ging dann drei Jahre auf Wanderschaft in Deutschland, Österreich, Ungarn und in der Schweiz. Schließlich studierte er an der Wiener Akademie bei Hellmer und richtete 1905 sein eigenes Atelier ein. 1907 unterrichtete er den Spezialkurs für Meister und Gehilfen, 1913 erhielt er – der sich selbst als schlechten Lehrer einstufte und die Lehrtätigkeit als lästige Behinderung der künstlerischen Tätigkeit betrachtete – eine Professur.[35]

In der Palette des Lehrangebots gab es keine gravierenden Veränderungen, sondern nur einige Ausweitungen. 1906/07 wurde ein Kurs für fortgeschrittene Künstler in der Technik der Freskomalerei installiert, der aber mit dem Tode seines Leiters, Andreas Groll, wieder verschwand. In den Fachschulen gab es nun je zwei Professuren, Herdtle und Hoffmann in der Architektur, Moser und Löffler in der Malerei, Breitner und Strasser in der Bildhauerei. Der Vorbereitungsunterricht wurde von Kenner, Schulmeister und Breitner bestritten, die Spezialateliers leiteten Schwartz (Metallplastik), Klotz (Holzbildhauerei), Stark (Emailarbeit), Guttmann (Teppich- und Gobelinrestaurierung). Daneben exi-

stierte ein reiches Angebot von Spezialkursen, in denen zum Teil hervorragende Lehrer tätig waren, etwa Hanak, Čižek oder Larisch.
Die Unterrichtsdauer bewegte sich zwischen 36 und 42 Stunden pro Woche. Die Vormittage waren von Montag bis Freitag überwiegend dem Fachunterricht in den Abteilungen vorbehalten (von 8 bis 12 Uhr), die Nachmittage (von 14 bis gelegentlich 18.30 Uhr) den verschiedenen Kursen und ergänzenden Fächern (etwa dem technischen Zeichenkurs, der Stillehre oder – im 3. Jahrgang – dem allgemeinen Aktkurs) und sogenannten ›fachlichen Arbeitsstunden‹. Der Samstag war Exkursionen, dem Kunstgeschichtsunterricht (Leisching), dem Anatomieunterricht (Heller) und anderen Fächern vorbehalten (wie zum Beispiel der gewerblichen Gesetzeskunde).[36]

XI
DISKONTINUITÄT DER KUNSTENTWICKLUNG – KONTINUITÄT DER INSTITUTION
Zur Geschichte der Kunstgewerbeschule 1909–1918

Mit der doppelten Vakanz der leitenden Positionen an Schule und Museum – sowohl Scala als auch Beyer hatten das Pensionsalter erreicht – bot sich 1909 die einzigartige Chance, das gebrochene Verhältnis der erst 1900 getrennten Institutionen zu überdenken, neue Möglichkeiten der Zusammenarbeit zu erschließen und zugleich, nach dem ›Interregnum‹ Beyers (als das es von den Secessionisten und ihren publizistischen Mentoren, etwa Berta Zuckerkandl, angesehen wurde), die Position der ›Moderne‹ zu überprüfen.

Die Berufung Alfred Rollers, der schon beim unfreiwilligen Abgang Myrbachs als Direktor zur Diskussion gestanden hatte, vollzog sich relativ rasch, obwohl er nicht unumstritten war. Mit Datum vom 8. März 1909 hatte das Ministerium das Kuratorium des Museums um Stellungnahme in den Nachfolgefragen gebeten, wobei von seiten des Ministeriums der Name Rollers bereits vorgegeben war.

Das Protokoll der Kuratoriumssitzung zeigt jedoch, daß die Berufung Rollers skeptisch beurteilt wurde. Das gegen ihn vorgebrachte Hauptargument, daß er zu sehr einer bestimmten Kunstrichtung zuneige, war wohl weniger gegen die Person und ihre Verdienste gerichtet, als gegen die weitere Stärkung der Rolle der Schule als Trägerin der (kunstgewerblichen) Moderne. Da aber, mit Ausnahme von Ohmann, kein alternativer Vorschlag für die Besetzung der Direktion gemacht werden konnte, begnügte sich das Kuratorium damit, die Entscheidung von sich abzuschieben und dem Ministerium zu überlassen, das gebeten wurde, die Entscheidung ›im Lichte der Bedenken‹ des Kuratoriums noch einmal zu prüfen.

Daß Eduard Leisching, der designierte Direktor des Museums, in dieser Sitzung als einziger rückhaltslos für Roller eintrat, signalisiert bereits, daß sich – basierend auf der wechselseitigen Wertschätzung der beiden Direktoren – ein neues Verhältnis von Schule und Museum anbahnen konnte. Roller hat das später, in seiner knappgefaßten Schulgeschichte von 1918, indirekt bestätigt, wenn er zur Trennung von Schule und Museum (von 1900) schreibt: »Zwischen Schule und Museum besteht fortan bloß eine auf Arbeitsgemeinschaft beruhende geistige Verbindung, die sich im Laufe der Zeit immer inniger gestaltet und immer mehr vertieft, weil sie beiden Anstalten die Verfolgung ihrer Ziele erleichtert und beiden ein um so intensiveres Wirken ermöglicht.«[1]

Mit Roller wurde ein ›Mann der ersten Stunde‹ zum Leiter der Kunstgewerbeschule berufen, einer der ersten, den Myrbach aus dem Kreis der ›Modernen‹, der Secessionisten, an die Schule geholt und der maßgeblich an ihrer praktischen Reform – man erinnere sich an Rollers Studienreise zu den europäischen kunstgewerblichen Lehranstalten – mitgewirkt hatte. Gerade deshalb scheint es Ressentiments gegen ihn gegeben zu haben, was nicht nur in der zögernden Haltung des Kuratoriums zum Ausdruck kommt, sondern auch in der ›österreichischen Lösung‹ einer interimistisch-provisorischen Bestellung Rollers, die zum Dauerzustand wurde.

Die Ursachen für die Vorbehalte mögen in der gewandelten kultur- und kunstpolitischen Situation gelegen haben, im Widerstand ›höherer Kreise‹ gegen die Moderne (für die in diesem Fall der Begriff der ›Secession‹ oft als fälschlich verallgemeinernder und zugleich pejorativer Begriff in Umlauf gebracht wurde), einer Moderne, die, etwa durch den Zerfall der Secession, bereits geschwächt schien. Über den Widerstand gegen die Secession, zum Beispiel bei Franz Ferdinand, läßt sich in Eduard Leischings Erinnerungen nachlesen. So schreibt Leisching in seinen in der Zwischenkriegszeit erschienenen Memoiren, daß der Begriff des Secessionismus ehedem einen Klang gehabt habe wie jetzt der des Bolschewismus.

Jedenfalls setzte sich der Widerstand gegen Roller (und das, was er vertrat) nicht durch, und so konnte er 1909 zum Direktor der Kunstgewerbeschule bestellt werden. Roller, der einer kleinbürgerlichen Beamtenfamilie

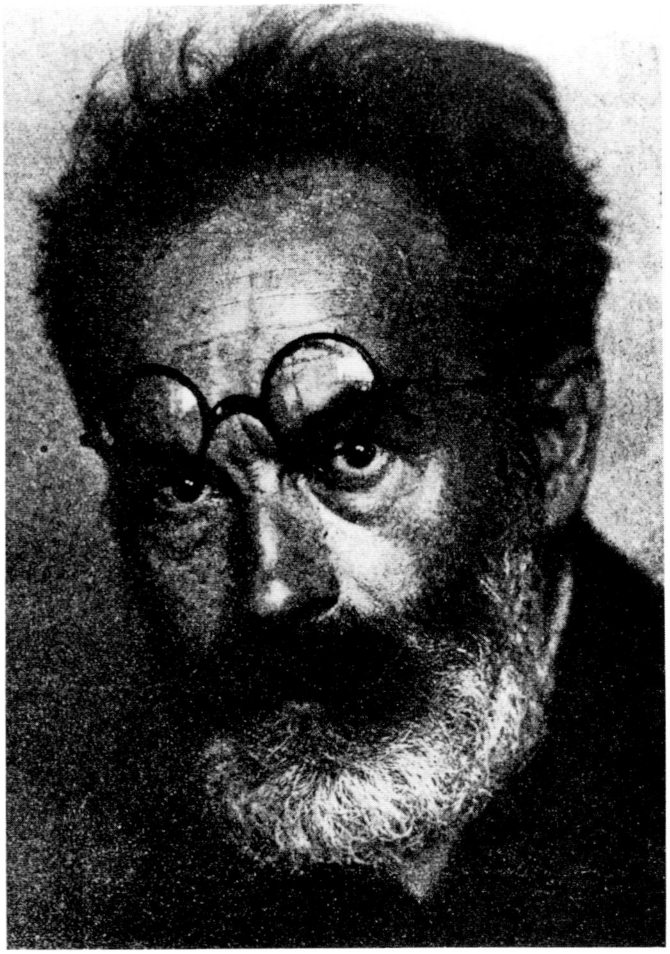

Alfred Roller

entstammte, war im Oktober 1864 in Brünn geboren worden und hat dort das Staatsgymnasium besucht. Dann ging er nach Wien zum Studium an der juridischen Fakultät – Grundlage einer Beamtenkarriere im k. u. k. Staat. Roller inskribierte aber zugleich an der philosophischen Fakultät und an der Akademie der bildenden Künste. Dort ließ er sich in Architektur (bei Hansen, Hasenauer und Schmidt) und Malerei (Griepenkerl und Lichtenfels) unterrichten. Er war Mitglied der Secession, wurde 1902 deren Präsident und war Mitarbeiter der Secessions-Zeitschrift ›Ver Sacrum‹, die er durch zwei Jahre hindurch betreute.
Roller war 1899 an die Schule berufen worden, wo man ihn am 1. April 1900 provisorisch und ab 1. März des folgenden Jahres definitiv zum Professor bestellte. Schon im Juli 1903 ließ er sich wegen seiner Berufung zum Ausstattungschef der Hofoper, »gegen Karrenz der Gebühren«, beurlauben, und zwar bis zum 31. Mai 1909, zur Rückkehr an die Kunstgewerbeschule.[2]

Anders als Beyer entwickelte Roller wieder programmatische Ideen und bemühte sich – mit der Neufassung eines Statuts –, der Schule ein der Reform angemessenes organisatorisches Gerüst zu geben. Aufschlußreich für seine Ideen ist die schon erwähnte von ihm verfaßte Schulgeschichte von 1918,[3] an der uns besonders die Weiterentwicklung der Reformmaximen der Zeit um 1900 zu interessieren hat.
Rollers Begriff vom Kunsthandwerk und seine Vorstellungen von dessen Lehre sind nicht mehr so ungebrochen dem Optimismus der ›Moderne‹ verpflichtet, wie das noch bei Myrbach, Hoffmann und anderen zu lesen war. Zwar kritisiert auch er den Historismus des 19. Jahrhunderts und macht diese Kritik zum Ausgangspunkt seiner Überlegungen; doch anders als bei seinem Vorgänger Myrbach wird nicht die Kopie, die Nachahmung und deren Sterilität zum Kernproblem. Roller richtet seine Überlegungen gegen eine der Gründungsmaximen der Schule, indem er gegen die von Eitelberger implizit geforderte Verwischung der Grenzen von Kunst und Handwerk anschreibt. Beim Kunstwerk bestehe eine singuläre Dialektik von Form und Inhalt, die, unabhängig von Zweck und Gebrauchswert, im Grunde jede weitere Entwicklungsmöglichkeit undenkbar mache, da es – das Kunstwerk – »als Ganzes zur Welt« komme.[4]
Unübersehbar tangiert diese Argumentation auch den Kunstanspruch an das Kunstgewerbe der Moderne selbst, zumal dort, wo Roller, in Fortsetzung seiner Überlegungen zur Abgeschlossenheit des Kunstwerks, das Wesen des Kunsthandwerks in Formveränderung, Formveredelung, Formerhöhung sehen möchte und unter anderem die zentrale Idee der ›Moderne‹, die der ›Naissance‹, für das Kunsthandwerk negiert: Kunsthandwerk »ist immer nur Umschaffung, nie Erschaffung«[5].
Mag sein, daß Roller auf Erfahrungen mit der industriellen Produktion und deren Adaption des Jugendstils in reproduzierter Massenware reagiert und vielleicht auch auf die esoterische Position der Wiener Werkstätte, wenn er etwa vor der Kunsthaftigkeit des Kunsthandwerks warnt, die dann in »Spielerei oder Sinnlosigkeit« enden müsse[6] – eine Gefahr, die für eine luxuriöse, von konkreten Gebrauchswerten abstrahierende, nur noch ästhetische Sensationen vermittelnde Produktion tatsächlich bestand.
Roller relativiert damit auch den Status und das Selbstbewußtsein des Kunsthandwerkers als (autonomen) Künstler, bekennt sich aber zu der großen Errungen-

schaft der Reform, ihn vom ›Zeichner‹ zum ›Handwerker‹ gemacht zu haben. Denn erst die praktische Handwerksarbeit in der Werkstätte lasse den kunstgewerblichen Formgedanken wieder im Erleben wurzeln statt in der ›matten Erinnerung an Gesehenes‹.[7] Doch sei die Werkstattidee auf dem »eingeengten, spröden Boden der Schule« nie voll zu realisieren gewesen. Roller wählt da eine Formulierung, die vielleicht mehr meint als nur die notorische Raumnot, die paradoxerweise seit dem Neubau der Schule in den siebziger Jahren des 19. Jahrhunderts bestanden[8] und schließlich zur Aussiedlung der Vorbereitungsschule in die Fichtegasse geführt hatte. Wegen des Raummangels könnten zum Beispiel sämtliche Zweige der Metallbearbeitung nicht in Werkstätten betreut werden, ebensowenig die Bildhauerei, der Möbelbau, die Glasbearbeitung, das Mosaik. Roller wendet dieses Resümee in eine Offensive für eine »Arbeitsschule der Zukunft«, die sich umfassend der Werkstattidee zuwenden und andere und neue Kunstzweige für sich reklamieren müsse, zum Beispiel die Lithographie, die Spielwarenerzeugung, den Musikinstrumentenbau, die Schaufenster- und Auslagendekoration, Bühnenausstattung und Kostümwesen. »Ja ich kann mir denken, daß eine auf der Höhe ihrer Aufgabe stehende Anstalt imstande sein müßte, eine schöne, jetzt aber verkommene Erfindung wie das Kino zu retten.«[9]

Dieser Anspruch Rollers, der Schule – und damit dem Begriff des Kunstgewerbes – weitere Gebiete zu erschließen, wurde zu einer der Grundlagen der Neufassung der Statuten (worauf weiter unten noch näher eingegangen werden wird). Er gemahnt – noch 1918 – an den ›lebensreformerischen‹ Imperativ der Secession der ersten Jahre, eines Anspruchs, der möglicherweise ein Angelpunkt ihres Zerfalls war. Wenn nämlich Gustav Klimt in seiner Rede zur Eröffnung der Kunstschau von 1908 eingesteht, daß dieser Anspruch nicht wirklich eingelöst werden konnte, so erhob erst recht die von der aus der Secession ausgetretenen Klimt-Gruppe getragene Kunstschau noch einmal – und noch umfassender als die Kunstausstellungen der Secession selbst –, die Forderung nach ›Durchdringung des Lebens mit der Kunst‹. Nicht das Gebäude der Secession mit ihren wenigen Ausstellungsräumen, sondern eine ›künstliche Stadt‹ sollte nun die Ästhetisierung des ganzen Lebenszusammenhangs (sogar ein ›Muster‹-Friedhof war auf der Kunstschau zu sehen) demonstrieren. Doch nicht nur Klimt selbst zeigte sich skeptisch, was die Einlösung der künstlerischen Heilsbotschaft betraf; bereits 1904

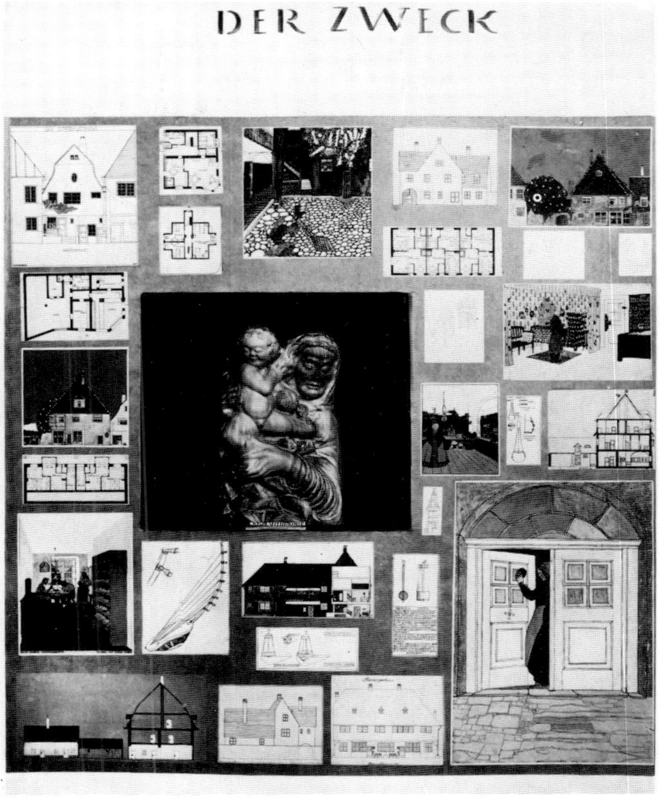

Frühjahrsausstellung österreichischer Kunstgewerbe und der Kunstgewerbeschule im k. k. Österreichischen Museum für Kunst und Industrie, 1912 (Abbildungen S. 175–177). Klasse Strnad

hatte Joseph August Lux den Anspruch der Secession, das Leben zum Gesamtkunstwerk zu stilisieren, an den praktisch zu lösenden Aufgaben gemessen: »Die Stellung des Kunstgewerbes und seine sachlichen Grundlagen in der heutigen Zeit sind künstlerisch noch unentschieden, ebenso alle architektonischen Fragen und die Angelegenheiten des Städtebaus und der künstlerischen Stadtpflege, die Momumentalaufgaben in Bezug auf Denkmäler, Brunnen, Festdekorationen, das Wesen und die Anwendung der Groß- und Kleinplastik, die Kunst des Gartenbaus, die Ziele der graphischen Kunst im heutigen Leben, diese und viele andere Probleme sind noch zu lösen, um das allseitige Anrecht der Kunst an den Lebensäußerungen und die wertbildende Kraft des Talentes zu zeigen.«[10]

Es ist wahrscheinlich, daß Rollers skeptische und vorsichtige definitorische Begrenzung dessen, was das Kunsthandwerk zu leisten habe, die Erfahrungen dieser Jahre reflektiert – einmal abgesehen davon, daß in der von ihm 1918 (!) verfaßten Schulgeschichte auch bereits die Erfahrung der Kriegszeit jeden zivilisatorischen

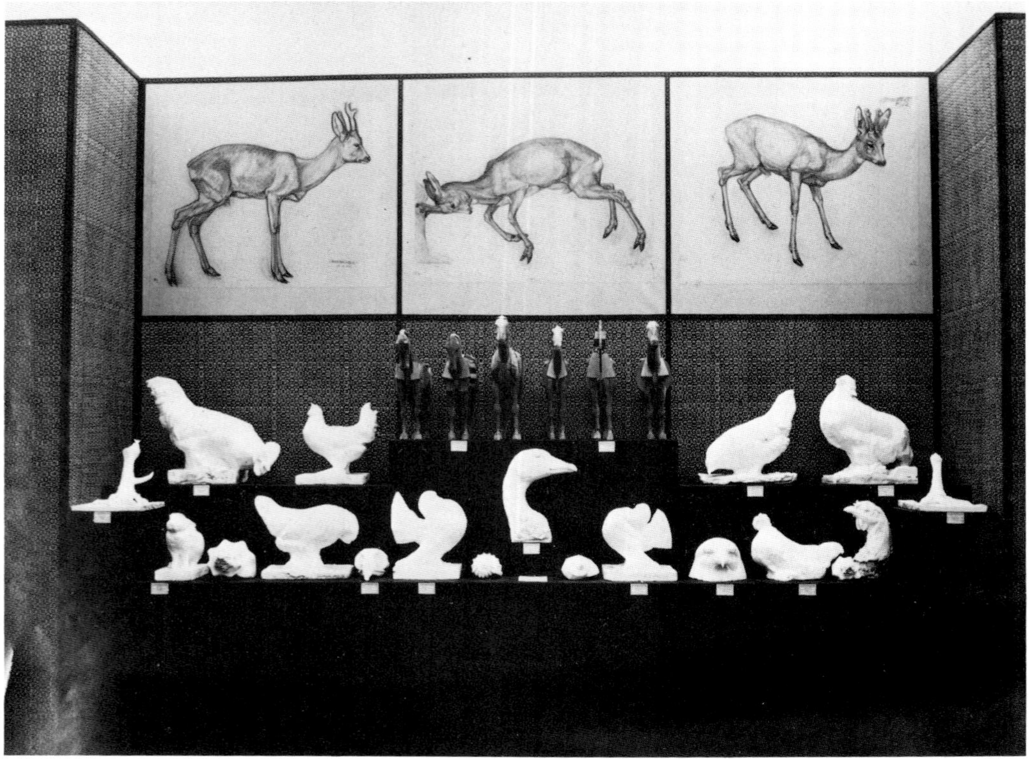

Frühjahrsausstellung 1912. Klasse Strnad

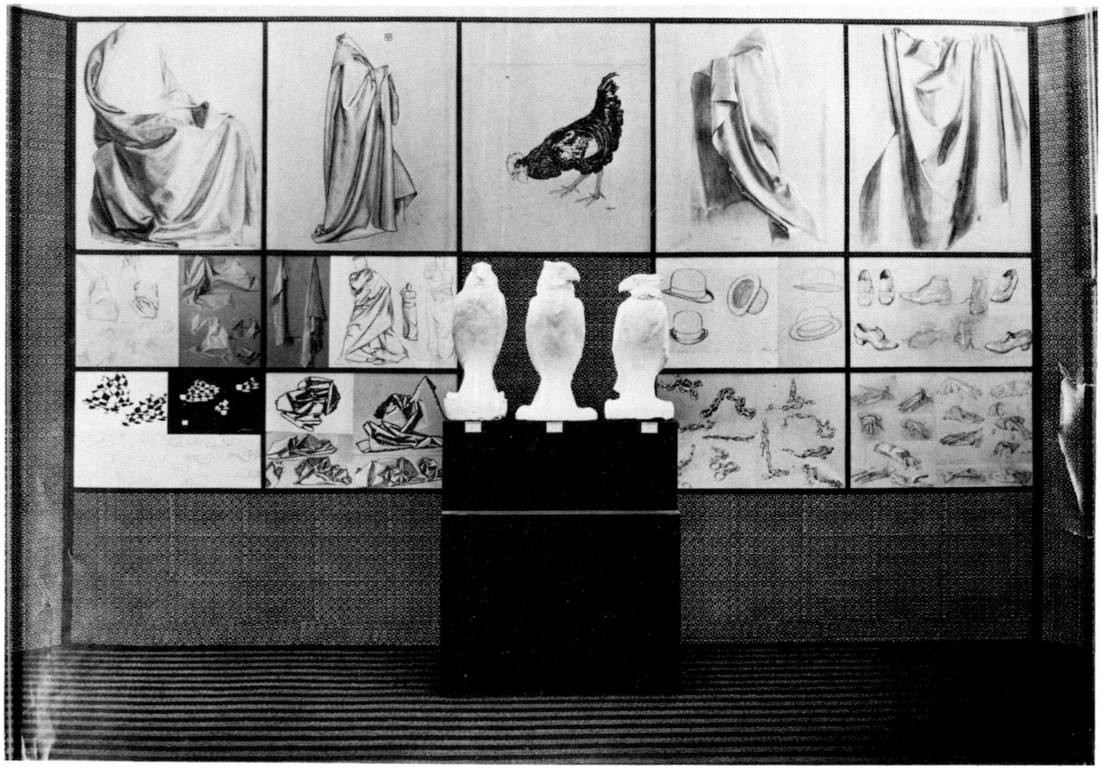

Frühjahrsausstellung 1912. Klasse Strnad

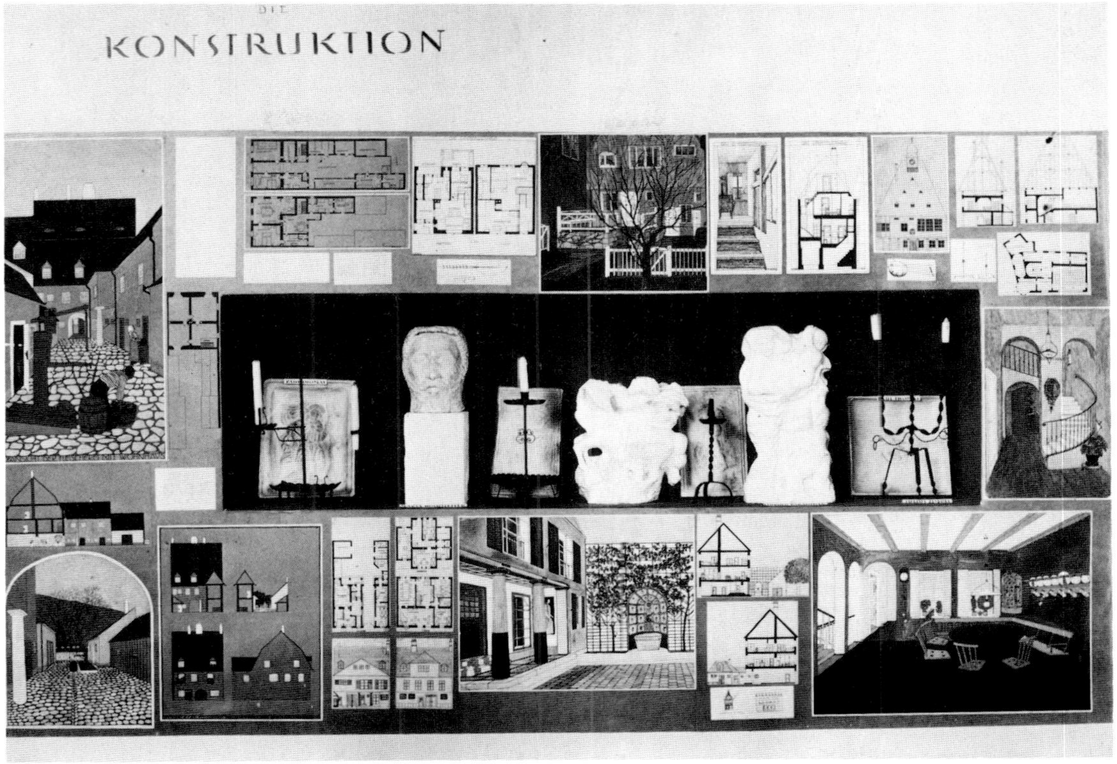

Frühjahrsausstellung 1912. Klasse Strnad

Optimismus brechen mußte, der das ganze 19. Jahrhundert hindurch Grundlage des kunstgewerblichen Bildungssystems gewesen war.

Der allmähliche Zersetzungsprozeß der Secession war in eine allgemeine Krise der Moderne[11] eingebettet, in der nicht nur künstlerische Divergenzen zum Durchbruch kamen, wiewohl versucht wurde, die Konfliktzonen innerhalb stilistischer Grenzen abzustecken. So versuchten zum Beispiel Hevesi und Zuckerkandl den Gegensatz der Künstlergruppen noch unter Stilbegriffen zu subsumieren, etwa als den von »Stilisten« und Impressionisten« (Hevesi), beziehungsweise von »Stil-Gruppe« und »realistischer Gruppe« (Zuckerkandl); sie waren sich aber gleichzeitig darin einig, daß hinter diesen Markierungen unterschiedliche Auffassungen vom Status der Kunst und dem des Künstlers, unterschiedliche künstlerische Konzepte verborgen waren. Auch unterschiedliche Auffassungen vom Begriff des Kunsthandwerks, zumal was das – auch von Roller angesprochene – Verhältnis des Kunsthandwerks zur autonomen Kunst betraf.

»Die ›Stilisten‹«, schreibt Hevesi,[12] der der Auffassung war, daß sich die unterschiedlichen künstlerischen Konzepte überhaupt nicht mehr formal bestimmen ließen, »heißt es, wären für alle Arten der Kunst, für Durchdringung des ganzen Lebens mit Kunst, für eine ornamentale Ausgestaltung unseres ganzen Daseins, wobei denn dem Kunstgewerbe eine wichtige Rolle zufiele. Die ›Impressionisten‹, heißt es, stünden diesem weniger günstig gegenüber, sie hätten einen mehr ausschließlichen Kunstbegriff.« Und schärfer und deutlicher noch Zuckerkandl: »Es ist nicht zu leugnen, daß in der Wiener Secession zwei Strömungen herrschen, daß sich im Laufe der Jahre zwei Parteien herausgebildet haben, die scharf sich gegenüberstehenden Prinzipien huldigen. Es gibt eine Stil-Gruppe und eine realistische Gruppe. Die einen betrachten ›Kunst‹ als Einheit, als großen dekorativen Zusammenhang architektonischer, bildnerischer und angewandter Gestaltung; die anderen wollen von der Unterordnung, von der Harmonisierung des Kunstwerks mit dem Ganzen nichts wissen. Das Bild oder die Plastik als *Selbstzweck«* (Hervorhebung G. F.) »erscheint ihnen als wesentlich.«[13]

Rollers Auffassung läßt sich vielleicht als eine Zwischenposition interpretieren. Mit dem Festhalten an der Zweck- und Gebrauchsgebundenheit des Kunsthandwerks wird gewissermaßen noch an dessen ›lebenspraktischer‹ Bedeutung festgehalten, doch mit der Absage an die umstandslose Gleichsetzung von Kunsthandwerk und Kunst erneuert Roller nicht mehr den totalisierenden Anspruch auf Ästhetisierung der Lebenspraxis – wenngleich er den Aufgabenkreis der Schule auf neue Medien ausgedehnt wissen will.

Rollers nüchterne Definition macht die Zweckgerichtetheit, den gesellschaftlichen Gebrauchswert jenseits seiner ausschließlich ästhetischen Bestimmung – vor der er als ›Spielerei‹ und ›Sinnlosigkeit‹ ausdrücklich warnt – wieder diskussionsfähig. Die Idee einer ›Arbeitsschule der Zukunft‹, die Roller an der Schwelle zur Ersten Republik propagiert, öffnet der Institution eine neue Perspektive, die sowohl über die traditionale, historistische Funktionsbestimmung der Schule hinausweist, als auch über den secessionistischen Imperativ der Durchflutung des Lebens mit Kunst.

Roller reagierte sicherlich nicht nur auf jene Wandlungen, die die Secession als Künstlergruppe durchgemacht hatte; mit ihr hat sich auch der Begriff der Moderne insgesamt verändert, der nun von neu auftretenden Künstlern und Künstlergruppen okkupiert und damit verändert wurde. Der Begriff verlor seine autoritative Kraft im Selbstverständnis der Kunstgewerbebewegung. Die ›Modernität‹ der Secession wurde von einer ›anderen‹, neuen Moderne überholt und abgelöst.

Dieser Prozeß vollzog sich bezeichnenderweise nicht als kaum merklicher Übergang, sondern in Form manifesthafter Ansprüche einer neuen Generation. Schiele, Faistauer, Wiegele, Gütersloh und andere wiesen sich schon mit ihrer programmatischen Benennung als »Neukunst-Gruppe« als Überwinder der alten und als Vertreter der ›neuen‹ Moderne aus. Wie ihre Vorgängergeneration bezogen sie ihre Legitimität auf das Jetztzeitige, Neue und Aktuelle und ließen damit die Moderne der Zeit um 1900 – die nicht anders verfahren war – historisch werden. In Schieles Manifest zur ersten Ausstellung dieser Gruppe ist von der ›gegenwärtigen Zeit‹, von den ›in dieser Zeit‹ berufenen Künstlern, von ›Neukünstlern‹ die Rede, die »ohne all das Vergangene und Hergebrachte zu benützen ganz allein den Grund bauen können«. Es ist also wieder von der Erneuerung der Kunst, von einer ›Naissance‹ die Rede, die die Abgrenzung von der Secession als ›Vormoderne‹ implizit bereits miteinschließt. Die Radikalisierung des Anspruchs auf autonomes Kunstschaffen war nicht mehr mit der lebensreformerischen Ideologie der Secession vereinbar. »Alle Neukünstler aber schaffen eigentlich wieder nur ganz allein für sich selbst und bilden alles was sie wollen. Sie bilden, sie porträtieren alles.«[14]

Ein derartiger Kunstbegriff ist aber nicht nur mit dem der frühen Secession unvereinbar, er ist auch nicht vereinbar mit der Instrumentalisierung von Kunst im alltäglichen Lebenszusammenhang, als – wie Roller es nannte – ›brauchbare Schönheit‹. Die Position der Neukunstgruppe – wie sie in Schieles ›Manifest‹ sich äußert – steht vielleicht der avantgardistischen Negation der Institution Kunst innerhalb der bürgerlichen Gesellschaft durch Radikalisierung ihres Autonomieanspruchs näher als der Auffassung von Kunst als ›comfort‹, als das secessionistische »Anrecht der Kunst an allen Lebensäußerungen«[15].

Avantgardegruppen wie die Neukunstgruppe zersetzten endgültig den ohnehin schon in Auflösung begriffenen Identifikationsanspruch von Secession und Moderne. Während sich mit ihrem Auftreten eine sozusagen neue Moderne in die Rechte der alten zu setzen suchte, entwickelten sich gleichzeitig Tendenzen, die zwar nicht den Historismus des 19. Jahrhunderts aktualisierten, dafür aber traditionalistische Haltungen wieder salonfähig machten. Der Klassizismus eines Josef Hoffmann beispielsweise, neobarocke Strömungen, die ›Heimatkunst‹ oder eine Biedermeierrezeption, in der nun nicht mehr allein ästhetische Askese das zentrale Motiv der Rezeption bildete, sondern auch das ›Bodenständige‹, das ›Österreichische‹, bestritten der in Auflösung begriffenen Secession ihren Alleinvertretungsanspruch. In dieser Situation tatsächlicher oder auch nur scheinbar divergierender Tendenzen bildeten nun die Kunstgewerbeschule und das Kunstgewerbemuseum einen stabilisierenden Faktor, einen die zentrifugalen Kräfte an die Kontinuität der Institutionen bindenden Rückhalt.

Bezeichnend dafür ist die ab 1909 wieder mögliche gemeinsame Ausstellungspolitik von Museum und Schule.

An ihr wird deutlich, welche Zäsur das Jahr 1909 mit seinem doppelten Direktoratswechsel bedeutete – vor allem, was die Kooperation von Schule und Museum betraf. Die Konfrontation von Scala und Myrbach wich nun der engen Zusammenarbeit von Leisching und Roller. Auf der Basis dieses offenbar auch persönlich guten Verhältnisses entwickelten sich nun beide Institutionen zu stabilisierenden Einrichtungen. Angesichts des Wandlungsprozesses der Moderne (Zerfall der Secession, Bildung neuer Künstlergruppen, Entstehung des Österreichischen Werkbunds usw.) erhielten die (schon auf Grund ihrer institutionell-organisatorischen Verfestigung) traditionsstiftenden Einrichtungen des Kunstgewerbemuseums und der Kunstgewerbeschule die paradoxe Funktion, durch alle künstlerischen und kunstpolitischen Veränderungen hindurch Kontinuität zu bewahren, ohne das innovative Potential der Moderne einem neuen Historismus zu opfern.

Die gemeinsam von Museum und Schule veranstalteten Ausstellungen wurden zum wichtigsten Medium der Selbstdarstellung der ›Wiener Moderne‹. Ihre einheitliche Konzeption durch Lehrer der Kunstgewerbeschule, wie Witzmann, Strnad oder Prutscher, allesamt Schüler Josef Hoffmanns, garantierte Fortleben und Weiterentwicklung des secessionistischen Anspruchs auf »Raumkunst«, in der sich Kunst und Kunstgewerbe entfalten konnten. Das Interieur, jene auch in den Statuten der Schule als Aufgabenstellung nachdrücklich festgehaltene ›Totalanordnung‹ der Räume, blieb das bestimmende ideologische und künstlerische Bezugsfeld der Kunstproduktion.

Auf enge Zusammenarbeit nicht nur zwischen Museum und Schule, sondern auch mit der Wiener Werkstätte, mit Fachschulen und verschiedenen Zweigen der Industrie wurde großer Wert gelegt. Das Museum und sein von Baumann geplanter, 1909 eröffneter Ausstellungsbau wurden nun erstmals (!) Schauplatz gemeinsamer Ausstellungen von Museum, Schule *und* Wiener Werkstätte, so bereits in der zur Jahreswende 1909/10 eröffneten Schau, an der sich unter anderem auch die Künstlervereinigung »Wiener Kunst im Hause«, k. k. Fachschulen und die Graphische Lehr- und Versuchsanstalt beteiligten.

Zur Jahreswende 1910/11 und 1911/12 folgten weitere Ausstellungen – wieder unter Einbeziehung der Wiener Werkstätte, im Juni 1912 eine »Frühjahrsausstellung« aus Anlaß der 5. Tagung des Deutschen Werkbunds,[16] eine umfassende Leistungsbilanz des österreichischen Kunstgewerbes, die wieder die Schule (zum Beispiel den von Čižek geleiteten Kurs für Jugendkunst) und die Wiener Werkstätte einbezog. Nicht zuletzt diese Ausstellung trug dazu bei, den Werkbundgedanken in secessionistische Tradition einzubinden, was sich beispielsweise im Festhalten an handwerklicher Produktion und am weitgehenden Desinteresse an industriellen Herstellungsverfahren manifestiert.

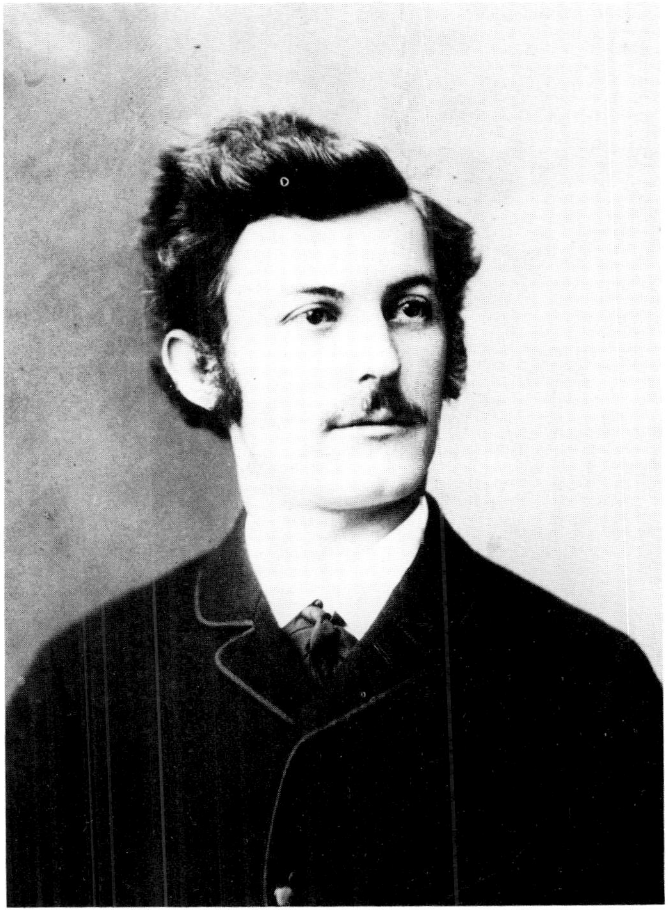

Eduard Leisching, Direktor des k. k. Österreichischen Museums für Kunst und Industrie

Auch an der Schule wurde die Kooperation forciert, und zwar zwischen den Klassen. Von schulinternen Wettbewerben angeregt, kam es so gelegentlich zu klassenübergreifenden Konzepten und zu ihrer praktischen Verwirklichung: So entwarf etwa Witzmann für die Ausstellung von 1911/12 die Rauminstallation, Löffler die Ausmalung und Larisch die Beschriftung.

Mitte 1913 folgte eine Ausstellung, die nun direkt der Zusammenarbeit von Museum, Schule und Industrie gewidmet war, die ›Tapeten-, Linkrusta- und Linoleum-Ausstellung‹, die der ». . . Anbahnung eines regeren Zusammenarbeitens zwischen Österreichs Künstlerschaft und der Tapetenindustrie, Veredelung der Produktion, Belebung und Rettung dessen, was von einer guten alten Industrie noch vorhanden ist« gewidmet sein sollte.[17]

Roller, dem diese Form der Kooperation mit der Industrie sehr willkommen war, saß im Ausstellungskomi-

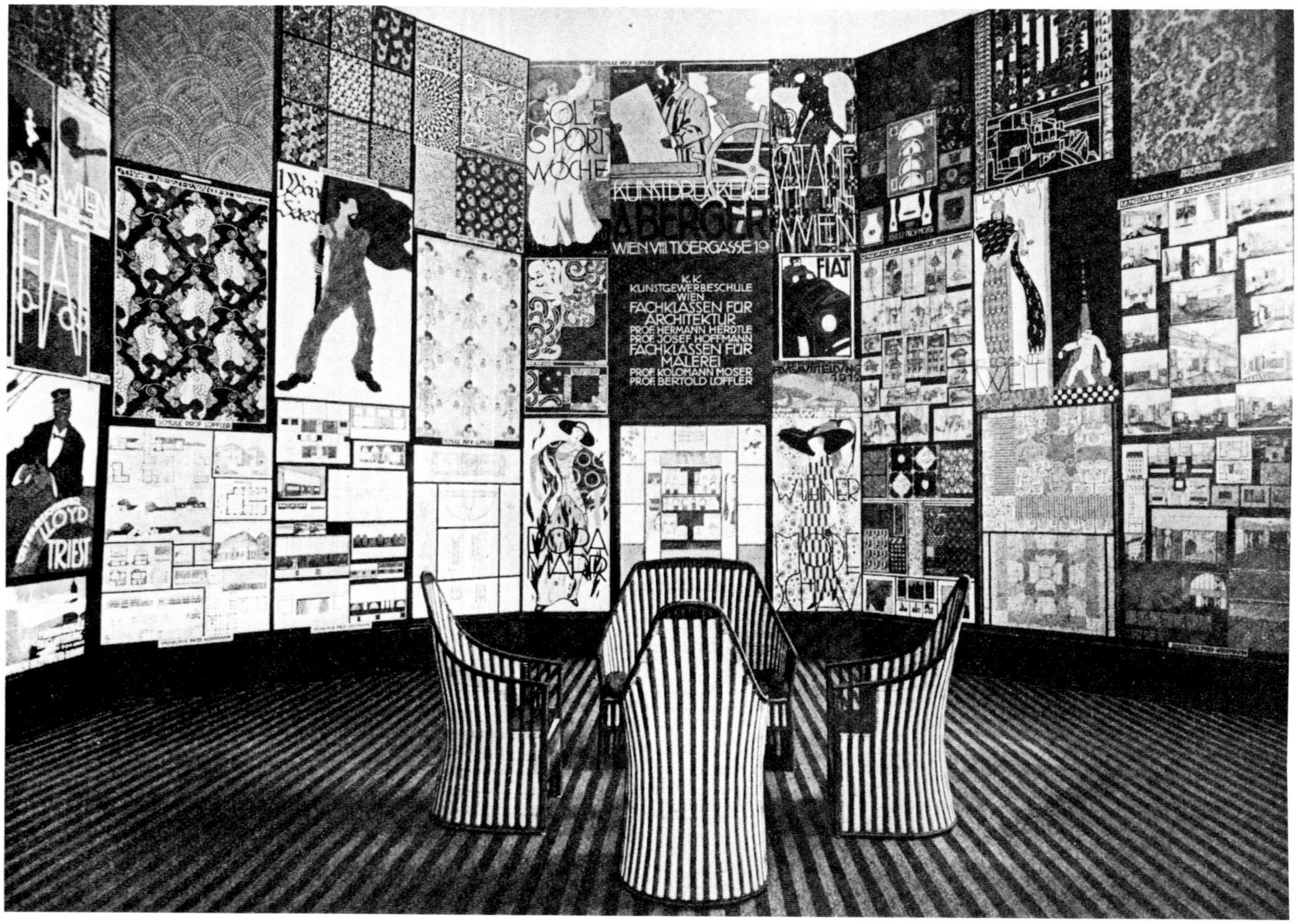

Frühjahrsausstellung österreichischer Kunstgewerbe und der Kunstgewerbeschule im k. k. Österreichischen Museum für Kunst und Industrie, 1912. Skizzen und Entwürfe der Schüler aus den Fachklassen H. Herdtle, J. Hoffmann, K. Moser und B. Löffler

tee, Witzmann trat als Ausstellungsgestalter auf, und die Schule war mit eigenen Entwürfen für die einschlägigen Industriezweige vertreten. Die letzte dieser gemeinsamen Ausstellungen vor dem Krieg fand zur Jahreswende 1913/14 statt.

Nicht zuletzt diese Ausstellungen stärkten die ›traditionalistische‹ Funktion der Institutionen, das heißt die unterschiedlichste Ansprüche, Konzepte und auch organisatorische Modelle verklammernde Kraft, die von Museum und Schule ausging. Wenn man mit Recht darauf hingewiesen hat, daß die Werkbundbewegung in Österreich stark in secessionistische Traditionen eingebunden wurde – zum Beispiel was das Festhalten an handwerklicher Arbeit und die fehlende Auseinandersetzung mit maschineller, industrieller Produktion betraf,[18] so lag dies sicher nicht zuletzt an der engen Verflechtung der verschiedenen Einrichtungen, wie sie unter anderem durch die Ausstellungspolitik geleistet wurde, und an der ebenso engen personellen Verflechtung.

Die wichtigste dieser Verflechtungen war wohl die der Schule mit der 1903 gegründeten Wiener Werkstätte. Während an der Schule, wegen Raummangels und wegen fehlender organisatorisch-administrativer Voraussetzungen (die der Schule weitgehend die kommerzielle Verwertung der Produktion verwehrten), die Idee des Werkstattunterrichts nur rudimentär verwirklicht werden konnte, bot die Gründung der Wiener Werkstätte durch Lehrer der Kunstgewerbeschule die Möglichkeit einer institutionell abgesicherten Vermittlung von Lehre, Praxis und Markt beziehungsweise Verwertung, die in ihrer Einzigartigkeit maßgeblich den europäischen Rang der kunstgewerblichen Produktion in Wien nach der Jahrhundertwende bestimmte.

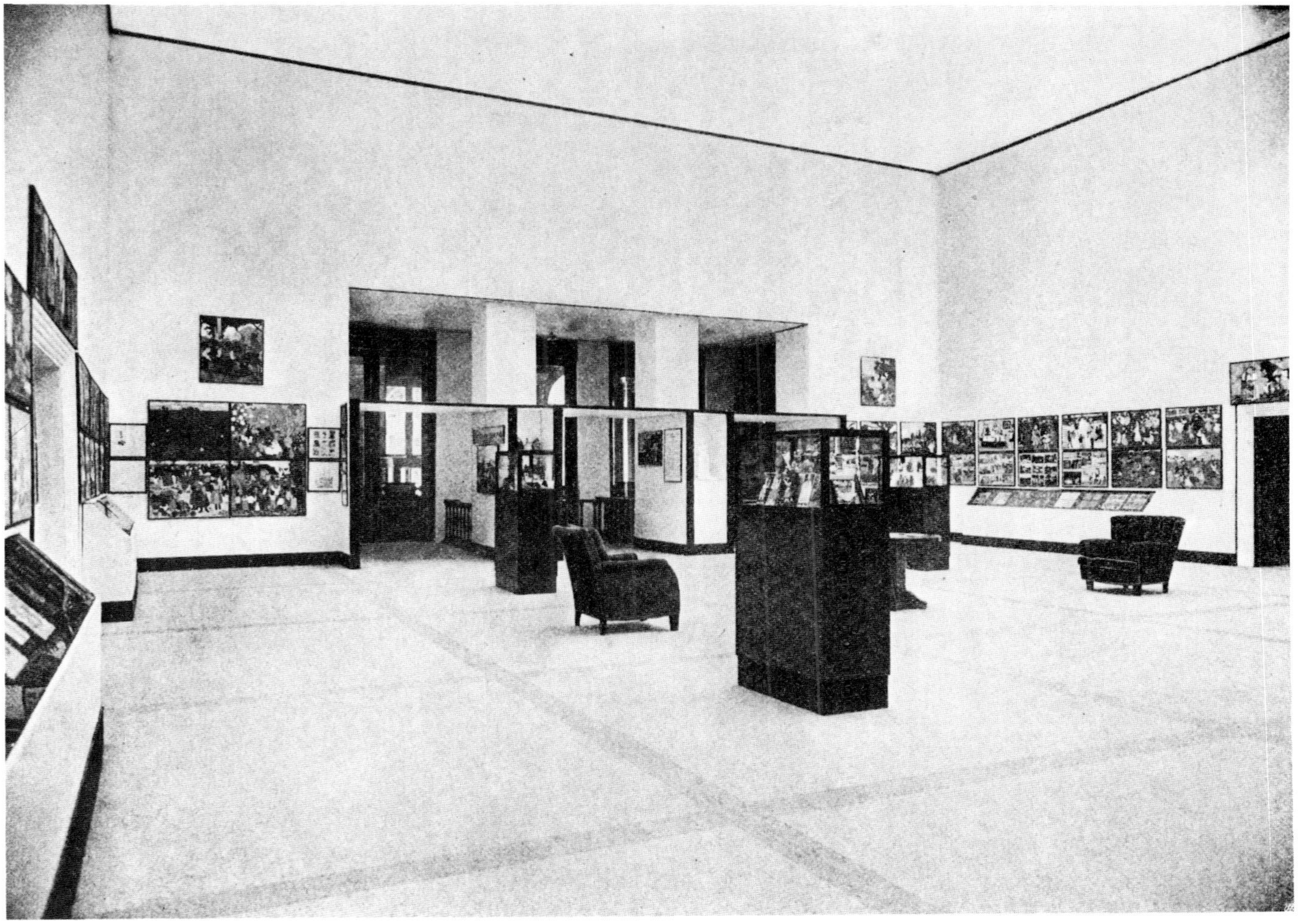

Frühjahrsausstellung österreichischer Kunstgewerbe und der Kunstgewerbeschule im k. k. Österreichischen Museum für Kunst und Industrie, 1912. Arbeiten aus dem von F. Čižek geleiteten Sonderkurs für Jugendkunst der Kunstgewerbeschule

In der Programmatik der Wiener Werkstätte, wie sie in der Eintragung im Handelsregister knapp formuliert wurde, wird die Kooperation von Schule und Werkstätte, von Ausbildung, Produktion und Verwertung schon ganz selbstverständlich als Einheit gesehen. Der Zweck der Werkstätte lag demnach in der »Förderung der wirtschaftlichen Interessen ihrer Mitglieder durch Schulung und Heranbildung derselben für das Kunstgewerbe durch Anfertigung von Gegenständen aller Gattungen des Kunsthandwerkes nach künstlerischen von Genossenschaftsmitgliedern hergestellten Entwürfen, durch die Errichtung von Werkstätten und durch den Verkauf der erzeugten Waren.«[19]

Als erstes wurde eine Metall- und Silberwerkstatt eingerichtet, dann Werkräume für edle und unedle Metalle, für Buchbinder- und Lederarbeiten, schließlich eine Tischlerei und eine Lackiererei, ein Baubüro, eine Keramikwerkstätte, eine Modeabteilung und ein Verlag.

Während also die Werkstätte von der schulischen Ausbildung profitierte, bot sie die an der Schule selbst nicht zu verwirklichende Möglichkeit zur praxisgerechten Produktion – viele Schüler arbeiteten in der Wiener Werkstätte – und zur Verwertung auf dem freien Markt. Erst unter diesen Voraussetzungen war das Ideal des umfassend ausgebildeten Entwerfers, der, selbst handwerklich geschult, eine Vielzahl von Aufgaben bewältigen können sollte, anzupeilen, und erst unter denselben Voraussetzungen war an die Realisierung von Gattungsgrenzen übersteigenden und zugleich lebenspraktisch wirksamen, ›gesamtkunstwerkhaften‹ Konzepten – für deren Verwirklichung paradigmatisch das Palais Stoclet steht – zu denken.

Die Idee einer im Zusammenwirken aller Kunstgattun-

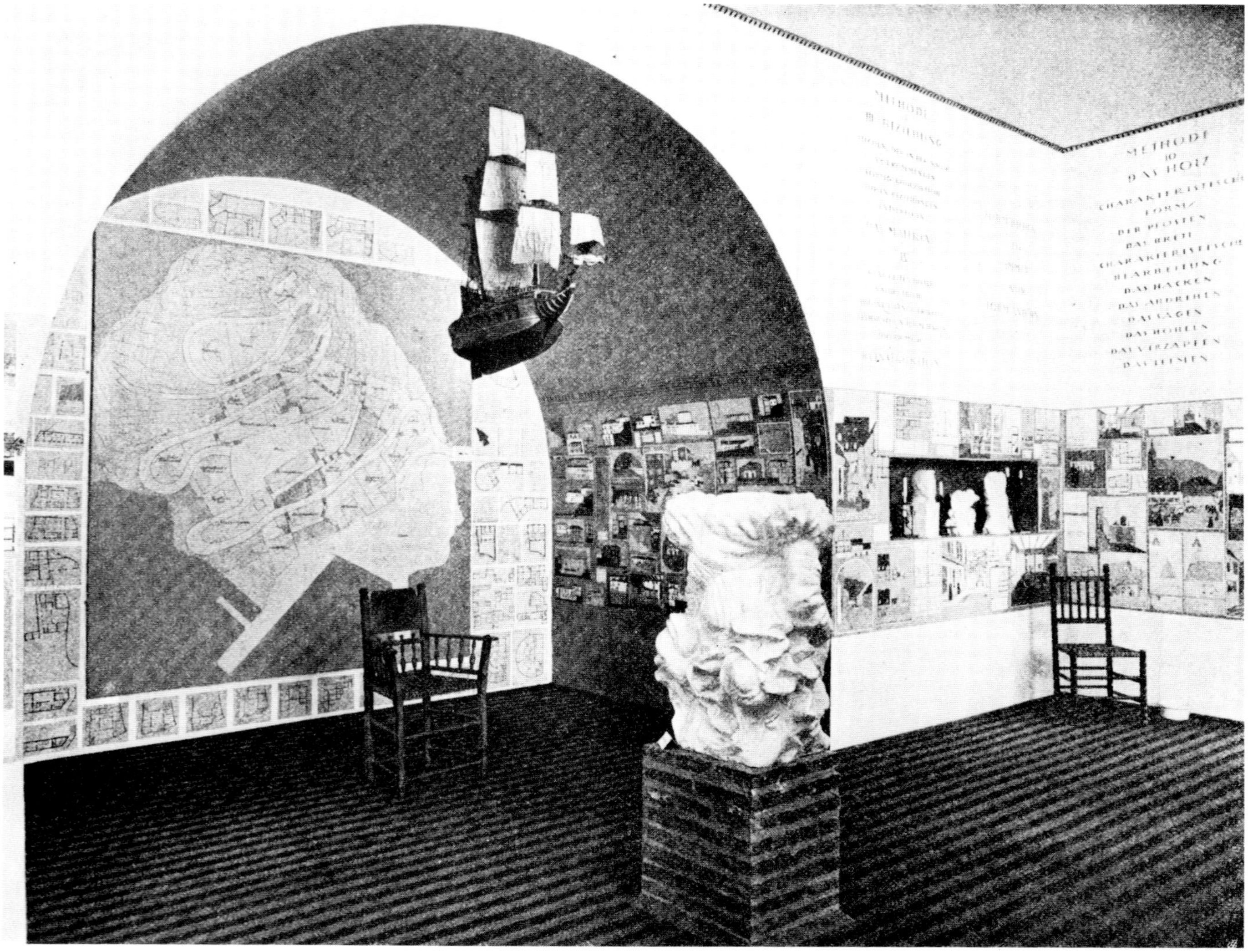

Frühjahrsausstellung 1912. Arbeiten des ersten Jahrganges der von O. Strnad geleiteten Allgemeinen Abteilung

gen ›einheitlichen‹ Formgebung (wie sie in der Ausbildung in der Zusammenarbeit unterschiedlichster Klassen vorbereitet wurde) ließ die Wiener Werkstätte zu einer »kollektive(n) Künstlerindividualität«[20] werden, deren Bemühen sich in erster Linie auf die private Lebenswelt, auf den ›Comfort‹, auf die ethischen und ästhetischen Wertvorstellungen des begüterten Bürgertums bezogen. Die Forcierung eines exklusiven Kunstgewerbes für »das reiche intellektuelle Bürgertum«[21], das als Adressat künstlerischer Zielvorstellungen und als Käuferkreis bevorzugt wurde, stellt einen der Widersprüche der kunstgewerblichen Moderne in Wien dar, denn dies bedeutete die Vernachlässigung der sozialen Implikationen der Produktion ebenso wie die Verdrängung all jener Fragen, die die industrielle Massenproduktion inzwischen aufgeworfen hatte.

Das Festhalten an den Tugenden handwerklicher Herstellungsverfahren stellte, wie schon gesagt, ein Moment der Kontinuität bis zur spezifisch österreichischen Form des Werkbundgedankens dar; ein anderes Element der Kontinuität scheint die seit der offiziellen Förderung der Secession denkbare Instrumentalisierung der Kunst im Dienste der ›Staatsidee‹, der Entwurf einer soziale, nationale und ökonomische Spannungen versöhnenden Kultur gewesen zu sein. Denn es bestand ja nicht nur eine enge personelle Verflechtung der beiden kunstgewerblichen Staatsinstitute mit der Wiener Werkstätte und dann zusätzlich mit dem Werkbund (Josef Hoffmann, Franz Čižek, Kolo Moser, Michael Powolny, Otto Prutscher oder Franz Barwig mögen als Beispiele genügen), sondern ein Ineinanderwirken von staatlichen Imperativen und Kunstinstituten: der

Anstoß zur Abhaltung einer Jahrestagung des Deutschen Werkbunds in Wien (und damit indirekt der Gründung eines Österreichischen Werkbunds) kam vom Ministerium für öffentliche Arbeiten (dem Kunstgewerbeschule und -museum unterstanden). Dasselbe Ministerium war auch im Vorstand des am 10. Dezember 1912 gegründeten Österreichischen Werkbunds (30. April 1913 konstituierende Generalversammlung) vertreten – zusammen unter anderen mit der Wiener Kunstgewerbeschule, dem Kunstgewerbemuseum, dem Wiener Gewerbeförderungsamt und verschiedenen Gewerbekammern.[22]

So kann, was James Shedel zur Charakterisierung der Secession geschrieben hat, mit geringfügigen Einschränkungen noch für die kunstpolitische Situation der Jahre vor dem Ersten Weltkrieg gelten: »Der Charakter der Bewegung, durch Mitglieder geprägt, die verschiedenen Nationalitäten angehörten, und der Glaube an das Gesamtkunstwerk als eine transzendente Kraft für die Gemeinschaft, das waren Eigenschaften, die die Staatsidee selbst ehrten. Wie die Monarchie war die Kunst eine Kraft, die aus der Pluralität eine Einheit schaffen und die Harmonie und Ordnung absegnen konnte. Sie lehnte den Historismus, aber nicht die Vergangenheit als solche ab. Ihre Betonung der ursprünglichen Inspiration war eher die Bemühung, zu den Grundprinzipien zurückzukehren. Die Vergangenheit bot wertvolle Lehren, aber nicht Modelle, an die man sich sklavisch zu halten hatte.«[23]

Unter diesen Aspekten konnte die secessionistisch vorgeprägte Idee, dem ›Volkswesen‹ eine ›neue Form‹ (Bahr)[24] zu geben, in der sich dramatisch zuspitzenden politischen Krise aktuell gehalten werden. Was aus der Konkursmasse liberalistischer Kunstdoktrin zu retten war, öffnete sich nun, unter dem Druck der gesellschaftlichen Krise, für konservative, völkische, nationale Ideologien und daraus abgeleitete ästhetische Maximen (beispielsweise in der ›Heimatkunst‹). Es etablierte sich eine »›Staatskunst‹, welche die de facto unvereinbaren Prinzipien der ständischen Ordnung und der liberalistischen Konkurrenz vermitteln und im verbindlichen neuen Stil zum sinnlichen Zeichen der völkischen Einheit steigern sollte.«[25] An dem Nebeneinander von progressiven und konservativen bis reaktionären Tendenzen in der Kunstentwicklung, die sich in den Kontinuität sichernden, staatlich abgestützten Institutionen entfaltete, ist nicht nur die partielle Nähe zu fragwürdigen politischen Doktrinen zu kritisieren, sondern prinzipiell die Verlagerung und damit Entschärfung gesellschaftlicher Konflikte durch den Versuch einer ›ästhetischen Lösung‹ beziehungsweise Harmonisierung.

Für die dadurch entstehende eigentümliche Spannung von Diskontinuität (unterschiedlichste ästhetische Äußerungsformen) und Kontinuität (institutionell abgesicherte Annäherung von Kunst und Staatsidee im Sinne Shedels) steht wohl keine künstlerische Biographie beispielhafter ein als die Josef Hoffmanns.

Wenn die Interpretationen dieser Biographie inzwischen diametral auseinanderweisen (die Zurechnungen reichen inzwischen vom Vorwurf des Präfaschismus bis zur Antizipation postmodernen Widerstands gegen den Funktionalismus), so verweist das darauf, daß Hoffmann, der ja auch die Personalunion der Institutionen verkörperte (als bedeutendes Mitglied der Schule, als Mitbegründer der Wiener Werkstätte und als Gründungsmitglied des Werkbunds), wie kein anderer das Spannungsverhältnis von Tradition und Moderne in seinem Werk zur Sprache gebracht hat.

Die eigentümliche, durch die Integrationskraft der Institutionen verklammerte Koexistenz von avantgardistischen und traditionalistischen Strömungen, von liberaler und nationalistischer Kunstpolitik, läßt auch verstehen, warum die Idee einer Kunst im Dienste der Staatsidee weit in den Ersten Weltkrieg hineinreichen und unter militant-nationalen Vorzeichen noch einmal besondere Autorität entwickeln konnte.

Doch ehe davon, am Ende dieses Kapitels, kurz die Rede sein soll, möchten wir in unserer Darstellung wieder zur Schulgeschichte im engeren Sinn zurückkehren.

Als Roller – wie gesagt zunächst nur provisorisch – mit der Leitung der Schule betraut wurde, waren noch immer die Statuten von 1888 in Kraft. Es gehörte also zu seinen ersten Maßnahmen, sich um zeitgemäße, die vollzogenen Reformschritte festschreibende statutarische Grundlagen der Tätigkeit der Schule zu bemühen. Noch in einer Eingabe von 1910 mußte Roller darauf verweisen, daß die Arbeit der Schule nur auf Grund der »anempfohlenen Grundzüge« der Kuratoriumssitzungen vom 12. Dezember 1899 und 15. Jänner 1900 vollzogen werde und daß man sich immer noch auf die gewährte ›Übergangsfrist‹ (die seinerzeit Hartel Myrbach eingeräumt hatte) berufen müsse.[26] Weshalb bis dahin keine Neufassung der Statuten zustandegekommen war, ist nicht auszumachen. Möglicherweise lag es an der Kürze der Amtszeiten von Myrbach und Beyer und auch an der unter diesen Umständen gestärkten

Stellung der Bürokratie. Jedenfalls verlangte auch Roller in seiner Eingabe nicht mehr als die Anpassung der Bestimmungen an die praktisch schon vollzogenen Veränderungen und an die »im Laufe der Zeit herausgebildeten Prinzipien«[27].
Am Titel der Schule als »Kunstgewerbeschule des k. k. österreichischen Museums für Kunst und Industrie« wurde trotz der weiter aufrechten administrativen Trennung beider Institutionen mit Bedacht festgehalten, weil er »ihren räumlichen Zusammenhang mit dem österreichischen Museum zum Ausdrucke bringt«[28]. Die Heranbildung von Lehrern wurde als Aufgabe der Schule fallengelassen und der Paragraph 1, die Formulierung der allgemeinen Schulziele, umformuliert. Hatte es bis dahin geheißen, die Aufgabe der Schule bestehe in der »Erziehung kunstgebildeter Kräfte für die Bedürfnisse der Kunstgewerbe«, so sollte es nun heißen, die Schule »hat die Aufgabe, selbständig schaffende Kunsthandwerker für die wechselnden Bedürfnisse des Lebens zu erziehen«. In den wenigen, unscheinbaren Wendungen kommt freilich der programmatische Wechsel in der Orientierung der Schule zum Ausdruck. Nicht auf das Gewerbe und dessen spezifische Interessen und Verwertungsbedingungen soll die Ausbildung zugeschnitten sein, sondern – noch im Sinne des ›reformatorischen Pathos‹ der Secession – auf das ›Leben‹, wobei die nähere Bestimmung von den ›wechselnden Bedürfnissen‹ als Option auf die Vielfalt und Wandlungsfähigkeit kunstgewerblicher Produktion – und daher auch der Ausbildung – zu verstehen ist. Zwischen den Zeilen läßt sich das auch als Absage an den Historismus mit seiner Verpflichtung an die Tradition lesen, an deren Stelle nun die je gegenwärtigen gesellschaftlichen Bedürfnisse treten sollen. Schließlich bedeutet die Ersetzung der Formulierung von den ›kunstgebildeten Kräften‹ durch die des ›selbständig schaffenden Kunsthandwerkers‹ seine Anerkennung als autonome Künstlerpersönlichkeit, wenngleich hier ausdrücklich nicht vom (autonomen) *Künstler*, sondern vom Kunst*handwerker* die Rede ist.
Das Statut hebt, und das ist neu, die Gleichberechtigung der künstlerischen und wissenschaftlichen Ausbildung hervor und nimmt, entgegen der Versicherung Rollers, es handle sich beim Statut um »keine wesentliche Neuerung«, in völliger Neufassung der entsprechenden Passagen die verschiedenen Kurse, Zusatzvorlesungen, Sonderveranstaltungen und anderes mehr in die Gliederung der Schule und des Unterrichts auf. Sie werden damit aufgewertet und integriert. Insgesamt war an eine vierteilige Gliederung des Instituts gedacht: die allgemeine Abteilung, die Spezialschulen, die Sonderkurse und ›besondere Institutionen‹.
Gravierend sollte die Reform der allgemeinen Abteilung ausfallen. Unter Einführung neuer Fächer wurde sie von zwei-auf dreijährige Dauer ausgedehnt. War bei Gründung der Schule diese Abteilung als eine überleitende Ausbildung minder vorgebildeter Schüler gedacht, so ist die allgemeine Abteilung nun eine umfassende und grundlegende künstlerische Ausbildung geworden, in der die elementaren Voraussetzungen jedweder späteren kunstgewerblichen Betätigung, wie das Studium der Natur, des Akts, des Ornaments, der (historischen) Formen vermittelt werden sollten. Alles, was schon Myrbach gefordert und zum Teil auch hatte umsetzen können, wird hier formuliert: Vertrautwerden mit den unterschiedlichsten Materialien, mit unterschiedlichsten Zwecken und Formgelegenheiten, enge Verzahnung von praktischem und theoretischem Unterricht, Lernen an der konkreten Aufgabe mit der wissenschaftlichen Unterstützung zum Beispiel des chemischen Laboratoriums oder anderer Sondereinrichtungen, die Förderung der »selbständigen künstlerischen Erfindertätigkeit der Zöglinge« an der Schule selbst – zum Beispiel in den Werkstätten. Neu ist die Systematik, mit der diese Unterrichtsprinzipien statutarisch bestimmt werden. Der Paragraph 4 hält fest: »Die allgemeine Abteilung der Kunstgewerbeschule hat die Aufgabe, ihren Schülern jenen Grad von grundlegender künstlerischer Vorbildung und die Kenntnisse jener Hilfsfächer zu vermitteln, die sie befähigen, sich nach Absolvierung dieser Abteilung mit Erfolg in kunsthandwerklichen und kunstindustriellen Betrieben zu betätigen. Auch können Schüler der allgemeinen Abteilung die Aufnahme als ordentliche Schüler in eine der Spezialschulen anstreben, um dort eine höhere künstlerische Ausbildung zu erlangen.« Im Zentrum des Unterrichtes des ersten Jahres stand die ›ornamentale Komposition‹, »d. i. (die) Einführung in die Grundlagen des ornamentalen Schaffens, mit steter Rücksichtnahme auf Zweck, Material und Technik«. An Hilfsfächern kamen hinzu: Schrift und Heraldik, Projektionslehre, Schattenlehre und Perspektive, Geschäftsaufsatz, kaufmännisches Rechnen und Buchführung. Im zweiten Jahrgang lag der Schwerpunkt auf dem Studium der Natur. »Die Form und Farbe des Naturobjekts wird hier mit den Mitteln des Zeichnens, der Malerei und Plastik studiert.« Dazu kamen: Formenlehre, und zwar historische Formenlehre in Ergänzung und Fortführung der

allgemeinen Formenlehre des ersten Jahrgangs und Ergänzungsfächer wie Chemie, Stillehre (»Vorträge, Demonstrationen und zeichnerische Studien über den profanen und kirchlichen Hausrat, seine Charakteristik, seinen Aufbau und seine Formengebung und die Umwandlungsphasen derselben in den einzelnen Stilepochen mit Berücksichtigung des Materials«) und Bürgerkunde. Der Hauptgegenstand des dritten Jahrgangs war das Studium der menschlichen Figur »mit den Mitteln des Zeichnens, der Malerei und der Plastik«. Dazu kamen Anatomie und anatomisches Zeichnen (»Dieser Gegenstand wird nicht bloß wissenschaftlich betrieben, sondern die Schüler lernen durch zeichnerische und plastische Studien die schematische Form des menschlichen Körpers völlig beherrschen.«), Kunstgeschichte (»Der Unterricht hat mit Vermeidung aller überflüssiger Daten einen Ueberblick über die organische Entwicklung der Kunst mit besonderer Berücksichtigung der Kulturgeschichte und deren sozialer und nationaler Grundlage zu bieten.«) sowie das Aktstudium (das Studium der Form und der Bewegungsmöglichkeiten des menschlichen Körpers).

Auf die allgemeine Abteilung bauten die sogenannten Spezialschulen auf. »Die Spezialschulen«, so heißt es im Paragraphen 5 der Statuten, »pflegen die selbständige künstlerische Schaffenstätigkeit und zwar die Spezialschulen für Architektur auf dem Gebiete des gesamten Mobiliars und der Geräte aus Holz, Metall, Stein und Ton usw., der textilen Gebilde, sowie der Totalanordnung profaner und kirchlicher Innenräume und, soweit erforderlich, auch der Außengestalt der verschiedenen Baugebilde.« Das Interieur in allen seinen Teilaspekten, allerdings noch unter der Maxime der ›Totalität‹, der dem einzelnen übergeordneten Einheit, bleibt also Hauptaufgabe der Architekturlehre. »Die Spezialschulen für Malerei pflegen das dekorative Zeichnen und Malen zur Ausschmückung von Innenräumen und Fassaden, das Gesamtgebiet der Buchausstattung und Illustration, den Textilentwurf und alle anderen Gebiete gewerblicher Zeichnung und Malerei und treiben fortgesetzt das Naturstudium, sowie alle Techniken des Zeichnens, des Malens und der künstlerischen Graphik.«

»Die Spezialschulen für Plastik pflegen bei fortgesetztem Naturstudium und unter Anwendung aller im Schulbetriebe zulässigen Materialtechniken die dekorative Plastik in Beziehung auf deren Anwendung auf die verschiedenen Zweige der Kunstgewerbe und der Architektur.«

Der dritte große Bereich in der Ausbildungssystematik waren die »Sonderkurse«, nämlich jene für Metallplastik, Holzbildhauerei, Steinbildhauerei, Emailarbeiten, Keramik, Textilarbeiten. Bei allen diesen Kursen wurde Gewicht auf die »selbständige künstlerische Erfindertätigkeit der Zöglinge gelegt«. Dazu kamen dann noch wissenschaftliche Lehrveranstaltungen, zum Beispiel ein chemisch-technischer Sonderkurs, ein Sonderkurs für Produzenten- und Konsumentenerziehung, der Kurs für Jugendkunst, die offenen Aktzeichensäle und der offene Entwurfszeichensaal, der ja nicht in erster Linie für die Schüler, sondern für das »konsumierende Publikum« bestimmt war.

Die Revision der Statuten wurde (mit Ausnahme von Professor Schwartz, der sich gegen die Umwandlung seines »Specialateliers für Metallplastik« in einen Sonderkurs wandte) von allen Lehrkräften der Schule unterstützt. Roller betonte in seinen Erläuterungen zur Revision der Statuten, daß die Funktion des Kuratoriums unangetastet bleiben sollte und daß am engen räumlichen Zusammenhang von Schule und Museum unbedingt festzuhalten sei.

In dem auf der Grundlage des neuen Statuts entworfenen Lehrplan[29] fand eine Angleichung an die neuen Bestimmungen statt, die sich vor allem in terminologischen Änderungen niederschlug. Als Sonderkurs wurde von nun ab all das bezeichnet, was unabhängig von der Zugehörigkeit zu einer bestimmten Abteilung an Lehrangebot existierte, sowie der Kurs für Jugendkunst. Die bestimmten Schulen zugeordneten Sonderkurse beziehungsweise ehemaligen ›Ateliers‹ wurden nun definitiv mit der Bezeichnung ›Werkstatt‹ geführt. Čižeks ›ornamentales Zeichnen und Komponieren‹ wurde ab nun als ›ornamentale Formenlehre‹ geführt, die ›Stillehre‹ als ›Stilgeschichte‹, und die ›Kunstgeschichte‹ auf eine allgemeinere ›Kultur- und Kunstgeschichte‹ erweitert.

Die eben erwähnten ›offenen Zeichensäle‹ waren eine Neueinführung Rollers.[30] Sie wurden im Herbst 1909 erstmals installiert. Diese Zeichensäle waren jedermann zugänglich und zwar nach Lösung einer Eintrittskarte (1 Krone für eine Woche). Nicht nur im Beruf stehende Gewerbetreibende, sondern jedermann, der sich in Zusammenhang mit seinem Beruf, Studium oder privaten Interessen fortbilden wollte, sollte Zugang zu diesen Zeichensälen haben. Zunächst existierte ein offener Aktzeichensaal für Männer, ab 1910 auch einer für Frauen, schließlich einer für Gewerbetreibende und einer für Flachornamentik, deren Leiter (in der Reihenfolge der Aufzählung) Kenner und Mallina, Löffler und Mallina, Prutscher und Witzmann beziehungsweise Čižek und dessen Assistent Scharfen waren. Gewerbetreibende, Architekten, kunstgewerbliche Berufe, Beamte, Studenten und Lehrer waren die wichtigsten Frequentantengruppen, bei den Frauen Malerinnen, Bildhauerinnen und Modezeichnerinnen. An einen systematischen Unterricht dachte man dabei nicht, es gab keinen Lehrplan und keine Zeugnisse. Von den Schülern selbst ›mitgebrachte‹ Probleme sollten in den Zeichensälen behandelt werden, was größte Anforderungen an ihre Lehrer stellte.

Die Ausweitung der Ausbildung auf eine Erziehung des Konsumenten, auf eine in jenen Jahren diskutierte allgemeine ›Schulung des Geschmacks‹, die Roller gerne gesehen hätte, war wegen der beengten Raumverhältnisse nicht zu realisieren. Im Oktober 1911 wurde von Roller der Antrag gestellt, einen Kurs im Rahmen der offenen Zeichensäle einzurichten, der unter der Leitung von Larisch, Kenntnisse und Fertigkeiten für Angehörige des Schriftgewerbes vermitteln sollte. Larisch entwarf dafür ein Programm, aus dem hervorgeht, daß er sich nicht nur an die Produzenten, sondern auch an den »Kunst Aufnehmenden« wenden wollte.[31]

Diese Entwurfszeichensäle traten an die Stelle der überholten Meister- und Gehilfenkurse, die das gesteckte Ziel, die Besucher dieser Kurse zum selbständigen Entwerfen praktisch umsetzbarer Konzepte zu erziehen, nicht erreicht hatten. Der Aktzeichensaal für Frauen wurde übrigens von Roller ausdrücklich als eine ansonsten fehlende Gelegenheit zur Berufsbildung von Frauen angesehen.[32]

Die Frequenz dieser Zeichensäle lag erwartungsgemäß höher als die der vorangegangenen Meister- und Gehilfenkurse. Nach den ersten Erfahrungen wurde die Beibehaltung der Aktzeichensäle und des Saals für die Gewerbetreibenden, den Prutscher und Witzmann leiteten, empfohlen, hingegen die Einstellung der beiden anderen gefordert. »Der offene Zeichensaal für Flachornamentik . . . wird vielfach mißbraucht, indem es den Besuchern oft mehr um die Gewinnung einiger neuzeitlicher Flachornamente, die sie dann verständnislos verwerten, zu tun ist, als um ernstes Studium.«[33]

Larisch ersuchte selbst um Unterbrechung des von ihm geleiteten Kurses, um Fragen zu klären, die im Für- und Widerspruch der betroffenen Genossenschaft aufgetaucht waren. Der freiwerdende Platz sollte dem Jugendkunstkurs, »der entschieden wichtiger ist« (als der für Flachornamentik), zugute kommen.

Roller führte die von Myrbach forcierte Wettbewerbstätigkeit innerhalb der Schule fort. Sie diente einerseits als Ansporn zu einer praxisgerechten Tätigkeit der Schüler und andrerseits der Kooperation der unterschiedlichsten Zweige der Kunstgewerbe. Schließlich wurde dadurch auch der Kontakt zur Industrie hergestellt. So zählt beispielsweise der Schulbericht von 1910/11 nicht weniger als sechsundzwanzig Wettbewerbe auf,[34] der von 1911/12 zwanzig, unter anderem für Hotels, die Parfumeriewarenherstellung, die FIAT-Werke, die Rheinische Aktiengesellschaft, für Papierfabriken und für den Weingroßhandel.[35]

Die Abhaltung von Wettbewerben, die Veranstaltung von Ausstellungen, auf denen Werke auch zum Verkauf angeboten wurde, führte allerdings auch zu Protesten der Gewerbetreibenden; so kam es 1913 zu einem Streitfall, der einige Rückschlüsse auf die Praxis der Wettbewerbe zuläßt.[36]

Die Ursache für die Beschwerde lag dabei gar nicht so sehr bei der Schule, sondern in einer Krise der Wiener Bildhauerschaft, die Roller anläßlich von Beschwerden ihrer Interessenvertretung in scharfem, wenig verbindlichem Ton kritisierte. Der aus Konkurrenzangst entsprungenen Beschwerde beim Ministerium entgegnete er mit einer Analyse der Situation der Bildhauerei. Mit dem Rückgang der monumentalen Bautätigkeit sei zwangsläufig ein Rückschritt in der Bildhauerkunst und auch in der Ausbildung eingetreten, zumal bei der des ›akademischen Bildhauers‹. Dieser sei nun einmal nicht imstande, in Gips oder frei in Stein zu arbeiten oder nach Modellskizzen, weil ihm »die gesunde handwerkliche Grundlage ebenso, wie Persönlichkeit und Geschmack« fehle. Dies und das Festhalten am Naturalismus mache ihre Produktion für eine moderne, großstädtische Bauplastik unbrauchbar und unerschwinglich teuer. Kurzum, Roller wirft den Bildhauern vor, unfähig zur Anpassung an sich verändernde künstlerische Produktionsbedingungen zu sein und dementsprechend auch an überholten Ausbildungsmustern festzuhalten. Die Kunstgewerbeschule hingegen habe die Verpflichtung, ihre Tätigkeit in den Dienst des Gewerbes zu stellen. Dazu dienten unter anderem die Schülerwettbewerbe als ein »unentbehrliches Mittel der Schülererziehung«. Denn sie machten mit den wechselnden Anforderungen der Praxis vertraut. Sie »machen aus den Schülern brauchbare, lebensfähige Arbeitskräfte statt verkannte Genies und hungernde Eigenbrötler«. Roller billigt der kunstgewerblichen Ausbildung eine größere Flexibilität hinsichtlich der Entwicklung der

Kunstzweige zu, eine größere Anpassungsfähigkeit an den soziokulturellen Wandel.
Bei den umstrittenen Wettbewerben, deren Einnahmen voll den Schülern zugute kamen, jurierten die Professoren, nicht die Auftraggeber. Wenn diese mit einem prämiierten Entwurf nicht zufrieden waren, hatten sie das Recht, jeden anderen Entwurf des Wettbewerbs anzukaufen. Dadurch könne sich kein Nachteil für das Gewerbe ergeben – höchstens für die Professoren, die unter Umständen einen dieser ›prämiierten‹ Aufträge hätten erhalten können. Diese Prinzipien verbürgten »Einheitlichkeit in der künstlerischen Beeinflussung der Schülerschaft und Fernhaltung unsachlicher Rücksichtnahmen, die dem Ausschreiber oft naheliegen«, wie zum Beispiel Konzessionen an den Publikumsgeschmack.
Hier wird deutlich, daß ›praxisorientierte Ausbildung‹ nicht Anpassung an den Stand des Produktionswissens und der Produktionstechnik heißen konnte, wie er in einem bestimmten Gewerbezweig oder in einem bestimmten Bereich der industriellen Produktion eben vorhanden war, sondern die Erreichung des höchstmöglichen künstlerischen Entwicklungsstands einer bestimmten Kunst(gewerblichen)-Gattung, der seinerseits den Entwicklungsstand der gewerblich-industriellen Produktionspraxis bestimmen sollte. Wie das Negativbeispiel des Schicksals der akademisch-monumentalen Bildhauerei – so argumentiert Roller – zeige, müsse das Niveau der künstlerischen Produktivkraft avancierter sein, als es den ›realen‹ gesellschaftlichen Möglichkeiten eigentlich entspreche; Praxisorientierung hieß also nicht bloß Umsetzung vorgegebener Anforderungen, sondern Erhebung eines künstlerischen Anspruchs gegenüber der Praxis. Oder in den lapidaren Worten Rollers: »In Kunstdingen darf es keine Mittelstandspolitik geben, sonst gehen Kunst und Künstler zugleich zugrunde.«

Die Zusammenarbeit mit der Industrie und dem Gewerbe verlief aber, von den wenigen Ausnahmen einiger Einsprüche abgesehen, positiv. So wandte sich zum Beispiel 1909 die Genossenschaft der Posamentierer an die Schule. Dort hatte man überwiegend nach französischen Mustern gearbeitet. Da aber auf dem wichtigen amerikanischen Absatzmarkt das ›Wiener Genre‹ gesucht sei und da man um die Erfolge der ›Wiener Werkstätte‹ wisse, wende man sich an die Schule, um durch neue Formen der Kooperation zu geeigneten Entwürfen zu kommen, die es den Gewerbetreibenden ermöglichen sollten, auf dem Weltmarkt zu bestehen.
Von der Schuldirektion wurde ein spezielles Studium von Posamentierwaren im Textilkurs unter der Leitung von Frau Rothansl veranlaßt, der vom Gewerbe mit Bereitstellung von Anschauungsmaterial in der Schule (zum Beispiel Stühlen) und Exkursionen in Fabriksbetrieben zum Kennenlernen der Produktionstechniken unterstützt wurde. Diese Zusammenarbeit mündete in Ausstellungen, wie der ›Jagdausstellung‹ von 1910, für die die Genossenschaft Entwürfe bei Schülern im Wert von 525 Kronen bestellte. Außerdem wurden Schüler mit der dekorativen Gestaltung der Ausstellungsräumlichkeiten der Genossenschaft betraut. 1911 wurde eine Ausstellung von Textilien der Abteilung Rothansl unter anderem mit Arbeiten für die Genossenschaft bestritten, eine Ausstellung, in deren Mittelpunkt aber – und das ist bezeichnend für den Stellenwert der fortdauernden ›mäzenatischen‹ Auftragsvergabe – ein Pontifikal-Ornat stand, den das Stift Klosterneuburg in Auftrag gegeben hatte und der nach einem Konkurrenzentwurf des Moser-Schülers Anton Hofer ausgeführt worden war.[37]
Gelegentlich versuchte die Schule von sich aus, zu Aufträgen durch die Industrie zu kommen. Ein – kurioses – Beispiel dafür ist Alfred Rollers Eingabe an das Ministerium für öffentliche Arbeiten vom 22. Jänner 1910 mit seiner scharfen Kritik des »in Gebrauch stehenden Plakats der kaiser-königlichen österreichischen Tabakregie«. Roller verknüpft die harsche Kritik am Plakat mit Ausführungen zur allgemeinen Bedeutung des Plakats als Werbeträger und Kunstform und mit dem Hinweis auf die Leistungen der Kunstgewerbeschule auf diesem Gebiet, wo ein eigener ›Wiener Plakatstil‹ entwickelt worden sei. Auch in anderen Fällen habe die Kunstgewerbeschule erfolgreich mit Staatsstellen zusammengearbeitet. Roller nennt Kolo Mosers Briefmarkenentwürfe, welche »Oesterreich zu dem Ruhm verholfen haben, gegenwärtig die besten Briefmarken der Erde zu besitzen«[38]. Abschließend empfiehlt Roller auch andere Gestaltungsprobleme bei Produkten der Tabakregie (Emballagen, Zigarrenschleifen, Verpakkungen und so weiter) als ›würdige Aufgaben‹ der Kunstgewerbeschule. Nicht genug damit; Roller wandte sich zur Sicherheit auch noch an das der Tabakregie übergeordnete Finanzministerium und empfahl die Kunstgewerbeschule als eine Art Reichsgeschmacksbehörde: »Es geht nicht an, der Art, wie diese kleinen Aufgaben gelöst werden, keine Bedeutung zu-

zumessen; denn gerade diese täglich viel hunderttausend Male wiederholten kleinen Geschmackskundgebungen tragen in der großen Öffentlichkeit, besonders auch im Auslande, mehr zur Beurteilung des gesamten Geschmacksniveaus des Reiches bei, als einzelne große Taten.«

Die Direktion der Tabakregie reagierte eisig auf Rollers Vorschläge zur »Kulturarbeit der Staatsverwaltung« über die Gestaltung von Zigarettenpackungen. Die Plakate hätten ihren kaufmännischen Zweck erfüllt, an der Verbesserung der künstlerischen Gestaltung arbeite man, im übrigen würde man derzeit auf die »Mitwirkung der Wr. Kunstgewerbeschule und ihrer Absolventen vorläufig nicht reflektieren . . . können«[39].

Die gestiegenen qualitativen und ausgeweiteten quantitativen Anforderungen an die Lehre schlugen sich in einer Berufungspolitik nieder, die der weiteren Differenzierung des Unterrichts Rechnung trug. Auch unter Roller wurde die Praxis der Berufung von Schülern in alle Stufen der Hierarchie der Lehrenden – von der Hilfskraft und dem Assistenten bis zum Professor – fortgesetzt. Der – heute – wohl berühmteste derartige ›Fall‹ war die kurze Zeit von Kokoschkas Lehrtätigkeit.[40] Doch auch auf Professorenposten wurden – in Fortsetzung von Myrbachs Berufungspolitik – bedeutende Künstler berufen. So Oskar Strnad, der an der Technik bei Ferstel, Mayreder und König studiert hatte und mit Wirksamkeit vom 1. Oktober 1910 zum Professor (Allgemeine Formenlehre in der allgemeinen Abteilung) berufen wurde. Strnad übernahm später die Leitung des neuen Gegenstands »Historische Formenlehre« (im Ausmaß von 12 Wochenstunden), ein Kurs, der wöchentliche Exkursionen in Museen und kunstgewerbliche »Etablissements und Werkstätten« miteinschloß. Roller dazu im Jahresbericht 1910/11: »Der ganze Versuch lehrte, daß die Schüler dieser Stufe für einen intensiven Betrieb dieses Gegenstandes nicht genügende Reife und Erfahrung besitzen. Die Direktion wird daher für das kommende Schuljahr diesen höchst wichtigen Gegenstand als Sonderkurs für Fachklassenschüler halten lassen.«[41] Offensichtlich war das ein Bemühen, den bloß theoretischen Unterricht in (historischer) Stillehre zugunsten eines stärker durch die Praxis korrigierten Unterrichts zu verändern; so wurde Ginzels ›Stillehre‹ von sechs auf vier Stunden gekürzt. Dagegen wurde das von Heller geleitete anatomische Zeichnen und Modellieren von vier auf zehn Wochenstunden aufgewertet. Mallina, der ›Figurales Zeichnen und Malen‹ leitete, was als Übergangslösung bis zur Einrichtung der Dreistufigkeit der allgemeinen Abteilung gedacht war, übernahm bei Errichtung aller dreier Jahrgänge dieses Grundunterrichts eine Lehrtätigkeit in den offenen Aktzeichensälen. Die Errichtung des 2. Jahrgangs der allgemeinen Abteilung wurde durch die Berufung von Adolf Michael Böhm zum Professor ermöglicht. Der am 25. Februar 1861 geborene Böhm hatte an der Akademie der bildenden Künste studiert und war von 1900 bis zu seiner Berufung, 1910, Lehrer an der Kunstschule für Frauen und Mädchen in Wien gewesen.[42]

Während neue Unterrichtseinheiten hinzukamen und die Schule mit den schon genannten offenen Zeichensälen erweitert wurde, wurden gelegentlich Einrichtungen auch abgestoßen, so der Gobelinwebkurs, den man an die k. k. Zentrallehranstalt für Frauengewerbe transferierte.[43]

Breitner und Strasser, die 1909/10 noch an der Vorbereitungsschule Bildhauerei unterrichteten, waren ab dem nächsten Schuljahr nur mehr in den Fachklassen tätig. Die allgemeine Abteilung wurde insofern vereinheitlicht, als dort Strnad, Böhm und Kenner gleichermaßen ihren Unterricht für Maler, Architekten und Bildhauer anboten.

Franz Barwig bekam eine Fachklasse für Kleinplastik und hielt Sonderkurse ab, wie den 1910 auf dem Baugrund hinter der Schule abgehaltenen zum Studium der Großtiere, vor allem von Pferd, Rind, Wild und Hund.[44] Barwig, am 19. April 1868 in Schönau in Mähren geboren, hatte an der Kunstgewerbeschule – mit einer Unterbrechung von drei Jahren – studiert und zwar im Spezialatelier von Klotz. Ab 1904 unterrichtete er an der k. k. Fachschule für Holzbearbeitung in Villach, 1906 wurde er dem k. k. Lehrmittelbüro in Wien zugeteilt und mit 1. Oktober 1910 zum Professor an der Kunstgewerbeschule bestellt.[45] Mit selbem Datum erfolgte die Berufung von Carl Witzmann. Witzmann, 1883 in Wien geboren, war als freier Architekt und als Lehrer an der genossenschaftlichen Fachschule für Tischler tätig gewesen. Möglicherweise wurde er wegen seiner Erfahrung als Ausstellungsgestalter berufen, als den man ihn auch sofort einsetzte. 1912/13 erfolgte mit der Berufung Eduard Wimmers zum künstlerischen Leiter des Textilkurses – Wimmer war zunächst Assistent bei Moser gewesen – der Schritt zur Erweiterung des Aufgabengebiets der Schule um den Modeunterricht. Wimmer, der bei Roller und Hoffmann studiert hatte, übernahm 1912 die selbständige künstlerische Leitung der Modeabteilung der Wiener Werkstätte.[46]

Einen Überblick über das Lehrangebot und dessen Systematik vermitteln die Stundenpläne. Um eine Vorstellung vom Umfang der Lehre und dem Personalstand unter dem Direktorat Roller zu geben, gebe ich im folgenden den Stundenplan des Schuljahrs 1911/12 auszugsweise wieder.[47]

Die Allgemeine Abteilung war in drei Jahrgänge gegliedert. Im ersten unterrichteten Strnad (Allgemeine Formenlehre, 15 Wochenstunden), Čižek (Ornamentale Formenlehre, 10 Wochenstunden) und Larisch (Schrift und Heraldik, 2 Wochenstunden). Im zweiten Jahrgang unterrichtete Böhm (Naturstudium, 25 Wochenstunden), im dritten Jahrgang Kenner (Aktstudium, 15 Wochenstunden) und Heller (Anatomisches Zeichnen und Modellieren, 10 Wochenstunden).

Der Unterricht in allen Fachklassen betrug 30 Wochenstunden und zwar montags bis freitags jeweils von 8 bis 12 und 14 bis 16 Uhr. Herdtle und Hoffmann unterrichteten Architektur, Breitner, Strasser und Barwig Bildhauerei und Moser und Löffler Malerei.

In den kunstgewerblichen Werkstätten galt die gleiche Zeiteinteilung wie in den Fachklassen. Der Stundenplan von 1911/12 nennt vier derartige Werkstätten: eine für Metallplastik, geleitet von Schwartz, eine für Emailarbeiten (Adele von Stark), eine für Keramik (Powolny) und eine für Textilarbeiten (Rosalia Rothansl).

An Hilfsfächern wurde angeboten: Aufsatzlehre, Rechnen und Buchführung (2 Wochenstunden), Bürgerkunde (2 Wochenstunden), Projektionslehre, Schattenlehre und Perspektive (Kajetan, 6 Wochenstunden), Gewerbliche Chemie (Adam), Stilgeschichte (Ginzel) und Kultur- und Kunstgeschichte (Leisching, 3 Wochenstunden).

Als Sonderkurse galten der Englisch- und Französischunterricht sowie das allgemeine Aktzeichnen (10 Wochenstunden), das von Kenner und Löffler geleitet wurde, sowie der Kurs für Jugendkunst von Čižek (4 Wochenstunden).

In diesem Schuljahr existierten vier offene Zeichensäle. Der von Prutscher und Witzmann geleitete Entwurfszeichensaal für Gewerbetreibende, der von Scharfen und Čižek geleitete Zeichensaal für Flachornamentik und die beiden – für Männer und Frauen getrennten – Aktzeichensäle, die von Kenner und Mallina beziehungsweise von Mallina allein geleitet wurden.

Die Bedeutung der Schule in der Zeit von 1899/1900 bis 1914 ist freilich aus der Darstellung ihrer ›inneren‹ Geschichte, wie sie in diesem Kapitel in einigen ihrer wesentlichen Züge dargestellt wurde, nur partiell zu erschließen. In diesem Zeitraum resultiert ihr Rang aus einer vor allem über bedeutende Künstlerpersönlichkeiten hergestellten ›Identität‹ der kunstgewerblichen ›Moderne‹ in Wien und der Schule.

Die ›Eroberung‹ der k. k. Kunstgewerbeschule des Österreichischen Museums für Kunst und Industrie durch die Secession stellte den singulären Fall eines – staatlich unterstützten – Verschmelzungsprozesses einer avancierten Künstlergruppe mit einer staatlichen Ausbildungsinstitution dar. Myrbach, Hoffmann, Moser und Roller – und man müßte eigentlich noch hinzufügen: Otto Wagner –, die treibenden Kräfte der Reform der Schule, waren maßgebliche Träger der Secession. Diese Künstlergruppe erhielt die Chance, sich in der Kunstgewerbeschule eine Ausbildungsstätte zu schaffen, die den eigenen Zielvorstellungen gehorchte, die die praktische Umsetzung künstlerischer Wertvorstellung in Lehre und kunstgewerbliche Praxis ermöglichte und schließlich, über die Ausbildung Dutzender von kunstgewerblichen Fachkräften, eine Vervielfältigung und Tradierung ihrer kunst- und kulturpolitischen Vorstellungen erreichte.

So spricht schon Beyer 1908 von etwa 100 Schülern, die ins Ausland gegangen seien; Künstler wie Jungnickel (Frankfurt), Benirschke (Düsseldorf) und Kling (Hamburg) erhielten Berufungen auf einflußreiche Lehrstellen im Ausland.[48] Aber auch innerhalb Österreichs ›diffundierte‹ die Lehre der Kunstgewerbeschule, zum Beispiel über die Ausbildung von Fachschullehrern, die in den Institutionen der Länder tätig wurden, oder über die in Industrie und Gewerbe abwandernden Fachkräfte.

Wo Absolventen keine angemessene Anstellung finden konnten beziehungsweise wo sie ihre Vorstellungen autonom verwirklichen wollten, kam es zur Gründung von Arbeits- oder Werkstattgemeinschaften, wie der »Wiener Keramik« (Powolny, Löffler), der »Keramischen Werkgenossenschaft«, »Wiener Kunst im Hause« oder etwa der »Wiener Mosaikwerkstätte«.[49]

Auf dem Höhepunkt ihrer Entwicklung hat die Kunstgewerbeschule in einer Vielzahl ihrer Ausbildungszweige, in ihrer Ausstellungstätigkeit und in der von ihr selbst geleisteten beziehungsweise von ihr gestifteten praktischen Tätigkeit der Durchsetzung der Moderne im Kunstgewerbe einen institutionellen Rückhalt bieten können, wofür es in diesem Umfang und in dieser Intensität zu dieser Zeit in Europa keinen Vergleich gab.

Die Jahre von 1914 bis 1916 brachten in der Struktur der Schule, in der Gliederung und Breite ihres Lehrangebots, bezüglich der Lehrziele und hinsichtlich der Zusammensetzung des Lehrkörpers – einzig gravierende Änderung war die Berufung Tessenows in der Nachfolge Herdtles – geringe Veränderungen. Der Schulbetrieb konnte, mit gewissen Einschränkungen, die gesamte Zeit aufrechterhalten werden.

Die Schule mußte schon bei Kriegsbeginn ihre Räume im Schulgebäude in der Fichtegasse (1. Bezirk) räumen, was die Raumnot noch verschärfte und zur Beschränkung bei begleitenden Lehrveranstaltungen führte. Das betraf das allgemeine Aktzeichnen (1916), schließlich auch die offenen Zeichensäle und die Werkstatt für Metallplastik. Die Einschränkung betraf vor allem den praktischen, räumlich aufwendigen Teil des Unterrichts. Und man versuchte das durch Verbesserung und Erweiterung – zum Beispiel um die Farbenlehre – des theoretischen Unterrichts wettzumachen. Der Unterricht von Strnad, Breitner, Barwig und Hanak war provisorisch im Museumszubau untergebracht. Löffler, Prutscher und Witzmann waren eingerückt. Der Unterricht – über die wehrpflichtigen Schüler mußte laufend das Ministerium informiert werden – war aber auch vom Einrücken vieler Schüler betroffen; 1916 betrug die Gesamtzahl der Studenten etwa 200.

Trotz der Kriegssituation blieb daher die ›Raumfrage‹ auf der Tagesordnung. Noch 1916 richteten die Lehrkräfte der Schule einen dringlichen Appell an die Ministerien, den geplanten Erweiterungsbau in Angriff zu nehmen, für den schon 1906 Josef Hoffmann ein Projekt entworfen hatte. Der gesamte Lehrkörper – nicht Roller allein – wandte sich an den Minister Ottokar Trnka und erläuterte die Raumnot vor dem Hintergrund der gewandelten Aufgaben der Schule.[50] Dem Akt liegt eine umfangreiche, ins kleinste Detail gehende Kostenberechnung bei, aus der unter anderem hervorgeht, daß man die Baufrage auch in den Jahren unmittelbar vor dem Krieg betrieben hatte. Bis zum Jahr 1917 verfolgte die Schule ihr Anliegen, bis schließlich das Finanzministerium den Aufschub der Bauangelegenheit bis »nach Friedensschluß« anordnete. Bemerkenswert ist, daß die Schule in Kriegszeiten Baumaßnahmen im Volumen von 1,2 bis 1,5 Millionen Kronen verlangte, während der Kostenvoranschlag von 1910/11 sich noch mit 400.000 Kronen limitieren ließ.[51] So blieb der (im Frühjahr 1909 mit einer Erzherzog-Carl-Ausstellung eröffnete) Erweiterungsbau des Museums, der nach Plänen von Ludwig Baumann (1906–1908) errichtet worden war, die einzige Ausweichmöglichkeit der Schule.

Sofort nach Kriegsende (10. Mai 1918!) urgierte Roller nicht nur die Rücksiedelung in das Schulgebäude Fichtegasse, das seit 1914 als Spital genutzt worden war, sondern auch die Errichtung eines dreigeschossigen Zubaus, die Aufstockung des bestehenden Schulgebäudes und die Wiedererrichtung aller in den Kriegszeiten aufgelassenen Unterrichtseinheiten, Werkstätten, Zeichensäle und anderer sowie die Erweiterung des Unterrichts – unter anderem durch die Errichtung einer eigenen Modeklasse.[52]

Übrigens war kurz vor dem Krieg der gänzliche Neubau der Schule überlegt worden – und zwar im Zusammenhang mit der Errichtung des k. k. österreichischen Museums für Volkskunde. Dieses 1895 gegründete Museum war zunächst provisorisch untergebracht gewesen, und bereits im Mai 1902 hatte Graf Latour den – gleich abgewiesenen – Antrag gestellt, das Museum für Volkskunde im Gebäude der Kunstgewerbeschule unterzubringen und dieser ein neues Gebäude zu errichten. Im Mai 1912 wurde diese Idee durch den Direktor des Volkskundemuseums, Prof. Dr. Haberlandt, und neuerlich durch Latour aufgefrischt. Mit dem Verweis auf die Raumnot des Volkskundemuseums, die große Bedeutung der wertvollen Sammlungen, und auf die sinnvolle Nachbarschaft der beiden Museen und schließlich auf das ›ohnehin nicht zweckentsprechende Gebäude der Schule‹, reklamierte man das Schulgebäude neuerlich für das Volkskundemuseum. Roller und Leisching nahmen damals namens der von ihnen geleiteten Institute energisch gegen dieses Ansinnen Stellung. In ausführlicher erinnernder Darstellung der Gründungsgeschichte beider Anstalten und in Berufung auf die immer wieder erneuerte Kooperation sprachen sie sich ganz energisch für die Beibehaltung der »organischen« und räumlichen Einheit von Schule und Museum aus. In den Akten wird dabei sogar auf die die administrative Trennung vorbereitende Kuratoriumssitzung von 1899 repliziert, wo sich Scala und Otto Wagner für den »innigen Verband« beider Institute ausgesprochen hätten. Die Erfüllung des statutarischen Auftrages des Museums und zum Beispiel die zweckentsprechende Verwendung des Hoftiteltaxfonds (der zur Ausführung künstlerisch wertvoller Objekte und zur Etablierung kunstgewerblicher Betriebe gedacht war) seien ausschließlich mit Hilfe der Schule möglich.

Die Aufhebung des geistigen und räumlichen Zusammenhangs würde aber auch hinsichtlich des Ausstellungswesens und der Ausbildung der Schüler einen den »Gründungsabsichten« zuwiderlaufenden Schaden anrichten. »Aus allen diesen Gründen erachten es die Unterzeichneten als ihre dringendste Pflicht, im Interesse beider Institute, der Kunstindustrie, sowie der Erziehung der heranwachsenden Künstlergeneration, einer räumlichen und damit geistigen Trennung des Museums und der Schule auf das Entschiedenste zu widerraten, indem sie noch darauf verweisen, daß das sehr erfolgreiche Zusammenarbeiten beider Anstalten stets und erst jüngst wieder von zahlreichen hervorragenden Kapazitäten des Auslandes vom kunsterzieherischen und nationalökonomischen Standpunkte aus als mustergültig rückhaltlos anerkannt worden ist.«[53]

Nicht nur die ›Raumfrage‹ blieb virulent. Auch die Diskussion um den Status der Schule und die Qualitäten des Unterrichts blieb auf der Tagesordnung. Der Anstoß zur Fortführung der Grundsatzdebatte kam diesmal, im Jänner 1914, am Vorabend des Kriegs, nicht aus der Schule selbst, sondern von der niederösterreichischen Handels- und Gewerbekammer, die sich mit einer Denkschrift an das Ministerium für öffentliche Arbeiten wandte.[54] Übrigens betonte auch die Kammer die gute Zusammenarbeit von Schule und Museum: »Daß Kunstgewerbeschule und österreichisches Museum für Kunst und Industrie – die Leitungen beider Anstalten arbeiten so folgerichtig und genial miteinander, daß beide meist miteinander genannt werden müssen – ungemein befruchtend auf Kunst, Industrie und Gewerbe gewirkt haben, wird selbst von den Gegnern der Anstalten nicht geleugnet . . . Eine übrigens immer mehr verstummende Gegnerschaft hat sich nie gegen die Art und Weise des Unterrichts, sondern mehr gegen die von diesen Anstalten ausgehende Kunst- und Geschmacksrichtung geäußert. Die Gegner sind allmählich verstummt, als man zur Erkenntnis kam, daß diese ›Wiener Richtung‹ tonangebend wurde und nach langer Zeit das Ausland wieder dem Wiener Geschmack Beachtung schenkte, wodurch vielen Industrien und Gewerben neue Betätigungs- und Absatzfelder eröffnet wurden.«[55]

Dennoch kritisierte die Kammer die Schule. Die Schüleraufnahme sei wegen der Raumnot zu gering, 1911 hatte man von 240 Bewerbern nur 40 aufnehmen können, und wichtige Gewerbezweige würden in der Ausbildung keine Berücksichtigung finden. Aber die Kritik der Kammer richtet sich ganz ausdrücklich nicht gegen die Qualität der Ausbildung, sondern eher gegen deren zu geringe Reichweite. Anders als beim Protest der Bildhauerinteressenvertretung wird hier nicht die Konfrontation mit der Schule gesucht, vielmehr die Prinzipien der Ausbildung und deren Orientierung an handwerklicher und zugleich künstlerisch hochwertiger Produktkultur bejaht. Eine Krise der gewerblichen Produktion sei nämlich gerade dort sichtbar geworden, wo man den Versuch unternommen hätte, »den Kampf mit der Großerzeugung und der billig, aber schlecht liefernden Auslandskonkurrenz aufzunehmen«[56].

»Das Gewerbe wird nur dann lebensfähig bleiben und sich gedeihlich entwickeln, wenn es nicht den fruchtlosen Kampf mit der Massenerzeugung aufnimmt, sondern die Erzeugung hochwertiger Waren sich zu eigen macht.«[57] Man sucht also die Zusammenarbeit mit der Schule, deren Bedeutung von der Kammer hoch eingeschätzt wird: »Wo sich in diesen Gewerben (in den typischen ›Wiener Gewerben‹, die besonders bedroht waren, wie die der Lederbearbeitung, Holzgalanterie, Perlmuttverarbeitung) neuestens wieder Höchstleistungen zeigen, dort kann man fast immer den Einfluß irgend eines unserer Kunstgewerbeschule nahestehenden Schülers nachweisen.«[58] Daher sei der Unterricht auszuweiten, zum Beispiel um die Ausbildung von Gold- und Silberschmieden, Juwelieren, Schmuckerzeugern, Schlossern und von Mitarbeitern der Gürtlerwaren-, Metallguß-, Porzellan- oder Steinguterzeugung. Auch die Buchbinderei und die Glaserzeugung werden in diesem Zusammenhang genannt – alles Gewerbe, bei denen die handwerklichen Fertigkeiten eine große Rolle spielen.

Eine Ausweitung der Schule könnte an ihrem derzeitigen Standort vorgenommen werden, eine Übersiedlung an den Rand der Stadt oder ein Neubau seien dazu durchaus nicht notwendig.

Der Antrag der Kammer anerkennt den Erfolg der praxisorientierten Ausbildung, wie sie unter Myrbach und Roller forciert worden war.

Industrie und Gewerbe waren der Schule eher reserviert gegenübergestanden, in vereinzelten Fällen wurde sie sogar als Konkurrenz aufgefaßt. Die Gründungsidee der wirtschaftlichen Wettbewerbsfähigkeit durch ›Veredelung‹ der Produktion war immer nur für wenige Industrielle und Gewerbetreibende so verlockend und überzeugend, daß es zu einer wirklichen Kooperation kam. Jetzt tritt ein Interessenverband von sich aus an die Schule heran, und zwar für deren Erweiterung auf der Grundlage und unter Anerkennung der erzielten Erfolge und Lehrmethoden!

Gewicht erhielt dieser Vorstoß dadurch, daß ihm der Niederösterreichische Gewerbeverein und der Wiener Kunstgewerbeverein mit in wesentlichen Punkten übereinstimmenden Initiativen zur Seite standen. Man forderte zusätzlich die Ausbildung von Lehrern für das gewerbliche Fachschulwesen durch die Kunstgewerbeschule und die Fortbildung der in den Fachschulen beziehungsweise in den Gewerben aus- und vorgebildeten Schüler durch die Kunstgewerbeschule, um diese dann in ihrem Beruf wieder gezielt einsetzen zu können. Der Vorschlag hätte den Interessenvertretungen einen gewissen Einfluß auf die Ausbildung – nämlich über die Auswahl dieser Schüler – zugestanden; zugleich wurde damit die Frage der ausreichenden und angemessenen Beschäftigung der Absolventen angeschnitten – zu allen Zeiten die Nagelprobe auf das Problem, inwieweit ›praxisgerecht‹, das heißt den jeweiligen gewerblich-industriellen Anforderungen gemäß, die Schule ihre Studenten ausbilden konnte.

In den Eingaben der genannten Interessenvertretungen wird erwähnt, daß etwa die Hälfte der Absolventen ins Ausland gehe, an Museen, höhere Schulen, also in den Lehrberuf, während es in der heimischen Kunstindustrie noch immer zu wenig Arbeitsplätze für Schüler gäbe.

In einer weiteren, vierten Stellungnahme schlug der Wiener Handels- und Gewerbeverein die altvertrauten Töne der Konkurrenzangst an: gerade die massenweise ins Ausland abströmenden Studenten würden »die auswärtige Konkurrenz des heimischen Kunsthandwerks anleiten«. Am liebsten hätte man die Kunstgewerbeschule zur Berufsschule gemacht, für deren Besuch kunstgewerbliche Praxis in einem Beruf verpflichtende Vorbedingung werden sollte; tatsächlich läßt sich zwischen den Zeilen aller Stellungnahmen der Wunsch herauslesen, die künstlerische *Beruf*sausbildung zu stärken, ein Wunsch, der vom ministeriellen Referenten in der Aktenabwicklung zum ›Votum‹ verdichtet wird, daß die Schule »nicht so sehr den Arbeiter, als vielmehr (den) Künstler« im Auge habe.

Der Handels- und Gewerbeverein brachte einen neuen, interessanten Aspekt in die Diskussion um das Kunstgewerbe und die kunstgewerbliche Ausbildung: nicht nur der Gewerbetreibende, sondern auch der Kaufmann sollte in die Diskussion miteinbezogen werden. Während sich zum Beispiel die Wiener Werkstätte darum bemühte, einen stabilen Kundenkreis aufzubauen, ja eigentlich eine Art Abonnentenkreis, der eine enge Vermittlung von Produktion und Distribution ermöglicht hätte, hatte ansonsten im Regelfall der Produzent kunstgewerblicher Ware kaum oder überhaupt keinen Einfluß auf den Markt. Die um 1900 virulente Idee universaler ästhetischer Erziehung in Schule, Volksbildung, Museum, Ausstellung und so weiter, betraf bereits die Vorstellung der Geschmackserziehung des Konsumenten, das heißt die der Schaffung eines auf ästhetisch raffinierte Produktkultur reaktionsfähigen – und daher kauflustigen – möglichst breiten Publikums. Die Integration des Kaufmanns in den kunstgewerblichen Produktions- und Distributionsprozeß ist in dieser Hinsicht ein logischer Schritt, insofern er sich nicht bloß als neutrale Vermittlungsagentur von Erzeuger und Käufer empfiehlt, sondern als ›Geschmacksagent‹, der zwischen qualitätvoller Produktion und geschmacklich erzogenem Käufer zu vermitteln versteht.

Doch lassen wir dazu den Handels- und Gewerbeverein selbst zu Wort kommen: »Aber nicht allein das fachmännische Gutachten des Gewerbetreibenden, sondern auch die Stimme des Kaufmanns soll in solchen kunstgewerblichen Fragen nicht ungehört verhallen. Nicht allein die Wichtigkeit der Stellung, die der Kaufmann im modernen Wirtschaftsleben einnimmt, rechtfertigen diesen Wunsch, sondern noch viel mehr die besonderen Verhältnisse des Kunstgewerbes überhaupt. Denn der Umstand, daß die kunstgewerbliche Erzeugung in der Mehrzahl der Fälle in mittleren oder kleineren Betrieben ausgeübt wird, bringt es neben anderen Gründen mit sich, daß nur wenige kunstgewerbliche Erzeuger über eigene Verkaufsstätten mit Schauläden und dergleichen verfügen, während der größte Teil von ihnen für den unmittelbaren Verkehr mit dem Käufer bloß auf die seltenen Gelegenheiten einer Ausstellung oder ähnlichen Veranstaltungen angewiesen ist. In allen diesen Fällen ist es der Kaufmann, der die Verbindung zwischen dem Erzeuger und dem letzten Abnehmer herstellt, und zwar übt er gerade beim Kunstgewerbe nicht die Tätigkeit eines bloßen Zwischenhändlers aus, sondern ihm fallen auf diesem Gebiete eine ganze Reihe höherer Aufgaben zu, zumal eine Einrichtung wie die in München bestehende Kunstgewerbe-Vermittlungsstelle hierzulande leider noch nicht erstanden ist. Der Kaufmann, der sich den Vertrieb kunstgewerblicher Gegenstände angelegen sein läßt, hat die beste Gelegenheit, Geschmacksrichtungen und -änderungen, Wünsche und Bedürfnisse des kaufenden Publikums in unmittelbarem Verkehre kennen zu lernen, er hat aber auch die Möglichkeit und Verpflichtung, auf den Geschmack und die Neigungen der Käufer Einfluß zu üben, neue Richtungen zu fördern und das Publikum allmählich zum Gebrauche vollwertiger Qualitätsware erziehen zu helfen. Andererseits ist es wiederum der Kaufmann, der dem jede unmittelbare Berührung mit dem letzten Abnehmer entbehrenden Erzeuger die erforderlichen Aufschlüsse über Waren, Techniken, Stile u.s.w., die das Publikum jeweils bevorzugt, erteilt, der ihm – was besonders häufig notwendig sein dürfte – die Ratschläge erteilt, um sein von künstlerischen Grundsätzen geleitetes Schaffen der wirtschaftlichen Kaufkraft der Bevölkerung anzupassen, kurzum, der dem Kunstgewerbetreibenden durch Eröffnung von Absatzmöglichkeiten neue Schaffensmöglichkeiten bietet.«[59]

Die Antwort der Direktion der Kunstgewerbeschule in Form von zwei Briefen Rollers an das Ministerium auf alle diese Ideen und Vorschläge[60] lautete im wesentlichen zustimmend – kein Wunder, traf sich doch die Idee der Verbreiterung der Schullehre und damit die deren stärkerer Verankerung in der Praxis mit Rollers eigenem Anliegen. Ja, Roller entpuppt sich selbst als schärfster Kritiker der Schule, wenn er in seinen Antwortbriefen feststellt, daß die gegenwärtige Schule nur ein »Bruchstück« der Gründungsidee von 1866 (wie sie in der Denkschrift niedergelegt war) sei. Die Tendenz der Verkleinerung der Schule und der Einschränkung der Schülerzahl habe man in der Phase der Experimente und Versuche für gerechtfertigt gehalten, jetzt, »nach nunmehr fast sechzehnjähriger Dauer dürfte diese Zeit als überwunden zu betrachten sein«. Ohne jede Frage seien der Ausbau der Schule und die Ausweitung des Lehrstoffs notwendig.

An der Verbindung von Schule und Werkstatt müsse festgehalten werden, das heißt, man dürfe nicht bloß Zeichner ausbilden, sondern es bedürfe der »hohen Verstandes- und Geschmacksbildung vereint mit handwerklichem Verständnis aller Gewerbszweige«. Das heißt für ihn weiter, daß in der Lehre erprobte Künstler – es ist auffallend, daß die unter Roller berufenen Lehrkräfte in der Tat fast ausnahmslos schon über pädagogische Erfahrung verfügten – und erfahrene Werkmeister zusammenwirken müßten. Derzeit könne an der Schule »selbständiges Schaffen« im Material nur in der Stein- und Holzbildhauerei, in der Arbeit mit Email und in der Arbeit mit Keramik und Textil in Form von Werkstättenunterricht gewährleistet werden.

Roller nimmt sichtlich ermuntert seinen eigenen Mängelkatalog und die Erweiterungsvorschläge der Kammern zum Anlaß, alle nur erdenklichen Arbeitsgebiete aufzulisten, deren Vertretung in der Lehre er für sinnvoll halte, nämlich: »Ornamentbildhauerei für Bauten und Möbel (alle Plastiker, die an der Anstalt lehren, sind Figuristen); die, jetzt so zeitgemäßen, vielverzweigten Bekleidungs- und Modeangelegenheiten und das Modebildentwerfen und -zeichnen, für das dringendster Bedarf besteht; der Handmodel-Stoffdruck und die verschiedenen Reservage-, Färbe- und Batikverfahren; der künstlerische Holzschnitt und Holzstich, die künstlerische Lithographie, das Radieren, der Kupferstich, der Stahlstich (Briefmarken!), lauter Arbeitszweige von ausgesprochen kunstgewerblichem Charakter, die an jeder Kunstgewerbeschule vertreten sein müssen und auch hier vertreten waren. Die künstlerische Photographie; die Zimmermalerei und die ornamentale Wandmalerei großen Stiles; die praktische Schrift- und Schildermalerei; das Anstreicher- und Lackierergewerbe; die Vergoldung, Staffierung und Fassmalerei; der Möbelbau; die sehr förderungsbedürftige Möbelpolsterei; die Tapetenspannerei; die Holzintarsierung; die Glasmalerei und Kunstverglasung; das Mosaik; die Hohlglaserzeugung und Veredelung durch Malerei, Gravierung und Schliff; die Lederbearbeitung und Buchbinderei mit allen ihren Nebengewerben; die Kartonagewarenerzeugung und Papierkonfektion, für die einst Wien maßgebend war; die Bühnenausstattung und das Kostümwesen; die neue Erwerbsmöglichkeiten bietende Schaufenster- und Auslagenherrichtung; der für gewisse Gebiete Österreichs so wichtige Geigen- und Lautenbau, ein zweifellos kunstgewerbliches Gebiet; die Spielwarenerzeugung; u.s.f.; es fehlt an praktisch-technischen Kursen und Übungswerkstätten für Baumaterialienkunde, für Bildhauermaterialienkunde, für Malmaterialienkunde, für Holz- und Metallveredelungsverfahren, für Malgrund-, Farben-, Bindemittel- und Firnißherstellung, es fehlt ausgiebiger Unterricht über die Entwicklungsgeschichte der einzelnen Kunsttechniken.«

Auch der engeren Verbindung von Gewerbe, Ausbildung im Gewerbe und Schule stimmt Roller zu – für ihn liegt die Lösung aber im Ausbau der von ihm initiierten offenen Entwurfszeichensäle, weil darin den Gewerbetreibenden eine Weiterbildung ermöglicht würde, »ohne daß sie deshalb ihren Stand und ihre Erwerbstätigkeit ganz zu verlassen brauchen«. Über 4000 Wochenkarten habe man im Schuljahr 1913/14 verkauft! In einem Punkt zeigt sich Roller aber nicht kompromißbereit, nämlich im Festhalten an einem Grundprinzip der Schule, das sie von allen anderen gewerbli-

chen Schultypen grundsätzlich unterscheidet: daß in ihr eben Künstler und *nicht* Arbeiter ausgebildet werden. Und zwar Künstler, »welche allen Anforderungen der Kunstindustrie, selbst den höchsten, genügen können«. An dieser Gründungsmaxime, daran erinnert Roller nachdrücklich, könne nicht gerüttelt werden. Die Schule werde Kräfte auszubilden haben, »deren Können und Einsicht nicht bei den besten bisherigen Leistungen eines Gewerbes haltmacht, sondern die beurteilen können, ob weitere Entwicklungsmöglichkeiten vorliegen, und die Wege für sie zu weisen verstehen«.
Roller – und davon wurde im vorigen Kapitel schon ausführlicher gesprochen – möchte unter der Praxisbezogenheit der Ausbildung der Kunstgewerbeschule deren strikte Orientierung am Status quo des gewerblichen oder industriellen Produktionsniveaus vermeiden. Der Künstler – das mag ein ›Relikt‹ des Modernitätsbewußtseins der Zeit um 1900 sein – garantiere für Innovation nicht nur auf dem Feld der Ästhetik, sondern auch auf dem Gebiet der Produktionstechniken. Seine innovatorische Fähigkeit sei nicht auf das isolierte, vereinzelte ästhetische Artefakt zu beziehen, sondern auf das Gesamtgebiet der kunstgewerblichen Produktion.
Daß die gesamte Diskussion in gewisser Hinsicht wiederum eine ›Krisendebatte‹ ist, wurde schon angesichts der Erörterung zur Massen- und Billigproduktion sichtbar; die Diskrepanz von industrieller, auf große Märkte angewiesener Massenerzeugung und auf Qualität bedachter, handwerklicher Kleinserien- und Einzelstückproduktion betraf freilich auch fundamental die Schule. Deren Absolventen konnten nicht unbedingt damit rechnen, im heimischen Gewerbe und in der Industrie unterkommen zu können. Die Bildung eigener Werkstatt- und Produktionsgemeinschaften konnte da nur partiell Abhilfe schaffen.
Auch in dieser Frage erweist sich Roller als der unerbittlichste Kritiker der von ihm geleiteten Anstalt. Er stellt nämlich nicht mehr und nicht weniger als die Frage nach der ökonomischen und kulturellen ›Rentabilität‹ der Schule. Sie entlasse im Jahr etwa 20 bis 25 Absolventen, und die Subvention betrage eine Viertelmillion Kronen; die Ausbildungskosten eines einzigen Kunstgewerbeschülers beliefen sich auf 1500 Kronen, »zweifellos zuviel«, wie Roller schreibt. Die ungenügende Ausnutzung der Schuleinrichtungen und der Lehrkräfte habe ihre Folgen in der »Unrentabilität des kleinen Betriebes«.
Daß die Situation der Schüler insgesamt schwierig war, geht aus verschiedenen Äußerungen Rollers hervor, in denen er deren wirtschaftliche Notsituation beschreibt.[61] Hier wird wieder die Diskrepanz von Ausbildung und Ausbildungszielen und der Realität der gewerblich-industriellen Produktion sichtbar. Was Roller vorschlagen kann, sind Ausweitung des Lehrangebots *und* der Schülerzahl, Maßnahmen, die die ›Rentabilität‹ der Schule im Sinne von Rollers schon zitierten Überlegungen steigern sollen – die aber nicht den Kern des Problems, die Disfunktionalität von Ausbildung und Anforderungen der ›Berufspraxis‹ lösen können. Infolge der kriegsbedingten Restriktionen ließen sich keine der von Roller angestrebten Veränderungen der Schule mehr durchführen. Es gab nur mehr geringfügige Adaptionen des Lehrplans, kleine Veränderungen in der Kompetenz der Lehrer. So unterrichtete Larisch nun in zwei Jahrgängen der allgemeinen Abteilung, die Werkstätte für Metallplastik wurde vom Architekten Eduard Josef Wimmer übernommen, der auch einen offenen Entwurfszeichensaal für Metallbearbeitung leitete. Als ein neues Lehrfach wurde Baukonstruktion, unter der Leitung Tessenows, eingeführt. Mallina leitete nun allein das allgemeine Aktzeichnen.[62] An der Wende zum Krieg, im Stundenplan des Schuljahres 1913/14, bietet sich folgendes Bild der Unterrichtsgliederung:
Im ersten Jahrgang der allgemeinen Abteilung unterrichteten Strnad, Čižek und Larisch; im zweiten Boehm und Čižek; im dritten Larisch und Kenner. Die Dreistufigkeit des Unterrichts von allgemeiner und ornamentaler Formenlehre, Naturstudium und schließlich Aktstudium hatte sich nicht verändert. Die Leiter der Fachklassen waren Hoffmann, Tessenow und Strnad für Architektur, Breitner, Strasser, Barwig und Hanak für Plastik, und Moser, Löffler für Malerei.
Die Werkstättenleiter waren Wimmer (Metallbearbeitung), Stark (Emailarbeiten), Powolny (Keramik) und Rothansl (Textilarbeiten).
In den Hilfsfächern unterrichteten unter anderen Kajetan (Projektions- und Schattenlehre, Perspektive), Adam (gewerbliche Chemie), Kenner (Stilgeschichte), Heller (Anatomie) und Leisching (Kultur- und Kunstgeschichte). An Sonderkursen existierten Sprachkurse und das von Mallina geleitete allgemeine Aktzeichnen, der Kurs für Jugendkunst von Čižek, Baukonstruktion (Tessenow) und, ebenfalls als neues Fach, kunstgewerbliche Liturgik (Prof. Degner).
Es gab fünf offene Zeichensäle: den für Gewerbetreibende (Prutscher), den von Witzmann geleiteten für Möbeltischler und Tapezierer, den für Metallarbeiten

(Witzmann) sowie die Aktzeichensäle für Männer (Kenner und Mallina) und Frauen (Mallina).

In den Akten des Ministeriums für öffentliche Arbeiten haben sich Unterlagen erhalten, die Indizien für ein fortbestehendes Mißtrauen gegen die ›Richtung‹ der Schule Zeugnis ablegen; es sind dies zwei Entwürfe zu Erlässen, die sich mit der »Vermeidung extrem moderner Richtung« befassen.[63] Diese Entwürfe sind mit April 1914 datiert, und handschriftliche Randnotizen deuten darauf hin, daß sie 1916 unverändert aktualisiert werden sollten. Es existiert in den Akten allerdings kein Hinweis darauf, ob die Entwürfe jemals – etwa zur Begutachtung an das Kuratorium oder die Direktion der Schule oder des Museums – ausgesandt wurden, und es fehlt auch jeder Anhaltspunkt dafür, von *wem* die Initiative zu den Erlässen ausgegangen ist.
Je ein Erlaß war an die Schule beziehungsweise an das Museum adressiert, mit der lapidaren Begründung, »Erfahrungen in der letzten Zeit lassen es geboten erscheinen, die im Entwurfe beiliegenden Erlässe« herauszugeben.
Sie stellen den in der Geschichte der Schule und des Museums einmaligen Versuch dar, das künstlerische Profil der Institutionen per Erlaß, durch die Administration, zu bestimmen und zugleich eine strikte Überwachung der »Geschmacksrichtung« zu installieren.
Beide Schriftstücke wenden sich gegen den »gesteigerten Individualismus«, den »Trieb nach Originalität um jeden Preis«, gegen »extreme Richtungen« und »Experimente« sowie »Ausschreitungen . . . die jeden Kunstsinnigen nur mit Bedauern erfüllen können«, gegen »gewagteste und einseitige Arbeiten« beziehungsweise »Produkte extremer Originalitätssucht«.
Das Hauptübel wird in der uneingeschränkten, individuellen künstlerischen Freiheit gesehen, deren Existenzrecht zwar nicht unbedingt bestritten wird, die allerdings ihr Maß am »kostbaren Erbe . . . aus den großen künstlerischen Epochen der Vergangenheit« nehmen sollte, an der ›edlen und maßvollen Formensprache . . . der echten älteren Kunst‹. »Ein gewisser, nicht engherziger und beschränkter, sondern einsichtsvoller, die Errungenschaften und Leistungen der Väter ehrender Konservativismus steht also der Schule h. o. Erachtens wohl an. Unbedingt zu vermeiden ist dagegen die leichtfertige Begünstigung neuer, noch ganz unerprobter oder gar extremer Richtungen.« Die Direktion der Schule wird eingeladen, dem Ministerium »ehestens« Vorschläge zur Ausgestaltung des Unterrichts in diesem Sinne vorzuschlagen. Auch dem Museum empfiehlt man, normbildend unter Wahrung des künstlerischen Erbes zu wirken.
»Das Museum soll gewiß kein Musterlager des Nachlasses vergangener Kunstperioden sein, aber es kann nicht seine Sache sein, durch wahllose Aufnahme auch der gewagtesten und einseitigsten Arbeiten, insbesondere der früher gekennzeichneten Produkte extremer Originalitätssucht . . . irrige Meinungen über den Wert und die Bedeutung derartiger Erzeugnisse entstehen zu lassen.« Dem Museum werden restriktive Maßnahmen oktroyiert, die in der Anordnung gipfeln, im Falle von Ausstellungen farbige Skizzen der Raumgestaltung und der Interieurs zur Genehmigung vorzulegen. Die Absurdität der Idee einer ministeriellen Geschmacksbehörde kommt in den Schlußsätzen des – leider anonym gebliebenen – Beamten zum Ausdruck: »Selbstverständlich wird dann auch darauf Bedacht zu nehmen sein, daß die fertiggestellten Interieurs im wesentlichen den vorgelegten Skizzen entsprechen; Abweichungen werden nur in weniger belangreichen Einzelheiten, wodurch der Gesamtcharakter nicht verändert wird, zugelassen werden können.«

Wie eingangs schon erwähnt, wurde der Schulbetrieb während des Kriegs zwar schrittweise eingeschränkt, konnte aber die ganze Zeit über aufrechterhalten werden. Die Struktur der Lehre, die Ausbildungsziele änderten sich nicht; dagegen kam es zur Heranziehung von Lehrern und Schülern für mittelbare Kriegsdienste:[64] Barwig leitete Werkstätten für den Soldatenunterricht des Roten Kreuzes, das chemische Laboratorium machte Untersuchungen für das Kriegsministerium und für eine Munitionsfabrik, Breitner entwarf ein Plakat für eine Zinnsoldatenausstellung, Barwig schnitzte einen »Benagelungsdoppeladler« für Czernowitz, Čižek beriet bei der Einrichtung von Kriegskinderhorten, Hoffmann wurde Mitglied der »Studienkommission der Gräberabteilung« des Kriegsministeriums und entwarf Kriegsverdienstkreuze, Larisch gab in Reservespitälern Unterricht in ornamentaler Schrift und entwarf Beschriftungen für Kriegsausstellungen – 1917 fand etwa im Kunstgewerbemuseum eine Ausstellung von Kriegsgraphik statt, zu einem Zeitpunkt, da die Bibliothek und die Schausammlungen bereits wegen Brennstoffmangels geschlossen waren. Rothansl, Powolny und andere entwarfen ›Kriegserinnerungsgegenstände‹. Kriegsinvalide wurden in eigenen Lagern dazu angeleitet, kunstgewerbliche Gegenstände herzustel-

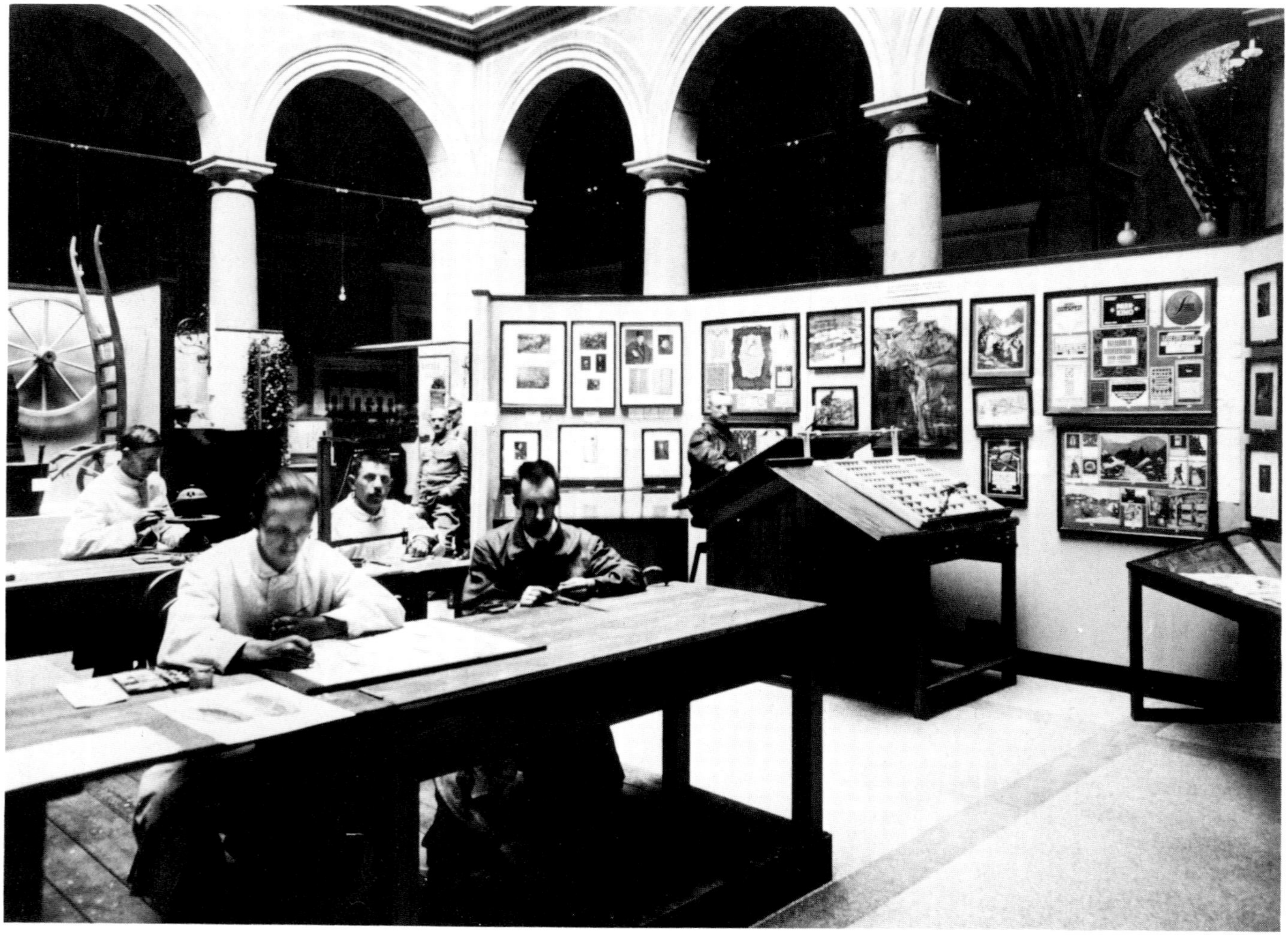

Ausstellung der Gewerblichen Kriegsinvalidenschule im k. k. Österreichischen Museum für Kunst und Industrie 1917

len, und im Museum wurden dann die Ergebnisse dieser Bemühungen, »vollwertige, qualifizierte Arbeiter zu erhalten, beziehungsweise neu zu schaffen«, in einer eigenen Ausstellung gezeigt.[65] Moser entwarf Kriegs-, Feldpostzeitungs- und Kriegswohltätigkeitsmarken, viele Lehrer und Schüler betätigten sich am Soldatenunterricht in Spitälern.[66] Leisching war Mitbegründer eines Künstlerfürsorgekomitees. Schüler entwarfen Benagelungssäulen, patriotische Abzeichen, einfachen Hausrat, Karten und Plakate für die Kriegsfürsorge und fertigten zum Beispiel farbige Wundbilder für Spitäler an. Für diese, den ›Letzten Tagen der Menschheit‹ entstammenden ›künstlerischen‹ und nicht-künstlerischen Beiträge zu militantem Patriotismus – fallweise aber auch humanitärer Hilfe – wurden Barwig, Adam, Breitner, Čižek, Hoffmann, Larisch, Leisching, Moser, Obsieger, Powolny, Rothansl, Tessenow, Stark, Selch und andere zur Verleihung des Kriegskreuzes für Zivildienst vorgeschlagen; die Schüler erhielten schriftliche Anerkennungen.[67]

Der Krieg veränderte den ›Kunstbedarf‹. Kunst- und Kulturgüter wurden im Bildersturm des Kriegs zur leichten Beute des Kunsthandels, der sich der Kunstwissenschaft als Legitimationsinstanz versicherte. 1917 wurden umfangreiche Gutachten, unter anderem vom Österreichischen Museum (Leisching) zur Frage der »entgeltlichen Gutachten« und der direkten Beteiligung am Kunsthandel eingeholt. Nicht wenige Museen – auch das Kunstgewerbemuseum – partizipierten an den Kriegsereignissen auf ihre Weise und konnten

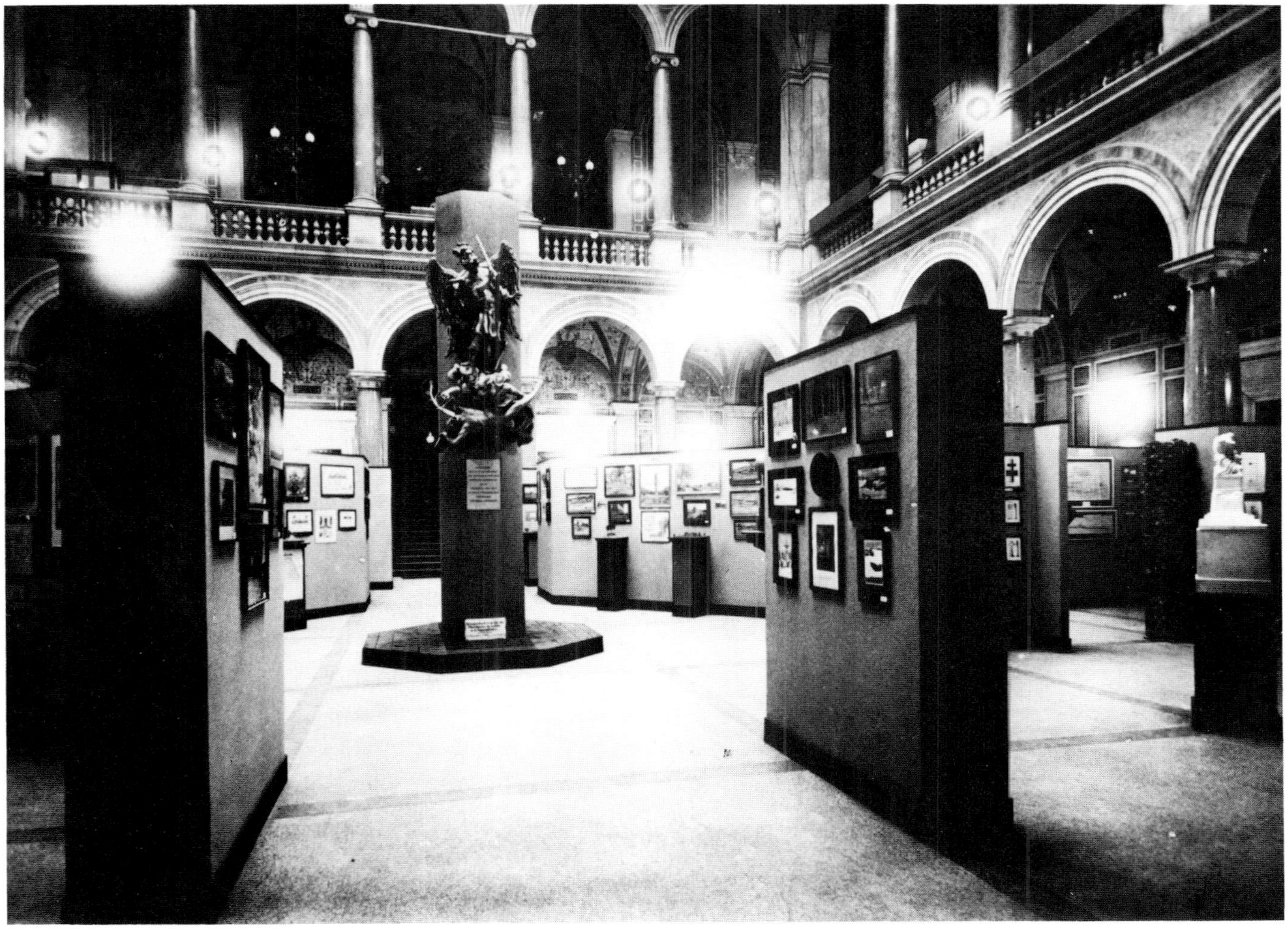

Kriegsgräber-Ausstellung im k. k. Österreichischen Museum für Kunst und Industrie 1917. Im Zentrum eine von Franz Barwig ergänzte Statue des hl. Michael

›günstig‹ Museumsgut rekrutieren. Namhafte deutsche und österreichische Kunsthistoriker, unter ihnen Tietze, Dvorak, Bode und Pauli, wandten sich gegen die Beteiligung von Kunsthistorikern am »Kriegswucher im Kunsthandel«[68].

Auch die kunstgewerbliche Produktion mußte modifiziert werden. Das Ministerium für öffentliche Arbeiten beauftragte das Kunstgewerbemuseum, »Einfachen Hausrat für kriegsbetroffene Gebiete« zu entwerfen und zu publizieren. Diese Entwürfe sollten auch der Unterstützung kleinerer Betriebe und Genossenschaften dienen. Erst jetzt, unter dem Druck der Kriegsereignisse, wandte man sich von der aufwendigen, luxuriösen Produktion ab und stellte sich dem Problem, einfach zu verwirklichende, billige und Alltagsbedürfnissen entsprechende Möbel zu entwerfen. Die Großindustrie sollte von dieser Produktion ausdrücklich ausgeschlossen sein; Leisching weigerte sich, Entwürfe an die Firma Portois und Fix auszuliefern, da es nicht in der Absicht des Ministeriums liegen könne, »derartige große industrielle Etablissements« in Wettbewerb mit mittleren und kleinen Produzenten treten zu lassen.

Die Entwürfe zu diesen einfachen Möbeln kamen aus der Kunstgewerbeschule, von Lehrern und Schülern, und wurden 1916 im Selbstverlag unter dem Titel »Einfacher Hausrat. Im Auftrage des K. K. Ministeriums für öffentliche Arbeiten herausgegeben vom K. K. Österreichischen Museum für Kunst und Industrie« publiziert.[69]

Die Kontinuität des Österreichischen Museums als

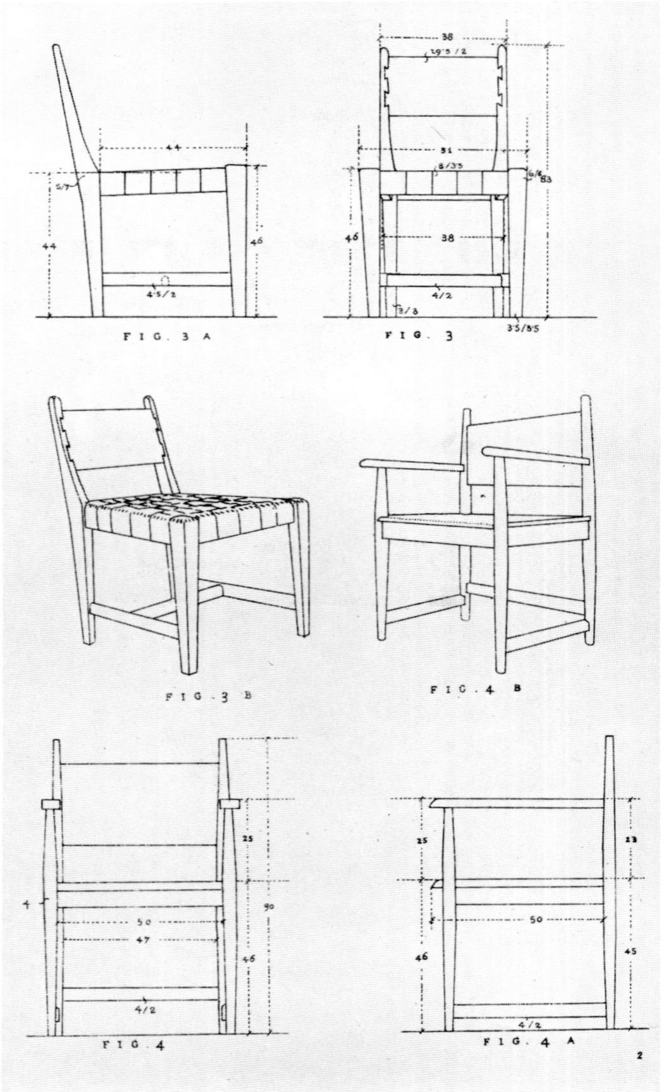

Beispiele aus der Publikation »Einfacher Hausrat«, die im Auftrag des k. k. Ministeriums für öffentliche Arbeiten vom Kunstgewerbemuseum herausgegeben wurde: Karl Hagenauer (Schule Hoffmann): Stuhl (Fig. 3) und Richard Dillenz (Schule Hoffmann): Sessel (Fig. 4)

Ausstellungsort verlängerte sich bis in den Krieg hinein: Während Ausstellungsräumlichkeiten wie die Secession und das Künstlerhaus als Spitäler dienten und auch andere Lokale kriegsbedingt nicht zur Verfügung standen, konnten im Museum Ausstellungen wie »Kriegserinnerungsartikel« (1915), »Einfacher Hausrat für die kriegsbetroffenen Gebiete« (1916), »Kriegsgräber und Kriegerdenkmale« (1916/17)[70] und »Kriegsgraphik« (1917) stattfinden und 1915 gar eine von Peche arrangierte Modeausstellung, in der die von Eitelberger anläßlich des Deutsch-Französischen Kriegs diskutierte national-militante Bedeutung des Kunstgewerbes ihre ›zeitgemäße‹ Revitalisierung erfuhr: Die Ausstellung diente nicht zuletzt der ›patriotischen Manifestation‹ österreichischer Qualitätsarbeit im Vergleich zu der des Kriegsgegners Frankreich.[71]

Im Ausland (1916 in Stockholm und 1917 in Zürich) veranstaltete Kunstgewerbeausstellungen hatten dagegen die Aufgabe, für das Image Österreichs als Kulturnation zu werben – während ›in der Heimat‹ der Krieg unmittelbar das Kunstgewerbe ›stimulierte‹: die Herstellung einer für patriotische Zwecke brauchbaren Schönheit gipfelte in der Entwurfstätigkeit der Schule für Kriegsdenkmale und Soldatengräber. Als Auftraggeber trat diesmal das Gewerbeförderungsamt auf den Plan, als Herausgeber Roller, Giannoni (vom Österreichischen Heimatschutzverband), Larisch, Leisching, Strnad und der Direktor des Gewerbeförderungsamts, Vetter. Die Entwürfe von Lehrern und Schülern der Kunstgewerbeschule wurden 1915 unter dem Titel »Soldatengräber und Kriegsdenkmale« publiziert.[72]

Strnad erläuterte in einer Einleitung die Aufgabenstellung und entwarf eine spezifische Ästhetik des patriotischen Gedenkens: so sollten Kriegergrabmäler von der »ernsten, schweren, opfervollen Zusammengehörigkeit der Menschen« sprechen,[73] »das Persönliche hat in den Hintergrund zu treten«. Dem Monumentalitätsbegriff jener Zeit verpflichtet, sollten die Denkmäler und Grabdenkmäler weniger konkrete historische, zeitlich fixierbare Umstände visualisieren, sondern Stimmungen und Empfindungen auslösen, die eine Identifikation mit dem ›Opfertod‹ als Naturereignis auszulösen imstande sein sollten. »In den Kriegsdenkmälern wird also etwas Übersinnliches, über der Natur des einzelnen Stehendes angesprochen. Sie dürfen daher nichts vom Alltäglichen an sich haben. Das Übernatürliche, Übersinnliche verlangt nämlich einen Maßstab, der unter keinen Umständen der Maßstab jener Dinge ist, die in unmittelbarer Berührung mit dem Menschen und seinem täglichen Leben stehen, wie Haus und Gerät. Der Maßstab des Denkmals ist der Maßstab der Natur.«[74]

Im Begriffswandel von ›Monumentalität‹ zeichnete sich der Wandel von der historischen Symbolisierungskraft des Kunstwerks und der Architektur zum bloß Zeichenhaften ab, das, anverwandelt dem Erhabenen des Naturschauspiels, jegliche Geschichtlichkeit und daher auch menschlich rationale Verfügung über Geschichte negieren möchte. Denkmäler sollen ›gigantisch‹ sein, das Irdische abstreifen, ein Gefühl des Lastens und der

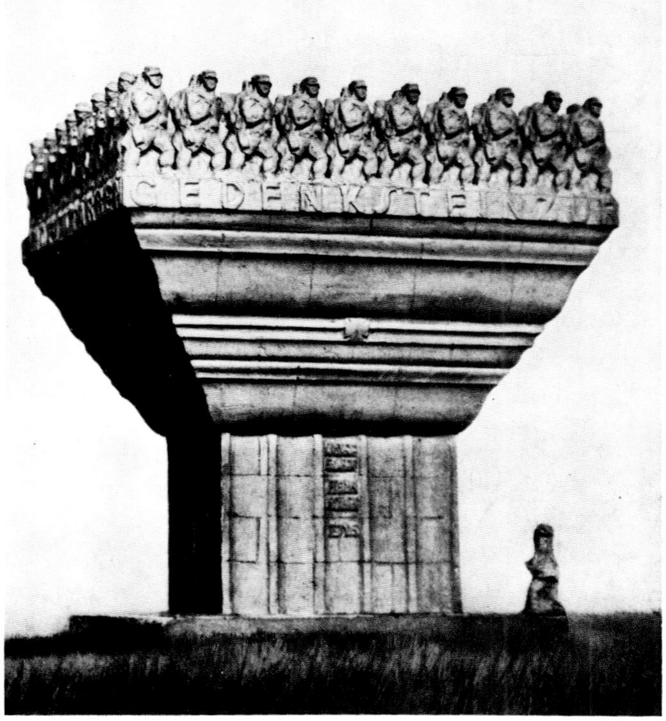

Josef Hoffmann: Denkmal. Aus: Soldatengräber und Kriegsdenkmale. Herausgegeben vom k. k. Gewerbeförderungs-Amte. Wien 1915

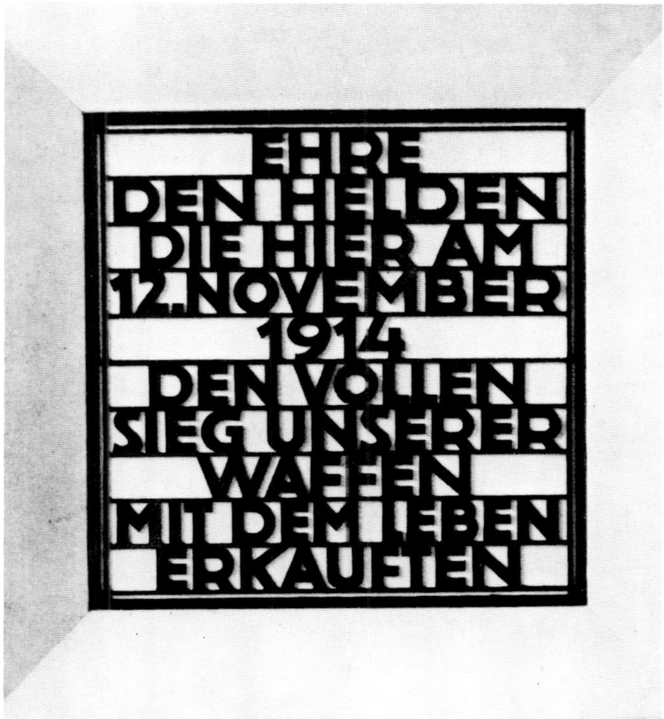

R. v. Larisch: Gedenktafel. Aus: Soldatengräber und Kriegsdenkmale. Herausgegeben vom k. k. Gewerbeförderungs-Amte. Wien 1915

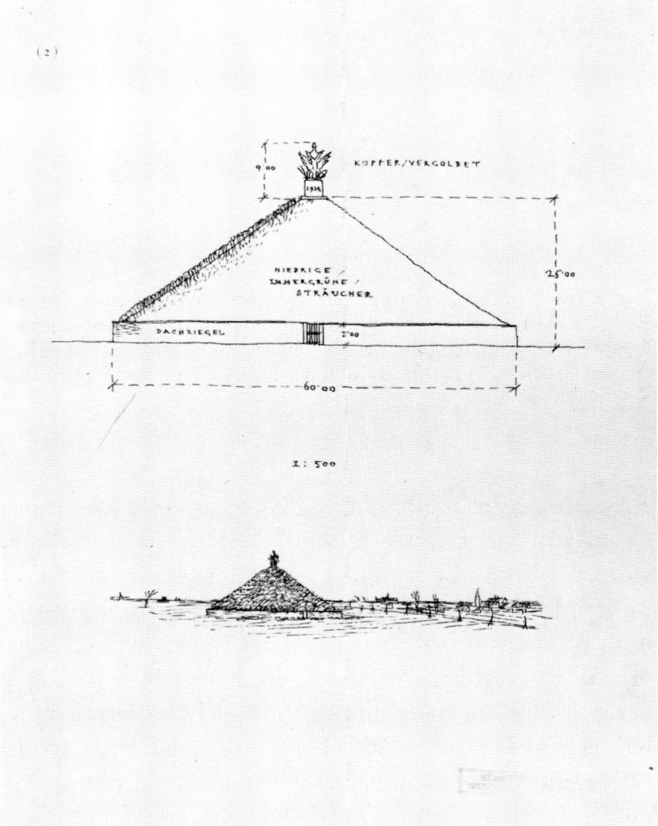

Oskar Strnad: Massengrab auf einem Schlachtfeld. Aus: Soldatengräber und Kriegsdenkmale. Herausgegeben vom k. k. Gewerbeförderungs-Amte. Wien 1915

Schwere vermitteln und möglichst landschaftsverbunden sein.[75] Der Musterkatalog, den Lehrer und Schüler der Kunstgewerbeschule vorlegten, umfaßte denn auch konsequent alle nur erdenklichen ›Formgelegenheiten‹ der kriegerischen Erinnerung und des Opfergedenkens – den Massengrab-Tumulus, die in sorgfältig kalligraphischer Schrift ausgeführte Gedenktafel, die bescheidene Anlage für den dörflichen Zusammenhang bis hin etwa zu Josef Hoffmanns Stele, auf deren Plattform die stereotyp modellierten Soldaten wie Zinnfiguren eines Kriegsspielzeugs aufmarschieren.

». . . für den Soldaten, auch den intellektuellsten, ist das Bewußtsein ein verflucht magerer Trost, daß über seiner letzten Stätte ein Mal errichtet werden soll, das von Josef Hoffmann . . . entworfen ist.« (Theodor Heuss)[76]

XII
»BRAUCHBARE SCHÖNHEIT«
Randnotizen zur kunstgewerblichen Ästhetik der ›Wiener Moderne‹

Der Rang der Kunstgewerbeschule um und nach der Jahrhundertwende bestimmt sich dadurch, daß über einen längeren Zeitraum hinweg jenen künstlerischen Prinzipien in Lehre und – in Zusammenarbeit mit anderen Einrichtungen – Praxis mit dem Gewicht der staatlichen Institution Geltung verschafft werden konnte, die zum konzeptuellen Repertoire des künstlerischen Umbruchs der Jahrhundertwende gehörten.
Da aber eine Darstellung der Schulgeschichte als Ereignisgeschichte (also als bloße Aufzählung von statutarischen Korrekturen, personellen Entscheidungen, Modifikationen des Umfangs und der Zielrichtung der Lehre etwa) nicht ausreicht, um den hervorragenden Stellenwert des Kunstgewerbes und damit ihrer Lehre im Prozeß der Modernisierung zu veranschaulichen, möchte ich an den Schluß dieser Arbeit ›Randnotizen‹ stellen, die sich mit einigen Leitbegriffen der kunstgewerblichen Produktion zu Beginn des 20. Jahrhunderts beschäftigen.
Da es unmöglich erscheint, den spezifischen Anteil, den allein und nur die Schule an den künstlerischen Umwälzungen jener Zeit gehabt hat, herauszufiltern – die enge personelle, organisatorische und ideologische Verflechtung der verschiedenen Institutionen, Künstlergruppen und Aktivitäten verbietet ein solches Vorgehen –, mag es legitim sein, über die Darstellung der Schulgeschichte hinauszugehen und in Stichworten einige allgemeinen Fragen anzuschneiden, wie zum Beispiel soziale Aspekte der kunstgewerblichen Praxis und ihr zugrundeliegende theoretische Grundannahmen.

In der Diskussion über die Kunst in Wien um 1900 wird häufig – und dann in der Regel unter Berufung auf die Schriften von Adolf Loos – »Ornamentlosigkeit« zu einem Konstitutionsprinzip der Moderne in Architektur und Kunstgewerbe erhoben.[1] Tatsächlich hat, zumindest in den ersten Jahren nach der Jahrhundertwende, das Ornament, das im europäischen Jugendstil die »aussagehaltigste Einzelform bei der Suche nach einem einheitlichen Stil- und Lebensgefühl« gewesen war,[2] in vielen Zweigen der Kunstproduktion im Wien der gleichen Zeit nicht die gleiche dominante Rolle gespielt. Ungeachtet der Frage, inwieweit gerade Loos' Polemik und Kritik zu einer Analyse der Kunst in Wien um die Jahrhundertwende verallgemeinert werden kann, ist die Debatte um die Dialektik von ›Ornament und Askese‹ dennoch zu einem fruchtbaren Ansatz der wissenschaftlichen Analyse geworden. In ihrem Rahmen lassen sich mindestens vier Bezugspunkte, nämlich soziale, psychologische, geschichtstheoretische und ökonomische, festlegen.
Eine soziale Determinante der ›Wiener Moderne‹ ist das spezifisch (groß)bürgerliche Bedürfnis nach einer ästhetischen Durchgestaltung des Wohnraums, nach der Schaffung eines privaten Refugiums, das die Entfaltung eines ästhetisch und psychisch befriedigenden Alltagslebens ermöglichen konnte: der zeitgenössische Schlüsselbegriff für diese Sehnsucht ist der des ›comforts‹.
Eine Besonderheit der Wiener Interieurkunst und der mit ihr verknüpften Theorien, die damit in engem Zusammenhang stehen, ist die Evokation des ethischen und ästhetischen Ideals frühbürgerlicher, also vorindustrieller Produktkultur, vornehmlich des ›Biedermeier‹, das in Wien zu Ende des 19. Jahrhunderts in Wissenschaft, Ausstellungspolitik und Kunst wiederentdeckt und rehabilitiert wird. Während aber die Sachlichkeit dieser frühbürgerlichen Kultur sich noch bewußt an der Rationalität zeitgemäßer Produktionsprozesse zu orientieren suchte und ihr in der Schlichtheit des ›Design‹ zum Ausdruck verhelfen wollte, verfährt die Kunstphilosophie des Bürgertums um 1900 defensiv. Sie leugnet den industriellen Aspekt der ›Moderne‹ und vor allem seine destruktiven Folgen. Diese defensive Haltung ist auch als Absage an den Historismus des 19. Jahrhunderts als Methode nicht nur künstlerischer Traditionsstiftung zu lesen. Die Tilgung des Historischen im Verschwinden des Ornaments als Bedeutungsträger wirkt bis in die Feinstruktur der ästhetischen Wertvorstellun-

gen, die nun durch das Utilitäre, durch die Dignität handwerklicher Wertarbeit, durch die Raffinesse ästhetischer Mittel, die das Stoffliche des verarbeiteten Materials zur Geltung bringen sollen, bestimmt sind.
Seine Aura bezieht der kunstgewerbliche Gegenstand daraus, daß er durch Handarbeit, das heißt durch eine sozusagen natürliche, von Konsequenzen industrieller Produktion noch nicht denaturierte Arbeit entstanden ist und an ihm selbst ›Natur‹ erlebbar gemacht wird, indem das Stoffliche der verarbeiteten Materialien durch die Art und Weise der Behandlung betont und dessen ästhetische Reize hervorgehoben werden.
Die Schmuckform, das Ornament, kann nun zum Überflüssigen werden, insofern es als Vergeudung und als Resultat ungehemmten, ›barbarischen‹ (Loos) Trieblebens bestimmt wird – während umgekehrt Ornamentlosigkeit als durch Triebverzicht gewonnene Kulturleistung ästhetische und ethische Werte verkörpern kann.[3]
Wenn das Ornament als ›Verbrechen‹ denunziert wird, verliert es aber als ›aussagehaltige Einzelform‹ auch seine Bedeutung als Träger geschichtlicher Erfahrung. An seine Stelle tritt nun das Praktische und Zweckhafte, das sich freilich nicht auf die Funktionsgerechtigkeit im hantierenden und nutzenden Gebrauch reduziert. Die praktische Bedeutung des am Interieur beteiligten kunstgewerblichen Gegenstands erfüllt sich erst in einem Gesamtzusammenhang, in der – wie es im Statut der Architekturabteilung der Kunstgewerbeschule heißt – »Totalanordnung«, die ästhetischem *und* psychischem Wohlbefinden dienlich sein sollte.
Der Gestaltungsimperativ der ›Wiener Moderne‹ richtet sich dabei vor allem auf den Binnenraum von Villa und Wohnung, in dem das von der Öffentlichkeit, vor allem von der Arbeitswelt und von gesellschaftlichen Konflikten abgespaltene Familiäre, Private zum ›eigentlichen‹ Leben werden soll, beziehungsweise auf den ›metaphorischen‹ Binnenraum der Ausstellung, von dem als ›Raum der Kunstreligion‹ gerade darum gesellschaftstherapeutische Wirkung ausstrahlen sollte, weil er sich vom Treiben und dem Lärm der Großstadt – des modernen Lebens – abschottete, und den Kunstraum als neue ›höhere‹ Form der Lebenswirklichkeit zu inszenieren suchte.

Die Bevorzugung handwerklicher Arbeit hat ihren Grund nicht nur in der Wertschätzung der ihr eigentümlichen ästhetischen Qualitäten. In ihr drückt sich die gleiche Sehnsucht nach einer vom Historischen und Gesellschaftlichen scheinbar nicht tangierten Ursprünglichkeit aus, die sich in dem Verlangen nach Gebrauchs- und Alltagsgegenständen manifestiert, denen durch die Methoden der Bearbeitung noch etwas von der Natur ihres Ausgangsstoffs belassen ist. Andrerseits vergegenständlicht sich in der Erlesenheit und Kostbarkeit des Materials – die Ausstattung des Palais Stoclet ist dafür das schlagendste Beispiel – buchstäblich der Reichtum des Auftraggebers und Bewohners. Reichtum erscheint so nicht als Resultat vergesellschafteter Arbeit, sondern als Naturstoff, über den privat verfügt wird. Auffallend ist die zu dieser Zeit häufige Verwendung von Gold, als edelstem, kostbarstem Naturstoff, oder von goldfarbenen Materialien (zum Beispiel bei Klimt), als einem von allen Gebrauchswerten abstrahierenden, universalen Tauschmittel, das einerseits den zu dieser Zeit (als Kapital) schon längst unanschaulich gewordenen Reichtum sinnlich begreifbar macht und andrerseits zugleich ein ›Glück‹ substituierendes Wertversprechen darstellt.
Wenn das Ornament – bei Loos auch als vergeudetes Kapital kritisiert – seine Bedeutung als symbolische beziehungsweise historische Form verliert, dann verliert es seine Aussagekraft über ein bestimmtes Subjekt, dessen Rang oder Funktion, über eine Institution und über damit verknüpfte Wertvorstellungen. Wie das historische Objekt als sinnlich-empirisches Datum eines als sinnhaft anerkannten Geschichtsprozesses konnte auch das Ornament als historisches Signifikat aufgefaßt werden – man denke zum Beispiel an das Renaissance-Ornament der Bau- und Möbelkunst der zweiten Hälfte des 19. Jahrhunderts. An die Stelle dieser in der Monumentalkunst und im Kunstgewerbe des Historismus des 19. Jahrhunderts wichtigen Aufgabe des Ornaments kann nun die Objektbeziehung zum fetischisierten Material treten,[4] die gesellschaftliche Realität und Zwänge des industriellen Produktionsprozesses in dem Maße verleugnen hilft, in dem auf die zeichenhafte Vermittlung geschichtlich-gesellschaftlicher Erfahrung verzichtet wird.

Die Bemühungen um eine kooperative künstlerische Produktion auf der Grundlage *handwerklicher Arbeit* und um möglichst enge Verzahnung von Produktion und Distribution (zum Beispiel über Verkaufsausstellungen), wie sie auch das Selbstverständnis der Kunstgewerbeschule bestimmt haben, läßt sich ebenfalls als Versuch werten, den Zwängen industrieller (Massen) Produktion zu entkommen. Die Idee der Wiener Werkstätte, als Produktionsgemeinschaft der Künstler und

Handwerker, eine möglichst enge Verbindung von künstlerischem Entwurf, handwerklicher Ausführung und Konsum durch eine schmale Elite herzustellen, war von einer vergleichbaren Intention beherrscht. Der – gescheiterte – Versuch, einen stabilen Abnehmerkreis zu bilden, eine Art Abonnentenzirkel für kunstgewerbliche Produktion aufzubauen, der zugleich finanzkräftig und ästhetisch gebildet sein sollte, verrät meiner Meinung nach etwas von der Vorstellung, sich gänzlich von der Distribution über den Markt zu emanzipieren, ja streng genommen sogar von den durch Auftrag sozusagen mäzenatisch vermittelten Bedürfnissen potentieller Auftraggeber. Die feste Verpflichtung eines Abnehmerkreises zum Erwerb der kunstgewerblichen Ware hätte den Künstlern einen Status radikaler Autonomie verliehen, in dem sie nur mehr sich und ihren künstlerischen Prinzipien verpflichtet gewesen wären.

Um den hier angedeuteten Fragen weiter nachzugehen, bietet sich die Lektüre des »Arbeitsprogramms« der Wiener Werkstätte an,[5] in dem eine Reihe der uns beschäftigenden Probleme gleichsam katalogisiert ist. Über einen Motivenbericht zur Gründung einer handwerklichen Arbeitsgemeinschaft hinaus läßt sich das Manifest als programmatische Erläuterung zur Reform der kunstgewerblichen Produktion im allgemeinen lesen. Gleich in den einleitenden Zeilen werden zwei negative Bezugspunkte sichtbar: die Massenproduktion, die Ersetzung ›der Hand durch die Maschine‹ und die des Handwerkers durch den Geschäftsmann sowie die »gedankenlose Nachahmung alter Stile«. Beides Indizien dafür, daß man den »Anschluß an die Kultur unserer Vorfahren verloren« habe, beides Indizien für destruktive Konsequenzen des industriellen Fortschritts. Vor dem Hintergrund dieser Konstatierung eines ›kulturellen Bruchs‹ läßt sich das Selbstbewußtsein der Moderne um so besser abheben, die die Hervorbringung einer Kunst »im Geist unserer eigenen Zeit« anstrebt. Die Strategien, die vorgeschlagen werden, betreffen soziale Veränderungen. So zum Beispiel die Schaffung eines »innigen Kontaktes« von Publikum (Kundschaft), Entwerfer, Künstler beziehungsweise Handwerker, eine weder ausschließlich marktorientierte noch kapitalintensive Produktion von Kunstgewerbe mit einem spezifisch *sozialen* Gebrauchswert. Denn der Träger der ›Bewegung‹ soll »der Bürger von heute, ebenso wie der Arbeiter« sein,[6] jene beiden sozialen Klassen, die, wie es im Programm der Wiener Werkstätte heißt, nicht »mit anderen Ständen wetteifern«. Diese Aufrufung des kulturellen Selbstbewußtseins des Bürgertums, das »seine künstlerische Aufgabe noch lange nicht erfüllt« hat, richtet sich unter anderem gegen die Relikte einer feudalen Kultur, die mit Surrogat und Imitation »nur dem Parvenu genügen« könne.

Die Schaffung einer spezifisch bürgerlichen Produktkultur dient – darin der des Biedermeier vergleichbar – auch der Statuskonkurrenz, der Abgrenzung ›nach oben‹, unausgesprochen selbstverständlich auch der ›nach unten‹, zu Kleinbürgertum und (Industrie)Proletariat. Ästhetische und ethische Merkmale dieser neuen Kultur, an der auch das Kunstgewerbe teilhat, werden im Arbeitsprogramm erläutert: Aufgabe der Produktion der Wiener Werkstätte soll vorzüglich alles sein, was das Interieur an Formgelegenheiten bietet, in allererster Linie ›gutes‹ und ›einfaches‹ Hausgerät. »Zweck« und »Gebrauchsfähigkeit« gelten dabei als »erste Bedingung« für seine Herstellung, und weiters ›gute Verhältnisse‹ und ›gute Materialbehandlung‹, Schmuck »ohne Zwang«. Der »Wert der künstlerischen Arbeit und die Idee« sollten wieder im Mittelpunkt von Produktion und Konsum (Gebrauch) stehen. Die damit vorgenommene Aufwertung des Kunsthandwerkers und überhaupt die des Kunsthandwerks in der Rangskala der Kunstgattungen erinnert an die Gründungskonzeption der Kunstgewerbeschule und des Kunstgewerbemuseums, die ja, zumal in Eitelbergers Formulierungen, von einer Verschmelzung von Kunst und Handwerk ausgegangen waren. Im Arbeitsprogramm der Wiener Werkstätte heißt es – wohl kaum in bewußter Erinnerung an die Auffassung der liberalen Ära – dazu: »Es soll die Arbeit des Kunsthandwerkers mit demselben Maß gemessen werden wie die des Malers und Bildhauers.« Trotz der manifesthaften Knappheit des Arbeitsprogramms wird ein Punkt auffallend hervorgehoben: Das verwendete Material soll von guter Qualität und kostbar sein und so bearbeitet werden, daß dessen Struktur in die Gestaltung miteinbezogen, beziehungsweise durch Dekor nicht zerstört wird. Zu Form und Zweck tritt der Stoff als drittes wesentliches Bestimmungselement qualitätvoller kunsthandwerklicher Arbeit hinzu, aus ihnen resultiert die »Gebrauchsfähigkeit« des Gegenstands, eine Gebrauchsfähigkeit in ästhetischer, praktisch-funktionaler und sozialer Hinsicht. Denn die moderne Produktkultur gehorcht ästhetischen und ethischen Bedürfnissen gleichermaßen insofern der »Umgang mit schönen Dingen uns selbst verschönt . . .«. Der ästhetische und soziale Raum, in dem sich derartige Ideen praktisch umsetzen lassen sollen, ist vorzüglich das Interieur.

Die Beschäftigung mit dem Interieur ist Teil der Abgrenzung bürgerlicher Privatheit von der Sphäre der Produktion. Die wachsende Aufspaltung von Produktion und Konsumtion, Öffentlichkeit und Privatheit bestimmt im Kern die Ideologie des bürgerlichen Interieurs. »Unter Louis-Philippe (1830–1848)«, schreibt Walter Benjamin, »betritt der Privatmann den geschichtlichen Schauplatz ... Für den Privatmann tritt erstmals der Lebensraum in Gegensatz zu der Arbeitsstätte. Der erste konstituiert sich im Interieur. Das Kontor ist sein Komplement. Der Privatmann, der im Kontor der Realität Rechnung trägt, verlangt vom Interieur (des privaten Lebensbereiches) in seinen Illusionen unterhalten zu werden ... dem entspringen die Phantasmagorien des Interieurs. Es stellt für den Privatmann das Universum dar. Sein Salon ist eine Loge im Welttheater ... Das Interieur ist nicht nur das Universum, sondern auch das Etui des Privatmannes.«[7] Die gesteigerte Anstrengung, Individualität gegen den Fortschritt der Technik zu behaupten, sieht Benjamin dabei im Interieur des Jugendstils – als Bemühung um Ab- und Ausgrenzung, die die Sphäre des Hauses (der Villa) zum »Ausdruck der Persönlichkeit« werden lassen. Dies stellt – so Benjamin – »den letzten Ausfallversuch der in ihrem elfenbeinernen Turm belagerten Kunst« dar, in dem »alle Reserven der Innerlichkeit mobilisiert werden«[8].
Wo aber Kunst und Kunsthandwerk der ›Möblierung‹ dieser reservathaften Innerlichkeit dienlich gemacht werden, kann auf die Verbindlichkeiten historischer Tradition verzichtet werden. Das geschieht sowohl in der ›naturhaften‹ Ornamentik des Jugendstils als auch in der asketischen Ornamentlosigkeit mancher Interieurs der Wiener Werkstätte oder der Secession. Der Eskapismus einer Klasse entbindet diese nicht nur von den aktuellen Zwängen, sondern auch von den Verpflichtungen der geschichtlichen Überlieferung. Doch er trifft auch die Form, in der das Individuum sich seiner Privatheit versichern möchte: War das Wohnen der soziale Raum, in dem das Individuum seine Spuren hinterlassen, wo es seine Geschichte einschreiben konnte, so bestimmt nun ein ästhetischer Gesamtplan Haus, Villa, Garten, Räume, Gebrauchsgegenstände und Kunstwerke. Die Idealvorstellung von der künstlerischen ›Totalanordnung‹ entzieht dem Privatmann Verfügungs- und Gestaltungsmöglichkeiten. Bis in Details der Lebensumstände hinein maßt sich der Künstler oder Kunsthandwerker Gestaltungskompetenz an, die das ›Universum des Privatmannes‹ zu einer prästabilisierten Harmonie machen möchte. Das Unterpfand dieser Harmonie ist nicht so sehr der *Gebrauch* der Dinge, sondern die Herstellung einer durch Wahrnehmung herstellbaren visuellen und durch ›Stimmung‹ evozierten psychologischen Einheit.
Nicht zuletzt deshalb spielt auch die bildliche Wiedergabe des Interieurs, in der Regel ohne Menschen, ohne ›Bewohner‹, in den zeitgenössischen kunstgewerblichen Publikationen eine so große Rolle. Nicht der Benutzer, sondern der Betrachter ist der ideale Adressat der Inszenierung. Oft läßt sich deshalb auf Photographien nicht unterscheiden, ob es sich um die Wiedergabe eines Interieurs eines Wohnhauses oder um die eines für eine Ausstellung aufgebauten Zimmers handelt. Bewohnbares Interieur und Ausstellungsinterieur werden austauschbar, weil bei beiden die visuelle Wahrnehmung die durch Gebrauch überlagert.[9]
Die Unterwerfung aller Einzelmomente, das heißt von Haus, Garten, Wohn- und Wirtschaftsraum, Möbel, Gerät, Gebrauchsgegenstand, Kunstwerk und anderem mehr, die ›Totalanordnung‹ unter *eine* Gestaltungsabsicht, erfaßt buchstäblich auch die Personen, die etwa durch ihre Kleidung – was Loos zu satirischen Einwänden veranlaßt hat – in den ästhetischen Gesamtzusammenhang integriert werden sollen oder, zum Beispiel in Form eines Porträts, als Teil des Interieurs selbst zum Möbelstück werden.[10] Der Wunsch, sich im Interieur einen »überschaubaren und beherrschbaren Mikrokosmos« zu schaffen,[11] der den ›Rückzug auf das Selbst‹ ermöglichen sollte, verlangt die – gelegentlich fast zwanghafte – Einordnung in das ästhetische Ganze und widersteht der Möglichkeit, individuelle Lebensspuren, zum Beispiel durch Gebrauch und Vernutzung, zu hinterlassen. Von individuellen Bedürfnissen, von individuellem Geschmack geht allenfalls noch etwas in die Wahl des Architekten, des Künstlers ein, dem die Anordnung des Ganzen überlassen ist.

Die Idee der ›gesamthaften‹ ästhetischen Einheit, die als solche zum gesellschaftsfernen Arkanum werden kann, verbindet das Interieur mit der Ausstellung. Ähnlich dem häuslichen Inwendigen soll auch die Ausstellung als Ort der Kunstreligion – man denke an das Haus und die Ausstellungen der Secession, zumal an die Beethoven-Ausstellung, die dem Künstler- und Kunst-Kult geweiht war – ästhetische Erfahrung jenseits des

›Lärms der Großstadt‹ ansiedeln. Die Kunstwelt begreift sich wie die Interieurs als dezidiert von der Gesellschaft abgetrennte und zieht gerade daraus ihren Anspruch auf ›Lebensreform‹.[12] Die ›künstliche‹ Wirklichkeit der Ausstellungsinszenierung beansprucht höhere Dignität als die gesellschaftliche. Die secessionistischen Ausstellungskonzepte einer ästhetischen Totalität unter den Vorzeichen einer ›leitenden Idee‹ sollten eine Kunstwelt nach eigenen Gesetzen schaffen. Und das im Dienste einer vorreflexiven, den »Sinn des Auges direkt« ergreifenden,[13] säkularisierten Sinnstiftung – wofür das ›Erlösungsdrama‹ von Klimts Beethovenfries im Kontext der Beethoven-Ausstellung das sinnfälligste Beispiel ist.[14]

Ähnlich derartigen Ausstellungsinszenierungen hat auch das Interieur als ästhetisches Arkanum als vom ›Reich der Notwendigkeit‹ geschieden zu gelten, wobei, auch das vergleichbar dem ›Design‹ der Ausstellungen, das einzelne als Moment des Ganzen erscheint. Das Haus, die Wohnung, müssen »wie aus einem Guß dastehen«.[15] Dieser Zusammenklang dient einem ästhetisch und psychologisch durchwirkten ›Wohlbehagen‹, für das man den Begriff des Komforts reserviert hatte.
Der Begriff des Komforts stammt aus dem Englischen und bedeutet soviel wie ›Seelentrost‹, oder, wie Meyers Konversationslexikon es umschrieb, » . . . Stärkung, Trost, Bequemlichkeit; in weiterem Sinn gebraucht für den Inbegriff leiblichen und seelischen Wohlbefindens, insbesondere für *häusliche Behaglichkeit«* (Hervorhebung G. F.), »insofern sie durch praktische und geschmackvolle Einrichtung erzeugt wird«[16]. Auch die lexikalische Begriffsbestimmung legt Wert auf den Zusammenhang von Praktischem und Geschmackvollem. Der Begriff des Zweckmäßigen, wie er zum Beispiel im Arbeitsprogramm der Wiener Werkstätte Verwendung findet, bezieht sich auf diese beiden Bestimmungselemente; das ästhetisch Wohlgefällige steht im Dienste psychischen (seelischen) Wohlbefindens; und auch das Praktische, das sich nicht nur in Gebrauchsgerechtigkeit erschöpft, dient ihm. Der Begriff der Zweckmäßigkeit erstreckt sich auch auf die künstlerische Durchformung des Alltäglichen, auch des Banalen, auf den Gebrauchsgegenstand wie auf den Nutzraum. Die Ästhetisierung des wohnlichen Alltags hat nicht bloße ›Verschönerung‹ zum Ziel, sondern auch die Nobilitierung einfacher, alltäglicher Bedürfnisse und die ›Veredelung‹ des Gebrauchsgegenstands zum Kunstwerk. Insgesamt steht diese Nobilitierung, die auch die des Kunsthandwerks zum Kunstwerk zur Voraussetzung hat, letztlich nicht im Dienste eines künstlerischen, sondern eines ›lebenspraktischen‹ Ziels. Josef Hoffmann bezeichnete in einer seiner Schriften »als obersten Grundsatz« (kunstgewerblicher Arbeit; G. F.) »die Erfüllung aller vernünftigen Bedürfnisse, das heißt des Komforts«, dem auch die Erziehung des Publikums (des Konsumenten) untergeordnet sein sollte, indem es ihn befähigt, »mit Bewußtsein den Comfort« zu verlangen.[17]

So geht es letztlich beim Interieur als der leitenden Aufgabenstellung des Kunstgewerbes der Moderne nicht nur um Formfragen, sondern um die Schaffung eines Entfaltungsraums für Empfindungen und Stimmungen, in denen das Selbst sich mit den wohlgestalteten Dingen identifiziert. Hermann Bahr hat das anschaulich beschrieben: »In Momenten der Verzückung und Erleuchtung empfinden wir, was unser Dasein ist. Durch ein Gedicht oder Bild machen wir uns ein Zeichen davon, zur Erinnerung. Es soll nun nichts mehr um uns geben, keinen Leuchter und keinen Stuhl, der nicht ein solches Zeichen wäre, zur Erinnerung an unsere Seele . . . Der Leuchter soll nicht bloß Leuchter sein, . . . sondern er soll ein Andenken an unsere Seele werden. Das ist der erste Gedanke der Hauskunst.«[18]
›Erinnerung‹ bedeutet hier nicht die Vergegenwärtigung kollektiver Erfahrung, sondern ›Spurensicherung‹ im privaten Ambiente, Beseelung der dinghaften Umgebung mit dem eigenen Ich. Einen Innenraum zu schaffen, bedeutet, dies für »unsere Gefühle, Stimmungen und Nerven« zu tun.[19] Und es ist nicht zuletzt der ›Stimmungsgehalt‹, der, neben Solidität und Schlichtheit, der bürgerlichen Wohnkultur des Biedermeier retrospektiv zugeordnet wird und der die Rezeption dieser ›ersten‹ bürgerlichen Kultur um 1900 förderte.[20]
Im eigentümlich schwebend-unbestimmten Begriff ›Stimmung‹ schwingt etwas von der Sehnsucht nach Entlastung mit, die das Interieur als ›Etui des Privatmannes‹ diesem bieten sollte. Stimmung, als ›neutrales‹ Zustandsgefühl ohne Verknüpfung mit einem konkreten psychischen Inhalt involviert, anders als der Affekt, nicht die Emotion oder das Gefühl des empfindenden Subjekts. Es erlaubt ihm, Distanz zu sich und zur Außen- und Umwelt zu halten. Mit dieser Eigentümlichkeit verbindet sich der Begriff der Stimmung mit der des Komforts, ein Zusammenhang, der in vielen Zeitzeugnissen, auf unterschiedlichste Weise, reflek-

tiert wurde. Beispielsweise hat Arnold Schönberg in einem 1911 verfaßten Essay[21] die umfassende gesellschaftliche Geltung des Begriffs Komfort so beschrieben: »Unsere Zeit sucht vieles. Gefunden hat sie aber vor allem etwas: den Komfort. Der drängt sich in seiner ganzen Breite sogar in die Welt der Ideen und macht es uns so bequem, wie wir es nie haben dürften. Man versteht es heute besser denn je, sich das Leben angenehm zu machen.« Komfort interpretiert Schönberg als eine ›Weltanschauung‹, die, weil sie sich gerade in der bloßen Anschauung dessen, was bequem, was angenehm ist, von der Realität ›exkulpiert‹.

Der Aspekt des Leidens an und der Distanz zur Gesellschaft und Geschichte wird auch in einem Aufsatz Alois Riegls über die ›Stimmung als Inhalt der modernen Kunst‹ faßbar.[22] Der Aufsatz beginnt – ungewöhnlich für eine wissenschaftliche Erörterung – mit der breiten und poetischen Schilderung einer sehr persönlich gefärbten Naturerfahrung. In der stillen Beobachtung der Natur sind »Ruhe« und »Fernsicht« diejenigen Bedingungen, die den Betrachter »von dem bangen Drucke, der von ihm keinen Tag seines gemeinen Lebens weicht«, entlasten und die ihm eine Ahnung von »der Harmonie über den Dissonanzen, der Ruhe über den Bewegungen«, eben ›Stimmung‹, vermitteln.[23] »Bewegung« und »Nahsicht« dagegen heben diese notwendige Distanz auf und verstricken das Subjekt, das in »den Kampf ums Dasein« ›zurückgeschleudert‹ wird. Dann ist die *ästhetische Distanz*, die die Voraussetzung der Stimmung war, zerflossen; die Stimmung, in der »dem Auge allein . . . die Berichterstattung überlassen war«, ist zerstört.[24] In der Sehnsucht nach der Erfahrung einer naturhaften Harmonie zeigt sich die Schilderung Riegls der Ideenwelt des Fin de siècle verpflichtet. Die Hoffnung auf innergesellschaftliche Lösung der Konflikte ist preisgegeben. Die Kunst wird zur Instanz, die die Existenz und Gegenwärtigkeit der ›Harmonie‹ verkörpert: »Was die Natur dem Menschen bloß in seltenen Augenblicken gönnt, soll ihm die Kunst auf jeden Wunsch hin herzaubern. Soweit die bildende Kunst des Menschen über Gebrauchs- und Schmückungszwecke hinausgeht, was wir auch als ›höhere‹ Kunst zu bezeichnen pflegen, hat sie von allem Anbeginn im letzten Grunde niemals eine andere Bestimmung gehabt, als dem Menschen die tröstliche Gewißheit von der Existenz jener Ordnung und Harmonie zu verschaffen, die er in der Enge des Weltgetriebes vermißt und nach der er sich unablässig sehnt, ohne die ihm das Leben unerträglich scheinen würde.«[25]

Hier ist der geeignete Moment, auf einige Beziehungen zwischen Kunstwissenschaft und Kunstgewerbe hinzuweisen. Für diese Beziehung ist Alois Riegl mit Biographie – Riegl war lange Zeit Leiter der Abteilung für textile Kunst am Kunstgewerbemuseum – und Werk eine Schlüsselfigur. Doch reichen die Wechselwirkungen zwischen Kunstgewerbe und Autonomisierung der Kunstwissenschaft sicherlich noch weiter zurück.[26] Der Prozeß der Autonomisierung der Kunstwissenschaft vollzieht sich als Emanzipation aus der Kulturgeschichte und Biographik des 19. Jahrhunderts und zielt auf eine Kunstwissenschaft als Geschichte der Formwahrnehmung, als eine Geschichte des Sehens, aus der schrittweise alle Determinanten, wie Zweck, Gebrauch, Stoff, Technik, ja sogar Inhalt ausgeschaltet werden können. Für die Rekonstruktion einer ›reinen‹ Formgeschichte bot sich vor allem die Geschichte der (zum Beispiel textilen) Ornamentik an. An deren Geschichte sollte eine mit naturwissenschaftlicher Exaktheit rekonstruierbare Entwicklungsgeschichte des Sehens entwickelt werden, also auch eine Theorie der psychischen Aufnahmefähigkeit. Kulminationspunkt dieser Forschungsstrategie ist Riegls Versuch, eine ›Grammatik‹ der Wahrnehmung zu entwickeln, die er in dem 1897/98 erschienenen Werk ›Historische Grammatik der bildenden Künste‹ vorlegte.[27]

Zu den Konsequenzen von Riegls Theorie gehört die Aufwertung des Ornaments und damit die des Kunstgewerbes ganz allgemein. Sein Kunstbegriff tendiert zur Egalisierung aller Möglichkeiten von Kunst, zum Beispiel wenn er das »eigentlich Bildkünstlerische am Kunstwerk« als »Erscheinung der Dinge als Form und Farbe in Ebene und Raum« definiert.[28] Diese Egalisierung erstreckt sich nicht nur auf die hierarchische Rangordnung der Kunstgattungen, sondern auch auf deren soziale Geltung. Riegl: »Wir kennen keine Unterscheidung zwischen ›hoher Kunst‹ und ›Kleinkunst‹, zwischen Kunst für die Reichen und für die Armen. Kunst ist Allgemeingut.«[29] In Unterschätzung der sozialen Bedingungen von Wahrnehmung leitet Riegl aus dem vermeintlich allgemeinen Vermögen zur Kunstwahrnehmung (als gewissermaßen rein physiologischem Vorgang) die Möglichkeit und Notwendigkeit eines egalitären Zugangs zur Kunst, und zwar zu der *einen* Kunst, in der es keine Ranghöhen mehr gibt, ab. Das rückt seine Theorie in die Nähe der Ausstellungskonzeptionen und -praxis der Secession, deren ›lebensreformerischer‹ Anspruch sich auch nur auf diesen Grundlagen verstehen läßt: Einbeziehung aller Kunst-

gattungen, Kunstformen und eine auf die psychischen Vermögen der ›Genießenden‹ einwirkende ›Totalanordnung‹.
Für diese ›egalisierende‹ Wechselbeziehung von Kunstgewerbe und Wahrnehmung gibt uns beispielsweise Berta Zuckerkandl in einem der frühesten Aufsätze zum ›modernen Kunstgewerbe‹ (1894)[30] ein Beispiel: »Es wäre nur zu wünschen, daß der Kunstgegenstand aufhört nur Schaustück zu sein – daß der Gebrauchsgegenstand anfängt, künstlerischen Wert zu haben. Mögen nun die Künstler noch diesen Schritt nach vorwärts machen und Gebrauchsgegenstände schaffen, die allen zugänglich, alle Augen durch künstlerische Eigenart erfreuen, dann hat die Zeit des Baudelaire und des Millet nicht nur eine aristokratische, wenigen Mitmenschen verständliche Kunst, sie hat auch eine Kunst, die das Gemeingut des ganzen Volkes wird.«

Doch nicht nur aus dem Begriff der Kunst, auch aus dem des Künstlers werden soziale Determinanten verdrängt. Riegls theoretische Überlegungen betreffen auch den Status des Künstlers. »Nur im anorganischen Schaffen erscheint der Mensch völlig ebenbürtig mit der Natur, schafft er rein aus innerem Drange, ohne alle äußeren Vorbilder; sobald er diese Grenzen überschreitet und organische Schöpfungen der Natur wiederzuschaffen beginnt, gerät er in äußere Abhängigkeit von der Natur, ist sein Schaffen kein völlig selbständiges mehr, sondern ein imitatives.«[31] Der Künstler wird als ›Schöpfer‹ einer ›zweiten Natur‹ begriffen, eine Vorstellung, die dem Bild des Künstlers der Moderne und dem der Kunst als ›Naissance‹ sehr nahe kommt und die keiner geschichtlichen Tradition mehr verpflichtet ist. Wo der »Mensch selbst schöpferisch« tätig ist, »hat er gar kein Vorbild . . . hier schafft er ganz aus sich selbst heraus . . . Insofern sind Architektur und Kunstgewerbe in höherem Grad Kunst als jede andere«[32].
Und noch nachdrücklicher: »Die menschliche Hand bildet ihre Werke aus toter Materie genau nach den gleichen Formgesetzen, nach denen die Natur die ihren formt. Alles bildende Kunstschaffen des Menschen ist daher im letzten Grunde nichts anderes als Wettschaffen mit der Natur. Das Lustgefühl, das uns die an einem Werke von Menschenhand haftende Kunst einflößt, bemißt sich nach dem Grade, in dem es dem Menschen gelungen ist, an dem betreffenden Werke die jeweilig entsprechenden Formgesetze des Naturschaffens zu klarem und überzeugendem Ausdruck zu bringen . . . Das bildende Kunstschaffen ist ein Wettschaffen mit der Natur und nicht ein Ertäuschenwollen der Natur.«[33]
Hier erhält der Begriff der Naissance (der freilich bei Riegl nicht vorkommt) eine kunsttheoretische Begründung, in der der autonome Prozeß der Kreativität als ein dem Wirken der (anorganischen) Natur verwandter Schöpfungsakt begriffen wird und sein Resultat, zumal in den nicht-imitativen Künsten Architektur und Kunsthandwerk, als die ›eigentliche‹, das heißt: radikal autonome, von allen ›Bedingungen‹ gereinigte Kunst.

In der Praxis treibt die Radikalisierung der Autonomie der Kunst Widersprüche hervor: Interieur-Kunst ist einerseits als autonome, im Sinne Riegls von allen Bedingtheiten gereinigte Kunst zu begreifen und appelliert an das Wahrnehmungsorgan Auge, das die einzelnen Momente des als Gesamtheit Gedachten synthetisiert; andrerseits steht die ästhetische Inszenierung im Dienste eines sozialen Ideals, nämlich der Schaffung einer arkanhaften Privatheit, die, von gesellschaftlichen Zwängen entlastet, die Hingabe an die Empfindungen der ›Seele‹ als ›Stimmung‹ ermöglicht.

Ein vergleichbares Dilemma entsteht in der Dialektik von Autonomisierung und Instrumentalisierung des Kunstwerks in den Ausstellungen, zum Beispiel denen der Secession. Die ästhetische Vereinzelung, die nicht zuletzt dem Verkauf der Kunstwerke dienlich war, ist auf die Spitze getrieben; das Kunstwerk ist als ›rein‹ ästhetisches Artefakt präsent, als Quintessenz eines individuellen schöpferischen Akts. Zugleich hob eine ›leitende Gesamtidee‹ das Vereinzelte in einem Gesamtzusammenhang auf. Dieser sollte sich – wieder ist an die ›Beethoven-Ausstellung‹ als Modellfall zu erinnern – vor allem über die Wahrnehmung (und nicht so sehr durch die Textprogrammatik der Kataloge) vermitteln. Dennoch lag, der Intention ihrer Autoren zufolge, das Ziel solcher Ausstellungen nicht bloß im Ästhetischen, sondern in ihrer »sozialen« Funktion, nämlich in der, ›auf das Leben zurückzuwirken‹ – oder besser: der gesellschaftlichen Realität eine Kunstwirklichkeit gegenüberzustellen. Da es dabei nicht um Negation des Status der Kunst geht, sondern geradezu um die Überbietung ihrer Rolle als die einer ›anderen‹, ›höheren‹ und ›besseren‹ Wirklichkeit, scheint es mir unangebracht, für diese Tendenzen der ›Wiener Moderne‹, wie es manchmal geschieht, den Begriff der Avantgarde in Anspruch zu nehmen. Nicht Aufhebung der Kunst in Lebenspraxis ist in den anspruchsvollen

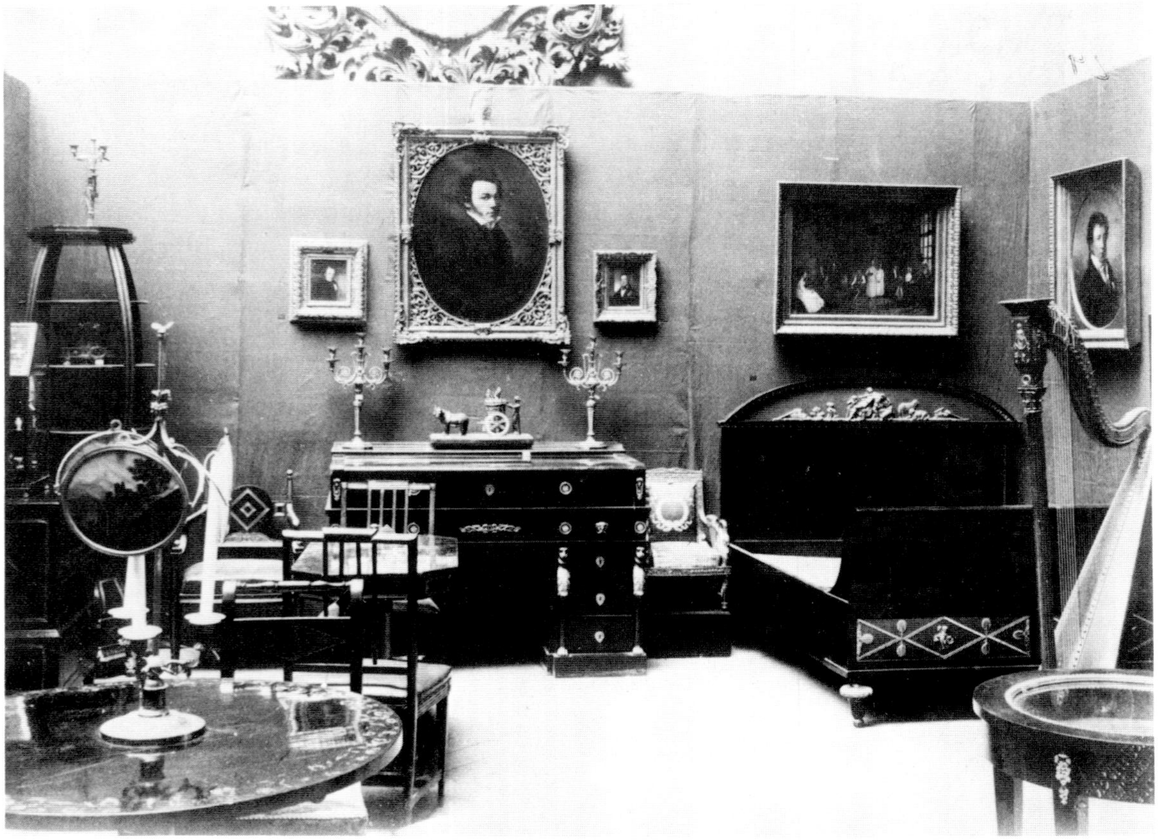

Kongreßausstellung. K. K. Österreichisches Museum für Kunst und Industrie 1896

Ausstellungsinszenierungen intendiert, sondern die Metamorphose der Lebens- in eine Kunstwirklichkeit.

Die Ideologie des naturhaft schöpferischen Künstlers hat ihr Komplement in der Fetischisierung der Qualitäten des Stoffs, des Materials, aus dem ein Kunst(hand-)werk gemacht wird. Der Verzicht auf das Ornament ermöglicht die Nutzung der gestalteten, bearbeiteten Oberfläche, der Hervorhebung eines besonderen Oberflächenreizes, den ein bestimmtes Material besitzt. Die Struktur eines Stoffs kann zum Dekor genauso werden wie die raffinierte Kombination verschiedener Materialien. »Utility is the first condition, but there is no reason, why the simplest articles of household effects should not be beautiful. The value does not lie only in the material, but in the right thought an treatment of the material.«[34] Zwar dankt dann das Ornament als Bedeutungsträger, als Geschichtliches vermittelndes Zeichen ab, doch an die Stelle seiner ästhetischen Faszination tritt nun die der durch Materialwahl und raffinierte Bearbeitung veredelte Oberfläche ›an sich‹. Selbst Loos scheint sich in der Beurteilung dieser Ambivalenz der asketischen Produktkultur zwischen ornamentloser Zweckhaftigkeit und die ästhetischen Reize des Ornaments noch übersteigernden Raffinements der Stoffbehandlung nicht immer sicher gewesen zu sein; denn einmal gibt er zu bedenken, » . . . daß edles material und gute arbeit fehlende ornamentik nicht bloß aufwiegen, sondern daß sie ihr an köstlichkeit weit überlegen sind«[35], und ein andermal scheint er den ›glatten‹ Gegenstand unter sein Generalverdikt des Ornamentalen zu subsumieren: »Wenn ein Gebrauchsgegenstand in erster Linie nach ästhetischen Gesichtspunkten geschaffen wird, ist er ein Ornament, mag er auch noch so glatt sein.«[36]

Der Rückgriff auf die ›Natur‹ des Materials ist auch ein Rückgriff auf die ›Natur‹ der Arbeit, auf handwerkliche Herstellung, auf die »ursprüngliche Produktivkraft ›Mensch‹«[37]. Eine Produktion, die auf Handarbeit zurückgreift und auf die aus ihr resultierenden Qualitä-

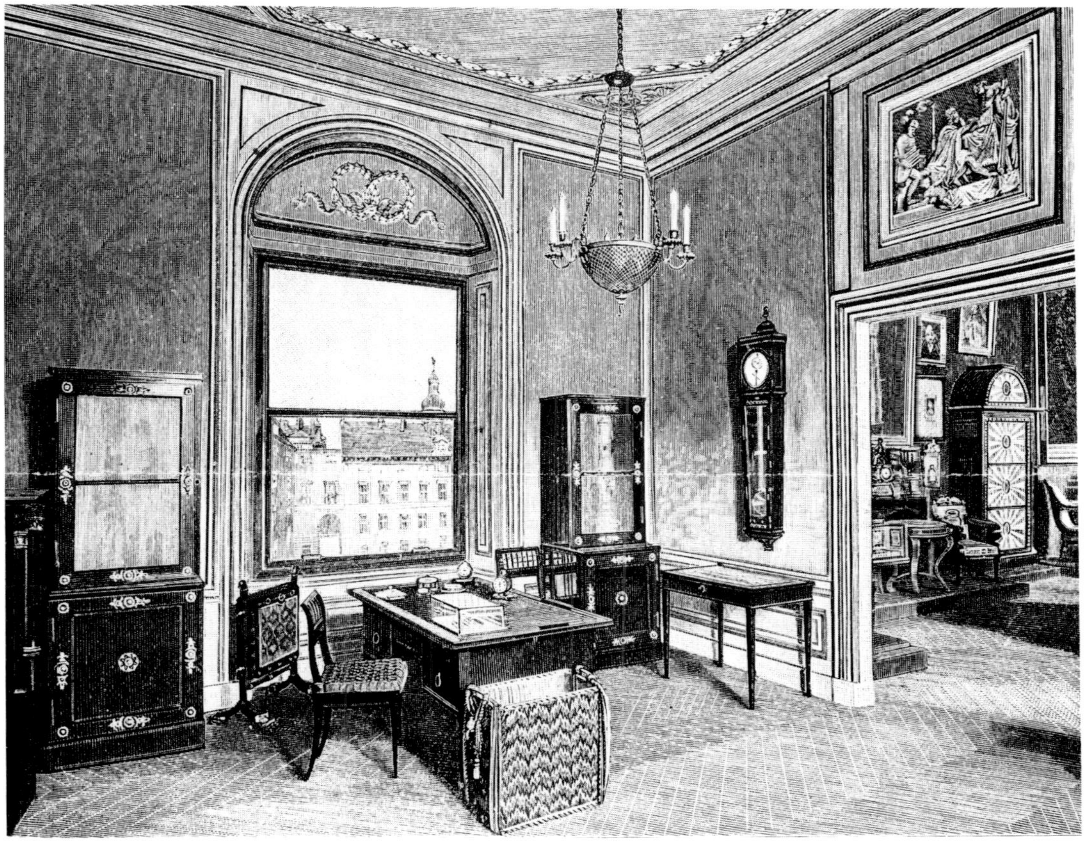

Die Rekonstruktion des Arbeitszimmers Kaiser Franz' I. auf der Kongreßausstellung im k. k. Österreichischen Museum für Kunst und Industrie (1896)

ten des Artefakts als ›zweiter Natur‹, distanziert sich auf doppelte Weise vom aktuellen Stand der (industriellen) Produktion und deren ästhetischen, sozialen und ökonomischen Konsequenzen. Man distanziert sich nicht nur von der ›Maschinen‹arbeit, sondern leugnet auch damit das Moment der Vergesellschaftung im Resultat der Arbeit; denn diese erscheint nun als Ergebnis eines naturhaften Schöpfungsprozesses, der sich der künstlerischen Individualität verdankt, und nicht als Produkt gesellschaftlicher, historischer Arbeit. Die Verdrängung historischer Erfahrung aus dem künstlerischen Arbeitsprozeß schlägt sich im latenten Antihistorismus der Moderne nieder, und in der tendenziellen Negation einer durch Arbeit vermittelten Naturaneignung in der Fetischisierung des ›Materials‹, das ›als Ding an sich‹ ästhetisch genossen werden kann und das unter Umständen (ich nenne den Stoclet-Fries als Beispiel) nicht so sehr durch die Darstellungsinhalte als durch seine pure Materialität und Kostbarkeit das Subjekt-Objekt-Verhältnis bestimmt.

Für viele der beschriebenen Tendenzen des ›modernen‹ Kunstgewerbes, zumal für den Verzicht auf das Ornament, für die Wertschätzung der handwerklichen Arbeit unter anderem mehr, bot der Zeit um 1900 die frühbürgerlich-asketische Ästhetik der Biedermeierzeit das historische Vorbild. Die ›Entdeckung‹ des Biedermeier als eigenständiger kultureller Epoche vollzog sich von Wien aus, wo 1896 das Museum für Kunst und Industrie eine »Wiener-Congreß-Ausstellung« veranstaltete, die das bis dahin pejorativ beurteilte Zeitalter des Empire – der Begriff des Biedermeier fand im Zusammenhang der Ausstellung noch keine Verwendung – einer Neubewertung zugänglich machte.
Auffallend ist, daß es eine Leistung gerade der Wiener Kunstwissenschaft war, Maßstäbe zur Beurteilung und Darstellung sogenannter Verfallszeiten, als das auch das Empire bis dahin galt, zu finden und, auch unter den Prämissen der schon dargestellten Egalität der Künste (vgl.: Alois Riegls Arbeit zur spätrömischen Kunstindustrie), damit ihre Neubewertung einzuleiten.

Schon bei Eitelberger findet sich, interessanterweise im Zusammenhang mit der Frage musealer Repräsentanz der Kunstgeschichte, die Vorstellung von der notwendigen Integration der ›Verfallsepochen‹ – als konstitutiver Bestandteil des ›Ganzen‹ der Geschichte: »Damit aber eine Sammlung ihrem Zwecke entspreche, einen vollständigen Überblick der Kunstgeschichte zu geben, instruktiv für den Laien und Schüler, unterstützend für den Lehrer zu sein, ist es nothwendig, daß sie erstens allseitig, zweitens vollständig sei. Die Allseitigkeit besteht darin, daß alle Kunstepochen und alle Kunstformen vertreten sind, die Vollständigkeit darin, daß innerhalb dieser Kunstepochen und Formen alle Entwicklungsstufen und Meister vorhanden sind. Gegen diese Forderungen wird oft gefehlt. Vorerst dadurch, daß man die Entwicklungsstadien und Verfallsepochen der Kunst nicht beachtet, und nur auf die Vertreter der Kunsthöhen sich wirft. Dadurch wird das Werden der Kunst unbegreiflich, und das Gesunde in früheren Epochen zu finden, erschwert. Die großen Meister stehen dann als Räthsel da, weil der Schlüssel zu ihrer Lösung fehlt. Aber auch die Epochen des Verfalls sind von großer Bedeutung, theils dadurch, daß sie zeigen, wie das Festhalten an Äußerlichkeiten, das Entfernen von der Natur, und die daraus hervorkommende Manier unaufhaltsam zum Verderben führt, theils dadurch, daß sie den Weg zeigen, wie man sich von leeren Manieren fernhalten kann, und welche Schule man durchmachen muß, um derselben zu steuern, wenn sie schon überhandgenommen hat.«[38]
Die Wiederentdeckung des Empire beziehungsweise des Biedermeier vollzog sich als Rehabilitierung einer als ›Niedergang‹ eingestuften kulturellen Epoche und zog eine Reihe von wichtigen wissenschaftlichen Publikationen nach sich. Wie etwa Josef Folnesic' Arbeit zu den Innenräumen und dem Hausrat der Empire- und Biedermeierzeit in Österreich-Ungarn (1903), August Schestags Aufsatz zur Entstehung des Biedermeierstils (1903) und die »Entwicklung des Biedermeierstils« desselben Autors (1904) – wissenschaftliche Arbeiten, auf die dann die zweite große Ausstellung zur Empire-Zeit, die von Dresden (1904), bereits zurückgreifen konnte.[39]
In der Wiener Forschung wurden nicht nur die ästhetischen und funktionalen Qualitäten biedermeierlicher Wohnkultur gewürdigt, sondern auch deren ›nationaler‹ beziehungsweise ›bodenständiger‹ Charakter. Das Biedermeier wurde als ›eigentlicher‹ Wiener Stil entdeckt und als solcher vom – zum Beispiel französischen – Empire abgegrenzt. Interessant ist, daß der Begriff des Biedermeier als Stilbegriff (und zwar zunächst in der Fassung von ›Biedermännerzeit‹ im Zusammenhang einer Untersuchung zum *Kunstgewerbe* auftaucht, nämlich in Georg Böttichers 1894 erschienenen Publikation ›Die Zukunft des Ornaments unter besonderer Berücksichtigung der Tapete‹.[40] Die Aufwertung des Kunstgewerbes in der Zeit um 1900 war ja eine Voraussetzung für die Wiederentdeckung des Biedermeier, dessen spezifischen Qualitäten nicht zufällig in der Wohnkultur nachgespürt wurde.

Es wäre aber ein Irrtum, die Biedermeier-Rezeption als erneuerten Historismus aufzufassen. Für die eigentümliche, von diesem gänzlich unterschiedene Form der Tradierung kann uns wiederum Hermann Bahr ein Beispiel geben: »In der Kongreßausstellung ging den Wienern das Licht auf, daß ihr Biedermeier denn doch eine famose, bodenständige und lebensfähige Sache war, an die sich wohl gar nocheinmal anknüpfen ließe, über die ganze hochaufgetürmte Schulrenaissance hinweg . . . Natürlich wollen wir nicht, daß man sich jetzt wieder in Freund Biedermeier vernarre und verbeiße und ihn kopiere, soweit er nicht niet- und nagelfest ist. Auch er ist heute ein historischer Stil, der Ausdruck einer weit enger horizontierten Zeit, als die des Telephons und der Röntgenstrahlen . . . Es wäre also närrisch, sich heute wieder biedermeierisch einzurichten. Biedermeier ist tot, aber seine gesunden Grundsätze sind lebendig, denn sie haben schon vor ihm gelebt und gewirkt. Dreifache Echtheit: Zweckheit, stoffecht, zeitecht und dazu das undenkbar tüchtigste Handwerk. Damit ist die ganze Zukunft garantiert.«[41]
Nicht nur isolierte, formale Qualitäten sind es, die interessieren, sondern ›Prinzipien‹ und diese können schon gar nicht durch Kopie tradiert werden. Diese Prinzipien sind – darin ist Bahrs Argumentation charakteristisch ›modern‹ – die einer sozusagen überhistorischen, immer wieder aktualisierbaren Modernität; *diese* ist es, die um 1900 wiederbelebt, ›erinnert‹ werden kann, und nicht so sehr die spezifische Konstellation einer historischen Epoche, wie sie sich in ihr zugehörigen Artefakten visualisiert: Das Biedermeier interessiert nicht nur als historischer Abschnitt, sondern als eine andere, der zeitgenössischen vorhergegangenen Modernität. Damit nur ja keine Verwechslung mit dem Historismus stattfindet, nennt ja Bahr auch die ›hochaufgetürmte Schulrenaissance‹ eine ›falsche‹ Form des Tradierens, der keine ›Zeitechtheit‹ zukommt.
Modernität wird dabei als eine Art Koinzidenz von

ästhetischem und ethischem Ideal, von Kunst und Leben, bestimmt – aus der ›Zeitgemäßheit‹ bezieht ja auch die Kunst um 1900 ihre Legitimität; und wenn Berta Zuckerkandl Qualitäten des Biedermeier beschreibt, tut sie das unter der Signatur der Moderne: »So wollen wir denn hier die Brücke schlagen, welche die drüben vom Ufer des Gewesenen zu uns Lebenden herüberbringen kann. Jetzt ist, nachdem das achtzehnte Jahrhundert ausgespielt hat, die Sammelepoche des Empire und des folgenden Biedermeier angebrochen. Man hat entdeckt, dass Wien dazumal eine ganz eigene, unendlich hohe Blüte der Geschmacksbildung, der Struktur und Formenkunst, der Zweck- und Schönheitsverschmelzung und der adeligsten Handwerksreinheit besass. Man kann sich nicht sattsehen an diesen Möbeln, die so proportionslogisch stützen und tragen, so ideal nach dem Körper sich biegen und doch so streng auf ihr Stilrecht pochen; an diesen Kommoden, deren Türen oder Laden so hermetisch schliessen und die, verächtlich auf staubbringende Zier verzichtend, in dem schön geglätteten, mit des Holzes Fasern geistreich spielenden Flächen ihren edelsten Schmuck suchen. Da gibt es Silberkörbchen, Teekannen, Salzfässer von so praktischem Schnitt, da gibt es Uhrgehäuse, Perlmutterdosen, Elfenbeinkästen, mit streng und scharf ziselierten Bronzen geziert, da gibt es Gläser, die ihre Materialbedingung herrlich kristallisieren, und Kronenluster, Leuchter, Beleuchtungsgegenstände, die für die damals herrschende Wachskerze als idealster Ausdruck der Lichtbedingnisse gelten können. Dies alles dient vor allem und streng seinem Zweck, dies alles aber wird durch eine Einheitsempfindung der Struktur, durch ein gleiches Formideal untereinander verbunden. Was zieht die Menschen, welche jetzt mit Eifer Gegenstände aus jener Epoche sammeln, zu diesen? Die instinktive Achtung vor aller Ehrlichkeit, vor der zielbewussten Richtungsklarheit, vor dem handwerklichen Vollendungsideal, welches erreicht ist, und dann die wohltuende Harmonie, die allen geistigen Zeichen dieser Zeit entquillt. Die Menschen, die dazumal dichteten, komponierten und malten, die Frauen, die damals tiefstes Kulturverständnis besassen, sie konnten nicht anders wohnen, nicht anders ihre Stuben schmükken, nicht anders essen, sich vergnügen, sich kleiden, als wozu das ihnen inhärente Zeitbewusstsein sie künstlerisch zwang. Und weil alles aus jener Zeit geistiger Abdruck eines starken und würdigen Selbst ist, deshalb finden die Menschen von heute sie wert, in Sammlungen und Museen eingereiht zu werden.«[42]

Die Berufung auf die frühbürgerliche Kultur ruft Produktions- und Reproduktionsverhältnisse ins Gedächtnis, die »nicht von der Gunst fürstlichen Mäzenatentums, nicht vom materiellen Überfluß einer wirtschaftlich glänzenden Epoche« hervorgebracht wurden, erinnert an ein »Paradies des Kunsthandwerks vor dem Sündenfall der Kunstindustrie«[43], in dem auf handwerklicher Grundlage eine schlichte, bürgerliche Innerlichkeit und Privatheit dienende Produktkultur entstand, die zugleich Prestige verleihen konnte. Die Produktivkräfte werden noch als prinzipiell ›vernünftig‹ angesehen und deren ›verborgene Vernunft‹ in Kunst und Kunstgewerbe anschaulich gemacht: die Produktionswirklichkeit wird anerkannt und nicht verdrängt; materielle und geistig-ästhetische Kultur des Biedermeier erschienen zumindest der Zeit um 1900 als – verlorene und wiederzugewinnende – Einheit.

Die Einfachheit, ja Schlichtheit der Form frühbürgerlichen Kunsthandwerks bedingt freilich eine komplementäre ästhetische Einstellung, die unter anderem vom Betrachter verlangt, daß er die Schlichtheit der Ästhetik nicht mit einer Beschränktheit der Mittel aus Not verwechselt. Die Formgestaltung verlangt einen spezifischen rezeptiven Code, der zugleich ein Mittel der Distinktion, der sozialen Unterscheidung ist. Ernst Gombrich[44] hat in einer Interpretation von Goethes Gedicht »Hermann und Dorothea« auf diesen sozialen Kern von Kunstwahrnehmung im Zusammenhang mit der frühbürgerlichen Ästhetik verwiesen: »Geschmackvoll, wie sie's heißen«, wie es in Goethes Gedicht heißt, ist der, der es zu schätzen weiß, daß nun alles »einfach und glatt« ist, »weiß die Latten und hölzernen Bänke«. Die Schlichtheit der Form setzt sich von der verschwenderischen, sich des Ornaments bedienenden, höfischen ab. Allerdings betont das Gedicht, daß das ›fremde Holz‹ am meisten kostet und daß die ›Arbeitsleute‹ teuer seien. Es ist nun nicht das Dekor, das zum Träger der ›Wertvorstellung‹ wird, sondern jene spezifische Ästhetik, die gerade über die Einfachheit der Mittel, die Erlesenheit der Materialien und die Raffinesse der Verarbeitung transportiert wird und Ausdruck ästhetischer Besonderheit und vergegenständlichtem Wert (Handarbeit, ausgesuchtes Material) ist.
Dies zu würdigen bedarf es eines *gebildeten* Sinns für die Form, es bedarf der »Unterscheidung, die der *Masse der Ungebildeten*« (Hervorhebung G. F.) »fremd ist« und die »*darum* das Kennzeichen wirklicher Verfeinerung wird«[45]. In der Konzentration auf die Art und

Weise der *Form*verwirklichung als wesentliches Moment von aisthesis verschiebt sich deren Qualität von einem ›Vergnügen der (aller) Sinne‹ auf die Herausbildung eines ›guten Geschmacks‹, dessen Instanz vor allem ein Sinnesorgan ist: das Auge. Genuß hat damit eine Voraussetzung in Mittelbarkeit und Distanz (die auch Voraussetzung einer kritischen Haltung gegenüber dem Objekt sind) und darin, daß sich der Genießende nicht in die sinnlichen Reize des Objekts verstrickt. Der reine Affekt im genußvollen Sich-Überlassen ans Objekt weicht der kritisch-distanzierten Haltung des ›Betrachtens‹, die sich vor den ›Schrecken des animalischen Genusses‹ (Bourdieu) zu hüten weiß, und sogar beim sich dem Genuß ›gewaltsam aufdrängenden‹ Kunstwerk Ekel empfindet.[46] Aisthesis spaltet sich in ›Wohlgefallen‹ und ›Genuß‹ – eine Unterscheidung, die (zum Beispiel bei Kant) zum Unterschied von Kultur und Barbarei gehört und den kultivierten Bourgeois vom Volk unterscheidet.

Kant unterscheidet allerdings noch weiter das ›äußerlich zivilisierte‹ vom ›kultivierten‹ Wohlgefallen. Während jenes als »Eigenschaft der Vernunft«, weil es äußerlich ist, »Lüsternheit, naturwidrige Neigungen erkünsteln« kann, ist letzteres »langsame Bemühung der inneren Bildung der Denkungsart«.[47]

»Diese reine Ästhetik stellt tatsächlich die Rationalisierung eines *Ethos«* (Hervorhebung G. F.) »dar: Das reine Wohlgefallen, von der Konkuspiszenz so fern wie von der *conspicious consumption*, also absolut rein gleichermaßen von sinnlichen wie gesellschaftlich-mondänen Interessen, steht zur verfeinerten, auf andere gerichteten Lust der Hofleute nicht weniger in Gegensatz als zur rohen und grobschlächtigen Lust des Volkes.«[48]

Die Distanz im ästhetischen und ›reinen‹ Wohlgefallen erweist sich als Moment der Askese, als Spannung, die, als immer wieder hinausgezögerte Vorlust, zum Gegenteil von aisthesis wird. Sie bringt »Verzicht auf Lust« und ist »von Lust gereinigtes Vergnügen«, das als solches zum Symbol *moralischer* Vollkommenheit werden kann, zum Indiz eines Kultur hervortreibenden Sublimierungsvermögens, das zugleich als soziale Auszeichnung fungiert.[49]

Der Aufbau einer Distanz von Subjekt und Objekt nimmt das Kunstwerk nicht als Mittel (des Vergnügens der Sinne), sondern als Zweck, der »für sich selbst angenehm ist«[50]. Hierin wurzelt unter anderem die Autonomisierung des Gegenstands, denn das Werk soll nun nur mehr unter den ihm gemäßen Intentionen wahrgenommen werden,[51] und zwar in einem Betrachtungsakt, der den Schöpfungsakt reproduziert. Diese Form des ästhetischen Genusses ist es, die »Freiheit gebiert«, weil »sie keinen Zwang auf den Betrachter auszuüben vermag« (Kant).[52] Die materielle Basis dieser Theorie der Kunstwahrnehmung ist bei Kant selbst, als eine Form »intellektuelle(r) Arbeitsteilung« (Bourdieu), reflektiert; und zwar als Unterscheidung des Kunstgenusses von Arbeit als der »Beschäftigung, die für sich selbst unangenehm und beschwerlich und nur durch ihre Wirkung (zum Beispiel den Lohn) anlockend ist«[53].

Mir scheint, daß die ›asketische‹ Ästhetik der Jahrhundertwende unter anderem auf diese eben sehr knapp skizzierten Maximen frühbürgerlicher Ästhetik antwortet und sich ihrerseits als Form der sozialen Distinktion und moralischen Unterscheidung zu erkennen gibt. Die radikale Autonomisierung des Gegenstands in einer auf formale Sensationen reduzierten Wahrnehmung kann als eine spezifische *soziale* Leistung verstanden werden, in der Triebansprüche befriedigt, nicht aber eingelöst werden und sich auf ästhetische Bedürfnisse verschieben. Und zwar auf eine Weise, die den sozialen Gebrauchswert der Kunst negiert, *zugleich* aber – über die privilegierte *Form* der Wahrnehmung – soziale Unterscheidung *als* ästhetische erlaubt.

Die Negation des inhaltlichen und funktionalen Moments von Kunst, in der ›comfortablen‹ Dekoration des Interieurs als ›eigentlichem‹ Lebensraum, hat ihre Voraussetzung in der beschriebenen Autonomisierung des Kunstwerks und der Kunstwahrnehmung. Darum kann das Dekorative, das Kunstgewerbe allgemein (als vom Gegenständlichen abstrahierend) zum privilegierten Gegenstandsbereich der ästhetischen Kultur werden. »Die Kunst«, schreibt Oscar Wilde,[54] »die sich unumwunden als dekorativ gibt, ist die Kunst, mit der man leben kann. Unter allen visuellen Künsten ist sie die, die in uns *Stimmung* und *Gefühle* erzeugt. Farbe allein, ohne die *Last von Bedeutung* und ohne an eine bestimmte Form gebunden zu sein, kann zur Seele auf tausend verschiedene Arten sprechen. Die Harmonie, die in den feinen Verhältnissen von Linien und Maßen liegt, spiegelt sich im Geist. Die Wiederholung von Mustern beruhigt uns. Die Wunder der Erfindung beflügeln die Phantasie. Allein schon in der Lieblichkeit des verwendeten Materials sind Grundstoffe der Kultur verborgen. Und das ist noch nicht alles. Durch ihre absichtliche Verneinung der Natur als Ideal der Schönheit und der nachahmenden Methode des gewöhnlichen Malers bereitet dekorative Kunst die

Seele nicht nur zur Aufnahme wirklich bedeutender Werke vor, sondern entwickelt in ihr den *Sinn für Form*, der die Grundlage sowohl der schöpferischen wie der kritischen Leistung ist.« (Hervorhebungen G. F.)

Ein erheblicher Unterschied der frühbürgerlichen Theorie der Kunstwahrnehmung zu der des Fin de siècle liegt in deren Verallgemeinerungsfähigkeit. Bei Kant wird das ›Bemühen um innere Bildung‹ jedermann zugemutet, es wird von jedem Menschen gefordert und wir »setzen es auch, wenn er einige Kultur hat, an ihm voraus«.[55] Im Laufe des 19. Jahrhunderts schlägt der Anspruch auf Universalisierung von Bildung und Geschmack unverblümt in ein Zwangsverhältnis um, das jeden ausschließt, der nicht schon vorab über ›Geschmack‹ verfügt. » . . . So schließen wir . . . die Willkür und das beliebige Gefallen des Einzelnen aus; wir *verlangen* vielmehr, daß ein jeder, wer er sei, den Gegenstand, den *wir* als einen geschmackvollen bezeichnen, auch als einen solchen *anzuerkennen* hat; thut er es nicht, so liegt die Schuld an ihm und er zeigt damit, daß er nicht fähig ist, den Gegenstand von dieser besonderen Seite aus zu fassen und zu begreifen.«[56] (Hervorhebungen G. F.).

Um 1900 ist die Frage des sozial egalitären Umgangs mit Kunst, ihres Genusses und Gebrauchs, einem elitaristischen Selbstverständnis gewichen, in dem die ›Masse‹ – unter welchem Begriff die Allgemeinheit damals in der Regel subsumiert wird – allenfalls als Objekt erzieherischer Anstrengungen vorkommt.

Der Elitarismus bezieht sein Pathos unter anderem aus der Idee des autonomen Künstlerindividuums. So ist zum Beispiel bei Josef Hoffmann von der »Elite« der Kunsthandwerker die Rede, die »nicht Sklaven einer Maschine« seien, sondern »Erschaffer und Bildner, Former und Bezwinger«.[57] Diese Elite leistet eine »Arbeit . . . von gesunder schöpferischer Kraft geleiteter Hände«, die den »Ausdruck für die besseren Kräfte unserer Nationen« finden soll.[58]

Dieses Bewußtsein des Elitarismus ist doch wohl nicht so ohne weiteres mit dem der Avantgarde zu verwechseln. Während die Avantgarde die gesellschaftlich autonome Position der Kunst insgesamt thematisiert, benutzt der Elitarismus (etwa der Secession) diese Autonomie als Instrument seiner lebensreformerischen Intentionen – die aber fest in den Händen einer ästhetischen Aristokratie bleibt. »Seelenkunst, das ist die Secession, das will sie sein. Sie hat mit dem Angelernten gebrochen, sie hat an Stelle der ›Stimmung‹, des ›Schönen‹, des ›Großen‹, das der Herr Professor lehrte, die Stimmung, das Schöne und Große gesetzt, das der Künstler in sich selbst fand. Das ist ihre Jugend, ihre Kraft, ihre Bedeutung! Sie ist, wie jede wahre Kunst, persönlich, individuell. Sie ist aristokratisch im Gedanken – denn jeder dieser Jungen fühlt sich Herr und Meister und ist es auch in seinem Empfindungskreisen – und sie ist demokratisch in ihrer Wirkung. Denn sie wendet sich an Alle, die da mühselig sind und beladen von der Last des Tages. Und sie will diese alle zu Aristokraten machen! Die *Aristokratisierung der Massen*« (Hervorhebung G. F.), »das ist die Mission der Kunst. Mit neuen Mitteln, mit eindringlichen Mitteln, denn sie sind persönlich und reden von Mensch zu Mensch, versucht dies die Secession. Sie soll die Pforte ihres Hauses nur immer weit dem Volke öffnen. Das Volk wird ihre Sprache verstehen lernen. . . . Eine auffallende Erscheinung in der Secession ist die Neigung zur decorativen Kunst. Nicht nur, daß manche Künstler in ihren Bildern auf rein decorative Wirkung ausgehen, mancher, wie der treffliche Kolo Moser, haben sich der Technik des Kunstgewerbes zugewendet. Auch darin sehe ich ein Symptom jener Aristokratisierung der Massen durch Demokratisierung der Kunst. Indem die Kunst in unser tägliches Leben eingreift, indem sie sich des Gebrauchsgegenstandes annimmt, erobert sie sich immer größere Felder für ihre Betäthigung. Aus den Ausstellungen und Galerien heraus tritt sie in's Leben. Durch unsere Zimmer schreitet sie, an unserm Tisch sitzt sie. Sie ist uns keine Fremde mehr, sie wird uns eine traute Gefährtin. Unser Jahrhundert hat die Wissenschaft popularisiert. Popularisierung der Kunst wird die Devise des kommenden Jahrhunderts sein.«[59]

Doch Aristokratisierung und (massenhafte) Verbreitung der Kunst führten in einen unauflöslichen Widerspruch. Die Nobilitierung auch noch der alltäglichsten Gebrauchsgegenstände, die auch das mit ihnen hantierende, mit ihnen lebende Individuum nobilitierten, beruhte ja gerade auf der Unikalität des Gegenstands; ihre Aura verwischte die Grenzen von Alltag und Ritual und warf ihren Schein auf den privaten Alltag ebenso wie auf den Bewohner des mit Preziosen inszenierten Interieurs.

Die (Massen)Reproduzierbarkeit der Dinge hätte ihre Aura zerstört und damit die ihrer sozial exklusiven Verfügbarkeit. Im übrigen beruhte die Aura dieser kunstgewerblichen Gegenstandswelt nicht, wie beim musealisierten, antiquarischen, historischen Objekt, auf den in ihm inkorporierten geschichtlichen Lebensspuren, sondern auf einer physiognomischen Einzigartigkeit, die sich dem Akt künstlerischer ›Naissance‹ verdankte. Dort, wo, wie zum Beispiel bei Josef Hoffmann, das Ornament wieder in seine Rechte gesetzt beziehungsweise mit der Wahl historischer Typen und Stilelemente wieder an historische Modelle angeknüpft wird, erscheint dies nicht so sehr im Sinne des Historismus als historisch aussagehaltiger Bedeutungsträger, sondern als »polyvalentes Zeichen«, das austauschbar (und zum Beispiel gleichermaßen auf kunstgewerbliche Gegenstände wie monumentale Architektur angewendet werden kann) und »in verschiedenen Zusammenhängen lesbar und in mehr als einer Weise interpretierbar ist.« Anders als in der wissenschaftlich untermauerten, tendenziell aufklärerischen Aneignungspraxis des Historismus (ich verweise auf die Ausführungen zu R. v. Eitelberger und Carl Richter), in der es um das Aufspüren des Kunstgesetzes in lebenspraktischer Absicht ging, um die Dechiffrierung der geistig-historischen Sinnbestimmung von (Kunst)Geschichte, dreht es sich beispielsweise bei Hoffmann eher um die Evokation der überlieferten Zeichen als Elemente eines zeitlosen Formen- und Wertekanons: »Historischer Fortschritt löst sich in der Rätselhaftigkeit des Mythos auf.«[60]

Der Angriff etwa auf das Surrogat, die Nachahmung, die ›Fälschung‹, also auf die historistische Kunstpraxis und auf ihre Lehrmethoden, entpuppt sich als Festhalten an spezifischen elitären ästhetischen Codes, die durch Massenreproduktion – unter Zuhilfenahme der Maschine – ihrer distinktiven Kraft beraubt würden. Die ›billige‹ Vervielfältigung des ästhetisch Exklusiven brächte die Trenngrenze zwischen ›äußerlichem und zivilisiertem Wohlgefallen‹ und ›kultiviertem Wohlgefallen‹ zum Verschwinden und damit die Verfügung des Bildungsbürgertums über die ästhetischen Codes, die zugleich soziale sind. Mit seltener Deutlichkeit findet sich das in einem Essay des Kritikers Joseph August Lux ausgesprochen: »Für die Masse sorgt die Industrie. Sie ist aus der Masse hervorgegangen und nur durch sie gerechtfertigt. Einer unbegreiflichen Lebenslüge zufolge, möchte die Masse auch Kunst haben. Also das, was sie niemals verstanden hat und niemals verstehen wird. Die Folge ist, daß sie ein wertloses Surrogat hinnimmt, und daß die Industrie diese Art von Kunst für die Masse hervorbringt. Kunstindustrie. In Wahrheit aber kann die Industrie niemals Kunst hervorbringen. Kunstindustrie ist ein Unding. Der hohe menschliche Begriff der bildenden und handwerklichen Künste ist lediglich bestimmt von der persönlich geadelten Handarbeit, durch die sich die seeliche Inspiration stofflich ausdrückt . . . Alle Geschmacklosigkeiten, ein großer Teil der Qualitätsmängel und der Übel, die im Gefolge der modernen Zivilisation aufgetreten sind, kommen aus dem Glauben, daß die Industrie Kunst machen und das wichtigste künstlerische Moment der Seelenfreude und der persönlich differenzierten Handarbeit durch die Arbeitsteilung und durch die Maschine ersetzen könne.«[61]

Nach wie vor knüpft sich an die *handwerkliche* Arbeit die Vorstellung nicht bloß der ästhetischen ›Veredelung‹, sondern auch der ›Wertsteigerung‹ im materiellen Sinn. Doch auch hier ist gegenüber den Vorstellungen des 19. Jahrhunderts eine charakteristische Verschiebung zu registrieren, die zwei der zentralen Momente der Kunstideologie der Moderne ins Spiel bringt: ›Wertsteigernd‹ ist die spezifische Leistung künstlerischer *Form*arbeit und daher der Anteil der Form am (Gebrauchs)Gegenstand. Es muß aber dies nicht unbedingt mehr die ornamentale Form sein, die, wie etwa noch in der Theorie Carl Richters, als veredelndes und zugleich wertsteigerndes Moment zur ›Kernform‹ hinzutreten muß, sondern der ornamentlose Gegenstand an und für sich kann durch die spezifische Weise der Gestaltung zum Träger eines neuartigen Gebrauchswerts werden. Dieser liegt nun weder – wie im historistischen Kunsthandwerk – in Symbolisierung oder Historizität und auch nicht nur in einer den instrumentellen Gebrauch der Dinge befriedigenden Utilität, sondern in einer ästhetischen Befriedigung, die von allen (also auch den sozialen) Gebrauchswerten absehen kann, um allein noch der Ästhetisierung des eigenen Lebenszusammenhangs zu dienen. Mehrwert resultiert der Theorie der Zeit zufolge allein aus der künstlerischen Kreativität: »Das moderne Prinzip der Arbeitsteilung gelangt heute auch in der kunstgewerblichen Produktion zur Anwendung. Daß das der Güte des Kunstgewerbes geschadet hat, mag sein. Aber eine Aufhebung des Prinzips, wenn auch nur für Teilgebiete der menschlichen Arbeit, wie etwa die kunstgewerbliche Produktion, ist nur zu erwarten wenn die Aufhebung wirtschaftlich profitabler erscheint. Das ist nicht der Fall, und infolgedessen müssen die Bestrebungen zur Hebung des Kunstgewerbes auch in Zukunft mit der Arbeitsteilung bei der Produktion rechnen. Diese Arbeitsteilung überläßt dem einen die Konzipierung der Form und überträgt einem oder mehreren anderen die Ausführung. In anderen Worten: Die Schaffung des eigentlichen Wertträgers, der Form, übernimmt der geistige Arbeiter, der Zeichner, der Künstler, die der Ausführung der technische Arbeiter, der Handwerker. Daraus erhellt: Die Güte des erzeugten Kunstgewerblichen Gegenstandes hängt ab von den künstlerischen Qualitäten des Entwerfenden und der technischen Geschicklichkeit des Ausführenden. Daran ändert sich auch nichts, wenn beides in einer Person zusammenfällt.«[62]

Gerade dieses ›Zusammenfallen‹ von Künstler und Handwerker, und wenn das nicht möglich war, deren enge Kooperation, gehörte zum Repertoire der Zielvorstellungen der ›kunstgewerblichen Moderne‹, allen voran der Wiener Werkstätte. Die Restitution historischer Vorbilder von Künstlerkooperativen gehörte daher zum rhetorischen Instrumentarium der literarischen Begleitreflexion der praktischen Arbeit. Noch in einem Aufsatz von 1924 erinnert Josef Hoffmann[63] an die mittelalterliche Bauhütte als »idealste(r) Form einer Bauschule« und an das Zunftwesen. Die Schaffung einer Produktionsgemeinschaft von Entwerfenden und Ausführenden sollte an die sozusagen kommunikative Produktionsweise der genannten historischen Beispiele anknüpfen. Arbeitsteiligkeit war nicht völlig verpönt und war auch gar nicht restlos aufzuheben. Aber deren im Laufe des gesamten 19. Jahrhunderts beklagte destruktive Folgen sollten durch die Werkstatt- und Vertriebsgemeinschaft gemildert werden, ebenso aber auch durch eine möglichst enge Vernetzung von Planung, Herstellung und Verkauf beziehungsweise ›Rezeption‹; das heißt, durch eine partielle Ausschaltung des Markts als Distributionsform. Schließlich sollte die Schulung nicht so sehr vom Unterricht als von der ›lebendigen Tradition‹ getragen werden. Dem diente die enge Verzahnung von staatlicher Institution (Kunstgewerbeschule) und (privater) Werkstattgemeinschaft (Wiener Werkstätte) ebenso wie die personelle (von in beiden Institutionen tätigen Lehrern und Schülern) im Austausch von Lehrern und Schülern.
Die Wiener Werkstätte läßt sich unter anderem als Versuch begreifen, den ökonomischen Imperativen der entwickelten industriellen Produktion zu entkommen und eine Arbeitsgemeinschaft zu etablieren, die über ihre eigenen Produktionsmittel (in der eigenen Werkstätte) wie über einen eigenen Distributionsapparat (Verkaufsläden, selbstorganisierte Ausstellungen) verfügte, um auf eigene Rechnung für einen relativ stabilen Kundenkreis produzieren zu können. Gewerberechtlich war die Wiener Werkstätte als handwerksmäßiger Gewerbebetrieb eingestuft.[64] Allerdings betätigte sich die Werkstätte auch als Verleger und bediente sich damit sowohl industrieller Fertigungsformen wie der Heimarbeit.[65]
Die teure und aufwendige Produktion von exklusivem Kunsthandwerk für ein eng begrenztes Publikum auf eigene Rechnung war allerdings ein riskantes Unterfangen. Im Grunde war das der Versuch, die Mechanismen des Markts durch eine Form mäzenatischer Absicherung der Produktion zu unterlaufen.[66]
Signifikant ist, daß der ›Modellfall‹ der Verwirklichung der Ideale der Wiener Werkstätte, der der engsten Kooperation aller Zweige des Kunstgewerbes im Dienste des Gesamtkunstwerks und der von Künstlerkooperative und mäzenatischem Auftraggeber, die Errichtung und Ausstattung des Palais Stoclet war. Dort konnte, ohne Rücksicht auf die Kosten und in engster Absprache mit dem Bauherrn, eine nur den ästhetischen Vorstellungen des Auftraggebers und denen der Künstlergemeinschaft verpflichtetes ›Gesamtkunstwerk‹ errichtet und verwirklicht werden.
Bezeichnend ist, daß zum Beispiel Kolo Moser darüber nachdachte, daß nur dann zweckfrei und unabhängig von Tagesbedürfnissen produziert werden könne, wenn dies für ›die Nachwelt‹ geschehe; ein Teil der Produktion ging denn auch direkt an Museen.[67]
Und als 1906 die Wiener Werkstätte in eine Krise geriet,[68] entwickelte Kolo Moser eine Konstruktion, die die Werkstätte überhaupt von Marktmechanismen abkoppeln sollte. Angesichts der Einsicht, daß unter keinen Umständen kostendeckend zu produzieren war, schlug Moser vor, daß »Freunde der Wiener Werkstätte« je 10.000 Kronen zeichnen sollten, die in Form von Erzeugnissen der Werkstätte ›rückerstattet‹ werden könnten. Zweck und Formbestimmung einer Produktion unter diesen Umständen hätte aber die weitgehende Ausschaltung der Interessen und Anforderungen potentieller Käufer bedeutet und daher eine geradezu auf die Spitze getriebene autonome Verfügung der Künstler über ihre Produktion in ästhetischer, funktionaler und ökonomischer Hinsicht.
Diese – nicht verwirklichbare – Idee stellt eine spezifisch wienerische Tradierung der Ideen von Ruskin und Morris dar, eine kunstgewerbliche Produktionsform zu entwickeln, die den Status des Handwerkers als einfachem Warenproduzenten retten wollte, um ästhetische und utilitäre Bedürfnisse einer bestimmten sozialen Schicht zu befriedigen und eine neue Kultur zu schaf-

fen, die in einer Durchdringung des Lebens, das heißt des bürgerlich-privaten Alltags, zustande kommen sollte. »Die Stilerneuerung beruht . . . auf dem Versuch einer Durchdringung des Lebens mit Kunst, der Steigerung des kulturellen Standards bürgerlicher Umwelt, zu deren Gestaltung vom Wohnhaus bis zur Türklinke, von der Abendtoilette bis zum Straßenschuh, vom Bucheinband bis zum Weinflaschenetikett sich jene Künstler hingezogen fühlen, die – mit dem Vorbild des modernen englischen Kunstgewerbes vor Augen – die Formen der Dinge des täglichen Gebrauchs für so bedeutend und bedeutungsübermittelnd halten, daß sie sich ihrem Neuentwurf ganz und gar widmen. Daß sich in den neuen Formen das Selbstverständnis einer privilegierten sozialen Schicht von Benutzern, nämlich dem gebildeten liberalen Bürgertum, konstituieren würde, mag nicht unmittelbare Absicht der Entwerfer gewesen sein. Doch ist dies die reale Zielgruppe der neuen, zunächst handwerklichen Produktion, bevor die breite Welle der Industrialisierung des Stils beginnt.«[69]

Während sich Erfolg und Mißerfolge von ökonomischen Konzepten derartiger Werkstattgemeinschaften, beispielsweise der Wiener Werkstätte, eindeutig beurteilen lassen (das der Wiener Werkstätte war auf Dauer nicht haltbar), entzieht sich das Ästhetische und Ideelle derartiger Kooperativen und ihrer künstlerischen Leitvorstellungen jeglicher vereindeutigender Beurteilung und Wertung. Ihre soziale Bedeutung an Hand der Wechselwirkung von ästhetischen und ethischen Normen andeutungsweise darzustellen war Aufgabe dieser Ausführungen. Über die soziale Exklusivität, den Elitarismus und Ästhetizismus ist gesprochen worden. Es bleibt ein Dilemma der ausschließlich unter sozialen Aspekten vorgenommenen Beurteilung, sich niemals mit gutem Recht allein auf die ästhetischen Qualitäten, die heute so hoch geschätzt werden, beziehen zu können, zumal sich die Produktkultur der Jahrhundertwende selbst auf ethische Normen bezieht und dem Anspruchsniveau einer, wenn auch vage sozial umschreibbaren Trägerschaft verpflichtet ist. Die unbestrittene Leistung einer mit raffiniertesten Mitteln betriebenen Ästhetisierung bürgerlicher Lebensumstände nimmt die Dinge, eben gerade die Alltagsdinge – nicht nur ästhetisch – ernst. In dieser großen künstlerischen Leistung des Kunstgewerbes der Moderne liegt freilich schon wieder deren kritische Negation. Selle[70] hat zu Recht darauf hingewiesen, daß der Jugendstil – und das gilt auch für die hier beschriebenen Phänomene – die sozialen Utopien eines Ruskin und Morris auf charakteristische Weise verändert – und damit im Grunde zerstört – hat: Verändert deshalb, »weil in deren ursprünglich ›sozialtherapeutischen‹ Theorien der Handarbeit die restaurative, gleichwohl aber auch nach vorn weisende Utopie einer Wiederherstellung der Kultur der Arbeit steckte, während nun sich das Gewicht auf die Arbeitsergebnisse, auf die Produkte verlagert oder auf den Nutzen, den sie funktional und ästhetisch stiften sollen . . . Die elitäre kunsthandwerkliche Produktion zu Beginn der Stilwende bleibt im kulturellen Genuß wenigen vorbehalten, ebenso wie diese gewiß individuell befriedigende Arbeit auf Künstler und wenige Ausführende beschränkt ist. Ihr Ergebnis entspricht der geistigen und materiellen Situation der Trägerschicht des neuen Stils und ist gleichzeitig deren kultureller Selbstausdruck . . . Aus der ursprünglich sozialistischen Motivation der Erneuerung kunstgewerblicher Arbeit« ist »eine bürgerliche Reformbewegung« entstanden, »die deutlich ästhetische und kaum noch sozialrevolutionäre Züge trägt«.

ABKÜRZUNGEN

AVA	Allgemeines Verwaltungsarchiv
HA	Archiv der Hochschule für angewandte Kunst
MA	Archiv des Museums für angewandte Kunst
Min.f.ö.A.	Ministerium für öffentliche Arbeiten
Min.f.C.u.U.	Ministerium für Cultus und Unterricht
Fasz.	Faszikel
CgUW	Centralblatt für das gewerbliche Unterrichtswesen
KKHW	Kunst und Kunsthandwerk
Mitteilungen	Mitteilungen des k. k. Österreichischen Museums für Kunst und Industrie
ABZ	Allgemeine Bauzeitung
Verhandlungen	Verhandlungen und Mitteilungen des niederösterreichischen Gewerbevereins

Wörtliche Zitate sind mit doppelten Anführungszeichen (»), paraphrasierte mit einfachen (›) ausgezeichnet.
Bei Zitaten wurde in der Regel darauf verzichtet, sie der heutigen Schreibweise anzugleichen.

PHOTONACHWEIS

Bildarchiv der Österreichischen Nationalbibliothek: S. 44, 59, 72, 100, 102, 110, 112, 115, 151, 152
Historisches Museum der Stadt Wien: S. 54, 56, 63, 68, 73, 98, 99, 107, 156, 179, 209
Hochschule für angewandte Kunst, Wien: S. 52, 65, 103, 113, 114, 116, 117, 118, 119, 120, 121, 133, 134, 139, 141, 153, 154, 159, 180, 181, 182, 198, 199 (u.)
Archiv der Hochschule für angewandte Kunst, Wien: S. 160, 161, 169, 174, 175, 176, 177, 199 (o.)
Museum für angewandte Kunst, Wien: S. 131, 162, 163, 164, 165, 166, 167, 196, 197, 208

ANMERKUNGEN

ZU I, KUNST UND INDUSTRIE

1 Lessing 1874, S. 10 f.
2 Zit. n. Waentig 1909, S. 298 f.
3 Vgl. Geschichtliche Grundbegriffe. Historisches Lexikon zur politisch sozialen Sprache in Deutschland. Band 3. Stuttgart 1982. Begriff »Industrie«; »Gewerbe«.
4 Vgl. Hegel: Rechtsphilosophie §§ 243 und 182.
5 Wie Anm. 3; S. 243 f.
6 H. Engelbrecht: Geschichte des österreichischen Bildungswesens. Erziehung und Unterricht auf dem Boden Österreichs. Bd. 3. Von der frühen Aufklärung bis zum Vormärz. Wien 1984, S. 171 f.
7 Vgl. H. Kiesel, P. Münch: Gesellschaft und Literatur im 18. Jahrhundert. München 1977, S. 70 f.
8 Wie Anm. 6, S. 174 ff. und Klimburg 1900, S. 14 f.
9 Wie Anm. 6, S. 177.
10 Klimburg 1900, S. 4.
11 W. Kemp in: Kind und Kunst 1977, S. 27. Kemp zitiert J. H. Schöne: Die amerikanische oder Takt-Schreibmethode in ihrem Wesen und als Mittel das Volk auf eine höhere Bildungsstufe zu heben. Langensalza 1843.
12 Pestalozzi (1808) zit. n. Kemp 1979, S. 153.
13 J. v. Sonnenfels: Politische Abhandlungen, 1777, zit. wie Anm. 3, S. 276.
14 Deneke 1975, S. 116 mit Hinweis auf den Artikel ›Kunst‹ in: Johann Georg Kaunitz: Oeconomische Enzyklopädie, oder allgemeines System der Staats-, Stadt-, Haus- und Landwirthschaften. Brünn 1793, S. 93 f.
15 Zit. n. Wagner 1967, S. 37.
16 Klimburg 1900, S. 10.
17 Wagner 1967, S. 16 f.
18 Wie Anm. 6, S. 177.
19 Kemp 1979, S. 183 f.
20 Wie Anm. 6, S. 171 f.
21 Kemp 1979, S. 185.
22 Vgl. Kemp 1979, S. 150 f.
23 Klimburg 1900, S. 16.
24 Ebda.
25 Kanzler Graf Heinrich von Rottenham zit. n. Klimburg 1900, S. 3.
26 Zit. n. Eitelberger 1863, S. 283.
27 Jacob und Wilhelm Grimm: Deutsches Wörterbuch, Band 11. München 1984, S. 2694, Stichwort ›Kunstfleisz‹. Interessant zum Vergleich Kaunitz' Ausführungen von 1770 (auch als frühe Kritik am unschöpferischen Nachahmen): »In Ew. Majestät Ländern, gleichwie bey dem meisten Theile der deutschen Nation, hat der Einwohner mehr Fleis als natürliches Genie, und auch dieses ist mehr zu den Mechanischen, als den Schönen und freyen Künsten aufgelegt. Daher sind unsere Künstler im Nachmachen, Copieren und Nachahmen sehr glücklich; aber was neues von sich selbst zu ersinnen und ans Licht zu bringen, dazu fehlt es ihnen an der Erfindungskraft.« Zit. n. Wagner 1967, S. 37 ff.
28 Friedrich Benedikt Wilhelm Hermann: Ueber polytechnische Institute im Allgemeinen und über die Erweiterung der technischen Schule zu Nürnberg insbesondere. Nürnberg 1826, S. 5, zit. n. Deneke 1975, S. 116.
29 Viktor Schützenhofer: Vom k. k. Fabriksproduktenkabinett zum Wiener Technischen Museum von heute. In: Blätter für Technikgeschichte, Heft 9, 1947, S. 1 ff.
30 Wilhelm Exner: Das k. k. technologische Gewerbemuseum in Wien 1879 – 1904, Wien 1904.
31 Niederösterreichischer Gewerbeverein. Sein Werden, Wesen und Wirken. Wien 1948, S. 4 ff.
32 Wie Anm. 6, S. 301.
33 AVA Min. des Unterrichts; 2484 ex 1850 zit. n. Wagner 1967, S. 138–142.
34 Eitelberger II (Die Gründung der Kunstgewerbeschule des österreichischen Museums), S. 120.
35 Klimburg 1900, S. 25 ff.
36 Dumreicher 1881, S. 12, Anm. 6.
37 Die Fortschritte des gewerblichen Bildungswesens *nach* der Gründung des Kunstgewerbemuseums und der Kunstgewerbeschule lagen unter anderem in der Differenzierung des Schulsystems, in der Professionalisierung des Zeichenunterrichts (an der Kunstgewerbeschule begann man Zeichenlehrer auszubilden) und der Reform der Verwaltung: mit der Unterstellung des gewerblichen Bildungswesens unter das Unterrichtsministerium liegt nun die gesamte Schulbildung in der Verantwortung eines Ministeriums; das Handelsministerium behält über die interministerielle »Centralkommission für Angelegenheiten des gewerblichen Unterrichts« ein Mitspracherecht. Mit der Einrichtung des »Centralblattes für das gewerbliche Unterrichtswesen« wird ein zentrales Fachorgan geschaffen. Vgl. allgemein: Ernst Pliwa: Die Entwicklung des gewerblichen Unterrichtswesens in Österreich während des letzten Dezenniums. In: Das österreichische Verwaltungsarchiv, Heft III–VI, 1907.

ZU II, RUDOLF VON EITELBERGER

1 Wichtige Angaben zur Biographie R. v. Eitelberger verdanke ich L. Louis.
2 Julius von Schlosser: Die Wiener Schule der Kunstgeschichte. In: Mitteilungen des österreichischen Instituts für Geschichtsforschung, Ergänzungsband 13; 1934, S. 155 ff.
3 Eitelberger I (J. D. Böhm), S. 180 ff., insbes. S. 207 f. und 212 f.
4 Friedrich Uhl: Die Gesellschaft. In: Wien 1848–1888, Bd. II, S. 523 zit. n. Springer 1979, S. 12.
5 Wie Anm. 3, S. 183 f.
6 Hinweis von L. Louis.
7 Verhandlungen, 4. Heft, 1841, S. 86 f. zit. n. Springer 1979, S. 19 f.
8 Vgl. dazu: H. Dilly: Kunstgeschichte als Institution. Studien zur Geschichte einer Disziplin. Frankfurt/M. 1979.
9 Taras von Borodajkewycz: Aus der Frühzeit der Wiener Schule der Kunstgeschichte. In: Festschrift für Hans Sedlmayr. München 1962, S. 321 ff., für unsere Fragestellungen insbesonders: S. 322 f; Zitat: S. 323.
10 Wie Anm. 2, S. 157.
11 R. v. Eitelberger: Die Resultate des ersten internationalen kunstwissenschaftlichen Congresses in Wien. Wien 1874. Zit. n. Dilly, wie Anm. 8, S. 161 ff.; Zitat: S. 162.
12 Wie Anm. 8, S. 229.
13 Wie Anm. 8, S. 230.
14 Vgl.: Joachim Ritter: Die Aufgabe der Geisteswissenschaften in der modernen Gesellschaft (1963). In: ders.: Subjektivität. Frankfurt/M. 1974, S. 105 ff.
15 Eitelberger II (Kunstgewerbliche Zeitfragen. Betrachtungen aus Anlass der deutschen kunstgewerblichen Ausstellung in München im Jahre 1876), S. 284.
16 Ebda.

17 Eitelberger II (Die deutsche Renaissance und die Kunstbewegung der Gegenwart), S. 370 ff.; Zitat: S. 370.
18 R. v. Eitelberger: Ein Wort über Kunstkritik. In: Wiener Zeitung 2. 1. 1848, zit. n.: Eva Koethen: Kunstrezeption als problematisierter Bereich der Kunstwissenschaft. Phil. Diss. Bochum 1981, S. 168.
19 R. v. Eitelberger: Die Bildungs-Anstalten für Künstler in ihrer historischen Entwicklung. Wien 1851 (= Antrittsvorlesung Eitelbergers an der Akademie der bildenden Künste vom 17. 1. 1851). Wien 1851, S. 4.
20 Eitelberger II (Die Gründung des österreichischen Museums), S. 82.
21 Hans Grasberger: Schule, Gewerbe, Kunst (=Rezension zum 3. Band der ›Gesammelten Schriften‹ Eitelbergers). In: Deutsche Zeitung 16. 2. 1884, Nr. 4354.
22 Eitelberger II (Der deutsch-französische Krieg und sein Einfluß auf die Kunst-Industrie Österreichs. Vortrag im österr. Museum vom 27. Oktober 1870), S. 316 ff.
23 Ebda., S. 317.
24 Ebda., S. 319.
25 Ebda., S. 319.
26 Ebda., S. 321.
27 Ebda., S. 330.
23 R. v. Eitelberger: Die Museen für Kunstindustrie und der Anschauungsunterricht für Kunst. In: Oesterreichische Revue, 1. Bd. Wien 1863, S. 279–297.
24 Ebda., S. 280.
25 Ebda., S. 285.
26 R. v. Eitelberger: Über die Aufgabe des österreichischen Museums für Kunst und Industrie. In: Verhandlungen, Heft 8. und 9., 1863, S. 601 ff.
27 Ebda., S. 604.
28 Ebda., S. 607.
29 Ebda., S. 607.
30 Verhandlungen, Heft 5, 1867, S. 61 ff.
31 Ebda., S. 63.
32 Eitelberger II (Die Gründung des österreichischen Museums), S. 94 f.
33 Ebda., S. 604.
34 Ebda., S. 605.
35 Ebda., S. 615 f.
36 Kunstgewerbemuseum 1898, S. 24 ff. und vgl. dazu: Verhandlungen, Heft 3, 1864, mit dem Artikel ›Österreichisches Museum für Kunst und Industrie‹, der die Kooperation mit der Industrie näher erläutert.
37 Kunstgewerbemuseum 1873, S. 41.

ZU III, DIE GRÜNDUNG DES KUNSTGEWERBEMUSEUMS

1 Vgl. Springer 1979, S. 265 f.
2 Eduard Hanslick: Aus meinem Leben, Bd. 1, 1894, S. 321. Hinweis von L. Louis.
3 Brief vom 6. 8. 1862. Wiener Stadt- und Landesbibliothek 21.503. Hinweis von L. Louis.
4 Eitelberger II (Die Gründung des österreichischen Museums), S. 84 f.
5 Vgl. Reising 1980, S. 34.
6 Vgl. dazu: Utz Haltern: Die Londoner Weltausstellung von 1851. Münster 1971, S. 318 ff., sowie Mundt 1974, S. 157. Gottfried Semper lehrte an der School of Design 1852 an der Special Class II.
7 Nach Reising 1980, S. 82.
8 Ebda., S. 82 f.
9 Ebda., S. 47 f.
10 Ebda., S. 68.
11 Zit. n. Springer 1979, S. 260.
12 Anton Harpke: Denkschrift über die Errichtung von Museen für Kunst und Industrie. Mit einem Bericht an die niederösterreichische Handels- und Gewerbekammer in der Plenar-Versammlung vom 2. November 1859 erstattet von dem Kammerrathe Anton Harpke. Wien 1860.
13 Ebda., S. 47.
14 Theophil Hansen: Bericht der Abtheilung für gewerbliche Kunst über die von der niederösterreichischen Handels- und Gewerbekammer angeregte Einrichtung von Museen für Kunst und Industrie. In: Verhandlungen, Heft 6, 1860, S. 135 ff.
15 Ebda., S. 136.
16 Wie Anm. 12, S. 52.
17 Das vollständige kaiserliche Handschreiben ist abgedruckt in: Eitelberger II (Die Gründung des österreichischen Museums . . .), S. 100 f.
18 R. v. Eitelberger: Über die Enquete für das österreichische Museum und die Erwerbung der Ornamentstich-Sammlung. In: Verhandlungen, Heft 10 und 11, 1863, S. 689 ff.
19 Springer 1979, S. 267.
20 Ebda.
21 Kunstgewerbemuseum 1885, S. 5.
22 Eitelberger II (Zur Eröffnung des Kunstgewerbemuseums im Ballhaus, aus: Die Gründung des österreichischen Museums), S. 101.

ZU IV, DIE GRÜNDUNG DER KUNSTGEWERBESCHULE

1 Springer 1979, S. 271 f.
2 Zur Reform unserer Kunstzustände. Als Manuskript gedruckt. Wien 1861 (enthaltend den »Bericht der bei dem k. Staatsministerium . . . berathenden Commission der Genossenschaft bildender Künstler Wiens«). Vgl. Springer 1979, S. 271 f.
3 Zit. n.: Springer 1979, S. 275.
4 Zur Reform unserer Kunstzustände. Wien 1861, S. 25.
5 Ebda., S. 24 f.
6 Vgl. Eitelbergers ›Denkschriften‹: Wiener Stadt- und Landesbibliothek, Eitelberger-Nachlaß I. Nr. 23.380 und 23.381.
7 Artikelserie in der ›Wiener Zeitung‹ vom 19. 7. 1860–28. 7. 1860.
8 Ebda., S. 3005.
9 R. v. Eitelberger: Die Museen für Kunstindustrie und der Anschauungsunterricht für Kunst. In: Oesterreichische Revue, 1. Bd., Wien 1863, S. 279–297.
10 J. Falke: Die moderne Museumsfrage in Bezug auf Geschichte, Kunst und Kunstindustrie. In: Österreichische Wochenschrift für Wissenschaft, Kunst und öffentliches Leben, I, 1864, S. 160 ff., S. 200 ff., S. 257 ff., S. 299 ff.
11 Verhandlungen, Heft 9, 1864, S. 419–421.
12 Vgl. dazu: HA 4/1865.
13 Springer 1979, S. 542 ff.
14 HA 1865 (nicht numeriertes Aktenstück – in der maschinschriftlichen Abschrift ist das Datum, offensichtlich fehlerhaft, mit Jänner 1864 angegeben).
15 AVA 3131/15 A; 4930 ex 1865 unter anderem mit Schreiben der Handelskammer vom 13. 5. 1865.
16 HA 4/1865, S. 2 der Abschrift.
17 Brief von Carl Holdhaus an die niederösterreichische Statthalterei vom 13. 5. 1865 = AVA 3131/15 A 7796 ex 1867.
18 Wochenschrift des Niederösterreichischen Gewerbevereins, Heft 48, 26. 11. 1865, 26. Jg., S. 1050 f.
19 AVA 3131/15 A; 4930 ex 1865 und HA 5/1865
20 HA 6/1865 und MA 391/1865.
21 Brief von R. v. Eitelberger an Staatsminister Schmerling vom 24. 7. 1865 = AVA 3131/15 A; 7796 ex 1867.

22 Vgl.: Jahresbericht des k. k. österr. Museums für Kunst und Industrie pro 1866 in: Mitteilungen Nr. 27, 3. Jg. S. 13 f. (15. 12. 1867) sowie: AVA 3131/15 A; 12181 ex 1865 und: Protokoll der Wochenversammlung des Niederösterreichischen Gewerbevereins vom 7. 12. 1865 mit der Diskussion um die Schulgründung, in: Verhandlungen, Nr. 50, 26. Jg., 10. 12. 1865, S. 1103.
23 AVA 3131/15 A; 12181 ex 1865.
24 AVA 3131/15 A; 6961 ex 1865.
25 Vgl.: Mitteilungen vom 17. 11. 1865 und 15. 1. 1866 (1. Jg., Nr. 2, S. 28 und 1. Jg., Nr. 4, S. 49 ff.) zu Eitelbergers Vortrag vom 2. 11. 1865.
26 HA 6/1865 und MA 391/1865.
27 J. v. Falke: Lebenserinnerungen. Leipzig 1897, S. 202.
28 Deneke 1975, S. 119.
29 Neue deutsche Biographie. 12. Bd. Berlin 1980, S. 745, sowie: August v. Kreling (Ausstellungskatalog), Osnabrück 1976, S. 17 ff.
30 A. v. Kreling w.o., S. 17.
31 Ebda., S. 17 f.
32 Ebda., S. 18.
33 Falke; wie Anm. 27, S. 188.
34 Ebda., S. 189.
35 Ein Votum über Kunstgewerbe und die Nürnberger Kunstgewerbeschule, in: Mitteilungen, Jg. 1, Nr. 5, S. 71 ff. (15. 2. 1866).
36 Ebda., S. 173 und: Ueber den Bestand und die Wirksamkeit der königl. Kunstgewerbeschule in Nürnberg, in: Mitteilungen, 2. Jg., Nr. 22, S. 377 f. (15. 7. 1867).
37 HA 8/1865.
38 HA (nicht numerierter Akt) 1866 sowie: MA 47/1866. Im wesentlichen identisch mit dem Artikel in: Mitteilungen, 2. Jg., Nr. 14, S. 217 ff. (15. 11. 1866).
39 Mitteilungen wie Anm. 38, S. 218.
40 Vgl. Mitteilungen, 1. Jg., Nr. 5, S. 74 (= Nachdruck n. ›Vereine der österreichischen Industriellen‹, Jg. II, Wien 1866).
41 Mitteilungen wie Anm. 38, S. 219.
42 Ebda., S. 220.
43 Ebda.
44 Ebda., S. 221.
45 Ebda., S. 222.
46 Ebda., S. 224.
47 Vorschläge der Direktion des Österreichischen Museums zur Errichtung einer Kunstgewerbeschule. AVA 3131/15 A; 2178 ex 1866.
48 AVA 3131/15 A; 7796 ex 1867.
49 Ebda.
50 Ebda., Vorschläge zur Errichtung einer Kunstgewerbeschule (vermutlich das von Eitelberger in seinem Brief an Belcredi angekündigte ›Elaborat‹).
51 Bericht über die Sitzung des Niederösterreichischen Landtags in: Mitteilungen, 2. Jg., Heft 15, S. 241 ff. (15. 12. 1866)
52 Vgl.: Jahresbericht des k. k. österreichischen Museums für Kunst und Industrie pro 1866 in: Mitteilungen, 3. Jg., Nr. 27 (15. 12. 1867)
53 Mitteilungen, 2. Jg., Nr. 17, S. 249 f. (15. 2. 1867) mit Wiedergabe eines Berichts der Wiener Zeitung.
54 Vgl.: Mitteilungen Nr. 22, S. 379 f. (15. 7. 1867) sowie: Mitteilungen, 3. Jg. (15. 3. 1868), S. 15 (= Jahresbericht des k. k. österreichischen Museums für Kunst und Industrie pro 1867).
55 AVA 3131/15 A; Bogen 6–9; Z. 2178–866.
56 AVA 3131/15 A; 7796 ex 1867.
57 Brief der Handels- und Gewerbekammer Brünn an das Ministerium; ebda.
58 Wie Anm. 57.
59 Wie Anm. 56 (= Statut ›B‹) Der ursprüngliche Entwurf des Unterrichtsrats, der dann in den Entwurf ›B‹ umgearbeitet wurde, zeichnet sich unter anderem durch eine größere Differenziertheit aus. Die Schule solle der Verbindung von Kunst und Gewerbe dienen, und die Fächer der Schule sollten den ›jeweiligen Bedürfnissen der Industrie und der Kunstgewerbe‹ Rechnung tragen (§ 1). Vor allem die Haupt- und Nebenfächer (Perspektive und Schattenlehre, Anatomie, Geschichte der Industrie in Verbindung mit Volkswirthschaftslehre) waren noch differenzierter unterschieden. (AVA 3131/15 A; 7796 ex 1867).
60 Die Kunstgewerbeschule des k. k. österreichischen Museums für Kunst und Industrie. Statut. Aufsichtsrath und Lehrkörper. Lehrplan und Studienordnung. Disciplinarordnung. Stundeneintheilung. Wien 1868. Sowie: Mitteilungen, 15. 1. 1867.
61 Mitteilungen, 3. Jg., Nr. 25, S. 17 (15. 10. 1867).
62 ›Wiener Zeitung‹ vom 27. 9. 1867, zit. n. Mitteilungen, Nr. 25, 3. Jg., S. 9 f. (15. 10. 1867).

ZU V, INDUSTRIE ALS KUNST

1 Falke 1888, S. 261.
2 Vorschläge zur Errichtung einer Kunstgewerbeschule. In: Mitteilungen, 2. Jg., 14./15. 11. 1866, S. 219.
3 Ebda.
4 Ebda.
5 Eitelberger II, S. 118 ff. (Die Gründung der Kunstgewerbeschule des österreichischen Museums).
6 Wie Anm. 2, S. 222.
7 Wie Anm. 2, S. 223.
8 CGUW IV. Bd., Heft 4, 1885, S. 1 f.
9 Ebda., S. 2.
10 Ebda.
11 Jauss 1977, S. 22 f.
12 J. Ritter (Hg.): Historisches Wörterbuch der Philosophie; Basel/Stuttgart 1974, Artikel ›Geschmack‹, S. 453.
13 I. Kant: Kritik der Urteilskraft, § 41, zit. n. Jauss 1977, S. 23.
14 I. Kant: Beobachtungen über das Gefühl des Schönen und Erhabenen, zit. wie Anm. 12, S. 453.
15 Jauss 1977, S. 23.
16 Eitelberger II (Der Neubau und die Organisation der Kunstgewerbeschule des Österreichischen Museums), S. 169.
17 Lessing 1874, S. 10 f.
18 Richter 1865, S. 1085 f.
19 Ebda., S. 1085 f.
20 Ebda., S. 1087.
21 Ebda., S. 1086.
22 Müller: Über den Einfluß der Kunst auf das öffentliche Leben, insbesondere auf die Handwerke . . . Kassel 1836, S. 18. Zit. n. Deneke 1975, S. 124.
23 Lessing 1874, S. 10.
24 Waentig 1909, S. 298 ff.
25 Ahrens 1886, S. 335.
26 Ebda., S. 367.
27 Richter 1865, S. 1088.
28 Ebda., S. 1088 und 1090.
29 G. Semper; Wissenschaft, Industrie und Kunst. Braunschweig 1852, S. 61 (Hinweis von L. Louis).
30 Ebda.
31 Richter 1865, S. 1088.
32 Ebda., S. 1091
33 Richard Wagner: Die Kunst und die Revolution, zit. n.: Waentig 1909, S. 367.
34 Museum der modernen Kunstindustrie, Mustersammlung von hervorragenden Gegenständen der letzten Weltausstellung von London und Paris. Ein Handbuch von Vorlagen für Industrielle aller Zweige. Leipzig, Berlin, Wien 1873.
35 Fischbach 1872, S. 74.
36 Die Gegenwart, Bd. VIII, 1853, S. 321 zit. n.: Haltern 1971, S. 350.

37 L. Berger: Der alte Harkort. [5]1926, zit. n.: Haltern 1971, S. 350 f.
38 R. Mielke; Die Münchener Kunstgewerbeausstellung in bezug auf Stil und Zeichenunterricht. Berlin 1889, S. 31 und 45. Zit. n. Skerl 1973, S. 198 f.
39 H. Schwabe; Die Organisation von Kunstgewerbeschulen, S. 16. Zit. n.: Skerl 1973, S. 199 f. – Die Ersetzung des vierten Standes wird – so Fischbach 1872, S. 74 – durch den »Strike« befördert, denn »immer mehr wurde für die mechanische Arbeit des Menschen Ersatz gesucht«.
40 H. Grimm, E. Curtius; Über Kunstmuseen (1870). In: Zehn ausgewählte Essays zur Einführung in das Studium der modernen Kunst. Berlin 1871, S. 347–356, Zitat: S. 352 f. Zit. n.: H. P. Thurn: Zur Soziologie der Kunstmuseen und des Kunsthandels; in: R. Wick: Kunstsoziologie. Köln 1979, S. 230.
41 C. Richter, zit. n.: Haus 1975, S. 51.
42 Haus 1975, S. 52.
43 Ebda., S. 51.
44 Ebda., S. 52.

ZU VI, DIE GRÜNDUNGSJAHRE DER KUNSTGEWERBESCHULE

1 Leisching 1978, S. 119, berichtet, daß der Kaiser zum Kunstgewerbemuseum eine intensivere Beziehung gehabt habe als zu vergleichbaren Institutionen. Er besuchte das Museum einmal jährlich und zusätzlich alle Sonderausstellungen, zum Beispiel auch die mit Schülerarbeiten.
2 Eitelberger II (Die Gründung der Kunstgewerbeschule des Österreichischen Museums), S. 118 ff., hier: S. 123 f. und: Mitteilungen, 4. Jg., Heft 43, S. 17 (15. 4. 1869).
3 Vgl.: Mitteilungen, 4. Jg., Heft 38, S. 293 (15. 11. 1868).
4 Mitteilungen, 4. Jg., Heft 43, S. 17 f. (15. 4. 1869); 4. Jg., Heft 37, S. 279 (15. 10. 1868) und 3. Jg., Heft 30, S. 113 f. (15. 3. 1868).
5 Mitteilungen, 3. Jg., Heft 30, S. 113 ff. (15. 3. 1868).
6 Mitteilungen, 3. Jg., Heft 25, S. 17 (25. 10. 1867).
7 MA 295/1867.
8 Leisching 1978, S. 149 ff. zu EH Rainer.
9 Ebda., S. 151
10 Ebda., S. 152.
11 Wie Anm. 3.
12 MA 221/1868.
13 Ebda.
14 C. Wurzbach; Biographisches Lexikon des Kaiserthumes Österreich, 60 Bände; Wien 1856–1891.
15 Wie Anm. 2, S. 125.
16 Ebda., S. 133.
17 Ebda., S. 134.
18 Wie Anm. 2, S. 135.
19 L. Hevesi; Hofrat v. Storck und Baron Myrbach (5. 3. 1899); in: Acht Jahre Sezession. Wien 1906. S. 128 f.
20 Hinweis von L. Louis.
21 Wie Anm. 2, S. 127.
22 Ebda., S. 137 ff.
23 Wie Anm. 2, S. 141. Laufberger hatte die Sgraffito-Technik auf einer Studienreise nach Italien kennengelernt und ihr durch die Publikation »Sgraffito-Decoration« (1877) den Weg bereitet.
24 Zur Biographie von Laufberger vgl. auch: Nachruf von Eitelberger auf Laufberger in: Mitteilungen, Nr. 191 (1. 8. 1881), 16. Jg., S. 402, und ders.: Ferdinand Laufberger als Lehrer, in: Mitteilungen, 16. Jg., Nr. 192 (1. 9. 1881), S. 440 f.
25 Ebda. (Ferdinand Laufberger als Lehrer).
26 Mitteilungen, 3. Jg., Nr. 34 (15. 7. 1868), S. 194 f.
27 Ebda., S. 195.
28 Kunstgewerbemuseum 1873, S. 85 ff.
29 Ebda., S. 85.
30 Ebda., S. 88 f.
31 Ebda., S. 90.
32 Ebda., S. 91.
33 Ebda.
34 Mitteilungen, wie Anm. 26.
35 Brief Eitelbergers an das Ministerium für Cultus und Unterricht vom 24. 11. 1868. AVA 3131/15 A, 10 604 ex 1868. Sowie Mitteilungen, 4. Jg., Nr. 43 (15. 4. 1869), S. 18.
36 Mitteilungen, wie Anm. 26 und: Bericht des Direktors der Kunstgewerbeschule J. Storck an den Aufsichtsrat über die Schüleraufnahme. HA 12/1868. Die Stipendiate begünstigten allerdings nicht nur die gleichberechtigte Aufnahme Schüler unterschiedlichster Herkunft, sie führten zu einem raschen Anwachsen der Schülerzahl, die bald nach der Gründung der Schule und auch nach ihrer Übersiedlung in den Neubau an die Grenzen der räumlichen wie pädagogischen Kapazität geriet. 1873/74 gab es 206 Schüler, von denen 115 in der Vorbereitungsschule waren, wodurch der »Charakter als oberste(r) Schule für das Kunstgewerbe« in Frage gestellt war. Vgl.: CGUW 1885, S. 58, und Kunstgewerbemuseum 1873, S. 98, wo, vielleicht zum ersten Mal, das Problem einer drohenden ›Überproduktion‹ von Absolventen genannt wird, die von der Industrie nicht mehr absorbiert werden könnten. – Zur Unterstützung ›talentvoller Zöglinge‹ wurde bereits im März 1869 eine »Gesellschaft zur Förderung der Kunstgewerbeschule« ins Leben gerufen, die vor allem der Unterstützung ärmerer, aber bereits anderweitig berufstätiger Schüler dienen sollte, das heißt der Erleichterung des Studiums von Praktikern. Außerdem förderte man Studenten aus den Kronländern, unterstützte die Ausführung von Entwürfen, finanzierte Studienreisen. Dem Verein gehörten der Kaiser an, Industrielle wie Philipp Haas, Artaria, Wertheim und Giani, aber auch Künstler, Mitglieder des Reichsrats und die Professoren der Kunstgewerbeschule. Im 1. Jahr wurden 5 Stipendien vergeben, 2 Aufträge erteilt und 16 Schulgeldbefreiungen ausgesprochen. Vgl.: Mitteilungen, 4. Jg., Nr. 41 (14. 2. 1869), S. 345 ff., mit vollständigem Statut der Gesellschaft und: Mitteilungen, 4. Jg., Nr. 47 (15. 8. 1869), S. 484.
37 Aus der Industrie kamen unter anderem Kunsttischler, Vergolder, Eisengießer, Porzellanmaler, Goldsticker. Vgl. Mitteilungen, 4. Jg., Nr. 47 (15. 8. 1869), S. 484, und Mitteilungen, 4. Jg., Nr. 38, S. 239 f.
38 Brief R. v. Eitelbergers an das Ministerium für Cultus und Unterricht, sowie: Mitteilungen, 4. Jg., Nr. 43 (15. 4. 1869), S. 18.
39 Vgl. die Kritik in: CGUW 1885, S. 58.
40 Wie Anm. 38. Brief R. v. Eitelbergers an das Ministerium für Cultus und Unterricht.
41 A. Loos: Die Frau und das Haus. In: ›Neue Freie Presse‹; 3. 11. 1898, zit. n.: A. Loos: Die Potemkinsche Stadt. Wien 1983, S. 70 f.
42 Levetus 1906, S. IX f. Vgl. auch: Schweiger 1982, S. 120 und Sekler 1982, S. 240.
43 Klimburg 1900, S. 20.
44 Gertrude Langer-Ostrawsky: Erziehung und Bildung – Eine Untersuchung zum Schulwesen für Mädchen 1848–1920. In: Die Frau im Korsett. Ausstellungskatalog Wien 1984.
45 Ebda.
46 Frauenarbeit. Eine Rezension zu: Louise Otto; Das Recht der Frauen auf Erwerb. In: Verhandlungen, 38. Jg., Nr. 5, S. 60 f. (= 3. 2. 1867)
47 Dumreicher 1876, S. XXXVIII.
48 Eitelberger II (Der Neubau und die Organisation der Kunstgewerbeschule), S. 164.
49 Eitelberger II (Die Kunstbestrebungen Österreichs zur Zeit der Eröffnung des neuen Museumsgebäudes), S. 195 f.
50 R. v. Eitelberger: Zur Regelung des Kunstunterrichtes für das weibliche Geschlecht. In: Blätter für Kunstgewerbe, Bd. 1, 1872, S. 27.
51 Ebda.
52 Dumreicher 1885, S. 15 f. – 1873 gab es auf der Wiener Weltausstellung einen eigenen Pavillon weiblicher Handarbeiten. An der Schule gab es zum Beispiel eine Ausstellung von Schülerinnenarbeiten der

Fachschule für Keramik (H. Macht), an der sich unter anderen Adele Stark beteiligte, eine der ersten weiblichen Lehrkräfte der Kunstgewerbeschule. Vgl.: Mitteilungen, 20. Jg., Nr. 238, S. 439 ff. (= 1. 7. 1885).

53 HA 90 ex 1886. Vgl. auch: MA 88/1886.

54 Die Schüleranzahl war von Anfang an ein Problem der Schule. Der Andrang war wesentlich größer, als man erwartet hatte, und es gab immer wieder Versuche, die Schülerzahl auf irgendeine Weise einzuschränken. Einer davon war die Idee, wie aus dem Statut von 1888 zitiert wurde, Schüler direkt von der Vorbereitungsschule – ab nun: Allgemeine Abteilung – in das Berufsleben überwechseln zu lassen. Die Frequenz von Frauen an der Schule konnte freilich bei diesem Problem kaum ins Gewicht fallen, betrug sie doch immer nur einen Bruchteil der Gesamtschülerzahl – 1872 zum Beispiel studierten 32 Frauen an der Schule.

ZU VII, DIE »RENAISSANCE« DES KUNSTGEWERBES

1 A. Lhotsky: Die Baugeschichte der Museen und der neuen Burg. Wien 1941, S. 47, zit. n.: Wibiral/Mikula 1973, S. 127.

2 Beschluß eines Komitees aus Nüll, Engerth, Beer, Eitelberger. Vgl. Wibiral/Mikula, S. 127, Anm. 408.

3 30. 7. 1867: Prinzipieller Beschluß zum Bau durch eine A. h. Entschließung und dadurch auch kostenlose Überlassung des Bauplatzes.

4 Der Museumsbau im Wiener Gemeinderathe. In: Mitteilungen, 2. Jg., Nr. 23, S. 400 (15. 8. 1867).

5 Ebda., S. 393 (= Antrag von Gemeinderat Dr. Schrank) und: Die Baufrage des österreichischen Museums, in: Mitteilungen, 3. Jg., Nr. 29 (15. 2. 1868), S. 89 ff.

6 Erläuterungen zum Project für den Neubau des Österreichischen Museums in: Mitteilungen, 3. Jg., Nr. 29, S. 93 ff. (15. 2. 1868).

7 Die ›Neue Freie Presse‹ zur Eröffnung des Museums. Zit. n.: Mitteilungen, 6. Jg., Nr. 74 (15. 11. 1871), S. 497 f.

8 Vgl. Wibiral/Mikula 1973, S. 132.

9 Ebda.

10 Wie Anm. 7.

11 W. Kitlitschka; Die Malerei der Wiener Ringstraße. Die Wiener Ringstraße – Bild einer Epoche. Bd. X., Wiesbaden 1981, S. 36.

12 Eitelberger II (Die Kunstbestrebungen Österreichs zur Zeit der Eröffnung des neuen Museumsgebäudes), S. 172 f.

13 Ebda.

14 Wie Anm. 6, S. 98.

15 Ebda., S. 99.

16 Vgl. dazu: HA 18–HA 21.

17 Wibiral/Mikula 1973, S. 134 f., und: Heinrich von Ferstel: Die Kunstgewerbeschule des k. k. Österreichischen Museums für Kunst und Industrie in: Allgemeine Bauzeitung, 1881, S. 46 ff.

18 Wibiral/Mikula 1973, S. 136.

19 Ebda., Die A. h. Entschließung zum Bau der Schule erfolgte am 26. 10. 1874; die Genehmigung von Ferstels Plan am 2. 11. 1874. Das Baukomitee setzte sich aus Eitelberger, Storck, Ferstel, Ministerialrat Krumhaar und Oberbaurat Winterhalter zusammen. S.: Mitteilungen, 12. Jg., Nr. 146 (1. 11. 1877), S. 174 ff., Mitteilungen, 9. Jg., Nr. 111 (1. 12. 1874), S. 255, und HA 33 und 34.

20 Eitelberger II (Der Neubau und die Organisation der Kunstgewerbeschule des Österreichischen Museums); S. 155 f.

21 J. Beyer: Gottfried Semper. In: Zeitschrift für Bildende Kunst, Jg. 1879, S. 294, zit. n.: Skerl 1973, S. 201 f.

22 Eitelberger II (Die Kunstbestrebungen Österreichs zur Zeit der Eröffnung des neuen Museumsgebäudes); S. 191.

23 Ebda.

24 Falke 1888, S. 274 ff.

25 J. Falke: Das Kunstgewerbe. In: Kunst und Kunstgewerbe auf der Wiener Weltausstellung 1873. Wien 1873. S. 143. Zit. n.: Skerl 1973, S. 203.

26 Ebda.

27 Wie Anm. 22, S. 186 f. – Eitelberger deutet einen – etwas resignativ klingenden – Ausweg an, den, allerdings zukunftsträchtigen, ›Rückzug‹ auf das bürgerliche Interieur: »Das bürgerliche Haus mit seinem berechtigten Glanze und dem Zeichen der Wohlhabenheit und Arbeitstüchtigkeit ist die *eigentliche Heimat*« (Hervorhebung G. F.) »jener Kunst, der wir vorzugsweise unser Augenmerk zuwenden müssen.« Ebda., S. 185.

28 Ebda., S. 186 f.

29 Eduard Leisching: Geschichtlicher Überblick, in: Österreichisches Museum 1914, S. 16 f.

30 Gottfried Semper, wie Anm. 21 (= Skerl, S. 202) – Eine problematische Realisierung von Sempers Theorie stellt das Wiener ›Forum‹-Konzept dar: Semper versuchte diese Idee in der architektonischen Zusammenfassung von Herrschafts- und Bildungsbauten zu realisieren. Zwar findet die bürgerliche Bildungsidee in der extensiven und anspruchsvollen plastischen Außenausstattung der beiden Museen einen in dieser Aufwendigkeit nie wieder erreichten Ausdruck, Semper sieht aber eindeutig den Mittelpunkt der Anlage in dem – nicht errichteten – Thronsaalbau, dem die Museen (mit ihren ›antwortenden‹ Kuppeln) ›subordiniert‹ (so Sempers Worte) sein sollten. Das Forum-Projekt wurde so zum Monument der prekären gesellschaftlichen Position des Bürgertums, das seine Ansprüche allenfalls kulturell (und auch da nicht uneingeschränkt) visualisieren konnte. Die an anderer Stelle bereits erwähnte ›Verstaatlichung‹ des kaiserlichen Besitzes unterblieb ebenso wie die Integration des kunstgewerblichen Museums.

31 Wie Anm. 22, S. 183.

32 Fischbach 1872, S. 76.

33 Vgl. Springer 1979, S. 416 ff. Kapitel ›Vom Symbolgehalt der Stile‹.

34 Zit. n.: Gombrich 1982, S. 48.

35 Ebda., S. 282 f.

ZU VIII, REFORMEN

1 Revidierte Schulordnung und Lehrplan; auf Grund eines Erlasses des Ministeriums für Cultus und Unterricht vom 18. 8. 1872. Abgedruckt in: Kunstgewerbemuseum 1873, S. 102 ff.

2 Ebda., S. 108.

3 Eitelberger II (Kunstgewerbliche Zeitfragen; 1876), S. 308 f.

4 Eitelberger II (Die Kunstbestrebungen Österreichs zur Zeit der Eröffnung des neuen Museumsgebäudes), S. 177.

5 Eitelberger II (Der Neubau und die Organisation der Kunstgewerbeschule des k.k. österreichischen Museums für Kunst und Industrie), S. 169.

6 Auszug aus einem Exposé über die Organisation des gewerblichen Unterrichtes in Österreich. Wien 1875. Zit. n.: Dumreicher 1881, Anm. 10 auf S. 14 ff.

7 Ebda.

8 Ebda., Anm. 10 auf S. 18.

9 Wie Anm. 3, S. 308 f.

10 Die Beurteilung der Münchner Kunstgewerbeausstellung war durchaus widersprüchlich: Eitelberger und andere meinten, sie habe gezeigt, daß die ›Superiorität‹ Österreichs über Deutschland beendet sei; andrerseits wird bei der 1878 veranstalteten Pariser Weltausstellung dem deutschen Kunstgewerbe ein ›Aschenbrödel‹-Dasein attestiert (vgl. Skerl 1973, S. 192 f.) und der österreichischen Industrie ein gutes Zeugnis ausgestellt: »Durch diese Ausstellung hat England zum ersten Mal in einem imponierenden Gesamtbilde die gewaltigen Fortschritte gezeigt, die seine Industrie in den letzten Jahren gemacht hat . . . Mit einem Wort, die bisherige Alleinherrschaft der französischen Kunstindustrie ist gebrochen . . . Wenn der Löwenanteil an dem Sieg über Frankreichs Industrie England gebührt, so darf in zweiter Linie Öster-

reich den Ruhm beanspruchen, Frankreich in verschiedensten Zweigen des Kunstgewerbes überflügelt zu haben . . . (Es) ließ sich deutlich erkennen, daß der bildende und veredelnde Einfluß des österreichischen Museums und das präzise Zusammenwirken der Fachschulen überall die erfreulichsten Resultate gezeigt haben . . .« - Und bezüglich der Münchner Ausstellung kam eine Schweizer Kommission zum Urteil, »dass Oesterreich auf der Kunstgewerbeausstellung in München mit einer Vielseitigkeit, keuschem Geschmack und meisterhaften Technik in die Schranken tritt, die den zum Staunen bringen muss, der Oesterreichs Leistungen auf diesen Gebieten seit der Pariser Ausstellung von 1867 nicht mehr kontrollieren konnte. Überall drücken die Schulen nachweisbar nach: in allen Branchen geht die Kunstgewerbeschule in Wien bahnbrechend und den Reigen eröffnend voran oder treten Industrielle auf, die sich von jener Schule resp. deren tüchtigen Leitern den Weg weisen lassen. Teils werden die vorhandenen artistisch-technischen Verfahren vervollkommnet, teils neue, resp. alte, aber verloren gegangene wieder aufgenommen, und überall spielt ein geläuterter Geschmack mit, die fröhliche Renaissance kommt zu neuem Leben, sich geschmeidig und ungezwungen unseren Verhältnissen und Wünschen und sogar Gewohnheiten anbequemend. Wir konstatieren daher die eigentümliche Erscheinung, daß Österreich, seit 1866 der politischen Führerschaft in Deutschland beraubt, inzwischen unbestritten die Führerschaft in der deutschen Kunstindustrie errungen hat . . .« (zit. n. Klimburg 1900, S. 84).

Und Lessing (1879) urteilt: »Das Österreichische Museum schloss sich sofort, und ohne einen Schritt rückwärts oder seitwärts thun zu brauchen, an einen bestimmten Formenkreis, an die Kunstform der Renaissance an und hat, auf diesem Boden stehend, Alles das geschaffen, was wir jetzt in glänzender Entwicklung in Wien, in München und in Paris auf den Ausstellungen gesehen haben. Wohin wir auf der Pariser Ausstellung blicken, bei den Möbeln und Bronzen, bei den Gläsern, den Fayencen und Steinarbeiten, bei den Stickereien und Spitzen – überall erkennen wir dieselbe Hand der leitenden Meister, sehen wir denselben Kreis von Formen, als ob seit vielen Menschenaltern in Österreich niemals andere Formen geherrscht, als ob Generationen von Vater zu Sohn in denselben erzogen worden wären.

Das Österreichische Museum hat ohne alle Seitensprünge auf fernabliegende Gebiete seinen ganzen Apparat von Lehrmitteln und Veröffentlichungen auf diesen einen Punct gerichtet, diesen Formenschatz der edelsten Renaissance wie ein edles Reis auf den etwas wilden Stamm des österreichischen Gewerbes zu oculiren, und so sehen wir an den Haideröslein des Kunstgewerbes, die in fernen Gebirgsthälern fast unbemerkt blühen, jetzt überall die köstlichen Centifolien eines und desselben vornehmen Gewächshauses erblühen. In stattlicher Zahl liegen die Publicationen des Österreichischen Museums auf der Pariser Weltausstellung auf. Welches der Bücher wir aufschlagen, es athmet den nämlichen Geist; wohin wir in den verschiedenen Abtheilungen blicken, wir sind in demselben Bann zierlicher Renaissanceformen.

Um eine derartige Bewegung wirklich lebensfähig zu machen bedurfte es vor Allem intelligenter Fabrikanten und noch mehr eines Abnehmerkreises, welcher willig war, wirklich vollendete Stücke selbst zu hohem Preise herstellen zu lassen. Beides, Fabrikanten und Besteller, hat das Österreichische Museum sich zu erwerben gewußt. Mit dem glänzendsten Beispiel ist das österreichische Kaiserhaus vorangegangen, indem es dem Museum eine erhebliche Summe zur Verfügung stellte, um mit derselben gediegene Prachtstücke herzustellen, an welchen das neu erwachte Kunstgewerbe seine Kräfte zu erproben vermochte.

In Österreich zieht alles mit vereinten Kräften nach demselben Ziele hin. Es ist kein einziges Gebiet, welches sich nicht der künstlerischen Leitung des Museums unterordnete Da haben wir den Verein für Beschaffung künstlerischer Bronzen, wir haben ein Central-Comité zur Beförderung der Erwerbsfähigkeit der böhmischen Erz- und Riesengebirgsbewohner; die Spitzenmuster, welche man dieser Gebirgs-Industrie übergibt, sind dieselben, welche die künstlerischen Leiter des Museums für ihre Wiener Fachschule entwerfen. Die gewebten Stoffe, die Stickereien, selbst die Brieftaschen, die Bucheinbände, die Quasten und Schnüre, Alles ist von derselben Richtung des Museums; manche Gebiete, wie die der Meerschaumschnitzerei, behalten ihre Wunderlichkeiten unentwegt bei; aber der Durchbruch der Stilrichtung nach allen Seiten hin ist ein völlig unzweifelhafter.«

11 AVA 3131/15 A; 7577/77 ex 1877 (= zwei Briefentwürfe mit Schreiben an R. v. Eitelberger).
12 Reglements der verschiedenen Abteilungen: CGUW 1885, S. 111 ff.
13 Klimburg 1900, S. 91.
14 Dumreicher 1881, S. XXXV.
15 Ebda.
16 Wie Anm. 13.
17 Dumreicher 1881, S. XXXVI.
18 Ebda.
19 Ebda.
20 Vgl.: CGUW 1885.
21 AVA 3131/12 B 2; 5334 ex 1878.
22 Ebda.
23 Ebda.
24 Brief von R. v. Eitelberger an das Ministerium für Cultus und Unterricht vom 20. 4. 1878, AVA 3131/15 B 2; 6264 ex 1878.
25 Vgl.: Leisching 1978, S. 152, und: Klimburg 1900, S. 108 f. Nachruf auf Dumreicher s.: CGUW, Heft XXVII, 1909, S. 223 ff.
26 Dumreicher 1885, S. 3.
27 Ebda., S. 4 ff.
28 Ebda., S. 9.
29 Ebda., S. 10.
30 Ebda., S. 15.
31 Ebda., S. 14.
32 Ebda., S. 16.
33 Ebda., S. 16.
34 Albert Ilg: Moderne Vornehmheit. In: Gegen den Strom. Flugschriften einer literarisch-künstlerischen Gesellschaft, XX. Heft. Wien 1888, S. 10 bzw. 13 f.; zit. n: Lachnit 1984, S. 52.
35 Albert Ilg; Das schwarze Kamel. In: Gegen den Strom XXII: Heft, Wien 1889, S. 32 f. Zit n.: Lachnit 1984, S. 52.
36 Albert Ilg, wie Anm. 35, S. 26, zit. n. Lachnit 1984, S. 52

ZU IX, DIE BÜROKRATISCHE DURCHSETZUNG DER MODERNE

1 Wilhelm Mrazek: Kunstindustrie, Kunstgewerbe, Kunsthandwerk, in: Rupert Feuchtmüller/Wilhelm Mrazek: Kunst in Österreich 1860–1918. Wien/Hannover/Bern 1964, S. 75 ff.; insbes. S. 109
2 Ebda., S. 92
3 Ebda., S. 92, und: Nachruf auf Bruno Bucher von Eduard Leisching, in: KKHW, 2. Jg., Heft 6, 1899, S. 229 ff.
4 HA 161 ex 1895; Direktion des Museums für Kunst und Industrie an die Schule; Erlaß des Ministeriums für Cultus und Unterricht Z. 10693, 27. 5. 1895
5 J. Folnesics: Artur von Scala. Biographisches Jahrbuch und Deutscher Nekrolog, XIV. Bd., 1909. Berlin 1912, S. 336 f.
6 Adolf Loos: Der Fall Scala (Österreichisches Museum und Gewerbeverein), in: ›Die Zeit‹, 9. 4. 1898. Wiederabgedruckt in: Adolf Loos: Die potemkinsche Stadt. Verschollene Schriften 1897–1933. Wien 1983, S. 29 ff.
7 Nachruf auf Scala in: KKHW, 12. Jg., 1909, Heft 10, S. 543 ff.
8 Vgl. Leisching 1978, S. 154 f.
9 Ebda.
10 Ebda., S. 155

11 Ebda., S. 122 f.
12 Ebda., S. 160 f.
13 S.: Blätter für Kunstgewerbe, Bd. 17, Heft 1
14 Adolf Loos: Wanderungen im österreichischen Museum. Der Kampf gegen den englischen Stil (Hofrat Scala); Neue Freie Presse 27. 11. 1898. Zit. wie unter Anm. 6, S. 178, und ders.: Das Scala-Theater in Wien. Aus: Wage, 5. 11. 1898. In: Adolf Loos: Ins Leere gesprochen. 1897–1900. (1921). Wien 1981, S. 181 f.
15 Vgl. Mrazek, wie Anm. 1, S. 107
16 Franz Wickhoff: Die Zukunft der Kunstgewerbemuseen. In: KKHW, 1. Jg., Heft 1/2. Wien 1898, S. 15 ff.
17 Vgl. James Shedel: Variationen zum Thema Ornament, Kunst und das Problem des Wandels im Österreich der Jahrhundertwende, in: Ornament und Askese, S. 93 ff. hier insbes. S. 100
18 Ebda., S. 94
19 Springer 1979, S. 600
20 Ebda.
21 AVA CUM 15.787 ex 1900; Sitzung vom 16. 2. 1899, Nach: Springer, 1979, S. 601
22 Burkhardt Rukschcio – Roland Schachel: Adolf Loos. Leben und Werk. Salzburg 1982, S. 56
23 Adolf Loos: Kunstförderung [1905] in: Adolf Loos: Die potemkinsche Stadt, wie Anm. 6
24 Vgl.: Redl Renate: Berta Zuckerkandl und die Wiener Gesellschaft. Phil. Diss. Wien 1978
25 Adolf Loos: Ins Leere gesprochen; wie Anm. 14, S. 23 ff.
26 Ebda., S. 25
27 Ebda., S. 26
28 Protokoll der Kuratoriumssitzung vom 30. 1. 1899, MA 259 ex 1899
29 Ebda., vgl.: Koller 1983, S. 141 f.
30 ›Ver Sacrum‹, III. Jg., Wien 1900, S. 21 ff. Zitat: S. 21
31 Charles Baudelaire, Ausgewählte Werke (Franz Blei). München o. J., Bd. 3, S. 168. Zit. n.: Dankl 1984, S. 26, Anm. 60
32 Jauss 1970; S. 52; vgl. allgemein: Dankl 1984, S. 22 ff.
33 R. v. Eitelberger: J. D. Böhm. In: Eitelberger I, S. 202. Zit. n.: Lachnit 1984, S. 10
34 Franz Wickhoff: Die Zukunft der Kunstgewerbemuseen. in: KKHW, 1. Jg., Heft 1 und 2. Wien 1898, S. 15 ff.
35 Ebda., S. 19 – Wickhoffs Ausführungen deuten an, daß mit den *Methoden* der historistischen Stilrezeption gebrochen werden sollte, nicht prinzipiell mit einem Historismus der formalen Aneignung historischer Kunst an und für sich: es ist, als Besonderheit der Wiener Situation ist das anzumerken, gerade die der Naissance verschriebene Moderne, die das Biedermeier als eigenständige Kunstepoche entdeckt und in ihre Kunst und Kunsttheorie integriert. Obwohl in dieser Rezeption ästhetische *und* ethische Momente zugleich Bedeutung haben, unterscheidet sie sich von der des Historismus des 19. Jahrhunderts durch die Verlagerung des Schwergewichts auf die *Form.* Historische und ethische Legitimation bezieht sich nicht so sehr auf abbildlich-symbolische Qualitäten (wie etwa in der bürgerlichen Renaissance- oder der katholischen Gotik-Rezeption), sondern auf spezifische formale Qualitäten (Einfachheit, Schlichtheit, Sichtbarmachung sorgfältiger, handwerklicher Verarbeitung, Verwendung erlesener Materialien, denen ihre ›natürlichen‹ Qualitäten möglichst belassen werden u. a.), denen eine differenzierte Wahrnehmungsfähigkeit entspricht. Die »Rückkehr zu den Traditionen des Biedermeier« war sicher auch eine Rückkehr zu einer genuin bürgerlichen und häuslich-privaten Kunst und Produktkultur, zugleich eine der »ruhigen, klaren, sachlichen Formkonzeptionen«. (Berta Zuckerkandl: Die Kunstgewerbeschule [Februar 1905] In: dies.: Zeitkunst Wien 1901–1907. Wien 1908, S. 29) Was dagegen scharf kritisiert wird, ist die »Jagd nach den Stilen«, der »Eklektizismus« der »Zeit der Gipsvorlagen, der Musterzeichner«, also die Zeit zwischen den »Vierziger- und Neunzigerjahren des eben verhauchten Jahrhunderts«, eine Zeit, die »für die kommenden Jahrhunderte *nicht gelebt* haben wird« (ebda., S. 28).
36 Berta Zuckerkandl, Kunst und Kultur, in: dies.: Zeitkunst Wien 1901–1907. Wien 1908, S. 16 f.
37 Wie Anm. 28
38 Ebda.
39 Ebda.
40 Ebda.
41 Vgl. Koller 1983, S. 30
42 Vgl. Koller 1983, S. 11 f. und S. 144, sowie Springer 1979, S. 601
43 Max von Millenkovich-Morold: Vom Abend zum Morgen. Aus dem alten Österreich ins neue Deutschland. Leipzig 1940, S. 204 f.
44 Wie Anm. 28, vgl. Koller 1983, S. 138 ff.
45 Hermann Bahr: Secession. Wien 1900, S. 184. Zit. n.: Koller 1983, S. 144, Anm. 1. Vgl. dazu ebda.: Anm. 2 und Anm. 3
46 Forsthuber 1986, S. 357
47 Josef Hoffmann: Einfache Möbel. In: Das Interieur, II, 1901, S. 193–208. Vgl. Koller 1983, S. 145
48 Leisching 1978, S. 156 f.
49 Ebda., S. 159
50 Ebda., S. 158
51 Ebda., S. 159
52 Adolf Loos: Myrbach Ausstellung. In: Die Wage. 2. 4. 1898. In: Adolf Loos: Die potemkinsche Stadt. Verschollene Schriften 1897–1933, S. 25 f.
53 Die von Scala begründete Zeitschrift lancierte nicht wenige Artikel, die wohlwollend das Werk secessionistischer Künstler würdigten – auch das ist ein Indiz, daß Scalas Haltung gegenüber den ›Modernen‹ weniger schroff und prinzipiell ablehnend war (zumindest in den ersten Jahren seiner Direktion) als umgekehrt.
54 H. E. von Berlepsch: F. Freiherr von Myrbach. In: KKHW, Jg. 1, 1898, Heft 1/2, S. 20–41. Zur Berufung Myrbachs vgl.: Koller 1983, S. 10, und HA 184 ex 1897 (Der Aufsichtsrat teilt der Schule mit, daß Myrbach gemäß Erlaß des Ministeriums für Cultus und Unterricht Z. 12210 mit 1. 10. 1897 unter Anrechnung seiner 10 Jahre mit künstlerischer Praxis verbrachten Zeit zum wirklichen Lehrer bestellt wird.)
55 Hans Ankwicz Kleehoven: F. Freiherr von Myrbach. In: Neue Österreichische Biografie. Band XIII. Zürich/Leipzig/Wien 1959
56 Zum folgenden vgl. Koller 1983, S. 11 ff.
57 H. E. von Berlepsch: F. Freiherr von Myrbach, in: KKHW, Jg. 1, 1898, Heft 1/2, S. 20–41
58 MA 259 ex 1899; vgl. Koller 1983, S. 11
59 MA 259 ex 1899
60 Vgl. Koller 1983, S. 15, Anm. 3
61 Ludwig Hevesi widmete Strasser im 1. Jg. von KKHW (1898) einen Artikel (S. 349 ff.)
62 Ludwig Hevesi; Zwei Jahre Sezession. Ver Sacrum, April 1899. Zit. n. ders.: Acht Jahre Sezession. Wien 1906, S. 164
63 Ludwig Hevesi: Hofrat von Storck und Baron Myrbach. Zum Direktionswechsel in der Kunstgewerbeschule (5. 3. 1899); wie Anm. 62, S. 130.
64 Ebda., S. 128
65 Ebda., S. 129
66 Genereller Erlaß des Ministers für Cultus und Unterricht vom 13. 7. 1899, Z. 15429. Abgedr. in: CgUW 1898; Bd. 17
67 Vgl. Koller 1983, S. 35
68 Carl E. Schorske; Wien. Geist und Gesellschaft im Fin de siècle. Frankfurt 1982. Für unseren Zusammenhang insbes. S. 224 ff.
69 A. Engelbrecht; Wilhelm Ritter von Hartel. In: Biografisches Jahrbuch für Altertumswissenschaft. Jg. 1908, S. 75 ff.
70 Springer 1979, S. 602 = Sitzung des Kunstrats vom 4. 11. 1902 (AVA CUM 39.463 ex 1902)
71 Ebda., S. 601 = Sitzung des Kunstrats vom 16. 2. 1899 (AVA CUM 15.787 ex 1900)
72 Wie Anm. 70
73 Berta Zuckerkandl; Österreichische Kunstpflege. In: Die Kunst, 7. Bd., 1903, S. 20, zit. n.: Koller 1983, S. 20

74 Koller 1983, S. 150
75 Berta Zuckerkandl; Die Kunstgewerbeschule [Februar 1905]; in: Zeitkunst Wien 1901–1907. Wien 1908, S. 33
76 Alois Riegl, Volkskunst, Hausfleiß und Hausindustrie. Berlin 1894. Riegl will als »Denkmal der Pietät« Volkskunst museal bewahrt sehen und stellt skeptisch die Frage, ob »wir um unserer historischen Schrullen willen das unmöglich Scheinende dennoch versuchen, einen solchen Volksstamm beim Hausfleißsystem . . . künstlich erhalten (zu) wollen«. (S. 71) Doch auch die Dokumentation und museale Archivierung seien der aus denselben Wurzeln gespeisten Bedrohung ausgesetzt wie der Hausfleiß selbst: »Die angeführten Werthe waren alle bloße Affektionswerthe. Dies wird der Überzeugungskraft der hier vertretenen Sache vielleicht schaden in den Augen derjenigen, die im Sinne des modernen Commercialismus auch geistige Werte nur dann voll gelten lassen wollen, wenn sich dieselben zugleich in volkswirtschaftliche Formeln, in Einnahmen und Umsatzziffern und dergleichen fassen lassen.« (S. 78 f.)
Riegl entwickelt seine Argumentation sozusagen im weltgeschichtlichen Zusammenhang. ›Hausfleiß‹ definiert er als unterste und primitivste Stufe der Produktion, in der es weder Tausch noch Kauf gibt und wo die Herstellung der Produkte unmittelbarer Bedürfnisbefriedigung (einschließlich der ästhetischen durch das Schmücken) diene. Erst mit der Ausweitung der Familien zu Stämmen und Völkern entstehe ›Volkskunst‹, die »nicht bloß einer bestimmten Gesellschaftsklasse, etwa den Besitzenden« angehören dürfe, sondern die »allen Volksangehörigen gemeinsam, das heißt von allen gekannt und verstanden und von allen praktisch geübt« sein müsse (S. 13).
An der Entwicklung des Römischen Rechts erläutert Riegl dann die »zweite große Stufe der wirtschaftlichen Entwicklung«, in der eine auf Arbeit begründete Klassenteilung und damit Herrschaft (S. 22) sowie Lohnarbeit entstünde.
In der zeitgenössischen Hauskunst, dem ›echten Hausfleiß‹, hätte sich eine Produktionsform erhalten, die »den Begriff des Kapitals nicht kennt, sondern die Arbeit um ihrer selbst willen schätzt« (S. 53). Die »der Industrie parallel einhergehende Entwertung der Bodenrente« hätte die verarmenden Bauern zum Verkauf ihrer für den Eigenbedarf hergestellten Produkte gezwungen – auf einem vorwiegend städtischen Markt, der aus den Defiziten maschineller Produktion erwachsende Bedürfnisse nach handwerklich-›ursprünglicher‹ (Kunst)Produktion befriedigte. »Dem Mißverständnisse, das in der Ueberschätzung der von der Verwerthung dieser Künste zu erwartenden Erfolge für das moderne Kunstschaffen gelegen war, setzte man aber die Krone auf durch die technische Bezeichnung, die man der ganzen Erscheinung gab: man nannte dieselbe nämlich Haus*industrie*.« (S. 57; Hervorhebung G. F.) Die neue Form der marktorientierten Produktion habe dem Hausfleiß aber ein Ende gesetzt; die ›Überschüssige‹ (über die Befriedigung eigener, familialer Bedürfnisse hinausreichende) Produktion bedürfe des Einsatzes von mehr Rohstoffen, das heißt auch von mehr Kapital (zum Beispiel vom Staat vorgeschossen), benötige Absatzmärkte, die sich die bäuerliche Bevölkerung nicht selbst erschließe und erschließen könne. Die Qualität richte sich nach Lohn und Nachfrage und den zur Verfügung stehenden Rohstoffen, die nicht mehr alle selbst erzeugt würden (S. 66). Der ›Hausfleiß‹ beginne nun tatsächlich zur Haus›industrie‹ zu werden.

ZU X, DIE ›NAISSANCE DES KUNSTGEWERBES‹

1 AVA 3138 ex 1890 = Bericht an den Aufsichtsrat der Kunstgewerbeschule vom 27. 10. 1899. Vgl. auch: Koller 1983, S. 30 ff.
2 Alois Riegl: Historische Grammatik der bildenden Künste.
3 Vgl. Koller 1983, S. 36, und: Eingabe (der Statuten) an den Kaiser, AVA 3138/6194 ex 1900
4 CgUW 18/1900, S. 103
5 Z. B. Julius Lessing: »Die künstlerische Erziehung ist Lehranstalten übertragen, welche eine Menge von jungen Menschen heranbilden, die nicht einmal die Schule des Handwerks durchgemacht haben, die ohne Fühlung mit dem eigentlichen Material, ohne die Fähigkeit aus der Technik heraus zu erfinden, sich nichts aneignen als eine gewisse Geschicklichkeit, Teile älterer Vorlagen neu zu verflechten. Diese jungen Herren wollen auch gar nicht Handwerker sein, auf den Schulen spielen sie die Studenten, nachher werden sie Modelleure und Zeichner, oder unterrichten wieder auf den nämlich breitgetretenen Pfaden, auf denen sie geführt worden sind.
In diesen Kunstschulen drängt sich eine Menge von Kräften, deren künstlerische Veranlagung nur eben hingereicht hätte, gewöhnliche Werkzeichnungen zu liefern, die nun aber in einer gut entwickelten Systematik des Unterrichts zu Halbkünstlern dressiert werden.« Die Malaise der kunstgewerblichen Ausbildung wird überwiegend den Auszubildenden selbst angelastet; das gilt zumal für Frauen: »Ganz vornehmlich befinden sich hierunter unbeschäftigte junge Mädchen, die nur zu bereit sind, ihre halb dilitantenhaften Leistungen zu unvernünftig billigen Preisen zu verkaufen, und so wächst ein Kunstproletariat heran, das niemals auf eine ernstliche Beschäftigung rechnen darf und mit seinen Ansprüchen und seiner halben Erziehung auch die gesunden Kräfte ernsthaft zu gefährden droht.« Julius Lessing: Das Arbeitsgebiet des Kunstgewerbes. In: Deutsche Rundschau. Bd. 57. 15. Jg., Berlin 1888, S. 282 f.; hier zit. n.: Skerl 1973, S. 233, Anm. 108, Vgl. ebda., S. 251, Anm. 63
6 Alfred Roller: Bericht über eine Studienreise nach England, Deutschland, Belgien, Holland. In: CgUW 18/1900, S. 227 ff.
7 Ebda., S. 229
8 Ebda.
9 Ebda.
10 Ebda., S. 230
11 Zu Alfred Rollers Tätigkeit an der Allgemeinen Abteilung s. die ausführliche Darstellung bei Koller 1983, S. 38 ff.; zur möglichen – durch Johannes Itten vermittelten – Vorbildhaftigkeit für das Bauhaus s. ebda., S. 45 f.
12 Berta Zuckerkandl: Zeitkunst Wien 1901–1907. Wien 1908, S. 20 f., zit. n.: Koller 1983, S. 39
13 Vgl. Koller 1983, S. 57 ff.
14 Vgl. Koller 1983, S. 77 f.
15 Ebda., S. 78 ff.
16 Ebda., S. 82
17 Personalakt Adele von Stark; HA. Sowie: HA 326 = Ministerium für Cultus und Unterricht an die Direktion. 24. 3. 1903. Vgl. dazu auch HA 323, 325, 327 betreffend die Bestellung von Adele von Stark
18 KKHW, V. Jg., Heft 3, 1902, S. 166
19 Personalakt Rosalia Rothansl; HA
20 O. Beyer: Entwurf für einen Bericht an das Ministerium für öffentliche Arbeiten über die Leistungen der Kunstgewerbeschule zur Förderung des Kunstgewerbes seit Bestehen der Anstalt. HA 334 ex 1908 (Verfaßt im Juli, August 1908)
21 Koller 1983, S. 19
22 Ebda., S. 20
23 Ebda.
24 Nach Koller, S. 26 ff.
25 AVA 3135/32 986, zit. n. Koller 1983, S. 23, vgl. dazu auch S. 22 ff.
26 Berta Zuckerkandl: Baron Myrbach, in: Zeitkunst Wien 1901–1907. Wien 1908. S. 19 ff.
27 Ebda., S. 24 ff.
28 Berta Zuckerkandl: Die Kunstgewerbeschule (1905), in: Zeitkunst Wien 1901–1907, S. 29
29 Ebda., S. 33
30 Vgl. Mitteilungen, 7. Jg., Heft 84, S. 192 (= 1. 9. 1872), sowie zu Beyer: Rudolf Schmidt: Österreichisches Künstlerlexikon. Bd. 1, Wien 1980. Der Personalakt Beyers fehlt bedauerlicherweise im Hochschularchiv.

31 HA 334 ex 1908 – Beyer weist unter anderem darauf hin, daß seit Bestehen der Schule etwa 1420 Schüler ihre Ausbildung absolviert hätten. Von jenen Schülern, von denen sich entsprechende Daten rekonstruieren hätten lassen, sei bekannt, daß etwa 540 einen kunstgewerblichen oder künstlerischen Beruf ergriffen hätten, 450 in das Lehramt gegangen seien und 37 ihren ursprünglichen Beruf aufgaben; etwa 100 Schüler seien in das Ausland gegangen. Von 400 Schülern waren keine derartigen Angaben zu eruieren.
32 Ebda.
33 Vgl. dazu: Peter Haiko: Otto Wagners Interieurs: Vom Glanz der französischen Könige zur Ostentation der ›modernen Zweckmäßigkeit‹. In: Otto Wagner. Möbel und Innenräume. Salzburg 1984, insbes. S. 32 ff.
34 Curriculum Vitae von Hanak (anläßlich des Gesuchs Rollers, Hanak zum Professor zu ernennen): AVA Min. f. ö. Arbeiten, Akt 10758, Fasz. 1157 ex 1913
35 Vgl. Hedwig Steiner: Anton Hanak. München 1969, S. 51 ff.
36 AVA, Akt 766, Fasz. 1139 = Stundenplan 1908/1909

ZU XI, DISKONTINUITÄT DER KUNSTENTWICKLUNG

1 Alfred Roller: Fünfzig Jahre Wiener Kunstgewerbeschule. In: KKHW, XXI. Jg., 1918, Heft 8, 9 und 10
2 Personalakt Alfred Rollers im Hochschularchiv. Gottfried Neumann-Spallart: Alfred Roller, in: Neue Österreichische Biografie, X., 1957, S. 149 ff.
3 Wie Anm. 1
4 Ebda., S. 342
5 Ebda.
6 Ebda., S. 343
7 Ebda., S. 344
8 Raumnot hatte schon Eitelberger bei Eröffnung des Neubaus der Kunstgewerbeschule prophezeit und vorgerechnet, daß die Schule bereits in 10 Jahren zu klein sein werde. Roller erwähnt, daß vor dem Krieg nur 150 Schüler aufgenommen werden konnten, während 1877 etwa 400 Schüler die Anstalt besuchten. Wegen des Raummangels – von 1906 datiert das nicht verwirklichte Projekt eines Erweiterungsbaus von Josef Hoffmann – stehe die Schule nach »fünfzigjährigem Bestande als ein Bruchstück da«. (Wie Anm. 1, S. 339). Tatsächlich durchzieht die ›Raumfrage‹ alle Schulakten seit 1900.
9 Wie Anm. 1, S. 345
10 Joseph August Lux: Die Spaltung der Secession. In: Hohe Warte. Jg. 1, 1904/05, S. 318. Zit. n.: Dankl 1984, S. 196. Zur ›Überwindung der Moderne‹ vgl. allgemein Dankl 1984, S. 187 ff.
11 Vgl. Kap. »Überwindung der Moderne‹ bei Dankl 1984
12 Ludwig Hevesi: Der Bruch der Secession. In: ders.: Acht Jahre Secession. Wien 1906, S. 504, zit. n.: Dankl 1984, S. 199
13 Berta Zuckerkandl: Die XXIII. Ausstellung der Wiener Secession. In: Die Kunst. Jg. 20, Bd. 11, 1905, S. 441, zit. n.: Dankl 1984, S. 199 f.
14 Vgl. dazu: Dankl 1984, S. 203 ff. Zitat ebda., S. 204
15 Joseph August Lux, wie Anm. 10, S. 196
16 Forsthuber 1986, S. 363
17 L. H.; Die Wiener Tapeten-Ausstellung, in: Deutsche Kunst und Dekoration XXXIII, 1913/14, S. 155, zit. n. Forsthuber 1986, S. 377
18 Vgl.: Friedrich Achleitner: Der Österreichische Werkbund und seine Beziehung zum Deutschen Werkbund. In: Lucius Burckhardt (Hg.): Der Werkbund in Deutschland, Österreich und der Schweiz. Stuttgart 1978, S. 105
19 Aus dem Handelsregister zit. n.: E. Schmuttermeier: Die Wiener Werkstätte. In: Traum und Wirklichkeit. Wien 1870–1930. Wien 1985 (Ausst. Kat.), S. 336
20 Wie Anm. 18, S. 103
21 Koller 1983, S. 174
22 Vgl. Gmeiner/Pirhofer 1984, S. 12 f.
23 James Shedel: Variationen zum Thema Ornament. Kunst und das Problem des Wandels im Österreich der Jahrhundertwende. In: Ornament und Askese 1985, S. 106
24 Vgl. J. Shedel ebda.
25 Wie Anm. 22, S. 12
26 Alfred Roller an das Ministerium für öffentliche Arbeiten, betreffend die ›Neuredigierung‹ der organisatorischen Bestimmungen. AVA Min. f. ö. Arbeiten, Akt 1266, Fasz. 1149 ex 1911. Die Eingabe datiert vom 11. 3. 1910.
27 Ebda.
28 Ebda.
29 AVA Min. f. ö. Arbeiten, Akt 1529, Fasz. 1150 ex 1911
30 Alfred Roller: Die offenen Zeichensäle an der Kunstgewerbeschule in Wien. In: CgUW, Bd. XXIX, 1911, S. 237 ff.
31 AVA Min. f. ö. Arbeiten 1208, Fasz. 1149 ex 1911. Eingabe der Direktion an das Ministerium
32 Ebda.
33 AVA Min. f. ö. Arbeiten 37 435, Fasz. 1161 ex 1913
34 AVA Min. f. ö. Arbeiten Akt 1652, Fasz. 1150 ex 1911
35 AVA Min. f. ö. Arbeiten Akt 42 663, Fasz. 1155 ex 1912
36 Roller an das k. k. Ministerium für öffentliche Arbeiten anläßlich der Beschwerde des »Künstlerverbandes österreichischer Bildhauer«. Brief vom 26. 5. 1913. AVA Akt 24 754, Fasz. 1159 ex 1913
37 Vgl. Jahresberichte der Schuljahre 1909/10 und 1910/11 AVA Ministerium f. ö. Arbeiten Fasz. 1139 ex 1910 und Akt 1652, Fasz. 1150 ex 1911
38 AVA Ministerium f. ö. Arbeiten Akt 213, Fasz. 1138 ex 1909
39 Ebda.
40 Vgl. Schweiger 1983, S. 249 ff.
41 AVA Ministerium für öffentliche Arbeiten Akt 1652, Fasz. 1150 ex 1911. Zu Strnad s. dessen Personalakt im HA und M. Eisler: Oskar Strnad, Wien 1936, S. 8 ff.
42 Personalakt Böhm HA. Sowie: AVA Ministerium f. ö. Arbeiten Akt 766, Fasz. 1139 ex 1910
43 KKHW, XIII, 1910, Heft 10, S. 604
44 Jahresbericht 1909/10 = AVA Min. f. ö. A. Fasz. 1139 ex 1910 52/10, Fasz. 1139 ex 1910 (Antrag auf Errichtung) und: Personalakt Barwig HA
45 Personalakt Barwig HA
46 AVA Ministerium f. öffentliche Arbeiten Akt 30 528, Fasz. 1177 ex 1918 mit Curriculum Vitae vom 10. 5. 1918
47 AVA Min. f. ö. Arbeiten Akt 1759, Fasz. 1150 ex 1911
48 Koller 1983, S. 184
49 Ebda., S. 183 und S. 162 ff.
50 AVA Min. f. ö. A. Akt 536, Fasz. 1170 ex 1916
51 AVA Min. f. ö. A. Akt 87 660, Fasz. 1175 ex 1917
52 AVA Min. f. ö. A. Akt 30 528, Fasz. 1177 ex 1918
53 ›Bericht der Direktoren‹ vom 7. 7. 1912, AVA Min. f. ö. Arbeiten Akt 16 311, Fasz. 1158 ex 1913. Denkschrift des Volkskundemuseums in demselben Akt. Note des Ministeriums für Kultus und Unterricht: AVA Min. f. ö. Arbeiten Akt 57 767, Fasz. 1158 ex 1913
54 AVA Min. f. ö. A. Akt 25 303, Fasz. 1165 ex 1914. Denkschrift mit Begleitschreiben vom 29. 4. 1914
55 Ebda., S. 2 f.
56 Ebda., S. 5
57 Ebda.
58 Ebda.
59 Schreiben des Niederösterreichischen Gewerbevereins vom 15. 3. 1915 an das Ministerium für öffentliche Arbeiten, n. AVA Min. f. ö. A., Akt 15 065, Fasz. 1176 ex 1918.
60 Schreiben Rollers an das Ministerium für öffentliche Arbeiten vom 15. 4. 1915 und 5. 5. 1915 AVA Min. f. ö. A. Akt 15 065, Fasz. 1167 ex 1915
61 Roller spricht sogar von Unterernährung der Schüler; 1917 änderte die

seit 1869 bestehende Gesellschaft zur Förderung der Kunstgewerbeschule des k. k. österreichischen Museums für Kunst und Industrie ihre Statuten. »In der heutigen Zeit, die an Jedermann so ernste Anforderungen stellt, sollte den Schülern nach der Rückkehr vom Feld geholfen werden den Ein- oder Wiedereintritt ins Berufsleben zu finden.« (Satzungen und Jahresbericht der Gesellschaft von 1916)

62 AVA Min. f. ö. A. Akt 180/183, Fasz. 1166 ex 1914

63 AVA Min. f. ö. A. Akt 85 400, Fasz. 1172 ex 1916

64 AVA Min. f. ö. A. Akt 41 873, Fasz. 1171 ex 1916

65 AVA Min. f. ö. A. Akt 10 375, Fasz. 1167 ex 1915

66 Ebda.

67 AVA Min. f. ö. Arbeiten Akt 41 873, Fasz. 1171 ex 1916

68 AVA Min. f. ö. A. Akt 7215, Fasz. 1176 ex 1918

69 Vgl. dazu AVA Min. f. ö. A. Akt 21 766, Fasz. 1170 ex 1916 und: Gmeiner/Pirhofer 1984, S. 48 ff.

70 Vgl.: Forsthuber 1984, S. 407 und Anm. 2

71 Vgl.: ebda., S. 408

72 Vgl.: Gmeiner/Pirhofer 1984, S. 40 ff.

73 Soldatengräber und Kriegsdenkmale. Wien 1915. S. 15

74 Ebda., S. 18

75 Ebda., S. 18 f.

76 Theodor Heuss: Probleme der Werkbundarbeit. In: Der Friede. Wien 1918/19, Jg. 1, Nr. 26 vom 19. 7. 1918, S. 618. Zit. n.: Schweiger 1982, Anm. 374

ZU XII, ›BRAUCHBARE SCHÖNHEIT‹

1 Vgl. dazu allgemein: Peter Haiko/Mara Reissberger: ›Alles ist einfach und glatt‹. Zur Dialektik der Ornamentlosigkeit. In: Moderne Vergangenheit 1800–1900. Wien 1981, sowie: Michael Müller, Von der Ästhetisierung der Geschichte zur Ästhetisierung des Lebens. In: Ein Dokument Deutscher Kunst. (Ausstellungskatalog); Bd. 1, Darmstadt 1976

2 Michael Müller, wie Anm. 1, S. 41

3 Haiko/Reissberger, wie Anm. 1, S. 14, sowie: M. Müller, wie Anm. 1, S. 41, und: Peter Haiko/Mara Reissberger: Ornamentlosigkeit als neuer Zwang. In: Ornament und Askese 1985, insbes. S. 114 ff.

4 Vgl.: Gottfried Fliedl: ›Das Weib macht keine Kunst, aber den Künstler‹. Zur Klimt-Rezeption. In: Renate Berger/Daniela Hammer-Tugendhat (Hg.): Der Garten der Lüste. Zur Deutung des Erotischen und Sexuellen bei Künstlern und ihren Interpreten. Köln 1985, insbes. S. 120 f. und S. 124 f.

5 Das Arbeitsprogramm der Wiener Werkstätte wurde in der Zeitschrift ›Hohe Warte‹, Jg. 1, 1904/05, veröffentlicht.

6 Gezielte Überlegungen zu kunstgewerblicher Produktion für die Bedürfnisse des Arbeiterstands gibt es zu dieser Zeit kaum. Und wenn es sie gibt, erschöpfen sie sich meist in patrimonialer Bildungsfürsorge, die ›auch dem Volke‹ eine ›moderne Erholungsbildung‹ von oben verordnen möchte. Vgl.: Rudolf Preissecker: Kunst und Arbeiterstand. In: Das Interieur, XI, 1910, S. 97 ff. – Mit dem Begriff des ›Arbeiters‹ dürfte im Programm der Wiener Werkstätte wohl noch der Gewerbetreibende gemeint sein.

7 Walter Benjamin: Paris, die Hauptstadt des 19. Jahrhunderts. In: ders.: Gesammelte Schriften, V/1, Frankfurt 1982, S. 52

8 Ebda.

9 Peter Haiko hat dies am Beispiel der Wohnungen/Interieurs Otto Wagners untersucht, wobei in diesem Fall die Publizierung des Interieurs nicht nur in den Dienst der Statuskonkurrenz tritt, sondern auch Medium einer ökonomisch nutzbaren Publizität ist. »Mit der Veröffentlichung seiner Interieurs will Wagner – abgesehen von rein kaufmännischen Interessen – den Verlust von Öffentlichkeit aufhalten. An Stelle der Ostentation seines Ichs in Form der Interieurs bei Empfängen, Bällen und Soireen tritt nun die sie vertretende Dokumentation. Wagner als Künstler publiziert seine Interieurs und stellt sie aus, um das Moderne, Zeitgemäße seiner Entwürfe werbewirksam der Öffentlichkeit zu präsentieren. Wagner als privater Bürger versucht damit, den öffentlich repräsentativen Charakter seiner Wohnung und seines Selbst zurückzuholen. Nur durch die Publikation gelingt es ihm, etwa seinem Badezimmer noch einmal jenen Grad von Öffentlichkeit zu verleihen, welcher dem Großbürger der siebziger Jahre mit und in seinen Salons garantiert war. Nicht mehr der von ihm geladenen und ausgewählten Gesellschaft allerdings kann Wagner seine Kunst, seine Interieurs und vor allem seine Modernität vor Augen führen, sondern nur mehr einem anonymen Leser beziehungsweise Ausstellungsbesucher – also nur sehr bedingt seiner eigenen Schicht.
Dem Rezipienten wiederum ist bloß eine mittelbare Beziehung zu den Wagner-Interieurs möglich. Er kann sie nicht mehr erleben, nicht mehr betreten, er kann sie nur mehr auf einem Photo oder in einer Ausstellung betrachten. Aus dem Benützer des Interieurs in situ ist der Betrachter der reproduzierten oder exponierten – jeglich möglichen Gebrauchs entrückten – Interieurs geworden. Der ›öffentlichen‹ Benützbarkeit, auch der temporären, gänzlich entzogen, erhalten Schlaf- und Badezimmer Wagners ausschließlich die Aura von Schaustücken, von Kunstwerken.« Peter Haiko: Otto Wagners Interieurs: Vom Glanz der französischen Könige zur Ostentation der ›modernen Zweckmäßigkeit‹. In: Otto Wagner. Möbel und Innenräume. Salzburg 1984, S. 33 f. – Umgekehrt wird die Ausstellung zum wohnlichen Raum, man denke an die Inszenierungen der Secession, was die Neubelebung des alten Begriffs des Salons hervorrufen kann: »Es war ein hübscher und dankbarer Gedanke«, schreibt Rudolph Lothar 1898 über die Secession, »den Begriff Salon, der den Kunstausstellungen als Etiquette aufgeklebt ist, in die Wirklichkeit zu übersetzen. Die Ausstellung der Secession ist wirklich ein Salon, ein Ort anheimelnder Geselligkeit. Teppiche dämpfen den Schritt; in behaglichen Lehnstühlen unter breiten, nickenden Blattpflanzen läßt sich prächtig plaudern. Der Besucher, der über die Schwelle tritt, fühlt sich gleich als Gast in einem lieben Hause.« Rudolph Lothar: Von der Secession. In: Die Wage, Jg. 1, Heft 49, 3. 12. 1898, S. 813 f. Hier zit. n.: Gotthard Wunberg (Hg.): Das junge Wien. Österreichische Literatur- und Kunstkritik 1887–1902; Bd. II. Tübingen 1976, S. 921 f. Der Salon, im Frankreich des 18. Jahrhunderts ein Ort sozial egalitärer, diskursiver Öffentlichkeit, ist jetzt der Ort des ›Plauderns‹ über Kunst, »um sich im Gespräche weit vom Tage zu entfernen, der draußen vorüberklingt« (ebda.).

10 Vgl. etwa das Porträt Marie Henneberg in der gleichnamigen Villa, das als ein integrierter Teil einer Kaminverbauung zum ›Mobiliar‹ wird.

11 Haiko/Reissberger, wie Anm. 1, S. 15

12 Im Anschluß an seine Überlegungen zur (Secessions-)Ausstellung als Salon, als Ort des ›Plauderns‹, des Gesprächs, schreibt Rudolph Lothar (vgl. Anm. 9 unten): »Nicht stumme Beschauer fordert die neue Kunst. Sie heischt die Aussprache, Rede und Gegenrede. Aus dem Streite der Meinungen schöpft sie ihre Regung. Weit weg vom Tage hängt sie mit all ihren Organen: Vom Tageslicht ist sie umfluthet, von den Stimmungen der Stunde genährt, von den Schritten des Lebens durchhallt. Und wenn wir dem Leben da draußen fliehen, indem wir uns bei der Kunst zu Gaste laden, so nähern wir uns ihm erst recht. Aber auf anderem Wege. Und wir verstehen es plötzlich anders, sehen es anders, genießen es anders. Die höchste Aufgabe der Kunst ist nicht Genuß zu sein, sondern Genuß zu lehren. In diesem Sinne ist die Kunst die herrliche Erzieherin des Menschen. Sie erzieht ihn zur Genußfähigkeit, sie lehrt seine Sinne Schätze des Glücks entdecken. Denn Genuß ist Glück.« Hermann Bahr beschrieb Olbrichs Ausstellungsbau als Ort, »in dem sich der Eintretende vom Täglichen reinigen, zum Ewigen stimmen« sollte, wo er »die Sorgen oder Launen der gemeinen Welt ablege(n) und sich zur Andacht bereit(n)« konnte. Die Ausstellung ist für den »stille(n) Clausner« eine »selige Insel im Tumult der Stadt, eine Zuflucht aus der täglichen Not in die ewige Kunst«. (Hermann Bahr:

Meister Olbrich. In: Gotthard Wunberg (Hg.): Die Wiener Moderne. Literatur, Kunst und Musik zwischen 1890 und 1910. Stuttgart 1981, S. 510).

In Klimts berühmter Rede anläßlich der Eröffnung der ›Kunstschau 1908‹ wird die Möglichkeit des Ausstellungswesens, Kunst und Lebenspraxis zu versöhnen, bereits skeptischer als am Beginn der Secessionsbewegung eingeschätzt. Für die »Lösung großer öffentlicher Kunstaufgaben« erscheint die Ausstellung durchaus nicht als ideale Form, weil sie keine genügend tragfähige Verbindung von Künstler und Publikum herzustellen vermag. Diese »ideale Gemeinschaft aller Schaffenden und Genießenden«, die Klimt im Begriff der »Künstlerschaft« faßt, hält freilich an der Idee der Ästhetisierung des Lebens – als einer Aufhebung der Lebenspraxis in Kunst – fest, »verbunden einzig durch die Überzeugung, daß kein Gebiet menschlichen Lebens zu unbedeutend und zu gering ist, um künstlerischen Bestrebungen Raum zu bieten, daß, um mit den Worten Morris' zu sprechen, auch das unscheinbarste Ding, wenn es vollkommen ausgeführt wird, die Schönheit dieser Erde vermehren hilft und daß einzig in der immer weiter fortschreitenden Durchdringung des ganzen Lebens mit künstlerischen Absichten der Fortschritt der Kultur gegründet ist.« (Zit. n.: Christian M. Nebehay. Gustav Klimt. Wien 1969, S. 394).

13 Danach scheint die Ausstattung des Kabaretts ›Die Fledermaus‹ ausgerichtet gewesen zu sein, wo unter Einbeziehung »aller . . . in Betracht kommenden künstlerischen und hygienischen Elemente« eine wirkliche »Kultur der Unterhaltung« geschaffen werden sollte. Der Zuschauer sollte sich »ins unmittelbare Leben hinein gesetzt« fühlen, um den »Sinn des Auges direkt« und »ohne den Umweg über die Reflexion« ergreifen zu können. (Vgl. Sekler 1982, S. 112)

14 Das Ausstellungskonzept insgesamt und Klimts Fries gehören in die Tradition der Selbstinterpretation der Künste. Kunst- und Künstlerkult kreisen hier um die Person Beethovens. Doch in Klimts Fries überschneidet sich die Botschaft von der (Selbst)Erlösung des männlichen Ich mit der durch die Beethovensche Musik (Schlußbild als Paraphrase auf den Text des 4. Satzes von Beethovens 9. Symphonie) in einer räumlich-bildhaften Inszenierung, die ihrerseits Erlösung im Weiheraum – durch Kunst – verspricht.

15 Josef Hoffmann: Einfache Möbel. In: Das Interieur, II, 1901, zit. n.: Sekler 1982, S. 484

16 Zit. n.: Haiko, wie Anm. 9, S. 58, Anm. 84

17 Josef Hoffmann; wie Anm. 15

18 Hermann Bahr: Secession. Wien 1900, S. 35 f.

19 Berta Zuckerkandl: Kunstindustrie. Zit. n.: Gotthard Wunberg, wie unter Anm. 9, S. 549

20 Vgl. dazu: Haiko/Reissberger, wie Anm. 1, S. 13

21 Arnold Schönberg: Komfort als Weltanschauung (1911); zit. n.: Wunberg, wie unter Anm. 9, S. 182 f.

22 Alois Riegl: Die Stimmung als Inhalt der modernen Kunst. In: ders.: Gesammelte Aufsätze. Augsburg/Wien 1928, S. 28 ff. Der Aufsatz erschien erstmals in: Graphische Künste, XXII, 1899, S. 49 ff.

23 Bei Waentig (Wirtschaft und Kunst. Geschichte und Theorie der modernen Kunstgewerbebewegung. Jena 1909) wird beispielsweise die Dialektik von ›Großstadt‹ und Stimmung deutlich angesprochen: »Besonders das Großstadtleben zerstört jene innere Sammlung, die notwendig ist, um eine künstlerische Stimmung aufkommen zu lassen.« (S. 394) Und er zitiert Goethe als Kronzeugen (aus einem Briefwechsel mit Schiller): »Sehr merkwürdig ist mir aufgefallen, wie es eigentlich mit dem Publico einer Großstadt beschaffen ist. Es lebt in einem beständigen Taumel von Erwerben und Verzehren, und das, was wir Stimmung nennen, läßt sich weder hervorbringen noch mitteilen.«

24 Alois Riegl, wie Anm. 22, S. 28

25 Ebda., S. 31. Die Harmonie und Ordnung vergegenwärtigende Kraft der Kunst macht diese auch für Riegl zur Erlösungsmacht, die dem »trostbedürftigen Zeitgeschlecht Erleichterung, wo nicht Erlösung« bringen kann. (Ebda., S. 38 f.) Auch in der Literatur kann der Begriff der Stimmung einen wichtigen Platz einnehmen. Hermann Bahrs Theorie der ›écriture artiste‹ bezieht sich auf eine Methode, Seelenzustände auszudrücken, das »Unaussprechliche doch aussprechen« zu können. Die Sprache, das Wort referiert nicht, sondern löst Stimmungen aus. » . . . ein Wort, seiner Bedeutung ledig und von allen Beziehungen auf die Dinge gelöst, (kann) an sich groß oder innig, zornig oder sanft, gebieterisch oder versöhnlich lauten, ganz wie eine Linie, sie mag etwas Geometrisches bezeichnen oder einen Gegenstand der Natur darstellen, an sich edel oder gemein sein . . .« (Nach Dankl 1984; Zitat S. 97. Das Zitat von Bahr stammt aus: Bildung. Essays. Berlin/Leipzig 1900, S. 61 ff.) Eine ähnliche Ablösung der Kunstmittel von den Darstellungsgehalten ist in der gleichzeitigen kunstwissenschaftlichen Theorie (Riegl) zu beobachten.

26 Vgl. z. B. die Bemühungen von Moritz Thausing (1838–1884) um die Abgrenzung der Kunstwissenschaft von den übrigen Geschichtswissenschaften, der Archäologie und der Ästhetik. Die Idee einer Kunstgeschichte des Sehens ist bei ihm schon vorgebildet bis hin zur Einebnung des Unterschieds von ›Schön‹ und ›Häßlich‹. Thausing: »Ich kann mir eine Kunstgeschichte denken, in der das Wort ›schön‹ gar nicht vorkommt.« M. Thausing: Die Stellung der Kunstgeschichte als Wissenschaft. Antrittsvorlesung von 1873. Zit. n.: Heinrich Dilly: Kunstgeschichte als Institution. Studien zur Geschichte einer Disziplin. Frankfurt 1979, S. 234

27 Vgl.: Willibald Sauerländer: Alois Riegl und die Entstehung der autonomen Kunstgeschichte im Fin de siècle. In: Fin de siècle. Zur Literatur und Kunst der Jahrhundertwende. Frankfurt 1977, S. 125 ff.

28 Alois Riegl: Historische Grammatik der bildenden Künste. Hier zit. n.: Werner Hofmann: Gustav Klimt und die Wiener Jahrhundertwende. Salzburg 1970, S. 41

29 Riegl, zit. n.: Hofmann, wie Anm. 28, S. 42

30 Berta Zuckerkandl, wie Anm. 19, S. 456 f.

31 Vgl. dazu allgemein Sauerländer, wie Anm. 27. Das Zitat nach A. Riegl, Historische Grammatik der bildenden Künste. Graz/Köln 1966, S. 133.

32 A. Riegl, wie Anm. 31.

33 A. Riegl: ebda., S. 21. Vgl. dazu auch: Lachnit 1984, S. 97 ff.

34 Levetus A. S.: The Imperial Arts and Crafts School Vienna. In: The Studio, vol. 39, 1907 (ohne Pag.)

35 Adolf Loos: Hands off! In: ders.: Trotzdem. Wien 1982, S. 134, hier zit. n.: Haiko/Reissberger, wie Anm. 3, S. 111

36 Vgl. dazu: Burkhardt Rukschcio: Ornament und Mythos. In: Ornament und Askese 1985, S. 65

37 Haiko/Reissberger, wie Anm. 1, S. 15

38 R. v. Eitelberger: J. D. Böhm. In: ders.: Ges. Schriften II, S. 193 ff.

39 Zur Forschungsgeschichte zum Biedermeier vgl.: Willi Geismeier: Biedermeier. Leipzig 1979, S. 16 ff.
Besonders Folnesics wendet sich gegen die Einschätzung des Biedermeier als einer Verfalls- und Degenerationsform des Empire.

40 In: Illustrierte kunstgewerbliche Zeitschrift für Innen-Dekoration, Jg. 5, 1894

41 Hermann Bahr zit. n.: Dankl 1984, S. 91

42 Berta Zuckerkandl: Die Kunstgewerbeschule. In: Zeitkunst Wien 1901–1907. Wien/Leipzig und Wien 1908, S. 27 f.

43 Haiko/Reissberger, wie Anm. 1, S. 14

44 Gombrich 1982, S. 42 f.

45 Ebda. Hier wird deutlich, daß der ästhetische Code nicht nur einer Unterscheidung ›nach oben‹, in der Form der Abgrenzung vom Luxus, dient, sondern auch ›nach unten‹, gegenüber den Ungebildeten, die sich als solche durch mangelnde ästhetische Unterscheidungskraft ausweisen.

46 Ich folge hier der Kant-Kritik von: Pierre Bourdieu: Die feinen Unterschiede. Kritik der gesellschaftlichen Urteilskraft. Frankfurt 1982, S. 756 ff.

47 Bourdieu, S. 769 f.

48 Bourdieu, ebda.

49 Bourdieu, S. 766. Vgl. auch: Haiko/Reissberger, wie Anm. 1, S. 14

50 Bourdieu, S. 768

51 Bourdieu, ebda., Anm. 19

52 Ebda.

53 Kant zit. n.: Bourdieu, S. 768

54 Oscar Wilde: The Artist as a Critic. Zit. n.: Gombrich 1982, S. 70. Vgl. Loos: »Die schönheit nur in der form zu suchen und nicht vom ornament abhängig zu machen, ist das ziel, dem die ganze menschheit zustrebt.«

55 Zit. n.: Bourdieu, wie Anm. 46, S. 765

56 Jakob Falke: Wissenschaft, Kunst und öffentliches Leben. In: Wiener Zeitung, 19. 7. 1860, S. 2923. Nach Falke haben z. B. Kinder und ›Neger‹ keinen Geschmack.

57 Josef Hoffmann: Meine Arbeit (1911). Zit. n.: Sekler 1982, S. 491

58 Hier hat auch die Polemik gegen das Surrogat ihre Wurzel, für die es schon im Empire Belege gibt, etwa wenn sich Percier und Fontaine in ihrem ›Recueil de décorations intérieurs‹ von 1812 gegen das Surrogat wenden, das das Kunsthandwerk »auch in den Bereich des wenigst Bemittelten« bringt. Zit. n.: Gombrich 1982, S. 44

59 Rudolph Lothar, zit. wie unter Anm. 9, S. 922 und 924

60 Vgl. Gmeiner/Pirhofer 1984, S. 15. Zitate ebda.

61 Joseph August Lux: Das künstlerische Problem der Industrie. In: Innen-Dekoration, Bd. XIX, 1908, S. 81–84, S. 107–109, hier zit. n. Selle 1974, S. 147

62 Rudolf Bosselt: Die Veredelung der gewerblichen Arbeit im Zusammenwirken von Kunst, Industrie und Handwerk. In: Verhandlungen des Deutschen Werkbundes zu München. Jena 1908, S. 111

63 Josef Hoffmann: Die Schule der Architekten (1924), zit. n.: Sekler 1982, S. 493. Hoffmann macht die Verwissenschaftlichung und die Zersplitterung des Wissens für die Zerstörung der Tradition kollektiver künstlerischer Arbeit verantwortlich.

64 Vgl. Waltraud Neuwirth: Wiener Werkstätte. Wien 1984

65 Ebda.

66 Selle 1974, S. 33.: »Für die Aristokratie ist das Mäzenat eine Art letztes Reservat der kulturellen Selbstbestätigung; für die Bourgeoisie, die sich der Entwürfe eines hervorragenden Künstlers versichert, indem sie seine Arbeit gut bezahlt, ist diese Aneignung gleichzeitig ein Klassenausweis der eigenen kulturellen Bedeutung und eine Anhäufung von besonderen Werten.« Selle zitiert in diesem Zusammenhang Veblen (1899): »Die Handarbeit stellt eine höchst verschwenderische Produktionsmethode dar, weshalb sich handgearbeitete Güter besser für Prestigezwecke eignen; deshalb gelten auch die Merkmale der Handarbeit als ehrenvoll, und die entsprechenden Güter nehmen einen höheren Rang ein als ihre maschinell hergestellten Brüder.«

67 Schweiger 1982, S. 73. Die Secession polemisierte gegen die ›Marktausstellungen‹ des Künstlerhauses; tatsächlich unterscheidet sich das künstlerische Ethos der Secession von jenem, das ›Kunst als Ware‹ instrumentalisieren möchte insofern, als es ihm nicht um die schiere Realisierung von Mehrwert geht. Die Verkaufbarkeit von Kunstwerken secessionistischer Ausstellungen ist intendiert, der Zweck der Ausstellungen erschöpft sich aber nicht in ihr.

68 Schweiger 1982, S. 68 f.

69 Selle 1974, S. 18. Die von Selle mit der Aufzählung von kunstgewerblichen Formgelegenheiten illustrierte Durchdringung des bürgerlichen Alltagslebens mit Kunst bringt ständig die Gefahr mit sich, nicht nur den alltäglichen Gebrauchsgegenstand zu nobilitieren, sondern auch umgekehrt, das Künstlerische zu banalisieren. Ein Katalog von kunstgewerblichen Formgelegenheiten, den ich aus verschiedensten Quellen, sicherlich fragmentarisch, zusammengestellt habe, mag dies verdeutlichen. Demnach tauchen als Gegenstände kunstgewerblicher Handwerksarbeit auf: Aschenschalen, Wandrechauds, Serviertische, Leuchter, Schränke, Sessel, Beschläge, Kästchen, Bestecke, Postkarten, Briefmarken, Plakate, Lampen, Gitter, Uhren, Spangen, Gläser, Teller, Sofas, Betten, Teppiche, Waschtische, Gräber, Bassins, Tapeten, Kleider, Kredenzen, Lüster, Glasfenster, Geschäftskarten, Notenschränke, Wandlampen, Portemonnaies, Tabletts, Flaschen, Schmuck, Möbelstoffe, Werbeanzeigen, Buchschmuck, Bucheinbände, Türklinken, Broschen, Schmucknadeln, Stirnschmuck, Fenstertücher, Toilettetücher, Geschirr- und Haushaltstücher, Vasen, Kacheln, Tee- und Keksdosen, Ohrringe, Briefpapier, Glückwunschkarten, Hocker, Tische, Rahmen, Schreibtische, Schmuckkästchen, Kissen, Handtaschen, Klavierbänke, Vorhänge, Schreibmappen, Spitzen, Etiketten, Anzeigen, Schirmgriffe, Obstschalen, Bürsten, Frisiertische, Vitrinen, Rauchtische, Puderdosen, Serviettenringe, Petschaften, Schuhknöpfe, Gürtel usw.

70 Selle 1974, S. 18 f. Eine ›Kultur der Arbeit‹ hatte im Grunde auch noch die kunstgewerbliche Theorie des 19. Jahrhunderts im Sinn und versuchte diese mit Hilfe institutioneller Bildung zu verwirklichen. Das Desinteresse an der Kritik der herrschenden Produktionsformen und die Absage an den Historismus als eine Absage an die emanzipative Idee der Aufklärung durch Erforschung, Darstellung und produktive Umsetzung historischer Erfahrungen in gesellschaftliche Praxis zu wenden sind zwei wesentliche Momente der hier beschriebenen ›Moderne‹.

ABGEKÜRZT ZITIERTE LITERATUR

DANKL 1984 – Günther Dankl: Die ›Moderne‹ in Österreich. Zur Entstehung und Genese eines Begriffs in der österreichischen Kunst um 1900. Phil. Diss. Innsbruck 1984.

DENEKE 1975 – Bernward Deneke: Notizen zum Thema Kunst und Gewerbe 1820 bis 1870. In: Anzeiger des Germanischen Nationalmuseums, Nürnberg 1975, S. 115 ff.

DUMREICHER 1873 – Armand Freiherr von Dumreicher: Die Pflege des gewerblichen Fortbildungs- und Mittel-Schulwesens durch den österreichischen Staat im Jahre 1872. Wien 1873.

DUMREICHER 1873a – Armand Freiherr von Dumreicher: Die Stellung des gewerblichen Unterrichtswesens im Culturleben der Gegenwart. In: Officieller Ausstellungsbericht (der Weltausstellung; G. F.) herausgegeben durch die General-Direction. Wien 1873, S. 1–46.

DUMREICHER 1876 – Armand Freiherr von Dumreicher: Zur Frage der Erziehung der industriellen Classen in Österreich. Wien 1876. Separatdruck aus dem Jahresbericht des k. k. Ministeriums für Cultus und Unterricht für 1876.

DUMREICHER 1881 – Armand Freiherr von Dumreicher: Über die Aufgaben der Unterrichtspolitik im Industriestaate Österreich. Wien 1881.

DUMREICHER 1885 – Armand Freiherr von Dumreicher: Vertrauliche Denkschrift über die Lage am k. k. österreichischen Museum für Kunst und Industrie. Als Manuscript in wenigen Handexemplaren gedruckt. Reichenberg (im Selbstverlag) 1885.

EISLER 1916 – Max Eisler: Österreichische Werkkultur. Wien 1916.

EITELBERGER I–IV – Rudolf von Eitelberger: Gesammelte kunsthistorische Schriften. Wien 1879/1884, 4 Bde.

EITELBERGER 1863 – Rudolf von Eitelberger: Die Museen für Kunstindustrie und der Anschauungsunterricht für Kunst. In: Österreichische Revue. Bd. 1. Wien 1863, S. 279–297.

EITELBERGER 1863a – Rudolf von Eitelberger: Über die Enquete für das österreichische Museum und die Erwerbung der Ornamentstich-Sammlung. In: Verhandlungen und Mitteilungen des Niederösterreichischen Gewerbevereins. 10. und 11. Heft, 1863, S. 689 ff.

EITELBERGER 1863b – Rudolf von Eitelberger: Ueber die Aufgabe des Österreichischen Museums für Kunst und Industrie. In: Verhandlungen und Mitteilungen des Niederösterreichischen Gewerbevereins. Heft 8. und 9. 1863, S. 601 ff.

FALKE 1860 – Jakob von Falke: Wissenschaft, Kunst und öffentliches Leben. Wiener Zeitung; Artikelserie vom 19. 7. 1860–28. 7. 1860.

FALKE 1888 – Jakob von Falke: Das Kunstgewerbe. In: Wien 1848–1888. Denkschrift zum zweiten December 1888. Herausgegeben vom Gemeinderathe der Stadt Wien. Bd II. Wien 1888, S. 243–300.

FESTSCHRIFT 1948 – Hundert Jahre Unterrichtsministerium 1848–1948. Wien 1948.

FISCHBACH – Friedrich Fischbach: Die Bedeutung der deutschen Kunstindustrie. In: Blätter für Kunstgewerbe. Bd. 1. Wien 1872, S. 69–76.

FORSTHUBER 1986 – Sabine Forsthuber: Die Moderne Raumkunst. Wiener Ausstellungsbauten von 1898–1914. Phil. Diss. Wien 1986.

GMEINER/PIRHOFER 1985 – Astrid Gmeiner/Gottfried Pirhofer: Der österreichische Werkbund. Alternative zur klassischen Moderne in Architektur, Raum- und Produktgestaltung. Salzburg und Wien 1985.

GOMBRICH 1982 – Ernst H. Gombrich: Ornament und Kunst. Schmucktrieb und Ordnungssinn in der Psychologie des dekorativen Schaffens. Stuttgart 1982.

HALTERN 1971 – Utz Haltern: Die Londoner Weltausstellung von 1851. Ein Beitrag zur Geschichte der bürgerlich – industriellen Gesellschaft im 19. Jahrhundert. Münster 1971.

HAUG 1980 – Wolfgang Fritz Haug: Kritik der Warenästhetik. Frankfurt ^{7}1980 (1971).

HAUS 1975 – Andreas Haus: Historismus und Stil in der Kunstindustrie des 19. Jahrhunderts. In: Kritische Berichte. 3. Jg., Heft 2/3. Gießen 1975, S. 44–55.

JAUSS 1970 – Hans Robert Jauß: Literaturgeschichte als Provokation. Frankfurt 1970.

KEMP 1979 – Wolfgang Kemp: . . .einen wahrhaft bildenden Zeichenunterricht überall einzuführen. Frankfurt 1979.

KIND und KUNST – Kind und Kunst. Eine Ausstellung zur Geschichte des Zeichen- und Kunstunterrichts. Ausstellungs-Katalog. Berlin ^{2}1977.

KLIMBURG 1900 – Rudolf Freiherr von Klimburg: Die Entwicklung des gewerblichen Unterrichtswesens in Österreich. In: Edmund Bernatzik und Eugen Philippovich (Hrsg.): Wiener Staatswissenschaftliche Studien. 2. Bd. Tübingen und Leipzig 1900.

KOLLER 1983 – Gabriele Koller: Die Kunstgewerbeschule des k. k. österreichischen Museums für Kunst und Industrie. Wien 1899–1905. Phil. Diss. Wien 1983.

KUNSTGEWERBEMUSEUM 1873 – Das k. k. Österreichische Museum für Kunst und Industrie. Festschrift aus Anlaß der Weltausstellung in Wien. Wien 1873.

KUNSTGEWERBEMUSEUM 1885 – Geschichte des österreichischen Museums für Kunst und Industrie und der Gründung der Kunstgewerbeschule. In: Centralblatt für das gewerbliche Unterrichtswesen in Österreich. IV. Bd., 4. Heft, 1885. (Auch als Sonderdruck publiziert).

KUNSTGEWERBEMUSEUM 1886 – Das k. k. Österreichische Museum für Kunst und Industrie und die Kunstgewerbeschule in Wien. Wien 1886.

KUNSTGEWERBEMUSEUM 1898 – Das k. k. österreichische Museum für Kunst und Industrie. Ein Rückblick auf seine Geschichte. Wien 1898.

LACHNIT 1984 – Edwin Lachnit: Kunstgeschichte und zeitgenössische Kunst. Das wissenschaftliche Verhältnis zum lebendigen Forschungsgegenstand am Beispiel der Älteren Wiener Schule der Kunstgeschichte. Phil. Diss. Wien 1984.

LEISCHING 1978 – Robert A. Kann/Peter Leisching (Hg.): Eduard Leisching 1858–1938. Erinnerungen. Wien 1978.

LESSING 1874 – Julius Lessing: Das Kunstgewerbe auf der Wiener Weltausstellung 1873. Berlin 1874.

LEVETUS 1906 – A. S. Levetus: Modern Decorative Art in Austria. In: The Art Revival in Austria. The Studio. 1906.

MITTEILUNGEN – Mitteilungen des k. k. österreichischen Museums für Kunst und Industrie.

MUNDT 1974 – Barbara Mundt: Die deutschen Kunstgewerbemuseen im 19. Jahrhundert. München 1974.

OESTERREICHISCHES MUSEUM 1914 – Das k. k. Österreichische Museum für Kunst und Industrie 1864–1914. Wien 1914.

ORNAMENT und ASKESE 1985 – Alfred Pfabigan (Hg.): Ornament und Askese. Im Zeitgeist des Wien der Jahrhundertwende. Wien 1985.

REISING 1980 – Gert Reising: Das Museum als Öffentlichkeitsform und Bildungsträger bürgerlicher Kultur unter besonderer Berücksichtigung des South Kensington Museum. Darmstadt 1980.

RICHTER 1865 – Carl Richter: Wissenschaft und Kunst im Gewerbe und in der Industrie. In: Wochenschrift des Niederösterreichischen Gewerbe-Vereins, 26. Jahrgang. 1865. Nr. 48, S. 1031 ff.; Nr. 49, S. 1059 ff.; Nr. 50, S. 1075 ff.

RICHTER 1866 – Carl Richter: Das Recht der Kunst und Wissenschaft in Gewerbe und Industrie. In: Wochenschrift des Niederösterreichischen Gewerbe-Vereins. 27. Jg., 1866, Nr. 20, S. 305 ff.; Nr. 21, S. 321 ff.; Nr. 22, S. 337 ff.; Nr. 23, S. 353 ff.

RICHTER 1866a – Carl Richter: Die Erhaltung und Erziehung der Kunst und Wissenschaft in Gewerbe und Industrie. In: Wochenschrift des

Niederösterreichischen Gewerbe-Vereins, 27. Jg., 1866, Nr. 5, S. 65 ff.; Nr. 6, S. 81–86; Nr. 7, S. 97 ff.
ROLLER 1918 – Alfred Roller: Fünfzig Jahre Wiener Kunstgewerbeschule. In: Kunst und Kunsthandwerk, XXXI. Jg., 1918, Heft 8, 9, 10. S. 336–349.
SCHWEIGER 1982 – Werner J. Schweiger: Wiener Werkstätte. Kunst und Handwerk 1903–1932. Wien 1982.
SCHWEIGER 1983 – Werner J. Schweiger: Der junge Kokoschka. Leben und Werk 1904–1914. Wien–München 1983.
SEKLER 1982 – Eduard Sekler: Josef Hoffmann. Salzburg 1982.
SELLE 1974 – Gert Selle: Jugendstil und Kunstindustrie. Ravensburg 1974.
SELLE 1978 – Gert Selle: Die Geschichte des Design in Deutschland von 1870 bis heute. Entwicklung der industriellen Produktkultur. Köln [2]1978.
SEMPER 1966 – Gottfried Semper: Wissenschaft, Industrie und Kunst. In: ders.: Wissenschaft, Industrie und Kunst. Hg. v. Hans M. Wingler. Mainz/Berlin 1966, S. 27–71.
SIMON 1976 – Hans-Ulrich Simon: Sezessionismus. Kunstgewerbe in literarischer und bildender Kunst. Stuttgart 1976.
SKERL 1973 – Joachim Skerl: Kunst und Industrie zwischen 1850 und 1900. Ein Beitrag zur Geschichte der Produktgestaltung. Diss. Halle/Saale 1973.
SPRINGER 1979 – Elisabeth Springer: Geschichte und Kulturleben der Wiener Ringstraße Wiesbaden 1979 (Die Wiener Ringstraße. Das Bild einer Epochen, Bd. II).
VERHANDLUNGEN – Verhandlungen und Mitteilungen des Niederösterreichischen Gewerbevereins.
WAENTIG 1909 – H. Waentig. Wirtschaft und Kunst. Jena 1909.
WAGNER 1967 – Walter Wagner: Die Geschichte der Akademie der bildenden Künste in Wien. Wien 1976.
WIBIRAL/MIKULA 1973 – Norbert Wibiral/Renata Mikula: Heinrich von Ferstel. Wiesbaden 1973.
ZUCKERKANDL 1908 – Berta Zuckerkandl: Zeitkunst Wien 1901–1907. Wien/Leipzig 1908.

LEHRER UND IHRE SCHÜLER
1867–1918

FRANZ VON MATSCH

geb. 16. 9. 1861, Wien
gest. 4. 10. 1942, Wien

1875–1883 Studium u. a. bei Laufberger an der Kunstgewerbeschule

1893–1901 Professor, Fachschule für Zeichnen und Malen

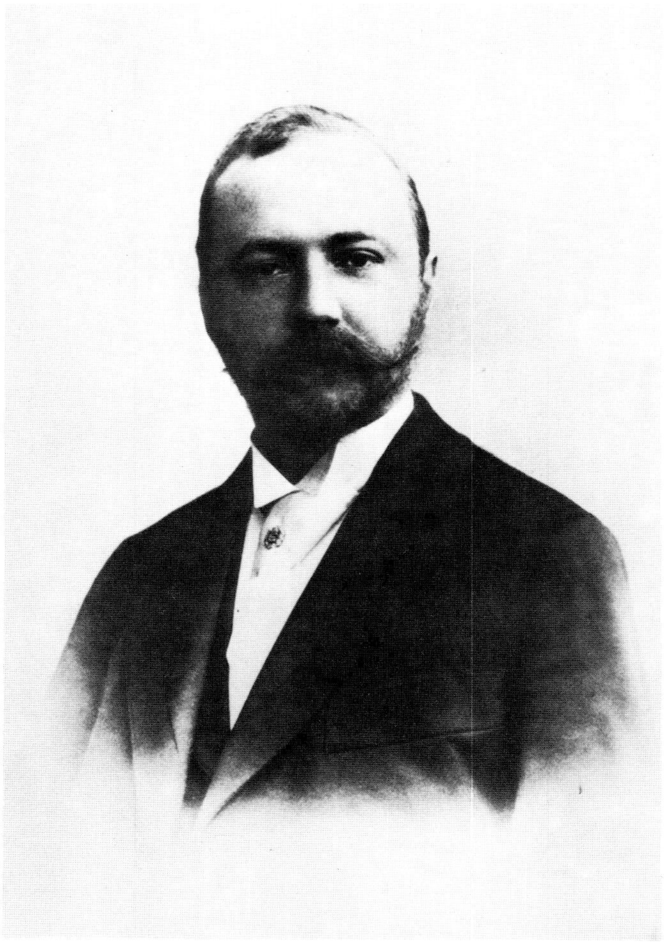

Zusammen mit seinen Mitschülern an der Kunstgewerbeschule, Ernst und Gustav Klimt, bildete Franz Matsch in den frühen achtziger Jahren die sogenannte »Maler-Compagnie«, die Michael Rieser zur Mithilfe an seinen Aufträgen für die Votivkirche heranzog. Den ersten Großauftrag, der vier Deckengemälde und den Vorhang für das Stadttheater in Reichenberg umfaßte, erhielt die Künstlergemeinschaft 1882 durch das Büro Fellner und Helmer, das in der Folge die »Maler-Compagnie« wiederholt bei seinen Projekten einsetzte (zum Beispiel Vermittlung der Deckengemälde für das Stadttheater in Fiume 1884). 1883 wandte sich der rumänische Königshof an die Maler und erteilte den Auftrag zur Ausgestaltung des Schlosses Pelés in Sinaia. Die Mitarbeit an dem Vorlagenwerk »Allegorien und Embleme«, kleinere Werke in der Hermesvilla (teils nach Entwürfen Julius Bergers), schließlich die malerische Ausstattung des Stadttheaters in Karlsbad brachten erste Erfolge. Von 1886 bis 1888 entstanden auf Veranlassung von Carl Hasenauer die Deckengemälde der beiden Stiegenhäuser des Burgtheaters, zwei Jahre danach die Interkolumnien- und Zwickelbilder im Stiegenhaus des Kunsthistorischen Museums. Seine Freundschaft mit der Tragödin Charlotte Wolter öffnete Matsch den Weg in die Wiener Gesellschaft. Er wurde künstlerischer Berater der Wolter, entwarf für sie Kostüme, Frisuren und Draperien. Ihre Kontakte zur Wiener Aristokratie verhalfen Matsch zu einer Reihe von Porträtaufträgen. 1891/92 wurde er in das Künstlerhaus aufgenommen. Gleichzeitig langten Bestellungen aus dem Kaiserhaus ein, Matsch wurde von Kaiserin Elisabeth mit einem Gemälde betraut, schuf später eine Grußadresse zum Sechzig-Jahre-Regierungsjubiläum und Porträts des Kaisers. In den Zeitraum seiner Professur an der Kunstgewerbeschule fiel die Ausführung des Speisesaales im Palais Dumba und – anläßlich der Affäre um die Deckengemälde der Universitätsaula – der Bruch mit Gustav Klimt. Zwischen 1908 und 1910 wurde Matsch mehrfach ausgezeichnet und in den Adelsstand erhoben. Seinen letzten großen Auftrag erhielt er mit der Gestaltung der Brückenuhr für die Anker-Versicherung am Hohen Markt in Wien.

Literaturauswahl: Kat. Ausst. Franz von Matsch. Ein Wiener Maler der Jahrhundertwende, Historisches Museum der Stadt Wien 1982; Herbert Giese, Franz Matsch 1861–1942, Dissertation Wien 1976.

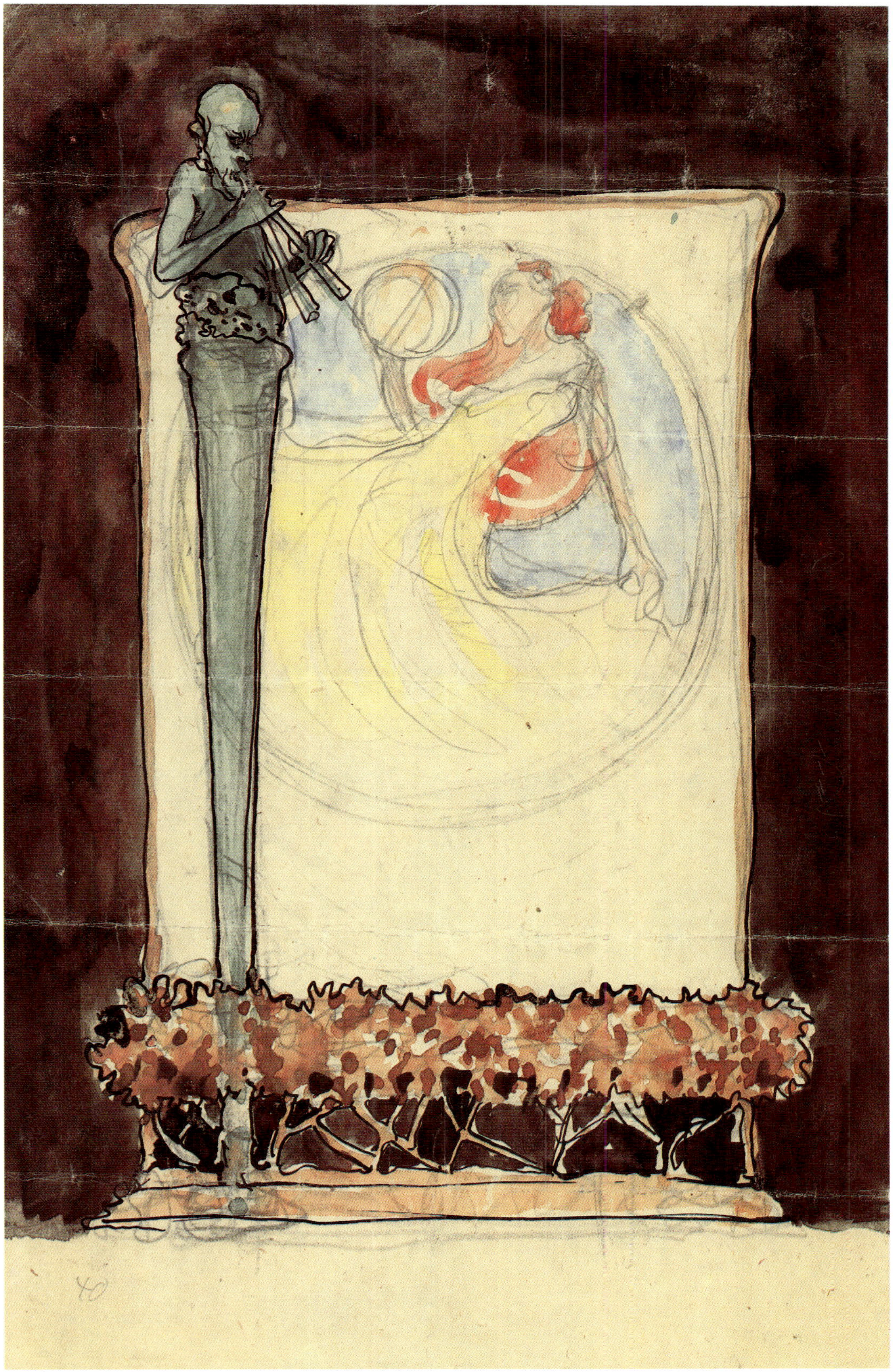

Franz von Matsch, Entwurf für ein Monument, um 1900

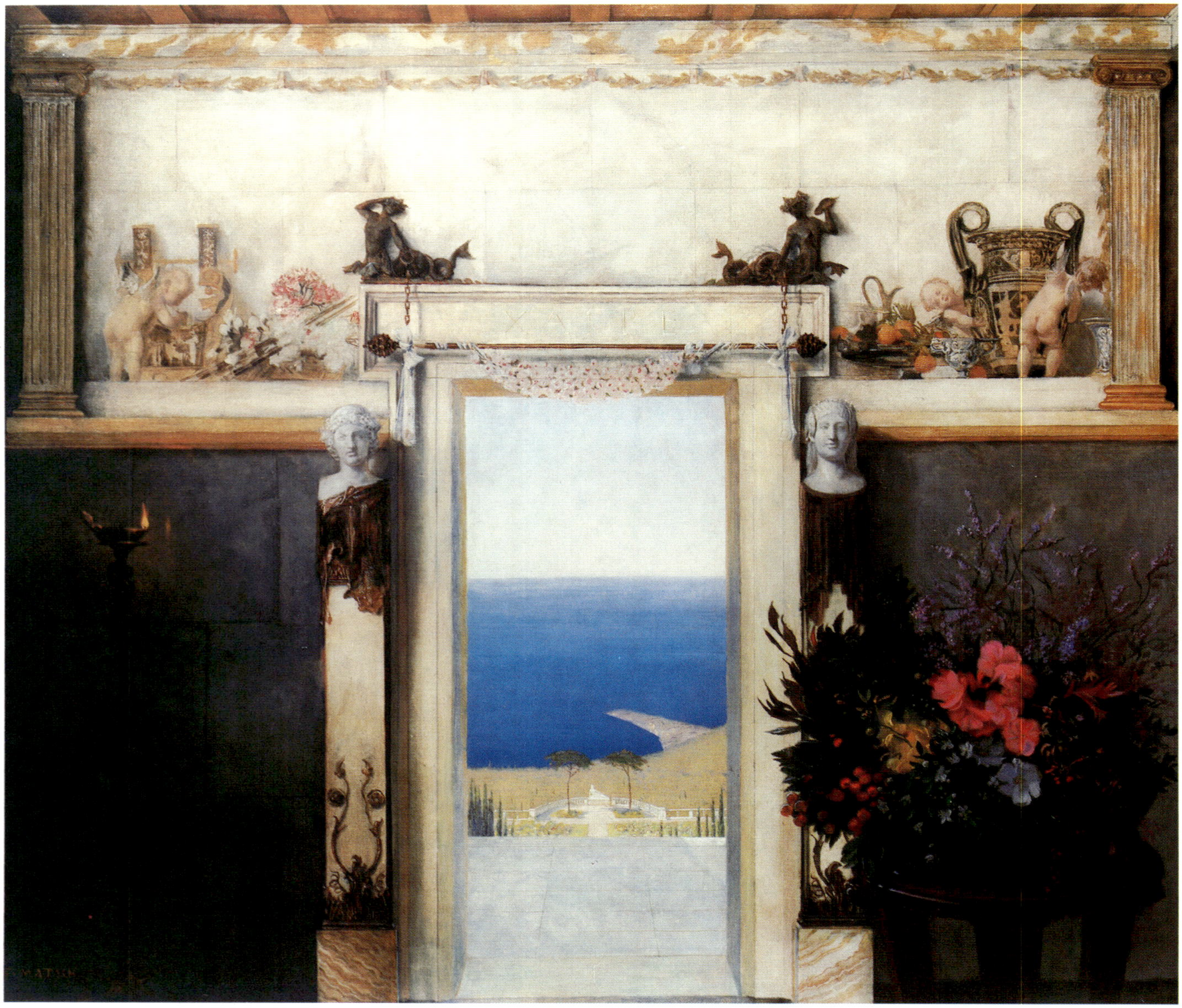

Franz von Matsch, Blick aus dem Achilleion der Kaiserin Elisabeth auf Korfu, um 1900

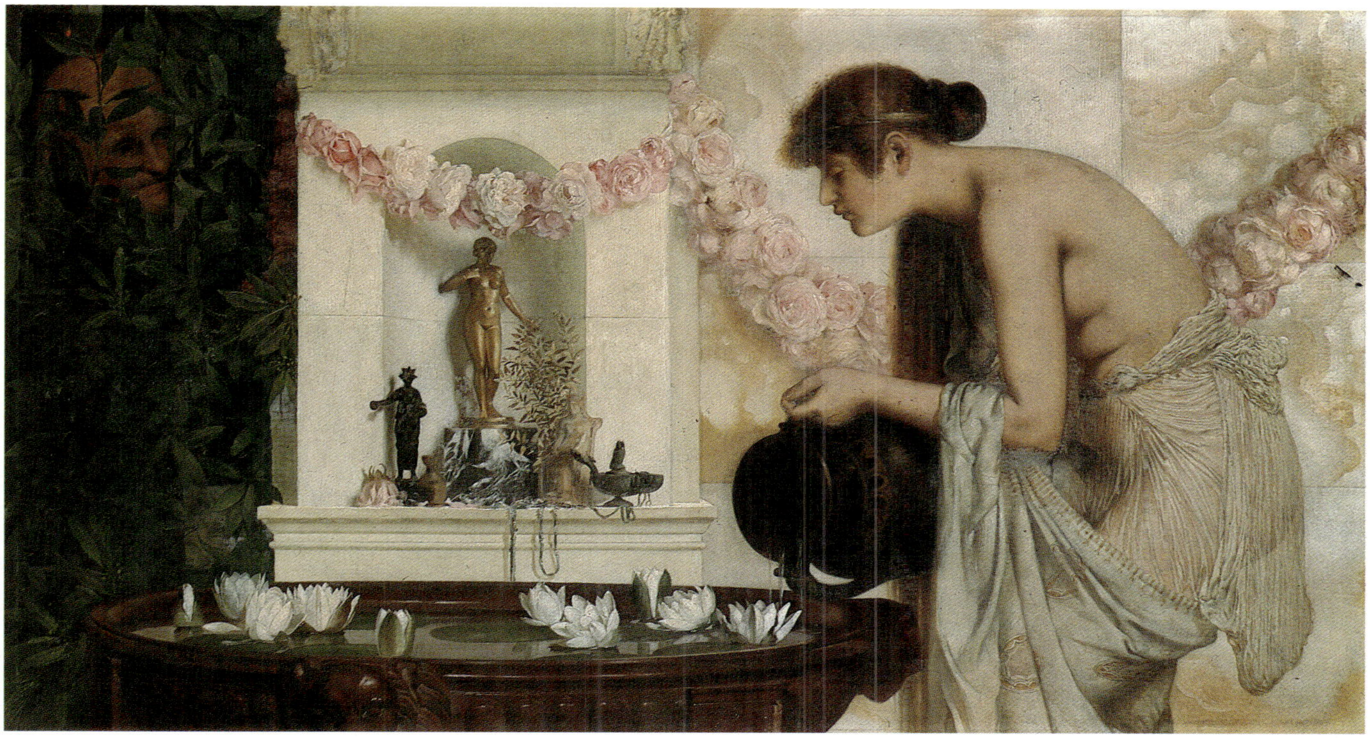

Anton von Kenner, Mädchen am Seerosenbecken, 1898

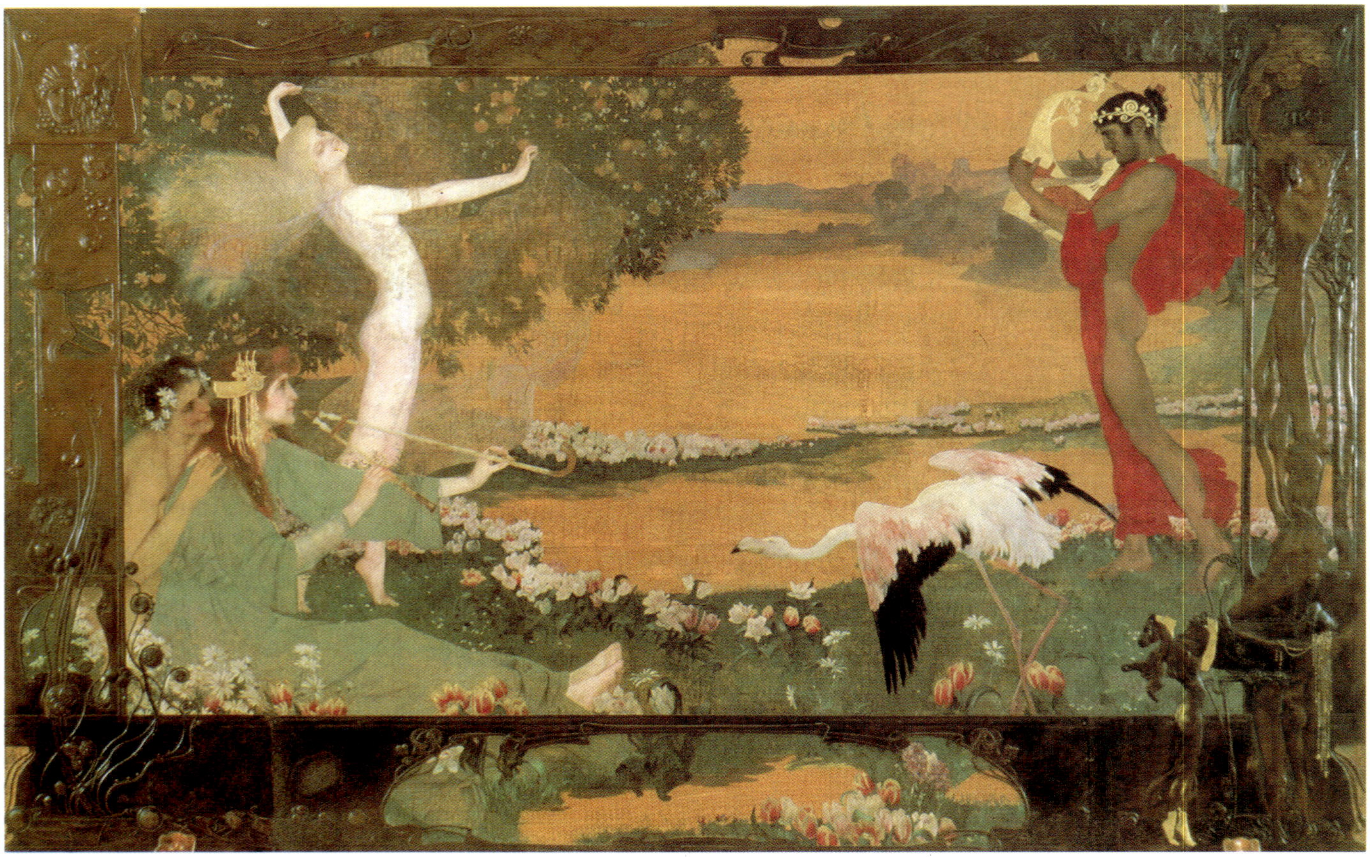

Erwin Puchinger, Dekoratives Panneau, 1900

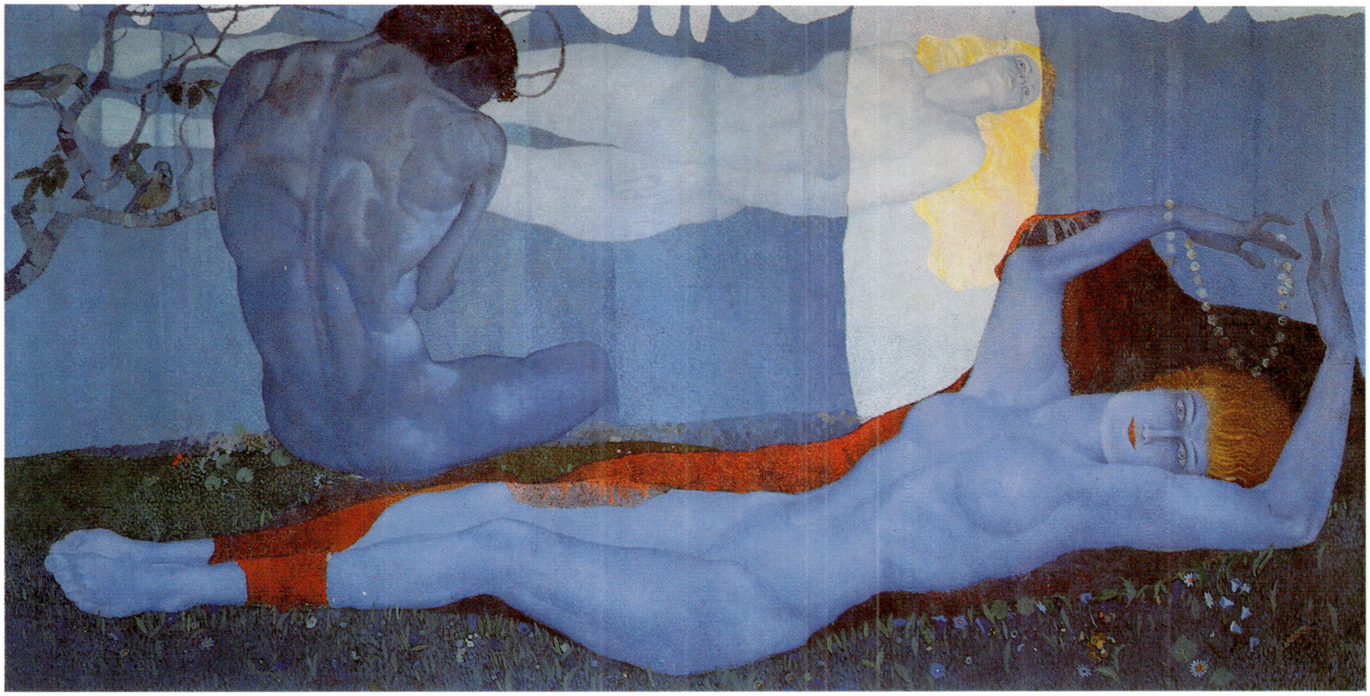

Luigi Bonazza, Nacht, 1926

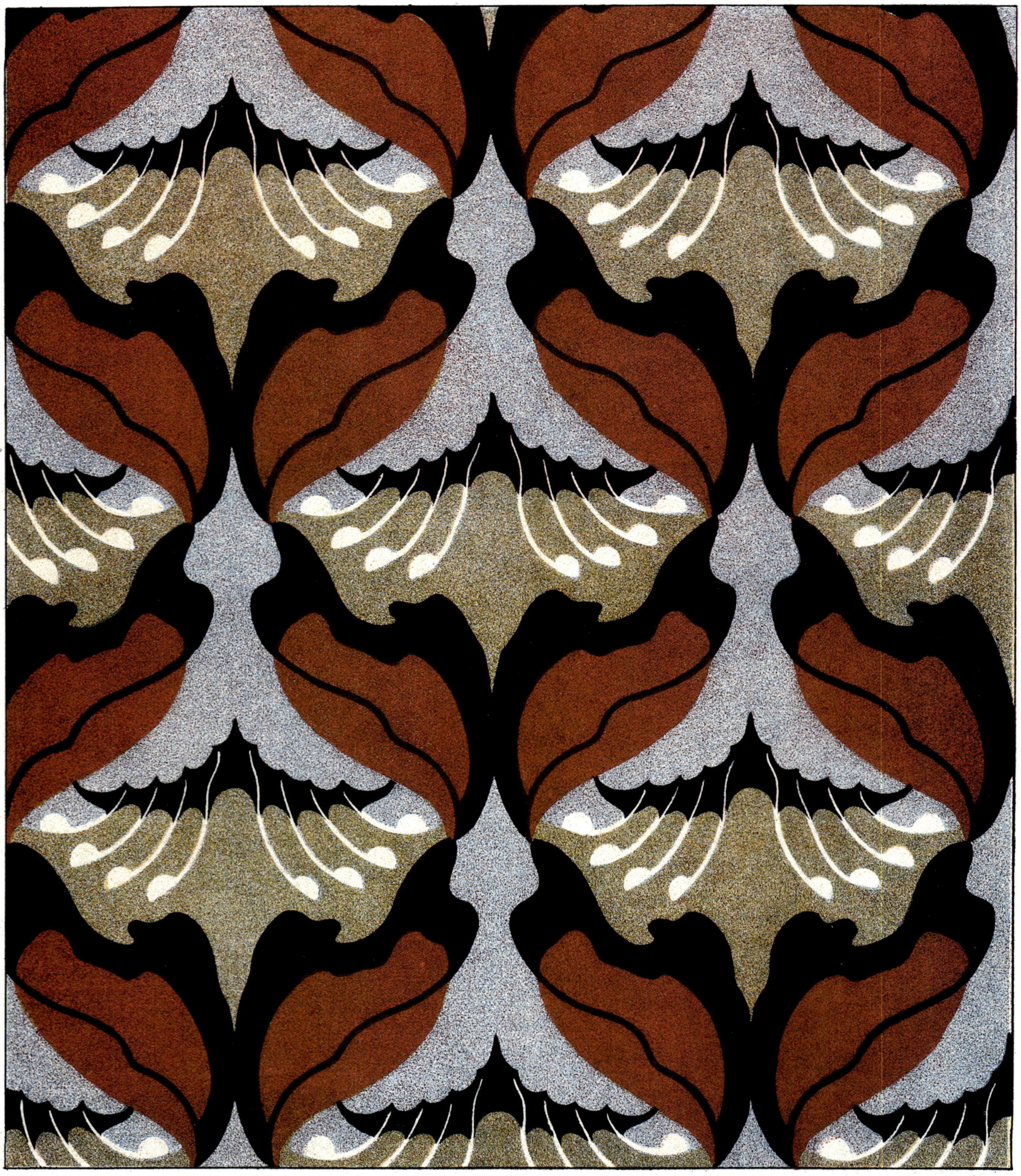

Adele von Stark, Entwurf für ein Stoffmuster, um 1902

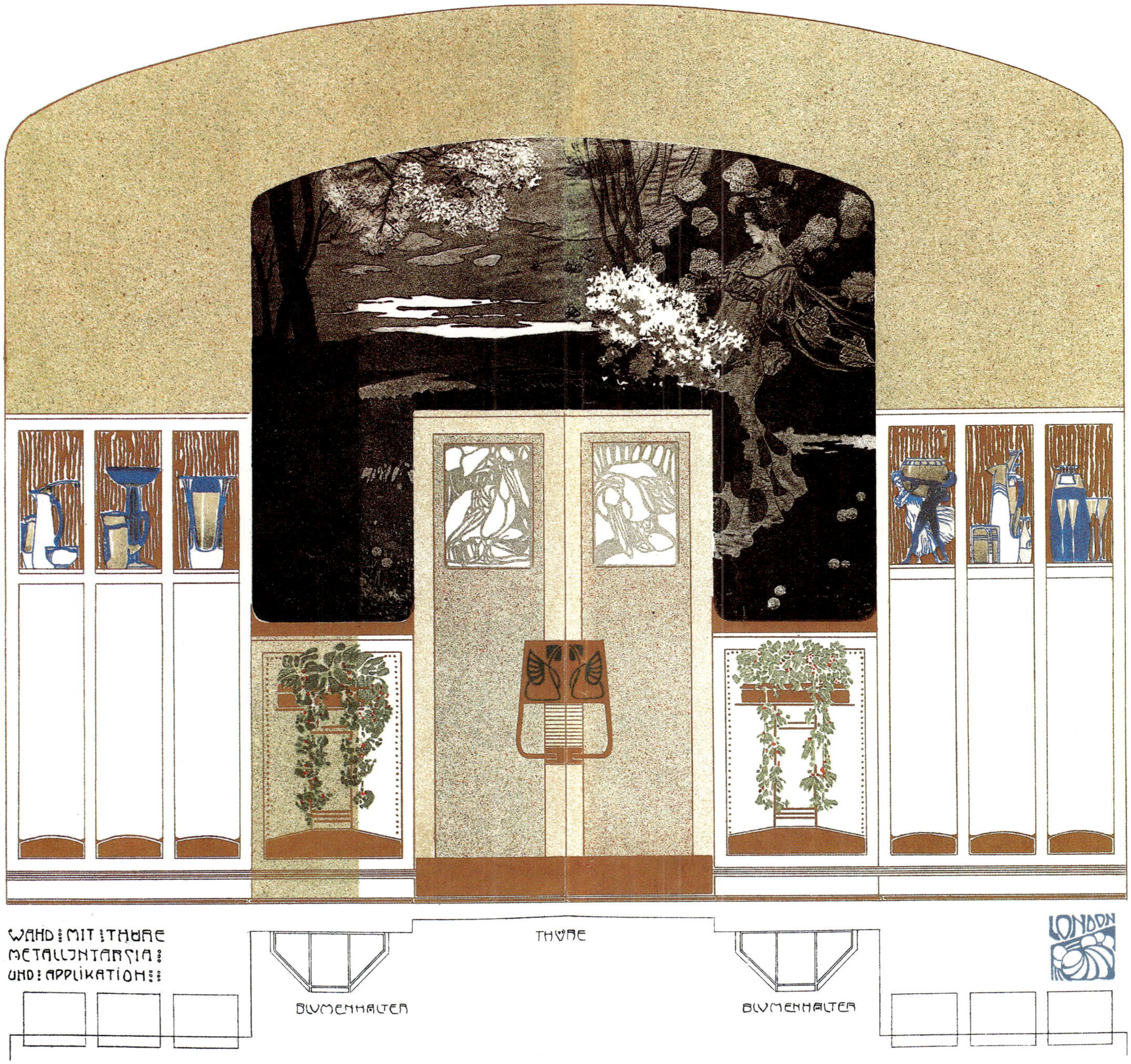

Otto Prutscher, Entwurf für eine Wandabwicklung, um 1901

JOSEF HOFFMANN

geb. 15. 12. 1870, Pirnitz (Mähren)
gest. 7. 5. 1956, Wien

1899–1936 Professor, Fachklasse für Architektur
1923–1936 Professor, Leiter der Werkstätte für Emailarbeiten und Gürtlerei
1924–1936 Professor, Leiter der Werkstätte für Metallarbeiten
1936–1937 Professor, Fachklasse für Architektur, Kunstgewerbliche Abteilung

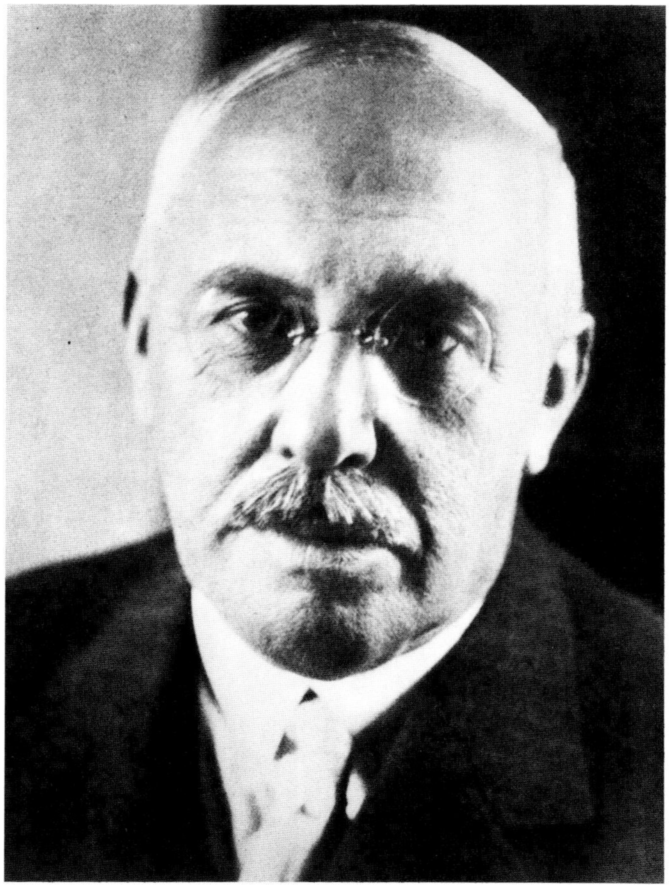

Nach der Absolvierung der höheren Staatsgewerbeschule in Brünn wurde Josef Hoffmann 1892 in die Architekturschule der Akademie der bildenden Künste Wien aufgenommen. Er studierte bei Carl von Hasenauer und Otto Wagner. Im Anschluß an das Studium unternahm Hoffmann eine Reise nach Italien und wurde nach seiner Rückkehr im Atelier Otto Wagners tätig. 1897 trat er der Wiener Secession bei, ab diesem Zeitpunkt bis zum Austritt 1905 wurde er zu einem maßgeblichen Mitarbeiter an den Ausstellungsprojekten der Vereinigung und an der Gestaltung der Zeitschrift »Ver Sacrum«. Mit Koloman Moser und Fritz Wärndorfer rief Hoffmann 1903 die Wiener Werkstätte ins Leben. Kurz nach der Vollendung der Villenkolonie auf der Hohen Warte stellte sich Hoffmann – abgesehen von seiner Lehrtätigkeit an der Kunstgewerbeschule – ganz in den Dienst der Wiener Werkstätte, gliederte ihr ein Architekturbüro an und lieferte Entwürfe auf allen Gebieten des Kunstgewerbes. Neben zahlreichen anderen Projekten führte er mit der Wiener Werkstätte zwei bedeutende Bauvorhaben aus, das Sanatorium Purkersdorf und das Palais Stoclet. Am Beginn einer Reihe von architektonischen Lösungen, die Josef Hoffmann für Ausstellungszwecke fand, standen die Räume der »Beethovenausstellung« der Secession 1902, ihnen folgten Ausstellungsbauten für die Kunstschau 1908, für die Internationale Kunstausstellung Rom 1911, für die Deutsche Werkbund-Ausstellung Köln 1914, die Internationale Kunstgewerbeausstellung Paris 1925, die Österreichische Werkbund-Ausstellung 1930 und die Biennale Venedig 1934. Josef Hoffmann war Mitglied des 1907 gegründeten Deutschen Werkbundes und 1912 Gründungsmitglied des Österreichischen Werkbundes. Die letzten großen Stadtvillen, die Josef Hoffmann vor dem Ersten Weltkrieg erbaute, waren die Villa Ast und die Villa Skywa/Primavesi. In der Zeit nach dem Ersten Weltkrieg änderte sich die Auftragslage, so entstanden auch Wohnhausanlagen für die Gemeinde Wien (Trakt der Wohnhausanlage Winarskyhof 1924, Wohnhausanlage Laxenburgerstraße 1928 bis 1932). 1932 erfolgte der Zusammenbruch der Wiener Werkstätte. Josef Hoffmann war Träger unzähliger Auszeichnungen, er erhielt unter anderem das Ritterkreuz des Franz-Josef-Ordens, das Kommandeurkreuz der französischen Ehrenlegion und das Ehrendoktorat der Technischen Hochschule Dresden.

Literaturauswahl: Eduard F. Sekler, Josef Hoffmann. Das architektonische Werk, Salzburg und Wien 1982.

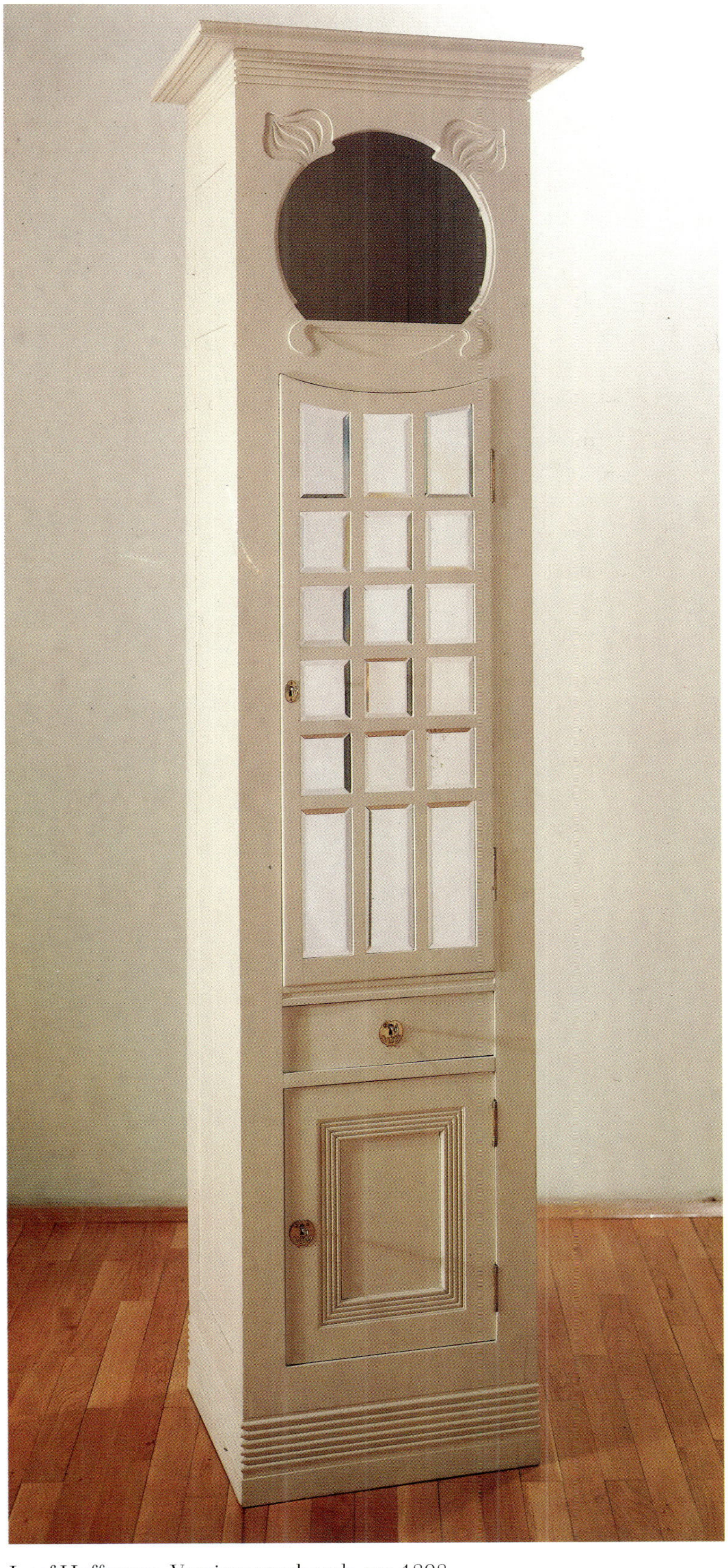

Josef Hoffmann, Vorzimmerschrank, um 1898

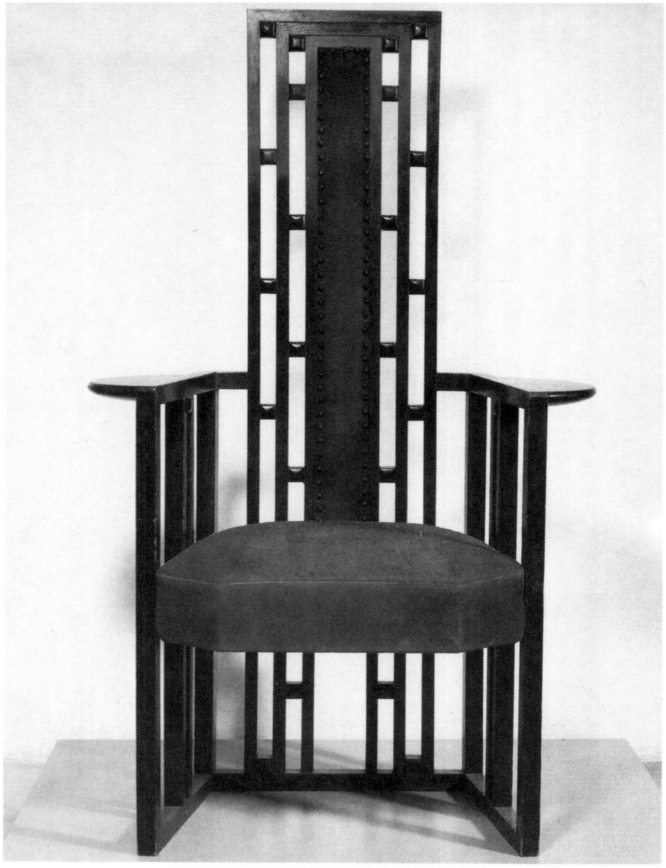

Josef Hoffmann, Fauteuil, 1904

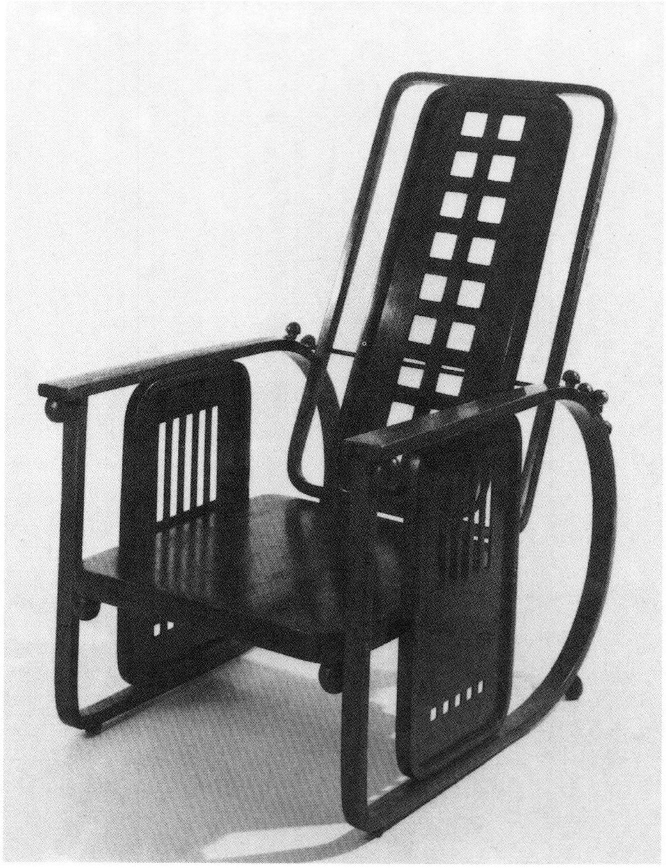

Josef Hoffmann, »Sitzmaschine«, um 1905

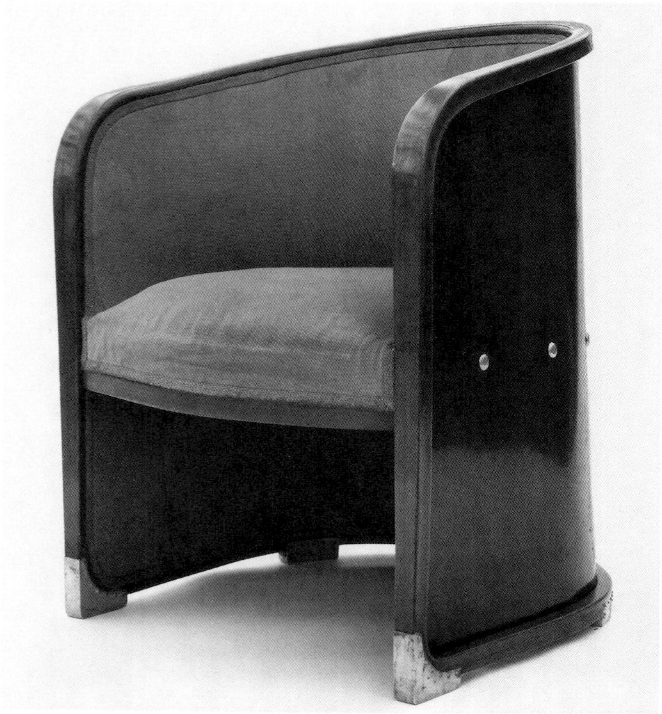

Josef Hoffmann, Fauteuil, um 1901/02

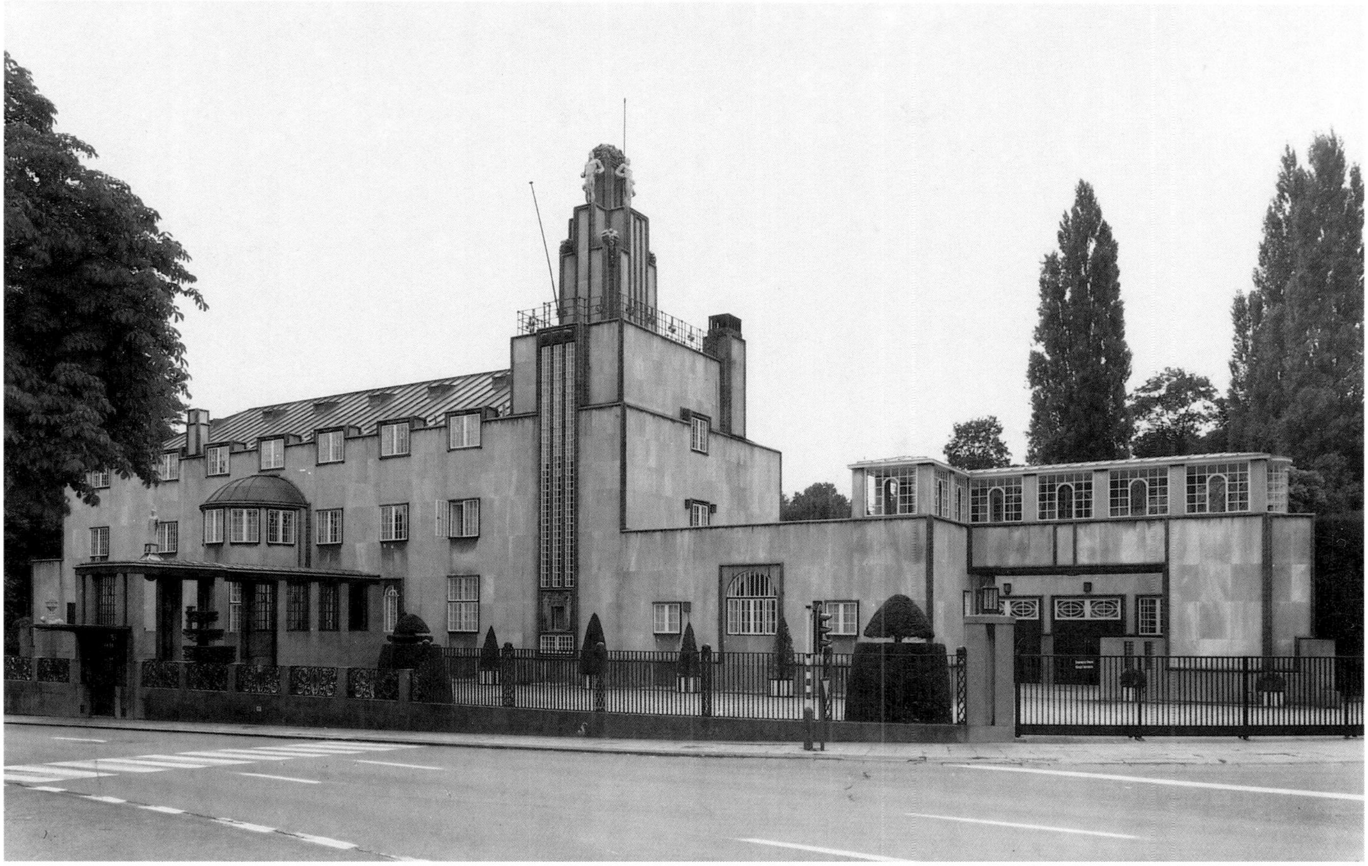

Josef Hoffmann, Palais Stoclet, 1905–1911

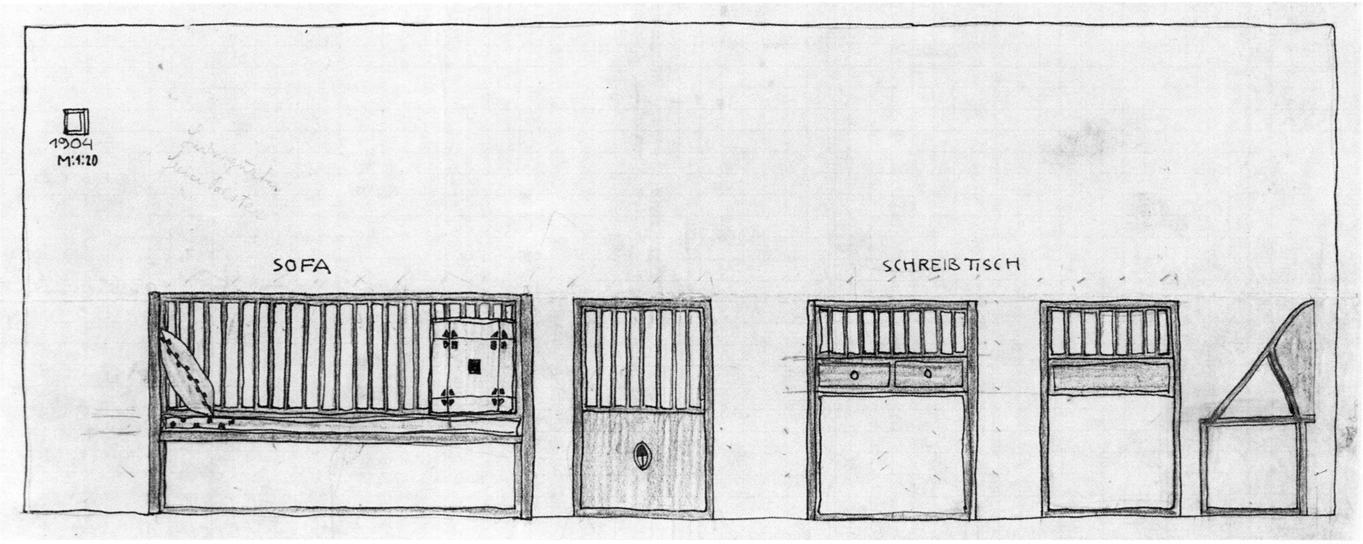

Josef Hoffmann, Entwurf für Sofa, Schreibtisch, Stuhl, 1904

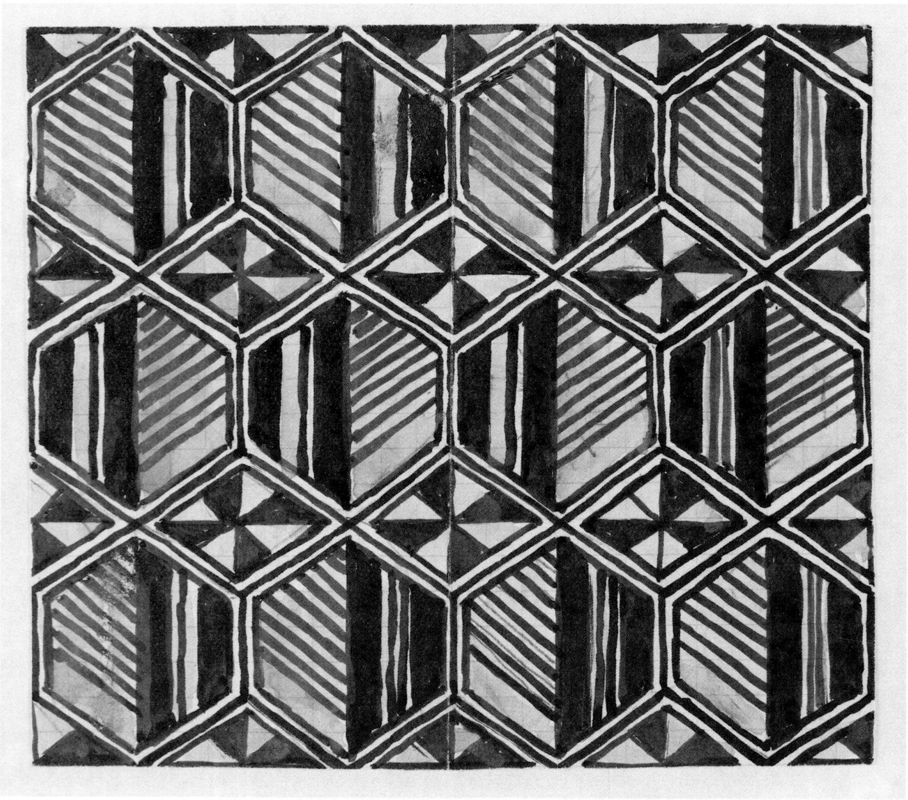
Josef Hoffmann, Flächenmuster, um 1904

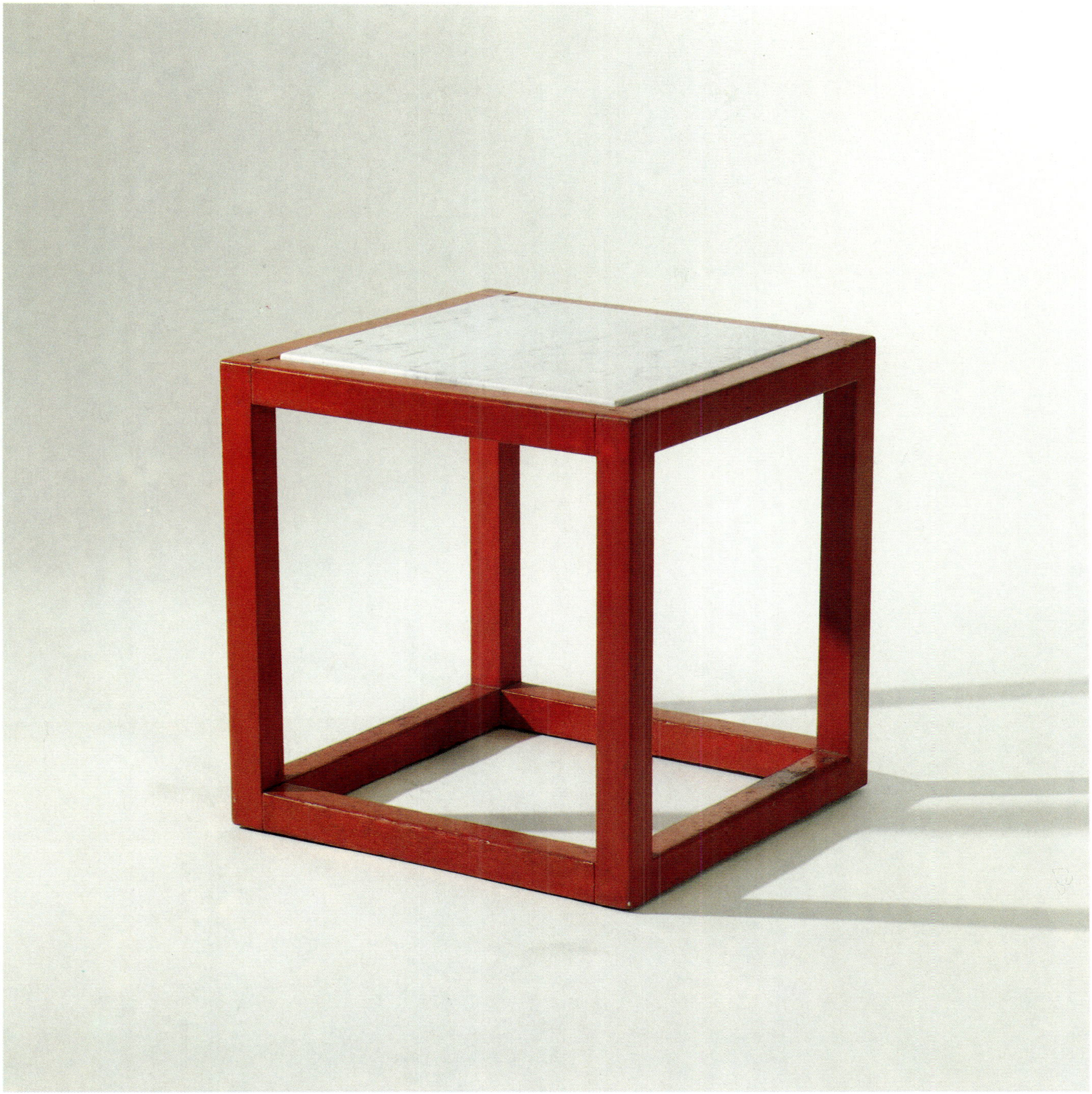

Josef Hoffmann, Würfelförmiges Tischchen, um 1904

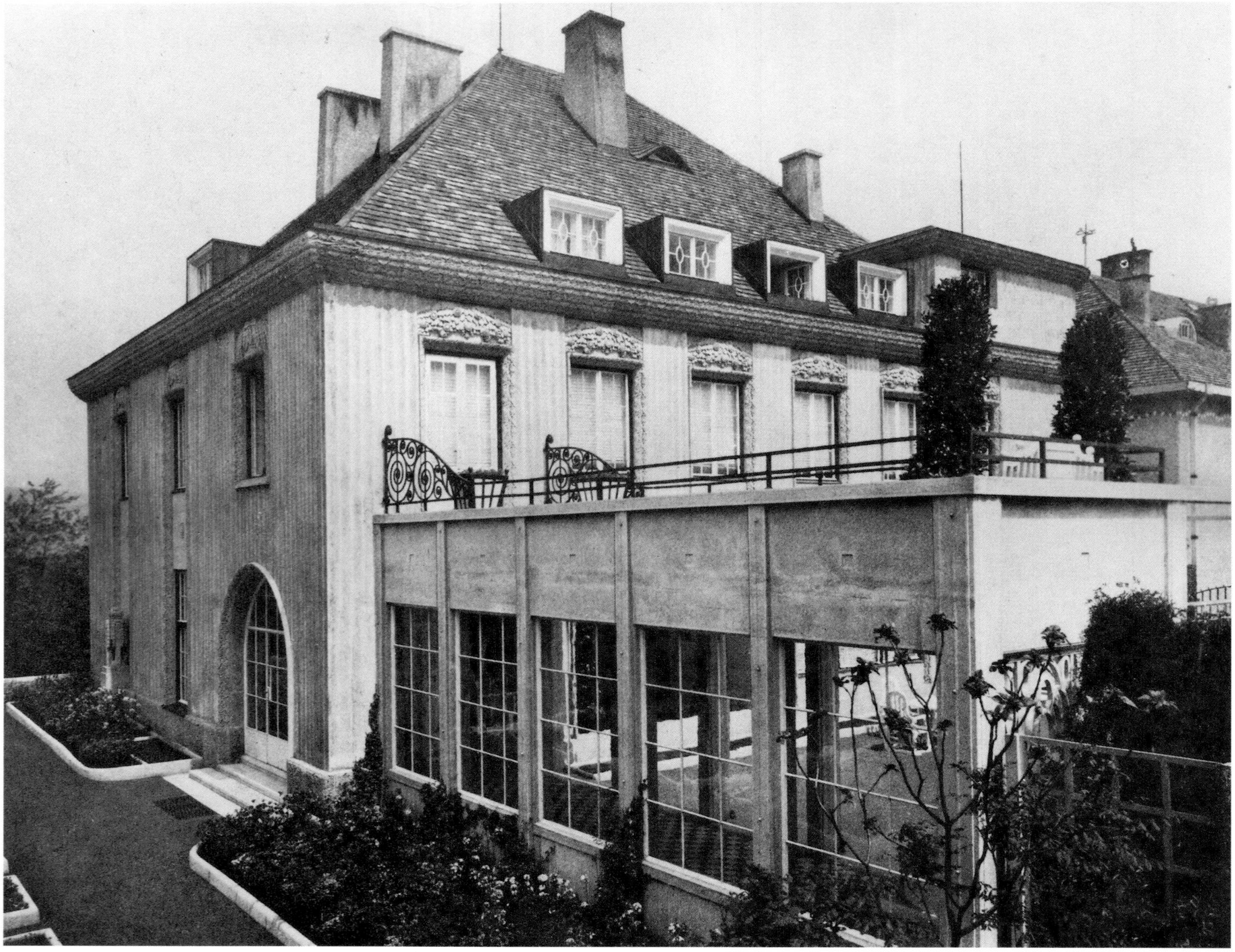

Josef Hoffmann, Villa Eduard Ast, 1911/12

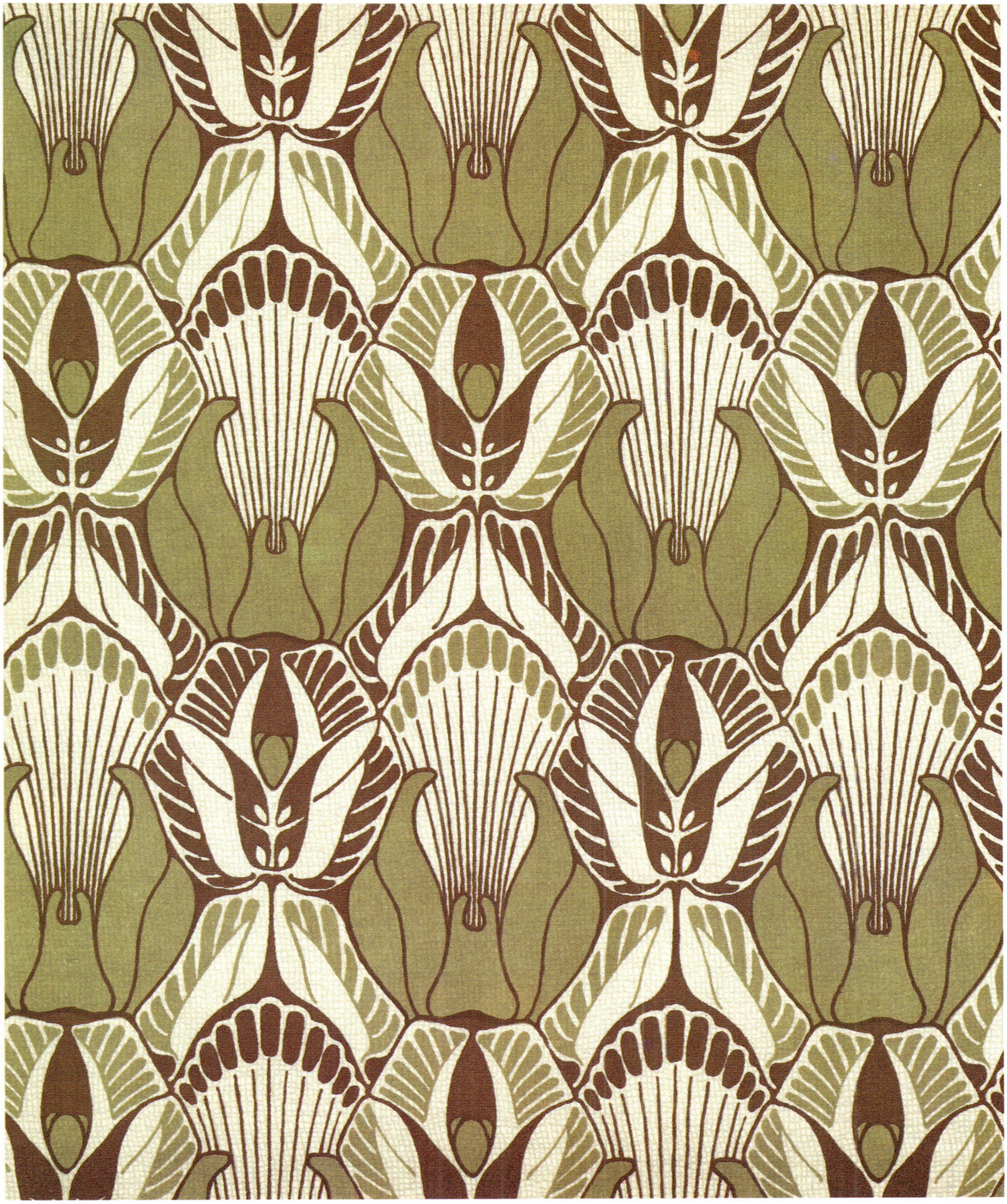

Max Benirschke, Flächenmuster, um 1901/02

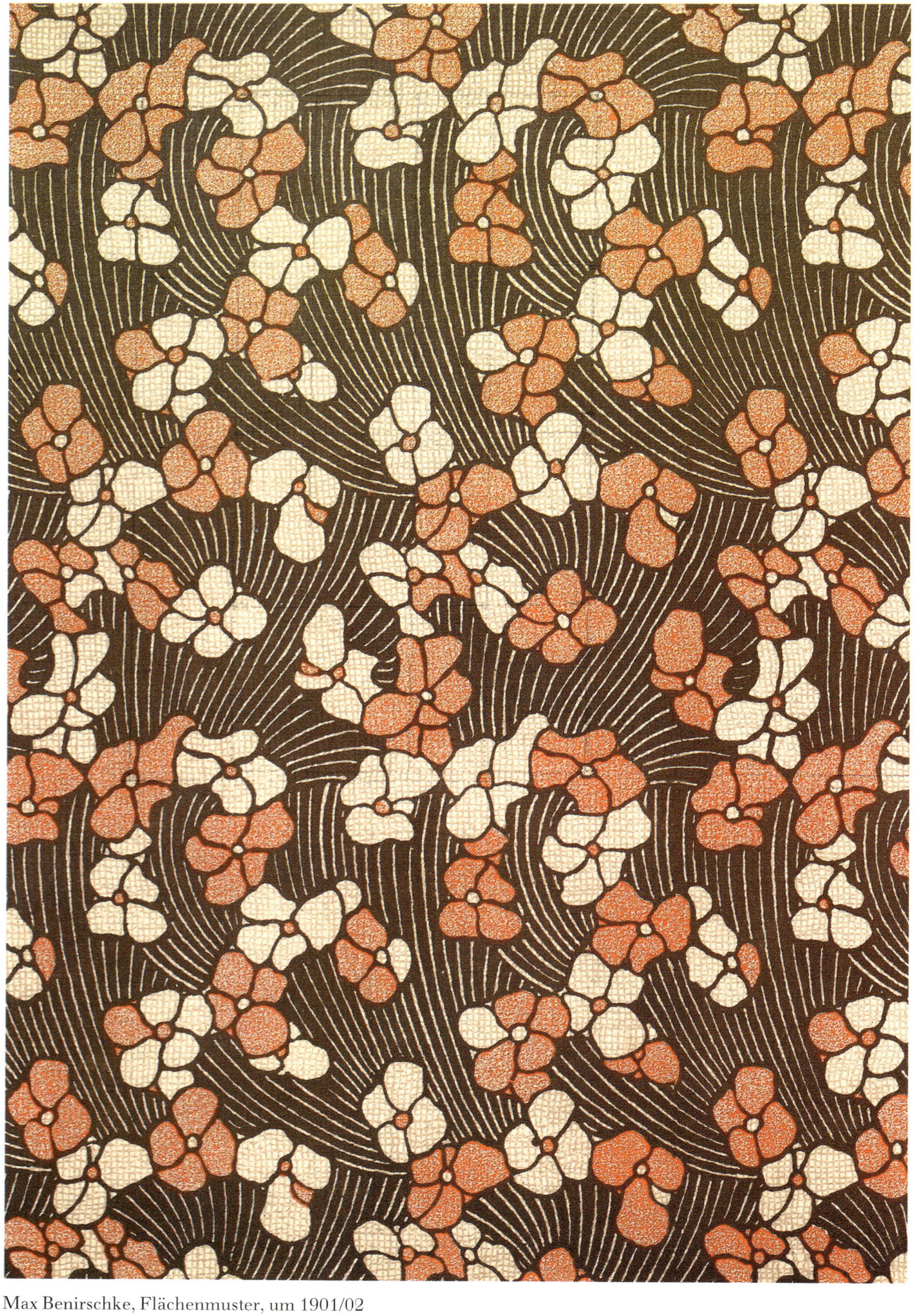

Max Benirschke, Flächenmuster, um 1901/02

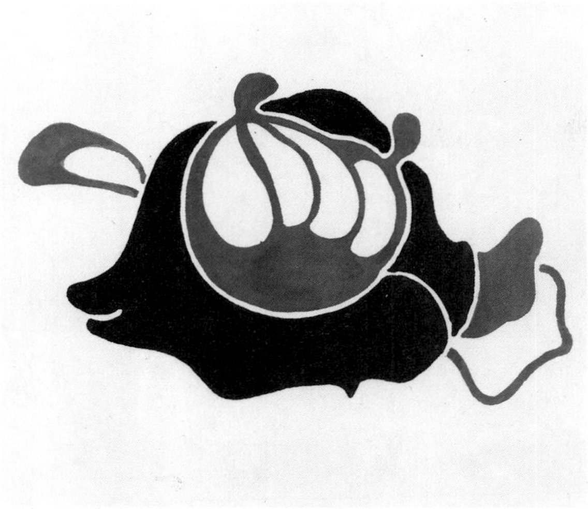

Max Benirschke, Ornamentaler Entwurf, um 1900

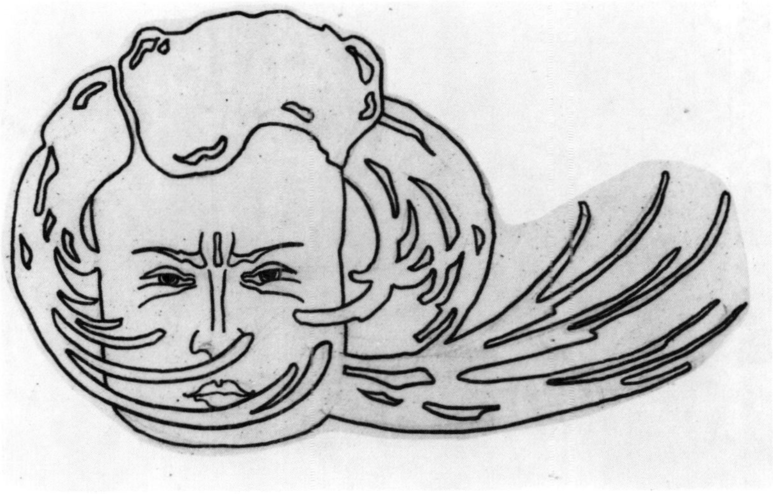

Max Benirschke, Buchschmuck, um 1900

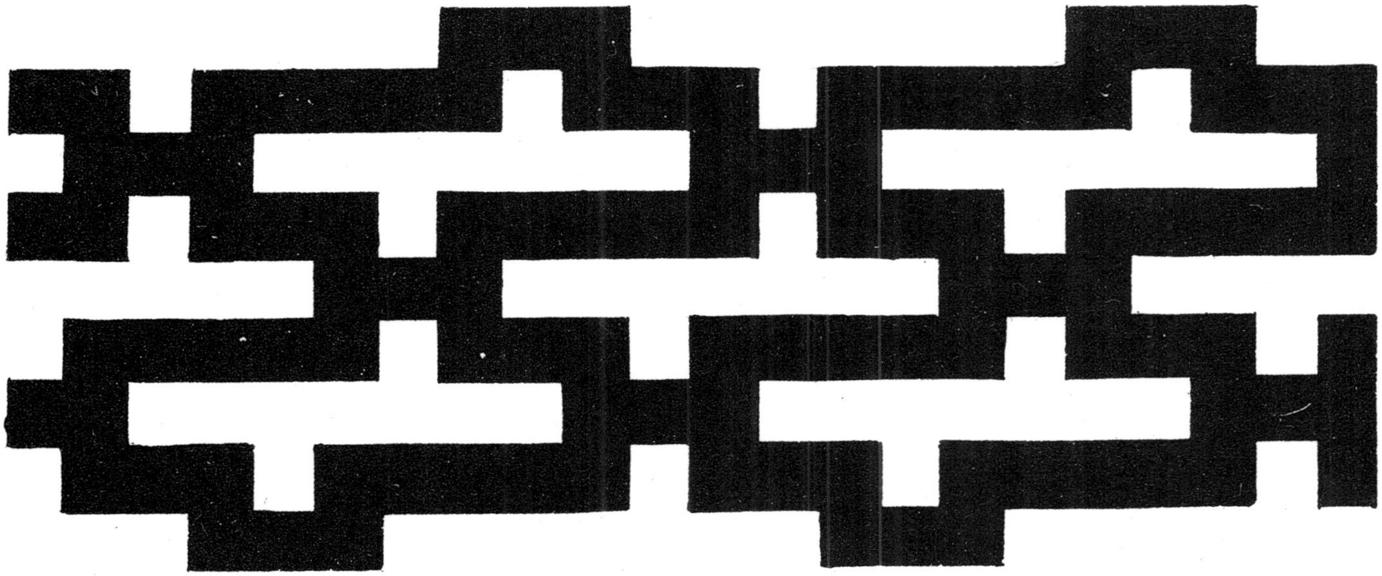

Karl Bräuer, Flächenmuster, um 1901

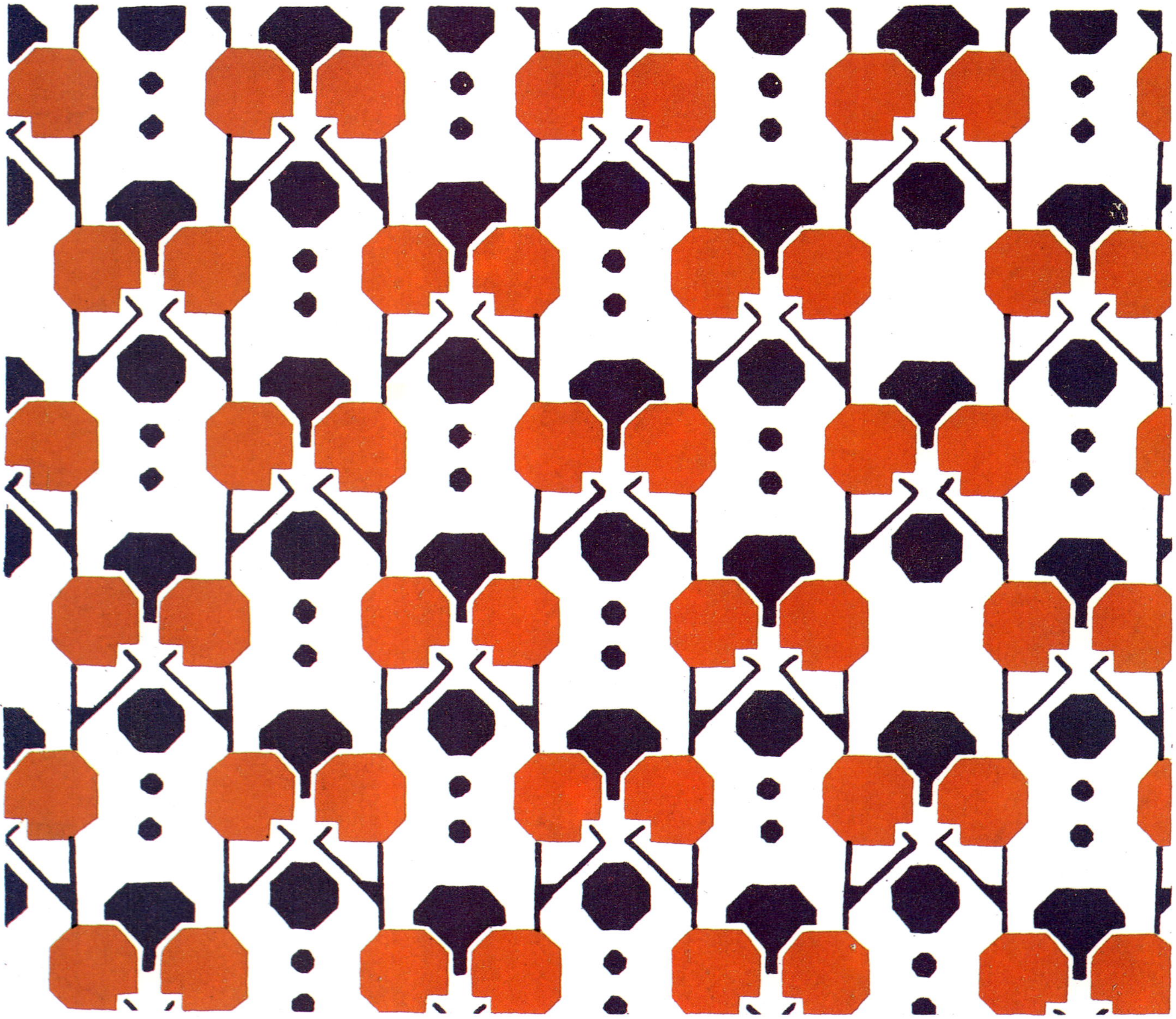

Fritz (?) Dietl, Flächenmuster, um 1901

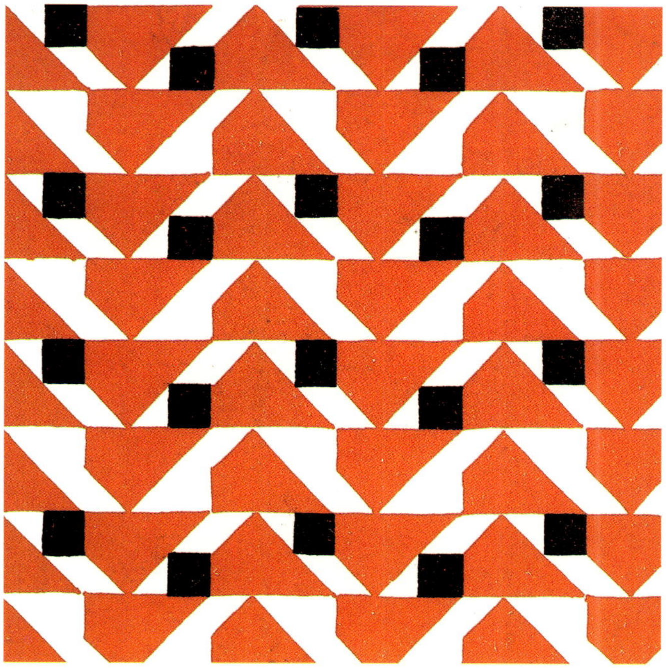

Adolf Otto Holub, Flächenmuster, um 1901

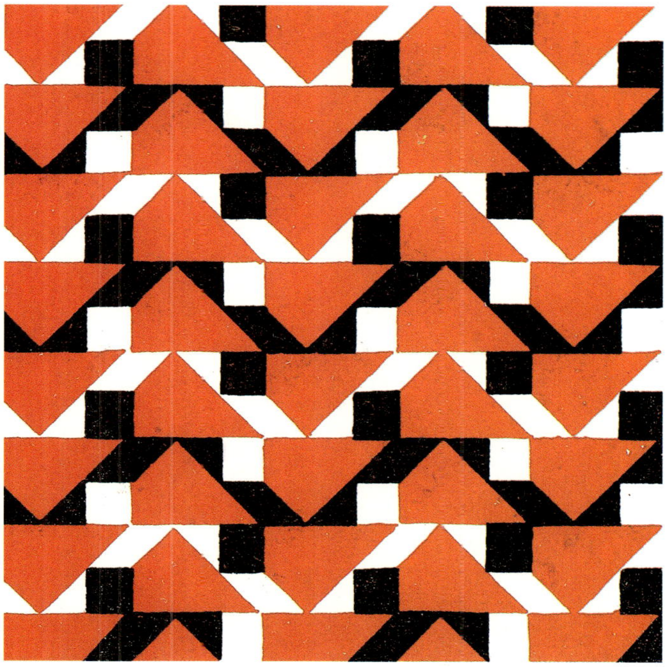

Adolf Otto Holub, Flächenmuster, um 1901

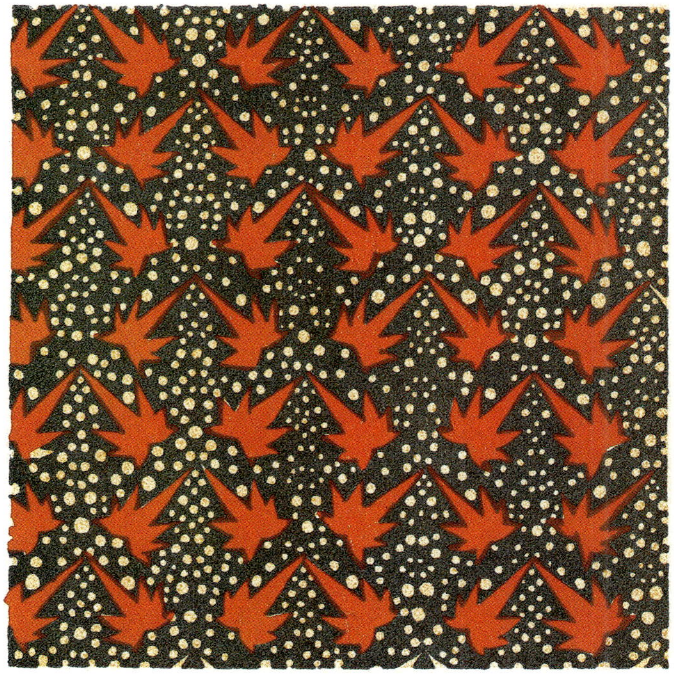

Helene Geiringer, Flächenmuster, um 1901

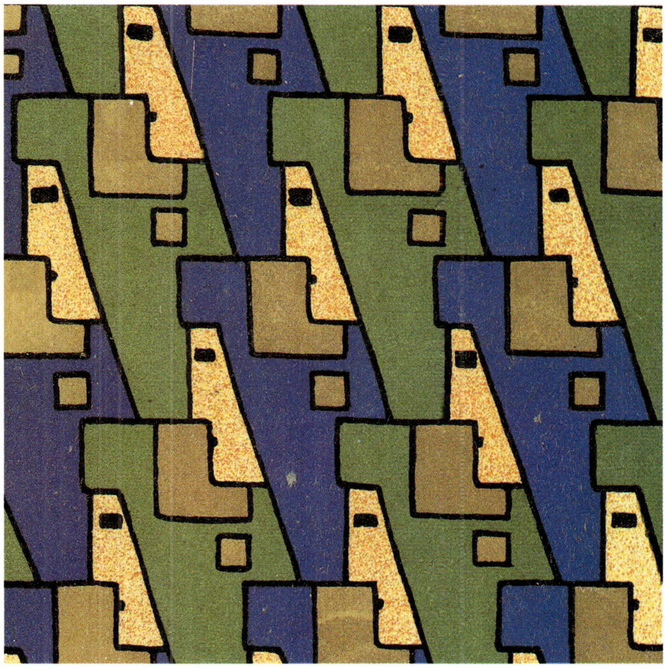

Franz Exler, Flächenmuster, um 1901

Alois Hollmann, Flächenmuster, um 1901

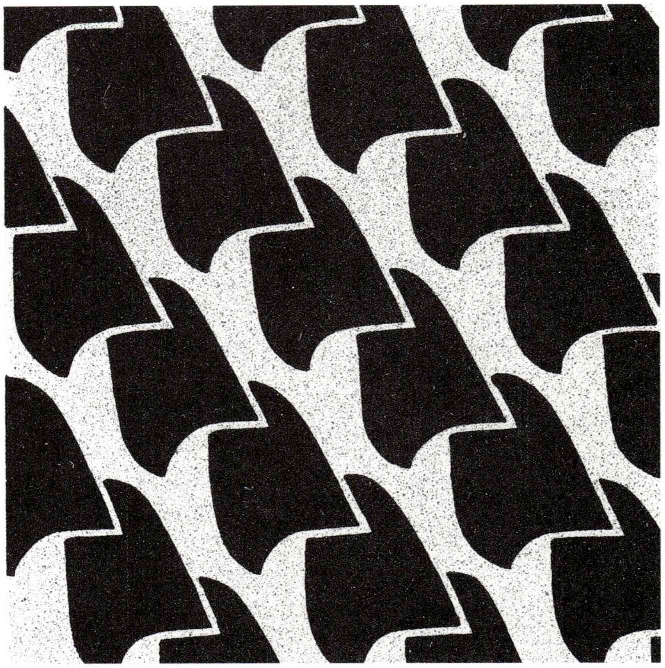

Alois Hollmann, Flächenmuster, um 1901

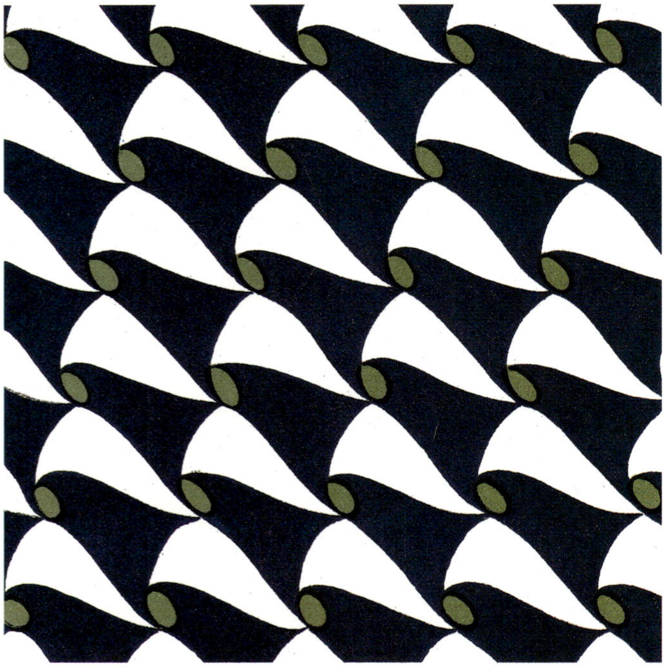

Mauritius Herrgesell, Vorsatzpapier, um 1901

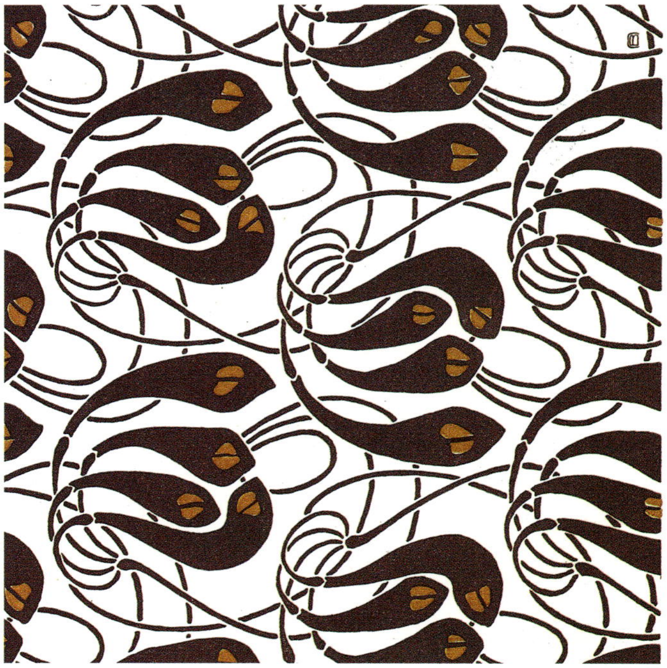

Max Benirschke, Flächenmuster, um 1901/02

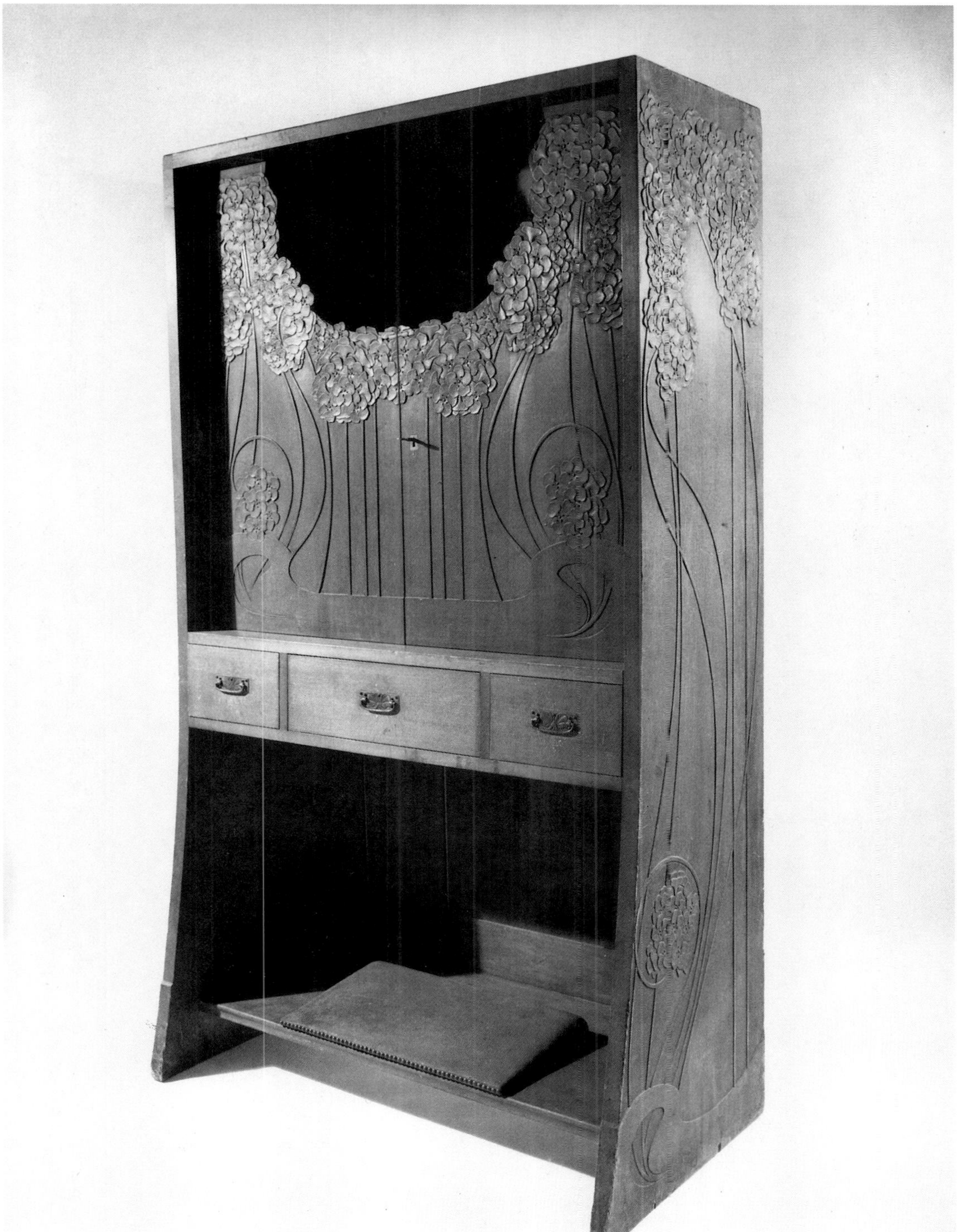

Else Unger, Schrank, 1900

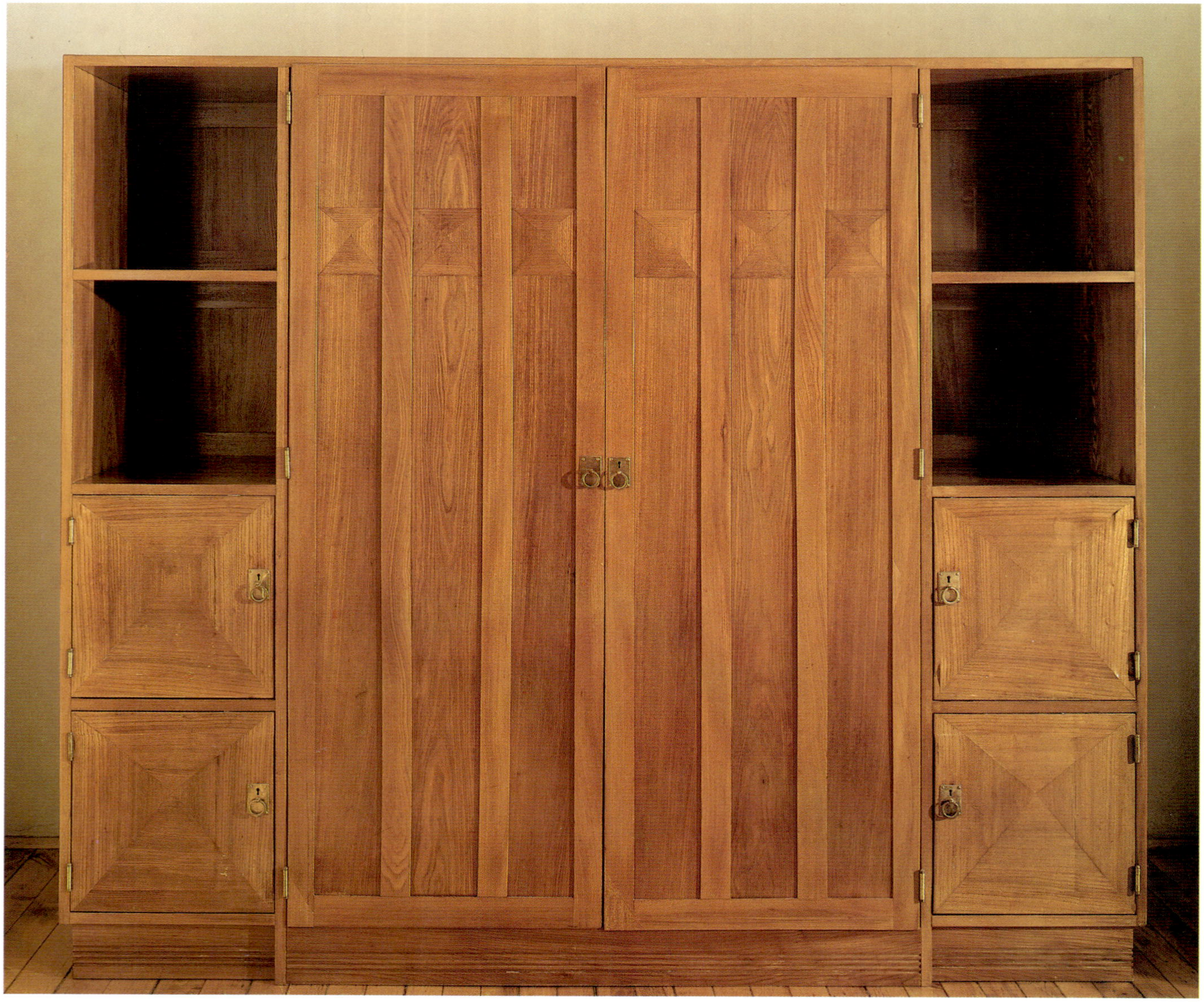

Wilhelm Schmidt, Schrank, 1899

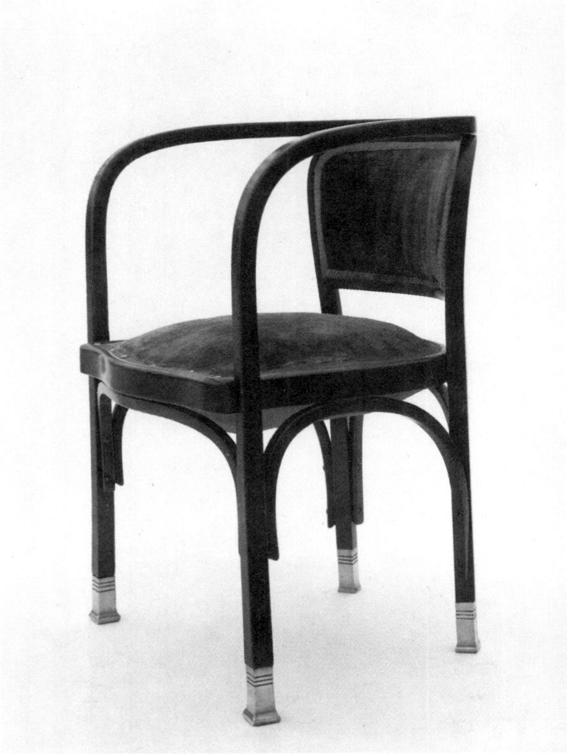
Gustav Siegel, Fauteuil, 1900

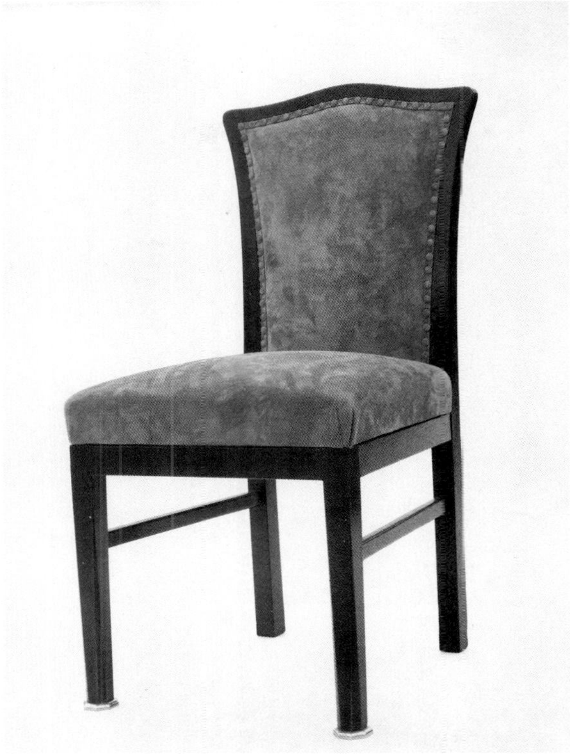
Carl Witzmann, Stuhl, um 1907

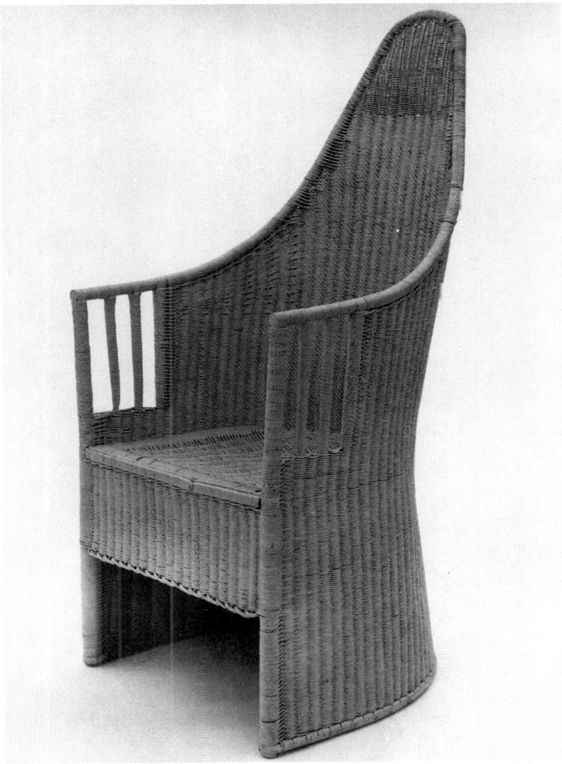
Josef Zotti, Korbsessel, um 1906

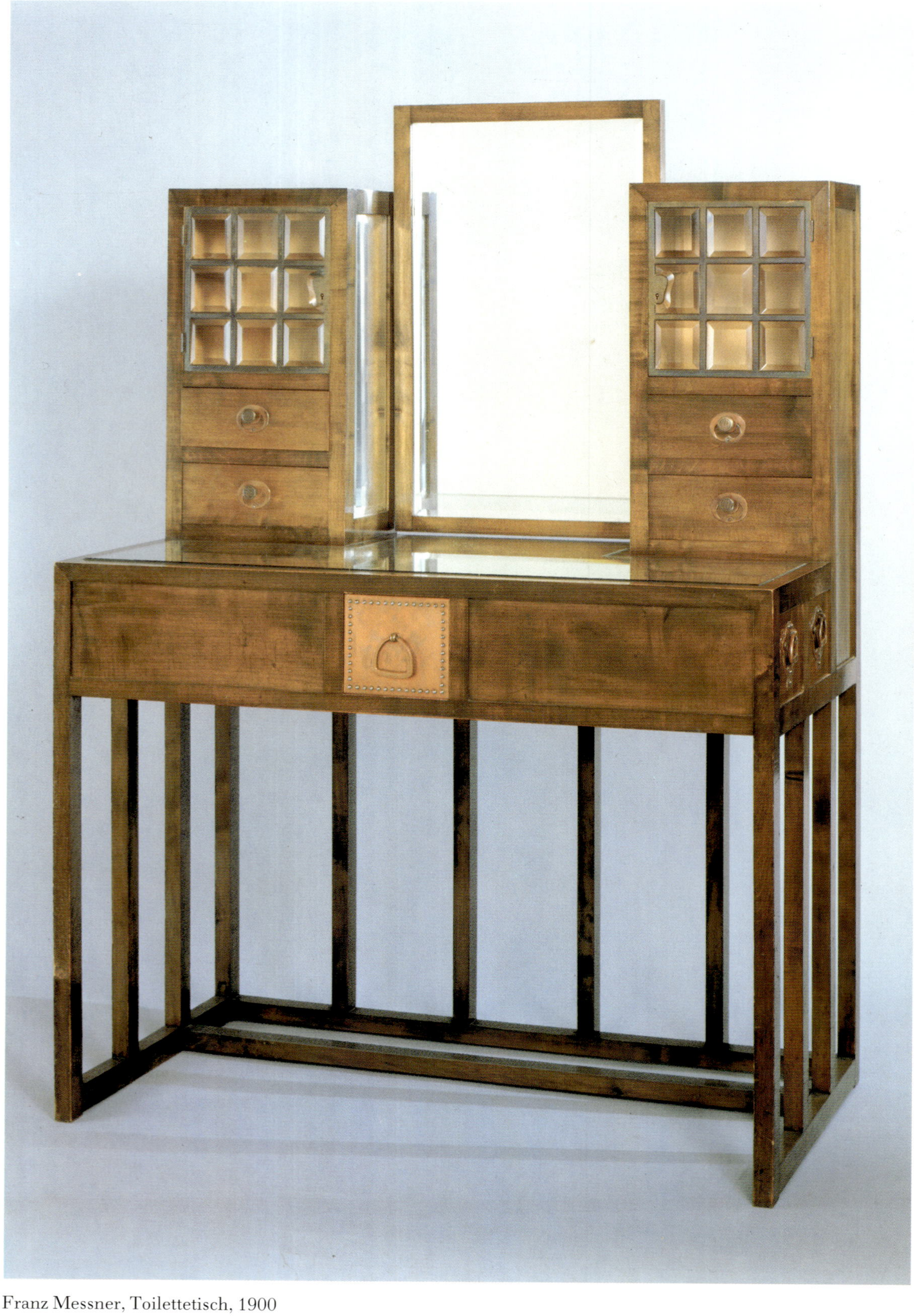

Franz Messner, Toilettetisch, 1900

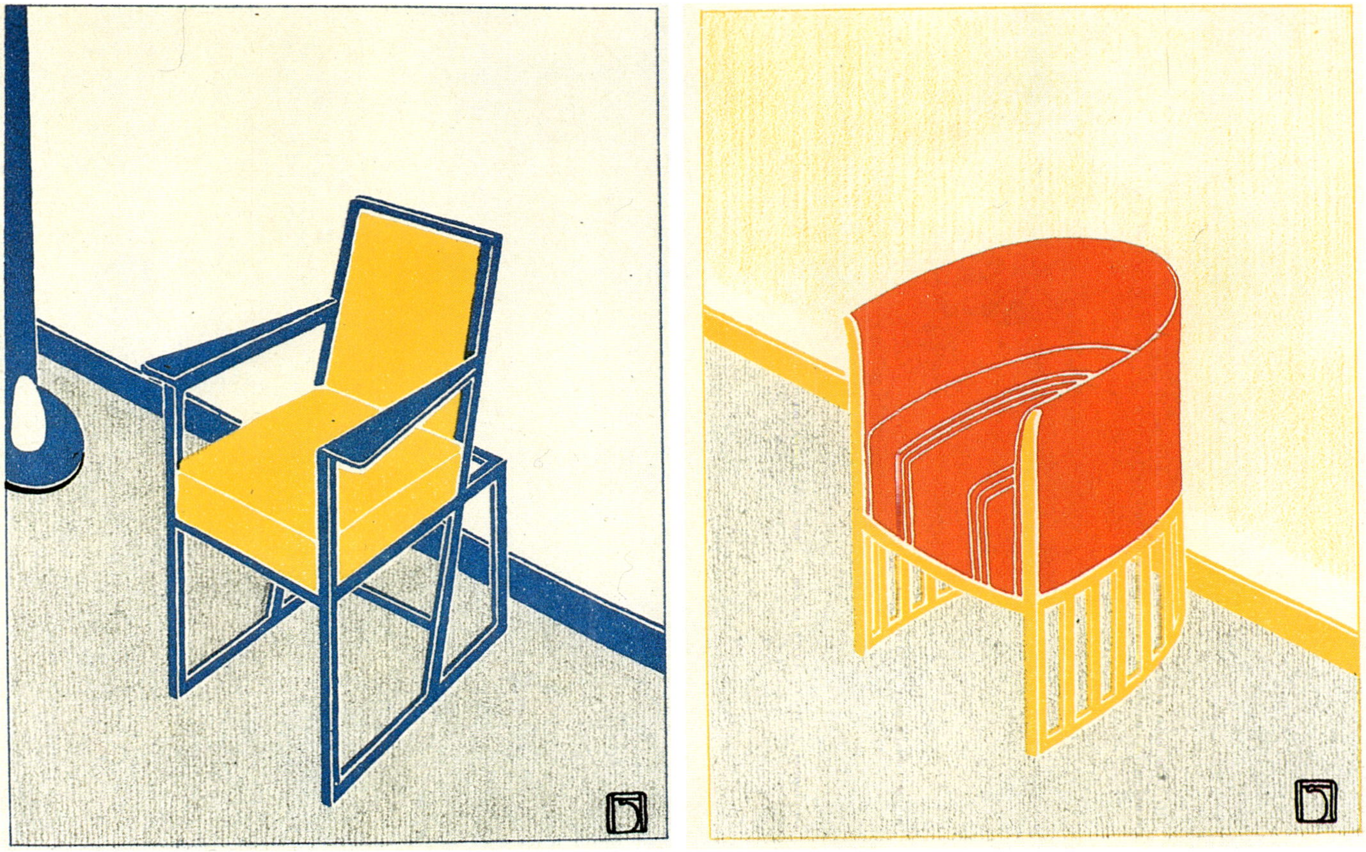

Hans Scharfen, Entwürfe für Sitzmöbel, um 1903

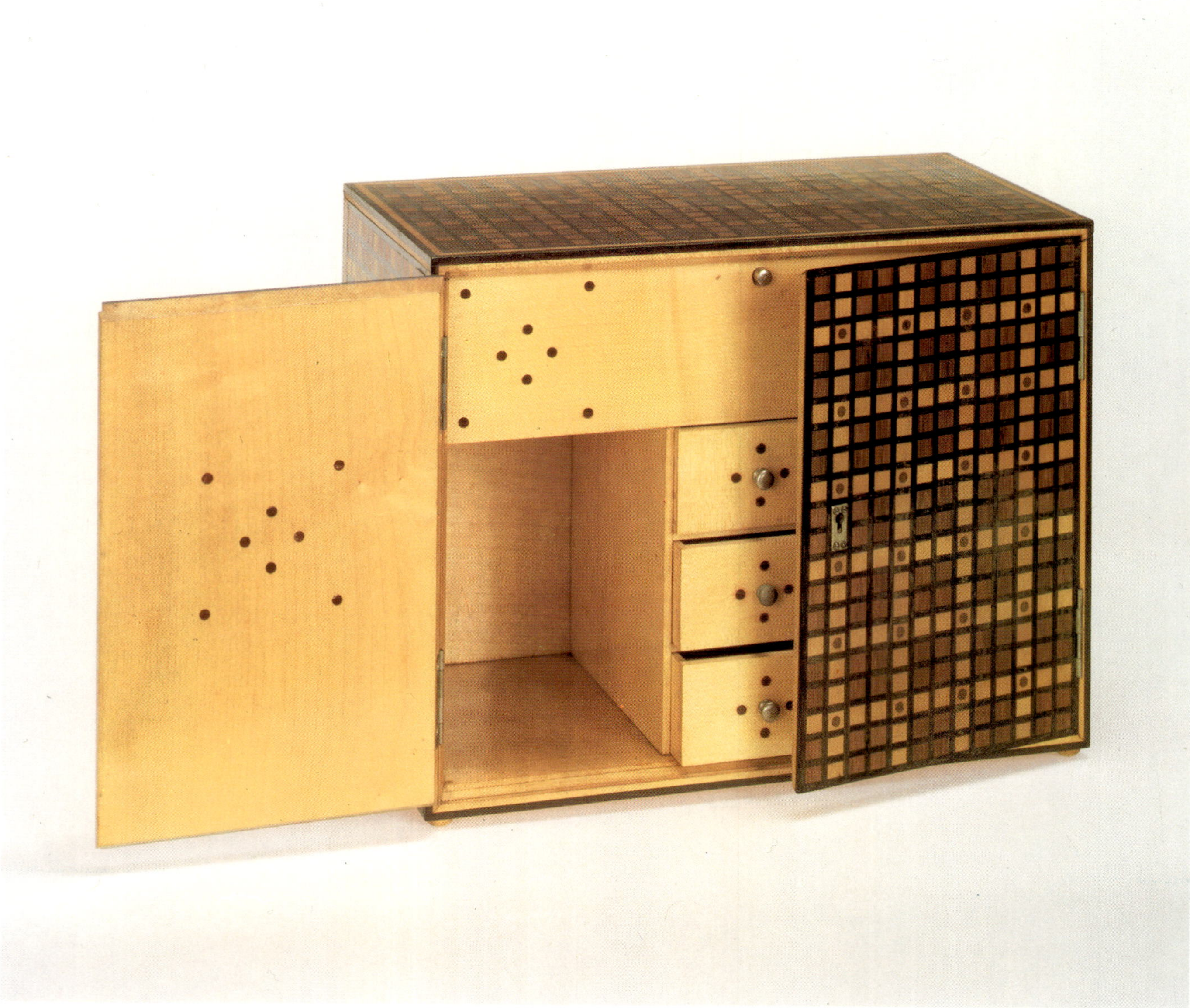

Alois Hollmann, Schmuckschränkchen, 1904

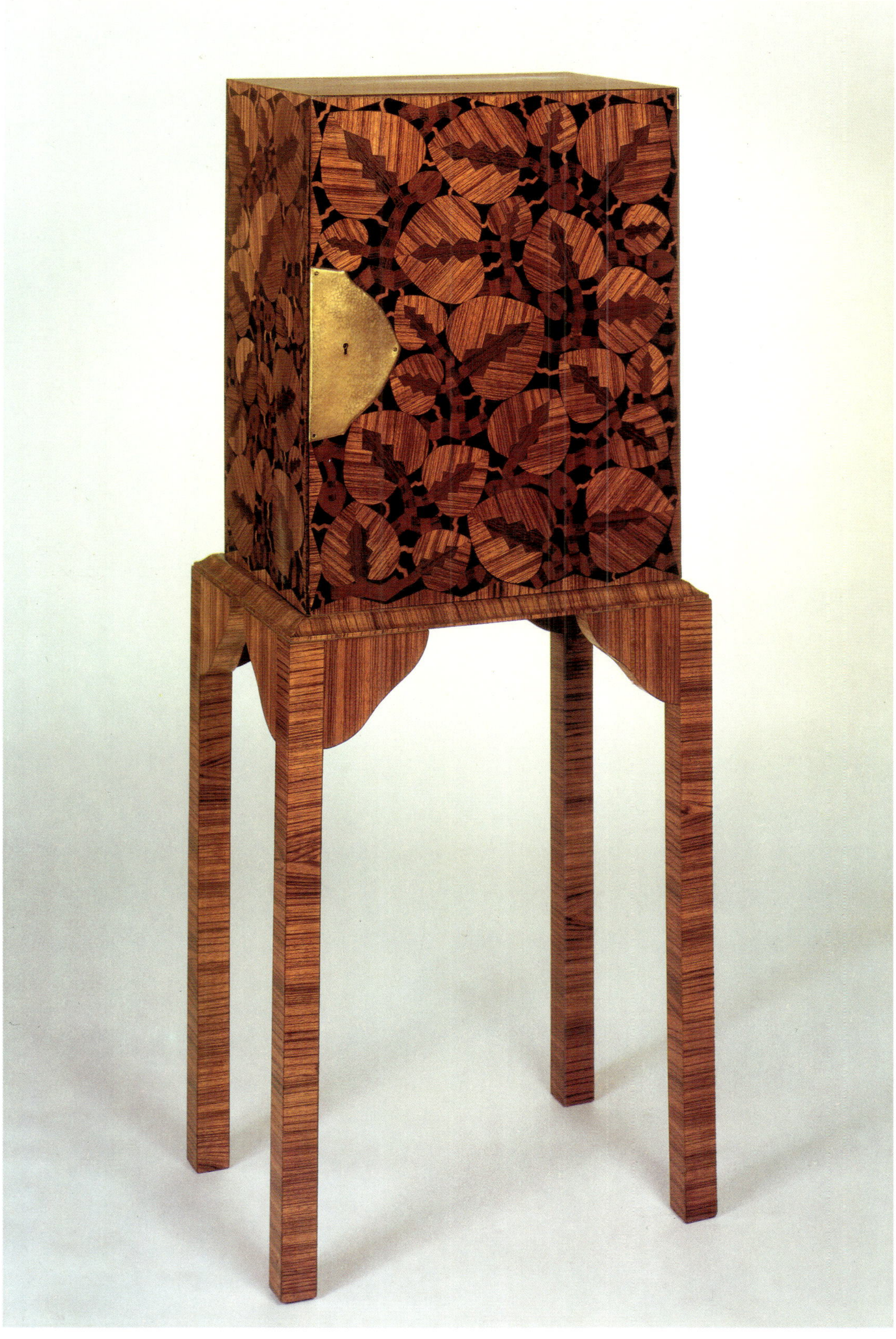

Rosa Krenn, Zierschrank, 1912

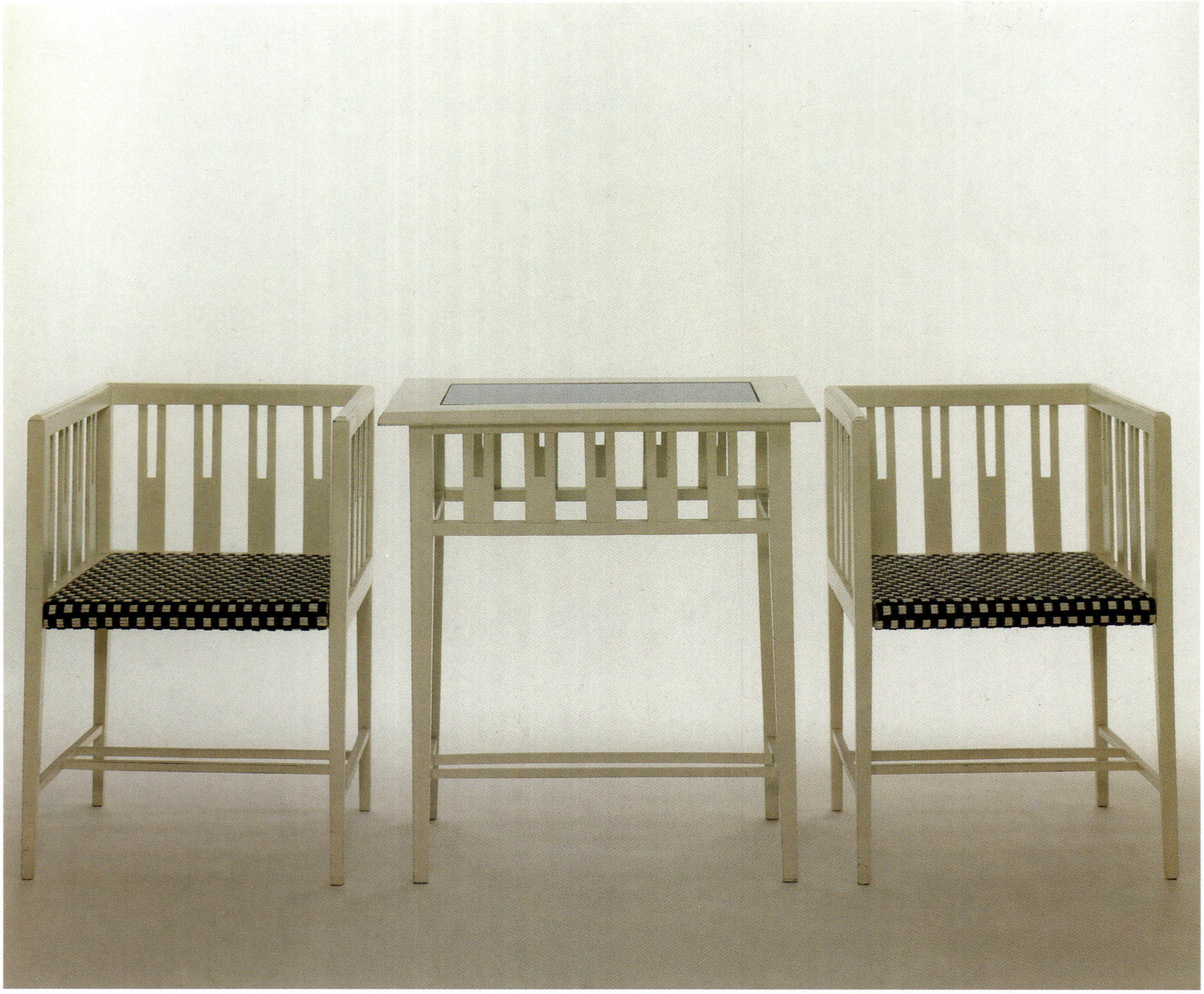

Fritz Zeymer, Sitzgarnitur, 1910

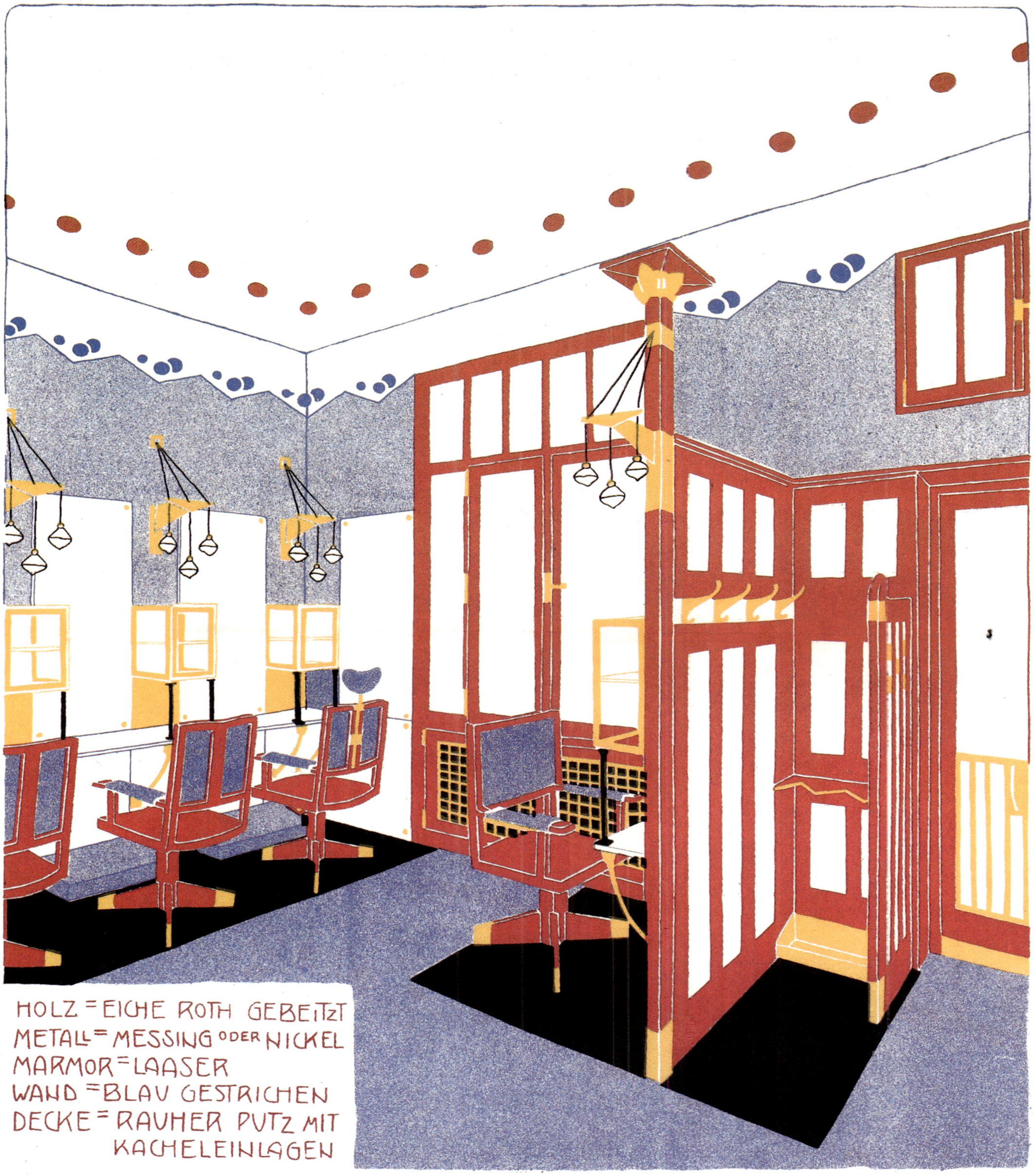

Max Benirschke, Friseursalon, 1901

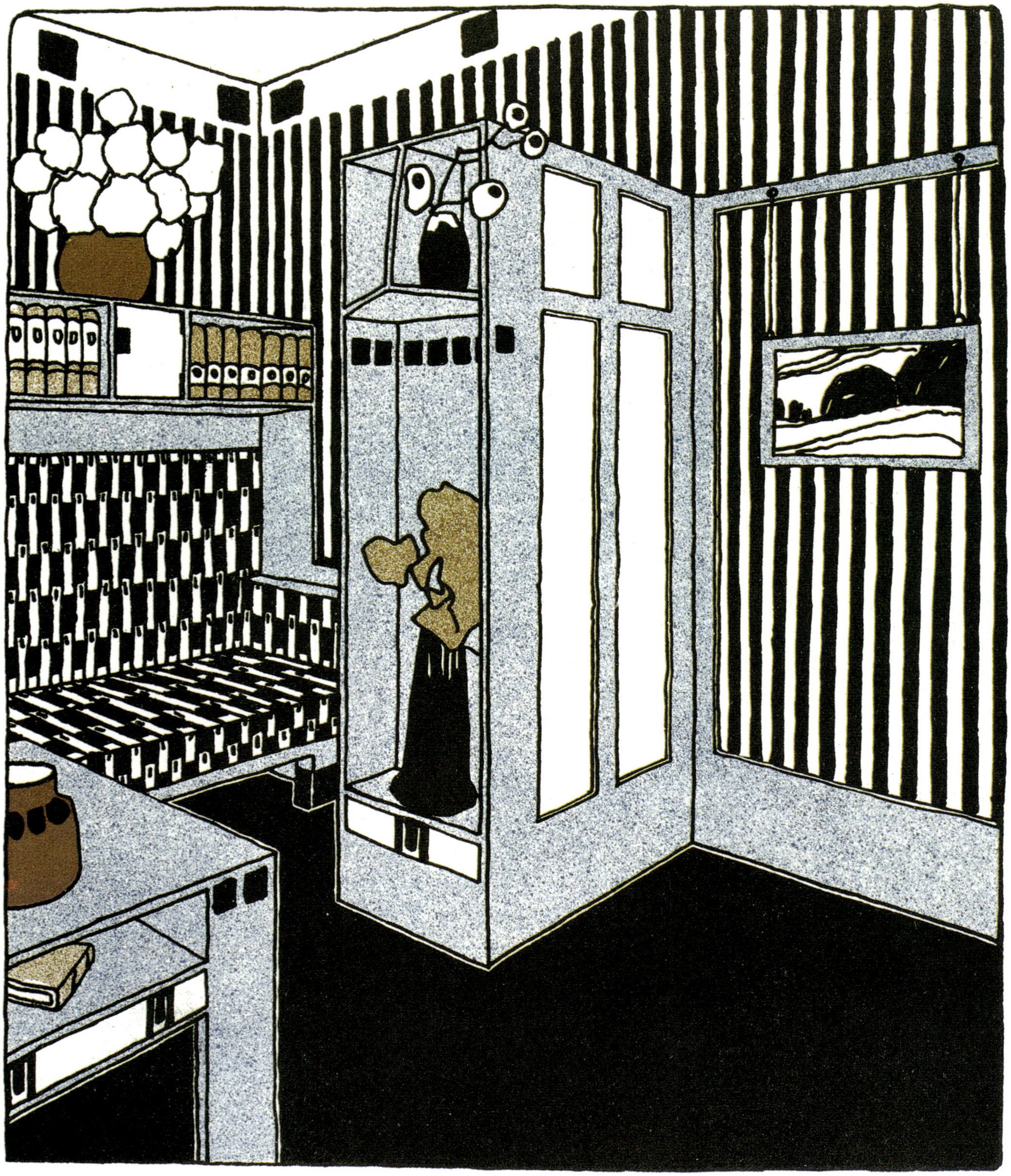

Max Benirschke, Ecke in einem Lesezimmer, um 1901

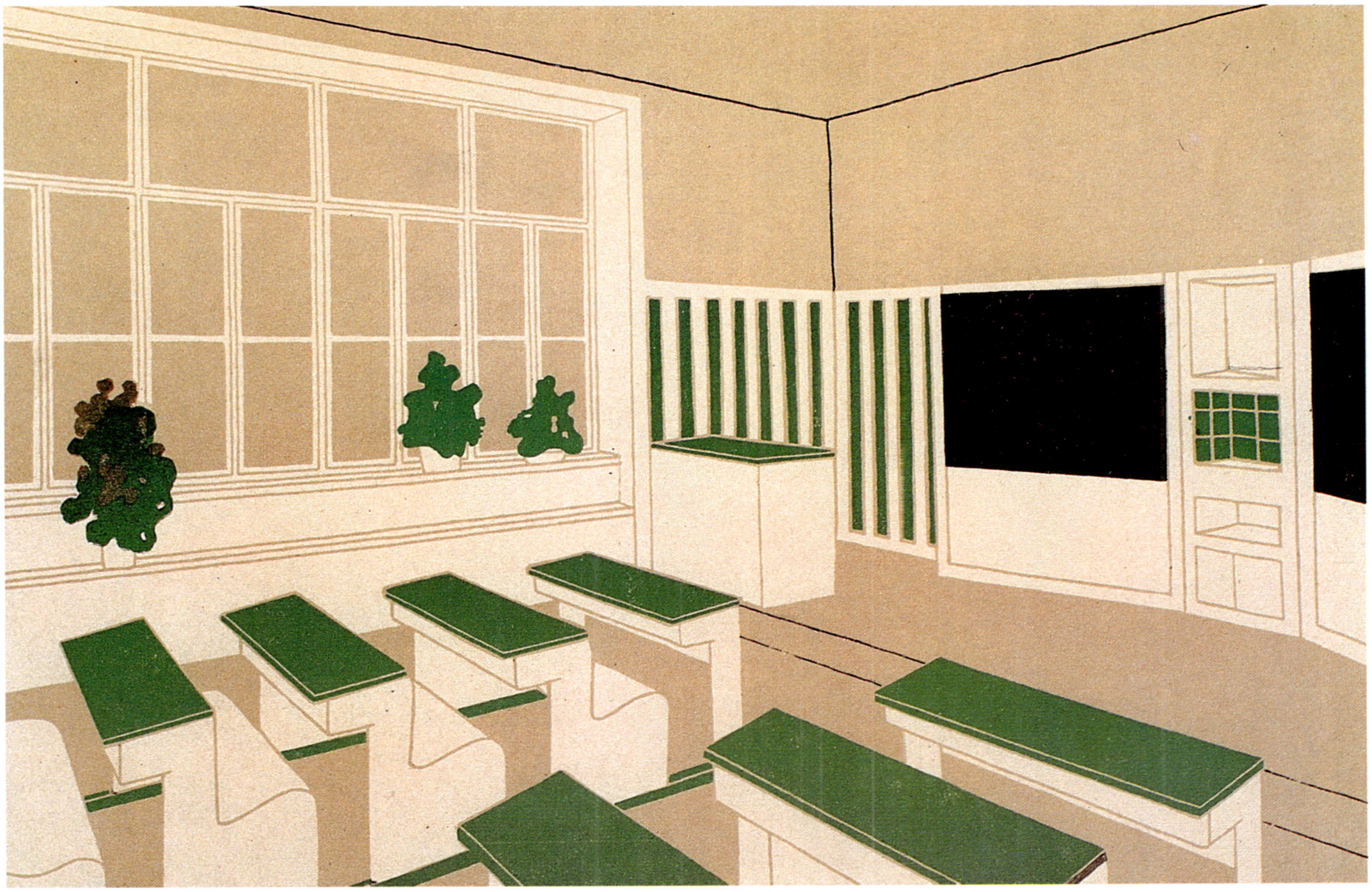

Karl Bräuer, Schulzimmer, um 1902

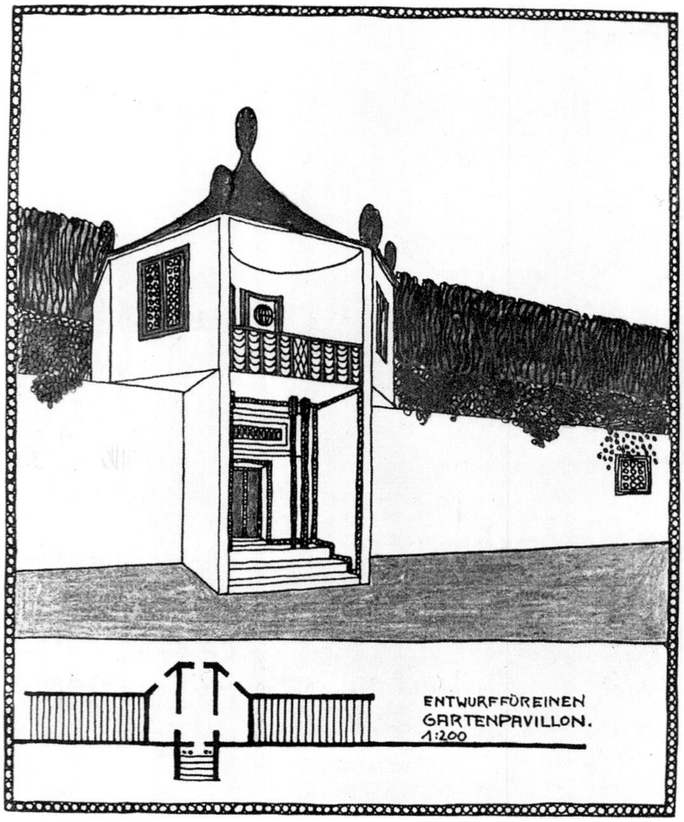

Karl Bräuer, Entwurf für einen Gartenpavillon, um 1905

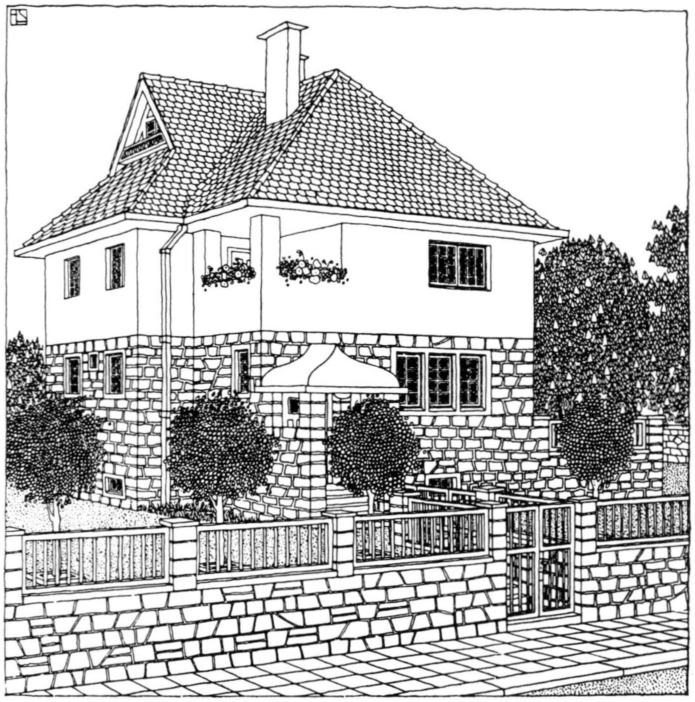

Hans Stubner, Entwurf für ein Landhaus, um 1905

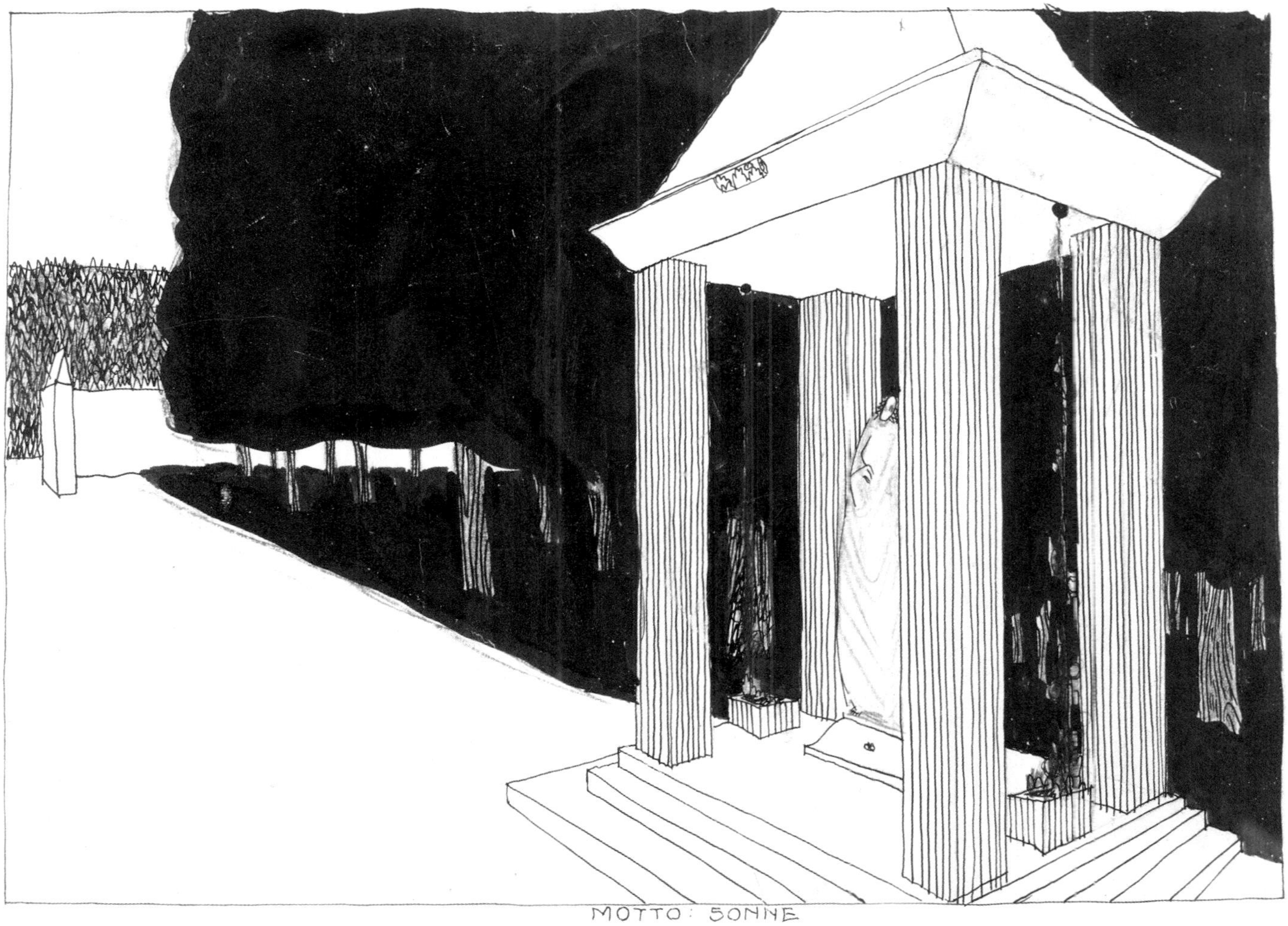

Arnold Nechansky, »Motto Sonne«, Entwurf für ein Monument, um 1913

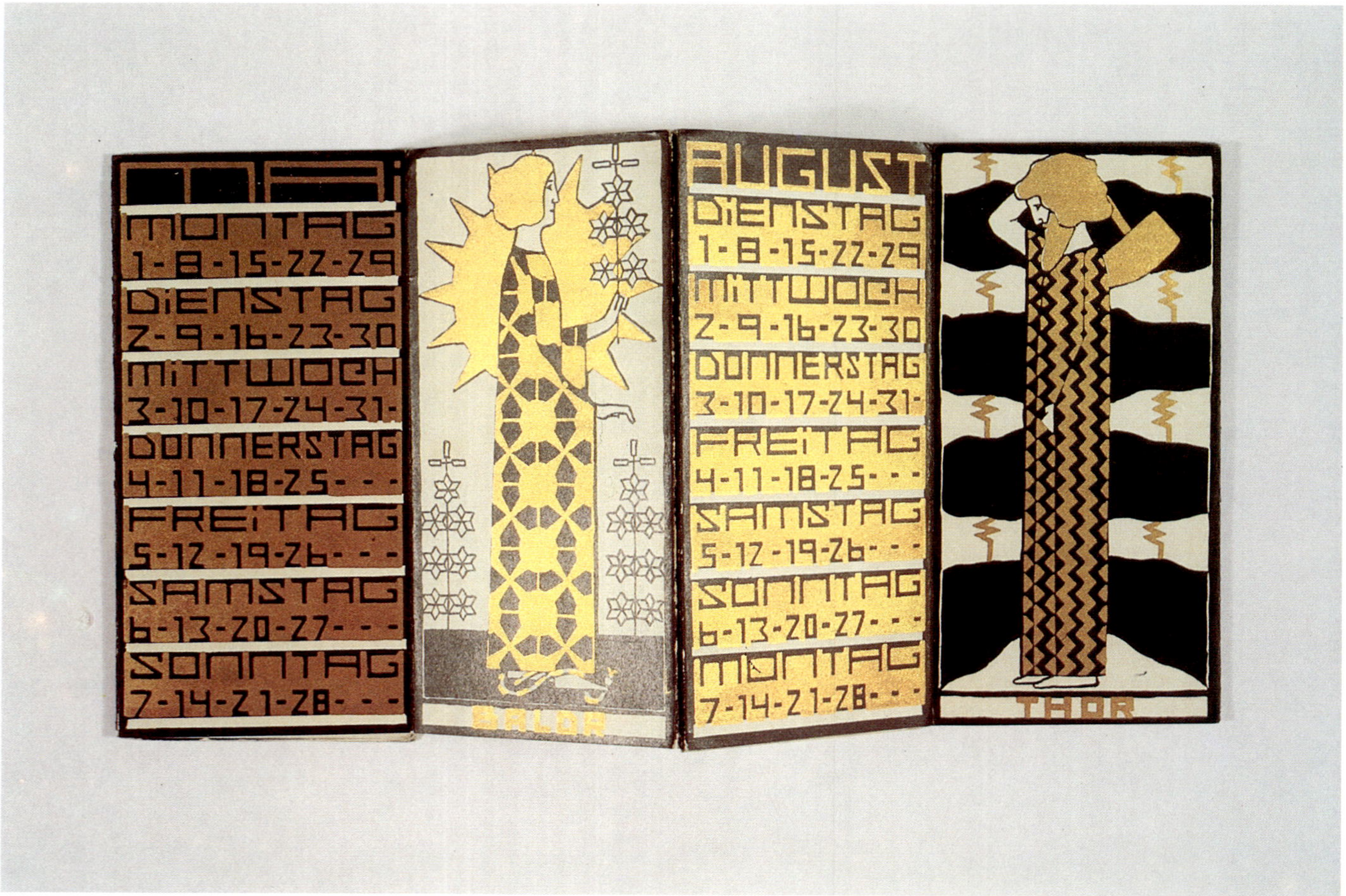

Dita Moser, Faltkalender, 1911

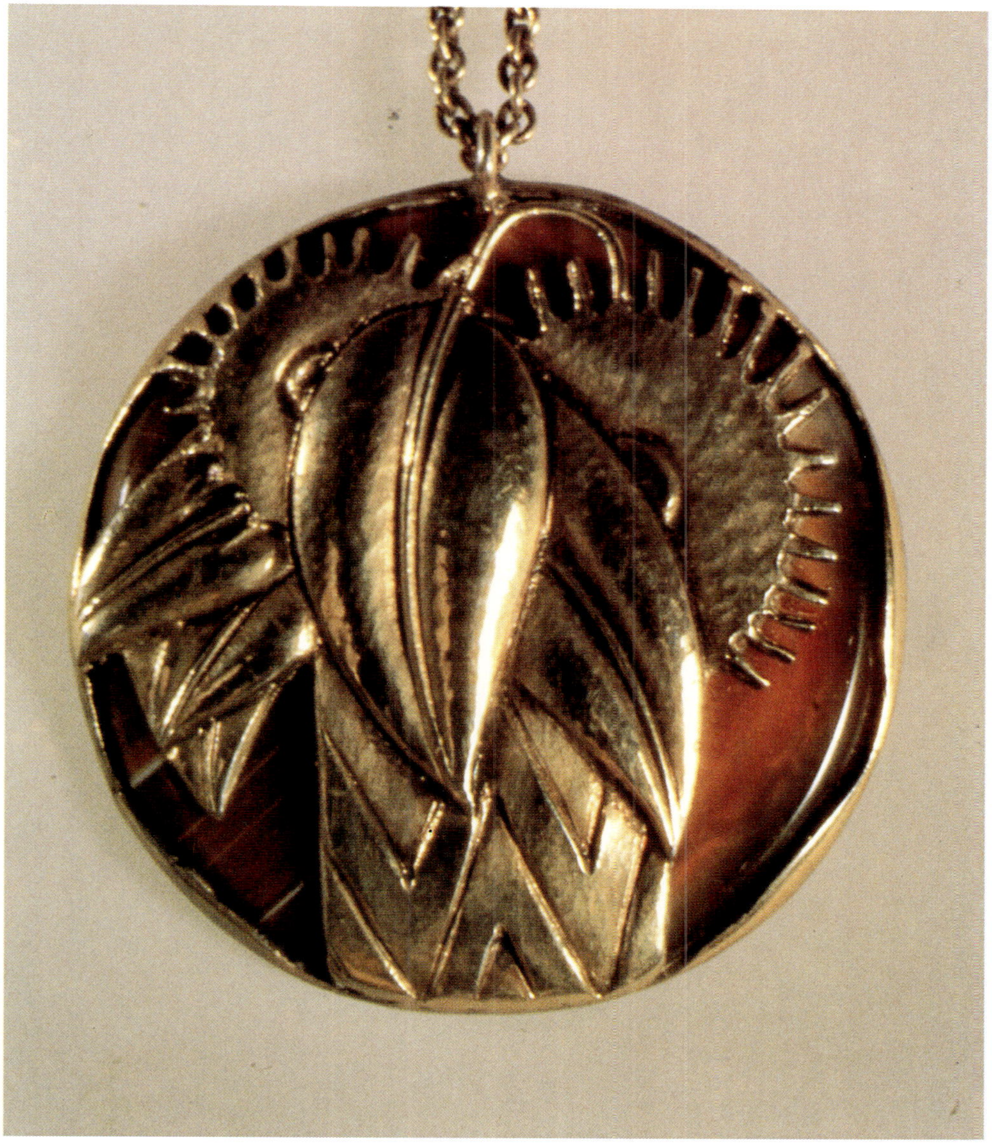

Hans Bolek, Anhänger, um 1913

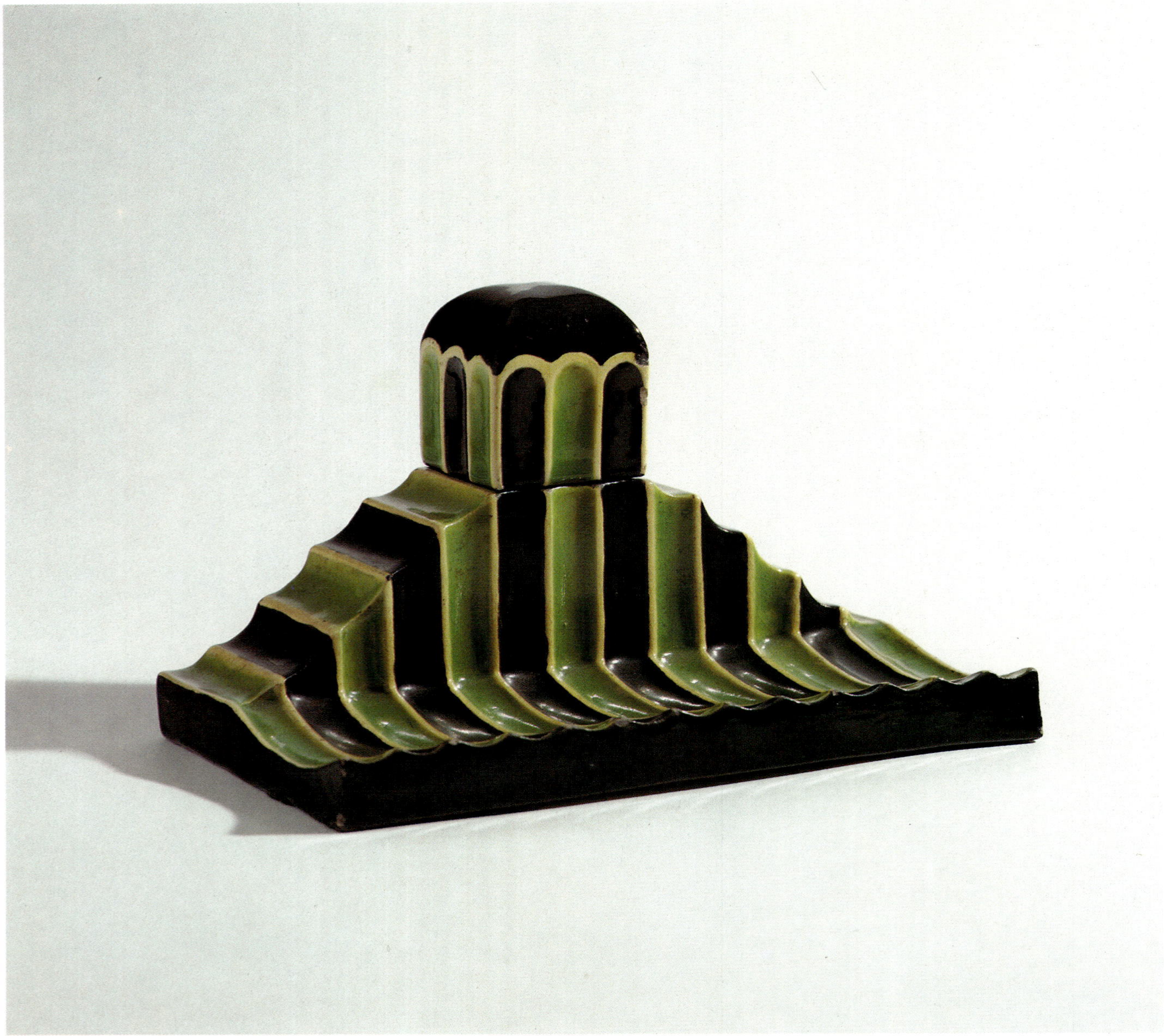

Franz Fochler, Tintenzeug, um 1910

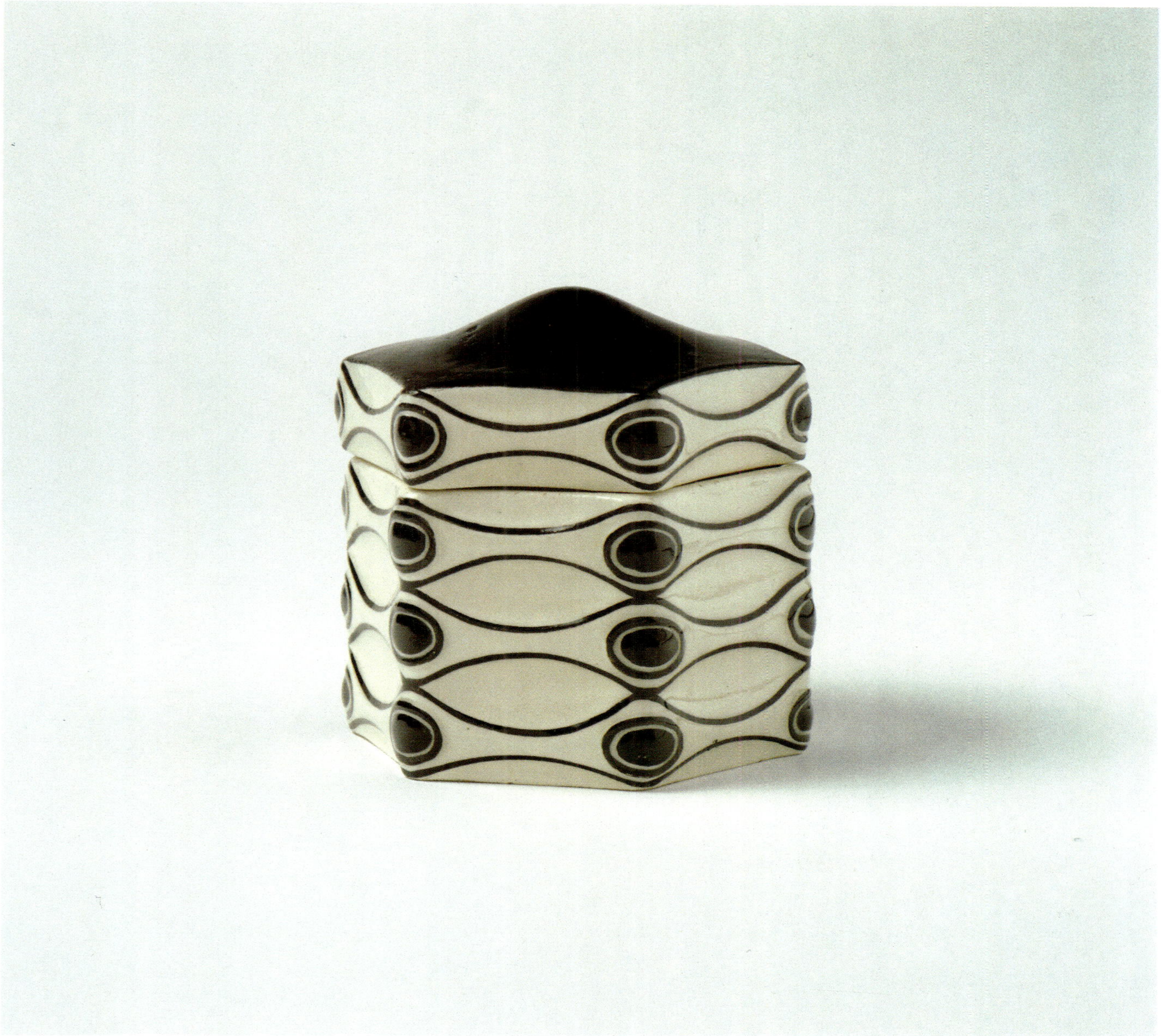

Fritz Dietl, Deckeldose, um 1912/14

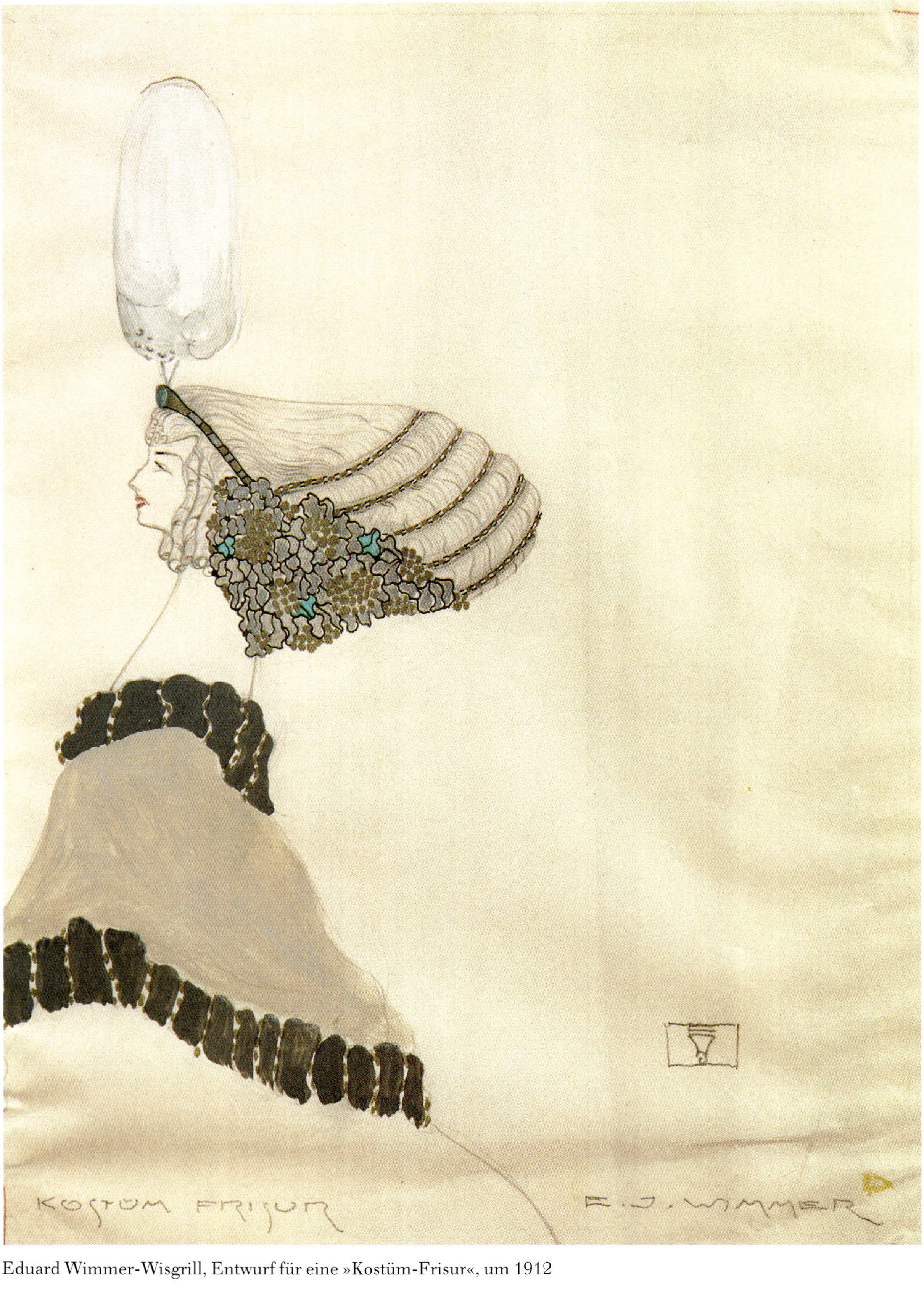

Eduard Wimmer-Wisgrill, Entwurf für eine »Kostüm-Frisur«, um 1912

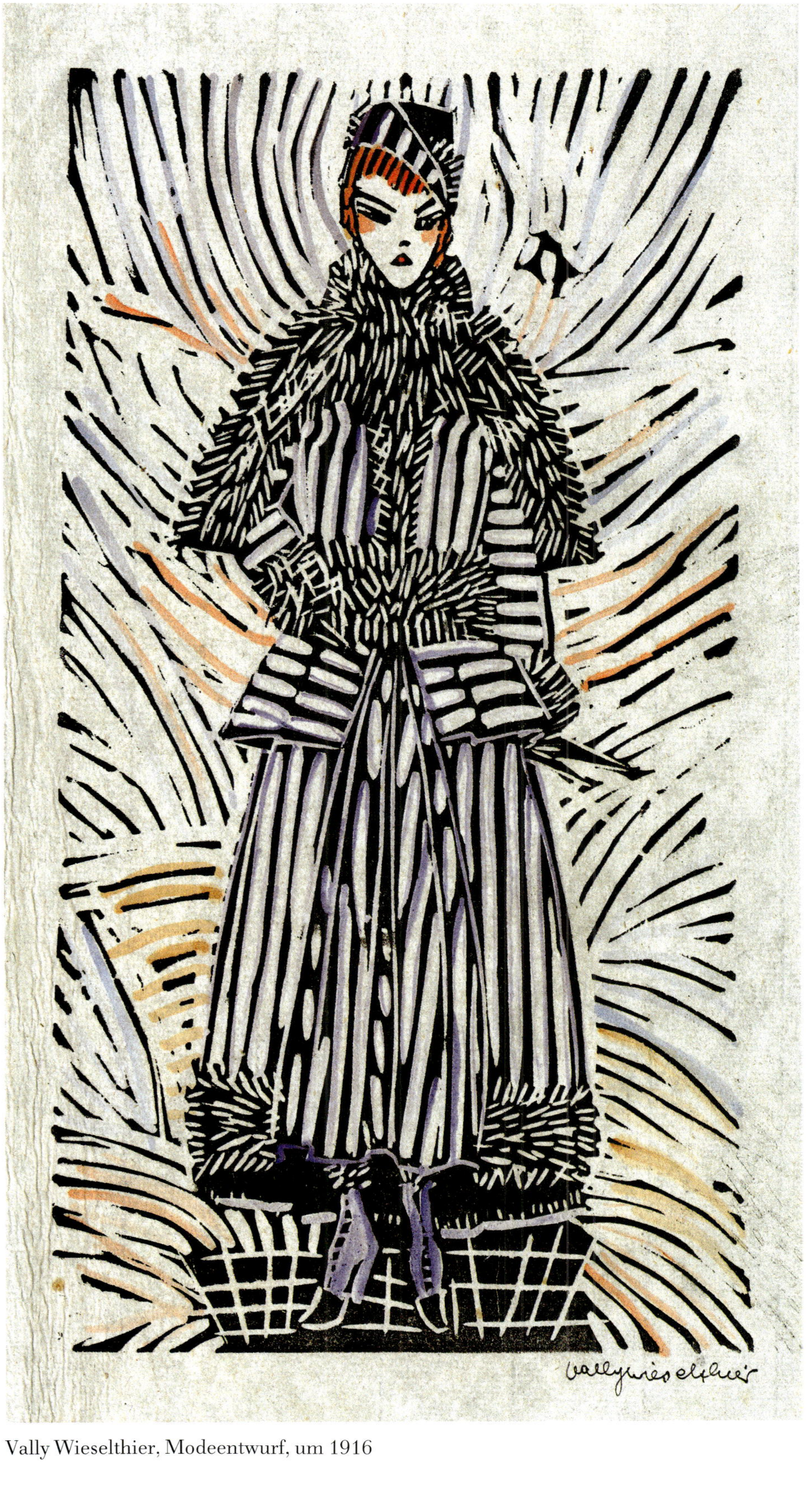

Vally Wieselthier, Modeentwurf, um 1916

KOLOMAN MOSER

geb. 30. 3. 1868, Wien
gest. 18. 10. 1918, Wien

1893–1895 Studium u. a. bei Matsch an der Kunstgewerbeschule

1899–1900 provisorischer Lehrer, Fachschule für Malerei

1900–1918 Professor, Fachklasse für Dekoratives Zeichnen und Malen

Von 1886 bis 1892 studierte Kolo Moser an der Akademie der bildenden Künste in Wien bei Franz Rumpler und arbeitete daneben für die Zeitschriften »Wiener Mode« und »Meggendorfers Humoristische Blätter«. Während des Besuchs der Kunstgewerbeschule bekleidete er eine Stelle als Zeichenlehrer der Kinder Erzherzog Karl Ludwigs auf Schloß Wartholz. Um 1894 gehörte Moser der Künstlergemeinschaft »Siebenerclub« an, bald darauf wurde er Mitarbeiter an dem Mappenwerk »Allegorien Neue Folge«, das der Verleger Martin Gerlach herausgab. Im Verlag Gerlach lernte Moser Gustav Klimt kennen. Nach der Rückkehr von einem kurzen München-Aufenthalt war Moser 1897 an der Gründung der Wiener Secession beteiligt. Als J. M. Olbrich 1898 das Secessionsgebäude errichtete, zog er Kolo Moser zur dekorativen Ausgestaltung des Bauwerks heran (Glasfenster, Bauornamente). Im Rahmen der Secession wirkte Moser durch eine Vielzahl von Beiträgen für die Zeitschrift »Ver Sacrum« und durch seine maßgebliche Rolle in den Ausstellungsprojekten der Vereinigung. Außerhalb der Secession war er nicht nur als Professor an der Kunstgewerbeschule tätig, sondern stand als Entwurfslieferant in Verbindung mit Glas-, Porzellan-, Textil-, Möbelfirmen, Verlagen und Druckereien (zum Beispiel Loetz, Bakalovits, Böck, Backhausen, Kohn, Prag Rudniker, Gerlach & Schenk, Philipp & Kramer, Berger). 1903 gründete Moser zusammen mit Josef Hoffmann und Fritz Wärndorfer die Wiener Werkstätte, die bis zu seinem Austritt 1907 den Mittelpunkt seines künstlerischen Schaffens bildete. So schuf er Ausstattung und Kostüme für das Cabaret »Fledermaus«, richtete mit Hoffmann das Speisezimmer von Editha Mautner-Markhof, die Wohnung Stonborough-Wittgenstein, den Modesalon der Schwestern Flöge, das Sanatorium Purkersdorf, das Palais Stoclet ein. Daneben entstanden Entwürfe zu Glasfenstern und Altären für Otto Wagners Kirche »Am Steinhof«, 1907 bis 1909 Entwürfe für die Innendekoration der Heiligen-Geist-Kirche in Düsseldorf. Er setzte sich mit Bühnengestaltungen auseinander und lieferte Entwürfe zu Banknoten und Briefmarken. In späteren Jahren wandte sich Moser vornehmlich der Malerei zu. 1911 war er mit seinen Gemälden in der Galerie Miethke vertreten. Kolo Moser wurde nach seinem Ableben 1918 in einer Gedenkausstellung im Österreichischen Museum für Kunst und Industrie 1927, 1969 in einer Gedenkausstellung der Neuen Galerie des Joanneums in Graz und 1979 in einer Ausstellung der Hochschule für angewandte Kunst in Wien gewürdigt.

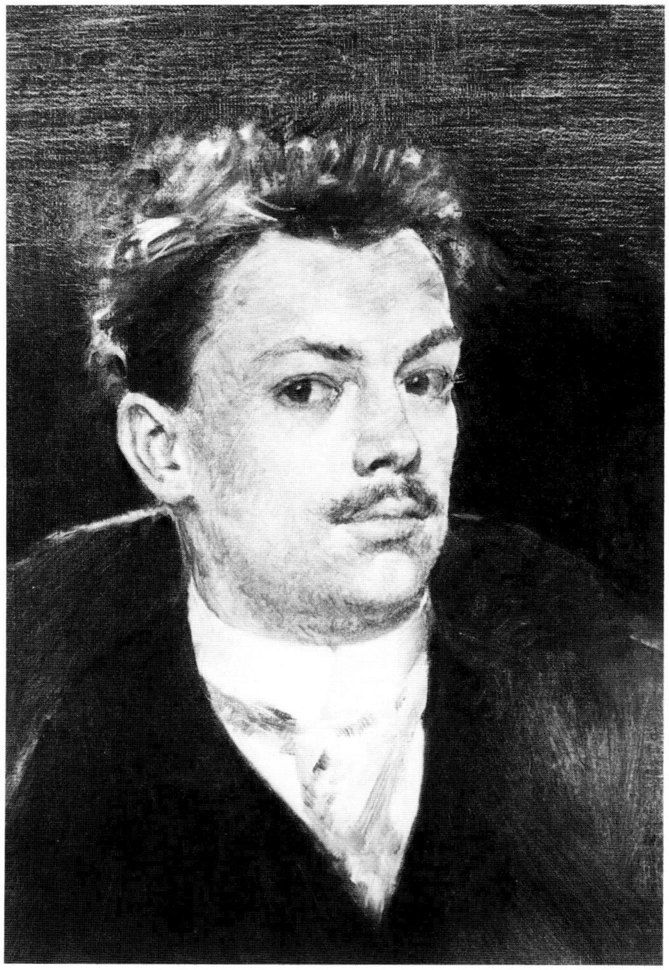

Kolo Moser, Selbstporträt, 1895

Literaturauswahl: Kat. Ausst. Koloman Moser 1868–1918, Hochschule für angewandte Kunst in Wien 1979; Werner Fenz, Koloman Moser, Graphik – Kunstgewerbe – Malerei, Salzburg und Wien 1984.

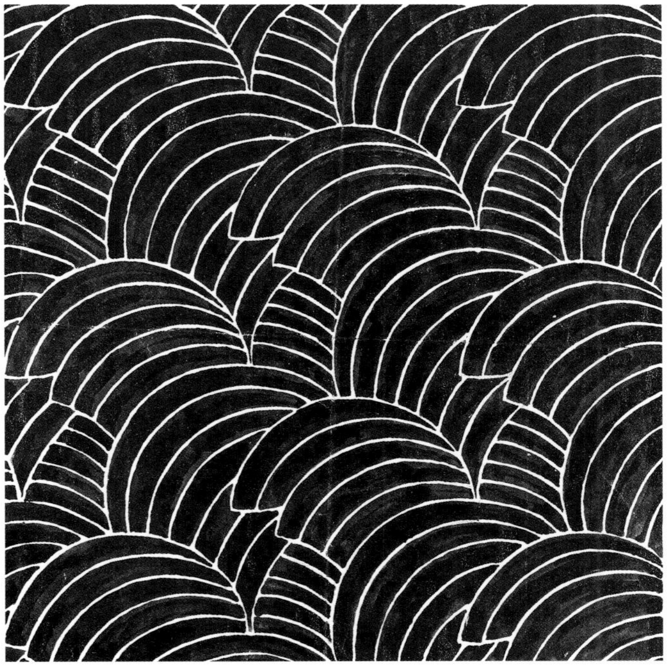

Kolo Moser, Flächenmuster, 1899

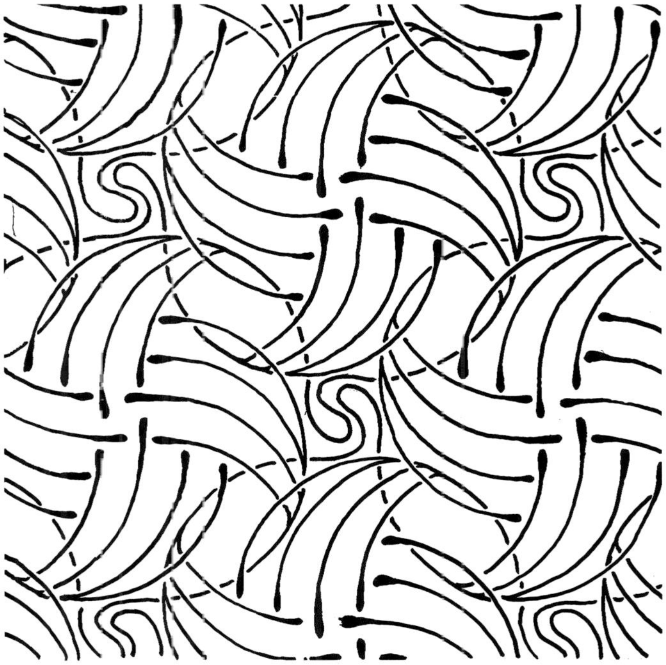

Kolo Moser, Flächenmuster, 1899

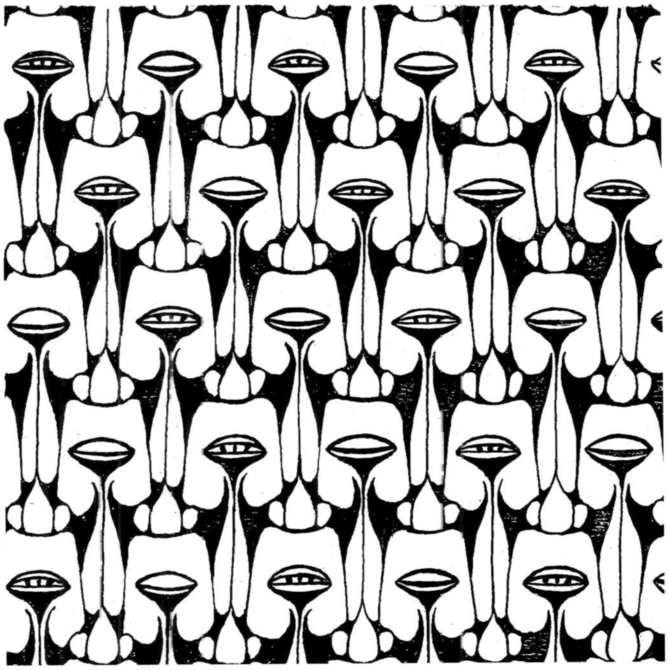

Kolo Moser, Flächenmuster für Ver Sacrum, 1899

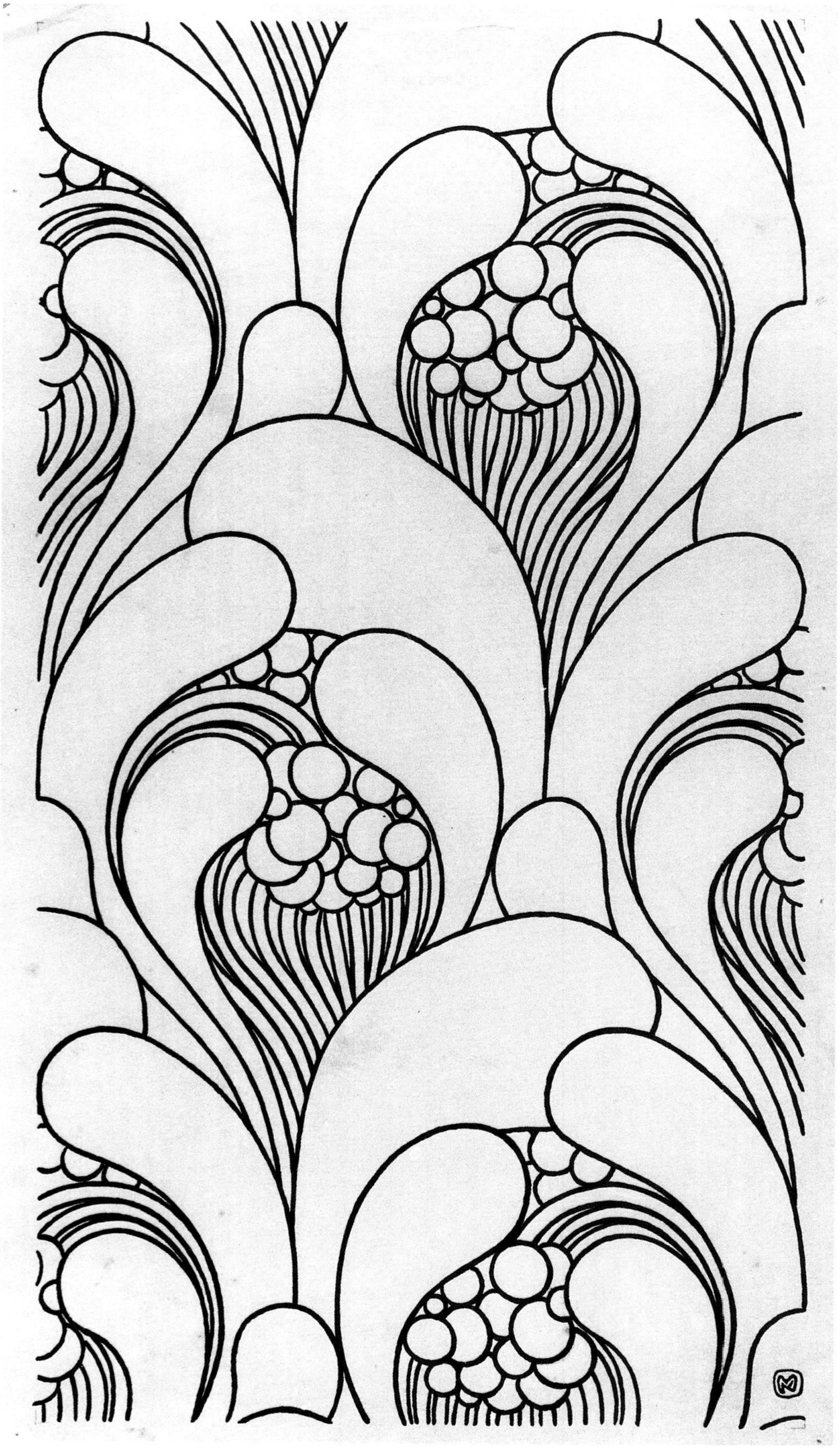

Kolo Moser, »Blumenerwachen«, Stoffentwurf, 1899

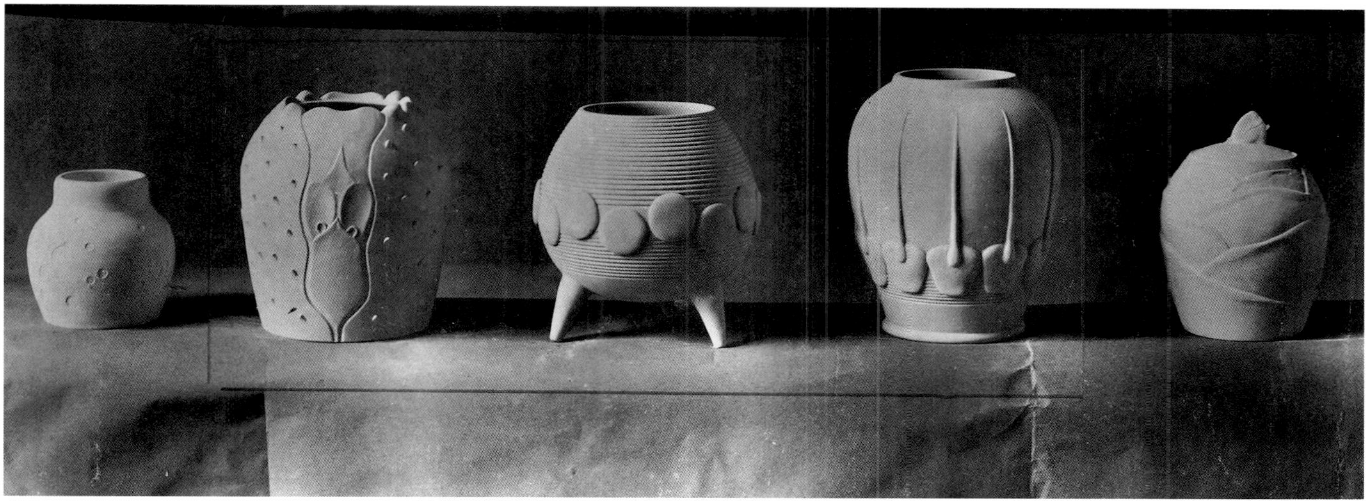

Kolo Moser, Vasen, 1901

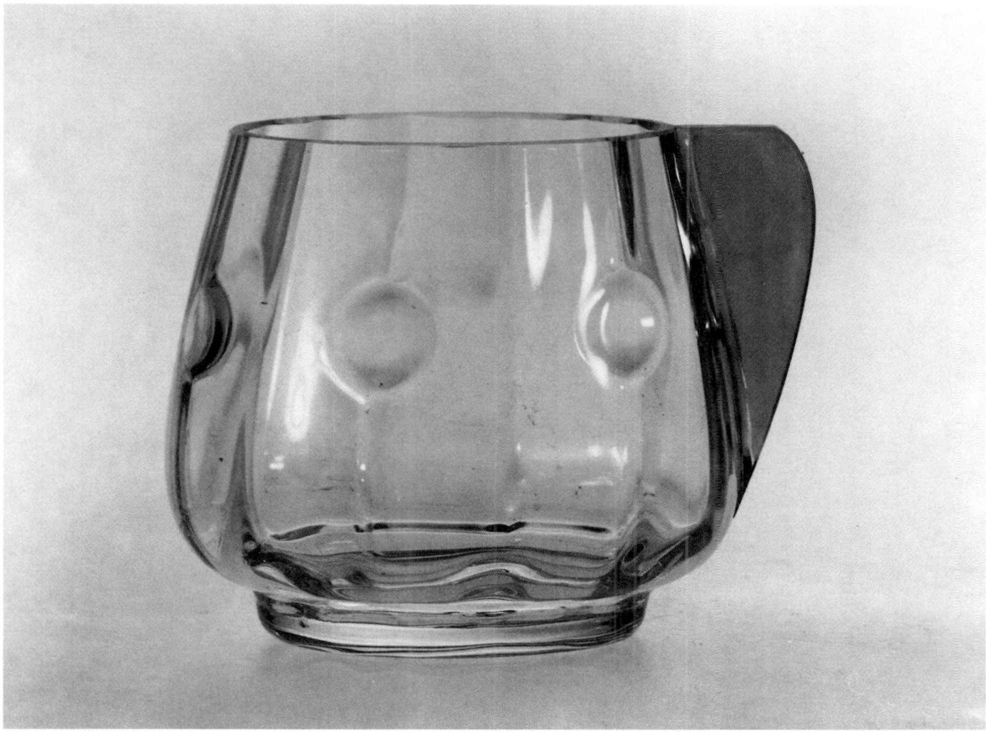

Kolo Moser, Punschglas, um 1900

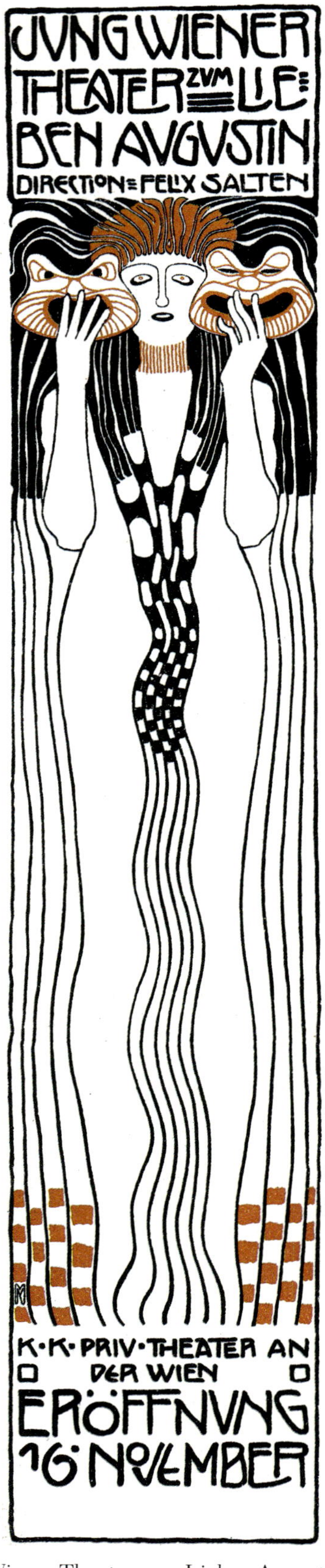

Kolo Moser, »Jung Wiener Theater zum Lieben Augustin«, Plakat, um 1901

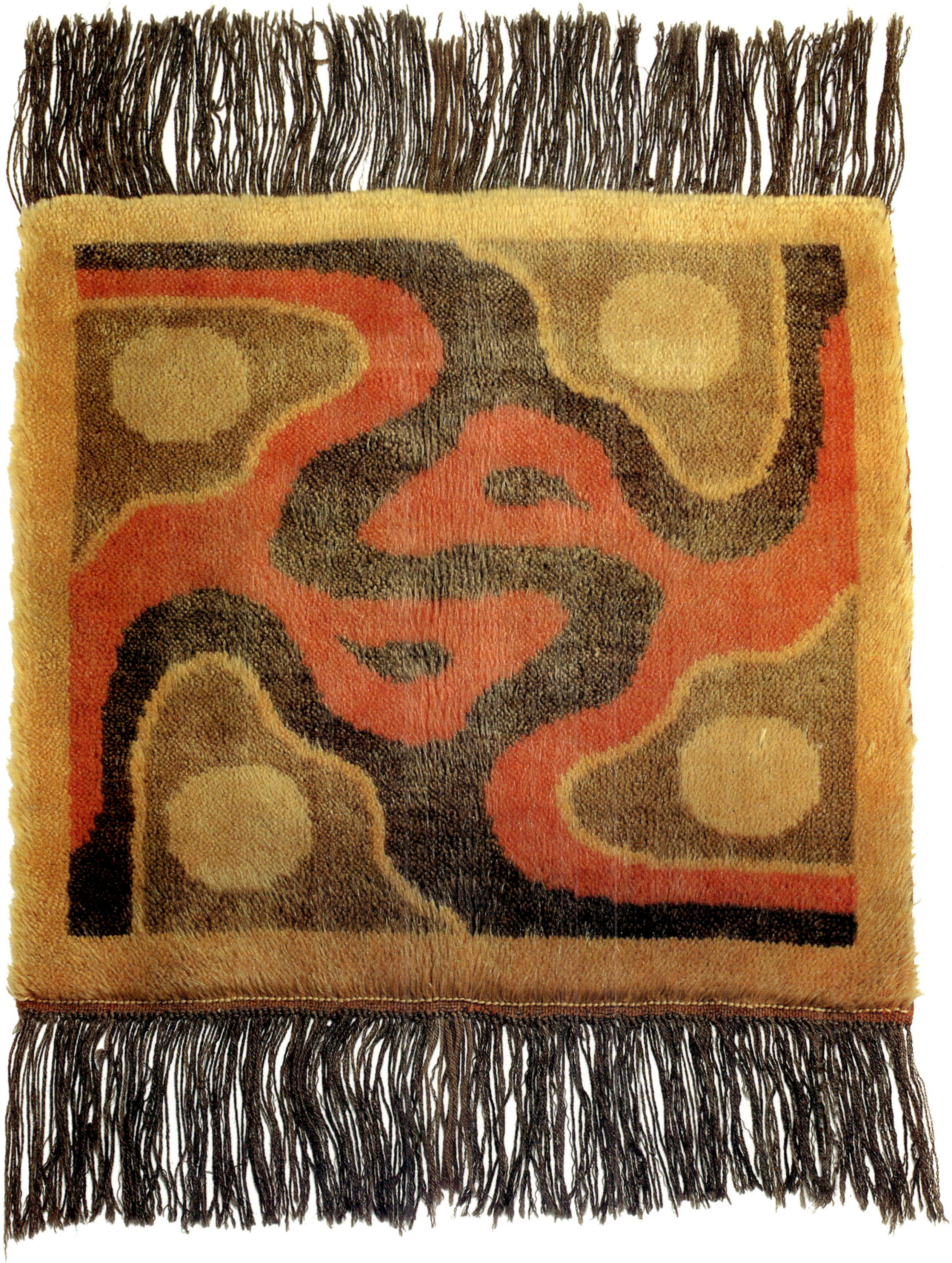

Kolo Moser, Teppich, um 1901

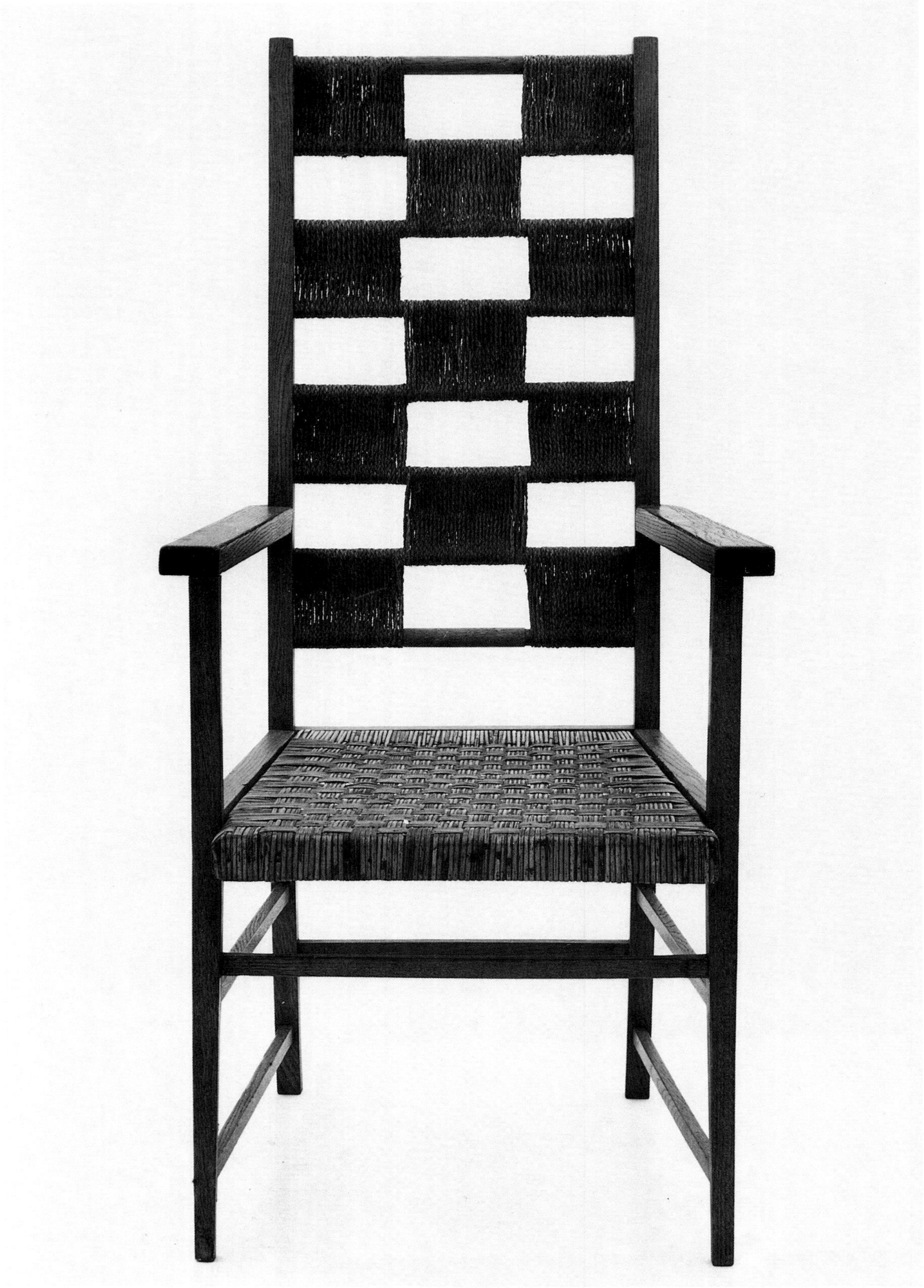

Kolo Moser, Stuhl, um 1902

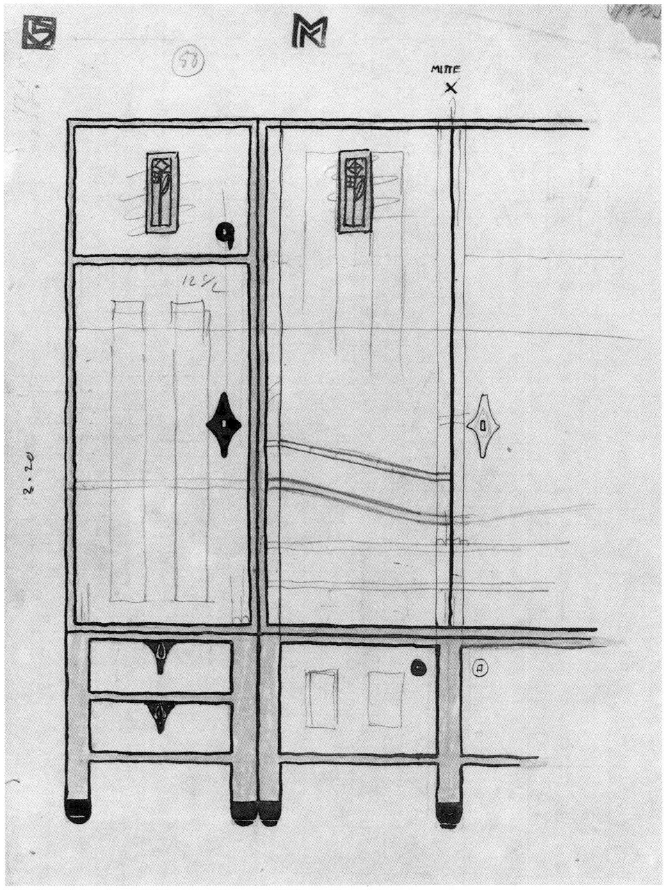

Kolo Moser, Entwurf für einen Schrank, um 1903

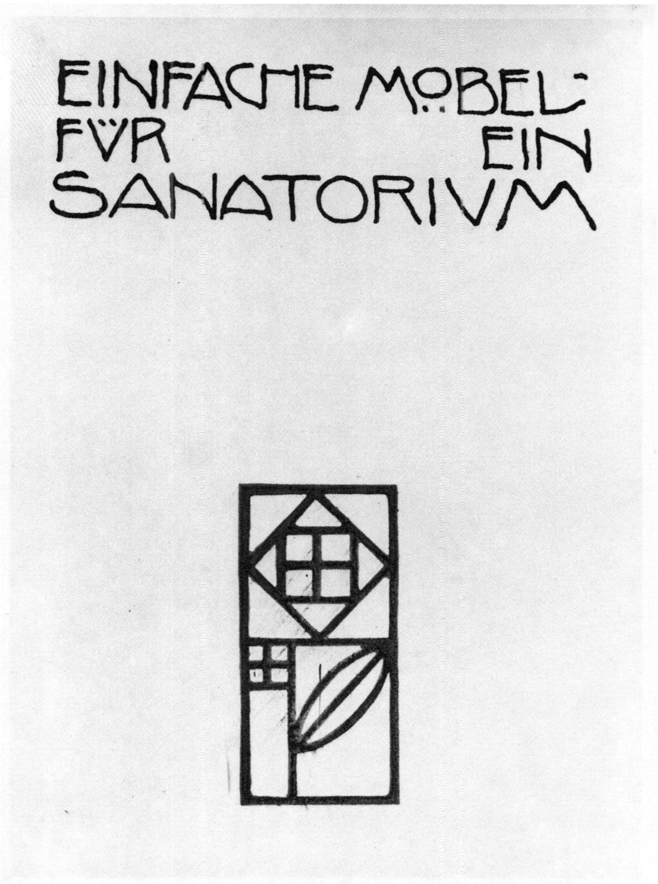

Kolo Moser, Entwurf für Signet, um 1904

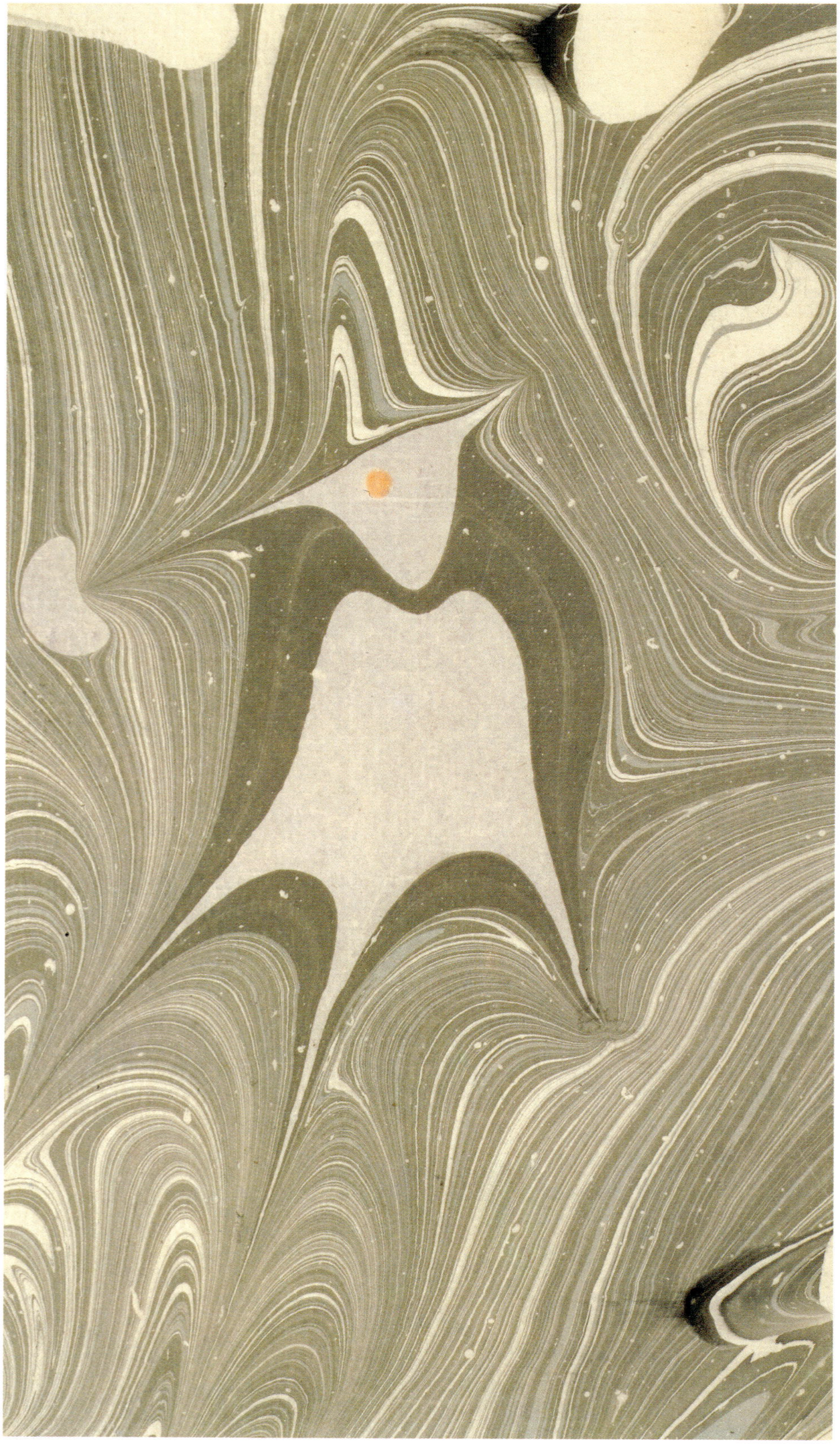

Kolo Moser, Tunkpapier, um 1904

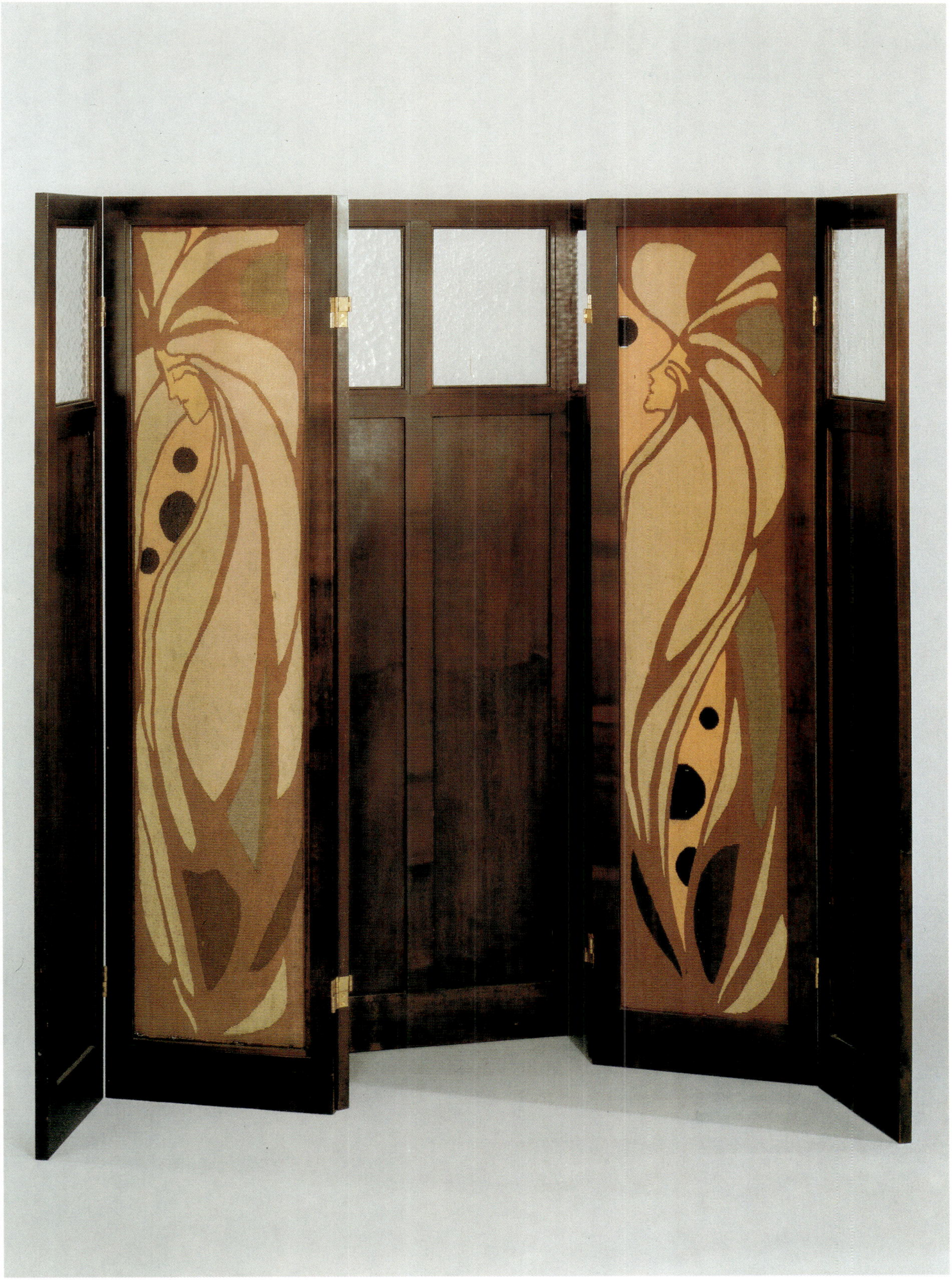

Schule Kolo Moser, Paravent, 1901

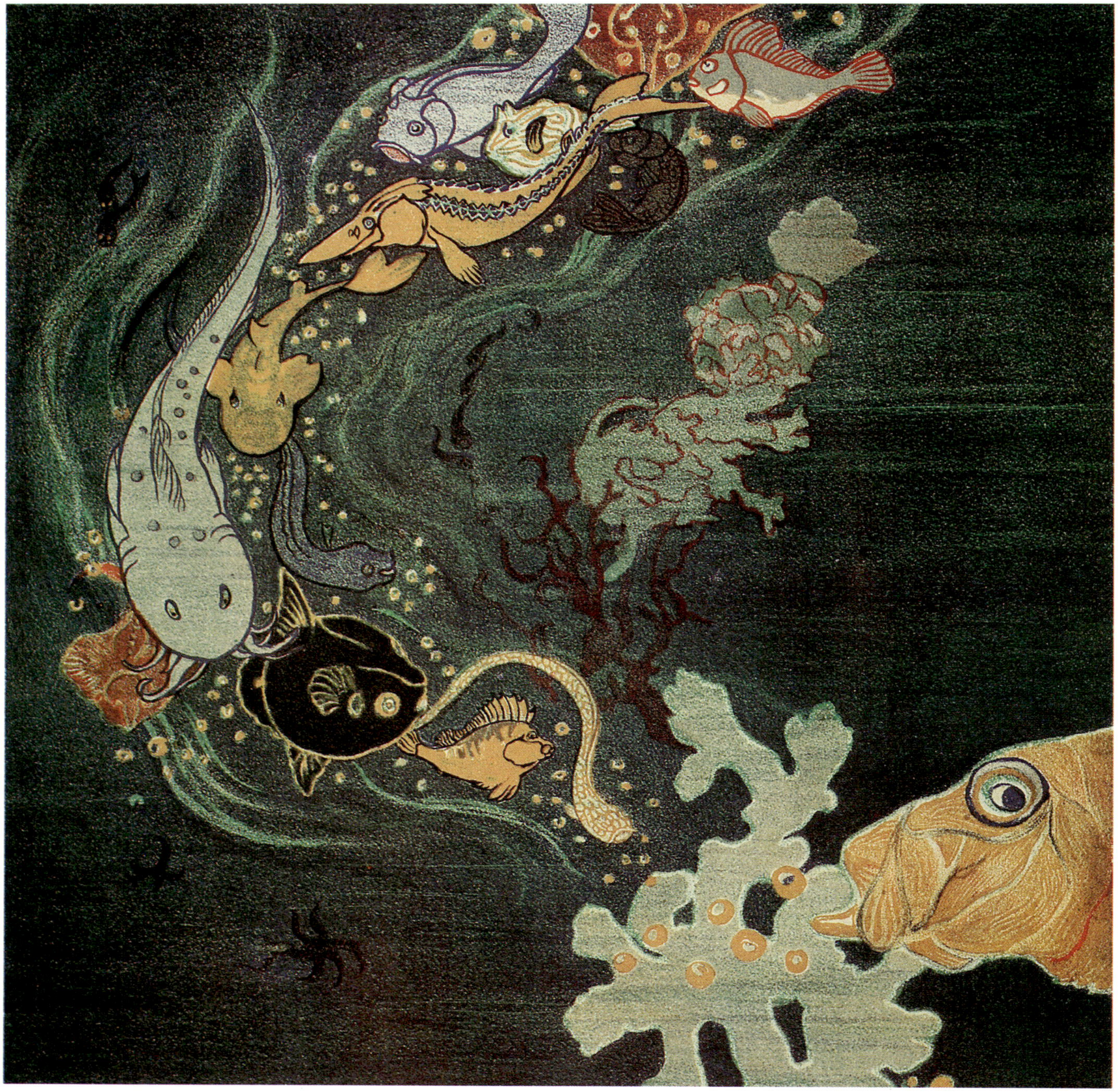

Ella Baumfeld, Entwurf für eine Stickerei, um 1901

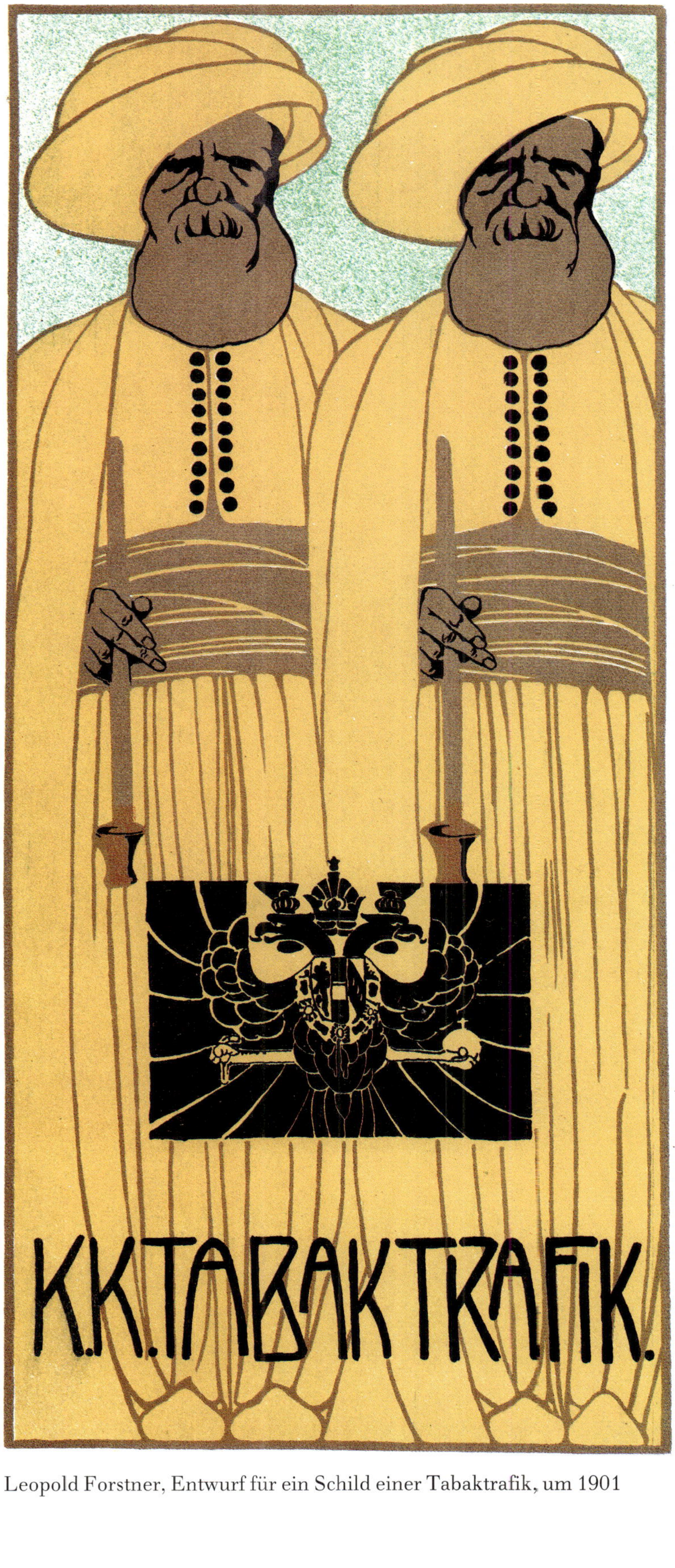

Leopold Forstner, Entwurf für ein Schild einer Tabaktrafik, um 1901

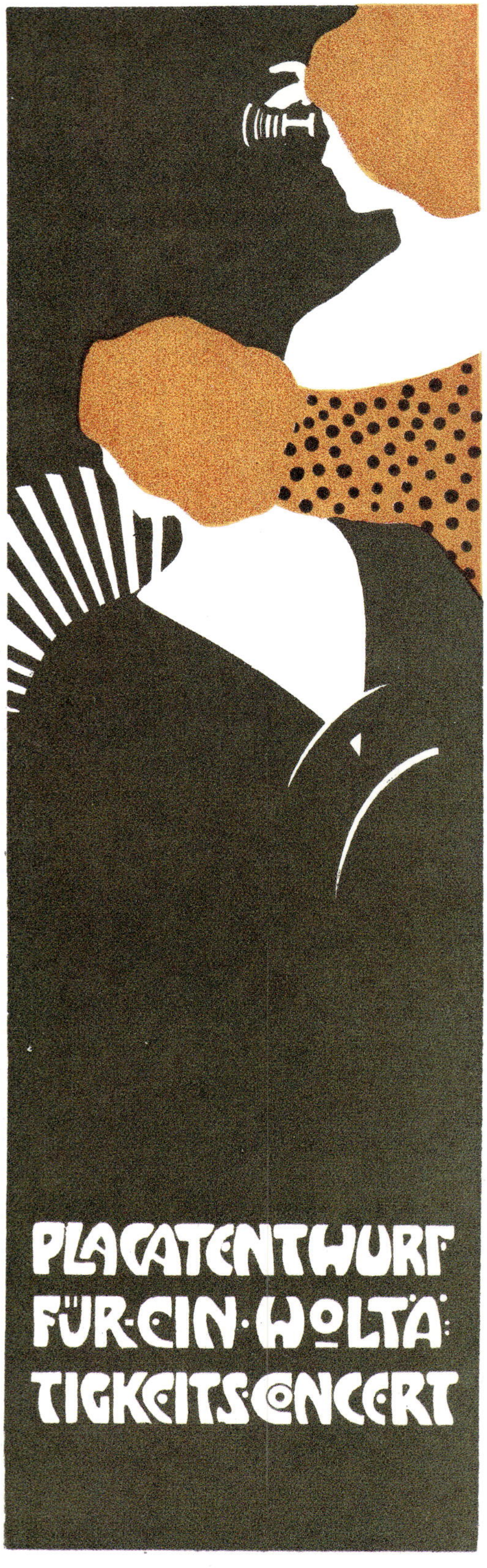

Emma Schlangenhausen, Entwurf für ein Plakat, um 1901

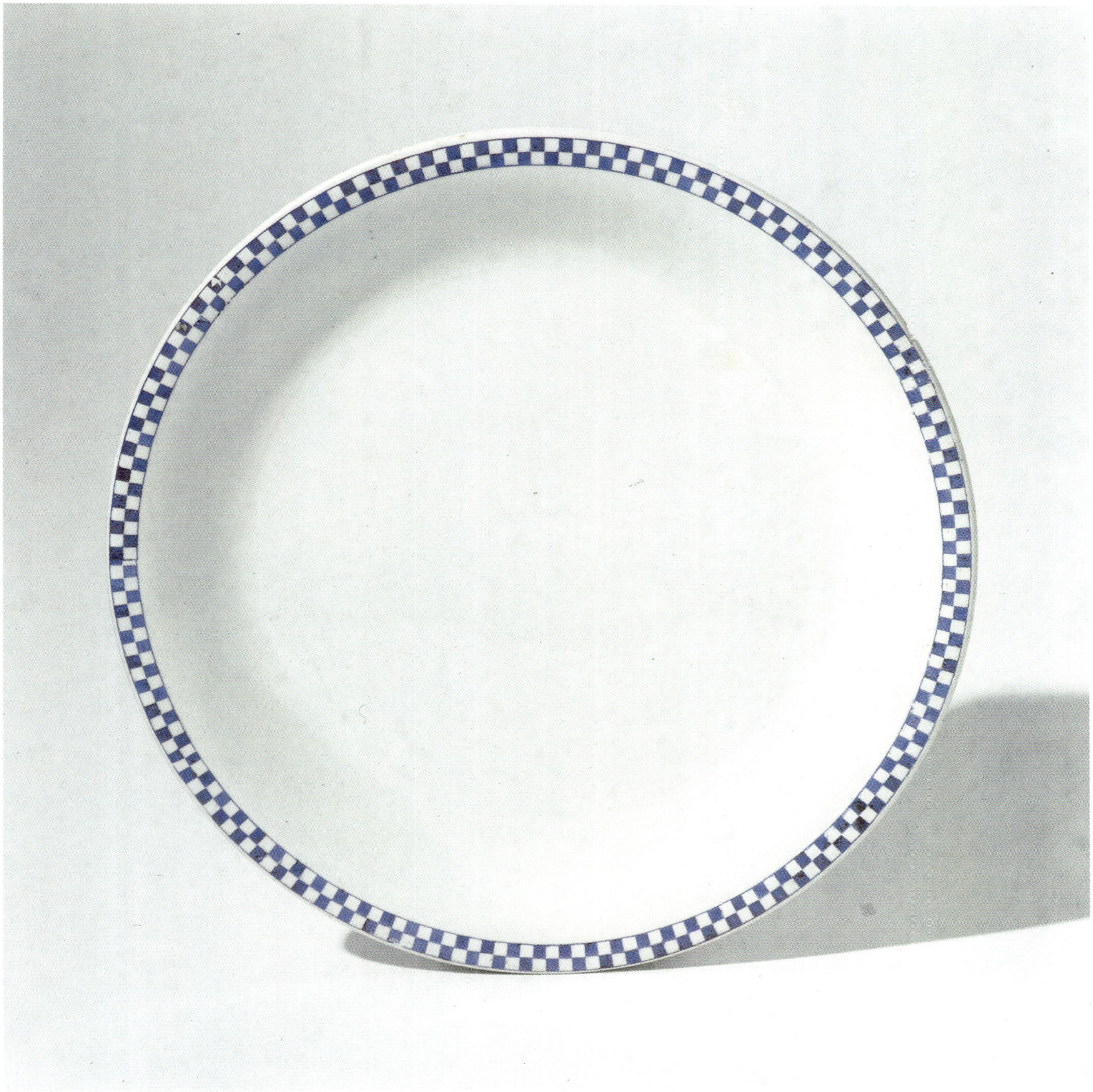

Schule Kolo Moser, Teller, um 1902

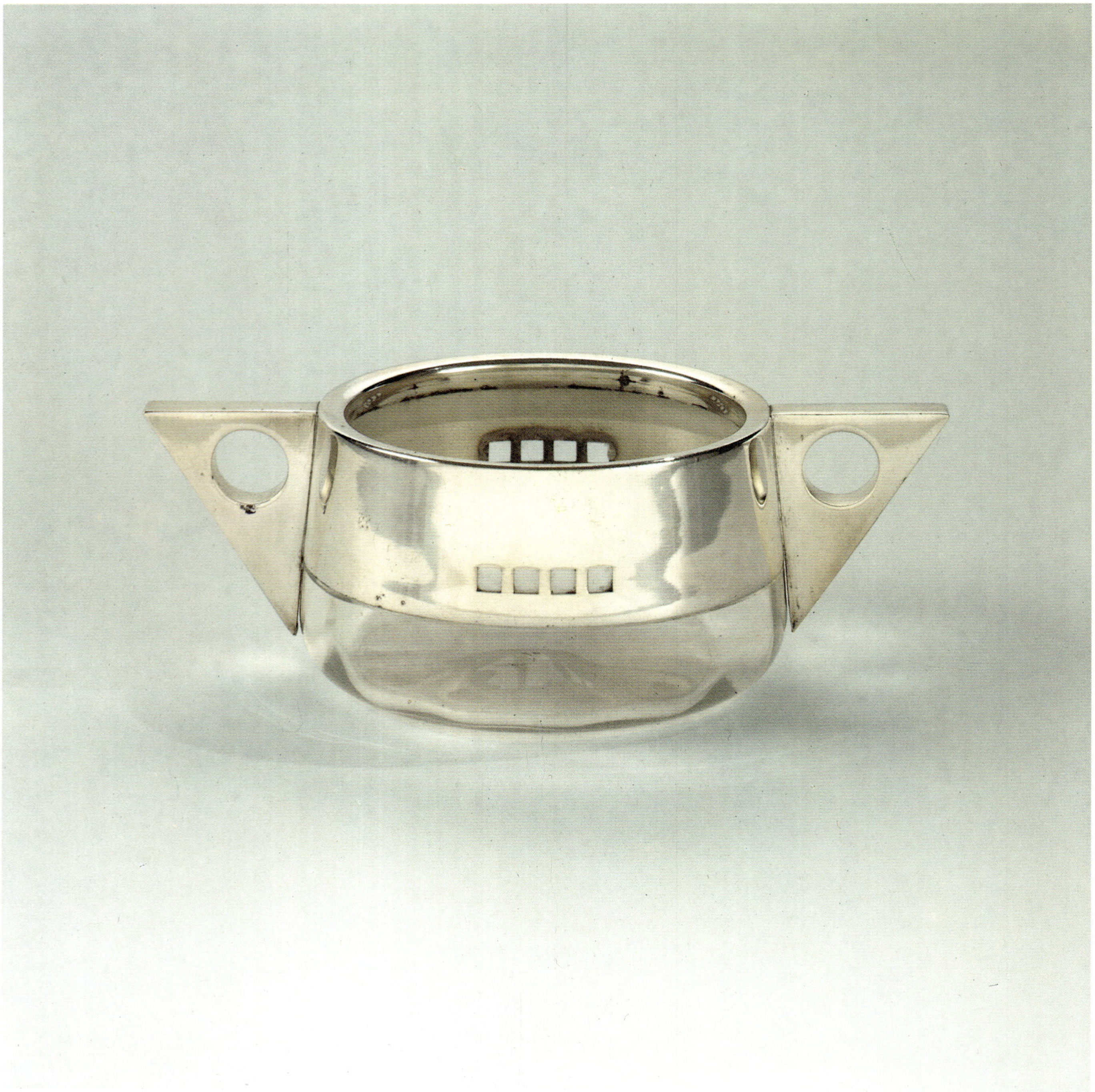

Schule Kolo Moser (Gisela v. Falke?), Pralinenschale, um 1902

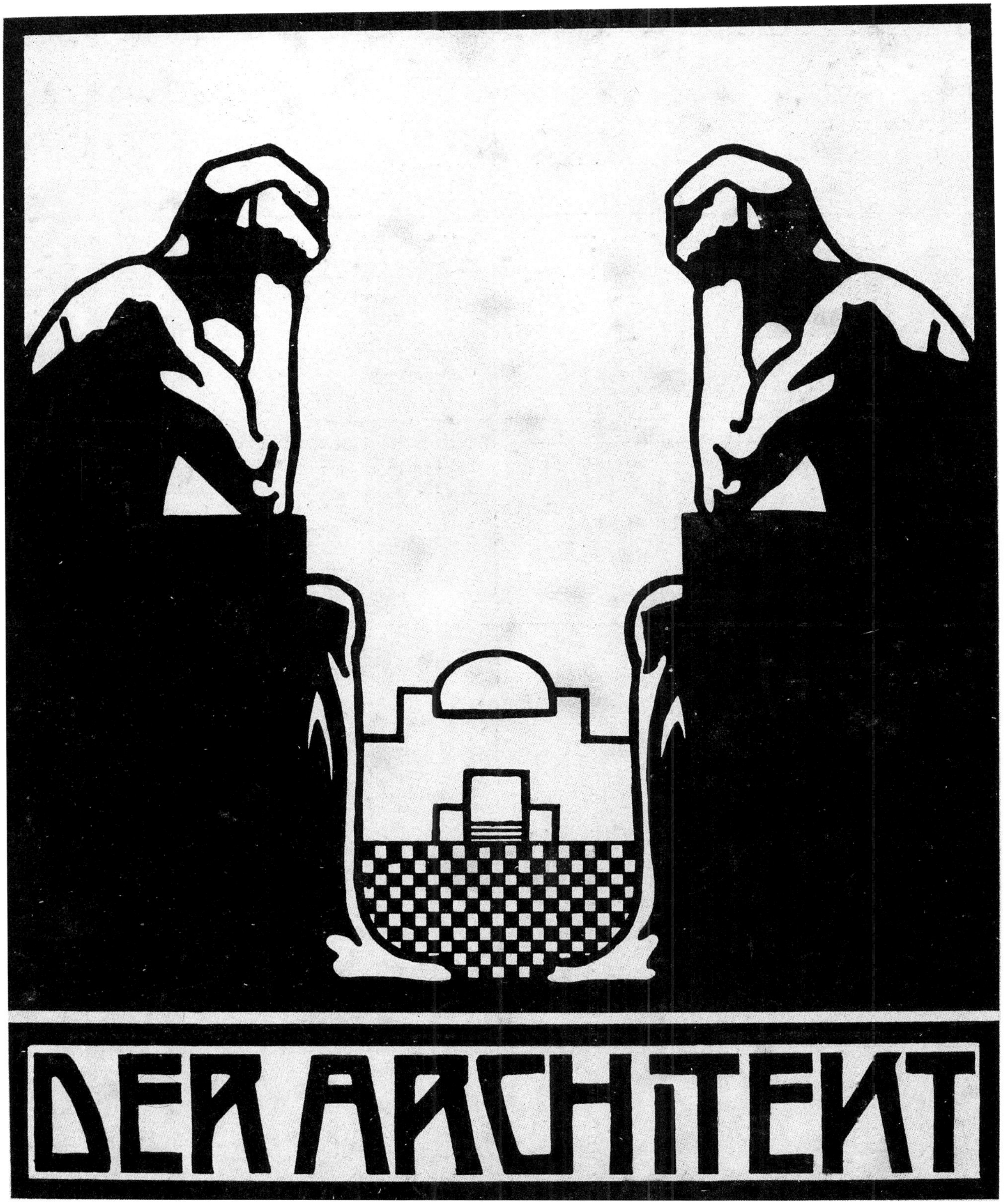

Schule Kolo Moser, Entwurf für das Titelblatt der Zeitschrift »Der Architekt«, um 1903

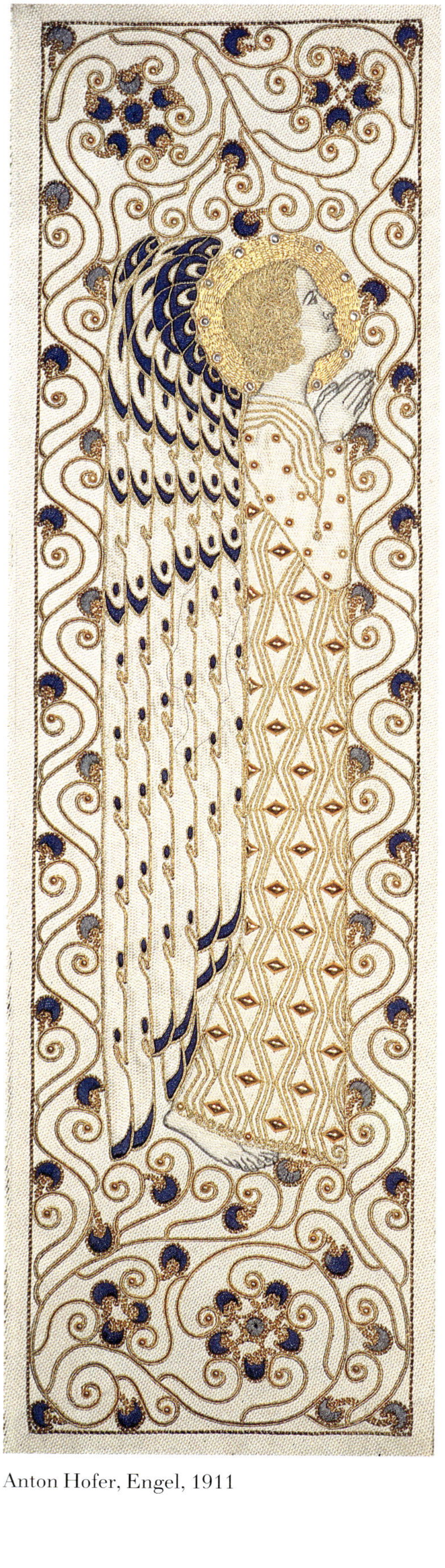

Anton Hofer, Engel, 1911

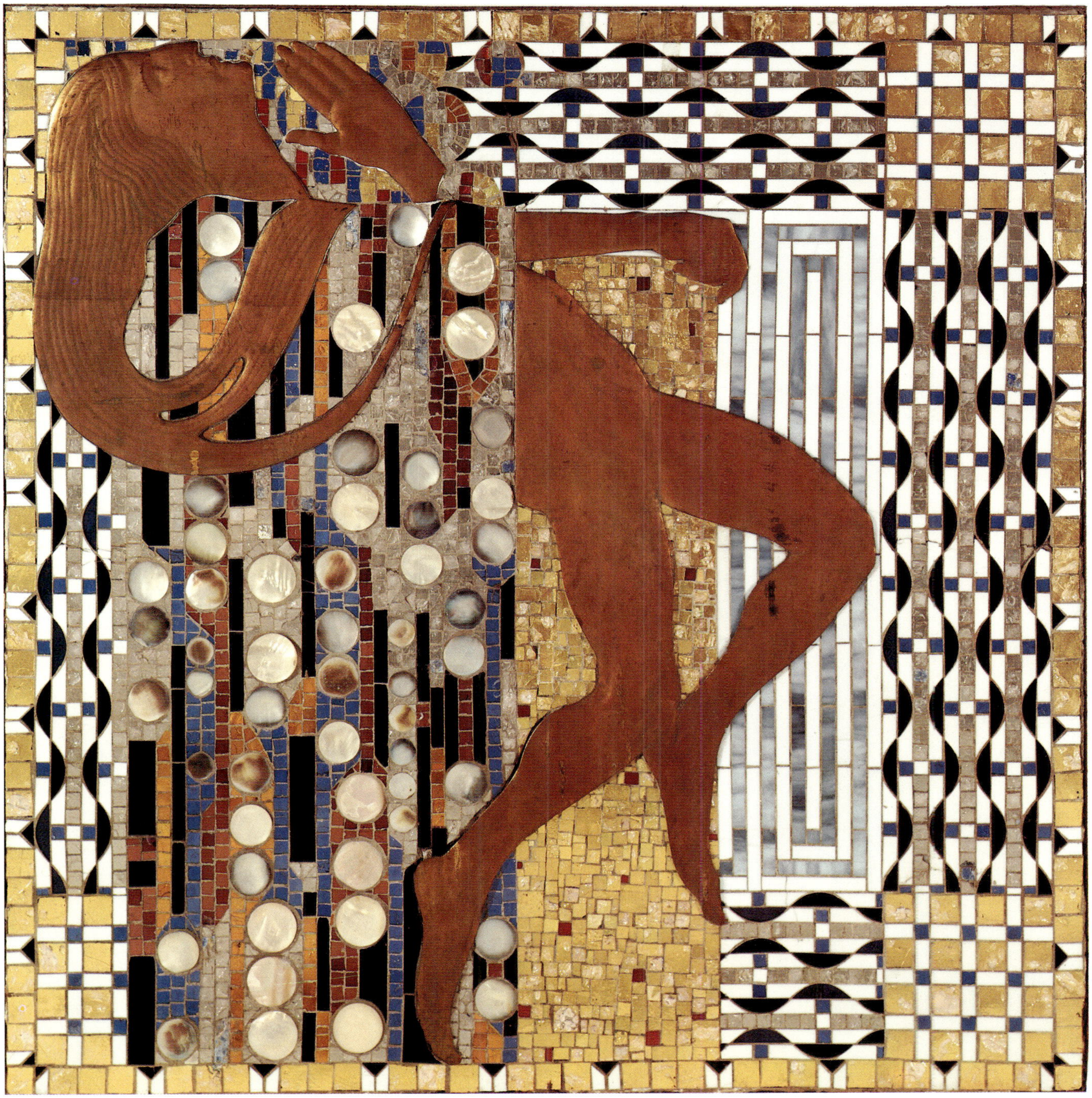

Leopold Forstner, Schwimmende, 1908

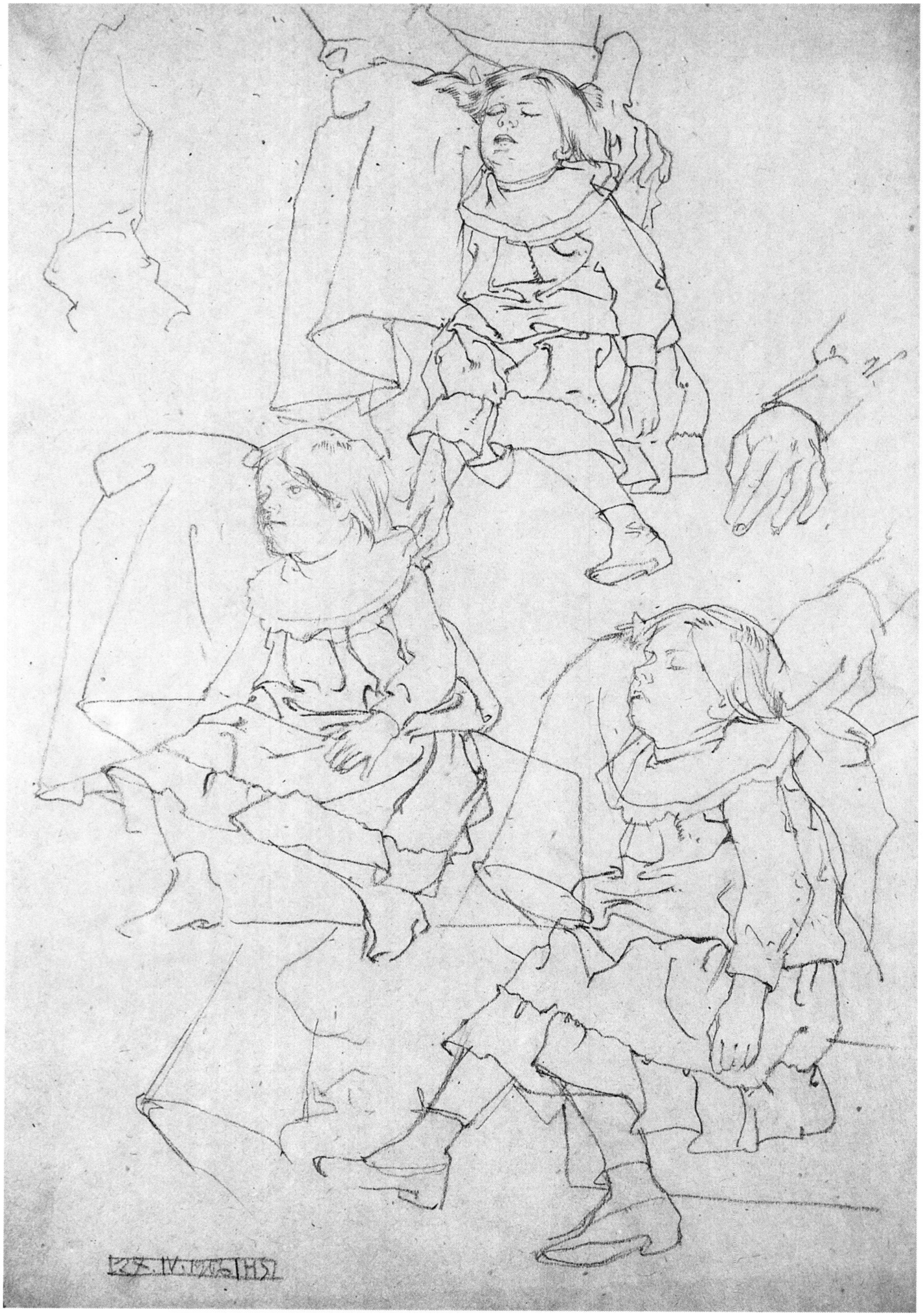

Hans Strohofer, Studienblatt, 1906

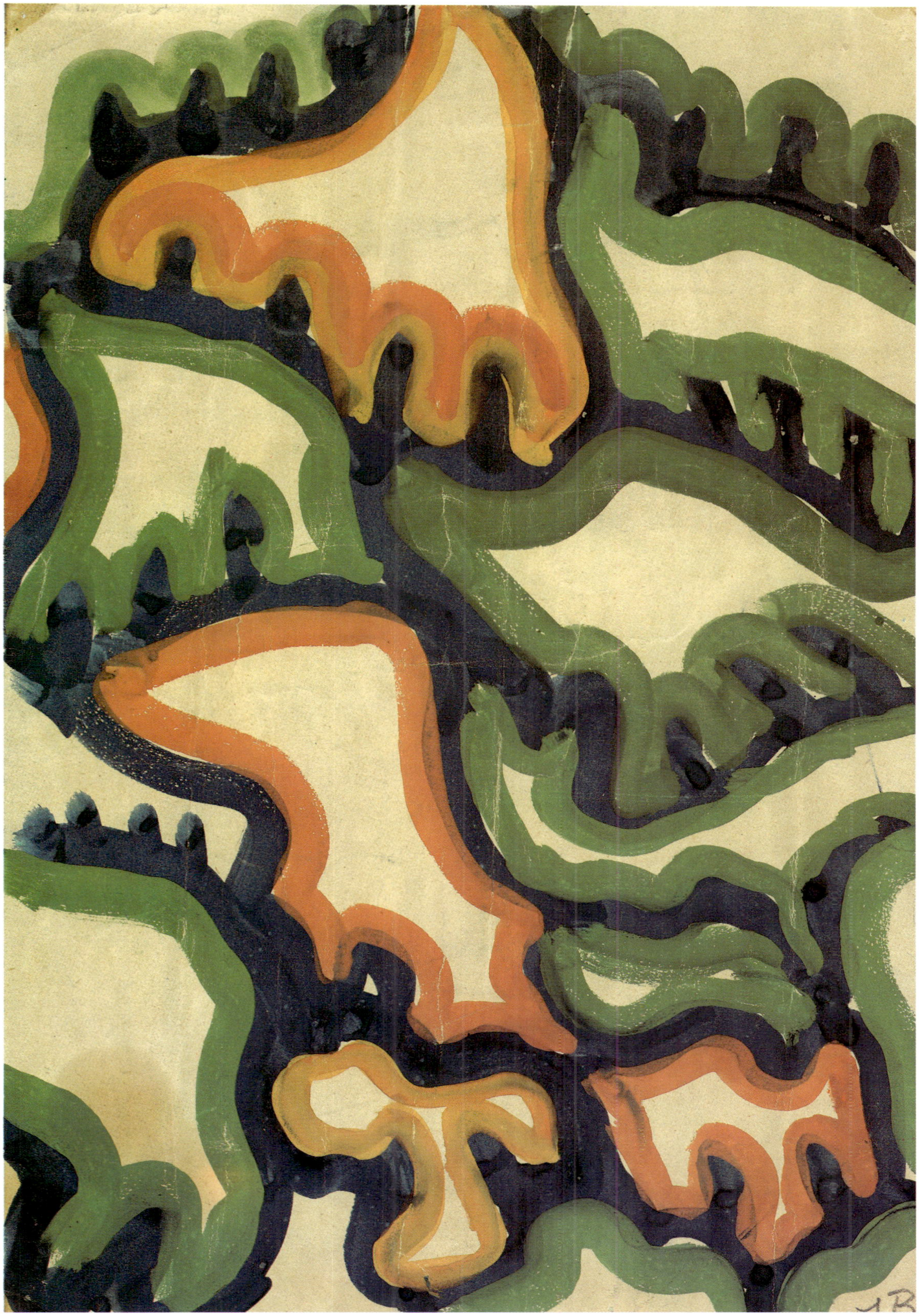

Ilse Bernheimer, Abstrakte Komposition, 1913

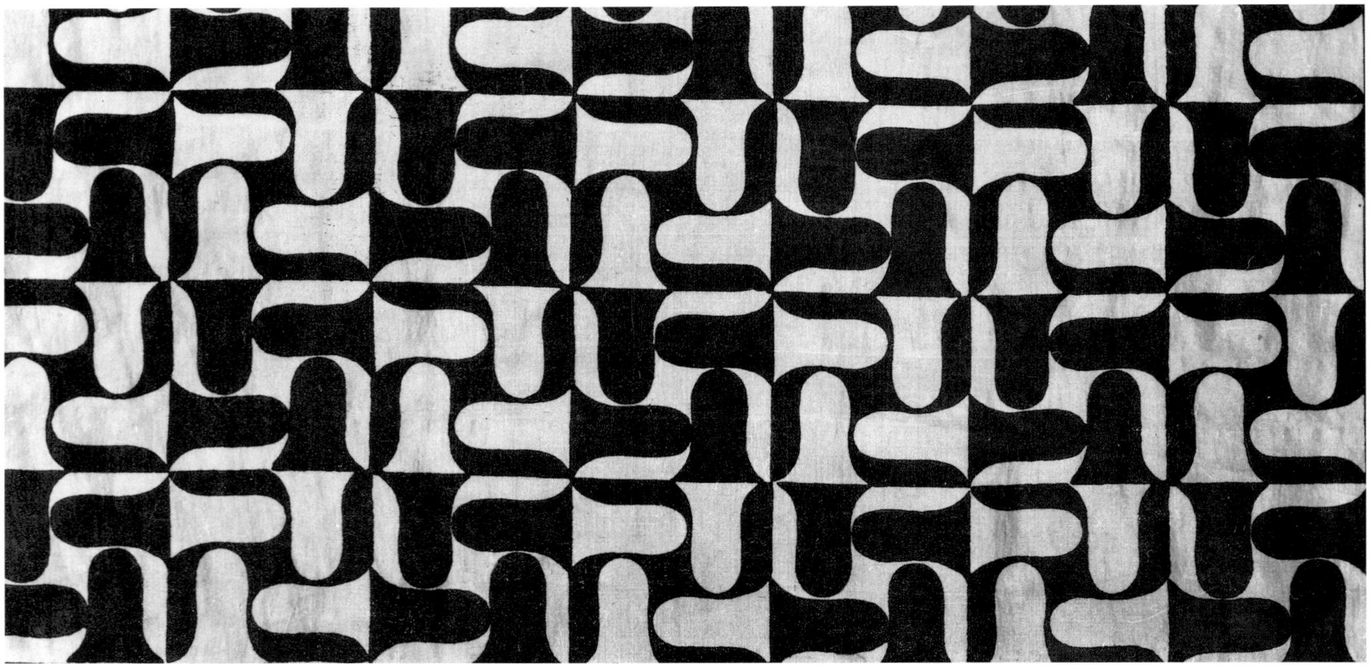

Ugo Zovetti, »Stichblatt«, Stoffentwurf, um 1914

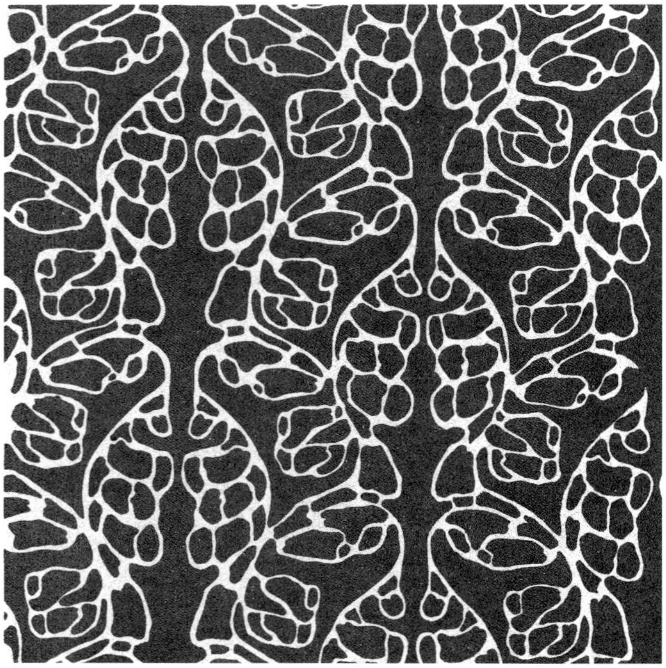

Marietta Peyfuß, Flächenmuster, um 1901

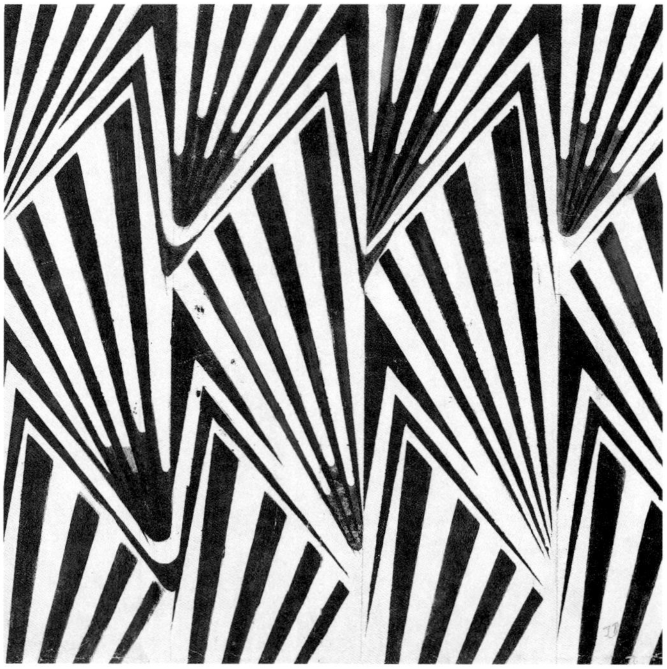

Ilse Bernheimer, Abstrakte Komposition, 1913

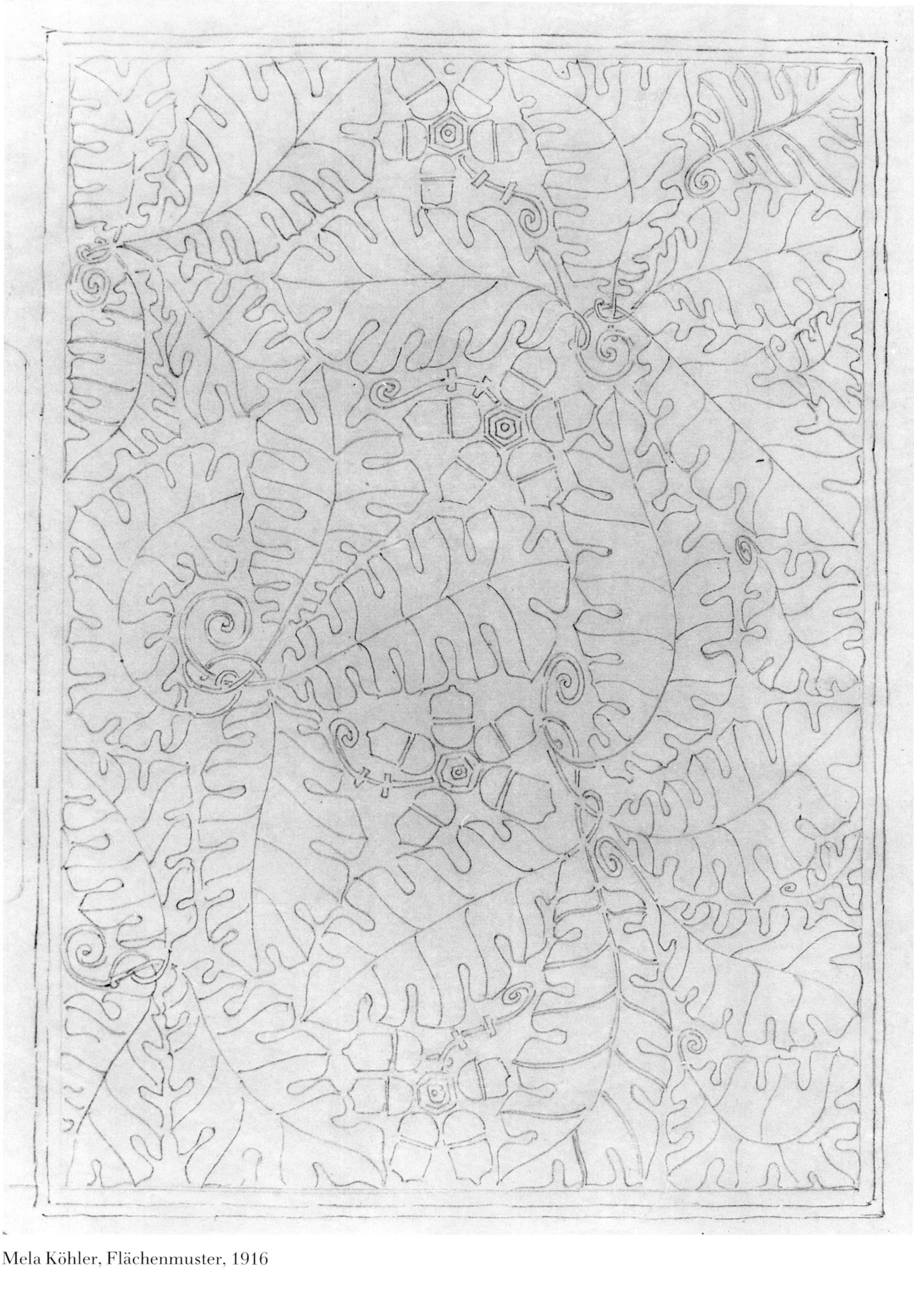

Mela Köhler, Flächenmuster, 1916

ALFRED ROLLER

geb. 2. 10. 1864, Brünn
gest. 22. 6. 1935, Wien

1900–1901	provisorischer Lehrer, Allgemeine Abteilung – Abteilung für Figurales Zeichnen
1901–1903	Professor, Allgemeine Abteilung – Abteilung für Figurales Zeichnen
1903–1909	beurlaubt
1909–1934	Direktor

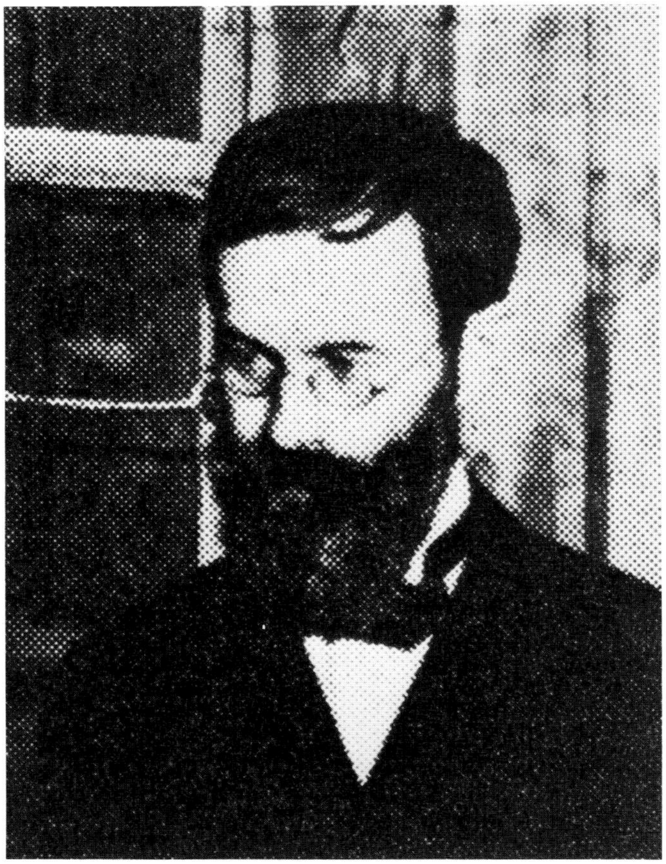

Der aus einer Brünner Beamtenfamilie stammende Alfred Roller studierte drei Semester Rechtswissenschaften, bevor er 1884 in die Akademie der bildenden Künste in Wien eintrat. Seine Lehrer an der Akademie waren Griepenkerl (Monumentalmalerei) und Lichtenfels (Landschaftsmalerei). Roller wurde Mitglied der Wiener Secession. Er schuf nicht nur für die Zeitschrift der Secession »Ver Sacrum« viele Vignetten, Initialen und Illustrationen – unter anderem stammte der Umschlag des ersten Heftes von seiner Hand –, sondern zeichnete auch als Redakteur im ersten Jahrgang für den Inhalt verantwortlich. 1901 war er Präsident der Secession. Ehe er seine Lehrtätigkeit an der Kunstgewerbeschule begann, wurde er auf Geheiß der Regierung auf eine Studienreise nach Deutschland, England und Frankreich geschickt. Durch Carl Moll wurde Roller mit Gustav Mahler, dem damaligen Direktor der Wiener Staatsoper, bekannt. Vom Unterricht an der Kunstgewerbeschule beurlaubt, wurde Roller 1903 Vorstand des Ausstattungswesens der Wiener Oper, eine Funktion, die er bis 1909 innehatte. Zusammen mit Gustav Mahler lieferte er einen entscheidenden Beitrag zur Befreiung des Musiktheaters aus der Bühnenpraxis des Späthistorismus. An die erste Inszenierung, »Tristan und Isolde« 1903, schloß eine Reihe von Musterinszenierungen an, die bühnentechnisch eine Überwindung des »Guckkastensystems« bedeuteten. Ab dem Jahr 1905 war Roller auch mit Max Reinhardt in Berlin tätig, nach 1913 des weiteren am Burgtheater, wo er vor allem mit Regisseur Albert Heine zusammenarbeitete. Nach dem Abgang von der Oper 1909 kehrte Roller als Direktor an die Kunstgewerbeschule zurück. Neben Hugo von Hofmannsthal und Max Reinhardt zählte Alfred Roller zu den Gründern der Salzburger Festspiele. Roller war auch Mitbegründer des Österreichischen Werkbundes.

Literaturauswahl: Max Mell, Alfred Roller, Wien 1922; Liselotte Kitzwegerer, Alfred Roller als Bühnenbildner, Dissertation, Wien 1959.

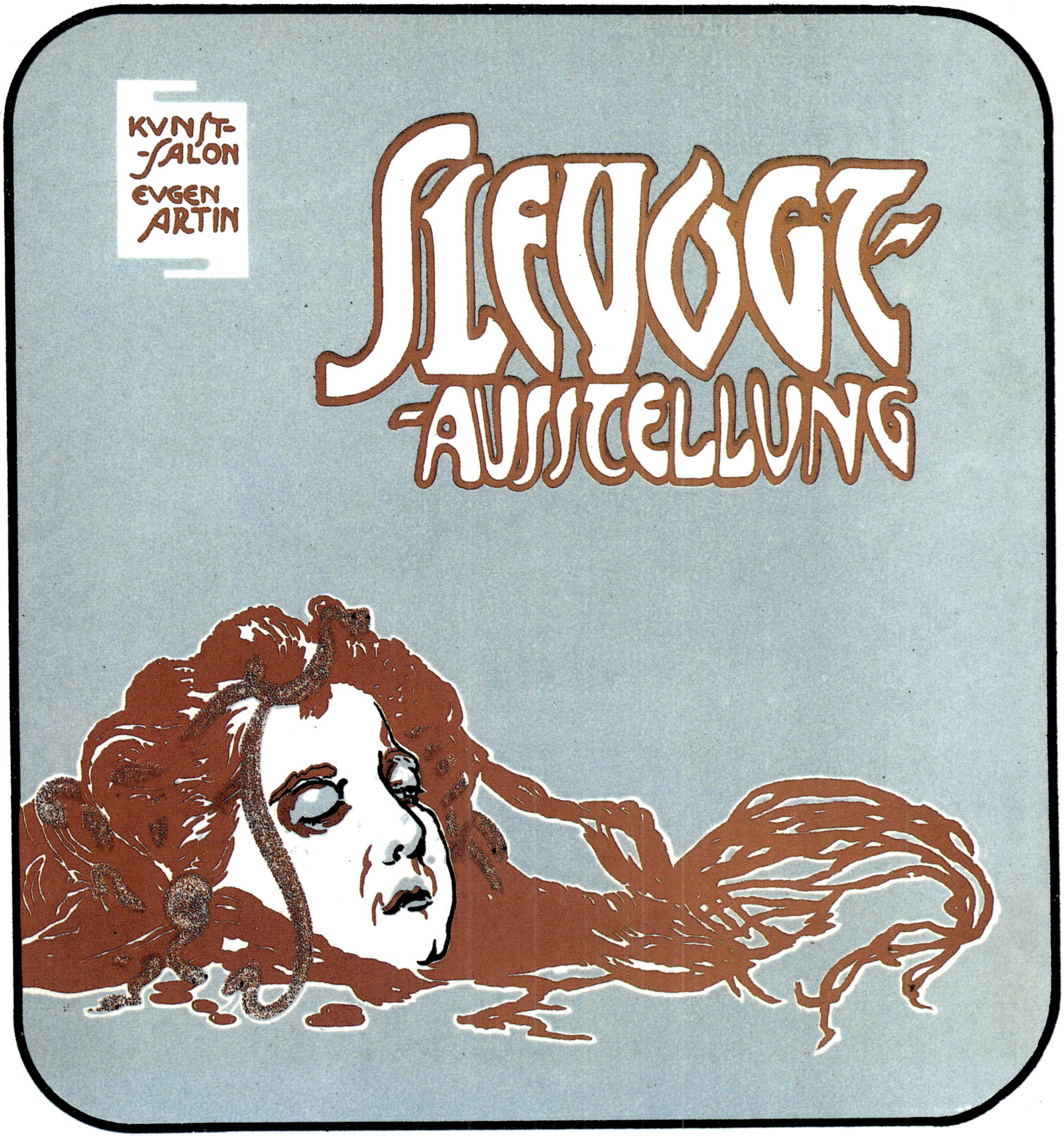

Alfred Roller, »Slevogt-Ausstellung«, Plakat, 1901

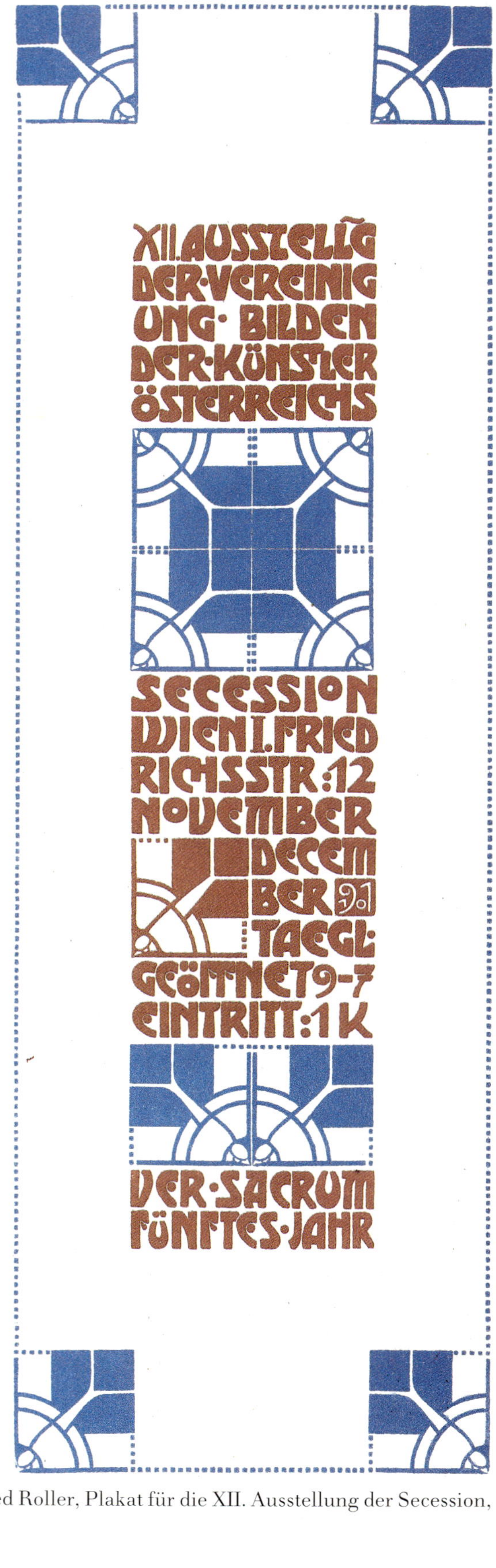

Alfred Roller, Plakat für die XII. Ausstellung der Secession, 1901

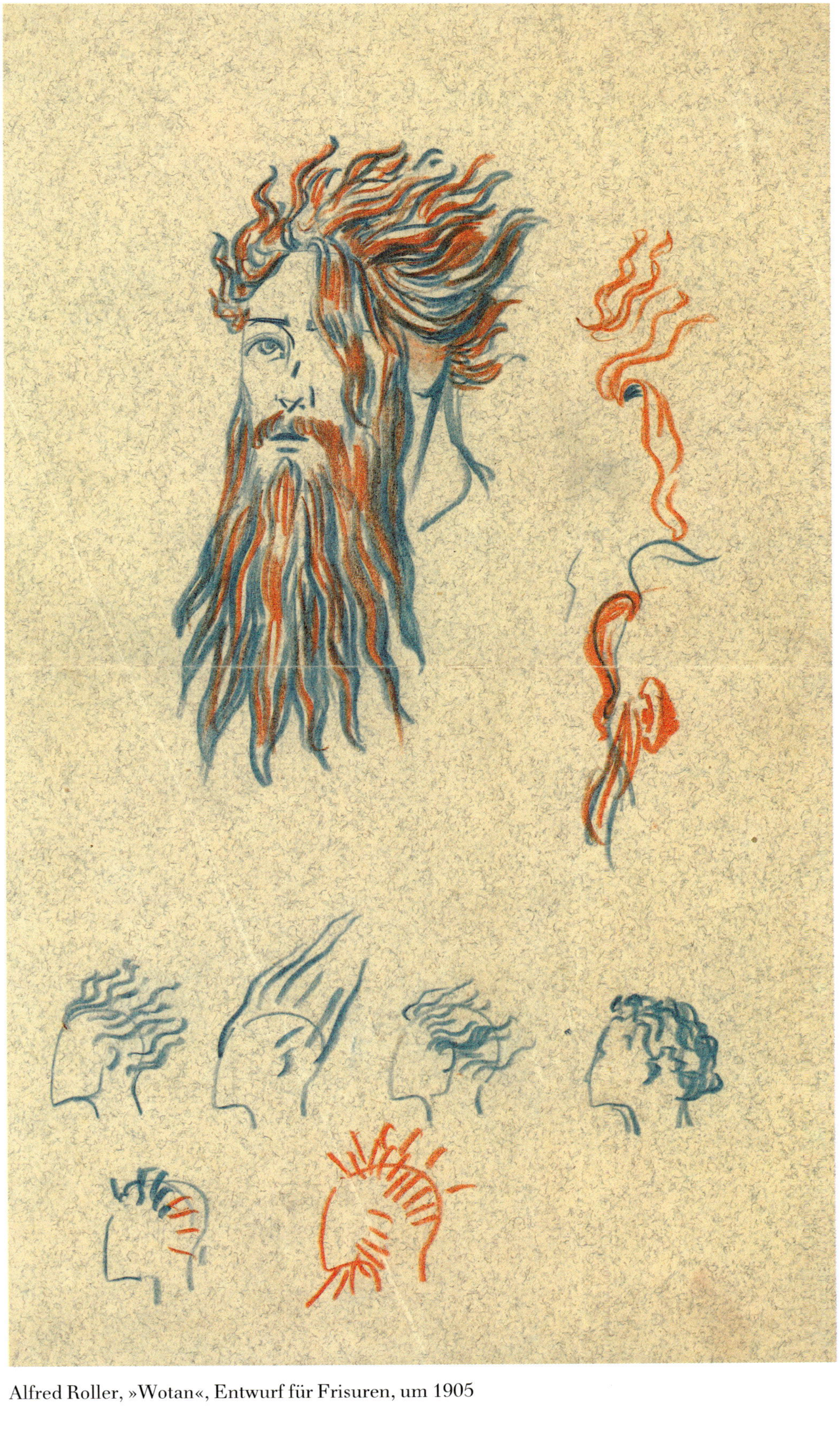

Alfred Roller, »Wotan«, Entwurf für Frisuren, um 1905

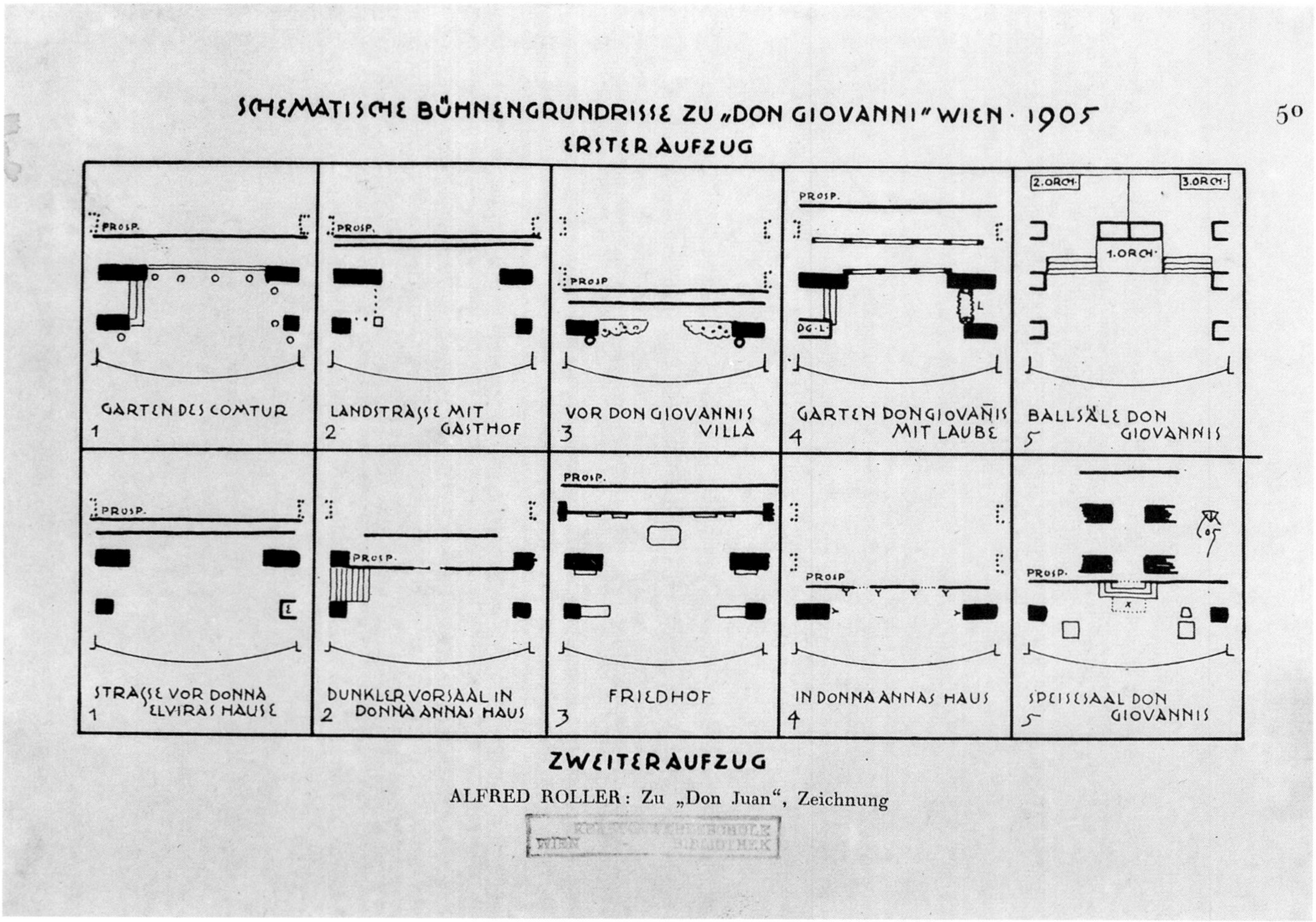

Alfred Roller, Schematischer Bühnengrundriß zu »Don Giovanni«, 1905

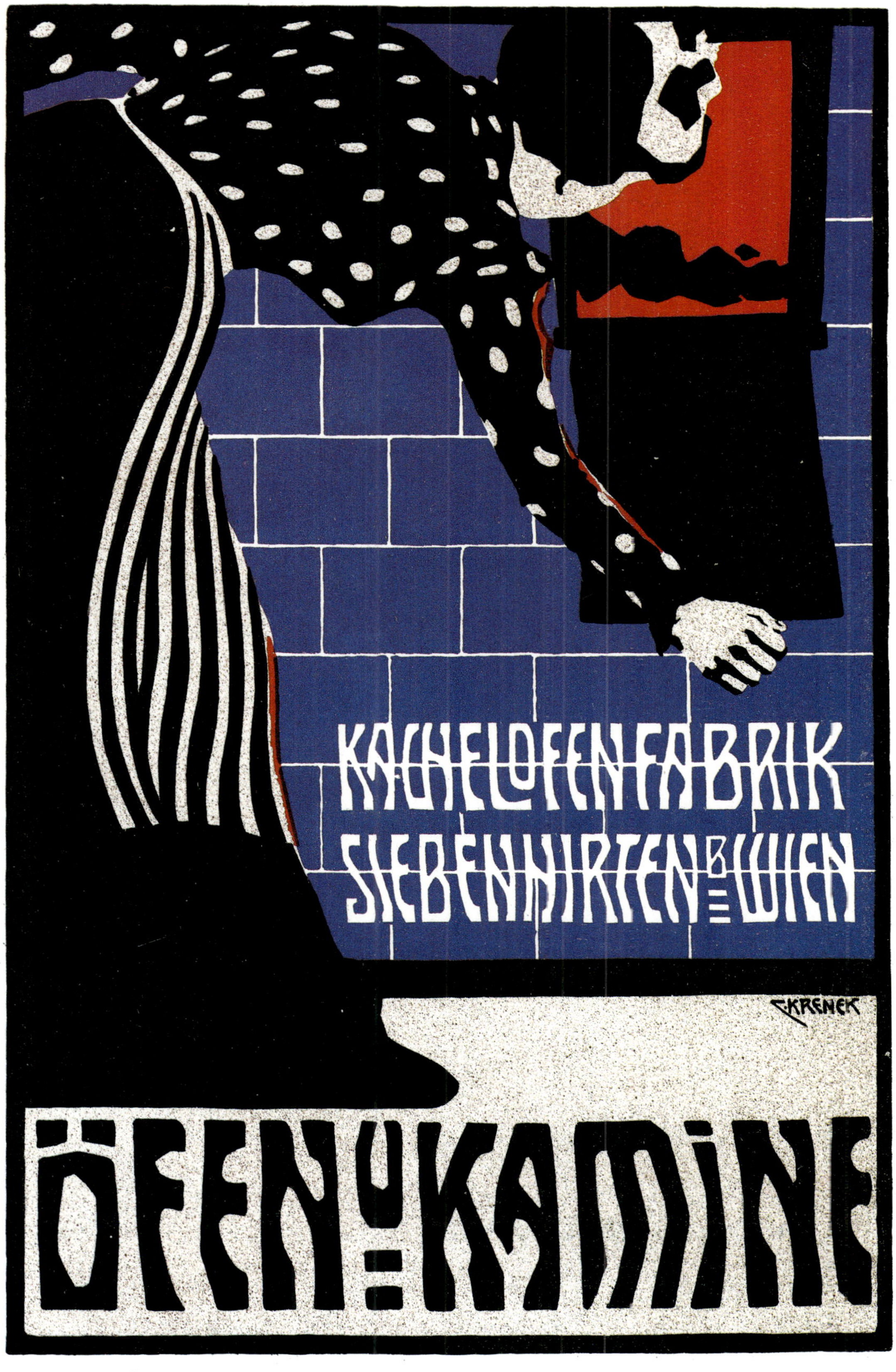

Carl Krenek, »Öfen und Kamine«, Entwurf für ein Plakat, um 1901

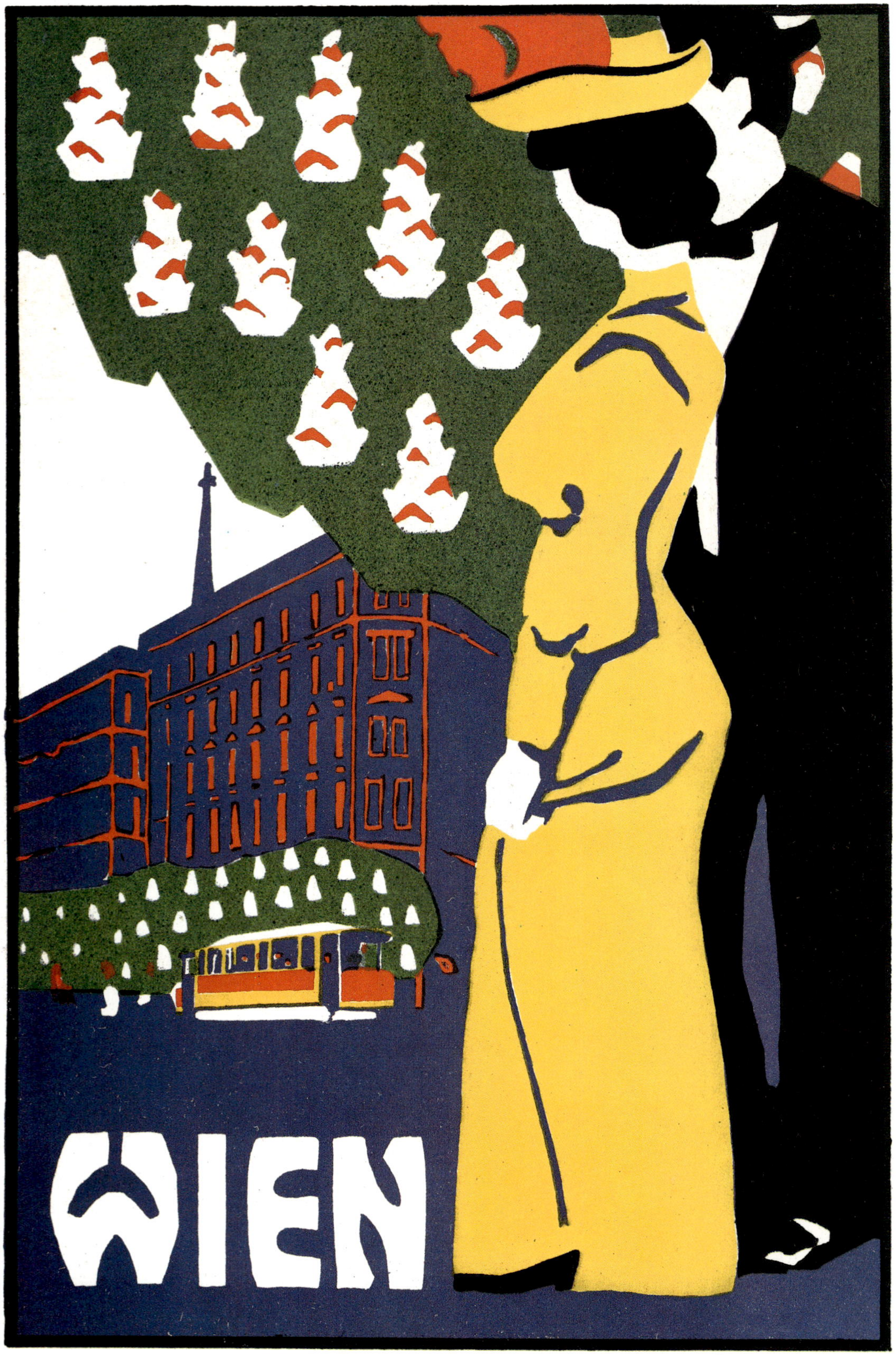

Reinhold Klaus, »Wien«, Entwurf für ein Plakat, um 1901

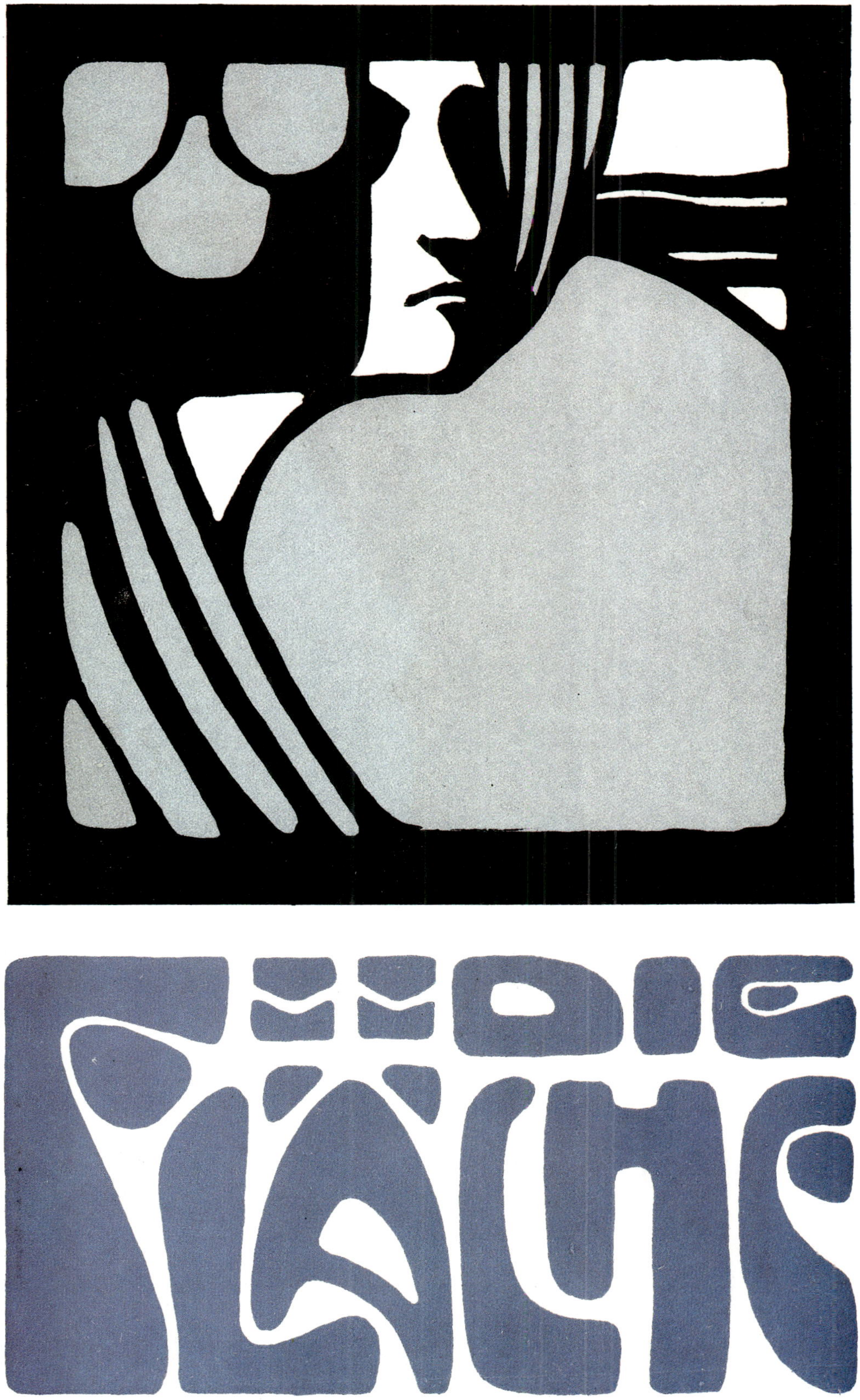

Josef Bruckmüller, »Die Fläche«, Entwurf für ein Titelblatt, um 1902

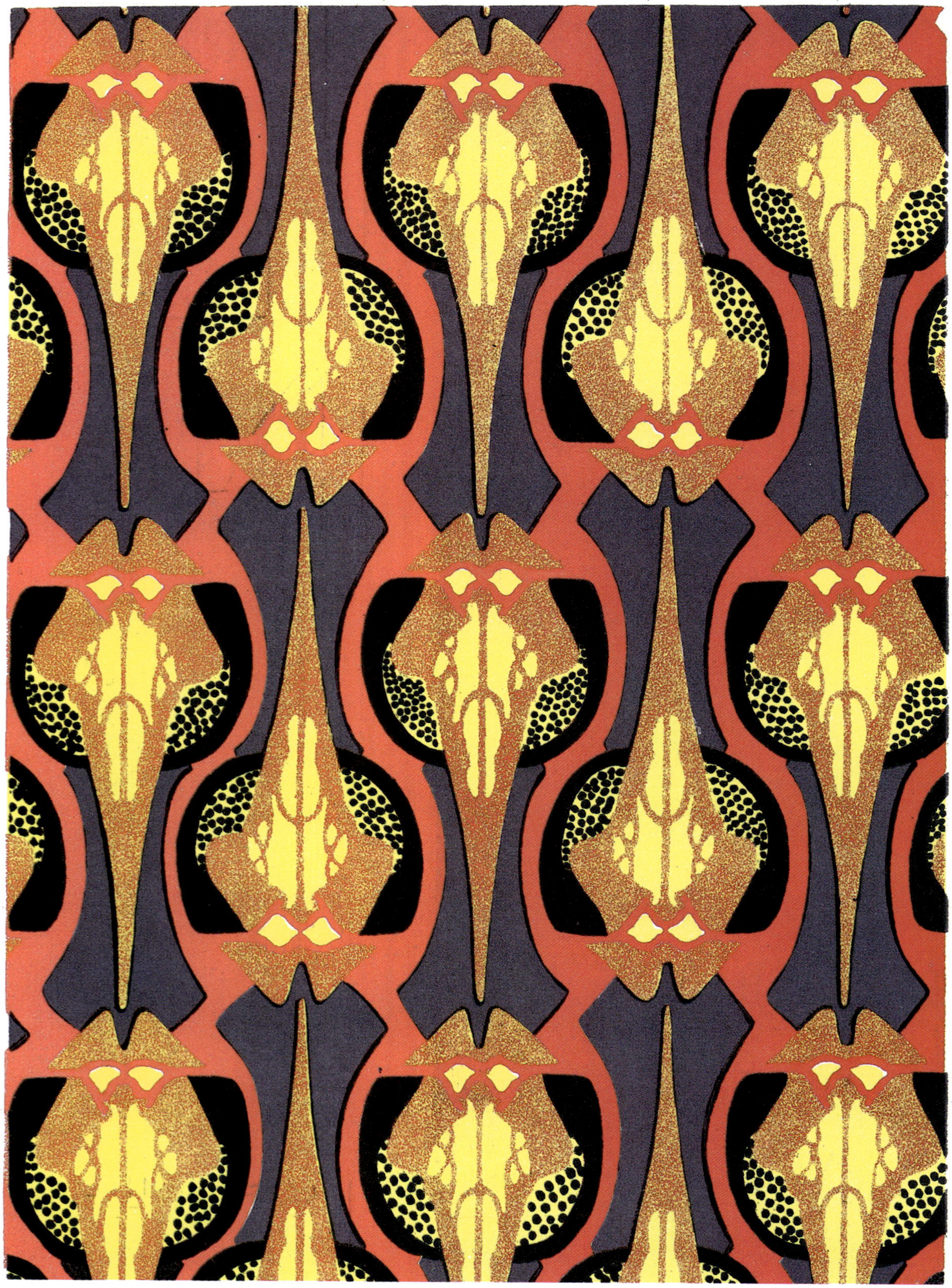
Josef Bruckmüller, Entwurf für ein Stoffmuster, um 1901

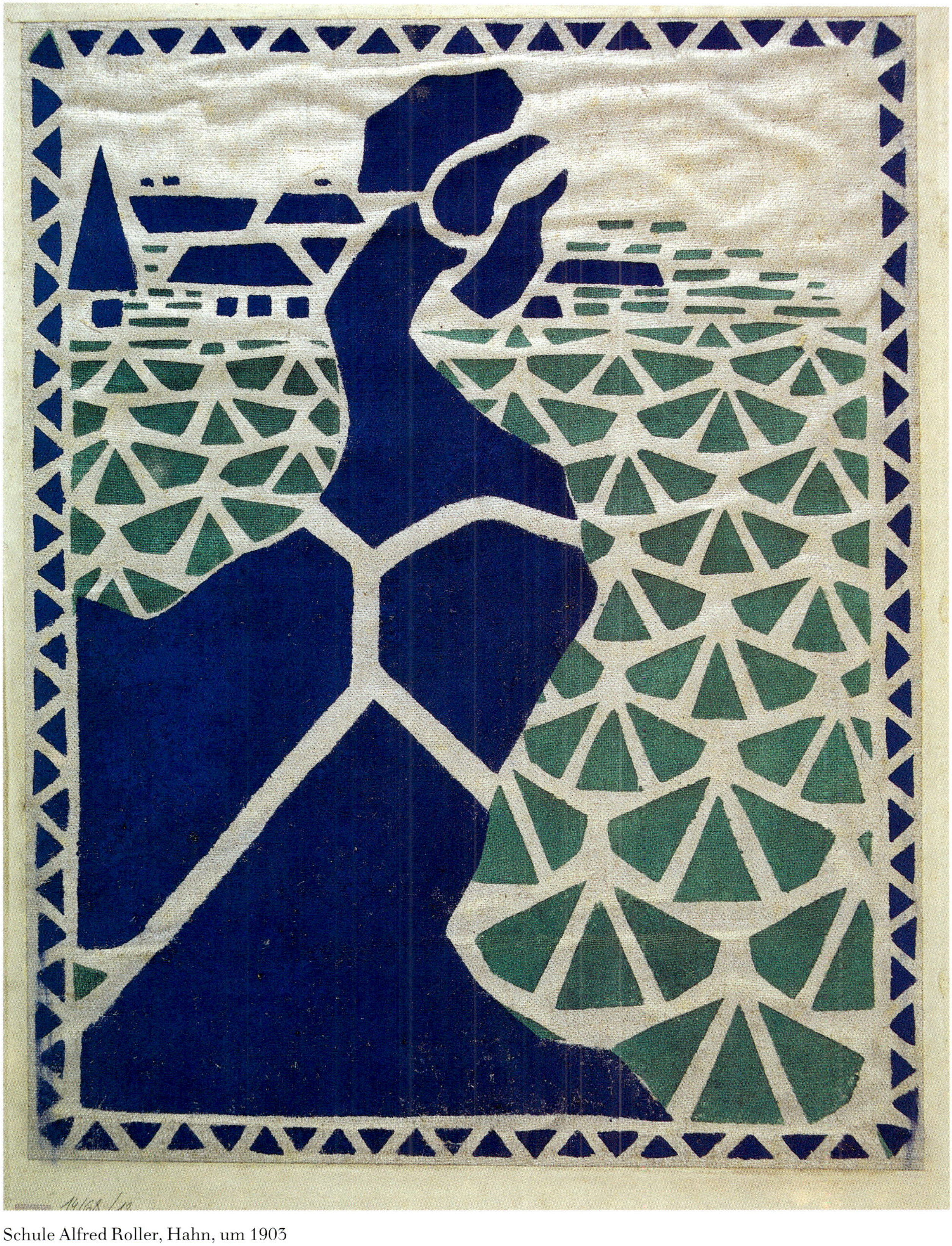

Schule Alfred Roller, Hahn, um 1903

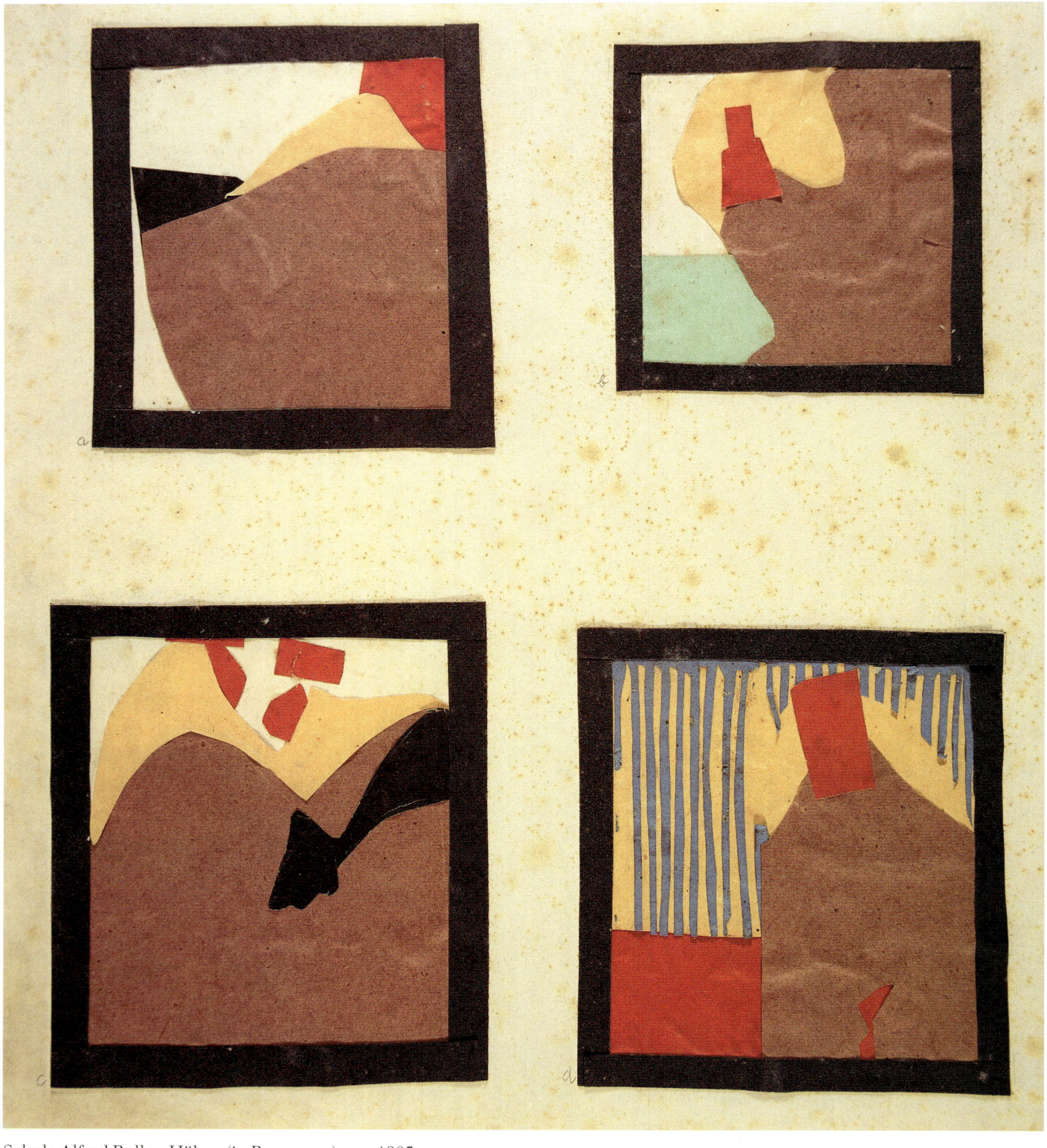

Schule Alfred Roller, Hähne (in Bewegung), um 1903

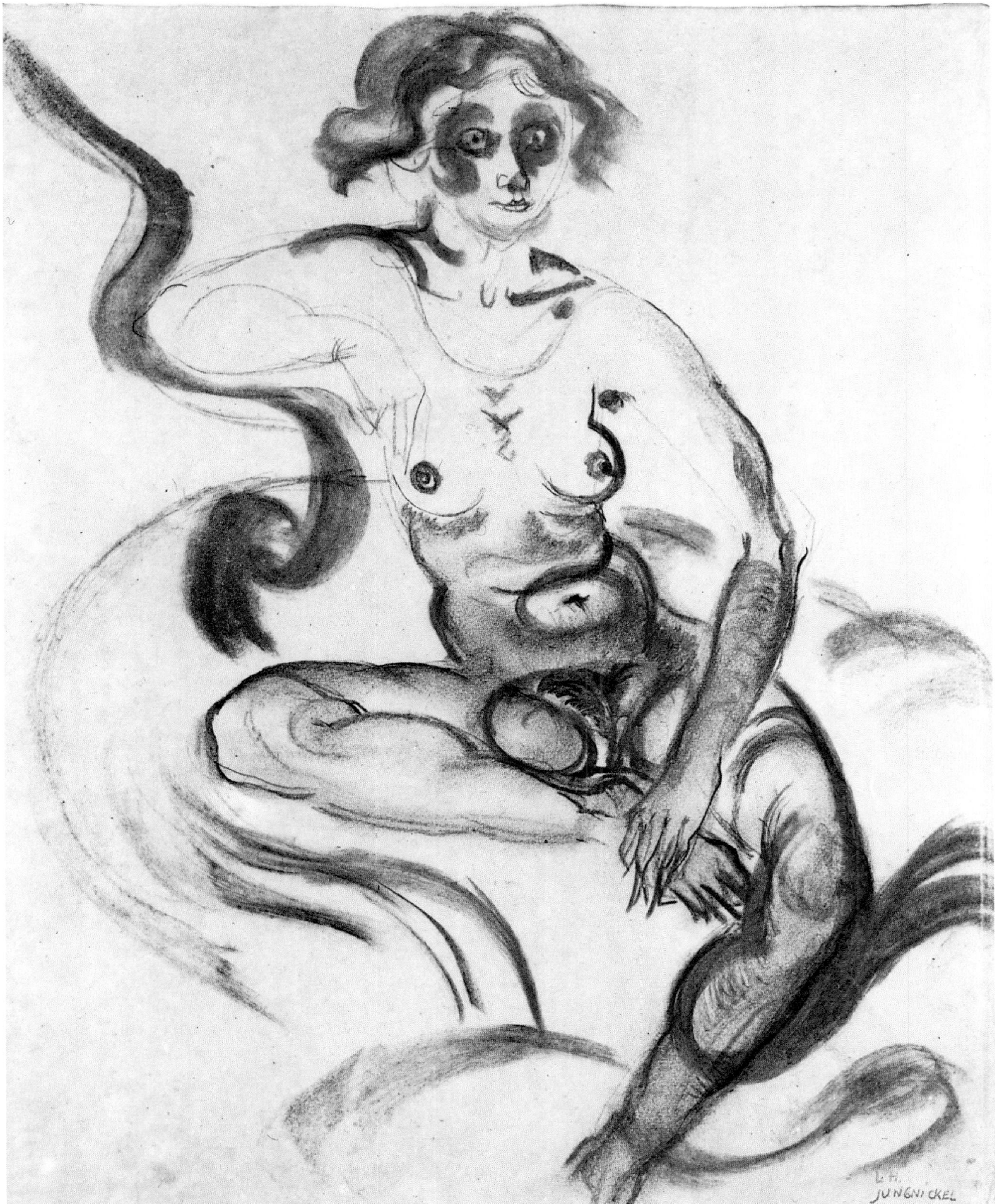

Ludwig Heinrich Jungnickel, Mädchenakt

ERICH MALLINA

geb. 9. 4. 1873, Prerau (Mähren)
gest. 19. 11. 1954, Wien

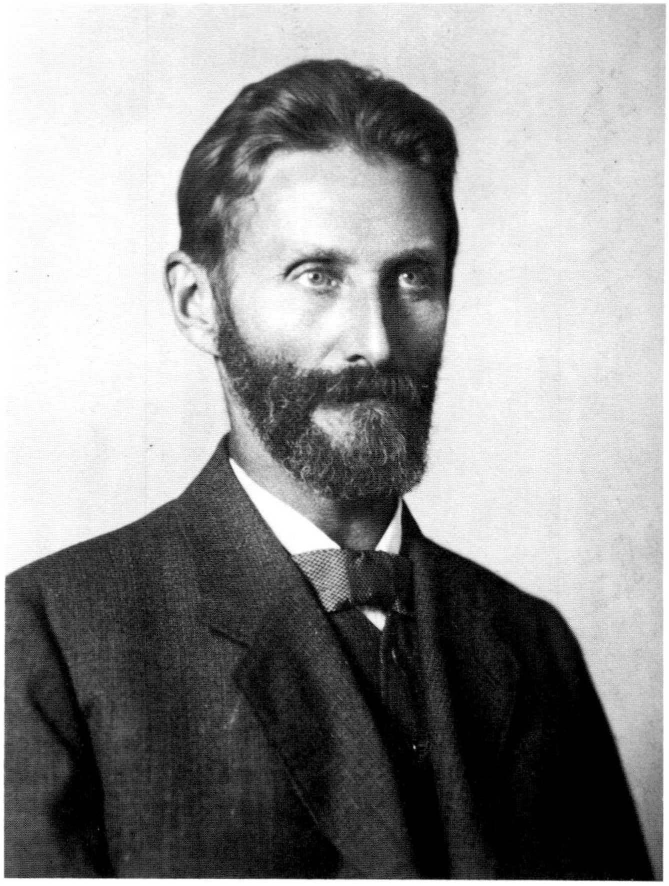

1898–1902	Studium bei Schulmeister, Roller, Kajetan, Groll und Ginzel an der Kunstgewerbeschule
1903–1906	Vertragslehrer, Allgemeine Abteilung – Kurs für das Elementare Zeichnen und Abteilung für Figurales Zeichnen
1906–1909	Professor, Allgemeine Abteilung – Ergänzungskurs für Figurales Zeichnen
1909–1910	Professor, Ergänzender Zeichenunterricht
1912–1914	Professor, Offener Aktzeichensaal für Männer. Offener Aktzeichensaal für Frauen
1913–1914	Professor, Allgemeines Aktzeichnen (gemeinsam mit Roller)
1914–1918	Supplierungen, Kanzleidienst, Inventararbeit, Bibliotheksdienst
1918–1924	Professor, Offener Zeichensaal für Männer. Offener Zeichensaal für Frauen.
1918–1927	Professor, Allgemeines Aktzeichnen
1925–1930	Professor, Allgemeine Abteilung – Zeichnen und Formen nach der menschlichen Figur

Die Schulzeit von 1888 bis 1892 an der Lehrerbildungsanstalt in Troppau absolvierte Mallina mit der Lehramtsprüfung. Von 1892 bis 1896 unterrichtete er an der Volksschule in Laimbach, bis 1898 an der Volksschule in Langenlois. Der Hang zum Lehrberuf sollte für seinen späteren Wirkungsbereich wegweisend sein. Während seines Studiums an der Kunstgewerbeschule in Wien, das er 1898 begann, erhielt er auf Vermittlung von Felician Freiherr von Myrbach ein Stipendium. Der Besuch der Internationalen Kunstausstellung in Turin 1902 dürfte eine Motivation zur Auseinandersetzung mit den zeitgenössischen Strömungen bewirkt haben, die durch ein von der Familie Rothschild finanziertes Reisestipendium eine weitere Unterstützung erfuhr. Die Ernennung zum Vertragslehrer an der Kunstgewerbeschule 1903 wurde auf der Weltausstellung von St. Louis 1904 durch das Erringen einer Goldmedaille in ihrer Richtigkeit bestätigt; die Professur folgte 1906. 1915 und 1916 übernahm Mallina eine Lehrstelle für die zeichnerischen Fächer an der Staatsfachschule für Glasindustrie in Steinschönau. An späteren Erfolgen verzeichnete er 1929 die Ernennung zum Regierungsrat und 1931 den Erhalt des Goldenen Ehrenzeichens der Republik Österreich. Die Mitgliedschaft in der Wiener Theosophischen Gesellschaft war Ausdruck einer Lebenshaltung, die sich in der mystisch-visionären Grundstimmung seiner Bilder spiegelt. Ab ca. 1937 versiegte die Schaffenskraft Mallinas, so daß bis zu seinem Tod 1954 kaum mehr Arbeiten entstanden.

Literaturauswahl: Kat. Ausst. Erich Mallina 1873–1954, Hochschule für angewandte Kunst in Wien 1981.

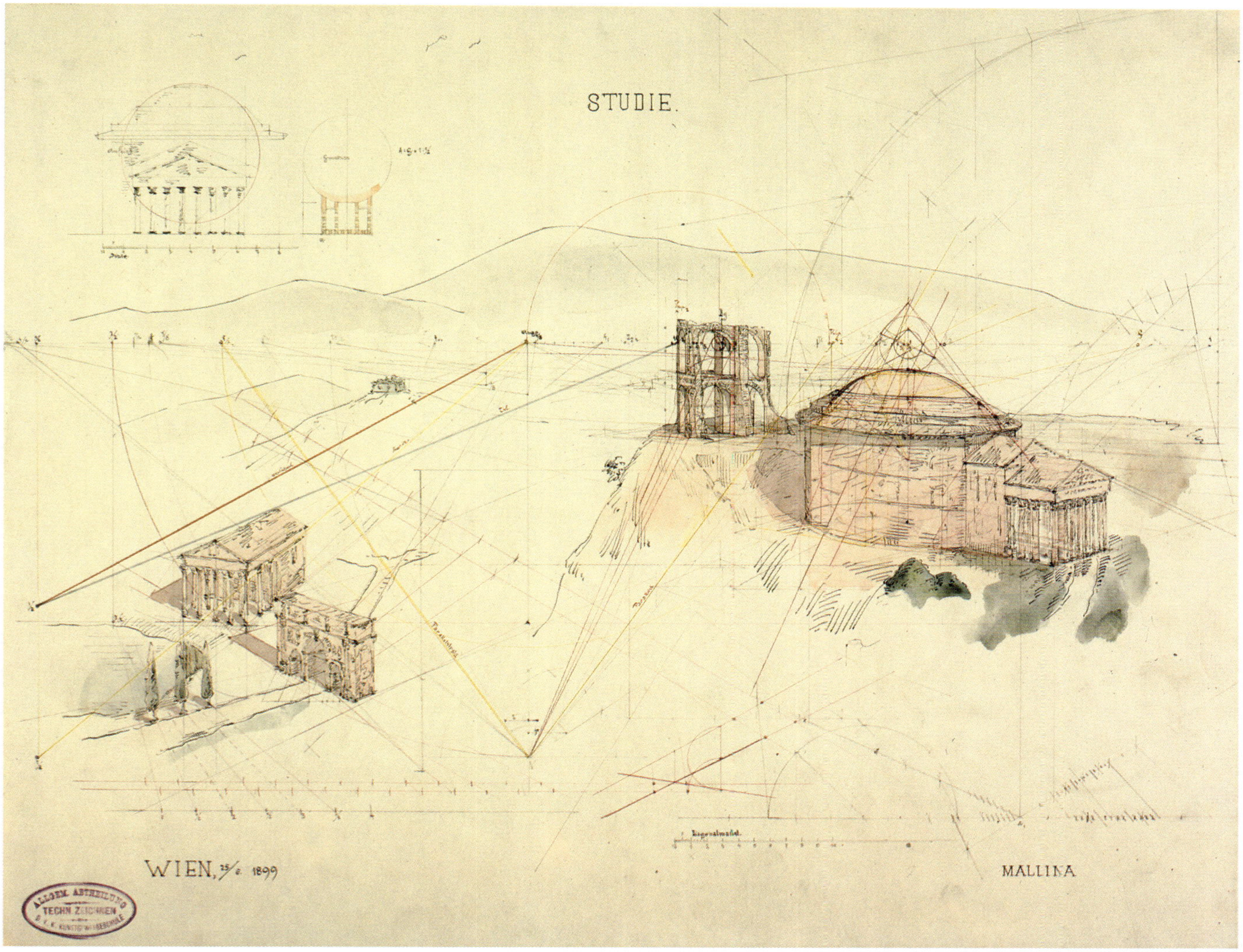

Erich Mallina, Perspektivestudien, 1899

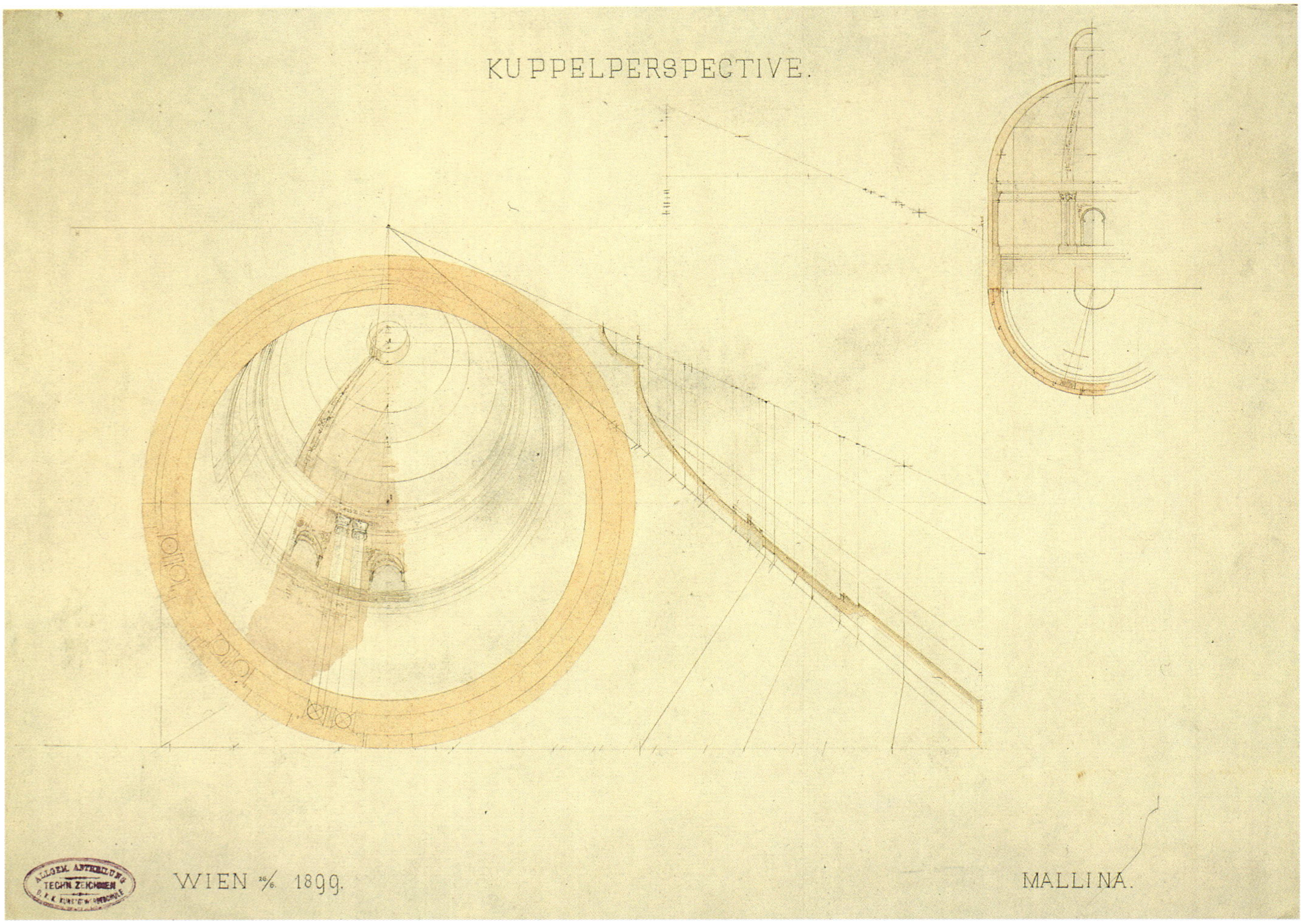

Erich Mallina, Kuppelperspektive, 1899

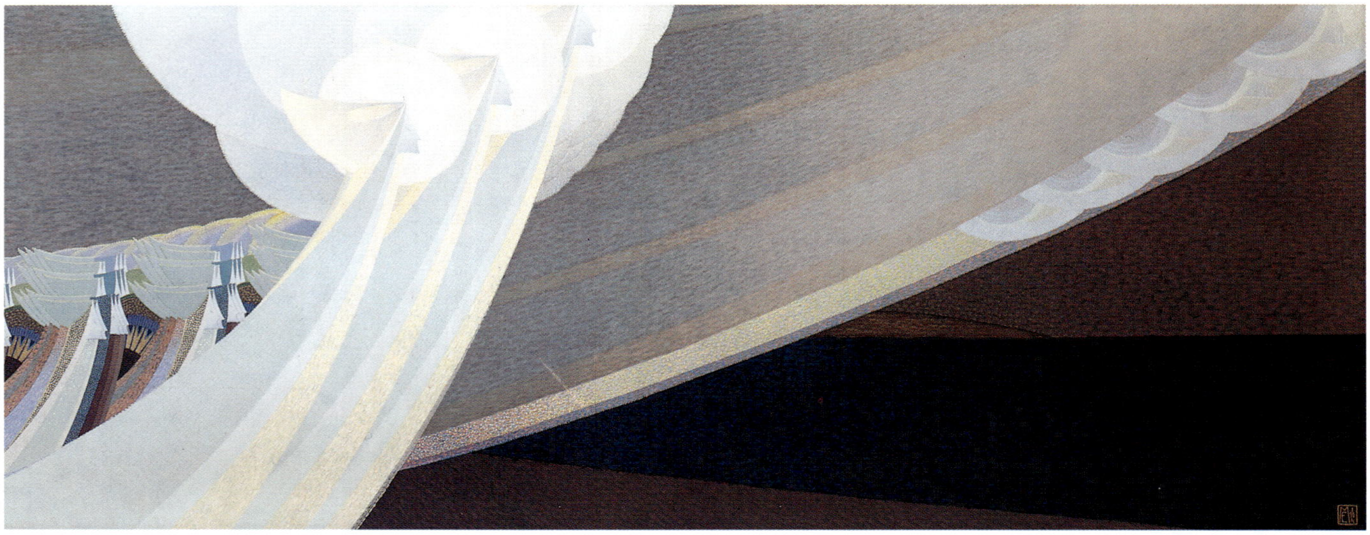
Erich Mallina, Engelszug, 1904

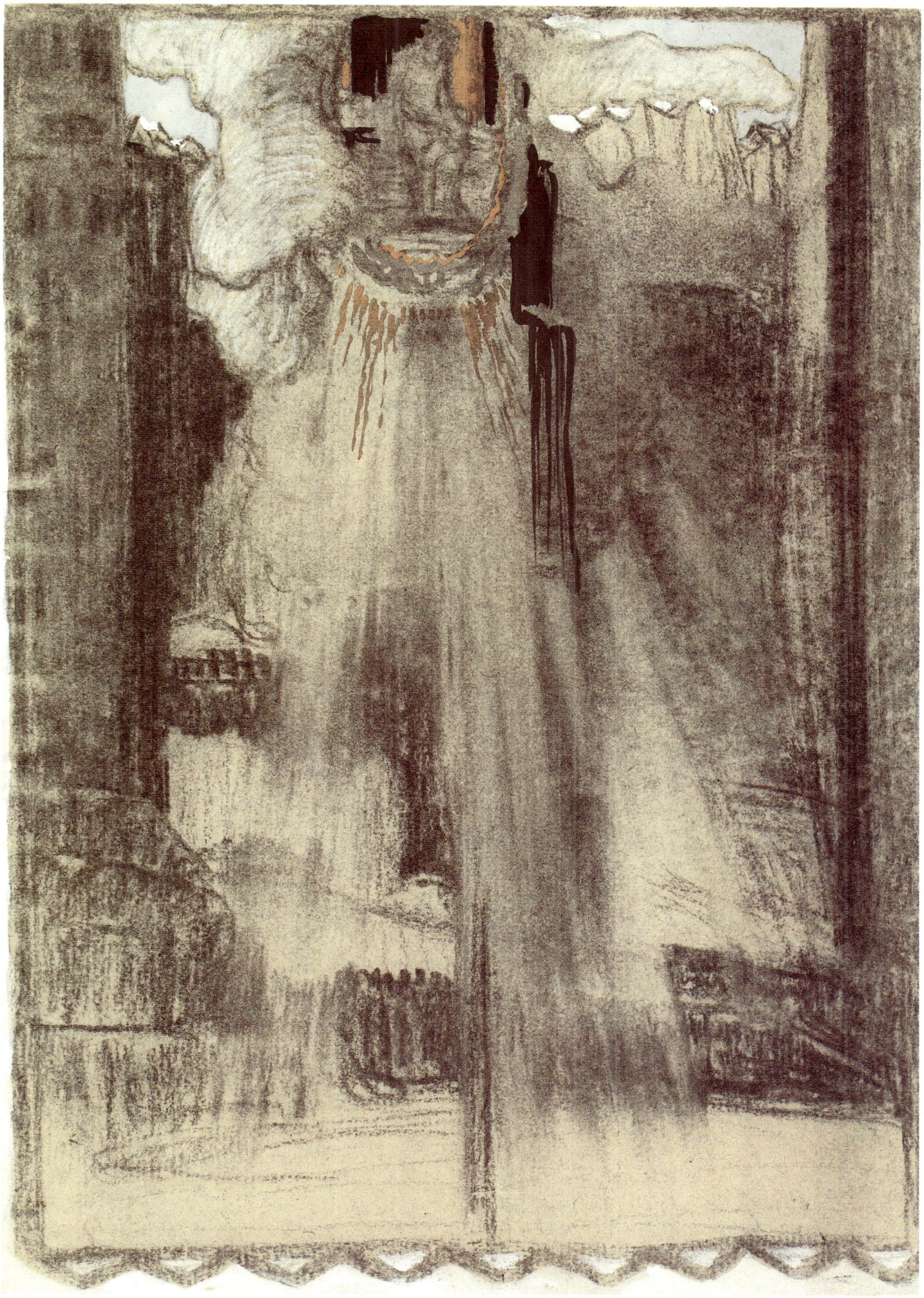

Erich Mallina, Himmelsszene, um 1904

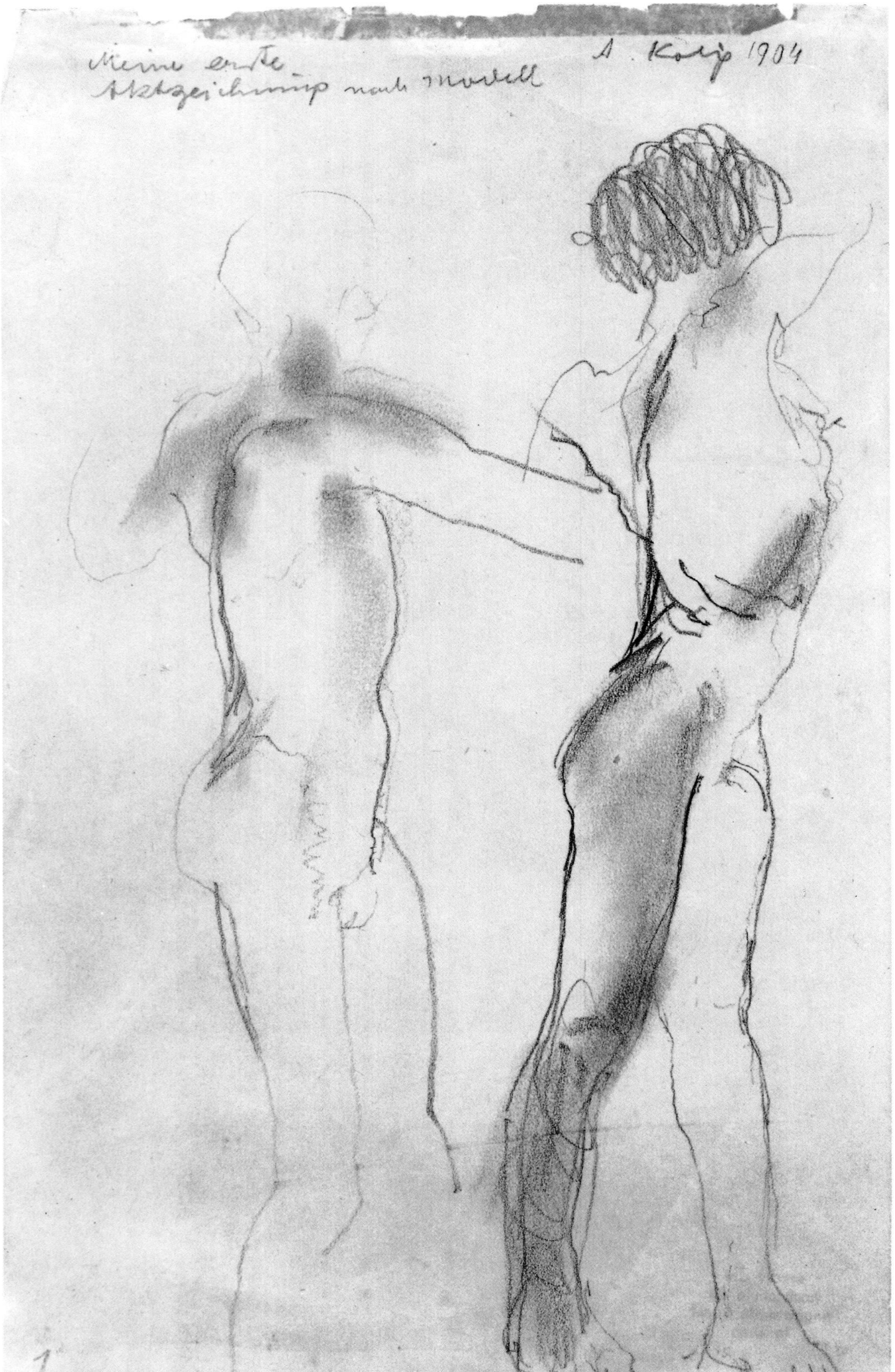

Anton Kolig, »Meine erste Aktzeichnung nach Modell«, 1904

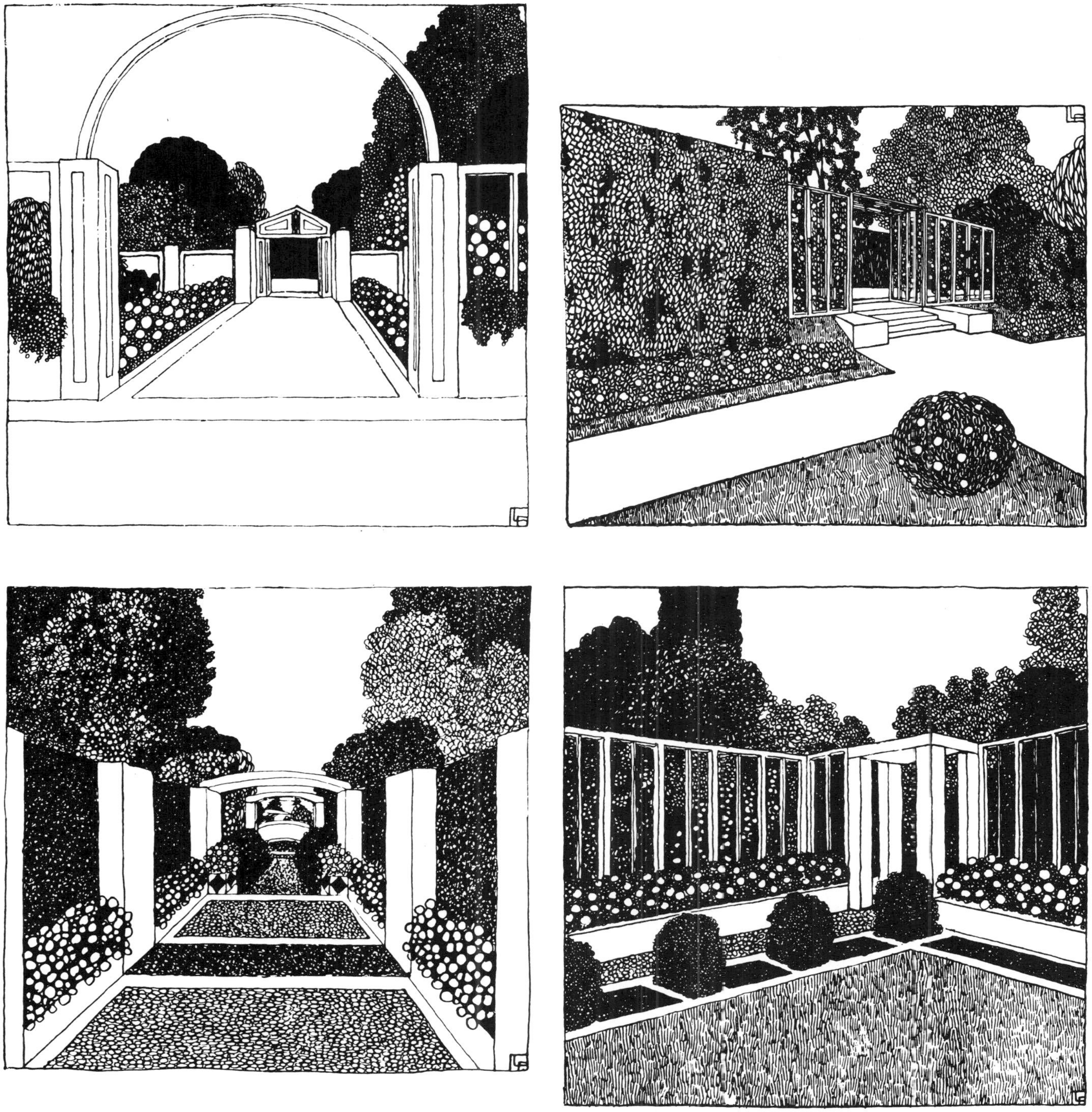

Franz Lebisch, Vier Entwürfe zu Gartenarchitekturen, 1907

CARL OTTO CZESCHKA

geb. 22. 10. 1878, Wien
gest. 10. 7. 1960, Hamburg

1902–1904 Hilfslehrer, Allgemeine Abteilung – Figurales Zeichnen
1904–1905 provisorischer Leiter der Fachschule Myrbachs
1905–1907 Lehrer, Fachschule für Zeichnen und Malen

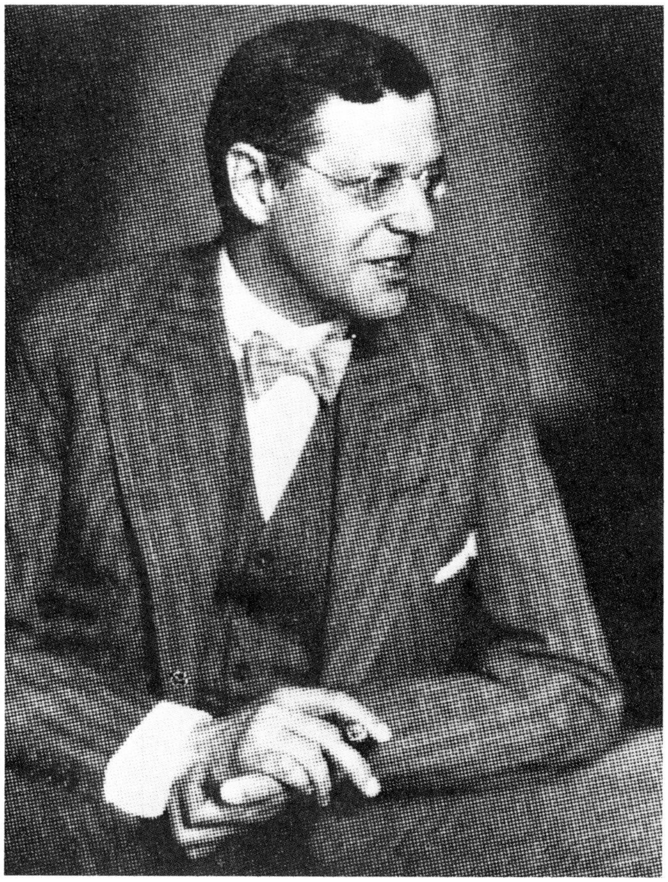

Carl Otto Czeschka studierte von 1894 bis 1899 an der Akademie der bildenden Künste in Wien bei Christian Griepenkerl. 1899 erhielt er erste Illustrationsaufträge vom Verlag Gerlach & Wiedling. Gleichzeitig begann Czeschka mit der Renovierung der Patronatskirche Kaiser Franz Josefs in Radmer (Steiermark), die er auch mit Fresken ausstattete. 1900 trat er der Wiener Secession bei. In der Reihe »Die Quelle« erschien 1902 Czeschkas »Die Quelle. Allerlei Gedanken in Vignettenform«. Zur Festschrift anläßlich des hundertjährigen Bestandes der k. k. Hof- und Staatsdruckerei 1904 trug er mit Holzschnitt-Illustrationen bei. Ab Herbst 1905 war Czeschka Mitarbeiter der Wiener Werkstätte. Im Zuge seiner Lehrtätigkeit an der Wiener Kunstgewerbeschule war er ein erster Förderer Oskar Kokoschkas. 1907 erging durch Max Reinhardt an Czeschka der Auftrag, die Ausstattung für die »König Lear«-Inszenierung am Deutschen Theater in Berlin zu entwerfen. Czeschka wurde durch diese Arbeit in Deutschland bekannt und noch im selben Jahr an die Kunstgewerbeschule in Hamburg berufen. Bald darauf entstanden seine Illustrationen zu den »Nibelungen«, seinem buchkünstlerisch bedeutendsten Werk. In Hamburg schuf Czeschka neben vielfältigen gebrauchsgraphischen Arbeiten und neben Wohnungs- und Geschäftseinrichtungen eine Reihe von Glasfenstern – für die Kunstgewerbeschule 1913, die Gnadenkirche Hamburg St. Pauli 1915, die Hamburger Handwerkskammer 1915. 1911 wurde ihm eine umfassende Personalausstellung im Museum für Kunst und Gewerbe in Hamburg gewidmet. Seine Tätigkeit für die Wiener Werkstätte setzte Czeschka auch in Hamburg fort und lieferte zum Beispiel Entwürfe für Hoffmanns Palais Stoclet in Brüssel. Czeschka war Mitglied des Österreichischen Werkbundes und Ehrenmitglied des Bundes Deutscher Gebrauchsgraphiker.

Literaturauswahl: Kat. Ausst. Carl Otto Czeschka. Aspekte seines Lebenswerkes, Hamburg 1978; Werner J. Schweiger, Wiener Werkstätte. Kunst und Handwerk 1903–1932, Wien 1982.

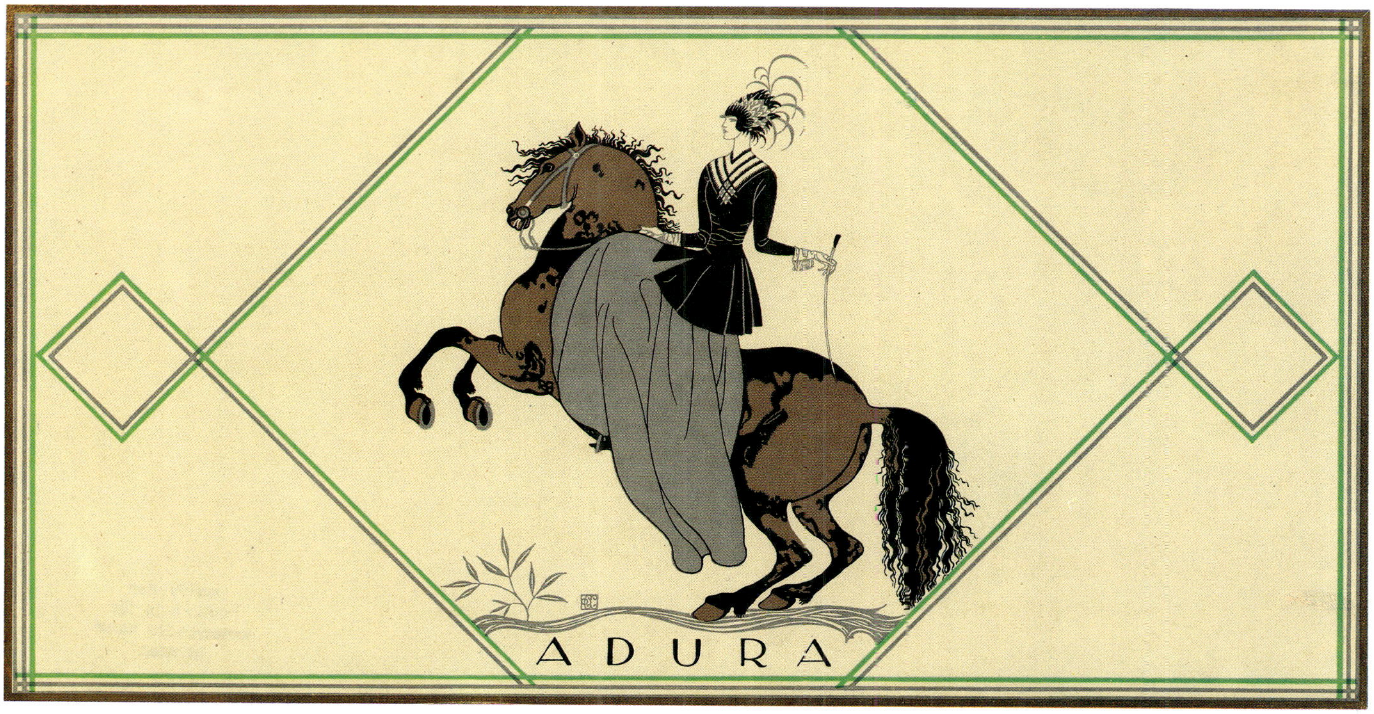

Carl Otto Czeschka, »Adura«, Entwurf für eine Zigarrenpackung, um 1910

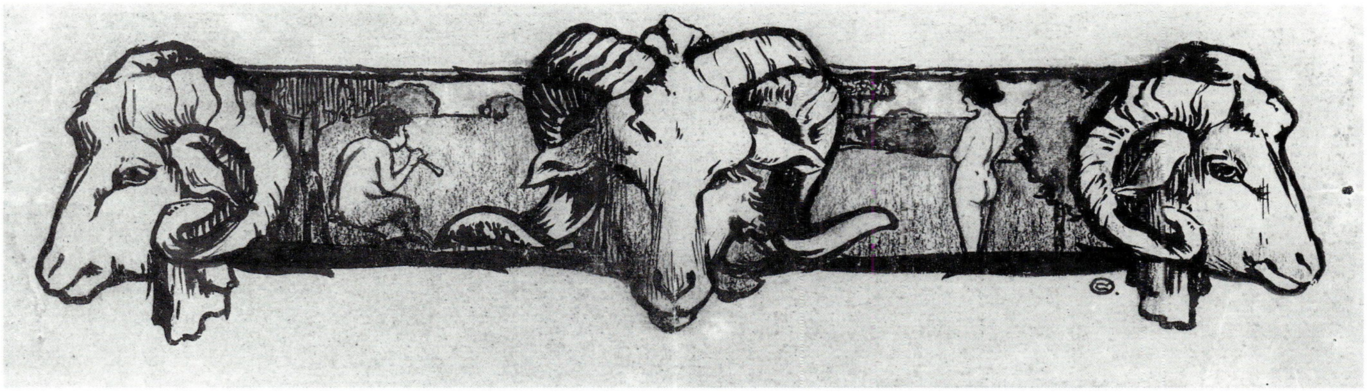

Carl Otto Czeschka, Drei Widderköpfe, Zierleiste, um 1900

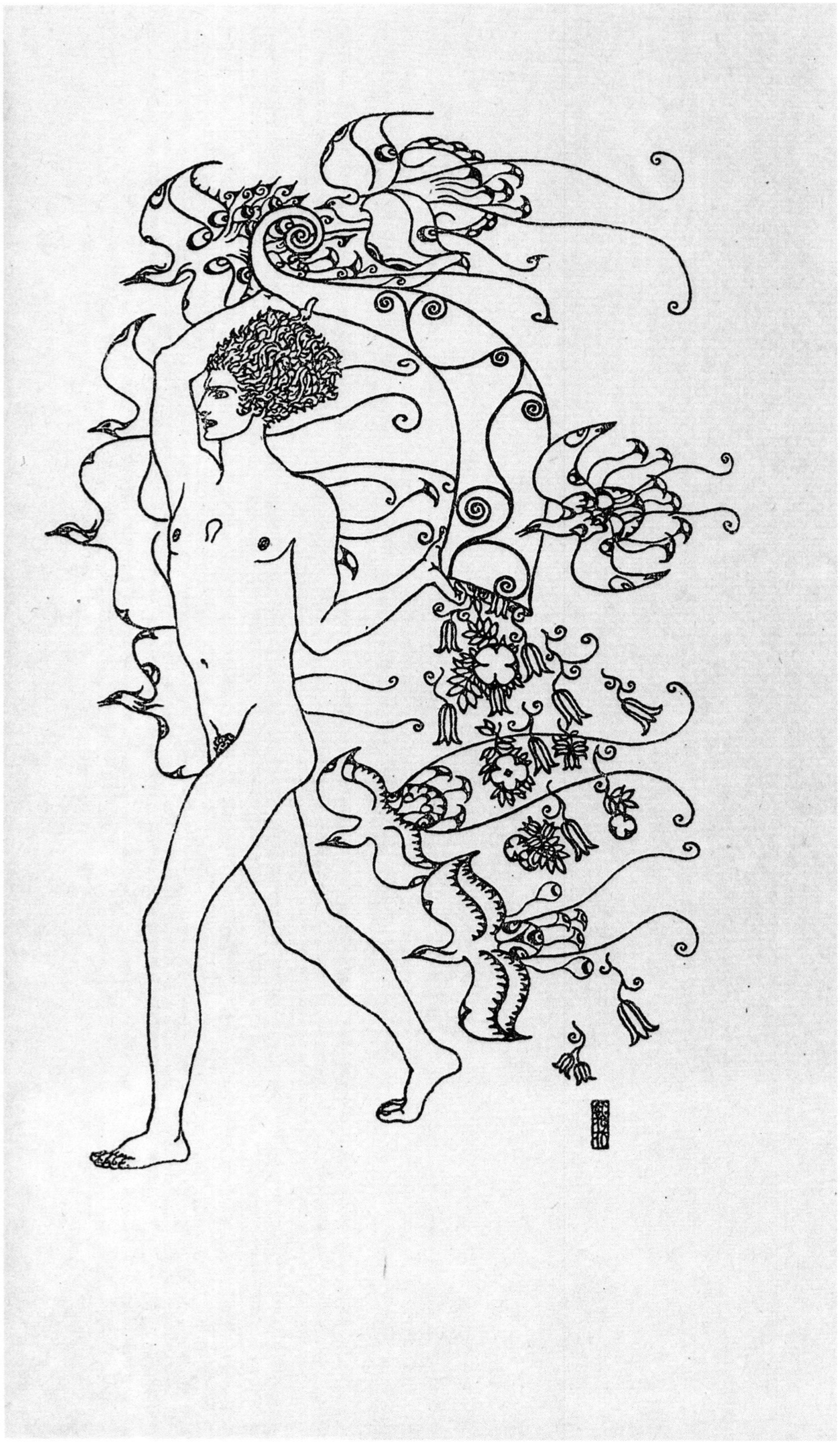

Carl Otto Czeschka, Illustration, 1910

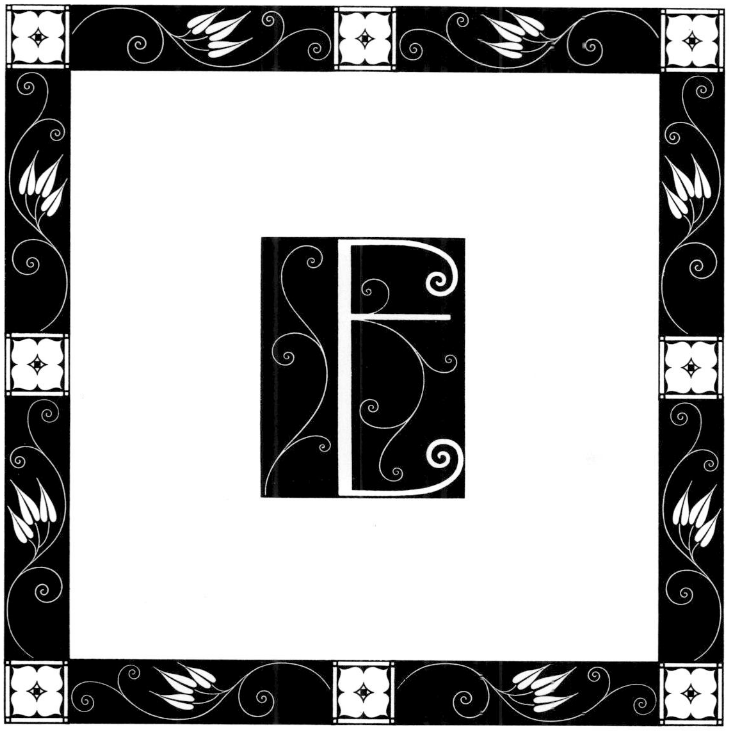

Carl Otto Czeschka, Initiale E, um 1914

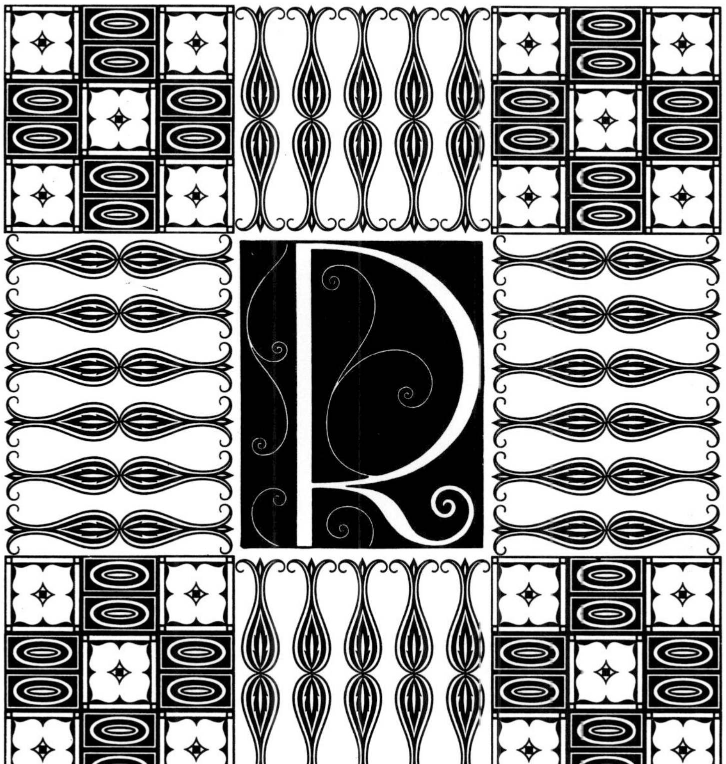

Carl Otto Czeschka, Initiale R, um 1914

BERTOLD LÖFFLER

geb. 28. 9. 1874, Nieder-Rosenthal (Böhmen)
gest. 23. 3. 1960, Wien

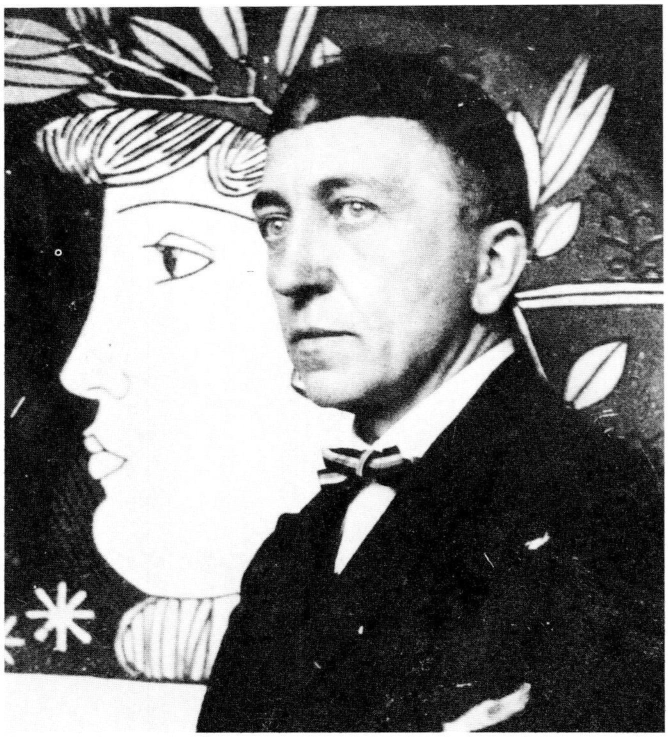

1890–1900	Studium u. a. bei Hrachowina, Matsch, Czeschka und Moser an der Kunstgewerbeschule
1905–1907	Assistent, Aktzeichnen bei Groll
1907–1909	Lehrer, Fachschule für Zeichnen und Malen; Aktzeichnen gemeinsam mit Kenner
1909–1935	Professor, Fachklasse für Malerei
1909–1912	Professor, Aktzeichnen gemeinsam mit Kenner
1924–1935	Professor, Werkstätte für Druckverfahren

Bertold Löffler erhielt seine erste Ausbildung an der Zeichenschule des nordböhmischen Gewerbemuseums in Reichenberg und wurde 1890 in die Kunstgewerbeschule Wien aufgenommen. Während des Studiums entstand seine Umschlagzeichnung zu einer scherzhaften Version der Zeitschrift »Ver Sacrum«, die den Titel »Quer Sacrum – Organ der Vereinigung bildender Künstler Irrlands« trug. Löffler wurde von Andreas Groll in der Freskotechnik unterwiesen und wirkte in der Folge bei Aufträgen Grolls, zum Beispiel bei der Gestaltung des Kuppelfreskos der St.-Brigitta-Kapelle, 1903, mit. Bereits ab 1900 war er als Maler und Illustrator selbständig tätig. Er trug zu Gerlachs Vorlagenwerk »Allegorien und Embleme« bei, versah den 4. Band der Gerlachschen Jugendbücherei mit Illustrationen (»Des Knaben Wunderhorn«, 1900), trat durch Zeichnungen zu Schnitzlers »Reigen« hervor und schuf Ex-Libris-Entwürfe unter anderen für Mirko Jelusich, Arthur Schnitzler und Sigmund Freud. Für die Wiener Werkstätte arbeitete er als Entwerfer von Kalendern, Postkarten, Plakaten, Keramik und Schmuck, er beteiligte sich an der Ausstattung des Cabarets »Fledermaus« und des Palais Stoclet. Löffler übte seine Lehrtätigkeit nicht nur an der Kunstgewerbeschule aus, sondern war auch Lehrer an der Kunststickereischule Wien und unterrichtete Graphik an der Wiener Frauenakademie. Gemeinsam mit Michael Powolny gründete er 1905 die Wiener Keramik, die später mit der Gmundner Keramik fusioniert wurde. Bis 1910 basierten die in dieser Werkstätte entstandenen Keramiken größtenteils auf seinen Entwürfen. 1912 erhielt Löffler den Auftrag, einen Wandbilderzyklus, einen gekachelten Raum und Eisenreliefportale für den Salzburger Volkskeller im Hotel Pitter zu schaffen. An Wandmalereien sind weiters Fresken an den Gasthöfen Marienwasserfall (Mariazell) und Thiery (Dürnstein) zu nennen. Löffler beteiligte sich häufig an Wettbewerben und beschickte zahlreiche Ausstellungen des In- und Auslandes, unter anderem die Ausstellung Kinderwelt St. Petersburg 1903/04, die Kunstschau 1908 und 1909, die Internationale Kunstausstellung Rom 1911, die Internationale Schwarz-Weiß-Ausstellung 1913 und die Werkbund-Ausstellung 1912. 1928 wurde Löffler von der Kunstkommission des Unterrichtsministeriums mit dem Staatspreis ausgezeichnet. Er war Mitglied des Österreichischen Werkbundes und des Künstlerhauses.

Literaturauswahl: Kat. Ausst. Bertold Löffler 1874–1960, Hochschule für angewandte Kunst in Wien 1978; Kat. Ausst. B. Löffler (1874–1960) Graphics and Designs, Austrian Institute New York 1982, Hg. Hochschule für angewandte Kunst in Wien.

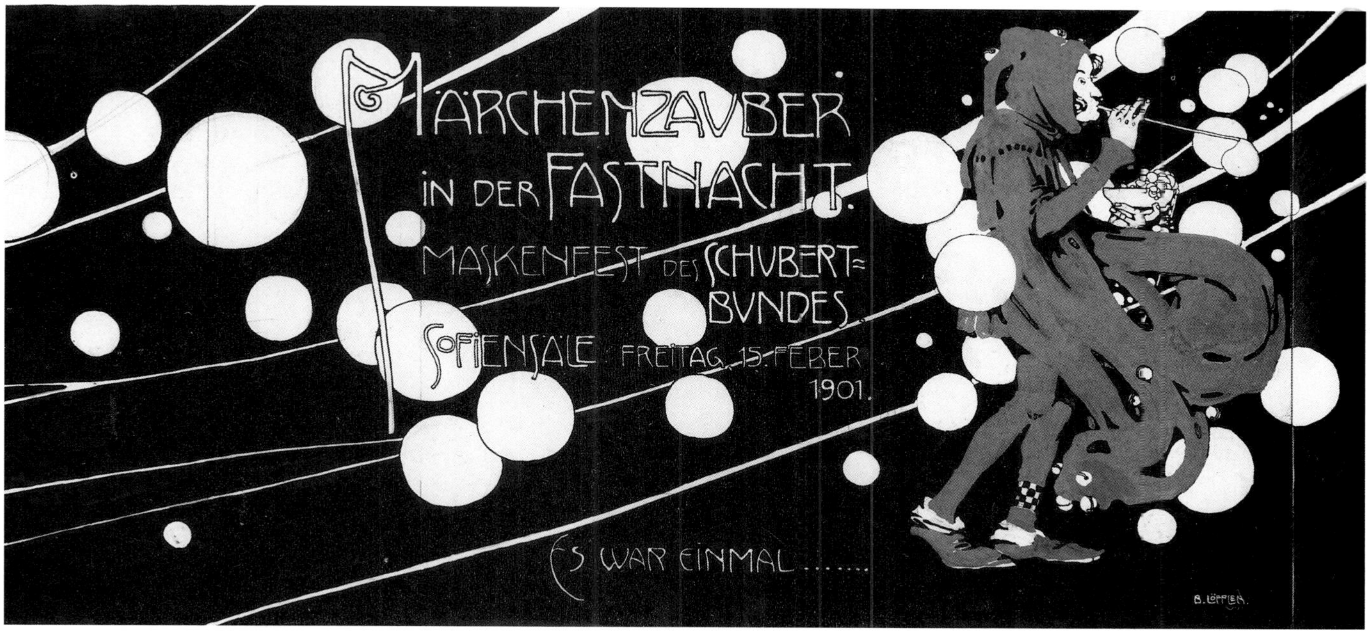

Bertold Löffler, »Märchenzauber in der Fastnacht«, Entwurf für ein Plakat, 1901

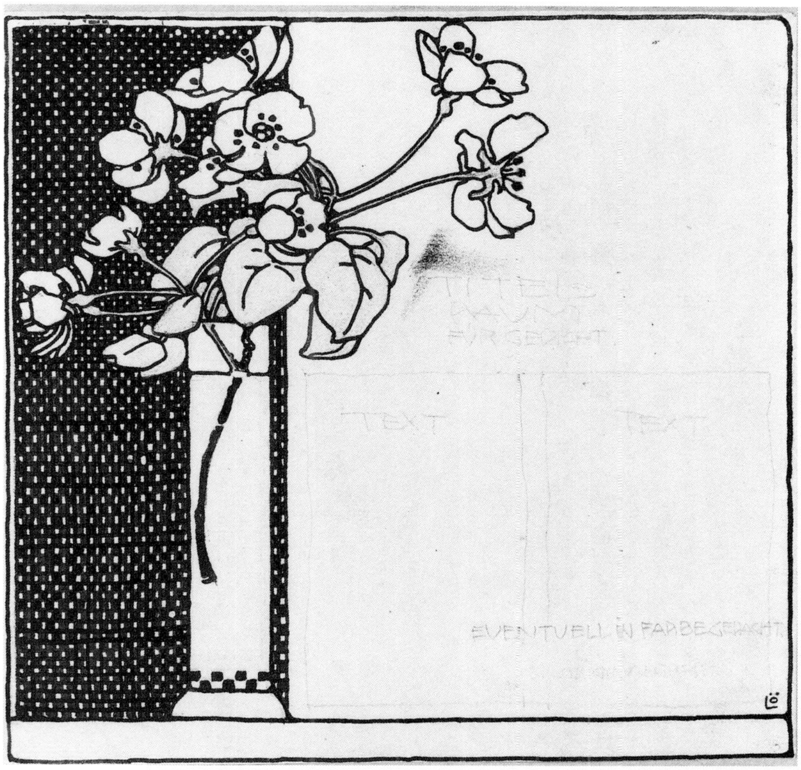

Bertold Löffler, »Kirschblüten«, Buchschmuck, um 1903

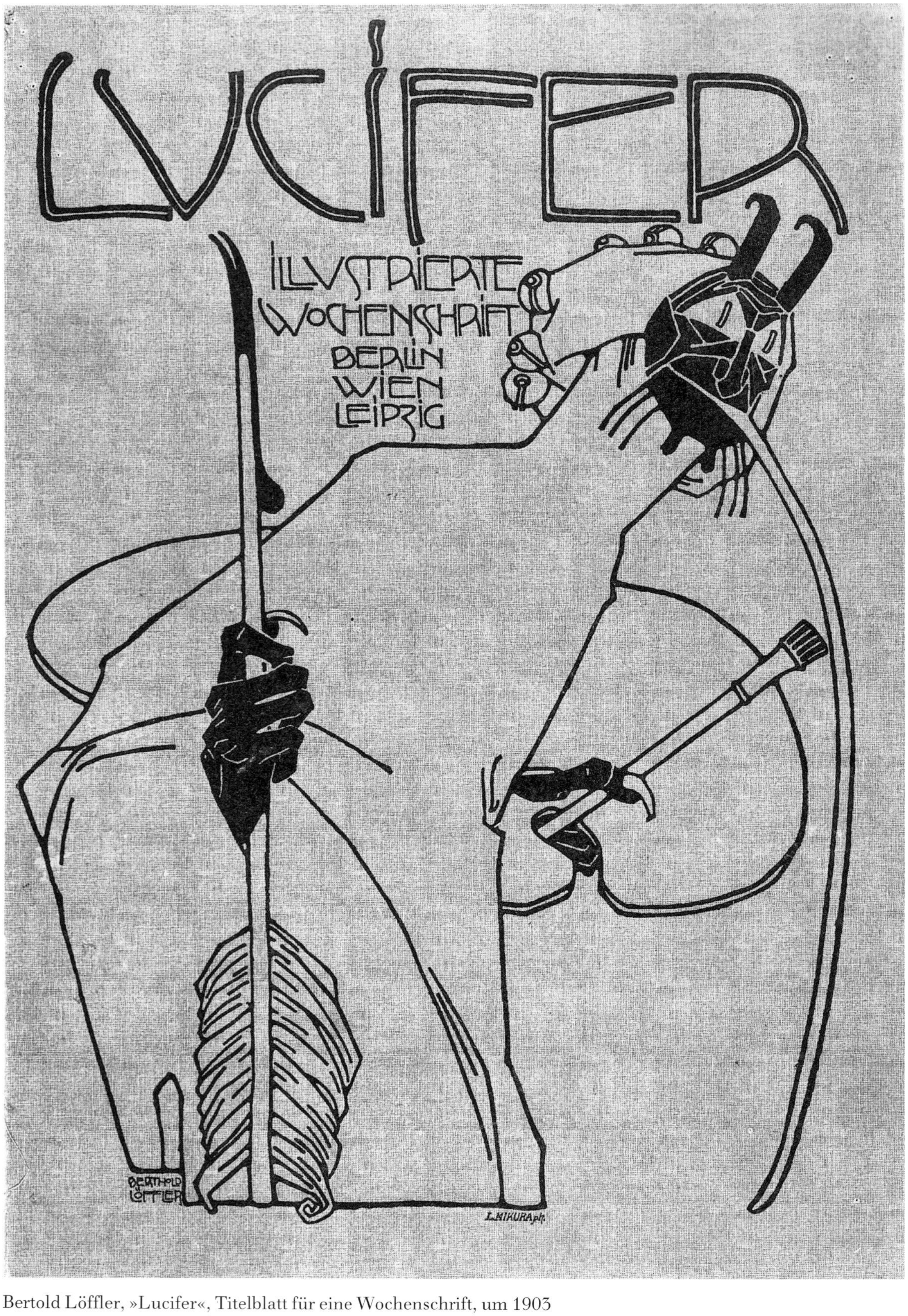

Bertold Löffler, »Lucifer«, Titelblatt für eine Wochenschrift, um 1903

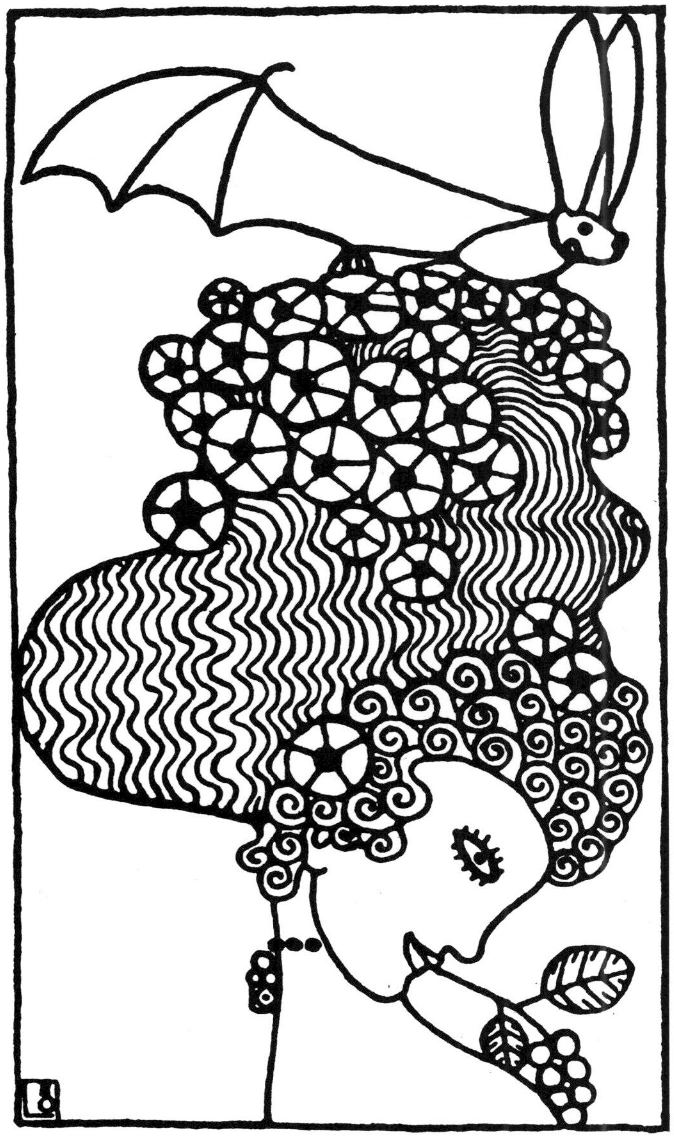

Bertold Löffler, Briefumschlag für das Cabaret Fledermaus, 1907

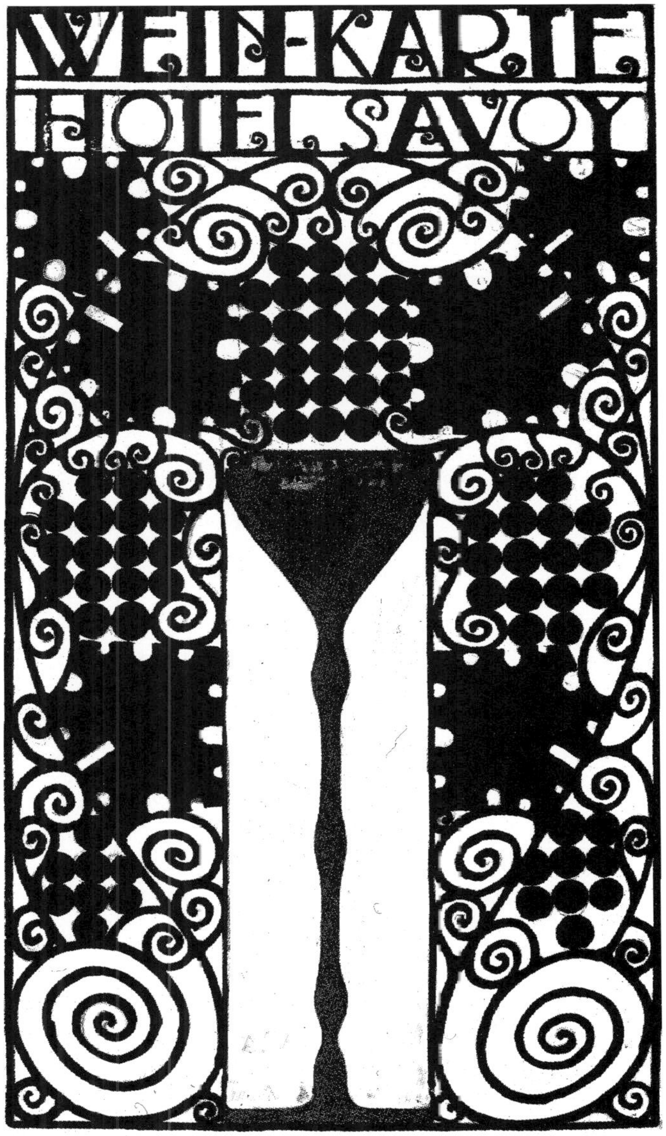

Bertold Löffler, Weinkarte für das Hotel Savoy, Entwurf, um 1904

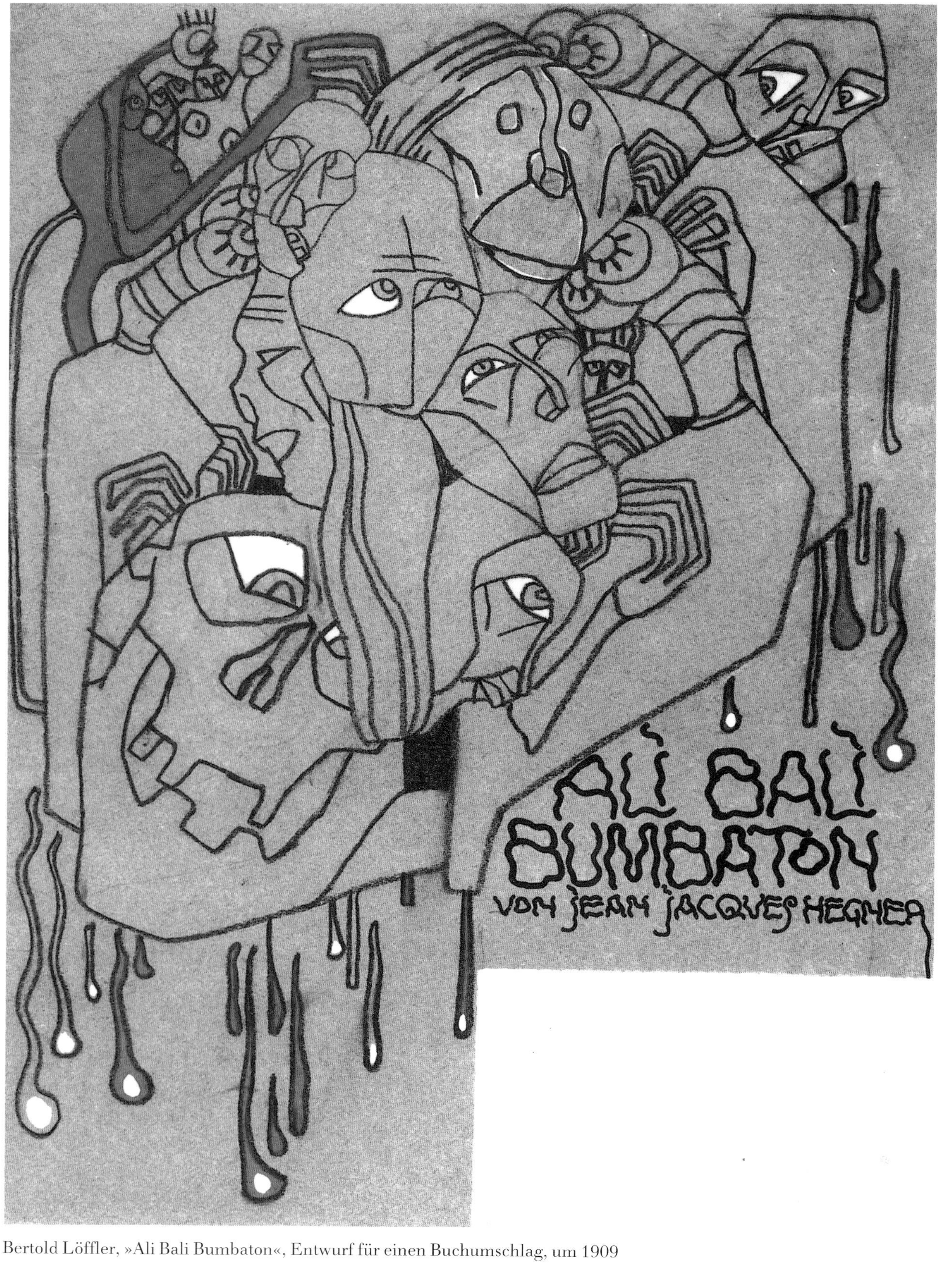

Bertold Löffler, »Ali Bali Bumbaton«, Entwurf für einen Buchumschlag, um 1909

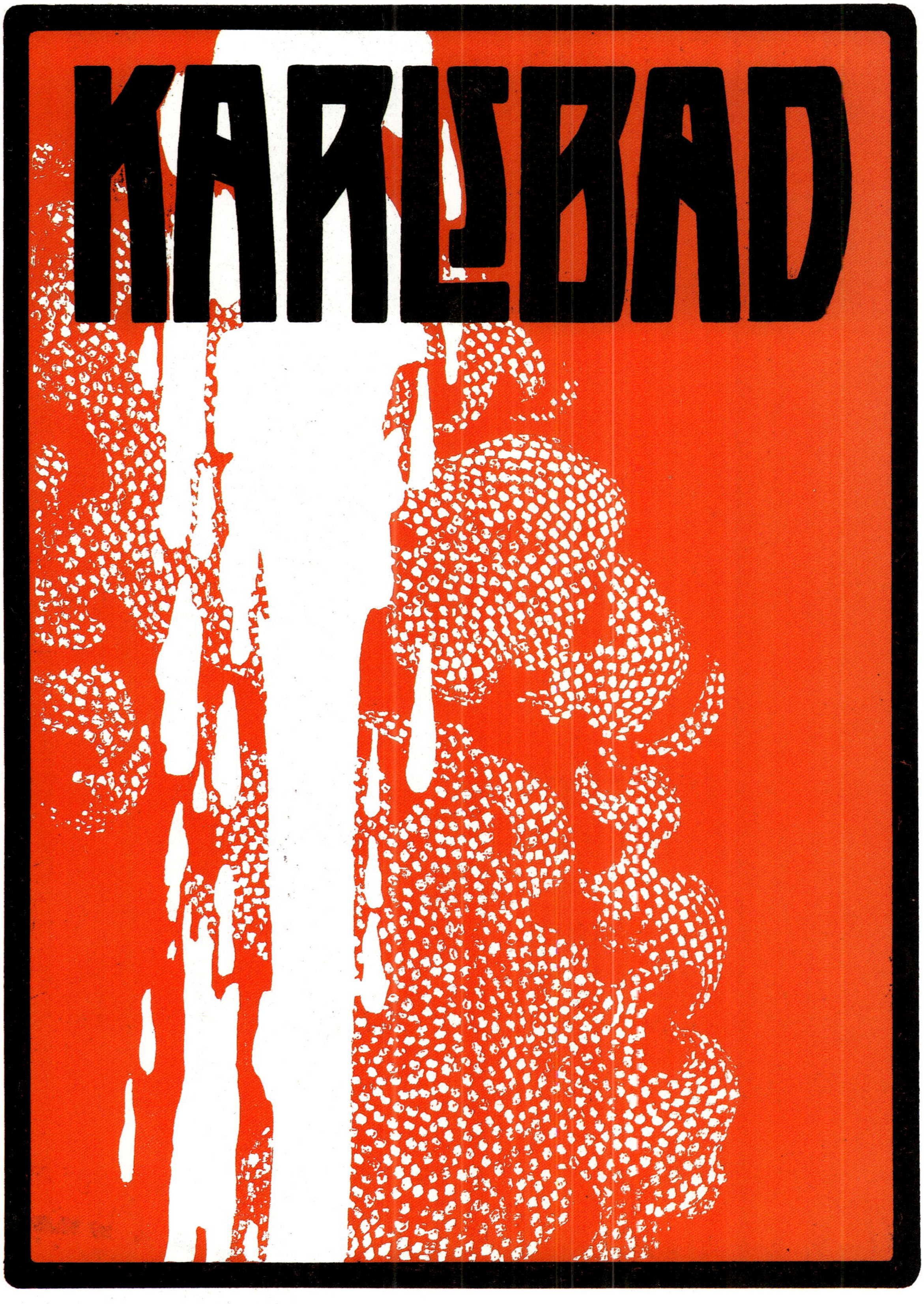

Walter Dittrich, »Karlsbad«, Entwurf für ein Plakat, um 1901

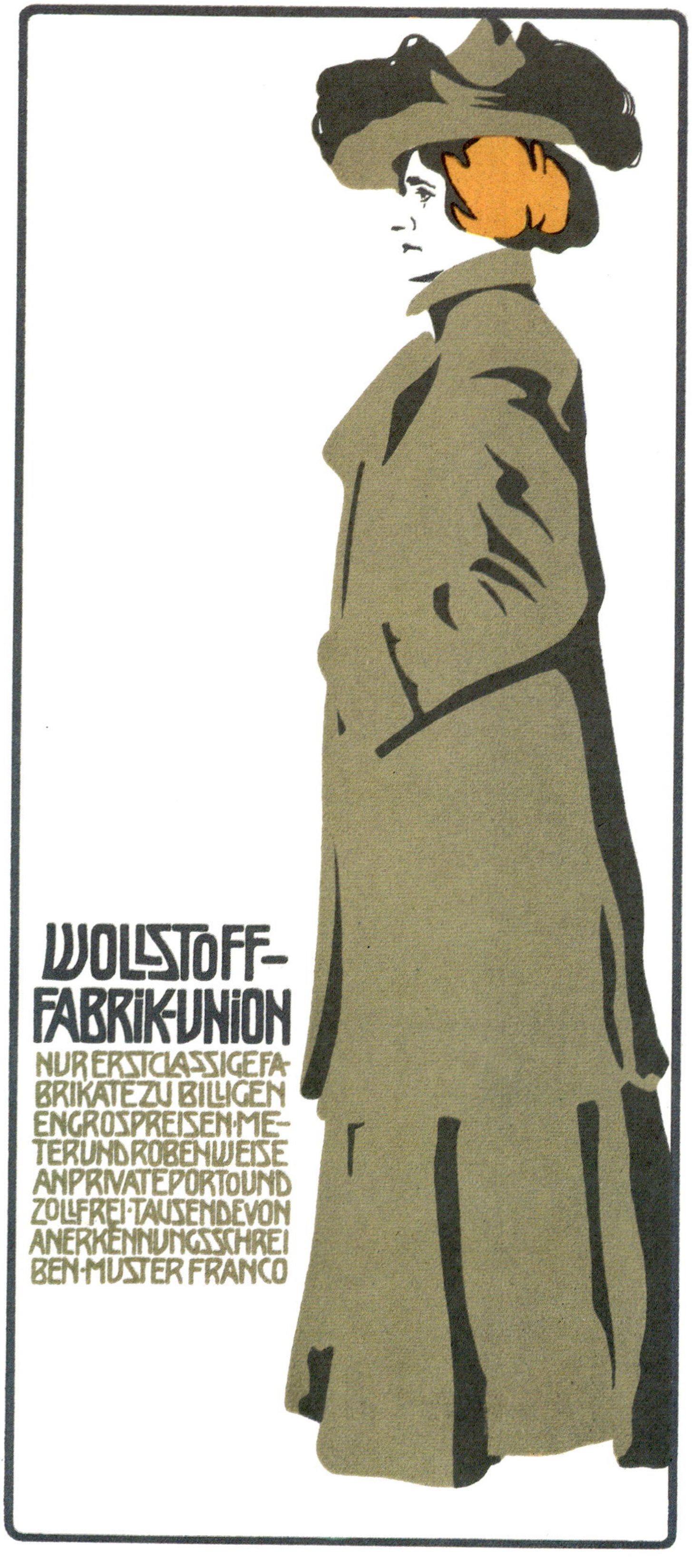

Walter Dittrich, Entwurf für ein Plakat, um 1901

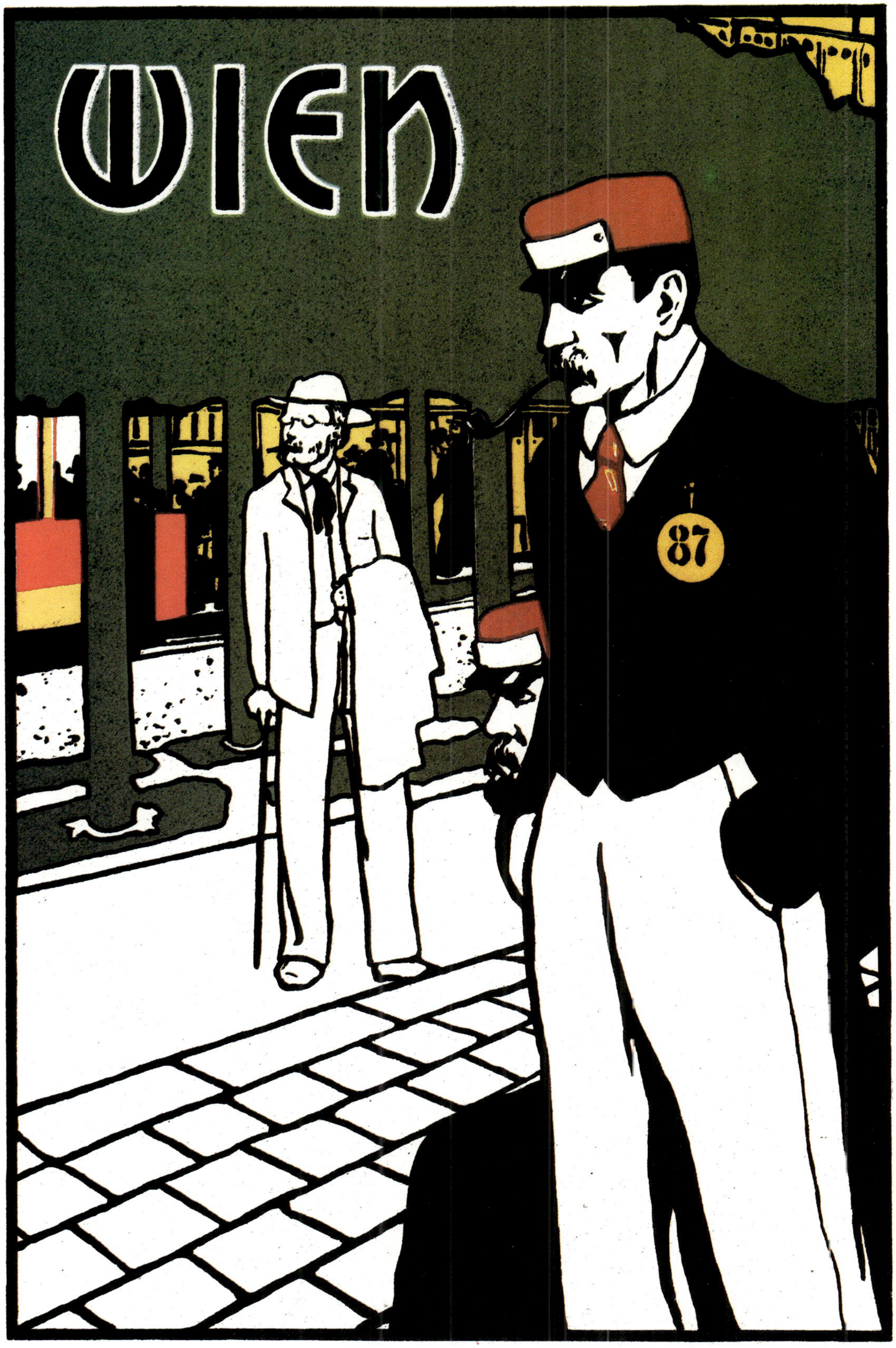

Moriz Jung, »Wien«, Entwurf für ein Plakat, um 1901

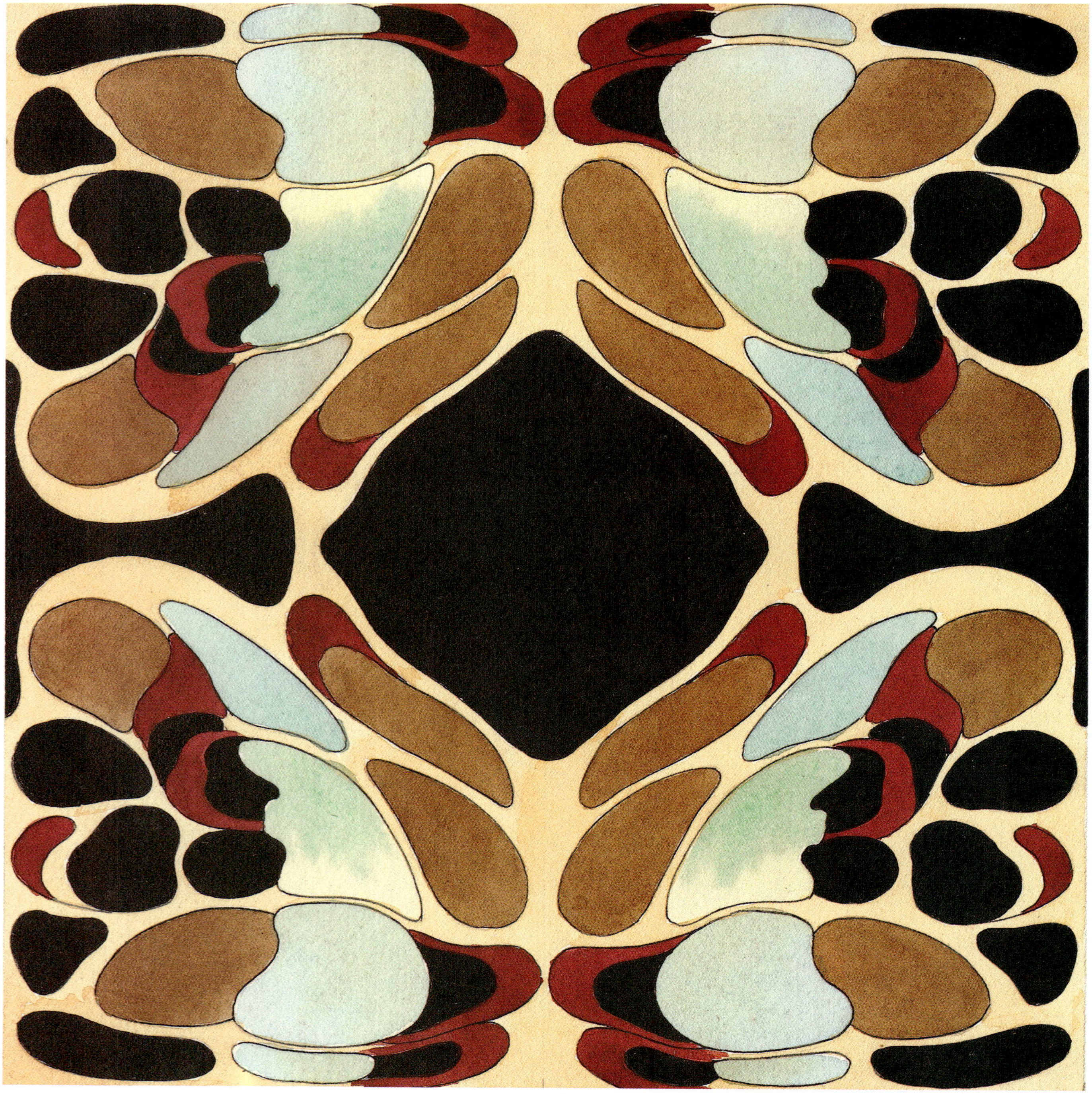

Maria von Uchatius, Flächenmuster, 1903

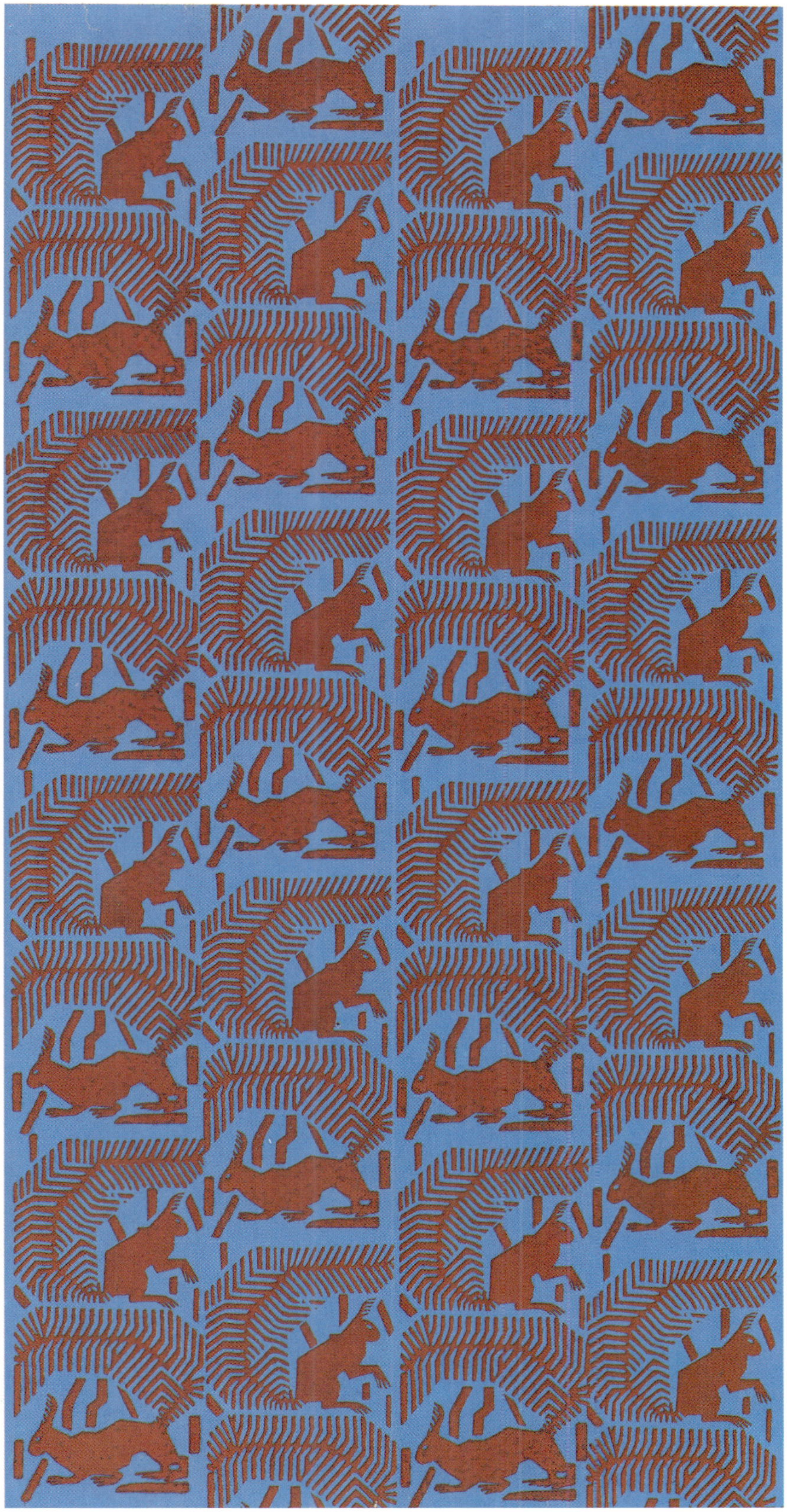

Maria von Uchatius, Vorsatzpapier, um 1905

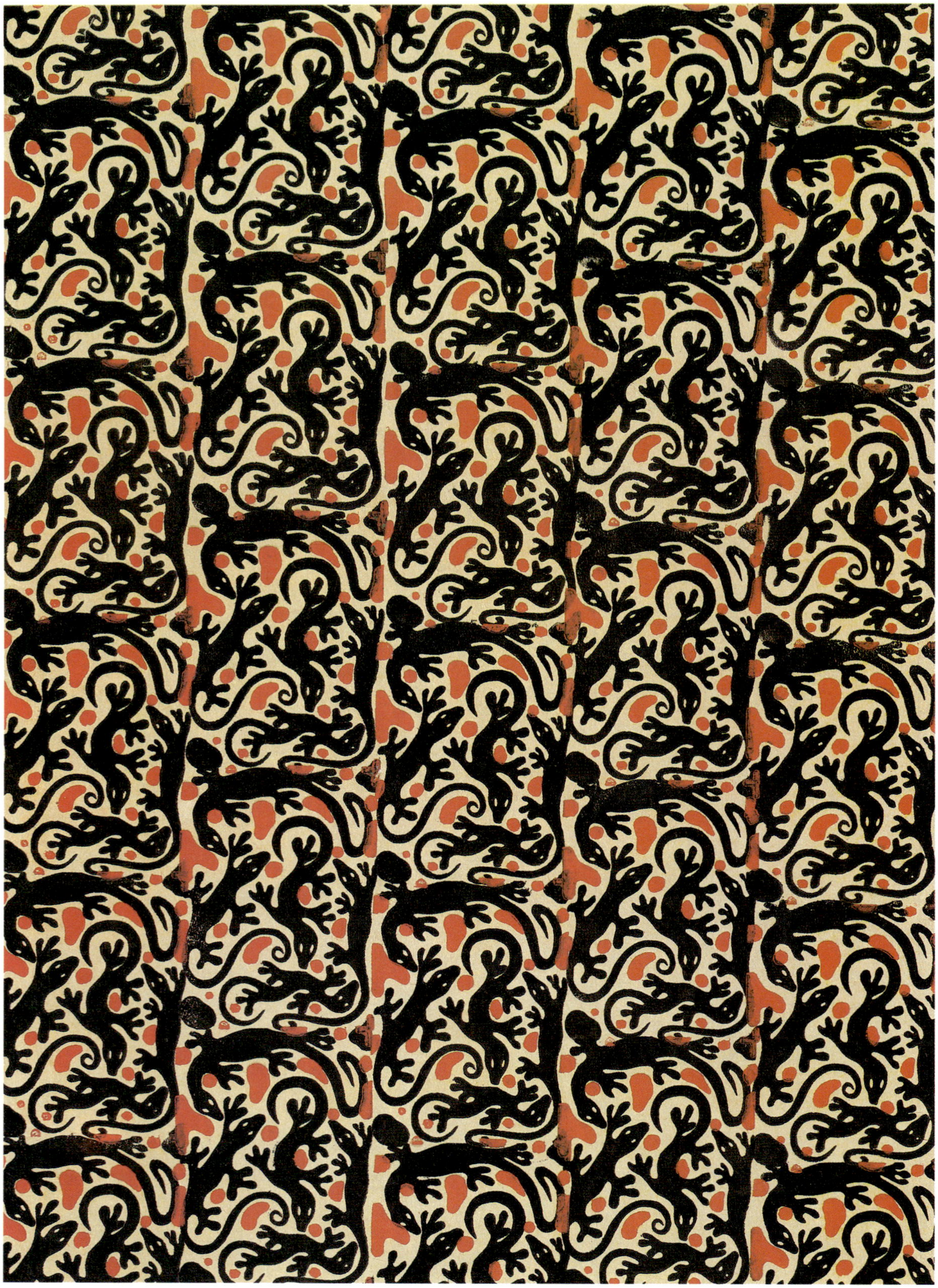

Maria von Uchatius, Vorsatzpapier, um 1905

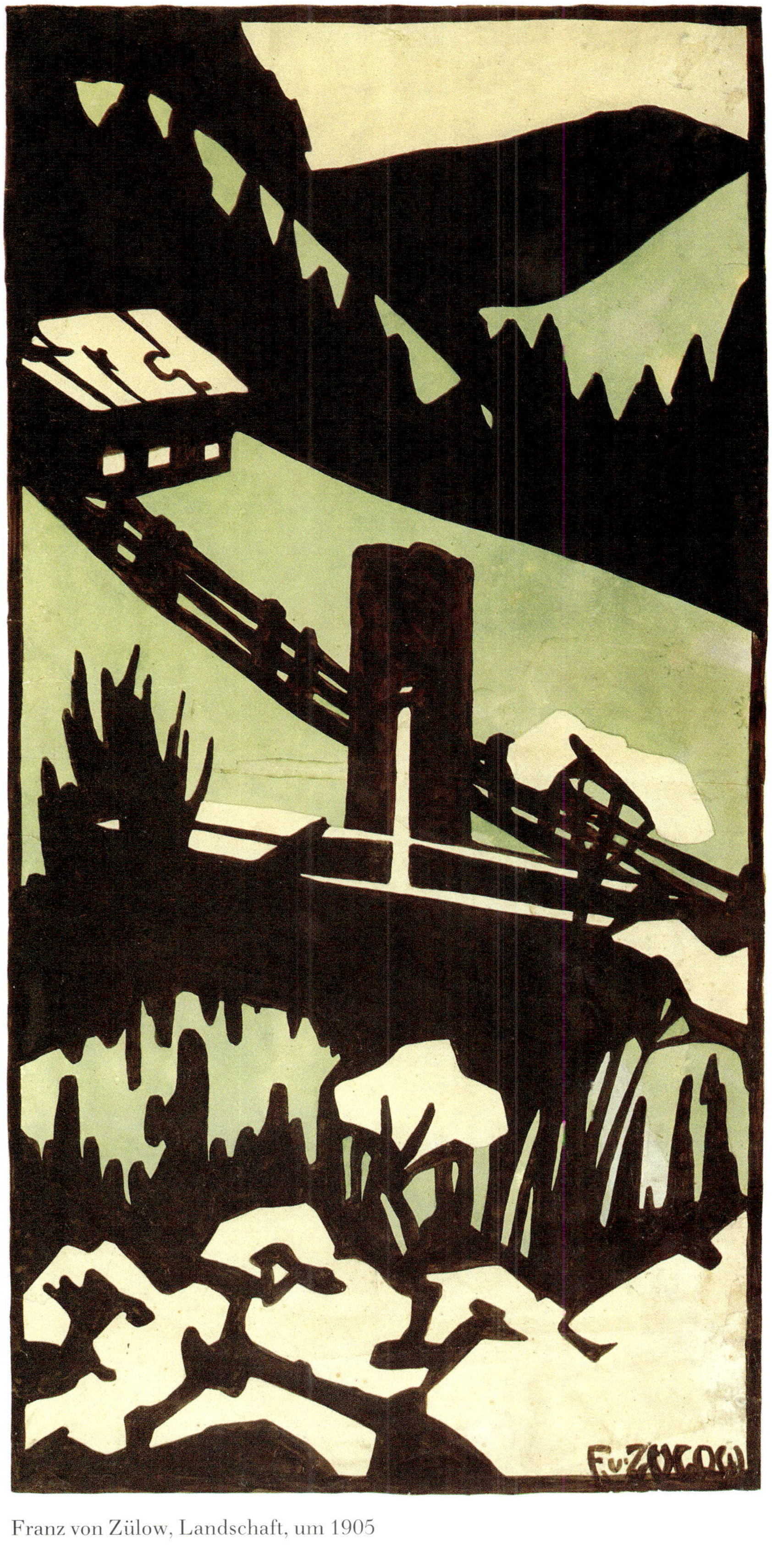

Franz von Zülow, Landschaft, um 1905

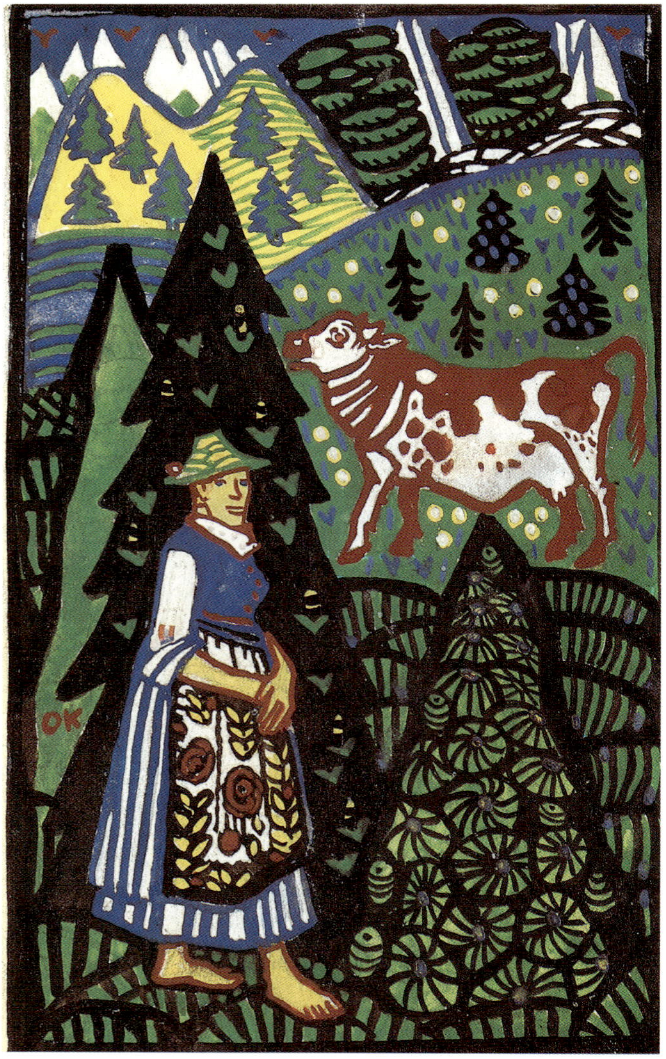

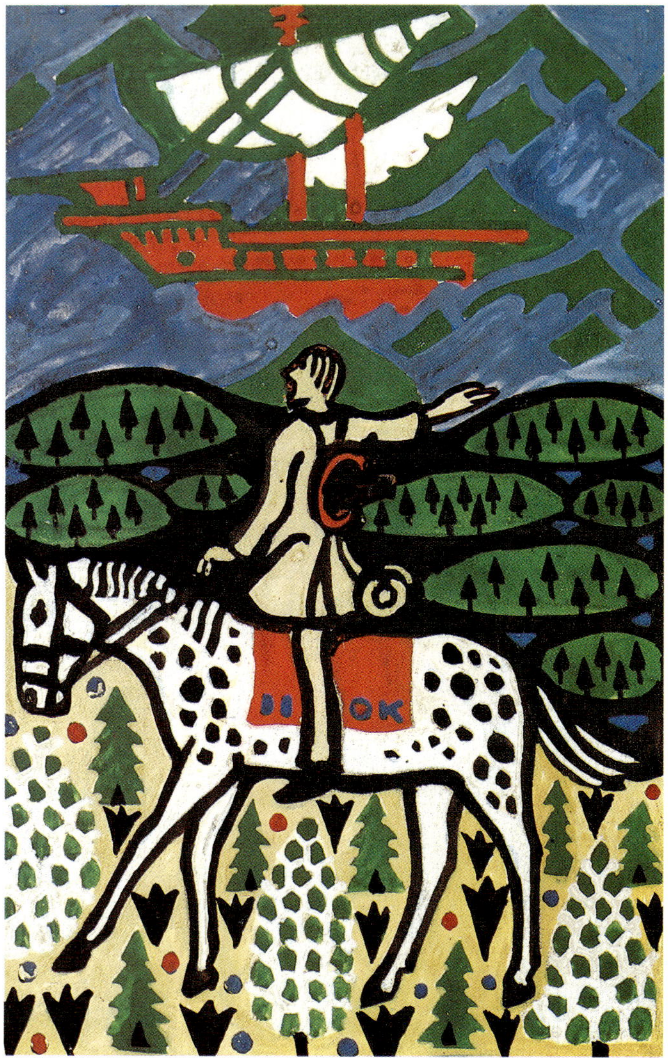

Oskar Kokoschka, Postkartenentwürfe für die Wiener Werkstätte, »Sennerin und Kuh«, »Reiter und Segelschiff«, um 1907

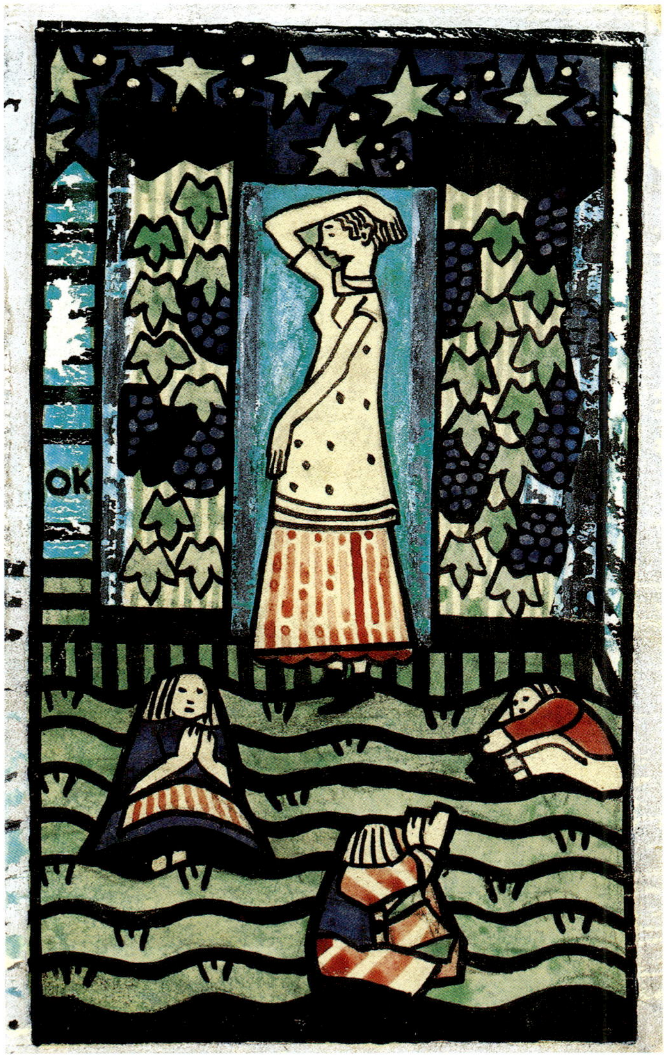

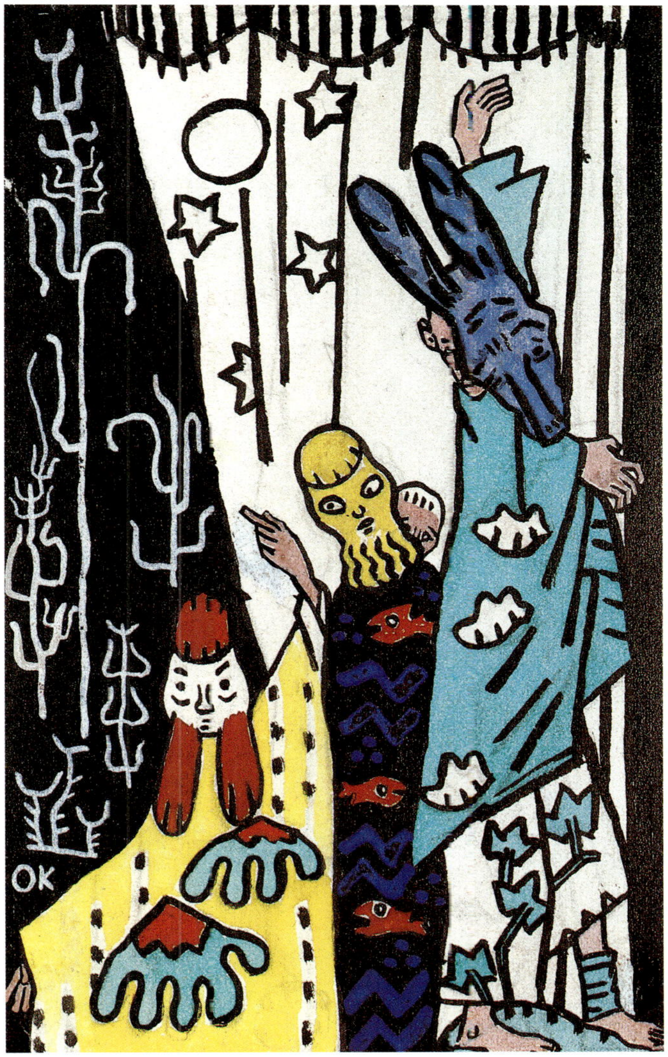

Oskar Kokoschka, Postkartenentwürfe für die Wiener Werkstätte, »Mutter mit drei Kindern«, »Tölpelspiele«, um 1907

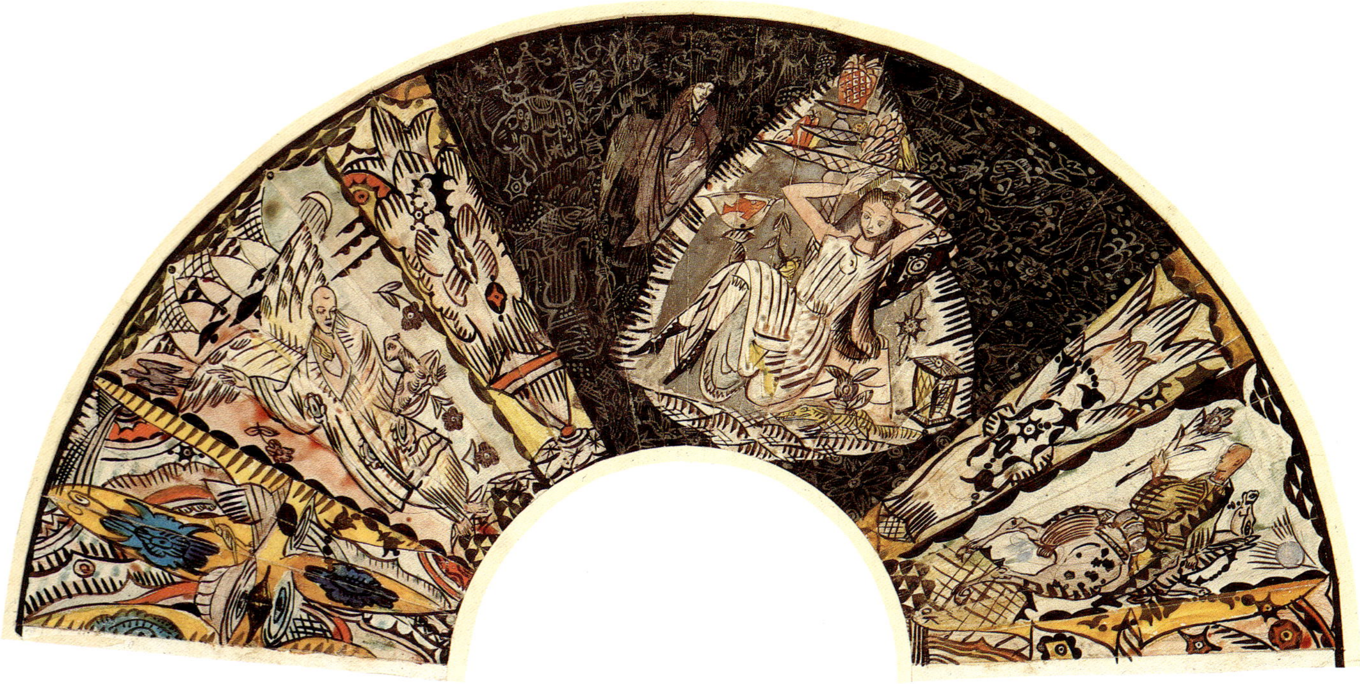

Oskar Kokoschka, Fächer für die Wiener Werkstätte, 1908

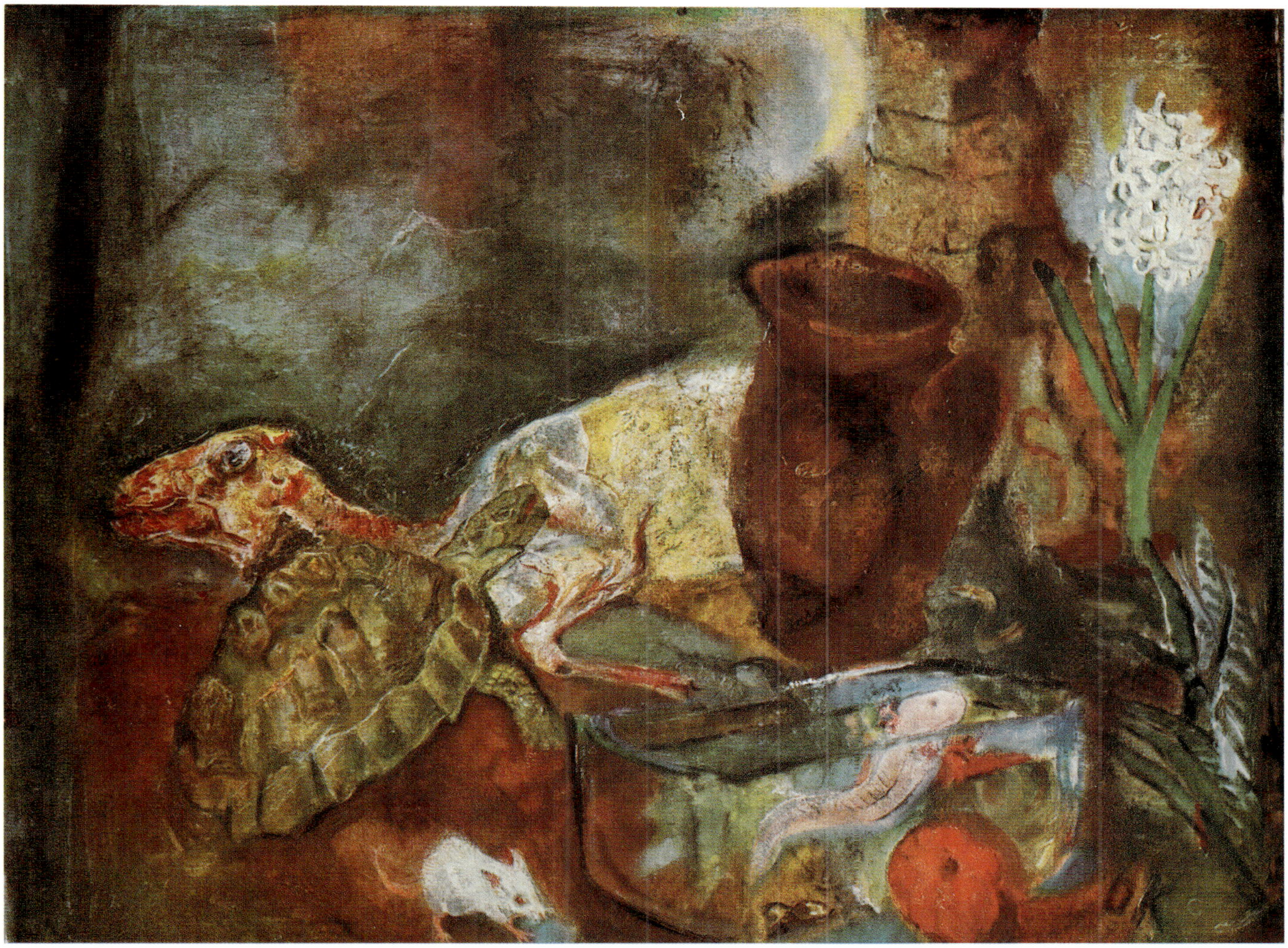

Oskar Kokoschka, Stilleben mit Hammel und Hyazinthe, 1909

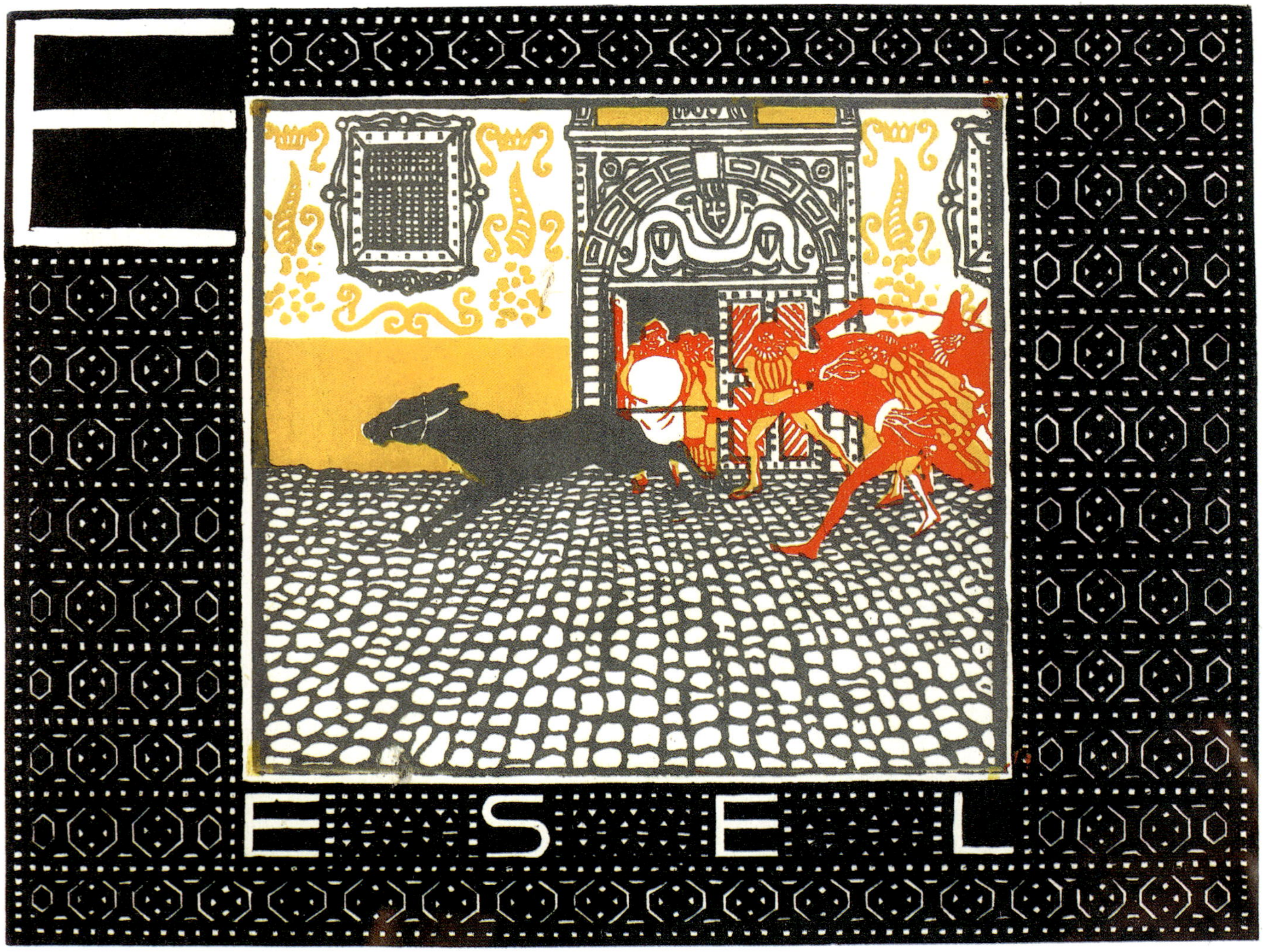

Moriz Jung, »Esel« aus dem Tier-ABC, 1906

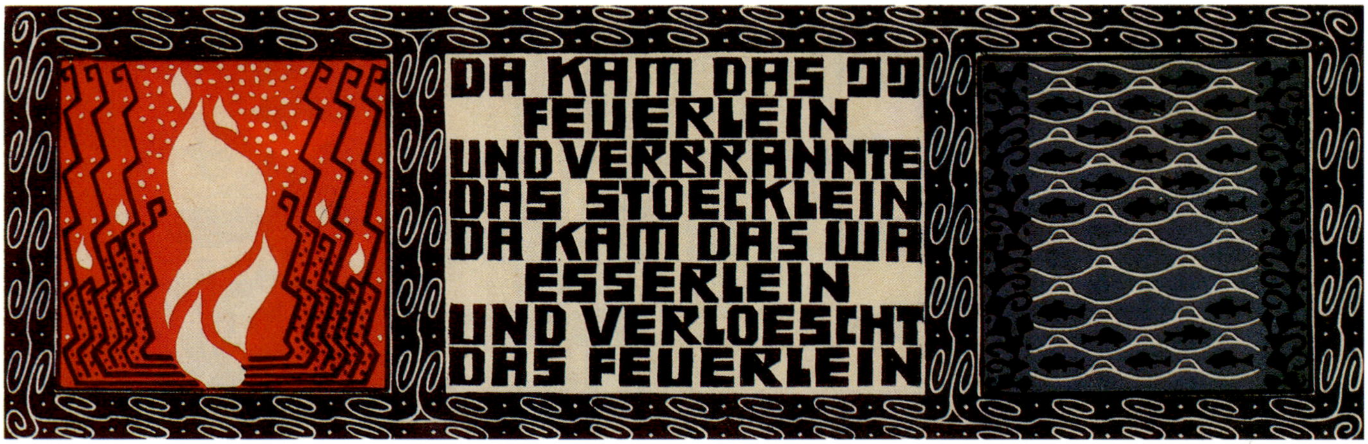

Franz Karl Delavilla, »Ein trauriges Stücklein«, Buchseite, 1906

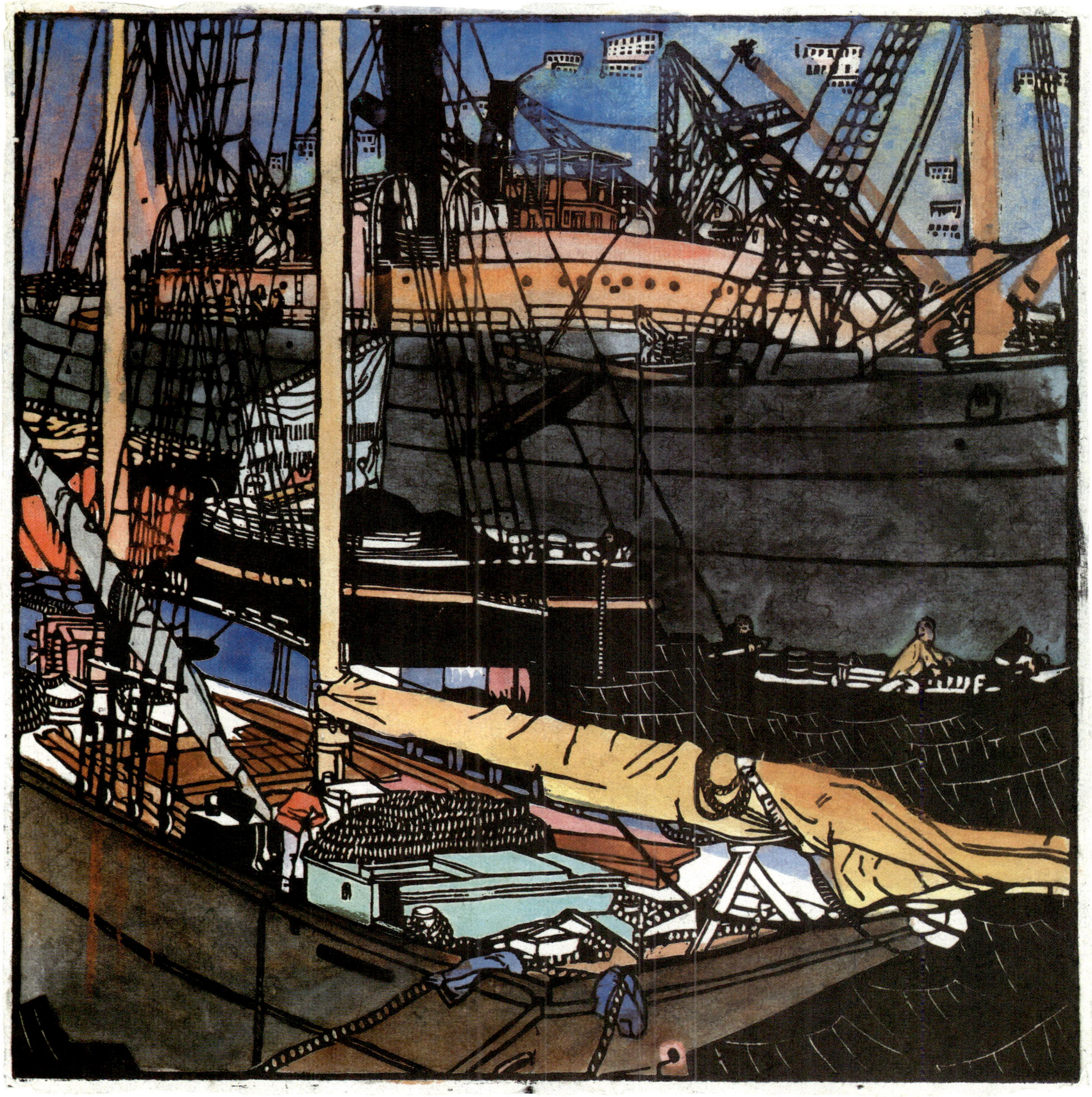

Rudolf Kalvach, Hafen von Triest, um 1908

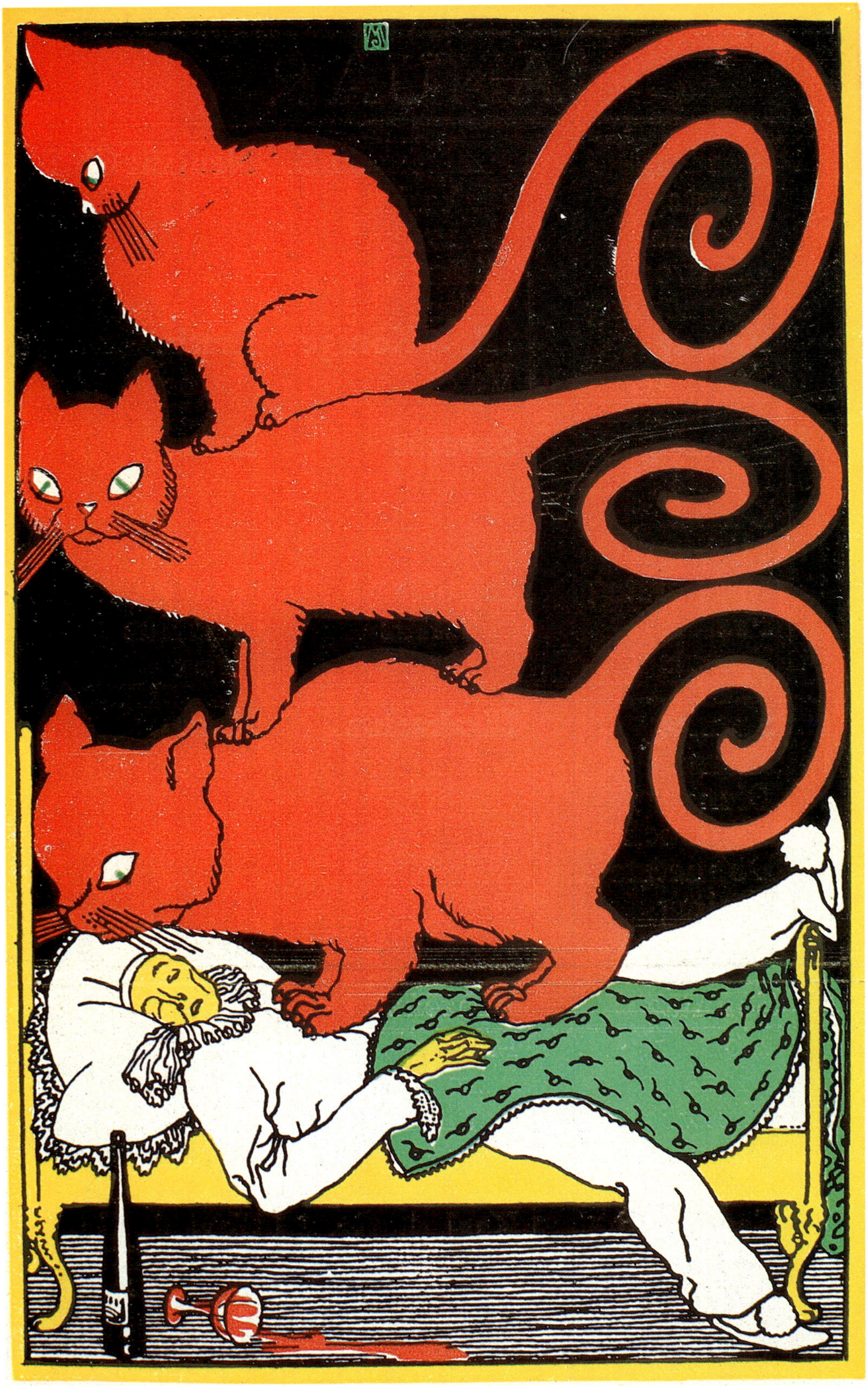

Moriz Jung, »Februar«, Kalenderblatt, 1911

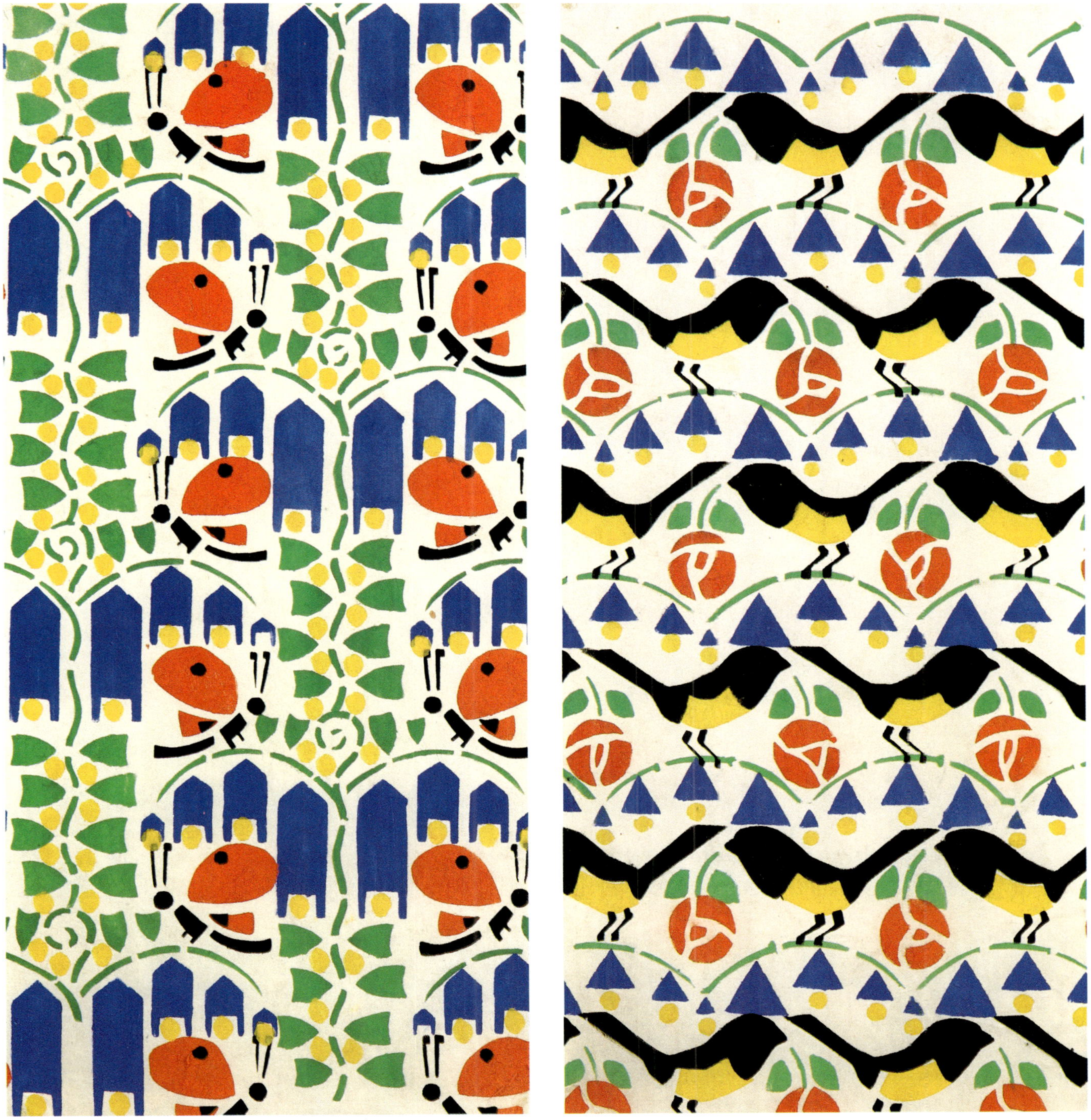

Karl Schwetz, Tapetenentwürfe, 1911

FRANZ METZNER

geb. 18. 11. 1870, Wscherau bei Pilsen (Böhmen)
gest. 24. 3. 1919, Berlin

1903–1906	Professor, Abteilung für Figurales Modellieren, Hilfskurs für Modellieren
1906–1907	Professor, Hilfskurs für Modellieren – vertreten durch Powolny
1907–1909	beurlaubt, 1909 vom Dienst enthoben

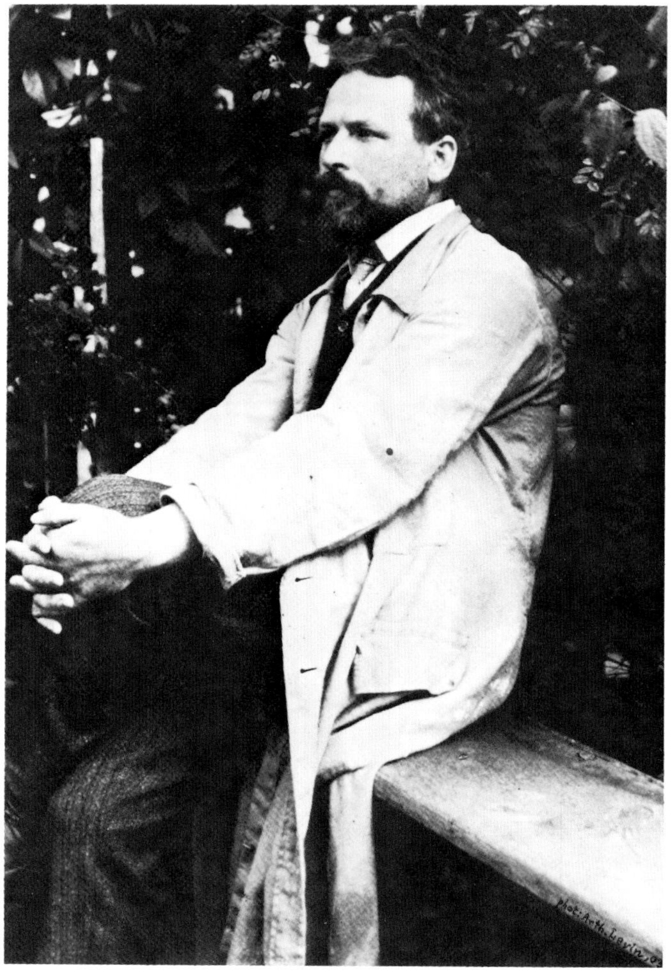

Nach einer 1886 begonnenen Lehre bei Steinmetz Wild in Pilsen war Franz Metzner von 1890 bis 1894 in Zwikkau, Dresden, Altenburg, Leipzig, Hamburg, Berlin und Frankfurt a. M. als Geselle und Gehilfe in Werkstätten beschäftigt. Studienreisen führten ihn nach Paris und Italien. 1894 ließ er sich in Berlin nieder. Hier eröffnete er 1896 ein eigenes Atelier und arbeitete vor allem an Konkurrenzentwürfen zu Denkmälern. Von 1897 bis 1902 war Metzner als Entwerfer für die Königliche Porzellanmanufaktur in Berlin tätig. Er repräsentierte die Königliche Porzellanmanufaktur auf der Weltausstellung in Paris 1900 und errang die Goldene Medaille. Nach 1900 trat er in Kontakt zur Wiener Secession und wurde deren Mitglied. Metzner übersiedelte 1903 nach Wien und nahm seine Lehrtätigkeit an der Kunstgewerbeschule auf. Im Rahmen der Wiener Secession stellte er mehrfach aus, auf der XX. Ausstellung der Vereinigung war ihm ein Raum gewidmet. Metzner verließ die Secession 1905 mit der Gruppe um Gustav Klimt, wirkte zwischen 1905 und 1911 an Josef Hoffmanns Palais Stoclet in Brüssel mit und war 1908 auf der Kunstschau vertreten. Zu seinen in Wien entstandenen Werken zählen der bauplastische Schmuck des von Josef Plečnik erbauten Zacherlhauses und des von Josef Zasche erbauten Palais des Wiener Bankvereines. 1906 erhielt Metzner den Auftrag zu einem seiner Hauptwerke, zur gesamten plastischen Gestaltung des Völkerschlachtdenkmales in Leipzig (Architekt Bruno Schmitz). Er gab Ende 1906 sein Atelier in Wien auf und zog nach Berlin, blieb jedoch weiterhin mit Wien und Prag in Verbindung. Metzner war Obmann des 1910 gegründeten Deutsch-Böhmischen Künstlerbundes, er schuf in Prag zum Beispiel die Bauplastik am Palais der Zuckerindustrie. Obwohl Metzner seit 1912 preußischer Staatsbürger war, stellte er bis zu seiner Integration in das Kunstleben Berlins, in den Verband der Berliner Secession, vor allem im Rahmen österreichischer Künstlervereinigungen aus (1911 Rom, 1912 Dresden, 1913 Düsseldorf). 1919 starb er kurz nach seiner Ernennung zum Mitglied der Preußischen Akademie der Künste in Berlin.

Literaturauswahl: Kat. Ausst. Franz Metzner. Ein Bildhauer der Jahrhundertwende in Berlin–Wien–Prag–Leipzig, München 1977.

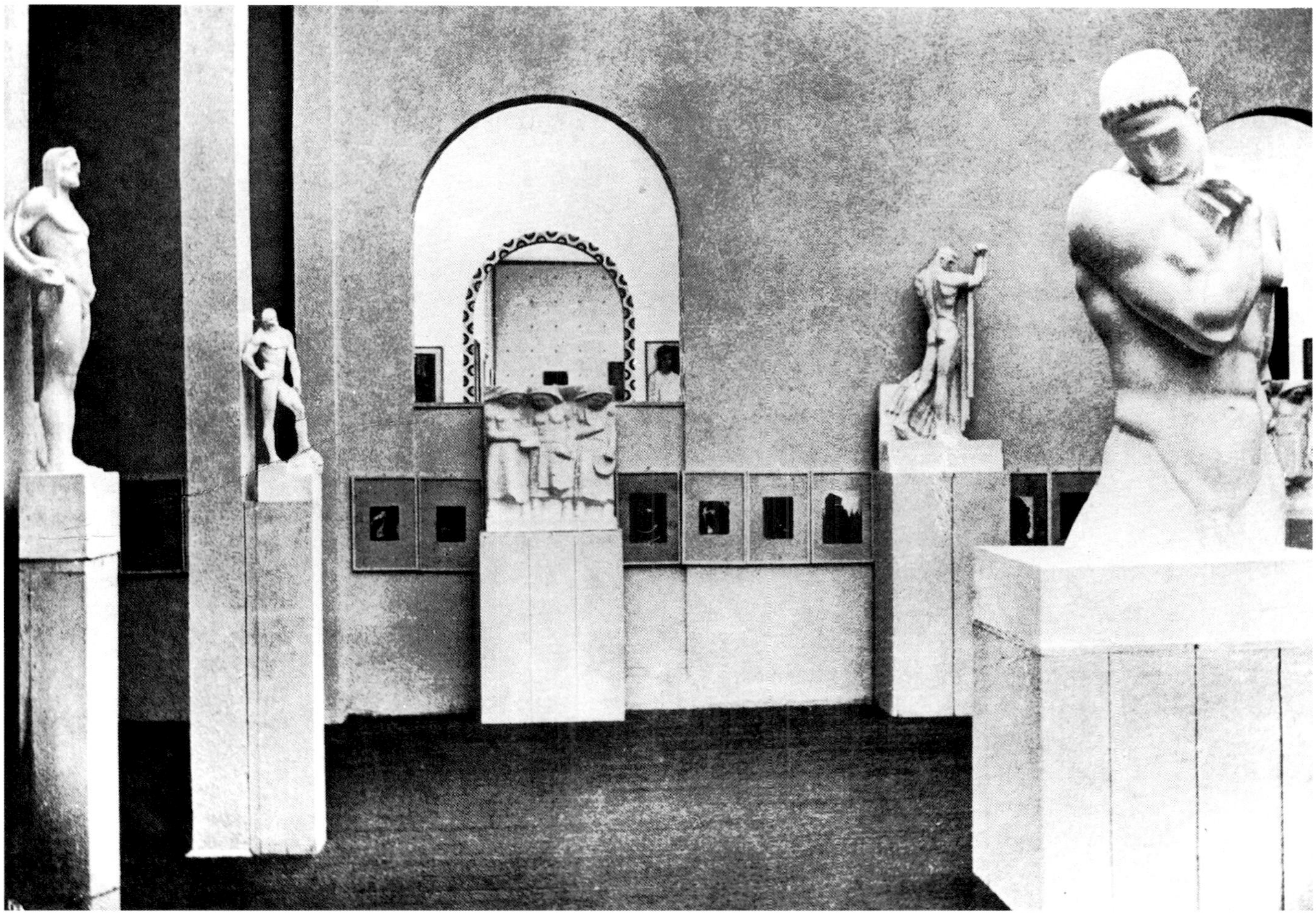

Metzner-Saal, Kunstschau Wien 1908

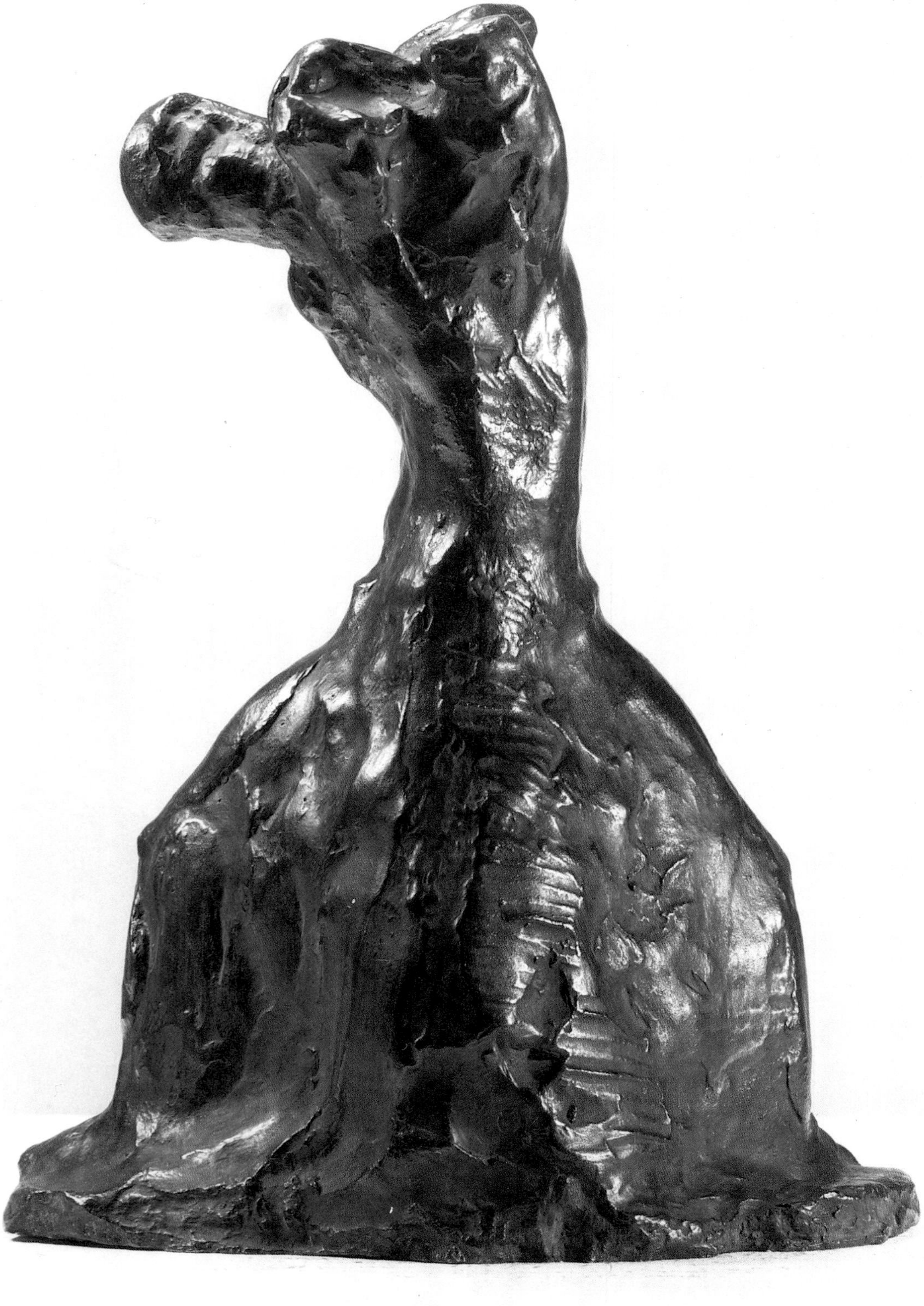

Franz Metzner, Der Werfer, 1918

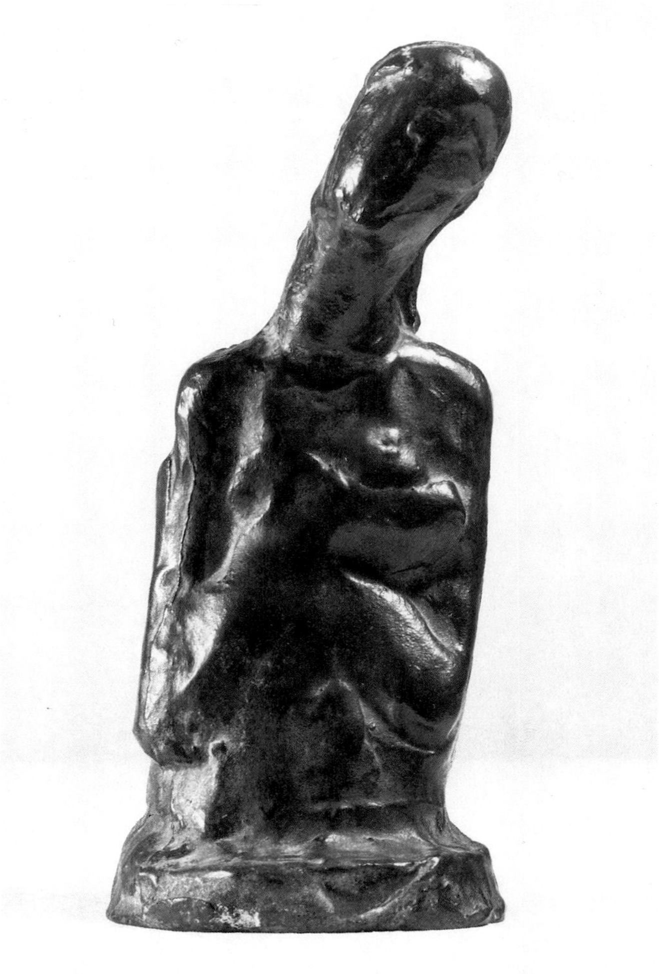

Franz Metzner, Studie zu einer weiblichen Halbfigur, um 1917

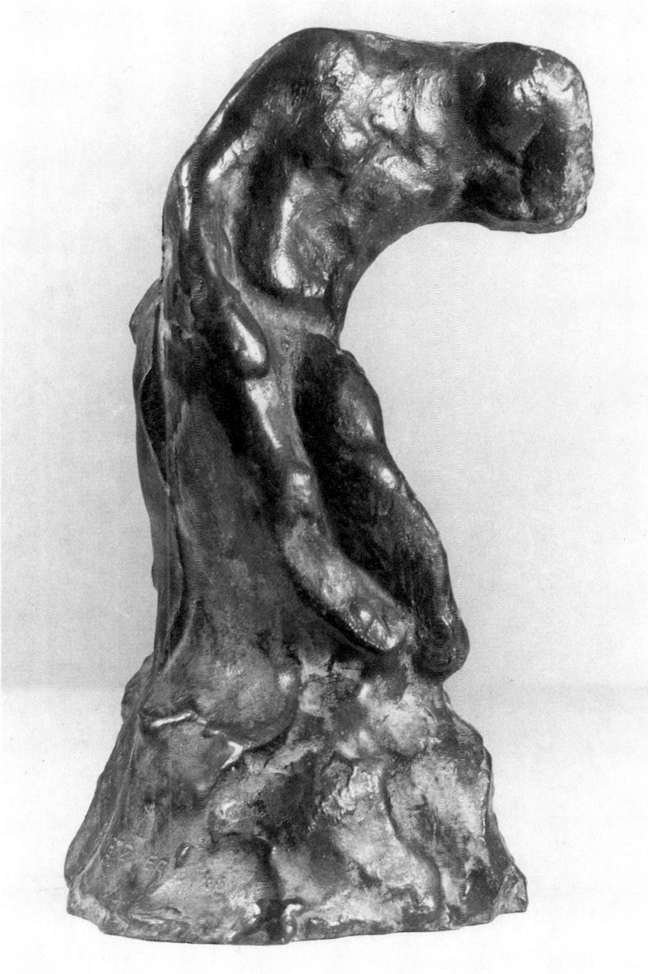

Franz Metzner, Knabe, um 1917

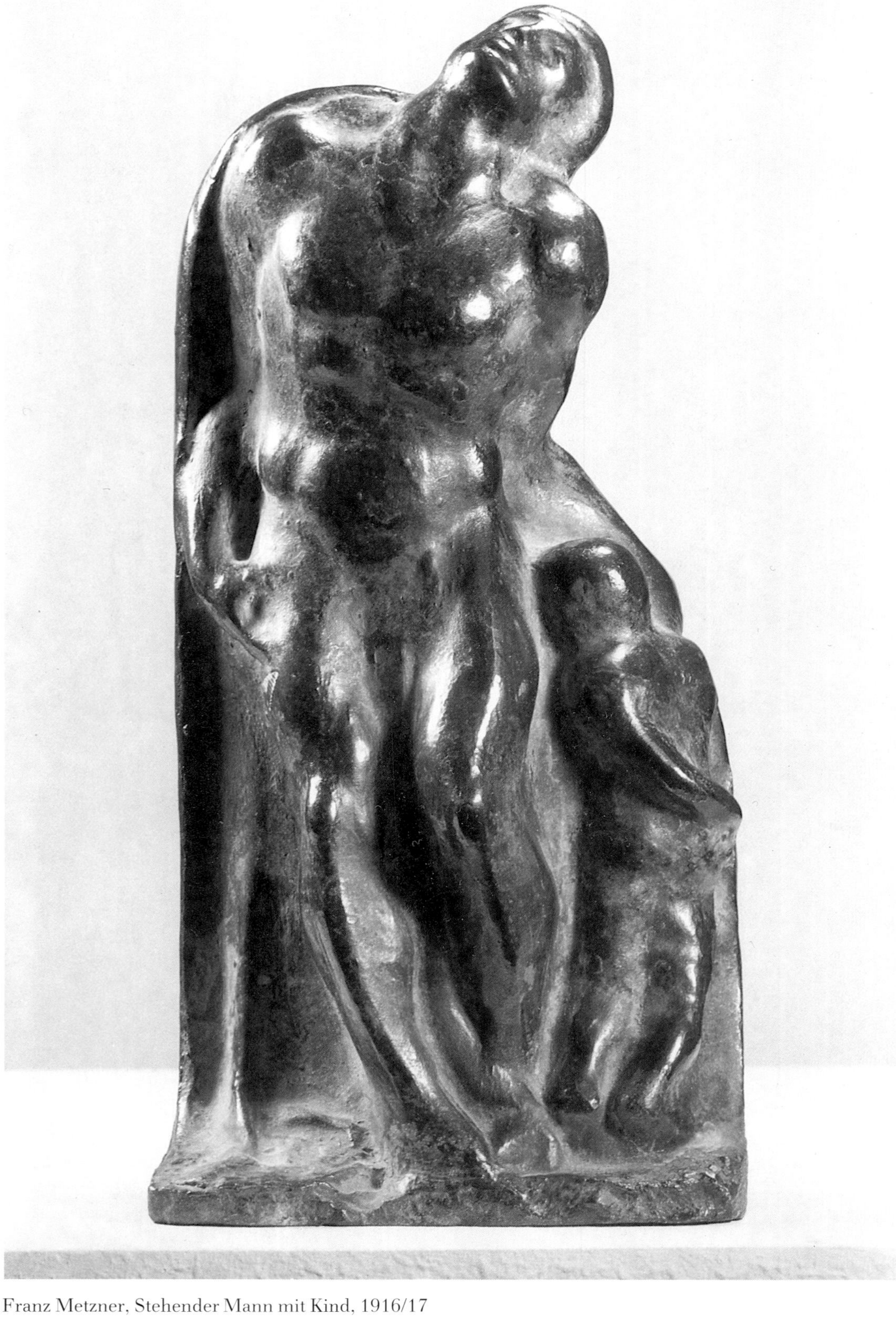

Franz Metzner, Stehender Mann mit Kind, 1916/17

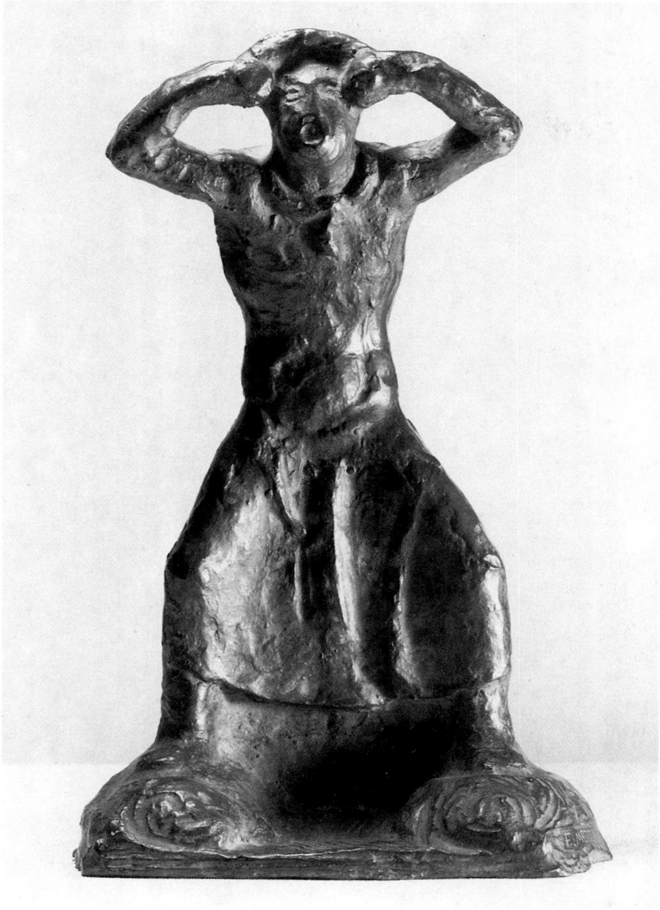

Franz Metzner, Der Rufer, 1917

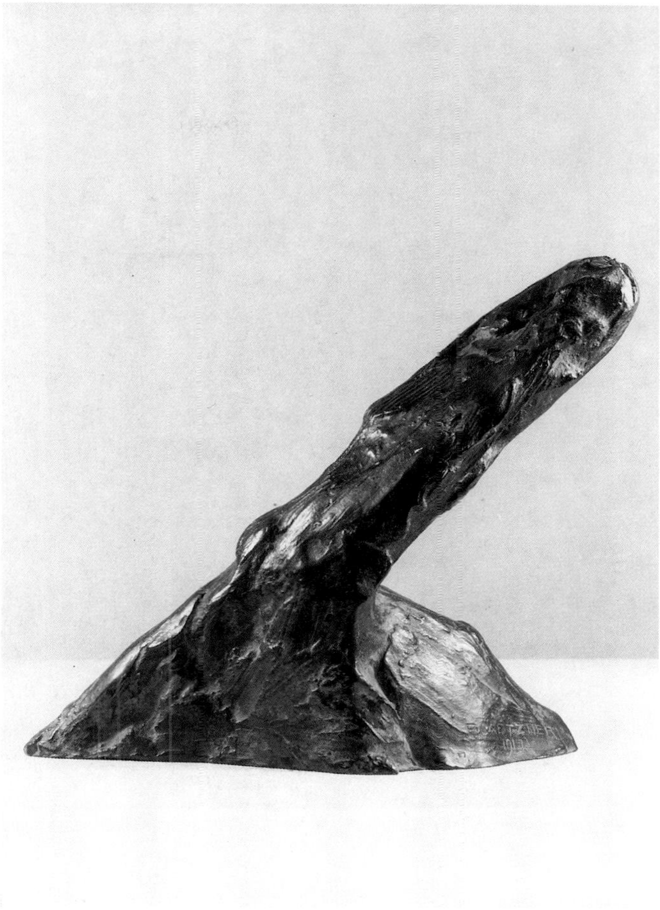

Franz Metzner, Der Schreitende, 1917

MICHAEL POWOLNY

geb. 18. 9. 1871, Judenburg
gest. 4. 1. 1954, Wien

1894–1901	Studium u. a. bei Breitner, König und Strasser an der Kunstgewerbeschule
1903–1906	Assistent, Abteilung für Figurales Modellieren bei Metzner
1906–1907	Abteilung für Figurales Modellieren in Vertretung Metzners
1909–1912	Vertragslehrer, Werkstätte für Keramik
1912–1932	Professor, Werkstätte für Keramik
1923–1924	Professor, Werkstätte für Keramik und Glasveredelung
1926–1932	Professor, Werkstätte für Glasschnitt und Glasschliff
1932–1936	Professor, Fachklasse für Bildhauerei

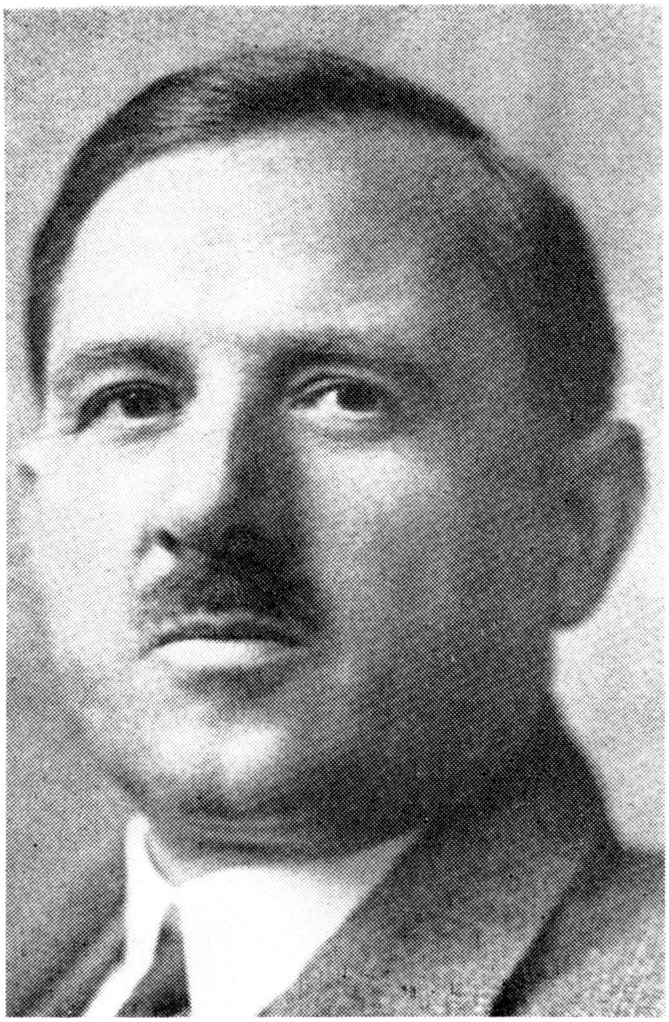

Michael Powolny schloß eine Hafnerlehre ab und war Gehilfe eines Ofenbauers in Steyr, bevor er 1891 bis 1894 die Fachschule für Tonindustrie in Znaim besuchte. Noch während seines Studiums an der Kunstgewerbeschule wurde er Mitglied der Wiener Secession. Ab 1900 arbeitete er selbständig als Plastiker auf kunstgewerblichem Gebiet. Gemeinsam mit Bertold Löffler gründete Powolny 1905 die Wiener Keramik, die mit der Wiener Werkstätte ab etwa 1907 eine Verkaufsgemeinschaft unterhielt. Die Produkte der Wiener Keramik wurden über die Wiener Werkstätte auch in Deutschland vertrieben. Zusammen mit Bertold Löffler schuf Powolny die Majolikakacheln für das Cabaret »Fledermaus«, er entwarf Öfen für die Firmen Sommerhuber, Steyr, und Schwadron, Wien, figürliche Keramiken für das Zentralkinderheim der Gemeinde Wien, für das Dianabad, war an der Ausstattung der Villa Skywa und des Palais Stoclet in Brüssel beteiligt und beschäftigte sich mit Entwürfen zu Medaillen und Plaketten. 1912 erfolgte der Zusammenschluß der Wiener Keramik mit der Gmundner Keramik, der neue Firmenname lautete: »Vereinigte Wiener und Gmundner Keramik und Gmundner Tonwarenfabrik Schleiss GesmbH.«. Unter den zahlreichen Ausstellungen, in denen Powolny mit seinen Werken vertreten war, sind die Kunstschau 1908 und 1909, die Internationale Kunstausstellung Rom 1911, die Werkbund-Ausstellung Köln 1914, die Ausstellung Österreichisches Kunstgewerbe 1919 und die Werkbund-Ausstellung 1930 hervorzuheben. Powolny war Mitglied des Deutschen und Österreichischen Werkbundes. 1951 wurde er mit der Ehrenmedaille der Gemeinde Wien ausgezeichnet.

Literaturauswahl: Waltraud Neuwirth, Österreichische Keramik des Jugendstils, München 1974; Elisabeth Seelig, Michael Powolny, Dissertation in Vorbereitung.

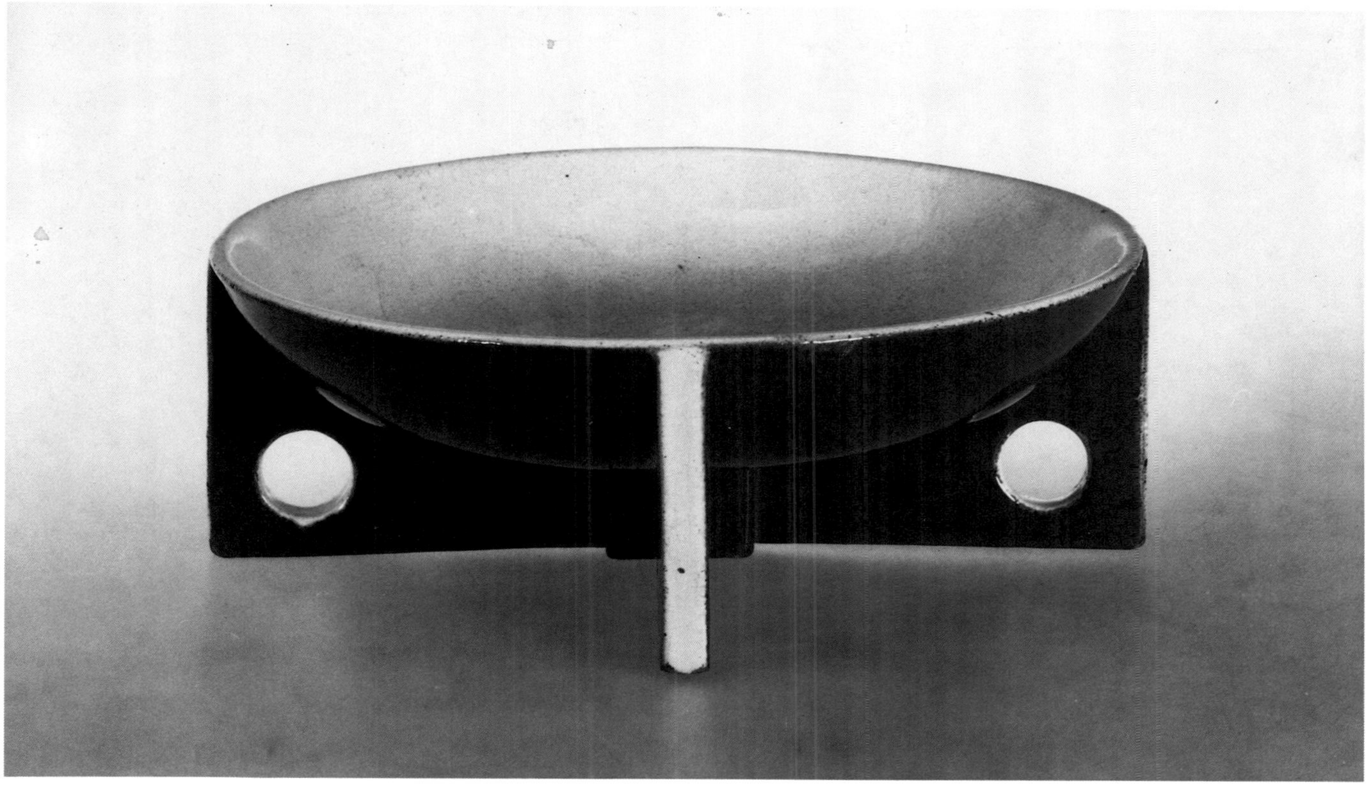

Michael Powolny zugeschrieben, Schale, um 1905

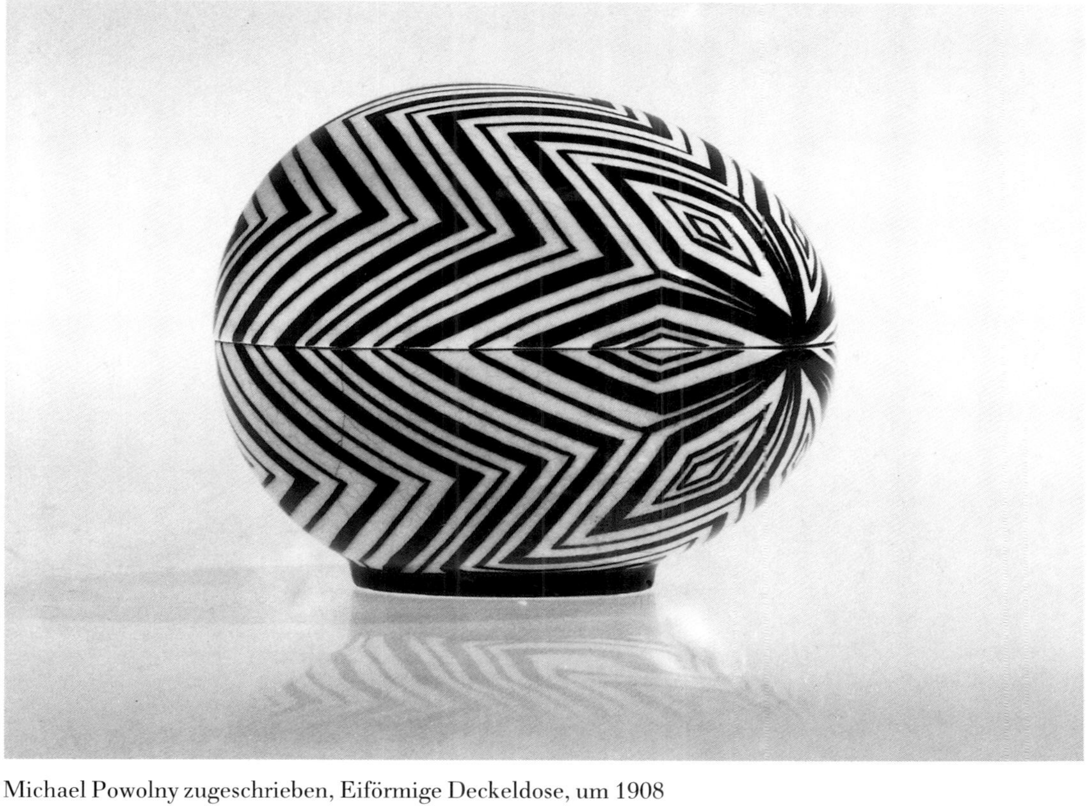

Michael Powolny zugeschrieben, Eiförmige Deckeldose, um 1908

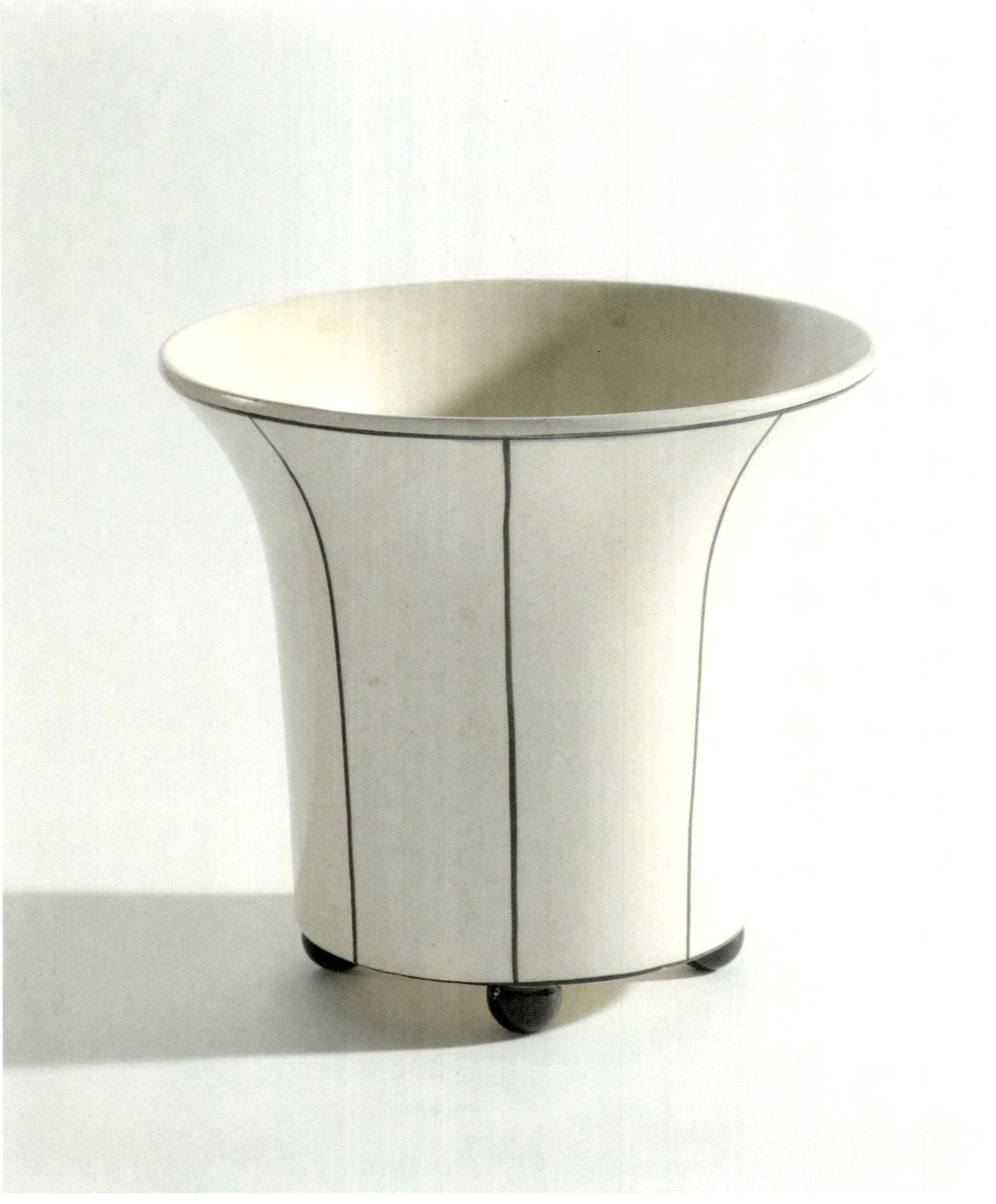

Michael Powolny, Vase, um 1912

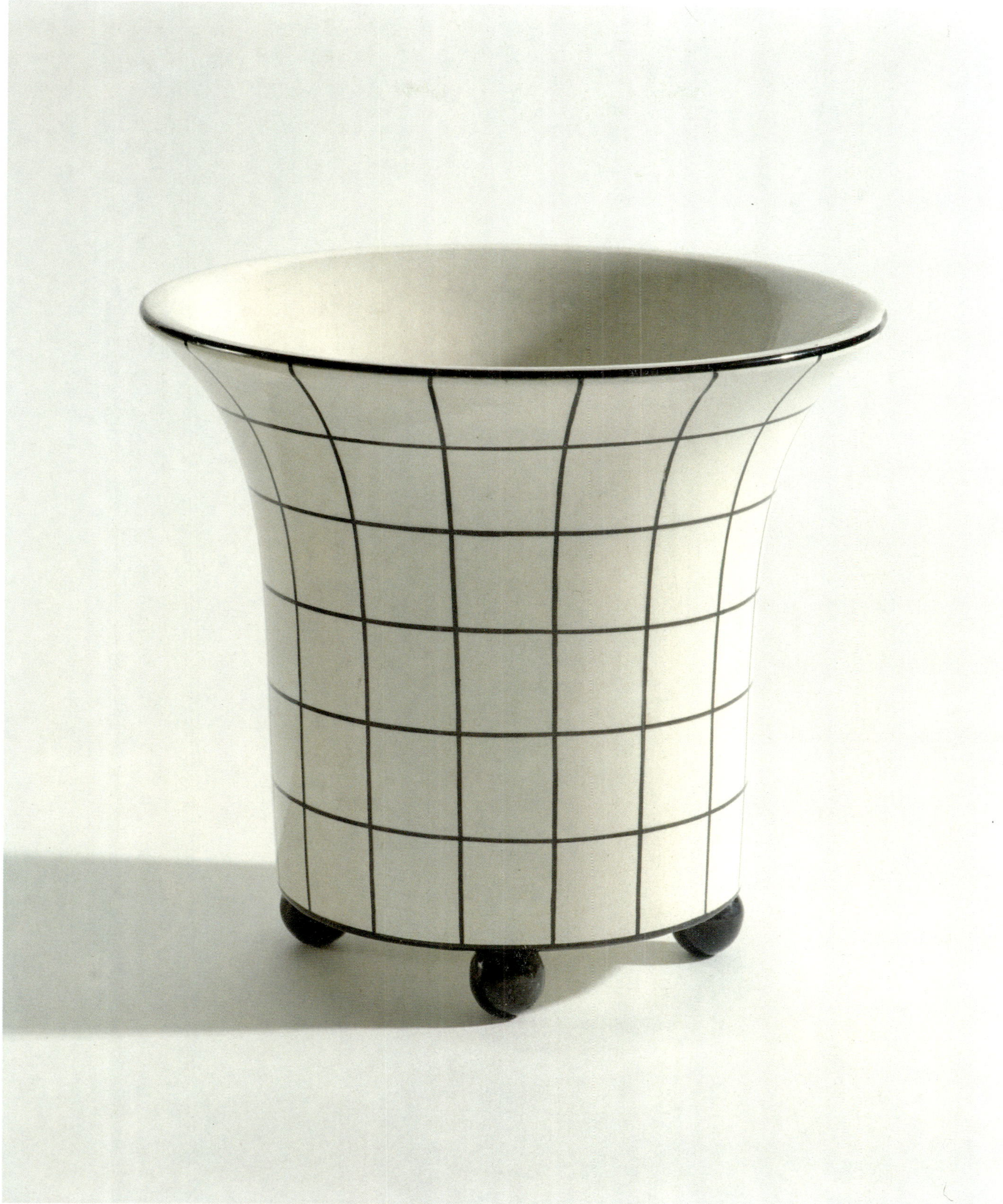

Michael Powolny, Vase, um 1912

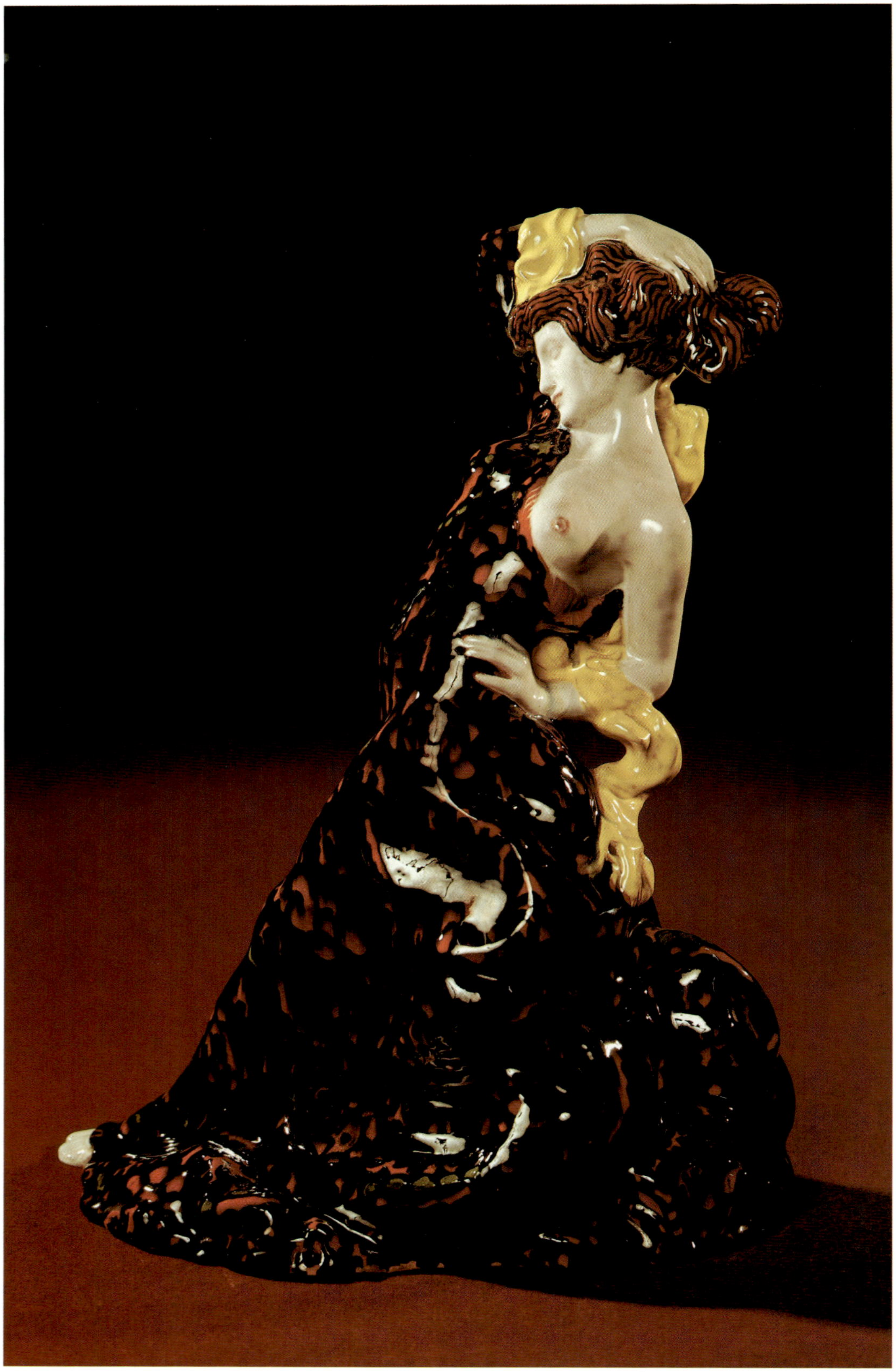

Robert Obsieger, Tänzerin, um 1911

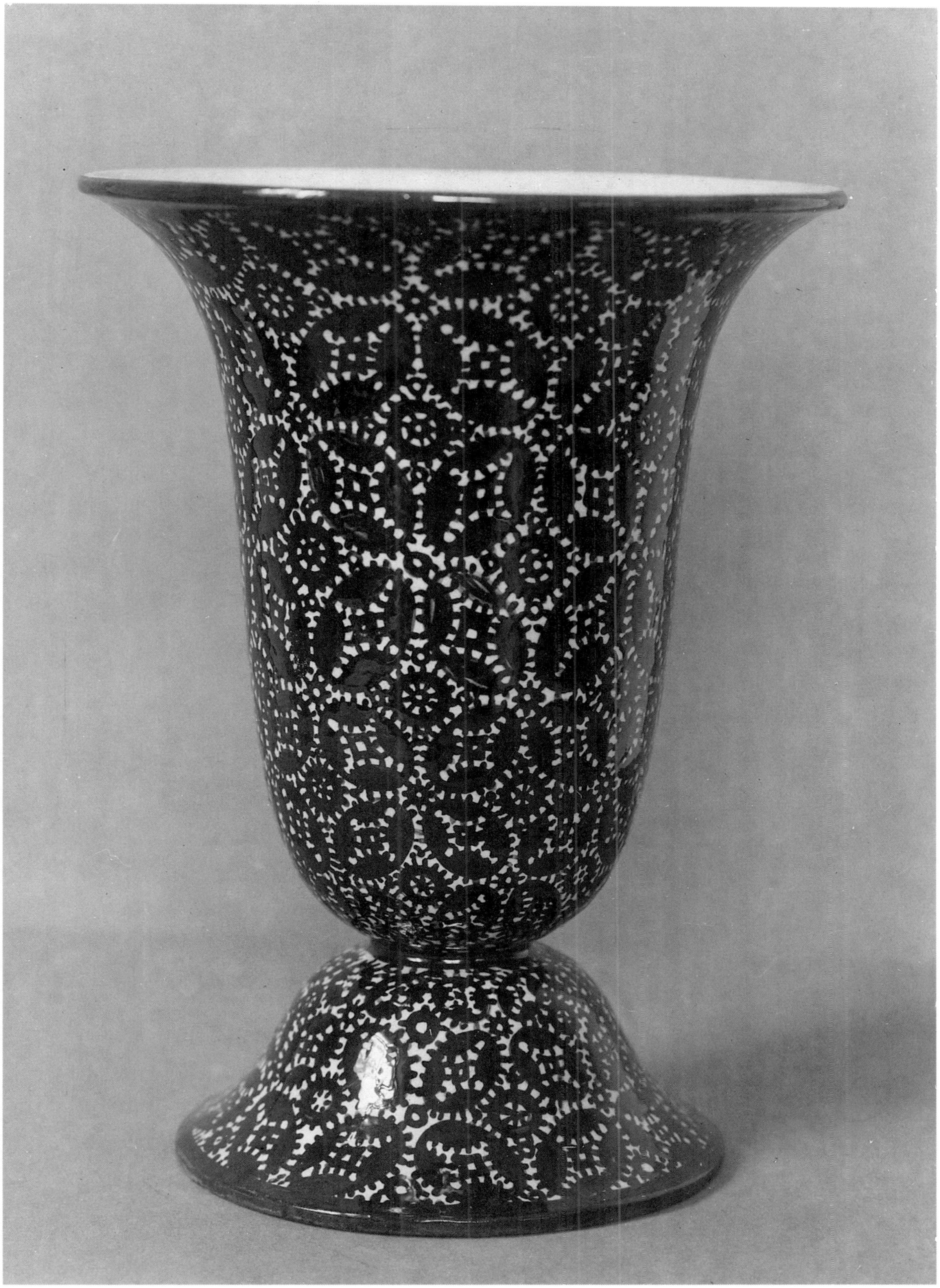

Ludwig Schmidt, Vase, um 1912

ANTON HANAK

geb. 22. 3. 1875, Brünn
gest. 7. 1. 1934, Wien

1907–1908 Lehrer, Spezialkurs für Meister und Gehilfen
1913–1932 Professor, Fachklasse für Bildhauerei

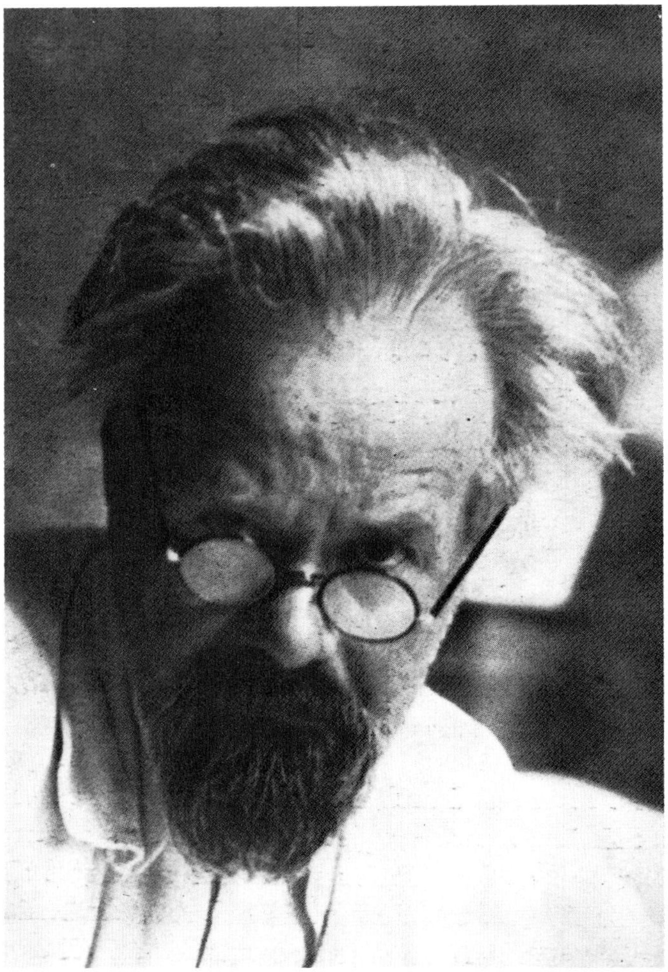

Anton Hanak kam nach seiner Lehre bei Ludwig Sauer in Wien 1893 als Geselle zu Holzbildhauer Swoboda. Während der Zeit seiner Wanderschaft (1894–1898) arbeitete er unter anderem bei Bildhauer Potschacher in Salzburg, verbrachte die Wintermonate jedoch in Wien, um an einem Spezialkurs für Bildhauer und Modelleure an der Staatsgewerbeschule teilzunehmen. Ab 1898 studierte Hanak an der Akademie der bildenden Künste Wien, er schloß die Spezialklasse Edmund Hellmers 1904 ab und erhielt ein Rom-Stipendium. Durch einen Porträtauftrag lernte Hanak die Familie Primavesi kennen. Er stellte wahrscheinlich die Verbindung zwischen der Wiener Werkstätte und der Familie Primavesi, die später zu den wichtigsten Gesellschaftern der Wiener Werkstätte gehörte, her. Hanak selbst führte für diese Familie eine große Anzahl an Plastiken und kunstgewerblichen Arbeiten aus. 1906 wurde Hanak Mitglied der Wiener Secession, war auf der 27. Ausstellung der Secession mit dem Wandbrunnen »Wasser des Lebens« vertreten und nahm auch an den folgenden Ausstellungen der Secession teil. In den kommenden Jahren beschäftigte er sich vielfach mit Entwürfen zu Denkmalkonkurrenzen. 1910 erhielt er den Auftrag zu zwei Figuren für das Verwaltungsgebäude der Vorwärts-Druckerei in Wien. Josef Hoffmann zog Hanak häufig zur Gestaltung des plastischen Schmuckes seiner Bauten heran, so zum Beispiel beim Haus Skywa, beim Landhaus Primavesi und beim Landhaus Ast. 1910 wurde Hanak eingeladen, für die Internationale Kunstausstellung in Rom 1911 die Repräsentativ-Plastik zu schaffen. Auf der Großen Kunstausstellung Dresden 1912 waren im Mittelschiff der Monumentalhalle des von Josef Hoffmann erbauten Österreichischen Hauses 18 Plastiken Hanaks zu sehen. Auch während der Tätigkeit als Professor an der Kunstgewerbeschule trat Hanak in zahlreichen Ausstellungen auf, zum Beispiel 1914 in der Deutschen Werkbund-Ausstellung Köln. Zu den späteren Auftragswerken, die Hanak trotz längerer Krankheiten erfüllte, zählte seine Mitarbeit am 1928 vollendeten Denkmal der Republik. 1932, im Jahr, in dem Clemens Holzmeister Hanak die plastische Gestaltung des »Emnyet-Denkmals« in Ankara übertrug, wechselte Hanak von der Kunstgewerbeschule zur Professur an der Akademie der bildenden Künste über.

Literaturauswahl: Hedwig Steiner, Anton Hanak. Werk, Mensch und Leben, München 1969; Gerhardt Kapner, Anton Hanak. Kunst- und Künstlerkult. Ein Beispiel, Wien–München 1984.

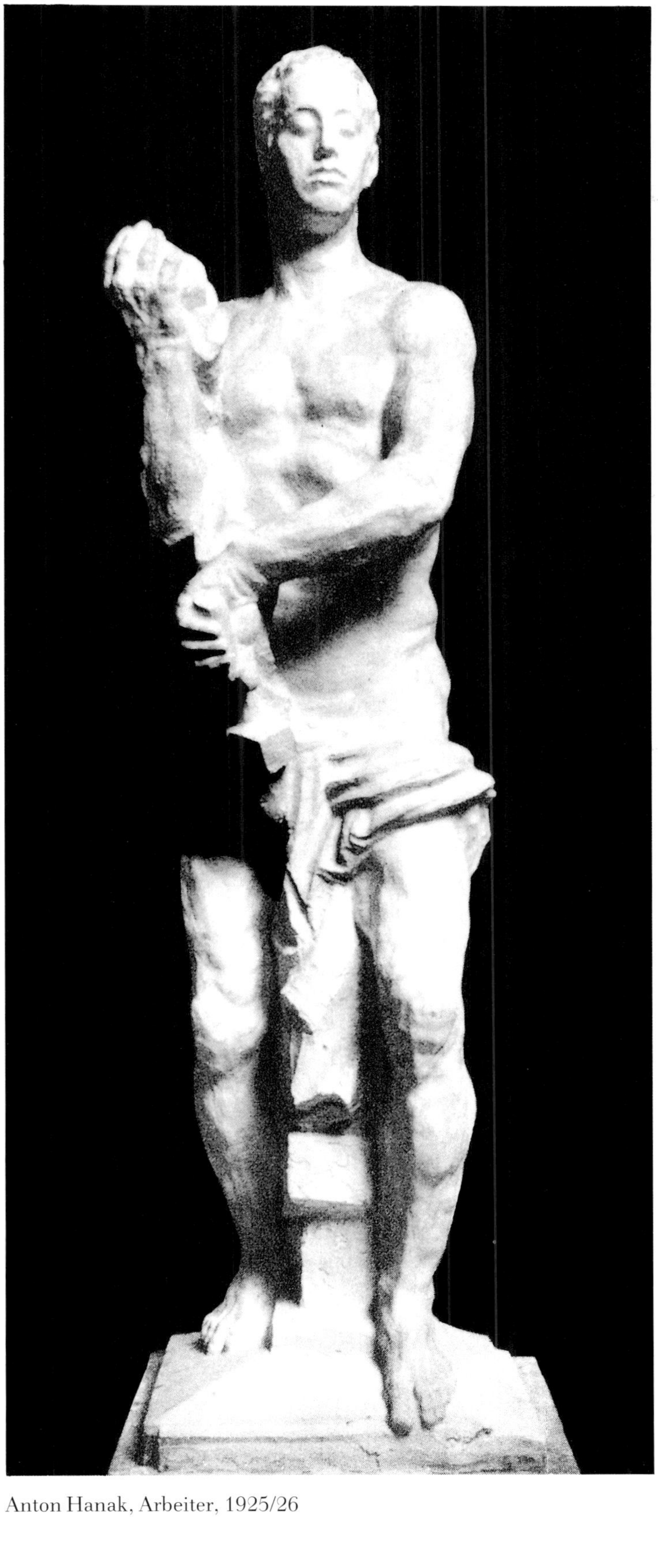

Anton Hanak, Arbeiter, 1925/26

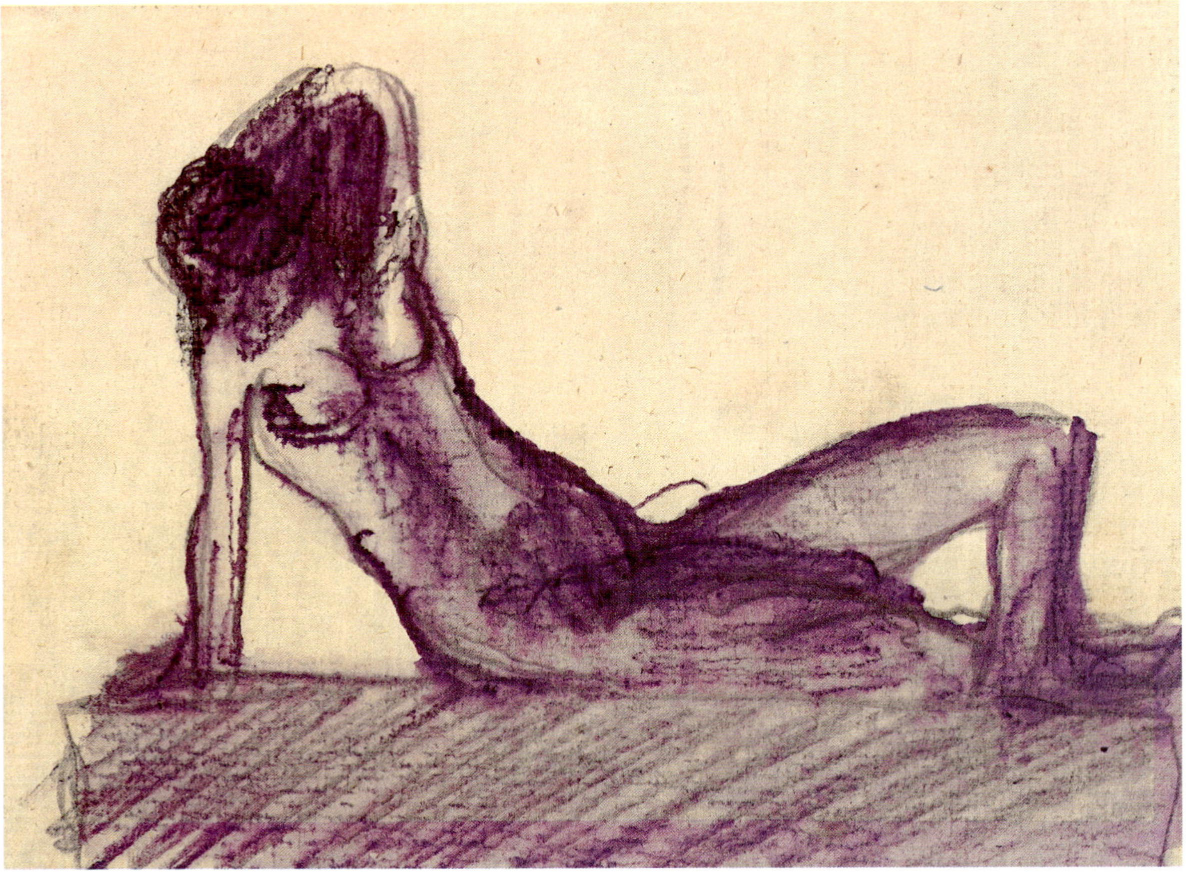

Anton Hanak, Liegende mit aufgestütztem Arm, um 1915

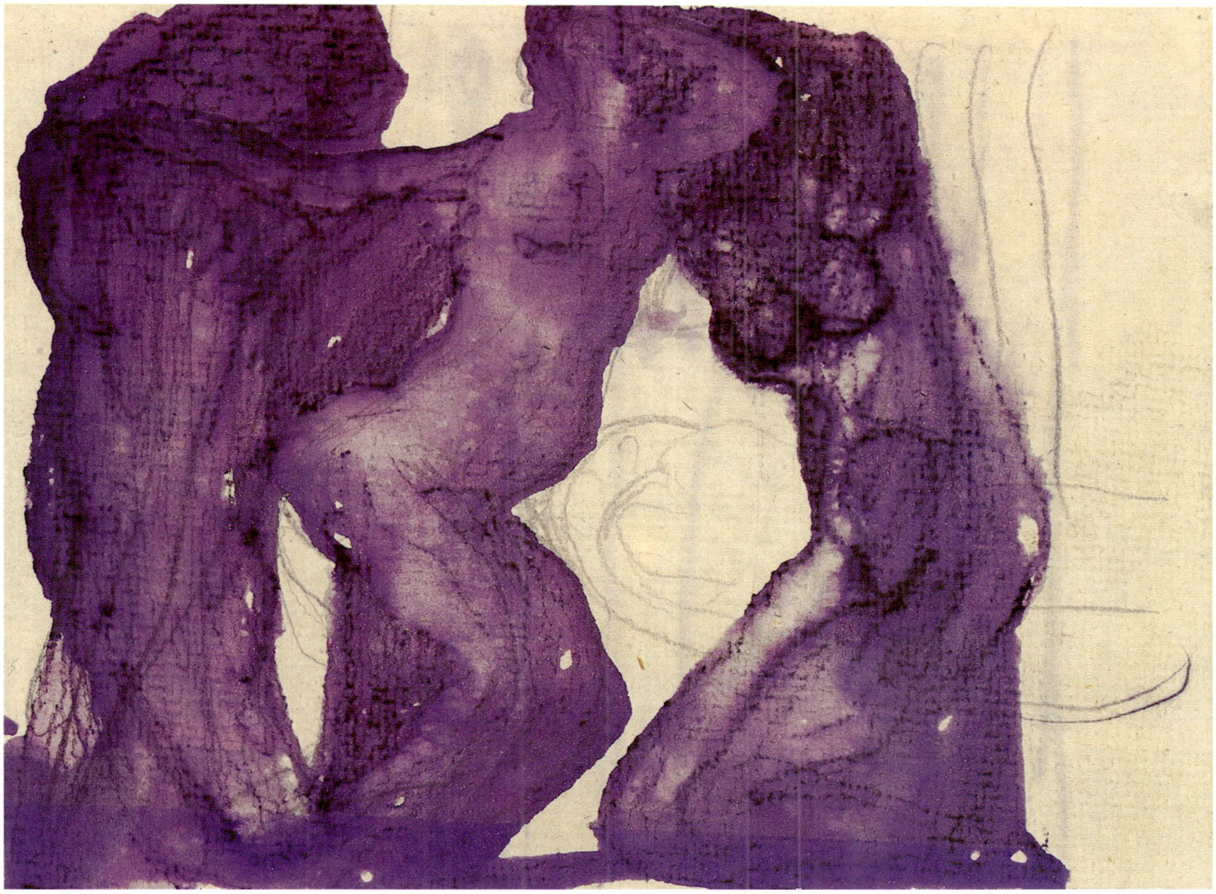

Anton Hanak, Stehende Figuren, 1915

OSKAR STRNAD

geb. 26. 10. 1879, Wien
gest. 3. 9. 1935, Bad Aussee

1909–1910	Vertragslehrer, Allgemeine Abteilung – Allgemeine Formenlehre, I. Jahrgang
1910–1912	Professor, Allgemeine Abteilung – Allgemeine Formenlehre, I. Jahrgang
1912–1914	Professor, Allgemeine Abteilung – Historische Formenlehre, II. Jahrgang
1914–1918	Professor, Fachklasse für Architektur; Allgemeine Abteilung – Allgemeine Formenlehre, I. Jahrgang
1918–1921	Professor, Fachklasse für Architektur; Technisches Zeichnen, I. und II. Jahrgang
1921–1935	Professor, Fachklasse für Architektur

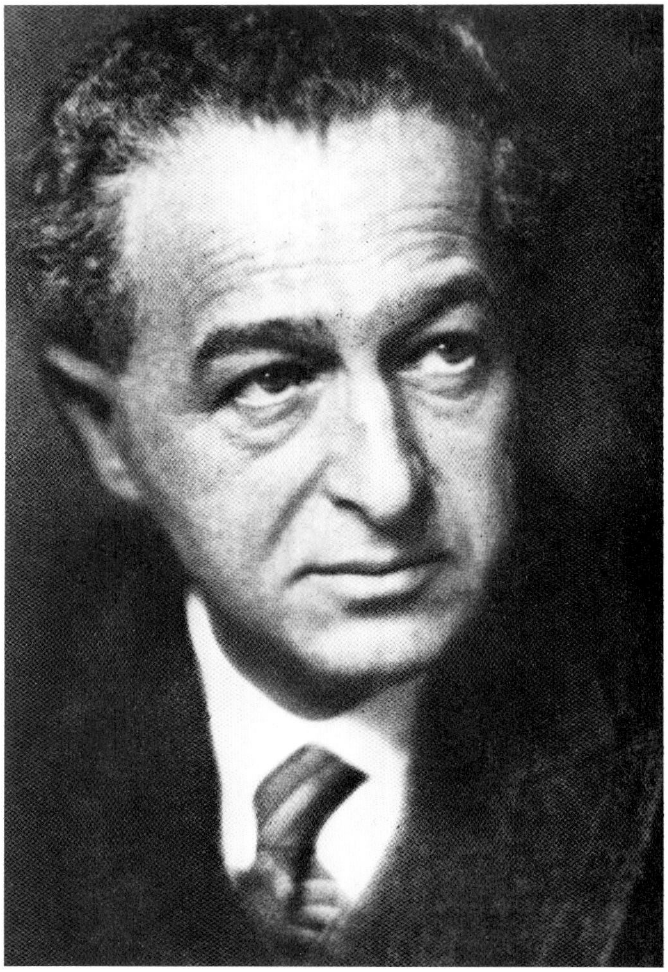

Oskar Strnad studierte an der Technischen Hochschule Wien bei Carl König, Ferstel und Mayreder und promovierte 1904 mit einer Dissertation zum Thema »Prinzipien der frühchristlichen Kunst«. Danach war er im Atelier Friedrich Ohmanns und im Büro Fellner und Helmer beschäftigt. Er nahm an Wettbewerben teil – gemeinsam mit Alfred Teller an der Konkurrenz für die Synagoge in Triest, 1905 am Wettbewerb für das Kaiserin-Elisabeth-Denkmal in Wien. Im Auftrag der Staatsdruckerei arbeitete er an einer Parthenon-Rekonstruktion. 1909, im Jahr seines Eintritts in die Kunstgewerbeschule, begann die selbständige Tätigkeit als Architekt, Strnad hielt Vorträge und setzte sich theoretisch mit dem Möbel- und Wohnungsbau auseinander. Ein frühes bedeutendes Bauwerk, das Haus in der Kobenzlgasse (gemeinsam mit Oskar Wlach), entstand 1910. Mit dem Haus Wassermann in Kaasgraben gelang ihm 1914 ein in Bau und Innenausstattung richtungsweisendes Werk, ebenfalls 1914 trug er zur Gestaltung des Österreichischen Hauses auf der Deutschen Werkbund-Ausstellung Köln bei. Strnad nahm nun seine ersten Theaterprojekte in Angriff, ab 1919 arbeitete er als Bühnenbildner am Deutschen Volkstheater in Wien. Er wurde von Direktor Bernau dazu bewogen, dessen Ringbühnenpatent in sein Theaterprojekt miteinzubeziehen und vollendete sein Schauspielhausprojekt, 1923 trat er mit einem Drei-Szenen-Theater hervor. Insgesamt stammten 77 Inszenierungen von Strnad. In den zwanziger Jahren erstellte Strnad den Mittelbau des Winarskyhofes, zusammen mit Clemens Holzmeister das Heilbad Schallerbach und gestaltete den Ausstellungsraum der Firma Lobmeyr auf der Internationalen Kunstgewerbeausstellung in Paris (1925). 1932 schuf er das Doppelhaus der Werkbund-Siedlung und das Wohnhaus der Gemeinde Wien in der Holochergasse. Gegen Ende seines Lebens führte Strnad Bauten für die Filme »Maskerade« und »Episode« aus.

Literaturauswahl: Otto Niedermoser, Oskar Strnad, Wien 1965; Publikation der Hochschule für angewandte Kunst in Wien, Der Architekt Oskar Strnad. Zum hundertsten Geburtstage am 26. Oktober 1979, Wien 1979.

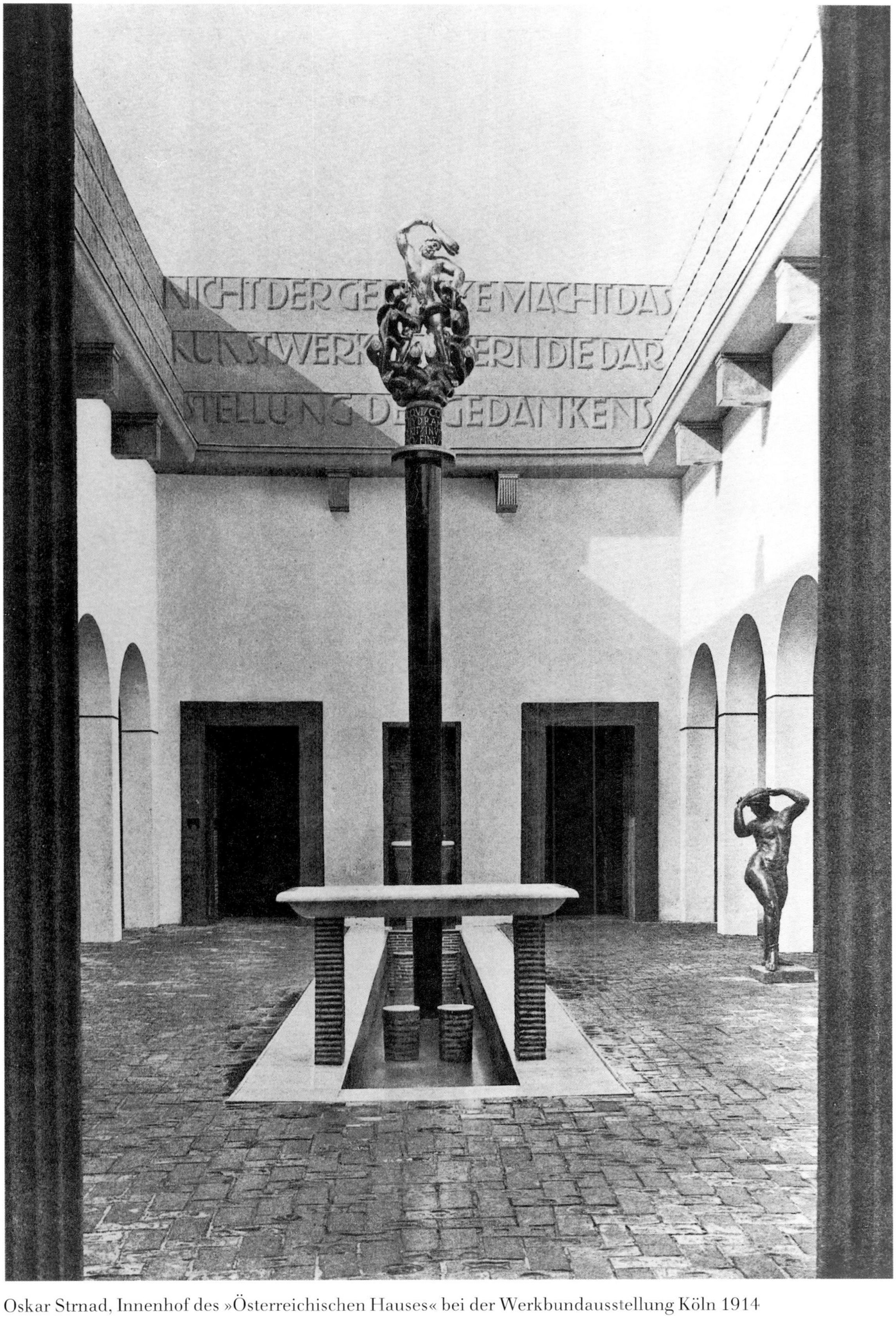

Oskar Strnad, Innenhof des »Österreichischen Hauses« bei der Werkbundausstellung Köln 1914

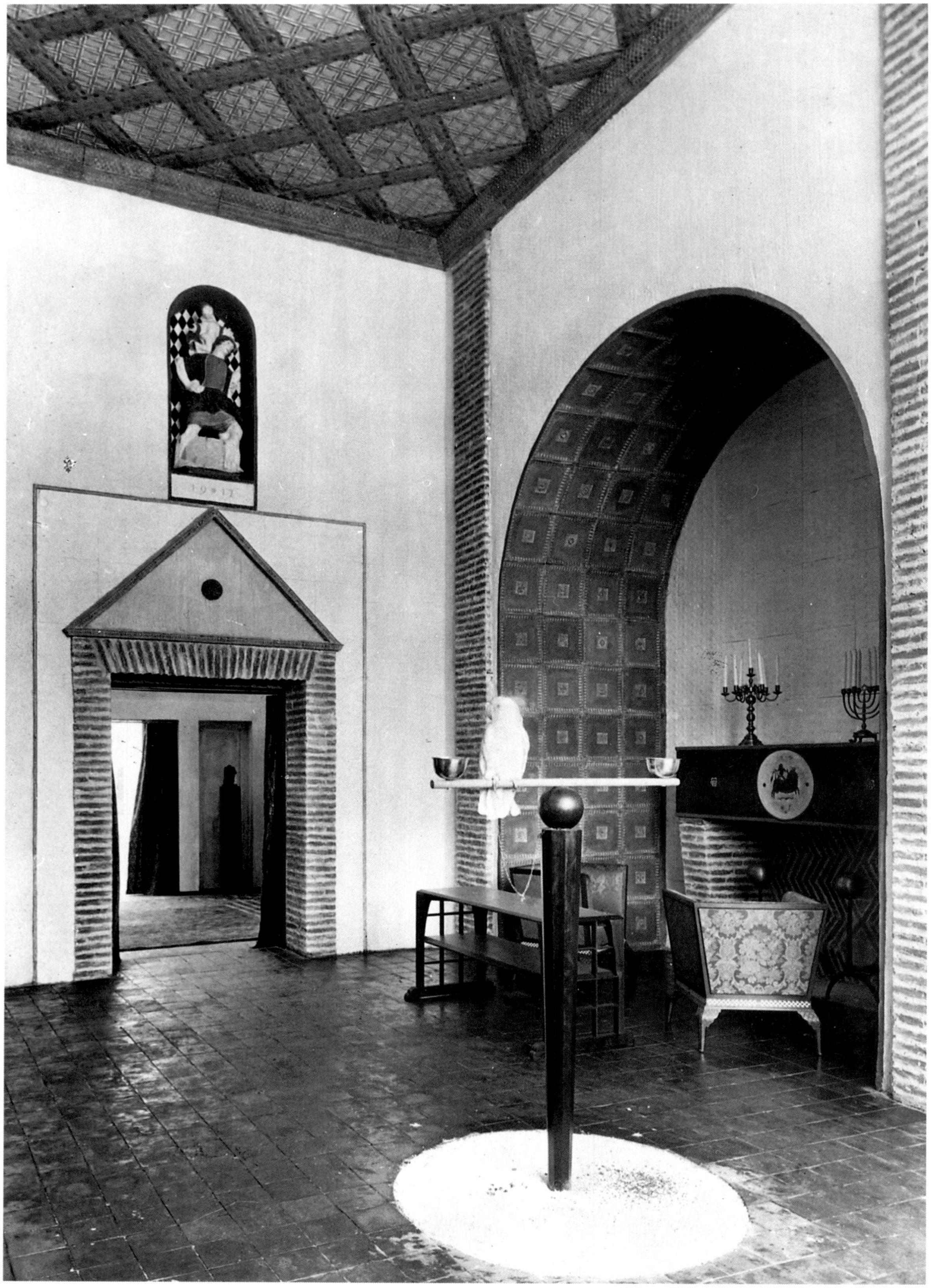

Oskar Strnad, Gartensaal auf der Frühjahrsausstellung im Österreichischen Museum für Kunst und Industrie, 1912

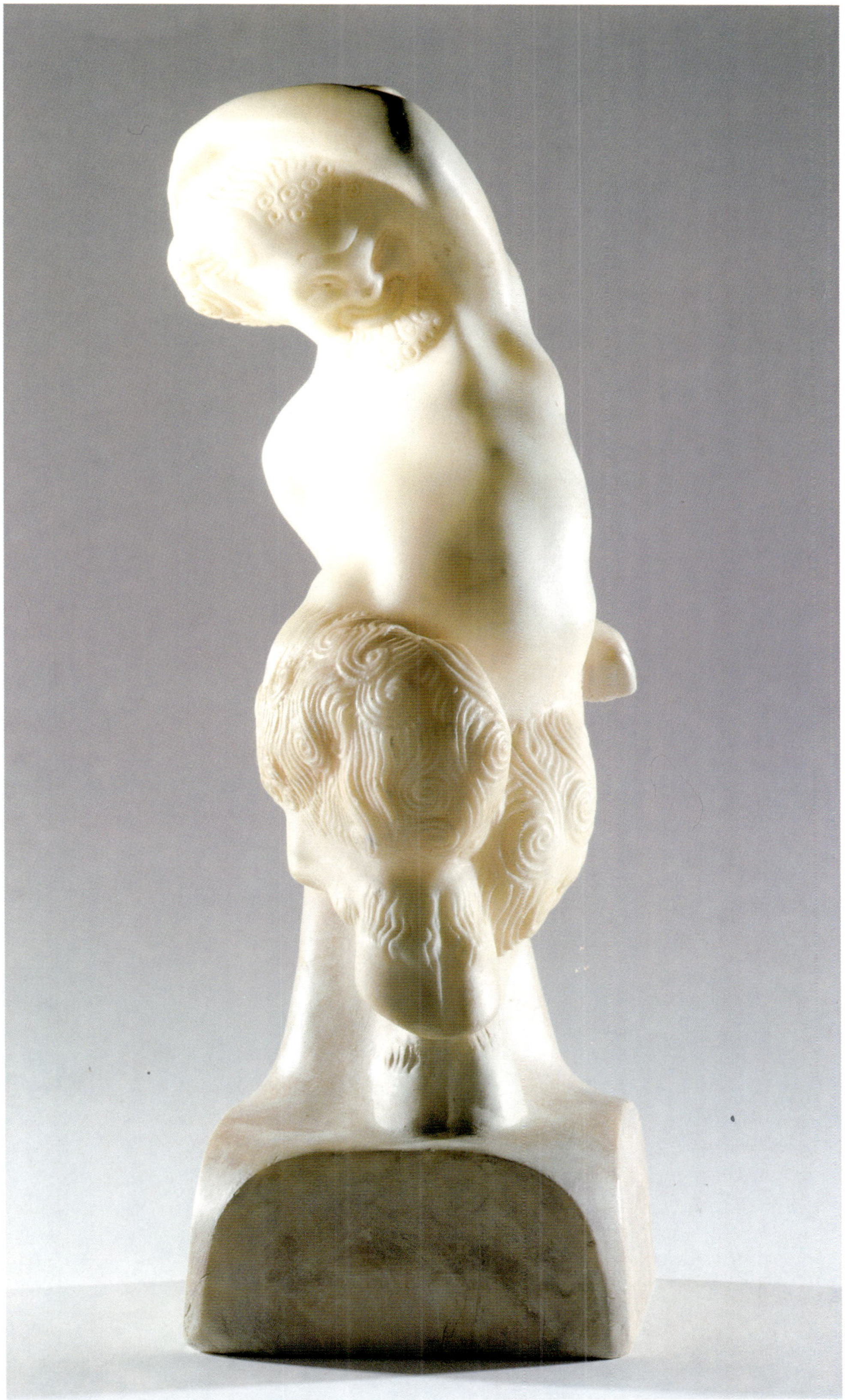

Amadeus Dimai, Faun, um 1913

OSKAR KOKOSCHKA

geb. 1. 3. 1886, Pöchlarn
gest. 22. 2. 1980, Montreux

1904–1909 Studium u. a. bei Mallina, Kenner, Löffler und Czeschka an der Kunstgewerbeschule

1912–1913 Assistent, Allgemeines Aktzeichnen bei Kenner

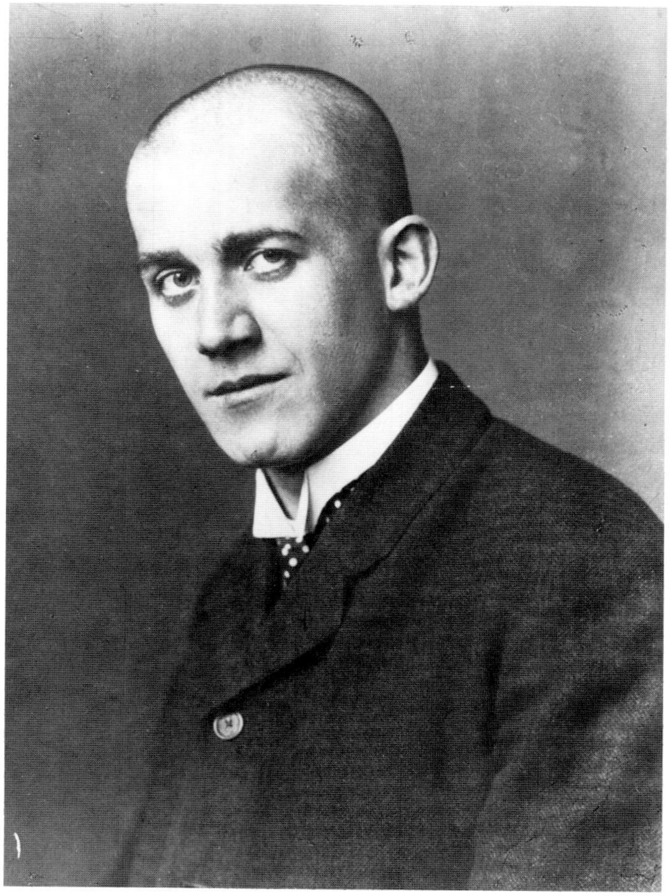

1907 bis 1909, während seines Studiums an der Kunstgewerbeschule, war Oskar Kokoschka Mitarbeiter der Wiener Werkstätte, die Postkarten, Bilderbögen und Fächer nach seinen Entwürfen realisierte und seine illustrierte Dichtung »Die träumenden Knaben« herausgab. Er nahm 1908 an der Kunstschau teil und trat auf der Kunstschau 1909 mit seinem Drama »Mörder, Hoffnung der Frauen« an die Öffentlichkeit. Adolf Loos wurde zum Förderer des jungen Kokoschka, er verhalf ihm zu Porträtaufträgen aus seinem Freundes- und Bekanntenkreis. 1910 ging Kokoschka nach Berlin, um an Herwarth Waldens Zeitschrift »Der Sturm« mitzuwirken. Bereits 1911 war er wieder in Wien, unterrichtete an der Schwarzwaldschule und lehrte 1912 – dem Jahr, in dem seine Beziehung zu Alma Mahler begann – an der Kunstgewerbeschule. Im Ersten Weltkrieg wurde Kokoschka verwundet und 1917 als Rekonvaleszent nach Dresden überstellt, wo er dann von 1919 bis 1924 eine Professur an der Akademie bekleidete. Ein Vertrag mit dem Berliner Kunsthändler Paul Cassirer bot Kokoschka 1924 bis 1931 den Rückhalt zu ausgedehnten Reisen durch Europa und Nordafrika. Von beinahe allen Stationen der Reisen kehrte Kokoschka mit Landschafts- und Städtebildern zurück. Zwischen 1931 und 1934 lebte er teils in Paris, teils in Wien. Beunruhigt durch die politische Lage in Deutschland und Österreich, übersiedelte Kokoschka 1934 nach Prag. Drei Jahre später wurden 417 seiner Werke als »entartet« beschlagnahmt und aus öffentlichen Sammlungen entfernt. 1938 gelang Kokoschka die Flucht nach England. In London wurde er zum Präsidenten des »Freien Deutschen Kulturbundes« gewählt. Mit Friedrich Welz gründete Kokoschka die Internationale Sommerakademie für Bildende Kunst in Salzburg, erstmals 1953 übernahm er die Leitung der »Schule des Sehens«. Im gleichen Jahr erfolgte seine Übersiedlung nach Villeneuve am Genfer See.

Literaturauswahl: Hans Maria Wingler, Oskar Kokoschka. Das Werk des Malers, Salzburg 1956; Kat. Ausst. Der junge Kokoschka. Kunstgewerbeschule, Wiener Werkstätte, Cabaret Fledermaus, Kunstschau 1908, Oskar Kokoschka-Dokumentation Pöchlarn, Hochschule für angewandte Kunst in Wien, 1983; Werner J. Schweiger, Der junge Kokoschka. Leben und Werk 1904–1914, Wien 1983; Gabriele Koller – Oswald Oberhuber, Oskar Kokoschka. Städteportraits, Hochschule für angewandte Kunst in Wien; Publikation zur Arbeit der Meisterklasse für Bühnen- und Filmgestaltung an der Hochschule für angewandte Kunst, Mörder, Hoffnung der Frauen, Wien 1986.

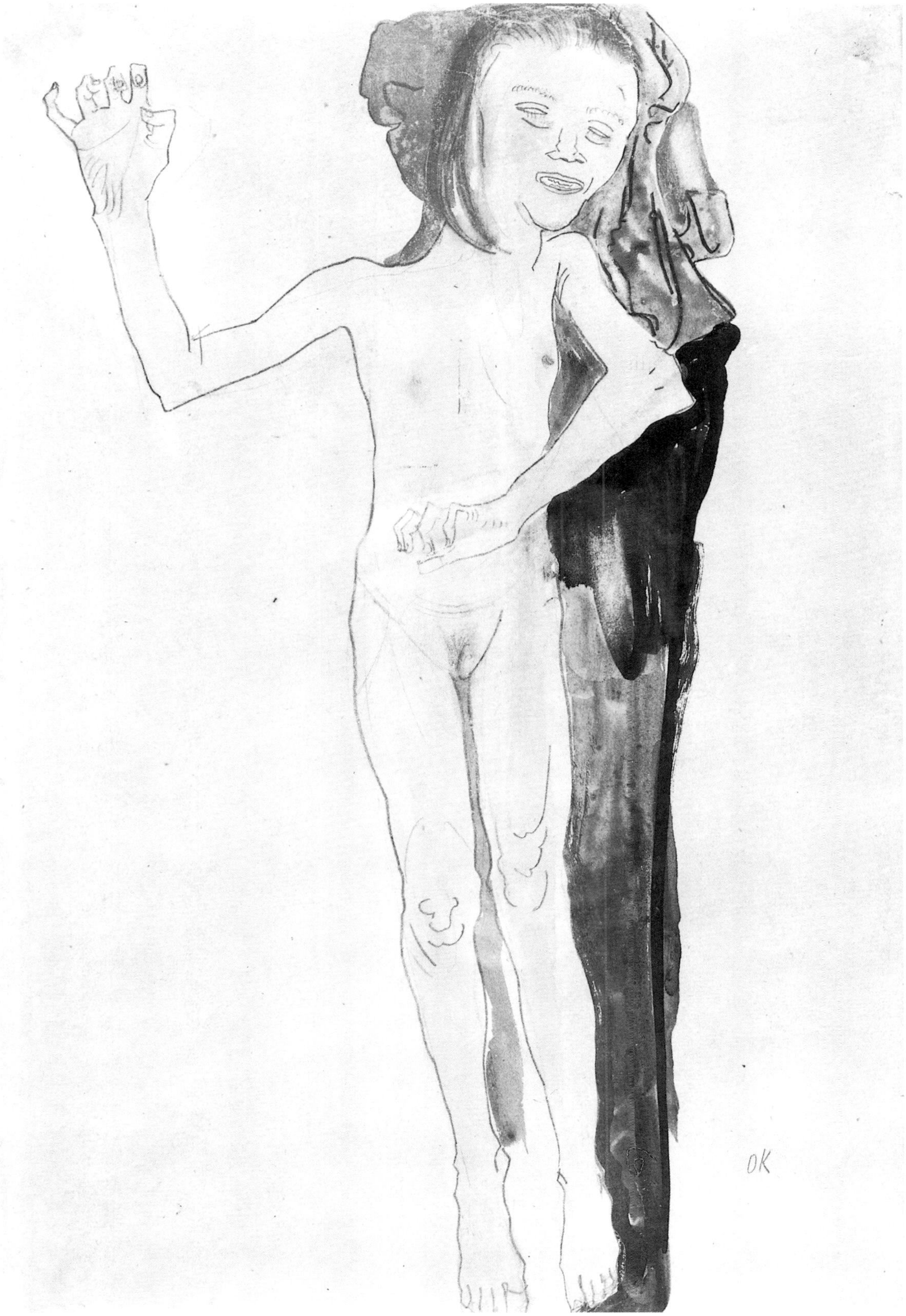

Oskar Kokoschka, Mädchenakt, um 1907

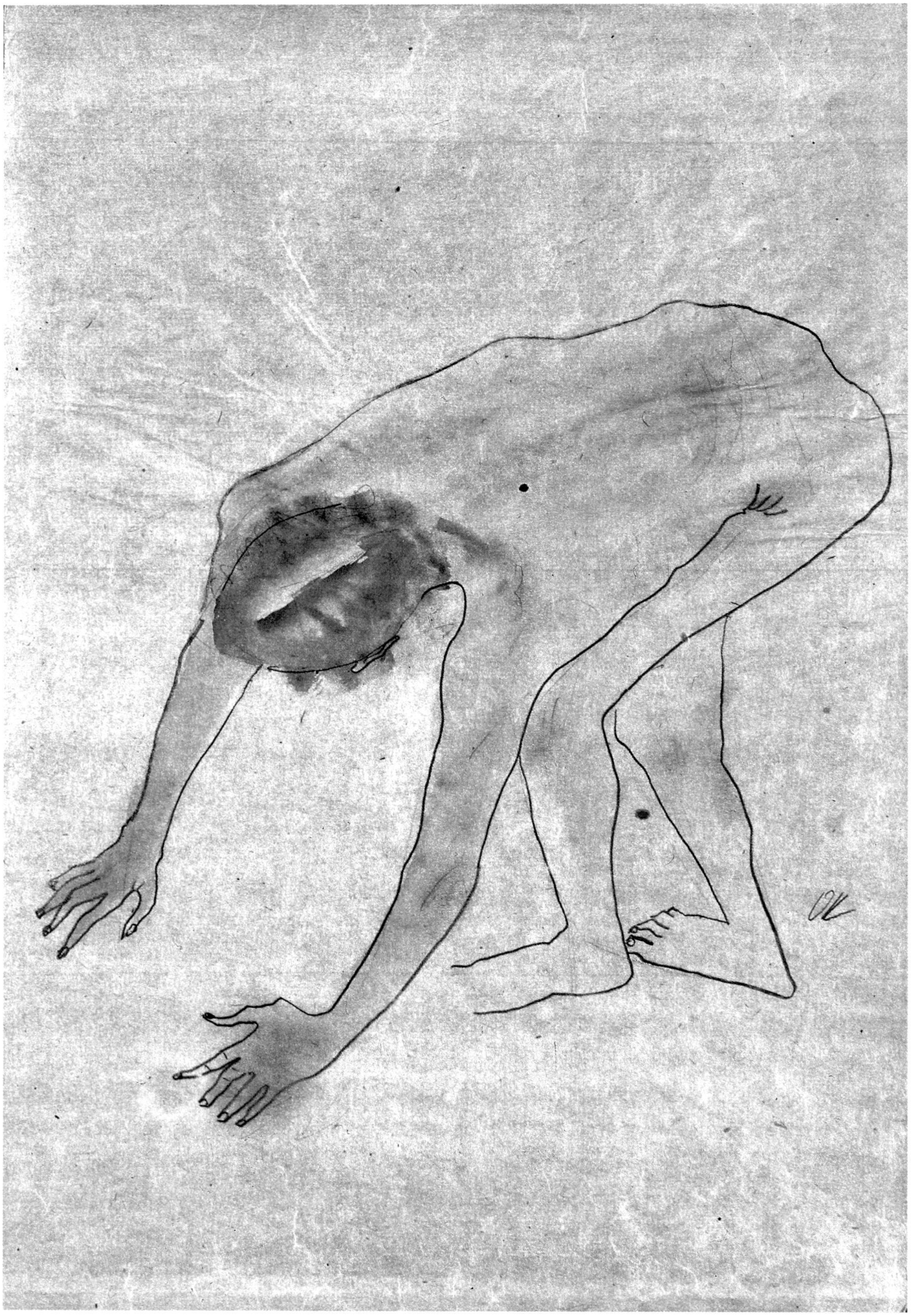

Oskar Kokoschka, Bewegungsstudie, um 1907

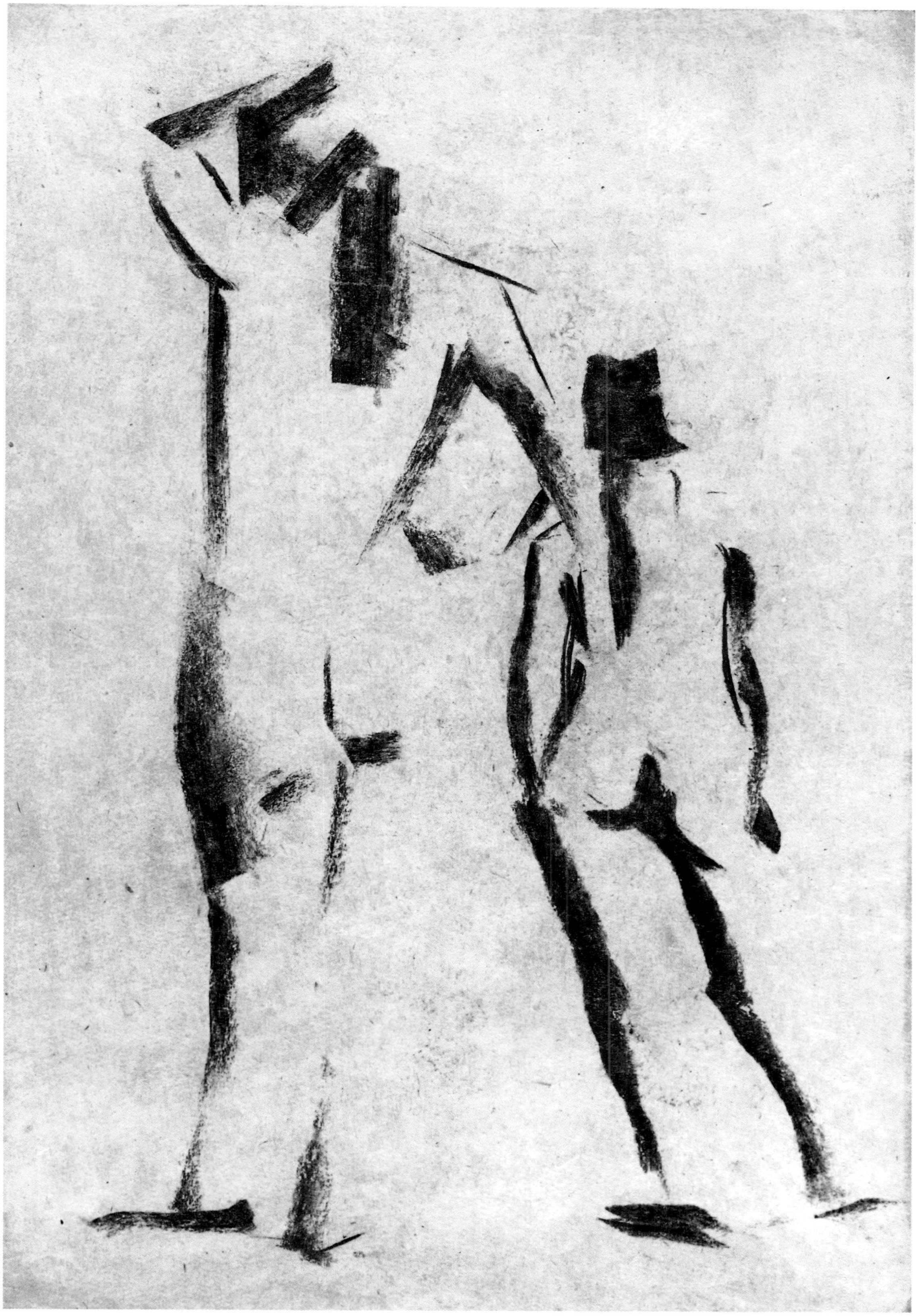

Abendakt Oskar Kokoschka, Aktstudie, 1912/13

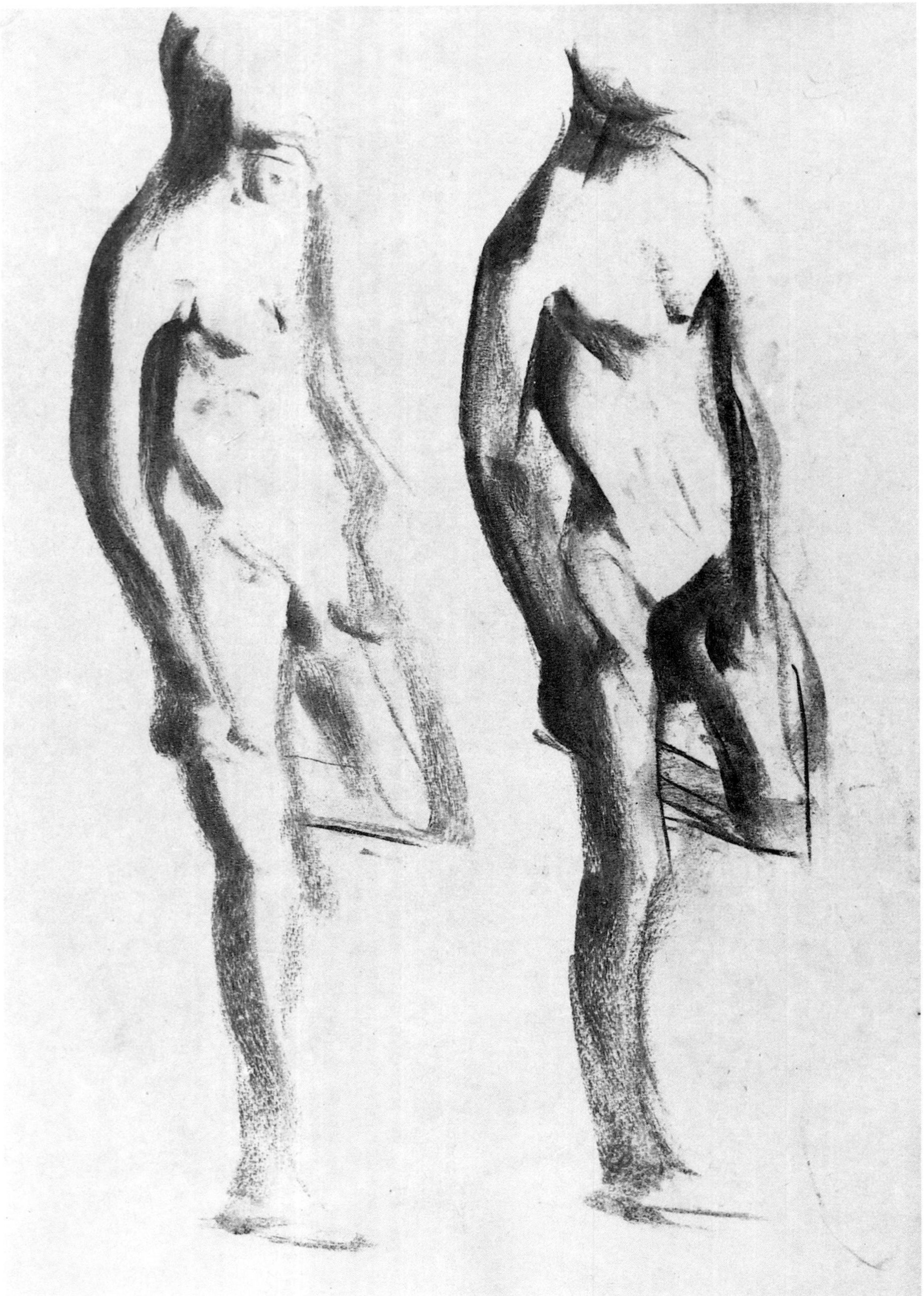

Abendakt Oskar Kokoschka, Aktstudie, 1912/13

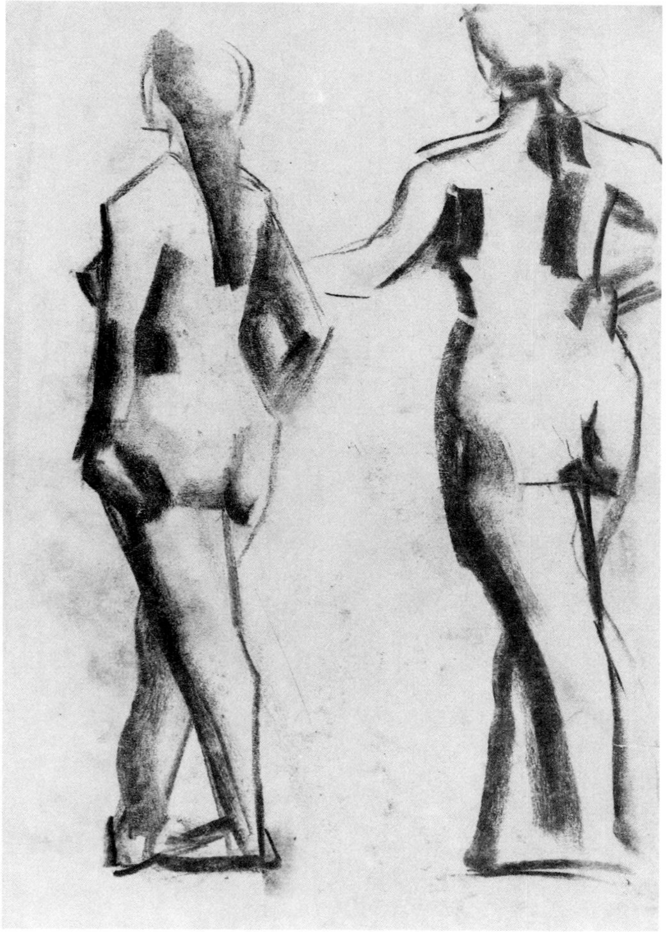
Abendakt Oskar Kokoschka, Aktstudie, 1912/13

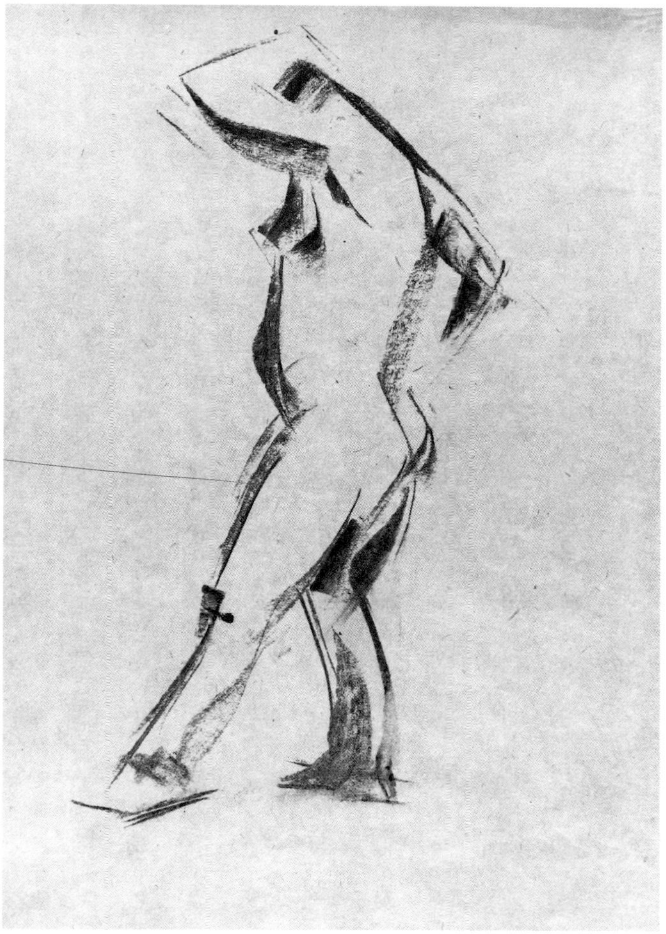
Abendakt Oskar Kokoschka, Aktstudie, 1912/13

HEINRICH TESSENOW

geb. 7. 4. 1876, Rostock
gest. 1. 11. 1950, Berlin

1913–1914 provisorischer Lehrer, Fachklasse für Architektur
1914–1919 Professor, Fachklasse für Architektur und Baukonstruktionslehre

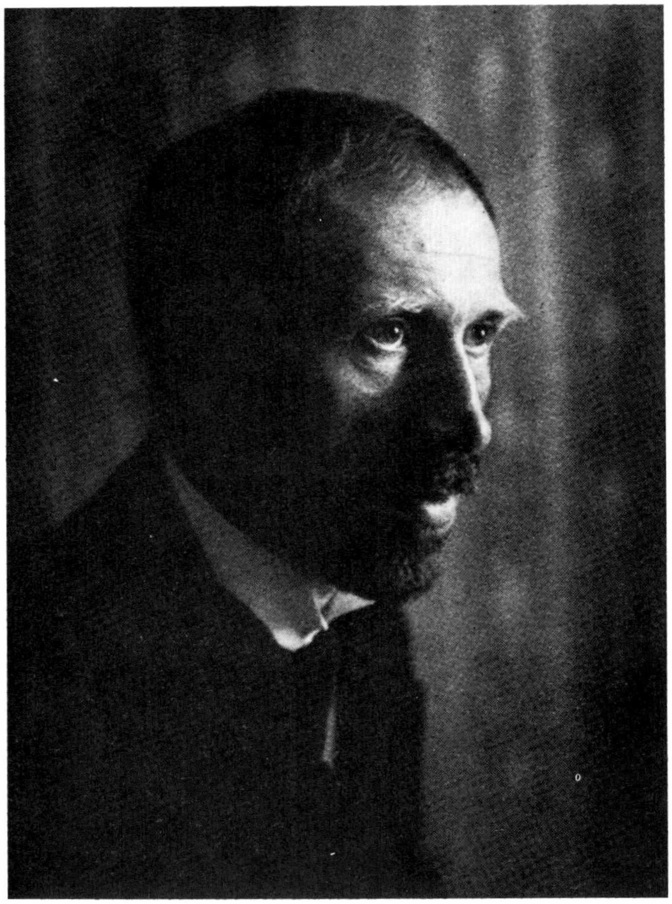

Tessenow erhielt seine Ausbildung zunächst als Lehrling im Zimmereibetrieb des Vaters in Rostock und besuchte dann die städtische Bauschule in Neustadt und die königlich-sächsische Baugewerkschule in Leipzig. Im Anschluß daran studierte er an der Technischen Hochschule München bei Karl Hocheder und Friedrich von Thiersch. 1901 arbeitete er im Münchner Privatatelier Martin Dülfers und in den folgenden Jahren als Lehrer an der städtischen Baugewerkschule in Sternberg/Mecklenburg und an der Baugewerkschule in Lüchow/Hannover. 1904 holte ihn Schultze-Naumburg als Mitarbeiter nach Saaleck, bereits 1905 aber zog Tessenow nach Trier, um an der Gehobenen Handwerker- und Kunstgewerbeschule eine Baugewerkschule einzurichten. Hier widmete er sich vor allem seinem schriftlichen Werk, unter anderem brachte er 1907 sein Buch »Zimmermannsarbeiten« heraus. 1909 erschien das Buch »Der Wohnhausbau«, im selben Jahr wurde Tessenow von Dülfer als Assistent an die Technische Hochschule Dresden berufen. Er erhielt private Bauaufträge zu Einfamilien- und Siedlungshäusern und wurde zur Mitarbeit (neben Riemerschmid und Muthesius) am Aufbau der ersten deutschen Gartenstadt in Hellerau bei Dresden aufgefordert. Mit der Planung und dem Bau der Bildungsanstalt für rhythmische Gymnastik in Hellerau wurde Tessenow über die Grenzen Deutschlands hinaus bekannt. 1913 erfolgte der Ruf nach Wien an die Kunstgewerbeschule. Die Tätigkeit Tessenows in Wien wurde hauptsächlich von Vorträgen und Publikationen (»Hausbau und dergleichen« 1916, »Handwerk und Kleinstadt« 1919) bestimmt. 1919 kehrte Tessenow nach Hellerau zurück und gründete dort die Handwerker-Gemeinde. 1920 wurde er zum Leiter der Architekturabteilung an der Akademie der bildenden Künste in Dresden bestellt, 1926 zum Ordinarius an der Technischen Hochschule Berlin-Charlottenburg und zum Leiter eines Meisterateliers an den Vereinigten Staatsschulen für freie und angewandte Kunst. Daneben plante er Schulen und Siedlungen und wurde mit dem Ausbau der Neuen Wache in Berlin betraut. Als Gegner des Nationalsozialismus wurde Tessenow 1934 zur Einstellung seiner Lehrtätigkeit gezwungen, erhielt dann aber doch 1936 nebenamtlich ein Meisteratelier an der Preußischen Akademie der Künste übertragen. Obwohl Tessenow während des Weltkrieges die Emeritierung nahegelegt und auch vollzogen wurde, setzte er seinen Unterricht nach 1945 fort. Ein Jahr nach seiner Wahl zum 1. Vorsitzenden der neugegründeten Gruppe Berlin-West des Deutschen Werkbundes starb Tessenow in Berlin.

Literaturauswahl: Gerda Wagnerin und Gerhard Weiss, Heinrich Tessenow. Ein Baumeister 1876–1950 Leben – Lehre – Werk, Essen 1976; Kat. Ausst. Heinrich Tessenow 1876–1950, Hochschule für angewandte Kunst in Wien 1976.

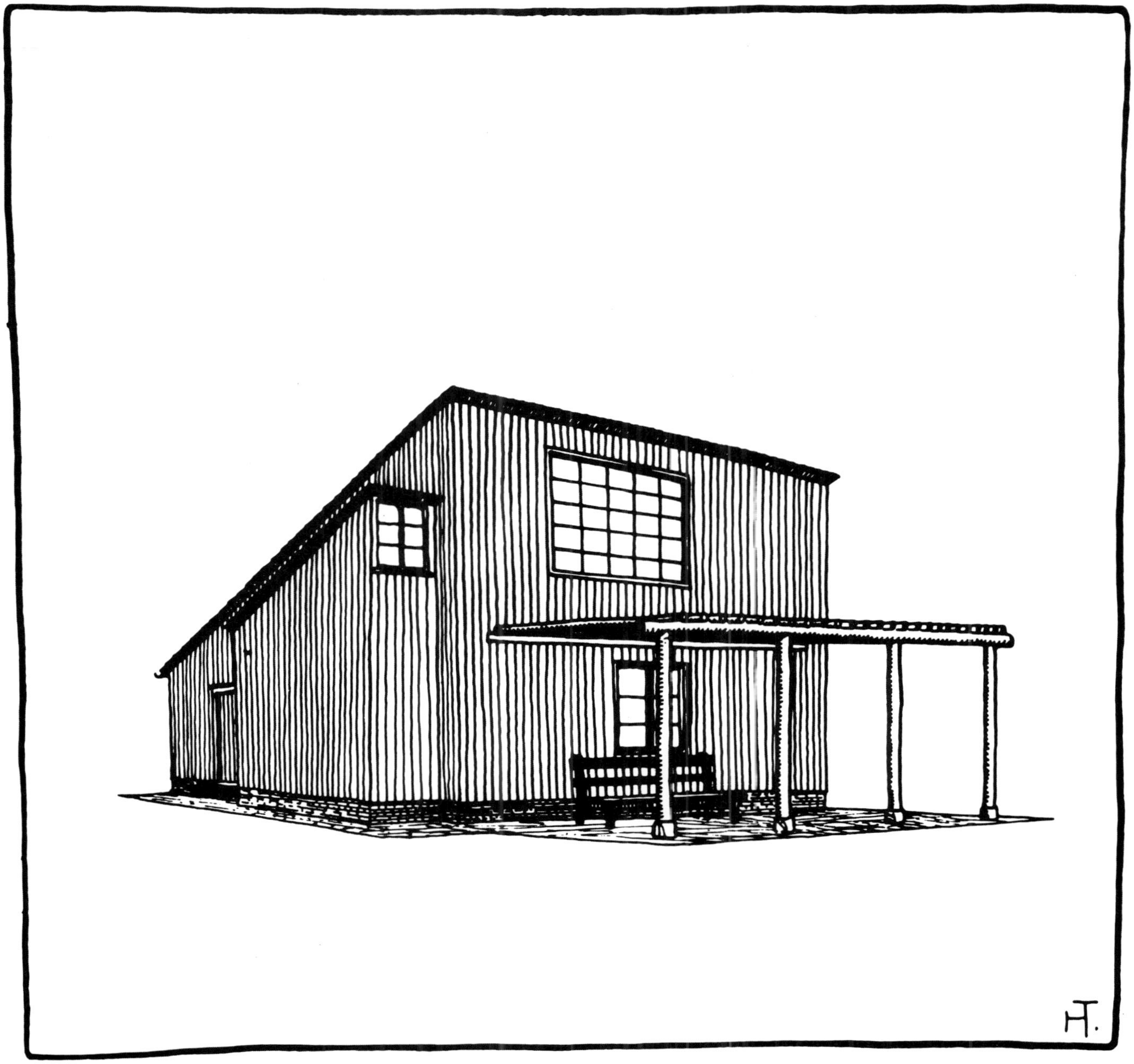

Heinrich Tessenow, Entwurf Haus Nau-Roeser in Lostau bei Magdeburg, 1910

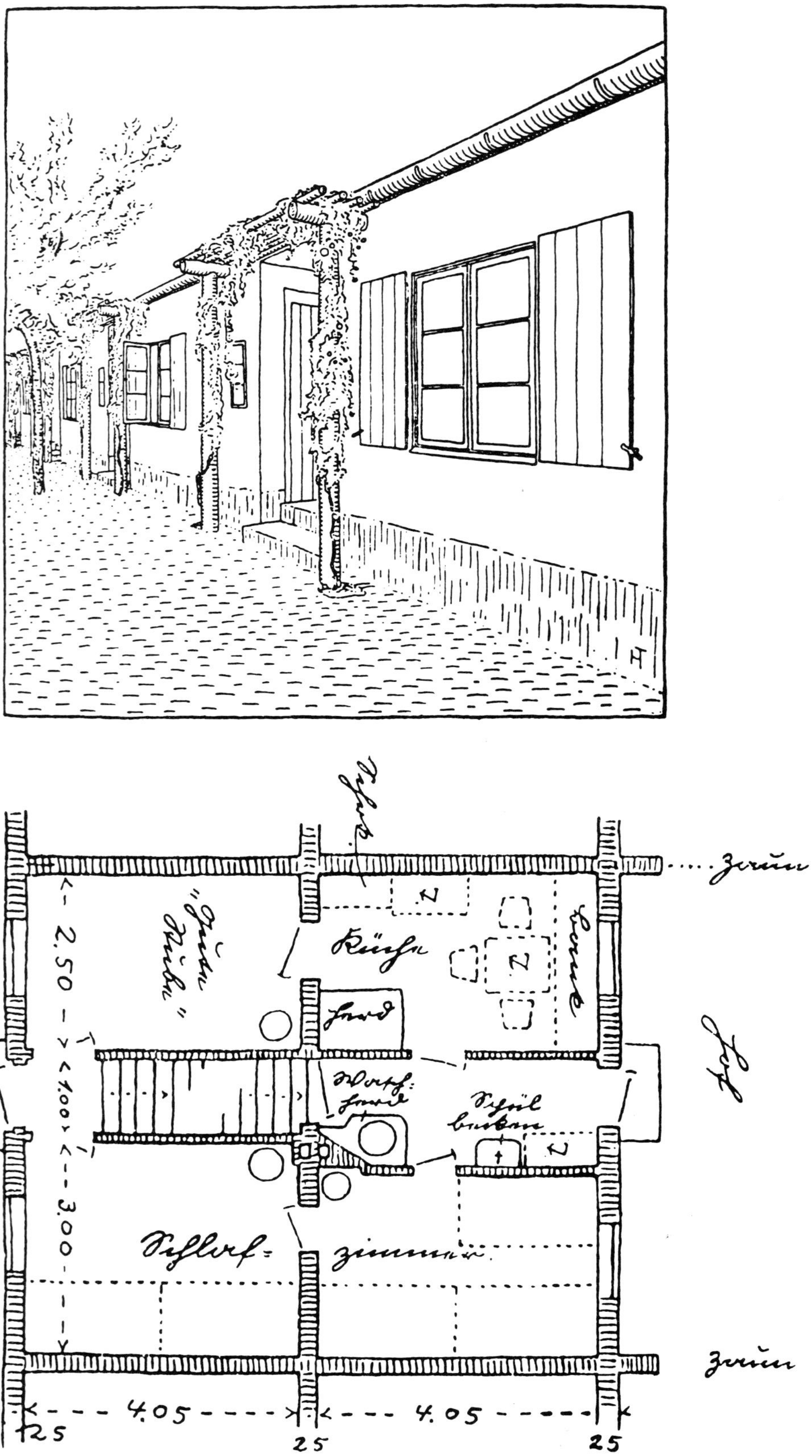

Heinrich Tessenow, Entwurf eines Einfamilien-Reihenhauses, Ansicht und Grundriß, 1917

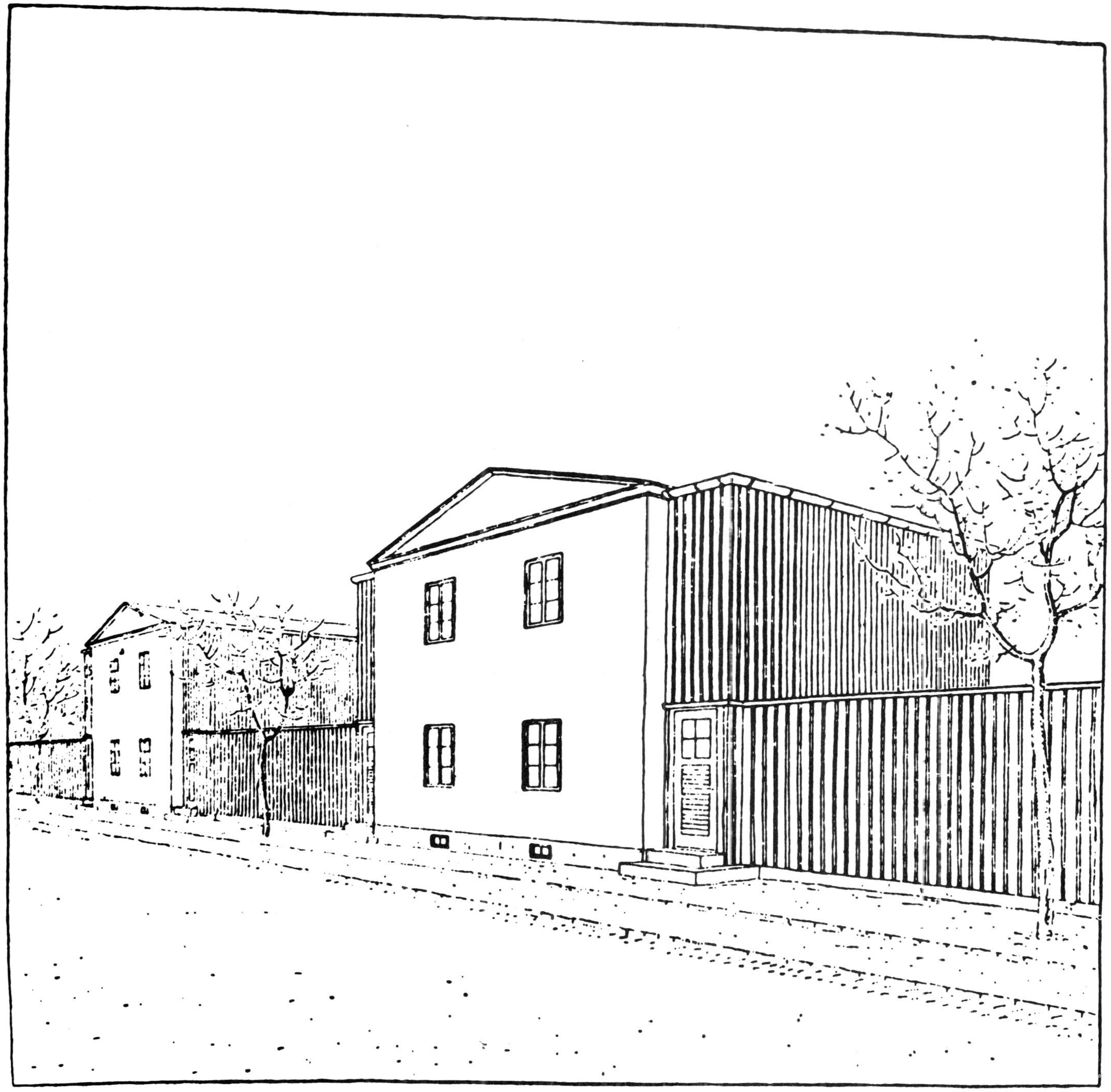

Heinrich Tessenow, Entwurf Beamten-Wohnsiedlung in Rannersdorf bei Schwechat, um 1921

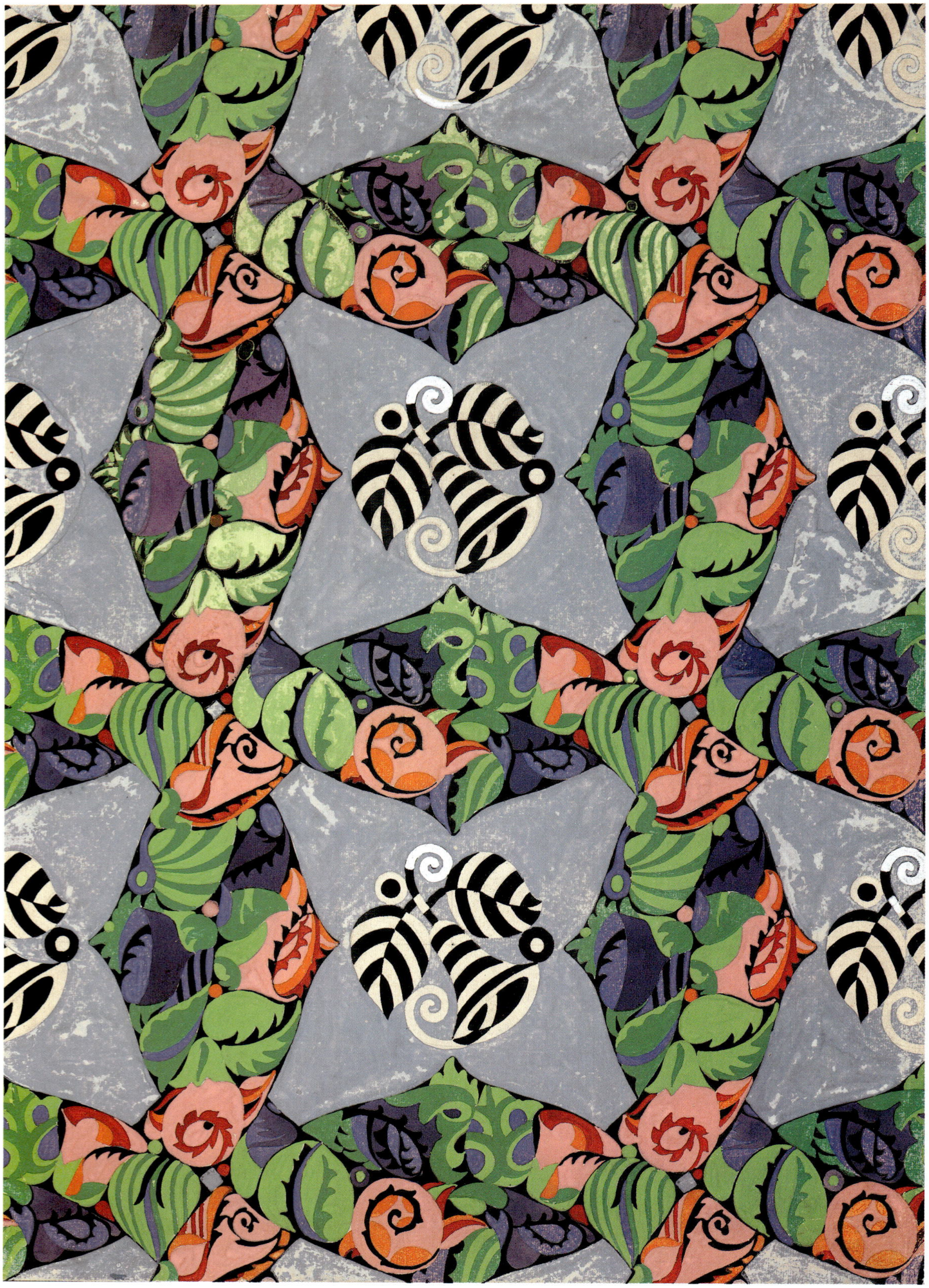

Remigius Geyling, Entwurf für eine Tapete, um 1910

DER ANSPRUCH AUF EIN KÜNSTLERISCHES SCHULSYSTEM

Oswald Oberhuber

Versucht man, sich heute das 19. Jahrhundert zu vergegenwärtigen, wie stellt es sich uns dar? Es erscheint getragen von Konflikten und geprägt von starken Kontrasten. Entscheidungen wurden dort gefordert, wo sich der einzelne nicht zu entscheiden vermochte, ohne Gewißheit der geteilten Verantwortung. Was sich Ende des 18. Jahrhunderts in Frankreich als kollektive Entscheidung durchführen ließ, blieb in Deutschland und in Österreich scheinbar wenigen Individuen vorbehalten: für oder gegen die bürgerliche Revolution zu sein, die feudale Unterdrückung zu bekämpfen oder sie zu verteidigen, sich den kapitalisierenden Verhältnissen anzupassen oder sie abzulehnen.

Die geistigen Prozesse des 19. Jahrhunderts erscheinen durch eine eklektizistische Situation und Denkweise gestört. Nicht umsonst forderten daher die eigenschöpferischen Künstler der Zeit ein künstlerisches Schulsystem, welches alles umfassen sollte, was Eigenproduktion und selbständiges Handeln im Künstlerischen ermöglichen könnte, lebte doch die damalige Produktion vor allem von Nachahmungen und daraus resultierendem zwanghaften Handeln.

Es ist schwer, die geistige Entwicklung des 19. Jahrhunderts zu begreifen, war sie doch hauptsächlich ein Nachvollzug, das Nach-etwas-Vollzogenem-Denken. Deshalb verstehen wir vieles nicht, befanden sich doch damals alle in einem Teufelskreis der Gefühle, der Autoritätsunterworfenheit bis zu den Kreisen der Religionen, bis hin zum Fortschrittsgedanken der Industrialisierung und der politischen Verschiebungen, verflochten in einem Prozeß der Selbstfindung, dessen Vollzug in keiner Weise verkraftet, verstanden oder erreicht wurde.

Wie schaut nun der Hintergrund »Kunst« aus? Auch hier ein Mißverhältnis zur Vergangenheit mit all ihrer Gebundenheit an Stilbezüge, die haltlos im Raum stehen, all den Epochen der Geschichte, die aus der klassischen Tradition des Hellenismus das Diktat der Formgebung und der Thematik ausübten, der Unfähigkeit des Handelns, aus einem System auszubrechen, das sich hier nur im Diktat und unter Einschränkung von Formensprachen findet.

Dies will nicht heißen, daß die Künstler nicht mit besonderer Sensibilität auf die sich rasant verändernden Lebensbedingungen reagiert hätten. Sie waren beherrscht von dem Gefühl, in einer Zeit größter geschichtlicher Umwälzungen zu leben, doch waren sie keineswegs mit dem Rüstzeug ausgestattet, das notwendig gewesen wäre, die Konflikte, die diese »neue Zeit« heraufbeschwor, auch zu bewältigen. Der Klassizismus, der noch Ende des 18. Jahrhunderts herrschte, erwies sich als ungeeignet, der Wirklichkeit der sich verbreitenden Industrialisierung und dem materialistischen Weltverständnis zu begegnen. Die neuen emporgekommenen Klassen standen in krassem Gegensatz zu den von der Klassik geprägten humanistischen Vorstellungen von der Gesellschaft. Diese drohte nunmehr unaufhaltsam in Individuen zu zerspalten, ein Phänomen, das die Dichter der Romantik als »Atomisierung« der Gesellschaft bezeichneten. Die Ursache dieses gesellschaftlichen Zerfalls wurde dennoch in der Kunst nicht näher untersucht. Sowohl in der Dichtung als auch in der bildenden Kunst blieb es bei Beobachtungen. Das Motiv der Heldenverehrung wurde zum Leitthema. Der romantische Held erschien als besonders geeignete Figur, zwei Bedürfnisse zu befriedigen: Zunächst war er die künstlerische Antwort auf die neuen sozialen Entwicklungsprozesse und darüber hinaus kam er der selbst aufgezwungenen Diktatur entgegen. Die Kunst stellte sich in den Dienst dieses Helden, der sich in erster Linie durch seine Empfindsamkeit, Melancholie und Isolation auszeichnete. Unfähig, zu reagieren, unter seiner Verlassenheit leidend, entsprach er auch der veränderten sozialen Stellung des Künstlers. Mit der Verlagerung der Begegnungsstätten der Kunst vom Klerus und Adel hin zu öffentlichen Institutionen wie etwa dem Museum, mußte der Künstler seine Rolle in der bürgerlichen Gesellschaft erst neu definieren.

In einem künstlerisch so traditionsarmen Land wie Österreich wurde die Handlungsunfähigkeit noch stärker offenbar. Nicht umsonst forderten die Künstler die Nähe zum Realen, zum Begreifbaren, das sich in vielen Formen ausdrückte. Es wäre hier wohl zu erwähnen, daß die Auffassungen wie immer auseinanderklafften.

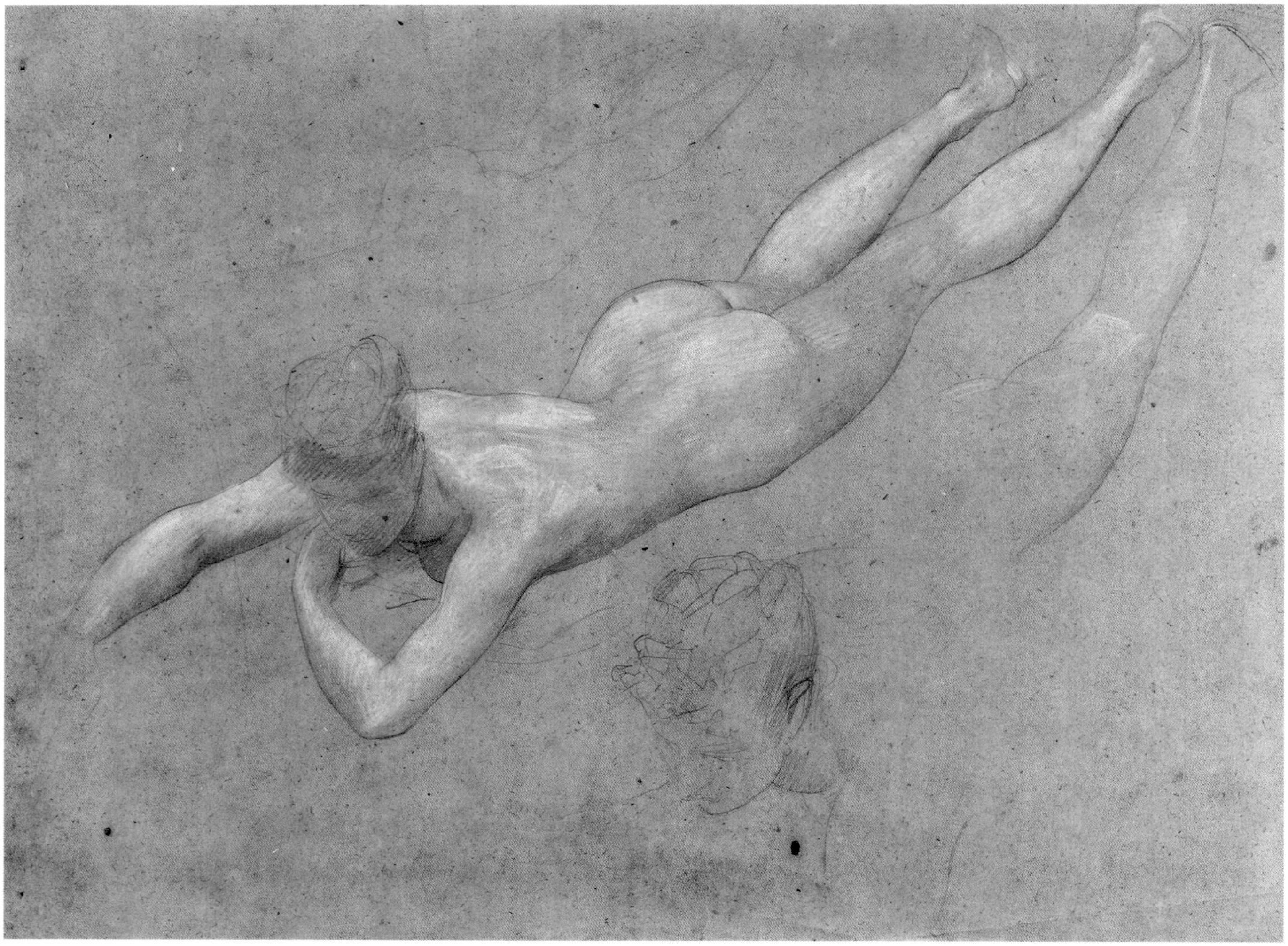

Gustav Klimt, Schwebender Akt, 1885/86

Die im traditionalistischen Bereich der klassischen Nachinterpretation haben ein großes Gewicht in ihren Darstellungsaussagen, beschreiben sie doch eine Hoffnung von Gesetz und Disziplin – und daraus wiederum eine Autorität, die, wie immer, alles beherrschend jene menschliche Sehnsucht wiedergibt, die nur unter einem Beherrschtsein zur Vollendung von klaren Zuständen und Verhältnissen führen kann. Die Gottesherrschaft als eine mögliche Vorwegnahme liegt in dieser Sehnsucht und Interpretation jener Künstler, die in symbolhafter Weise dies auch zur Darstellung bringen. Hier werden die Sehnsuchtsgedanken hinwegtransportiert von der Wirklichkeit, die in ihrer Direktheit ein nicht gerade angenehmes Existieren zuläßt, erleichtert es doch das Sich-Versenken in die Abwesenheit eines Märchens oder einer stilisierten Vergangenheit. Dies ermöglicht es, gedanklichen Prozessen zu entweichen, die Forderungen stellen. Der Anspruch der Vernebelung und Verschleierung durch Verwirrung der Gefühle, das Sich-Hinein-Empfinden in Vorgänge, die nie bestanden haben, erzeugen ein Verhalten zum Mißverhalten gegenüber all den Vorgängen außerhalb des künstlerischen Illusionsvorgangs. Die Realität wird zu einer zwanghaften Unbehaglichkeit hinabgedrängt, so daß diese Kunst einen Dauerträger konservativer Ansprüche darstellt, der nicht nur einen moralischen Anspruch von Sauberkeit und Ordnung stellt, sondern auch auf den Autoritätsbezug des Vorbildhaften verweist. Wir haben hier einen Prozeß vor uns, der Hinweise gibt auf die Gemeinschaft von Gemeinsamkeit, die unter einer diktatorischen Idealbezogenheit von idealistischem Denken und Handeln als Voraussetzung

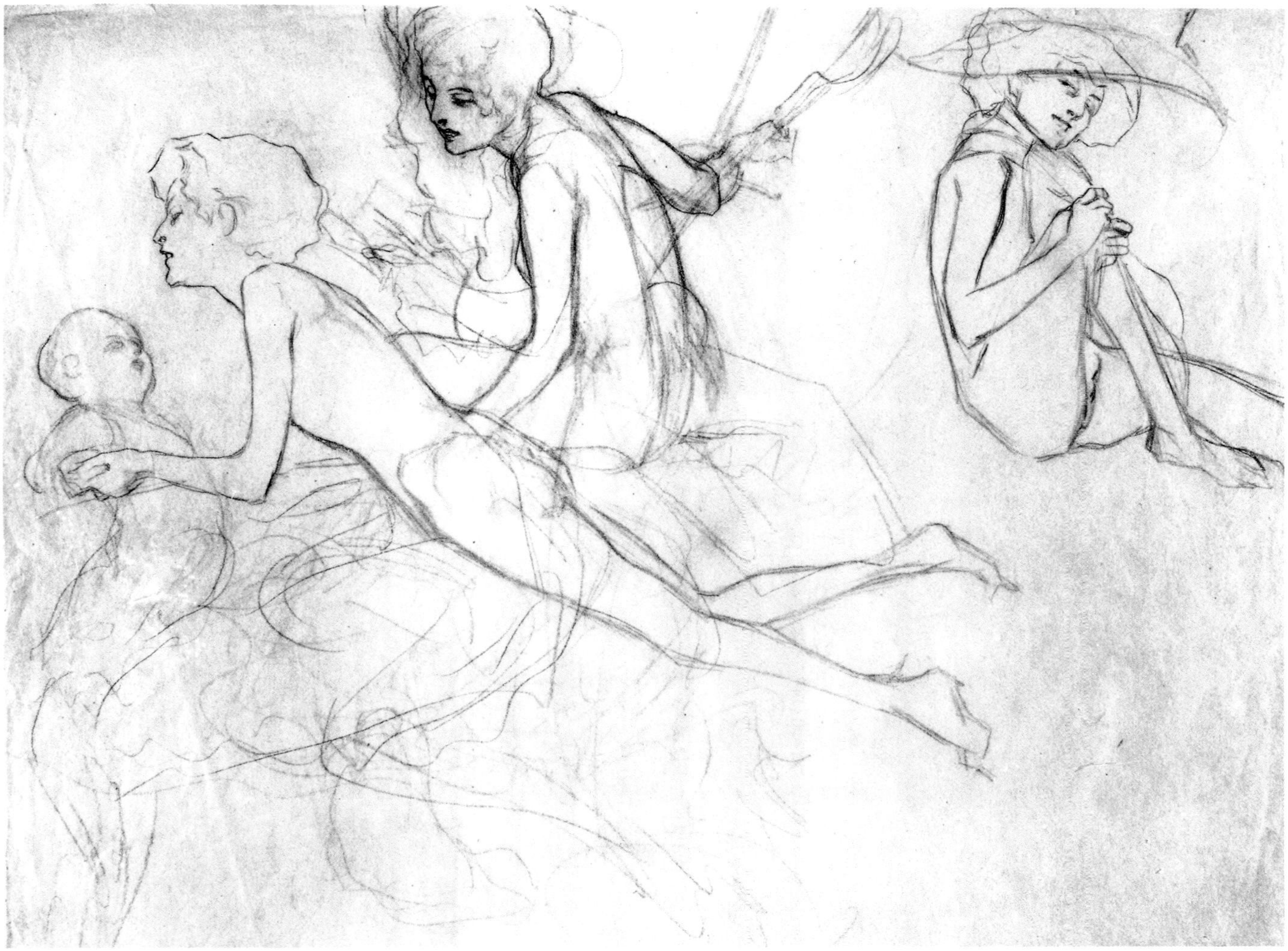

Franz von Bayros, Weibliche Akte, um 1900

existieren soll. Wir haben diese vorbildhafte Gemeinschaftsvorstellung nicht nur in bezug auf das Ideal einer Utopie, die sich selbst von vornherein auf eine Utopie beruft, in einer Vergangenheitsvorstellung, die sich scheinbar ideell gibt (als Gemeinschaft der Heiligen) und im barocken Vorbild sich vorbildhaft vollzieht, sondern wir haben auch die Gemeinschaftsutopie in sozial bezogenen Gesellschaftsvorstellungen, die einen Gerechtigkeitsvorgang als notwendige Utopie innerhalb einer menschlichen Gesellschaft vorsieht. Die Harmonisierung wird bei beiden Utopien als Möglichkeit angestrebt und erwartet. Das vorgezeichnete menschliche Verhalten läßt dies alles sicher nicht zu. Wie eingegrenzt wird dies alles durch den Egoismus des einzelnen, der sich immer wieder durchsetzen muß, da jede Expansion von persönlichen Vorteilen geprägt ist.

Die andere Möglichkeit, in der Kunst zu wirken, ist die wissenschaftliche Untersuchungspraxis, die den Vorgang »Kunst« als Möglichkeit einschiebt, und zwar den Vorgang »Kunst« von allen Bereichen aus. Das heißt, daß ab dem Zeitpunkt der schrittweisen Befreiung aus Herrschaftssystemen die alleinige Verfügung über künstlerische Vorgänge auch die Möglichkeit zur Untersuchung derselben zuläßt. Da haben wir vor allem den Realismus zur Wahrheitsfindung an der Hand, die unmittelbare Tatsache zur Findung des Vorhandenseins von Existenz, den Beweis des Nachweises, daß es etwas gibt. Das ist die Möglichkeit einer direkten Aussage. Im weiteren entsteht eine Art Versuchsprozeß, der das Reale auch in anderen Ebenen ermöglicht – wie die Freiluftmalerei als ein Ansatz nicht nur ausschnitthafter Darstellungsmöglichkeiten der zeitlichen Eingrenzung von Aussagen, die unter der Einwirkung der Lichtveränderung und Sonnenbestrahlung stehen. Die Zeit zu beherrschen ist eine wichtige Erkenntnis für den weiteren Veränderungsprozeß innerhalb von Kunst und eine klare Darstellung von Verwissenschaftlichung im Bereich von Kunst, die sich direkt zeigt und wiedergibt. Auch beweist die Abhängigkeit des einzelnen von Gesetzen, die täglich vor sich gehen, wie sehr die Veränderung sichtbar wird, die durch äußere Einwirkungen entsteht, wie dadurch auch eine Art Stofflichkeit erkennbar wird, wie sich Materialien verändern durch Einwirkungen von außen. Die Körperhaftigkeit des Entstandenen ergibt sich aus dem Begreifen des Realen von verschiedenen Gesichtspunkten her.

Sie lassen auch langsam den Begriff der Vergegenständlichung verstehen, das heißt, daß die Flächenbezogenheit der Malerei genauso verstanden wird, wie die Wiederanwendbarkeit von Kunst, so daß nicht unbedingt nur das autonome Kunstwerk Skulptur und Bild als einziges Mittel zur Vermittlung von zeitlichen Situationen eingesetzt werden kann, ist doch der gesamte Lebensraum total durchzugestalten – ob durch Zufall oder durch bewußte Einwirkung.

Im 19. Jahrhundert bleibt die Frage nach dem Selbstbewußtsein, die Frage nach der Darstellungsform, eine permanente, ist doch die Hoffnungslosigkeit, die Unabhängigkeit zu erreichen, ein bleibender Zustand. Dieser Prozeß, aus der Abhängigkeit zu entfliehen, läßt immer wieder Fragen nach einem Schulsystem aufkommen, das sozusagen stellvertretend Funktionen übernimmt, die Befreiungseffekte einführen helfen, was sicher in Frage zu stellen ist und mehr Ersatzhandlung in sich trägt oder birgt. Das sogenannte Allheilmittel Schule beziehungsweise Schulen könne alles erreichen, ist ein Irrglaube, aber auch ein angenehmer Vorgang, wenn man bedenkt, daß immerhin im Kunstbereich der akademische Begriff des eingeschränkten Handelns überwunden wurde durch den Begriff der Verstofflichung und Untersuchung von Kunst durch ein neues Schulsystem, das sich entwickelt hat aus der Vorstellung einer Humanisierung von Kunst, die den Gegenstand nicht nur in Bildprozessen sieht, sondern darüber hinaus auch den real direkt verwendbaren Gegenstand in eine höhere Wertvorstellung versetzt. Diesen Gedankenvorgang könnten wir als Beginn einer neuen Möglichkeit, Kunstschulen zu verlebendigen, ansehen. Die ökonomische Frage, als ersten Schritt zu dieser Tat einer Verlebendigung, ist vielleicht nur ein Alibi, ein konkreter äußerer Anlaß, um ein Ziel zu erreichen, kann doch die ökonomische Vorgabe zur Verständlichmachung eines Wollens, das ich noch nicht klar definieren kann, eine gute äußere Absicht, etwas zu erreichen, sein. Das war die eigentliche Basis, ein neues Kunstschulsystem zu entwickeln. Hier entstand 1864 das »Österreichische Museum für Kunst und Industrie«, das erste Kunstgewerbemuseum des Kontinents nach dem Vorbild des South-Kensington-Museums in London, das den Auftrag hatte, die direkt entstehenden Qualitäten im Industrie- und Handwerksbereich zur Darstellung zu bringen, um Impulse zu geben, die dazu führen sollten, die Qualität der heimischen Kunstindustrie und die allgemeine Industrialisierung voranzutreiben und zu helfen, die negative Handelsbilanz nach außen zu verbessern. Man hat ein Jahr nach der Gründung des Museums begriffen, daß durch die Ankoppelung einer Kunstschule gerade das Problem des höher qualitätsvollen Gegenstands erreichbar würde, so daß, nach größeren Auseinandersetzungen, bestimmt durch die kaiserliche Entscheidung, die Gründung als »Kunstgewerbeschule« im Jahre 1867 erfolgte. Sie erregte von allem Anfang an allgemeine Aufmerksamkeit und Anteilnahme, sowohl in der Wiener Kultur- und Geisteswelt als auch beim Handwerkerstand und in der Kunstindustrie. Ihre Zielsetzung war es, »den Kunsthandwerker zum Meister nicht im gewerblichen, sondern im künstlerischen Sinne« zu machen, ebenso wie Künstler und Lehrer auszubilden. So sensationell der Vorgang dieser Gründung war, so verlief sich die Absicht zuerst doch einmal im Mittelmaß. Die Vorstellungsprozesse wurden nicht bestimmt von künstlerischen Persönlichkeiten, die unter der Absicht einer Neuformulierung von Schul- und Kunstsystemen handelten. Es war ein kläglicher Beginn, der zu sehr in den veralteten Traditionen des Kopierens ankerte und in den historischen Denkweisen steckenblieb. Die Moderne als Möglichkeit zur prozeßhaften Erneuerung wurde ausgeklammert. Das ist auch ein geschichtliches Schicksal, waren doch nicht jene Künstlerlehrer vorhanden, die kraft ihrer Persönlichkeit wirklich etwas bewirken hätten können. Dennoch hat diese Kunstschule auch in jener Zeit des pionierhaften Einstiegs schon andere Bewertungen erstellt. Sie äußerte sich bereits in einem anderen Typus und setzte Aufgaben, die sich im Dienste einer Kunst der Brauchbarkeit finden. Das ist schon mehr als nur ein Ansatz und mehr als die Definition einer Art Barriere zur »Nur-Kunst«, die sich ja auch damals in einer schwierigen Bewertung befand. Der Ansatz als Basis zu einem neuen Kunstbegriff ist es wert, beachtet zu werden.

Die eigentliche Revolution begann erst mit der Direktionszeit von Felician Freiherr von Myrbach-Rheinfeld (1899–1905), ging er doch von der Idee aus, daß man nur große Künstlerpersönlichkeiten, die einen Lehrprozeß einleiten könnten, der über die Möglichkeit einer begrenzten Definition von gewerblich bezogenen Vorstellungen hinausginge, an die Kunstschule berufen sollte.

Auch die Veränderung der Methoden im Lehrprozeß war nicht unwesentlich daran beteiligt, neue künstlerische Wertvorstellungen zu ermöglichen. Die »Secession«, als entscheidende und fortschrittliche Künstlergemeinschaft, war der Nährboden seines gedanklichen Einstiegs in den Prozeß der Selbstfindung einer Idee, die eben darin lag, die Kunst nicht nur als eingeengte Möglichkeit zur Selbstverwirklichung zu sehen, sondern auch eine Tat setzen zu wollen, die über jene Eingrenzung hinausreichen und eine Art generalistische Einstellung einbringen würde, die alle Möglichkeiten, in der Kunst zu wirken, berücksichtigen sollte. So war auch Myrbachs Wahl jenen Persönlichkeiten gewidmet, die diese Voraussetzungen einbrachten – wie Josef Hoffmann, Koloman Moser und Alfred Roller. Hier war die Garantie gegeben, daß sich wesentlich anderes vollziehen würde, als dies vorher der Fall gewesen war.

Es ist erstaunlich, daß trotz der beengten und eingegrenzten Vorstellungsgabe der Secessionisten mehr geschah, als zu erwarten war, zeigten sich ihre künstlerischen Äußerungen doch immer noch behaftet von einer Vergangenheit, die die Befragung von Kunst als vorsätzliche Aufgabe ablehnte und ihre Bestimmung in quasi einer Überwindung des Symbolhaften sah, weiterhin aber in dieser Sprache verblieb, jedoch mehr von Sinnlichkeit und menschlicher Ekstase, von Sentimentalität und expressiver Werteinbringung getragen war und zu einer neuen Definition des Symbolismus gelangte. Eine Diskrepanz spiegelt sich wider, die eigentlich in der Zeit nur von den Architekten überwunden wurde. Die bildende Kunst dieser Zeit ist ja auch eine Art Randerscheinung innerhalb der secessionistischen Bewegung, hat sie doch vor allem dekorative Wertvorgänge eingebracht. Auch war im Bereich angewandter Kunst – wie Plakat, Illustration, Schrift und anderes – ein Potential vorhanden, das gerade diesem Schultypus entgegenkam. Daß Myrbach eingesetzt wurde, war ja auch sicher dieser angewandten Kunstform zu verdanken, da nur diese die Grundeinstellung zu einer Möglichkeit der Verwendbarkeit von Kunst in sich trägt. Das ist zwar eine Annahme, aber vorstellbar

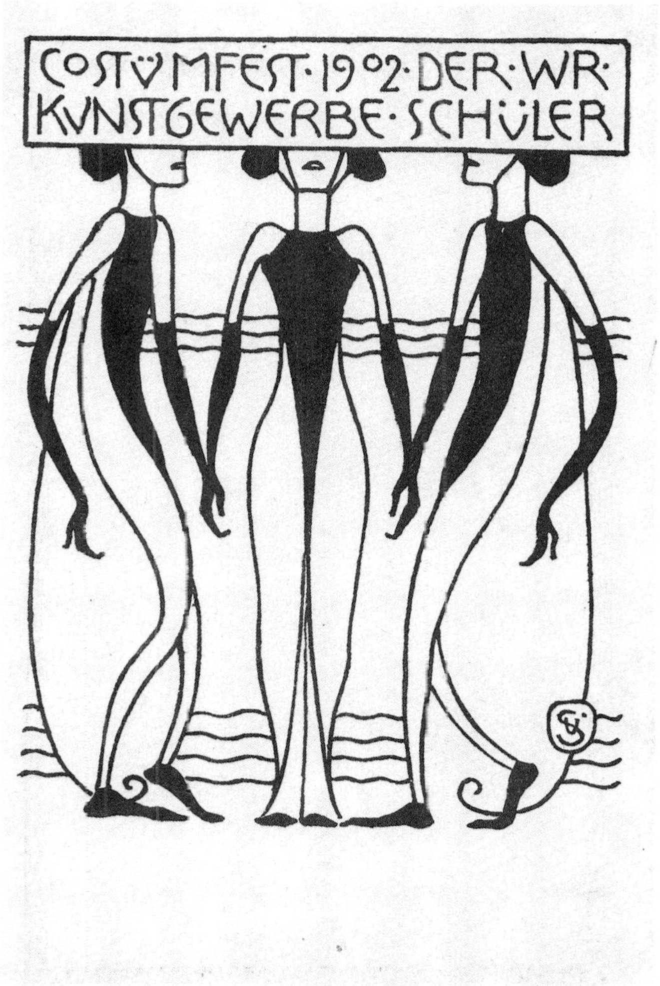

Viktor Schufinsky, Einladung, 1902

in einer Zeit, in der gerade der Wertbezug zur äußeren Attraktivität besonders geliebt wurde, so daß die Reformideen der Künstler der Jahrhundertwende, die sich in der »Secession« vereinigten, ja auch einen vehementen Widerhall finden mußten – trotz vielseitiger Ablehnung. Die Frage nach besonderer Qualität, die Ablehnung der Quantität, war zwar ein Teil des Programms, doch steckte darin auch schon das schicksalhafte Scheitern an der Frage der Massenproduktion. Wie gestalteten sich nun die allgemeinen Reformen? Daß die besten Künstler auch die besten Lehrer sind, so sie pädagogische Fähigkeiten besitzen, war eine wichtige und klare Entscheidung, die sich auch auf den schon vorhandenen Lehrkörper auswirkte und zum Austritt einiger konservativer Elemente führte, ist doch das Beispiel, anders zu wirken, auch etwas, das das

Klima auch im eigenen Arbeitsprozeß verändert und die alten Möglichkeiten kaum zuläßt. Das Verlangen der Künstler nach funktionierenden Werkstätten, die parallel zu den künstlerischen Durchführungen installiert wurden, hatte den praxisbezogenen Begriff in der Kunst wesentlich ausgedehnt und ein neues Verhältnis geschaffen zum Begriff des Materials, das verwertet wurde. Es ist sicher von hohem Wert, einen Gegenstand, über den Entwurf hinaus, als benützbares Produkt wiederzufinden. Das ist mehr als nur eine scheinbar angewandte Sichtbarmachung. Hier ergibt sich bis hinein in die Kunst ein weitaus verstehenderes Verhaltensmerkmal, wird doch eben die Erklärbarkeit der Prozesse im Material sichtbar. Man kann ersehen, daß auf Zeit die Werkstätte wichtig wurde für die folgenden Vorgänge in allen Kunstinstituten. Hier wurde durch die Perfektionierung dieser Einrichtung eine weltweite Tat gesetzt.

DIE PROFESSOREN UND IHRE SCHULISCHEN METHODEN

Mit der Berufung des Bühnenbildners Alfred Roller im April 1900 wurde das erste Mal eine Art analytische Schulmethode eingeführt. Rollers Hauptziel war es, grundsätzliche Fragestellungen in den Bereich der Lehre einzugliedern. Man kann hier von der Geburtsstunde der modernen Grundlehre sprechen, die die Möglichkeit der analytischen Vorgangsweise in der Kunst aufgriff.

Das erste Ziel war es, das Naturstudium, welches in der Vergangenheit ein direktes Abzeichnen von Gegenständen und menschlichen Körpern bedeutete, nun in eine Verlebendigung zu führen, das heißt, entscheidend war nun nicht die Genauigkeit der Körperdarstellung, sondern das elementare Erfassen von Bewegungen, von Charakteristika, von psychologischen Momenten und von der Entpersönlichung des Objekts Mensch, und zwar nicht in Form von naturalistischen Vorgängen, sondern im Sinne einer kinetischen Abwicklungspraxis. Auch Oskar Kokoschka hat, als er die Aktklasse übernahm, das Rollersche Prinzip der Rhythmisierung fortgesetzt.

Die Farbenlehre, seit dem 18. Jahrhundert ein wichtiges Element, wurde bei Roller in Materialbezogenheit und der daraus folgenden Kontrastierung von Farbwerten aneinandergefügt, um dadurch die Individualität farbbezogener Vorgänge begreiflich zu machen. Da jede Beziehung zu Farben eine subjektive ist, wurde dieselbe durch Rollers Prinzip auch besser verstanden. Die Frage nach der Farbe nahm somit Bezug auf die einzelne Künstlerpersönlichkeit. Zum Unterschied vom »Bauhaus«, wo die Farbverfügbarkeit in einer wissenschaftlichen Auseinandersetzung stattfand, die jede Subjektivität ausschloß, erlaubte die Farbenlehre Rollers Individualität und Eigenständigkeit.

Durch die Neuinterpretation des Naturstudiums wurde der Vorgang der Rhythmisierung so konsequent in die Lehre einbezogen, daß man fast davon sprechen könnte, hier hätte eine Vorwegnahme der kubistischen oder futuristischen Idee stattgefunden, die das Figurale im Nebeneinanderstellen flächenbezogen erfährt. Hier wird ein Ereignis festgestellt, das für die gesamte ungegenständliche Welt in der Kunst von Wichtigkeit war, nämlich das Abstrakte aus dem Gegenstand heraus zu erfassen, ging es hier doch vor allem um eine Abstrahierung aus der Natur heraus. Insofern war das Angebot von naturbezogenen Gegenständen – nicht nur der menschliche Körper, sondern auch die fluktuierende Tierhaltung, etwa in den Hühnerställen in der Schule – eine entscheidende Einführung.

Die Sprache der ungegenständlichen Kunst ist seit dem Jugendstil ein wichtiger Bestandteil, auch wenn diese Kunst nach der Jahrhundertwende in einer viel konkreteren und zum Teil der reinen geometrischen und frei verfügbaren Formulierung unterlag. Natürlich kann man hier nicht von einem ausgesprochen ungegenständlichen Bild sprechen, sondern nur von Proportionswerten, die in einem unendlichen Bild – entsprechend dem Ornament – sich wiedergeben. Nicht das Bild als solches war hier zu sehen, sondern die Unendlichkeit des Ornaments in seiner Wiederholbarkeit. Das sagt aber nicht, daß das Totale als Ausgangsbasis für ein ungegenständliches Bild hier nicht vorhanden gewesen wäre. Im Gegenteil, die Rückbesinnung auf das Ungegenständliche aus dem Ornament heraus, welches ein jahrtausendealtes Phänomen in den Kulturen ist, eröffnete für die einzelnen Künstler einen leichteren Einstieg in das Ungegenständliche, als nur die Absicht der Ungegenständlichkeit dies vermochte.

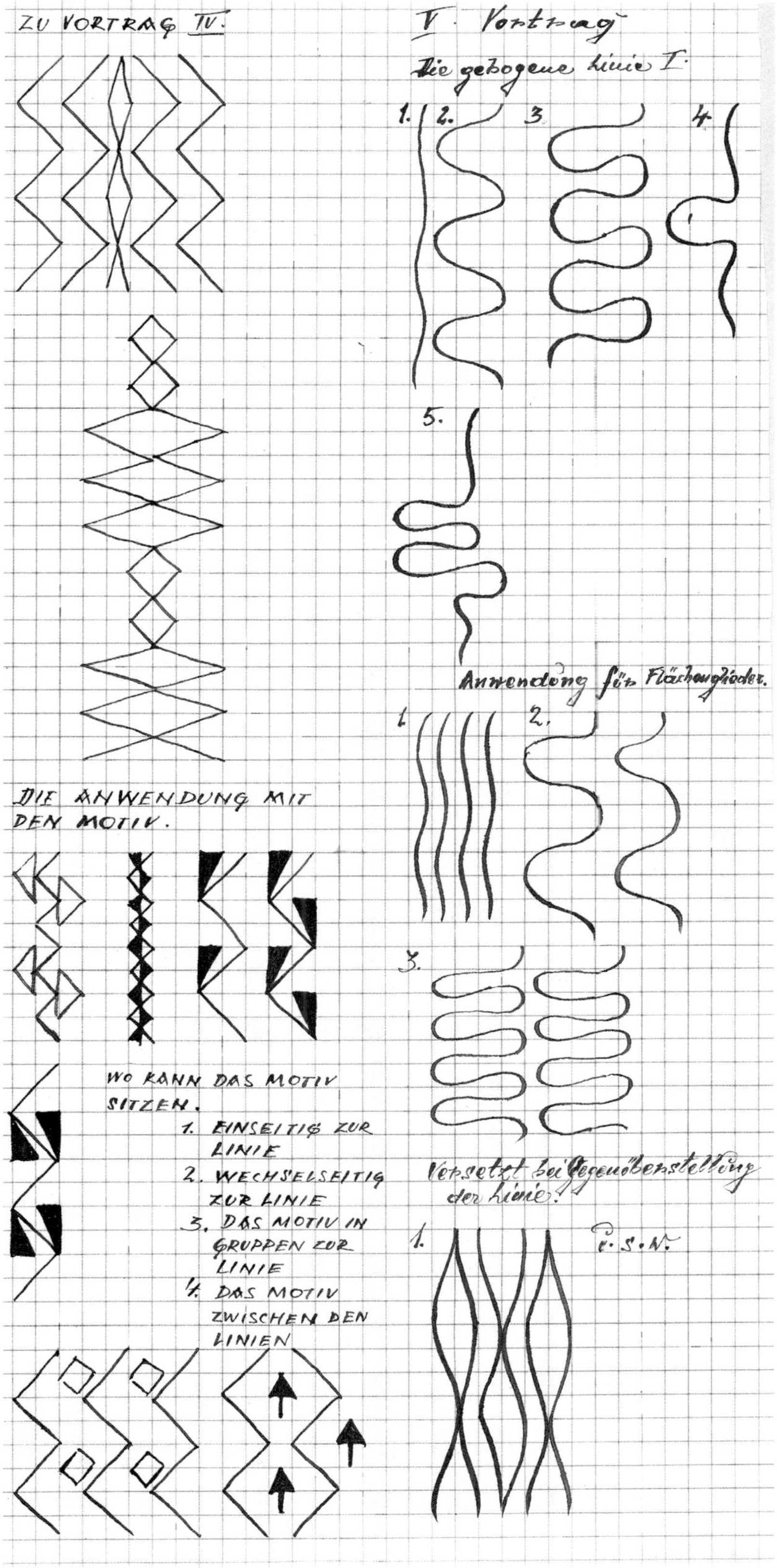

Unbekannter Künstler, »Formenlehre IV«, didaktisches Blatt, um 1900

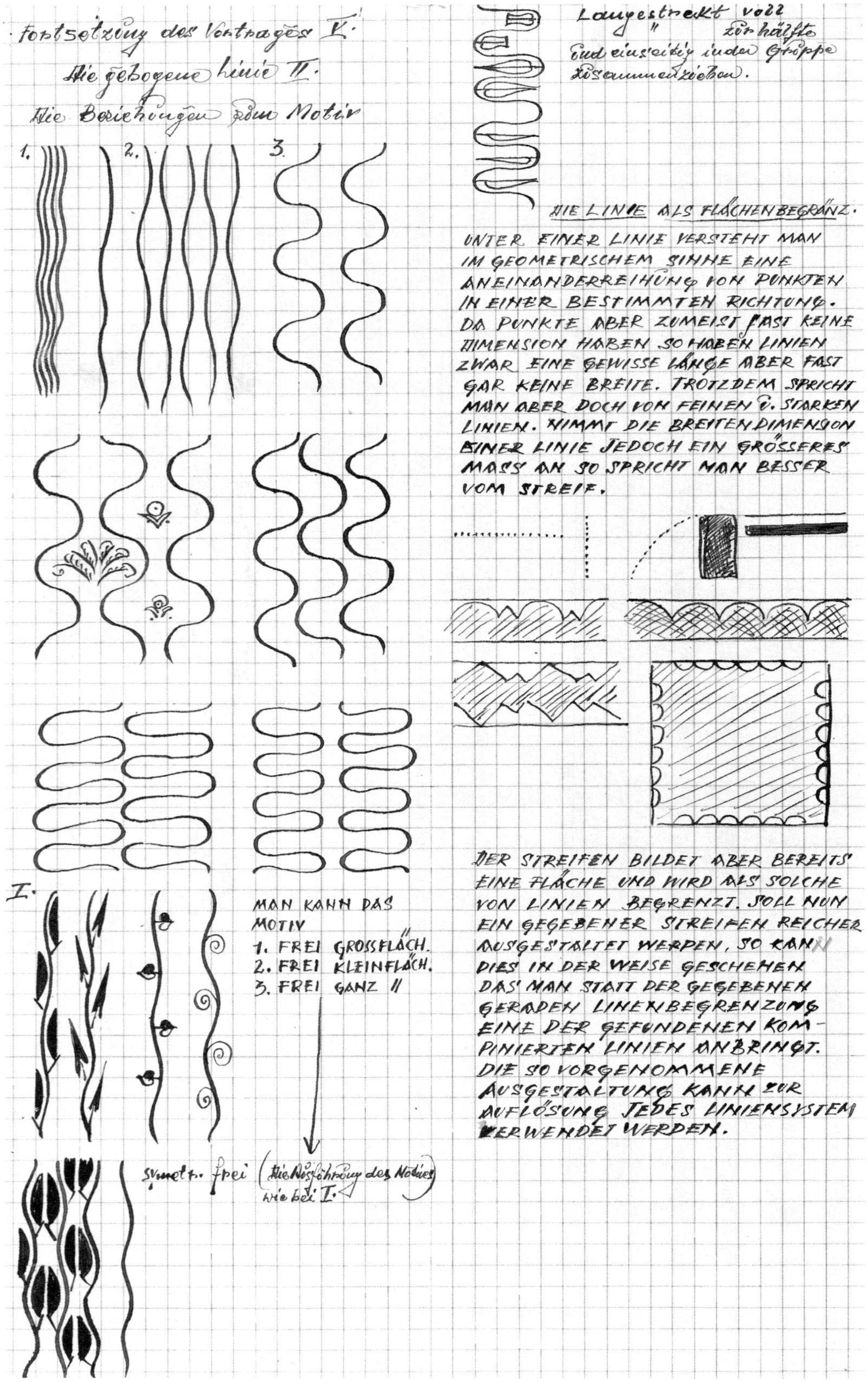

Unbekannter Künstler, »Formenlehre V«, didaktisches Blatt, um 1900

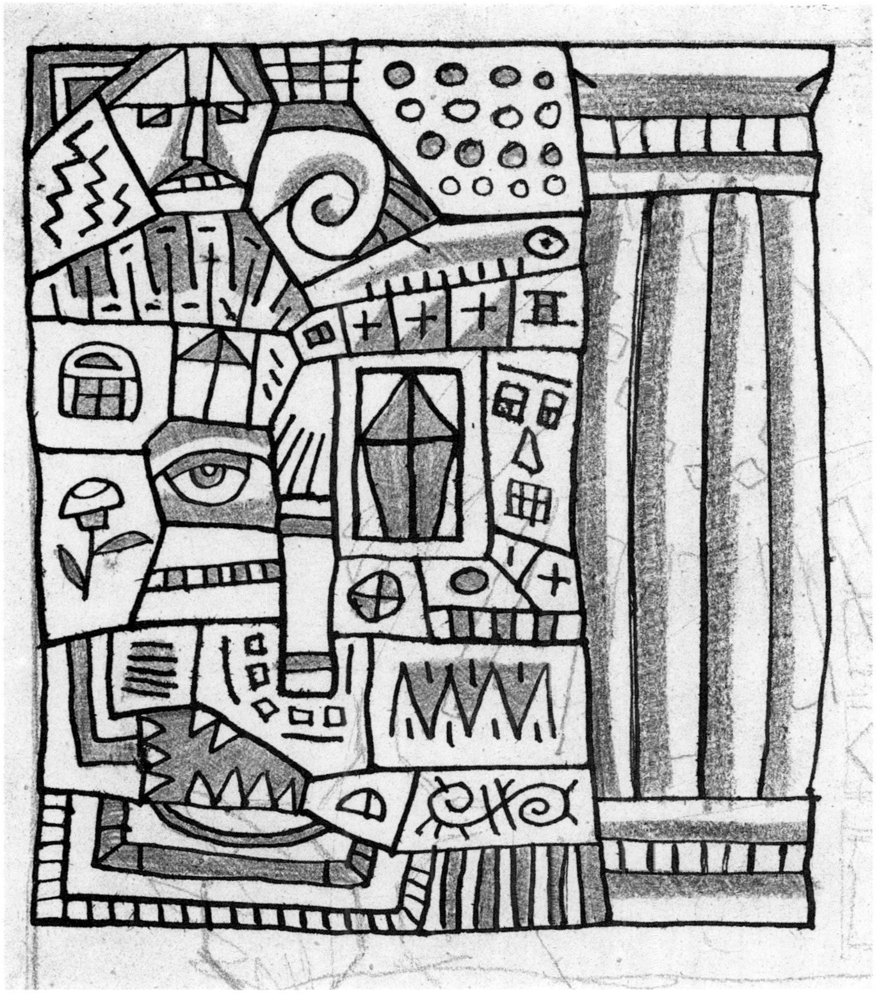

Franz von Zülow, Komposition, um 1910

Der Begriff der Bildanalyse ist ein wichtiger Faktor in der Kunstgeschichtslehre. Seit der Renaissance wurde die Bildanalyse vom Künstler intensiv betrieben. Nicht umsonst entstanden wissenschaftliche Disziplinen, wie etwa die Einführung der Perspektive, als Mittel, die Sprache des Bildbegriffs zu erweitern. Die Untersuchung von Bildern alter Meister und die daraus gewonnenen Erfahrungen erwiesen sich auch als Methode zur Bewältigung von Fragen nach Bildvorstellungen aus der Vergangenheit, um, von dieser Wertung ausgehend, einen Bezug zur Gegenwart herzustellen.

Das Verhältnis zum Stofflichen als Bekenntnis zur Wiederfindung der Gefühlsbezogenheit und zum direkten Verhältnis des Menschen zu den Dingen, die er täglich berührt, wie etwa Farbe, Mehl, Stein, Holz, Metall und anderes, erscheint als wichtiges Erfassungsmoment im Prozeß des Begreifbarmachens von Gegenständen. Dieser Bezugsmoment als Lehreffekt ist wichtig, um den Gegenstand erstellen zu können. Materiallehre ist Ausdruckslehre.

Aus allen diesen grundsätzlichen Gedankengängen entstand der direkte Bezug zur Kunst, der sich nicht nur im autonomen Kunstwerk manifestierte, sondern auch Hinweise erstellte zur Brauchbarmachung von Kunst, wobei wir beim Angewandten wären, einem besonderen Aufgabengebiet der Kunstgewerbeschule. Es vollzog sich so: Das Holz, erfaßt in seiner Stofflichkeit, ergab den Stuhl mit dem zusätzlichen Sichtbarmachen der Funktion aus der grundsätzlichen Lehre der Rhythmisierung und des Ornaments, so daß das Abstrakte hier Gegenstand annahm. Man sieht hier, daß das Reflektieren über das Absolute in der Kunst zum Abso-

luten in der Kunst führt. Der Praxisbezug in der Durchführung von Aufgaben, wie in der angewandten Graphik, in der Keramik und allen anderen möglichen Vergegenständlichungen, vollzog sich aus der Theorie der Lehre.
Somit erkennen wir, daß Alfred Roller einerseits das Elementare der Grundlehre als Voraussetzung für die praktische Arbeit zu vermitteln imstande war. Seine Grundlehre war die Basis aller folgenden Grundlehren, nicht nur für das eigene Haus, sondern für alle sich daraus entwickelnden Institutionen, womit auch klar wird, daß seine Hauptleistung nicht im Bühnenbild liegt, sondern in seiner schulischen Tätigkeit und in seiner Innovationsfreude im Pädagogischen. Die nachfolgende Tätigkeit wichtiger Pädagogen, wie etwa eines Franz Cizek und eines Johannes Itten, ist ohne Rollers Vorbild undenkbar.
Im weiteren waren Schüler Rollers zum Beispiel Josef Bruckmüller, der von Peter Behrens als Leiter der Vorbereitungsklassen an die Kunstgewerbeschule Düsseldorf berufen worden war, oder Anton Kling, der in Hamburg arbeitete. Cizeks Leistung als Lehrer an der Kunstgewerbeschule liegt in zwei verschiedenen Bereichen: Einerseits hatte er eine neue Methode im Klassenunterricht eingeführt, wo er die eigenschöpferische Kraft der Kinderzeichnung erkennbar machte. Diese Leistung kann nicht oft genug betont werden, ist doch hier die unmittelbare Wiedererkennung der direkten Fähigkeit zur Kunst erahnt, die eine besondere Qualität ergibt. Andererseits nahm er die Rollerschen Methoden auf und führte sie mit der Zeit in eine freie Verfügbarkeit futuristischer Methoden. Man kann sogar im Falle der Cizek-Klasse von der einzig existenten Schule des Futurismus sprechen.
Auch die vielgerühmten Methoden des Johannes Itten, der sich ja vier Jahre in Wien aufhielt (1915 bis 1919), wo er auch eine private Zeichenschule leitete und mit Roller, Cizek und Josef Matthias Hauer Kontakte pflegte, ist selbstverständlich in erster Linie vor dem Hintergrund der Rollerschen Grundlehre zu analysieren. Das Grundkonzept des Ittenschen Unterrichts kann wie folgt skizziert werden:
– Er betrieb ein Naturstudium, welches Hans M. Wingler als Übung im Beobachten und der graphischen Wiedergabe des Stofflichen definierte.
– Aufgrund naturalistischer Studien und Studien zu Flächenkompositionen lehrte er den Übergang zu abstrakt-ornamentalen Entwürfen.
– Ferner betrieb Itten Materialstudien, welche der bewußten Wahrnehmung des Stofflichen, seiner Charakteristika und Verwendbarkeiten dienten.
– Aufbauend auf die Unterrichtsmethode A. Hölzels befaßte sich Itten in seiner Lehre auch mit der Strukturanalyse an Hand von Werken alter Meister.
Darüber hinaus muß hier angeführt werden, daß auch bei Itten die Forderung nach dem Eingehen des Lehrers auf die individuelle Persönlichkeit des Schülers im Vordergrund stand, was allerdings auf einem Grundgedanken und einem Prinzip Rollers fußte.
Erich Mallina – ein Schüler Rollers – übernahm 1903 die Klasse mit dem Schwerpunkt Kunsterziehung. Er ist bis heute als Künstler nur in Fachkreisen bekannt, obwohl er in seinen frühen Arbeiten einen revolutionären Einstieg in die Kunst vollzogen hatte, indem er futuristische und abstrakte Arbeitsprozesse vorwegnahm, und zwar schon im Jahre 1904. Da sich Mallina dem Zen-Buddhismus verpflichtet fühlte und jede Ausstellungstätigkeit verwarf, konnte er zu Lebzeiten auch kaum einen Durchbruch an die Öffentlichkeit erringen. Das ist mit ein Grund dafür, weshalb Mallina in keiner österreichischen Kunstgeschichte aufscheint.
Es war logisch, daß die Kunsterziehung gerade in einer Schule etabliert wurde, wo das Angewandte einen hohen Stellenwert hatte. Es lassen sich hier Parallelen ziehen zur Mittelschule, wo die Unterrichtsmethodik letzten Endes auch der Zweckbezogenheit untergeordnet sein sollte. Der Gedanke der Kunsterziehungsbewegung wurde erstmals von Myrbach aufgegriffen, der sofort nach seinem Amtsantritt darum bemüht war, auch in der Lehrerausbildung Reformen durchzuziehen. Seine Vorstellungen vom Unterricht bezogen sich auf eine vielseitige Kenntnis der Lehre, vor allem der verschiedenen Kunstformen. Er verlangte, daß Lehrer eine Ausbildung in den verschiedenen Techniken des Malens und des Zeichnens erfuhren, wobei aber stets der Bezug zur Praxis vordergründig sein sollte. 1901 wurde ein selbständiger Kurs für »Lehramtskandidaten für das Freihandzeichnen an Mittelschulen« installiert, den Anton Kenner, ein Schüler von Minnigerode und Matsch, leitete. Als Studenten wurden ausschließlich maturierte Mittelschüler zugelassen, die ihr Studium mit einer Staatsprüfung beendeten. Trotz erfolgreicher Bemühungen Myrbachs um eine fundierte Ausbildung der Lehrer blieb die Einstellung der Künstler gegenüber jenen Studierenden, die das Lehramt anstrebten, negativ.
Was wäre an dieser Stelle zu Mallinas Erziehungsmethoden anzumerken? Seine Grundhaltung läßt sich als

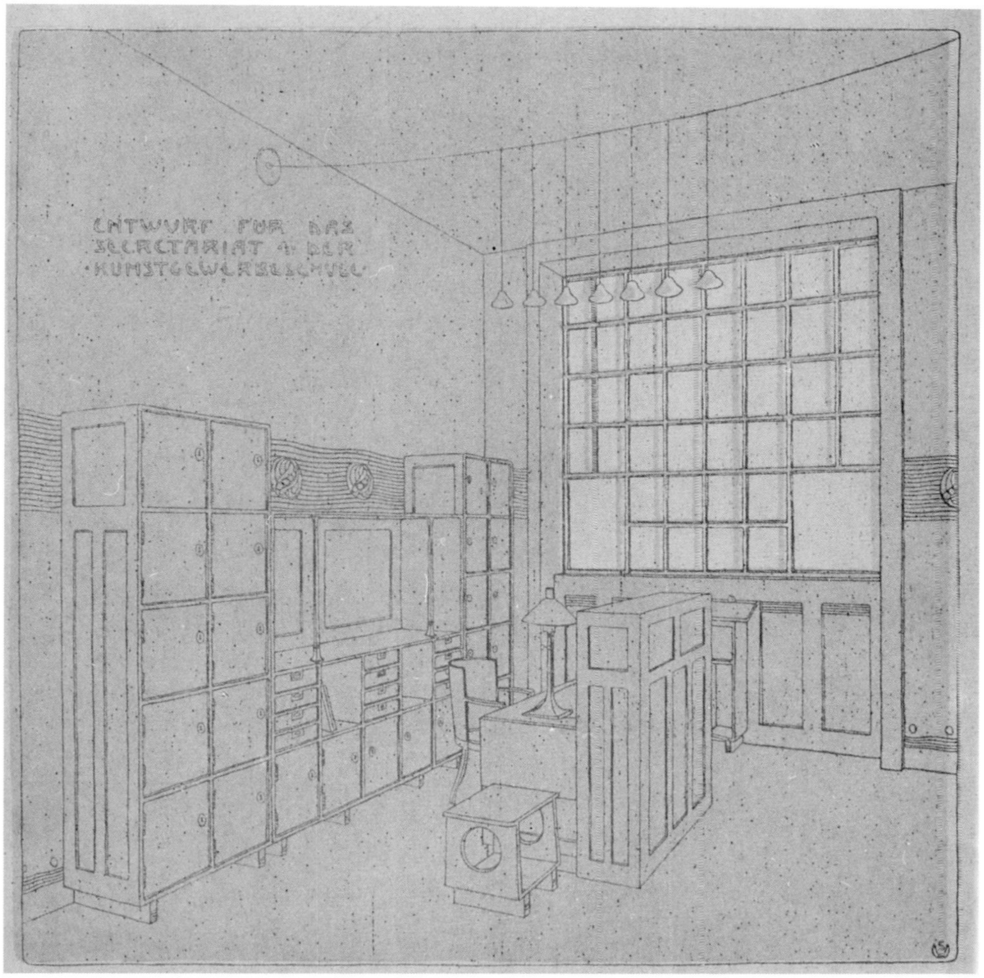

Wilhelm Schmidt, Entwurf für das Sekretariat der Kunstgewerbeschule, 1899

eine geistige, aus dem Prinzip des Religiösen erwachsene, definieren und entsprach somit dem philosophischen Ansatz jedes Symbolisten. Hier offenbart sich – über den Vollzug des Künstlerischen hinaus, der sich in ähnlicher Weise manifestierte wie bei Roller – vor allem im Anspruch auf Erziehung zur Intellektualität eine Basis aller weiteren Vermittlungsmethoden. Aus dem Buddhismus heraus entwickelte Mallina ein ökologisches Bewußtsein. In der Erhaltung einer menschen- und naturgerechten Umwelt sah er die Hauptverantwortung zukünftiger Städteplanung.
Wie Mallina wurde auch Josef Hoffmann kurz nach Studienabschluß als Professor an die Kunstgewerbeschule berufen. Wie unbegrenzt war hier seine Haltung! Sein Sich-Einfügen in die Fragen der Zeit war ebenso vorhanden wie sein Vorwegnehmen zukünftiger Entwicklungen. Seine Lehrtätigkeit erscheint nicht so sehr als methodisch konzipierte Vorgangsweise, sie ist vielmehr die augenblickliche Erfindung, getragen von der Komplexität des Schüler-Lehrer-Verhältnisses, wobei die Erwartungshaltung Hoffmanns sofort schöpferische Konzeption auslöste. In seinen Schülern sah Hoffmann nicht ausschließlich die angehenden Architekten – so wie damals überhaupt die Erziehung an der Kunstgewerbeschule nicht vom Schematismus der Unterweisung im zukünftigen Beruf des Studierenden geprägt war, sondern fluktuierenden Verhältnissen unterlag, so daß ein jeder nicht nur alles machte und machen durfte, sondern später aus dem schulischen Rüstzeug heraus verschiedenste Berufsmöglichkeiten hatte. Hoffmanns Kunst nimmt nicht nur Bezug auf die bildende Kunst – wie sein Relief »Sopra la porta« beweist –, sie durchläuft alles, was es an künstlerischen Ausdrucksmöglichkeiten gibt, vom Möbel bis zur Architektur.

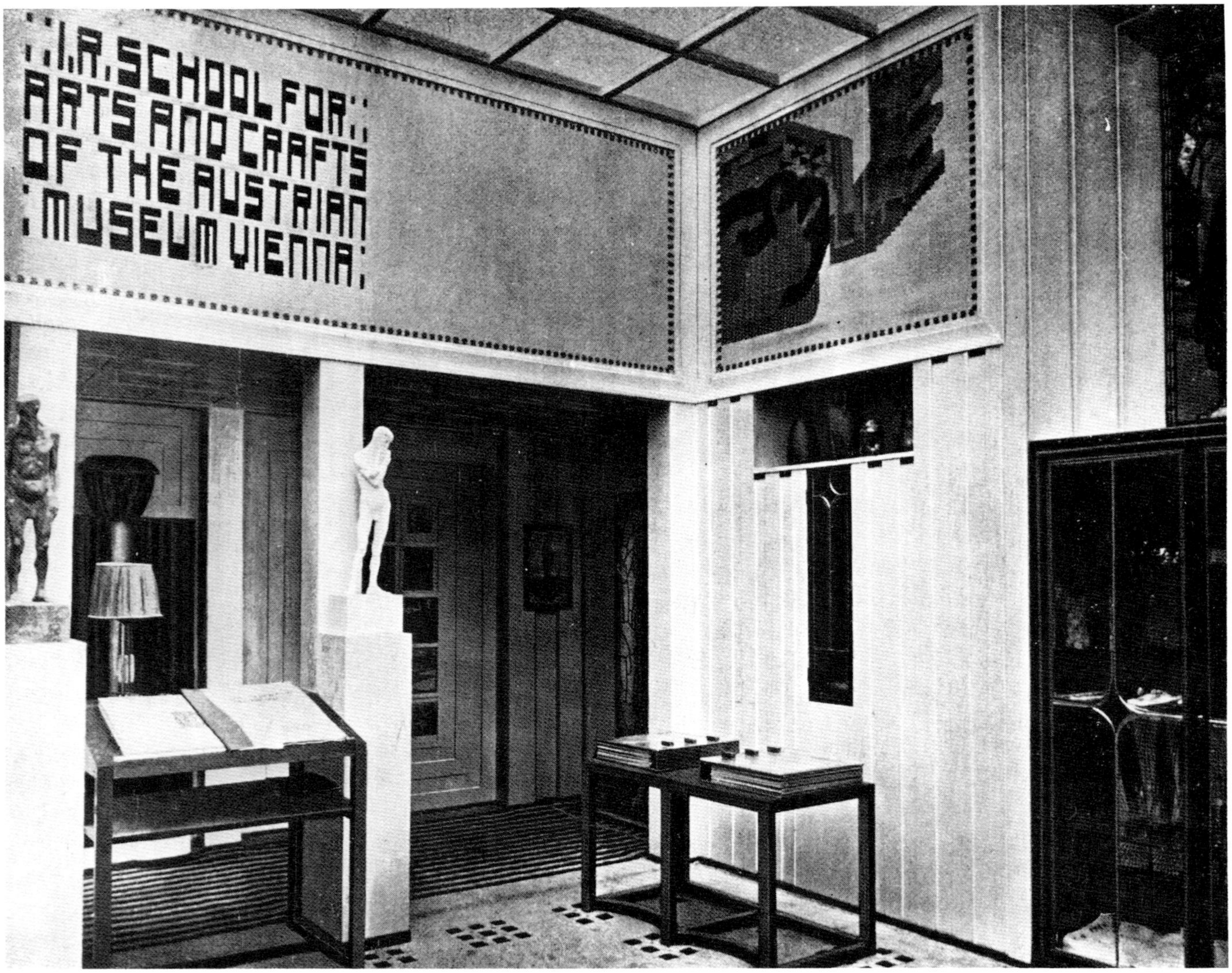

Josef Hoffmann, Ausstellungsraum der Kunstgewerbeschule auf der Weltausstellung St. Louis 1904

Hoffmann selbst umriß die Aufgaben seiner Klasse folgendermaßen: »Das Programm der Schule umfaßt die Ausstattung eines Hauses mit allen Gebrauchs- und Ziergegenständen, welche, gestimmt auf den jetzigen Bedarf, den Menschen umgeben. Quelle der Motive ist der reine Zweck, Hauptstütze absolute Ehrlichkeit und Schlichtheit in der Auffassung und Durchführung. Da die technische und handwerkliche Vorbildung, namentlich im Möbelfache, Bedingung ist, genügt es, Arbeiten unter eigener Leitung und nach eigenen Entwürfen durchführen zu lassen. Das Hauptgewicht liegt also im Entwurfe. Jedoch ist hier die Regel, daß alle Details, die eine Gefühlsbeanspruchung verlangen, von den Schülern selbst modelliert oder in irgendeinem Materiale eigenhändig durchgeführt werden. Metallsachen, Keramiken, Einlagen und dergleichen sind also direkt Schülerarbeiten. Wirkungssphäre des Ornaments, welches ursprünglich auf Naturstudium fußt, ist die Buchverzierung, das Vorsatzpapier, die Tapete, das Stoffmuster. Der Lehrgang ist also Vorbereitung und Fühlungnahme mit den einzelnen Kunstzweigen, Atelier- und endlich Werkstättenarbeit. Letztere durchzuführen verdanken wir vielen Privat- und Geschäftsleuten, welche der Schule durch Bestellung Gelegenheit geben, ganze Innenräume als auch einzelne Objekte zu vollenden. Die Verantwortung und Verrechnung hat der Schüler selbst, worauf ich besonderes Gewicht lege.«[1]

Koloman Moser befaßte sich ebenfalls mit der Vermarktungsfrage in der Kunst und mit deren Verwertbarkeit. Er war der erste, der die Überlegung anstellte, wie aus der Schule heraus eine Manufaktur zu entwikkeln wäre. Mosers Versuche, an der Schule eine positive Einstellung zum Vermarktungsgedanken zu vermitteln, scheiterte an den Staatsgesetzen, die jeden Wunsch akademischer Institutionen nach einer Eigenwirtschaft unterbanden. Daran hat sich allerdings bis heute nichts geändert. Mosers Ideen in dieser Richtung wurden schulextern durch ein gemeinsames Projekt mit Josef Hoffmann und dem Bankier Fritz Wärndorfer in der Gründung der Wiener Werkstätte (1903) verwirklicht. Es darf dabei nicht außer acht gelassen werden, daß diese Gründung im wesentlichen auf den Erfahrungen aus der Kunstgewerbeschule basierte. Dies muß umso energischer betont werden, als dieser Hinweis nirgends aufscheint: ohne Kunstgewerbeschule keine Wiener Werkstätte. Für die Absolventen der Schule bildete sich die Wiener Werkstätte allerdings erst im Zeitraum von 1910–1930 zu einem wesentlichen Arbeitsplatzreservoir heraus. In den ersten Jahren ihres Bestehens fanden nur wenige Schüler Beschäftigung, was jedoch auf eingeschränkte Arbeitsbereiche zurückzuführen ist. Die Entwürfe für Möbel und Metallarbeiten verfertigten Hoffmann und Moser ausschließlich selbst, die Ausführung übernahmen ausgebildete Handwerker. Schüler waren im Bereich der graphischen Künste und in der Lederverarbeitung tätig.

Wie läßt sich hier die erzieherische Tätigkeit Mosers umschreiben? Auch er wurde, wie Hoffmann, in seinem Klassenunterricht dem Anspruch auf Vielfältigkeit der Aufgaben und Vielseitigkeit des Schülers gerecht. So schrieb etwa Leisching: »Mosers Schule führt ihren Namen als Fachschule für Malerei nur insofern mit Recht, als der Meister . . . das gesamte Kunstgewerbe mit malerischem Geist durchdringen möchte. Aber eben das gesamte Kunstgewerbe, nicht Flächenkunst allein, ist es, was er seine Schüler lehrte.«[2]

Koloman Moser war sicher der erfinderischste Geist, den diese Generation für Österreich hervorgebracht hat, nicht nur als Maler und Designer, sondern auch als bewußter Realist in den vorhin angedeuteten Bemühungen, den Vermarktungsgedanken in die Struktur der Kunstgewerbeschule einzubringen.

Bertold Löffler unterscheidet sich als Lehrerpersönlichkeit von allen bisher angeführten. Im Bereich der Gebrauchsgraphik war er vielleicht eine der bedeutendsten Erscheinungen, hat er sich doch über die Strenge des Jugendstils hinwegbegeben in eine viel realere Art der Darstellung, die in die Direktheit neuzeitlicher Ausdrucksformen führt, wo das Plakative nicht nur vom Humor geprägt wird, sondern auch von jeder Stilisierung Abstand nimmt und das Private miteinbezieht, auch wenn immer noch das Sentimentale als Negativpol mitklingt. Die Malerei, als Nebenprodukt der angewandten Arbeit Löfflers, hat einen wichtigen Einfluß auf seine Schüler ausgeübt, wie etwa auf Kokoschka oder Kalvach. Man braucht nur das Auftragen der Farbe bei Löffler zu berücksichtigen, welches ein bemerkenswerter Teil seiner Arbeit ist, und es offenbart sich eine Direktheit, die eine Qualität in der studentischen Übernahme auslöste, die gerade für Kokoschka wichtig wurde. Somit können wir auch schon Löfflers Vorgangsweise im schulischen Unterricht umreißen. In gewisser Weise arbeitete er sehr manuell im Bereich der angewandten Graphik, wo er im wahrsten Sinne des Wortes Schule machte und eine ganze Generation von bedeutenden Künstlern ausbildete. Die Malerei Löfflers wurde bereits als ein Faktor in der Malerei des Expressionismus erwähnt.

Carl Otto Czeschka kann als der manieristisch-erotisch arbeitende Künstler in dieser Professorengeneration bezeichnet werden. Alle bemerkenswerten Befähigungen des Jugendstils werden von ihm in eine andere Zeit übertragen, versetzt in eine kritische Zeitposition, wo sich das Thema des Erotischen in eine moralische Stellungnahme begibt, wo sich die Gesellschaft in einem Umbruch befindet, wo sich diese Möglichkeit in eine kulinarische Darstellungsweise überträgt, die sich zeitlos verfremdet gibt.

Hier ist eine Parallelerscheinung zu Löffler zu beobachten, jedoch der Gefühlslage Czeschkas entsprechend, daß heißt ornamental, überladen und schriftbezogen, mit flächigen Mustern als Anhaltspunkt für Graphik und als Möglichkeit für die Keramik-Bemalung, also ein sehr handwerklich geprägter Lernprozeß.

Plastische Gestaltung

Da die Bildhauerei stets ein Stiefkind innerhalb der österreichischen Kunst war, obschon sich in der Phase des Historismus vor allem auf dem Sektor der Bauplastik Großes getan hatte, wurde auch an der Kunstschule die Ausbildung in diesem Bereich weniger im Qualitätsanspruch gesehen und ein wenig vernachlässigt. Der Wunsch nach einer bedeutenden Persönlichkeit für diesen Sektor war an der Wiener Kunstgewerbeschule daher ein berechtigtes Verlangen. So entschloß man sich, unter dem Einfluß des belgischen Bildhauers George Minne, für die Berufung eines Bildhauers zu

plädieren, der in der Zeit sehr geschätzt war und aus dem Raum der k. u. k. Monarchie kam.
Auch in diesem Falle entschied man sich, den Prinzipien treu, für eine bedeutende Persönlichkeit, nämlich für Franz Metzner. Metzner wurde durch seine monumentalen Denkmalarchitekturen bekannt, geprägt vom klassischen Prinzip der exaltierten Skulptur Michelangelos und den anatomischen Darstellungen. Mit dieser Feststellung allein wäre jedoch zu wenig über ihn gesagt. Er hat ja vor allem Themen behandelt, die sich auf den Expressionismus bezogen, und somit die Barlachsche Sprache der hysterischen Extreme vorweggenommen. Daraus erklärt sich auch, daß, aufgrund der damaligen Skulpturauffassung, seine Arbeit bei den Schülern nicht jene Interpretation auslöste, die man sich ursprünglich erwartet hatte. Es wurde aber das vom Impressionismus eines Rodin oder eines Metardo Rosso geprägte Modellieren aufgegriffen, was ein wesentlicher Faktor für ein neues Denken war. Die nur kurze Zeitspanne der Lehrtätigkeit Metzners hat dennoch eine Bildhauergeneration geprägt, wesentlich stärker sogar, als dies die Zeitgenossen abzuschätzen in der Lage waren.
Arthur Strasser, der schon in den achtziger Jahren des 19. Jahrhunderts mit seinen bemalten Skulpturen große Erfolge in Paris erringen konnte und auch durch seine Zusammenarbeit mit Zsolnay und anderen Reproduktionsfirmen etabliert war, machte sich auch durch seine Denkmalskulpturen in Wien einen Namen. Seine Leistungen, die in der Zwischenzeit ebenfalls der Vergessenheit anheimgefallen sind, lagen vor allem in seinem Realismus. Typisch war seine Charakterisierung von Personen durch ihre Tätigkeit, wie das Tragen, das Verkaufen, das Regieren. Seine Lehre war nicht unbedingt sensationell, jedoch von großer Erfahrung getragen und den Rollerschen Grundsätzen verpflichtet. Strasser selbst umriß die Ziele seines Unterrichts so: »Das Modellieren, sowohl ornamentaler als auch figuraler Gegenstände in Ton, Wachs oder Plastelina, insoweit diese in dem Kunstgewerbe der Bronzeindustrie, der Keramik und Baudekoration, Steinindustrie zur Anwendung kommen.«[3] Im Fachunterricht stand das Studium der Antike und der modernen Kunst gleichwertig im Mittelpunkt, im Atelier die Auseinandersetzung mit der Natur und dem lebenden Modell.
Michael Powolny führt man stets als einen der begabtesten Schüler von Strasser an, wobei seine Bedeutung für die Kunstgewerbeschule und die Kunst allerdings heute bei weitem überschätzt wird, waren doch Metzner und Strasser durch ihre Konfrontation mit der Kunst für die weitere Entwicklung von viel größerer Wichtigkeit. Powolnys Überschätzung gründet in seiner angewandten Kunst und den lieblichen Gegenständen, welche dem Zeitgeschmack entgegenkamen und somit leicht in Umlauf zu bringen waren. Unter der Leitung Powolnys erlangte die Keramikwerkstatt einen Ruhm, der die anderen Klassen ungerechtfertigterweise zum Teil in den Schatten stellte, so daß es auch heute noch passiert, daß die Kunstgewerbeschule die Assoziation mit der Keramik hervorruft.
In der Fülle des Professorenangebots ragt wohl die Berufung Tessenows hervor, hat er doch ganz neue Ziele im Bereich der Architektur angepeilt. Aus der Erfahrung mit dem englischen Modell des Gemeinschaftsbegriffs in der Architektur entstand die Tessenowsche Idee des Gemeinschaftsbaues im Sinne von kleinen Dorf- und Stadteinheiten. Auf seinen Entwürfen fußen alle Intentionen, auch jene der politischen Körperschaften, die zur großartigen Entstehungsgeschichte des Wiener Gemeindebaues führten, mit dem Ziel, auch in einem Wohnhaus die Berührungspunkte herzustellen, die sich aus der sozialen Umwelt ergaben, Lokale, Geschäfte, Kinos, Aufenthaltsräume und anderes mehr in den Wohnbau zu integrieren, kurzum, die »Dorfbrunnensituation« herzustellen mit allen ihren Möglichkeiten der Kommunikation.
Auch für die Nationalsozialisten war Tessenow von Bedeutung, wenn er auch später von ihnen Bauverbot erteilt bekam. So wird auch die puristische Arbeitsweise eines Mies van der Rohe erst durch seine Freundschaft zu Tessenow begreiflich. Mangels Aufträgen sah sich Tessenow gezwungen, Wien zu verlassen, was für die Kunstgewerbeschule und für eine Weiterentwicklung seiner innovativen Ideen sicherlich ein schwerwiegender Verlust war.
Tessenows einfache Sprache war für die Schüler eine direkte Annahme von Möglichkeiten. Dennoch barg diese Tatsache auch eine Gefahr, und zwar jene, daß die fast gesetzmäßig bezogene Einfachheit Naivität fördert. Es bedurfte daher starker Schülerpersönlichkeiten, die aus dieser jeder Sophistik entbehrenden Sprache den Bezug zu praktischen Erfordernissen herzustellen in der Lage waren.
In einem eigenen Anhang werden alle anderen Professoren genannt. Wenn hier nicht alle in der Lehre Tätigen beschrieben werden konnten, so liegt das daran, daß sich vieles in der Durchführung wiederholte und aufeinander aufbaute, wenn auch die Kunstlehre eine

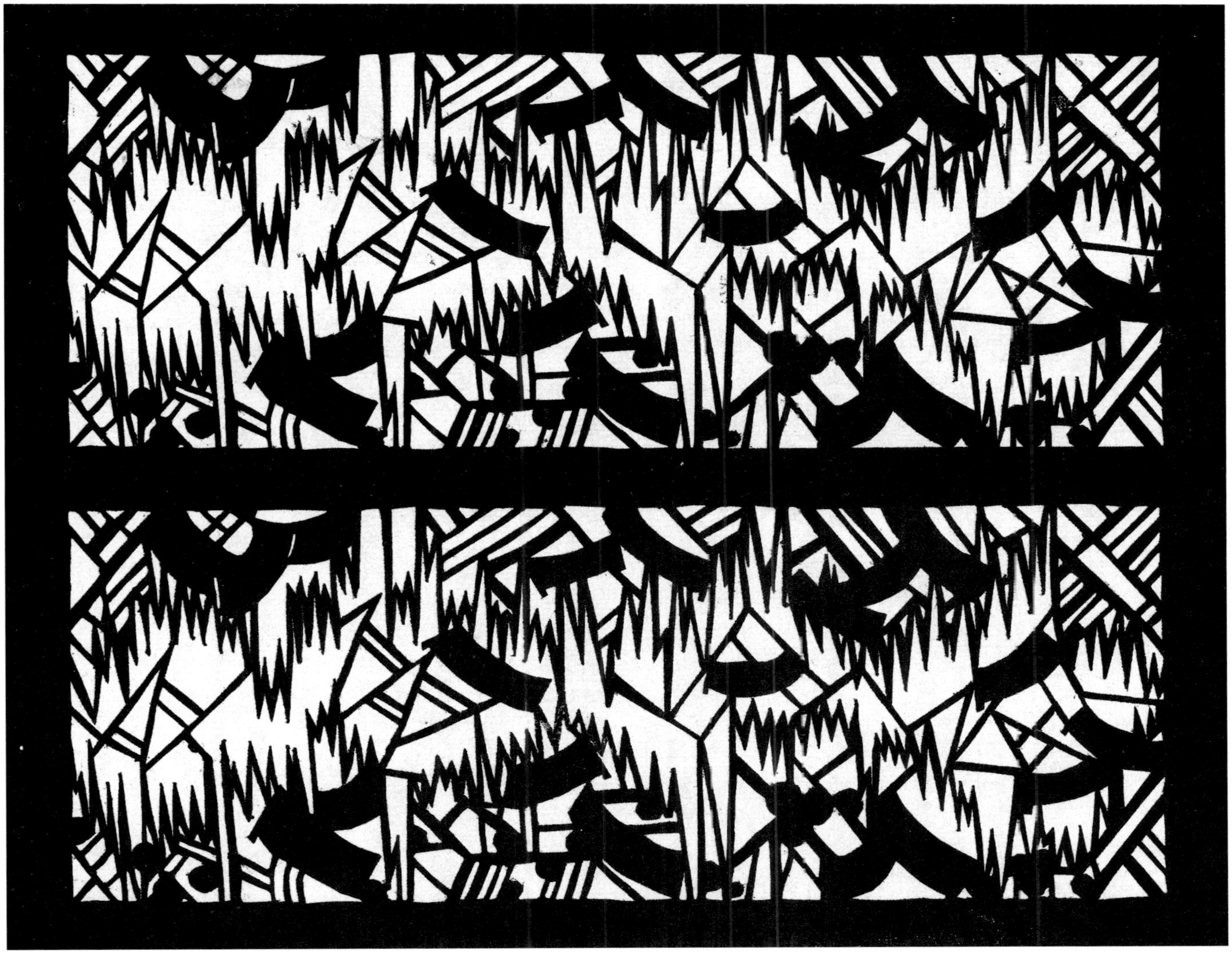

Hans Pitsch, Abstrakte Flächenkomposition, 1918

ungeheuer komplexe Angelegenheit ist, wo individualistische Komponenten zu beachten sind, aus welchen der Lehrer nicht ausbrechen will oder kann. Mögen noch so viele Systeme erfunden werden, im Endeffekt bleibt der theoretische und praktische Überlegungsprozeß in seiner Grundsätzlichkeit und Reproduzierbarkeit bestehen. Auf Zeit wird sicherlich ein Nebeneinander von verschiedensten Angeboten wichtiger sein.

Schlußbemerkung

Die Besitzergreifung, die das Bauhaus ohne Hinweis und Zitat vollzieht, ist in ihrem Eklektizismus und Behauptungsdrang fast unerträglich. Das Erstaunliche ist, daß man, aus dem Zwang heraus, »zwanzigstes Jahrhundert« zu kreieren, mit dem 19. vorlieb nahm. Welch unhaltsamer Nachvollzug von romantischen Vorstellungen verdeckt hier die revolutionären Taten einzelner! War es in der Kunstgewerbeschule noch ein legitimer Vorgang, da sich diese aus den Gedankengängen des 19. Jahrhunderts entwickelte, gegen die sie sich gleichzeitig aufbäumte, so erscheint die Übernahme des Wiener Modells schon als keine wirkliche Leistung mehr, ist es doch dem Bauhaus nicht einmal gelungen, in der eigentlichen Vermarktung Entscheidendes zu erreichen, was allerdings als wichtigster Schritt in das 20. Jahrhundert gelten könnte. All die Fragen, wie jene nach dem analytischen Beitrag in der Kunst, oder die nach der Klarstellung von Gesetzen, waren schon in den Überlegungen der Kunstgewerbeschule verankert und wurden auch durchgeführt, so die Idee des Gesamtkunstwerks und die der Verbindung von freier und angewandter Kunst ebenso wie die Vorstellung von der Humanisierung von Kunst.

DIE WERKSTATTLÖSUNG

Gabriele Koller

»Aus der Notwendigkeit der Beherrschung des Materials fand man die Werkstattlösung.«[4]

Die Einrichtung von Werkstätten war eine Folge der von allen modernen Künstlern geforderten Auseinandersetzung mit dem Werkmaterial, dem Zweck des Gegenstands und deren gegenseitiger Abstimmung in der Form. Die praktisch-technische Seite sollte soweit geübt werden, daß ein »Denken« in der Technik und im Material erfolgte. Dies war eine ganz vehemente Reaktion auf die Negation beziehungsweise Bedeutungslosigkeit dieses Problems im 19. Jahrhundert. Die Diskussion wurde seit der Londoner Weltausstellung 1851 geführt; von Gottfried Semper[5] wurden die theoretischen Grundlagen geschaffen: er trennt nicht mehr zwischen freier und angewandter Kunst, spricht von »Urtechnik« und »Urmaterial«, alle Kunstentwicklung beginnt für ihn beim Gerät als »Urmotiv«. Er fordert die Teilnahme der Schüler an der praktischen Arbeit der Lehrer, Lehrwerkstätten müßten eingerichtet werden, und zwar zuerst die Keramik-, dann die Textil- und die Tischlereiwerkstatt. »Die Form, der zur Erscheinung gewordenen Idee, darf dem Stoffe, aus dem sie gemacht ist, nicht widersprechen«; dieser Ausspruch Sempers kann als Maxime für die nachstehende Entwicklung am Ende des 19. und zu Beginn des 20. Jahrhunderts gelten, die sich zuerst von William Morris zu eigen gemacht wurde.

Seither werden »die Materialien und Bearbeitungsweisen bewußt als ästhetische Werte empfunden, und das technisch funktionelle Element durch die Form unterstrichen«.[6]

Der Zweck-Material-Komplex wurde Hauptdogma des Jugendstils. In ungezählten theoretischen Schriften und Äußerungen haben sich die Künstler mit dieser Problematik befaßt.[7]

Ein wichtiges Argument für die Einführung der Lehrwerkstatt bestand im stark propagierten »Bezug zum Leben«, der den Kern des Konflikts zwischen Akademie und Kunstgewerbeschule darstellte und durch die von der Kunstgewerbeschule betriebene Forcierung der Werkstattlösung erneut zu scharfen Polemiken führte.

Die Bedeutung und Notwendigkeit der Lehrwerkstatt für die Ausbildung des Künstlers wurde von den Nazarenern erkannt, die das Meisterklassensystem an den Akademien einführten.[8] Das Konzept entsprach der romantischen Vorstellung einer mittelalterlichen Werkstatt mit Lehrlingen. Die Reformen zur Ausbildung des Kunsthandwerkers, das heißt des »Künstler-Handwerkers«, des Entwerfenden und Ausführenden in einer Person, die die Einführung der Werkstätten bedingte und seit der Londoner Weltausstellung gefordert wurde, gingen von England aus.

Als Zentrum galt das »Department of Science and Art« mit dem angeschlossenen Museum im Marlborough-House, aus dem 1857 das South-Kensington-Museum und seine Schule hervorgegangen sind. In England selbst führte diese Schule vor allem zu Gründungen von kunstgewerblichen Fachschulen in den Industriestädten der Provinzen, die vorwiegend Zeichner für die Kunstindustrie ausbildeten; auf dem Kontinent war sie bekanntlich das Vorbild bei der Gründung des Österreichischen Museums für Kunst und Industrie und der Kunstgewerbeschule.

Gottfried Semper wurde 1852 als Lehrer für Metall, Möbel, Schmuck und Email an das Department berufen. Im Lehrplan waren praktischer Zeichenunterricht, Modellieren, technischer Anschauungsunterricht, Ästhetik und Materialkunde vorgesehen. Der Unterricht erfolgte nur rein theoretisch, Semper[9] forderte jedoch für seinen Unterrichtsplan für die Abteilung Metall- und Möbeltechnik Ateliers, in denen der Schüler an den praktischen Arbeiten des Lehrers beteiligt sein würde; die Lehrgegenstände sollten nicht systematisch eingeteilt werden, es sollte keine räumliche Trennung zwischen Anfängern und Fortgeschrittenen geben; besonderer Wert sollte auf eigenen Entwurf und Komposition gelegt werden.

Dennoch führten diese Ideen noch nicht zur Einführung von Lehrwerkstätten an den Schulen, ausschlaggebend waren vielmehr die Ideen von William Morris und die von ihm ausgelöste »Arts and Crafts-Bewegung«. Diese führte gegen Ende des Jahrhunderts zu grundlegenden Reformen und auch Neugründungen von Schulen, die für das hier behandelte Thema von besonderer Bedeutung sind.

Die wichtigsten Punkte sind:
- Einführung von Lehrwerkstätten: ein guter Entwurf ist nur möglich, wenn der Entwerfer das Handwerk beherrscht – führt zur Auseinandersetzung mit dem Material, Beherrschung des Materials;
- Förderung der Individualität;
- kein methodischer Unterricht;
- Primat des selbständigen Entwurfs;
- starke Beziehung zum praktischen Leben;
- Lehrerausbildung – schon in Schulen muß mit künstlerischer Erziehung begonnen werden;
- Berufung von Künstlerpersönlichkeiten als Lehrer;
- Weiterbildung von Gewerbetreibenden.

Als erster gründete Charles Robert Ashbee, der glaubte, durch das Kunsthandwerk die industrielle Gesellschaft reformieren, das Volk durch Kunst erziehen zu können, 1888 seine »Guild and School of Handicraft«. Die Schule bestand jedoch nicht lange,[10] es blieben nur die Werkstätten, die für Hoffmann eines der wichtigsten Vorbilder bei der Gründung der Wiener Werkstätte darstellten.

1896 wurde die »Central School of Arts and Crafts« gegründet, zum Leiter wurde W. R. Lethaby berufen. »Das besondere Ziel der Schule ist, darauf hinzuwirken, daß die kunstgewerbliche Arbeit für die Industrie nutzbar gemacht werde ... sollte nicht die Lehre der Meister ersetzen, vielmehr soll sie ergänzen, indem sie ihre Schüler instandsetzt, das Entwerfen und diejenigen Zweige des Handwerks zu lernen, welche sie wegen der fortgeschrittenen Arbeitsteilung im Produktionsprozeß in ihrer Werkstatt nicht mehr lernen können.«[11]

In Österreich galt diese Schule als »ein typisches Beispiel für die neuerdings in England herrschenden Ideen über kunstgewerbliche Ausbildung«,[12] die ihren Hauptaspekt darin hatten, ein Hand-in-Hand-Gehen von Kunst und Technik (d. h. der Industrie) zu ermöglichen, das heißt die kunstgewerbliche Ausbildung in den Schulen und deren Lehrwerkstätten besonders im Hinblick auf die Produktionsmöglichkeiten der Kunstindustrie auszurichten. Die Schüler sollten vor allem lernen, gute Entwürfe für die Industrie zu machen, was nur möglich wäre, wenn man selbst die entsprechende Technik beherrscht, und die sollte in den Werkstätten geübt werden.

Ähnlich war das 1897 unter der Leitung von Walter Crane gegründete »Royal College of Arts«, das aus der »National Art Training School« hervorgegangen war, organisiert: »special technical courses in various branches of design, where an intimate knowledge of the conditions of handicraft and manufactures could be aquired.«[13]

Unter der Leitung von Francis Newberry (seit 1885) erfuhr die Glasgower »School of Arts«, die seit 1840 bestand, einen besonderen Aufschwung und gewann durch die Berufung von Charles Rennie Mackintosh, der bereits Schüler dieser Anstalt war, besondere Bedeutung. Der Lehrplan umfaßte Klassen für Zeichnen, Malen, Akt, Architektur, Entwerfen, dekorative Kunst. Für die letztgenannte Abteilung stand eine Vielzahl von Werkstätten zur Verfügung, zum Beispiel eine Tischlerei, Töpferei, Glasmalerei und eine Weberei.

Ein Schwerpunkt lag auch in der Lehrerausbildung.

Diese Vorbilder können wohl als maßgeblich für Wien angesehen werden. Die Blickrichtung nach England war selbstverständlich seit der Gründung der Schule nicht abgerissen und, wie allgemein bekannt, für die gesamte kunstgewerbliche Bewegung seit 1851, bis zu Morris' Tod, von außerordentlicher Bedeutung. Studienreisen waren gang und gäbe – so wissen wir zum Beispiel von einer Reise Machts und Storcks nach England im Jahre 1891 – und wurden auch immer wieder als wesentlich erachtet (zum Beispiel forderte sie Scala bei den berühmten Kuratoriumssitzungen, und Hartel setzte sich beim Kaiser dafür ein).

Myrbach hatte sich sechs Wochen im Jahr für Studienreisen ausbedungen. Als die wichtigsten sind in diesem Zusammenhang zu nennen: 1901 eine Reise nach England, Belgien, Holland, Deutschland, Böhmen und Prag. Im Dezember 1902 fuhr er, gemeinsam mit Hoffmann, nach Deutschland und England. Sie besuchten insbesonders Schulen, die bereits Lehrwerkstätten eingerichtet hatten (Myrbach hob hier die Kunstgewerbeschule in Stuttgart, mit den angegliederten Vereinigten Werkstätten unter Professor Krüger, die Londoner Central School of Arts and Crafts und die Kunstschule in Glasgow besonders hervor), interessierten sich für bauliche Einrichtungen (München, Karlsruhe, Stuttgart, London und Glasgow) und für Schulen, die offene Abendkurse eingerichtet hatten.

Selbstverständlich galten diese Reisen auch den Kontakten mit den Künstlern im Zusammenhang mit der »Secession« und für Hoffmann der Vorbereitung der Wiener Werkstätte.

Erwähnt werden muß in diesem Zusammenhang die 8. Ausstellung der »Secession«, die den »Glasgow Four« gewidmet war, zu der Mackintosh selbst nach Wien kam, wo es sicherlich zu einem Gedankenaustausch in bezug auf Schule und Unterricht kam, da

Mackintosh gerade den Bau der Glasgower Kunstschule vollendet hatte und seine Berufung als Lehrer dorthin bevorstand. In Arbeiten über die Beziehung Mackintosh – Wien wurde darauf bisher noch nicht eingegangen. Eine Bemerkung Ludwig Hevesis, daß die Glasgower von den Schülern der Kunstgewerbeschule im Triumphzug durch Wien getragen wurden, belegt die Bedeutung dieser Ereignisse für die Schüler.
Als Myrbachs größtes Verdienst kann sein unermüdliches Bemühen um die Einrichtung von Werkstätten an der Kunstgewerbeschule gelten. Der Ausbau ging jedoch, vorwiegend aus Platzmangel und aus finanziellen Gründen, nur sehr zögernd vonstatten. Dennoch berichtet Moritz Dreger bereits 1901,[14] daß die Lehrwerkstätten »zum Teil schon tatkräftig zur Durchführung gebracht« worden seien. F. Servaes schreibt: ». . . um dieses Ziel (reiche Werkstättentätigkeit) bewegen sich vornehmlich die Zukunftshoffnungen der Direktion. Aber naturgemäß nähert man sich ihm nur Schritt für Schritt. Denn Werkstätteneinrichtungen kosten Geld, und Geld ist eben das, was der Österreichische Staat niemals hat . . .«[15]
Die Situation sollte sich auch nicht so schnell bessern: noch 1923 schreibt L. W. Rochowanski: ». . . Die Wiener Kunstgewerbeschule mit ihren sowieso kärglichen Einrichtungen und kümmerlichen Arbeitsmöglichkeiten wurde nicht nur nicht ausgestaltet, nein, es wurden sogar die Werkmeister entlassen und für die Beschaffung des nötigen Materials für die Schüler muß der Professor einer jeden Abteilung selbst sorgen und Mäzene dafür erjagen.«[16]
Für Myrbach sollten die Werkstätten die Basis für eine künftige Umgestaltung der Schule darstellen. In seinem Statutenentwurf von 1901 sah er folgende Ateliers (beziehungsweise die Erweiterung bestehender) vor: 1. Metallplastik mit angegliederter Hammerschmiede, 2. in der Fachschule für Bildhauerei einen Werkplatz für Steinbearbeitung und Stuck, 3. eine Werkstatt für Handdruck (in der Klasse für graphische Kunst), 4. Werkstätte für Buchbinderei und Lederbearbeitung, 5. ein Goldschmiedeatelier im Zusammenhang mit der Emailklasse, 6. Versuchswerkstatt für Möbelkonstruktion und Intarsia, 7. Werkstatt für Kunstverglasung, 8. die Keramikwerkstatt, 9. Werkstatt für Anstreicher-Gewerbe und Schildermalerei, 10. das Atelier für Spitzenzeichnen, 11. Fachschule für Kunstweberei.
Diese Werkstätten sollten sukzessive ausgebaut, der Kontakt zur Industrie sollte vergrößert werden, die Leitung sollten Werkmeister übernehmen, die über eine Konzession verfügten, um Aufträge annehmen zu können, was keine Konkurrenz zu den Gewerbetreibenden darstellen würde, da die Schüler viel zu langsam arbeiteten. Die Schüler unterstanden ihrem Fachprofessor in künstlerischer Hinsicht, der Werkmeister sei nur für die technische Schulung verantwortlich.
Myrbachs erster Antrag seit seiner Ernennung zum provisorischen Leiter galt daher auch der Einrichtung einer keramischen Werkstatt innerhalb des Ateliers für keramische Dekoration und Emailarbeit. Bisher waren hier ausschließlich Entwürfe gezeichnet worden, was mit den neuen Forderungen nach Materialgerechtigkeit und Zweckmäßigkeit nicht mehr zu vereinbaren war. Nun sollten die Schüler die Brauchbarkeit ihres Entwurfs sofort an Ort und Stelle überprüfen können und vor allem eine Beziehung zu den Materialien bekommen. Myrbach forderte die Einführung viermonatiger Kurse unter der Leitung eines erfahrenen Werkmeisters sowie die Anschaffung von zwei Drehscheiben.[17]
Objekte bis zu 70 cm Höhe sollten in der Schule gebrannt, für größere Objekte sollten entsprechende Vereinbarungen mit der Industrie getroffen werden. Außerdem bewirkte dieser Kurs eine Neubelebung des chemischen Labors (das bereits 1876 gegründet worden war), das bisher kaum für Arbeiten an der Schule herangezogen worden war, sondern vornehmlich als Versuchslabor für die Industrie diente. Seine Leitung hatten Friedrich Linke und Emil Adam inne. Bereits im Mai 1899 wurde die provisorische Einrichtung dieses Kurses ebenso wie die Bestellung des Werkmeisters Franz Slowak genehmigt.[18]
Im Juli 1901 wurde das Atelier für keramische Dekoration und Emailmalerei aufgelöst, da Macht sich den Anweisungen Myrbachs widersetzt hatte, und nur Dekorationsentwürfe für fertige Keramiken gemacht wurden. Die Emailmalerei sollte in einem einzurichtenden Goldschmiedekurs, der wie der keramische Kurs organisiert sein sollte, unterrichtet werden.
Am 10. Februar 1902 wurde jedoch Adele von Stark als Leiterin einer Werkstatt für Emailkunst bestellt.
Myrbachs nächstes Bestreben galt der Einrichtung einer Textilwerkstatt: noch 1899 wurde ein Webstuhl angeschafft. Der Fachinspektor für Webschulen, Professor Ambrus, bewarb sich um die Leitung des Spezialateliers, wurde jedoch von Myrbach abgelehnt.
Schließlich wurde 1902 der Kurs für Teppich- und Gobelinrestaurierung der Kunstgewerbeschule angegliedert (er war bisher an der Fachschule für Kunststik-

kerei untergebracht gewesen). Die Leitung übernahmen Leopoldine Guttmann und Rosalia Rothansl.
Zu dieser Zeit muß schon eine Tischlereiwerkstatt vorhanden gewesen sein, wovon jedoch in den Akten keine Aufzeichnungen gefunden wurden. Dies geht aus einer Bemerkung Moritz Dregers hervor: »Besonders ist da eine Tischlerwerkstätte, wie die meisten unserer Lehranstalten leider beschränkt, aber für den guten Willen, der da vorhanden ist, doch genügend, das Wichtigste ehrlich verstehen zu lernen.«[19]
Der Ausbau der graphischen Abteilung lag Myrbach besonders am Herzen. 1901 wurde eine Lithopresse angeschafft. Seine Schüler schickte er zum praktischen Anschauungsunterricht in die Hof- und Staatsdruckerei. Im Dezember 1901 wurde auch ein technischer Kurs für Graphische Malerei unter der Leitung des Graphikers E. Klotz aus Leipzig abgehalten.
Im selben Jahr wurde das Spezialatelier für Spitzenmusterzeichnen aufgelöst (hier wurden Zeichner für die Spitzenindustrie ausgebildet) und in einen Kurs für Kunststickerei und Spitzenarbeiten umgewandelt. Die Leitung behielt Johann Hrdlicka (am 20. 2. 1902 zum Professor ernannt), der bereits in Paris großen Erfolg hatte und als Schöpfer der modernen Näh- und Klöppelspitze gilt.
Im Mai 1902 beantragte Myrbach die Einrichtung eines praktischen Kurses für Lederverarbeitung und Bucheinband. Die künstlerische Buchbinderei werde in Wien fast nicht ausgeübt und die Professoren hätten großes Interesse »an der künstlerischen Wiederbelebung dieser schönen Kleinkunst«.
Im Herbst des folgenden Jahres wurde dann der Buchbinder Clemens Oleskiewicz zur praktischen Unterweisung der Schüler eingestellt. Der Kurs schien sich jedoch nicht zu bewähren. Nach O. Beyer, der ihn 1906 wieder abschaffte, ließ das Interesse der Professoren bald nach, es seien nur Dilettanten ausgebildet worden, da die nötige Einrichtung einer guten Werkstatt fehlte und vor allem keine künstlerische Leitung vorhanden gewesen sei. Statt dessen richtete Beyer jeweils zehnwöchige Kurse für Freskomalerei ein, deren Leitung Andreas Groll (der Aktzeichnen unterrichtete) übernahm. Dazu sollten aber nur Schüler der Klasse Karger zugelassen werden, da die Moser- und Czeschka-Schüler »im Malen nicht so weit sind!«
Im April wurde, als letzte Aktivität Myrbachs auf diesem Gebiet, der mit Erlaß vom 11. November 1903 genehmigte praktische Kurs für Steinbildhauerei eröffnet, dessen Leitung Breitner übernahm, der in seiner Klasse bereits spärliche Versuche dieser Art unternommen hatte. Als Vorbild diente die Klasse von Eduard Hellmer an der Akademie. (Hellmer war Secessions-Kollege Myrbachs.)
Dieses vehemente Sich-Einsetzen für die praktische Ausbildung trug Myrbach überaus positive Kritiken ein: 1904 erschien in »Die Kunst« (S. 326) ein Artikel über Kunstgewerbeschulen und Lehrwerkstätten, in dem es heißt: » . . . die jetzige vorzügliche Organisation der Wiener Kunstgewerbeschule, die seitdem sie unter Direktor Myrbachs Leitung steht, einen ungeheuren Aufschwung genommen hat, gerade weil die praktische Ausbildung der Schüler in allererster Linie betont wird.«
Rochowanski schreibt: »Die Wandlung vom Zeichensaal zur Werkstatt, vom Kennen zum Können, von der Geschicklichkeitsübung zum Selbstbekenntnis bedeutet den geistigen Werdegang der Wiener Kunstgewerbeschule.«[20]
Myrbach hatte natürlich die volle Unterstützung der von ihm berufenen Lehrer. Besonders Hoffmann und Moser setzten sich intensiv mit dem Problem der Materialgerechtigkeit, des Form- und Zweckzusammenhangs auseinander: »Der Grundsatz der Schule, welcher für die Gestaltung aller Dinge die richtige Behandlung des Materials und dessen richtiger Konstruktion fordert, bietet die Voraussetzung für immer neue Ideen und Möglichkeiten.«[21] Hoffmann selbst: »Ich meine, daß man vor allem den jeweiligen Zweck und das Material berücksichtigen sollte.«[22] Und weiter, Leopold Kleiner: »Die Zweckforderung ist für ihn (Hoffmann) durch ihre Erfüllung geradezu die Grundlage der neuen Form«.[23] Kolo Moser: »Wir versuchten uns in allen Stoffen und ließen uns durch das Material und durch die Technik, die zu einer Bearbeitung nötig war, künstlerisch anregen.«[24]
Zum Vertrautmachen des Schülers mit diesen geforderten Prinzipien benötigte man eben dringend die Lehrwerkstätten. L. Abels bedauert in einem Artikel, daß »dennoch hier gewisse Differenzen bestehen, welche die Ausführung notwendiger Reformen verzögern, während in Deutschland jede einzelne Residenzstadt bemüht ist, durch Errichtung von Schulen und Werkstätten, durch Berufung von hervorragenden Künstlern als Lehrkräfte . . . auf der Höhe zu bleiben«.[25]
Deutschland besaß in Hermann Muthesius einen intimen Kenner der englischen Situation. Er orientierte sich vor allem an Lethaby und hielt die Central School of Arts and Crafts für die bestorganisierte. 1904 wurde

er Geheimrat des Preußischen Handelsministeriums und als solcher mit der Aufgabe der Reform der deutschen Kunstgewerbeschulen beauftragt. Möglicherweise gehen die Berufungen bedeutender Künstlerpersönlichkeiten als Lehrer an die verschiedenen Kunst- und Kunstgewerbeschulen auch schon vor seinem Amtsantritt auf seinen Einfluß zurück. 1902 berief man B. Pankok an die mit »vielen mustergültig eingerichteten Werkstätten«[26] ausgestattete, neugegründete Kunsthandwerkerschule nach Stuttgart, die Myrbach auch besucht und als vorbildhaft hervorgehoben hatte.
Hans Poelzig wurde 1903 zum Direktor der Breslauer »Königlichen Kunst- und Kunstgewerbeschule« bestellt. Er versuchte, seine Schüler für seine Bauaufgaben heranzuziehen – »eine pädagogische Arbeit kann nur fruchten, wenn sie die nötige Lebensnähe hat«[27] – und bemühte sich um die Errichtung von Lehrwerkstätten (Holz, Metall, Stein, Weberei).
Gleichfalls 1903 übernahm Peter Behrens die Leitung der Kunstgewerbeschule in Düsseldorf. Er führte das Schadow-System der Vorbereitungsklasse und der Meisterklasse ein und orientierte sich stark an Wien. Auch holte er sich zwei Absolventen der Kunstgewerbeschule, Josef Bruckmüller und Max Benirschke (mit 23 Jahren), als Professoren.
Kurz nach seinem Amtsantritt hatte Muthesius bereits einen Erlaß seines Ministeriums erwirkt, der die Einrichtung von Lehrwerkstätten fördern sollte. Der Gedanke war selbstverständlich auch in Deutschland nicht neu, so hatte bereits 1896 etwa W. von Bode eine gemeinsame Ausbildung von Künstlern und Handwerkern gefordert; A. von Schneck bemerkte dazu, daß, als in Deutschland Kunstgewerbeschulen gegründet wurden, diesen keine Werkstätten angeschlossen gewesen seien. Sie waren auch nicht notwendig, da die Schüler aus der Industrie kamen, um sich als Zeichner ausbilden zu lassen. Erst als Maler und Architekten sich dem Kunstgewerbe widmeten, wurden Werkstätten angegliedert.
Als wichtige Vorbilder beziehungsweise Schulen, die die Einrichtung von Lehrwerkstätten in Deutschland wohl am frühesten verwirklichten, müssen hier zwei private Lehranstalten genannt werden, die bereits 1902 als sogenannte »Werkstatt-Schulen« gegründet wurden: einmal die »Lehr- und Versuchsateliers für freie und angewandte Kunst« von H. Obrist und W. Debschitz in München, zum andern die »Schülerwerkstätten für Kleinplastik« von Albert Reimann (seit 1906 »Reimannschule«) in Berlin.
Obrist hatte bereits 1900 seine Vorstellungen vom Programm einer neuen Kunstschule formuliert, die auch die Grundlage der Schule – der Begriff Schule wurde durch Atelier ersetzt, man wollte von Werkstätten, die Lehrer und Lernende vereinen, ausgehen – darstellten: nach einem Jahr Elementarunterricht, in dem Naturstudium, Entwurf und Ausführung, unter Anwendung aller Materialien, betrieben würden, sollte der Schüler, seinen Neigungen entsprechend, einem Fachlehrer zugewiesen werden.
Neben den Schulwerkstätten gab es merkantil ausgerichtete Produktionswerkstätten, die dem Schüler frühzeitig Zugang zur Praxis ermöglichten; daneben wurden in Vertragswerkstätten, in denen auch Lehrplätze zur Verfügung standen, Entwürfe der Schüler ausgeführt. Die Werkstätten waren nach den verschiedenen Materialien eingeteilt, jeder Schüler konnte sämtliche Ateliers besuchen; durch das »klassenlose« Unterrichtsprinzip waren die Lehrer zwar für ein bestimmtes Gebiet verantwortlich, jedoch nicht daran gebunden.
In der Schule Reimanns unterrichtete man anfangs hauptsächlich Modellieren, Holzschnitzen, Ziselieren, Treiben; eine Tischlerei wurde nach einiger Zeit jedoch wieder aufgegeben. In den folgenden Jahren wurden die Werkstätten aber ständig erweitert.
Für das im Oktober 1902 vom Großherzog von Sachsen gegründete »Kunstgewerbliche Atelier« waren ursprünglich keine Werkstätten geplant, wurden schließlich aber doch eingerichtet. Das Atelier stand unter der Leitung von Henry van de Velde und umfaßte vier Abteilungen: 1. Privatatelier van de Veldes, 2. Schüleratelier für alle kunstgewerblichen Zweige, in dem die Schüler, die bereits ein Handwerk beherrschten, entwarfen und ausführten, 3. Abteilung, die Arbeiten vorbehalten war, die sich mit der Hebung des Kunstgewerbes im Herzogtum beschäftigten und Fabrikanten und Handwerkern offen stand, 4. Archiv.
In Darmstadt scheiterte die Einrichtung einer ähnlich konzipierten Institution an den zu hohen Forderungen der Künstler, man begnügte sich auch weiterhin mit den alten Gewerbeschulen.
Die eigentliche Weimarer Kunstgewerbeschule wurde erst 1906 gegründet. Ihr Lehrplan war vollkommen auf den Werkstättenbetrieb ausgerichtet. Vor der Ausbildung in den Werkstätten (Gießerei, Treiben, Ziselieren, Weben, Batik, Buchbinderei, Töpferei, Email und Schmuck) mußte man vorbereitende Zeichen- und Modellierkurse besuchen, in denen einerseits besonders der Entwurf von Mustern auf kariertem Papier

geübt wurde, andererseits die Beherrschung der dritten Dimension das Ausbildungsziel darstellte. Das ganze System war darauf abgestimmt, die Erzeugnisse zu verkaufen.
In der folgenden Zeit kam es in vielen Städten Europas zu Neugründungen beziehungsweise Reorganisationen von Kunstgewerbeschulen, deren Hauptgewicht auf dem Werkstättenunterricht lag. Als Beispiel kann hier die Züricher Kunstgewerbeschule angeführt werden, die 1907 nach Wiener Vorbild reorganisiert wurde.
Die Reformbewegung – die Forderung nach Abschaffung der reinen Zeichenschule und die Einführung der Werkstättenschule –, die seit der Jahrhundertwende den Kontinent erfaßt hatte, nahm ihren Ausgang in England, sie resultierte aus der Forderung von William Morris nach Rückwendung zur mittelalterlichen Handwerkstradition. Seine individualistisch-künstlerischen Ideen und elitär kunsthandwerklichen Produktionsvorstellungen waren prägend für die Ergebnisse, die die kontinentalen Kunstgewerbeschulen lieferten und zum überwiegenden Teil in den neueingeführten Lehrwerkstätten geübt wurden. Wesentliches Ziel der Werkstattausbildung jener Zeit war es, auf kunsthandwerklicher Basis bessere Gebrauchsformen und qualitätsvolle Objekte – im Sinne der Verarbeitung aus der Kenntnis des Materials – zu entwickeln, die im krassen Gegensatz zu den von der Industrie hergestellten Imitationen standen. Dem Schüler mußte in den Werkstätten die Möglichkeit gegeben werden, sich Materialkenntnisse anzueignen und Verarbeitungsmethoden kennenzulernen, um daraus seine Entwurfsvorstellungen besser entwikkeln und in der Praxis einerseits möglichst nahe mit dem ausführenden Handwerker zusammenarbeiten zu können, und andererseits sollte dies als Grundlage für Entwürfe für industrielle Produkte dienen.
Für die weitere Entwicklung der Kunstschulen, wie sie zum Beispiel das »Bauhaus« in den zwanziger Jahren am prägnantesten verkörperte, war der Typus der Werkstattschule, wie er sich zwischen 1900 und 1910 entwickelte, der wesentlichste Ausgangspunkt. Die von Walter Gropius im Gründungsmanifest aufgestellte Forderung: »Architekten, Bildhauer, Maler, wir alle müssen zum Handwerk zurück« greift die romantisch-idealistischen Vorstellungen von Morris wieder auf. In der »Grundlage des Werkmäßigen«, die »unerläßlich für jeden Künstler« ist, sieht er den »Urquell schöpferischen Gestaltens«, was den voranstehenden Grundprinzipien des Werkstattunterrichts gleichkommt. In radikalerer Weise, wie bisher an keiner anderen Schule, wurde diesen Forderungen im Unterrichtsprogramm Rechnung getragen; durch Einführung von zwei Bereichen – der »Formlehre« und der »Werklehre«. Die »Werklehre«, der Unterricht in den Werkstätten, die von Handwerksmeistern geleitet wurde, ermöglichte dem Schüler eine Ausbildung in einem Handwerk, die mit der Gesellenprüfung ihren Abschluß fand.
Die Wiener Kunstgewerbeschule, die wohl als erste Schule des Kontinents versucht hatte, die Werkstättenlösung Schritt für Schritt zu verwirklichen, kann hier in gewisser Weise als vorbildhaft für dieses Unterrichtssystem gelten: Man kann den Unterricht bei Hoffmann und Moser als »Formlehre« bezeichnen und zum Beispiel den Unterricht im keramischen Kurs, in dem die praktische Unterweisung einem Werkmeister übertragen worden war, als »Werklehre«. Der Schüler unterstand in künstlerischer Hinsicht seinem Fachprofessor (am Bauhaus seinem Meister) und in handwerklicher einem Handwerksmeister.
Der Jugendstil-Entwerfer, Gert Selle[28] nennt ihn »artist-designer«, der Entwerfer des Gesamtkunstwerks, sah sich als Künstler, nicht als Handwerker im Sinne von Morris, er hätte ja auch nicht gleichzeitig Tischler, Keramiker, Glasbläser und anderes mehr sein können. In den Lehrwerkstätten konnten die Schüler nicht zu Handwerkern im gewerblichen Sinn ausgebildet werden, den wichtigsten Faktor stellte wohl die für den Entwurf nötige Materialkenntnis dar.
»Das Bauhaus will Architekten, Maler und Bildhauer aller Grade je nach ihren Fähigkeiten zu tüchtigen Handwerkern oder selbständig schaffenden Künstlern erziehen . . .«
Das Anliegen, Handwerker auszubilden, war jedoch nur Mittel zum Zweck; der Grundsatz lautete: Kunst ist nicht lehrbar, »wohl aber ein Können der Hand und ein gründliches Wissen als Voraussetzung für alle gestaltende Arbeit.« In der zweiten Phase des Bauhauses, in Dessau, kam man von dieser intensiven Handwerkerausbildung auch wieder ab.
Interessant ist noch ein Blick auf die im Programm aufgestellte Einteilung der Werkstätten, so sollten a) Bildhauer, Steinmetze, Stukkateure, Holzbildhauer, Keramiker, Gipsgießer; b) Schmiede, Schlosser, Gießer, Dreher; c) Tischler; d) Dekorationsmaler, Glasmaler, Emailleure; e) Radierer, Holzschneider, Lithographen, Kunstdrucker, Ziseleure; f) Weber ausgebildet werden. Hier herrscht weitgehende Übereinstimmung mit den von Myrbach im provisorischen Statut angeführten einzurichtenden Ateliers vor.

Selbstverständlich basierten Myrbachs Vorstellungen auf der Kenntnis einerseits der traditionellen Einrichtungen (so wurden zum Beispiel Ziselierkunst, Emailkunst oder Radierkunst seit jeher an den Kunstgewerbeschulen praktisch unterrichtet), andererseits vor allem der Einrichtungen an englischen Schulen. Natürlich kannte Gropius die diesbezüglichen Werkstätten an den verschiedenen Kunstgewerbeschulen; einen direkten Rückgriff auf Wiener Verhältnisse anzunehmen, ist sehr verlockend – bekanntlich hat sich Gropius ja viel in Wien aufgehalten. Hätte man es in Wien verstanden, die Vorschläge Myrbachs schneller und großzügiger auszuführen, wäre die Schule in noch größerem Maße auf diesem Gebiet federführend geworden.

(Kapitel aus: Die Kunstgewerbeschule des K. K. Österreichischen Museums für Kunst und Industrie Wien 1899–1905, Dissertation, Wien 1983)

ANMERKUNGEN

1 Katalog der »Ausstellung von Schülerarbeiten der Kunstgewerbeschule des k. k. Österreichischen Museums für Kunst und Industrie«. Wien 1901, S. 21.

2 E. Leisching: Die Ausstellung der Kunstgewerbeschule des k. k. Österreichischen Museums. In: »Kunst und Kunsthandwerk«, 1903, 6. Jg., S. 173

3 Arthur Strasser, Katalog der Schulausstellung 1901, S. 50.

4 Berta Zuckerkandl, Zeitkunst Wien 1901–1907. Leipzig und Wien 1908, S. 19.

5 Gottfried Semper: Wissenschaft, Industrie und Kunst, Neue Bauhausbücher. Mainz 1966.

6 P. Meyer: Umfang und Verdienst des Jugendstils. In: Das Werk. Zürich 1937, S. 134.

7 »Zweckmäßigkeit, Materiallogik und Konstruktion seien die obersten Gesetze der Kunst«, forderte Henry van de Velde (Essays 1910), und weiter: »ein Werk ist nur dann vollkommen, wenn Entwurf und Ausführung in einer Hand liegen« (»Innendekoration« XIII, S. 152); auch für Hermann Muthesius gelten »Zweck und Material als die einzigen Direktiven für den Kunstgewerbler«; Ch. R. Ashbee fordert strenge Beachtung des Materials; Adolf Loos: »ich behaupte, daß der Gebrauch die Form der Gegenstände schafft«; Hermann Bahr: »Jedes Material hat seine Sprache«; auch Hoffmann und Moser äußerten sich immer wieder zu diesem Thema, ihre Schüler trugen diese Forderungen »in die Welt hinaus« (z. B. gilt M. Powolny als strenger Verfechter der Materialgerechtigkeit und Materialsprache). Die Diskussionen dauerten bis in die zwanziger Jahre an und erreichten ihren Höhepunkt im »Bauhaus«-Gedanken.

8 Peter Cornelius, 1821 an der Düsseldorfer Akademie.

9 Gottfried Semper, op. cit., S. 81.

10 W. Fred: Ch. Ashbee, Ein Reformer des englischen Kunstgewerbes. In: »Kunst und Kunsthandwerk«, III. Jg., 1900, S. 167.

11 Zit. n. Julius Posener: Von Arts und Crafts zum deutschen Werkbund, Anfänge des Funktionalismus, Bauweltfundamente. Berlin 1964, S. 27.

12 »Centralblatt für gewerbliches Unterrichtswesen«, Bd. XXII, 1904, S. 490.

13 F. Brown: South Kensington and his Art Training. London 1912, S. 19.

14 M. Dreger: Die Schule Josef Hoffmann. In: »Das Interieur« II, 1901, S. 3.

15 F. Servaes: Die Wiener Kunstgewerbeschule. In: »Kunst und Künstler«, Jg. 1, 1903, S. 431.

16 L. W. Rochowanski: Wiener Keramik. Wien 1923, S. 20.

17 Akten Nr. 234, 242, 250, 318, Hochschule für angewandte Kunst.

18 Akt 3124/22750, ÖSTA, AVA; Slowak war an der Fachschule Znaim tätig, wurde jedoch, da er den Anforderungen nicht entsprach, ein Jahr später durch Johann Hoffmann ersetzt.

19 M. Dreger: Die Schule J. Hoffmann. In: »Das Interieur« II, 1901, S. 4.

20 L. Rochowanski: Ein Führer durch das Österreichische Kunstgewerbe. Wien 1930, S. 18.

21 L. Kleiner: Josef Hoffmann. Berlin 1927.

22 Zit. n.: E. F. Sekler: The Stoclet House by Hoffmann. In: Essays in the history of architecture, presented by R. Wittkower. London 1967, S. 228.

23 S. Anm. 21.

24 Kolo Moser: Mein Werdegang. In: Katalog Kolo Moser, Hochschule für angewandte Kunst, Wien 1979, S. 11.

25 L. Abels: Eine Musteranstalt für modernes Kunstgewerbe. In: »Das Interieur« III, 1902, S. 113.

26 S. Anm. 25.

27 J. Rickert: Das pädagogische Prinzip der Breslauer Kunstakademie (1900–1932). In: Kunstschulreform 1900–1933, Hrsg.: H. Wingler. Berlin 1977, S. 204.

28 Gert Selle: Ideologie und Utopie des Design. Köln 1973, S. 53.

ANHANG

ERIKA PATKA / VERA VOGELSBERGER

Verzeichnis der Lehrpersonen und ihrer Tätigkeit an der Kunstgewerbeschule 1868–1918

Um dem Forschenden die Übersicht über jene Personen zu erleichtern, die dem Lehrkörper der Kunstgewerbeschule in den ersten fünfzig Jahren nach der Gründung angehört haben, hat das Archiv der Hochschule für angewandte Kunst in Wien einen alphabetisch geordneten Katalog erstellt, in dem nach den jeweiligen Lebensdaten in chronologischer Abfolge die einzelnen Funktionen und Tätigkeitsbereiche (z. B. Allgemeine Abteilung, Fachschule resp. Fachklasse, Werkstätte etc.) ausgewiesen werden.

Soweit Lehrpersonen ihr Studium ganz oder teilweise an der Kunstgewerbeschule absolviert haben, sind diese Daten der Lehrerlaufbahn vorangestellt, um damit aufzuzeigen, inwieweit sich die Professorenschaft aus dem eigenen Hause rekrutiert hat. Hiebei sind nur die Studiendauer sowie eine Auswahl der maßgeblichsten Professoren angeführt. Für detailliertere Angaben stehen die im Archiv der Hochschule verwahrten Kataloge und Nationale zur Verfügung.

ADAM Emil
geb. 23. 4. 1859, Würbenthal (Schlesien)
gest. 25. 10. 1918, Wien

1890–1899 Adjunkt, Chemisches Laboratorium bei Linke
1899–1918 Professor, Chemisches Laboratorium, Praktisch-Keramischer Kurs (seit 1901); Chemisch-Technischer Kurs (1909–1914); Gewerbliche Chemie (mit Unterbrechungen)

BANDL Ludwig, Dr.
geb. 1. 11. 1842, Himberg
gest. 26. 8. 1892, Wien

1868–1872 Dozent, Anatomie und Anatomisches Zeichnen

BARWIG Franz
geb. 19. 4. 1868, Schönau (Mähren)
gest. 15. 5. 1931, Wien

1888–1897 Studium u. a. bei Klotz, Hecht

1909–1910 Professor, Kurs zum Studium von Großtieren
1910–1919 Professor, Fachklasse für Bildhauerei
1919–1921 Professor, Werkstätte für Holzschnitzen
1921/1922 Professor, Werkstätte für Holzbildhauerei

BAUER Alexander, Dr.
geb. 16. 2. 1836, Magyaróvár, Ungar.-Altenburg
gest. 12. 4. 1921, Wien

1868–1875 Dozent, Farbenchemie

BERGER Julius Victor
geb. 20. 7. 1850, Neutitschein (Mähren)
gest. 17. 11. 1902, Wien

1881–1887 Professor, Fachschule für Zeichnen und Malen
1881–1887 Professor, Allgemeines Aktzeichnen

BEYER Oskar
geb. 23. 2. 1849, Dresden
gest. 22. 3. 1916, Wien

1868–1871 Studium bei Storck

1872–1878 Lehrer, Projektions-, Schattenlehre und Perspektive
1878–1909 Professor, Fachschule für Architektur

1905–1909 Direktor

BOEHM Adolf Michael
geb. 25. 2. 1861, Wien
gest. 20. 2. 1927, Klosterneuburg

1910–1919 Professor, Allgemeine Abteilung – Naturstudium
1919–1922 Professor, Allgemeine Abteilung – Aktstudium
1921–1922 Professor, Fachklasse für Malerei
1922–1925 Professor, Allgemeine Abteilung – Zeichnen und Formen nach der menschlichen Figur

BREITNER Josef
geb. 19. 12. 1864, Wien
gest. 22. 11. 1930, Wien

1879–1885 Studium u. a. bei Kühne und König
1888–1891 nach drei Jahren Militärdienst Studium bei König

1895 Hilfskraft, Allgemeine Modellierabteilung
1895–1897 provisorischer Lehrer, Allgemeine Modellierabteilung
1897–1898 wirklicher Lehrer, Allgemeine Modellierabteilung
1898–1904 Professor, Allgemeine Modellierabteilung
1904–1907 Professor, Allgemeine Modellierabteilung und Steinbildhauerkurs
1907–1909 Professor, Allgemeine Modellierabteilung und Fachschule für Bildhauerei
1909–1910 Professor, Allgemeine Modellierabteilung, Spezialschule für Bildhauerei und Steinbildhauerkurs
1910–1913 Professor, Fachklasse für Bildhauerei und Steinbildhauerkurs
1913–1920 Professor, Fachklasse für Bildhauerei

BUCHER Bruno
geb. 24. 4. 1826, Köslin (Pommern)
gest. 9. 6. 1899, Wien

1876–1889 Dozent, Geschichte der Kunsttechnik (in Zweijahresabständen), Kunstgeschichte

1885 Vizedirektor des k. k. Österreichischen Museums für Kunst und Industrie
1895–1897 Direktor des k. k. Österreichischen Museums für Kunst und Industrie

CHMELARZ Eduard, Dr.
geb. 21. 3. 1847, Bodenstadt (Mähren)
gest. 12. 10. 1900, Wien

1877–1879 Dozent, Kunstgeschichte
1880–1882 Dozent, Kunstgeschichte
1883–1885 Dozent, Kunstgeschichte
1887/1888 Dozent, Kunstgeschichte, Vertretung für Bucher

ČIŽEK Franz
geb. 12. 6. 1865, Leitmeritz (Böhmen)
gest. 17. 12. 1946, Wien

1904–1907 Lehrer, Versuchsschule für den Zeichenunterricht
1906–1911 Professor, Ornamentales Zeichnen und Ornamentale Komposition
1910–1934 Professor, Sonderkurs für Jugendkunst
1911–1920 Professor, Ornamentale Formenlehre
1920–1924 Professor, Ornament-Kurs
1920–1935 Allgemeine Abteilung – Ornamentale Formenlehre
1934–1939 Leiter, Sonderkurs für Jugendkunst

CZESCHKA Carl Otto

siehe S. 314

DÉCSEY Alexander
geb. 16. 9. 1854, Ofen (Budapest)
gest. 12. 4. 1910, Wien

1880–1881 Supplent, Technisches Zeichnen

DEGNER Karl
geb. 21. 1. 1879, Aussergefield (Böhmen)
gest. 9. 11. 1928, Wien

1905–1907 Studium u. a. bei Kenner, Schulmeister

1911–1913 Dozent, Sonderkurs für Kunstgewerbliche Liturgie
1913–1919 Professor, Kunstgewerbliche Liturgik, Bibliothekar

DIETL Fritz
geb. 19. 10. 1880, Wien
gest. 2. 2. 1929, Wien

1898–1905 Studium u. a. bei Schulmeister, Roller, Hoffmann, Metzner
1910–1912 Studium bei Stark

1913–1915 Assistent, Ornamentale Formenlehre bei Čižek
1915–1916 Kriegsdienst
1916–1917 Assistent, Ornamentale Formenlehre bei Čižek

DITSCHEINER Leander, Dr.
geb. 4. 1. 1839, Wien
gest. 1. 2. 1905, Wien

1869–1877 Dozent, Farbenlehre

DONADINI Ermenegild
geb. 19. 6. 1847, Spalato (Dalmatien)
gest. 1936

1877–1881 Professor, Fachschule für Zeichnen und Malen

ERNST Richard, Dr.
geb. 1. 2. 1885, Eger
gest. 7. 7. 1955, Wien

1914–1915 Dozent, Allgemeine Kulturgeschichte
1925–1926 Dozent, Kunstgeschichte

FALLENBÖCK Richard
geb. 15. 8. 1859, Wien
gest. 21. 2. 1890, Paris

1888–1890 Assistent, Spezialschule für Ornament-, Tier- und Blumenmalerei

FELDSCHAREK Rudolf
geb. 21. 7. 1845, Wien
gest. n. e.*

1878–1879 Supplent, Technisches Zeichnen

FIEDLER Rudolf
geb. n. e.
gest. n. e.

1906–1910 Professor, Aufsatzlehre und Geschäftskorrespondenz

FRANKE Berthold
geb. n. e., Römerstadt (Mähren)
gest. n. e.

1889–1895 Studium bei Storck

1897–1899 Assistent, Fachschule für Malerei bei Ribarz

FRISCH Anton Ritter v., Dr.
geb. 16. 2. 1849, Wien
gest. 24. 5. 1917, Wien

1872–1897 Dozent, Anatomie

GARSTENAUER Rudolf, Dr.
geb. 5. 8. 1887
gest. n. e.

1918–1923 Assistent, Chemisches Laboratorium

GEYER Rudolf
geb. 24. 1. 1884, Wien
gest. 3. 6. 1972, Wien

1904–1908 Studium u. a. bei Kenner, Moser, Löffler

1909–1913 Assistent, Schrift und Heraldik bei Larisch

GEYLING Rudolf
geb. 4. 2. 1839, Wien
gest. 4. 6. 1904, Ybbs an der Donau

1879–1880 Assistent bei Minnigerode

GINZEL Adolf
geb. 10. 9. 1854, Pilsen (Böhmen)
gest. n. e.

1889–1891 prov. Lehrer, Architektonische Formenlehre
1891–1900 Professor, Architektonische Stil- und Formenlehre; Ornamentale Stil- und Formenlehre
1900–1911 Professor, Stillehre

GORGE Hugo
geb. 31. 1. 1883, Botenwald (Mähren)
gest. 25. 12. 1934, Wien

1911–1912 Assistent, Allgemeine Formenlehre bei Strnad

* n. e. = nicht eruierbar

GRANDAUER Josef
geb. Februar 1822, Wien
gest. 17. 2. 1897, Niederösterreich

1877–1878 Dozent, Methodik des Zeichenunterrichtes

GROH Jakob
geb. 14. 5. 1855, Rumburg (Böhmen)
gest. 17. 2. 1917, Wien

1870–1877 Studium u. a. bei Laufberger

1877 Assistent, Fachschule für Figurales Zeichnen und Malen

GROLL Andreas
geb. 6. 9. 1850, Wien
gest. 23. 12. 1907, Wien

1887–1894 Lehrer, Unterricht im Aktzeichnen
1894–1907 Professor, Unterricht im Aktzeichnen
1906–1907 Leiter, Kurs für fortgeschrittene Künstler in der Technik der Freskomalerei

GUTTMANN Leopoldine, geb. Uhl
geb. 8. 2. 1856, Graz
gest. 14. 9. 1939, Wien

1902–1910 Lehrerin, Spezialkurs für Teppich- und Gobelinrestaurierung

HAAS Karl
geb. n. e.
gest. n. e.

1883 Lehrer, Galvanoplastik

HANAK Anton

siehe S. 350

HAUSER Alois
geb. 16. 11. 1841, Wien
gest. 6. 10. 1896, Baden bei Wien

1868–1878 Dozent, Stillehre
1878–1896 Professor, Stillehre

HÄUSLER Philipp
geb. 7. 11. 1887, Panczowa (Ungarn)
gest. 18. 2. 1966, Frankfurt/Main

1905–1911 Studium u. a. bei Schulmeister, Larisch, Kenner, Löffler, Hoffmann

1911–1913 Assistent, Fachklasse für Architektur bei Hoffmann

HECHT Wilhelm
geb. 28. 3. 1843, Ansbach
gest. 3. 3. 1920, Linz

1885–1898 Professor, Spezialatelier für Holzschneidekunst

HELLER Hermann Vinzenz, Dr.
geb. 22. 8. 1866, Hietzing bei Wien
gest. 8. 6. 1949, Klagenfurt

1897–1910 Dozent, Anatomie und Anatomisches Zeichnen
1910–1915 Dozent, Anatomisches Zeichnen und Modellieren

HERDTLE Hermann
geb. 2. 7. 1848, Stuttgart
gest. 7. 9. 1926

1876–1877 Professor, Abteilung für Ornamentales Zeichnen
1877–1913 Professor, Fachschule für Architektur

HERZ Oskar, Dr.
geb. 25. 11. 1869, Wien
gest. n. e.

1910–1919 Hilfslehrer, Bürgerkunde

HOFER Anton
geb. 8. 4. 1888, Bozen
gest. 1979, Bozen

1908–1912 Studium u. a. bei Guttmann, Moser, Čižek, Rothansl
1913–1914 Gast im Aktzeichnen bei Roller

1912–1913 Assistent, Ornamentale Formenlehre bei Čižek

HOFFMANN Johann
geb. 9. 3. 1850, Mengkofen (Bayern)
gest. 24. 11. 1907, Wien

1900–1907 Werkmeister, Chemisches Laboratorium und Praktischer Keramischer Kurs

HOFFMANN Josef

siehe S. 242

HORNER Ernst
geb. 9. 12. 1885, Elbogen (Böhmen)
gest. n. e.

1915–1920 Dozent, Allgemeine Kulturgeschichte, Bibliothekar

HÖRWARTER Josef Eugen
geb. 11. 8. 1854, Wien
gest. 9. 6. 1925, Wien

1870–1875 Studium u. a. bei Rieser, Ilg

1875–1876 Assistent bei Rieser

HRACHOWINA Karl
geb. 28. 1. 1845, Budapest
gest. 21. 2. 1896, Wien

1872–1877 Supplent, Vorbereitungsschule – Ornamentales Zeichnen
1877–1878 Dozent, Vorbereitungsschule – Ornamentales Zeichnen
1878–1896 Professor, Vorbereitungsschule, Ornamentales Zeichnen

HRDLIČKA Johann
geb. 7. 5. 1857, Čejkovic (Böhmen)
gest. 11. 12. 1907, Wien

1873–1892 Studium bei Storck (ab 1879 Praktikant am Spezialatelier für Spitzenarbeiten)

1898–1907 Professor, Spezialatelier für Spitzenzeichnen

HUBENY Lorenz
geb. 10. 8. 1876, Fröllersdorf (Mähren)
gest. n. e.

1894–1900 Studium u. a. bei Hrachowina, Schulmeister, Herdtle

1904–1905 Supplent, Fachschule für Architektur anstelle von Herdtle

ILG Albert, Dr.
geb. 11. 10. 1847, Wien
gest. 28. 11. 1896, Wien

1868–1869 Besuch von Vorlesungen in Anatomie

1872–1876 Dozent, Kunstgeschichte

KACHER Josef
geb. 15. 3. 1850, Katzelsdorf (Niederösterreich)
gest. 8. 3. 1915, Kierling (Niederösterreich)

1879–1884 Assistent, Technisches Zeichnen bei Feldscharek, Décsey und Wieser

KAJETAN Julius
geb. 26. 7. 1846, Neu-Waltersdorf (Mähren)
gest. 12. 1. 1918, Wien

1884–1918 Dozent, Projektions-, Schattenlehre und Perspektive; Technisches Zeichnen

KARGER Carl
geb. 30. 1. 1848, Wien
gest. 17. 10. 1913, Wien

1887–1890 Professor, Fachschule für Figurale Malerei
1890–1908 Professor, Fachschule für Figural-Dekorative Malerei

KENNER Anton Ritter von
geb. 11. 9. 1871, Brunn/Gebirge
gest. 1. 5. 1951, Wien

1890–1897 Studium u. a. bei Minnigerode und Matsch

1894–1896 Assistent, Stillehre
1896–1901 Dozent, Stillehre
1901–1904 wirklicher Lehrer, Kurs für Lehramtskandidaten für das Freihandzeichnen an Mittelschulen
1904–1906 Professor, Kurs für Lehramtskandidaten für das Freihandzeichnen an Mittelschulen
1906–1910 Professor, Allgemeine Abteilung – Abteilung für Figurales Zeichnen und Malen
1906–1937 Professor, Anatomisches Zeichnen und Modellieren
1907–1914 Professor, Allgemeines Aktzeichnen
1910–1919 Professor, Allgemeine Abteilung – Aktstudium
1911–1937 Professor, Stilgeschichte
1919–1933 Professor, Offener Aktzeichensaal für Männer
1936–1937 Professor, Offener Aktzeichensaal für Männer
1941–1949 Professor, Allgemeine Abteilung – Studium der menschlichen Gestalt

KERBER-GUICHARD Marie
geb. n. e.
gest. n. e.

1908–1914 externe Lehrkraft, Französische Sprache

KERNDLE Karl-Maria
geb. 13. 9. 1882, Wien
gest. 1. 3. 1957, Krumpendorf (Kärnten)

1912–1914 Hilfslehrer, Baukonstruktion

KLOTZ Hermann
geb. 11. 6. 1850, Imst (Tirol)
gest. 6. 3. 1932, Dornbirn

1873–1878 Studium bei König

1878–1881 Lehrer, Fachschule für Holzschnitzerei
1881–1882 Lehrer, Fachschule für Bildhauerei
1881–1884 wirklicher Lehrer, Fachschule für Holzschnitzerei
1884–1909 Professor, Fachschule für Holzschnitzerei
1909–1910 Professor, Spezialatelier für Holzschnitzerei
1910–1911 Professor, Sonderkurs für Holzbildhauerei

KOHLRAUSCH Fritz, Dr.
geb. 6. 7. 1884, Gstettenhof bei Türnitz
gest. September 1953

1917–1919 externer Hilfslehrer, Licht- und Farbenlehre

KOKOSCHKA Oskar

siehe S. 358

KOLBE Leopoldine
geb. 2. 10. 1870, Wien
gest. 7. 3. 1912, Wien

1901–1908 Studium u. a. bei Adam, Moser und Löffler

1908–1912 prov. Lehrerin, Sonderkurs für Jugendkunst bei Čižek

KÖLBL Benedikt
geb. n. e.
gest. n. e.

1893–1894 Vergolden

KÖNIG Otto
geb. 28. 1. 1838, Meißen
gest. 30. 12. 1920, Wien

1868–1899 Professor, Fachschule für Bildhauerei
1881–1887 Professor, Aktzeichnen

KOSCH Franz
geb. 26. 2. 1882, Wien
gest. 8. 9. 1887, Wien

1875–1887 Professor, Chemie

KÜHNE August
geb. 29. 7. 1845, Königslutter
gest. 15. 8. 1895, Graz

1870–1874 Studium u. a. bei König

1877–1895 Assistent, Allgemeine Abteilung – Modellier-Abteilung

LARISCH-RAMSAUER Hertha von
geb. 30. 3. 1897, Wien
gest. 9. 7. 1972, Wien

1913–1918 Studium u. a. bei Larisch, Moser und Stark

1918–1922 Assistentin bei Larisch
1922–1930 Hilfslehrerin bei Larisch
1930–1931 Vertragslehrerin bei Larisch
1931–1968 Professorin, Ornamentale Schrift und Heraldik (seit 1941 Fachklasse für künstlerische Schrift und Buchkunst; seit 1950 Meisterklasse für künstlerische Schrift und Buchgestaltung)

LARISCH Rudolf Edler von
geb. 1. 4. 1856, Verona
gest. 24. 3. 1934, Wien

1893–1900 Studium u. a. bei Karger und Minnigerode

1901–1905 Dozent, Schrift und Heraldik
1905–1933 Professor, Schrift und Heraldik
1911–1912 Leiter des Offenen Zeichensaales für Angehörige des Schriftgewerbes

LAUFBERGER Ferdinand
geb. 16. 2. 1829, Mariaschein (Böhmen)
gest. 16. 7. 1881, Wien

1868–1880 Professor, Fachschule für Figurales Zeichnen und Malen
1868–1881 Professor, Allgemeines Aktzeichnen
1872–1877 Professor, Lehramtskandidatenkurs
1879–1881 Professor, Fachschule für Zeichnen und Malen

1871–1873 Direktor
1878–1881 Direktor

LEISCHING Eduard, Dr.
geb. 26. 11. 1858, Wien
gest. 7. 12. 1938, Wien

1889–1925 Dozent, Kunstgeschichte

1897 Vizedirektor des k. k. Österreichischen Museums für Kunst und Industrie
1909–1925 Direktor des k. k. Österreichischen Museums für Kunst und Industrie

LINKE Friedrich, Dr.
geb. 21. 6. 1854, Budapest
gest. 12. 10. 1914, Kladrau (Böhmen)

1879–1888 Assistent am Chemischen Laboratorium
1889–1909 Professor, Leiter des Chemischen Laboratoriums; Gewerbliche Chemie; Keramische Technik (seit 1901)

LINKE Karl
geb. 1. 10. 1884, Wien
gest. 2. 11. 1938, Wien

1918–1919 Dozent, Deutsch II und III

LÖFFLER Bertold

siehe S. 318

LUDWIG Ernst, Dr.
geb. 19. 1. 1842, Freudenthal (Bruntal, Oberschlesien)
gest. 14. 10. 1915, Wien

1871–1872 Dozent, Farbenchemie
1873–1874 Dozent, Allgemeine Chemie und Farbenchemie

LUKESCH Johann
geb. 19. 10. 1867, Wien
gest. 15. 3. 1936, Wien

1889–1893 Studium u. a. bei Karger

1898–1899 Assistent bei Minnigerode

MACHT Hans
geb. 27. 7. 1844, Wien
gest. 26. 8. 1914, Wien

1868–1875 Studium u. a. bei Laufberger

1877–1881 Dozent, Spezialatelier für Keramische Dekoration und Emailmalerei
1881–1884 wirklicher Lehrer, Spezialatelier für Keramische Dekoration und Emailmalerei
1884–1902 Professor, Spezialatelier für Keramische Dekoration und Emailmalerei, 1902 vom Unterricht enthoben
1906 Bibliothekar
1907–1908 Leiter, Meister- und Gesellenkurs für Praktische Stilkunde mit Berücksichtigung des Wappenwesens
1914 Pensionierung

MALLINA Erich

siehe S. 308

MATSCH Franz von

siehe S. 234

MAYER Friedrich

geb. 13. 11. 1853
gest. n. e.

1907–1908 Werkmeister, Praktisch-Keramischer Kurs

MAYR-SCHMID Marie
geb. 5. 11. 1891, Berndorf (Niederösterreich)
gest. 1918

1909–1913 Studium u. a. bei Čižek und Kenner

1913–1918 Assistentin, Ornamentale Schrift und Heraldik bei Larisch

MERTH Bernhard
geb. 15. 8. 1864, Neubistritz (Böhmen)
gest. 9. 2. 1922, Wien

1910–1922 externer Hilfslehrer, Geschäftsaufsatz, Rechnen und Buchführung, Rechtschreiben

METZNER Franz

siehe S. 338

MINNIGERODE Ludwig
geb. 12. 4. 1847, Stryi (Galizien)
gest. 1938 (Salzburg?)

1876–1900 Professor, Allgemeine Abteilung – Abteilung für Figurales Zeichnen

MOSER Koloman

siehe S. 274

MÜLLER Anton

geb. 29. 7. 1853, Wien
gest. 19. 10. 1897, Wien

1878–1880 Assistent, Zeichenlehrerkurs
1880–1881 Assistent, Allgemeine Abteilung – Figurales Zeichnen

MÜLLER Carl
geb. n. e.
gest. n. e.

1905–1906 Baukonstruktion

MYRBACH-RHEINFELD Felician Freiherr von
geb. 19. 2. 1853, Zaleszczyki (Galizien)
gest. 14. 1. 1940, Klagenfurt

1897–1905 Professor, Fachschule für Malerei (Fachschule für Dekorative Malerei und Graphische Künste; seit März 1904 suppliert)

1899–1900 provisorischer Leiter der Kunstgewerbeschule
1900–1905 Direktor

OBSIEGER Robert
geb. 23. 9. 1884, Lundenburg (Mähren)
gest. 27. 11. 1958, Wien

1909–1913 Studium u. a. bei Kenner, Löffler und Powolny

1913–1918 Assistent, Allgemeine Formenlehre bei Strnad
1932–1958 Professor, Leiter der Werkstätte für Keramik

ab 1939 vorläufiger Leiter der Kunstgewerbeschule
1941–1945 Direktor

OLESKIEWICZ Clemens
geb. n. e.
gest. n. e.

1903–1904 Kurs für Buchbinderei und Lederbearbeitung

OSWALD Wenzel
geb. 25. 8. 1883, Mies (Böhmen)
gest. n. e.

1906–1911 Studium u. a. bei Löffler, Larisch, Kenner, Powolny

1913–1915 Assistent, Fachklasse für Architektur bei Hoffmann

PATTISON Julia C.
geb. n. e.
gest. n. e.

1906–1914 externe Lehrkraft, Englische Sprache

PAUKER Wolfgang, Dr.
geb. 14. 12. 1867, Tracht (Mähren)
gest. 19. 1. 1950, Klosterneuburg

1918–1924 Dozent, Kunstgewerbliche Liturgik

PHILIPPI Robert
geb. 4. 8. 1877, Graz
gest. 23. 3. 1959, Wien

1898–1902 Studium u. a. bei Roller und Myrbach

1914–1915 Assistent bei Čižek
1915–1917 Militärdienst
1917–1920 Assistent bei Čižek

POWOLNY Michael

siehe S. 344

PRUTSCHER Otto
geb. 7. 4. 1880, Wien
gest. 15. 2. 1949, Wien

1897–1901 Studium u. a. bei Hoffmann und Matsch

1909–1939 Professor, Offener Entwurfszeichensaal für Gewerbetreibende
1939 durch Verfügung des Reichsstatthalters in den Ruhestand versetzt
1945–1946 Leiter, Offener Entwurfszeichensaal

RIBARZ Rudolf
geb. 30. 5. 1848, Wien
gest. 12. 11. 1904, Wien

1892–1900 Professor, Fachschule für Blumenmalerei

RIESER Michael
geb. 5. 9. 1828, Schlitters (Tirol)
gest. 9. 11. 1905, Wien

1868–1879 Professor, Vorbereitungsschule – Figurale Abteilung
1877–1881 Professor, Lehrerbildungskurs
1881–1889 Fachschule für Zeichnen und Malen

1882–1883 Direktor
1885–1886 Direktor

ROLLER Alfred

siehe S. 296

ROSENBERG Gabriele
geb. 4. 8. 1897, Wien
gest. n. e.

1918–1919 Laborantin im Textilkurs
1919–1921 Werkmeisterin, Werkstätte für Textilarbeiten bei Rothansl

RÖSSLER Rudolf
geb. 28. 4. 1864, Gablonz (Böhmen)
gest. 4. 1. 1954, Wien (?)

1875–1885 Studium u. a. bei Hauser und Berger

1887–1893 Assistent, Supplent, Fachschule für Zeichnen und Malen bei Rieser

ROTHANSL Rosalia
geb. 20. 2. 1870, Wien
gest. n. e.

1901–1909 Vertragslehrerin, Spezialkurs für Teppich- und Gobelinrestaurierung
1909–1911 Vertragslehrerin, Sonderkurs für Textilarbeiten
1911–1914 Vertragslehrerin, Werkstätte für Textilarbeiten
1914–1920 wirkliche Lehrerin, Werkstätte für Textilarbeiten
1914–1925 Verwaltung und Pflege der Kostümsammlung
1920–1925 Professorin, Werkstätte für Textilarbeiten

SCHARFEN Johann
geb. 1. 3. 1883, Zeidler (Böhmen)
gest. n. e.

1898–1902 Studium u. a. bei Hoffmann

1906–1908 (od. 1910) Lehrer, Ergänzungskurs für Ornamentales Zeichnen und Ornamentale Komposition

SCHIFFNER Franz
geb. 19. 10. 1855, Kleinbocken (Böhmen)
gest. 8. 5. 1920, Wien

1918–1920 Dozent, Technisches Zeichnen

SCHLECHTA Hans
geb. 24. 12. 1867, Wien
gest. 13. 5. 1927, Villach

1890–1892 Studium bei Beyer

1905–1909 Lehrer, Fachschule für Architektur bei Beyer

SCHULMEISTER Willibald
geb. 22. 12. 1851, Deutschlodenitz (Mähren)
gest. 1. 9. 1909

1873–1895 Studium u. a. bei Storck

1895–1899 Lehrer, Allgemeine Abteilung – Ornamentales Zeichnen
1899–1909 Professor, Allgemeine Abteilung – Ornamentales Zeichnen

SCHWARTZ Stefan
geb. 20. 8. 1851, Neutra (Ungarn)
gest. 31. 7. 1924, Raabs an der Thaya

1869–1876 Studium u. a. bei König
1876–1877 Leiter der provisorischen Zizelierschule
1877–1879 Assistent, Fachschule für Bildhauerei
1879–1881 Lehrer, Spezialatelier für Ziselierkunst
1881–1884 wirklicher Lehrer, Spezialatelier für Ziselierkunst
1884–1902 Professor, Spezialatelier für Ziselierkunst
1902–1911 Professor, Spezialatelier für Metallplastik
1911–1914 Professor, Kunstgewerbliche Werkstätte für Metallplastik

SELCH Emmerich, Dr.
geb. 23. 4. 1870, Wien
gest. 8. 10. 1930, Wien

1910–1928 Professor, Leiter des Chemischen Laboratoriums, Gewerbliche Chemie
1928–1930 Professor, Gewerbliche Chemie

SIMM Franz
geb. 24. 6. 1853, Wien
gest. 21. 2. 1918, München

1874–1876 Assistent bei Laufberger

SLOWAK Franz
geb. n. e.
gest. n. e.

1899–1900 Werkmeister, Chemisches Laboratorium und Praktischer Keramischer Kurs

STARK Adele von
geb. 14. 8. 1859, Teplitz (Böhmen)
gest. 10. 9. 1923, Wien

1879–1890 Studium u. a. bei Sturm, Macht
1897–1899 Studium u. a. bei Myrbach, Heller

1903–1908 provisorische Lehrerin, Spezialatelier für Emailarbeiten
1908–1909 Vertragslehrerin, Spezialatelier für Emailarbeiten
1909–1911 Vertragslehrerin, Sonderkurs für Emailarbeiten
1911–1914 Vertragslehrerin, Werkstätte für Emailarbeiten
1914–1923 Professorin, Werkstätte für Emailarbeiten

STAUDEK Charlotte
geb. 14. 3. 1877, Wien
gest. n. e.

1907–1910 Studium u. a. bei Čižek, Löffler und Kenner

1912–1937 Assistentin bei Čižek

STORCK Josef Ritter von
geb. 22. 4. 1830, Wien
gest. 27. 3. 1902, Wien

1868–1899 Professor, Fachschule für Architektur

1868–1871 Direktor
1873–1878 Direktor
1887–1888 Direktor
1889–1899 Direktor

STRASSER Arthur
geb. 8. 4. 1854, Adelsburg
gest. 8. 11. 1927, Wien

1899–1909 provisorischer Lehrer, Fachschule für Bildhauerei
1909–1910 Professor, Spezialschule für Bildhauerei
1910–1919 Professor, Fachklasse für Bildhauerei

STRNAD Oskar
siehe S. 354

STRÖHL Hugo
geb. 24. 9. 1851, Wels
gest. 7. 12. 1919, Mödling

1873–1875 Studium u. a. bei Rieser

1875–1877 Assistent bei Teirich und Rieser

STURM Friedrich
geb. 1822 (1823?), Wien
gest. 1. (2.?) 11. 1898, Weißenbach an der Triesting

1868–1892 Professor, Fachschule für Zeichnen und Malen
1876–1892 Professor, Fachschule für Zeichnen und Malen – Blumen, Tier- und Ornamentale Malerei
1887–1888 Professor, Aktkurs

1881–1882 Direktor
1883–1885 Direktor
1886–1887 Direktor
1888–1889 Direktor

TAPPER Josef
geb. 12. 1. 1854, Zellendorf (Niederösterreich)
gest. 8. 11. 1906, Innsbruck

1870–1875 Studium u. a. bei Rieser

1874–1880 Assistent bei Rieser

TECHI Nikolaus
geb. n. e.
gest. n. e.

1876–1877 Dozent, Farbenchemie

TEIRICH Valentin
geb. 23. 8. 1844, Wien
gest. 8. 2. 1876, Wien

1868–1872 Professor, Projektions-, Schattenlehre und Perspektive
1870–1876 Vorbereitungsschule – Ornamentales Zeichnen

TESSENOW Heinrich

siehe S. 364

THEYER Leopold
geb. 14. 10. 1851, Wien
gest. 7. 7. 1937, Graz

1877–1878 Dozent, Technisches Zeichnen

TRÖTSCHER Andreas
geb. n. e., Wien
gest. n. e.

1870–1877 Studium u. a. bei Storck

1878–1880 Assistent bei Hrachowina

UNGER William
geb. 2. 9. 1837, Hannover
gest. 5. 3. 1932, Innsbruck

1881–1895 Professor, Abteilung für Radierkunst

WALLANTSCHEK Karl
geb. n. e.
gest. n. e.

1906–1910 Professor, Gewerbliches Rechnen und Buchführung, Bürgerkunde

WIESER Josef von
geb. 1853, Wien
gest. 1918

1881–1884 Dozent, Technisches Zeichnen

WIMMER-WISGRILL Eduard Josef
geb. 2. 4. 1882, Wien
gest. 25. 12. 1961, Wien

1901–1907 Studium u. a. bei Roller und Hoffmann

1912–1913 Assistent bei Moser, künstlerischer Leiter der Textilwerkstätte
1918–1921 Hilfslehrer, Werkstätte für Damenmode und Modezeichnen
1925–1955 Professor, Werkstätte für Mode und Textilarbeiten

WITZMANN Carl
geb. 26. 9. 1883, Wien
gest. 30. 8. 1952, Wien

1900–1904 Studium u. a. bei Metzner und Hoffmann

1910–1912 Vertragslehrer, Offener Entwurfszeichensaal für Gewerbetreibende
1912–1914 Professor, Offener Entwurfszeichensaal für Gewerbetreibende
1914–1918 Kriegsdienst
1918–1923 Professor, Allgemeine Abteilung – Allgemeine Formenlehre
1923–1929 Professor, Werkstätte für Tischlerei
1927–1928 Professor, Werkstätte für Zimmermalerei
1929–1930 Professor, Werkstätte für Tischlerei, Möbelbau und Zimmermalerei
1930–1935 Professor, Werkstätte für Tischlerei und Möbelbau
1935–1941 Professor, Werkstätte für Möbel- und Innenbau
1941–1949 Professor, Werkstätte für Innenarchitektur und Möbelbau

ZELLNER Louise
geb. 3. 9. 1875, Weißenbach bei Gloggnitz
gest. n. e.

1902 provisorische Hilfslehrerin für Färberei
1902–1910 Laborantin für Färberei

ZOVETTI Ugo
geb. 5. 9. 1879, Curzola (Dalmatien)
gest. unbekannt

1901–1908 Studium u. a. bei Moser und Stark

1911–1912 Assistent, Fachklasse für Malerei bei Moser

ABBILDUNGSVERZEICHNIS
(S. 9–40, 235–390)

Seite

25 Maria von Uchatius
(Studium 1900–1906 bei Myrbach, Czeschka)
Drei Engel und eine Teufelsmaske
1902
Tempera/Papier, 31,5×53 cm
Kunsthandlung Julius Hummel
(Photo: H. Harsieber)

26 Eduard Josef Wimmer-Wisgrill
Geometrische Flächenmuster
um 1902
reproduziert aus: DF I, 1902, S. 168/169

27 Bertold Löffler
(Professor)
Entwurf für eine Tapete
um 1912
Tempera/Papier, 96×58 cm
Kunsthandlung Julius Hummel
(Photo: H. Harsieber)

28 Hilde Exner
(Studium 1900–1905 bei Roller, Moser)
»Wien«, Entwurf für ein Plakat
um 1901
reproduziert aus: DF I, 1902, S. 74

29 Emma Schlangenhausen
(Studium 1900–1905 bei Roller, Moser)
»Wien«, Entwurf für ein Plakat
um 1901
reproduziert aus: DF I, 1902, S. 75

30 Franz Wacik
(Studium 1901/02 bei Roller)
Plakat für den Wiener Eislaufverein
um 1901
reproduziert aus: DF I, 1902, S. 3

31 Anton Kling
(Studium 1898–1903 bei Roller, Hoffmann)
»Wien«, Entwurf für ein Plakat
um 1901
reproduziert aus: DF I, 1902, S. 70

32 Eduard Josef Wimmer-Wisgrill
»Maritza«, Modeentwurf
1912
Aquarell, Bleistift/Papier, 30×18 cm, sign., bez.: Maritza, 16. 2. 12 Wien, E. J. Wimmer
HSAK, Inv.-Nr. 202

33 Eduard Josef Wimmer-Wisgrill
»Roland«, Modeentwurf
um 1912
Aquarell, Bleistift/Papier, 26×16 cm
HSAK, Inv.-Nr. 263

34 Johanna Poller-Hollmann
(Studium 1901/02 bei Moser)
Papiermesser
1909
Ahornholz, Marketerie, L 28 und 28,5 cm
ÖMAK, Inv.-Nr. 805, 806
(Photo: Ingrid Schindler)

35 Leopold Forstner
(Studium 1898–1901 bei Moser)
Ornamentale Details
1910
Mosaik
Privatbesitz
(Photo: Ingrid Schindler)

36 Schule Kolo Moser
Vase
um 1900
irisierendes Glas, gekämmter Wellendekor, 14,5×21 cm
Privatbesitz

37 Bruno Emmel
(Studium 1895–1902 bei Linke, Hoffmann)
Vase
1902/03
Keramik, Lüsterglasur, H 16,4 cm, bez.: KGwSch, X, 125,20.44, B. E.
ÖMAK, Inv.-Nr. W. I. 571
(Photo: Neustifter)

38 Bertold Löffler
Vase
um 1912
Keramik, H 23,2 cm, ∅ 8,5 cm, bez.: Wiener und Gmundner Keramik
HSAK, Inv.-Nr. 3792/0

39 Bertold Löffler
Vase
um 1908
Keramik, H 20 cm, ∅ 11,7 cm, bez.: WK (Wiener Keramik) Lö
HSAK, Inv.-Nr. 2351/0

40 Rudolf Kalvach
(Studium 1900–1912 bei Roller, Myrbach, Czeschka, Löffler)
Indisches Märchen
um 1907
Öl/Holz, 60×58,8 cm
HSAK, Inv.-Nr. 1198/B

235 Franz von Matsch
Entwurf für ein Monument
um 1900
Bleistift, Tusche, Aquarell/Papier, 32×21,8 cm
HSAK, Inv.-Nr. 868

236 Franz von Matsch
Blick aus dem Achilleion der Kaiserin Elisabeth auf Korfu
um 1900
Öl/Leinwand, ca. 120×140 cm
Sammlung Dichand, Wien
(Photo: Giese & Schweiger Kunsthandel Ges. m. b. H.)

237 Anton von Kenner
(Professor)
Mädchen am Seerosenbecken
1898, Diplomarbeit
Öl/Leinwand, 91×169,5 cm
HSAK, Inv.-Nr. 1511/B, Schenkung Univ.-Prof. Dr. Hedwig Kenner

238 Erwin Puchinger
(Studium 1875–1901 bei Matsch)
Dekoratives Panneau
1900
ausgestellt: Weltausstellung Paris 1900
Öl/Leinwand, 218×346 cm
Rahmen: Georg Klimt und Franz Siegel
ÖMAK

239 Luigi Bonazza
(Studium 1897–1901 bei Myrbach, Matsch)
Nacht
1926
Öl/Leinwand, 139×271,5 cm
Trient, Privatsammlung

240 Adele von Stark
(Professor)
Entwurf für ein Stoffmuster
um 1902
reproduziert aus: DF I, 1902, S. 24

241 Otto Prutscher
(Professor)
Entwurf für eine Wandabwicklung
um 1901
reproduziert aus: DI, 1903, Jg. IV, T. 13, 14

243 Josef Hoffmann
Vorzimmerschrank
um 1898
Buche, weiß lackiert, geschliffenes Spiegelglas, Metallbeschläge, 225×45×48 cm
Ausführung: Bernhard Ludwig
HSAK, Inv.-Nr. 3527/M

244 Josef Hoffmann
Fauteuil
1904
Ausführung: Wiener Werkstätte
Kunsthandlung Julius Hummel

Josef Hoffmann
»Sitzmaschine«
um 1905
Buchenholz, 110×62×83 cm
Ausführung: Kohn
Privatbesitz

Josef Hoffmann
Fauteuil
um 1901/02
Buchenholz, Aluminiumbeschläge, H 79,5 cm, B 60 cm, T 63,5 cm
Ausführung: Kohn
Kunsthandlung Julius Hummel

245 Josef Hoffmann
Palais Stoclet
1905–1911
Brüssel, 281, Avenue de Tervueren

246 Josef Hoffmann
Entwurf für Sofa, Schreibtisch, Stuhl
1904
Bleistift, Tusche/kar. Papier, 20,9×33,4 cm, sign., dat. o. l.: JH 1904
HSAK, Inv.-Nr. 47–S

Josef Hoffmann
Flächenmuster
um 1904
Tusche, Aquarell/kar. Papier, 10,5×12 cm
HSAK, Inv.-Nr. 1349

247 Josef Hoffmann
Würfelförmiges Tischchen
um 1904
Buchenholz, rot lackiert, Marmorplatte, 40,5×39 cm
Ausführung: Wiener Werkstätte; aus der Villa Carl Moll, Hohe Warte
HSAK, Inv.-Nr. 2358/M

248 Josef Hoffmann
Villa Eduard Ast
1911/12
Wien 19., Steinfeldgasse 2

249 Max Benirschke
(Studium 1897–1902 bei Schulmeister, Hoffmann)
Flächenmuster
um 1901/02
reproduziert aus: Die Quelle, Mappe mit Lithographien, 1901/02
25,4×29,9 cm
HSAK, Inv.-Nr. 1526/Qu

250 Max Benirschke
Flächenmuster
um 1901/02
reproduziert aus: wie Abb. S. 249

251 Max Benirschke
Ornamentaler Entwurf
um 1900
Tusche, Tempera/Papier, 8×9,6 cm
HSAK, Inv.-Nr. 2072/7

Max Benirschke
Buchschmuck
um 1900
Tusche, Bleistift/Papier, 8×12,3 cm
HSAK, Inv.-Nr. 2072/2

Karl Bräuer
(Studium 1897–1904 bei Schulmeister, Hoffmann)
Flächenmuster
um 1901
reproduziert aus: DF I, 1902, S. 66

252 Fritz (?) Dietl
(Studium 1904/05 bei Hoffmann)
Flächenmuster
um 1901
reproduziert aus: DF I, 1902, S. 158

253 Adolf Otto Holub
(Studium 1898–1906 bei Schulmeister, Hoffmann)
Flächenmuster
um 1901
reproduziert aus DF I, 1902, S. 146

Adolf Otto Holub
Flächenmuster
um 1901
reproduziert aus: DF I, 1902, S. 146

Helene Geiringer
(Studium 1904–1906 bei Schulmeister, Hoffmann)
Flächenmuster
um 1901
reproduziert aus: DF I, 1902, S. 112

Franz Exler
(Studium 1900–1904 bei Herdtle, Hoffmann)
Flächenmuster
um 1901
reproduziert aus: DF I, 1902, S. 148

254 Alois Hollmann
(Studium 1901–1905 bei Hoffmann)
Flächenmuster
um 1901
reproduziert aus: DF I, 1902, S. 57

Alois Hollmann
Flächenmuster
um 1901
reproduziert aus: DF I, 1902, S. 56

Mauritius Herrgesell
Vorsatzpapier
um 1901
reproduziert aus: DF I, 1902, S. 145

Max Benirschke
Flächenmuster
um 1901/02
reproduziert aus: Die Quelle, Mappe mit Lithographien, 1901/02
25,4×29,9 cm
HSAK, Inv.-Nr. 1526/Qu

255 Else Unger
(Studium 1895–1901 bei Schulmeister, Hoffmann)
Schrank
1900
ausgestellt: Weltausstellung Paris 1900
Kunsthandlung Julius Hummel

256 Wilhelm Schmidt
Schrank, entworfen für das Sekretariat der Kunstgewerbeschule 1899
Eichenholz, 187×220×63,5 cm
HSAK, Inv.-Nr. 2928/M

257 Gustav Siegel
(Studium 1897–1901 bei Hoffmann)
Fauteuil
1900
ausgestellt: Weltausstellung Paris 1900
Buchenholz, H 77,8 cm, B 57 cm, T 49,1 cm
Ausführung: Kohn
Privatbesitz

Carl Witzmann
(Studium 1900–1906 bei Herdtle, Hoffmann)
Stuhl
um 1907
Privatbesitz

Josef Zotti
(Studium 1905–1909 bei Hoffmann)
Korbsessel
um 1906
Ausführung: Prag-Rudniker
Galerie Metropol

258 Franz Messner
(Studium 1897–1901 bei Hoffmann)
Toilettetisch
1900
Ahornholz, Kupferbeschläge, H 126/75 cm, B 98 cm, T 56 cm
ÖMAK, Inv.-Nr. H 2075

259 Hans Scharfen
Entwürfe für Sitzmöbel
um 1903
reproduziert aus: DI IV, 1903, T. 5

260 Alois Hollmann
Schmuckschränkchen
1904
Marketerie aus Palisander-, Ahorn- und Ebenholz, H 21 cm, B 27,5 cm, T 15,5 cm
ÖMAK, Inv.-Nr. W. I. 599

261 Rosa Krenn
(Studium 1909–1912 bei Hoffmann)
Zierschrank
1912
Zebrano-, Amarant- und Ahornholz, H 148 cm, B 58 cm, T 42 cm
Ausführung: K. A. Franz, F. Hrabal
ÖMAK, Inv.-Nr. H 1397

262 Fritz Zeymer
(Studium 1902–1908 bei Hoffmann)
Sitzgarnitur
1910
Weichholz, weiß lackiert, Rohrgeflecht
HSAK, Inv.-Nr. 3847/M

263 Max Benirschke
Entwurf für einen Friseursalon
1901
reproduziert aus: DI III, 1902, T. 81/82

264 Max Benirschke
Entwurf für eine Ecke in einem Lesezimmer
um 1901
reproduziert aus: DI III, 1902, T. 87

265 Karl Bräuer
Schulzimmer
um 1902
reproduziert aus: DI IV, 1903, T. 20

266 Karl Bräuer
Entwurf für einen Gartenpavillon
um 1905
reproduziert aus: Jung Wien, Kochs Monographien XII, Darmstadt o. J., S. 13

Hans Stubner
(Studium 1901–1905 bei Hoffmann)
Entwurf für ein Landhaus
um 1905
reproduziert aus: Jung Wien, a. a. O., S. 11

267 Arnold Nechansky
(Studium 1903–1913 bei Hoffmann, Strnad, Böhm)
»Motto Sonne«, Entwurf für ein Monument
um 1913
Tusche, Kreide/Karton, 22,5×30,5 cm
HSAK, Inv.-Nr. 865

268 Dita Moser
(Studium 1902–1905 bei Hoffmann)
Faltkalender
1911
gedruckt bei Rosenbaum, 18×8 cm (gefaltet)
HSAK, Inv.-Nr. 1165

269 Hans Bolek
(Studium 1906–1910 bei Hoffmann)
Anhänger
um 1913
Silber vergoldet, Karneol
Ausführung: O. Dietrich
ÖMAK, Inv.-Nr. W. I. 1234

270 Franz Fochler
(Studium 1908–1912 bei Breitner, Hoffmann)
Tintenzeug
um 1910
Keramik, farbig glasiert, H 12 cm, L 21 cm, Stempel: Wiener Kunstkeramische Werkstätten
HSAK, Inv.-Nr. 1351/0

271 Fritz Dietl
Deckeldose
um 1912/14
Keramik, schwarzer Dekor, H 8,5 cm, Ø 8 cm, Stempel: Vereinigte Wiener und Gmundner Keramik
HSAK, Inv.-Nr. 4556/0

272 Eduard Josef Wimmer-Wisgrill
Entwurf für eine »Kostüm-Frisur«
um 1912
Aquarell, Bleistift/Papier, 28×21,5 cm
HSAK, Inv.-Nr. 230

273 Vally Wieselthier
(Studium 1914–1920 bei Hoffmann, Moser, Powolny)
Modeentwurf
um 1916
Linolschnitt, koloriert, 37×22,5 cm, sign. r. u.: Vally Wieselthier
HSAK, Inv.-Nr. 1531

274 Kolo Moser
Selbstporträt
1895
Öl/Leinwand, 50×34 cm
HSAK, Inv.-Nr. 2961/B

275 Kolo Moser
Flächenmuster
1899
Kunsthandlung Julius Hummel

Kolo Moser
Flächenmuster
1899
Kunsthandlung Julius Hummel

Kolo Moser
Flächenmuster für Ver Sacrum
1899
Tusche/Transparentpapier, 17,7×17,7 cm
HSAK, Inv.-Nr. 435

276 Kolo Moser
»Blumenerwachen«, Stoffentwurf
1899
Tusche/Papier, 48,8×29,5 cm, sign. r. u.: KM
Privatbesitz

277 Kolo Moser
Vasen
1901
Keramik
Originalphoto, Nachlaß Kolo Moser

Kolo Moser
Punschglas
um 1900
Ausführung: Bakalowits & Söhne
Privatbesitz

278 Kolo Moser
»Jung Wiener Theater zum Lieben Augustin«, Plakat
um 1901
reproduziert aus: DF I, 1902, S. 121

279 Kolo Moser
Teppich
um 1901
Seide geknüpft 53×58,5 cm
HSAK, Inv.-Nr. 3414/T, Schenkung F. v. Ferzeviczy-Pallavicini

280 Kolo Moser
Stuhl
um 1902
Eichenholz, Rohr- und Spagatgeflecht, Ausführung: Prag-Rudniker
Privatbesitz

281 Kolo Moser
Entwurf für einen Schrank
um 1903
Bleistift, Tusche, Aquarell/kar. Papier, 29×21,8 cm, Stempel: KM
HSAK, Inv.-Nr. 2366

Kolo Moser
Entwurf für Signet »Einfache Möbel für ein Sanatorium« mit Signet der Wiener Werkstätte
um 1904
Tusche/Karton, 25×25 cm
HSAK, Inv.-Nr. 434

282 Kolo Moser
Tunkpapier
um 1904
Kunsthandlung Julius Hummel

283 Schule Kolo Moser
Paravent
1901
Ahornholz, gewebte Füllungen, 151×297 cm
ÖMAK, Inv.-Nr. H 1014

284 Ella Baumfeld
(Studium 1901–1904 bei Moser)
Entwurf für eine Stickerei in Seide und Metall
um 1901
reproduziert aus: DF I, 1902, S. 44

285 Leopold Forstner
(Studium 1898–1901 bei Karger, Moser)
Entwurf für ein Schild einer Tabaktrafik
um 1901
reproduziert aus: DF I, 1902, S. 50

286 Emma Schlangenhausen
Entwurf für ein Plakat für ein Wohltätigkeitskonzert
um 1901
reproduziert aus: DF I, 1902, S. 51

287 Schule Kolo Moser
Teller
um 1902
Porzellan, blaues Quadrat-Dekor, ∅ 24,5 cm, Stempel: Schule Prof. Kolo Moser
HSAK, Inv.-Nr. 3779/0

288 Schule Kolo Moser (Gisela v. Falke?)
Pralinenschale
um 1902
Glas mit Metallmontierung, H 6,6 cm, ∅ 11,3 cm
HSAK, Inv.-Nr. 1326/0

289 Schule Kolo Moser
Entwurf für Titelblatt der Zeitschrift »Der Architekt«
um 1903
Linolschnitt/Naturpapier
ÖMAK, Inv.-Nr. K. I. 14167-74

290 Anton Hofer
(Studium 1908–1912 bei Moser)
Engel, Teil des Klosterneuburger Antependiums
1911
Stickerei mit Perlen und Goldborten, 77×24 cm
HSAK, Inv.-Nr. 2745/T

291 Leopold Forstner
Schwimmende
1908
Mosaik mit Glas, Perlmutter, Ziselierung der Figur Oskar Thiede
Privatbesitz

292 Hans Strohofer
(Studium 1902–1908 bei Czeschka, Moser)
Studienblatt
1906
Bleistift/Papier, 45,5×31 cm, sign. dat. l. u.: 27. IV. 1906 HS
HSAK, Inv.-Nr. 3426/11

293 Ilse Bernheimer
(Studium 1911–1916 bei Moser)
Abstrakte Komposition
1913
Tempera/Papier, 35×25 cm, sign. r. u.: IB
HSAK, Inv.-Nr. 2088

294 Ugo Zovetti
(Studium 1901–1908 bei Moser, Stark)
»Stichblatt«, Stoffentwurf, für den Arbeitsmantel Anton Hanaks verwendet
um 1914
Ausführung: Wiener Werkstätte
Modesammlung der Stadt Wien, Inv.-Nr. 3891

Marietta Peyfuß
(Studium 1897–1902 bei Moser)
Flächenmuster
um 1901
reproduziert aus: DF I, 1902, S. 49

Ilse Bernheimer
Abstrakte Komposition
1913
Tempera/Papier, 40×45 cm, sign. r. u.: IB
HSAK, Inv.-Nr. 2090

295 Mela Köhler
(Studium 1905–1910 bei Moser)
Flächenmuster
1916
Bleistift/Transparentpapier, Seite aus einem Skizzenbuch, 30×24,5 cm
HSAK, Inv.-Nr. 585

297 Alfred Roller
»Slevogt-Ausstellung«, Plakat
1901
reproduziert aus: DF I, 1902, S. 115

298 Alfred Roller
Plakat für die XII. Ausstellung der Secession
1901
reproduziert aus: DF I, 1902, S. 128

299 Alfred Roller
»Wotan«, Entwurf für Frisuren
um 1905
Farbstift/Papier, 33,5×21 cm
HSAK, Inv.-Nr. 2827/2

300 Alfred Roller
Schematischer Bühnengrundriß zu »Don Giovanni«
1905
reproduziert aus: Joseph Gregor, Wiener szenische Kunst, Wien 1924, S. 127

301 Carl Krenek
(Studium 1898–1906 bei Roller, Myrbach, Moser, Czeschka)
»Öfen und Kamine«, Entwurf für ein Plakat
um 1901
reproduziert aus: DF I, 1902, S. 192

302 Reinhold Klaus
(Studium 1898–1902 bei Schulmeister, Roller)
»Wien«, Entwurf für ein Plakat
um 1901
reproduziert aus: DF I, 1902, S. 67

303 Josef Bruckmüller
(Studium 1899–1903 bei Roller, Hoffmann)
»Die Fläche«, Entwurf für ein Titelblatt
um 1902
reproduziert aus: DF I, 1902, S. 66

304 Josef Bruckmüller
Entwurf für ein Stoffmuster
um 1901
reproduziert aus: DF I, 1902, S. 2

305 Schule Alfred Roller
Hahn
um 1903
Linolschnitt/Leinen, 40×31 cm
ausgestellt: Weltausstellung St. Louis 1904
ÖMAK, Inv.-Nr. K. I. 14167–74

306 Schule Alfred Roller
Hähne (in Bewegung)
um 1903
Papierklebearbeiten
ausgestellt: Weltausstellung St. Louis 1904
ÖMAK, Inv.-Nr. K. I. 14167–74

307 Ludwig Heinrich Jungnickel
(Studium 1902/03 bei Roller)
Mädchenakt
Kreide/Papier, 42×35 cm
HSAK, Inv.-Nr. 4814

309 Erich Mallina
Perspektivestudien
1899
Tusche, Bleistift, Aquarell/Papier, 40×52,2 cm, sign., dat. u.: Wien 1899 Mallina
HSAK, Inv.-Nr. 484

310 Erich Mallina
Kuppelperspektive
1899
Tusche, Aquarell/Papier, 39,5×56 cm, sign., dat. u.: Wien 1899 Mallina
HSAK, Inv.-Nr. 483

Erich Mallina
Engelszug
1904
Öl/Leinwand, 76×220 cm, sign., dat. r. u.: EM 1904
HSAK, Dauerleihgabe der Zentralsparkasse und Kommerzialbank,

311 Erich Mallina
Himmelsszene
um 1904
Pastellkreide/Papier, 44×32 cm
HSAK, Inv.-Nr. 494

312 Anton Kolig
(Studium 1904–1906 bei Kenner, Mallina)
»Meine erste Aktzeichnung nach Modell«
1904
Bleistift/Papier, 28,5×18,5 cm, sign. r. o.: A. Kolig 1904
HSAK, Inv.-Nr. 1606

313 Franz Lebisch
(Studium 1903–1907 bei Mallina, Hoffmann)
Vier Entwürfe zu Gartenarchitekturen
1907
reproduziert nach: W. J. Schweiger, Wiener Jugendstilgärten, Edition Maioli, Wien o. J.

315 Carl Otto Czeschka
»Adura«, Entwurf für eine Zigarrenpackung
um 1910
Lithographie/Papier, 13,5×25,5 cm
HSAK, Inv.-Nr. 1787/12

Carl Otto Czeschka
Drei Widderköpfe, Zierleiste
um 1900
Tusche, Aquarell/Papier, 11,2×40 cm, sign.
HSAK, Inv.-Nr. 1607

316 Carl Otto Czeschka
Illustration
1910
in: Die Auswahl, Gedichte von Gustav Falke, Verlag Georg Westermann, Baunschweig o. J., S. 83
HSAK, Inv.-Nr. 2789/Q

317 Carl Otto Czeschka
Initiale E
um 1914
Lithographie/Papier, 13,5×12,5 cm
HSAK, Inv.-Nr. 1786/1

Carl Otto Czeschka
Initiale R
um 1914
Lithographie/Papier, 15×15 cm
HSAK, Inv.-Nr. 1786/2

319 Bertold Löffler
»Märchenzauber in der Fastnacht«, Entwurf für ein Plakat
1901
Tusche, Tempera, Bleistift/Karton, 33×57 cm, sign. r. u.: B. Löffler
HSAK, Inv.-Nr. 3614

Bertold Löffler
»Kirschblüten«, Buchschmuck
um 1903
Tusche/Papier, 15×16 cm, sign. r. u.: LÖ
HSAK, Inv.-Nr. 2323

320 Bertold Löffler
»Lucifer«, Illustrierte Wochenschrift, Titelblatt
um 1903
Lithographie/Papier, 41×29,5 cm, sign. l. u.: Berthold Löffler
HSAK, Inv.-Nr. 2315

321 Bertold Löffler
Briefumschlag für das Kabarett Fledermaus (Detail)
1907
Lithographie/Papier, 16×18,5 cm; sign. l. u.: LÖ
HSAK, Inv.-Nr. 3570

Bertold Löffler
»Weinkarte Hotel Savoy«, Entwurf
um 1904
Tusche, Tempera/Karton, 18×10 cm
HSAK, Inv.-Nr. 3595

322 Bertold Löffler
»Ali Bali Bumbaton«, Entwurf für einen Buchumschlag
um 1909
Tusche, Tempera, Kreide/blaues Naturpapier, 28,8×22,5 cm
HSAK, Inv.-Nr. 3580

323 Walter Dittrich
(Studium 1900–1905 bei Czeschka)
»Karlsbad«, Entwurf für ein Plakat
um 1901
reproduziert aus: DF I, 1902, S. 191

324 Walter Dittrich
»Wollstoff-Fabrik-Union«, Entwurf für ein Plakat
um 1901
reproduziert aus: DF I, 1902, S. 13

325 Moriz Jung
(Studium 1901–1908 bei Roller, Czeschka, Löffler)
»Wien«, Entwurf für ein Plakat
um 1901
reproduziert aus: DF I, 1902, S. 71

326 Maria von Uchatius
(Studium 1900–1906 bei Myrbach, Czeschka)
Flächenmuster (Detail)
1903
Tusche, Aquarell/Papier, 20×29,5 cm, sign. r. u.: Uchatius
HSAK, Inv.-Nr. 3458

327 Maria von Uchatius
Vorsatzpapier, um 1905
Holzschnitt/Papier, 47,5×25,5 cm
HSAK, Inv.-Nr. 1843

328 Maria von Uchatius
Vorsatzpapier
um 1905
Holzschnitt/Papier, 39,5×52 cm
HSAK, Inv.-Nr. 1841/4

329 Franz von Zülow
Landschaft
um 1905
Aquarell/Papier, 86,5×43 cm, sign. r. u.: F. v. Zülow
HSAK, Inv.-Nr. 2816

330 Oskar Kokoschka
(Studium 1904–1909 bei Mallina, Kenner, Czeschka, Löffler)
»Sennerin und Kuh«, Postkartenentwurf für die Wiener Werkstätte
um 1907
Tusche, Tempera, Aquarell/Papier, 15,2×10,2 cm, sign. l. u.: OK
Privatbesitz
© 1986 Cosmopress

Oskar Kokoschka
»Reiter und Segelschiff«, Postkartenentwurf für die Wiener Werkstätte
um 1907
Tusche, Tempera, Aquarell/Papier, 13,3×8,5 cm, sign.: OK
Privatbesitz
© 1986 Cosmopress

331 Oskar Kokoschka
»Mutter mit drei Kindern«, Postkartenentwurf für die Wiener Werkstätte
um 1907
Tusche, Tempera, Aquarell/Papier, 13,4×8,5 cm, sign. l. m.: OK
Privatbesitz
© 1986 Cosmopress

Oskar Kokoschka
»Tölpelspiele«, Postkartenentwurf für die Wiener Werkstätte
um 1907
Tusche, Tempera, Aquarell/Papier, 13,4×8,4 cm, sign. l. u.: OK
Privatbesitz
© 1986 Cosmopress

332 Oskar Kokoschka
Fächer für die Wiener Werkstätte
1908
Tusche, Aquarell/Schwanenhaut, 20,5×41,2 cm, sign. r. u.: OK
Galerie Würthle, Wien
© 1986 Cosmopress

333 Oskar Kokoschka
Stilleben mit Hammel und Hyazinthe
1909
Öl/Leinwand, 87×114 cm, sign. r. u.: OK
Österreichische Galerie, Wien
© 1986 Cosmopress

334 Moriz Jung
»Esel«, aus dem Tier-ABC
1906
Leporello mit acht Buchstaben, 19,3×25,5 cm
HSAK, Inv.-Nr. 757

Franz Karl Delavilla
(Studium 1903–1908 bei Czeschka, Löffler)
»Ein trauriges Stücklein«, Buchseite
1906
Buch mit 4 Seiten, 14×39,5 cm
HSAK, Inv.-Nr. 754

335 Rudolf Kalvach
Hafen von Triest
um 1908
Holzschnitt, aquarelliert/Japanpapier, 55×42 cm
HSAK, Inv.-Nr. 534

336 Moriz Jung
»Februar«, Kalenderblatt
1911
Kalender mit Texten von J. A. Lux, L. Speidel, H. Bahr, L. Hevesi u. a.
HSAK, Inv.-Nr. 5237/Q

337 Karl Schwetz
(Studium 1904–1912 bei Mallina, Löffler)
Entwurf für eine Tapete
1911
Schablonenschnitt/Papier, 42,5×20 cm
HSAK, Inv.-Nr. 2179/1

Karl Schwetz
Entwurf für eine Tapete
1911
Schablonenschnitt/Papier, 42,5×22 cm
HSAK, Inv.-Nr. 2179/2

339 »Metzner-Saal«, Kunstschau Wien 1908

340 Franz Metzner
Der Werfer
1918
Bronze, H 26 cm, sign., dat. l. v.: F. Metzner 1918
Wien, Österreichische Galerie, Inv.-Nr. 6176

341 Franz Metzner
Studie zu einer weiblichen Halbfigur
um 1917
Bronze, H 15 cm, sign. r.: F. Metzner
Regensburg, Ostdeutsche Galerie, Nachlaß des Künstlers

Franz Metzner
Knabe
um 1917
Bronze, H 14 cm, sign. l. u.: F. Metzner
Regensburg, Ostdeutsche Galerie, Nachlaß des Künstlers

342 Franz Metzner
Stehender Mann mit Kind
1916/17
Bronze, H 26,1 cm, sign. Rückseite: Franz Metzner
Ger Neuber, Schriesheim

343 Franz Metzner
Der Rufer
1917
Bronze, H 26,5 cm, sign., dat. r. u.: Franz Metzner 1917
Regensburg, Ostdeutsche Galerie, Nachlaß des Künstlers

Franz Metzner
Der Schreitende
1917
Bronze, H 19,5 cm; sign., dat. Rückseite: F. Metzner 1917
Regensburg, Ostdeutsche Galerie, Nachlaß des Künstlers

345 Michael Powolny zugeschrieben
Schale
um 1905
Keramik, blau glasiert. H 8,2 cm, Ø 24,5 cm,
Stempel: Wiener Keramik
Privatbesitz

Michael Powolny zugeschrieben
Eiförmige Deckeldose
um 1908
Keramik, schwarzer Dekor, 13,5×10×9 cm, bez.: 410, D 7 H 13
Ausführung: Wiener Keramik
HSAK, Inv.-Nr. 4845/0

346 Michael Powolny
Vase
um 1912
Keramik, schwarzer Dekor, H 15 cm, Ø 16,5 cm, Stempel: Gmundner Keramik
HSAK, Inv.-Nr. 3482/0

347 Michael Powolny
Vase
um 1912
Keramik, schwarzer Dekor, H 15 cm, Ø 16,5 cm, Stempel: Gmundner Keramik
HSAK, Inv.-Nr. 1309/0

348 Robert Obsieger
(Studium 1909–1914 bei Löffler, Powolny)
Tänzerin
um 1911
Keramik, farbig glasiert, H 41,5 cm, Stempel: k. k. Kunstgewerbeschule Wien
ÖMAK, Inv.-Nr. W. I. 1024

349 Ludwig Schmidt
(Studium 1908–1912 bei Löffler, Powolny)
Vase
um 1912
Fayence
publiziert in: Kunst und Kunsthandwerk, XV. Jg., 1912, S. 394
(Originalphoto)

351 Anton Hanak
Arbeiter
1925/26
Kalkstein, H 257 cm
reproduziert aus: H. Steiner: Anton Hanak, München 1969, Abb. 47

352 Anton Hanak
Liegende mit aufgestütztem Arm
um 1915
Tintenstift, laviert/Papier, 12×16 cm, bez. Rückseite: Skizze f. Plastik
HSAK, Inv.-Nr. 4836

353 Anton Hanak
Stehende Figuren
1915
Tintenstift, laviert/Papier, 12×16 cm, bez., dat. Rückseite: Architekturskizze, Tintenstift, 1915
HSAK, Inv.-Nr. 4837

355 Oskar Strnad
Innenhof des »Österreichischen Hauses«, Werkbundausstellung Köln 1914
Brunnenfigur: Franz Barwig, Plastik: Jan Stursa
reproduziert aus: Deutsche Kunst und Dekoration, XXXIV, 1914, S. 350

356 Oskar Strnad
Gartensaal auf der Frühjahrsausstellung im ÖMKI, 1912
Ausführung der Möbel: Carl Bamberger; Ziegelmauer und Fußboden: Brüder Schwadron

357 Amadeus Dimai
(Studium 1910–1914 bei Strnad, Čižek, Barwig)
Faun
um 1913
Alabaster, H 38 cm
HSAK, Inv.-Nr. 3947/0

359 Oskar Kokoschka
Mädchenakt
um 1907
Bleistift, Aquarell/Papier, 44,5×30,5 cm
Privatbesitz
© 1986 Cosmopress

360 Oskar Kokoschka
weiblicher Akt, Bewegungsstudie
um 1907
Bleistift, Aquarell/Papier, 44,8×31,2 cm, sign. r. u.: OK
Privatbesitz
© 1986 Cosmopress

361 Abendakt Oskar Kokoschka
Aktstudie
1912/13
Kohle/Papier, 45×31 cm
HSAK, Inv.-Nr. 1790/31

362 Abendakt Oskar Kokoschka
Aktstudie
1912/13
Kohle/Papier, 45×31 cm
HSAK, Inv.-Nr. 1790/41

363 Abendakt Oskar Kokoschka
Aktstudie
1912/13
Kohle/Papier, 45×31 cm
HSAK, Inv.-Nr. 1790/32

364 Abendakt Oskar Kokoschka
Aktstudie
1912/13
Kohle/Papier, 45×31 cm
HSAK, Inv.-Nr. 1790/33

365 Heinrich Tessenow
Entwurf
Haus Nau-Roeser in Lostau bei Magdeburg
1910
Perspektivische Schrägansicht der Gartenseite
Federzeichnung, 22,5×20,3 cm
Kunstbibliothek Berlin, Tessenow-Archiv

366 Heinrich Tessenow
Entwurf eines Einfamilien-Reihenhauses (Behelfswohnung)
1917
Ansicht und Grundriß
Federzeichnung
Kunstbibliothek Berlin, Tessenow-Archiv

367 Heinrich Tessenow
Entwurf Beamten-Wohnsiedlung in Rannersdorf bei Schwechat
um 1921
Straßenansicht
Federzeichnung
Privatbesitz

368 Remigius Geyling
(Studium 1894–1899 bei Karger)
Entwurf für eine Tapete
um 1910
Tempera/Papier, 62×46 cm
HSAK, Inv.-Nr. 764

370 Gustav Klimt
Schwebender Akt
1885/86
Studie zu: »Huldigung an die Bühnenkunst«, Theatervorhang für Stadttheater Karlsbad, 1886
Bleistift/Papier, 32×43,5 cm
HSAK, Inv.-Nr. 460

371 Franz von Bayros
(Studium 1896/97 bei Karger)
Weibliche Akte
um 1900
Bleistift/Papier, 29,5×36 cm
HSAK, Inv.-Nr. 517

373 Viktor Schufinsky
(Studium 1893–1902 bei Minnigerode, Myrbach)
Einladung zum Costümfest
1902
Correspondenzkarte, 14×9 cm
HSAK, Inv.-Nr. 1735

375 Unbekannter Künstler
»Formenlehre IV«, didaktisches Blatt
um 1900
Tusche/Papier, 33,7×17 cm
HSAK, Inv.-Nr. 576

376 Unbekannter Künstler
»Formenlehre V«, didaktisches Blatt
um 1900
Tusche/Papier, 33×20 cm
HSAK, Inv.-Nr. 573

377 Franz von Zülow
Komposition
um 1910
Bleistift, Tusche/Papier, 13×11,5 cm, Nachlaßstempel
HSAK, Inv.-Nr. 2773

379 Wilhelm Schmidt
Entwurf für das Sekretariat der Kunstgewerbeschule
1899
rot gebeiztes Rustenholz
Ausführung: Tischlerei W. Hollmann
reproduziert aus: DI, 1901, Jg. II, T. 6

380 Josef Hoffmann
Ausstellungsraum der Kunstgewerbeschule, Weltausstellung St. Louis
1904
reproduziert aus: Dek. Kunst, 1905, Bd. XIII, S. 125

383 Hans Pitsch
(Studium 1917–1920 bei Böhm, Witzmann)
Abstrakte Flächenkomposition
1918
Linolschnitt/Papier, 26,5×35,5 cm, sign., dat.
HSAK, Inv.-Nr. 2423/1

Schutzumschlag:
Otto Prutscher
Entwurf für eine Wandabwicklung
(wie S. 241)

Vorsatz:
Kolo Moser
Tunkpapier
(wie S. 282)

Die photographischen Vorlagen wurden, sofern nicht anders angegeben, von der Zentralwerkstätte für Photographie, Hochschule für angewandte Kunst in Wien, angefertigt und befinden sich im Archiv der Hochschule.

ABKÜRZUNGSVERZEICHNIS

Zeitschriften:

Dek. Kunst	Dekorative Kunst, Illustrierte Zeitschrift für angewandte Kunst, München (1897–1929)
Deutsche Kunst und Dekoration	Deutsche Kunst und Dekoration, Illustrierte Monatshefte zur Förderung Deutscher Kunst und Formensprache in neuzeitlicher Auffassung, Darmstadt (1897–1932)
DF	Die Fläche, Entwürfe für dekorative Malerei, Plakate, Buch und Druck etc., Hrsg.: Dir. Felician Myrbach, Prof. Hoffmann, Prof. Moser, Prof. Roller, Wien (I. Jg. 1902–12 Hefte, II. Jg.–fragment.)
DI	Das Interieur, Wiener Monatshefte für Wohnungsausstattung und angewandte Kunst, Wien (1900–1912)
Kunst und Kunsthandwerk	Kunst und Kunsthandwerk, Monatsschrift des k.k. Österreichischen Museums für Kunst und Industrie, Wien (1898–1921)
Die Quelle	Die Quelle, Hrsg.: Martin Gerlach, Wien – Leipzig 1901/02
Wiener Kunststickereien	Wiener Kunststickereien, Leitung: Dr. Moritz Dreger, Verlag Anton Schroll, Wien
T	Tafel

Institutionen:

HSAK	Hochschule für angewandte Kunst in Wien
ÖMAK vormals ÖMKI	Österreichisches Museum für angewandte Kunst k.k. Österreichisches Museum für Kunst und Industrie

Herausgeber, Autoren und der Verlag haben jenen Institutionen, die durch fördernde Hilfe zum Zustandekommen der vorliegenden Publikation beigetragen haben, zu danken. Es sind dies im besonderen: der Fonds zur Förderung der wissenschaftlichen Forschung in Form des Projektauftrags Nr. P 5038 »Die Geschichte der Wiener Kunstgewerbeschule 1867–1918« (Projektleiter Prof. Manfred Wagner) durch die Sicherung der materiellen Basis für die wissenschaftliche Erarbeitung und die Drucklegung, das Bundesministerium für Wissenschaft und Forschung, der Verein Freunde der Hochschule für angewandte Kunst in Wien und die Creditanstalt-Bankverein. Ebenso gilt der Dank allen, die durch wertvolle Hinweise, Auskünfte und bereitwillig erteilte Abdruckgenehmigungen die Arbeit an diesem Buch unterstützt haben.

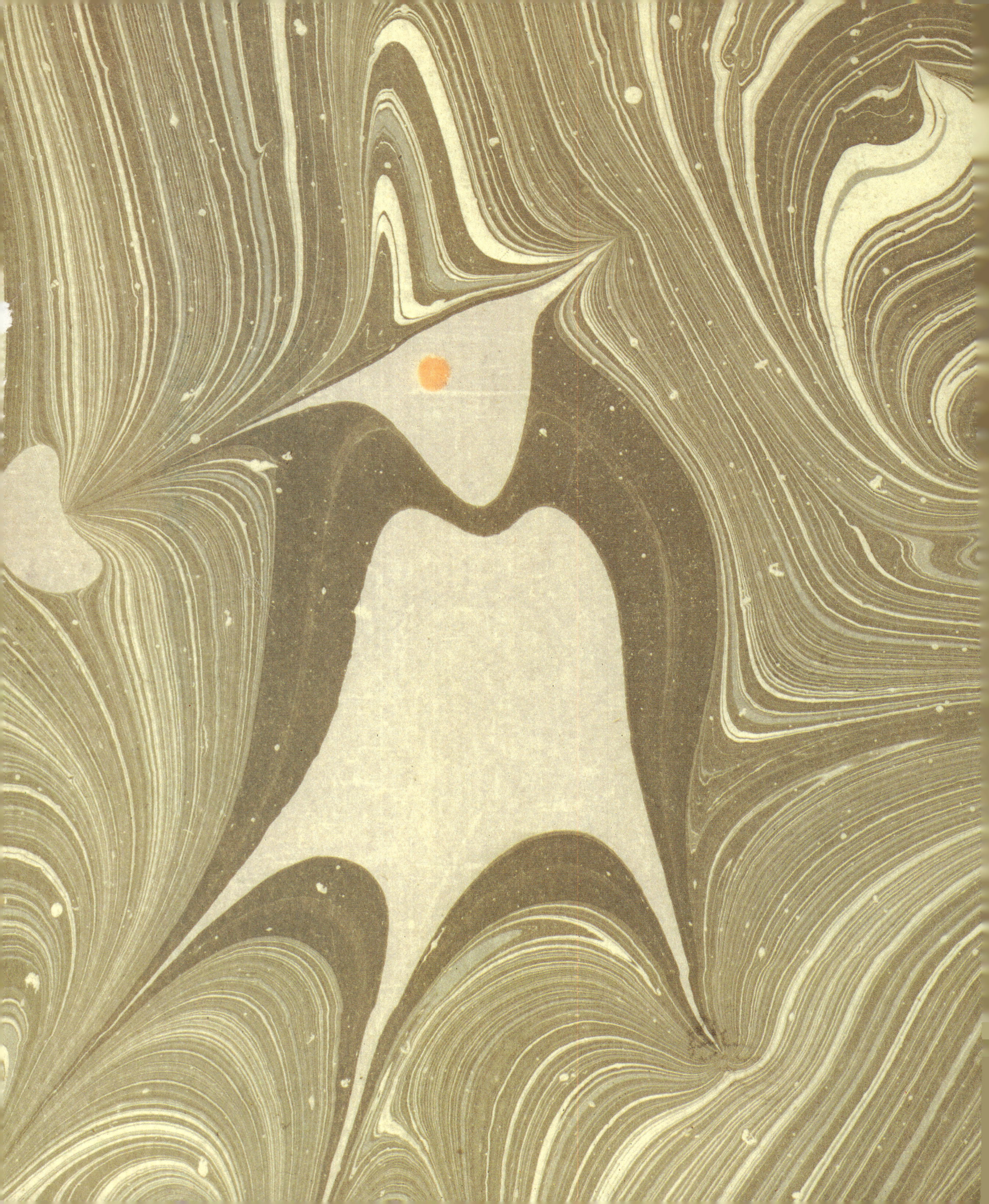